Dieses Werk ist allen Bewohnern unserer Meeresküsten und den Opfern des globalen Klimawandels gewidmet.

PROLOG

„The worst happens, because it seems to be a typical attitude of human nature. "*

*** *S.E.G.* im Sommer 2010. „Das Schlimmste passiert deshalb, weil es eine typische Eigenschaft der menschlichen Natur zu sein scheint..."**

14. bis 21. Januar 1362

Nordfriesland, etwa zwei Kilometer landeinwärts vom Marktflecken Rungholt, 17.14h
Der Wind heulte um die kleine Kate, das Torffeuer der kleinen primitiven Feuerstelle spendete nur wenig Wärme. In einer Ecke der einfachen Behausung kauerte eine junge Frau, etwa sechzehn Jahre alt und hochschwanger. Die Wehen waren während der letzten beiden Tage immer heftiger geworden; dann hatten sie wieder ausgesetzt, um dann mit einer unrhythmischen Heftigkeit wieder einzusetzen. Genauso, wie die Orkanböen draußen, die ständig drohten, das Dach der kleinen Behausung abzudecken. Die Wände der Kate bestanden überwiegend aus Erlenholz, ihr Erbauer hatte die Stämme zugesägt und eine Blockhütte daraus gefertigt. Die Ritzen zwischen den Stämmen waren mit Moos und Gräsern gestopft worden. Es zog unangenehm in der Kate, denn einem solchen Orkan waren diese Abdichtungen kaum gewachsen. Das Dach bestand glücklicherweise auch aus Stämmen, und da diese solide mit Reet bedeckt worden waren, regnete es wenigstens nicht durch. Die Frage war nur, ob das Reet auch dem aufziehenden Orkan gewachsen war. Die junge Frau krümmte sich unter einer neuen Wehe zusammen und stöhnte heftig auf. Diesmal, das fühlte sie, war irgendetwas anders. Der Regen prasselte mit unverminderter Heftigkeit auf das Dach. Sie betete: „Oh Herr, erbarme dich! Kyrieeleison..." Ihre Stimme erstarb in einem weinenden Zittern, und dann merkte sie es, wie es feucht wurde in ihrem Schoß. Wo blieb nur Knut mit der Hebamme? Und den Vorräten für die nächste Woche? Es war doch gar nicht so weit bis Rungholt; auch bei diesem Wetter konnte es doch nicht so lange dauern! Eine qualvolle halbe Stunde verging, sie jammerte und schrie, aber es kam keine Hilfe. Dann schließlich, als sie in einer Agonie aus Schmerzen und Krämpfen weinend in der Ecke lag, wurde plötzlich die Tür aufgerissen und sofort wieder geschlossen. Doch es reichte aus, um das bisschen Wärme fast vollständig aus der kleinen Kate zu treiben. Ein eisiger Windhauch traf sie, und ließ ihre Tränen auf ihren Wangen gefrieren. Sie sah erschrocken auf, dann lächelte sie – die Hebamme! „Wo ist Knut?" fragte sie nur schwach. Die Hebamme ging sofort zu ihr und tastete sie gekonnt ab. Sie hatte schon vielen Kindern auf die Welt geholfen. Sie war zwar die Älteste, aber auch die beste Hebamme, die es hier gab. Alle nannten sie nur ehrerbietig „Mutter"; tatsächlich hatte sie einige Jahre in einem Kloster gelebt. Sie redete nicht viel. Deshalb sagte sie nur kurz: „Wann wurde es nass?" Die Schwangere antwortete nur: „Ich weiß es nicht mehr, es erscheint so lange her zu sein." „Das Kind ist gleich da", sagte die Hebamme lächelnd, „du hast schon fast alles getan, was du tun konntest", sagte sie zu der jungen Frau. „Die Männer sind beim Deich, sie kommen bestimmt bald zurück, wenn es zu dunkel ist zum Arbeiten." Die Presswehen setzten ein, und die junge Frau hatte zu wenig Kraft zum Pressen. Die Hebamme hielt ihre Hand und half ihr, so gut es ging. Nach weiteren qualvollen fünfzehn Minuten war der Kopf des Kindes zu sehen. Plötzlich schob er sich hervor, die Schädelplatten schoben sich auseinander und falteten den Kopf zu seinem vollen Umfang auf. Sekunden später war das Kind da, noch etwas blutig an der Nabelschnur hängend. Es jammerte etwas und quäkte, beruhigte sich aber sehr schnell, als es in ein Tuch gewickelt an die Brust der Mutter gelegt wurde. Anna, so hieß die junge Frau, lächelte glücklich. Da fühlte sie einen heftigen Schmerz im Unterleib, so als habe sie jemand von innen in die Eingeweide geboxt. Die Hebamme sah besorgt drein, dann sagte sie ganz ruhig: „Es kommt noch eins." Nach einer weiteren halben Stunde war alles vorbei. Wäre das Wetter besser gewesen, so hätte die Mutter die junge Frau mit ihren Zwillingen mit nach Rungholt genommen, da es dort einige ältere Frauen gab, die ihr in der ersten Zeit hätten helfen können. Doch so geschwächt, und mit Zwillingen,

war selbst die eine Meile bei diesem Wetter nicht zu schaffen. Die Hebamme versorgte die junge Frau und ihre Kinder, und da der Mann immer noch nicht auftauchte, beschloss sie, mit in der Kate zu übernachten. Es war mitten in der Nacht, als Knut endlich heimkam. Nachdem er die Hebamme geweckt und begrüßt hatte, blickte er lange nachdenklich auf seine Frau und seine Kinder. „Glückwunsch, Knut", sagte die Mutter. „Es sind zwei gesunde Jungen". „Bei diesem Wetter jagt man keinen Hund vor die Tür, sagte er zu der Hebamme, die sich schon anschickte, zu gehen. Doch diese widersprach ihm und sagte: „Es stehen noch einige Geburten in Rungholt an, vielleicht werde ich bald wieder gebraucht." „Bei Neumond kommen sie am liebsten", sagte sie, nahm ihre Sachen und verschwand in die fahle Neumondnacht, die nur von den Sternen und dem Weiß des knöchelhohen Schnees erhellt wurde. Doch sie sollte Rungholt nicht mehr erreichen. Währenddessen kuschelte sich der vom Deichbau völlig erschöpfte Knut an seine unruhig dösende Frau Anna. Der erst achtzehn Jahre alte junge Mann war völlig erschöpft. Hatten sie doch verzweifelt versucht, den letzten Deich vor der Siedlung noch irgendwie zu erhöhen. Alle verfügbaren Männer hatten in zwölf Stunden dauernden Schichten versucht, den Deich durch Erde, die sie mühsam aus einem gefrorenen Erdloch hacken mussten, zu erhöhen, und außerdem hatten sie alles Reet, welches sie normalerweise für ihre Dächer als Reserve aufgehoben hatten, auf die Deichkrone getragen, damit es dort mit der aufgeschütteten Erde zusammen frieren und dem Wasser standhalten sollte. Schon einmal hatten sie so ein drohendes Hochwasser abgewendet, doch diesmal war alles anders gewesen. Der Wind blies nun schon seit Tagen aus Nord und Nordwest, und bei Ebbe floss das Wasser einfach nicht mehr ab. Nachdem sie nicht mehr arbeiten konnten, versammelten sich die meisten in der kleinen Kirche, um zu beten. Sie wussten, dass sie jetzt nichts mehr tun konnten. Knut war nachhause geeilt, um dort die Hebamme abzulösen, die er auf Bitten von Anna in die kleine Kate geschickt hatte. Der Anblick der Zwillinge hatte ihn schon etwas geschockt, denn er hatte keine Idee, wie er gleich zwei Kinder durchbringen sollte, denn außer seiner Arbeitskraft besaß die kleine Familie weder viel Land noch sonstige Güter. Ob sie die Kleinen ins Kloster bringen mussten? Er wusste es nicht. Grübelnd lag er wach. Die Mutter war nur noch eine halbe Meile von Rungholt entfernt, als sie es hörte. Sehen konnte sie es nicht, denn dazu war zu wenig Licht vorhanden. Zuerst ein seltsames Zischen, welches sich mit dem Heulen des Orkans zu mischen schien. Dann ein gurgelndes Brausen, das an Intensität schnell zunahm. Dann ein Krachen und Bersten, in das sich grauenvolle Angstschreie mischten. Eine ganze Siedlung schrie in einem kurzen Augenblick auf, und dann kamen die Geräusche schnell näher. Zuerst spürte sie den Wind einer mächtigen Druckwelle, dann sah sie es auch, doch es war zu spät, noch irgendwohin auszuweichen. Eine mehr als mannshohe Welle aus Schlamm, Gebäudetrümmern und schmutzig weißer Gischt jagte auf sie zu. „Der blanke Hans!" rief sie entsetzt. Es waren ihre letzten Worte, ehe ein aus der Flut ragender Baumstamm sie gnädig am Kopf traf und die Schlammflut ihre Leiche mühelos fortspülte, bis sie irgendwo eine halbe Meile weiter landeinwärts in der Astgabel eines Obstbaumes hängen blieb. Knut und Anna hörten ebenfalls die Geräusche. Knut sagte nur noch: „Lass uns unser letztes Vaterunser sprechen, mein Gott, die Kinder sind noch nicht getauft!" Anna weinte, während die Zwillinge friedlich schliefen. Doch der kleine Warft Hügel, auf dem sie ihre Kate errichtet hatten, rettete der kleinen Familie jetzt das Leben. Zwar war er nur knapp zwei Meter hoch, doch stieg das Wasser nur eine halbe Handbreit über die Türschwelle, und floss dann wieder ab. Jetzt schrien die Kinder und Anna panisch auf, doch Knut blieb gefasst. Ewigkeiten später öffnete Knut die Tür und sah nach draußen. Soweit seine Augen reichten, stand alles unter Wasser. Da er keine Hilferufe und auch kein Stöhnen mehr hörte, wurde ihm schnell klar, was das bedeutete. Sie waren die einzigen Überlebenden, gerettet wie Noah mit seiner Familie in der Arche. Und so ähnlich kam er sich vor, als plötzlich ein quiekendes Ferkel auf einem großen Stück Reetdach angetrieben wurde. Kurze Zeit später gelang es ihm dann noch, ein paar völlig verstörte Enten ins Haus zu retten. Und dann wurde noch ein ertrunkenes Schaf angespült, dessen Wolle sie nach dem Trocknen nutzen und dessen Fleisch sie noch essen konnten, da es nach seinem plötzlichen Tod schon halb gefroren war. Knut und Anna gingen gemeinsam auf die Knie und dankten Gott, noch am Leben zu sein. Sie gelobten ihm Treue, und dass sie ihre Kinder in der Kirche von Tating taufen lassen würden, sofern diese noch stünde. Es war gespenstisch. Das Wasser bedeckte die Landschaft, und am Morgen tanzten fahle Nebelschwaden über der überfluteten Trümmerlandschaft. Sie waren die einzigen Menschen, die mit viel Glück überlebt hatten, weil sie ihr Haus lieber mühsam auf einem Warft Hügel errichtet hatten, als sich auf den neuen großen Deich zu verlassen. Doch es war jetzt schon absehbar, dass sie hier nicht bleiben konnten. Anna stillte die Kinder, während Knut die wichtigsten Sachen packte und aus den Brettern, die er zum Glück immer im Haus aufbewahrt hatte, mühsam eine Schleife und ein schlittenähnliches Gefährt zusammenzurrte. Von hier bis nach Tating war es weit, sehr weit, doch er war ein harter Bursche und würde sie alle durchbringen. Zwar hatte er Anna heiraten müssen, weil sie von ihm geschwängert worden war, doch liebte er sie wirklich und würde alles für sie tun. Bei ihrer Hochzeit hatte der Pfarrer ihnen gesagt, dass der Herr ihnen für ihre Missetat gewiss eine große Bürde auflegen würde – wie wahr war das gewesen! Doch Hochwürden war – genau wie alle anderen Bewohner von Rungholt auch – mit dem Hochwasser umgekommen. „Wen hatte Gott nun gestraft, die Überlebenden, oder die Toten?“ fragten sich Anna und Knut. Erst nach sieben Tagen war genug Wasser abgeflossen, so dass sie mit ihrer wenigen Habe aufbrechen konnten, ohne sofort im Schlamm zu versinken. Der lange Fußmarsch nach Tating war ein apokalyptischer und kalter Albtraum. Überall lagen Leichen von Menschen und Tieren, oder zumindest Teile davon, steif gefroren auf dem Boden. Manchmal bildeten sie kleine Ansammlungen und Hügel, die vom Schnee bedeckt worden waren. Man musste sie mühsam umgehen, um nicht plötzlich über den Arm oder das Bein eines Toten zu stolpern. Dazwischen Tierkadaver, immer wieder Reste von Reetdächern und Bohlen von geborstenen Häusern. Es schien, als habe sich die Sintflut nochmals wiederholt. Er straft uns für unsere Sünden, dachten Knut und Anna; sie empfanden eine grenzenlose Furcht vor Gottes Zorn und hofften darauf, dass man ihnen im Tatinger Kirchspiel helfen könnte, den zornigen Gott zu besänftigen. Als sie nach drei Tagen Fußmarsch und völlig entkräftet dort ankamen, erfuhren sie, dass sie die einzigen Rungholter waren, die noch lebten. Aber auch viele andere Orte hatte das unerbittliche Meer geholt; offenbar waren große Teile des Landes wieder ans Meer verloren gegangen. Sie ließen ihre Kinder taufen und siedelten sich im sicheren Tating an. Und dort leben zahlreiche Nachkommen von ihnen bis auf den heutigen Tag, doch weiß heute niemand mehr von den schrecklichen Ereignissen jener schicksalhaften Tage und Nächte des Jahres 1362. Doch kennt man dieses Ereignis heute als die zweite Marcellusflut oder auch als „Grote Mandränke“. Die Historiker streiten sich, ob zehn oder einhunderttausend Menschen umkamen. Unstrittig ist es aber, dass das Meer sich große Teile Nordfrieslands und den sagenhaften Ort Rungholt holte, von dem heute noch Artefakte aus jener dunklen Epoche im Wattenmeer zu finden sein sollen...

I – Auftakt in der Antarktis

„Sag niemals nie."*

* Titel eines James Bond-Filmes von 1983, Original-Titel: "Never say never again"

29. Januar 2017, Sonntag

Antarktis an der Bahia Esperanza, Esperanza Station, 10.00h

Miguel schüttelte mit dem Kopf. Das war dem vollbärtigen Argentinier noch nie passiert, so lange er hier Dienst tat. So etwas Verrücktes! Wahrscheinlich wieder ein Defekt in der digitalen Datenverwaltung. So ein Ärger; er hatte sich eigentlich auf einen freien Sonntagnachmittag mit seiner Frau Juanita und seinem kleinen Söhnchen Pepe` gefreut, doch diese Sache hatte selbstverständlich Priorität. Denn nicht umsonst war Miguel Armadillo der bestbezahlte Polarforscher Argentiniens. Er war bekannt für seine allumfassende Sorgfalt und Pedanterie, mit der er andere Leute regelmäßig in den Wahnsinn trieb. Dafür genoss er den Ruf des unfehlbaren Antarktis-Experten, dessen Prognosen in etwa 99,9% der Fälle zutrafen. Und traf eine seiner Prognosen einmal nicht ein, dann setzte er Himmel und Hölle in Bewegung, um den Fehler zu eruieren. Deshalb hatte er zu seinen Kollegen und Mitarbeitern immer ein leicht gespanntes Verhältnis. Der einzige, dem er Unordnung und „Wildwuchs", wie er es stets zu nennen pflegte, nachsah, war sein jetzt viereinhalbjähriger Sohn Pepe`. Gelegentlich hatte er jedoch auch gute Laune und sah auch seiner Juanita die eine oder andere Kleinigkeit nach. Er seufzte tief auf, dann wählte er Juanita im Wohncontainer an. Dann teilte er ihr mit, dass er dringend nochmals zum Messpunkt mit der Bezeichnung SX/410 789 fahren müsse. Nach einer kurzen Debatte erklärte er sich schließlich bereit, Frau und Kind mitzunehmen. So würde es dann wenigstens noch ein kleiner Sonntagsausflug mit der Familie werden. Selbstverständlich kannte seine Frau Juanita alle seine wichtigen Messpunkte in- und auswendig, da auch sie eine studierte Glaziologin war und ihrem Mann stets dabei half, das umfangreiche Datenmaterial der Messstationen auszuwerten. Miguel verließ jetzt sein Labor, welches in einem blau gestrichenen Container untergebracht war. Nur zwei Minuten später erschien Juanita mit Pepe`, und zusammen machten sie sich auf den Weg zum Schneemobil. Natürlich hätten Sie die zwei Kilometer zum Messpunkt SX/410 789 auch bequem zu Fuß zurücklegen können, doch da sie keine Lust darauf verspürten, sich spätestens auf dem halb absolvierten Hinweg das Gequengel ihres kleinen Rackers anzuhören, holten sie jetzt lieber das neue Schneemobil aus dem Container, welcher der Station als Remise diente. Sie fuhren den Messpunkt SX/410 789 in einem weiten Bogen an, da sie sonst bereits nach fünf Minuten da gewesen wären. Sie genossen das intensive Sonnenlicht, das hier überall von den strahlend weißen Schnee- und Eisflächen reflektiert wurde. Diesen Anblick fanden sie immer wieder beklemmend und faszinierend gleichzeitig, da die endlosen Flächen der weißen Wüste dem Betrachter immer wieder neu das Gefühl verliehen, klein und unbedeutend zu sein. Gleichzeitig strahlte das Weiß der Flächen eine Reinheit der Natur aus, die man sonst nur an sehr wenigen anderen Stellen auf der Erde so empfinden konnte. Es hatte etwas Göttliches und Ehrfurchtgebietendes an sich, was man sich einfach nicht erklären konnte, auch wenn man versuchte, die Welt und ihre Phänomene wissenschaftlich zu deuten. Als sie zum Fuße eines kleinen schneebedeckten Felsen kamen, der höchstens fünf Meter hoch aus dem Schnee aufragte, hatten sie den Messpunkt erreicht. Miguel stieg als Erster aus und half dann seiner Frau und seinem Sohn aus dem Schneemobil. Mit ihren dunklen Schneebrillen und in ihren weißen wattierten Schneeanzügen hatten sie etwas an sich, was einen Beobachter auch an Besucher aus einer anderen Welt erinnern konnte. Und genau genommen waren sie das ja auch, abhängig von Lebensmittellieferungen und Materialsendungen aus ihrer Heimat Buenos Aires, ohne die sie hier sicher verhungern und erfrieren würden. Miguel hatte das Stativ erreicht, auf dem die Messinstrumente festgeschraubt worden waren. Zunächst fiel ihm daran nichts Besonderes auf, bis er den Felsen erklommen hatte und direkt davorstand. Das von ihm so sorgfältig und exakt gerade aufgestellte Stativ war ganz leicht nach Norden verrutscht! Das erklärte natürlich, warum die übermittelten Daten gar nicht den sonst üblichen hier messbaren Parametern der Umwelt entsprechen konnten. Das war seltsam und er begann, das Stativ zu untersuchen, während Juanita sich mit Pepe` eine Schneeballschlacht lieferte. Von seiner Position aus konnte Miguel ihr Lachen und Kichern laut und deutlich hören; vermutlich hörte man sie sogar noch bei der Station, da die fast windstille antarktische Sommerluft den Schall hervorragend übertrug. Er machte sich bereits Gedanken, wie er das Stativ wieder richten könnte, als sein Routineblick auf das altmodische Quecksilberthermometer fiel, welches gleich neben einem ebenfalls antiquiert wirkenden Barometer hing. Es war so eine Marotte von Miguel, dass er die Messdaten der digitalen Geräte mit den Daten der alten Geräte verglich. Schon so manche Störung hatte er auf diese Weise feststellen und beheben können. Das Quecksilberthermometer, welches die Lufttemperatur maß, zeigte ihm eine Temperatur von 3,457° Celsius im positiven Bereich an. Das konnte doch nicht sein, dachte er, und rief seine Frau heran. Juanita kletterte nun mit Pepe` auf den Felsen. Miguel zeigte ihr das Quecksilberthermometer und das verrutschte Stativ und sie rief nur: „Unmöglich, das Gerät muss kaputt sein!" Miguel schüttelte erst den Kopf, dann zog er den Reißverschluss seines Schneeanzuges auf, und sagte: „Ganz schön warm hier oben; zuerst habe ich auch gedacht, es käme von meiner Anstrengung, auf diesen Felsen zu klettern..." „Wir müssen das irgendwie verifizieren", sagte Juanita. „Brauchen wir nicht mehr, die digitale Messung vorhin zeigte exakt das gleiche Ergebnis an. Deshalb bin ich ja hergekommen, weil ich dachte, dass die Elektronik mal wieder unter der Kälte gelitten haben muss. Oder dass vielleicht doch etwas Feuchtigkeit durch einen dieser verdammten Dichtungsringe gelangt ist. Aber das hier – ja das ist ein objektives Ergebnis von einem inlandorientierten Messpunkt." „Warum ist das Stativ verrutscht? Ich dachte, Du würdest Stative an den felsigen Standorten grundsätzlich in den Felsen schrauben?" wollte Juanita wissen. Miguel holte indessen einen Eispickel und hackte die Eisschicht, die sich um die Füße des Stativs gebildet hatte, weg. „Hm, brummelte er, das Stativ steht absolut gerade und ist immer noch im Felsen verankert. Es ist auch genau in den Winkeln fixiert, in denen ich es hier letzte Woche gesehen und eingestellt habe. Die Justierung stimmt zu einhundert Prozent. Oder habe ich etwas übersehen?" Juanita sah nach, dann rief sie im Forschungscontainer an, und ließ sich die Einstellungsdaten von einem Kollegen namens Salvatore Alvarez bestätigen. Die Einstellungen waren dieselben wie vor einer Woche! Als Miguel das hörte, sagte er: „Komm, lass uns mal lieber von diesem Felsen steigen, ich habe da so eine Idee..." Sie stiegen vom Felsen und umrundeten diesen. Vorne, das heißt zur Seeseite hin, waren keine Auffälligkeiten zu sehen. Doch auf der Rückseite des Felsens schien der dahinter liegende Schnee verdichtet und gestaucht zu sein. „Als wenn jemand oder etwas von hinten gegen den Felsen gedrückt hätte", sagte Juanita. „Oder das Eis unter dem Schnee hat sich etwas ausgedehnt, aber in dieser Dimension habe ich das hier noch nie beobachtet", sagte Miguel. So war also offenbar der gesamte Felsen ins Rutschen gekommen! Sie sahen sich an. So etwas konnte der gesamten Station gefährlich werden, weshalb sie den Vorfall an die höheren Stellen melden würden. Und auch die hohe Temperatur, die hier um mehr als drei Grad Celsius über dem lag, was man üblicherweise hätte erwarten können, gab ihnen sehr zu denken. Mit einem etwas unguten Gefühl machten sie sich wieder auf den Weg zu ihrem Schneemobil; morgen würde Miguel wiederkommen um exakt nachzumessen, um wie viel Grad sich das Stativ – und damit der Felsen – geneigt hatte. Oder er würde Alvarez schicken. Der war noch am zuverlässigsten von der Crew der Station. Als alle im Schneemobil saßen, setzte Miguel den kleinen Schlepper in Gang und fuhr auf einem weiten Bogen in der Gegenrichtung ihres Kommens zurück zur Station. Als sie den Zenit dieses imaginären Bogens erreicht hatten, rief der kleine Pepe` plötzlich ganz aufgeregt: „Sieh mal Papa, Pinguine!" Und tatsächlich sahen sie jetzt eine große Schar von Kaiserpinguinen vom Inland her Richtung Küste trotten, mindestens einen Monat zu spät für die Jahreszeit. Dabei war das Federkleid einiger Jungtiere noch zur Hälfte grau, wie sie es erkennen konnten, als sie die Vögel auf der Mitte ihres Heimweges aus nur zehn Metern Entfernung sahen. Auch schienen es viel mehr Pinguine zu sein, als sie in all den Jahren zuvor gesehen hatten. Wie war das nur möglich?

Antarktis, Fanggebiet der japanischen Walfangflotte im Ross-Meer, 11.00h

Es war genau 11.00h, als Dave Sadler die Kaiko Maru sichtete. Das Fangschiff der japanischen Walfangflotte war jedoch nicht das Zielobjekt des radikalen Walschützers, der mit der Robert Hunter II ins antarktische Eismeer ausgezogen war, um Wale vor dem Abschuss zu retten. Nein, diesmal sollte das japanische Fabrikschiff, die Nisshin Maru, das Zielobjekt seiner Begierde sein. Wenn es ihnen gelang, das Mutterschiff der kleinen japanischen Flottille auszuschalten, dann würden die Japaner gezwungen sein, den Abschuss von irgendwelchen Walen per sofort einzustellen. Der jetzt 38 Jahre alte dunkelblonde Dave Sadler prostete mit seinem Becher jetzt der deutschen Aktivistin Annika Wagner zu, die neben ihm auf der Brücke stand, dann ergriff er das Bordmikrofon und sagte für alle Aktivisten durch: „Hallo, liebe Kameraden und Genossen! Wir haben soeben die Kaiko Maru gesichtet!" Vom ganzen Schiff war jetzt ein Jubeln und Hurrarufen zu vernehmen. „Ich denke, Ihr alle wisst, was das bedeutet. Wir werden uns jetzt an die Kaiko Maru hängen, und wenn wir die Nisshin Maru gefunden haben, dann werden wir den Walfang Japans ein für alle Mal beenden. Ich werde gleich die Rainbow Warrior II benachrichtigen, Ihr alle wisst, was hier auf dem Spiel steht! Unser Schiff für das Überleben der Wale – ist das den hohen Einsatz wert?" Aus dem Hintergrund setzten viele zustimmende Rufe ein. „O.K., wir machen es, sobald wir in eine günstige Position dafür gelangt sind. Alle wissen Bescheid über die Pläne zum rechtzeitigen Verlassen unseres Schiffes. Wer nicht an Bord bleiben möchte, kann jederzeit auf die Rainbow Warrior II wechseln. Möchte das jemand?" Die Antwort bestand aus kollektivem Schweigen. „Also gut, ich weise nochmals darauf hin: Die Weiterfahrt auf der Robert Hunter II geschieht auf eigene Gefahr. Seid Ihr der Meinung, dass der Einsatz sich lohnt?" Jetzt erfolgte ein donnernder Applaus, der das ganze Schiff erfüllte. „Gut, dann alle Frauen und Männer auf Gefechtsstation! Kein Pardon mehr für Walfänger!" Tosender Jubel erfüllte jetzt das Schiff. Hätten die Aktivisten geahnt, was sie erwartete, dann wären sie sicher nicht so euphorisch gewesen. Aber eine Seeschlacht sollten sie trotzdem bald gewinnen, doch nicht ohne eigene schwere Verluste.

01.Februar 2017, Mittwoch

Antarktis an der Bahia Esperanza, Esperanza Station, 8.45h

Der bärtige und bullig aussehende Dr. Salvatore Alvarez schüttelte nur den Kopf. Als Diplom-Mathematiker, Physiker und Geologe in einer Person war er durchdrungen von einem tiefen Glauben an die Wirksamkeit der Naturgesetze. Das war doch nun wirklich so gut wie unmöglich, dass Eis sich dermaßen schnell ausdehnen konnte, dass es einen

Felsbrocken von schätzungsweise mehr als 10 Tonnen Gewicht einfach so um mehr als 5 Zentimeter anhob! Und doch war es so; er hatte alle Einstellungen und Justierungen der Messgeräte mehrmals akribisch nachgeprüft. Die Temperatur war inzwischen sogar auf etwa 4,128° Celsius angestiegen, doch galt dieses selbstverständlich nicht für den gefrorenen Dauerfrostboden, sondern nur für die Lufttemperaturen tagsüber. Viel zu hoch für die Antarktis! Es war geradezu so, als wenn ein warmer lauer Sommerwind die Antarktisforscher narren wolle. Ein Kollege hatte sich sogar nur im T-Shirt in einem Liegestuhl in die polartägliche Sonne gesetzt, und das sogar mehr als eine halbe Stunde durchgehalten, ohne sich danach zu erkälten. Er hämmerte schnell ein entsprechendes E-Mail an die Zentrale in Buenos Aires in seinen Computer, mit Kopie für Miguel Armadillo. Wieder schüttelte Dr. Alvarez mit dem Kopf. Wenn diese Wetterperiode so anhielt, dann würde hier bald kaum noch Schnee liegen. Wahrscheinlich würde sich der Untergrund dann in einen matschigen Sumpf verwandeln, überlegte er. Man musste Buenos Aires von den Vorgängen unterrichten; sollten die sich doch den Kopf darüber zerbrechen, was man aus diesen Beobachtungen heraus für andere Teile der Welt prognostizieren konnte, und ob man irgendwelche Umweltwarnungen an andere Nationen schicken müsste. Ihn interessierte nur die nackte Forschung mit harten unwiderlegbaren Fakten und Argumenten. Er war weiß Gott keiner von diesen verkappten Öko-Spinnern oder Weltverbesserern, er wollte hier nur in Ruhe seinen Forschungsaufgaben nachgehen. Er hatte wirklich keine Lust dazu, Überlegungen anzustellen, ob man die Häuser und Container der Esperanza-Station irgendwie gegen das Absacken in weich werdendem Untergrund absichern müsste, oder ob man besser einen Notfallplan für eine Evakuierung der Station ausarbeiten sollte. Selbstverständlich gab es so einen Plan für den „worst case“ – doch dieser Fall war nur für den Fall von einer Isoliertheit der Station wegen schlechten und vor allem kalten Wetters erstellt worden, nicht jedoch dafür, dass es einmal zu „warm“ werden könnte. „So ein Irrsinn!“ grummelte er in seinen langen Bart hinein. Miguel Armadillo und seine Frau Juanita konnten ihm jetzt leider auch nicht mehr helfen, denn sie hatten am Montag überraschend von der Station ausgeflogen werden müssen. Das Unglück hatte sich am Sonntagabend ereignet: Der kleine Pepe` wollte sich gerne nochmals die Pinguine anschauen gehen. Er wartete ab, bis seine Eltern mit irgendwelchen Diskussionen über Forschungsergebnisse nochmals zum Laborcontainer hinüber gingen. Dann zog er seinen kleinen weißen Schneeanzug an, band sogar seinen Schal um, zog sich die Handschuhe an, und schlich sich aus dem Container, zunächst in Richtung Meer. Niemand hatte ihn dabei beobachtet, und als seine Eltern etwa eine halbe Stunde später zurückkamen, war Pepe` einfach weg! Nachdem klar war, dass sein Schneeanzug fehlte, wurde die ganze Station mobil gemacht, und alle rückten mit starken Taschenlampen aus, um ihn zu suchen. Nach einer quälenden Dreiviertelstunde hatten sie ihn dann endlich gefunden. Er war doch tatsächlich ganz alleine zu diesem verfluchten Messpunkt SX/410 789 gelaufen, nachdem er am Meer keine Pinguine gesehen hatte. Dort war er dann alleine auf den großen Felsbrocken geklettert, um nach den Kaiserpinguinen Ausschau zu halten. Als er meinte, ein paar dunkle Punkte am Rand seines kleinen Gesichtsfeldes gesehen zu haben, war er an den Rand des Felsens geklettert, um besser sehen zu können. Und dort war er dann an einer Stelle, an welcher der Schnee geschmolzen und wegen des nächtlichen Temperatursturzes wieder vereist war, mit seinen Stiefeln, die nun plötzlich keinen Halt mehr fanden, ausgeglitten. Und dann stürzte der kleine viereinhalbjährige Pepe` fast drei Meter tief nach unten, wobei er so unglücklich auf dem Eis landete, dass er sich ein Bein und mehrere Rippen brach; außerdem erlitt er eine Gehirnerschütterung und musste sich kurze Zeit nach dem Sturz übergeben. Alle machten sich Vorwürfe, dass sie Pepes` Verschwinden nicht bemerkt hatten, denn Pepe` war das geheime Maskottchen der ganzen Station. Über Funk und E-Mail wurde um Hilfe gerufen, worauf sich bereits nach kurzer Zeit das Mutterschiff der japanischen Walfangflotte meldete, die gerade im Ross-Meer kreuzte. Da dieses Schiff ein modernes Schiffslazarett hatte, und der Junge dort in jedem Fall besser aufgehoben war als auf der Esperanza-Station, flogen seine Eltern bereits am nächsten Tag mit dem Hubschrauber der Station zu dem Walfänger, der glücklicherweise so nahegekommen war, dass es kein Problem mit der Reichweite des Helikopters gab. So ein Schlamassel! Das konnten sie jetzt wirklich nicht mehr gebrauchen, sie hatten schon Stress genug, das reguläre Programm durchzuziehen. Und jetzt das! Vielleicht sollte man auf Forschungsstationen nur Mönche einstellen, dachte Dr. Alvarez gerade, als es plötzlich und ohne eine weitere Vorwarnung geschah. Das letzte, was er in diesem Leben hörte, war ein seltsames schleifendes und grummelndes Geräusch, dann eine kurz andauernde merkwürdige Stille. Danach ein Plätschern, so als würde man gemütlich im Sommer an einem kleinen Bach sitzen und die Natur genießen. Er blickte aus dem Fenster. Doch da, wo eben noch eine weiße Schneefläche gewesen war, war plötzlich eine braungraue schlammige flüssige Wand, die nur noch etwa fünf Meter vom Fenster des Laborcontainers entfernt war, und sich mindestens vier Meter hoch auftürmte. Dann spülte die Wand alles ins Meer. Das Fenster des Labors wurde zertrümmert, und der kalte Schlamm presste Dr. Alvarez mit einer kalten Unerbittlichkeit und Grausamkeit an die Blechwand des Containers. Allein der mörderische Druck tötete ihn im Bruchteil einer Sekunde. Er hatte keine Zeit mehr, um Hilfe zu schreien oder noch ein E-Mail zu schreiben, es passierte rasend schnell. Die Woge aus Schlamm drückte den Container vorwärts und riss ihn einfach mit ins Meer, wo das klare Wasser sich wegen der eingespülten Sedimente rasch eintrübte und die Schlammlawine auch noch zahlreiche Meeresbewohner mit ins Verderben riss. Aber der schon immer etwas exponiert stehende Labor-Container war nicht der einzige Teil der Esperanza-Station, den die Schlammlawine fortspülte. Und Hilfe sollte erst eintreffen, als es fast schon zu spät war...

Antarktisches Eismeer, an Bord der Nisshin Maru, 14.00h

Miguel Armadillo und seine Frau Juanita hatten gerade in der Kantine des Walfangmutterschiffes etwas Kaffee getrunken und warteten auf den Besuch des japanischen Schiffsarztes, der glücklicherweise ein Spezialist für Frakturen und Inneres war. Mit ernstem Gesicht betrat dieser jetzt die Messe, gefolgt vom Kapitän der Nisshin Maru. „Nun, um es Ihnen gleich zu sagen: Wir konnten Ihren Sohn soweit stabilisieren, dass keine Lebensgefahr mehr besteht. Die inneren Blutungen haben aufgehört. Aber: Er hat sich leider eine Fraktur seines Beckens zugezogen, welche wir hier mit unseren Bordmitteln nicht richtig behandeln können. Deshalb würden wir Ihnen empfehlen, so schnell wie möglich mit dem Jungen nach Buenos Aires zu fliegen“, sagte jetzt der Schiffsarzt. „Und wie kommen wir von hier aus dahin?“ fragte Juanita jetzt besorgt. „Nun, am besten wäre es, wenn unser Hubschrauber sie zur deutschen Forschungsstation, der Neumayer V, bringt. Von da aus könnten Sie dann mit dem wöchentlichen Versorgungsflug via Patagonien nach Buenos Aires kommen, kein Problem“; meinte jetzt der Kapitän lächelnd. „Nur leider ist unser Helikopter derzeit nicht in der Lage, diese Distanz zu schaffen, Sie müssten also noch ein oder zwei Tage bei uns bleiben“, ergänzte der Kapitän. „Können wir jetzt zu unserem Jungen?“ fragte Miguel Armadillo. „Aber sicher doch. Momentan schläft er allerdings. Und wegen der Schmerzmittel wird er auch in wachem Zustand nicht allzu viel mitbekommen, also seien

Sie nicht enttäuscht, falls er Sie nicht erkennen sollte oder so etwas. Das gibt sich wieder, aber es dauert!" sagte der Schiffsarzt jetzt aufmunternd. Ihre Forschungsprojekte konnten sie wohl erst mal vergessen, jedenfalls schien es so. Doch das Blatt sollte sich schon bald wenden. Doch leider nicht zum Positiven.

Antarktis, Königin-Maud-Land, Neumayer V-Station, 15.23h

„Können wir den Jungen da noch unterbringen?" fragte Gundula Hauswald ihren Forschungsleiter Gerd Hengstmann, nachdem sie das Anliegen von Bord der Nisshin Maru empfangen hatte. „Hm, das ist zwar etwas ärgerlich, weil wir dann wieder auf ein paar Eisbohrkerne verzichten müssten, aber andererseits gehen Menschenleben immer vor. Am besten wäre es wohl daher, Du würdest sowohl der Nisshin Maru ihr Anliegen bestätigen, als auch der Esperanza Station ein E-Mail senden. Dann wissen die Bescheid, falls der Junge da noch mehr Verwandte haben sollte, oder ähnliches." Einige Minuten später rief Gundula Hauswald nach Gerd Hengstmann: „Gerd, ich verstehe das einfach nicht! Esperanza antwortet nicht; und das bei bestem Wetter! Keine atmosphärischen Störungen, kein Schneesturm, nichts! Ich habe es auch telefonisch und per Funk probiert, absolut nichts! Ob da was passiert ist?" „Hm, so was hatten wir mit den Argentiniern bisher nicht oft, eigentlich sind die immer sehr zuverlässig und kennen die Tücken dieser Landschaft viel besser als wir! Kannst Du mal in Buenos Aires anrufen?" „Schon geschehen, aber die wissen auch nichts! Ist doch seltsam; wer ist denn da gerade in der Nähe?" „Schau doch mal nach, ob Du Erik Gunnarson erreichen kannst. Vielleicht sucht der ja mal wieder einen ausgebüchsten Eisbären?" sagte Gerd Hengstmann, jetzt etwas nachdenklicher geworden. „Wenn wir in einer Stunde noch nichts von der Esperanza-Station gehört haben, dann schicken wir ihn auf jeden Fall hin. Denn dass die solange nicht erreichbar waren, kam bisher noch nie vor. Und frag mal Buenos Aires nach Satellitenbildern, das kann nie schaden", meinte jetzt Dr. Gerd Hengstmann, der wissenschaftliche Chef der Station Neumayer V. Neumayer V war nach dem deutschen Polarforscher Georg Neumayer benannt worden. Die Station war nach modernsten wissenschaftlichen Erkenntnissen so konstruiert worden, dass sie notfalls sogar mit hydraulisch angetriebenen Stelzenbeinen ihre Position verändern konnte. Ihre Vorgänger waren aufgrund technischer Defekte außer Betrieb genommen worden, doch diese mobile Wohnbüchse, die aus einer mehr als sechzig Meter langen Stahlröhre bestand, hatte bisher allen Anfechtungen des Wetters und auch menschlichen Versagens getrotzt. Ihre Bewohner waren hart gesottene und abgeklärte Forscher, die hier meist nur für eine Saison tätig waren, um für verschiedenste Institute zu forschen. Zurzeit genossen sie den antarktischen Sommer, und ihre Tätigkeiten hatten wegen milder und günstiger Wetterlagen die Höchstform erreicht. Und es war ja auch ganz nett, ab und zu nachbarschaftliche Beziehungen zu pflegen, auch wenn die Esperanza-Station gerade kein Problem haben sollte. Die Welt schien für die Besatzung von Neumayer V in Ordnung zu sein. Da wäre so ein wenig Abwechslung von der Sommerroutine durchaus ganz nett.

Antarktis, Südliches Weddell-Meer, nahe dem Filchner-Ronne-Schelfeis, 15.44h

Dr. Erik Gunnarson war ein dänischer Polarforscher, der eine ausgesetzte Gruppe von zehn Eisbären betreute, welche alle mit Peilsendern ausgerüstet worden waren, um herauszufinden, ob man ihre Art durch eine Umsiedlung von der Arktis in die Antarktis erhalten könnte. Denn mittlerweile war das Schelfeis am Nordpol eine solche Ausnahmeerscheinung geworden, dass die dortigen Bestände an Eisbären enorme Verluste zu verzeichnen hatten. Immer mehr Eisbären ertranken mangels geeigneter

Eisschollen im Meer, und für die verbliebenen Exemplare reichte der immer knapper werdende Lebensraum einfach nicht mehr aus. Zuerst hatten alle über diesen 32 Jahre jungen Ausnahmeforscher gelacht, doch hatte ihm der Erfolg anscheinend Recht gegeben. Dieses Jahr waren nämlich erstmalig zwei junge Eisbären in der Antarktis geboren worden, welche den Verlust von zwei Tieren während des letzten antarktischen Winters ausgeglichen hatten. Die Eisbären störten das antarktische Ökosystem bisher nicht, doch war Dr. Gunnarson natürlich bestrebt, seine Anfangspopulation möglichst von den Brutgebieten der Pinguine fernzuhalten. Allerdings schienen sich die Eisbären bisher zumindest nur wenig aus Pinguinfleisch zu machen. Denn eher versuchten sie sich an den zahlreich vorkommenden Weddell-Robben, was Dr. Larsson bereits vom Helikopter aus dokumentieren konnte. Darüber hinaus befuhr er auch mit einem kleinen Boot die Küste, falls der antarktische Sommer diese etwas freigab. Und weil dieses zurzeit der Fall war, war er mit seinem Motorboot zu eben dieser Zeit im Weddell-Meer unterwegs, da einer seiner Bären Richtung Graham-Land aufgebrochen war. Eines der trächtigen Weibchen natürlich. Das Tier war über das Filchner-Ronne-Schelfeis Richtung Westen gewandert und würde auf diesem Wege die Antarktische Halbinsel erreichen. Das war dem Forscher gar nicht so recht, denn zum einen wohnten dort – in der argentinischen Esperanza-Station – ganzjährig mehr als einhundert Menschen, zum anderen überstieg der Wandertrieb dieses Tieres auch das Limit seines Peilsenders. Und nichts wäre schlimmer, als wenn er das Tier nur noch sporadisch per Satellit lokalisieren könnte. Denn dann konnte man auch entlegene Siedlungen nicht mehr zeitnah warnen, falls das einmal nötig sein sollte. Und auf keinen Fall wollte er den Abschuss des Tieres durch erzürnte Nachbarn riskieren. Denn gerade die Argentinier hatten sein Projekt überhaupt nicht gutgeheißen, weshalb allein sein Name bei ihnen bereits so eine Art Fluchwort geworden war. Was man ihm natürlich brühwarm mit einiger Verzögerung gesagt hatte, denn die antarktische Welt der Kommunikation war eine außerordentlich kleine, in der man nichts sagen konnte, ohne dass es die anderen nicht doch spätestens eine Woche später erfuhren. Deshalb war Dr. Erik Gunnarson jetzt auch sehr „begeistert" davon, mit seinem leistungsstarken und eissicheren Motorboot einen Tagesausflug zur Esperanza-Station unternehmen zu sollen. Nun, etwas Gutes hatte der Ausflug aber doch: Er bekam viele Weddel-Robben und Pinguine zu sehen, die er mit dem Lärm seines Motorbootes rein zwangsläufig aufscheuchte. Und wenn ihn sein Peilsender nicht trog, dann hatte sein Eisbärenweibchen bereits festes Graham-Land unter seinen Pfoten, was bedeutete, dass er sowieso nur durch einen Felsgrat von der Esperanza-Station getrennt seinem Bären nachlaufen musste. Aber der Weg um die Spitze des Graham-Landes war natürlich auch für ihn ein erheblicher Umweg. Doch soeben hatte er die beunruhigende Nachricht erhalten, dass die Esperanza-Station sich offenbar gar nicht mehr auf irgendwelche Anfragen meldete. Und der Satellit würde die Station erst am frühen Abend anpeilen können. Somit war er nun im Falle eines Notfalles die einzige Hoffnung für die unfreundlichen Nachbarn, wie er sie einmal kurz nach seiner Ankunft genannt hatte. Denn zu seiner Begrüßung hatten sie zunächst gegen sein Vorhaben protestiert. Und damit nicht genug: Sie hatten ihm auch mit dem Abschuss seiner Eisbären gedroht, falls diese der Esperanza-Station eines Tages zu nahekommen sollten. Und genau das geschah jetzt! Nun, so überlegte er jetzt, vielleicht sollte man einfach die Gunst der Stunde nutzen, und es zumindest versuchen, einmal mit den Argentiniern zu reden. Seine Frau Grit war jetzt gerade unter Deck gegangen und versuchte es wieder, die Esperanza-Station per Schiffsfunk zu erreichen, als es plötzlich in den Lautsprechern des kleinen Bootes knackte. „May Day, May Day, Esperanza is calling, does anyone hear us? Many are dead, lost or wounded, may day..." Wie elektrisiert lauschten sie dem aufgefangenen Funkspruch, dann verstummte der Kontakt so plötzlich, wie er hereingekommen war. Ab und zu knackte es jetzt und es kam zu statischem Rauschen, doch die andere Seite antwortete nicht mehr auf Anfragen jeglicher Art. Deshalb nahm Grit Gunnarson jetzt Kontakt zur Neumayer V Station auf und teilte den Inhalt des kurzen Kontaktes mit. Nach einer kurzen Abstimmung einigten sie sich dann darauf, dass sie mit ihrem Mann Erik jetzt mit Hochgeschwindigkeit Kurs auf die Esperanza Station nehmen sollte, während Neumayer V einen Helikopter schicken würde. Allerdings war dieser gerade im östlichen Teil des Königin-Maud-Landes unterwegs, weshalb sie wahrscheinlich als erste die Esperanza-Station erreichen würden. Sie konnten nicht ahnen, welches Grauen dort auf sie lauern würde. Erik nahm jetzt einen westlichen Kurs auf das offene Weddell-Meer, um den Weg abzukürzen. Das hatte jedoch zur Folge, dass die See jetzt etwas rauer wurde, weshalb seine Frau sich bald übergeben würde. Doch was blieb ihm jetzt anderes übrig? Bald schon würde sich Grit Gunnarson aus ganz anderen Gründen übergeben, aber das konnten sie beide noch nicht ahnen.

Antarktis, Fanggebiet der japanischen Walfangflotte im Ross-Meer, 16.25h
Es war genau 16.25h, als Annika Wagner die Nisshin Maru sichtete. Das Fabrikschiff der japanischen Walfangflotte war nur als dunkle Kontur vor dem Horizont zu sehen, doch hatten sie das Schiff aufgrund seiner Silhouette eindeutig identifizieren können. Sie nahmen jetzt einen östlichen Kurs, um dem etwas langsameren Fabrikschiff der Japaner den Weg abzuschneiden. Außerdem teilten sie der Rainbow-Warrior II ihren aktuellen Bericht zur Lage mit. Denn ihren Angriff konnten sie erst starten, wenn sie die Rainbow-Warrior als Lebensversicherung in ihrer Nähe hatten. Denn sie konnten nicht darauf hoffen, von erzürnten japanischen Walfängern aus einer selbstverschuldeten Seenot heraus gerettet zu werden. Und außerdem waren Dave Sadler und sein Team auch ganz einfach zu stolz dazu. Die Robert Hunter II änderte jetzt ihren Kurs. Und das bedeutete in jedem Fall ganz einfach eines: Verdruss für alle Beteiligten.

Antarktis, Fanggebiet der japanischen Walfangflotte im Ross-Meer, an Bord der Nisshin Maru, 17.05h
Der Kapitän Takashi Sato näherte sich mit besorgtem Blick der Krankenstation, wo Miguel und Juanita Armadillo nachdenklich am Bett ihres Sohnes Pepe` saßen. „Ich will Sie beide ja nicht stören, aber es gibt leider Neuigkeiten. Besorgniserregende Neuigkeiten." Jetzt hatte der Kapitän plötzlich die ungeteilte Aufmerksamkeit der beiden Eheleute Armadillo, die vorher fast schon apathisch am Bett ihres schwer verletzten Kindes gesessen hatten. „Wir haben vorhin eine Mitteilung der Station Neumayer V bekommen, dass die Esperanza-Station einen Notruf gesendet haben soll. Angeblich soll es viele Tote und Verletzte geben, Näheres wissen wir aber noch nicht. Die Deutschen sind bereits auf dem Weg zur Esperanza-Station, aber wahrscheinlich können sie erst heute Abend da sein." „Mein Gott, Alvarez!" rief jetzt Miguel. Denn die Elite der argentinischen Polarforscher hatte sich bei seinem Kollegen getroffen; sie hielten gerade eine wichtige Tagung ab. Und die Armadillos selbst hatten viele wichtige Forschungsdaten und andere Sachen in der Station liegen. Sollten sie ihre Sachen verloren haben, so würden sie bald den Status von Obdachlosen und Mittellosen haben, denn sie hatten erst kürzlich den Rest ihrer Habe aus Buenos Aires zur Esperanza-Station bringen lassen. Sie lebten dort, und auch ihr Sohn Pepe` war dort geboren worden, womit dieser einer der wenigen in der Antarktis geborenen Menschen war, die man immer noch an einer Hand abzählen konnte. Aber viel quälender war die Ungewissheit,

was aus den vielen Freunden und Kollegen sowie deren Familien geworden war. Viele Tote! Beide schauderten, und obwohl sie als Forscher nicht unbedingt zu den religiösen Vertretern ihres kleinen Dorfes zählten, bekreuzigten sich jetzt beide unwillkürlich, und Juanita betete spontan einen Rosenkranz. Normalerweise hätte Miguel hierüber nur mit dem Kopf geschüttelt, aber jetzt murmelte selbst er unwillkürlich ein Vaterunser. Ob die Geschehnisse etwas mit ihren Messungen zu tun hatten? Was war nur passiert? „Und da ist noch etwas, wobei ich vielleicht in Kürze Ihre Hilfe brauche. Wir bekommen Besuch. Sie kennen doch diese radikalen Tierschützer?" Beide nickten stumm. „Sie haben uns gefunden und wollen uns den Weg abschneiden. Und leider sind sie bedeutend schneller als wir mit unserem alten Schiff. Und das gibt in jedem Fall Ärger, aber sie kennen das ja aus den Medien." Juanita entgegnete darauf: „Danke Kapitän, bitte halten Sie uns weiter auf dem Laufenden. Wenn wir mit den Leuten reden sollen, dann sagen Sie ruhig Bescheid. Vielleicht können wir ja etwas vermitteln, um uns mal mit etwas anderem abzulenken. Dieses Warten und Herumsitzen macht mich nämlich langsam wahnsinnig!" Miguel nickte bestätigend. „Danke für Ihr Angebot, aber das ist es ja, was uns Sorgen bereitet. Denn normalerweise funken Sie uns an und stellen Forderungen und Ähnliches. Doch diesmal sind sie mit zwei Schiffen gekommen. Und sie halten Funkstille. Und das ist es, was uns irritiert! Keine Forderung, aber ein klarer Kurs auf unser Schiff. Wir werden sie weiter beobachten und in Kürze unseren Kurs etwas ändern, denn die Kaiko Maru wird uns bald zur Beute bringen. Ich sage Ihnen Bescheid, falls es soweit ist und ich Sie brauchen sollte. Bis später!" Höflich zog sich Kapitän Takashi Sato jetzt auf die Brücke zurück. Dort gab es inzwischen Neuigkeiten. Allerdings keine guten.

Antarktis an der Bahia Esperanza, Esperanza Station, 20.07h
Die Sonne des polaren Sommertages stand niedrig wie immer im Sommerhalbjahr dicht über dem Horizont. Sie erhellte die gespenstische Szenerie nicht wirklich, die sich nun den aus Norden kommenden Ersthelfern am Unfallort bot. Milde Sonnenstrahlen, welche das gesamte Areal in ein diffuses grelles Licht tauchten, welches durch dichte Nebelschwaden aufgesaugt wurde. Hatte die Esperanza-Station sonst etwa 70 rötliche Gebäude aufgewiesen, so standen von diesen nur noch drei an dem Platz, wo man sie ursprünglich aufgestellt hatte. Insgesamt hatte die Schlammflut 29 Gebäude komplett ins Meer gespült, wo sie mitsamt ihren Bewohnern in den eisigen Fluten versunken waren. Auf der ruhigen Meeresoberfläche der Esperanza-Bucht trieben Trümmer und Wrackteile aller Art; menschliche Leichen gab es jedoch nicht zu sehen, da diese in den versunkenen Häusern eingeschlossen waren. Etwa in der Mitte der Siedlung ergoss sich ein steter Strom aus kochendem Schlamm ins Meer und zeichnete eine braune fächerförmige Struktur an die Meeresoberfläche, welche fast die gesamte Bucht bedeckte. Zwei Häuser waren vermutlich durch elektrische Kurzschlüsse abgebrannt, und die restlichen Häuser waren entweder stark beschädigt oder umgestürzt. Hilflos lagen sie auf der Seite oder sogar auf dem Dach, und man musste kein Hellseher sein, um zu begreifen, dass hier vor kurzem eine echte Tragödie stattgefunden hatte. Der Nebel kam dadurch zustande, dass der Dampf der kochenden Schlammmasse an der deutlich kälteren Luft kondensierte, und so war die ganze Bucht vom Nebel verschluckt worden. Daher konnten Erik Gunnarson und seine Frau Grit von See her kommend nicht erkennen, was die Ursache für den merkwürdigen Küstennebel war. Als ihnen das Navigationsgerät schließlich den Ankerplatz für Boote anzeigte, erlitten sie den ersten Schock: Einen Bootsanleger gab es nicht mehr; stattdessen lagen Holzplanken am Ufer, und überall trieben Reste des Anlegers im Flachwasser des Ufers. Das Wasser dampfte

hier besonders stark, weshalb Erik Gunnarson vorsichtig ein Thermometer ins Wasser hinabließ, welches er auch immer für seine sonstigen Forschungen verwendete. Er erschrak, als er es abgelesen hatte: 33.o23Grad Celsius, das war ja so warm wie Badewasser! Vorsichtig umschifften sie den geborstenen Bootsanleger, brachten das Boot parallel zum Ufer in Stellung, und Erik Gunnarson sprang an Land. Hier wäre er fast bis zu den Knien im Schlamm versunken, der ebenfalls warm war. Deshalb watete er vorsichtig zurück zum Boot und sie ankerten etwas weiter links von dieser Stelle, wo der Boden ihnen fester erschien. Sie nahmen ihr GPS-Gerät mit, markierten die Stelle ihres Bootes und nahmen außerdem ein tragbares Funkgerät mit, über welches sie auch mit dem Helikopterpiloten sprechen konnten. Dieser war jedoch noch mehr als zwei Flugstunden entfernt, so dass Erik und Grit sich jetzt beide sehr vorsichtig über das neblige Terrain tasteten. Beide trugen schwere gefütterte und wasserdichte Stiefel und kamen deswegen nur langsam vorwärts. Zuerst stießen sie auf ein Haus, welches auf der Seite lag. Sie besahen sich das Haus von allen Seiten und riefen nach den Bewohnern, als sie ein schwaches Klopfen an einem der Fenster wahrnahmen. Vorsichtig näherten sie sich dem Fenster und sahen ein etwa zwölf Jahre altes, schwarzhaariges Mädchen hinter der kleinen Scheibe kauern. Das Fenster hatte sich offenbar verklemmt, war sehr dreckig und ließ sich nicht öffnen. Die blonde Grit Gunnarson lächelte dem Mädchen vorsichtig zu, worauf das Kind mit heftigem Winken reagierte. Dann inspizierten sie das Haus von allen Seiten und fanden rasch heraus, dass das Gebäude auf der Haustür lag. „So eine verdammte Scheiße!" fluchte jetzt Erik Gunnarson. „Wie sollen wir denn dieses Haus aufbekommen? Mit dem Büchsenöffner etwa?" „Gar keine dumme Idee", warf jetzt Grit leichthin ein. „Ich hole mal eben den Bolzenschneider vom Boot, damit lässt sich bestimmt irgendein Blech aufhebeln." „Gut Grit, mach das! Und ich schaue mal, ob ich diese Hütte gegen das Wegsacken sichern kann. Denn es ist hier ganz schön abschüssig, nur zwanzig Meter zum Meer. Nicht, dass das Haus noch im Meer landet!" Grit rannte los und kam zehn Minuten später keuchend vor Anstrengung wieder. In dieser Zeit war das Haus bereits zwei weitere Meter Richtung Meer gerutscht. Verzweifelt hatte Erik Gunnarson nach Steinen gesucht, um die Rutschpartie zu beenden, doch das Haus war schneller gerutscht, als er Steine besorgen konnte. Immerhin hatte er jetzt zwei etwa dreißig Kilogramm schwere Brocken an der schmalen, dem Meer zugewandten Seite des Hauses platziert, wodurch das Rutschen zumindest leicht verlangsamt wurde. Doch unter dem Haus floss ein dünnes Rinnsal warmen Wassers Richtung Meer. Jetzt nahm Erik den Bolzenschneider und wies Grit an, Holzplanken und anderes vor das Haus zu werfen, um so seine Fahrt zu verlangsamen. Dann zeigte er dem Mädchen den Bolzenschneider, zeigte auf das Fenster und bedeutete ihr, sich davon zurückzuziehen, was das Kind auch machte. Nur noch fünfzehn Meter bis zum Ufer; der gesamte Hang schien langsam, aber stetig abzurutschen. Erik holte mit dem Bolzenschneider aus und zertrümmerte das Fenster. Dann begann er damit, den Fensterrahmen und das Blech um den Rahmen auszuschneiden, was nur sehr schwer ging; das Kind war merkwürdig ruhig. Dann zückte er seine Taschenlampe und leuchtete ins Innere der Hütte. Eine erwachsene Frau lag seltsam verdreht in einer Ecke, ein kleines etwa drei Jahre altes Kind lag schreiend daneben. Das zwölfjährige Mädchen reichte Erik jetzt das Kind an, dann bedeutete es ihm, ihr selbst aus der rutschenden Hütte zu helfen. Noch zehn Meter bis zum Ufer. Er zog das Mädchen aus der Hütte, wobei er sich am geborstenen Metall des Fensterrahmens den linken Unterarm aufschnitt. Dann fragte er das Mädchen nach der Frau am Boden der Behausung, doch das Mädchen schüttelte nur resigniert mit dem Kopf. Schließlich hatten sie das Mädchen geborgen, noch acht Meter bis zum Wasser.

Erik erweiterte nun mühsam die Öffnung und kletterte dann vorsichtig in die Hütte. Er fasste die Frau an die Halsschlagader und meinte, einen schwachen Puls zu fühlen. Vorsichtig fasste er sie unter den Achseln an und hob sie dem geborstenen Fenster entgegen, wo Grit ihm die Frau nun mühsam abnahm. Noch zwei Meter bis zum Wasser. Dann stieg er extrem vorsichtig aus, wobei er sich fast noch das rechte Bein aufgerissen hätte, wovor ihn jedoch ein Warnruf des Mädchens bewahrte. Er war gerade mit der Hüfte aus der Hütte ausgestiegen, als das Haus ohne weitere Vorwarnung ins Wasser abrutschte, während die anderen sich mit Grit zusammen auf ein etwas höher gelegenes Terrain gerettet hatten. Und in diesem Moment spürte Erik das erste Mal in seinem Leben so etwas wie echte Panik und Todesangst aufsteigen, die dadurch gesteigert wurden, dass er im Wasser unter dem Nebel merkwürdige Schatten zu sehen glaubte. Warteten hier bereits die Eishaie auf ihn? Er hatte es bereits einmal mit ansehen müssen, wie diese am Nordpol binnen Minuten ein komplettes Walross verspeist hatten. Würde er jetzt auch so enden? Er bildete es sich zwar ein, vor dem Tod keine Angst zu haben; aber das war etwas ganz anderes, als lebendigen Leibes gefressen zu werden! Eine qualvolle Ewigkeit lang fühlte er, wie das Haus langsam unter ihm voll Wasser lief; wie gelähmt hing er halb in der Fensteröffnung. Ob das Blut aus seinem Unterarm die Eishaie noch anstacheln würde zur feeding-fancy, zum berüchtigten Fressrausch der Haie? Oder war er heute nur deren Nachspeise, da sie sich vorher schon mit Argentiniern satt gefressen hatten? Er wusste es nicht, er wusste plötzlich nur noch eines: Raus hier und weg!

Antarktis, Fanggebiet der japanischen Walfangflotte im Ross-Meer, an Bord der Robert Hunter II, 20.58h

Dave Sadler rief jetzt über das Bordmikrofon: „Bitte alles festhalten, Roger setzt jetzt unseren Jolly Roger, und dann werden wir den ersten Rammstoß mittschiffs der Nisshin Maru ausführen. Wie Ihr ja alle wisst, haben wir unseren Rumpf extra für dieses Manöver etwas härten und anspitzen lassen. Ich denke, nach drei bis fünf solchen Treffern wird die Nisshin Maru so schwer beschädigt sein, dass sie nachhause abdampfen muss. Roger, weht unsere Flagge?" Die Antwort kam jetzt per Megafon: „Aye aye Kapitän, der Jolly Roger weht jetzt über unserer Brücke!" Tatsächlich war jetzt auch von Bord der Nisshin Maru aus die Totenkopfflagge der Walschützer deutlich zu sehen, deren Totenschädel jedoch den Schädel eines erlegten Großwales darstellte. Bisher hatte die Robert Hunter II es abgelehnt, die Funksprüche der Nisshin Maru zu beantworten. Nun aber funkten sie selber den verhassten Walfänger an: „Hier spricht das freie Prisenkommando der Robert Hunter II an die Crew der Nisshin Maru! Unsere Namen tun nichts zur Sache. Wir werden Sie in Kürze rammen. Und zwar solange, bis Sie in Ihren Heimathafen zurückkehren. Falls nicht, setzen wir die Angriffe gegen Sie fort, bis wir oder Sie sinken. Es lebe das Lied der Wale!" Jetzt ließen sie Walgesänge über ihre Lautsprecher an Deck abspielen, die auch an Bord der inzwischen nur noch wenige Dutzend Meter entfernten Nisshin Maru zu hören waren. Und dann riss Dave Sadler den Gashebel für volle Fahrt voraus nach hinten, während er mit dem Bug der Robert Hunter II die Mitte der verhassten Nisshin Maru anvisierte. Nur noch zehn Sekunden bis zur Kollision. Alle trugen jetzt Schwimmwesten und waren auf das Schlimmste gefasst. Und die eigentlich völlig seefeste Annika Wagner stand mittschiffs an der Reling und kotzte ins Meer, was sie den ganzen gespannten Tag über an Wut und Frustration in sich hineingefressen hatte. Würde sie heute zum letzten Mal „seekrank" gewesen sein?

Antarktis an der Bahia Esperanza, Esperanza Station, 21.00h

Erik Gunnarson stand jetzt auf der Seite des sinkenden Hauses wie ein Seeheld, dessen Schiff unter ihm in den eisigen Fluten versinkt. Instinktiv lief er jetzt los wie ein Sprinter und hechtete über eine Distanz von mehr als drei Metern ans rettende Ufer, wo Grit ihm sofort entgegeneilte und ihn auf das rettende Ufer zog. Dann eilten die beiden zu den von ihnen Geretteten und untersuchten diese aufmerksam. Das zwölfjährige Mädchen und das Kleinkind waren fast unverletzt und hatten nur ein paar leichte Beulen und Schrammen, doch die Mutter der beiden atmete nur noch schwach. Außerdem hatte sie eine Kopfverletzung und schien sich mindestens das rechte Bein gebrochen zu haben. Deshalb schafften sie erst die Mutter und dann die beiden Kinder schnell an Bord ihres Motorbootes, wo Grit sie alle mit unter Deck nahm. Dort kümmerte sie sich so gut es eben ging um die drei, während Erik wieder an Land gesprungen war, um nach weiteren Überlebenden zu suchen. Soeben hatte er am Ufer seinen Bolzenschneider wieder gefunden, als bereits das nächste Haus wie auf einem unsichtbaren Fließband liegend direkt auf ihn zu gerutscht kam. Doch die Tür dieses Hauses stand sperrangelweit offen, während das Haus selbst umgekehrt auf dem Dach lag. Schnell inspizierte er das Haus, doch es war leer. Blubbernd versank es im Meer, als er noch ein weiteres Haus heranrutschen sah. Schnell eilte er dazu, es war ihm, als ob die Häuser von einem großen Förderband aus Schlamm ins Meer gezogen würden. Er leuchtete mit seiner Taschenlampe hinein und sah einen Mann und eine Frau, die unter schweren Möbeln zerquetscht worden waren. Sie gaben kein Lebenszeichen von sich. Er schlug ein Fenster ein und lauschte, aber er konnte weder Atmen noch Stöhnen vernehmen. Auch war der Kopf des Mannes seltsam verdreht, was auf einen Genickbruch hindeutete. Der Kopf der Frau war offensichtlich zerquetscht worden, da ein schwerer Stahltresor auf sie gefallen war. Er konnte Teile ihrer Gehirnmasse sehen. Schnell wandte er sich ab und übergab sich an Ort und Stelle. Dann rutschte auch dieses Haus ins Meer und versank fast lautlos in einem Ozean, dessen Bewohner auch einer kleinen menschlichen Zusatzmahlzeit nie ganz abgeneigt waren.

Antarktis, Fanggebiet der japanischen Walfangflotte im Ross-Meer, an Bord der Nisshin Maru, 21.02h

Mit einem ohrenbetäubenden Knirschen bohrte sich der Bug der Robert Hunter II mittschiffs unter dem lauten Jubel seiner Besatzung in den alten Stahlkörper der Nisshin Maru. Annika Wagner wurde von dem heftigen Ruck des Schiffes und der danach einsetzenden heftigen Krängung der Robert Hunter II um etwa zwanzig Grad einfach über Bord geschleudert. Der Ruck, der durch das ganze Schiff ging, war so heftig, dass sie sich nicht mehr halten konnte. Ironischerweise waren es aber nicht die Leute von der Robert Hunter II, die ihr Überbordgehen bemerkten, sondern eine Bordwache der Nisshin Maru, die oben an der Reling stand. Genau genommen war es auch keine reguläre Bordwache, sondern Juanita Armadillo, die angespannt gemeinsam mit ihrem Mann Miguel den Angriff der Öko-Terroristen beobachtet hatte. Schnell lief sie jetzt zum nächsten Rettungsring und warf ihn zu Annika Wagner in das eiskalte Wasser. Annika ergriff den Rettungsring und zögerte; sollte sie sich jetzt von dem verfluchten Walfänger retten lassen? Sie rang kurz mit sich, dann gab sie sich einen Ruck und ließ sich willig von einigen japanischen Seeleuten aus dem Wasser ziehen, während die Robert Hunter II beidrehte und jetzt einen Parallelkurs eingeschlagen hatte, um Schäden am Schiffskörper des Walfängers besser sehen zu können. Dave Sadler sah durch das Fernglas, zuerst grinste er zufrieden, als er eine kleine Delle im gegnerischen Schiffsrumpf bemerkte, dann fluchte er in das Bordmikrofon: „Verdammt, Annika

Wagner ist über Bord gegangen, Shit! Der Japaner hat sie rausgeholt. Damit haben sie jetzt eine Kriegsgefangene!“ Alle schwiegen betreten. Dann beschlossen sie, zunächst Kriegsrat zu halten. Am Ende verabredeten sie dann, erst den morgigen Tag für weitere Aktionen abzuwarten. Denn sie hatten auch noch einige andere Überraschungen auf Lager. Wenn Annika nichts verriet. Sie hofften jetzt das Beste.

Antarktis an der Bahia Esperanza, Esperanza Station, 21.25h

Erik Gunnarson hörte den Helikopter von Neumayer V als Erster. Das Problem war, dass weder Erik noch Grit das Gelände der Esperanza Bucht je betreten, geschweige denn gesehen hatten. So tappten sie jetzt ziemlich hilflos durch den Nebel, riefen nach Überlebenden und hielten den Funkkontakt mit dem Hubschrauber. Doch auch der Pilot wusste nicht, wo er in der Waschküche sicher landen sollte. So einigte er sich schließlich mit Erik darauf, den vom Meer aus gesehen rechten Teil der Bucht anzufliegen und dort am Ufer zu landen. Erik war zusammen mit Grit zurück zum Boot geeilt, und so waren sie nun langsam zum rechten Rand des Nebelfeldes gefahren, wobei Grit sich um die drei Geretteten gekümmert hatte. Bei den Dreien handelte es sich um die Familie Rodriguez, die aus der Tochter Sofia, dem kleinen Sohn Sanchez und aus der Mutter Christiana bestand. Christiana Rodriguez war ironischerweise als Ärztin auf der Esperanza-Station angestellt gewesen, war aber durch den Absturz ihres Hauses als eines der ersten Opfer des Schlammrutsches mit wirklich schweren Verletzungen zu beklagen gewesen, welches so selbst niemand anderem mehr helfen konnte. Der zweite Arzt der Esperanza-Station war gemeinsam mit seiner Ehefrau in dem Haus gewesen, in dem Erik Gunnarson die beiden Leichen gesehen hatte, womit auch dieser niemandem mehr helfen konnte. Auf der linken Seite der Bucht schien niemand mehr am Leben zu sein, Erik war daran fast verzweifelt. Er hatte noch einige Tote gesehen, bevor der Hubschrauber kam, und auch seiner Frau Grit waren diese Anblicke nicht erspart geblieben. Sie würden das beide niemals vergessen. Als der Helikopter schließlich langsam und tastend landete, schälten sich schon nach wenigen Minuten einige Gestalten aus dem Nebel, die eher wie Untote denn wie lebendige Menschen wirkten. Darunter waren auch einige verstörte Kinder, die zur Zeit des Unglücks gerade Unterricht in der Schulbaracke gehabt hatten. Diese, die Post und ein einzelnes Wohnhaus, welches ebenfalls hier rechts auf einem kleinen Hügel stand, waren von der Schlammflut verschont worden und hatten als einzige ihre Position bisher nicht verändert. Die übrigen Häuser waren entweder beschädigt oder umgeworfen worden und die meisten von ihnen waren nicht mehr bewohnbar. Von über einhundert Bewohnern der Esperanza-Station hatten insgesamt nur dreiundvierzig die Katastrophe überlebt. Der Rest war tot oder galt jetzt offiziell als verschollen, da man die Ertrunkenen ja nicht bergen konnte. Auch der Mann von Christiana Rodriguez war unter den Toten, doch war die Ärztin immer noch nicht zu Bewusstsein gekommen und ahnte nichts von ihrem Verlust. Als Erik Gunnarson und der Pilot jetzt mit den Überlebenden redeten, wurde allen schnell das ganze Ausmaß der Katastrophe deutlich. Denn hier, in der Bahia Esperanza, konnte niemand mehr wohnen, geschweige denn leben. Und als jetzt Erik danach fragte, wer denn den Funkspruch um Hilfe in den Äther geschickt habe, erhielt er nur ein stummes Kopfnicken als Antwort, das Richtung Meer deutete. Der Funker war ein Amateurfunker gewesen, der in seinem Haus eingeschlossen langsam ins Meer gespült worden war. Er hatte bis zuletzt um Hilfe gefunkt, und Erik Gunnarson und seine Frau Grit waren die letzten gewesen, die seine Stimme gehört hatten, bevor sie für immer verstummte. Allen lief ein kalter Schauder über den Rücken, dann brachten sie Betten und Matratzen aus den umgestürzten und unbewohnbaren

Häusern zusammen und verteilten diese auf die noch intakten drei Häuser, um hier wenigstens übernachten zu können. Sie hatten insgesamt drei Schwerverletzte ohne die bewusstlose Ärztin, die sie erst einmal notdürftig versorgt hatten. Inzwischen hatte Gerd Hengstmann von Neumayer V den Walfänger Nisshin Maru angefunkt, und der Kapitän hatte ihm versprochen, ein Schiff seiner kleinen Flottille zu schicken, um so schnell wie möglich einen Abtransport der Schwerletzten, aber vielleicht auch der anderen Überlebenden nach Patagonien und damit Richtung Argentinien möglich zu machen. Eine Entscheidung, die Dave Sadler und seinem Team sehr entgegenkommen sollte.

Antarktis, Fanggebiet der japanischen Walfangflotte im Ross-Meer, an Bord der Robert Hunter II, 22.52h

Im Lauf des nächsten Tages würde die Kaiko Maru also keine Wale jagen, weil ein anderes Schiff der Japaner Menschen der Esperanza-Station retten sollte, was das Image der japanischen Walfänger nicht unbeträchtlich aufpolieren würde. Und was die Aktionen der radikalen Tierschützer zunächst unmöglich machen würde, da die japanische Walfangflotte die Waljagd jetzt offiziell für einige Tage einstellen würde. Doch aufgeschoben war ja nicht aufgehoben, und so überlegten die Tierschützer um Dave Sadler, wie sie die japanische Walfangflotte in dieser Zeit des Waffenstillstandes trotzdem demoralisieren konnten. Und das taten sie jetzt, in dem sie sich mit der Rainbow Warrior II an die Nisshin Maru hängten und dauernd Walgesänge durch ihre Bordlautsprecher über das Meer klingen ließen. Alle halbe Stunde unterbrochen von Lautsprecherdurchsagen wie etwa „Walfang ist Tier Mord“ oder „Ihr seid hirnlose Tiermörder“. Das besonders Pikante an diesen Durchsagen war, dass diese mehrsprachig gesendet wurden. Sogar Spanisch und Japanisch gehörten zum Repertoire der Tierschützer. Und dieses Programm hielten sie Tag und Nacht durch, wobei es mal die Robert-Hunter II war, welche die Durchsagen brachte, und mal die Rainbow-Warrior II. Sie wechselten sich in zwölfstündigen Schichten damit ab, und die japanischen Besatzungen der Walfänger trugen bald nur noch Ohrenschützer, wenn sie an Deck arbeiten mussten. Doch das war nicht die einzige Gefahr, die den hilfswilligen Japanern drohte, wie sich bald herausstellen sollte.

Antarktis, Fanggebiet der japanischen Walfangflotte im Ross-Meer, an Bord der Nisshin Maru, 23.15h

Die aus dem Wasser gefischte Frau trieb den japanischen Kapitän des Walfängers Takashi Sato zur Verzweiflung. Denn nachdem man ihr trockene Sachen und etwas Warmes zum Trinken gegeben hatte, hatte sie sich geweigert, mit irgendeinem Mitglied der japanischen Besatzung zu reden. Sie starrte Kapitän und Offiziere nur mit einem verächtlichen Blick an und weigerte sich, ihren Namen zu nennen oder sonstige Angaben zu ihrer Person zu machen. Schließlich kam der Kapitän zu Juanita Armadillo und sagte: „Bitte, Sie haben sie aus dem Wasser geholt, indem sie ihr den Rettungsring gaben. Vielleicht redet sie ja mit Ihnen, Señora Armadillo. Wir wollen doch nur wissen, wie sie heißt, damit wir sie beim nächsten Hafen den Behörden übergeben können. Wir sind doch keine Unmenschen, oder so etwas.“ Juanita blickte nachdenklich drein, dann sagte sie: „Wissen Sie Herr Kapitän, ich hatte bei ihrer Rettung das Gefühl, dass diese Frau erst überlegt, ob sie sich überhaupt retten lassen würde. Vielleicht ist sie ja suizidgefährdet oder so etwas. Gut, ich werde mit ihr reden!“ Juanita folgte dem Kapitän in die Messe, wo Annika Wagner mit stoischer Miene an die Wand starrte und die Offiziere der Nisshin Maru einfach zu ignorieren versuchte. Als sie Juanita sah, huschte ein kurzer Anflug eines Lächelns über ihr Gesicht, doch versank sie daraufhin wieder in ihr stoisches Brüten. Da die Robert Hunter II den Schiffsfunk der letzten Tage belauscht hatte, wusste Annika Wagner sehr wohl, wen sie da vor sich hatte, ließ es sich aber nicht anmerken. Juanita bat nun die Offiziere und den Kapitän, sie mit der Unbekannten allein zu lassen, worauf sich diese respektvoll und höflich zurückzogen. Dann sagte Annika Wagner überraschend: „Danke, dass Sie mir den Ring zugeworfen haben. Wissen Sie, das alles ist nicht leicht für mich. Ausgerechnet diesen blöden Walfängern in die Hände zu fallen, das ist so ziemlich das Schlimmste, was mir passieren konnte.“ Mitfühlend sah Juanita sie jetzt an, und Annika Wagner vergrub den Kopf zwischen den Armen und begann plötzlich zu weinen, dann schluchzte sie: „Ach wissen Sie, ich war ja so blöd und ärgere mich jetzt über mich selbst! Kann ich denn wissen, dass unser völlig verblödeter Kapitän auf die Idee kommt, die Nisshin Maru zu rammen? Wir hätten doch alle dabei drauf gehen können! So ein verdammter Idiot!“ Jetzt überlagerte ein gut vorgespielter Zorn ihre Tränen und für einen Moment wirkte sie nicht mehr so hilflos, wie sie zu sein schien. Darauf sagte Juanita sanft: „Sehen Sie, die Japaner sind doch keine Unmenschen. Sie wollen nur Ihren Namen und Ihre Herkunft wissen, damit sie Sie im nächsten Hafen den Behörden übergeben können.“ „Wird man mich denn einsperren? Verdammt, ich will doch nicht in einem Drittweltland in den Knast kommen; schließlich habe ich doch nichts getan!“ jammerte sie jetzt. „Ich denke es nicht, dass man sie einsperren will. Der Kapitän möchte sie vielmehr als seinen Gast an Bord begrüßen. Die Japaner nehmen es da sehr genau mit ihrem Ehrenkodex. Oder meinen Sie etwa, dass der Kapitän es nötig hat, sich in irgendeiner Weise mit gefangenen Tierschützern zu profilieren? Im Übrigen ist er wirklich ganz nett, ihm verdanken wir das Leben unseres kleinen Sohnes!“ sagte jetzt Juanita. Darauf sagte Annika Wagner eine Weile nichts, dann entgegnete sie: „Ach wissen Sie, das kann man nicht ganz vergleichen. Denn Dave Sadler betrachtet das Ganze als so eine Art Feldzug gegen die Walfänger. Wir sind im Krieg, und ich habe jetzt die zweifelhafte Ehre, die erste Kriegsgefangene dieses Konfliktes zu sein. Wird man mich wohl unter Deck einsperren, wenn ich meinen Namen nenne? Ich nenne ihn nur, wenn ich wie ein Gast behandelt werde, und man mich zurück zur Robert Hunter II oder zur Rainbow Warrior II lässt. Sonst sage ich nichts. Und werde auch keine Nahrung mehr annehmen.“ Annika Wagner schwieg jetzt trotzig, und Juanita fühlte, dass diese Frau eine innere Stärke besaß, welche der ihren um Einiges überlegen zu sein schien. Sie schenkte Annika Wagner und sich einen Kaffee ein und sagte dann: „Gut, ich denke, ich werde dem Kapitän Ihre Bedenken vortragen. Warten Sie einen Moment hier auf mich, ja?“ Dann verließ sie die Messe und ging auf die Brücke, wo sie mit dem Kapitän sprach. Nach einer kurzen Beratung sagte er: „Wir werden sie wie einen Gast behandeln und sie sobald wie möglich auf ihr Schiff zurücklassen. Ich habe nämlich kein Interesse daran, dass man mir oder meiner Crew später Freiheitsberaubung vorwirft. Aber sie hat sich von allen sicherheitsrelevanten Anlagen des Schiffes fernzuhalten und muss damit leben, dass ich immer jemanden in ihrer Nähe lassen werde. Denn schließlich sind das ziemlich radikale Tierschützer; Sie haben es ja selbst gesehen, wozu die fähig sind.“ Kapitän Takashi Sato und Juanita Armadillo gingen nun gemeinsam zur Messe, und der Kapitän gab Annika Wagner nochmals seine Zusagen. Darauf sagte diese: „Vielen Dank für Ihre Aufrichtigkeit, Herr Kapitän. Auch wenn wir Kriegsgegner sind, so können wir uns doch wenigstens ehrlich und mit Respekt behandeln. Mein Name ist Angela Müller, ich komme aus Bremerhaven in Deutschland und hatte bis jetzt keine Ahnung davon, wie gefährlich und fahrlässig dieser Dave Sadler sein kann. Sehen Sie, er hat ohne Rücksicht auf eigene Verluste ein Rammmanöver gegen Ihr Schiff geführt, was mich fast umgebracht hätte. Deshalb würde ich es auch bevorzugen, mit der Rainbow Warrior II

zurückzufahren. Die Leute da sollen ja angeblich etwas netter sein als die Besatzung der Robert Hunter II. Es tut mir echt leid, dass ich Ihnen so viele Scherereien gemacht habe!"
„Schon gut, Frau Müller. Ich werde Ihnen gleich Ihr Quartier für die Nacht zeigen und mache Sie darauf aufmerksam, dass immer einer meiner Leute darauf sehen wird, was Sie hier so treiben. Eine reine Vorsichtsmaßnahme, sonst nichts. Und wenn er Ihnen den Zugang zu sicherheitsrelevanten Bereichen des Schiffes verweigert, bitte ich Sie darum, das als meinen Wunsch als Ihr Gastgeber zu akzeptieren, ist das klar?" „Geht klar, Herr Kapitän. Im Übrigen finde ich es gut, dass Sie diesen kleinen Jungen von der Esperanza-Station gerettet haben. Das spricht wirklich für Sie, auch wenn ich den Zweck Ihrer sonstigen Anwesenheit im Ross-Meer leider nicht gutheißen kann." Sie lächelte traurig, dann geleitete sie ein Matrose zu einer kleinen Kabine, wo sie übernachten konnte. Zu ihrer Überraschung fand sie dort ihre Sachen bereits gewaschen und getrocknet vor, beschloss aber erst einmal, jetzt etwas auszuruhen. Sie musste überlegen und über etwas nachdenken. Konnte man das Leben eines kleinen Jungen gegen das der Wale aufwiegen? Sie war sich nicht sicher. Mit ihrem Wachhund würde sie schon fertig werden. Aber erst wollte sie noch mehr über das Schiff herausbekommen. Morgen würde sie jedenfalls verlangen, jemanden in Deutschland, Bremerhaven, anrufen zu dürfen. Und dann würde sie zuschlagen. Plötzlich, unerwartet und wie aus heiterem Himmel. Dave Sadler und die anderen würden stolz auf sie sein. Würde der Japaner sie rechtzeitig enttarnen? Na ja, dachte sie etwas selbstgefällig, Angela Müllers gab es ja viele in Deutschland. Und bis der Kapitän begriffen hatte, was geschah, würde sie schon längst über alle Berge sein. Oder besser: Über alle Wasser. Wie auch immer, sie fühlte jetzt schon dieses unbestimmte Prickeln im Bauch, welches sie immer vor ihren Einsätzen spürte. Bald schon würde die 129 Meter lange Nisshin Maru nur noch Geschichte sein. Und sie wollte diejenige sein, welche diese schreiben würde. Annika Wagner schloss die Augen und schlief mit einem guten Gefühl ein. Der letzte Gedanke vor ihrem traumlosen Schlaf war der, dass sie sich sagte, dass die Nachwelt sie bestimmt nicht als Öko-Terroristin bezeichnen würde. Nein, sie wäre eine unsterbliche Ikone der Tierschutzbewegung. Wenn da nur nicht diese Argentinierin wäre. Die Einzige, die ihr unter Umständen wirklich gefährlich werden konnte.

02.Februar 2017, Donnerstag

Antarktis, Fanggebiet der japanischen Walfangflotte im Ross-Meer, an Bord der Robert Hunter II, 08.15h

Zur Überraschung der radikalen Tierschützer um Dave Sadler und Annika Wagner, welche als die ideologische Führerin der deutschen Aktivisten galt, hatte sich die Nisshin Maru soeben per Funk gemeldet und ihnen mitgeteilt, dass man Angela Müller an die Rainbow-Warrior II übergeben wolle. Erst hatten alle verständnislos dreingesehen, dann jedoch hatte es bei Dave Sadler Klick gemacht und er war darauf eingegangen. Für ihn war es völlig klar, dass Annika Wagner den Japanern einen falschen Namen genannt hatte. Denn hätten die Japaner begriffen, wen sie da aus dem Wasser gezogen hatten, dann hätten sie Annika Wagner mit Sicherheit nicht freigeben wollen. Schließlich hatte man sie wegen ihrer Aktionen vor drei Jahren aus Japan ausgewiesen, und nur wegen des Drucks der Öffentlichkeit war Annika Wagner nicht eingesperrt worden, nachdem sie Fangnetze von japanischen Delfinfängern erfolgreich zerstört hatte. Annika Wagner hatte damals mit ihrer Aktion, welche sie gemeinsam mit einheimischen Tierschützern durchgezogen hatte, zwar etliche hundert Delfine gerettet, war aber nach dem Abschluss der Aktion den japanischen Behörden ins Netz gegangen. Eigentlich war ihr

Gesicht in Japan stadtbekannt, doch uneigentlich hatte sie sich die Haare rot gefärbt und auch einige Strähnen in anderen Farben koloriert. Außerdem hatte sie sich zwischenzeitlich eine kleine Narbe unter dem linken Auge zugezogen, als sie bei einer Demonstration verletzt worden war. Als nun Dave Sadler den anderen Aktivisten erklärte, warum Annika Wagner ihren richtigen Namen verschwiegen hatte, waren diese sichtlich beeindruckt. Und da die Nisshin Maru jetzt wegen schlechten Wetters stark in der Dünung des nördlichen Ross-Meeres rollte, war an eine Übergabe von Annika Wagner ohnehin nicht zu denken. Deshalb kontaktierte Dave Sadler jetzt die Rainbow-Warrior II auf einer abhörsicheren Leitung und bat sie darum, die Übergabe von Angela Müller alias Annika Wagner möglichst um mehrere Tage zu verzögern, um ihr etwas Zeit für einen Sabotageakt zu verschaffen. Darauf sagte ihm Yves Arnaud, der französische Kapitän der Rainbow-Warrior II, zu, im Falle des Falles einen Motorschaden oder ähnliches vorzuschützen. Man werde sich aber in jedem Falle bereithalten, um Annika Wagner vielleicht aus einem Rettungsfloß oder ähnlichem retten zu können, falls das nötig wäre. Danach wollte es die Rainbow-Warrior II übernehmen, die Nisshin Maru weiterhin verbal zu attackieren, doch mussten sie die Beschallung wegen der rauen See bald einstellen. Die Windstärke betrug jetzt 6-7, und es wurde immer schwerer, die Wellen richtig abzureiten. Außerdem mussten sie ständig auf Treibeis achten, da dieses nicht immer leicht zu sehen war. Im Zweifelsfall ging ihre eigene Sicherheit vor.

Antarktis, Fanggebiet der japanischen Walfangflotte im Ross-Meer, an Bord der Nisshin Maru, 08.30h

Annika Wagner ging es nicht gut, denn sie hatte sich im kalten Wasser erkältet und schnupfte und nieste vor sich hin. Außerdem hatte sie sich eine Blasenentzündung zugezogen, was ebenfalls schmerzhaft war. Deshalb war sie noch vor dem Frühstück beim Schiffsarzt gewesen und hatte sich Medikamente geben lassen. Doch das Glück war ihr treu gewesen, denn der Schiffsarzt war ein deutschstämmiger Russe namens Sergej Schulenburg, der außer japanisch auch recht gut deutsch sprach, weil er in einer deutschstämmigen Familie in Kasachstan aufgewachsen war. Später war er dann auf die Halbinsel Kamtschatka nach Petropawlowsk gegangen, um dort auf einem großen Spezialschiff als Schiffsarzt an der Jagd auf Königskrabben teilzunehmen. Dort hatte er allerdings schnell lernen müssen, dass das auf einem veralteten russischen Boot ein lebensgefährliches Gewerbe war, was bei den Besatzungsmitgliedern oft Verletzungen verursachte, wie man sie sonst nur als Arzt in einem Krisen- oder Kriegsgebiet zu sehen bekam. Deshalb hatte er sich von den Japanern anwerben lassen, die ihm sogar Sprachkurse bezahlt hatten, und jetzt musste er hier gemäß Vertrag noch weitere fünf Jahre Dienst als Schiffsarzt ableisten. Diese Zeit würde jedoch vorher enden, falls das Schiff sinken oder außer Betrieb genommen werden würde, so stand es ausdrücklich in seinem Vertrag. Nachdem er Annika Wagner untersucht hatte, fragte sie ihn, ob er eigentlich eine Frau oder Freundin habe, worauf er nur mit dem Kopf schüttelte: „Wissen Sie, Frau Müller, ich glaube, dass es wohl kaum eine Frau gäbe, die mich hierhin begleiten würde, geschweige denn an Land auf mich warten würde. Nein, wenn ich hier fertig bin, dann werde ich mich mal ein wenig umsehen, aber bis dahin sind es laut meinem Vertrag noch fünf Jahre. Und warum auch nicht? Die Japaner zahlen wenigstens gut, und danach kann ich mir von dem Gesparten eine kleine Praxis leisten oder mich irgendwo einkaufen. Warum also nicht?" „Aber Dr. Schulenburg, ist es Ihnen denn nicht klar, dass auch Sie mit Ihrer Arbeit den Walfang am Laufen halten? Ich meine – stellen Sie sich doch mal vor, die Japaner fänden keinen Schiffsarzt mehr – dann müssten die doch sofort mit dem Abschuss der Wale aufhören, oder etwa nicht?" sagte jetzt Angela

Müller alias Annika Wagner. „Frau Müller, da mögen Sie zwar Recht haben, aber andererseits könnten die reichen Japaner sich natürlich auch Ärzte aus armen Drittweltländern wie etwa Cuba holen. Wenn ich den Job nicht mache, dann macht ihn eben wer anders – so ist das nun mal in dieser Welt." „Gut, Doktor Schulenburg, das leuchtet mir ein. Doch kommen wir nochmals zurück zu meiner Blasenentzündung. Wie oft soll ich mich mit der Salbe einkremen? Dreimal täglich?" Dr. Schulenburg nickte zustimmend. „O.K., dann gehe ich jetzt in die Messe zum Frühstück. Und dann habe ich da noch eine Frage: Kann ich später vielleicht mal die Brücke der Nisshin Maru besichtigen und von dort aus mit Deutschland telefonieren? Ich habe eine Mutter in Bremerhaven, die sich vielleicht schon Sorgen um mich macht, sie verstehen?" „Ist gut Frau Müller, ich werde mal unseren Kapitän fragen. Soll ich in die Messe kommen und Ihnen nachher Bescheid geben, Frau Müller?" „Ach, nennen Sie mich doch einfach Angie! Ja, kommen Sie nachher auf einen Kaffee vorbei? Es ist so langweilig hier, und ich habe ja keine Bücher, kein Internet und gar nichts dabei, verstehen Sie das?" „Nun, Angie, der Patientin kann geholfen werden! Fragen Sie doch einfach Ihren Kumpel Sergej, ob er Ihnen seinen Laptop ausleihen würde, vielleicht macht er es ja?" „Oh, das wäre ganz große Klasse, denn ich muss mich bei dem Seegang dringend mit irgendetwas ablenken, sonst werde ich wieder seekrank!" Was natürlich glatt gelogen war, denn Annika Wagner war in jeder Hinsicht seefest; sonst hätte sie nie an dieser Mission teilgenommen. „Da habe ich hier ein paar Tabletten für Sie, Angie, die sind recht gut in der Prävention der Seekrankheit", sagte jetzt Dr. Schulenburg und reichte ihr eine Schachtel mit kleinen gelben Pillen, die sie dankbar annahm. Dann begleitete er sie zur Messe und versprach, sie später zur Brücke zu begleiten. Das läuft ja noch viel besser als gedacht, dachte Annika Wagner jetzt. Und ein kleines Abenteuer mit dem Schiffsarzt konnte der Sache sicherlich auch nicht schaden. Wenn Sie doch nur erst diese verdammte Blasenentzündung los wäre! Dann kam ihr plötzlich eine neue Idee. Um das Schiff und seinen Schiffsarzt sollte es bereits bald geschehen sein.

Argentinien, Buenos Aires, Behörde für antarktische Angelegenheiten, 09.00h

Mit großer Bestürzung hatte man die Nachrichten von der Esperanza-Katastrophe zur Kenntnis genommen, und alle waren sich darüber einig gewesen, dass hier eine echte nationale Tragödie vorlag. Denn nicht nur die Station war vernichtet worden, sondern auch die Elite der argentinischen Polarforscher, die offensichtlich mitsamt ihrer Tagungsbaracke komplett ins Meer gespült worden war. Die Einzigen, die wie durch ein Wunder der Katastrophe entronnen waren, waren Miguel und Juanita Armadillo, die immer noch an Bord des japanischen Walfängers steckten. Die Politiker und Krisenmanager Argentiniens verständigten sich jetzt darauf, auf Miguel und Juanita Armadillo einzuwirken, damit sie den Ursachen des Unglückes auf den Grund gingen. Denn so etwas wollte und konnte man sich nicht noch einmal leisten. Doch konnte man die beiden auch nicht zu diesem Einsatz zwingen, das war allen Beteiligten klar. Deshalb beschloss man, sicherheitshalber auch die Deutschen der Neumayer V Station um Hilfe zu bitten, denn die Esperanza-Station war schon immer ein argentinisches Prestigeprojekt gewesen, welches man bis jetzt teuer subventioniert hatte. Und außerdem hatte das Wichtigste das Unglück überlebt: Nämlich das Haus der Armadillos mit all ihren Unterlagen!

Antarktis, Fanggebiet der japanischen Walfangflotte im Ross-Meer, auf der Brücke der Nisshin Maru, 09.15

Kapitän Takashi Sato war gerne bereit gewesen, Angela Müller alias Annika Wagner ein Telefonat mit ihrer Mutter in Bremerhaven zu ermöglichen. Da der Schiffsarzt nicht mit dabei war, konnte Annika Wagner davon ausgehen, dass niemand sie verstehen konnte, wenn sie deutsch sprach, deshalb sagte sie jetzt zu ihrer Gesprächspartnerin am anderen Ende der Welt: „Also, Mama", am anderen Ende der Leitung kicherte jetzt ihre beste Freundin Kirsten Müller, der es sichtlich Spaß machte, mit Mama angeredet zu werden, „Du weißt jetzt, wo ich stecke und ich habe Dir ja erklärt was ich brauche. Kriegst Du das so schnell wie möglich hin?" „Kein Problem Anni – ich werde natürlich schnell noch unseren Nautiker Diethelm fragen, was Du alles beachten musst. Das Hauptproblem wird es wahrscheinlich sein, den Brückenalarm zu desaktivieren. Der Rest ist dann ein Kinderspiel! Wir stellen Dir alle wichtigen Infos, die wir kriegen können, ins Internet. Und ich lasse von Diethelm auch noch ein paar alternative Strategien entwerfen. Und frag den Kapitän, wie viele Wale er schon verarbeitet hat, das könnte wichtig sein! Wir sehen uns, ciao Anni!" Kirsten Müller hatte aufgelegt und mit einer nun nachdenklichen und traurigen Miene wandte sich jetzt Annika Wagner an Kapitän Sato: „Sagen Sie mal Herr Kapitän, meine Mutter wollte wissen, ob Sie eigentlich überhaupt schon Wale verarbeiten konnten. Schließlich sind Sie ja noch nicht lange in diesen Gewässern, wie auch meine Mutter aus dem Fernsehen weiß." „Nun, Miss Müller, das darf ich Ihnen natürlich nicht sagen und werde das auch mit Rücksicht auf ihren Status als Tierschützerin nicht tun, weil ich Sie nicht verletzen oder beleidigen möchte. Aber ich kann Ihnen versichern, dass die Nisshin Maru dieses Jahr bereits tätig war." Traurig und resigniert nickte jetzt Annika Wagner, aber insgeheim freute sie sich, dass sie mit dieser unauffälligen Frage eine relevante Information gewonnen hatte. Dann verabschiedete sie sich vom Kapitän, nahm eine Pille gegen die Seekrankheit und ging zur Messe, wo Sergej Schulenburg bereits bei einer Tasse Kaffee auf sie wartete. Vor ihm auf dem Tisch lag ein Laptop, der über ein Kabel mit Strom versorgt wurde. „Nun, wie geht es Ihnen, Angie?" fragte er sie, und sie eilte auf ihn zu und gab ihm spontan einen Kuss mitten auf den Mund, so dass er sie ganz verlegen ansah. Doch da sie gerade allein in der Messe waren, nutzte sie die Gelegenheit sofort und sagte zu ihm: „Ach Danke Sergej, das war echt lieb von Dir! Ich sterbe hier noch vor langer Weile! Der Kapitän sagt, dass er mich bei dem Wetter unmöglich an die Rainbow-Warrior II übergeben kann! Aber jetzt hast Du mich ja gerettet." „Na, hat der liebe Sergej sich nicht eine kleine Belohnung verdient?" meinte nun Dr. Schulenburg und grinste dabei etwas anzüglich. Worauf sie ihm nur ins Ohr flüsterte: "Hey, wie wäre es denn, wenn Du heute Abend meine Bewachung in meiner Kabine übernimmst? Da hätte ich dann schon was Nettes für den besten Schiffsarzt von allen!" Dr. Schulenburg errötete jetzt etwas, doch Annika Wagner begann die Sache jetzt richtig Spaß zu machen. „Sagen wir, Du untersuchst mich heute Abend so gegen acht? Ich werde natürlich todkrank in meiner Koje liegen, damit Du mich dann retten kannst, na wie sieht es aus, Herr Doktor?" Etwas verwirrt sah Sergej sie an, dann sagte er: „Halb neun wäre es bei mir besser, weil ich mich ja auch noch um den kleinen Jungen kümmern muss; wärst Du mir böse, falls es später wird? Denn wir sollen nachher noch ein paar Notfälle von der Esperanza-Station reinkriegen, und ich weiß nicht, wie lange das dauert. Aber dann werde ich Dir die Summe aller meiner ärztlichen Künste zukommen lassen, O.K.?" „Ach Sergej, Du bist echt süß!" rief sie jetzt und hauchte ihm noch einen Kuss auf die Wange, danach erklärte er ihr den Gebrauch seines Computers, den sie nun erst mal von kyrillischer auf lateinische Schrift umstellen mussten. Als es schließlich funktionierte, hauchte sie ihm ins Ohr: „Jetzt hast Du einiges bei mir gut, wir sehen uns nachher!“ Dann trank sie noch einen Kaffee, während er jetzt wieder einen Krankenbesuch machen musste. Es gelang ihr schnell, ins Internet vorzudringen und Diethelm hatte dort für sie bereits einige wichtige Infos zusammengestellt. Sie schrieb sich die wichtigsten Dinge auf einem kleinen Spickzettel auf, bevor sie ihr weiteres Vorgehen überdachte. Am besten noch heute Nacht, dachte sie nur. Doch vorher wollte sie auch noch etwas Spaß haben. Hoffentlich war der Russe gut im Bett. Denn wenn schon, dann wollte sie etwas erleben, womit man überall angeben konnte und was sich auch gut in ihren Memoiren machen würde. Sie liebte zwar das Unvollkommene, war bescheiden und war in der Regel auch mit wenig zufrieden, aber es gab auch Dinge, an die sie höhere Ansprüche stellte. Und sie musste nebenbei noch ein paar kleinere Assesseures besorgen. Aber das würde wohl bei dem, was sie plante, eher das kleinere Problem sein.

Antarktis, Fanggebiet der japanischen Walfangflotte im Ross-Meer, an Bord der Nisshin Maru, Kabine von Annika Wagner, 21.25h

Es war doch etwas später geworden, aber manchmal erledigten sich dadurch auch einige Probleme von selbst. Da bereits am frühen Nachmittag der Helikopter von Neumayer V mit den Schwerverletzten der Esperanza Station gelandet war, war es Annika Wagner erspart geblieben, Juanita Armadillo oder ihrem Mann nochmals über den Weg zu laufen. Denn diese hatten ihren Sohn an Bord des Hubschraubers begleitet und waren dann mit diesem mit Kurs auf Neumayer V abgehoben. Sehr gut! Die Argentinierin hätte sie vielleicht noch erkannt; aber die hatte nun Gott sei Dank andere Sorgen. Und soeben hatte Sergej seine Schicht, die er mit wichtigen Notoperationen wie im Fluge überzogen hatte, beendet und war in ihre Kabine gekommen. Er hatte den Matrosen, der vor der Kabine Wache stand, weggeschickt und näherte sich nun voller männlicher Erwartung Angela Müller alias Wagner, die tatsächlich schon in ihrem Bett lag. Nur dass sie dabei einfach nichts anhatte, was ihn fast verrückt vor Begierde machte. Grinsend sagte sie: „Na Herr Doktor, wollen Sie nicht mal nachsehen, ob Ihre Creme gewirkt hat?“ Was er sich nicht zweimal sagen ließ.

Antarktis, Königin-Maud-Land, Besprechungsraum der Neumayer V Station, 21.30h

Gerd Hengstmann hatte die Armadillos persönlich vom Helikopter abgeholt und ihnen seine Anteilnahme ausgesprochen. Jetzt ging es darum, wer wohin transportiert werden musste, denn einerseits wurden beide Armadillos wegen der nationalen Interessen bei der Esperanza-Station gebraucht, andererseits aber wollte mindestens Juanita Armadillo ihren schwer verletzten Sohn mit nach Buenos Aires begleiten. Wie sollten sie diesen Interessenkonflikt nur beilegen, und das bis morgen früh um acht Uhr? Da kam Miguel schließlich die rettende Idee: „Juanita, ich hab's`! Du rufst Deine Tante Evita an und fragst sie, ob sie Pepe` am Flughafen abholen und in das städtische Krankenhaus begleiten kann. Dann können wir beide mit Hochdruck die Ursachen des Unglückes eruieren, was eigentlich sehr schnell gehen müsste, da ja unser ganzes Material noch da ist. Und dann kommen wir beide so schnell wie möglich nach und kümmern uns von Buenos Aires aus um den Rest der Angelegenheit.“ „Tja, Miguel, Du weißt ja, dass Tante Evita nicht gerade meine Lieblingstante ist, aber ich fürchte auch, dass wir keine andere Wahl haben. Herr Hengstmann, können wir von hier aus mit Buenos Aires telefonieren?“ fragte Juanita Armadillo und Gerd Hengstmann reichte ihr ein Telefon. Und während sie telefonierte und alles regelte, was wegen Pepe` zu regeln war, besprach sich Miguel mit Gerd Hengstmann darüber, inwieweit die deutschen Kollegen hier mithelfen konnten. Da auch die Australier und die Amerikaner ihre Hilfe angeboten hatten, bat jetzt Miguel Armadillo Gerd Hengstmann darum, die Hilfsmaßnahmen zu koordinieren, da er sonst ja keine Zeit mehr dazu haben würde, den Ursachen des Unglücks auf den Grund zu gehen. Die deutschen Kollegen erwiesen sich als sehr hilfsbereit, und Miguel und Juanita bedankten sich überschwänglich bei ihnen. Dann gingen sie zum Schlafplatz ihres Sohnes in der Krankensektion der *Blechbüchse*, wie die Deutschen ihre eigene Station in ihrem Insider-Jargon nur noch nannten. Pepe´ schlief friedlich und entspannt; er war unterwegs kaum wach gewesen, was mit Sicherheit auch an den Schmerzmitteln lag, die man ihm gegeben hatte. Juanita und Miguel sahen sich an; beide hatten Tränen in den Augen. Schon morgen würden sie sich von ihrem Jungen für eine ungewisse Zeit verabschieden müssen. Dann gingen sie zurück in den Gemeinschaftsraum der Station, wo gerade eine deutsche Nachrichtensendung lief. Und was Juanita dort in diesem Augenblick zu sehen bekam, machte sie plötzlich sehr nachdenklich. Sie stellte Gerd Hengstmann einige Fragen zur Sendung, und dann rannten plötzlich alle zur Kommunikationsabteilung, um ein wichtiges Telefonat zu führen.

Antarktis, Fanggebiet der japanischen Walfangflotte im Ross-Meer, an Bord der Nisshin Maru, Kabine von Annika Wagner, 22.03h

Der Russe war besser gewesen, als Annika Wagner es erwartet hätte. Glücklicherweise hatte die Creme ganz gut gewirkt, so dass es nicht weh getan hatte, nur war Dr. Schulenburg, bei dem ersten Koitus, den er seit etwa einem Jahr hatte, einfach zu schnell gekommen, was beide etwas enttäuscht hatte. Deshalb hatten sie nach einer kurzen Pause noch einen zweiten Versuch gemacht, der schon erheblich besser war. Potent war er ja, da konnte Annika Wagner wirklich nicht meckern. Dann fragte sie ihn, ob er ihr die kleine Zange zum Stutzen ihrer Zehennägel mitgebracht habe, was er tatsächlich getan hatte. Erleichtert atmete sie jetzt auf, und er sah sie erstaunt an. „Ach, es ist nur, weil ich immer so dicke Nägel habe, dass bei denen jede normale Nagelschere einfach versagt“, erklärte sie leichthin und setzte sich im Bett auf. Es war ziemlich wild mit Sergej abgegangen; vor allem aber, weil der Seegang die ganze Kabine schwanken ließ. Aber für Annika war das der interessanteste Sex gewesen, den sie seit zwei Monaten gehabt hatte. Jetzt lag Sergej schlaff neben ihr auf der schmalen Koje. Typisch Männer, dachte Annika, erst waren sie zeugungskräftig bis zum Gehtnichtmehr, aber danach konnte man sie zu nichts mehr gebrauchen. Und das kam ihr jetzt sehr entgegen. Sie setzte sich nun neben Sergej auf dem Bett auf und sah ihn nachdenklich an, wie er entspannt auf dem Bauch neben ihr lag. Und dann schlug sie ihm ohne Vorwarnung mit der Handkante ihrer rechten Hand ins Genick. Eigentlich sollte dieser Schlag ihn nur ins Land der Träume befördern, aber uneigentlich gab es einen seltsamen Knacklaut, und Sergej Schulenburg erschlaffte für immer. Sichtlich geschockt fühlte sie jetzt hektisch seinen Puls, legte ihren Kopf auf seinen Rücken um einen Herzschlag zu hören, doch da war nichts mehr. Einfach gar nichts. Ein kalter Schauer lief ihr über den Rücken – das hatte sie nun wirklich nicht gewollt! Nachdem sie sich vom ersten Schock etwas erholt hatte, begann sie wieder damit, ihr Vorhaben rational zu durchdenken. Zunächst einmal musste sie die Leiche entsorgen oder zumindest verstecken, dann musste sie einige Stationen sorgfältig abarbeiten und außerdem noch ihren eigenen Abgang von Bord planen. Dabei fiel ihr das Handy des Schiffsarztes ins Auge. Schnell wählte sie jetzt eine bestimmte Nummer und als sie Dave Sadler dran hatte, atmete sie erleichtert auf: „Dave, hier ist Annika! Wo seid Ihr denn jetzt? Was, zwanzig Seemeilen hinter uns? Und die Rainbow Warrior II? Ist gut! Sag Yves, er soll sich bereithalten. Ich versenke jetzt die Nisshin Maru. Bye!“

Antarktis, Fanggebiet der japanischen Walfangflotte im Ross-Meer, an Bord der Nisshin Maru, Brücke, 23.47h

Kapitän Takashi Sato starrte ungläubig auf den Telefonhörer, dann legte er stark beunruhigt auf. Danach rief er nach dem Ersten Offizier und fragte ihn, was jetzt mit Annika Wagner alias Angela Müller geschehen solle. „Wir müssen sie irgendwo sicher wegschließen, und sie dann so schnell wie möglich von Bord bringen. Wenn Juanita Armadillo wirklich Recht hatte, und wir uns tatsächlich Annika Wagner an Bord geholt haben, dann haben wir uns ein echtes Problem eingefangen. Wer weiß, wozu diese Frau noch fähig sein kann." „Da haben Sie unzweifelhaft Recht. Sehen Sie doch mal bei ihrer Kabine nach und fragen sie den Matrosen, der sie beobachten sollte. Vielleicht ist das ja auch alles nur ein Fehlalarm, aber ich werde es so schnell nicht vergessen, dass dieser Dave Sadler uns mit der Robert Hunter II mittschiffs gerammt hat. Wir sollten besser vorsichtig sein!" Der Erste Offizier verließ rasch die Brücke und ging auf direktem Wege zur Kabine von Annika Wagner. Doch als er anklopfte, erhielt er keine Antwort. Und als er die Tür öffnete, musste er feststellen, dass die Kabine leer war. Sofort rief er den Aufsichtsmatrosen über sein Bordhandy an, doch dieser sagte nur, dass der Schiffsarzt ihn vor etwa zwei Stunden weggeschickt habe. „Der Schiffsarzt? Was wollte der denn hier? Und seit wann hat er Ihnen was zu sagen?" fragte der Erste Offizier jetzt alarmiert. „Nun, ich glaube, er hat unsere Passagierin beglückt", sagte der Matrose verlegen. „Heute Nachmittag jedenfalls hat er sich mir gegenüber damit gebrüstet, dass er sie noch heute rumkriegen würde." „Verdammt, und das haben Sie einfach so zugelassen? Mann, diese Frau ist wahrscheinlich gefährlich! Ich will, dass Sie jetzt mit Ihren Kollegen das ganze Schiff absuchen! Sofort! Ich spüre es, dass diese Frau irgendetwas Gefährliches vorhat!" „Sollen wir sicherheitshalber immer zu zweit gehen?" „Machen Sie das! Aber beeilen Sie sich, denn sie hat jetzt möglicherweise schon eine Stunde Vorsprung, den wir aufholen müssen. Und sobald Sie sie haben, bitte eine sofortige Nachricht an mich oder den Kapitän, verstanden?" „In Ordnung, Chef, bis dann!" Ironischerweise machte sich der Erste Offizier als Einziger alleine auf die Suche nach Annika Wagner, was ihm auch prompt zum Verhängnis werden sollte.

03.Februar 2017, Freitag

Antarktis, Fanggebiet der japanischen Walfangflotte im Ross-Meer, an Bord der Nisshin Maru, Gang zum Maschinenraum, 00.17h

Wenn Annika Wagner eines auszeichnete, dann war es die Eigenschaft, Prioritäten richtig sortieren zu können. Den toten Schiffsarzt war sie recht schnell losgeworden, in dem sie im richtigen Augenblick das Bullauge ihrer Kabine geöffnet hatte und seine sterblichen Überreste unbekleidet dem Ross-Meer anvertraute. Danach zog sie sich seine Sachen über ihren Sachen an, da es mit Sicherheit kalt und ungemütlich in der Rettungsinsel werden würde, welche sie nach ihrem Abgang zur Flucht gebrauchen wollte. Das Handy von Sergej hatte sie dann nach kurzer Überlegung auch lieber dem Meer anvertraut, denn es war ihr einfach zu gefährlich, angerufen zu werden. Mit Laptop und Nagelzange war sie dann aus der Kabine geschlichen, hatte sich immer in dunklen Nischen versteckt, wenn sie jemanden kommen hörte, und hatte schließlich das Gebiet ihres ersten Einsatzes erreicht. Sie zog den Laptop hervor, checkte das, was sie hier vor sich hatte, und kam zum Ergebnis, dass sie genau am richtigen Ort gelandet war. Vorsichtig öffnete sie nun einen großen Kabelverteilungskasten, warf einen kurzen Blick auf den scheinbaren Wirrwarr von Drähten und knipste dann zwei grüne Kabel rechts oben in der Ecke durch. Sie lauschte einen Moment, doch kein Alarm ging an. Sie atmete auf. Genau in diesem Moment bog der Erste Offizier der Nisshin Maru fast lautlos um die Biegung des Ganges und beide starrten sich völlig perplex und fassungslos an.

Antarktis, Fanggebiet der japanischen Walfangflotte im Ross-Meer, an Bord der Nisshin Maru, Brücke, 00.18h

Es war wie verhext! Der Schiffsarzt war einfach nicht zu erreichen! Da fiel dem Kapitän ein, dass Sergej Schulenburg außer seinem Handy natürlich auch noch einen Pager in der Tasche hatte, weshalb er diesen jetzt anwählte. Jemand ging jetzt an den Pager, schaltete ihn jedoch sofort aus und danach kehrte eine sehr beunruhigende Stille auf der Brücke ein.

Antarktis, Fanggebiet der japanischen Walfangflotte im Ross-Meer, an Bord der Nisshin Maru, Gang zum Maschinenraum, 00.25h

„Hey, was machen Sie denn da?" rief jetzt der Erste Offizier genau in dem Moment, indem Sergejs Pager in jetzt Annikas Jackentasche klingelte. Geistesgegenwärtig griff sie nach dem Pager, schaltete ihn ab und schleuderte ihn dann dem Ersten Offizier ohne weitere Vorwarnung mitten ins Gesicht. Dabei kam Annika Wagner der Seegang zu Hilfe, denn das Schiff neigte sich gerade so, dass sie den Pager aus einer leicht erhöhten Position werfen konnte. Der Pager wiederum traf den Ersten Offizier nicht nur mitten ins rechte Auge, sondern ließ ihn darüber hinaus benommen zurücktaumeln. Annika Wagner hatte die fünf Meter zu dem Mann schnell überbrückt und trat nun noch nach, wodurch er der Länge nach hinfiel und mit dem Kopf gegen die Bordwand krachte. Zwei weitere Tritte von Annika Wagner schickten ihn dann unsanft ins Land der Träume. Schnell eilte sie zum Kabelkasten zurück, nahm die herausgeschnittenen Kabel und fesselte ihn damit so gut es eben ging. Dann öffnete sie eine kleine Tür zu einem nur fünf Quadratmeter großen Raum neben dem Maschinenraum. Dort begann sie jetzt hektisch damit, alle hier an der Wand angebrachten Räder nach links zu drehen, soweit das eben ging. Nachdem sie alle zwölf Räder gedreht hatte, verschloss sie den Raum wieder. Dann inspizierte sie einen Nachbarraum und hatte abermals Glück, denn hier stand ein Dieselgenerator mit dem Hinweis: „Notstromaggregat". Glücklicherweise standen hier auch einige große Kanister mit Dieselöl herum, welche sie nun alle ungestört in den Gang schleppte. Dann kippte sie zwei volle Kanister aus, packte den Ersten Offizier, der immer noch bewusstlos war und schleppte ihn zur nächsten Treppe. Dann tätschelte sie ihn im Gesicht und schüttelte ihn, bis er das unverletzte linke Auge aufschlug und sie erstaunt ansah. Dann sagte sie nur: „Hören Sie mal, Sie Walfänger, Sie! Können Sie mich verstehen?" Er nickte. „Gut, ich zünde jetzt diesen Gang an." Sie präsentierte ihm ein Feuerzeug. „Und dann? Das haben wir doch gleich wieder gelöscht!" „Ja, aber ich habe vor etwa einer Viertelstunde alle Seeventile der Nisshin Maru geöffnet. Das heißt, dass Sie jetzt alle Leute von Bord bringen müssen, ich mache Sie jetzt gleich los. Schnell, die Füße auf die Treppe!" Er taumelte mühsam mit auf den Rücken gefesselten Händen nach oben. Als er halb oben war, ließ sie ein brennendes Papiertaschentuch auf das Schiffsdieselöl fallen, welches unter der Treppe überall über den Boden lief und sich dabei im Takt der Krängung des Schiffes hin- und herschwappend flächig verteilte. Als das Taschentuch den Boden berührte, entzündete sich das Dieselöl sofort und alles stand in Flammen. Annika Wagner trieb jetzt den Ersten Offizier die Treppe hoch, und als er fast oben war, trat er plötzlich nach hinten aus. Annika Wagner verlor das Gleichgewicht, stürzte etwa drei Treppenstufen nach unten und stellte nun mit Entsetzen fest, dass ihre Kleidung in Flammen stand. Wie ein brennendes Gespenst hetzte sie aus dem Flammeninferno die Treppe nach oben, stieß herbeieilende Matrosen beiseite und erreichte nach wenigen Sekunden die Tür zum Schlachtdeck des Walfängers. So flammend hatte sie sich ihren eigenen Abgang wirklich nicht vorgestellt!

Antarktis, Fanggebiet der japanischen Walfangflotte im Ross-Meer, an Bord der Rainbow-Warrior II, 00.42h

Yves Arnaud hatte sich jetzt auf eine Entfernung von weniger als einer Seemeile an die Nisshin Maru herangearbeitet, als ihn ein Funkspruch von der Kaiko Maru erreichte. „Kaiko Maru an Rainbow Warrior II. Wenn Sie sich nicht von unserem Flaggschiff fernhalten, dann werden wir künftig auch etwas militanter, als das bisher der Fall war. Also bleiben Sie besser etwas zurück, sonst zwingen wir Sie eben dazu. Over!" Yves Arnaud zuckte mit den Schultern, dann ließ er die Geschwindigkeit leicht drosseln, rief aber Dave Sadler auf der geschützten Leitung an: „Hallo Dave, hier ist Yves. Du sag mal, kann das wohl sein, dass Annika einen schweren Schaden auf der Nisshin Maru verursacht hat? Die Japse werden hier plötzlich so aggressiv!" Er musste unwillkürlich grinsen. „Hey Yves, alles klar bei Euch? Lasst Euch von denen bloß nicht ins Boxhorn jagen! Soweit ich informiert bin, hat Annika zu mir gesagt, sie würde den Kahn versenken und ich traue ihr das auch glatt zu! Ich würde vorschlagen, dass wir die Nisshin Maru ab jetzt von der Backbordseite her belagern, und ihr von der Steuerbordseite her. Wir müssen jetzt vor allem auf Annika achten, denn die wird bestimmt schon bald den Abgang machen und dann braucht sie uns. Alles klar?" „Alles Roger, Dave", antwortete jetzt Yves Arnaud und legte auf. Der stämmige Franzose mit dem schwarzgelockten Haar war zwar nur etwa einen Meter und siebzig groß, aber er war vor allem ein hervorragender Seemann, der bereits einige Einsätze in arktischen und antarktischen Gewässern begleitet hatte. Und er hatte geradezu stechende schwarze Adleraugen, die über seine Hakennase raubvogelgleich in die Ferne schweiften und auch winzigste Details erkennen konnten, die andere aus der gleichen Entfernung nicht sehen konnten. Denn Yves Arnaud war leicht weitsichtig, was ihm beim Navigieren schon oft zugutegekommen war. Und vielleicht konnte diese Eigenschaft jetzt auch Annika Wagner retten. Yves Arnaud nahm noch einen Schluck Kaffee. Das helle Licht des Polartages konnte die Augen sogar noch mehr ermüden als die Dunkelheit der Nacht. Dann rief er zur Sicherheit noch einige Leute seiner Crew auf die Brücke und schärfte ihnen ein, die Augen nach allen Richtungen hin offen zu halten.

Antarktis, Fanggebiet der japanischen Walfangflotte im Ross-Meer, an Bord der Nisshin Maru, Brücke, 00.43h

„Habt Ihr sie endlich?" fragte jetzt Kapitän Takashi Sato über die zum Glück noch funktionierende alte Bordsprechanlage, da klingelte auch schon sein Telefon: „Wir haben sie auf dem Schlachtdeck lokalisieren können, was jetzt?" „Ihr müsst sie irgendwie einfangen, aber lebend! Die anderen kümmern sich um die Beseitigung der Schäden; die Brandbekämpfung hat oberste Priorität!" In diesem Moment betrat der Erste Offizier die Brücke und taumelte halb bewusstlos auf den Kapitän zu, der ihn auffangen musste. „Kapitän, diese Frau ist eine Teufelin! Sie hat die Seeventile manuell geöffnet und dann den Brand gelegt, damit wir an das Abteil nicht mehr rankommen. Außerdem hat sie wahrscheinlich die Meldedrähte zur Brücke gekappt, sehen Sie mal!" Jetzt zeigte er dem Kapitän die grünen Drähte, mit denen ihn die Öko-Terroristin gefesselt hatte. Kapitän Takashi Sato wurde jetzt sichtlich bleich. Dann rechnete er. „Wenn sie alle Seeventile geöffnet haben sollte, dann ist das Schiff bereits nach nur zwanzig Minuten verloren! Mein Gott, und ich wundere mich, warum der Hauptantrieb bereits versagt hat!" Dann rief er im Maschinenraum an, erhielt aber keine Antwort. Dann sagte er bleich: „Verdammt, sie hat das Feuer genau an der richtigen Stelle gelegt. Alle wichtigen Kabel dürften jetzt hin sein, egal ob wir noch löschen können oder nicht. Wir müssen das Schiff evakuieren, denn in spätestens einer halben Stunde werden wir gesunken sein! Verdammte Sauerei." Dann griff Kapitän Takashi nochmals zum Mikrofon der Bordsprechanlage: „Hier spricht der Kapitän! Bitte stellen Sie im Maschinenraum sofort alle Lenzpumpen auf Maximalbetrieb, das Schiff sinkt bereits! Wahrscheinlich können wir das Sinken nicht mehr verhindern, sondern nur noch aufhalten. Bitte bewahren Sie jetzt alle die Ruhe und bereiten Sie die Evakuierung des Schiffes vor. Und noch etwas: Sollten Ihnen Annika Wagner über den Weg laufen, so nehmen Sie sie bitte nur fest. Sie wird später noch als wichtige Zeugin gebraucht werden, wenn wir diese Umweltschützer verklagen wollen. Evakuierungsplan B ist jetzt sofort durchzuführen!" Die gesamte Mannschaft war plötzlich auf den Beinen, turnte über das Deck und durch die Gänge. Und auch der Chefmaschinist eilte jetzt Richtung Maschinenraum, um zu retten, was noch zu retten war. Aber es war bereits zu spät.

Antarktis, Fanggebiet der japanischen Walfangflotte im Ross-Meer, an Bord der Nisshin Maru, Schlachtdeck, 00.44h

Annika Wagners Kleidung stand lichterloh in Flammen, als sie auf das Schlachtdeck des Walverarbeitungsschiffes taumelte und mit einer großen grauen Wand zusammenprallte, die sich irgendwie feucht und glitschig anfühlte. Ein toter Wal! Sie warf sich mit dem Rücken dagegen, dann mit dem Bauch, und die Flammen begannen zu verlöschen. Der weiße Kittel von Dr. Schulenburg hatte nun zahlreiche Brandlöcher, die noch qualmten; schnell zog sie ihn aus. Ebenso verfuhr sie mit der immer noch brennenden Hose, dann wälzte sie sich am Boden, um die restlichen Flammen zu ersticken. Nach nur zwei Minuten hatte sie alles gelöscht und stand in immer noch qualmender Montur auf dem Schlachtdeck neben dem toten Wal, als eine Tür aufgerissen wurde und drei Männer mit meterlangen Flensmessern auf sie zugestürmt kamen. Wollten die Japaner sie jetzt etwa in Stücke schneiden? Die Flensmesser selbst saßen normalerweise auf langen Stielen, die mehrere Meter Länge hatten. Allerdings hatte nur einer der drei Japaner ein solches komplettes Flensmesser parat; die beiden anderen hatten dagegen nur die Messer ohne Stiele in den Händen. Von der Tür bis zur Position Annikas war es jetzt noch eine Distanz von etwa acht Metern, wobei der Japaner mit dem langen Flensmesser für sie am gefährlichsten war. Hasserfüllt starrten die drei Wal Verarbeiter sie an, denn allen war klar, dass Annika mindestens deren berufliche Existenz gefährdet hatte. Verzweifelt sah sie sich hektisch nach einer Waffe oder Fluchtmöglichkeit um. Zwei Meter von ihr entfernt führte eine Treppe an der Wand nach oben, während links von ihr ein paar Einhunderliterfässer mit Waltran standen. Annika Wagner war schon immer berühmt und berüchtigt für ihr Improvisationstalent gewesen, was nun voll zur Anwendung kam. Erst hob sie die Hände, so als wenn sie sich ergeben wollte, doch die Japaner stürmten rasch über das glitschige Deck vorwärts. Da drehte sie sich plötzlich nach links und wich so dem niedersausenden Flensmesser am Stiel geschickt aus. Dieses landete statt in ihrem Körper mit einem seltsamen Schmatzgeräusch im Körper des toten Wales. Jetzt griff Annika Wagner nach dem ersten Fass, welches offenbar nur halb voll war, und kippte das Fass ihren Angreifern vor die Füße. Das Fass hatte tatsächlich schleimigen Waltran enthalten und verwandelte das Deck nun in eine Rutschbahn, sodass alle drei Angreifer stolperten und zu Fall kamen. Dabei fiel der eine so unglücklich, dass sein Flensmesser seinem eigenen Kollegen durch den Körper fuhr, als ob dieser aus Butter bestehen würde. Die drei Japaner waren wie gelähmt; der Verletzte guckte noch erstaunt, dann sackte er leblos ganz in sich zusammen. Annika Wagner hatte die jetzt entstehende Verwirrung genutzt und war die schmale Leiter hinaufgeklettert, so schnell es eben ging. Da fühlte sie plötzlich, wie etwas mit einem leisen Zischlaut dicht hinter ihrem Hinterteil durch die Luft pfiff, danach spürte sie einen brennenden Schmerz quer über ihr Hinterteil ziehen. „Dreh dich bloß nicht um!" dachte sie, und kletterte weiter, als plötzlich noch etwas anderes durch die Luft schwirrte. Sie hatte gerade die letzte Leitersprosse erreicht, als sie einen ziehenden Schmerz am linken Unterarm spürte. Als sie hinsah, gefror ihr das Blut in den Adern. Denn die beiden überlebenden Japaner hatten erst versucht, sie mit dem Flensmesser am Stiel zu erwischen, wobei sie ihr einen bösen und tiefen Kratzer quer über das Gesäß verpasst hatten. Danach hatte dann der eine noch sein meterlanges Flensmesser nach ihr geschleudert, welches ihr nun den linken Unterarm fast halbiert hatte. Hätte der Wurf etwas mehr Kraft gehabt, dann hätte er ihr die linke Hand einfach abgetrennt, so aber fiel das Messer unter seinem eigenen Gewicht nach unten, und Annika Wagner verlor für Sekundenbruchteile vor Schreck das Gleichgewicht.

Antarktis, Fanggebiet der japanischen Walfangflotte im Ross-Meer, an Bord der Nisshin Maru, Brücke, 00.50h

Auf der Brücke häuften sich nun die Katastrophenmeldungen und Kapitän Takashi Sato hatte alle Hände voll zu tun, um gleichzeitig sein Schiff zu retten, die Gefangennahme von Annika Wagner zu koordinieren und außerdem alles für eine Evakuierung vorzubereiten. Sein Erster Offizier war wieder in Ohnmacht gefallen und lag bewusstlos in der Ecke. Mittlerweile waren die Schiffsmotoren ausgefallen, doch das Notstromaggregat sorgte noch für ausreichende Beleuchtung unter Deck, sowie für Strom für die Anlagen auf der Brücke der Nisshin Maru. Schweren Herzens entschloss sich der Kapitän jetzt, einen Notruf auszusenden. Kaum eine Sekunde später erhielt er die Nachricht des ersten Chefmaschinisten, dass der Maschinenraum bereits zu zwei Dritteln voll Wasser gelaufen war. Die Nisshin Maru lag nun erheblich tiefer im Wasser als noch vor kurzem, was auch von der Rainbow-Warrior II aus zu sehen war und dort mit einem lauten unüberhörbaren Jubel der Tierschützer quittiert wurde, in welche sich kurze Zeit später auch Hurra-Rufe von der Robert Hunter II mischten. Dann erhielt der Kapitän noch einen Anruf, diesmal vom Schlachtdeck der Nisshin Maru. Daraufhin runzelte er sowohl besorgt als auch zornig die Augenbrauen. Dann blickte er wieder auf den Tiefenmesser und erschrak. Der Meeresgrund kam ihnen jetzt alle zehn Minuten um einen Meter näher! Er rief verzweifelt nach dem Chefmaschinisten, aber dieser teilte ihm nur kurz mit, dass die Lenzpumpen zum Leerpumpen des Schiffes einfach nicht anspringen wollten; wahrscheinlich ein Kurzschluss im zentralen Schaltkasten. Welcher vor dem Eingang des Maschinenraumes einfach verbrannt war! Der Kapitän fluchte jetzt vor sich hin, dann schaffte er den ohnmächtigen Ersten Offizier nach draußen auf Deck und kümmerte sich darum, möglichst alle Personen an Deck in die Rettungsboote und Rettungsinseln des Schiffes zu verteilen.

Antarktis, Fanggebiet der japanischen Walfangflotte im Ross-Meer, an Bord der Nisshin Maru, Am Randes des Schlachtdecks, 00.51h

Annika Wagner ignorierte das aufkommende Schwindelgefühl und ihr Pragmatismus gewann wieder die Oberhand. Sie zog sich mit der rechten Hand über die Kante, stieß sich mit beiden Beinen von den Sprossen ab und zog dann vorsichtig den linken Arm nach. Sie wunderte sich, dass es kaum blutete, dafür aber höllisch wehtat, weil das

Flensmesser ihr den Ellenknochen vollständig durchtrennt hatte. Auch konnte sie die linke Hand kaum noch bewegen. Mühsam stand sie auf und wurde von der Krängung des Schiffes fast von den Beinen gerissen. Doch wieder hatte sie Glück und hielt sich jetzt mit dem rechten Arm an einer runden Metallkapsel fest, die etwa einen Meter Umfang hatte. Eine Rettungsinsel! Sie suchte den Sicherungsstift, der die Rettungsinsel festhielt, zog diesen heraus und die Rettungsinsel rutschte aus der Verankerung, plumpste über die Bordwand auf die Wasseroberfläche und entfaltete sich; allerdings trieb sie schnell vom Schiff weg. Annika Wagner kletterte so schnell sie konnte über die Reling und sprang der Rettungsinsel hinterher, doch landete sie wegen der starken Krängung des jetzt immer schnellen sinkenden Schiffs im eiskalten Wasser des Ross-Meeres. Die plötzliche Kälte traf sie wie ein alles lähmender Peitschenschlag. Der alles beenden konnte. Auch ihr eigenes Leben.

Antarktis, Fanggebiet der japanischen Walfangflotte im Ross-Meer, an Bord der Rainbow-Warrior II, 00.54h

Yves Arnaud hatte Annika Wagner sofort bemerkt, dann geistesgegenwärtig die Rainbow Warrior II herumgerissen, und war mitsamt seinem Schiff mit Vollgas auf die Nisshin Maru zugefahren, die jetzt nur noch etwa einhundert Meter entfernt war. Da sah er zu seinem Entsetzen, wie Annika Wagner mitten in der eisigen See landete. Sofort ließ er das kleine Dingi der Rainbow Warrior II klar machen, doch zu seinem Erstaunen sah er nun, dass Annika Wagner es irgendwie geschafft hatte, sich am Rand der Rettungsinsel festzuklammern. Doch sehr lange würde sie das bei dieser Kälte nicht durchhalten können, es ging jetzt um jede Minute, das wusste er. Mit Vollgas eilte das Dinghi dem Rettungsfloß entgegen und mit einem gewagten Manöver nahmen sie Annika Wagner an Bord und rasten mit Höchstgeschwindigkeit zur Rainbow Warrior II zurück. Schnell hievten sie das Dinghi mit seiner wertvollen Fracht an Bord, und von hier aus sah Annika Wagner wie in einem undeutlichen Traum, wie die Nisshin Maru immer tiefer von dem eisigen Wasser umfasst wurde, bis sie selbst das Bewusstsein verlor. Die anderen gönnten ihr diesen Anblick, da sie ausdrücklich darum gebeten hatte. Dann brachte man Annika Wagner schnell in die Sanitätsstation, wo der Schiffsarzt der Rainbow Warrior II bis zum nächsten Morgen um ihr Leben und um ihre Gesundheit kämpfen musste. Die Nisshin Maru – und mit ihr der japanische Walfang – waren damit zur Geschichte geworden. Doch die Kaiko Maru nahm in diesen Minuten furchtbare Rache für den großen Verlust des nationalen Prestiges der japanischen Nation. Ohne jede Rücksichtnahme.

Antarktis, Fanggebiet der japanischen Walfangflotte im Ross-Meer, an Bord der Robert-Hunter II, 01.09h

Dave Sadler und seine Crew waren in Feierlaune, als sie die Nisshin Maru jetzt achtern voraus sinken sahen. Dabei hatten sie jedoch den Fehler gemacht, nicht das Seitenradar zu beachten, welches ihnen den Schatten eines großen Objektes gezeigt hätte, welches sich ihrer Schiffsmitte von Steuerbord her näherte. Dave Sadler wollte gerade eine zweite Sektflasche öffnen, als er aus dem Fenster sah und plötzlich die Kaiko Maru nur fünf Meter entfernt wie einen wütenden Büffel auf die Robert Hunter II zu stampfen sah. Er konnte noch nicht einmal schreien, so verblüfft wie erschrocken war er gleichzeitig. Dann krachte der Bug der Kaiko Maru in die Schiffsmitte der Robert Hunter II, Glas und Trümmer wurden durch das ganze Schiff geschleudert. Die Robert Hunter II barst in ihrer Mitte vom Deck bis zum Kiel. Nur wenige der Umweltaktivisten schafften es noch ins rettende Dingi, welches startbereit auf dem Deck lag. Der Rest wurde durch diesen Rammstoß entweder sofort getötet, oder schwer verletzt. Oder einfach ins Wasser katapultiert, was ebenfalls einem Todesurteil gleichkam. Die traurigen Überreste der Robert Hunter II wurden nun von der Kaiko Maru einfach beiseitegeschoben, wie ein Straßenkehrer ein Stück Müll wegschiebt. Danach begannen die Trümmer schnell zu sinken und rissen mehr als neunzig Prozent ihrer Besatzung mit in die Tiefe. Nur vier Leute der Robert Hunter II hatten diesen Volltreffer mittschiffs überlebt und suchten jetzt vom Dingi aus nach weiteren Überlebenden, doch konnten sie nur noch zwei weitere Umweltaktivisten mit starken Unterkühlungen und schweren Verletzungen aus dem Wasser fischen. Auf der Rainbow-Warrior II hatte man das Geschehen nicht nur beobachtet, sondern es war auch automatisch aus mehreren Bordkameras aufgezeichnet worden. Schnell nahmen sie Kurs auf das Dinghi und sammelten die Überlebenden ein, die jetzt so gut es eben ging medizinisch versorgt wurden. Außerdem fischten sie auch eine Rettungsinsel der Nisshin Maru aus dem Wasser, in welcher der Kapitän und der Erste Offizier saßen, die damit als letzte Personen von Bord gegangen waren. Yves Arnaud beeilte sich jetzt damit, über den Schiffsfunk zu verkünden, wen sie hier an Bord genommen hatten, denn er wollte so verhindern, dass ein japanisches Fangschiff die Rainbow Warrior II angreifen konnte. Außerdem erklärte er die beiden zu Kriegsgefangenen dieses ökologischen Krieges, die er dem internationalen Gerichtshof in Den Haag überantworten werde. Womit er seinen Bogen jedoch etwas überdehnt hatte. So hatten sie nun einen bitteren Pyrrhus-Sieg errungen, und da sie alle Neuigkeiten aus der Antarktis ständig ins Internet stellten, war bereits die ganze Welt damit beschäftigt, zu diskutieren, ob man aus ökologischen Gründen Kriege führen dürfte oder nicht. Und was mit Tätern und Opfern geschehen sollte. Und ob Den Haag wirklich zuständig wäre. Und einige hochkarätige Rechtsanwälte rieben sich schon jetzt voller Vorfreude die Hände. Alles in allem standen jetzt ein versehentlich ermordeter Schiffsarzt, ein aus Versehen erstochener japanischer Matrose, ein schwer verletzter Erster Offizier sowie das versenkte Flaggschiff der japanischen Walfangflotte einer sehr schwer verletzten deutschen Umweltaktivistin, 52 toten Umweltaktivisten aus diversen Nationen, unter ihnen auch der Schotte Dave Sadler, sowie die versenkte Robert Hunter II gegenüber. Und alle Welt diskutierte darüber, ob es das wert gewesen war. Wie durch ein Wunder hatte man die Schwerverletzten der Esperanza-Station ebenfalls noch rechtzeitig von der Nisshin Maru bringen können, so dass die Kaiko Maru auch sie mitsamt ihren Rettungsbooten einsammeln konnte. Die japanische Walfangflotte setzte nun Kurs auf Japan, während die Rainbow-Warrior II sich mit Kurs auf Auckland in Neuseeland auf den Weg machte. Doch die Vorfälle würden noch lange Untersuchungen und diplomatische Querelen nach sich ziehen, das stand bereits jetzt fest. Yves Arnaud verdoppelte die Brückenwachen und begann damit, eine erste Pressekonferenz per Internet vorzubereiten.

Antarktis, Königin-Maud-Land, Aufenthaltsraum der Neumayer V, 02.00h

Yves Arnaud hatte jetzt ein ausführliches Interview ins Internet stellen lassen, in dem er versuchte, alle Vorgänge, die sich hier innerhalb der letzten zwei Tage im Ross-Meer abgespielt hatten, möglichst plausibel zu erklären. Auch den „kriegsgefangenen" Kapitän der versenkten Nisshin Maru ließ man völlig frei zu Wort kommen, um das Drama aus seiner Sicht zu schildern. Gerd Hengstmann, sowie Miguel und Juanita Armadillo saßen sichtlich geschockt vor dem Fernseher, wo CNN nun eine Wiederholung dieser Pressekonferenz sendete. So viele Tote und Verletzte. Wegen eines Öko-Krieges; das war doch echter Wahnsinn! Juanita und Miguel Armadillo waren jetzt wirklich froh, dass sie dieser Hölle entronnen waren. Schon zweimal waren sie in kurzer Zeit einer großen Katastrophe entgangen und allmählich begannen sie damit, sich zu fragen, ob es doch so etwas wie einen Gott gab. Obwohl sie absolut nicht religiös veranlagt waren. Steckte etwa doch mehr hinter den Dingen, als sie es bisher immer gedacht hatten? Und wenn dem so sein sollte: Welche Schlüsse sollten sie daraus ziehen? Nach der Sendung diskutierten sie noch lange mit den deutschen Kollegen, bis sie sich schließlich völlig erschöpft zur Ruhe begaben.

Antarktis, Fanggebiet der japanischen Walfangflotte im Ross-Meer, an Bord der Rainbow-Warrior II, 10.00h

Annika Wagner hatte es wirklich ziemlich übel erwischt. Sah man einmal von den leichten Brandverletzungen an Armen und Beinen ab, so konnte sie wegen des tiefen Schnittes, der sich quer über ihr Gesäß zog, weder sitzen noch auf dem Rücken liegen. Und ihre linke Hand war von ihr nicht mehr zu gebrauchen; der Schiffsarzt der Rainbow-Warrior II war leider nur ein Medizinstudent, der zwar getan hatte, was er konnte. Doch er hatte ihr nach dem Aufwachen erklärt, dass sie in jedem Falle so schnell wie möglich zu einem Spezialisten musste. Denn er könne sie zwar mit Antibiotika vollpumpen und ihre Schmerzen lindern, aber nicht für den Erhalt ihrer Hand garantieren. Er hatte ihren Arm geschient, genäht, irgendwie zusammengeflickt und dann desinfiziert und verbunden; aber im Grunde war mindestens die Hälfte der relevanten Nerven- und Blutbahnen durchtrennt worden. Er hatte lange daran gebastelt, die fehlenden Verbindungen zu rekonstruieren, aber ob das heilen würde, war sehr fraglich. Außerdem waren ihre Kopfhaare angesengt worden und sahen zu einem guten Teil entweder nicht mehr aus wie gesunde Haare oder fehlten sogar büschelweise. Doch was Annika Wagner dann wirklich zum Weinen gebracht hatte, war der Verlust von Dave Sadler, mit dem sie vor einiger Zeit sogar eine kleine Affäre gehabt hatte. Und der Verlust der meisten ihrer Freunde, die auf der Robert-Hunter II gewesen waren; darunter war auch ihre beste Freundin Jessica gewesen. Nachdem sie alle diese Hiobsbotschaften erhalten hatte, hatte sie zunächst etwa eine halbe Stunde lang in ihr Kissen geweint und war nicht mehr ansprechbar gewesen. Dann hatte sie sich etwas beruhigt, und ihre kämpferische Grundeinstellung und ihr Zorn gewannen die Oberhand. Sie rief nach Yves Arnaud, der sofort zu ihrem Krankenlager eilte, wo sie auf dem Bauch lag, bedeckt von einigen warmen Decken. „Yves, mein Gott, hätte ich gewusst, dass es so endet, dann hätte ich das alles nicht getan. Aber ich finde, dass ich es der Welt schuldig bin, zu erzählen, wie ich die Nisshin Maru versenkt habe. Oder was meinst Du?“ „Du Annika, ich weiß es nicht. Denn wenn Du das im Fernsehen zugibst, dann werden die Dich in Auckland wahrscheinlich noch gleich an Bord verhaften. Du weißt ja selber, wie sehr die Neuseeländer inzwischen den Japsen und auch anderen Nationen aus der Hand fressen. Und damit belastest Du Dich doch nur unnötig.“ „Da hast Du zwar recht, aber egal, ob die mich einsperren oder nicht – die Welt muss es erfahren. Und vor allem: Trotz unserer Verluste haben wir etwas erreicht. Denn ich glaube nicht, dass die Japaner nochmals auf Walfang gehen können. Denn sie haben nun weder ein Flaggschiff dafür, noch eine öffentliche Meinung für sich. Deshalb will ich da jetzt noch etwas nachlegen. Denn die Leute sollen es ruhig sehen, was die Japse mit ihren verdammten Flensmessern aus mir gemacht haben. Die wollten mich lebendigen Leibes in Stücke schneiden, obwohl ich die Hände erhoben hatte. Du hättest sie mal sehen sollen, Yves, die waren ja wahnsinnig!“ Jetzt schluchzte Annika Wagner wieder in ihr Kissen. Tröstend wollte Yves ihr seine Hand auf die Schulter legen, doch sie schrie bei der sanften Berührung auf. „Aua, da habe ich eine Brandwunde! Tut mir leid Yves, das konntest Du ja nicht wissen. Yves, vielleicht überlebe ich auch meine Verletzungen nicht. Deshalb will ich, dass Du mich interviewst, bevor ich krepiere. Und sendet das dann bloß so schnell wie möglich, damit die Japse dafür zumindest in der öffentlichen Meinung schlecht dastehen. Das wäre mir dann zumindest eine kleine Genugtuung, falls ich sterben oder ohne linke Hand weiterleben muss." „Ist gut Annika, wir machen das so, wie Du möchtest. Außerdem werde ich unsere Freunde in Auckland mobilisieren, damit sie gegen Deine Verhaftung demonstrieren können, falls das nötig sein sollte. Du hast recht: Wenn die Welt von dieser Barbarei der Japaner erfährt, dann können wir bei den europäischen Regierungen sogar auf Handelsboykotte hinwirken. Die werden nie wieder zum Walfang ausrücken. Du hast gesiegt Annika!" Annika Wagner lächelte nun glücklich trotz ihrer Schmerzen, dann schlief sie vor Erschöpfung ein. Nachdenklich schüttelte Yves Arnaud mit dem Kopf und traf dann Vorbereitungen für das Interview. Wie stellte sie sich das nur vor? Wollte sie den Leuten ihre frischen Wunden vor der Kamera zeigen? Da kam ihm eine Idee, und er holte den Schiffsarzt und seine Videokamera. Der Arzt spritzte ihr jetzt noch ein wenig Betäubungsmittel, dann nahm er ihr ihre Verbände ab und Yves Arnaud filmte ihre Verletzungen. Das Ganze komplettierten sie dann noch durch Röntgenaufnahmen von ihrem halb abgetrennten Unterarm, auf denen man deutlich den halbierten Ellenknochen sehen konnte. Diese Aufnahmen stellte Yves Arnaud dann ins Internet, wo er ankündigte, dass die so Verletzte sich in Kürze dazu noch äußern werde. Außerdem würde auch noch ein Überlebender der Robert-Hunter II zu Wort kommen, der den Rammstoß der Kaiko Maru und seine Folgen als einer von insgesamt nur sechs überlebenden Personen miterlebt hatte. Sie würden den Japanern die Hölle heiß machen, das hatten sie sich geschworen. Und falls Annika Wagner eingesperrt werden sollte, dann wollten sie wenigstens dafür sorgen, dass auch Kapitän Takashi Sato samt seinem Ersten Offizier lebenslänglich in den Knast kam. Und dass Japan mit einem Embargo vom Rest der zivilisierten Welt belegt wurde. Yves Arnaud begann jetzt damit, auf allen Kanälen zu funken, die er finden konnte und aus allen Rohren zu schießen, welche er hatte. Er hatte begriffen, dass es hier nicht um ihn oder Annika Wagner ging. Nein, diese Sache verlangte ihnen jetzt alles ab und er wusste, dass auch Annika alles für die Sache geben würde. Denn das hatte sie nun eindrucksvoll unter Beweis gestellt. Früher hatte er sich aus der leicht pummelig wirkenden Deutschen nicht viel gemacht. Doch jetzt begann er, sie plötzlich ganz anders zu sehen und ihre großartige aufopfernde Leistung anzuerkennen. Und er hatte nur noch einen Gedanken im Kopf: Kämpfen bis zum Umfallen – am Ende würde ihre Sache siegen!

Tokio, im Büro des japanischen Premierministers, 12.00h

Der japanische Premierminister stand unter einem extremen Druck. Und er fühlte, dass er jetzt den Preis für das Versagen seiner Amtsvorgänger in der Frage des Walfanges in internationalen Gewässern zahlen würde. Denn hatte Japan sich den Walfang nach Ende des Zweiten Weltkrieges als Domäne des nationalen Prestiges sichern können, so wurde der Walfang seiner Nation jetzt auch zu seinem eigenen politischen Grab, das fühlte Yatzuko Akamura immer deutlicher. Sichtlich geschockt hatte er zusammen mit seinem Kabinett die Bilder angesehen, die Yves Arnaud von den Verletzungen Annika Wagners ins Internet gestellt hatte. Dann hatte er sich an seinen Fischereiminister Hirohito gewandt und gesagt: „Nun, Hirohito San, wie wollen Sie das der Öffentlichkeit erklären? Die Welt wird uns als mittelalterliche Tier- und Menschen verstümmelnde Nation ächten, ist Ihnen das klar?" „Aber, Akamura San, diese Frau ist eine gefährliche Öko-Terroristin! Sie hat wahrscheinlich sogar den Schiffsarzt auf dem Gewissen, wahrscheinlich ist sie eine Mörderin! Wir müssen dem widersprechen, wir müssen doch das Gesicht unserer Nation wahren!" „Dazu ist es bereits zu spät. Wir bekommen schon laufend Anfragen und Protestnoten der anderen Nationen, und selbst der deutsche Bundeskanzler hat mich gerade zu einer Stellungnahme zu den Vorgängen an Bord der Nisshin Maru und zur vorsätzlichen Versenkung der Robert Hunter II gebeten. Besonders die Deutschen werden richtig Ärger machen, weil erstens Ihre Öko-Terroristin Annika Wagner eine Deutsche ist, und weil zweitens mindestens zwanzig Deutsche auf der Robert Hunter II den Tod fanden. Das werden die Deutschen nicht einfach hinnehmen, das kann sogar noch einen Handelskrieg nach sich ziehen. Wir müssen jetzt alles tun, um diesen abzuwenden." In diesem Moment vernahmen sie durch das gekippte Fenster gedämpfte Rufe von draußen. Der Premierminister sah kurz hinaus, dann sah er schnell wieder weg, um kurz darauf nochmals verstohlen nach draußen zu sehen. Tausende von jungen Japanern standen auf der Straße und forderten den Rücktritt der gesamten Regierung. Dazu skandierten sie: „Tretet endlich zurück und beseitigt unsere nationale Schande!" oder „Walmörder sind auch Menschenmörder!" Außerdem verteilten viele von ihnen Flyer, auf denen zu lesen war, dass in Japan niemand mehr Walfleisch essen würde, selbst von den älteren Leuten nicht. Und dass das Walfleisch sinnlos in Dosen und Kühlhäusern verrotten würde. Und dass es außerdem wegen der enthaltenen Schwermetalle ungenießbar sei. Nun kam es zu Ausschreitungen, doch je restriktiver die Polizei wurde, desto mehr Menschen, jetzt auch ältere, strömten auf die Straßen Tokios und der anderen Großstädte Japans. Und nachdem Yves Arnaud das Interview mit der halbtoten Umweltaktivistin Annika Wagner ins Internet gestellt hatte, wurden die Leute plötzlich militant, warfen Brandsätze und prügelten sich mit den Polizisten. Schließlich stürmten sie den Sitz des Premierministers, wobei es sogar Tote und Schwerverletzte gab. Viele trieb dabei auch die Angst vor der außenpolitischen Isolation des Landes und kommender wirtschaftlicher Probleme an. Am frühen Nachmittag erklärte dann die gesamte Regierung ihren geschlossenen Rücktritt, wobei der Premierminister erklärte, dass er auch für die Fehler seiner Amtsvorgänger einstehen werde. Außerdem bekräftigte er, dass er Vertrauen zur japanischen Demokratie habe, und dass er sich von jeder Form von Barbarei ausdrücklich distanzieren würde. Und dass er der künftigen Regierung Japans viel Erfolg dabei wünsche, alle Vorgänge wahrheitsgemäß aufzuklären und künftig die realen politischen Erfordernisse dem nationalen Prestige voranzustellen. Dann trafen ihn plötzlich mehrere Farbbeutel und faule Eier an Kopf und Oberkörper, und er verließ unter lauten Buh-Rufen das Nationalparlament Japans. Die Bilder davon gingen sofort um die ganze Welt, doch er sah sie nicht mehr, weil er sich – kaum in seinem Büro angekommen - das dort an der Wand hängende Samuraischwert in den Bauch rammte. Man fand seine Leiche erst, als bereits alles zu spät war. So hatte der japanische Premierminister Yatzuko Akamura seine Ehre wiederhergestellt, was jedoch in der japanischen Öffentlichkeit ein sehr geteiltes Echo produzierte. Er hinterließ eine Frau, sowie eine acht- und eine zehnjährige Tochter. Und darüber hinaus eine uneinige Nation mit einem zweifelhaften Image im Ausland.

Antarktis, Fanggebiet der japanischen Walfangflotte im Ross-Meer, an Bord der Rainbow-Warrior II, 15.00h

Yves Arnaud hatte Himmel und Hölle in Bewegung gesetzt, um Annika Wagner nach ihrem Interview von Bord zu bringen, denn sie hatte jetzt auch noch eine Blutvergiftung bekommen und war bewusstlos geworden. Verzweifelt hatte Yves Arnaud über Funk um Hilfe gerufen, bis sich ein US-Flugzeugträger aus dem Südatlantik gemeldet hatte.

Sie würden einen Langstreckenhelikopter schicken, den sie bald treffen würden. Allerdings sollte dieser auch die anderen Verletzten und die beiden aufgefischten Japaner mitnehmen. Nach einigen Diskussionen mit den anderen Umweltaktivisten hatte Yves Arnaud dem schließlich zugestimmt. Aber er wollte Annika Wagner persönlich begleiten und übergab das Kommando des Schiffes an einen neuseeländischen Kollegen. Immerhin waren die USA bei diesem Konflikt in einer eher vermittelnden Position, und so hatten sie das Hilfsangebot der Amerikaner schließlich angenommen. Inzwischen erschien der Helikopter auf dem Radar, und nun bereiteten sie alles für die Übergabe vor. Ob Annika Wagner es schaffen würde, hing jetzt von dem ärztlichen Können und den fliegerischen Künsten der Amerikaner ab. Es wurde ein Wettlauf gegen Sterben und Tod.

04.Februar 2017, Samstag

Südatlantik, an Bord des amerikanischen Flugzeugträgers George Washington, Krankenstation, 12.03h

Annika Wagner erwachte aus dem künstlichen Koma, in welches man sie nach den dramatischen Notoperationen des gestrigen Tages versetzt hatte. Man hatte sie in einem Einzelzimmer untergebracht, vor dem Yves Arnaud auf einem Stuhl saß und auf ihr Erwachen wartete. Man hatte Annika Wagner vorsichtig auf dem Bauch gelagert, da ihre Gesäßverletzungen ziemlich tief waren und dies die einzige Möglichkeit war, ihr eine gute Wundheilung zu ermöglichen. Sie war mit starken Antibiotika vollgepumpt worden, da sie sonst mit Sicherheit an der Sepsis gestorben wäre, doch ihr Leben hatte noch aus einem anderen Grund an einem seidenen Faden gehangen. Als Annika Wagner jetzt mühsam den Kopf hob, galt ihr erster Gedanke ihrer linken Hand. Doch als sie an ihrem Arm aufsah, war da nichts mehr. Außer einem sorgfältig bandagierten Armstumpf, der ihr verriet, dass sie außer ihrer Hand auch noch den halben Unterarm verloren hatte. Dicke Tränen rollten ihre Wangen herunter und Weinkrämpfe schüttelten sie. Yves Arnaud blickte durch das Fenster des Krankenzimmers, und als er sah, dass sie wach war, ging er zu ihr und versuchte sie zu trösten, so gut er das eben konnte. „Ach Yves, es war ja nur die linke Hand, aber für mich als Frau ist das eine Katastrophe! Denn welcher Mann will denn schon eine Frau, die eine Hand zu wenig hat? Ich bin ein Krüppel, verdammt, nur ein Krüppel!“ Sie weinte wieder, dann sagte Yves: „Annika, das ist nicht wahr! Für mich bist Du die großartigste Frau, die je auf diesem Planeten gelebt hat. Willst Du denn gar nicht wissen, was Deine verlorene Hand alles bewirkt hat?“ „Was denn?“ fragte sie jetzt etwas interessiert. „In Japan hat es wegen Dir einen riesigen Aufstand und viele Demonstrationen gegeben. Der japanische Premierminister ist zurückgetreten und hat Seppuku begangen.“ „Seppuku? Was ist das?“ fragte Annika jetzt. „Nun, er hat sich nach Art der Samurai ein Katana in den Bauch gerammt, in seinem Büro. Du hast ein echtes Erdbeben ausgelöst! Die Mehrheit der Japaner will keinen Walfang mehr; sie werden die ganze Walfangflotte einmotten. Das ist vielmehr, als Generationen von Tierschützern je erreichen konnten. Und noch etwas: Der Kapitän der Nisshin Maru ist auch hier an Bord, zusammen mit seinem Ersten Offizier. Der Kapitän will sich persönlich bei Dir entschuldigen, doch der Erste Offizier hat große Probleme mit seinem rechten Auge bekommen, wo Du ihn mit irgendetwas beworfen haben sollst. Wahrscheinlich kann er künftig nur noch zu etwa dreißig Prozent auf dem Auge sehen.“ „Und, ist er deswegen sehr böse auf mich?“ „Tja, er ist natürlich nicht gut auf Dich zu sprechen, aber vor dem Hintergrund Deiner verlorenen Hand hält er sich da sehr bedeckt.“ „Was meinst Du Yves, sollte ich mal mit den beiden reden?“

„Besser nur mit Bewachung, wer weiß, was sonst noch passiert. Die Amis haben sogar eine Wache vor Deinem und seinem Zimmer aufgestellt. Am besten, Du redest erst mal mit den Amerikanern." In diesem Moment klopfte es an der Tür, und der Kapitän der George Washington kam in Begleitung des Chirurgen, der Annika Wagner operiert hatte, zu Besuch. Erstaunt sah Annika auf, und nachdem der Kapitän sich und den Chirurgen vorgestellt hatte, sagte zunächst der Chirurg: „Es tut mir sehr leid, Miss Wagner, aber wir mussten uns leider zwischen ihrem Leben und ihrer Hand entscheiden. Aber ihre Hand war leider nicht mehr zu retten, weil bereits zu viel Gewebe abgestorben war. Wir haben alles professionell versorgt und behandelt, die Wunde selbst wird in etwa drei Wochen geheilt sein. Wir werden Ihnen nachher noch unsere Psychologin vorbeischicken, weil wir wissen, wie schwer solch ein Verlust gerade für eine junge Frau ist. Aber Kopf hoch, Miss Wagner, heutzutage gibt es schon sehr gute Prothesen, die kaum noch auffallen, und die sie sogar mit ihren eigenen Nerven steuern können. Ich habe sogar schon eine Prothese für Sie in Auftrag gegeben, da Sie noch für einige Zeit unser Gast sein werden." „Was heißt das? Werde ich hier festgehalten? Werden Sie mich an Japan ausliefern? Was geschieht mit mir?" „Nun, Miss Wagner, was mit Ihnen geschieht, entscheiden nicht wir, sondern die Politiker. Bisher sollen wir nur dafür Sorge tragen, dass Sie erst mal wieder gesund werden. Ihnen ist doch wohl hoffentlich klar, dass Sie mit der Versenkung der Nisshin Maru ein schweres Verbrechen begangen haben, ob man nun gegen den Walfang ist oder nicht. Ich sage es Ihnen wie es ist: Egal, wie viele Leute für Sie auf die Straße gehen, aber an Ihrer Stelle würde ich mich jetzt schon mal auf langwierige Prozesse und eine langjährige Haftstrafe einrichten." „Und wer entscheidet jetzt über mein Schicksal?" wollte Annika Wagner wissen. „Nun, ich denke, dass sogar unser Präsident ein Votum abgeben wird. Allerdings wird der Kongress auch mitentscheiden müssen. Und das kann dauern." Dann schickte der Kapitän alle anderen aus dem Zimmer und sagte zu Annika Wagner: „Mein Respekt, junge Lady, Sie haben gekämpft wie ein echter Marine, um endlichen diesen Schwachsinn des japanischen Walfangs zu beenden. Meine Sympathien haben Sie! Und eines verspreche ich Ihnen: Falls diese blöden Wichser aus Washington Sie wirklich verknacken wollen, dann werde ich Sie irgendwo absetzen, wohin der Arm des Gesetzes nicht reicht. Und wenn mich das mein Kommando kostet! Denn für mich gab es nie einen schöneren Anblick als den abtauchender Wale, und den haben Sie ja nun mir und auch vielen anderen Menschen erhalten. Also nur Mut! Wenn etwas Wichtiges ist, können Sie mich jederzeit anfordern!" Mit diesen Worten gab er ihr seine persönliche Visitenkarte und ging wieder auf die Brücke der George Washington, wo jetzt plötzlich viel Arbeit von diplomatischer Art auf ihn wartete.

11. Februar 2017, Samstag

Antarktis an der Bahia Esperanza, Esperanza Station, 12.00h

Miguel und Juanita Armadillo waren jetzt schon fast eine Woche zurück in einem Alptraum, den sie einst für das Paradies gehalten hatten. Die meisten ihrer Freunde waren tot oder offiziell „verschollen", und die kleine Siedlung war zu etwa 90 Prozent zerstört und nicht mehr bewohnbar. Fast alle Überlebenden waren inzwischen zurück nach Argentinien gebracht worden, um eine weitere humanitäre Katastrophe abzuwenden. Ihr Sohn Pepe` lag jetzt in einem Krankenhaus in Buenos Aires, doch gehörte er trotz seiner schweren Verletzungen noch zu den glücklichen Kindern der Esperanza-Station, denn er besaß wenigstens noch beide Elternteile. Manche Schulkinder der Station waren durch das Unglück zu Halbwaisen, andere sogar zu

Vollwaisen geworden, da sie während der Schlammlawine in der Schule gewesen waren, während ihre Eltern zur gleichen Zeit einfach ins Meer gespült wurden. Besonders hart getroffen hatte es die vier Kinder des Arztehepaares, welches Erik Gunnarson noch tot in ihrer Hütte aufgefunden hatte, bevor sie ins Meer gespült worden war. Eigentlich bedeutete das spanische Wort Esperanza so viel wie „Hoffnung", doch für die Reste dieser Station gab es keine Hoffnung mehr. Im Laufe der letzten Woche hatten sie am Strand einige Tote oder Teile von menschlichen Leichen gefunden, welche wegen des viel zu warmen Wassers in der Esperanza Bucht bereits aufgedunsen von Faulgasen angetrieben worden waren. Doch das Schlimmste war nicht der Anblick dieser Toten, sondern deren infernalischer Geruch gewesen, der sich mit einem Geruch nach faulen Eiern vermischte, der über der gesamten Bucht hing. Dies hing damit zusammen, dass die Ursache des Unglücks offensichtlich vulkanischer Natur war, wodurch jede Menge von Schwefelverbindungen freigesetzt worden waren. Juanita und Miguel Armadillo hatten mit Hilfe der deutschen Forscher von Neumayer V den Verlauf der giftigen und warmen Eruption rekonstruiert und hatten herausgefunden, dass im nahe gelegenen Küstengebirge ein so genanntes Ice-Patch einfach weggetaut war, was die warmen Ergüsse sonst vielleicht noch etwas länger im Erdinneren festgehalten hätte. Aber das war eigentlich nur die halbe Erklärung für das Phänomen, welches hier so viele Menschenleben gefordert hatte. Da die warme Quelle immer noch sprudelte, stand die Esperanza Bucht immer noch unter einer dichten Nebelbank, was jegliche Aufräum- und Forschungsarbeiten deutlich erschwerte. Und um das Übel noch komplett zu machen, hatte der von Erik Gunnarson ausgewilderte Eisbär nicht nur Kurs auf die Bahia Esperanza genommen, sondern er hatte darüber hinaus auch seinen Peilsender abgeschaltet. Dabei konnte man es nicht sagen, ob er den Sender verloren hatte, oder ob der Sender wegen eines technischen Defektes ausgefallen war. Für die Forscher bedeutete das, dass dieser Eisbär jederzeit ohne Vorwarnung aus dem Nebel auftauchen konnte. Und niemand konnte es vorhersagen, wie das Tier sich dann verhalten würde. Miguel Armadillo stand gerade direkt am Meeresufer der Bucht und untersuchte hier Ablagerungen des warmen Schwefelwassers, während Juanita Armadillo etwa einhundert Meter entfernt am Ufer des kürzlich entstandenen kleinen Schlammflüsschens stand und dort Wasser- und Schlammproben nahm. Diese würden sie später gemeinsam mit den deutschen Kollegen in der ehemaligen Schule der Station untersuchen, die sie kurzfristig in ein Labor umgebaut hatten. Sehen konnten sich Juanita und Miguel nicht, weil zwischen ihnen dichter Bodennebel mit einer Sichtweite von höchstens zwanzig Metern stand. Beide starrten konzentriert auf den Boden vor sich, während sie gleichzeitig den Geräuschen der Umgebung lauschten. Doch selbst wenn sie eine zweite große Schlammwelle noch vor deren Eintreffen hören würden, war ihnen völlig klar, dass es bei diesem Gelände hier keine Flucht- oder Deckungsmöglichkeiten mehr gab. Gerade hatte Miguel Armadillo einen besonders hübschen Stein mit gelben Schwefelkrusten gefunden, als er die Schritte hörte, die sich aus westlicher Richtung seiner Position näherten. Es knirschte deutlich zwischen den Kieselsteinen des Strandes, doch war der Verursacher dieser Geräusche nicht zu sehen. Dann hörte er genauer hin und kam zum Ergebnis, dass es zwei Leute sein mussten. Vielleicht Grit und Erik Gunnarson? Da diese ihn nicht gehört haben konnten, ging er jetzt leise etwa fünf Meter den Lauf des Schlammflusses aufwärts und hockte sich hin, um seine vorherige Position zu übersehen. So könnte er die Beiden überraschen und ihnen vielleicht einen kleinen Schrecken einjagen. „Warum nicht brummen wie ein hungriger Eisbär?" dachte er grimmig und beschloss, den beiden Eisbärfreunden eine gehörige Lektion zu erteilen. Verdammter Eisbär! Der war jetzt eine echte

Gefahrenquelle für sie alle geworden, die man nicht wirklich brauchen konnte. So ein Mistvieh! Wie konnte man nur Eisbären am Südpol aussetzen? Sollten doch besser die Zoos die Erhaltungszucht der Eisbären machen, warum mussten ausgerechnet sie sich hier damit herumschlagen? Miguel überlegte gerade, ob Eisbären eigentlich eher in tieferen oder höheren Tonlagen brummten, als er plötzlich einen gellenden Schrei von Juanita hörte. Und dann überschlugen sich die Ereignisse.

Südatlantik, an Bord der George Washington, 13.00h

Annika Wagner hatte Antidepressiva bekommen, und heute war der große Tag gewesen, an dem man ihr morgens ihre Armprothese an den linken Unterarm angepasst hatte. Zwar war die Wunde noch nicht zu einhundert Prozent abgeheilt, doch hatte man die Anpassung bereits jetzt vornehmen müssen, um ihre Nervenenden mit den Elektrorezeptoren der Prothese in Einklang zu bringen. Sie sollte die Armprothese jetzt wenigstens zwei Stunden am Tag tragen, um sich allmählich daran zu gewöhnen. Sie war die ungekrönte Heldin des gesamten Flugzeugträgers und stand bei allen hoch im Kurs, weshalb sich auch alle die größte Mühe damit gaben, ihr zu helfen und ihr Mut zuzusprechen. Vor wenigen Minuten hatte sie gemeinsam mit Yves Arnaud im Presseraum des Flugzeugträgers eine gemeinsame Pressekonferenz gegeben, wo sie zu den meisten Punkten der Versenkung der Nisshin Maru bereitwillig Auskunft gegeben hatte. Jetzt saß sie gerade in der Messe, plauderte mit Yves Arnaud über ihre Zukunft und trank Kaffee, wobei sie versucht hatte, mit der Prothese eine Tasse zu ihrem Mund zu bringen, was jedoch nicht richtig geklappt hatte. Zum Glück war die Tasse leer gewesen, sonst hätte sie sich bestimmt von oben bis unten bekleckert. In diesem Moment betraten vier Männer in grauen Anzügen und eine Frau in einem schwarzen Business-Kostüm die Messe, steuerten gezielt ihren Tisch an und zückten dann ihre Ausweise. „Guten Tag Frau Wagner und Herr Arnaud, wir sind Mitarbeiter von Interpol und haben leider den Auftrag bekommen, sie beide zu verhaften. Wir wissen, dass das für Sie beide nicht angenehm ist, aber wir müssen hier leider unsere Arbeit tun. Bitte machen Sie uns keinen Ärger, dann wickeln wir das hier so angenehm wie möglich für Sie ab." Einer der Männer zog jetzt Handschellen aus der Tasche und fesselte damit Yves Arnaud die Hände auf den Rücken, der dagegen heftig protestierte. Dann wollte die Frau Annika Wagner Handschellen anlegen, worauf diese in ein hysterisches Lachen ausbrach. Dann löste sie mit zwei Handgriffen ihre Armprothese ab und zeigte den Polizisten von Interpol ihren noch nicht ganz geheilten Armstumpf. Dazu meinte sie dann grinsend: „Manchmal hat es eben auch einen Vorteil, ein Krüppel zu sein!" Dann warf Yves Arnaud ein: „Und wer packt unsere Sachen ein? Ich finde, dass Sie uns wenigstens unsere Sachen mitnehmen lassen müssen. Im Übrigen möchte ich erst mal wissen, wohin Sie uns eigentlich bringen wollen." „Nun, junger Mann", sagte jetzt ein Polizist älteren Lebensalters, „wir werden Sie in die Niederlande nach Den Haag bringen, wo Sie vor dem internationalen Gerichtshof erscheinen müssen. Und wenn Sie uns nicht begleiten wollen – gut- dann überlassen wir Sie den Amerikanern. Die werden Sie dann nämlich in Guantanamo einquartieren, wo Sie dann bedauerlicherweise auf die meisten ihrer bürgerlichen Rechte verzichten müssen. Denn der amerikanische Präsident und der amerikanische Kongress haben Sie vor wenigen Minuten offiziell als Öko-Terroristen eingestuft. Und dass Amerika nicht zimperlich mit Terroristen umgeht, sollte sich eigentlich inzwischen allgemein herumgesprochen haben. Und ihre Pressekonferenz vorhin dürfte dann auch vorerst ihre letzte gewesen sein." Jetzt sackten Annika Wagner und Yves Arnaud sichtlich geschockt in sich zusammen. So wurden sie nun zu ihren Quartieren geführt, wo einige Green Berets bereits ihre Sachen gepackt hatten und mit unbewegter Miene auf ihr Eintreffen warteten. In genau diesem Moment nahte sich aus einer anderen Richtung des Ganges unerwarteter Besuch, welchen sie jetzt sehr erstaunt zur Kenntnis nahmen.

Antarktis an der Bahia Esperanza, Esperanza Station, 12.37h

Die erste Reaktion von Miguel Armadillo auf die entsetzten Schreie seiner Frau war die, dass er die soeben gesammelte Gesteinsprobe fest umklammerte, dann rasch aufsprang und dem Lauf des Schlammflusses folgend in ihre Richtung eilte. Hinter sich hörte er Schritte, die sich jetzt auch etwas beschleunigten, woraus er folgerte, dass Grit und Erik Armadillo ihm wahrscheinlich im Abstand von etwa dreißig bis vierzig Metern folgten. Als er nach qualvollen zwanzig Sekunden schließlich Juanita zu sehen bekam, beruhigte sich sein Pulsschlag wieder etwas, da ihr offensichtlich nichts fehlte. Aber vor ihr, halb im Schlamm versunken, steckte die Leiche eines ehemaligen Kollegen von ihnen, welche aufgedunsen und entstellt aussah. „Caramba! Das ist ja Ernesto!" entfuhr es Miguel Armadillo. Erleichtert war Juanita ihm um den Hals gefallen, als sie nun hinter Miguel etwas aus dem Nebel auftauchen sah, was ihr das Blut in den Adern gefrieren ließ. „Miguel, da ist..." wollte sie anfangen, aber er unterbrach sie: „Da sind nur Grit und Erik, beruhige Dich wieder!" Er wollte sie an sich drücken, doch sie stieß sich von ihm ab. „Was ist denn?" fragte er sie, drehte sich langsam um, und in diesem Augenblick wünschte er sich, er wäre jetzt bei seinem Sohn Pepe` in Buenos Aires. Halbaufgerichtet starrte ihn das verschollene Eisbärweibchen neugierig an; es war nur noch etwa zwei Meter von ihm entfernt. Er meinte bereits, den Raubtiergeruch aus dem Rachen des voll ausgewachsenen Tieres zu riechen und taumelte einen Meter zurück. Dann stolperte er über einen kleinen Stein und fiel auf den Rücken; das Eisbärweibchen trottete gemächlich auf ihn zu und wusste, dass seine Beute ihm nicht mehr entrinnen konnte. Es beugte seinen Rachen zu seinem Gesicht hinab und blies ihm seinen überraschend frischen Raubtieratem in die Augen. Wie gelähmt lag Miguel da, während Juanita nur vor Entsetzen ihre Hände vor dem Mund zusammenpresste und sich in ihre Handschuhe biss. Miguel Armadillo kamen diese Augenblicke unendlich lange vor und innerlich verabschiedete er sich von seinem Leben. Doch da geschah plötzlich etwas Unerwartetes.

Südatlantik, an Bord der George Washington, 13.42h

John Philippson, der Kapitän der George Washington, näherte sich der kleinen Gruppe mit einigen Marines, die er im Gefolge hatte. Dann fragte er die Polizisten von Interpol höflich: „Entschuldigen Sie, reine Formsache, sind Sie bewaffnet?" „Natürlich sind wir bewaffnet, wenn wir gefährliche Leute verhaften, warum?" antwortete ihm der älteste Polizist. „Nun, weil das Tragen von Waffen hier an Bord von mir persönlich genehmigt werden muss, sofern es sich nicht um Mannschaften der George Washington handelt. Aus diesem Grund müsste ich Ihre Bewaffnung mal kurz inspizieren. Also legen Sie bitte Ihre Waffen da drüben auf den Tisch, O.K.?" Gehorsam legten die Polizisten jetzt Ihre Dienstwaffen auf den Tisch. Dann sagte der Kapitän: „Es tut mir aufrichtig leid, aber ohne meine Erlaubnis an Bord Schusswaffen zu tragen, ist ein schwerer Verstoß gegen die Waffen- und Dienstordnung der US-Navy. Daher sind Sie alle vorerst verhaftet." Er winkte jetzt die Green Berets heran, welche die Polizisten mit vorgehaltener Maschinenpistole in Schach hielten. Dann verlangte der Kapitän den Schlüssel für die Handschellen von Yves Arnaud und befreite diesen persönlich von seinen Fesseln. „Mr. Arnaud, meine Leute werden Sie und Misses Wagner jetzt zum Bootsdeck bringen. Dort werden Sie eines unserer Schnellboote entwenden, und dann sich und Misses Wagner damit auf die Bahamas bringen; vollgetankt haben wir es schon. Offiziell hat dieses Gespräch nie stattgefunden, Interpol hat Sie hier nicht mehr zu Gesicht bekommen, meine Leute haben nichts gemerkt und ich bin der größte Trottel der US-Navy, weil ich gleich unsere Radaranlage einem technischen Defekt zum Opfer fallen lasse. Und noch was: Unsere Mannschaft hat für sie beide etwa fünfzigtausend Dollar gesammelt, damit Sie auf den Bahamas nicht mittellos dastehen. Das finden Sie alles an Bord des Schnellbootes. Und es wäre sehr freundlich von Ihnen, wenn Sie das Schiff im Hafen von Nassau einfach an die Behörden übergeben, damit wir es schnell wieder bekommen. Viel Glück Ihnen beiden!" Er schüttelte beiden die Hände. „Und Guantanamo?" fragte Annika Wagner, jetzt neugierig geworden. „Vergessen Sie es, das ist alles nur dummes Geschwätz von unseren Politikern. Alles Bullshit! In Wahrheit will der Präsident diese alte Bretterbude endlich loswerden. Und die wird er ja nicht los, wenn wir Leute wie Sie beide da einbuchten. Also nochmals: Alles Gute und Au Revoir!" Erstaunt blickten die Interpol-Polizisten jetzt den beiden Öko-Terroristen nach, als diese von den Green Berets zum Schnellboot gebracht wurden. So würde der Prozess in Den Haag wohl doch ohne Annika Wagner und Yves Arnaud stattfinden müssen. Und an allen Stationen, an denen sie vorbeigeführt wurden, klatschten die Angestellten der US-Navy den beiden Applaus oder pfiffen anerkennend hinter ihnen her. Und Annika Wagner winkte freundlich mit ihrer Prothese zurück und rief nur immer wieder: „We believe in freedom!" Und Yves Arnaud ergänzte: „In freedom, and a real justice!"

Antarktis an der Bahia Esperanza, Esperanza Station, 12.41h

Plötzlich wandte das Eisbärweibchen sich von Miguel Armadillo ab, trottete gelangweilt an Juanita Armadillo vorbei und stürzte sich dann mit weit geöffnetem Rachen auf die Leiche des armen Ernesto, der zu Lebzeiten ein recht wohlbeleibter Seismologe gewesen war. Miguel stand jetzt langsam und vorsichtig auf, um, das Tier nicht zu reizen und zog Juanita mit sich fort, bis sie schließlich schnell zu ihrem Haus rannten, um sich dort vor dem Tier zu verstecken und einzuschließen. Unterwegs trafen sie Grit und Erik Gunnarson, die ihnen zunächst ins Haus folgten. Dort besprachen sie dann das weitere Vorgehen und beschlossen, dass Erik das Eisbärweibchen besser betäuben und fangen sollte, um es woanders wieder freizulassen. Außerdem sollte das Tier bei dieser Gelegenheit einen neuen Peilsender erhalten. In diesem Moment hörten sie von draußen einen lauten Abschuss, dessen Echo durch die ganze Bucht hallte. Per Funk fragten sie die anderen Wissenschaftler an, was das zu bedeuten habe, worauf sich Gerd Hengstmann bei Ihnen meldete und sagte: „Sorry, Erik und Grit, aber ich habe vorhin Euren Funk abgehört. Ich habe das Tier soeben töten lassen. Und zwar, weil es menschliche Überreste gefressen hat. Und das bedeutet, dass dieses Tier jetzt Menschen als Beute betrachten würde. Und so etwas kann ich nicht verantworten, es tut mir aufrichtig leid, wirklich!" „Aber es war ein schwangeres Weibchen!" Protestierte nun Erik. „Dann komm doch mal raus, wir haben da eine Überraschung für Dich!" antwortete ihm Gerd Hengstmann. Daraufhin eilten Grit, Erik, Miguel und Juanita nach draußen, um zu sehen, was dort vor sich ginge. Dort trafen Sie Gerd Hengstmann und noch einen deutschen Kollegen an, der soeben die Leibeshöhle des toten Eisbärweibchens geöffnet hatte. Er spreizte jetzt Fell und Gewebe des Muttertieres auseinander und schnitt vorsichtig die Gebärmutter des toten Tieres auf, aus der er nun insgesamt drei lebendige voll entwickelte kleine Eisbären zog, die er seinen Kollegen anreichte. Alle waren von den tapsigen und noch blinden kleinen Eisbärchen sofort entzückt, und sie brachten sie schnell zu ihrer Behausung, wo sie zunächst dafür sorgten, dass die Kleinen nicht erfroren. Erik war wieder versöhnt und sagte jetzt: „Wie gut, dass

Gerd ausgerechnet unseren einzigen Gynäkologen als medizinischen Helfer mitgebracht hat, sonst wäre das wahrscheinlich schief gegangen. Na ja, da werden Grit und ich wohl jetzt in der nächsten Zeit Kindermädchen spielen müssen, damit das was wird. Aber Gerd hatte natürlich recht: Ein Eisbär, der schon mal Mensch gekostet hat, wird es vermutlich wieder tun." „Der arme Ernesto! Redet nicht so von ihm!" regte sich jetzt Juanita nicht ganz zu Unrecht auf. „Er bekommt jetzt wenigstens ein echtes Begräbnis in Buenos Aires, wenn Dich das tröstet", warf jetzt Grit Gunnarson mitfühlend ein. Und für einen Moment schwiegen alle und dachten an liebe Menschen, welche sie in der letzten Zeit verloren hatten. Dann tranken sie ihren Kaffee aus und widmeten sich ihren abschließenden Forschungsarbeiten auf dieser Station, die es bald nur noch in den Geschichtsbüchern geben würde.

26. Februar 2017, Sonntag

Argentinien, Buenos Aires, Presseraum/Institut für Polarforschung, 10.00h

Juanita und Miguel Armadillo hatten gemeinsam die Ursache für die Katastrophe auf der Esperanza-Station ermittelt und stellten ihre Forschungsergebnisse nun der Presse vor. Das Institut war auf so viele Besucher nicht eingerichtet, denn es waren Journalisten aus aller Welt gekommen. Deshalb hatte man schließlich zwei Gruppen bilden müssen, und die Armadillos mussten nun für jede Gruppe die gleiche Präsentation abliefern. Außerdem sollten sie anschließend deren Fragen beantworten. Zunächst begann Juanita damit, den Ablauf des Unglückes zu schildern. Dabei zeigte sie eine virtuelle Computeranimation, welche die Station vor, während und nach der verheerenden Katastrophe zeigte. Wie gebannt sahen alle zu, und man hätte eine Stecknadel fallen hören können. Danach übernahm Miguel das Wort, und erklärte, was der wirkliche Auslöser der Schlammlawine gewesen war. „Ladies und Gentleman, wie wir herausfanden, handelte es sich bei dem Unglück um ein Phänomen, welches etwa alle siebenhundert Jahre in Erscheinung tritt. Es tritt nicht nur an der Bahia Esperanza, sondern auch an anderen Stellen der Erdkruste etwas zeitversetzt auf. So etwa auch im Marianen Graben oder an Teilen des mittelatlantischen Rückens, wie uns einige internationale Experten und Ozeanographen bestätigen konnten." Miguel machte jetzt eine rhetorische Pause und nahm einen Schluck Wasser, gleichzeitig präsentierte er verschiedene Modelle der Erdkruste, die in Form einer farbigen Computeranimation dargestellt wurden, dann fuhr er mit seinem Vortrag fort: „Nun, wie Sie hier sehen können, scheint das Phänomen nach unseren Erkenntnissen etwa alle siebenhundert Jahre stattzufinden. Es beeinflusst die Thermik des globalen Luftstromes, den wir gemeinhin als Klima oder Wetter bezeichnen ebenso, wie den Anstieg des Meeresspiegels weltweit. Das Phänomen verursacht Stürme, Unwetter und auch Sturmfluten, die exorbitante Höhen erreichen können. Meine Frau Juanita und ich haben ermittelt, dass es ganz offensichtlich einen Zusammenhang zwischen Großereignissen wie etwa der Groten Mandränke im Nordeuropa des 14. Jahrhunderts und dem von uns beschriebenen Phänomen gibt. Das bedeutet im Klartext, dass es auch im Herbst dieses Jahres wieder ein ähnliches Großereignis geben wird. Daher haben wir unseren Report mit höchster Prioritätsstufe an die nordeuropäischen Regierungen geschickt, haben aber auch die Regierungen anderer niedrig gelegener Küstenländer gewarnt. Haben Sie dazu noch Fragen?" „Señor Armadillo, können Sie Ihre Behauptung belegen?" „Wir können alles belegen, es steht alles in unserem Report, den wir Ihnen im Anschluss an diese Pressekonferenz aushändigen werden", sagte Juanita. „Was sind denn nun konkrete Beweise? Oder sind das alles nur Hypothesen und Theorien?" wollte eine CNN-Reporterin wissen. „Nun, wir haben dabei auf Gesteinsproben und Eisbohrkerne zurückgegriffen. In den dort eingeschlossenen Gasgemischen kann man die zyklischen Abfolgen der Ereignisse der letzten zehntausend Jahre hervorragend erkennen. Übrigens decken sich dabei Funde aus Antarktis und Arktis gleichermaßen. Und auch bei einigen Schlammproben von verschiedenen Stellen des Meeresbodens kann man anhand der Sedimentveränderungen so etwas Ähnliches wie einen siebenhundertjährigen Zyklus feststellen. Allerdings haben unsere Messungen ergeben, dass der Mensch es durch die fortschreitende Industrialisierung, verbunden mit der globalen Erderwärmung, offenbar geschafft hat, den Zyklus zu beschleunigen. Nach unseren Messungen wäre die Esperanza-Katastrophe aufgrund des natürlichen Zyklus eigentlich erst im Jahre 2071 eingetreten, aber offenbar haben Manipulationen des Erdinneren durch unterirdische Atomversuche und andere Dinge den Zyklus beschleunigt. Im Grunde genommen könnte man es auch so formulieren: Wir selbst haben als Menschheit die Vermessenheit besessen, die Tore zur Hölle zu öffnen." Aufgeregtes Gemurmel setzte im Saal ein, dann fragte jemand: „Sind Sie denn der Meinung, dass der Esperanza-Katastrophe weitere Ereignisse folgen werden?" „Oh ja", sagte jetzt Juanita. „Insbesondere in Nordeuropa sollten die Regierungen jetzt schon über eine Evakuierung von flachen Küstenregionen nachdenken. Schon jetzt sind aus der Nordsee Wellenhöhen von bis zu fünfzehn Metern unter Normalbedingungen belegt worden. Wenn die Wassermassen aus der Antarktis noch dazukommen, dann könnten Sie nochmals zehn bis elf Meter Wellenhöhe darauf rechnen. Unser leider bei der Esperanza-Katastrophe verstorbener Mathematiker Salvatore Alvarez hatte zu dieser Thematik Rechenmodelle entworfen, wie und wann sich ein Abschmelzen größerer antarktischer Eismengen auf den Norden des Planeten auswirken würde. Und bisher konnten wir auch nach sehr akribischen Prüfungen weder Denk- noch Rechenfehler in seinen Modellen finden." „Aber müssten Ihre deutschen Kollegen von Neumayer V diese Dinge nicht auch schon längst bemerkt haben?" fragte jetzt ein deutscher Reporter. „Ja, das ist etwas, was uns auch Rätsel aufgibt. Die Deutschen haben viel mehr Eisbohrkerne und Sedimentproben als wir gesammelt. Doch sie behaupten schon seit Jahren, dass man daraus andere Schlussfolgerungen ziehen müsse. Wenn wir sie gezielt auf gewisse Daten und Zusammenhänge ansprechen, dann mauern sie. Außerdem hat das Deutsche Hydrografische Institut es übernommen, europaweit den Anstieg des Meeresspiegels zu überwachen. Und dieses Institut behauptet nach wie vor, dass keine weiteren Großereignisse in Nordeuropa anstehen würden. Doch aufgrund unseres Reports sind wir zu anderen Ergebnissen gekommen, weshalb wir es als unsere Pflicht ansehen, die Menschen der nördlichen Hemisphäre zu warnen", führte nun Miguel Armadillo aus. Daraufhin kam es zu aufgeregten Zwischenrufen und Fragen, und die Pressekonferenz musste abgebrochen werden, da etliche Besucher sich nun gegenseitig anschrien. Resigniert packten Juanita und Miguel Armadillo ihre Sachen zusammen und gingen in den Pausenraum, um dort einen Kaffee zu trinken. Keine fünf Minuten später klingelte Miguels Handy, und er wurde zum Institutsleiter gerufen. Dieser erklärte ihm unumwunden, dass er seine Anschuldigungen gegen die deutschen Institute besser zurücknehmen solle, denn er habe bereits einen Anruf vom Leiter des Deutschen Hydrografischen Institutes erhalten. Als Miguel darauf nur mit dem Kopf schüttelte, sagte ihm der Institutsleiter: „Miguel, ich halte wirklich viel von Ihnen und Ihrer Frau Juanita. Aber diesmal sind Sie wohl doch ein wenig zu weit gegangen. Ich will keinen Ärger mit den Deutschen; vor allem, weil sie uns sehr bei der Evakuierung der Esperanza-Station geholfen haben. Da können wir doch deren etablierte Institute nicht so vor den Kopf stoßen! Im Übrigen finde ich auch, dass die von Ihnen und Alvarez angestellten Berechnungen etwas zu weit gehen. Es ist doch nicht unser Problem, falls die deutsche Küste tatsächlich überspült werden sollte. Niemand kann uns das vorwerfen!" „Das vielleicht nicht, aber Juanita und ich fühlen uns moralisch dazu verpflichtet, die Menschen zu warnen. Wir haben in der Bahia Esperanza in den Schlund der Hölle geblickt, und wenn Sie auch diese Erfahrung gemacht hätten, dann würden Sie sicherlich ähnlich denken." „Miguel, ich sage Ihnen das jetzt als guter Freund: Legen Sie sich nicht mit den Deutschen an! Die haben überall ihre Leute. Am besten wäre es, sie würden Teile Ihres Reports etwas überarbeiten und abmildern." „Abmildern? Mein Gott, das sind harte Fakten, Sie kannten doch Alvarez, für ihn waren das die nackten Fakten!" „Alvarez ist tot. Und selbst er könnte einen didaktischen Fehler gemacht haben. Überlegen Sie es sich bis morgen. Ich würde es sehr bedauern, wenn Sie sich Ihre berufliche Zukunft mit diesem Report für immer verbauen würden."

07. März 2017, Dienstag

Argentinien, Städtisches Krankenhaus in Buenos Aires, 12.17h

Juanita Armadillo hatte mit ihrem privaten PKW, einem deutschen VW-Golf, auf dem Parkplatz des Krankenhauses geparkt. Heute war der große Tag, endlich konnten sie ihren geliebten Sohn Pepe` aus dem Krankenhaus abholen. Sie ging die ihr nur schon bestens vertrauten Flure entlang bis zur Station von Pepe` und meldete sich bei der diensthabenden Schwester, um mit ihr die Entlassungsformalitäten zu besprechen. Doch als sie das kleine Büro betrat, begann der schlimmste Alptraum, den sie je erlebt hatte. Denn die Oberschwester lag mit einer schweren Kopfverletzung am Boden und atmete nur noch schwach; sie lag in einer Pfütze von Blut. Sofort rannte Juanita raus in den Flur und rief nach Hilfe, woraufhin eine andere Krankenschwester erschien, zum Büro eilte und dann schnell einen Arzt rief. Aufgeregt sagte diese: „Sie muss gestürzt sein. Gut, dass Sie gleich gerufen haben. Was wollten Sie denn von ihr?" „Ich wollte heute meinen Sohn Pepe` abholen, er sollte heute entlassen werden!" „Das ist aber seltsam, denn Ihr Sohn wurde doch bereits abgeholt! Vor etwa einer Viertelstunde hat eine blonde Kollegin ihn zum Krankenwagen gebracht; sie meinte zu mir, dass er noch zu unserer Außenstelle zu einer speziellen abschließenden radiologischen Untersuchung müsse." „Davon weiß ich ja gar nichts! Welcher Arzt hat das verfügt?" „Hier, sie gab mir dieses Papier." Die Krankenschwester reichte Juanita jetzt einen verschlossenen Umschlag. Juanita öffnete das Kuvert, dann stöhnte sie verzweifelt auf und wurde kreidebleich. „Was ist denn?" fragte die Schwester jetzt. „Man hat ihn entführt! Miguel, ich muss sofort meinen Mann anrufen!" Dann las sie nochmals das Schreiben durch, das in dem Kuvert gesteckt hatte. Dort stand kurz und knapp: „Wir haben Ihren Sohn. Deshalb wäre es jetzt wohl an der Zeit, Ihre Einstellungen und Meinungen zu überdenken. Vielleicht gibt es dann ja ein Wiedersehen. Sollten Sie diesen Brief der Polizei zeigen, ist Ihr Sohn sehr bald tot."

21. März 2017, Dienstag

Argentinien, Buenos Aires, Wohnung der Armadillos, 14.13h

Wie die Ermittlungen ergeben hatten, war Pepe` Armadillo offensichtlich von einer falschen Schwester und einem als Arzt verkleideten Mann von mittlerer Statur und mit unverkennbar deutschem Akzent entführt worden. Sie hatten den Jungen mit einem gestohlenen Krankenwagen entführt und waren dann mit ihm etwas außerhalb der Stadt in ein anderes Fahrzeug umgestiegen. Dann verlor sich die Spur von Pepe` und seinen Entführern. Juanita hatte den Brief nur Miguel gezeigt, der ihn sicherheitshalber in die Toilette geworfen hatte, ehe die Polizei eintraf. Sie hatten vergeblich auf weitere Nachrichten der Entführer gewartet und schließlich sogar Ihre Pressearbeit eingestellt. Nichts! Kein Lebenszeichen von Pepe`, und beiden dämmerte es jetzt langsam, dass sie aus irgendwelchen Gründen mächtigen Leuten in die Quere gekommen sein mussten, denen ihr bisheriges Ruhighalten offenbar nicht weit genug ging. Aber konnten Sie einen Report, der möglicherweise Einfluss auf das Schicksal von Millionen von anderen Menschen hatte, einfach so zurückziehen? Wer war wichtiger: Ihr kleiner Sohn, den beide gut kannten und liebten, oder Millionen von Unbekannten, die sich bei der Rücknahme des Reports in einer trügerischen Sicherheit wiegen würden. Konnten sie überhaupt noch zurückrudern? Oder war es für Pepe` bereits zu spät? Die Polizei hatte ihnen jedenfalls keine Hoffnung mehr machen können. Insbesondere, weil die Entführer sich nicht mehr gemeldet hatten. Juanita hatte schon längst keine Tränen mehr. Kraftlos gab sie jetzt Miguel einen Kuss, dann ging sie die Treppe hinauf in ihr Schlafzimmer. Miguel konnte so hart sein! Andere Leute, die er gar nicht kannte, waren ihm wichtiger als sein eigener Sohn! Sie verstand es einfach nicht. Aber sie wollte ihren Mann auch nicht in der Öffentlichkeit angreifen, dazu liebte sie ihn doch zu sehr. Sie legte sich auf ihr Bett, dann nahm sie zwei Schlaftabletten. Und als sie gerade etwas müde zu werden begann, nahm sie ein Obstmesser, welches auf ihrem Nachttisch lag, und schnitt sich damit die Pulsadern auf. Seltsam, dachte sie, es tut ja gar nicht weh. Dann fielen ihr die Augen zu und sie schlief unglücklich ein. Das letzte Wort, welches sie leise murmelte, war Pepe`.

II – ☠ ☣ ☠-Wasserleichen

„Alle Straßen münden in schwarze Verwesung."*

*** Aus: Georg Trakl, „Grodek".**

25. Juli 2017, Dienstag

Neßmersiel, Strand, 11.27h

Es war ein kalter Tag, viel zu kalt für den Hochsommer. Die Lufttemperatur betrug gerade einmal 14°Celsius, und der starke Wind, der von See her wehte, drückte die Temperatur noch einmal auf gefühlte 10°Celsius hinunter. Doch das alles störte den einsamen Nationalparkranger Jens Wortmann nicht, als er an diesem Tag barfuß an der langen Hafenbuhne von Neßmersiel entlang spazierte. Die Sicht war sehr gut, denn der Wind vertrieb auch die letzten Nebelschwaden vom Watt. In der Ferne konnte man die roten Backsteinhäuser der Insel Baltrum erkennen, doch der Himmel war heute grau und verhangen und kündete ein Unwetter an. Das alles beeindruckte den fünfunddreißigjährigen Jens Wortmann nicht – im Gegenteil, er war froh darüber, dass die Touristen dem Strand fernblieben und nicht seine meditative Ruhe störten. Jens hatte es sich zur Aufgabe gemacht, die Anzahl angespülter Müllfragmente im Watt zu zählen, und außerdem nach Neozooen zu suchen. Das heißt nach Tierarten, die aus anderen Meeresregionen in die Nordsee verschleppt wurden. Sah man von verschiedenen Rippenquallen, Fischen, Krebsen und Muschelarten einmal ab, so konnte man immer wieder echte Überraschungen erleben. Auch unbekannte Vogel- oder Insektenarten tauchten manchmal am Strand auf – die meisten von ihnen blieben jedoch nur einen Sommer lang und verschwanden dann wieder, wie sie eben gekommen waren. Jens hatte das Wasser erreicht. Zwischen ihm und dem Festland lagen mehr als fünfhundert Meter leicht schlickigen Watts, welches von einigen dünnen Prielen durchströmt wurde, die das Watt momentan Richtung Meer entwässerten. In der Luft lag der Geruch von Schlick und Algen, welcher sich mit einem gewissen Jodanteil der Luft zu einem einzigartigen Aroma vereinte. Jens liebte diesen Duft, den Wind, das Salzwasser an seinen Beinen und die Einsamkeit. Es machte ihm nichts aus, barfuß über spitze Muschelschalen zu laufen, da er bereits eine dicke Hornhaut an den Füßen hatte. Er konnte auch über Glasscherben laufen, ohne sich zu verletzen, womit er manchmal bei Dorffesten auftrat, um die Touristen zu unterhalten. Er ging in südlicher Richtung von der steinernen Hafenbuhne weg, durchquerte den kleinen Priel, der sich immer noch Richtung Meer entleerte und überlegte, dass die Flut wohl in weniger als fünfzehn Minuten einsetzen müsste. Da sah er plötzlich im Spülsaum etwas Kleines und Glitzerndes. Eine Glasscherbe? Er bückte sich, und stellte zu seiner Überraschung fest, dass es sich um ein weiches Gewebestück handelte. „Eine Qualle?" überlegte er laut denkend. Seltsam, so etwas hatte er noch nie gesehen. Er holte eine kleine Pinzette aus seiner Tasche, und verstaute den nur etwa daumennagelgroßen Klumpen in der Brusttasche seiner Wetterjacke. Das würde er sich später in der Nationalparkstation unter dem Mikroskop ansehen. Eine neue Quallenart im Watt? Wahrscheinlich würde er auch den Meeresbiologen fragen. Dann sammelte er noch die Reste einer neu eingeschleppten Krabbenart auf und tat auch diese wie die vorherige Probe in einen kleinen durchsichtigen zusammen klippbaren Plastikbeutel. Er sah auf die Uhr. Das Wasser kommt zurück, dachte er. Es war kein Problem, den Strand zu erreichen, wenn man jetzt zurückliefe. Er beschloss, durch den kleinen Priel neben der Hafenbuhne Richtung Hafen und Strand zurück zu wandern. Da seine Beine etwas schmierig vom Schlick geworden waren, beschloss er, ein paar Schritte ins Wasser zu gehen, um sich die Beine zu waschen. Gedankenverloren ging er ins Wasser, bis er etwa vierzig Zentimeter tief drinstand. Das von See hereinströmende Wasser hatte die Sedimente aufgewirbelt, und das noch vor wenigen Minuten glasklare Wasser war plötzlich leicht getrübt. Da spürte er an seinem linken Fuß einen starken Stich; eigentlich erschien es ihm eher wie ein Stromstoß. Schnell wollte er das Bein zurückziehen, doch es gehorchte ihm einfach nicht mehr! Ein Zittern jagte durch sein linkes Bein und pflanzte sich durch seinen gesamten Körper fort, der ohne Vorwarnung in eine spastische Ataxie verfiel. Er dachte noch: „Was ist das?“ als er es im trüben Wasser vor sich kurz schillernd aufblitzen sah. Oder täuschten ihn bereits seine Sinne? Dann gehorchten ihm seine Beine nicht mehr, und er fiel mit dem Gesicht auf das Wasser. Er wollte sich mit den Armen auffangen, er wollte schreien, doch es ging nichts mehr. Und nun registrierte sein Gehirn die Nässe, die seinen Körper umschloss. Und die Tatsache, dass er nicht mehr atmen konnte, so sehr er auch wollte. Dann traf ihn noch eine Schockwelle, diesmal mitten ins Gesicht, und er verlor vor Schmerzen das Bewusstsein. Etwas klebte an ihm und schwappte mit dem Wasser über seinen Körper. Nur, um ihn nach wenigen Sekunden desinteressiert loszulassen und mit der Seitenströmung eines anderen Prieles davon zu treiben. Der Wind drehte sich und wurde ablandig. Er wurde immer stärker, und ein Gewitter entleerte urplötzlich seine Gewalten über dem Watt. Sand wurde aufgewirbelt und nahm allen die Sicht, die Jens Wortmann vielleicht noch hätten bemerken können. Plötzlich kam auch noch ein Strandnebel auf, dessen Schwaden über den Pfützen im Watt tanzten, die sich jetzt allmählich mit frischem Seewasser zu füllen begannen. Jens Wortmann wurde vom Wind auf das Meer hinausgetrieben. Es gab nichts, was das verhindern konnte. Das Einzige, was die Polizei einen Tag später von ihm am Strand fand, waren die Sandalen, die er ordentlich neben der Hafenbuhne abgestellt hatte. Drei Tage später fanden Touristen sein Portemonnaie mit Personalausweis und einem Bild von seiner Frau mit den beiden sechs- und acht Jahre alten Kindern im Spülsaum des Strandes. Doch Jens blieb verschwunden.

Hannover, Medizinische Hochschule, Onkologie, 15.05h

Schon wieder ein Leben, welches als Pflegefall enden würde. Der Oberarzt Dr. Plutarch schüttelte mit dem Kopf. Und das bei einer so prominenten Patientin. Na ja, sie war nicht wirklich prominent, aber war als Staatssekretärin für den Ministerpräsidenten tätig. Wahrscheinlich war auch ihre Krankheit eine Folge von Überarbeitung, dachte er. Dann legte er ihren Befund versehentlich in die Ablage, anstatt ihn in den Postausgang zu legen. Was erst viel später auffiel. Als bereits alles vorbei war.

18. August 2017, Freitag

Pathologisches Institut Aurich, 14.36h

Mit einem schrillen Kreischen fräste sich die kleine Handkreissäge durch den Schädel der Leiche mit der Ident-Nummer 53456789/2017. Oder in Buchstaben ausgedrückt: Wortmann, Jens, geb. am 04.04.1982 in Emden, gestorben vermutlich am Tag seines Verschwindens vor etwa drei Wochen. Es waren höchste Sicherheitsvorkehrungen getroffen worden, nachdem sich ein Gehilfe der Pathologie beim bloßen Hautkontakt mit der Leiche einen bösartigen roten Hautausschlag an einer nicht vollständig abgedeckten Partie seines linken Arms eingefangen hatte. Kurz nach dem unfreiwilligen Körperkontakt hatte ein heftiges Brennen und Jucken eingesetzt; die Wunde hatte stark zu nässen angefangen und dem Gehilfen wurde übel. Er musste sofort ins Kreiskrankenhaus von Aurich gebracht werden, wo er mit einem Breitbandantibiotikum und einigen Infusionen behandelt werden musste. Trotzdem begann ein Teil seines Körpergewebes am linken Arm nekrotisch zu werden. Das Gewebe nahm eine graue und dann schwarze Färbung an und starb einfach ab! Durch eine Notoperation wurde das tote Gewebe entfernt; es wurde behandelt wie ein Dekubitus. Sicherheitshalber würden sie ihn deshalb noch eine Woche in der Klinik behalten, um seinen Gesundheitszustand überwachen zu können. Doch zum Zeitpunkt der Erstsektion ahnten Dr. Friedemann und Dr. Fleischer von diesen Vorgängen nichts. Für die beiden hatte es nur wie eine allergische Reaktion ausgesehen. Der sezierende Pathologe, Dr. Friedemann, legte nun die kleine Handkreissäge beiseite. Vorsichtig hob er mit seinen dicken Gummihandschuhen das Schädeldach des Toten ab. Ihm bot sich ein seltsamer Anblick: Das Gehirn hatte sich zu etwa neunzig Prozent verflüssigt und begann, durch die Augen, Ohren- und Nasenöffnungen abzufließen, da die veränderten Druckverhältnisse des fehlenden Schädeldaches sich entsprechend auswirkten. Wo die Masse entlang geflossen war, begann das davon berührte und bereits stark angegriffene Körpergewebe zu zerfallen. Schnell saugte Dr. Friedemann etwas von der Gehirnmasse durch eine Pipette ein und konservierte die Probe. „So etwas habe ich noch nie erlebt!" sagte er zu seinem Assistenten, dem jungen Dr. Fleischer. Die Oberlippe des Toten begann nun ebenfalls zu zerfließen, und die Zähne wurden sichtbar. „Verdammt, das Zeug zerstört die gesamte Leiche, wenn wir es nicht stoppen, Fleischer, tun sie was, schnell!" rief der sonst eigentlich eher unemotional wirkende Dr. Friedemann. Hastig holte Dr. Fleischer eine große Plastiktüte und zog sie über den Kopf des Toten; danach band er sie am Hals des Verstorbenen so zusammen, dass keine Flüssigkeit mehr weiter nach unten rinnen konnte. Kaum war die Flüssigkeit – die einmal das Gehirn eines lebenden Menschen gewesen war – von der Luft isoliert, stoppte der Zerfallsprozess, als wenn jemand einen Schalter umgelegt hätte. „Da scheint irgendetwas zu sein, was an der Luft sofort oxydiert", stellte Dr. Friedemann fest. „Haben Sie schon mal eine Leiche im Vakuum seziert?" fragte er Dr. Fleischer. „Bisher noch nicht, vielleicht müsste man die Leiche erst ins Formalinbad legen, bevor man sich weiter mit ihr beschäftigt. Sonst kontaminiert sie hier noch alles!" „Nein, erst müssen die toxikologischen Tests gemacht werden, wer weiß was wir hier sonst noch für chemische Reaktionen auslösen. Ich will ja nicht als mein eigener Kunde enden", sagte Dr. Friedemann ahnungsvoll. „Was sollen wir jetzt mit der Leiche machen, so kontaminiert wie sie offensichtlich ist?" „Tun wir sie zurück in den Zinksarg, versiegeln ihn zunächst und kennzeichnen ihn besser als Gefahrgut der chemisch-biologischen Art", entschied Dr. Friedemann. „Wie lange brauchen die Tests, wenn ich die Proben per Eilkurier in die Toxikologie nach Hannover schicke?" wollte der noch unerfahrene Dr. Fleischer wissen. „Etwa drei Tage bei den gängigen Giften, bei den weniger bekannten Toxinen kann es auch schon mal bis zu einer Woche dauern", seufzte Dr. Friedemann. „Leider!" Nachdem sie die Leiche ordnungsgemäß verpackt hatten, kümmerte sich Dr. Fleischer um den Versand der Proben nach Hannover. Er fügte eine kleine Begleitnotiz bei, die von Dr. Friedemann noch um einen kurzen Zusatz ergänzt wurde. Darauf war zu lesen: *„Achtung, stark kontaminiertes Gehirngewebe von Wasserleiche I N 53456789/2017. Reagiert stark bei Lufteinfluss. Möglicherweise Oxydation. Empfehlen höchste Sicherheitsstufe und Vakuumbehandlung. Verflüssigt Kontaktgewebe! Vermuten Unfall mit Giftabfällen. Erbitten genaue ID des Toxins/der Toxine. Höchste Prioritätsstufe, da Quelle schnellstmöglich gefunden werden muss. Mögliche Gefahrenquelle für Tourismus und Fischerei. Wegen der hohen Toxizität ist nach dem heutigen Stand eine Gefährdung der lokalen Bevölkerung und Strandbesucher stark zu vermuten. ID EILT SEHR! Bei vorliegender ID bitte sofortiges Mail an uns und die Wasserschutzpolizei in Dornumersiel! Gezeichnet, Dr. Konrad Fleischer und Dr. Gisbert Friedemann, Pathologisches Institut Aurich. Gez. Dr. Gisbert Friedemann. P.S.: Habe während meiner gesamten Dienstzeit noch nie so etwas beobachtet. Einer unserer Gehilfen wurde leicht kontaminiert durch kurzen Hautkontakt. Er ist stabil, aber noch im Kreiskrankenhaus*

Aurich. Werden Sie informieren, wenn er wieder gesund ist. Nachdem die Proben professionell in einem speziellen Sicherheitsbehälter verpackt waren, fuhr ein Kurierfahrer sie sofort nach Hannover. Da Dr. Friedemann bereits die entsprechenden Stellen angerufen und ihnen seinen vorläufigen Sektionsbericht zugeschickt hatte, wurden die Proben in Hannover mit höchster Sicherheitsstufe ins Labor gebracht und im Vakuum ausgepackt und analysiert. Es stellte sich jedoch heraus, dass es sich nicht um bekannte Toxine handelte, sondern offensichtlich um ein neu entstandenes Neurotoxin, welches selbst den versiertesten Experten noch unbekannt war. Deshalb schickte man die chemischen Strukturformeln des Toxins per Mail nach Japan, China, Australien sowie in die USA und bat die Kollegen aus dem Ausland um dringende Hilfe. Es sollte jedoch noch ein halber Monat vergehen, bis aus einer überraschenden Quelle ein Ergebnis übermittelt wurde. Ein Resultat, das schockierend war, und von dem man noch gar nicht sagen konnte, wie man es einstufen sollte. Und welche Konsequenzen das Ganze für Fischerei, Tourismus und die Küstenbevölkerung haben würde...

19. August 2017, Samstag

Hannover, Toxikologisches Institut für pathogene Gifte, 9.17h

Dr. Lisbeth Müller-Schiffer machte mit einer zehnfach verdünnten Gewebeprobe der Wasserleiche einen Tierversuch mit einem Meerschweinchen. Hierfür trug sie die stark verdünnte Probe mit einem Wattetupfer auf eine kahl rasierte Hautstelle des Versuchstieres mit der Nummer 23589756/156 auf. Zunächst geschah gar nichts. Nach exakt neun Minuten begann das Tier plötzlich zu zittern und keuchend zu atmen. Nach neun Minuten und zehn Sekunden zeigte sich dann eine schwache Hautrötung. Weitere zehn Sekunden später setzte die Atmung des Tieres ganz aus, und die Kontaktstelle nahm eine graue Färbung an, aus der etwas Blut zu fließen begann. Dann flossen dem Meerschweinchen weitere drei Sekunden später Schleim und Blut aus allen Körperöffnungen, sein Herz blieb stehen. Und nach weiteren fünf Sekunden begann plötzlich, das Körpergewebe der verseuchten Kontaktstelle zu zerfallen, so dass zwei Rippen des Meerschweinchens offen lagen. Dann war das Tier tot. Frau Dr. Müller-Schiffer hatte den gesamten Vorgang mit einem digitalen Video dokumentiert, sie schaute sich jetzt das Video zum dritten Mal an, während sie eifrig Notizen und E-Mails schrieb. Dann holte sie den Chef ihrer Forschungsgruppe dazu. Professor Lazlo Horvath, ein Mann, der etwa fünfzig Jahre alt war und während seiner früheren Dienstzeit auch schon Opfer von Umweltkatastrophen und Giftgaseinsätzen in Kriegen behandelt hatte, sah sichtlich blass und betroffen aus, nachdem er das Sterben des Meerschweinchens auf dem Videoband gesehen hatte. „Das erinnert mich stark an das irakische Nervengas VX", sagte er mehr zu sich selbst als zu seiner etwa zehn Jahre jüngeren Kollegin. „Woher kommt die Probe? Wir sind doch gar nicht mehr für Kampfgase zuständig!" „Von einer menschlichen Wasserleiche aus der Nordsee", sagte Dr. Müller-Schiffer ernst. „Wo ist die Leiche jetzt, bei uns?" wollte der Professor wissen. „Soweit ich informiert bin, ist sie noch in der Pathologie in Aurich." „Mein Gott, diese Leiche ist eine tickende Giftbombe! Sie muss dringend hierhergebracht werden, höchste Sicherheitsstufe, höchste Priorität, alles andere bleibt liegen! Und wenn wir mit unseren Untersuchungen fertig sind, muss sie als biochemischer Sondermüll entsorgt werden – am besten, wir lassen sie abluftgefiltert verbrennen und die Asche in eine versiegelte doppelwandige Spezialurne abfüllen." „Soll ich Kontakt mit dem Kampfmittel-Beseitigungsdienst der Bundeswehr aufnehmen?" fragte Dr. Müller-Schiffer. „Das übernehme ich"; entgegnete Professor. Horvath. „Da werde ich wohl noch einige Stellen informieren müssen. Sie fordern jetzt die Leiche an, höchste Priorität, höchste Sicherheitsstufe, Kosten spielen hier keine Rolle! Wir können es uns nicht leisten, hier untätig zu sein. Möglicherweise gibt es an der Küste etwas Gefährliches für Badegäste und alle, die mit dem Wasser oder seinen Pflanzen und Tieren zu tun haben. Ich werde auch die Nationalparkverwaltung informieren. So etwas Giftiges und Gefährliches ist mir schon seit Jahren nicht mehr begegnet, und ich habe wirklich viel gesehen, glauben sie mir!" Der Professor eilte in sein Büro und begann sofort, zu telefonieren und E-Mails zu schreiben, während Dr. Müller-Schiffer in Aurich anrief, um dort die Leiche anzufordern. Dort erfuhr sie dann, dass es dem verletzten Sektionsgehilfen der Pathologie inzwischen bedeutend schlechter ging. Daraufhin rief sie sofort im Kreiskrankenhaus Aurich an und bewirkte, dass der Verletzte in Quarantäne genommen wurde. Während Professor Horvath bereits mit dem Innenministerium telefonierte, um darauf zu dringen, die südliche Nordsee nach dem Ursprungsort der Verseuchung absuchen zu lassen. Schließlich wurde er mit dem Innenminister, dem Rechtsanwalt Dr. Werner Theißing, verbunden. „Aber, aber", versuchte der Innenminister Professor Horvath zu besänftigen, „wir können doch nicht wegen eines toten Meerschweinchens alle Badestrände sperren lassen und die halbe Wasserschutzpolizei und Marine in Alarmbereitschaft setzen. Sind Sie sich denn absolut sicher, dass es die richtige Probe war, und dass es sich tatsächlich um einen biochemischen Kampfstoff handelt?" „Bei uns wird alles lückenlos und sorgfältigst dokumentiert, Herr Minister. Verwechslungen können wir hier absolut ausschließen." „Ich möchte zunächst die Sektion der Wasserleiche abwarten, ich will Ergebnisse und Fakten, keine Spekulationen und Mutmaßungen", sagte Dr. Theißing. Dieser kleine politische Disput sollte mindestens zwei weitere Menschen das Leben kosten.

Neuharlingersiel, 16.45h

Es war stürmisch, ungewöhnlich stürmisch für einen milden Samstagnachmittag im August. Die Wettervorhersage prognostizierte leichte Sturmböen aus Süd und Südwest bei Windstärke acht bis neun. Das Deutsche Hydrografische Institut ließ verlautbaren, dass das Hochwasser einen halben bis einen dreiviertel Meter über dem mittleren Hochwasser eintreffen würde, und dieses einige Minuten früher als sonst üblich. Bäume und Sträucher bogen sich unter den Windböen, die Stockrose vorm Haus verlor Blüten und Blätter, und kleine Wellen und Ringe tanzten auf den Gräben und Sielen des kleinen Fischerortes. Auf dem Dach des Fischerhauses drehte sich ein verzinkter Wetterhahn im Wind mit einem leichten Quietschen, welches die Korrosion infolge der salzhaltigen Seeluft erahnen ließ. Obwohl der Wetterhahn noch ziemlich neu war. Obo beschloss, zum Hafen zu fahren. Mal nach dem Kutter schauen, ob er noch gut genug vertäut war, den aufziehenden Sturm zu überstehen. Dann vielleicht noch bei Fiete reinschauen, einen Kaffee auf Kosten des Hauses genießen und über die diesjährige merkwürdige Krabbensaison klönen. Michaela würde sich schon um die Kinder kümmern, das war diesmal nicht sein Job. Obo schwang sich auf sein Fahrrad und wollte gerade losfahren, als ihm in den Sinn kam, dass das bei diesem Wetter keine gute Idee war. Denn bei dem Sturm hätte er nur auf dem Hinweg Rückenwind, auf dem Rückweg würde er jedoch schieben müssen, da es hier an der Küste aussichtslos war, gegen den Sturm anstrampeln zu wollen. Er stieg wieder vom Fahrrad, stellte es in die Garage und stieg in seinen Benz. Verdammte Automatik! Er zog den Choke, und mühsam brachte er den alten Motor zum Laufen. Es wurde dringend Zeit für ein anderes Auto, dieses lebende Technikfossil gehörte wirklich auf den Schrottplatz! Aber irgendwie fuhr er doch noch. Vor zwei Jahren hätte er fast ein neues Auto kaufen können, und dann brachen die

Fänge wegen der hohen Ausfallzeiten beim Fischen dramatisch ein. Es lohnte sich bald nicht mehr, diesem Gewerbe nachzugehen, und würde er nicht hin und wieder lukrative Seetierfangfahrten und Fahrten rund um die Insel Spiekeroog und zu den Seehundsbänken für die Touristen machen, so hätte er schon längst einpacken können. Doch das ging nicht, denn Haus und Kutter waren erst zu drei Vierteln abbezahlt, Renovierungen waren fällig, und die neue Heizung im letzten Winter hatte ihnen finanziell fast den Rest gegeben. Er würde also weiterkämpfen müssen, draußen auf See, wenn das verdammte Wetter ihn nur endlich ließe! Bei ihrem letzten Versuch vorgestern hatte sein hart gesottener Fischergehilfe Heiner sich erstmalig übergeben müssen. Das hatte er bei Heiner bis dahin noch nie erlebt, selbst nicht bei Windstärke zehn auf der Richterskala. Doch wenn man einen toten Nationalparkranger im Netz findet, der schon drei Wochen im Wasser war, und den man darüber hinaus noch persönlich kannte, dann brechen alle Dämme. Dabei war es ein milder Tag bei sanfter Dünung gewesen, die Wellenhöhe betrug nicht mal einen Meter! Sie hatten ihren Fang kommentarlos und schweigend über Bord geworfen, die Leiche in Segelplane gewickelt und per Funk die Hafenpolizei verständigt. Als sie ankamen wartete bereits eine Menge Schaulustiger, der staatliche „Leichenheini", wie Heiner ihn immer nannte, die Hafenpolizei und einige Kollegen. So was sprach sich hier immer schnell rum, weil viele den Funksprechverkehr der Fischer mithörten. Irgendwo dahinter die zunächst gefasst wirkende Witwe des Toten, die dann aber doch plötzlich einen hysterischen Anfall bekam und mit einem Aufschluchzen zusammenbrach. Irgendeine Bekannte brachte sie weg, bloß weit weg von dem unerfreulichen Anblick. Ein Fischer flößte ihr einen Schluck Schnaps ein. Danach wurde es ruhig und es begann der übliche Papierkrieg und die routinemäßigen Fragen. „Wo haben sie ihn aus dem Wasser geholt?" „Wie lange waren sie auf See?" „Was haben sie mit der Leiche gemacht?" „Woher wussten Sie, wer es ist?" „Kannten Sie den Verstorbenen persönlich?" (Bei dieser Frage brach Heiner zusammen). „Wo ist der linke Fuß des Toten?" (Bei dieser Frage wäre Obo fast weggetreten). Danach ein Ausfüllen von Formularen, später auf der Wache dann noch das Unterschreiben der Zeugenaussagen. Dann die Fragen der übrigen Dorfbewohner und, und, und... So ein Theater! Verdammt noch mal, er wollte fischen, und nicht das neugierige Pack der Dummschwätzer und Gaffer beliefern mit Stoff für drei Wochen von sinnlosem Gerede! Doch wen interessierte das schon? Vor allem der verschwundene Fuß des Toten gab Anlass zur Spekulation. War er von einem Hai abgebissen worden? Hatten ihn die Krebse gefressen? Oder klemmte er noch hinten zwischen den Steinen der Buhne, wo man den Verstorbenen zuletzt lebend gesehen hatte? Fast schon musste Obo über all das Geschwätz grinsen – nun – der Fuß war das erste gewesen, was sie von dem Toten gesichtet hatten. Oder besser zunächst einmal nicht gesichtet hatten, denn sie hatten den Fuß zusammen mit einer Ladung Sandgarnelen ungesehen in den Pott mit dem kochenden Salzwasser geworfen. Normalerweise hätten sie den Fang zunächst ausgesiebt, aber das mitgefangene Neptunskraut hatte ihnen die Siebe derartig verstopft, dass sie die Krabben einfach so in den Topf geschaufelt hatten. Das Neptunskraut war vor allem gegen Ende des Sommers ein echtes Problem geworden. Es handelte sich dabei natürlich nicht um eine Pflanze, sondern um Kolonien von Polypen, welche auf langen dünnen Ästchen saßen. Diese vermehrten sich deshalb so gut, weil sie dank der Überfischungssituation kaum noch natürliche Feinde hatten, die ihren Bestand auf ein vernünftiges Maß reduziert hätten. Dann hatten sie nach einer guten Viertelstunde die gekochten Krabben rausgeholt und in das orangefarbene Sieb befördert. Da sie in der Nacht arbeiteten, sahen sie zunächst nicht, welcher „Beifang" in dem Sieb steckte. Als sie dann den nächsten Hol aus dem Wasser zogen, schlug ihnen erst ein erbärmlicher Gestank entgegen. Dann sahen sie die Leiche, die seltsam verdreht und verkrümmt im Netz hing, umgeben von zappelnden Fischen, Krebsen und garniert mit Quallen sowie einigen Pfund Seetang und Neptunskraut. Den Anblick würden sie ihren Lebtag nicht mehr vergessen! Man konnte auf Anhieb noch Reste des blauen Hemdes des Nationalparkrangers erkennen, auch wenn es schon sehr angegriffen und zerfetzt war. Die Augen des Toten fehlten, und hier und da konnte man sogar schon Knochen sehen, die aus dem fauligen Fleisch stachen wie gebrochene Schaschlik Spieße. „Mein Gott, det is doch der Jens?" Heiner hatte Tränen in den Augen. Danach reiherte er über die Bordwand, kotzte sich aus, wie Obo noch nie jemanden sich hatte übergeben gesehen. Eine kleine Ewigkeit schien es zu dauern, und Obo musste ihn festhalten, damit er nicht über Bord fiel. Danach schickte er Heiner in die Kapitänskajüte und beauftragte ihn, die Hafenpolizei anzufunken. Wie ein Roboter kümmerte er sich um den „Fang", reinigte das Netz und füllte die gekochten Krabben aus dem Korb in eine flache Plastikkiste um. Und dabei sah er dann den Fuß. Rieb sich die Augen, sah nochmals hin... Zum Glück hatte er keine der Krabben aus diesem Korb gegessen, dachte er. Den Inhalt des Korbes über Bord werfen, und in hohem Bogen hinterher zu reihern war wie ein befreiender Reflex. Das würde er niemandem erzählen, das ging keinen etwas an. Danach schrubbte er Kessel und Korb, dann das Deck, fierte die Netze auf beiden Seiten ab ins Wasser, um sie solange wie möglich zu waschen und holte sie erst unmittelbar vor der Fahrrinne zum Hafen wieder ein. Trotzdem hatte er das Gefühl, dass da etwas sehr Schmutziges und Dreckiges an Bord gekommen war, der Geruch und das Grauen des Todes. Auch wenn er als Fischer damit rechnete, ebenfalls einmal die letzte Ruhe auf dem Grund der Nordsee finden zu können, so wollte er doch nicht so enden. Unter den Fischern galt er als einer der abgeklärtesten und härtesten Kerle, die man sich nur vorstellen kann, doch er wusste, dass es in ihm drin ganz anders aussah. Er hätte jetzt weinen können wie ein kleines Kind, oder durchdrehen wie ein Soldat im Krieg, dessen Kameraden links und rechts von ihm im feindlichen Geschosshagel fallen wie die Fliegen. Das hier war auch ein Krieg, doch er fragte sich schon lange, wo die Front verlief. Und wer war der Feind? Und vor allem: Was sollte er auf diesem Kriegsschauplatz? Obo parkte den Benz vor der Fischereigenossenschaft und betrat das großzügig ausgestattete Bistro. „Moin Fiete, wo geit?" sagte er. Es war fast fünf Uhr nachmittags, und der Hochbetrieb der Mittagszeit war abgeebbt. Es ging auf den Feierabend zu, und die Verkäuferin räumte die weniger gefragten Fischsorten in eine Kiste, um sie in den Kühlraum zu bringen. Gerade wollte sie drei mittelgroße Tintenfische weglegen, als Obo rief: „He Gerlinde, die kannst Du mir wieder mitgeben – meine Kinder mögen die ganz gerne!" Das stimmte tatsächlich, und besonders sein jüngster fünfjähriger Sohn Udo futterte die frittierten Arme der Tintenfische weg wie sonst nichts. Außerdem hatte Obo diese Tintenfische heute selbst gefangen und dann morgens um vier bei der Genossenschaft angeliefert – eigentlich hatte er sie gleich mitnehmen wollen. Doch er war einfach zu müde gewesen, sie wieder aus den Kisten zu holen. Von morgens fünf bis mittags um zwölf hatte er dann versucht zu schlafen, was ihm jedoch durch die Müllabfuhr und lärmende Nachbarkinder nicht wirklich gegönnt wurde. Also stand er wie gerädert um zwölf Uhr auf, ging sich duschen und rasieren und gönnte sich dann einen ausgiebigen Kaffee. Die Post ließ er lieber im Briefkasten – mit dem Ärger sollte sich lieber seine Frau Michaela befassen. Schließlich war sie gelernte Bürokauffrau und für den „Ärger", wie er es nannte, ausgebildet. Papierkram lag ihm überhaupt nicht, und es war schon viel verlangt, wenn er ein Schriftstück nur unterschreiben sollte. Die „unalte" Dörte, wie sie sich selber scherzhaft nannte, servierte ihm einen Kaffee. Er nahm einen Schluck und saute sich prompt sein Lieblingskhakihemd ein, als er den kleinen Kunststoffbecher für die Milch öffnete. Dörte kam, und reichte ihm eine Serviette. Sie war Mitte vierzig, wirkte aber tatsächlich einige Jahre jünger, weil sie eine absolute Fitnessfanatikerin war. Obo dagegen war schon Ende vierzig, hatte ein von Wind und Wetter gegerbtes Gesicht und trug gewöhnlich Bekleidung, die mindestens so zerknittert aussah wie er. Seine Augen waren von einer stechend grünen Farbe und wenn er einen ansah, starrte man automatisch fasziniert in diese leuchtenden Augen. Er hatte einen scharfen Verstand, doch war dieser zurzeit von trüben Gedanken und einer unguten Grundstimmung gefangen. Kein Fischen, kein Geld – so einfach war das! Und dann noch der Ausfall von Heiner. Schockneurose, so nennt sich das. Echt toll! Wo es ja auch so viele seefeste Fischergehilfen gibt. Heute Morgen war der Junge von Piet mit dabei gewesen, weil noch Ferien waren, und er sich etwas Taschengeld dazu verdienen wollte. Echt gut, der Junge, doch leider erst vierzehn Jahre alt und den Kopf noch voller Flausen. Und nächste Woche musste er wieder zur Schule. Und was dann? Fiete setzte sich zu ihm. Fiete war etwa zwanzig Jahre älter als Obo und machte rein äußerlich den gegenteiligen Eindruck. Ein gepflegtes Äußeres, ein sorgfältig gestutzter grauer Schnurr- und Backenbart sowie ein hellgrauer Anzug für alle Tage waren sein Markenzeichen. Er räusperte sich und kicherte dann mit seiner hohen Fistelstimme. Verschwörerisch zwinkerte er Obo zu und meinte dann: „Ein Kapitän aus Hamburg St. Pauli wollte mal eine echte Jungfrau vernaschen. Aber wo er sich auch in den Häfen dieser Welt rumtrieb – Jungfrauen gab es da nicht mehr. Wie eine ausgestorbene Spezies!“ Er rollte mit den Augen und grinste verschwörerisch. „Und dann?“ wollte Obo wissen, denn er ahnte, dass die Pointe noch kommen würde. „Nun, unser Kapitän kidnappte einfach das nächstbeste hübsche kleine Mädchen, schloss es jungfrauensicher unter Deck seines Schiffes weg, und zog es groß, bis es eine hübsche junge Jungfrau geworden war. Als der Kapitän an ihrem fünfzehnten Geburtstag schließlich meinte, dass sie so weit sei, kommt er mit einem kleinen Pott Vaseline in die Kajüte und sagt zu ihr: „Hier, damit es beim ersten Mal nicht so weh tut.“ Darauf sie: „Warum kannst Du nicht einfach Spucke nehmen wie die anderen Matrosen auch?“ Obo grinste breit und für einen Moment waren die trüben Gedanken wie weggeblasen. Der alte Fiete schlug sich vor Lachen auf die Schenkel. „Wo hast Du denn den bloß her?“ wollte Obo wissen. „Das ist das geistige Kulturerbe unserer seefahrenden Großnation“, spottete Fiete. Obo nahm einen Schluck Kaffee. „Ah, der ist wenigstens mal schön stark“, sagte er. „Was meinst Du Fiete, wieso haben wir in letzter Zeit immer so viel von diesem vermaledeiten Neptunskraut im Netz? Ich werde bald noch wahnsinnig, weil ich einen guten Teil der Krabben wegen dem verdammten Zeug einfach nicht mehr sieben kann, wenn das Kraut die Siebe erst mal verstopft hat. Und Schollen und Seezungen kriege ich schon seit Monaten nicht mehr, dafür aber diese blöden Schwimmkrabben. Und hatte man im Frühling wenigstens noch ein paar Wittlinge, so gibt es selbst die nicht mehr. Es ist zum Verrücktwerden, was ist da bloß im Gange?“ „Da waren Deine Kollegen wohl fleißiger als Du und haben vor Dir schon alles abgegrast“, meinte Fiete und grinste wölfisch. In diesem Moment betraten Piet und sein Sohn Andreas das Bistro, doch sah Piet gar nicht zufrieden aus. „Wat los, Piet?“ wollte Obo wissen. „Andi will die Schule schmeißen!“ sagte Piet. Obo wandte sich an Andi und fragte ihn: „Wat willst`n wern?“ „Ich will Fischer werden, wie Du“, sagte Andi. „Kann ich bei Dir in die Lehre gehen, wir können auch gleich morgen anfangen!“ „Was sagt denn Dein Vater dazu?“ wollte Obo wissen. „Mir wäre das ja recht, aber meine Frau...“ sagte Piet. Da flog plötzlich die Tür auf: „Find ich Euch endlich, Ihr Rumtreiber“, brüllte eine etwa vierzig Jahre alte blonde Frau, die ein für ihr Alter etwas zu verhärmtes Gesicht hatte. „Ihr könntet mir wenigstens mal einen Zettel da lassen, wo Ihr seid“, setzte sie ihre Tirade fort und holte gerade Luft um so richtig laut zu werden, als Obo sich überraschend sanft einschaltete: „Nun mal ganz ruhig, Wilma, komm doch erst mal etwas runter. Warum setzen wir uns nicht mal kurz auf einen Kaffee zusammen und reden über alles. Keiner hier würde ohne Dich einfach so etwas entscheiden, Du kennst mich doch." Tatsächlich wurde Wilma ruhig. Denn sie hielt viel von Obo, war er doch ihre große Jugendliebe im Dorf gewesen. Und einige munkelten sogar, dass sie sich selbst nach ihrer Heirat mit Piet noch ab und zu heimlich zu einem Schäferstündchen mit Obo getroffen habe. Und einige Dorfbewohner „wussten" sogar, dass Andi nicht Piets, sondern Obos Sohn war. Das waren natürlich nur abenteuerliche Gerüchte; die Wahrheit war ganz einfach die, dass Obo zusammen mit seiner Frau Michaela Piet und Wilma in einer schwierigen Zeit beigestanden hatte, als die beiden eine schwere Ehekrise hatten. Dazu kam noch eine schwere Erkrankung Wilmas, eine akute Neurose, über die man hier im Dorf auf keinen Fall laut sprechen durfte. Obo war zwei oder dreimal alleine zu Wilma gefahren, weil seine Frau gerade arbeiten musste, und hatte sich darum gekümmert, dass ihr Haushalt und andere wichtige Dinge funktionierten. Gelaufen war bei den beiden nichts, aber in einem kleinen Ort wie Neuharlingersiel werden natürlich schnell Gerüchte in Umlauf gebracht. Das eigentlich Paradoxe dabei war jedoch, dass offensichtlich niemand die schwere Neurose von Wilma bemerkte, geschweige denn sich über ihr merkwürdiges Benehmen bei manchen Gelegenheiten wunderte. „So sind sie eben", dachte Obo über die anderen Dorfbewohner. Immer groß, wenn es darum ging, sich darzustellen oder über andere herzuziehen, aber wenn man sie mal wirklich brauchte, dann waren sie abwesend. Dörte servierte Wilma schweigend einen Kaffee. Aus solchen Konflikten hielt man sich besser raus, wenn man in Neuharlingersiel noch alt werden wollte, dachte sie. „Also fangen wir mal bei mir an", sagte Obo, um die Situation etwas zu entschärfen, „ich brauche eigentlich nur eine Vertretung für Heiner, bis er wieder voll einsatzfähig ist. Und wie bitte schön soll ich einen Lehrling durchfüttern, bei den Preisen, die wir momentan für unseren kargen Fang bekommen? Ehrlich gesagt glaube ich nicht, dass die Fischerei bei uns noch eine große Zukunft hat. Deshalb sollte der Junge lieber etwas Bodenständiges lernen oder studieren. Er kann ja gerne dann und wann als Fischergehilfe sein Taschengeld aufbessern, aber für die Zukunft ist das nichts!" Triumphierend sah Wilma ihre beiden „Männer" an: „Da hört ihr es endlich selbst, die Fischerei hat keine rosige Zukunft!" „Wann muss denn Andi wieder zur Schule?" wollte jetzt Obo wissen. „Übermorgen", tobte Wilma, „und er hat noch keine Sachen dafür vorbereitet, geschweige denn gepackt. Von wem er bloß diese schlampige Faulheit und dieses Desinteresse für das Lernen hat, möchte ich bloß mal wissen?" dabei sah Wilma ihrem Mann Piet gerade in die Augen. Der arme Piet schien gerade im Boden versinken zu wollen, was man durchaus als Schuldeingeständnis werten konnte, als Dörte wieder erschien und die für ihn peinliche Lage rettete. „Soll ich noch ein bisschen Kaffee, Tee oder Kuchen bringen?" fragte sie mit neutraler Stimme. Natürlich beeilte sich Piet, etwas zu bestellen, ehe Wilma mit ihren bitteren Anklagen fortfahren konnte. Während Kaffee und Kuchen serviert wurden, entspannte sich die Lage etwas und Obo fragte, ob Andi nicht wenigstens am Wochenende mitfahren könne, so es denn das Wetter zuließe. Er versprach, beim Arbeitsamt nach einer Hilfskraft für die nächste Woche zu fragen, auch wenn er hier bisher leider keine guten Erfahrungen gemacht hatte. Denn sie hatten ihm schon einige Male Leute geschickt, die nicht seefest waren und dann im Ergebnis mehr über der Bordwand hingen und reiherten, als dass sie arbeiteten. Das war dann immer ärgerlich, wenn man hier noch Kindermädchen spielen durfte. Wenn doch jeder so ein Kerl wie Heiner wäre! Der war wenigstens seefest, mit dem konnte man auch noch bei Windstärke 10 fischen fahren. Nachdem sie sich geeinigt hatten, fuhr

Obo mit Wilma, Piet und Andi mit, um ihnen zu helfen, noch rechtzeitig alles für die Schule zusammen zu bekommen. Dadurch half er ihnen mehr, als andere es bemerkt hätten, denn seine Anwesenheit entgiftete das Familienklima mehr, als eine Therapiesitzung bei einem Psychologen dieses hätte tun können. Nächste Woche Samstag sollte es dann auf See gehen, am besten Richtung Helgoland. So das launische Wetter es denn zuließe.

21.August 2017, Montag

Drei Meilen westlich von Helgoland, 15.36h

Überraschend war Heiner wieder bedingt zu gebrauchen, wie er es selbst ausdrückte, und da das Wetter mitspielte, waren sie sofort zum Fischen rausgefahren. Sie hatten zwar viele Sandgarnelen gefangen, doch war das Gros davon für den menschlichen Verzehr eher zu klein, als dass die peinlich vom Neptunskraut gesäuberte Siebmaschine des Kutters einen auskömmlichen Anteil hätte aussieben können. Obo hatte ein kleines Winkeleisen an etwa einhundert Krabben angelegt, und dann die Durchschnittslänge der Tiere berechnet. Es waren nur noch 5,234 Zentimeter pro Krabbe; man musste schon ein sehr großer Enthusiast sein, um sich so etwas noch zum Essen zu pulen. Heute war strahlendes schönes Wetter, es war überraschend mehr als 30° Celsius warm geworden, und der Trend sollte sich laut den amtlichen Wetterprognosen noch mindestens zwei Wochen ungebrochen fortsetzen. Es war geradezu so, als wolle Mutter Natur die Fischer für ihre langen Ausfallzeiten in dieser Saison entschädigen. Heute war Andi auch mit dabei, und sie hatten hier in Blickweite der roten Felsen Helgolands eine Stelle gefunden, an der sie ihre Baumkurren bis auf eine Tiefe von etwa 15 Metern abfieren konnten. Am bremsenden Widerstand des Netzes merkte Obo, dass es bereits ziemlich voll sein musste. Zeit, die Netze einzuholen. Beim Einholen der Netze sah Heiner lieber weg und verzog sich ins Ruderhaus, was man ihm nicht weiter übelnehmen durfte. „Hoffentlich kriegt der keine dauernde Störung", dachte Obo und überwachte die kreischende Winde. Nachdem die Seile, an denen die beiden Netze links und rechts neben dem Kutter ins Wasser hingen, fast ganz aufgewickelt waren, konnte man an der Oberfläche des Wassers die beiden sackartigen Netze durchschimmern sehen. Sie schienen geradezu zu blinken und zu glitzern, und als die Winde sie aus dem Wasser hievte, wurde es auch sofort ersichtlich warum. Sie hatten einen großen Schwarm kleiner silbriger Fische eingefangen! Routiniert schütteten Heiner und Obo den Inhalt der Netze auf das Vordeck des Kutters, während Andi am Steuer des kleinen Fangschiffes stand und den Kurs hielt. „Was ist denn das!?" rief Obo. „Sieht aus wie ein Schwarm Sardinen, aber diesmal richtig große, die können wir vermarkten!" „Da sind ja sogar Makrelen dazwischen, und Rote Meerbarben, und was ist das?" „Obo pass, auf!" rief Heiner. „Das ist ein Großes Petermännchen!" Obo zuckte zurück. Der Stich eines Petermännchens ist leider alles andere als angenehm, und der würde mindestens einen Krankenhausbesuch nach sich ziehen. Vorsichtig stocherte er mit einer kleinen Schaufel in dem Haufen zuckender Fischleiber herum. „Gott sei Dank, nur wenige von diesen vermaledeiten Schwimmkrabben!" „Ja, aber guck mal, wie groß dieser Apparillo hier ist", grinste Heiner und hob behutsam eine riesige Schwimmkrabbe aus dem Haufen, die eine blaue Grundfarbe hatte und bereits ohne Beine mehr als zehn Zentimeter Panzerbreite hatte. „Wieder so eine Neozooe", schimpfte Obo, „na ja Heiner, schmeiß die mal in eine kleine Extrakiste, da sind noch ein paar mehr im Haufen. Guck mal, ein Roter Knurrhahn! So etwas hatten wir ja schon sehr lange nicht mehr hier. Aber irgendwie sieht er etwas anders aus als ein normaler Knurrhahn, irgendwie schlanker".

Da kam Andi, der heute wegen einer Lehrerkonferenz schulfrei hatte, und deshalb heute auch dabei sein durfte, neugierig aus dem Ruderhaus, nahm den Knurrhahn in die Hand und spürte dessen ärgerliches Knurren als Vibration in der Handfläche. „Das ist ein Seekuckuck!" rief Andi. Verdutzt schauten ihn die beiden Fischer an. „Der kommt eigentlich eher so Richtung Ärmelkanal und im Mittelmeer vor", erklärte Andi, denn mit europäischen Fischarten kannte er sich gut aus. „Wieder so eine Folge der Nordseeerwärmung", murmelte Obo in sich hinein. Schließlich entschied Obo: „Okay, Heiner und ich machen die Netze wieder klar und lassen sie hier nochmals runter. Und Du, Andi, sortierst die Fische in die Kisten, passt aber gut auf Petermännchen und ähnliche gefährliche Tiere auf. Und wenn Du noch ein paar Krabben zum Kochen findest, sagst Du Heiner Bescheid, der macht das dann." Heiner und Obo ließen die Netze wieder ins Wasser und senkten die Baumkurren erneut auf den Grund ab. Danach verzog sich Obo in sein Ruderhaus und rief bei der Fischereigenossenschaft in Neuharlingersiel an. Die Sardinen und Makrelen waren brauchbar! Und der Preis stimmte auch! Besser konnte es doch gar nicht kommen. Er ging an Deck und begann damit, die von Andi bereits vollgepackten Kisten unter Deck zu tragen, wo sie im Kühlraum gestapelt wurden. Nicht schlecht, zehn Kisten mit Sardinen und zwei mit Makrelen; in einer weiteren Kiste lagen die großen Schwimmkrabben und schienen ihn mit ihren Stielaugen vorwurfsvoll anzustarren. Es waren immerhin 17 Stück ansehnlicher Größe – die würde er an den Chinamann im Ort verkaufen, der war geradezu geil auf solche Fänge. Ganz unten im Netz hatten noch einige Schaufeln Krabben, kleiner Fische und durchsichtiger Rippenquallen gelegen. Nach dem Sieben und Kochen ließ sich daraus aber nur noch eine halbe Kiste voller essbarer Krabben gewinnen, der Rest war Ausschuss und landete wieder im Meer. Hungrige Möwen und Trottellummen umkreisten das Boot und schnappten nach allem, was sie fressen konnten. Ihr Kreischen erfüllte die Luft. Ein schöner Tag, dachte Obo, könnte es nicht immer so sein? Der nächste Hol lieferte eine ähnliche Ausbeute wie der erste, doch enthielt er auch noch ein paar schöne große Rote Meerbarben, einen kleinen Wolfsbarsch und einige Tintenfische. Alles in marktfähiger Größe! Durch diese Fänge war der Umsatz vorerst gerettet, und jeder von ihnen würde einen recht ansehnlichen Lohn mit nachhause nehmen können. Mehr als fünfundzwanzig Kisten mit Fisch hatten sie jetzt unter Deck stehen, als es beim dritten und auch letzten Hol dieses Tages passierte. Beim Leeren der Netze plumpste plötzlich etwas Großes, Feuchtes und wild Zappelndes auf das Deck, direkt vor Heiners Füße. Noch ehe er ausweichen konnte, hatte ihm das unförmige Wesen eine kleine Salzwasserfontäne entgegen gespuckt, die ihn ohne Vorwarnung mitten ins rechte Auge traf. Im Reflex trat Heiner einen halben Schritt zur Seite und spürte plötzlich einen heftigen Schmerz im rechten Bein. Wie ein Elektroschock durchzuckte ein starker Stromstoß seinen ganzen Körper, sein Bein schien regelrecht paralysiert zu sein. Überrascht von den starken Schmerzen schrie er auf und rief: „Verdammt, das Biest hat mich gestochen! Ahn, tut das weh!" Andi kam mit der Schaufel herbeigeeilt, um den Unhold zu erschlagen, als Obo diesen schon vorsichtig mit dem Handkescher, der immer zum Abfischen der kochenden Krabben verwendet wurde, eingesammelt hatte. Das Tier sah gar nicht gefährlich aus, eher etwas rundlich wie ein gewöhnlicher Plattfisch, und hatte eine warzige stark gemusterte Haut. Es krümmte sich und japste nach Luft. „Ein Zitterrochen!" – Andi war begeistert. Heiner konnte die Begeisterung aus leicht verständlichen Gründen nicht teilen, und hinkte mühsam ins Ruderhaus. „Oh ha, da hat es Heiner wohl voll erwischt, " sagte Andi. „Ja verdammt, weil mein Hosenbein beim Netzraufholen nass geworden ist, " entgegnete Heiner, „ich muss mich erst mal in die Kajüte setzen und etwas von dem Schreck erholen", brummte er. Obo legte den gefährlichen, etwa fünfzig Zentimeter langen Fisch in einen kleinen Kübel mit Salzwasser, welches er durch einen Schlauch direkt unter dem Kutter aus der Nordsee pumpte, und meinte: „Tja, dann müssen wir eben aus der Not eine Tugend machen. Der kommt ins Aquarium des Nationalparkhauses, sollen die sich doch damit rumärgern! Aber nur gegen eine großzügige Spende für unsere Kaffeekasse, damit es sich für Heiner auch gelohnt hat", sagte er grinsend. „Gleich schmeiß ich Dir diesen Satansfisch in Deinen Hemdkragen!" rief Heiner wütend aus der Kajüte. „Verdammt, ich glaube, mein Bein ist gelähmt, ich kann es nicht mehr bewegen!" Besorgt schaute Obo in der Kajüte vorbei. Dann beschlossen sie, wegen des Vorfalls auf Heimatkurs zu gehen. Es hatte sich zwar gelohnt, aber das war einfach ein unschönes Ende eines so erfolgreichen Tages. Obo ging auf Heimatkurs, und Andi sortierte den Fang des dritten Hols in die Kisten. Na ja, immerhin hatten sie jetzt insgesamt mehr als dreißig Kisten Fisch, fünf Kisten mit Krabben, drei Kisten ungewöhnlicher Beifänge und eine Kiste mit einem gefährlichen Meeresbewohner, dessen schnelle Atmung sich im Kühlraum sichtlich zu beruhigen begann. Jetzt wussten sie auch, warum die Fischer des Mittelmeeres Zitterrochen stets in ihren Netzen hängen ließen, bis diese tot waren. Es sollte noch zwei Stunden dauern, bis die Lähmungserscheinungen ganz aus Heiners Bein verschwunden waren. Als das Heck des Kutters nach Helgoland zeigte, begann das Meer an einigen Stellen seltsam grünlich zu leuchten und zu glitzern, doch die Fischer waren zu beschäftigt mit sich selbst, um den Glanz einer bis dahin unbekannten Gefahr zu sehen. Erst sehr viel später erfuhren sie, dass sie nur um Haaresbreite einer absolut tödlichen Gefahr entronnen waren.

22. August 2017, Dienstag

Hannover, Toxikologisches Institut für pathogene Gifte, 11.23h

Dr. Fuyisho Ito, von den Kollegen meist spöttisch als „Dr. Fugazi" bezeichnet, blickte ungläubig in das kleine, hermetisch abgeschlossene Spezialterrarium mit seinen Versuchstieren. Dr. Ito war promovierter studierter Entomologe, der sich auf giftige Insekten und die Resistenzen, die Insekten ihrerseits gegen Gifte entwickelt hatten, spezialisiert hatte. Zurzeit arbeitete er an seiner Professur, in der er sich intensiv mit der Giftresistenz von Schaben beschäftigte. Besser bekannt war diese Gruppe der Insekten jedoch unter ihrer Populärbezeichnung als „Kakerlaken". Einige Kollegen munkelten, dass der angehende Professor in der Zwischenzeit schon einen Stamm besonders giftresistenter Kakerlaken erschaffen habe, deren erste Prototypen bereits Freigänge in der Giftkammer des Institutes machen durften. Bei jedem kleinen Rascheln oder Knacken grinsten sich seine Kollegen vielsagend an und murmelten nur: „Kakerlaken-Alarm, pack schnell deine Sachen weg!" Am ersten April dieses Jahres hatten die Kollegen sich bei „Dr. Cockroach", wie ihn einige auch nannten, für die angeblich freilaufenden Kakerlaken revanchiert, in dem sie ihm einige tote Exemplare in seinen blauen Honda legten. Daraufhin war Dr. Ito in der Pause, als er Sachen aus seinem Wagen holen wollte, in echte Panik ausgebrochen. Er war zum Institutsleiter gerannt, und hatte um Überprüfung aller Haltungs- und Zuchtanlagen für die Kakerlaken gebeten. Er sei sich zwar keiner Schuld bewusst, aber man konnte ja nicht vorsichtig genug sein... Und ob die Kollegen nicht bitte sein Auto komplett untersuchen könnten, denn im Kakerlaken Express wolle er selbstverständlich nicht zur Arbeit erscheinen. Er war sogar so verstört gewesen, dass er schon seine Frau anrufen wollte, damit sie zuhause die Wohnung durchcheckte. Denn mit Kakerlaken ist absolut nicht zu spaßen, dies war ein Punkt, den Dr. Ito sehr genau nahm und stets betonte, wenn er Vorlesungen vor Studenten hielt. Der japanisch stämmige Hannoveraner, der in Deutschland aufgewachsen war und deutsch, japanisch, englisch, französisch, russisch und auch lateinisch reden, schreiben und denken konnte, kam einfach nicht darauf, dass man ihn hereingelegt haben könnte. Der Institutsleiter Professor Igor Müllerheim runzelte die Augenbrauen, zog die Stirn in Falten und meinte dann: „Aber Dr. Ito, ich verstehe Ihre Aufregung wirklich nicht. Bisher haben Sie doch nur drei tote Exemplare in ihrem Wagen gefunden?" „Das ist es ja gerade!" ereiferte sich der Entomologe, „wenn man drei Tote findet, dann ist wahrscheinlich schon das gesamte Fahrzeug verseucht und mindestens die zehnfache Menge lebt und hält sich darin versteckt!" „Solange in Ihrem Büro keine tote Kakerlake liegt, brauchen wir noch keinen Alarm auszulösen, denke ich", sagte der Institutsleiter Professor Müllerheim jovial. Daraufhin eilte Dr. Ito in sein Büro, nur um nach nicht einmal fünf Minuten schreiend auf den Flur zu rennen. „Nein, das darf nicht wahr sein, schon wieder drei Tote". Neugierig kamen die Kollegen aus ihren Büros. Jetzt trat Professor Müllerheim auf den Plan, der selbstverständlich von vorneherein in den Streich eingeweiht gewesen war. „Also, Dr. Ito, wenn das hier so weitergeht mit Ihrer Kakerlakenzucht, dann müssen Sie sich ein anderes Institut für Ihre Innovationsforschungen suchen. Aber wir wollen hier definitiv keine Erhaltungszucht von ihren kleinen Freunden betreiben. " Betroffen schwieg Dr. Ito, dann seufzte er tief auf und begann zu jammern: „Drei Jahre Forschung, für nichts? Das können Sie doch nicht wirklich machen?" Daraufhin gab Professor Müllerheim den anderen das verabredete Zeichen, indem er sich laut räusperte. Und plötzlich riefen alle im Chor: „April, April, der macht was er will!" und lachten schallend los. Dr. Ito begriff es zunächst gar nicht, wie ihm geschah. Erst drohte ihm der Rausschmiss, und dann war es nur ein Aprilscherz! Erleichtert lächelte er und stimmte in das Lachen der Kollegen mit ein. Zwei zu eins für die Kollegen – denn sie führten intern eine Liste, wer die besseren Ideen hatte, die anderen in den April zu schicken. So hatte letztes Jahr Dr. Ito gewonnen, in dem er das Gerücht verbreiten ließ, der Chef wolle überraschend ein zweites Mal heiraten und würde deshalb einen kleinen Sektempfang in der Kantine nur für den Kreis seiner engsten und besten Mitarbeiter arrangieren. Natürlich traute sich keiner wirklich, den Chef zu fragen, denn das Thema Ehe und Heiraten stand auf dessen roter Liste bekanntermaßen ganz oben. Also schlichen sich die Kollegen möglichst unauffällig zur Kantine, nur um ein großes Schild vorzufinden, auf dem stand: „1 : 1 = Ausgleich für 2015! Gez. Dr. Fuyisho Ito" und darunter ein großer breit grinsender Smiley. Doch jetzt stürmte Dr. Ito in den Gang vor seinem Büro und begann damit, Freudentänze aufzuführen. „Heureka[?]!" rief er, „wir werden sie besiegen! Ich habe das ultimative Mittel! Wahnsinn, wer hat die Formel?" „Worum geht es denn?" wollte der jetzt dazu kommende Professor Lazlo Horvath wissen. „Es ist einfach unglaublich!" sprudelte es aus Dr. Ito hervor. „Kurzer Kontakt mit einer Probe von Nr. 53456789/2017, sofort im Kakerlakenhimmel! Normalerweise dauert das viel länger. Ich habe meine resistentesten Tiere genommen, aber immer das Gleiche! Manche starben sogar ohne direkten Kontakt; es reichte aus, wenn sie fünf Zentimeter entfernt waren. Nur eingeatmet und – bumm – fielen sie alle um!" Dr. Ito machte pantomimisch vor, wie sich seine Kakerlaken verabschiedeten, was die Kollegen zum Grinsen brachte. „Was ist das nur für ein Teufelszeug, damit können wir die Gemeine Kakerlake endgültig besiegen!?" fragte Dr. Ito. „Da wenden Sie sich am besten an die Kollegin Dr. Müller-Schiffer", sagte Professor Horvath. „Eigentlich sollten ja Sie diese Probe zuerst mit den Kakerlaken testen, aber weil sie bei diesem Entomologie-Kongress in Toronto waren, wurde die

[?] Heureka = griechisch: Ich habe es gefunden!

Probe zunächst mit einem Meerschweinchen getestet. Sie sollten sich die Aufzeichnungen mal ansehen" empfahl der Professor. Eine halbe Stunde später saßen Dr. Ito und Dr. Müller-Schiffer zusammen vor einem Bildschirm in Dr. Itos Büro und sahen sich gemeinsam nochmals die Aufzeichnung vom Sterben des Meerschweinchens an. „Das ist wirklich ungewöhnlich", sagte Dr. Ito, „das kann eigentlich gar nicht wahr sein! Auch wenn ein Säugetier einen viel höher entwickelten und komplexeren Organismus besitzt als ein Insekt, dann hätte das Meerschweinchen trotzdem erheblich schneller sterben müssen! Denn meine Superkakerlaken überleben Dosen von Toxinen, von denen winzige Bruchteile für andere Tiere bereits letal sind! Und die Probe kam von einer Wasserleiche aus der Nordsee, sagen Sie, Irrtum ausgeschlossen?" „Absolut", schaltete sich jetzt Professor Horvath ein, der gerade den Raum betreten hatte. „Da stimmt etwas nicht!" insistierte Dr. Ito, „so etwas habe ich noch nie erlebt, geschweige denn irgendwo gelesen oder gehört. In Toronto habe ich mit den größten Koryphäen der Insekten- und Toxin Forschung darüber diskutiert, was das zurzeit beste Gift gegen Kakerlaken ist. Aber selbst das zurzeit beste Toxin hat nicht annähernd die Auswirkung dieser Probe. Weiß man denn schon, um was für ein Teufelszeug es sich handelt?" wollt Dr. Ito wissen. „Wir haben schon Himmel und Hölle in Bewegung gesetzt, um das herauszufinden. Bisher noch keine zufrieden stellende Antwort. Wir haben alle Giftexperten weltweit gefragt, doch auch die haben noch keine schlüssige Idee. Zwar haben wir die chemische Zusammensetzung der Probe analysieren lassen, aber wir wissen es noch immer nicht, was den Cocktail dieser Stoffe so giftig macht. Denn eigentlich besteht die Probe nur aus einigen bekannten Aminosäuren und ein paar nicht unbedingt besonderen chemischen Strukturen. Ach ja, und noch etwas ist wirklich seltsam: Wir haben festgestellt, dass die Probe bei Temperaturen über der 22° Celsius Marke beginnt, grünlich zu leuchten." „Biolumineszens bei einem Gift aus einer Wasserleiche aus der Nordsee? Was kann das verursacht haben? Haben Sie mal unter dem Mikroskop nachgesehen, ob hier vielleicht das Meeresleuchttierchen *Noctiluca* die Probe verunreinigt haben könnte?" fragte Dr. Ito. „Nichts, absolut nichts, das haben wir alles schon geprüft!" entgegnete Professor Horvath. „Hm", überlegte Dr. Ito laut, „vielleicht sollten wir mal die Kollegen vom Alfred-Wegener-Institut in Bremerhaven hinzuziehen, um was es sich dabei handeln könnte. Oder weist die Probe sehr hohe Phosphoranteile auf?" „Phosphor ist auch in der Probe enthalten, aber nicht unbedingt überdurchschnittlich viel", schaltete sich jetzt Dr. Müller Schiffer ein. „Jedes Lebewesen enthält Phosphat; bei dem Zustand der Probe ist es allerdings kaum möglich, eine Aussage darüber zu machen, ob es ein erhöhter Wert ist oder nicht. Hierfür müssten Sie sich erst in den Sektionsbericht der Pathologie Aurich einlesen. Daraus geht hervor, dass es sich bei der Probe offensichtlich um unter Sauerstoffeinfluss verflüssigtes menschliches Hirngewebe handelt." „Und wo ist die Leiche jetzt?" wollte Dr. Ito wissen. „Bereits auf dem Weg zu uns, eigentlich müsste sie schon da sein, ich sehe mal kurz in meine Mails und frage mal beim Pförtner unten nach", sagte Professor Horvath und eilte aus dem Zimmer. Keine zwei Minuten später kam er fluchend wieder: „Da ist der Mann schon mal tot und muss im Stau stehen! Und dieses – wie zum Hohn – direkt vor unserer Haustür auf der A352 bei Engelbostel! Vollsperrung, weil ein Tanklastzug etwa einen Kilometer vor unserem Transporter einen Unfall hatte und explodiert ist. Jetzt steht der Transporter ohne Fahrer auf der Autobahn, weil die Polizei wegen der Explosionsgefahr alle Fahrzeuge im näheren Umkreis räumen ließ. Verdammt, was tun, wenn unsere Leiche verbrannt wird? Wir brauchen sie unbedingt für unsere Analysen und Gutachten! Was soll ich eigentlich noch tun, um diese verdammte Leiche herzubekommen?" „Warum schicken wir nicht einfach unseren Rettungshubschrauber Christopher IX? Ich meine, natürlich nur, falls der gerade nichts anderes zu tun hat", schlug jetzt Dr. Müller Schiffer vor. „Soll ich Ihnen das dann vom Urlaubsgeld abziehen?" fragte Professor Horvath. „Kein Problem Professor!" rief jetzt Dr. Ito. „Wir haben doch den Spezialetat für besonders dringende Fälle der nationalen Sicherheit und Umweltgefährdung." Darauf nahm Professor Horvath das Telefon von Dr. Ito und rief die Hubschrauberzentrale an. „Christopher IX? Der ist bereits an der A 352, zwei Schwerverletzte", bekam er zur Antwort. „Stellen Sie mich bitte sofort zum Piloten durch, es geht um Fragen der nationalen Sicherheit und Umweltgefährdung!" rief er. „Hier Christopher IX, ich höre", sagte der Pilot. „Hier ist Professor Horvath vom Toxikologischen Institut. Etwa einen Kilometer vom Tankwagen entfernt steht ein Leichenwagen mit einer stark kontaminierten Leiche. Sie ist sehr wichtig für uns, es geht hier um eine Gefährdung von Fischern und Küstenbewohnern. Können sie die Leiche irgendwie da rauskriegen? Kosten spielen keine Rolle, es ist wichtig!" „Bedaure", sagte der Pilot, „aber ich habe hier zwei schwer verletzte Personen, es geht um jede Minute. Ich kann den Leichenwagen von hier aus zwar sehen, aber da darf selbst ich nicht hin, weil die Polizei alles abgeriegelt hat. Das brennende Benzin läuft leider genau in diese Richtung. So, ich muss jetzt leider Schluss machen, meine Verletzten sind an Bord, over." Die Verbindung brach abrupt ab. Professor Horvath explodierte fast vor Wut, er lief weiß an, was nichts Gutes verhieß, wie Dr. Müller-Schiffer und Dr. Ito wussten. Da kam Dr. Ito die rettende Idee: „Chef, warum geben Sie nicht einfach uns ihren Porsche? Wir schlagen uns auf dem Standstreifen zu der Leiche durch und bringen sie da raus! Die Straftickets zahlt der Sonderfond!" „Okay, ich bin dabei", sagte Dr. Müller-Schiffer. „Die Sache hat nur einen Haken, mein Porsche hat keinen so großen Kofferraum..." „Das macht nichts, wir bauen schnell meinen kleinen Dachgepäckträger drauf, dann müsste es klappen", bot Dr. Ito an. „Sollten wir es nicht doch lieber mit einem Krankenwagen probieren?" fragte Dr. Müller-Schiffer. „Nein, der ist zu sperrig und zu langsam, es geht um jede Minute, am besten wir sprinten sofort los!" Gemeinsam verließen Dr. Ito und Dr. Müller-Schiffer das Institut in Richtung Tiefgarage, nachdem sie die Wagenschlüssel von Professor Horvath erhalten hatten. „Und bringen sie ihn bloß heil her!" rief dieser noch. Dabei war jedoch unklar, ob er seinen Porsche oder die Wasserleiche meinte. Glücklicherweise hatte Dr. Ito seinen Dachgepäckträger gerade in der Tiefgarage stehen, weil er damit sein umfangreiches Gepäck aus Toronto vom Flughafen ins Institut gebracht hatte. Nach nur drei Minuten hatten sie den Gepäckträger aufgeschraubt, wobei sie in der Eile einige kleine Kratzer in den Lack machten. Dann setzte sich Dr. Ito in den Wagen, startete den wohlig aufbrummenden Motor und raste mit halsbrecherischer Geschwindigkeit aus der Tiefgarage Richtung Schnellstraße. Er fuhr eine Autobahnumgehungsstraße entlang, wobei er andere Verkehrsteilnehmer mit Lichthupe und Hupe nötigte, ihn vorbeizulassen. Das trug ihm einige wütende Beschimpfungen seitens anderer Autofahrer ein. Richtig heikel wurde es jedoch erst, als er bei einer gefährlichen Kurve ein Polizeifahrzeug überholen wollte, das offensichtlich auch zur Unfallstelle wollte. Er ignorierte die Aufforderung anzuhalten, überholte das Polizeiauto, und legte die letzten zweitausend Meter zur Autobahn mit Tempo 180 zurück. Dann bremste er und fuhr am Ende des Staus rechts auf den Standstreifen, wo er mit moderaten 100 Stundenkilometern entlang schoss, Warnblinker und Lichthupe eingeschaltet. „Das muss ein Verrückter sein", sagte der eine Polizist in dem überholten Polizeifahrzeug zu seinem Kollegen. „Wir warten hier, falls er doch noch wenden sollte. Denn wenn er erst mal merkt, dass es da oben nicht weitergeht, kommt er bestimmt zurück", entschied sein Kollege. „Ansonsten schnappen ihn die Kollegen oben auf der Autobahn, das Kennzeichen kannst Du ihnen ja mal kurz rüber funken." Nach etwa drei

Kilometern Raserei neben einem Stau, wobei Dr. Ito nur fast eine Familie, die ihr Auto verlassen hatte, überfahren hätte, kam schließlich der Leichenwagen mit einem Auricher Kennzeichen in Sicht. Der Bestattungsunternehmer stand etwa dreißig Meter abseits auf einem Feld und war an seiner dunklen Kleidung unschwer zu erkennen. Dr. Ito hielt neben ihm an, als sich aus der anderen Richtung bereits einige Polizisten näherten. Schnell lief Dr. Ito zu dem Bestatter, stellte sich vor und zeigte ihm seinen Ausweis, während Dr. Müller-Schiffer den Polizisten ihren Ausweis zeigte und ihnen das Problem in Kurzform zu erklären versuchte. Gerade, als sie dachte, dass man sie jetzt verhaften würde, sagte der verantwortliche Autobahnpolizist: „Verstehe ich das also richtig, die Leiche ist extrem verseucht und gefährdet alle, die damit ungeschützt in Kontakt kommen?“ „Sie ist extrem gefährlich, denn sollte sie hier explodieren oder verbrennen, dann gibt es eine Sauerei wie nach einem Atomunfall!“ „Ist gut, Frau Dr. Müller-Schiffer“, sagte der Polizist, dann wies er zwei seiner Kollegen an, beim Umladen der Leiche mit anzufassen. Noch während sie den Zinksarg mit der Leiche aus dem Leichenwagen zogen, lief eine Lache brennenden Benzins unter die Motorhaube des Leichenwagens. Dr. Ito sah es, rannte geistesgegenwärtig zum Porsche des Professors, riss den Kofferraum auf und holte den Feuerlöscher heraus. Denn der Chef hatte ihm gegenüber einmal beiläufig erwähnt, dass er nie ohne Feuerlöscher unterwegs war, seit seine erste Frau bei einem Autounfall im Wagen schwerste Verbrennungen erlitten hatte, an denen sie letztlich auch gestorben war. Schnell hechtete er mit dem Feuerlöscher zurück und sprühte den Schaum gerade noch rechtzeitig unter den Motorraum des Leichenwagens. Doch unter der Motorhaube war bereits ein kleiner Brand entstanden, dessen Flammen durch die Schlitze links und rechts an der Motorhaube herausleckten. Inzwischen hatten sie den Zinksarg zu etwa zwei Dritteln herausgezogen. Da die Leiche genau genommen in zwei Särgen lag, war das Ganze natürlich auch entsprechend schwer. Außerdem hatten sie noch einige Befestigungsgurte lösen müssen, die ein Verrutschen der heiklen Ladung verhindern sollten. Schließlich hatten sie es endlich geschafft, als mit einem dumpfen Knall der Motorblock des Leichenwagens explodierte, weil Dr. Ito den Brand unter der Motorhaube nicht hatte bekämpfen können, ohne damit sich selbst zu gefährden oder den anderen beim Ausladen der Leiche in die Quere zu kommen. So rannten sie nun mit dem doppelten Zinksarg zum Porsche und hievten diesen auf den Dachgepäckträger auf dem Wagen. Währenddessen kamen die leckenden Feuerzungen des auslaufenden Benzins immer näher und waren jetzt nur noch zwei Meter vom Porsche des Professors entfernt. Dr. Ito sprang auf den Fahrersitz, Dr. Müller-Schiffer stieg schnell dazu und sagte: „Aber wir haben die Ladung doch noch nicht verzurrt!“ „Wollen Sie lieber geröstet werden?“ fragte Dr. Ito und deutete auf eine Szene, die sich direkt hinter der Leitplanke abspielte. Ein Polizist, der den Flammen zu nahegekommen war, stand teilweise in Flammen, während ein Kollege ihn mit einem Feuerlöscher einzusprühen begann. Dr. Ito legte den Rückwärtsgang ein und setzte den Porsche vorsichtig zurück, wobei die heikle Last leicht vibrierte. Wieder explodierte ein Auto, und einige Trümmer der Explosion trafen den Porsche an der Motorhaube, während etwas brennendes Benzin auf die Windschutzscheibe prasselte. Dr. Ito schaltete geistesgegenwärtige die Scheibenwaschanlage ein, die das Benzin sofort löschte, während er vorsichtig mehr Gas gab, um rückwärts aus der Gefahrenzone zu gelangen. Erst nachdem er eine gefühlte Ewigkeit später etwa einen Kilometer gefahren war, hielt er langsam an, damit die Ladung nicht vom Dachgepäckträger kippte. Sie stiegen aus, und Dr. Müller-Schiffer bekam gerade so noch den Zinksarg zu fassen, bevor er rechtsseitig vom Wagendach rutschen konnte. Schnell legten sie die Spanngurte an, und nachdem alles fixiert war, ging es weiter im Rückwärtsgang zur Autobahnausfahrt. „Ich hätte es ja nie gedacht, dass ich mal als Geisterfahrer rückwärts auf einer Autobahn fahren würde", sagte Dr. Ito und schaute konzentriert in Fahrtrichtung nach hinten. „Hoffentlich verrenke ich mir nicht schon wieder den Hals", sagte er. „Na ja, immerhin ist er wohl doch etwas beweglicher als der einer Kakerlake", frotzelte seine Kollegin. Dann erreichten sie endlich die Ausfahrt. Aus der Ferne konnte man jetzt das Ausmaß des schweren Unfalles erst richtig erkennen. Die Autobahn stand in Flammen, und ab und zu hörte man, wie einzelne Fahrzeuge explodierten. Dort, wo der Tankwagen auf der Seite lag, war die Hitze so groß, dass der Asphalt der Straße geschmolzen war, so dass die Trümmer des Tankwagens eins wurden mit dem Untergrund. Die Autobesitzer waren auf eine nahe liegende Weide geflohen, auf der sich einige verängstigte Kühe bereits in die größtmögliche Entfernung von der Autobahn wegbewegt hatten. Und so mussten die Autofahrer aus sicherer Entfernung mit ansehen, wie ihre Autos mitsamt ihrem Gepäck verbrannten. Die Feuerwehren kamen nicht mehr zur Unfallstelle durch, und auch ein Löschfahrzeug war bereits abgebrannt. Es sah aus, wie eine infernalische Feuersbrunst nach einem Krieg. Dazu kam jetzt auch noch ein sanfter warmer Wind auf, der das Feuer noch weiter anfachte. Dann regnete durch den Funkenflug brennendes Benzin auf ein neben der Autobahn liegendes Weizenfeld, welches nun ebenfalls Feuer fing und rasend schnell abbrannte. Glücklicherweise hatten sich die Autofahrer auf die Wiese gerettet, die auf der anderen Seite der Autobahn lag, so dass diese mit dem Schrecken davonkamen. Es herrschte ein heilloses Chaos. Dr. Ito wendete jetzt vorsichtig und fuhr zurück auf die Landstraße, wo bereits die Polizeistreife auf sie wartete, die sie auf dem Hinweg überholt hatten. Sie mussten anhalten. Ein Beamter stieg aus und nahte sich der Fahrerseite des Porsches. „Also wir wollten doch nur..." wollte Dr. Ito gerade erklären, als der Beamte ihn freundlich unterbrach. „Sind Sie Dr. Ito und Dr. Müller-Schiffer?" dabei sah er in den Wagen. „Ja", sagte Dr. Ito und zückte seinen Ansteckausweis von seinem weißen Kittel, den er wegen der Eile immer noch anhatte. „Nun, eigentlich wollten mein Kollege und ich Sie vorhin wegen eines gefährlichen Eingriffes in den Straßenverkehr aus dem Verkehr ziehen, aber wir haben von unseren Kollegen von der Autobahnpolizei erfahren, dass Sie beide ja quasi auch im hoheitlichen Auftrag gehandelt haben. Ist das wirklich wahr, dass diese Leiche so gefährlich ist wie eine Atombombe?" wollte der Beamte wissen. „Sie ist extrem verseucht, und wenn wir sie nicht schnell untersuchen und analysieren, dann könnte es möglicherweise nicht nur an der Küste Tote und Verletzte geben", antwortete Dr. Müller-Schiffer für ihren Kollegen. „Gut, wir haben Order, Sie beide unverzüglich zum Toxikologischen Institut zu eskortieren. Wir machen die Straße frei, folgen Sie uns bitte, so schnell es geht. Und sollte es irgendein Problem mit ihnen oder der Ladung geben, dann betätigen Sie bitte die Lichthupe." Der Polizeibeamte setzte sich in seinen Wagen, schaltete Blaulicht und Sirene ein, und so eskortiert traten die sterblichen Überreste des Nationalparkrangers Jens Wortmann ihren letzten Weg in ein Institut an, welches sie in dieser Form nicht mehr verlassen sollten. Unterwegs wurden sie von mindestens drei Radarfallen geblitzt. Und eine dieser Aufnahmen wurde später von einem Ermittlungsbeamten legal an ein Boulevardmagazin verkauft, um die Staatskasse zu füllen. Dieses Foto wurde von einer begeisterten Leserschaft spontan zum Foto des Jahres erklärt. Allerdings erfuhren die Journalisten auch auf drängende Nachfragen nicht, warum dieser ungewöhnliche Leichentransport so wichtig war, dass die Polizei ihn mit hoher Geschwindigkeit durch insgesamt drei Radarfallen eskortieren musste. Professor Horvath glaubte kaum seinen Augen zu trauen, als sein Porsche mit der ungewöhnlichen Dachlast und einer Blaulichteskorte vor dem Toxikologischen Institut vorfuhr. Schnell schickte er das bereits vorbereitete Team nach draußen, um die Leiche in die Sezierräume im Kellergeschoß bringen zu lassen. Dafür wurde der gesamte umliegende Bereich abgesperrt, damit ja kein Unbefugter kontaminiert werden konnte. Das Bergungsteam war in weiße Schutzanzüge mit eigener Luftversorgung über externe Sauerstoffflaschen gekleidet, und wo sie den Sarg entlang getragen hatten, wurde sofort der gesamte Boden von einem zweiten Team abgesprüht und desinfiziert. Auch die Polizisten der Eskorte und Dr. Ito und Dr. Müller-Schiffer wurden kurz mit einem Spezialgas abgesprüht, um sie vor möglichen Keimen zu schützen. Ebenso die beiden Fahrzeuge von außen. „Somit haben wir jetzt alles gesichert, was unserem Einflussbereich unterlag. Ich verstehe es immer noch nicht, wie die Kollegen in Aurich einen einfachen Bestattungsunternehmer mit diesem Transport beauftragen konnten. Ich werde mindestens dafür sorgen, dass es diese Schlamper ihre Approbation kostet, " sagte Professor Horvath grimmig. Dass er sich diese Mühe bereits sparen konnte, konnte er zu diesem Zeitpunkt noch nicht ahnen. Denn hätte er auch nur annähernd gewusst, was den beiden Kollegen zugestoßen war, dann hätte er ganz anders über diese Angelegenheit gedacht. Sie alle waren Opfer einer neuen Gefahr, die sie noch nicht verstehen konnten. Und diese war zu 99,99% pathogen. Ohne Ansehen der Person. Und nur mit dem winzigen Hauch der Chance einer Rettung, welche im Binnenland fernab des Meeres jedoch gleich Null war.

Hannover, Toxikologisches Institut für pathogene Gifte, 14.39h

Dr. Fuyisho Ito und Dr. Lisbeth Müller-Schiffer kamen schweißgebadet in ihren Büros an. Erst jetzt bemerkte die blonde Toxikologin, dass die sengende Hitze des explodierenden Automotors die Hälfte ihres sorgsam zusammengebundenen Pferdeschwanzes versengt hatte. Das Haargummi war sogar geschmolzen und war nicht mehr ohne Ziepen aus den Haaren zu bekommen. Und ihr weißer Laborkittel hatte hinten einige Brandlöcher. Sie hatte das brennende Benzin auf dem Kittel jedoch nicht bemerkt, weil sie sich genau in dem Moment, als der Kittel sich zu entzünden begann, bereits in den Sitz des Porsches gesetzt hatte, was natürlich sofort jegliche Flammenaktivität im Kai erstickte. Aber auch Dr. Ito hatte etwas abbekommen. Er hatte ziemlich ungeschickt mit dem Feuerlöscher hantiert und dabei Löschschaum auf Kittel und Hose bekommen, was einige seltsam riechende Flecken hinterlassen hatte. Außerdem hatte er sich durch das lange Rückwärtsfahren so verdrehen müssen, dass er jetzt eine völlig verspannte Schulter hatte, mit der er nicht mehr gerade am Schreibtisch sitzen konnte. Und sein linker Schuh sah etwas lädiert aus; da war er wohl auf der Autobahn an irgendetwas hängen geblieben, was ihm die Sohle halb abgerissen hatte. Und im Gesicht war er an einigen Stellen etwas rußig geworden, weil er bei seinen erfolglosen Löschversuchen einige Rauchschwaden eingeatmet hatte. Er fühlte immer noch den stechenden Brandgeruch in den Lungen. Aber trotz allem sprach sich die spektakuläre Leichenrettungsaktion schnell herum, und Dr. Müller-Schiffer und Dr. Ito avancierten im Institut schnell zu den Helden des Tages. Nur Professor Horvath fiel fast in Ohnmacht, als er seinen geliebten Porsche Carrera zurückbekam. Auf der Motorhaube waren Brandspuren zu sehen, die Frontscheibe war dreckig und ölig verschmiert und am Wagendach waren überall Kratzer im Lack, sowie eine kleine Beule, die dabei entstanden war, als sie den Sarg schnell auf das Dach gehoben hatten. Aber Professor Horvath war klug genug, sich jetzt nicht mit den beiden Helden des Tages anzulegen. Stattdessen lenkte er seinen heiligen Zorn nach Aurich um, wo der Transport einer schwer kontaminierten Leiche allzu sorglos organisiert worden war. Zuerst rief er in der Pathologie an, und verlangte zunächst Dr. Fleischer zu sprechen. „Ich bedaure sehr", sagte die Telefonistin, „aber Dr. Fleischer ist heute nicht zum Dienst erschienen. Ich werde mal kurz bei Dr. Friedemann nachfragen, ob er da ist." „Dann können Sie mir auch gleich Dr. Friedemann geben!" bellte Professor Horvath etwas unwirsch. Eine Minute später war wieder die Telefonistin in der Leitung. „Es tut mir sehr leid, Professor Horvath, aber er hat sich heute Vormittag bei meiner Kollegin krankgemeldet." „Was hatte er denn?" fragte Professor Horvath jetzt alarmiert. „Es ist sehr wichtig, es hat etwas mit dem Dienstlichen zu tun, bitte sagen sie es mir!" sagte er sehr nachdrücklich. „Irgendetwas mit dem Kreislauf, er wollte sich einen Tag etwas ausruhen und dann wiederkommen. Er meinte, es läge wohl am warmen Wetter." Alarmiert ließ sich Professor Horvath die privaten Telefonnummern von Dr. Friedemann und auch von Dr. Fleischer geben, und versuchte dann, beide anzurufen. Bei Dr. Friedemann meldete sich nur ein Anrufbeantworter, und auch bei der Handynummer war nur eine Mailbox erreichbar. Bei Dr. Fleischer war weder unter der Festnetznummer noch unter der Handynummer jemand erreichbar. Daraufhin beschloss Professor Horvath, im Kreiskrankenhaus von Aurich anzurufen, um dort nach Dr. Friedemann und Dr. Fleischer zu fragen. Doch sie waren nicht im Krankenhaus – weder dienstlich noch als Patienten. Nebenbei erkundigte er sich nach dem Patienten auf der Quarantänestation, der mit der verseuchten Leiche von Jens Wortmann Körperkontakt gehabt hatte. „Kritisch, aber stabil, er wird momentan noch beatmet und im künstlichen Koma gehalten." Dann beschloss er, sicherheitshalber die Polizei in Aurich zu kontaktieren. „Und sie befürchten also, dass den beiden Gerichtsmedizinern etwas Ernstes passiert ist, wegen des Kontaktes mit einer Wasserleiche?" sagte jetzt der Dienststellenleiter der Polizei. „Darf ich Sie zur Sicherheit bitte im Institut zurückrufen, wir müssen erst sichergehen, dass es sich nicht um einen Scherz handelt!" Professor Horvath wäre fast explodiert, grimmig gab er dem Ordnungshüter seine Nummer und legte auf. Nach etwa zehn qualvoll langen Minuten meldete sich der Polizist wieder und entschuldigte sich. „Tut mir sehr leid, Professor Horvath, aber wir wurden kurz nach ihrem Anruf zu einem Unfall gerufen. Und leider sind wir zurzeit personell etwas unterbesetzt. Wenn meine Kollegen den Unfall aufgenommen haben, schicke ich sie gleich zu ihren beiden Kollegen". „Es ist sehr wichtig, dass ihre Beamten einen Mundschutz und möglichst auch Hygienehandschuhe tragen, wenn sie Kontakt mit den beiden haben sollten. Es ist leider möglich, dass die beiden mit einem bisher unbekannten Gift oder vielleicht sogar einem Virus verseucht wurden. Damit ist leider nicht zu spaßen!" „In diesem Fall werde ich wohl besser die Feuerwehr einschalten, da die Kollegen da besser ausgerüstet sind", sagte jetzt der Dienststellenleiter. „Ich werde Sie in jedem Fall informieren", versprach er noch, dann legte er auf. Professor Horvath legte die Stirn in besorgte Falten und runzelte seine großen buschigen Augenbrauen. Dann rief er die Wasserschutzpolizei in Neuharlingersiel an, und bat darum, ihm schnellstmöglich per E-Mail eine Liste aller Personen zu schicken, die mit der Leiche Kontakt gehabt hatten. Dann gab er die Liste an die Polizei in Aurich und an das Kreiskrankenhaus in Aurich weiter, mit der Bitte, diese mit den Krankheits- und Todesfällen der jüngeren Zeit abzugleichen. Dabei kam heraus, dass der Fahrer der Gerichtsmedizin kurz nach dem ersten Leichentransport von Neuharlingersiel nach Aurich überraschend an einem spontanen Herzversagen verstorben war. Allerdings handelte es sich bei ihm um einen Rentner im Alter von 74 Jahren, bei dem es sich auch um einen natürlichen Tod handeln konnte. Die Witwe von Jens Wortmann hatte mit der Leiche keinen Kontakt gehabt. Doch das eigentlich Erstaunliche war, dass die beiden Fischer sich offensichtlich bester Gesundheit erfreuten und zurzeit wieder auf See waren, wo sie auch problemlos per Funk erreicht werden konnten. Professor Horvath rief nun seinerseits nochmals die Fischer auf See an und ließ sich von diesen schildern, wie sie mit der Leiche umgegangen waren. „Aha, ja das ist interessant", sagte er und machte sich eifrig Notizen. Dann legte er auf und eilte in das Büro von Dr. Ito, doch dieser war bereits auf dem Weg nachhause, da er sich dort komplett umziehen und frisch machen wollte. Er würde jedoch in spätestens zwei Stunden wieder da sein, versicherte ihm Dr. Müller-Schiffer, die sich bereits hier im Institut etwas frisch gemacht hatte. Sie wollte jedoch auch gerade gehen, da sie jetzt ja dringend zum Frisör müsse. „Weibliche Eitelkeiten müssen jetzt warten!" tobte Professor Horvath, der schon lange keine gute Laune mehr hatte. „Der Fall ist dringend, ich brauche Sie beide unbedingt hier, es stehen Menschenleben auf dem Spiel! Es war wirklich eine hervorragende Leistung, wie Sie die Leiche da rausgeholt haben, aber wir müssen jetzt so schnell wie möglich handeln, um die Zusammenhänge aufzuklären. Möglicherweise hat es die Gerichtsmediziner in Aurich auch schon erwischt – in jedem Fall ist der Fahrer der Pathologie in Aurich plötzlich an Herzversagen gestorben, und die beiden Kollegen Dr. Friedemann und Dr. Fleischer sind einfach nicht erreichbar! Ich habe Himmel und Hölle in Bewegung gesetzt, um herauszufinden, was mit ihnen los ist! Und da wollen Sie zum Hairstylisten gehen, und Dr. Ito muss sich wegen einer verrenkten Schulter von seiner Frau massieren lassen! Den werde ich sofort zurückpfeifen, das können Sie mir glauben!" Professor Horvath griff zu seinem Handy, und wählte Dr. Itos Handy an. Doch er hörte nur ein Klingeln aus dem Büro von Dr. Ito als Antwort, denn Dr. Ito hatte sein Handy zum Aufladen auf die Ladestation im Büro gelegt und war dann verschwunden. „Verdammt, der kann was erleben! Hier geht es ja wieder mal zu wie im Kindergarten. Wo kämen wir bloß hin, wenn jeder sein Handy vergäße!" Er wurde vor Wut weiß wie die getünchte Wand, dann wählte er die Privatnummer von Dr. Ito und sprach eine dringende Nachricht auf das Band. „Dr. Ito, bitte kommen Sie so schnell wie möglich zurück ins Institut, wir müssen eine Nachtschicht machen – es geht um Menschenleben! Ach ja, noch was: Es wäre sehr nett, wenn Sie uns bei der Gelegenheit ein halbes Dutzend Pizzen vom Italiener bei Ihnen an der Ecke mitbringen würden. Vielen Dank!" Dann knallte Dr. Horvath wütend den Hörer auf den Apparat. Das war doch echt verrückt: Hier herrschte der Ausnahmezustand, und seine beiden wichtigsten Mitarbeiter wollten sich abseilen! Professor Horvath überlegte bereits, ob er den niedersächsischen Innenminister anrufen sollte, als sein Telefon klingelte. „Hier ist Brandmeister Müller von der Feuerwehr Aurich, wir haben leider eine schlechte Nachricht für Sie. Wir haben soeben Dr. Friedemann in seiner Wohnung tot aufgefunden. Offensichtlich musste er sich kurz vor seinem Ableben übergeben, es sieht wie nach einer Lebensmittelvergiftung aus. Was sollen wir jetzt tun?" „Lösen Sie bitte sofort den ABC-Alarm aus, sperren Sie die Wohnung ab, und desinfizieren Sie alles, vor allem sich selbst. Haben Sie Schutzmaßnahmen für sich und ihre Männer getroffen?" „Wir hatten alle unsere ABC-Schutzanzüge angelegt, bevor wir in die Wohnung gingen." „Sehr gut, bitte sperren Sie die Wohnung ab und versiegeln Sie alles mit Warnschildern. Am besten wäre es, Sie ließen alles so, wie Sie es vorgefunden haben, ich schicke Ihnen unverzüglich ein Team von Spezialisten aus Hannover, die die Leiche hier ins Institut bringen werden. Und schließen Sie bitte alle Fenster, damit nicht irgendwelche Tiere nach drinnen gelangen, und die Nachbarn nicht gefährdet werden." Professor Horvath legte auf. So einen Alptraum hatte er schon seit vielen Jahren nicht mehr erlebt! Da summte erneut sein Telefon. „Hier ist die Polizeidirektion Aurich. Professor Horvath?" „Am Apparat, was gibt es Neues?" „Nun, wir haben Dr. Fleischer gefunden! Wie es aussieht kam er mit seinem Auto bei bestem Wetter und optimalen Straßenverhältnissen von der B72 bei Bagband ab. Er rammte einen Baum, und das Auto brannte restlos aus; außerdem wurden noch weitere Verkehrsteilnehmer in den Unfall involviert. Wir können es zurzeit noch nicht sagen, woran er starb, es sieht alles ziemlich merkwürdig aus, wenn sie mich fragen. Die Spurensicherung prüft gerade, ob hier ein Fremdverschulden vorliegen könnte." „Mein Gott, seien sie bloß vorsichtig!" rief Professor Horvath. „Ich hoffe doch, dass ihre Leute sich gesichert haben?" „Sie tragen die üblichen weißen Schutzanzüge und einen Atemschutz." „Hoffen wir, dass das reicht. Ich möchte die Leiche gerne so schnell wie möglich hier im Institut in Hannover haben, damit wir sie unseren toxikologischen Tests unterziehen können. Denn der Kollege von Dr. Fleischer, Dr. Friedemann, wurde soeben von Ihrer Feuerwehr in seiner Wohnung tot aufgefunden. Ich schicke ein Team von Spezialisten aus Hannover, die können sich auch gleich um den Transport der Überreste Dr. Fleischers kümmern", sagte Professor Horvath. „Sollen wir die Brandleiche solange in einen Zinksarg legen?" fragte der Polizist. „Um Gottes Willen, fassen Sie ihn bloß nicht an – es könnte auch ein Virus sein! Am besten ist es, wenn Sie den Tatort weiträumig absperren und ihn bewachen lassen, bis wir da sind. Sie ahnen gar nicht, wie gefährlich diese Leiche unter Umständen sein könnte!" Danach telefonierte Professor Horvath mit der Rettungsleitstelle der Medizinischen Hochschule und begann gleichzeitig damit, einen Katastrophenplan mit Worst-Case-Szenario aufzustellen. Außerdem spannte er Dr. Müller-Schiffer ein, um die bisher wohl spektakulärste Leichenbergungsaktion in der Geschichte des Institutes zu organisieren. Hätte Dr. Fuyisho Ito geahnt, was bei seiner Rückkehr ins Institut auf ihn wartete, so wäre er wahrscheinlich zuhause geblieben und hätte sich krankgemeldet. Doch erstens kommt immer alles ganz anders, und zweitens kommt es dann auch noch um so vieles anders, als man es überhaupt je hätte denken können.

Hannover, Apartment von Dr. Fuyisho Ito in der Mellendorfer Straße, 16.03h

Dr. Ito war völlig erledigt und am Ende seiner physischen Kräfte, als er sein Apartment aufschloss. Als er den Flur betrat, hörte er in der Küche das Radio dudeln. Sie spielten ein Remake des Popsongs „Like a virgin" von Madonna. Irgendetwas kam ihm daran merkwürdig vor, seltsam, so ein Gestöhne hatte er bisher noch nicht bei diesem Song bemerkt. Doch war es jetzt ganz deutlich als Hintergrundgeräusch zu vernehmen. Dieser neue Remix wird die Verkaufszahlen der CD deutlich steigern, dachte Dr. Ito grinsend, als die Musik plötzlich für eine wichtige Verkehrsansage unterbrochen wurde: „Hier ist eine sehr wichtige Durchsage für alle Verkehrsteilnehmer im Raum Aurich. Ein schwerer Verkehrsunfall hat sich in der Nähe von Aurich bei Bagband ereignet. Es wurde seitens der Behörden Umweltalarm ausgelöst. Wir bitten alle Autofahrer, die Bundesstraße 72 weiträumig zu umfahren, da alle Fahrtrichtungen gesperrt werden mussten. Wir bitten um Verständnis." Wie gelähmt lauschte Dr. Ito der Ansage, doch aus einem anderen Grund, denn den Inhalt der Ansage hatte er gar nicht mitbekommen. Das Gestöhne ging ohne Unterbrechung weiter, und kam aus dem ehelichen Schlafzimmer der Itos! Wie betäubt setzte er sich auf einen Küchenstuhl und registrierte aus dem Augenwinkel, dass die Kaffeemaschine gerade lief. Sonst tranken sie um diese Zeit nie Kaffee, vor allem nicht seine Frau Irene. Dann hörte er ein exzessiv lautes Aufstöhnen und Irene rief: „Ja, ja, besorg es mir! Heftiger, tiefer, bis zum Anschlag! Mehhhhr...ahhh, so brauche ich es! Komm, komm, gib es einer jungen Schlampe!" Und dann eine männliche Stimme, die rief: „Ohhh, ich glaube ich komme schon, ja, ahhhhh, das war gut!" Leise schlich sich Dr. Ito ins Wohnzimmer und betrachtete nachdenklich das an der Wand hängende Katana. Dabei handelte es sich um ein echtes Samuraischwert aus Japan, welches einmal seinem Urgroßvater mütterlicherseits gehört hatte. In Japan war es kein allzu großes Problem, wenn ein geharnischter Ehemann seine Frau und ihren Liebhaber in Flagranti ertappte, und beide mit dem Schwert abstach. Aber hierfür war er doch zu sehr Europäer, als dass er das fertig gebracht hätte. Daher schlich er sich jetzt zurück in die Küche, und kritzelte eine kurze Nachricht auf einen kleinen Zettel, den er gut sichtbar neben die Kaffeemaschine legte. Dann machte er sich schnell auf den Weg zurück ins Institut; jedoch nicht, ohne seinen angesengten Laborkittel demonstrativ auf der Lehne eines Küchenstuhles zurückgelassen zu haben. Auf dem Zettel war in seiner zierlichen Handschrift zu lesen: „Ich hoffe, Du hattest einen guten Fick. Ich wollte Euch nicht stören, muss heute durcharbeiten. Es wäre sehr nett, wenn Du so schnell wie möglich aus unserer ehelichen Wohnung ausziehen könntest. Du bekommst bald Post von meinem Anwalt." Gez. Dr. F. ITO.

Hannover, Toxikologisches Institut für pathogene Gifte, 17.47h
Dr. Ito fuhr zunächst einen kleinen Umweg zum Heidering, wo er sich in einem Schuhgeschäft ein paar neue Schuhe besorgte, um wieder auf andere Gedanken zu kommen. Konnte es denn nie rund laufen im Leben? Wäre er doch nur mit seiner Jugendliebe zusammengeblieben! Dann hätte er jetzt nicht diese Probleme! Du bist ungerecht, sagte er zu sich selber, auch Du hast Schuld, denn Du – und nur Du - hast sie vernachlässigt. Dann wollte er einen Freund anrufen, doch stellte er mit Entsetzen fest, dass er in der Eile sein Handy im Institut vergessen haben musste. Er musste sich jetzt irgendwie ablenken; also fuhr er zurück ins Toxikologische Institut, wo er nun glücklicher – oder eigentlich ja unglücklicherweise eine Stunde eher wieder auftauchte, als ursprünglich geplant. „Gott sei Dank, da ist er ja endlich!" rief Professor Horvath erleichtert, als er Dr. Ito kommen sah. „Dr. Ito, wir brauchen Sie sehr dringend in Ostfriesland. Sie und Ihre Schaben!" Professor Horvath erklärte Dr. Ito, was während dessen kurzer Abwesenheit alles passiert war. Obwohl er nur mit halbem Ohr zugehört hatte, begann Dr. Ito, seine Notfallausrüstung für den toxikologischen Notfall einzupacken, seine Kollegin Dr. Müller-Schiffer war damit fast fertig, als er anfing. Und Christopher IX war bereits startklar. „Haben Sie ihren Anrufbeantworter nicht abgehört? Oder haben Sie den Kollegen bereits die Pizza gegeben?" wollte Professor Horvath wissen. „Ich habe ihn nicht mehr abhören können, ich musste dringend von zuhause weg, ich habe es nicht mehr ausgehalten..." antwortete Dr. Ito. Und dann, trocken und resigniert sagte er nur: „Meine Frau geht fremd." „Das tut mir sehr leid für Sie", sagte Professor Horvath, und legte jovial seinen Arm um die Schulter von Dr. Ito. „Ich verstehe ja, dass das alles für Sie sehr schwierig sein muss, aber können wir jetzt trotzdem weiterarbeiten? Menschen sterben, und wir sind möglicherweise die Einzigen, die eine größere Tragödie verhindern können. Kommen Sie, ich kümmere mich persönlich darum, dass Sie sich im Fond von Christopher IX etwas ausruhen können, sofern der Platz es zulässt." „Vielen Dank, Professor, ach wissen Sie, das war bis jetzt einfach ein absoluter Hammertag für mich. Ich werde versuchen, mich etwas zusammen zu reißen, damit wir das Feld schnell abarbeiten können. Sobald wir wieder hier sind, werde ich mich richtig ausschlafen." „Wenn ich Ihnen irgendwie helfen kann, dann kommen Sie ruhig zu mir. Wenn das hier vorbei ist, haben wir uns wahrscheinlich alle einen kleinen Urlaub verdient", sagte der Professor. „Wer ist eigentlich der Pathologe, der uns begleitet?" wollte Dr. Ito wissen. „So kurzfristig konnte uns die MHH leider nur den „Lehrling" überlassen", antwortete Professor Horvath zwinkernd. Der „Lehrling" war natürlich lange schon kein Arzt auf Probe mehr, doch hatte sich dieser Spitzname von Dr. Thorsten Lessinghaus über die Jahre erhalten, weil er einfach keine Ambitionen zeigte, Chef der Pathologie werden zu wollen, obwohl er dafür hochgradig qualifiziert gewesen wäre. Denn er war nicht nur ein ausgezeichneter Pathologe, dem auch kleinste Nuancen nicht entgingen, sondern darüber hinaus auch noch ein studierter

Nuklearmediziner, der nicht unwesentliche Teile seines Studiums in den USA und in Russland verbracht hatte. Wie auch Dr. Ito konnte er fließend Russisch sprechen, was bedeutete, dass die beiden gelegentlich in dieser Sprache miteinander redeten, wenn andere die Inhalte des Gespräches nicht mitbekommen sollten. Stets genossen sie es, dann die verständnislos dreinblickenden Gesichter der anderen zu sehen, worüber sie dann gemeinsam grinsten. Es verband die beiden eine unverbindliche Freundschaft, denn sie kamen gut miteinander aus und hatten sich bei der Beurteilung verschiedenster Todesfälle gegenseitig hervorragend unterstützen können. Doch diesmal sollte Einiges überraschend anders verlaufen, als sie es bisher gewohnt waren. Zunächst dauerte es länger als geplant, bis sie ihre Ausrüstungen richtig und professionell im Hubschrauber verstaut hatten, weil Dr. Itos „Kakerlakenbrut", wie sich Dr. Müller-Schiffer auszudrücken pflegte, mit besonderen Sicherungsmaßnahmen verstaut werden musste. Außerdem mussten auch noch sterile Käfige sowohl für Meerschweinchen, als auch für die Schaben mitgenommen werden, was dazu führte, dass der Platz so eng wurde, dass Dr. Müller-Schiffer, die vorne neben dem Piloten saß, noch einen Karton auf den Schoß nehmen musste. Fast hätte der Pilot gestreikt, als er mitbekam, was er da alles mitnehmen sollte. Auf dem Rückweg würde das Innere des Helikopters natürlich entsprechend leerer sein, da man dann alles in einem kleinen Blechcontainer unter der Kanzel transportieren wollte, denn kontaminierte Leichen durften selbstverständlich nicht in den Innenraum des Vehikels geladen werden. Dieser Container wartete bereits in Aurich, wo die Feuerwehr auch schon doppelte Zinkwannensärge vorbereitet hatte. Schließlich war es soweit, und um genau 21.30h hob Christopher IX ab, mit Kurs Ostfriesland. Der Pilot ging auf eine Flughöhe von etwa 3000 Fuß und steigerte die Geschwindigkeit auf 80 Meilen pro Stunde, mehr konnte er aufgrund der Ladung und der böigen Windverhältnisse leider nicht aus den Triebwerken des modernsten Hubschraubers der Medizinischen Hochschule herausholen. Unterwegs wurden sie immer wieder von abwechselnd starken Windstößen durchgeschüttelt, doch der Pilot war sehr erfahren und verstand sein Handwerk, mit dem er sein Fluggerät immer wieder gerade über der norddeutschen Tiefebene ausrichtete. Dr. Ito konnte sich nicht entspannen. Er wurde seekrank.

Helgoland, etwa einhundert Meter westlich der langen Anna, 22.30h

Der völlig haarlose Dr. Rüdiger Skibbe nahm einen tiefen Schluck Atemluft aus seinem blasenfrei arbeitenden Lungenautomaten und tauchte ab in eine Tiefe von 11 Metern. Schon seit einigen Jahren hatten die Biologen der biologischen Anstalt auf Helgoland das Zurückweichen der großen Brauntange in immer größere Tiefen beobachtet, da den Makroalgen das Oberflächenwasser schlichtweg zu warm geworden war. Doch was sie jetzt beobachten mussten, versetzte alle auf der Station in große Besorgnis. Denn in diesem Jahr hatten sie nur sehr wenige Makroalgen an den Plätzen gefunden, wo diese sonst in Unmengen wucherten und dichte Laminarienwälder bildeten. Durch das extrem milde und warme Klima war die Oberflächentemperatur in diesem Sommer auf 24°Celsius gestiegen, und täglich fanden sie hier neue mediterrane Fischarten, die als Pioniere damit begannen, die roten Unterwasserfelsen Helgolands für sich als Lebensraum zu erobern. Wenn man hier tauchen ging, musste man sich inzwischen in Acht nehmen, nicht mit giftigen Fischen aus dem Mittelmeer in Kontakt zu kommen. Vor kurzem hatte die Kollegin von Dr. Skibbe, Dr. Susanna Pelzer, beim Auftauchen fast die Bekanntschaft eines Stechrochens gemacht, der knapp über ihr seinen giftstachelbewehrten Schwanz durch das Wasser zog. An diesem lauen Sommerabend waren Dr. Skibbe und Dr. Pelzer hier unterwegs, um den Bewuchs einiger ausgewählter markierter Felsen zu dokumentieren, welche sie nun schon seit fünf Jahren in ihr gemeinsames Algen-Monitoring-Projekt gestellt hatten. Insgesamt handelte es sich dabei um 10 Felsen, die alle Nummern erhalten hatten, welche sie mit rostfreien Edelstahlschildern und Spezialnägeln an den großen Blöcken befestigt hatten. Heute wollten sie danach Ausschau halten, welche Algenarten überhaupt noch auf diesen relativ weit draußen und ziemlich exponiert liegenden Blöcken wuchsen. Dabei hatten sie sich die Arbeit so eingeteilt, dass Dr. Skibbe die betreffenden Felsenareale mit einer starken Taucherlampe anstrahlte, während Dr. Pelzer dann mit ihrer digitalen Unterwasserkamera die Aufnahmen schoss. Sie hatten diesen Tauchgang bewusst in die Abend- und Nachtstunden gelegt, da man zu diesen Zeiten auch oft Tiere zu Gesicht bekam, die nachtaktiv waren. Manchmal konnte man so die eine oder andere seltene Spezies neben einer eher langweiligen Routineaufnahme mit ablichten; mit dieser Methode waren ihnen schon zahlreiche hervorragende Nachweise und Dokumentationen des marinen Lebens bei Helgoland gelungen. Doch was sie heute zu Gesicht bekommen würden, konnten sie auch nicht entfernt erahnen, und dass ihre heutige Entdeckung einem von ihnen beiden den Tod bringen würde, hätten sie auch nicht erwartet. Dr. Skibbe deutete auf den nächsten und letzten Felsen mit der Nummer X. Als er die Taucherlampe auf den Felsen ausrichtete, bemerkte er, wie etwas relativ Großes schemenartig parallel zum Felsen über das Substrat huschte; das Objekt war mindestens 60 Zentimeter lang, wie er schätzte. Er schwenkte den Scheinwerfer herum, und die Kreatur blieb erstarrt einen Moment stehen, schien dann geblendet zu blinzeln, klappte den großen Schwanz nach hinten und sauste mit einem gewaltigen Rückstoß mindestens fünf Meter nach hinten, genau auf die etwas erschrockene Meeresbiologin zu. Dr. Skibbe grinste, denn er hatte sofort gesehen, dass es sich lediglich um einen überdimensional großen Helgoländer Hummer handelte, der sich als tagscheues Tier nun vor der grellen Lichtquelle in Sicherheit bringen wollte. Dr. Skibbe zeigte mit der linken Hand auf den Hummer, und Dr. Pelzer machte einige sehr eindrucksvolle Aufnahmen von dem Tier. Es handelte sich um ein Weibchen, was man unschwer an dem breiten Hinterleib erkennen konnte, unter dem das Tier jetzt jede Menge Larven trug, die das Muttertier der Strömung anvertrauen wollte. Dr. Skibbe wählte eine etwas größere Entfernung, um das Tier nicht mehr zu erschrecken als unbedingt nötig. Und dann wurden sie Zeugen, wie das Hummerweibchen auf den Felsen krabbelte, und dann damit begann, Tausende von kleinen Hummerlarven in der starken Strömung über dem Felsen abzusetzen. Ein wunderbarer Anblick, dachte Dr. Skibbe, der vor noch einem Jahr gar nicht möglich gewesen wäre, weil zu diesem Zeitpunkt dieser Felsen noch dicht an dicht mit den Rhizomen und Stängeln des Zuckertanges bewachsen gewesen war. Heute jedoch fanden sich auf dem Felsen mit der Nummer X überhaupt keine Laminarien mehr; hier wuchsen höchstens noch einige Rotalgen der Gattungen Bryopsis und Rhodophytum. Immerhin würden wenigstens einige kleine Hummer die nächste Saison erleben – wenn es nicht noch wärmer wurde. In dieser Tiefe war das Wasser jetzt etwa 15°Celsius warm, was für die Hummerbrut als optimal anzusehen war. Doch war es sehr fraglich, ob sie – wenn auch nur kurzfristig – eine mediterrane Oberflächentemperatur von 24°Celsius ertragen konnte. Dr. Susanna Pelzer knipste jetzt noch schnell den virtuellen Speicher ihrer digitalen Kamera mit Aufnahmen des Felsens voll, doch hatte sie am Ende ihrer Atemluft immer noch Speicherplatz für etwa fünf Aufnahmen übrig. „Der neue Speicherchip macht es möglich", dachte sie. Dr. Skibbe zeigte mit dem Daumen nach oben, und beide begannen damit, langsam aufzutauchen. Als sie etwa in fünf Metern Tiefe waren, verharrten sie kurz für eine kleine Dekompressionspause. Als sie nach oben blickten, sahen der glatzköpfige Dr. Skibbe und die im Wasser mit wehenden roten Haaren elfengleich im Wasser schwebende zierliche Meeresbiologin ein Phänomen, welches sie bisher nur sehr selten bemerkt hatten. Ein grünliches Leuchten erfüllte die gesamte Wasseroberfläche. Es war so, als hätte jemand eine fahle grünliche Leuchtstoffröhre eingeschaltet. Dann erlosch das Leuchten für eine Sekunde, um danach synchron wieder anzuspringen. Dr. Pelzer nahm ihre Kamera und begann, zu fotografieren. Das erste Foto zeigte jedoch nur Schwärze – wie sie in diesem Augenblick meinte – das zweite jedoch nahm das geheimnisvolle Leuchten in seiner gesamten Intensität auf. Langsam stieg sie höher, um herauszufinden, was das Leuchten verursacht haben könnte. War es eine Massenansammlung des Meeresleuchttierchens *Noctiluca*? Sie wählte eine Makroeinstellung an der Kamera; möglicherweise konnte sie ja die Leuchttierchen damit so fotografieren, dass man die Aufnahme später entsprechend vergrößern und einzelne der winzigen Organismen sichtbar machen konnte. Aus weniger als einem halben Meter Entfernung machte sie eine Aufnahme. Doch was war das? Das waren gar keine Leuchttierchen, so etwas hatte sie hier noch nie gesehen. Dr. Skibbe schloss zu ihr auf, und machte ihr ein Zeichen, noch einige Fotos zu machen. Sie fotografierte, bis der digitale Speicher voll war, und dann tauchten die beiden Meeresbiologen durch die Schicht der grünlich leuchtenden Meeresorganismen auf, so wie Bartenwale manchmal in großen Fischschwärmen aufzutauchen pflegen, wenn sie Beute schlagen. Doch bei diesem Auftauchvorgang verkehrte sich das Verhältnis, denn es war die vermeintliche Beute, die hier den Superprädatoren Mensch zur Strecke brachte. Doch davon bemerkte Dr. Skibbe zunächst nichts, denn für den Fall unbekannter Entdeckungen von neuen kleinen Arten hatte er stets ein auch unter Wasser handliches Schraubglas dabei, in welches er nun vorsichtig einige der seltsam irisierenden Wesen hinein schöpfte. Er war so auf seine Aufgabe konzentriert, dass er zunächst gar nicht bemerkte, was mit seiner Kollegin direkt hinter ihm geschah. Es war zwar mit den dünnen Handschuhen etwas schwieriger, ein Schraubgefäß zu öffnen, aber er bekam es Dank langjähriger Übungen im Feld hin. Triumphierend hielt er das Gefäß mit insgesamt drei der merkwürdigen Gebilde hoch, und reichte es seinem Kollegen und Freund Dr. Florian Zuckmayer in das kleine Dingi an, der ihn mit entsetzter Miene ansah und nur rief: „Verdammt, Rüdiger, was ist denn mit Susanna los? Sie geht unter! Tu doch was!" Reflexartig drehte er sich um, und sah bereits aus dem Augenwinkel, dass etwas nicht stimmte. An der Stelle, an der Susannas Kopf die Oberfläche eben noch durchbrochen hatte, quollen Luftblasen und erzeugten Schaum auf der Oberfläche. Schnell ließ er sich ins Wasser zurück gleiten, und tauchte dem sinkenden Körper seiner Kollegin hinterher. Da sie ihre Tarierweste nicht zum Auftauchen benutzt hatte, wurde sie jetzt von ihrem fünf Kilogramm schweren Bleigürtel in die Tiefe gezogen. Als er sie nach etwa zehn kurzen schnellen Schwimmstößen erreicht hatte, versuchte er zunächst, ihr das verlorene Mundstück ihres Atemgerätes wieder in den Mund zu stecken. Doch ihre Lippen waren schlaff, und sie atmete nicht mehr. Verzweifelt umschlang er sie an der Taille und stieg schnell mit ihr auf zur Oberfläche, wobei er für einen kurzen Moment ein seltsames Kribbeln an der nackten Kopfhaut spürte. Er schenkte dem jedoch keine Beachtung, sondern riss Dr. Susanna Pelzer die Taucherbrille vom Gesicht. Was er sah, würde er niemals vergessen, und ein bisher nicht gekanntes Grauen überfiel ihn. Der Anblick, der sich ihm bot, ließ keinen Zweifel mehr offen – Dr. Susanna Pelzer, 36 Jahre alt, 1,64 Meter groß, rothaarig, lebenslustig und attraktiv war tot und starrte ihn aus gebrochenen erloschenen grünen Augen an, die nie wieder lachen würden. Er wusste es nicht, wie lange er sie so im Arm gehalten hatte, rein mechanisch half er seinem Freund Florian, sie ins Dingi zu laden, dann schwamm er zum Ufer, da er den Anblick nicht länger ertragen konnte. Inzwischen hatte Florian den Inselarzt angefordert, der bereits am Anleger der biologischen Anstalt wartete, als das kleine Dingi schließlich anlegte. Doch auch der Arzt konnte nur noch den Tod feststellen. „Es sieht alles nach einem Schock aus", sagte der Arzt, „war da irgendetwas, dass sie aufgeregt haben könnte, oder hat sie vielleicht etwas Falsches gegessen?" „Vor dem Tauchen essen wir grundsätzlich nichts;" antwortete jetzt Dr. Skibbe. „Eigentlich war doch mit ihr alles in Ordnung. Ich verstehe das nicht!" Florian weinte und wandte sich schnell ab, damit die umstehenden Insulaner nicht seine Tränen sahen. Dann legten sie eine Plastikplane über die Tote, holten eine Bahre und trugen die Leiche in den institutseigenen Kühlraum, wo sie bis zu ihrem Transport auf das Festland zwischengelagert werden sollte. Sie nahmen der Leiche lediglich die immer noch um den Hals baumelnde Kamera und die anderen Ausrüstungsgegenstände wie Taucherflossen und Bleigürtel ab, ließen sie aber im Neoprenanzug stecken, da es keiner der Kollegen des Institutes fertigbrachte, sie zu entkleiden. Die biologische Anstalt Helgoland hatte einen unbezahlbaren Verlust erlitten, doch das würde ihnen allen erst später aufgehen. Nach außen hin versuchten Florian und Rüdiger, die Moral der Truppe aufrecht zu erhalten, doch jeder wusste, dass der Verlust von Susanna für Florian ein schwerer Schlag war, denn sie waren bereits seit zwei Jahren ein Paar gewesen und wollten sogar in einem halben Jahr heiraten. Die Hochzeitsreise nach Hawaii war sogar schon gebucht gewesen. „Von einem Fuselfelsen auf den anderen", wie Susanna zu ihren Lebzeiten selbst fröhlich grinsend gesagt hatte. Gegen Mitternacht waren alle Mitarbeiter der biologischen Anstalt versammelt und legten einige stille Gedenkminuten für die so jung verstorbene Meeresbiologin ein. Dann begannen Dr. Skibbe und die anderen Kollegen damit, sich um die amtlichen Meldungen zu kümmern. Von den dramatischen Ereignissen in Aurich und Bagband ahnten sie jedoch zu diesem Zeitpunkt nichts.

23. August 2017, Mittwoch

Aurich und Bagband bei Aurich, 0.05h

Christopher IX flog zunächst die Wache der Kreisfeuerwehr in Aurich an, die den Spezialcontainer mit den beiden Spezialsärgen auf einer großen Wiese hinter ihrem Hauptgebäude abholfertig aufgestellt hatte. Ein Mitarbeiter der Feuerwehr klinkte den Behälter am Transporthaken des Helikopters ein, und dieser setzte seine Reise nach Bagband fort, denn die Beseitigung der lästigen Straßensperren hatte höchste Priorität. Vor der Landung klinkte der Pilot den Container aus, der nun aus nur einem Meter Höhe auf eine Rasenfläche neben dem abgesperrten Ort des Unfalles prallte. Dann setzte er zur Landung an und entließ seine Insassen bei noch laufenden Rotoren, die der Pilot nun abschaltete. Dr. Ito stieg aus dem Helikopter als Erster aus und eilte aber nicht zuerst zum Unfallort, sondern zu einem nahegelegenen Graben, in den er die Pizza zurückgab, die er unterwegs gegessen hatte. Danach fühlte er sich etwas besser und sah auf seine Uhr. Genau 0.32h – das waren seine Geburtsstunde und Minute gewesen! Besorgt eilten seine Kollegen zu ihm, und Dr. Lessinghaus reichte ihm einen Flachmann mit 42prozentigem Wodka, was dessen Meinung nach so eine Art Allheilmittel darstellte. Dr. Ito leerte den Flachmann, gab die Flasche geistesabwesend zurück und wandte sich nun mit den anderen dem Ort des Unfalles zu. Ein Polizist stieß zu ihnen, und schilderte ihnen kurz, was an dieser Stelle nach den Aussagen einiger unbeteiligter Zeugen offenbar passiert war. „Also, zuerst ist der nun als Dr. Fleischer identifizierte Tote geradeaus gegen den Baum gefahren, anstatt die Linkskurve auch nur ansatzweise anzusteuern. Wir vermuten, dass er dabei wenigstens mit einhundert Stundenkilometern Geschwindigkeit auf den Baum geprallt sein muss. Er dürfte dadurch sofort getötet worden sein, denn bei solchen Geschwindigkeiten nützt auch ein Gurt nichts mehr. Dann wurde sein Wagen in den Gegenverkehr geschleudert. Dabei flog er genau in eine Lücke zwischen einem vorausfahrenden Gemüsetransporter, der leicht am Heck gestreift wurde und dadurch Teile seiner Ladung verlor, und dann vor einen Mercedes. Dessen Fahrer überlebte den Aufprall zwar nicht, aber die Beifahrerin hat dank Airbag mit mittelschweren Verletzungen überlebt. Der Mercedes wiederum hat das Autowrack offenbar nochmals in den Gegenverkehr geschoben, wobei das Wrack sich durch auslaufendes Benzin und das Schleifen über die Fahrbahn entzündet haben muss, wobei es dann wie eine Benzinbombe in der Front dieses Campingmobils da drüben explodiert sein muss. Der Fahrer des Campingmobils wurde sofort getötet und ein nachfolgendes Fahrzeug fuhr etwa mit Tempo 80 von hinten in das Campingmobil hinein, das jetzt auch völlig ausgebrannt und etwa zwei Meter kürzer ist, als vor dem Unfall. Der auffahrende Hondafahrer wiederum kam mit nur leichten Blessuren davon, da der Airbag seinen Dienst tat. Wir haben die beiden Brandleichen bisher nicht geborgen, da wir zwar die Papiere von Dr. Fleischer auf der Straße verteilt gefunden haben, die Leichen aber bei dem Unfallablauf beide stark entstellt und verbrannt wurden. Sie liegen jetzt beide im Campingwagen, der dort drüben" – er deutete mit der Hand auf ein paar rauchende Trümmer – „auf der Seite liegt. Aufgrund ihrer Warnungen haben wir uns von den Leichen vorerst ferngehalten und haben nichts berührt oder verändert – mit Ausnahme des Löschmittels, natürlich, welches wir ja einsetzen mussten". „Dann wollen wir mal", sagte Dr. Ito und übernahm jetzt die Leitung des Teams. Sie legten ihre ABC-Schutzanzüge an und sahen jetzt erst recht aus wie Besucher aus einer anderen Welt. „Da ist noch etwas", sagte der Polizist. „Ich fürchte, Sie können nicht damit rechnen, die Leichen in nur einem Teil vorzufinden, wenn sie verstehen, was ich meine." „Das könnte unsere Arbeit sogar etwas erleichtern", sagte Dr. Müller-Schiffer zu Dr. Lessinghaus. Dieser nickte etwas betreten, denn so praktisch es auch war, Leichenteile untersuchen zu können, ohne erst aufwendige Sektionen von Gewebeproben machen zu müssen, so sehr ging es selbst ihm an die Nieren, dass diese Teile von einst lebenden, lachenden, liebenden und vor allem fühlenden menschlichen Wesen stammten. Deshalb neigte er jetzt unter dem Schutzanzug seinen Kopf und sprach ein kurzes, aber durchaus ernst gemeintes Gebet für die Verstorbenen. Die anderen wagten es aus Höflichkeit nicht, ihn dabei zu stören oder zu unterbrechen, obwohl sie größtenteils nicht gläubig waren. Doch respektierten sie ihren Kollegen, weil er immer wieder bemerkenswerte Ideen hatte und Leistungen zeigte, die man bei anderen nur als Ausnahmeerscheinungen gesehen hätte. Nach dem Gebet näherten sie sich sehr vorsichtig dem Campingmobil. Im Licht der Strahler, welche die Feuerwehr in Zusammenarbeit mit der Polizei bereits rings um das Campingmobil aufgestellt hatte, glänzten Metalltrümmer auf; außerdem sahen sie überall verbranntes Gras und Ölflecken am Boden. Sie umrundeten den jetzt vertikal stehenden Fahrzeugboden, um zum zertrümmerten Cockpit des Campingmobils zu gelangen. Ihnen bot sich ein Anblick des Grauens. Zwar hatte der Polizist es bereits angedeutet, doch auf das, was sie jetzt sahen, waren sie nicht gefasst. Beide Leichen waren mehrfach zerrissen worden, wobei einer Leiche der Kopf abgetrennt worden war. Dieser lag weiter hinten im Campingwagen mit geplatzten Augäpfeln, die aus den Augenhöhlen hingen. Die linke Wange war aufgerissen und ermöglichte dem Betrachter einen Blick auf die schwarz verbrannten Zähne des Unfallopfers. Der Kopf selbst war nur oberflächlich angesengt worden, weshalb seine Größe noch fast seinem ursprünglichen Schädelumfang entsprach. Das zweite Opfer hatte seinen Kopf nicht verloren und schien immer noch hinter dem Lenkrad des ehemaligen Campingmobils zu klemmen. Doch sein Oberteil war völlig verbrannt, der Schädel war infolge der Hitze aufgeplatzt, und die gekochte Gehirnmasse des Toten hatte sich über die ehemaligen Armaturen ergossen. Ein großes Fragment der Frontscheibe des Campingmobils hatte diese Leiche regelrecht halbiert, und den Ober- vom Unterkörper getrennt. Weil der Unterleib der Hitze nicht so stark ausgesetzt gewesen war wie der übrige Rumpf, war dieser fast unverbrannt erhalten geblieben. Die Spurensicherung der Polizei hatte nach mit Professor Horvath abgestimmten Sicherheitsmaßnahmen den Unfallort bereits bestens fotografisch dokumentiert. Auch hatten sie kleine gelbe Fähnchen an den Plätzen neben dem Fahrzeug aufgestellt, wo Teile der Extremitäten der beiden Leichen lagen. Vorsichtig bargen sie nun die Leichenteile der beiden bis zur Unkenntlichkeit entstellten Unfallopfer und begannen mit ihrer Arbeit. Dabei ordnete Dr. Ito eine Arbeitsteilung an, die rein pragmatischen Gesichtspunkten folgte. Zunächst sollten möglichst alle Leichenteile zusammengetragen werden, so dass man diese möglichst gleich dem richtigen Todesopfer zuordnen konnte. Um dieses menschliche Puzzle bereits hier im Feld zusammenfügen zu können, beschlossen sie, zunächst die größten Teile auf jeweils einer weißen Plastikplane, die sie für jede Leiche auf dem Boden ausbreiteten, zu sammeln. Wobei sie von den Kollegen der Feuerwehr unterstützt wurden. Dabei mussten sie extrem langsam und umsichtig arbeiten, denn vor allem die großen Rumpfteile der Opfer waren noch unter Fahrzeugholmen und anderen Trümmern eingeklemmt, so dass die Kollegen der Feuerwehr hier sogar Schneidbrenner einsetzen mussten. Dabei musste jedoch stets darauf geachtet werden, die Leichen nicht noch weiter zu fragmentieren. Als sie schließlich den Unterleib des vermeintlichen „Fahrers" aus dem Wrack des Campingwagens befreit hatten, erlebten sie eine Überraschung. Denn als sie den Unterleib vorsichtig heraushoben, fiel die verbrannte Kleidung ab, und weiße Haut mit rötlichen Brandflecken kam zum Vorschein. Und das Geschlecht der Person war auch unschwer erkennbar: Es handelte sich um eine Frau mittleren Lebensalters! Als sie dann den hinter dem Lenkrad klemmenden Teiltorso aus dem Campingwagen holten, stellten sie fest, dass es sich nicht um einen weiblichen Oberkörper handeln konnte, da dieser nicht das geringste Anzeichen von weiblichen Brüsten erkenn ließ. Also legten sie ihn vorsichtig auf die zweite Plastikplane. Dann trugen sie in mühevoller Kleinarbeit die anderen Teile zusammen. Gegen vier Uhr morgens legten sie dann in sicherer Entfernung von dem Ort ihrer grausigen Tätigkeit eine Kaffeepause ein, die sie auch dringend nötig hatten. Sie waren zwar alle völlig übermüdet, doch auf der anderen Seite auch hellwach, denn beim Anblick dieses Grauens hätte auch der hartgesottenste Mensch kaum schlafen können. Dann bereiteten Dr. Ito und Dr. Müller-Schiffer ihre Tierversuche vor, um die Toxizität der beiden aufgefundenen Leichen zu testen. Dr. Ito nahm zunächst ein Gewebeteilchen aus den Überresten von Dr. Fleischer, und setzte eine der weniger giftresistenten Schaben zu dem bereits angekohlten Stück. Neugierig kroch die Schabe näher, dann begann sie an dem Stück zu nagen, was ein leises kratzendes und scharrendes Geräusch machte, bei dem es allen Beteiligten kalt den Rücken hinunterlief. Die Schabe erfreute sich bester Gesundheit und lief in ihrem Glas auf und ab. Sorgfältig notierte Dr. Ito die Zeit der ungewöhnlichen Futtergabe. Als nach zehn Minuten immer noch nichts passiert war, wiederholten sie den gleichen Test mit einem Meerschweinchen, dessen glatt rasierte Haut sie mit dem Gewebestück berührten. Es trat zwar eine leichte allergische Rötung auf, doch mehr passierte auch hier nicht. Dann nahm Dr. Ito eine kleine Probe von der Gehirnmasse Dr. Fleischers, welche sie von der Armatur des Campingwagens gekratzt hatten, und wiederholte den gleichen Versuch, diesmal jedoch mit einer seiner giftresistentesten Schaben. Kaum hatte er die Schabe in den Glasbehälter mit der Probe gesetzt, wurde diese unruhig und versuchte, sich von der Probe weg zu bewegen. Dann begann sie untypisch zu zucken, versuchte am Glas hoch zu kriechen, rutschte ab und blieb regungslos liegen. „Das waren immerhin 10 Sekunden", rief Dr. Ito, „wie lange wird es wohl das Meerschweinchen machen?" Dr. Müller Schiffer nahm nun das Meerschweinchen des ersten Versuchs, da sie nicht so viele Versuchstiere wie Dr. Ito zur Verfügung hatte. Dann pinselte sie den glatt rasierten Rücken des Meerschweinchens mit der Probe ein. Zunächst passierte nichts, doch nach etwa 15 Minuten trat eine Hautrötung auf. Das Meerschweinchen begann jetzt ängstlich zu piepen und zu pfeifen und es versuchte sich zu kratzen, was ihm jedoch nicht gelang, weil es im Käfig fixiert worden war. Nach 16 Minuten platzte die Haut auf und färbte sich grau und nach 17 Minuten und drei Sekunden gab das Meerschweinchen keine Geräusche und auch keine Lebenszeichen mehr von sich. Sein flaches Atmen erstarb, während ein neuer sonniger Tag heraufdämmerte, den es nun nicht mehr erleben würde. Danach wiederholten sie ihre Tests mit dem Gewebe der zweiten Leiche, doch hier blieben alle Tests negativ. Daher wurde die Frauenleiche in einen Zinksarg gelegt und in die Pathologie nach Aurich gebracht, wo noch ihre Identität festgestellt werden sollte. Die andere Leiche wurde jedoch in einen doppelten Zinksarg gelegt, versiegelt und im Blechcontainer verstaut, der von Christopher IX mitgenommen werden sollte. Die Reste des Campingmobiles wurden als Sondermüll gekennzeichnet, und die Polizei ordnete den sofortigen Abtransport als giftigen Sondermüll zu einer Giftmülldeponie an. Außerdem wurden noch vor Ort mikroskopische Abstriche und Fotos der Gewebeproben angefertigt, die Dr. Ito sofort per E-Mail ins Toxikologische Institut und an die Abteilung für Virologie der Medizinischen Hochschule Hannover schickte, alles natürlich mit Kopien für Professor Horvath. Darüber hinaus versah er die Mails mit der höchsten Dringlichkeitsstufe. Als sie fertig waren, war es bereits acht Uhr morgens, und die Polizei konnte nach der Reinigung und Desinfektion des Unfallortes die B72 endlich wieder freigeben. Nachdem sie ihre Ausrüstungen in den Blechcontainer verladen hatten, und diesen wieder unter dem Bauch von Christopher IX festgehakt hatten, flogen sie schnell weiter nach Aurich, zur Wohnung von Dr. Friedemann. Dort wiederholten sie ihre Tierversuche und konnten anhand des Erbrochenen ebenfalls eine Kontamination der Leiche nachweisen. Mit größter Umsicht wurde auch diese Leiche mitsamt dem Erbrochenen eingepackt, die Wohnung des Verstorbenen wurde gründlich gereinigt und desinfiziert, und bereits gegen elf Uhr vormittags konnten sie den Heimflug antreten. Im Gepäck führten sie ein Zeugnis des Grauens eines rätselhaften Geschehens mit sich, das ihnen noch viel Kopfzerbrechen und Probleme bereiten sollte. Irgendetwas war da faul, irgendetwas hatten sie bisher übersehen. Da war etwas, was einfach nicht ins Bild passte, doch sie wussten weder was es war, noch wo sie danach suchen mussten. So mussten sie nun die bevorstehenden Sektionen der kontaminierten Leichen abwarten und konnten nur darauf hoffen, durch noch gründlichere Untersuchungen endlich ein greifbares Ergebnis zu bekommen, um weiteres Unheil von der Menschheit abzuwenden. Denn dass sie es hier mit etwas ganz Außergewöhnlichem zu tun haben mussten, spürte jeder der an diesem Fall Beteiligten schon fast intuitiv. Ebenso wie die Gefahr, die hier in irgendeinem unbekannten Winkel darauf lauerte zuzuschlagen. Hart und unerbittlich und ohne ein Ansehen der Person, die von ihr ohne jede Gnade niedergestreckt würde. Bisher gab es erst eine Person, die den direkten Kontakt mit dem unheimlichen Leichengift überlebt hatte, doch auch diese rang mit dem Tod und wäre ohne die Geräte, von denen sie beatmet wurde, längst verstorben. Doch selbst wenn diese Person überlebte, war es immer noch unklar, ob es möglich war, gegen das unheimliche Gift eine Immunität zu entwickeln, denn selbst die giftresistentesten Kakerlaken von Dr. Fuyisho Ito hatten bisher keinerlei Überlebenschance gehabt. Würde die Menschheit eines Tages von solch einer unbekannten Seuche ohne Chance auf jede Gegenwehr ausgerottet werden? Oder war dies hier erst der Anfang des Seuchenzuges? Wer konnte so etwas stoppen? Eigentlich war es Wahnsinn, den Tod im Gepäck ins Institut zu bringen, um ihm möglicherweise ein Schnippchen zu schlagen. Jeder hier wusste es, und doch waren sie alle daran beteiligt. Doch sie mussten um jeden Preis den Grund herausfinden, es gab keinen anderen Weg. Und wenn er ihren eigenen Exitus bedeutete – sie mussten es einfach tun, sie waren durch ihren Kodex als Mediziner und Wissenschaftler daran gebunden. Sie würden alle Mittel einsetzen, um den mysteriösen Killer zu finden, und wenn es jeden einzelnen von ihnen sein Leben kostete. Die nackte Angst und die Bilder, die sie in der letzten Nacht gesehen hatten, hielten sie wach. Und hinderten sie daran, trotz ihrer Übermüdung einzuschlafen.

Helgoland, Biologische Station, 1.57h

Dr. Florian Zuckmayer war völlig aufgewühlt gewesen, der Verlust Susannas hatte ihn bis ins Mark getroffen. Morgen würde es viel zu tun geben, deshalb wollte er heute nicht in seiner Pension, sondern auf einer Pritsche hier im Institut übernachten. Es war nach 2Uhr morgens, als er sich endlich hinlegte. Er hatte ein leichtes Schlafmittel genommen, welches eigentlich immer Susanna genommen hatte, wenn die Migräne sie an ihren Tagen mal wieder quälte. Zunächst hatte er den Eindruck, dass das Mittel nicht wirkte, doch dann versank er aus einem dösenden Zustand des Dämmerns in einen tiefen Schlaf. Und dann sah er Susanna an seinem Bett stehen, sie blickte ihn ruhig mit ihren klaren grünen Augen an. Er wollte ihren Namen rufen, doch sie trat an sein Bett und legte ihm sanft ihren Zeigefinger auf die Lippen. Dann beugte sie sich über ihn, er roch den Duft ihrer roten Haare, und sie küsste ihn sanft auf die Stirn. Verständnislos sah er sie an und dachte nur: „Aber Du bist doch tot!" Sie lächelte ihn an, als hätte sie seine Gedanken gelesen. Und dann spürte er einen warmen Strom, der von ihr ausging und direkt zu seinem Herzen floss. Für einen Moment waren sie eins; es war fast wie beim Sex, nur viel tiefer, umfassender und ganzheitlicher. Tränen liefen jetzt über seine Wangen, doch sie trocknete diese mit ihren langen Haaren. Dann hörte er, wie aus weiter Ferne, ihre Stimme, und sie flüsterte ihm beruhigende Worte zu, sie tröstete ihn, wie eine Mutter ihr Kind tröstete. Und das, obwohl sie zwölf Jahre jünger war als er. Ein eigenartiges Gefühl der Nähe und der Geborgenheit überkam ihn, und dann hörte er in seinem Geist ihre Stimme, in die er sich schon bei ihrem ersten Treffen verliebt hatte. Sie hatte eine Botschaft für ihn, klar und einfach, und die Botschaft überwand ihre Unterschiede und Grenzen, die sie beide gehabt hatten, und auch ihre theologischen Streitigkeiten waren plötzlich wie weggewischt. Sie sagte mit ihrer sanften einfühlsamen Stimme, mit der sie ihn früher von seiner Arbeit oft ins Bett gelockt hatte, um mit ihm eins zu sein, wie sie es ausdrückte, wenn sie miteinander schliefen, etwas, das ganz klar bei ihm ankam, und dass er nach dem Aufwachen nie vergessen würde. „Florian, mir geht es gut, Du weißt warum das so ist! Höre nie damit auf, nach der Wahrheit zu fragen, dann werden wir uns wiedersehen. Bitte sei nicht mehr traurig, Du darfst nicht das Werk in Gefahr bringen, zu dem wir beide berufen waren! Es ist gut, dass Du im Boot warst, Du wirst es später noch verstehen. Und jetzt schlafe gut, Du warst immer mein Bester!" Sie beugte sich nochmals über ihn, und gab ihm noch einen Kuss auf die Stirn, so wie eine Mutter ihr Kind geküsst hätte. Dann lächelte sie geheimnisvoll, und verschwand aus seinem Gesichtsfeld, doch das Gefühl ihrer Nähe und einer unsichtbaren Verbundenheit blieb bestehen. Er lächelte, während das Kissen seine Tränen aufsaugte. Und als er am nächsten Morgen aufwachte, fühlte er immer noch ihre Nähe in seinem Herzen, ihren unerschütterlichen Optimismus und ihre Kraft, die seine verzweifelte Zynik schon so manches Mal überwunden hatte. Fast wäre er aufgestanden, um für sie einen Tee zu kochen, wie er es immer für sie getan hatte. „Ach was soll es denn“, sagte er zu sich selbst und stand auf. Es war alles so schnell gegangen, gestern Abend. Er konnte es immer noch nicht fassen. Er setzte sich auf die Pritsche, auf der er gelegen hatte, und begann das Kissen glatt zu streichen. Dabei blieben seine Finger an etwas Dünnem und Langem hängen. Erst hielt er es für ein Spinnweben, doch dann sah er genauer hin: Es war ein langes rötliches Haar von Susanna! Es musste von Susanna sein, denn sie war die Einzige in der Station, die rote Haare hatte. Doch das Kuriose daran war, dass er ganz genau wusste, dass sie niemals auf dieser Pritsche übernachtet hätte, weil sie ihr zu hart und unbequem gewesen war. Sie wäre lieber noch einen Kilometer gelaufen, als dass sie sich auf so etwas ausgeruht hätte. Und in die Kühlkammer hatten sie ihre Leiche mit der anderen Bahre geholt, auf der sie auch immer noch lag. In seinem Herzen wiederholten sich jetzt die Worte, die sie zu ihm gesagt hatte: „Florian, mir geht es gut, Du weißt warum das so ist! Höre nie damit auf, nach der Wahrheit zu fragen, dann werden wir uns wiedersehen. Bitte sei nicht mehr traurig, Du darfst nicht das Werk in Gefahr bringen, zu dem wir beide berufen waren! Es ist gut, dass Du im Boot warst, Du wirst es später noch verstehen. Und jetzt schlafe gut, Du warst immer mein Bester!“ Irgendetwas hatte in ihm begonnen anders zu sein. Es war plötzlich da, und begann ihn zu verändern. Er holte sein Notizbuch heraus und schrieb sich alles auf, an das er sich erinnern konnte, den gesamten Traum. Dann sah er auf die Uhr: Erst sechs Uhr morgens! Er ging wieder zu der Pritsche, hob vorsichtig das gefundene Haar auf, und legte es in sein Notizbuch, wo er es mit einem Stück Tesafilm befestigte. Dann legte er sich wieder hin, um alles nochmals zu überdenken; schließlich fielen ihm die Augen zu, und er schlief nochmals ein. Wieder sah er Susanna, doch jetzt war sie weiter entfernt. Es war so, als sei er noch länger zum Arbeiten in der Station geblieben, während sie auf dem Weg über die Klippen bereits zu ihrem Quartier ging. Er sah ihre Haare im Wind verwehen und stellte sich vor, wie sie diese zuhause mit ihrer Holzbürste auskämmte. Zuhause! Ja, das war sie jetzt, ihr Job hier war erledigt. Wahrscheinlich in einem viel umfassenderen Sinne, als sich das hier irgendjemand auch nur annähernd vorstellen konnte. Er schlief traumlos weiter, bis jemand die Alarmglocke läutete. Schlaftrunken fiel er von der Pritsche. Was war bloß los? Verdammt, läuteten sie hier jetzt noch für Susanna? Was sollte der Unsinn? Schnell sprang er auf, und dann hörte er jemand rufen: „Alle Robben sind tot, wahrscheinlich auch alle Seevögel! Alles ist tot! Einfach alles!“

Düne bei Helgoland, Robbenkolonie, 07.18h bis 10.00h

Der alte Knut Hansen, oder auch nur der „olle Hansen“, wie er von den meisten Bewohnern Helgolands genannt wurde, hatte schon einige Umweltkatastrophen erlebt. Ölteppiche, soweit das Auge reichte, Müllansammlungen, die ins Meer gerutscht waren und sich plötzlich vor der Küste auftürmten oder auch einfach nur einige gewaltige Sturmfluten, bei denen man besser im Haus blieb, während der Wind um das Gemäuer jaulte und die Gischt meterhoch an die roten Felsen Helgolands klatschte. Hätte ihm jemand gesagt, dass heute einer jener seltenen Tage wäre, an denen er ganz gewiss in Tränen ausbrechen würde – er hätte wohl nur darüber gelacht. Ihn, den alten hart gesottenen Inselbären konnte nun wirklich kaum noch etwas erschüttern. Aber die Nachricht vom Ableben der jungen Meeresbiologin ging schnell rum auf der kleinen Insel, und die Spekulationen über die Ursachen ihres plötzlichen stummen Todes schossen wie Unkraut über die Insel. Auch ihn hatte diese Nachricht betroffen gemacht. Hatte er die nette junge „Lady", wie er sie immer nur nannte, nicht nur sympathisch gefunden, sondern ihr auch öfter mal brauchbare Tipps gegeben, wo man welche Tiere oder Pflanzen finden konnte. Denn mit Flora und Fauna der Insel kannte sich Hansen aus wie kein zweiter. Manche munkelten sogar, dass der alte Mann selbst jetzt im hohen Alter von 79 Jahren noch dann und wann heimlich in die Klippen steigen würde, um dort illegal Eier von diversen Seevögeln einzusammeln, die er teilweise verzehren und teilweise an illegale Vogeleisammler verschachern sollte. Doch das waren böse Gerüchte, die keineswegs der Wahrheit entsprachen. Vielmehr kraxelte der „olle Hansen" tatsächlich manchmal in den Klippen herum, um die Bruten von Seevögeln zu beobachten und zu zählen. Und schon manche seiner Feststellungen waren für die hier arbeitenden Ornithologen hilfreich gewesen, da sie sich mangels genauer Ortskenntnis nicht so in die Klippen wagten, wie der körperlich noch sehr rüstige alte Mann. Knut Hansen konnte nicht mehr lange schlafen. Und seit er wusste, dass der Krebs sein Leben in spätestens zwei Jahren beenden würde, versuchte er, jede Stunde seines restlichen Lebens auszunutzen. Doch an diesem Morgen wünschte er sich, schon tot zu sein, um das Elend, dass er an diesem Strand vorfand, nicht mehr mit ansehen zu müssen. Doch der „liebe Herrgott", wie er ihn respektvoll nannte, hatte es anders für ihn vorgesehen. Es war gerade Ebbe, und von den etwa zweihundert Meeressäugern, die sich üblicherweise auf diesem für Touristen gesperrten Strandabschnitt tummelten, war die eine Hälfte gar nicht da, während die andere Hälfte der Tiere ausnahmslos tot auf dem Sand oder im Schlamm des Watts lag. Und dort, wo sich das Wasser in kleinen Wellen plätschernd am Ufer brach, dümpelten viele dicke zylindrische Körper von toten Seehunden und Kegelrobben in der sanften Dünung des flachen Wassers. Noch gestern waren sie alle sehr lebendig und aktiv gewesen, und ihr eigenartiges Bellen hatte sich mit dem Kreischen der Seevögel gemischt. Doch jetzt war eine unnatürliche Ruhe eingekehrt, die man kaum ertragen konnte. Es war so ruhig wie auf einem Friedhof, und auch die Vögel waren nicht mehr zu hören. Knut Hansen lief fassungslos und wie in Trance über das Watt, und dann sah er etwas, was ihn völlig aus der Bahn warf: Über die gesamte Wattfläche verteilt lagen tote Seevögel verstreut, und etliche trieben neben den plumpen Leibern der toten Robben im flachen ablaufenden Wasser. Was konnte das nur verursacht haben? Es war ein fast schon apokalyptischer und gespenstischer Anblick. Das Wasser sah unschuldig klar und sauber aus; kein Ölfleck, kein Schaum. Knut Hansen griff zum Handy und rief in der Biologischen Station an. „Wiederholen Sie das nochmals, Herr Hansen, soll das etwa einer ihrer morbiden Scherze sein?" rief Dr. Skibbe, denn Knut Hansen war inselbekannt für seinen manchmal etwas derben schwarzen Humor. Als Antwort hörte er zunächst ein heftiges Schluchzen, so als wenn ein Vater neben seinem toten Kind steht. Dann eine gequälte Stimme: „Sie sind alle dot, alle dot, warum lieber Herrgott, warum das mir?!" Dann beendete Knut Hansen das Gespräch, und Dr. Skibbe eilte im Morgenmantel auf die Klippen, um mit dem Fernglas nach den Robben Ausschau zu halten. Der Anblick, der sich ihm bot, ließ ihm das Blut in den Adern gefrieren: Tote Robben und Seevögel, soweit das Auge reichte – ein einziges Panorama des Grauens. Geschockt ließ er das Fernglas sinken, dann eilte er zurück und läutete die Alarmglocke der Station, die nur bei besonderen Notfällen geläutet werden durfte. Dann rief er die Wasserschutzpolizei an, und verlangte eine sofortige Sperrung des gesamten Strandes für alle Touristen. Danach schrieb er ein Notrufmail an alle Seehundstationen im Wattenmeer und fragte gleichzeitig nach möglichen Ursachen der Katastrophe an. Dann fuhr er mit einem kleinen Motorboot zu der neben Helgoland in der Nordsee liegenden großen Sandbank, die als Düne von

Helgoland bekannt war. Dort eilte er sofort mit seiner Kamera ins Watt, um das Phänomen zu dokumentieren. Schnell folgte ihm der Rest des biologischen Teams und der Mitarbeiter mit der Barkasse der Station, und auch etliche Inselbewohner kamen jetzt dazu. Sie alle konnten es zunächst nicht glauben, dann legte sich ein kollektiver Schock über das kleine Felseneiland. Sie begannen damit, die toten Robben und die Seevögel zu zählen, gaben es aber bereits nach kurzer Zeit wieder auf, weil es einfach zu viele waren. Dann kam ein Insulaner aufgeregt auf die Biologen und die anderen Schaulustigen zugelaufen und rief: „An der langen Anna ist alles still, und auch das Felswatt ist voller toter Vögel! Es scheint keiner mehr am Leben zu sein! Was ist das bloß? Hat da wieder mal ein Tanker Chemieabfälle ins Meer gekippt?" Ein früher Erklärungsversuch des Umweltdesasters, welcher jedoch nicht annähernd an die Wahrheit heranreichen sollte. Doch das konnte zu diesem Zeitpunkt noch niemand ahnen.

Helgoland, Biologische Station, 10.30h bis 17.50h
Während die Insulaner ihren Strand auf der kleinen Nachbarinsel, der Düne von Helgoland besichtigten, hatte die Wasserschutzpolizei dafür gesorgt, dass vorsorglich alle Strände gesperrt wurden. Außerdem wurden alle ausdrücklich davor gewarnt, Körperkontakt mit toten Tieren oder Meerwasser zu haben, solange die Ursache der Katastrophe nicht geklärt war. Das Innenministerium in Hannover wurde verständigt, und es wurde ein Umweltalarm ausgelöst, der zur Folge hatte, dass sämtliche Touristen sofort von der Insel evakuiert, und dass die gesamte Insel unter Quarantäne gestellt wurde. Ratlos liefen die Biologen am Strand auf und ab und überlegten, was man jetzt wohl tun müsste. Bereits jetzt bemerkten sie das Fehlen von Dr. Susanna Pelzer. Sie hätte jetzt bestimmt gewusst, welche Stellen man noch informieren musste, und welche toten Tiere man wie als Beweismaterial sicherstellen musste, um etwaige Schadenersatzansprüche gegen den Verursacher dieses Massensterbens stellen zu können. Sie hätte sogar gewusst, wie die internationale Rechtsprechung zu dem Wert von wild lebenden bedrohten Tierarten stand. Denn Dr. Susanna Pelzer war nicht nur Meeresbiologin mit dem Schwerpunkt Meeressäugetiere, sondern auch Assessorin mit einer juristischen Grundausbildung und internationalen Kontakten zu ausländischen Umweltexperten gewesen. Sie berieten sich etwa eine dreiviertel Stunde lang, ehe sie zu dem Ergebnis kamen, dass es wohl zunächst darauf ankäme, das Phänomen ausführlich zu dokumentieren. Diese Arbeit wurde ihnen jedoch rasch abgenommen, denn bereits mit der Zehn-Uhr-Flut kam nicht nur das Wasser zurück und schwemmte noch weitere verendete Meerestiere an den Strand, sondern es fielen auch plötzlich große Scharen von Reportern ein, die auf der Jagd nach der Skandalstory des Jahres waren. Da nämlich die Funkkanäle der Wasserschutzpolizei ständig von Mitarbeitern der Lokalredaktionen abgehört wurden, hatten diese sofort alle verfügbaren Leute in Richtung Helgoland in Bewegung gesetzt. Natürlich mit Flugzeug und Hubschrauber, da Schiffe auf der Jagd nach so einer Story einfach zu langsam, waren. „Wie die Heuschrecken fiel die elende Journalistenbrut", wie sich Dr. Skibbe später auszudrücken pflegte, „über das restliche noch auf Helgoland existierende Leben her." Vor den notdürftig mit rotweißen Flatterbändern abgesperrten Strandabschnitten bauten sie ihre Fernsehkameras auf, und sogar Journalisten ausländischer Kanäle waren dabei, wie etwa ein Team von CNN, welches den Inselfunk von den Bremerhavener Kollegen zugespielt bekam. Das Team der Biologischen Anstalt ernannte Dr. Skibbe zum kommissarischen Pressesprecher, bis der Rest der Mitarbeiter die notwendigen Vorarbeiten für die erwarteten Katastrophenhelfer koordiniert und erledigt hätte.

Außer der Presse wurden keine Fremden mehr auf die Insel gelassen, auf der es jetzt mit Ausnahme des Gezwitschers einiger weniger landlebender Singvögel sehr ruhig geworden war. Während Dr. Skibbe sich den Journalisten widmete und erste vorsichtige Auskünfte gab, stellten Dr. Florian Zuckmayer und andere Kollegen zunächst jeweils zwei Exemplare von Seehunden und Kegelrobben sicher, wobei sie jeweils ein männliches und ein weibliches Tier auswählten. Diese wurden dann in Plastikplanen gehüllt, auf Bahren gelegt, und in die Kühlkammer des Institutes getragen, was bei der jetzt aufkommenden Mittagshitze eine schlimme Plackerei war. Außerdem wurden von allen verendeten Seevögeln jeweils zwei Exemplare einer Art in Plastiktüten verpackt und dann ebenso eingelagert wie die Meeressäuger. Bei allen Arbeiten trugen die Wissenschaftler Atemschutzmasken und lange dicke Gummihandschuhe, die sie nach getaner Arbeit entsorgten. Während Dr. Zuckmayer nach Abschluss der wichtigsten Sammelaktionen nochmals zum Strand zurückkehrte, überlegte er ständig, was Susanna jetzt wohl gemacht hätte. Er war zu erschöpft und zu müde zum Weinen. Normalerweise bot ihm das Sitzen am Strand und das Schauen auf das Wasser eine gewisse Entspannung, doch diesmal war alles anders. Als er so teilnahmslos am Ufer saß, fiel ihm plötzlich etwas Großes und Unförmiges auf, was im Wasser an der Oberfläche trieb, und nun langsam von der Flut angespült wurde. Eine seltsame hohe Flosse ragte aus einer kleinen Welle, die sich daran brach, und diese war fest mit einem glitschigen großen Fischkörper verbunden. Dr. Zuckmayer watete jetzt vorsichtig und langsam mit seinen Wathosen in das flache Wasser, bis ihm das Wasser bis zu den Knien stand. Und dann erkannte er das seltsame Wesen, das auf den ersten Blick so aussah wie ein riesiger halbierter Papageifisch. Es war ein Mondfisch, der ungefähr zwei Meter lang war, und auch wegen seiner außergewöhnlichen Körperform fast zwei Meter hoch war. Daneben dümpelte ein ebenfalls toter Mondfisch von nur einem Meter Länge vor sich hin. Diese Fische hatten einen ausgeprägten Papageischnabel und einen zylindrischen Leib, der abrupt da, wo bei einem anderen Fisch die Körpermitte gewesen wäre, in einer wellenförmigen sehr kurzen Schwanzflosse endete. Die Rücken- und die Afterflosse waren dagegen symmetrische Pendants, mit denen sich der Fisch geschickt in den Meeresströmungen des Weltmeeres treiben ließ. Mondfische waren die produktivsten Fische auf diesem Planeten, wie Dr. Zuckmayer wusste, denn sie konnten mehr als dreihundert Millionen Eier pro Weibchen hervorbringen. Und sie fraßen fast ausschließlich Quallen. Schnell winkte er einen Kollegen heran, der glücklicherweise noch in Rufweite war, und sie fotografierten die beiden imposanten Fische zunächst. Dann holten sie eine Bahre, und hievten den nur einen Meter großen Mondfisch darauf. Vorsichtig wickelten sie auch ihn in eine Plastikplane ein. Um das zweite Exemplar schlangen sie ein starkes Seil, welches sie am Strand mit einigen Eisenstangen im Boden verankerten, damit die Ebbe ihnen dieses seltene große Exponat nicht mehr rauben konnte. Noch roch hier trotz der Wärme nichts nach Fisch, was darauf hindeutete, dass die beiden Exemplare frisch tot sein mussten. Sie wollten gerade mit dem kleinen Mondfisch auf der Trage zurück in ihr Institut gehen, als ihnen plötzlich noch etwas auffiel. Zwischen einigen toten Robben und Vögeln trieben Dutzende kleiner silbriger Fische kieloben unter der Wasseroberfläche. Aber – es handelte sich dabei ausschließlich um Fische einer einzigen Dorschart – wie sie es als geübte und geschulte Biologen sofort sehen konnten. Schnell fotografierten sie diese Ansammlung und nahmen einige der Fische, die alle deutlich kleiner als zehn Zentimeter waren, in einer kleinen Plastiktüte mit. Im Gegensatz zu den großen Mondfischen begannen diese hier bereits nach Fisch zu riechen. Daher mussten sie bereits länger tot sein als die beiden Mondfische. Sie transportierten jetzt alles sehr sorgfältig zum Kühlraum der Station, die aus allen Nähten zu platzen drohte. Obwohl ihnen nicht danach zumute war, schlangen sie alle irgendwie nebenbei irgendetwas zu essen hinunter, um danach zu beraten, was jetzt noch zu tun sei. Eine der ersten Maßnahmen hatte der für ihre Seeaquarien zuständige Mitarbeiter schon durchgeführt. Er hatte die Versorgung aller Aquarien durch ständig frisches Meerwasser, welches sie in einem permanenten Strom aus der Nordsee durch ihre Becken pumpten, gestoppt, und die Aquaristik der Station auf einen unabhängigen Kreislaufbetrieb umgeschaltet, um keine Gifte aus der See in ihre Aquarien zu pumpen. Bislang gab es wenigstens hier noch keine Verluste. Als sie gerade darüber reden wollten, was jetzt wohl als Nächstes dran wäre, klingelte das Telefon, das ständig für Anrufe der wichtigsten Stellen freigehalten wurde, und dessen geheime Nummer auch niemand nach draußen geben durfte. Daher genoss ein Anrufer auf dieser Leitung immer höchste Privilegien und wurde stets sofort bedient und mit den wichtigsten Informationen versorgt. Man konnte das fast schon mit dem roten Telefon des amerikanischen Präsidenten vergleichen. „Biologische Station Helgoland, hier Dr. Skibbe am Apparat, wer spricht da bitte?“ „Hier ist das Institut für Toxikologie und pathogene Gifte in Hannover, Professor Horvath in der Leitung“, meldete sich eine bis dahin hier auf Helgoland unbekannte Stimme. „Dr. Skibbe, ich habe vorhin in meiner Mittagspause zufällig die Ausstrahlung von CNN über die gestrigen und heutigen Ereignisse auf Helgoland gesehen. Ich möchte ihnen allen zunächst meine herzliche Anteilnahme und mein Beileid zum Ableben ihrer jungen Kollegin Dr. Pelzer aussprechen. Es hat mich tief berührt, weil ich bereits einige interessante Dokumentationen und Filme von und mit ihr im Fernsehen gesehen habe und sie bei einem Kongress auch persönlich kennenlernen durfte. Aber deshalb rufe ich heute eigentlich nicht ***nur*** an. Ich denke, dass ich sehr wichtige Informationen zu den Hintergründen der Vorgänge habe, über die wir uns so schnell wie möglich austauschen sollten.“ Dr. Skibbe guckte erstaunt, dann stellte er den Lautsprecher des Telefons laut, damit die Kollegen das Gespräch mitverfolgen konnten. „Vielen Dank für Ihre Anteilnahme, wie war nochmals ihr Name? Den habe ich vorhin nicht mehr ganz mitbekommen, Entschuldigung.“ „Macht nichts. Ich bin Professor Lazlo Horvath und leite eine Forschungsgruppe des Institutes für Toxikologie und pathogene Gifte in Hannover. Wir beschäftigen uns vorwiegend mit Umweltgiften, die anthropogenen Ursprunges sind. Vor kurzem erhielten wir eine Gewebeprobe einer menschlichen Leiche aus der Nordsee, die derart verseucht war, dass nicht nur unsere resistentesten Schaben sofort daran starben, sondern auch schon mehrere Menschen, die Kontakt mit der Leiche hatten. Wir haben jetzt alle Leichen der betroffenen Fälle hier bei uns im Institut und untersuchen sie unter strengsten hermetischen Bedingungen. Bisher können wir leider nur sagen, dass es sich um ein Gift handeln muss, was bei direktem Körperkontakt offenbar den Exitus des Betroffenen zur Folge hat, und welches als Gas eingeatmet das Ableben des Opfers mit einiger Verzögerung verursacht. Es erinnert sehr stark an die Wirkungsweise chemischer oder biologischer Kampfstoffe, weshalb wir bereits weltweit nach Formeln und Erklärungen fahnden. Etwas so Giftiges ist uns bisher kaum untergekommen. Deshalb wollte ich Sie dringend davor warnen, irgendwelche Leichen – seien es die von Tieren, oder auch die sterblichen Überreste ihrer armen Kollegin – zu berühren oder sich ohne Atemschutz in der Nähe aufzuhalten.“ „Was soll dann ihrer Meinung nach hier geschehen? Wir haben unsere verstorbene Kollegin in der Kühlkammer unserer Station untergebracht; außerdem haben wir hier auch tote Meerestiere wie etwa Seehunde, Seevögel und einige Fische eingelagert.“ „Mein Gott, dann sind sie alle gefährdet! Ist die Kühlkammer wenigstens einigermaßen gut räumlich von Ihren anderen Räumen isoliert?“ „Sie befindet sich im Nachbarschuppen. Das

Kühlaggregat läuft jetzt auf Hochtouren und pumpt die warme Abluft nach draußen…" „Dr. Skibbe, unter diesen Umständen ist es wahrscheinlich das Beste, wenn sie alle in der Nähe der Kühlkammer nur noch mit Gasmasken rumlaufen. Am besten wäre es jedoch, sie würden ihre Station komplett räumen, bis wir da sind und ihnen Hilfe leisten, alles zu entseuchen. Und da wäre noch etwas: Haben sie für die Säuberung der Strände die Bundeswehr angefordert?" Dr. Skibbe blickte fragend in die Runde seiner Kollegen, Dr. Zuckmayer nickte bestätigend. „Ja, das haben wir bereits." „Wann kommen sie denn?" wollte Professor Horvath wissen. „Die wollen schon heute Nachmittag mit zwei Zügen von Reservisten da sein", antwortete jetzt Dr. Zuckmayer. „Dann sagen Sie denen, dass sie um Gottes Willen nur mit einer ABC-Ausrüstung an die Leichenräumung gehen dürfen. Es besteht sonst möglicherweise Lebensgefahr für die Soldaten!" sagte Professor Horvath. „Außerdem müssen sämtliche Kadaver möglichst abluftgefiltert verbrannt werden, sie sind sehr wahrscheinlich hochtoxisch verseucht!" „Sind Sie sich denn wirklich sicher, dass es ein Kampfstoff ist?" wollte Dr. Skibbe wissen. „Wir wissen es noch nicht genau. Momentan ermitteln wir in alle Richtungen, denn es könnte ja auch ein Virus sein. Deshalb haben wir auch an die virologische Abteilung der Medizinischen Hochschule einige Proben weitergeleitet. Viren zu finden ist jedoch wegen deren Winzigkeit sehr schwierig, das kann sich noch über Wochen und Monate hinziehen, selbst wenn die Kollegen Tag und Nacht daran arbeiten," entgegnete Professor Horvath. „Was sollen wir denn jetzt Ihrer Meinung nach hier auf Helgoland tun?" wollte Dr. Skibbe wissen und blickte in die betroffen dreinblickenden Gesichter seiner Kollegen, die kreidebleich geworden waren. „Räumen Sie die Station, sagen Sie allen Inselbewohnern Bescheid, dass Sie sich vom Strand fernhalten sollen, und verteilen Sie Atemschutzgeräte an alle – auch an die Insulaner. Gehen Sie möglichst in ihre Quartiere und halten Sie sich dort telefonisch verfügbar. Ich kann es nach meinem derzeitigen Kenntnisstand leider nicht ausschließen, dass durch die Luft bei so einer massiven Häufung von Kadavern eine Seuche droht, die alle Inselbewohner das Leben kosten könnte. Sind denn noch Touristen auf der Insel?" „Die sind bereits alle mit der Flut abgereist." „Ist gut, Dr. Skibbe, wir werden von Hannover aus das Innenministerium kontaktieren, eventuell müssen wir auch die Touristenschiffe unter Quarantäne stellen. Hoffen wir mal, dass es hier keine weiteren Todesfälle gibt, " sagte Professor Horvath. Dann tauschten sie noch für alle Fälle ihre Handynummern aus, und beendeten das Gespräch. „Also die Station räumen können wir aber nicht so einfach", schaltete sich jetzt der Tierpfleger Andreas Schnitzler ein, „schließlich müssen die Tiere versorgt werden, und es geht auch nicht, dass die Station gerade jetzt von außen nicht mehr richtig erreichbar ist." Er blickte fragend in die Runde. Da schaltete sich Dr. Skibbe ein: „Sie haben es ja alle gehört, möglicherweise besteht hier wie überall auf der Insel Lebensgefahr für alle Menschen. Ich kann und werde sie nicht zwingen, hier zu bleiben, doch ich werde auf jeden Fall versuchen, hier die Stellung zu halten. Wenn jemand in sein Quartier gehen möchte, so soll er es jetzt tun oder es bleiben lassen. Ich denke, dass Professor Horvath lediglich eine Empfehlung herausgegeben hat, schließlich muss er das schon von Berufes wegen tun. Möchte also jemand jetzt gehen?" fragte Dr. Skibbe in die Runde. „Also ich bleibe, egal was passiert, das sind wir auch Susanna schuldig", sagte jetzt Dr. Zuckmayer. Alle nickten zustimmend, und einmütig beschlossen sie, in der Station zu bleiben, bis die Hilfe aus dem fernen Hannover eintraf. Daraufhin rief Dr. Skibbe Professor Horvath in Hannover an, und teilte ihm den einmütigen und tapferen Beschluss der Crew der kleinen Forschungsstation mit. Dann legte er auf, rief den Bürgermeister von Helgoland an, und teilte ihm mit, was er soeben aus Hannover erfahren hatte. Der Bürgermeister versprach, alle Einwohner Helgolands zu informieren. Nun saßen sie also in ihrer Forschungsstation fest und überlegten, was als Nächstes zu tun sei. Die Entscheidung wurde ihnen jedoch abgenommen, als ein Reporter am Haupteingang klingelte. Dr. Skibbe ließ ihn schnell ein, und dann gaben sie die wichtigsten Informationen an ihn mit der Auflage weiter, seine Kollegen entsprechend zu informieren. Dann baten sie in einem weiteren Telefonat den Bürgermeister darum, am Strand Warnschilder aufstellen zu lassen, die folgenden Text als Inhalt hatten: ACHTUNG LEBENSGEFAHR! BITTE VERMEIDEN SIE JEDEN KONTAKT MIT TOTEN TIEREN, SEEWASSER, KRANKEN TIEREN UND SEETIEREN ALLER ART. ES BESTEHT AKUTE LEBENSGEFAHR! Gezeichnet: Der Bürgermeister. Und auf der Insel selber wurden überall Schilder aufgestellt, auf denen stand: ACHTUNG, LEICHENGIFTGEFAHR! BITTE LEGEN SIE EINEN ATEMSCHUTZ AN! Gezeichnet: Der Bürgermeister. Dann beschlossen sie, Wasserproben vom Strand der Düne zu holen, um diese unter den größtmöglichen Vorsichtsmaßnahmen zu analysieren. Außerdem machten sie noch weitere Fotos, um das Ausmaß der Katastrophe zu belegen. Dr. Florian Zuckmayer persönlich zog sich dickes Ölzeug und dazu ein paar Wathosen an, außerdem setzte er sich eine Gasmaske auf, von denen sie glücklicherweise noch einige in einer Rumpelkammer der Station gefunden hatten. Diese stammten zwar noch aus der Zeit des Zweiten Weltkrieges, doch taten sie durchaus ihren Zweck. So gewappnet machte er sich auf zum Strand der Düne, wobei er der gleißenden Nachmittagshitze ausgesetzt war, die ihn in seinem eigenen Schweiß vorantrieb. Völlig ausgelaugt kam er am Strand an. Wie gerne hätte er jetzt etwas getrunken! Aber mit der Gasmaske auf dem Kopf ging das natürlich nicht, so dass er nichts mitgenommen hatte. Der große Mondfisch lag jetzt völlig frei auf dem Watt, wo sie ihn vormittags mit dem Seil verankert hatten. Dabei kam Dr. Zuckmayer irgendetwas seltsam vor, und als er nähertrat, wusste er sofort, was es war. Normalerweise wimmelten auf toten Fischen Schwärme von Fliegen herum, doch hier war es anders. Alle Fliegen, die mit dem Fisch Kontakt gehabt hatten krabbelten ziellos auf dem schlickigen Watt herum, manche waren bereits tot. Und es waren viele Fliegen, deren Ansammlungen hier und da kleine Häufchen bildeten, die der Wind auseinanderwehte. Vorsichtig ging Dr. Zuckmayer weiter zum Wasser, wo er sich nun vorsichtig zwischen den Kadavern der toten Tiere hindurch schob, um eine Wasserprobe entnehmen zu können. Als er das Wasser im Fünf-Liter-Kanister hatte, bahnte er sich unverzüglich einen Weg zwischen den toten Seehunden Richtung Ufer. Oder besser ausgedrückt: Er wollte sich so schnell wie möglich einen Pfad zurück bahnen. Eigentlich waren es nur fünf Meter, die er zurücklegen musste, doch es sollten die längsten fünf Meter seines Lebens werden. Denn zuerst musste er bemerken, dass er mit dem linken Fuß mehr als dreißig Zentimeter tief im Schlick feststeckte, welcher ihn kaum wieder freigeben wollte. Eine qualvolle schweißtreibende Minute lang stemmte er verzweifelt das andere Bein dagegen – ach wäre er doch bloß nicht so weit in diesen Schlick vorgedrungen. Doch er hatte ja rein zwangsläufig den Weg gehen müssen, den ihm die stinkenden Kadaver der Meeressäuger noch frei ließen, und der war nun mal schlickig! Nun steckte er mit beiden Stiefeln tief im Matsch fest; was sollte er nur tun? Die nächste Flut würde in spätestens einer halben Stunde einsetzen, und an dieser exponierten und tief liegenden Stelle des Watts konnte er unter Umständen sogar noch ertrinken! Er schauderte zurück bei dem Gedanken an ertrunkene Angler, die sich nicht mehr aus ihren Wathosen hatten befreien können. Dazu kam noch die Gefahr, die von den Leichen der Tiere ausging. Deshalb verbot es sich jetzt von selbst, auch nur irgendeinen Teil seiner improvisierten Schutzkleidung abzulegen. Mühsam holte er durch die Gasmaske Luft. Dann kam ihm die rettende Idee: Er warf mit aller Kraft zunächst den gut verschraubten Kanister mit der Wasserprobe auf das Trockene, wobei der Kanister jedoch auf dem Schwanz einer toten Kegelrobbe liegen blieb. Dann stützte er sich mit seinen Händen, an denen er jetzt dicke Gummihandschuhe trug, auf dem Kadaver eines großen Seehundbullen ab. Dann zog er erst das linke, dann auch das rechte Bein aus dem Schlick, und stellte seine nun schlammigen Füße vorsichtig auf den Körper einer großen toten Kegelrobbe, der zunächst etwas nachgab, dann aber damit begann, seitlich wegzurutschen. Er balancierte daraufhin mit dem linken Bein vorsichtig auf einen anderen toten Körper, und versuchte dann, sich halb zwischen, und halb auf den Kadavern laufend, zum Ufer und damit in Richtung des fort geworfenen Kanisters zu bewegen. Er hatte das Ufer fast erreicht, als es passierte. Er glitt aus, und die Gasmaske landete im Schlick, in welchen sie durch die Wucht seines Körperaufpralles mindestens zwanzig Zentimeter tief hineingetrieben wurde. Plötzlich sah er nichts mehr; doch was noch schlimmer war, war die profane Tatsache, dass die Gasmaske jetzt völlig verdreckt und verklebt war, und dass er nun gar keine Luft mehr bekam! Mühsam stemmte er sich hoch. Wäre der Anlass seines Ausfluges zu diesem Strand nicht so ernst gewesen, hätten seine Kollegen sich sicherlich königlich über so viel Ungeschick amüsiert. Was sollte er jetzt tun? Auf keinen Fall konnte er ohne Luft die Station erreichen; aber wenn er die Gasmaske abnahm, riskierte er möglicherweise eine Kontamination seiner Atemwege, vielleicht würde er sogar sterben müssen. Nach einer weiteren qualvollen Minute der Unentschlossenheit beschloss er dann, die Gasmaske abzunehmen. Würde er eben sterben! Susanna war tot, das halbe marine Leben der Felseninsel, die er über alles liebte, war wahrscheinlich auch bereits verendet - also – was blieb ihm dann noch vom Leben? Im Schlamm kniend riss er sich jetzt die Gasmaske herunter, und atmete gierig die inzwischen bereits infernalisch nach toten Kadavern stinkende Luft ein. „Sterbe ich eben!" rief er trotzig. Er warf die unbrauchbar gewordene Gasmaske weg, und holte sich den Kanister. Dann stieg er mühsam den Strand hinauf, ging zu seinem Motorboot, fuhr zurück zum Anleger der Station auf der Felseninsel und erreichte mit qualvoll langsamen Schritten die Station. Dort wartete bereits ein ebenfalls in Ölzeug und Gasmaske vermummter Kollege auf ihn, und spritzte ihn mit einem Gartenschlauch von oben bis unten ab, wobei er auch das verdreckte und verschlammte Gesicht und die Haare seines Kollegen nicht aussparte. Erst, als aller Schlamm abgespült war, fühlte sich Dr. Zuckmayer wieder halbwegs als Mensch. Er war völlig ausgelaugt und schlapp, als der zweite Gang der Reinigung fast ohne größere Vorwarnung kam: „Die Augen zu!" rief jemand, dann wurde ihm ein Eimer mit Spülwasser über den Kopf geschüttet, welches ihm natürlich in jede nicht ganz geschlossene Ritze des Ölzeugs lief und ihn unangenehm durchnässte. Dann wurde er nochmals abgespült, ehe er sich endlich aus- und umziehen durfte. Danach kümmerte sich Dr. Skibbe um die Wasserprobe, wobei er alle Wassertests im Freien und mit Handschuhen und Atemschutz durchführte, da sie keinen isolierten Schutzraum in der Station hatten. Währenddessen trank Dr. Zuckmayer eine ganze Flasche Wasser in gierigen großen Schlucken leer, um dann einen entsprechend langen Rülpser von sich zu geben, der seine müden Kollegen kurzfristig aus der allmählich einkehrenden Lethargie riss. Einige grinsten, dann sprach der Tierpfleger Andreas Schnitzler das aus, was wohl in diesem Moment alle dachten: „Mann Florian, wir alle hier haben echt gedacht, Du würdest jetzt auch noch den Löffel abgeben, als Du voll mit dem Gesicht im Matsch gelandet bist. Wir waren noch nie so froh, Dich heil wieder zu sehen!" „Ich dachte auch, dass könnte es jetzt gewesen sein", sagte Dr. Zuckmayer. „Aber es kann noch keine Entwarnung geben. Ich musste nämlich die verdammte Gasmaske abnehmen, die war völlig verschlickt. Ich habe also den Mief der Kadaver voll eingeatmet, vielleicht erwischt es mich ja später", sagte er ernst. „Aber durch mein Fernglas sah es so aus, als hättest Du die Gasmaske aufgehabt, als Du wieder rauf kamst", sagte der Tierpfleger. „Das war nur der Schlamm in meinem Gesicht", sagte Dr. Zuckmayer. „Hoffen wir das Beste!" mischte sich jetzt Dr. Skibbe ein, „vielleicht sind wir eh schon alle verseucht und erleben die nächsten Tage nicht mehr." Alle schauderten. Doch sie wollten trotzdem bis zum Ende durchhalten.

Hannover, Apartment von Dr. Fuyisho Ito, 17.30h

Dr. Fuyisho Ito hatte sich während des gesamten Rückfluges, der wegen des schweren Blechcontainers unter dem Hubschrauber und ungünstiger Windverhältnisse über Norddeutschland fast vier Stunden dauerte, mit seinem Laptop beschäftigt, um nicht wieder „luftkrank" zu werden. Das Fliegen bekam seinem Magen nicht, egal ob er vorher viel oder wenig gegessen hatte. Auch Pillen gegen Seekrankheit schlugen bei ihm nicht an. Doch wenn er sich mit der Arbeit ablenken konnte, half es ihm manchmal dabei, das Unwohlsein zu überwinden. Diesmal hatte es recht gut geklappt, was wahrscheinlich daran lag, dass der Hubschrauber besser in der Luft lag und nicht so schnell geflogen war wie auf dem Hinweg. Er hatte bereits die wichtigsten Messdaten zu seinen Kakerlakenversuchen in den Computer eingegeben und einige Diagramme erstellt, die verschiedene Faktoren und Ergebnisse der Gifteinwirkungen miteinander in Einklang bringen sollten. Er versuchte ein Raster zu erstellen, mit dessen Hilfe man dem Toxin und seinen Wirkungen so schnell wie möglich auf die Spur kommen konnte. Ähnliche Aufgaben hatte er in der Vergangenheit bereits zum Erfolg geführt, doch hier lag der Fall erheblich komplexer, da es offensichtlich auch Personen gab, die den direkten Kontakt mit dem Toxin oder mit seiner Quelle überlebt hatten. Da passte einiges nicht so recht zusammen, weshalb Dr. Ito versuchte, sich durch das Erstellen der verschiedenen Diagramme zunächst eine Übersicht zu verschaffen. Des Weiteren mussten die Sektionen der verstorbenen Personen abgewartet werden, und zeitgleich mussten natürlich auch die getöteten Versuchstiere genau untersucht werden. Woran waren sie wirklich gestorben? Wie wirkte das Toxin? Wie hoch war die letale Dosis? Wie lange dauerte es bei einem Säugetier, bis der Tod eintrat? Und wie lange bei einem Menschen? Und bei einem Insekt? Das waren alles sehr komplexe Fragen und Fragestellungen, die erst einmal entschlüsselt und beantwortet werden mussten. In der Tat hatte Professor Horvath unzweifelhaft Recht, wenn er sagte, dass ihn das Ganze an einen chemischen oder biologischen Kampfstoff erinnerte. Doch war es wirklich ein solcher? Und vor allem: Woher kam das Gift? Oder war es ein Virus, welches Gift synthetisieren konnte? Und wenn ja, woraus? Dr. Ito war zwar völlig übermüdet, doch diese bohrenden Fragen hielten seinen geschärften Verstand hellwach, als er jetzt durch die Haustür den Hausflur vor seinem Apartment erreichte. Um zu seiner Wohnung zu gelangen, musste er nur um eine Ecke biegen, um die Eingangstür zu erreichen. Und hier wäre er fast gestolpert, denn an der rechten Wand stapelten sich mehrere Koffer, die kunstvoll in Form einer Pagode aufgeschichtet worden waren. Und um das „Kunstwerk" noch zu krönen, hatte jemand sein wertvolles Katana, das Samuraischwert seiner altehrwürdigen Vorfahren, quer oben auf der „Pagode" drapiert. Aufgrund der Qualität und des Alters des Schwertes war dieses immerhin rund zwanzigtausend Euro wert, was der Erbauer der Pagode allerdings nicht wusste, denn Dr. Ito hatte es für klüger gehalten, diesen Umstand seiner geldgierigen Frau Irene besser zu verschweigen. War Dr. Ito auf seine Frau vor dem Auffinden dieses Stapels einfach nur eifersüchtig und zornig, sowie etwas enttäuscht gewesen, so schlug dieses Gefühl jetzt in nackten Hass um. Dr. Fuyisho Ito war kein übertrieben emotionaler Mensch, aber jetzt schwoll auch ihm der Kamm. Er versuchte zunächst, die Tür mit seinem Schlüssel zu öffnen. Der Schlüssel glitt zwar ins Schloss, aber dieses blockierte sofort. Offensichtlich hatte Irene das Schloss auswechseln lassen. Er klingelte. Keine Reaktion. Er klingelte Sturm und hämmerte an die Tür. Jemand stellte einfach die Klingel ab. Dr. Ito rief wütend: „Ich werde die Polizei rufen, Du kannst mich ja wohl nicht einfach aus meiner Wohnung aussperren!" „Das mach Du mal, ich bin jetzt schon gespannt, was die sagen wird", sagte Irene trocken. „Schon mal was von häuslicher Gewalt gegen Frauen gehört?!" Dr. Ito wählte die Nummer der Polizei und schilderte gerade seine Lage, als bereits zwei Beamte hinter ihm standen und ihn interessiert ansahen. „Dr. Fuyisho Ito?" fragte ihn der erste höflich. „Ja, das bin ich, sie sind aber schnell hier!" wunderte sich Dr. Ito. Da erwiderte der erste Beamte: „Ihre Frau rief uns an, sie sagte uns, Sie würden sie bedrohen. Außerdem sagte sie uns, Sie wären mit einem Samuraischwert bewaffnet. Sie hat Angst vor Ihnen! Ist das da das fragliche Schwert?" fragte der Polizist, während der zweite Polizist die Waffe jetzt an sich nahm. „Das ist ein altes Familienerbstück, welches bei uns als Staubfänger an der Wand hing. Ein reines Zierstück – ich verabscheue eigentlich jede Form von bewaffneter Gewalt, aber das Schwert ist nun mal das meines Urgroßvaters mütterlicherseits." „Wie kommt es dann hier in den Flur?" wollte der Beamte wissen. „Hören Sie, ich war die letzten 24 Stunden dienstlich verreist, und kurz bevor ich abreiste, kam ich durch Zufall dahinter, dass meine Frau mich leider mit einem anderen Mann, den ich nicht kenne, betrügt. Deshalb schrieb ich ihr einen Zettel, auf dem ich sie aufforderte, unsere Wohnung zu verlassen. Und jetzt hat sie mir einfach meine Sachen vor die Tür gestellt und das Schloss ausgetauscht. Und als ich eben wiederkam, fand ich das alles" – Dr. Ito deutete auf die Pagode aus Koffern – „so vor." „Für diese Probleme sind wir nicht zuständig", sagte nun der erste Beamte. „Allerdings müssen wir aus Sicherheitsgründen das Samuraischwert leider vorerst beschlagnahmen, damit hier kein Unglück geschieht", sagte der zweite Beamte. „Aber sie können mich gerne überprüfen – hier gebe ich ihnen die Nummer meines Chefs, Professor Horvath vom Toxikologischen Institut – er wird ihnen meine dienstliche Abwesenheitszeit bestätigen können. Und fragen Sie bitte ihre Kollegin in der Wache, sie wird es Ihnen bestätigen, dass ich selbst vorhin die Polizei anfordern wollte. „Das mag ja alles sein Dr. Ito, aber das Schwert müssen wir trotzdem beschlagnahmen. Sie bekommen es wieder, wenn wir sicher sein können, dass damit kein Unglück mehr passieren kann." Jetzt wurde Dr. Ito wirklich wütend: „Ich bezahle jedes Jahr mindestens fünfzehntausend Euro an Steuern und Sozialabgaben, ich bin ein rechtschaffener Bürger und ein seriöser Wissenschaftler. Es mag sein, dass ich zurzeit ein sehr ernstes Problem mit meiner Frau habe, die mich betrügt, aber das gibt Ihnen ja wohl noch lange nicht das Recht, sich an meinem Eigentum und Familienbesitz zu vergreifen. Dieses historische Schwert ist etwa zwanzigtausend Euro Wert, nur damit Sie sich einmal annähernd vorstellen können, was echte traditionelle Werte und Kultur kosten. Aber so etwas bringt man Schwachmaten wie Ihnen auf der Polizeiakademie wahrscheinlich nicht einmal ansatzweise bei." „Sollen wir ihn jetzt festnehmen wegen Beamtenbeleidigung?" wollte der zweite Beamte vom ersten wissen. „Ich denke, wir nehmen ihn mit zur Wache", sagte jetzt der erste Polizist. Glücklicherweise war die Polizeiwache nur zweihundert Meter entfernt, so dass Dr. Ito das Missverständnis gemeinsam mit dem Dienststellenleiter schnell aufklären konnte. Dieser rief tatsächlich Professor Horvath an, und ließ sich die Geschichte Dr. Itos bestätigen. Als Professor Horvath dem Revierleiter dann noch schilderte, an welcher Sache sie gerade arbeiteten und wie Dr. Ito sich hier in jeder Hinsicht vorbildlich engagiert habe, bedankte sich der Leiter der Polizeiwache für das Gespräch und entschuldigte sich bei Dr. Ito. Dann gab er ihm das Schwert zurück und empfahl ihm, seine Sachen besser irgendwo anders zu lagern, als zuhause. Er bot ihm sogar an, sie in der Polizeiwache in einer nicht genutzten

Zelle einzulagern. Dr. Ito bedankte sich für das Angebot, entschied dann aber, die Sachen ins Auto zu schaffen, und sie irgendwo im Institut unterzubringen. Nun wies der Revierleiter die beiden Beamten, die Dr. Ito aufs Revier begleitet hatten, an, ihm beim Einladen seiner Sachen zu helfen. „Leider kann ich Ihnen nicht persönlich helfen, " sagte der Reviervorsteher jetzt, „auf mich kommen jetzt jede Menge Aufgaben zu." Und er deutete auf ein stumm gestelltes blinkendes Telefon. Bei dem Wort „kommen" durchzuckte es Dr. Ito. Das war es! Oder besser: Das war er! Das war der Mann, der es mit seiner Frau getrieben hatte! Für einen Moment überlegte er, ob er nicht doch besser die Schärfe des Schwertes eingesetzt hätte, um dieser räudigen Kreatur den Garaus zu machen. Besonders, da der Kerl auch noch verheiratet war und einen gut sichtbaren dicken goldenen Ehering trug! Doch wenn Dr. Fuyisho Ito eines war, dann war er in jedem Fall ein Mann mit Stil, Selbstbeherrschung und einem hohen Verantwortungsbewusstsein. Er beschloss, sich nichts anmerken zu lassen, denn schließlich konnte es der andere nicht unbedingt wissen, ob er ihn erkannt hatte. Also verabschiedete er sich höflich, nickte dem Beamten zu, merkte sich aber gut dessen Namen und Rang. Auf einem kleinen Plastikschild stand zu lesen: „Polizeihauptmeister Werner Isselmann, Dienststellenleiter." Dann ging er gemeinsam mit den beiden Beamten erst zurück zu seinem Wagen, in den er nun zuerst das Schwert legte, danach ging er mit den beiden Beamten zurück in das Apartmenthaus, aus dem sie nun alle Koffer holten und diese in Dr. Itos Honda quetschten. Das Gepäck passte mit Mühe und Not gerade so hinein. Dann fuhr Dr. Ito zurück ins Toxikologische Institut. Unterwegs kam er beim Grübeln und Nachdenken zu dem Ergebnis, dass er diesem Beamten noch die Lektion seines Lebens erteilen musste. Er hatte da auch schon eine Idee, die er vorerst in einem der hinteren Winkel seines brillanten Gedächtnisses verstaute. Er würde mindestens dafür sorgen, dass der Mann den Job verlieren würde. Man sollte sich eben niemals mit Dr. Fuyisho Ito anlegen, dachte er grimmig. Langsam nahm vor seinem geistigen Auge ein Masterplan Gestalt an, wie er sowohl seiner Frau, als auch ihrem Liebhaber noch ein schönes Startkapital für ihren weiteren Lebensweg mitgeben konnte. Doch erst musste ein noch wichtigerer Job erledigt werden. Wahrscheinlich würde er zunächst im Institut übernachten müssen, im Sanitätsraum gab es ja immer eine freie Pritsche. Nicht bequem, aber wenn es nicht anders ging, würde er eben zunächst hierbleiben. Bis er sein Rollkommando in Bewegung gesetzt hätte. Zufrieden grinsend bog er jetzt in die Tiefgarage des Institutes ein. Er, Dr. Fuyisho Ito, würde sich stilvoll für die doppelte Demütigung rächen. Aber nicht nur doppelt. Sondern mindestens vierfach! Doch es sollte alles ganz anders kommen, als er es je erwartet hätte. Und jemand, von dem er es nicht erwartet hätte, sollte ihm die Arbeit der Rache vollständig abnehmen.

Helgoland, am kleinen Anleger der Biologischen Station, 18.10h

Hauptbootsmann Heiner Mill legte mit der Barkasse der Fregatte Bremen am kleinen Bootsanleger der Biologischen Station an. Von den Diskussionen der Wissenschaftler oder einer Seuche, die auch ihn und den Zug seines Vorauskommandos bedrohen könnte, wusste er bisher nichts. Man hatte ihm, wie in solchen Fällen üblich, 41 körperlich kräftige Gefreite zugeteilt, von denen er jedoch zunächst nur die fünf Obergefreiten des Zuges mitgenommen hatte, um das Terrain für die Aufräumarbeiten zu sondieren, damit diese dann für den Rest des Zuges und den zweiten Zug Gefreiter besser vorbereitet werden konnten. Niemand hatte sie davon instruiert, dass die biologische Station möglicherweise auch verseucht sein könnte. Deshalb marschierten sie als erstes stramm dorthin, um sich bei Dr. Skibbe offiziell zu melden; so lautete ihr

Auftrag. Hauptbootsmann Mill war schon oft auf Helgoland gewesen, aber jetzt herrschte hier ein gespenstisch ruhiger Ausnahmezustand. Die Hummerbuden am Hafen waren leer, keine Touristen flanierten über die Insel, und auch die Einheimischen blieben wegen der Warnungen ihres Bürgermeisters lieber in ihren Häusern. Keine Seevögel kreischten über der Insel, aber einige tote Vögel trieben bereits im Hafen und krönten die sanft plätschernden Wellen auf eine sehr unschöne Weise. Wegen der Hitze begann sich außerdem ein unangenehmer Geruch nach Tod und Verwesung über der gesamten Insel auszudehnen, doch noch konnten sich die Soldaten das ganze Ausmaß der Katastrophe nicht vorstellen, da sie vom Hafen aus keinem Überblick über die gesamte Insel hatten. Nach einem kurzen Fußmarsch erreichte der kleine Trupp schließlich die Station, wo man ihnen auch nach einem kurzen energischen Anklopfen nicht öffnete. Misstrauisch geworden gingen sie vorsichtig um das Gebäude herum, wo sie nun auf die Biologen trafen, die alle ratlos um einen Kanister herumstanden und darüber diskutierten, was man mit der restlichen Probe des möglicherweise kontaminierten Wassers anfangen sollte. Die einen wollten das Wasser einfach wegschütten, während die anderen dafür waren, die Probe ins Kühlhaus zu bringen. Dagegen sprach jedoch der Umstand, dass es gefährlich sein konnte, ein potentiell durchseuchtes Kühlhaus zu öffnen. Hauptbootsmann Mill stellte sich vor und wollte Dr. Skibbe die Hand geben, doch dieser machte eine abwehrende Handbewegung. „Ich bin Hauptbootsmann Mill", stellte sich dieser nun vor, „ich beiße nicht, oder warum haben Sie Berührungsängste?" „Schön wäre es, wenn ich nur die hätte", antwortete nun Dr. Skibbe. „Vielen Dank, dass Sie schon da sind! Es ist leider so, dass wir es nicht ausschließen können, dass auch wir inklusive unserer bescheidenen Butze hier" – Dr. Skibbe deutete auf die Station – „ebenfalls schon verseucht sein können. Ich hätte Sie und Ihre Männer sonst gerne auf eine Tasse Tee eingeladen, aber unter diesen Umständen sollten Sie besser von uns und der Station sicherheitshalber etwas Abstand halten." „Was ist denn bloß los? Ich dachte es wäre irgendein Chemieunfall hier in der Gegend, jedenfalls hat man uns so etwas gesagt" sagte jetzt Hauptbootsmann Mill. „Wenn es nur das wäre, wäre die Welt noch in Ordnung. Wir haben leider Informationen erhalten, die besagen, dass es sich auch um eine ansteckende Seuche oder etwas Ähnliches handeln könnte. Es könnten auch biologische oder chemische Kampfstoffe sein, vielleicht noch aus dem zweiten Weltkrieg. Wir wissen es nicht. Und da wir leider alle Kontakt mit verendeten Tieren und der verpesteten Luft am Strand hatten, können wir es zum gegenwärtigen Zeitpunkt leider nicht ausschließen, auch verseucht zu sein. Sobald wie möglich kommt hier ein Spezialkommando aus Hannover, was uns hier entseuchen und unterstützen soll." „Können wir denn überhaupt zum Strand runter gehen?" wollte Hauptbootsmann Mill wissen. „Ich würde es Ihnen nicht raten. Am besten, Sie gehen da drüben zur Klippe und sehen sich die Schweinerei erst mal mit dem Fernglas an. Dann werden Sie wahrscheinlich begreifen, warum Sie besser mit ABC-Ausrüstungen und Gasmasken anrücken." „Ist gut", sagte Hauptbootsmann Mill, sichtlich nachdenklich geworden, „wir gehen erst mal rüber und sehen uns alles an." Dann brach er mit seinen Männern zur Klippe auf. Was sie durch das Fernglas sahen schockte sie, selbst auf die Distanz. Sie hatten schon einige Male tote Meeressäugetiere weggeräumt, aber das hier war der größte GAU, den sie jemals gesehen hatten. Fassungslos schüttelten sie die Köpfe. „Was für eine Riesensauerei!" schimpfte jetzt Hauptbootsmann Mill. „Wer immer dafür verantwortlich ist, sollte bis an sein Lebensende Seehundfleisch von diesen Tieren vorgesetzt bekommen! Was für eine Schweinerei!" Dann ließ sich Mill von einem seiner Obergefreiten sein Funkgerät reichen und funkte die Fregatte Bremen an, die knapp zwei Kilometer westlich von

Helgoland lag. Er informierte den Kapitän, dass sie für die Räumung des Strandes ganz anderen Ausrüstungen brauchen würden, als die, welche sie üblicherweise in solchen Fällen dabeihatten. Er schilderte ihm, dass alles als verseucht eingestuft werden musste, und dass sie mindestens ABC-Ausrüstungen brauchen würden. Der Kapitän wies ihn daraufhin an, mit seinen Leuten auf der Insel Quartiere zu suchen, damit sie als Vorauskommando am nächsten Tag sofort verfügbar seien. Hauptbootsmann Mill bestätigte die Order, und dann suchten sie sich Quartiere, nachdem Mill Dr. Skibbe seine Handynummer hinterlassen hatte. Auf dem kurzen Weg zum Inseldorf fiel ihnen diese seltsame Stille auf, die man unschwer wahrnimmt, wenn kein Windeshauch weht und keine Seevögel kreischen. Es war eine Totenstille über Helgoland eingekehrt – oder war es nur die Ruhe vor dem großen Orkan? Eine eigenartige Spannung legte sich auf die Männer. Oder war es bereits der Hauch des Todes?

Hannover, Toxikologisches Institut für pathogene Gifte, 18.30h
Kaum im Institut angekommen wurde Dr. Ito zuerst von seiner Kollegin Dr. Müller-Schiffer von den erschreckenden Neuerungen auf Helgoland in Kenntnis gesetzt, von denen er bis jetzt noch nichts gehört hatte, da er beim Autofahren meistens entspannende CDs mit japanischer Musik hörte. „Mein Gott, hört denn dieser Alptraum nie auf?!" rief er und blickte der völlig übernächtigt gähnenden Kollegin gerade in die dunkel geränderten Augen. Ihr Kajalauftrag war verlaufen, und sie sah aus, wie aus einem Horrorkabinett entsprungen. Doch aufgrund der jüngsten Meldungen hatte sie natürlich keinen Feierabend machen können, sondern musste jetzt auch nach Kräften Professor Horvath unterstützen. Außerdem hatte der Institutsleiter, Professor Müllerheim, 24 Stunden-Schichten für alle Mitarbeiter des Krisenteams angeordnet. Denn die Uhr lief unerbittlich, während sie hier alle Hebel in Bewegung setzten, um das unheimliche Toxin endlich dingfest machen zu können. Doch die Dinge liefen jetzt völlig aus dem Ruder und schienen ihnen jede Art von Initiative abzunehmen. Es musste dringend etwas geschehen, um dem Sterben Einhalt zu gebieten, denn dass das Phänomen nicht auf das Meer begrenzt bleiben würde, war im Grunde jetzt schon abzusehen. Schnell wurde allen klar, dass es hier um sehr viel mehr ging, als nur darum, ein geheimnisvolles Gift und dessen Quelle zu eruieren. Menschen und Tiere starben, und wie es aussah, war das hier erst der Anfang! „Und es sind ganz sicher alle Seevögel und alle Meeressäugetiere auf Helgoland einfach so tot?" fragte jetzt Dr. Ito nochmals fassungslos, als Professor Horvath das Büro betrat. „Dr. Ito, da sind sie ja wieder, welch ein Glück! Und ich dachte schon, ich müsste die Polizei zu Ihnen nachhause schicken, um sie aus dem Bett zu holen! Wir müssen alle Kräfte daran setzten, die Ursachen zu finden, wir haben keine Zeit mehr! Denn falls das Gift doch im Meerwasser ist, und dieses mit der Gezeitenwelle transportiert wird, dann sind in Kürze diverse Badestrände und Robbenbänke nördlich von Helgoland in Gefahr; möglicherweise sogar die dänischen, norwegischen und britischen Küsten! Ich versuche jetzt gerade, unseren Innenminister davon zu überzeugen, dass er uns umgehend zwei Hubschrauber der Luftwaffe besorgt, damit wir unser Krisenteam und unsere Ausrüstungen nach Helgoland bringen können!" „Sofort?" wollte Dr. Ito wissen, denn er hatte immer schon eine bemerkenswerte Auffassungsgabe besessen. „Mein Telefon müsste jede Minute klingeln, ob wir die Hubschrauber bekommen", antwortete der Professor. Es entstand eine kurze schweigsame und nachdenkliche Gesprächspause. Dann bedankte sich Dr. Ito bei Professor Horvath für dessen Aussagen bei der Polizei und erklärte ihm kurz die Lage, während seine Kollegin interessiert zuhörte. „Mein Auto ist jetzt voller Koffer und Sachen, wo soll ich das bloß alles lassen!?" rief er. „Dr. Ito, ich glaube mittlerweile, dass

sich das gar nicht so schlecht trifft. Suchen Sie sich Ihre wichtigsten Sachen für ein paar Übernachtungen, den Rest können Sie meinetwegen vorerst in Ihrem Büro lagern. Ich brauche Sie dringend beim Krisenteam auf Helgoland!" sagte Professor Horvath. „Oh nein, nicht schon wieder Christopher IX!" rief der geplagte Dr. Ito. „Ich muss doch irgendwann auch einmal schlafen." „Sie fliegen natürlich First Class mit der Bundeswehr, sobald ich die Zusage vom Innenminister habe. Ich denke, dass man in den etwas größeren Hubschraubern vom Typ CH53 besser schlafen kann, als in unserem Christopher IX." „Müssen wir nicht noch eine Teamsitzung machen, um unsere Arbeiten effizient koordinieren zu können?" fragte jetzt Dr. Müller-Schiffer. „Dafür haben wir leider keine Zeit mehr, weil unsere meisten Kollegen bereits in der Pathologie sind, um die Pathologen der MHH bei allen auftretenden Problemen tatkräftig zu unterstützen. Es hätte keinen Sinn, sie jetzt aus ihrer wichtigen Arbeit zu reißen. Wir brauchen endlich klare und eindeutige Ergebnisse. Ich werde ihnen jedoch im Internet ein internes Forum einrichten, über das wir uns austauschen können; außerdem werden wir unsere erhobenen Daten möglichst rasch ins Internet setzen, und diese für alle zugänglich machen." „Aber könnten dann nicht Dritte darauf zugreifen?" wollte jetzt Dr. Ito wissen. „Das Risiko müssen wir leider eingehen; andererseits müssen wir auch den Kollegen aus Übersee unsere Daten zugänglich machen, sonst können die uns nicht wirklich unterstützen." Dr. Ito hatte nämlich die nicht ganz unbegründete Furcht davor, dass ihm andere Wissenschaftler Daten stehlen könnten, um damit ihre Doktorarbeiten oder andere Expertisen zu verfassen. „Dann sollte man eben auch für die ausländischen Institute ein geschütztes Kennwort einrichten", meinte jetzt Dr. Müller-Schiffer; „ich kann mich ja gemeinsam mit unserer EDV darum kümmern". Professor Horvath schrieb sich schnell eine kleine Notiz in einen kleinen elektronischen Kalender, dann sagte er: „In Ordnung, Frau Dr. Müller-Schiffer, sie delegieren das jetzt an unsere EDV und geben uns allen dann die Internetadresse und die entsprechenden wichtigsten Links bekannt. Am besten, sie erledigen das sofort, denn ich möchte Sie auch beim Krisen-Team des Institutes auf Helgoland dabeihaben." „In Ordnung, Professor", sagte sie nur, gähnte und machte sich an die Arbeit. Währenddessen eilte Dr. Ito in die Tiefgarage, um Gepäck für einige Übernachtungen zusammen zu suchen. Er öffnete auf gut Glück den ersten Koffer, und fand auf Anhieb seine Hygienesachen und Handtücher. Na, das ist ja ganz nett von ihr, dachte er, wenigstens hat sie diese Sachen in den gleichen Koffer wie bei unserem letzten Urlaub getan. Dann öffnete er den nächsten Koffer: Alles Durcheinander! Unterhemden neben Büchern, ein halber Anzug und einige wichtige Fachzeitschriften. Ahnungsvoll öffnete er jetzt Koffer um Koffer: Ein einziges Chaos von Sachen. Er schloss die Koffer, und wollte Professor Horvath mit seinem Handy anrufen, stellte jedoch fest, dass der Akku leer war. „Fugazi!" fluchte er, dann rannte er zurück zum Büro von Professor Horvath. Dieser telefonierte gerade, winkte ihn aber herein. Dann stellte er das Telefon laut, damit Dr. Ito den Rest des Gespräches mithören konnte: „Zwei Hubschrauber?!" der Innenminister tobte. „Wissen Sie, Professor Horvath, eigentlich, was das kostet? Und das alles wegen ein paar toten Seehunden und Seevögeln. Die können doch noch ein paar Tage warten!" brüllte der Innenminister. „Jetzt hören Sie mir mal gut zu, Sie Möchtegern-Regent", schnaubte jetzt Professor Horvath, „da draußen sterben nicht nur Seehunde und Seevögel, sondern auch Menschen. Eine junge Meeresbiologin ist tot, und wir wissen nicht, was sie und die Robben umgebracht hat. Wollen Sie es verantworten, wenn an der Küste noch mehr Leute sterben? Es könnte sogar sein, dass alle Helgoländer gefährdet sind! Wir können es uns nicht leisten, noch länger zu warten, solange wir nicht wissen, woran es lag. Es könnte sich auch um biochemische Kampfstoffe handeln!" „Professor Horvath, unser

Budget ist knapp, Sie wissen so gut wie ich, dass Niedersachsen eigentlich völlig pleite ist, wenn ich das mal so offen sagen darf. Bahn und Schiff reichen doch völlig aus!" „Uns läuft aber die Zeit weg," konterte Professor Horvath. „Und wenn Sie uns hier jetzt hängen lassen, mache ich die Sache öffentlich, dann können Sie ihre Wiederwahl im Herbst vergessen!" Ein kurzes Schweigen trat ein. Dann sagte der Innenminister: „Ich rufe gleich zurück." „Halt, bitte bleiben Sie in der Leitung", rief jetzt Dr. Ito. „Herr Dr. Theißing, können Sie mich verstehen?" „Laut und deutlich, was ist denn so wichtig?" wollte der Innenminister wissen. „Ich bin Dr. Fuyisho Ito und bin hier als Entomologe mit dem Fachgebiet für giftige Insekten und Giftresistenzen bei Insekten beim Institut beschäftigt. Ich gehöre zu den weltweit führenden Experten auf diesem Gebiet und habe mich erst vor kurzem mit meinen Kollegen aus Toronto über die Giftresistenzen von Schaben, also von Kakerlaken ausgetauscht. Sie können es mir ruhig glauben, Herr Innenminister, aber meine Schaben sind noch nie so schnell gestorben, wie bei meinen Versuchen mit den Proben aus der Nordsee. Wir müssen leider davon ausgehen, dass es sich um ein äußerst gefährliches Kontaktgift handeln muss, dass hier – wie auch immer – in die Umwelt gelangt ist. Eine Giftschlange wie die Schwarze Mamba ist harmlos dagegen! Bitte, Sie müssen uns mehr Zeit verschaffen, egal was es kostet. Denn so wie es aussieht, greift das Problem bereits auf das Festland über. Oder wollen Sie an der Küste einen Seuchenzug wie bei der schwarzen Pest des Mittelalters riskieren? Noch sind zum Glück nicht viele Menschen gestorben, aber das könnte sich bald ändern! Bitte tun Sie was, ich bitte Sie im Namen der Menschen dieses Landes, handeln Sie!" Nach einer kurzen Bedenkpause entgegnete der Innenminister: „Sie kriegen ihre verdammten Hubschrauber. Seien Sie in einer Stunde abflugfertig! Ich alarmiere jetzt persönlich die Hubschrauberstaffel in Rheine-Bentlage!" Und dann, halb zu sich selbst, aber für Professor Horvath und Dr. Ito gut verständlich murmelte er noch: „Diesen verdammten Staatssekretär vom Haushaltsausschuss, diesen Eppelmann, den falte ich zusammen, der kann sich eine neue Stelle suchen! Und so was schleift man jahrelang mit in seinem Kabinett!" Danach legte er auf. Professor Horvath und Dr. Ito grinsten sich an. „Gut", sagte Professor Horvath jovial, „die Probleme mangelhafter Etats und der deutschen Bürokratie hätten wir jetzt überwunden – was brauchen Sie noch?" „Herr Professor, es ist mir sehr unangenehm, aber"... „Spucken Sie es ruhig aus!" ermunterte ihn Professor Horvath. „Nun, also Irene – ich meine natürlich meine Noch-Ehefrau – hat mir zwar meine Sachen in die Koffer gepackt, aber es ist alles durcheinander. Das kann ich nie in einer Stunde sortieren!" „Wie viele Koffer sind es denn?" „Na ja, es sind insgesamt 11 Koffer, mein Wagen war schon völlig überladen damit..." „Na, dann nehmen Sie eben Ihre elf Koffer einfach auf Staatskosten mit", sagte jetzt Professor Horvath fast schon lachend. „Schließlich wünscht es der Innenminister persönlich, dass Sie in einer Stunde abfliegen, oder etwa nicht?" „Gut, dann bringe ich die Koffer jetzt zum Flugdeck rüber", entgegnete Dr. Ito, doch Professor Horvath schüttelte mit dem Kopf. „Sie setzen sich erst mal hin, und trinken jetzt und hier eine Tasse Kaffee!" Dann griff er zum Telefonhörer und rief jemanden an, der sichtlich „begeistert" war und antwortete: „Elf Koffer? Sonst noch was?" „Ja, die Versuchstiere von Dr. Ito und seine anderen Ausrüstungen müssen auch mit. Der arme Kerl hat hier schon mindestens seine erste 24 Stunden-Schicht abgerissen, während Sie sich nochmals im Bett rumdrehten und ihren Schönheitsschlaf abhielten. Wenn Sie nicht alles alleine hinkriegen, fragen Sie bitte noch jemanden. Wir müssen genau in jetzt 55 Minuten abflugfertig sein." Er legte auf. Nach einer halben Minute wurde panisch die Tür aufgerissen: „Wo sind die Koffer?" „In der Tiefgarage, mein Honda ist offen, sie erkennen ihn sicher wieder", sagte jetzt Dr. Ito lächelnd. Denn der Mitarbeiter, der jetzt seine Koffer schleppen durfte, war genau der

Kollege, der ihm auch den üblen Aprilscherz mit den Kakerlaken im Auto gespielt hatte. Langsam wurde Professor Horvath Dr. Ito immer sympathischer. Der Kollege hetzte davon. Dann lachten Dr. Ito und Professor Horvath kurz auf, nur um danach wieder zur Tagesordnung zurück zu kehren. „Dr. Ito, im Dunkeln können Sie auf der Insel ohnehin noch nicht viel machen. Am besten wird es sein, wenn Sie sich nach der Ankunft kurz mit den Helgoländer Kollegen bekannt machen und dann die weitere Vorgehensweise abstimmen. Bislang ist zum Glück noch niemand weiteres gestorben, doch Sie wissen ja, wie unsicher das alles ist. Ich erhalte stündlich Lageberichte aus Helgoland, damit wir sicher gehen können, dass die Biologische Station noch nicht völlig kontaminiert wurde. Die Leichen im Kühlhaus der Station – und zwar auch die nicht menschlichen, schicken Sie bitte ausnahmslos nach Hannover zu uns zurück. Wir haben es bereits geklärt, dass unsere Entseuchungsspezialisten mitfliegen, und das sofort erledigen, damit wir hier bei den Sektionen weiterkommen und so schnell wie möglich Antworten finden. Und abschließend noch etwas, Dr. Ito: Seien Sie bloß vorsichtig –wahrscheinlich ist es am besten, wenn Sie vor dem Ausstieg auf der Insel Ihre ABC-Ausrüstung anlegen. Die Station könnte bereits verseucht sein!" „Und wo übernachte ich dann?" „Ich bin gerade dabei, das zu regeln. Da die Touristen die Insel bereits verlassen haben, dürfte es nicht schwer sein, ein Quartier in der Nähe der Station zu bekommen." In diesem Moment öffnete sich die Tür, und Dr. Thorsten Lessinghaus betrat das Büro. „Wann fliegen wir ab?" fragte er nur mit ernster Miene.

Helgoland, Biologische Station, 20.05h

Dr. Skibbe und Dr. Zuckmayer hatten sich zusammen hingesetzt, tranken noch eine Tasse Ostfriesentee und beratschlagten ihr weiteres Vorgehen. „So bitter es für uns ist, " sagte der glatzköpfige Dr. Skibbe, „müssen wir doch den Tatsachen ins Auge sehen. Mit dem Ableben des Robbenbestandes ist auch unser gesamtes Projekt des Robben-Monitorings gestorben. Es bleibt uns somit nur noch übrig, unsere Datensammlungen auf den neuesten Stand zu bringen, und der Öffentlichkeit möglichst alles zugänglich zu machen. Deshalb habe ich an Dich gedacht, ob du nicht Susannas Unterlagen checken könntest, ob dort noch für uns und die Kollegen aus Hannover relevante Unterlagen liegen könnten." „Aber sie ist ja noch nicht einmal einen Tag lang tot, und ich soll ihren Nachlass ordnen? Weißt Du, wie sehr mir das jetzt wehtut, wenn Du so was sagst!?" „Florian", sagte Dr. Skibbe leise, „wir alle hier fühlen mit Dir, das kannst Du mir glauben. Aber das Ganze nimmt einfach eine Dimension ein, bei der wir uns alle sehr zusammennehmen müssen. Da draußen sterben nicht nur Meeressäugetiere! Wir haben eine Verantwortung für zahllose weitere Menschen. Was meinst Du wohl, wie beschissen ich mich gefühlt habe, als ich sie plötzlich so leblos im Arm hielt. Ich werde das gewiss nie vergessen! Ihr beide, Du und Susanna, wart wie Sohn und Tochter für mich! Weißt Du, was ein Vater empfindet, wenn sein Kind stirbt? Ich habe das alles irgendwie schon mal erlebt, als mein Sohn mit dem Motorrad tödlich verunglückt ist. Es ist wie ein Alptraum für mich, ich kann es selbst noch nicht fassen! Ständig will ich Susanna irgendetwas fragen, doch dann sagt mir mein Verstand, dass es ja nun nicht mehr geht. Ich werde bald noch verrückt vor Arbeit! Erst jetzt merke ich, was sie alles getan und geleistet hat..." „Ja", sagte Dr. Zuckmayer, „das merken wohl jetzt endlich alle. Ich habe es ihr immer gesagt, dass sie zu viel macht, aber sie sagte mir, das sei kein Problem für sie. Sie sagte einmal zu mir: „Meine Lebensuhr tickt anders als Deine, kannst Du das nicht verstehen?" Wie Recht sie damit hatte! Es muss wohl ein prophetisches Wort gewesen sein." „Florian, als ich vorhin in Susannas Schreibtisch nach ihrer letzten CD mit dem aktuellen Stand unseres Robben-Monitorings suchte, habe ich etwas gefunden. Ich denke, Du solltest es zuerst lesen, " sagte Dr. Skibbe jetzt ernst. Dann überreichte er Florian einige Notizbücher, die in kunstvoll bedruckte chinesische Seide gebunden waren. „Ich glaube, es handelt sich um persönliche Aufzeichnungen, vielleicht sogar ihre Tagebücher. Bitte sieh sie Dir mal an, ob sie dort irgendetwas aufgezeichnet hat, was für uns hier irgendeine Relevanz zur Aufklärung des großen Robbensterbens haben könnte. Ich weiß, dass es Dir jetzt schwerfällt, aber Du weißt, was da draußen los ist. Momentan können wir ohnehin nichts anderes machen, als zu warten." „Ja, warten auf den Tod", sagte Dr. Zuckmayer trocken und erschöpft. „Ist gut, ich mache es, und wenn ich etwas finde, dann sage ich es Dir. Doch warum wolltest Du den letzten Bericht ihres Robben-Monitorings haben?" „Weil in dem Bericht einige tote Robben auftauchen, das müsste so Anfang Juli gewesen sein. Ich will wissen, ob es einen Zusammenhang gibt mit dem großen Sterben des Gesamtbestandes von heute. Ich will wissen, ob wir vielleicht wichtige Vorzeichen übersehen haben. Oder ob es irgendetwas anderes in dem Bericht gibt, dass uns oder die Toxikologen aus Hannover weiterbringen könnte." „O.K., machen wir uns also an die Arbeit, bis die Toxikologen endlich da sind. Ich wollte sowieso nicht beim Müßiggang angetroffen werden, falls ich auch an dem verdammten Kampfgas verrecken sollte!" sagte Dr. Zuckmayer und nahm jetzt fast schon trotzig die Aufzeichnungen seiner geliebten Lebensgefährtin an sich. Er konnte das alles nicht einordnen und auch nicht verstehen; vielleicht hatte sie ja bereits weitergehende Hypothesen zum Umweltgeschehen in der Nordsee aufgestellt, man konnte es nie so genau wissen. Denn ihre Schlussfolgerungen und ihr scharfer ungetrübter Verstand hatten ihn immer wieder in Erstaunen versetzt. Da klopfte es an der Tür, und eine Gestalt mit einem Atemschutz vor dem Gesicht bat um Einlass. Es war Dr. Nesemann, der Inselarzt. Er fragte nach Dr. Zuckmayer und wurde umgehend zu ihm gebracht. Dr. Zuckmayer, zunächst möchte ich Ihnen mein aufrichtigstes Beileid aussprechen. Ich habe hier einige Karten dabei, die ich Ihnen und auch der Station im Namen unserer kleinen Inselgemeinde überreichen möchte." Er übergab ihm etwa ein Dutzend Trauerkarten. „Außerdem habe ich einen Totenschein ausgestellt, in dem ich eine Obduktion empfehle. Ich übergebe Ihnen dieses Dokument, als dem nächsten hier lebenden Angehörigen der Verstorbenen." „Vielen Dank, Herr Doktor, aber ich glaube fast, dass dieses Dokument die Kollegen von der Toxikologie aus Hannover eher interessieren dürfte, als mich. Na gut, ich nehme es erst mal zu unseren Akten – doch Sie sollten auf jeden Fall Tag und Nacht erreichbar sein, falls die Kollegen aus Hannover heute Nacht noch Fragen dazu haben sollten." „Da ist noch etwas, dass ich Ihnen gern sagen möchte, Dr. Zuckmayer. Da Ihre Lebenspartnerin nicht mehr am Leben ist, fällt es nicht mehr unter meine Schweigepflicht, und ich denke, Sie sollten es unter diesen Umständen besser jetzt erfahren, ehe Sie es nachher durch irgendwelche Obduktionsberichte erfahren. Frau Pelzer war schwer krebskrank, sie hatte meiner Einschätzung nach nur noch etwa ein Jahr zu leben. Es handelte sich um ein Karzinom der Gebärmutter, das bereits gestreut hatte und leider inoperabel war. Sie sagte mir nach der Diagnose im Mai dieses Jahres, dass ich es niemandem sagen sollte. Sie sagte, sie müsse noch Ihr Projekt soweit bringen, dass Sie es später vollständig leiten und übernehmen könnten. Des Weiteren gab sie mir diesen Brief, den ich Ihnen im Falle ihres unerwarteten früheren Todes geben sollte." Dr. Nesemann reichte ihm ein Kuvert, das vor lauter Inhalt fast zu platzen schien. „Ich wünsche Ihnen für die Zukunft alles Gute, in Gedanken und Gebeten ist die ganze Inselgemeinde bei Ihnen. Sie war eine großartige Frau!" sagte Dr. Nesemann, der neben seiner Funktion als Inselarzt auch als Prädikant in der kleinen Inselkirche tätig war. Gläubige Menschen waren Dr. Florian Zuckmayer zwar immer etwas suspekt gewesen, aber jetzt begann er, einiges anders zu sehen. Er war sogar Susanna zuliebe mal mit in einen Gottesdienst gekommen, aber das ganze Gerede von einer Beziehung, die Menschen zu Gott haben könnten, kam ihm doch irgendwie komisch vor. Er konnte eben einfach nichts damit anfangen! Doch jetzt stand er hier, zwischen Leben und Tod, und jetzt, wo es ihn persönlich betraf, konnte er einfach nicht mehr zynisch sein. Er hätte jetzt richtig weinen können und kämpfte mühsam mit den Tränen, als er den Arzt verabschiedete. Dann öffnete er den Umschlag und las ihren Abschiedsbrief: *„Lieber Florian! Wenn Du diesen Brief liest, werde ich bei meinem Schöpfer sein, an den Du ja leider nicht glauben willst oder kannst. Ich habe Dir als einen kleinen Trost meine Tagebücher hinterlassen, die Du in meinem Schreibtisch unschwer finden kannst, denn sie sind als einzige Notizbücher in Chinaseide gebunden. Vielleicht helfen sie Dir weiter, das liegt ganz bei Dir! Ich wollte Dich nicht mit meiner Krankheit belasten, sondern wollte gemeinsam mit Dir noch meine letzte Lebenszeit genießen, ohne ständig an den Tod denken zu müssen. Ich möchte Dir auf diesem Wege nochmals sagen, dass die Zeit mit Dir auf Helgoland die schönste Zeit in meinem kurzen Leben war. Das Leben, Lieben und auch Streiten mit Dir habe ich sehr genossen! In Liebe, Deine Susanna!" PS.: „Anbei erhältst Du als Treuhänder die Dokumente einer Stiftung, die Dich zum Vorsitzenden hat. Mein gesamtes Restvermögen und eine Einlage von etwa einer Million Euro, die mein Vater mir für diesen Zweck bereits überwiesen hat, stehen Dir nun für die Stiftung „Ständiges Monitoring der Meerestiere Helgolands zur Erforschung anthropogener Influenzen auf die Makrofauna" zur Verfügung. Des Weiteren habe ich mit meinem Vater noch eine weitere Stiftung gegründet, welche das Ziel hat, eine Lobbyarbeit für die Tiere des Meeres zu leisten, die sonst keine Lobby haben. Diese Stiftung umfasst auch einen eigenen Verlag und eine eigene Druckerei, so dass Du mit Ihrer Hilfe alle Umweltskandale publik machen kannst. Vorsitzender sollte zunächst Dr. Skibbe werden. Die Stiftung trägt den Namen „Lobby für die Meerestiere der Nordsee". Insgesamt belaufen sich alle Werte der Zweiten Stiftung auf ein Vermögen von etwa drei Millionen Euro. Das sollte doch ausreichen, den Herren in Berlin und Brüssel etwas Dampf unterm Hintern zu machen! Ich küsse und umarme Dich nochmals, aber das ist wohl das wenigste, was mein Vater und ich für Euch und die sterbende Tierwelt der Nordsee tun konnten!" Gezeichnet, Dr. Susanna Pelzer, Helgoland am 02. Juni 2017.Gezeichnet, Dr. Arthur Pelzer, Hamburg am 14. Juni 2017.Gezeichnet, Rechtsanwalt und Notar Dr. jur. Brunswick, Hamburg, am 14.Juni 2017.* Dr. Florian Zuckmayer saß wie betäubt da, und ihm kamen die Worte in den Sinn, die Susanna zu ihm in seinem Traum gesagt hatte: „Bitte sei nicht mehr traurig, Du darfst nicht das Werk in Gefahr bringen, zu dem wir beide berufen waren!" Dann weinte er. Dann lachte er. Dann rief er alle zusammen, und las ihnen den Brief von Susanna vor. Alle waren erstaunt. „Ich hatte ja keine Ahnung, dass sie so reich ist!" sagte Dr. Skibbe. Und damit drückte er aus, was jeder hier empfand. „Sie hat mir gegenüber mal angedeutet, dass Ihr Vater vermögend sei, aber für uns war das nie ein Thema, was Relevanz hatte, denn wir hatten ja uns", sagte nun Dr. Florian Zuckmayer, zukünftiger Stiftungsvorsitzender und Manager. „Ich denke, Susanna wollte nicht wegen ihres Geldes geliebt werden, sondern wegen dem, wer und was sie war, " sagte nun Dr. Skibbe, und damit traf er es im Kern. Dann winkte er den Tierpfleger Andreas Schnitzler heran: „Für Dich habe ich heute auch noch eine Aufgabe: Ich möchte, dass Du die Aufnahmen auswertest, die Susanna bei ihrem letzten Tauchgang gemacht hat. Besonders die letzten Bilder könnten wichtig sein! Bitte auf keinen Fall irgendetwas löschen, alles könnte wichtig sein!" „Ist gut, mache ich, " sagte der Tierpfleger und machte sich an die Arbeit. Dr. Skibbe widmete sich der CD mit dem Robben-Monitoring, und Dr. Zuckmayer begann damit, sich in die Tagebücher einzulesen. Er begann mit dem ersten Buch aus dem Jahr 2015.

Es waren zwar noch ältere Tagebücher dabei, aber ihn interessierte es jetzt brennend, was Susanna seit ihrer Ankunft auf Helgoland gedacht, gefühlt und entdeckt hatte. So nahm er jetzt das erste Tagebuch, und begann ihre Geschichte zu lesen. Sie sollte ihn zu Tränen rühren und gründlich von seinem „wissenschaftlichen" Zynismus kurieren.

Tagebucheintrag von Dr. Susanna Pelzer vom 15.01.2015

Die Klimaumstellung bringt mich noch um. Erst Thailand mit 36°Celsius im Schatten, dann dieses eiskalte Eiland in der Nordsee. Sie sagen hier, 8°Celsius im Winter seien eine milde Temperatur – der Wind lässt einen jedoch leicht -15° fühlen! Aber so ist das eben, wenn man von einer Konferenz zur Rettung von Meeressäugetieren um den halben Planeten jetten muss. Gedanklich war ich noch bei den letzten Dugongs in Thailand, denen jetzt auch noch Gefahr von erbosten Algenfarmern droht, weil der Dugong nun mal leider die mühsam angebauten Algen frisst. Sich auf Seehunde und Kegelrobben umzustellen, war nicht einfach, aber ich habe meinen Fachvortrag trotz Ausfalls meines Laptops doch noch hinbekommen. Nicht zuletzt, weil Dr. Zuckmayer so nett war, mir sein Gerät auszuleihen. Und Gott sei Dank waren ihm auch noch einige Details über die Seehundpopulation bei Helgoland bekannt, ohne die ich hier ganz schön alt ausgesehen hätte. Ein netter Kerl, wirklich, ein bisschen zu alt für meinen Geschmack, aber ein durchaus brauchbarer Mensch! Nach dem Vortrag hatten wir dann noch eine gute, aber irgendwo auch ernüchternde Diskussion über die deutschen Robben- und Schweinswalbestände und ihre Zukunft. Denn keiner kann eine Antwort auf die Frage liefern, wie wir bloß den vielen Dreck und Müll wieder aus der Nordsee rauskriegen sollen, den Generationen von Industriemenschen hier abgelegt haben. Allein der Bestand der Helgoländer Tiere schrumpft jedes Jahr um wenigstens fünf Prozent, was sehr bedenklich ist. Schon jetzt fragen wir uns, ob sich das Genpotential der Robben überhaupt noch lange gesund halten kann, denn ab einer gewissen Populationsgröße droht Inzucht. Hierzu müssten einige Studien vor Ort gemacht werden – es würde mich sehr reizen, mich dafür nachhaltig zu engagieren. Jedes Jahr finden Dr. Skibbe und die Kollegen von der Biologischen Anstalt wenigstens fünf, manchmal sogar mehr als zehn tote Robben, die an den Hinterlassenschaften von uns Menschen verendet sind. Die wohl häufigsten Todesursachen sind dabei Verletzungen durch scharfkantigen Müll, die schlecht heilen und Schwächeparasiten geradezu einladen. Außerdem Reste von Fischernetzen und Sixpackringen, in denen sich die Tiere tödlich verheddern. Einige hatten auch Plastikmüll gefressen, an dem sie qualvoll verendeten. Die Kollegen haben den Todeskampf von einigen Tieren sogar über eine Dauer von mehr als drei Wochen dokumentiert; deshalb werden jetzt beim Auftreten bestimmter Symptome die Tiere erst betäubt und dann euthanasiert, da man die Plastiktüten nicht operativ aus ihren Eingeweiden entfernen kann. Seehunde können eigentlich fünfundzwanzig Jahre und älter werden, doch die Kollegen schätzen die ältesten Tiere des Helgoländer Bestandes inzwischen auf etwa achtzehn (!) Jahre ein... Schon als Kind habe ich mich bei unseren Nordseeurlauben in die Seehunde verliebt, und mein Lieblingskuscheltier war der Seehund „Bully", der hier überall an der Küste als Kuscheltier an die Kinder von Touristen verkauft wird. Und was schenken mir die Kollegen von der Station als Dankeschön für meinen Vortrag? Natürlich „Bully", überreicht von Dr. Florian Zuckmayer. Selten habe ich mich so über ein Kuscheltier gefreut! Bei der Übergabe sagte er dann noch mit einem Augenzwinkern: „Damit es bei Ihrem Aufenthalt auf unserer Insel beim Kuscheln mit „Bully" warm wird wie in Thailand!" Ich kam mir schon wirklich komisch vor, bei meiner Ankunft. Kaum im Quartier zog ich noch zwei weitere Pullover über, erst dann traute ich mich raus in den eiskalten Wind! Dort traf ich Florian zum ersten Mal, natürlich ohne *dass er oder ich wussten, wer der jeweils andere war. In unsere Jacken eingewickelt grüßten wir uns stumm mit einem unhörbaren „Moin" auf den Lippen, denn der heulende Wind trug jedes Geräusch sofort davon. Er ging linksrum über die Inselkuppe, während ich rechtsrum lief – getroffen hatten wir uns in der Mitte. Später sahen wir uns dann nochmals im Inselcafe`, wo ich versuchte, etwas Wärme zum Überleben zu tanken. Er saß etwas abseits und diskutierte mit Dr. Skibbe über den Ablauf der Abendveranstaltung. Eigentlich hatte ich ja erst in einer Stunde bei der Biologischen Station vorstellig werden wollen, doch da ich nunmehr Zeugin ihres Gespräches geworden war, stand ich kurz auf, und stellte mich den beiden vor. Sofort war das Eis gebrochen, und wir setzten uns bei einer weiteren Tasse Tee zusammen und planten den weiteren Ablauf der Konferenz. Dann rief Dr. Skibbe drüben in der Station an, und nach und nach trudelten die anderen Mitarbeiter im Inselcafe ein. Den Gang zur Station konnte ich mir heute Nachmittag erst mal sparen! Es war wirklich seltsam: Da reiste ich nun um die halbe Welt – wo ich mich eigentlich noch nie irgendwo richtig zuhause gefühlt hatte – und kaum war ich einen halben Nachmittag lang hier, hatte ich irgendwie das Gefühl, endlich* **wirklich** *zuhause angekommen zu sein. Das Team der Station sorgte wie eine Familie für mich, und ich musste aufpassen, nicht so viel von dem leckeren Apfelkuchen zu verdrücken, sonst würde ich bald wieder Probleme kriegen, in meinen Neoprenanzug zu steigen. Aber am meisten hatte es mir dieser Florian angetan. Ganz selbstverständlich waren wir alle gleich per Du, doch an Florian faszinierte mich irgendwie einfach alles. Starke Unterarme, die kräftig zupacken konnten, seine kompetente freundliche Art, die einen unbeschreiblichen Charme ausstrahlte und seine lustigen braunen Augen, denen nichts zu entgehen schien, was irgendwie wichtig war. Das alles baute mich wieder auf, da die Fahrt mit dem Schiff nach Helgoland alles andere als angenehm gewesen war. Heftiger Seegang bei Windstärke 8, der dafür sorgte, dass ich mich über der Reling komplett entleeren musste. Und durch den Gegenwind bekam ich die Hälfte davon wieder ab, was mir meine Sachen von oben bis unten einsaute. Mit dem Flugzeug hatte ich leider nicht einschweben können – zu gefährlich, wegen der Böen. Als ich auf der Schiffstoilette sah, wie ich aussah, reinigte ich mich, so gut ich konnte, und sagte mein sofortiges Kommen zur Station erst mal ab. Ich verabredete mit Dr. Skibbe 16.00h nachmittags. Ich schützte einfach einen Jetlag vor, denn ich wollte mich wegen der elenden Kotzerei nicht gleich blamieren. Ich hatte jedoch den Klatsch auf dieser kleinen Insel gründlich unterschätzt, denn jetzt sagte doch Florian glatt: „Ich hätte es gar nicht gedacht, dass eine Kollegin, die sich auf der Überfahrt von oben bis unten von ihrem Innenleben erleichtern musste, jetzt noch einen solchen Appetit auf unseren besten Apfelkuchen hat, dass morgen für uns nichts mehr da ist!" Alle lachten, als ich rot wurde, und auch Dr. Skibbe grinste vielsagend, dann fiel ich mit ein. Dieser Tag meiner Ankunft auf Helgoland rauschte geradezu an mir vorbei – ich werde ihn sicherlich nie vergessen. Ein Wechselbad von Gefühlen und neuen Menschen!*

Tagebucheintrag von Dr. Susanna Pelzer vom 17.01.2015

Die letzten zwei Tage haben mich komplett umgekrempelt, ich bin noch völlig durch den Wind! Zunächst musste ich gestern erfahren, dass es Probleme bei der Nachsendung meines Gepäcks aus Thailand gibt, da dieses nun immerhin schon in Hamburg ist, aber wegen des hohen Seegangs nicht hergebracht werden kann. Ich habe zu wenig zum Anziehen dabei! Es war mir ja schon echt peinlich, aber die Kollegen der Station kümmerten sich rührend um mich und so liehen sie mir reihum warme Sachen. Am besten war der Pullover von Florian mit dem Emblem der Station – er war total warm und bequem, und ich fühlte mich sofort wohl darin. Dann gaben mir die Kollegen nicht nur unzählige Tassen guten Ostfriesentees, den sie hier zu jeder Jahreszeit trinken, sondern auch eine vollständige Einsicht in die Station und in ihre Arbeit. Besonders berührt hat mich das Schicksal des Helgoländer Hummers. Früher, in den 1930er Jahren und davor, wurden jährlich zehntausende Hummer bei Helgoland gefangen. Heute sind es nur noch etwa fünfzig Tiere, die den Fischern pro Jahr in die Reusen gehen. Und das trotz den Nachzuchtbemühungen der Station, die jedes Jahr etwa dreitausend kleine Hummer aufzieht. Wohin, Gott, fragte ich mich, soll der Wahnsinn von Homo „sapiens" eigentlich noch führen? Manchmal habe ich tiefe Zweifel, ob Gott wirklich existent ist, aber wenn ich dann mein Neues Testament aufschlage, das mir mal ein Gideonbruder geschenkt hat, dann ist es plötzlich so, als wären Gott und ich gute Kumpels. Nur mit dem Unterschied, dass der eine alles kann und weiß, sich aber den Spaß erlaubt, es den anderen trotzdem selbst raus finden zu lassen. Manchmal kann einen das auch ganz schön runterziehen, doch hier auf Helgoland habe ich nach einigen Jahren des Reisens durch die ganze Welt erstmals den Eindruck, wirklich angekommen zu sein. Ob das an Florian liegt? Könnte er auch mehr als ein Freund sein? Morgen wollen wir über unsere Projekte sprechen, und ob es vielleicht eine Perspektive für mich auf der Insel gibt. Habe bereits Schmetterlinge im Bauch – aber nicht nur wegen des Jobs. Es scheint so etwas wie eine göttliche Berufung dahinter zu stecken. Ich muss es nur noch rausfinden! Ich freue mich total auf morgen!

Tagebucheintrag von Dr. Susanna Pelzer vom 19.01.2015

Gott, wie ging mir das die letzten beiden Tage und Nächte dreckig! Warum lässt Du so was nur zu? Ich verstehe es einfach nicht! Der einzige Weg, den ich an diesen beiden Tagen regelmäßig zurücklegen konnte, war der zur Kloschüssel. Irgendwann schickten sie mir dann den Inseldoktor vorbei, Dr. Nesemann. „Was habe ich bloß?" fragte ich ihn, mehr tot als lebendig. „Sie haben mindestens einen Magen-Darm-Virus, wahrscheinlich gepaart mit Montezumas Rache", sagte er nur trocken. Dann gab er mir die entsprechenden Medikamente und empfahl mir, mich vorerst nur von Schwarztee und Zwieback zu ernähren. Florian schaute ab und zu auch vorbei, da er im Nachbarhaus wohnte. Immerhin konnte er mich nachmittags etwas von der Krankheit ablenken, und wir konnten einige Eckdaten unserer Arbeit abklären. Er kochte für mich Tee und besorgte den Zwieback aus dem Dorfladen. Und als ich dann auch noch heftiges Fieber bekam, machte er mir Wadenwickel, weil ich selbst zu nichts mehr in der Lage war. Ein altes Hausrezept seiner Großmutter, versicherte er mir. Trotz dieses Rückschlages hatte die Krankheit aber auch ihr Gutes. Denn ich lernte Florians zärtliche und helfende Hände durchaus zu schätzen, wer sonst hätte mich so gut wie er auskurieren können? Nichts schien ihm zu eklig oder zu mühselig zu sein. Als ich ihn danach fragte, meinte er nur, dass er auch schon mal zeitweilig in der häuslichen Krankenpflege tätig gewesen sei. „Du bist so süß!" entfuhr es mir, und ich wurde rot. „Du aber auch", sagte er und grinste mich verschwörerisch an. „Hast Du keine Freundin?" wollte ich wissen. „Zurzeit bin ich leider mal wieder solo, meine letzte Freundin hat es hier einfach nicht mehr ausgehalten und Frauen sind naturgemäß rar auf diesem schönen Eiland." Er machte eine Pause und sah mich nachdenklich an. Dann fuhr er fort: „Und Quickies mit hübschen Touristinnen kann man hier glatt vergessen, wegen der dörflichen Diskretion, falls Du verstehst was ich meine." Jetzt grinste er fast schon unverschämt, doch ich musste unwillkürlich lachen. „Und da komme ich Dir jetzt gerade recht?" wollte ich wissen. Meine Direktheit hatte ihn voll getroffen, er zuckte sichtlich zusammen, damit hatte er nicht gerechnet. Dann sagte er, plötzlich sehr ernst geworden: „Als ich Dich das erste Mal sah, bei unserem Rundgang auf dem Oberland, da hatte ich für den Bruchteil einer Sekunde den Eindruck, *diese Frau könnte mein Leben verändern, obwohl ich noch gar nichts über Dich wusste. Ich glaube eigentlich nicht an diesen mystischen Unsinn, aber irgendwie ging mir der Gedanke nicht mehr aus dem Kopf. Ich glaube, ich bin Dir irgendwie verfallen, seitdem Du das Cafe` betreten hast. Wegen Dir habe ich mich sogar schon mit Rüdiger gestritten, und ich fürchte, auch die anderen munkeln schon, dass wir etwas miteinander haben. Aber es ist mir egal – ich glaube, dass Du die Frau sein könntest, mit der ich gemeinsam ein großes Lebensziel erreichen könnte. Es ist echt verrückt, aber mittlerweile glaube ich fast, dass Du alles mitbringst, was ich schon immer gesucht habe." Er weinte fast, als er das sagte; da waren irgendwo in ihm ein tiefer Schmerz und eine tiefe Sehnsucht, die bisher unerfüllt geblieben waren. Und ich kleines, vollgekotztes und fieberndes Ding sollte die Antwort auf seine Fragen sein? Das war echt verrückt! „Ich muss zum Klo", rief ich, und stolperte zur Toilette. Nachdem ich mich etwas erleichtert und frisch gemacht hatte, fürchtete ich zunächst, dass er gegangen sein könnte, weil die Tür geklappt hatte, doch als ich zurückkam, war er noch da. Und auch Dr. Skibbe war plötzlich anwesend. Also sahen wir uns unverdächtig an, und verschoben unser weiteres Gespräch auf später. Dr. Skibbe war gekommen, um mir im Namen von allen eine rasche Genesung zu wünschen, außerdem sagte er, dass mein fehlendes Gepäck mit der nächsten Fähre käme. Dann verabschiedete er sich höflich. Oder hatte ich da die Andeutung eines leichten Grinsens bei ihm entdeckt? Schwer zu sagen, bei diesem stoischen Glatzkopf, der einen mit seinen abgründigen Scherzen ziemlich herausfordern konnte. Als er weg war, sagte ich zu Florian: „Meintest Du das vorhin wirklich ernst, oder ist das Deine Standardanmache für Angehörige des anderen Geschlechtes?" Etwas beleidigt sah er mich an, dann sagte er: „Ich bin wirklich kein Casanova, da kannst Du die anderen ruhig fragen. Und normalerweise würde ich mir auch keine jüngere aussuchen. Aber bei Dir ist das irgendwie alles anders; schwer zu sagen, ich weiß es auch noch nicht, wie ich das alles einordnen soll. Ich hoffe nur, dass ich Dich jetzt nicht überfordert habe; ich möchte Deine Krankheit auch wirklich nicht ausnutzen, um Dir nahe zu sein. Wenn Du willst, schicke ich Dir eine Pflegerin und verschwinde wieder, damit Du in Ruhe über alles nachdenken kannst. Aber ich bin mir sicher, dass es für mich kaum etwas Besseres geben kann, als eine Frau, die mich und meine Arbeit versteht, und die es möglicherweise sogar länger als nur einen Sommer lang auf diesem Fuselfelsen hier aushält." Er stand auf und schickte sich an zu gehen. „Nein, bleib bitte", hörte ich mich sagen, „so etwas hat mir noch nie jemand gesagt!" „Möchtest Du es denn gar nicht wissen, wie es bei mir aussieht?" fragte ich ihn. Interessiert nahm er wieder Platz. „Mein letzter Freund war leider so ein Playboy, den wohl in Wahrheit mein Vater mit mir verkuppeln wollte. Nur für das Bett zu gebrauchen und ansonsten eine hirnlose Null! Außerdem war er nur für das Tropenklima geschaffen; alles was kälter war als 20° im Schatten war für ihn als Lebensraum nicht geeignet. In meinem Abschiedsbrief habe ich ihm geschrieben, dass er sich ja in Papua-Neuguinea niederlassen könne, da kann er dann den ganzen Tag lang nackt rumlaufen und alles vögeln, was ihm vor seinen dicken Schwanz kommt. Er hatte wirklich die Vorstellung, ich sei nur für das eine zu gebrauchen. Klar war er charmant am Anfang, aber das hat sich dann leider schnell geändert... So einen Flop will ich nicht wieder erleben!" Florian nickte verständnisvoll. Dann sagte er: „Ich glaube, wir beide müssen jetzt über einiges nachdenken. Morgen ist ein neuer Tag." Dann gab er mir einen sanften Kuss auf die Stirn, wünschte mir gute Besserung und ging zurück in seine Pension nebenan. Wäre es mir nicht rein körperlich so schlimm gegangen, dann wäre ich jetzt wohl im siebten Himmel gewesen. Endlich mal jemand, der mich verstand! Jemand, der mehr von mir wollte als schnellen Sex oder eine Mutti, die ihm den Haushalt machte. Ich schloss die Augen und betete zu Gott, ob das ein Mann für mich sein könnte. Doch Gott* *schwieg. Und doch hatte ich den Eindruck, dass Gott in Wahrheit heimlich lächelte. Und dann hörte ich in meinem Geist eine Stimme, die sagte: „Liebe ist immer ein Risiko. Aber warum probierst Du es nicht einfach aus? Herausfinden musst Du es schließlich selber!" Ich kuschelte mich an den Seehund „Bully", dann schlief ich erschöpft ein. Und träumte von* ***seinen*** *braunen Augen.*

Tagebucheintrag von Dr. Susanna Pelzer vom 21.01.2015

„Endlich wieder zurück von den Toten!" So oder so ähnlich begrüßte mich Dr. Skibbe auf der Station, raschelte mit einigen Papieren und lächelte geheimnisvoll. Die anderen taten so, als wüssten sie nichts, doch meinte ich hier und da ein verstohlenes Lächeln zu bemerken. Dann berief Dr. Skibbe eine spontane Teambesprechung ein, zu der sofort alle kamen, nur Florian fehlte. „Florian hat gerade etwas Wichtiges zu erledigen", entschuldigte Dr. Skibbe seine Abwesenheit. „Er wird jedoch in Kürze wieder bei uns sein!" Und dann, an mich gewandt und förmlich: „Frau Dr. Pelzer, nach dem ich noch einige ihrer Referenzen geprüft habe, muss ich Ihnen eines sagen: Sie haben bisher eine hervorragende Lobbyarbeit für Meeressäugetiere geleistet, die man in dieser Form sonst kaum auf diesem Planeten antrifft. Sogar Ihr Einsatz für den Dugong in Thailand war ein voller Erfolg, wie mir der thailändische Fischereiminister soeben in einem E-Mail versicherte. Durch Ihren Einsatz wird der Dugong in Thailand der Nachwelt erhalten bleiben, da Sie offenbar einen guten Kompromiss zwischen den Algenfarmern und der Regierung ausgehandelt haben. Künftig werden die Farmen großzügige Abfindungen erhalten, falls ein Dugong Fraßschäden an den Algenkulturen verursacht. Diese werden aus dem Stiftungsfond bezahlt werden, den Sie für diesen Zweck ins Leben gerufen haben! Ach hätten wir doch nur mehr solche brauchbaren und guten Leute im Feld wie Frau Dr. Susanna Pelzer. Es darf jetzt auch geklatscht werden!" Alle applaudierten und schüttelten mir die Hände, ich wusste gar nicht, wie mir geschah. „Und aufgrund Ihrer hervorragenden Reputationen habe ich nun etwas für Sie, von dem ich ganz stark hoffe, dass Sie es auch annehmen möchten." Er schwieg geheimnisvoll, dann schaltete er den bereits vorbereiteten Beamer an. Es erschien ein überdimensional großes Logo auf der Leinwand, auf dem zu lesen war: „Projekt: Ganzheitliches Monitoring der Meeressäugetiere Helgolands im Kontext anthropogener Einflüsse." Und etwas kleiner darunter: „Projektleiterin Dr. Susanna Pelzer, anerkannte internationale Expertin für die Biologie und Ökologie von Meeressäugetieren". Alles applaudierte laut, und ich wusste gar nicht mehr, wie mir hier geschah. Noch nie hatte ich ein eigenes Projekt anvertraut bekommen – das hier war der Durchbruch! Wie ich später erfahren sollte, war es eigentlich das Projekt von Florian, doch hatte er es sich selbst nie getraut, den Frontmann zu spielen, da ihm das Gerangel mit Presse und Politik einfach zu viel war. Er hatte seine Traumfrau - und -partnerin gesucht und gefunden, so schien es. Ich war zunächst völlig sprachlos, dann bedankte ich mich bei allen, und sagte, dass ich diese Aufgabe sehr gerne übernehmen würde. Alle beglückwünschten mich; schließlich fragte ich nach Florian. Hatte er sich etwa deswegen mit Dr. Skibbe überworfen? Als ich schließlich allen Mut zusammennahm, und nach ihm fragte, sagte Dr. Skibbe lässig: „Nun, es gibt da noch eine Kleinigkeit für Sie, die Sie hinter sich bringen müssen, um zu unserem Club zu gehören." Er grinst schräg. „Florian, hast Du das Ritual vorbereitet?" rief er, und aus den Niederungen der Hummerhaltungsanlage ertönte ein fröhliches: „Alles klar für das Ritual, Chef!" Dann verband mir jemand die Augen mit einer Binde, und ich wurde nach hinten geführt. „Tief durchatmen", sagte eine vertraute Stimme zu mir, und dann goss mir jemand von hinten ohne weitere Vorwarnung einen Eimer kaltes Seewasser über den Kopf! Klitschnass wie ein Pudel und Seewasser spuckend stand ich

da, inmitten der anderen, japste nach Luft und Dr. Skibbe intonierte laut: „Ich taufe Dich im Namen des heiligen Neptuns, Tritons und Poseidons und aller Meeresgötter dieses Fuselfelsens auf den Namen „Projektleiterin Dr. Susanna Pelzer! Und nun gebt ihr die heilige Flasche!" Florian reichte mir eine Flasche mit 80prozentigem Jamaika-Rum, was ich aber wegen der Augenbinde nicht sehen konnte. „Nun wärme Dich auf und kehre zurück von dem Ort der verlorenen Seelen!" Tapfer nahm ich einen Schluck, den ich fast sofort wieder ausspuckte. „Sie hat jetzt den heiligen Geist allen Branntweines in sich, wollt Ihr sie als die Leiterin des Projektes annehmen und sie dabei unterstützen und ehren, bis das Projekt beendet ist, so ruft: So war uns die heiligen Götter des Fuselfelsens helfen!" Und alle echoten: „So war uns die heiligen Götter des Fuselfelsens helfen!" „So soll es denn sein!" beendete Dr. Skibbe das Ritual. „Hallo Susanna, herzlich willkommen, ich bin der Rüdiger", sagte er, und es begann ein langes Händeschütteln, bis mir jemand trockene Sachen brachte. Natürlich war es Florian, der zufrieden strahlte. Ich grinste leicht angeheitert von dem starken Tropfen, und irgendjemand machte ein Foto davon, wie mir die Augenbinde wieder abgenommen wurde! Auf Helgoland hatte der Ausdruck „sich einen hinter die Binde zu gießen" also eine noch speziellere Bedeutung als sonst üblich, wie ich nun herausgefunden hatte. Nach der Zeremonie und der anschließenden Feier räumten und wischten die anderen die Station auf, während Florian und ich uns auf den Heimweg zu unseren Quartieren machten. Der Mond war bereits aufgegangen, es war fast windstill und wir machten noch einen Umweg auf das Oberland, wo wir uns zum ersten Mal unwissentlich begegnet waren. Ohne etwas zu sagen, genossen wir die phantastische Aussicht über das Meer, welches ab und zu zusätzlich vom Leuchtturm „Roter Sand" erhellt wurde. Dann nahm Florian mich in seine Arme, zog mich sanft zu sich hoch und küsste mich. Ich weiß es nicht mehr, wie lange wir uns küssten, aber es war einfach wunderbar. Mühelos hielten mich seine Arme minutenlang einfach in der Luft, so dass ich mich wirklich wie im siebten Himmel zu fühlen begann. Es war mir, als würde Gott selbst mich so innig an sich drücken. Dann gingen wir Hand in Hand zu seinem Quartier, wo wir noch miteinander redeten, Tee tranken, kuschelten und dann das erste Mal zusammen waren. Es war wunderschön, für mich war es das Paradies. Und wenn ich es nicht besser gewusst hätte, dann hätte ich damit gerechnet, von ihm geschwängert worden zu sein. Aber ich hatte mich bereits damit abgefunden, unfruchtbar zu sein, und so genoss ich es, für mich und ihn das Beste daraus gemacht zu haben.

Tagebucheintrag von Dr. Susanna Pelzer vom 22.01.2015

Der nächste Morgen war einfach himmlisch; Florian war früher aufgestanden und hatte bereits Tee für uns gekocht. Vom Duft des Tees wurde ich geweckt. Wir lagen nebeneinander und tranken unseren Tee. Dann fragte ich ihn: „Worüber hast Du Dich eigentlich mit Rüdiger gestritten, als es um mich ging? Das hast Du mir bisher noch nicht verraten!" „Nun", sagte Florian, „Dr. Skibbe wollte das Ritual eigentlich in der Version der Ganzkörpertaufe mit einem halbminütigen Untertauchen durchführen lassen, so wie bei mir früher. Aber wegen Deiner Grippe konnte ich ihn zu der etwas milderen Version mit dem 12° warmen Seewasser aus der Hummeranlage überreden. Denn eigentlich ist er – was das Ritual angeht – sehr streng und achtet immer auf die strikte Einhaltung des Protokolls, damit hinterher niemand die Gültigkeit der Zeremonie in Frage stellen kann." „Wie warm wäre denn das Ganzkörperbad gewesen?" wollte ich wissen. „Och, das hätten wir auch auf maledivische 25° heizen können, je nach Einzelfallentscheidung", gab er grinsend zurück. „Du Halunke!" schimpfte ich lachend und schlug mit meinem Kopfkissen auf sein lachendes Gesicht ein, „kannst Du Dir eigentlich auch nur annähernd vorstellen, was für ein eisiger Schock dieses kalte Nordseewasser für mich war?" „Daran musst Du Dich nun mal gewöhnen!" argumentierte er. Ein weiterer Hieb mit dem Kissen. Dann zog er mich in seine Arme, und wir waren plötzlich zum zweiten Mal miteinander vereint, diesmal jedoch wild und leidenschaftlich, ich oben auf ihm reitend, er unter mir, sichtlich mit der ungewohnten Stellung kämpfend. Als wir dann nahe am Zenit unserer Liebesbemühungen waren, ging plötzlich einiges daneben. Ich habe noch nie so glücklich lachend einen Aussetzer beim Liebesspiel weggesteckt, wie an diesem Tag. „Das müssen wir noch üben", meinte Florian lachend. Dann kuschelten wir uns eng aneinander und eine halbe Stunde später taten wir es dann nochmals. Doch diesmal ruhiger und harmonischer. Und wir wussten plötzlich, dass wir beide dasselbe fühlten. Nämlich endlich beim Richtigen angekommen zu sein!

Helgoland Biologische Station, 22.25h

Andreas Schnitzler betrachtete das fast schwarze Digitalbild, welches Dr. Susanna Pelzer kurz vor ihrem Ableben noch aufgenommen hatte. Er speicherte das Bild jetzt nochmals separat, und ging in das Bildbearbeitungsmenü des Computers. Hier versuchte er zunächst, die wenigen Kontraste etwas zu verstärken, dann ließ er das Bild in verschiedenen Stufen etwas aufhellen. Merkwürdige Umrisse wurden nun sichtbar – er rief nach Dr. Skibbe. Dieser warf einen Blick darauf, dann verlangte er, auch die restlichen Bilder sehen zu können. Sie waren nicht besonders scharf, da die Kamera auf einen Nahaufnahmemodus eingestellt gewesen war, der die abgelichteten Objekte leider nicht optimal darstellen konnte. Die Bilder zeigten jedoch Konturen und sahen etwas grünstichig aus. Dr. Skibbe rief jetzt nach Kerstin Müller und Thomas Müller, den beiden Biologiestudenten, die hier auf Helgoland gerade ihre Doktorarbeit über Quallen schrieben. Die beiden Müllers hatten beide zufällig den gleichen Nachnamen, waren aber nicht miteinander verwandt. Da sie oft zusammenarbeiteten und deswegen auch oft gemeinsam dienstlich unterwegs waren, wurden sie von anderen Leuten, speziell von vielen Insulanern, für ein junges Ehepaar gehalten. Allerdings waren beide anderweitig liiert, so dass auf der Insel ständig unausrottbare Gerüchte umliefen, dass sie ihre „Ehe-Partner" betrügen würden. Bisher war jedoch alle Aufklärungsarbeit Dr. Skibbes in dieser Richtung vergebliche Liebesmühe gewesen, weshalb auch er irgendwann aufgab. Wenn man die beiden Studenten etwas necken wollte, brauchte man nur nach dem „Ehepaar Müller" zu rufen. Dem Letzten, der das gewagt hatte, war zur Belohnung seiner Freveltat eine lebende kleine Strandkrabbe entgegengeworfen worden, da verstand Thomas Müller nämlich langsam keinen Spaß mehr. Nachdem sie sich vor dem Bildschirm versammelt hatten, fragte Dr. Skibbe: „Was meint Ihr, was das sein könnte? Als Susanna und ich auftauchten, war die ganze Wasseroberfläche voll davon, ja es war eine regelrechte dicke Schicht davon vorhanden. Und alles leuchtete leicht grünlich. Ich habe hier in unseren Gewässern so etwas noch nie gesehen!" „Nun, Chef, das sieht mir ganz nach einer Ansammlung leuchtender Medusen aus." sagte Thomas Müller. „Allerdings, " so fiel ihm jetzt die dreiundzwanzigjährige Kerstin Müller ins Wort, „haben wir während unseres gesamten Studiums an der Uni Hamburg noch nie etwas von phosphoreszierenden Quallen in der Nordsee gehört." „So etwas gehört eigentlich in die Tiefsee, und nicht an die Meeresoberfläche" ergänzte jetzt Thomas Müller. „Andreas", fragte jetzt Dr. Skibbe den etwa fünfzig Jahre alten Tierpfleger, „ist Dir während Deiner vielen Dienstjahre hier auf Helgoland oder woanders an der Küste schon mal etwas Ähnliches untergekommen?" „Nein, so was habe ich bisher noch nie gesehen. Meeresleuchttierchen ja, aber noch nie irgendwelche Quallen die grünlich leuchten. Bei einem Mittelmeerurlaub habe ich mal eine lebende Leuchtqualle beim

Schnorcheln gesehen, aber es war tagsüber, und da leuchtete sie natürlich nicht. Und wenn, dann hätte sie eher rötlich-violett geleuchtet." „Ich frage mich nämlich langsam, ob es nicht diese Tiere gewesen sein könnten, die Susanna auf dem Gewissen haben. Das Einzige, was ich dabei nicht verstehe ist, dass ich genau wie Susanna durch die Quallenschicht aufgetaucht bin. Und mir ist absolut nichts passiert! Es hat vielleicht kurz etwas an der Kopfhaut gekribbelt, aber das fühlte sich nicht wie eine Vernesselung an. Und ich bin schon einige Male von Feuerquallen genesselt worden, da tut mir heute noch die Kopfhaut weh, wenn ich nur daran denke!" sagte der glatzköpfige Dr. Skibbe. Währenddessen saßen Thomas Müller und Kerstin Müller bereits am Computer, und bearbeiteten die unscharfen Bilder mit einem speziellen Schärfungsprogramm, welches sich Thomas aus den USA besorgt hatte. Dieses Programm war ihnen schon häufig bei der Identifikation von Medusen nützlich gewesen, da es alles andere als einfach war, Quallen bei einem Tauchgang optimal und vor allem scharf in allen Konturen zu fotografieren. Da kam Dr. Florian Zuckmayer dazu und fragte, was sie gerade machten. Und dann fiel es ihm wieder ein: nämlich das Glas mit der Probe, welches Dr. Skibbe ihm beim Auftauchen angereicht hatte! Er ging zum Kühlschrank, wo sonst alle ihre Lebensmittel aufbewahrten, und holte das Schraubglas heraus. Dann stellte er es den beiden „Quallologen", wie er sie manchmal auch scherzhaft nannte, auf den Tisch. Sie sahen ihn erstaunt an. „Diese Probe hatte mir Rüdiger aus dem Wasser beim Auftauchen angereicht. Seht doch mal nach, was da drin ist!" Sie hielten das Glas gegen das Licht einer Schreibtischlampe. „Da sind nur kleine Ohrenquallen drinnen, *Aurelia aurita*, zwar etwas auf dem Boden des Glases zusammengekrumpelt, aber das ist bei der Kälte im Kühlschrank ja auch kein Wunder." sagte Kerstin Müller trocken. „Aber das müssen die grünen Leuchtquallen sein, die ich gesammelt habe!" rief jetzt Dr. Skibbe völlig ratlos. „Florian, bist Du ganz sicher, dass es das richtige Glas ist?" „Das ist definitiv das richtige Glas, denn gleich nachdem ich den Arzt mit meinem Handy angerufen hatte, habe ich wohl rein gewohnheitsmäßig und wie mechanisch das Glas am Deckel mit einem Datumsaufkleber versehen, wie ich es immer tue. Und da steht eindeutig „22.08.2017, abends", drauf." „Hm, das ist seltsam, denn ich bin mir ganz sicher, mindestens drei phosphoreszierende Organismen ins Glas bugsiert zu haben." „Nun", schaltete sich jetzt Thomas Müller ein, „es könnte natürlich sein, dass die Medusen durch den Aufenthalt im Kühlschrank ihr Aussehen verändert haben. Im Grunde genommen müsste man sie in einem Aquarium genau an die Wassertemperatur adaptieren, die sie an jenem Abend an der Wasseroberfläche hatten. Nur leider müsste ich dafür zunächst eines meiner Medusenbecken leeren, was jedoch eine Weile dauern wird. Wahrscheinlich ist es am besten, wenn wir die Tiere solange hinten bei der Hummerbrutanlage im Glas lassen. Wichtig ist es nämlich, dass sie nicht zu schnell warm werden, sonst werden sie unweigerlich absterben. Wir haben da schon einige Erfahrungen gesammelt." „Gut", sagte Dr. Skibbe jetzt, ich bringe sie selbst nach hinten und mache ein großes Schild dran, dass sie bloß niemand ungeschützt anfasst! Möglicherweise sind sie sogar schuld an Susannas Tod!" „Aber wie soll das möglich sein?" sagte Florian jetzt. „Rüdiger, gerade Du mit deiner Vollglatze hättest doch als erster die volle Ladung Nesselgift abbekommen müssen! Warum Susanna, und Du nicht? Das widerspricht doch nun wirklich allem, was ich bisher mit nesselnden Meerestieren gesehen und erlebt habe! Das kann doch wohl nicht sein!" „Sag mal Florian, hatte Dr. Nesemann nicht vorhin die Sterbeurkunde vorbeigebracht? Was hat er eigentlich als Todesursache reingeschrieben? Ich meine, er hatte ja einen ganzen Tag lang Zeit, das Dokument zu schreiben und über den Vorfall nachzudenken. Vielleicht steht da ja etwas, was uns weiterhelfen könnte?" Florian hatte die Sterbeurkunde bisher noch nicht durchgelesen; er nahm den Umschlag, in dem sie steckte von seinem Schreibtisch und zog sie heraus. Dort stand zu lesen: „Todesursache: Ertrinken infolge eines neuralgischen Schocks." Er reichte wortlos die Urkunde weiter an den eigentlich nur achtundfünfzigjährigen Dr. Rüdiger Skibbe, dessen Gesicht jetzt jedoch um mindestens ein Jahrzehnt gealtert zu sein schien. „Das ist echt verrückt, das kann doch gar nicht sein!" rief er. Und dann: „Mein Gott, und wir haben die Probe auch noch bei unseren Lebensmitteln aufgehoben... Wer weiß, ob und wie gefährlich diese Quallen sind? Am besten, wir stellen sie wieder in den Kühlschrank, wo sie auch vorher standen, bis die Kollegen aus Hannover endlich da sind. Sollen die sich doch mit dem Problem befassen!" „Heißt das jetzt, dass unser Kühlschrank möglicherweise auch verseucht ist?" fragte Kerstin Müller sichtlich geschockt. „Es ist leider nicht auszuschließen." „Aber ich glaube, wir haben doch fast alle bereits daraus gegessen", sagte Florian. Unbehaglich sahen sich alle an. Waren sie etwa alle Todeskandidaten? Ein kalter Schauer lief ihnen über den Rücken. Dr. Skibbe nahm das Glas mit den Medusen und stellte es vorsichtig und bedächtig zurück in den Kühlschrank.

24. August 2017, Donnerstag

In einem CH53 Helikopter der Bundeswehr, etwa eine halbe Flugstunde östlich von Helgoland, 0.32h...

Dr. Lessinghaus weckte jetzt Dr. Ito, der neben seiner Ausrüstung und seinen Koffern auf einer einfachen Pritsche tief und traumlos geschlafen hatte. Sie waren um 21.32h gestartet, da es mit der Bereitstellung des Helikopters dann doch nicht so schnell geklappt hatte, wie der Innenminister es ihnen versprochen hatte. Denn die Bundeswehr hatte die beiden Hubschrauber eigentlich für einen anderen Transport vorgesehen und musste beide wieder entladen, bevor sie nach Hannover fliegen konnten. Das führte dann auch zu einigem Ärger und leichten Reibungsverlusten bei der Bundeswehr, die nun einen Transport für ein wichtiges Nato-Manöver kurzfristig anders organisieren mussten. Hätte der kommandierende Feldwebel geahnt, dass er einen verrückten Entomologen mitsamt seinen privaten elf Koffern nach Helgoland schaffen sollte, hätte er sich wahrscheinlich geweigert, seine Befehle auszuführen. „Wir sind gleich da", sagte Dr. Lessinghaus. „Wie lange habe ich denn geschlafen?" wollte Dr. Ito wissen. „Das waren jetzt schon fast rekordverdächtige drei Stunden Schönheitsschlaf!" „Na, dann ist es ja gut", konstatierte Dr. Ito. „Dann sollten wir mal unsere Schutzanzüge anlegen, wer weiß, was uns da erwartet! Aber erst mal trinke ich noch einen Kaffee! Ist sowieso mein neues Hauptnahrungsmittel, seit wir diesen Fall bearbeiten." Dann holte er die Thermoskanne und schenkte sich und seinem Kollegen einen Becher voll ein. „Ich gehe nochmals online, und versuche, Dr. Skibbe auf Helgoland zu erreichen." Meinte Dr. Lessinghaus und nahm seinen Laptop auf den Schoß. Nach fünf Minuten sagte er dann nachdenklich: „Hm, das ist wirklich seltsam. Bisher hat er sich immer sofort gemeldet, wenn ich ihn mit höchster Priorität angemailt habe. Doch jetzt – einfach keine Reaktion, nicht mal eine kurze Lesebestätigung. Ich werde mal den Piloten bitten, die Station auf der priorisierten Dienstleitung anzurufen, vielleicht haben wir da mehr Glück." Dr. Lessinghaus ging zum Cockpit und bat den Copiloten, die Station anzuwählen. Nach weiteren fünf Minuten erfolgloser Versuche mit dem Bordtelefon kam Dr. Lessinghaus alarmiert zurück: „Es geht keiner ans Telefon, obwohl wir von hier ein klares Freizeichen kriegen. Da muss irgendetwas passiert sein! Hoffen wir, dass wir nicht zu spät kommen..." Dr. Ito sah auf die Uhr. 0.47h. Dann fragte er den Copiloten, wann sie endlich da wären. Dieser zeigte mit dem rechten Arm nach vorne, wo sie nun das

Leuchtfeuer des Helgoländer Leuchtturmes Roter Sand erkennen konnten. Im Strahl des Leuchtfeuers wurden helle Wellenkämme sichtbar. Sie sanken etwas tiefer. Und dann sahen sie, dass das ganze Meer rund um die Insel in kurzen Intervallen grünlich aufleuchtete, um dann wieder zu erlöschen.

Hannover, Toxikologisches Institut für pathogene Gifte, 0.36h

Professor Horvath und Professor Müllerheim saßen gemeinsam im Büro des Institutsleiters, schwiegen, grübelten und starrten sehr besorgt auf ihre Bildschirme. Dann sagte Professor Horvath entschieden: „Wir müssen den Piloten und Dr. Ito informieren. Wir können sie da nicht so einfach reinschicken. Wahrscheinlich wäre es doch besser, das Kampfmittelbeseitigungsteam der Bundeswehr zu involvieren." „Hm, meinte Professor Müllerheim – aber auf der anderen Seite haben wir es ja gerade erst erlebt, wie kooperationswillig die staatliche Seite hier tatsächlich ist! Da sterben Tiere und Menschen, und die reden nur von ihren Kosten! Wozu zahlt man eigentlich noch Steuern? Vermutlich doch nur, damit unsere Politiker und Beamten eine gesicherte Pension haben!" Professor Müllerheim schwieg verbittert. Der Leiter des Toxikologischen Institutes war bereits 70 Jahre alt, und es war eigentlich jetzt schon abzusehen, dass man ihn eines Tages aus dem Institut tragen würde, da er nicht daran dachte, in den Ruhestand zu gehen. Ihm blieb auch nicht viel anderes übrig, da sein staatlich geförderter und beaufsichtigter Pensionsfond letztes Jahr durch riskante Börsenspekulationen der Manager Pleite gegangen war, und er weder vom Sozialamt noch von staatlichen Rentenversicherungsträgern angemessene Leistungen für sein Lebenswerk erhalten würde. Er war sowieso mit Leib und Seele Toxikologe, und rein für den Fall, dass er eines Tages dement oder unheilbar krank werden würde, hatte er für sich eine kleine Giftmischung hergestellt, die ihn schmerzlos ins Jenseits befördern würde. Er würde sich jedenfalls nicht pflegen lassen wollen oder anderen auf der Tasche liegen, soviel war klar. Sein Hass auf staatliche Stellen jeglicher Art kannte grundsätzlich kaum Grenzen; daher machte er sich manchmal einen Spaß daraus, staatliche Stellen gegeneinander auszuspielen. Da er als unbeugsamer und geradliniger Geist galt, bekamen Politiker jeglicher Couleur es regelmäßig mit der Angst zu tun, wenn er Pressekonferenzen abhielt, um sie zum Handeln bei Umweltskandalen zu zwingen. Da bildete selbst der niedersächsische Innenminister keine Ausnahme, und auch der Ministerpräsident sah lieber zu, dass er sich mit der lebenden Institution Professor Müllerheim gut stellte. „Ich rufe jetzt den Piloten an", sagte Professor Horvath, „dann können wir auch gleich Dr. Ito und Dr. Lessinghaus fragen, wie sie die Lage einschätzen." Professor Müllerheim rieb sich die Zeigefinger an der Stirn und dachte angestrengt nach. Dann stand die Verbindung zum Piloten, und Professor Horvath ließ sich Dr. Ito und Dr. Lessinghaus an den Apparat holen. „Auch wir können Dr. Skibbe weder per Mail, noch per Telefon erreichen", sagte jetzt Dr. Lessinghaus. „Haben Sie die Insel oder die Station schon in Sicht? Sieht irgendetwas nach Ihrem Empfinden seltsam oder ungewöhnlich aus, sofern man das von Ihrer Position aus sehen kann?" wollte nun Professor Müllerheim wissen. „Ja, da ist etwas, der Pilot hat die Bordkameras seines CH53 aktiviert, um es zu dokumentieren. Wir schicken Ihnen gleich eine Kopie der Aufnahmen per E-Mail rüber. Das ganze Meer um Helgoland leuchtet ab und zu grünlich auf. So als wenn jemand eine schwache Neonröhre ein- und wieder ausschaltet. Auch der Pilot hat so etwas bisher noch nicht über der Nordsee gesehen. Das Phänomen ist deutlich stärker als das normale Meeresleuchten oder als die Erscheinungsformen des St.-Elmsfeuers, aber auch deutlich schwächer als menschlich erzeugte Lichtquellen. Es scheint einen natürlichen Ursprung zu haben, den wir aber aus dieser Höhe nicht eruieren können, " schaltete sich Dr. Ito ein. „Vielleicht sollten Sie unter diesen Bedingungen besser nicht auf Helgoland landen, es könnte gefährlich für Sie alle werden. Möglicherweise melden sich die Kollegen der Station nicht, weil sie bereits tot sind. Sie wissen, wie gefährlich dieses Gift ist!" „Was sollen wir denn dann tun?" fragte Dr. Ito. „Ich würde vorschlagen, dass Sie zunächst nicht landen, sondern erst in sicherem Abstand die Insel umkreisen. Vielleicht sehen Sie trotz der Dunkelheit etwas, dass wichtig sein könnte." „Ich kann unsere starken Suchscheinwerfer einsetzen und aus verschiedenen Richtungen die Insel anfliegen", schlug jetzt der Pilot vor. „Machen Sie das bitte, es ist ja zu Ihrer eigenen Sicherheit", sagte jetzt Professor Horvath. Der Helikopter drehte kurz ab, flog einen Bogen und hielt aus nördlicher Richtung mit eingeschalteten Scheinwerfern auf Helgoland zu. Was war das? Als sie sich dem Oberland näherten, erhellten die Scheinwerfer für einen Sekundenbruchteil eine große Menge von Insulanern, die hier am Geländer standen und auf das Meer starrten! Der Pilot schwenkte um Richtung Hafen – auch hier standen Insulaner und sahen auf das Meer, das immer noch schwach grünlich pulsierte. Während dieser Zeit liefen die Bordkameras des Helikopters und sendeten ihre Bilder jetzt per Echtzeitübertragung an Professor Horvath und Professor Müllerheim, die konzentriert auf ihren Bildschirm starrten. Der Helikopter flog nochmals die Insel aus einer anderen Richtung an, überall das gleiche Geschehen. „Versuchen Sie, am Hafen zu landen," wies ihn jetzt Professor Müllerheim an. Zwei Minuten später setzte der CH53 langsam am Pier von Helgoland auf; der zweite Transporthelikopter folgte seinem Beispiel eine halbe Stunde später. Dr. Fuyisho Ito und Dr. Thorsten Lessinghaus zogen jetzt ihre Schutzanzüge an und stiegen dann vorsichtig aus. Etliche Insulaner standen an der Pier und sahen die beiden an wie das achte Weltwunder. „Wie kommen wir am Schnellsten zur Biologischen Station?" fragte Dr. Lessinghaus den nächst besten Passanten. „Hier sind Sie richtig!" rief Ihnen ein winkender Glatzkopf entgegen und stellte sich Ihnen als Dr. Skibbe vor. Sofort informierte Dr. Ito den Piloten, damit Professor Horvath benachrichtigt werden konnte, dass die Mitarbeiter der Station offensichtlich noch O.K. waren. Auch das Wasser neben der Pier schimmerte grünlich. „Was ist das?" fragte Dr. Ito Dr. Skibbe als erstes, nachdem er sich und Dr. Lessinghaus kurz vorgestellt hatte. „Es sind offensichtlich Leuchtquallen, Dr. Ito. Möglicherweise gibt es einen Zusammenhang zwischen ihnen und den Todesfällen auf der Insel. Wir müssen dringend Proben davon einsammeln!" „Eine gute Idee, aber zuerst müssen wir dabei an unsere eigene Sicherheit denken." warf jetzt Dr. Lessinghaus ein. „Ich bin schon mal durch diese Quallen getaucht, und mir ist nichts passiert", meinte Dr. Skibbe jetzt. „Sie gehen da besser nicht rein, das können wir nicht verantworten", sagte Dr. Ito besorgt. „Kann man nicht einfach mit einem Plastikeimer oder etwas Ähnlichem einige dieser Meeresorganismen hier vom Pier aus einsammeln?" meinte jetzt Dr. Lessinghaus. Da kam Dr. Ito schon mit einigen Behältern in den Händen vom Hubschrauber zurück. „Gibt es hier einen Steg oder etwas Ähnliches, wo ich manuell ein paar Proben schöpfen kann?" „Da drüben!" sagte Dr. Skibbe und zeigte ihm einen quer angelegten Anleger für kleine Segelboote. Dr. Ito machte sich auf den Weg, Dr. Lessinghaus im Gefolge. Als er das Ende des Steges erreicht hatte, beugte er sich vorsichtig zum Wasser hinunter, und begann damit, einige leuchtende Proben von der Oberfläche zu schöpfen. Nach einigen Fehlversuchen hatte er schließlich etwas Leuchtendes im Schöpfbecher. Sofort füllte Dr. Lessinghaus die ihm angereichte Probe in ein Schraubglas um, welches er wiederum in zwei kleine dicht schließende Plastiksäcke füllte. Insgesamt holten sie so etwa fünf Proben der leuchtenden Medusen aus dem Wasser, als es plötzlich und ohne eine weitere Vorwarnung passierte. Dr. Ito hatte sich nämlich mit der linken Hand auf einen vorstehenden Holm am Steg aufgestützt, um mit der rechten Hand besser schöpfen zu können, und um näher am Wasser zu sein. Im Dunkeln hatte er jedoch nicht sehen können, dass die Holzplanke, auf die er sich hier stützte, schon halb durchgefault war. Und als er sich jetzt für Probe Nummer Sechs vorbeugte, krachte die Planke unter seiner linken Hand ohne Vorwarnung einfach weg. Weil sein Körpergewicht zur Hälfte auf der Planke geruht hatte, und weil die Planken vor ihm durch seine Schöpftätigkeit nass geworden waren, rutschte er nun kopfüber ins Wasser und sein weißer Schutzanzug verschwand gurgelnd unter der Oberfläche! Dr. Skibbe überlegte nicht lange, sondern handelte kurz und entschlossen. Ohne weiteres Nachdenken sprang er hinter her, ohne an die möglicherweise im Wasser lauernde Gefahr zu denken. Er packte Dr. Ito um die Taille, und schwamm mit ihm zu einer Leiter, die von der Mauer des Piers bis ins Wasser reichte. „Dr. Ito, sind Sie O.K.?“ fragte Dr. Skibbe, doch er erhielt nur ein Blubbern zur Antwort, welches ihn das Schlimmste befürchten ließ. Doch dann hob Dr. Ito überraschend den rechten Daumen hoch und zeigte an, dass er O.K. war. Zuerst kletterte Dr. Ito die Leiter hoch, dann folgte ihm Dr. Skibbe.

Hannover, Sitzungszimmer eines provisorischen Krisenstabes der niedersächsischen Landesregierung, 1.00h

Rechtsanwalt Dr. Werner Theißing unterdrückte mühsam ein Gähnen, nahm einen Schluck starken Kaffees und blickte dann konsterniert in die Runde. Oder besser ausgedrückt in die teils persönlich anwesende, teils auch in die nur virtuell per Konferenzschaltung anwesende Runde. Zugeschaltet waren der Runde der Kapitän der Fregatte Bremen, Heinrich Paulsen, der niedersächsische Ministerpräsident Ian Bannister, der zurzeit Verwandte in Irland besuchte, sowie die beiden Toxikologen Professor Lazlo Horvath und Professor Igor Müllerheim vom Toxikologischen Institut der Medizinischen Hochschule Hannover. Persönlich anwesend waren der Geschwader Kommandeur der Hubschrauberstaffel aus Bad Bentheim, Erich Zorn, sowie zwei Staatssekretärinnen des Innenministeriums, Aische Özdemir und Rebekka Ahrens, die eigentlich für Integrations- und Frauenfragen zuständig waren, aber die wegen der Urlaubssituation im Landtag die einzigen jetzt verfügbaren Mitarbeiter waren. Dr. Werner Theißing eröffnete die Sitzung, in dem er in ein bereitstehendes Diktaphon sprach: „Krisensitzung des provisorischen Krisenstabes der Landesregierung Niedersachsens, Beginn der Sitzung 24. August 2017, ein Uhr und drei Minuten. Grund: Eine Umweltkatastrophe bei Helgoland mit Todesfolgen und gesundheitlicher Gefährdung für Menschen und Tiere. Persönlich Anwesende: Dr. Werner Theißing, Innenminister, Erich Zorn, Geschwader Kommandeur der Hubschrauberstaffel Bad Bentheim, sowie die Staatssekretärinnen des Innenministeriums, Aische Özdemir und Rebekka Ahrens. Online zugeschaltet anwesend sind: Heinrich Paulsen, Kapitän der Fregatte Bremen, Ian Bannister, Ministerpräsident, sowie die beiden Professoren Lazlo Horvath und Igor Müllerheim vom Toxikologischen Institut der Medizinischen Hochschule Hannover.“ „Wie ist der aktuelle Stand?“ wollte der Ministerpräsident Ian Bannister wissen. Dr. Theißing nickte zunächst dem Geschwader Kommandeur der Bundeswehr aufmunternd zu. Erich Zorn, ein graumelierter Offizier im Alter von etwa fünfzig Jahren, hätte sich fast zum Rapport erhoben, bis ihm klar wurde, dass er es ja hier mit Zivilisten zu tun hatte. Er sah kurz auf die Uhr, dann sagte er: „Laut Plan müssten jetzt beide Transporthubschrauber vom Typ CH53 ordnungsgemäß auf dem Pier von Helgoland gelandet sein. Der Flug verlief ohne Schwierigkeiten, weil das Wetter und die Sicht gut waren. Soweit ich informiert bin, hat der erste Transporter ein seltsames Umweltphänomen dokumentiert und aufgezeichnet. Sie können die Bilder und

Videosequenzen jetzt von ihren Monitoren abrufen." Alle Konferenzteilnehmer sahen jetzt auf dem Bildschirm das geheimnisvolle grünliche Meeresleuchten, welches in Intervallen aufflammte, und dann wieder erlosch. Wie gebannt starrten sie auf ihre Flachbildschirme und Laptops. Nach einer kurzen Pause fragte der 46jährige Ian Bannister: „Was soll das denn sein?" „Das haben wir uns auch gefragt", warf jetzt Professor Müllerheim ein. „Einen Moment bitte, wir haben gerade einen Anruf von unserem forensischen Experten Dr. Lessinghaus." Eine kurze Pause trat ein. Dann sagte Professor Horvath: „Meine Damen und Herren des Krisenstabes, ich schalte ihnen jetzt in Echtzeit Dr. Lessinghaus zu." Der Kopf von Dr. Lessinghaus erschien jetzt in voller Größe auf den Bildschirmen, allerdings konnte man sein Gesicht durch die Übertragung nicht deutlich erkennen, da er immer noch seinen ABC-Schutzanzug trug. Auch klang seine Stimme wegen des Lautsprechers in seinem Helm etwas verzerrt. „Schon im Landeanflug bemerkten wir das Meeresleuchten, das sie wahrscheinlich bereits auf Video gesehen haben. Zunächst dachten wir, dass die Helgoländer Bevölkerung geschädigt worden sein könnte, doch dann bemerkten wir, dass fast alle Insulaner sich auf dem Oberland und am Hafen versammelt hatten, um das Meeresleuchten zu beobachten. Bislang scheinen zwar alle wohlauf zu sein, aber Dr. Ito und ich behalten zunächst rein präventiv unsere Schutzanzüge an." „Wovon wird das Leuchten verursacht, Dr. Lessinghaus, können Sie uns da weiterhelfen?" fragte der Innenminister Dr. Theißing geduldig. „Nun, wie es aussieht, handelt es sich um grünlich leuchtende Medusen. Es müssen Millionen von ihnen da sein, sie sind hier überall zu sehen, soweit das Auge reicht." „Was meint Ihr Kollege, Dr. Ito, dazu? Gibt es einen Zusammenhang zwischen den Medusen und den toten Robben und der verstorbenen Meeresbiologin?" wollte jetzt der Ministerpräsident wissen. Die Kamera schwenkte jetzt auf Dr. Ito, doch aus seinem Helmmikrofon kam nur ein unverständliches Blubbern. „Sorry", sagte Dr. Lessinghaus, „aber der Kollege ist vorhin beim Probensammeln vom Pier ins Wasser gefallen, das hat sein Mikrofon leider nicht überlebt. Wir haben gerade ihn und den Leiter der Biologischen Anstalt auf Helgoland, Dr. Skibbe, so gut es geht gereinigt und entseucht. Dr. Skibbe hat ihn aus dem Wasser gezogen. Wir stehen vor einem Rätsel. Denn wenn die Quallen tatsächlich so pathogen wären, wie man jetzt wegen des Robben- und Vogelsterbens annehmen könnte, dann dürfte Dr. Skibbe jetzt nicht mehr am Leben sein. Er hat jedoch nachweislich bereits zweimal den Kontakt mit diesen Medusen überlebt." „Professor Müllerheim, was meinen Sie dazu?" wollte jetzt Dr. Theißing wissen, der sich schon jetzt darüber freute, falls das Toxikologische Institut diesmal mit seinen Theorien völlig daneben liegen sollte. „Nun, zum jetzigen Zeitpunkt kann grundsätzlich keine Entwarnung gegeben werden. Ob die Medusen wirklich harmlos sind, müssen unsere toxikologischen Tests beweisen. Aufgrund unserer bisherigen Proben von einer Wasserleiche aus der Nordsee würden wir jedoch empfehlen, sicherheitshalber den gesamten Bade- und Fischereibetrieb an der Küste vorerst einzustellen. Denn sollten diese Medusen die Verursacher des Robben- und Vogelsterbens sein, dann ist höchste Wachsamkeit geboten, damit nicht noch mehr Lebewesen zu Schaden kommen. Wir würden zum gegenwärtigen Zeitpunkt sogar die Empfehlung aussprechen wollen, die anderen europäischen Anrainerstaaten der Nordsee von den Vorgängen zu informieren und diese ständig auf dem Laufenden zu halten." „Aber Professor Müllerheim", schaltete sich jetzt der smarte Ministerpräsident Ian Bannister ein, „ist das zum jetzigen Zeitpunkt nicht etwas übertrieben? Wegen ein paar toten Robben und Seevögeln so ein Aufheben zu machen? Es ist doch schließlich noch nicht zweifelsfrei bewiesen, dass es Zusammenhänge zwischen dem Tod der Meeresbiologin und dem Tiersterben gibt? Und die Helgoländer erfreuen sich bis jetzt offensichtlich bester Gesundheit!" „Herr Ministerpräsident", sagte jetzt Dr. Lessinghaus, „bitte gestatten Sie mir den Hinweis, dass die gesundheitlichen Folgen einer Vergiftung nicht immer sofort symptomatisch werden. Das heißt, dass es in einigen Fällen Stunden, Tage oder sogar Wochen dauert, bis die ersten Personen erkranken oder sterben. Insofern müssten wir auch die bereits evakuierten Touristen überwachen, um verlässliche Daten zu bekommen. Dr. Ito und ich werden unser Möglichstes tun, um herauszufinden, was es mit den Medusen wirklich auf sich hat. Allerdings kann das einige Tage dauern, da die Faktenlage noch sehr unübersichtlich ist. Deshalb werden wir auch die Leichen der Meeresbiologin und die einiger Meeresbewohner mit höchster Priorität nach Hannover schicken, damit sie dort in der Toxikologie untersucht werden können. Es wäre gut, wenn sie vielleicht noch mehr Personal für die Untersuchungen von anderen Instituten mit einbinden könnten, denn wegen der Fülle des gesammelten Materials werden wir mit unseren Kapazitäten kaum nachkommen können." Die Konferenzrunde schwieg betroffen. „Soll ich das mit ins Protokoll aufnehmen, dass wir weitere Experten mit anfordern sollen?" wollte jetzt Aische Özdemir wissen. Die intelligente Deutschtürkin war fünfunddreißig Jahre alt, und es war ihr keine Mühe, die wesentlichen Eckpunkte der Krisensitzung zu erkennen. „Tun Sie das", sagte der Innenminister Dr. Theißing. „Wir werden uns um Verstärkung bemühen", schaltete sich jetzt Professor Müllerheim ein. „Wir haben ohnehin schon alle renommierten Institute rund um den Globus wegen der ersten Wasserleiche aus Aurich kontaktiert und einen entsprechenden Informationsservice eingerichtet. Wir werden eine dringende Nachricht mit der Bitte um Mitarbeiter verschicken, damit wir zeitlich etwas aufholen können." „Dann würde ich Sie darum ersuchen, mir und dem Innenminister mehrmals täglich die neuen Zwischenergebnisse und Sachstände mitzuteilen", sagte jetzt der Ministerpräsident auffordernd. „Das hätten wir in jedem Fall getan!" rief Professor Müllerheim. „Außerdem werden wir morgen Vormittag eine Presskonferenz geben müssen, weil die Medienvertreter uns hier bereits jetzt die Türen eintreten", sagte Professor Müllerheim jovial und fügte dann hinzu: „Deshalb, Herr Ministerpräsident, würde ich Ihnen zu einem erstklassigen Krisenmanagement raten. Am besten wäre es, Sie würden Helgoland so schnell wie möglich einen Besuch abstatten. Sonst denkt die Bevölkerung vielleicht nicht mehr so positiv von Ihnen wie vor der letzten Wahl..." Ian Bannister ärgerte sich zwar etwas über den kleinen Affront von Professor Müllerheim, sagte dann aber zähneknirschend zu, seinen Urlaub in Irland abzubrechen und so schnell wie möglich nach Helgoland zu kommen. Auch der Innenminister schloss sich dem Ministerpräsidenten an. Des Weiteren verabredeten sie mit dem kommandierenden General der Hubschrauberstaffel aus Bad Bentheim, die rasche Evakuierung der Bevölkerung Helgolands für den Fall des Falles möglich zu machen. „Wissen Sie, was ein Hubschrauber am Tag kostet?" begehrte Erich Zorn auf, doch wurde er vom Ministerpräsidenten ziemlich rüde darauf hingewiesen, dass es hier um Menschenleben, und nicht um Kosten gehe. Danach diskutierten sie noch weiter über die Sperrung von Badestränden und die Überwachung der Strände, sowie die Frage, wie und wo man die Fischerei vorerst verbieten lassen solle. Sie einigten sich schließlich darauf, den Badebetrieb für die Küste Niedersachsens und die Fischerei in einem Gebiet von zwanzig Seemeilen rund um Helgoland zu verbieten. Die Fregatte Bremen wurde dazu angewiesen, das Fischereiverbot zu überwachen und das Sperrgebiet durch das Aussetzen von blinkenden Warnbaken zu markieren. Des Weiteren wurden aktuelle Informationen und Warnungen an die anderen Nordseeanrainerstaaten, sowie nach Schleswig-Holstein verschickt. Der Krisenstab arbeitete unermüdlich die gesamte Nacht durch, um alle notwendigen Sofortmaßnahmen zu treffen. Auch ein Bürgertelefon wurde als Hotline eingerichtet, damit die betroffenen Küstenbewohner einen Ansprechpartner hatten. Außerdem wurde auch ein Internetforum eingerichtet, um hier aktuelle Informationen so schnell wie möglich weiter geben zu können. Doch was auf den ersten Blick so „bürgerorientiert" aussah, gehörte in Wirklichkeit mit zum verdeckten Wahlkampf von Dr. Werner Theißing und Ian Bannister, die sich so bereits zwei Monate vor den Wahlen im Herbst ihre Posten sichern wollten. Was sie jedoch nicht ahnen konnten, waren weitere Großereignisse, die bis jetzt nur kleine und kaum sichtbare Schatten voraus geworfen hatten. Und mindestens einer von ihnen sollte das Opfer einer Macht werden, die weder Barmherzigkeit noch das Ansehen einer Person kennt. Einer Macht, die hart und unerwartet zuschlug, wie es ihr beliebte. Einer Macht, die alles umwälzte, was man heute für gut und richtig hielt.

Hannover, Apartment von Dr. Fuyisho Ito, 7.30h

Sichtlich geschockt erhob sich Irene Ito von der Toilette, zog ihre Hosen hoch und spülte die Toilette mindestens dreimal nach, so als könnte sie den eben erlittenen Schock damit einfach fortspülen. Sie riss das Badezimmerfenster auf und sog gierig die frische Luft in sich hinein. Dann hängte sie sich über das Waschbecken, unterdrückte einen Würgereiz und wusch sich das Gesicht mehrmals mit kaltem klarem Leitungswasser ab. Das konnte doch einfach nicht sein! Sie musste ihren Mann anrufen. Sie musste ihren Geliebten anrufen. Nein, zuerst besser ihren Mann. Wen denn nun zuerst? Verdammt, sie war völlig durcheinander. Dann überkam sie wieder der Brechreiz. Sie hastete zur Kloschüssel und übergab sich nochmals in die Schüssel. Es kam nur noch bittere Galle, da sie bereits alles andere von sich gegeben hatte. Dann spülte sie mehrmals, machte alles sauber, so gut es ging, und wusch sich nochmals am Waschbecken ab. Dann fiel ihr Blick wieder auf den kleinen länglichen Gegenstand, der neben der Toilette lag. Es durfte einfach nicht wahr sein! „Kleine Sünden straft der Liebe Gott sofort!" sagte ihr Mann immer. „Und die Großen?" fragte sie sich. Aber der Schwangerschaftstest war leider eindeutig: Positiv! Und das mit 37 Jahren! Was würden die Männer dazu sagen? Ein Kind war so ziemlich das Allerletzte, was ihr jetzt noch gefehlt hatte. Ein bisschen Spaß haben im Bett, das war doch nicht zu viel gefordert? Warum musste es nur schief gehen? Wie oft war sie fremdgegangen? Wie oft hatte sie mit Werner geschlafen? Fünf bis sechsmal etwa, überlegte sie. Hatte sie in letzter Zeit auch mit ihrem Mann geschlafen? Ja, das letzte Mal, kurz bevor er nach Toronto abreiste. Und nur einen Tag später hatte sie es gleich zweimal an einem Tag mit Werner getrieben! Es war also nicht so ohne weiteres nachvollziehbar, von wem das Kind war. Angenommen, es wäre nicht von ihrem Mann, konnte sie es ihm dann einfach unterjubeln, auch wenn es keine japanischen Merkmale hatte? Das wäre sicherlich schwierig, denn dumm war ihr Mann nun wirklich nicht! Konnte man einen Vaterschaftstest auch vor der Geburt machen lassen? Sie weinte. Erst verzweifelt, dann siegte die Wut. Verdammte geillebige Kerle! Sie mussten ja das Ergebnis ihrer Liebesaktivitäten nicht austragen! Dann wusch sie sich nochmals das Gesicht, atmete tief durch und dann kam ihr ein Ratschlag ihrer Mutter wieder in den Sinn: „Wenn Du eine Krise hast, dann trink erst in Ruhe eine Tasse Tee. Dann entscheide ruhig und rational, was zu tun ist." Und genau das tat Irene Ito jetzt. Nach dem Tee holte sie ihr Telefonbuch heraus, und rief ihre beste Freundin an. Nachdem sie sich dort einiges von der Seele gebeichtet hatte, legte sie auf und wählte die Nummer ihres Frauenarztes. Danach klingelte es ohne Vorwarnung an der Tür.

Helgoland Biologische Station, 1.00h bis 08.15h

Die Biologen der Station und die Toxikologen aus Hannover waren sehr erschöpft; hatten sie doch die gesamte Nacht durchgearbeitet. Zuerst hatten sich Dr. Ito und Dr. Lessinghaus das Kühlhaus mit den Leichen angesehen. Dr. Lessinghaus hatte sich in seinem weißen Schutzanzug angesichts der verstorbenen Meeresbiologin vor der Bahre niedergekniet, auf der ihre Leiche lag, und hatte ehrfurchtsvoll ein kurzes Gebet für sie rezitiert. Dr. Zuckmayer, der jetzt ebenfalls einen Schutzanzug trug, stand dabei neben ihm und begann zu weinen. Dann fragte er den Arzt: „Was sie da eben vorgetragen haben, klang sehr schön. Was war das?" „Es war ein kurzes Kaddisch in aramäischer Sprache für die Verstorbene, welches ich immer in solchen Situationen zitiere. Ich bin Jude, und das Awelim-Kaddisch ist das jüdische Totengebet, welches die Seele des Verstorbenen zu Gott begleiten soll." „Darf ich sie noch einmal sehen, fragte Dr. Zuckmayer?" „Gerne, aber lassen sie mich bitte erst nochmals prüfen, wie sie verpackt wurde, damit wir uns nicht selbst mit Toxinen verseuchen." Vorsichtig öffnete Dr. Lessinghaus die Plastikplane, in welche die Tote eingewickelt worden war, zunächst am Kopfende. Ihre Hautfarbe war sehr bleich und in ihren roten Haaren, die etwas strubbelig wirkten, glänzten hier und da kleine Salzkristalle. Ihre Augen waren friedlich geschlossen, doch ihr Unterkiefer hing haltlos herunter, was ihr hübsches Gesicht etwas entstellte. Mit einem geübten und erfahrenen Griff drückte Dr. Lessinghaus den Unterkiefer vorsichtig nach oben, wo er jetzt wegen der bereits eingetretenen Leichenstarre mit einem leisen Knacken einrastete. Dann öffnete er vorsichtig den Rest der Plane. Nun wurde der gesamte Körper sichtbar, der ausgewogene weibliche Proportionen aufwies, dabei fiel eine kleine Silberkette besonders auf, welche Dr. Susanna Pelzer zum Zeitpunkt ihres Todes um den Hals getragen hatte. Drei Anhänger hingen daran: Ein Herz, ein Anker und ein Kreuz. „Glaube, Liebe und Hoffnung", sagte Dr. Florian Zuckmayer jetzt, „die Liebe aber ist die Größte unter ihnen... jedenfalls hat sie das immer behauptet. Nur manchmal habe ich mich wirklich gefragt, wen oder was sie eigentlich am Meisten geliebt hat?" „Gott allein weiß es", sagte Dr. Lessinghaus und für einen kostbaren Moment trat ein andächtiges Schweigen ein. Dann packte Dr. Lessinghaus die Leiche wieder ein. Nun trat auch Dr. Ito mit in den Kühl-Container und sah sich die Verpackungen der Leichen an. Inzwischen hatte er einen neuen Helm aufgesetzt, so dass er wieder sprechen konnte. Und so machte er nun einen ungewöhnlichen Vorschlag: „Ich halte es für viel zu aufwändig, alle Leichen in Spezialsärge zu packen, die wir ja auch gar nicht in ausreichender Zahl hier haben. Machen wir es uns doch einfach: Wir verzurren alle so im Kühl-Container, dass sie nicht verrutschen können. Und dann lassen wir den gesamten Container von unserem CH53 nach Hannover fliegen!" „Aber die Leiche von Dr. Pelzer sollte trotzdem in einen Zinksarg gelegt werden, der Vorschriften und der Pietät halber." warf Dr. Lessinghaus ein. „Ist gut", sagte Dr. Ito, „doch wie kühlen wir sie während des Transportes? Hier ist es ja jetzt schon mindestens 12° Celsius warm drin. Wenn die Leichen zu warm werden, kann das alle Tests negativ beeinflussen, mal abgesehen von den Gerüchen." „Kein Problem", schaltete sich jetzt Dr. Zuckmayer ein. „Wir haben hier auf Helgoland einen Fischhändler, der immer große Mengen Eis da hat. Ich werde ihn gleich rausklingeln gehen, um mir einige große Eisblöcke geben zu lassen. Die tun wir hier auf den Boden und zwischen die Leichen, das sollte doch für die paar Stunden bis Hannover reichen." Danach ging er sofort los, um das Eis zu besorgen, während Dr. Ito mit dem Piloten sprach. „Ich muss erst die Windverhältnisse bei der Station prüfen, außerdem müssen wir erst nachsehen, ob wir die passenden Transportgeschirre dabeihaben. Grundsätzlich ist es kein Problem, den Container mitzunehmen, denn der ist mit Sicherheit viel leichter als der 6 Tonnen schwere Sea-King-Seenothubschrauber, den wir vor einigen Jahren mal wegen eines Motorschadens von einem Feld abtransportieren mussten. Ich werde mal die Kollegen fragen, wie es aussieht!" sagte der Pilot. Nach fünf Minuten kam er zurück. „Wir haben Glück! Mein Kollege hat ein passendes Transportgeschirr an Bord, und der Wind ist bisher nicht böig, sodass wir hier gute Karten haben!" Und so wurde der Kühlcontainer zunächst mit Eis bestückt und danach mühevoll, aber sorgfältig in das Transportgeschirr eingebunden, wobei alle mit Hand anlegen mussten. Dann kam der CH53 herangeschwebt, der Pilot richtete ihn gerade im Wind über dem Kühl-Container aus, und dann befestigten sie die Winsch Haken des Helikopters am Transportgeschirr. Nachdem Dr. Ito dem Piloten das zuvor verabredete O.K.-Zeichen gegeben hatte, hob der CH53 ab und ging mit dem Kühlcontainer auf eine Flughöhe von etwa 900 Fuß, ehe er Kurs Richtung Festland nahm. Währenddessen war Dr. Skibbe nicht untätig gewesen, und hatte per Internet und Telefon alle wichtigen Stellen von dem Transport und der wahrscheinlichen Ankunftszeit unterrichtet. Dann sprach er mit Dr. Ito und Dr. Lessinghaus über die Entseuchung der Station. „Nun", sagte Dr. Lessinghaus, „da wir die größten Gefahrenquellen beseitigt haben, sollten an dieser Stelle Dr. Itos spezielle Helferlein zum Einsatz kommen." Verwundert sah Dr. Skibbe sich nach Dr. Ito um, doch dieser war bereits zu einigen Kisten geeilt, die vor der Station aufgestapelt worden waren. Nach einer kurzen Suche im fahlen Licht der Stationslaterne fand er schließlich die Kiste, die er brauchte. Sie trug die Aufschrift „CRX-35-40". Vorsichtig öffnete er die Plastikbox, die zahlreiche speziell belüftete Kammern mit Schaben enthielt. Als Dr. Skibbe den Inhalt der Box sah, wurde er sichtlich bleich und rief: „Wollen sie uns hier mit diesem verdammten Viehzeug kontaminieren? Behalten Sie die bloß in der Schachtel! So etwas können wir hier gar nicht gebrauchen!" Doch Dr. Ito erklärte ihm daraufhin sachlich, dass er die Kakerlaken selbstverständlich nicht freilaufen lassen wollte. „Die Gemeine Kakerlake", dozierte Dr. Ito jetzt, „ist erfreulicherweise eines der Tiere, die bisher am empfindlichsten auf das unbekannte Toxin reagiert haben. Sie starben schon bei einem leichten Luftkontakt mit dem Gift. Wir brauchen also nur einige durchlöcherte Spezialboxen überall hier in der Station zu verteilen, um zu sehen, ob wir hier sicher sind. Falls Kakerlaken sterben, ist Gift vorhanden, denn diese Tiere hier sind noch ganz junge Exemplare. Ich schlage vor, die Boxen an den markantesten Punkten hier über die gesamte Station zu verteilen, und mehrmals täglich nachzusehen, ob sie noch leben. Den ersten Rundgang werde ich dann in einer Viertelstunde machen; sollte bis dahin noch keine Schabe gestorben sein, so werden Dr. Lessinghaus und ich unsere Schutzanzüge ablegen, da es uns allmählich doch ziemlich warm da drin wird. Sicherheitshalber werden wir auch draußen vor der Station einige Boxen verteilen." Gemeinsam mit Dr. Skibbe und Dr. Zuckmayer verteilte nun Dr. Ito die Boxen mit den Versuchstieren. Dann kontrollierten sie gemeinsam nach etwa zwanzig Minuten die gesamte Station, sowie die Boxen im Freien. Seltsam: Bisher war keine einzige Kakerlake gestorben! Auch den Kühlschrank hatten sie sicherheitshalber durchgecheckt, doch auch hier gab es keine Probleme. Sie legten die Schutzanzüge ab, und informierten sofort Professor Müllerheim und Professor Horvath von den positiven Ergebnissen. Dann tranken sie einige Tassen Tee und Kaffee, um sich wach zu halten. Währenddessen sprachen sie über das weitere Vorgehen. Es wurde in einem kleinen Nebenraum etwas Platz geschaffen für die Ausrüstung Dr. Itos, und Dr. Lessinghaus nahm währenddessen von allen Mitarbeitern der Station Blut- und Urinproben, die er in einer Sicherheitsbox unterbrachte und dann gleich zum zweiten Hubschrauber trug. Dort weckte er dann auch Dr. Müller-Schiffer auf, die bis jetzt aus Sicherheitsgründen im Hubschrauber geblieben war, und dort mehr schlecht als recht ein wenig geschlafen hatte. Außerdem hatte er in einer zweiten Box zwei Proben mit den in der Nacht eingesammelten Quallen eingepackt, die er mit entsprechenden Warnschildern versehen ebenfalls ins Institut nach Hannover schickte. Dann hob der Hubschrauber ab, und Dr. Lessinghaus half Dr. Müller-Schiffer dabei, ihre Ausrüstungen und ihr Handgepäck mit einer Handkarre zunächst zur Station zu schaffen. Dort wurde sie bei einer Tasse Ostfriesentee vom neuesten Stand der Ermittlungen in Kenntnis gesetzt. Danach bereitete sie ihr Equipment für ihre Untersuchungen vor. Währenddessen hatten die beiden Müllers mehrere kleine Aquarien für die gesammelten Medusen vorbereitet. Ihnen allen sollten noch einige Überraschungen bevorstehen.

Hannover, Apartment von Dr. Fuyisho Ito, 7.54h bis 18.30h

Irene Ito eilte zur Tür und äugte misstrauisch durch den Spion. Als sie niemanden sah, betätigte sie die Gegensprechanlage und fragte, wer da sei. „Hier ist Werner, ich habe eine Überraschung für Dich", flötete dieser schmeichlerisch. „Du, mir geht es nicht gut, ich habe die ganze Nacht die Schüssel umarmt!" sagte sie wahrheitsgemäß. Warum, verschwieg sie ihm wohl weislich. „Das ist schade, dann komme ich in der Mittagspause noch mal. Gute Besserung Irene!" Er war so schnell verschwunden, wie er gekommen war. Irene Ito atmete auf. Die Kunst war es jetzt, einen guten Grund zu finden, warum sie mittags nicht da sein konnte. Zum Glück hatte sie ihm keinen Schlüssel der Wohnung gegeben, das hätte die Lage enorm verkompliziert. Sie frühstückte kurz ein wenig leichte Kost, dann machte sie sich auf zum Frauenarzt. Nach einer Stunde qualvollen Wartens kam sie endlich dran, und wollte dem Arzt nach der Untersuchung das Problem schildern. Doch noch bevor sie richtig loslegen konnte, fragte er sie: „Wollen sie das Kind behalten?" Sie brach in Tränen aus und kam sich vor wie ein dummer Teenager. Er reichte ihr ein Taschentuch. Nachdem sie ihre Tränen getrocknet hatte, schilderte sie ihm stockend und in unzusammenhängenden Sätzen das Problem. Schließlich begriff er und sagte: „Also Frau Ito, wenn ich das jetzt zusammenfassen darf: Sie wissen nicht, von wem das Kind ist, Ihr Mann hat Ihnen bereits mit der Scheidung gedroht, und für sich und ihren Freund sehen sie keine gemeinsame Zukunft? Und sie müssten erst wissen, von wem das Kind ist, bevor sie es abtreiben oder adoptieren lassen? Sehe ich das richtig?" „Ja, Herr Doktor, so ähnlich – vielleicht will ich es aber doch haben, dann eben alleinerziehend. Wissen Sie, ich bin katholisch erzogen worden, und ich wollte meinem Ehebruch eigentlich nicht noch einen Mord hinzufügen! Ach, ich weiß gar nicht mehr, was ich glauben soll! Ich bin so durcheinander und fühle mich so seltsam, ja irgendwie schmutzig und doch auch wieder zehn Jahre jünger, wenn sie verstehen, was ich meine..." „Fälle wie den Ihren habe ich ziemlich oft hier. Ihre Entscheidungen kann ich Ihnen natürlich nicht abnehmen, aber zwei Dinge kann ich Ihnen raten. Das Eine, und das ist für Sie, Frau Ito, glaube ich, jetzt am Wichtigsten: Sollten Sie sich wie auch immer gegen das Kind entscheiden, so werden Sie Ihr ganzes weiteres Leben mit einem Verlustgefühl leben müssen. Ich habe noch keine Frau in meiner Praxis gehabt, die so etwas einfach ohne Gewissen wegsteckt. Und das andere: Reden Sie so schnell wie möglich mit beiden Männern und bringen Sie Ihr Leben – wie auch immer – wieder in Ordnung. Glauben Sie mir, es ist viel schlimmer, sich tage- und wochenlang mit Selbstvorwürfen und Depressionen zu quälen, als diese Sache rasch hinter sich zu bringen. Wenn Sie Ärger befürchten, dann sollte vielleicht eine gute Freundin bei dem Gespräch dabei sein. So etwas kann viele Spannungen herausnehmen und zu guten Lösungen führen. Als werdende Mutter haben Sie jetzt auch eine Verantwortung für das neue Leben, das in Ihnen wächst! Und vielleicht können Sie dem Kind ja trotz allem eine gute Mutter sein. Hier gebe ich Ihnen einige Kontaktadressen von verschiedenen

Beratungsstellen, vielleicht hilft es Ihnen ja weiter!" sagte er, und reichte ihr ein Faltblatt. „Und in Notfällen können Sie unsere Praxis jederzeit anrufen, auch außerhalb der Sprechzeiten. Da haben wir einen Anrufbeantworter für Notfälle und mit Notfallrufnummern laufen." „Bin ich denn noch nicht zu alt für ein Kind?" wollte Irene beim Hinausgehen noch wissen. „Auf gar keinen Fall, biologisch gesehen sind Sie topfit und wie geschaffen als Mutter", sagte der Arzt. Irene Ito verließ die Praxis, und ging in der nahen Eilenriede spazieren. Plötzlich begann sie, die Welt mit anderen Augen zu sehen. Da waren zahlreiche Mütter, seltener auch Väter, am hellen Vormittag mit Kinderwagen unterwegs. Trafen sich am Spielplatz, lachten, wickelten und stillten ihre Kinder. Bei anderen lief alles immer so einfach! Warum nur konnte es bei ihr nicht auch so einfach sein? Sie machte sich auf den Weg zur Straßenbahn und fuhr zurück nach Kleefeld. Zuhause angekommen machte sie sich etwas zu essen, und wartete auf Werner. Teils hatte sie wieder sexuellen Appetit bekommen, teils wollte sie es ihm sagen. Doch hatte sie irgendwie auch Angst, dass er sie verlassen könnte, wenn er von der Schwangerschaft erfuhr. Als es dann gegen halb eins klingelte, ließ sie Werner herein. Zum Glück war ihr nicht mehr schlecht, denn der Arzt hatte ihr ein gutes Medikament gegen die Übelkeit verordnet. „Ich habe ein paar hübsche Blumen für Dich!" sagte Werner, umarmte sie und gab ihr einen Kuss auf den Mund. Sie merkte, wie die Knospen ihrer Brustwarzen sich versteiften. Eine wohlige Erregung überkam sie; sie zerrte ihn erst in die Wohnung, und dann ins Bett, wo sie sich diesmal wild aneinander austobten. Sie wollte leben, wollte das Gefühl haben, sexy und attraktiv zu sein, war sie eben eine Nutte! Na und? Noch nie hatte sie so viel Lust verspürt. Es war geradezu so, als könnte es heute das letzte Mal sein. Erst kam sie, dann er, danach sackte er sichtlich erschöpft zur Seite weg. Sie blieb einen kleinen Moment liegen, dann ging sie ins Bad und machte sich etwas frisch. Danach saßen sie in der Küche zusammen und tranken eine Tasse Kaffee. Ohne weitere Vorwarnung kam es ihr über die Lippen, hinterher wusste sie es selbst nicht, wie es ihr geschah: „Du Werner, ich bin schwanger! Das Kind kann von Dir sein, kann aber auch von meinem Mann sein, das lässt sich jetzt noch nicht genau feststellen. Ich bin so glücklich und fühle mich wieder wie zwanzig!" Werner wurde sichtlich blass. „Und nun?" wollte er wissen. „Willst Du es denn haben?" Typisch Mann, dachte Irene, schwieg aber lieber. Zuhause bei seiner Frau den Biedermann spielen und bei mir dann die Sau rauslassen. Die ich so liebe, verdammt! „Ich bin mir nicht sicher, ich muss erst noch mit meinem Mann reden", sagte Irene. „Für mich, ich meine natürlich für uns, ist das doch hier nur ein Abenteuer, das morgen vorbei ist. Wie stellst Du Dir das vor, mit Kind? Das geht einfach nicht, dem können wir doch beide nicht gerecht werden!" „Ich kann trotzdem eine gute Mutter sein, auch wenn ich eine untreue Ehefrau bin!" rief Irene. „Ja verdammt noch mal, meinst Du denn im Ernst, nur Ihr Männer wollt Euren Spaß haben?" Betreten sah Werner sie an. „Würdest Du denn Deine Frau für mich verlassen?" forderte sie ihn heraus. „Das kann ich nicht so einfach entscheiden", sagte er, „darüber muss ich erst nachdenken." „Tu das", sagte sie, „wir sehen uns morgen!" Und damit hielt sie ihm die Tür auf, und er schlich wie ein geprügelter Hund von dannen. Sie knallte wütend die Tür zu. Und dann tat sie etwas, von dem sie selbst nie geglaubt hatte, dass sie es jemals tun würde: Sie rief einfach seine Frau an! Sie erreichte einen weiblichen Anrufbeantworter: „Hier ist Angela Isselmann. Ich bin zurzeit unterwegs. Sie können mich unter folgender Handynummer erreichen: 01715-5464564654." Sie rief die Handynummer an. „Hier ist Angela Isselmann, mit wem spreche ich da?" „Guten Tag Angela, ich darf doch Du sagen, ja? Ich bin Irene Ito. Das heißt, ich bin die Frau, die mit Deinem Mann regelmäßig schläft und jetzt schwanger ist. Ich glaube, wir beide sollten uns mal dringend treffen, um einiges zu klären!" Schweigen.

Dann ein Vorsichtiges: „Sagen Sie das noch mal, ich glaube, mir ist nicht gut!“ „Ja, die letzten Tage ging es mir ehrlich gesagt auch ziemlich dreckig“, warf Irene jetzt ein. „Können wir uns im Mövenpick am Kröpcke treffen? Ich könnte in einer halben Stunde da sein, “ sagte Irene, jetzt etwas selbstsicherer geworden. „Ist gut Frau?“ „Einfach nur Irene“, fiel ihr Irene Ito ins Wort. „O.K., ich sage alle Termine ab, in einer halben Stunde an der Kröpcke-Uhr! Wie erkenne ich Sie, äh Dich denn?“ wollte Angela Isselmann wissen. „Nun, ich werde einen hellen Trenchcoat tragen, im Übrigen bin ich blond“. „Also dann bis gleich!“ „Ja, ciao!“ Mit einem selbstzufriedenen Grinsen legte Irene auf. Dann rief sie im Institut an, erhielt aber nur die knappe Mitteilung, dass ihr Mann nur auf seinem Handy erreichbar sei. Sie wählte die Handynummer an. Keine Verbindung! Sie rief nochmals im Institut an und hinterließ eine dringende Bitte um Rückruf. Dann machte sie sich auf den Weg zur Straßenbahn. Nach zwanzig Minuten kam sie dann als zweite an der Kröpcke Uhr an. Dort wartete bereits eine andere, brünette Frau gleichen Alters. Beide sahen sich einen Moment unsicher an, dann stutzten beide, und gleichzeitig sagten sie: „Dich kenne ich doch aus der Schule!“ Dann lagen sie sich plötzlich in den Armen, weinten und gingen dann zusammen in das Mövenpick. Sie hatten jetzt sehr viel miteinander zu besprechen. Das Seltsame dabei war nur, dass sie gar keine Eifersucht spürten. Sie waren wie beste Freundinnen, die sich nur nach Jahren unter merkwürdigen Umständen wieder getroffen hatten. Sie redeten lange über Dr. Ito. Und über Werner. Und wie sie Werner eine Lektion für sein Leben erteilen wollten. Sie kicherten wie zwei Teenager, als sie ihren Plan ausheckten. „Der wird Augen machen!“ sagte Angela Isselmann. „Oh ja, den nehmen wir uns gründlich vor, “ sagte Irene Ito. Dann beschlossen sie, das notwendige Zubehör für ihre Aktion „Geiler Bock“, wie sie sie scherzhaft nannten, noch heute einzukaufen, um morgen einsatzbereit zu sein. Mit Werners Kreditkarte natürlich, von der sie vor ihrem Großeinkauf reichlich Geld abhoben. Noch nie hatten zwei Frauen so viel Spaß beim Shoppen in einem Sexshop gehabt. „Wenn schon sündigen, dann wenigstens richtig!“ rief Angela lachend! „Hast recht, der wird ganz schön doof aus der Wäsche gucken!“ entgegnete lachend Irene Ito! „Wollen es doch mal sehen, ob er ein richtiger Mann ist, oder ein elender Waschlappen!“ tönte Angela. Hätte Werner Isselmann auch nur geahnt, was ihn am nächsten Mittag bei Irene Ito erwartete, hätte er sich wahrscheinlich nach Südamerika abgesetzt. Aber so sollte er in eine tiefe Grube fallen, die er sich selbst gegraben hatte! Ein Entkommen war dabei völlig ausgeschlossen! Und ein grausames Erwachen stand ihm bevor. Völlig ahnungslos sollte er in die Falle tappen.

Hannover, Toxikologisches Institut für pathogene Gifte, 10.00h

Im Foyer des Institutes waren einige Stuhlreihen für die Journalisten und Medienvertreter gestellt worden, die wie gebannt auf Professor Müllerheim und auf Professor Horvath warteten. Schließlich eilten die beiden Professoren zusammen mit zwei ihrer Assistenten in den provisorischen Besprechungsraum und nahmen hinter den Tischen gegenüber den Presseleuten Platz. Zunächst ergriff Professor Horvath das Wort: „Guten Tag. Wir freuen uns sehr, dass Sie alle unserer Einladung gefolgt sind. Lassen Sie mich Ihnen zunächst eine kurze Übersicht über die Ereignisse der letzten Tage liefern, wie sie sich aus unserer Sicht heraus dargestellt haben.“ Professor Müllerheim nickte einem Assistenten zu, der den vorbereiteten Beamer anschaltete. Es wurde ein kurzer Film mit einem Abriss der Ereignisse der letzten Tage abgespielt. Er begann mit Bildern der Tierversuche mit dem Gewebe der kontaminierten Wasserleiche aus Ostfriesland. Als das Meerschweinchen qualvoll starb, erhob sich aufgeregtes Gemurmel im Saal. Dann schilderte Professor Horvath kurz die Todesfälle der beiden Pathologen aus

Aurich, erwähnte dann das Ableben der Meeresbiologin Frau Dr. Susanna Pelzer nach einem Tauchgang sowie das Ableben der Meeressäuger und Seevögel Helgolands. Die Journalisten schrieben eifrig mit, niemand wagte es, Professor Horvath zu unterbrechen. Dann schaltete sich Professor Müllerheim ein, und ließ den zweiten Assistenten Bilder des geheimnisvollen Meeresleuchtens auf Helgoland vom Vorabend präsentieren. Danach wurden Bilder der gesammelten Medusen eingeblendet, die einen recht harmlosen Eindruck machten. Alles blickte wie gebannt auf das Podium, als Professor Horvath dann einen mehrfach umwandeten Spezialbehälter aus Acrylglas präsentierte, der eine noch lebende Qualle enthielt. Dann ließ er den Raum verdunkeln, und die Qualle wurde kurz mit einem starken Halogenscheinwerfer angestrahlt. Als der Spot erlosch, leuchtete die Meduse im Dunkeln deutlich sichtbar grünlich auf, und begann, rhythmisch durch den Behälter zu pulsen und dabei immer wieder das grünliche Leuchten abzustrahlen. Die Journalisten schwiegen ergriffen. Dann wurden die Vorhänge wieder aufgezogen. Professor Müllerheim ergriff jetzt das Wort: „Haben Sie Fragen?" Sofort fragte jemand: „Wissen Sie es denn schon, ob diese Quallen für das Massensterben auf Helgoland verantwortlich sind?" „Wir arbeiten mit Hochdruck daran, und werden Ihnen erste Ergebnisse sobald wie möglich über unsere Kommunikationsplattform im Internet mitteilen. Momentan untersuchen wir hier im Institut zwei Exemplare dieser offensichtlich neuen Quallen Spezies auf eventuelle Toxine. Außerdem haben wir mehrere unserer besten Experten nach Helgoland geschickt, um vor Ort die Untersuchungen vorzunehmen, die wir hier nicht machen können. Dabei stehen wir in einem ständigen Austausch." sagte jetzt Professor Horvath. „Ja sind die Leuchtquallen denn nun giftig, oder nicht?" wollte eine Reporterin der Bild am Sonntag wissen. „Sagen wir es einmal so: Bisher ist es stark anzunehmen. Allerdings gibt es bisher mindestens 2 Personengruppen, die den direkten oder indirekten Kontakt mit diesen Tieren überlebt haben. Zum einen ist da der Leiter der Biologischen Anstalt auf Helgoland, der zweimal Körperkontakt mit den Medusen hatte, und der sich immer noch bester Gesundheit erfreut. Zum anderen ist da natürlich die Bevölkerung Helgolands, wo es bisher keine weiteren Todesfälle gab. Wir prüfen derzeit alle Hinweise und versuchen, die Zusammenhänge der Vorgänge transparent zu machen. Dazu sezieren wir jetzt auch unter höchster Sicherheitsstufe alle Leichen, die in irgendeinem Zusammenhang mit den Ereignissen standen. Außerdem auch die Leichen von Meeressäugetieren und Fischen von Helgoland. Während wir hier konferieren, arbeiten unsere Experten im Keller unseres Institutes bereits mit Hochdruck an den sterblichen Überresten." „Wie lange wird es dauern, bis Sie erste Ergebnisse haben?" wollte ein Fernsehreporter des NDR wissen. Professor Müllerheim entgegnete darauf: „Wahrscheinlich wird es täglich kleine Zwischenergebnisse geben, die wir erst zu einem großen Endergebnis addieren müssen. Es ist wie bei einem Puzzle, bei dem Sie noch nicht alle Teile haben, sondern nach einigen Stücken noch unter dem Tisch suchen müssen." Einige Journalisten lachten. „Aber ich versichere Ihnen, dass alle Kollegen des Institutes Sonderschichten fahren, und sowohl auf dem Tisch als auch darunter tätig sind!" Allgemeines Gelächter brach aus. „Sobald wir mehr sagen können, laden wir sie zur nächsten Pressekonferenz ein. Wir haben alle bisherigen relevanten Infos auf einer speziellen Demo-DVD für die Presse zusammengestellt. Sie können sich dort drüben gerne bedienen." sagte jetzt Professor Horvath, und wies seinen Assistenten an, einen silbernen Aluminiumkoffer, der abseits auf einem kleinen Tisch stand, zu öffnen. Daneben stellte der Assistent das Behältnis mit der unbekannten Quallenart auf ein kleines Podest, damit die Journalisten die Qualle filmen und fotografieren konnten. Die Leuchtquallen aus der Nordsee sollten an diesem Tag für Top-Schlagzeilen und hohe

Zeitungsauflagen sorgen, das Thema wurde heiß diskutiert in den Medien. Schlagzeilen wie „Die Killerqualle der Nordsee?“ oder „Wirklich nur eine harmlose Leuchtqualle?“ machten die Runde. Dann wurde die Pressekonferenz beendet, und die Journalisten drängten sich mit ihren Aufnahmen und der DVD des Toxikologischen Institutes in ihre Redaktionen. Endlich hatte die Saure-Gurken-Zeit ein Ende! Auch Innenminister Dr. Werner Theißing und Ministerpräsident Ian Bannister bekamen per Eilkurier die DVD zugeschickt. Außerdem bekamen sie per Webcam die gesamte Pressekonferenz in Echtzeit zugeschaltet. Ian Bannister bekam Angst. Ihm brach der kalte Schweiß aus. Noch nie hatte er sich so wenig kompetent beim Krisenmanagement gefühlt. Diese Krise konnte Folgen haben, die nicht nur für die Bewohner der Küste verheerend waren. Und er hatte keine Ahnung, wie er einer Gefahr begegnen sollte, die man zum gegenwärtigen Zeitpunkt weder klar lokalisieren noch einschätzen konnte. Gab es etwa doch noch Dinge in dieser Welt, die sich der Vorherrschaft der menschlichen Rasse einfach so entziehen konnten? Und wenn man die Gefahrenquelle gefunden hatte: Wie könnte man sie unschädlich machen? Oder war das überhaupt möglich? Ian Bannister nahm ein leichtes Beruhigungsmittel ein, dann griff er zum Handy, und begann die Heimreise nach Deutschland zu organisieren, um sich von seinen Befürchtungen abzulenken.

Hannover, Niedersächsisches Innenministerium, 11.00h

Ian Bannister war völlig erschöpft von der kurzen Nacht, während der ihn ein kleiner Lear Jet der Bundeswehr von Dublin nach Hannover geflogen hatte. Aische Özdemir hatte zwar wie er auch dunkle Ringe unter den Augen, lächelte ihm aber jetzt zu und schenkte ihm frischen Kaffee ein. Der deutsch-irische Ministerpräsident Niedersachsens saß zusammen mit der Deutschtürkin Aische Özdemir in seinem kleinen Büro, und ließ sich von ihr ein persönliches Briefing über alle Ereignisse der letzten Nacht geben. Die Tür war verschlossen, und Ian Bannister hatte seine Sekretärin angewiesen, alle anderen Amtsgeschäfte von ihm fern zu halten und diese gegebenen Falls an das Innenministerium zu delegieren. Ian Bannister hatte zwei Büros, doch wussten die meisten Mitarbeiter des Landtages und der Ministerien nicht, dass es neben seiner großen repräsentativen Amtsstube noch ein geheimes kleines Ausweichbüro für ihn gab. Vor zwei Jahren hatte er eine kurze, aber heftige Liaison mit Aische gehabt, die beide sehr genossen hatten. Sogar in diesem Büro hatten sie es nach Dienstschluss getrieben, was glücklicherweise nie ans Licht gekommen war, da sie beide sehr vorsichtig gewesen waren. So stiegen jetzt alte Erinnerungen an bessere Tage in beiden auf. Sie hatten sich damals eigentlich weder richtig getrennt noch gestritten, sondern waren lediglich durch besondere Lebensumstände auseinandergedriftet. Aische Özdemir war plötzlich an Brustkrebs erkrankt und hatte sich mehr als ein Jahr lang aufwändigen Operationen und mehreren Chemo-Therapien unterziehen müssen. Als Lohn für diesen hohen zeitlichen Aufwand, den sie in diversen Privatkliniken und Kurheimen ableisten musste, hatte sie nicht nur ihr Leben, sondern auch ihre beiden Brüste retten können, die nun nur geringfügig kleiner als vor der Krankheit waren. Ian Bannister hatte zwar während dieser Zeit weiter zu ihr gehalten, was er aber aus naheliegenden Gründen nicht offen zeigen durfte. Denn er war offiziell „glücklich“ verheiratet und hatte zwei eigene Kinder mit seiner Ehefrau Martha. So hatte er Aische lediglich ab und zu mit einem anonymen Absender Blumen geschickt, und außerdem dafür gesorgt, dass sie ihm nominell als Mitarbeiterin seines Stabes erhalten blieb. Letzteres fiel nicht weiter auf, da er das gegenüber dem Personalrat immer mit ihrer besonderen sozialen Kompetenz und ihren zahlreichen tatsächlich gegebenen Qualifikationen begründen konnte. Das zweite „Trennungsjahr“ war dann für beide so eine Art private Hölle gewesen, da sie sich jetzt zwar regelmäßig im Ministerium sehen konnten, dabei aber nie unbeobachtet waren und darüber hinaus beide in Arbeit ertranken. Sechzehn- und achtzehnstündige Arbeitstage waren für sie nicht die Ausnahme, sondern die Regel. Aische Özdemir war eine der wenigen Mitarbeiterinnen des Ministerpräsidenten, denen er ohne Bedenken vieles anvertrauen konnte. Wenn sie alleine waren, redeten sie sich per Du an; waren andere dabei, waren sie per Sie. Darin lag zwar eine gewisse Schizophrenie, aber für beide war es auch ein aufregendes Spiel, mit dem sie ihre Umwelt hinters Licht führten. Aische Özdemir hatte Ian Bannister noch nie so niedergeschlagen erlebt, wie an diesem Morgen. Und so begann er damit, ihr sein Herz auszuschütten. „Ach Aische, was ist das bloß für eine beschissene Welt geworden! Die Asse emittiert bereits Radioaktivität ins Grundwasser, wie ich erst vor drei Tagen in einem internen Report gelesen habe. Die Krebsrate in Niedersachsen ist seit den letzten fünf Jahren überproportional zu anderen Bundesländern angestiegen – was ich natürlich geheim halten soll und muss – meine Frau siezt mich bereits und jetzt noch dieser verdammte Umwelt-Gau! Warum mussten wir auch Helgoland vor drei Jahren von Schleswig-Holstein übernehmen? Manchmal wünschte ich es mir, wir hätten auf die Insel und auch auf das reiche Pinneberg mit seinen guten Steuerzahlern verzichtet! Aber wir mussten ja das nördlichste Bundesland wegen der verdammten Pleite der Nord Bank vor dem Ruin retten! Der Kanzler ruft, sein armer Diener aus Niedersachsen springt! Dabei haben wir genug eigene Probleme am Hals! Wo soll das alles noch hinführen? Alle erwarten von mir, dass ich Niedersachsen und die nördliche Hemisphäre der Bundesrepublik rette – aber wie denn, bitte schön, ohne Geld? Verdammter Länderausgleich! Und wenn es nach meinem Wirtschaftsminister ginge, dann würde er die Sozialämter schließen lassen, um dann die Bundeswehr auf die armen Demonstranten loszulassen... Was für ein Irrenhaus! Wenn es weiter so geht, haben wir hier sehr bald Verhältnisse wie in Belfast. Und davor habe ich wirklich Angst." „Ian, Du wirst das nicht alles alleine tragen können, aber ich weiß, dass Du einer der echten tough-guys bist, die auch mal unpopuläre Entscheidungen durchboxen können. Wenn Du jetzt in Helgoland punktest, dann kannst Du vielleicht sogar Dein ganzes Kabinett umstrukturieren. Du weißt, Du kannst mich immer fragen, wenn Du Hilfe brauchst!" sagte Aische zu ihm und gab ihm einen Kuss auf die Wange, während sie seine verspannte Schulter massierte. „Aische, ich habe wirklich Angst, Angst, dass es alles aus dem Ruder läuft. Kennst Du dieses verdammte Gefühl, wenn Dich die Ereignisse einfach so überrollen, und Du nichts mehr im Griff hast? Es ist, als wenn mich etwas Großes erdrücken will, und ich kann nirgendwohin gehen, um aus dieser Nummer wieder raus zu kommen. Was soll ich nur machen? Zum Psychologen rennen? Verdammt, wenn das jemand mitkriegt, dann kenne ich schon jetzt einige Kollegen, die sofort an meinem Stuhl sägen würden!" „Ian, versuch Dich, ein bisschen zu entspannen!" sagte Aische nun, und begann ihn zu massieren. „Was machen wir als Nächstes?" fragte er. „Am besten wir fahren zu Dir nachhause und packen ein paar Sachen für Helgoland, wahrscheinlich musst Du dort einige Übernachtungen einplanen. Ich kann Dir sogar offiziell dabei helfen und Dich auch nach Helgoland begleiten, wenn Du das möchtest!" „Ach, Aische, das wäre hervorragend! Ja, so machen wir es! Lass die Rebekka Ahrens sich um den Flug kümmern, außerdem soll sie die Presse informieren, wo und wann wir abfliegen! Das gibt dann wenigstens eine gute PR. Und Dr. Theißing soll nach meinem Abflug auch noch eine kleine offizielle Stellungnahme des Innenministeriums herausgeben, und uns dann – wie schon heute Nacht besprochen – so schnell wie möglich nachreisen, wenn hier ein vernünftiger Krisenstab arbeitet." Aische nickte nur, dann flüsterte sie ihm ins Ohr: „Und was wird aus uns beiden? Deine Familie ist ja noch in Dublin, sollten wir da nicht die Gunst der Stunde nutzen? Du wolltest doch meinen neuen Busen begutachten, hast Du alter Lüstling mir das nicht erst kurz vor Deinem Abflug nach Dublin gesagt?" Ihre Hand glitt sanft an seinem Bauch hinab, bis er sie zärtlich berührte. „Aische, ich weiß es gar nicht, was ich Dir sagen soll, aber Du weißt, dass ich Dich wirklich liebe! Aber eine Scheidung gibt es erst nach der Wahl, das weißt Du!" „Martha liebt Dich doch gar nicht mehr, vielleicht solltest Du die Heuchelei früher beenden! Die Leute lieben das immer, wenn einer reinen Tisch macht, da sehe ich für Deine Wiederwahl kein Problem!" „Ich denke drüber nach Aische", sagte Ian Bannister. Dann flüsterte er: „Warum zeigst Du mir Deinen neuen Busen nicht einfach hier und jetzt; niemand kann uns hier stören! Bei mir zuhause fiele das doch zu sehr auf, wenn der Chauffeur zu lange auf uns warten muss!" Aische begann, ihre Bluse auszuziehen, dann streifte sie rasch ihren BH ab. Dann flüsterte sie: „Willst Du einen Quickie, oder soll ich Dir einen blasen?" „Aische, mach, was Du willst! Du siehst immer noch so gut aus, wie früher, ich glaube, ich brauche jetzt einfach Super Woman, die mich rettet!" sagte er, und berührte zärtlich ihre reifen Brüste. „Die Retterin ist schon da", sagte sie lächelnd und öffnete sanft seinen Reißverschluss. Dann begann sie, ihn mit ihren vollen Lippen zu liebkosen, und als sie seine zunehmende Erregung spürte, setzte sie sich rittlings auf ihn, nachdem sie ihren Slip ausgezogen hatte. Es dauerte nicht lange, und beide erreichten fast gleichzeitig ein gemeinsames Ziel, das sie sich selbst gesteckt hatten. Sie küsste ihn, und für einen Moment war alles wie früher. Wie früher? Nein, es war alles irgendwie anders, reifer und sinnlicher geworden. Für einen Moment ließen sie sich treiben im Meer lange vergessener Empfindungen und Gefühle, doch beide wussten, wie zerbrechlich ihr kleines Glück war. Auf Helgoland würden sie weitermachen. Für Niedersachsen. Und für sich selbst. Und es ging niemand anderen etwas an. Sie erreichten nun gemeinsam den Höhepunkt. Für den Bruchteil einer Sekunde waren sie wahrhaft glücklich.

Dublin, 10.09h

Martha Bannister war alles andere als begeistert von der verfrühten Abreise ihres Mannes. Jetzt würde sie bei einem wichtigen Familienereignis wieder einmal alleine ihre Familie repräsentieren müssen. Keiner ihrer Verwandten würde dafür echtes Verständnis aufbringen, sie würden stattdessen alle hinter ihrem Rücken über die Güte ihrer Ehe tratschen. Wirklich toll! Was interessierten denn Iren schon irgendwelche Umweltskandale? Hier gab es schließlich fast nur grüne Wiesen, Moore und idyllische Farmen. Martha war im Gegensatz zu ihrem deutsch-irischen Mann eine echte Vollblutirin, sprach fließend Gälisch und erzog ihre Kinder konservativ und katholisch, wie es sich eben für anständige Iren gehörte. Sie lebte nur ungern in Niedersachsen, wo sie sich nicht so recht heimisch fühlte. Vielleicht kamen manche ihrer Probleme und Spannungen auch einfach von dieser Verschiedenheit, dachte sie. Dann klingelte es an der Tür. Ein Päckchen, für ihren Mann. Ohne Absender. Seltsam! Sie unterschrieb den Erhalt der Lieferung, und schüttelte das flache Paket, welches das Format eines Briefbogens hatte. Vorsichtig öffnete sie das Päckchen, doch es war keine Briefbombe darin. Sein Inhalt war allerdings noch brisanter, als es echter Sprengstoff gewesen wäre. Dabei lag ein kleiner Zettel, auf dem in einer zierlichen, fast schon feminin wirkenden Handschrift eine kurze Notiz geschrieben war. Sie atmete auf. Es handelte sich um eine „Bitte", welche sie nicht abschlagen würde, könnte sie doch damit ein großes politisches Debakel ihres Mannes verhindern. Was natürlich auch in ihrem eigenen Interesse lag. Dann ging sie zu einer öffentlichen Telefonzelle und wählte eine bestimmte Nummer, die sie nirgends aufbewahrte, als in ihrem Kopf, da allein die Kenntnis dieser Nummer schon ausreichen konnte, um sehr schnell in einem irischen Gefängnis zu landen. Sie führte ein kurzes Gespräch, dann legte sie auf und seufzte erleichtert. Monty würde alles für sie regeln. Danach rief sie sich ein Taxi und ließ sich zur Bank Of Ireland fahren. Dort veranlasste sie eine Umbuchung, mietete sich ein Schließfach und hinterlegte dort das Päckchen, das sie heute für ihren Mann angenommen hatte. Sollte er sich ihr gegenüber je etwas zu Schulden kommen lassen, konnte sie ihn damit politisch ruinieren, jederzeit und ohne weitere Vorwarnung. Es beruhigte sie sehr, endlich noch ein weiteres Dokument dieser Art zu besitzen. Sollten sie sich je scheiden lassen, würden ihr diese Dokumente eine sehr starke Verhandlungsposition ihm gegenüber geben. Auf jeden Fall würde sie eine angemessene Abfindung erhalten und nicht mittellos dastehen, so wie er es mit seiner ersten Frau bei seiner ersten Scheidung gemacht hatte. „Ian, pass auf, was immer Du tust!" dachte sie zufrieden. Dabei übersah sie jedoch, dass diese Dokumente sogar so brisant waren, dass sie vielleicht sogar selbst stark gefährdet sein konnte. Doch ihre Frustration und die chronische Wut auf ihren Mann mit seinen zahlreichen Liebschaften machten sie blind vor der Gefahr.

Helgoland, 12.30h

Nach der langen Nacht hatten sich alle für einige Stunden hingelegt, nun nahmen sie ihre Arbeit wieder auf. Auch die Bundeswehr war nicht untätig gewesen, und Hauptbootsmann Mill hatte mit seinem Zug an der Düne schon ganze Arbeit geleistet. Etwa die Hälfte der Tierkadaver hatten sie auf einen flachen Lasten Prahm geworfen, der im Flachwasser des Strandes der Düne sicher verankert war. Währenddessen umkreiste ein Motorboot, welches mehrere Schlauchboote im Schlepptau mit sich führte, die gesamte Insel, um tote Vogelkadaver einzusammeln. Die Marineinfanteristen, die dieser Aufgabe nachkamen, trugen wie auch ihre Kollegen am Strand der Düne weiße ABC-Schutzanzüge, was ihnen die Arbeit etwas erschwerte und sie in der sommerlichen Hitze schwitzen ließ. Immer, wenn sie ihre drei Beiboote mit toten Vögeln gefüllt hatten, fuhren sie zu dem flachen Last Prahm bei der Düne, und warfen ihre Funde zu den toten Robben. Es waren so viele tote Tiere, dass es drei Tage dauern sollte, bis sie alle eingesammelt hatten. Und der bestialische Gestank war selbst durch die gefilterte Atemluft ihrer Schutzanzüge wahrzunehmen. Oder bildeten sie sich das nur ein? Die Bilder, die sie hier sahen, würden sie jedenfalls niemals vergessen! „Was für eine Sauerei!" fluchten die Soldaten, wenn plötzlich mit der nächsten Flut noch mehr tote Seevögel angespült wurden. Auch Dr. Skibbe legte jetzt sicherheitshalber einen Schutzanzug an, wenn er seine tägliche Kontrollrunde bei der Düne von Helgoland machte. Eigentlich hatte er zwar jede Menge anderer Aufgaben zu erledigen, doch er wollte über alle Veränderungen am Strand auf dem Laufenden bleiben. An den Stellen, an denen die Kadaver der Kegelrobben und Seehunde bereits abtransportiert worden waren, wurden nun andere tote Seetiere in wahren Unmengen angespült. Zum einen türmten sich Berge von diversen Schwimmkrabben am Ufer auf, die einen besonders penetranten Fischgestank verbreiteten. Und dazwischen lagen tote Herzseeigel und Seemäuse, wobei es sich bei den letzteren um einen bis zu zehn Zentimeter langen Borstenwurm handelte, dessen Borsten in allen Regenbogenfarben leuchteten. Dr. Skibbe erinnerte sich daran, dass das Tier den lateinischen Gattungsnamen *„Aphrodita"* trug, mit dem der Erstbeschreiber dieser Art sicherlich auf die Farbenpracht seiner Borsten angespielt hatte. Doch jetzt lagen die Seemäuse verklumpt und stinkend am Ufer. „Was für eine ekelhafte Schönheit!" dachte Dr. Skibbe angewidert. Er machte von allen Ereignissen digitale Fotos, die er später Andreas Schnitzler geben würde, damit sie im Internet gezeigt werden konnten. Tote Seemäuse im Angespül fand man eigentlich nur nach einer Sturmflut, doch jetzt lagen sie hier in großen Mengen herum. Dazwischen lagen auch immer wieder andere Krebse aus allen möglichen Arten, doch handelte es sich meist um Krabben oder Einsiedlerkrebse. Es war, als hätte die Krebspest der europäischen Flusskrebse der Binnengewässer auch unter den Krebsen des Meeres Einzug gehalten. Dr. Skibbe stand vor einem Rätsel. Plötzlich sah er die Atemfontäne eines Schweinswales in nur zwanzig Meter Entfernung vom Ufer aufspritzen. Und dann sah er eine kleine Gruppe von Schweinswalen, die sich hier vergnügt im Wasser tummelte! Seltsam, den Tieren schien das Sterben der anderen Meeresbewohner nichts auszumachen, ja es war geradezu so, als ob sie die Abwesenheit der Robben begrüßen würden! Dr. Skibbe verstand die Welt nicht mehr. Einen Schweinswal überhaupt zu entdecken, war normalerweise fast schon so etwas wie ein Sechser im Lotto – und ausgerechnet hier, vor diesem apokalyptischen Todesstrand - hielten sie ein vergnügtes Stelldichein! Dr. Skibbe sammelte mit einer langen Pinzette vorsichtig so viele tote Tiere ein, wie er tragen konnte, und tat sie in eine große Plastiktüte. Dann suchte er den Strand nach gestrandeten Quallen ab, doch zu seiner Überraschung fand er hier nur sehr wenige der gallertartigen, fragilen Lebewesen. Unter einem rein saisonalen Standpunkt hätten es eigentlich erheblich mehr sein müssen, doch dem war nicht so. Er machte sich auf den Rückweg zur Station. Und dort überschlugen sich schon wieder die Ereignisse!

Helgoland, Biologische Station, 14.30h

Dr. Lessinghaus war nicht nur ein guter Pathologe, sondern auch ein brillanter Analytiker. Sein scharfer Verstand und seine Sinne arbeiteten auf Hochtouren, und auch wenn er schlief, löste er manche Probleme seiner Arbeit mit seiner hervorragenden Didaktik in seinen Träumen. Schon mehr als einmal hatte er in Stresssituationen bedeutende Erkenntnisse durch eine kurze Schlafpause zwischendurch gelöst. Er war später als die anderen ins Bett gegangen, doch war er bereits gegen 13.00h wieder aufgestanden, hatte sich frisch gemacht, und war dann zur Station geeilt. Gerade, als er dort ankam, traf er noch vor dem Eingang den Inselarzt, Dr. Nesemann. Dieser machte ein sehr besorgtes Gesicht. „Gibt es etwas Neues?" wollte Dr. Lessinghaus wissen. Dr. Nesemann antwortete ihm: „Ja, und es sieht beunruhigend aus. Einer meiner Patienten scheint dem Wahnsinn verfallen zu sein, und ich glaube, dass er einen ungeschützten Körperkontakt mit einem toten Seevogel hatte!" "Wer ist es denn?" fragte jetzt Dr. Skibbe, der mit einer Tüte voller toter stinkender Seetiere in der rechten Hand noch in seinem Schutzanzug steckte, und vor der Station darauf wartete, dass ihm einige Assistenten mit seinen Funden halfen und ihn vor dem Betreten der Station entseuchten. „Es handelt sich um den alten Hansen! Ich glaube, es wäre gut, wenn ein Toxikologe mitkäme, um sich alles aus der Nähe anzusehen", sagte Dr. Nesemann. „In Ordnung, ich komme sofort mit, doch erst möchte ich meinen Schutzanzug anlegen. Bitte warten Sie fünf Minuten auf mich!" sagte Dr. Lessinghaus. Nach einigen Minuten folgte dann Dr. Lessinghaus in seinem Schutzanzug dem Inselarzt zu dem kleinen Haus des alten Hansen. „Herr Hansen, sind sie da?" rief der Inselarzt. Die Haustür war nur angelehnt, und so trat Dr. Nesemann zuerst ein, den Mundschutz vor das Gesicht gezogen. Dr. Lessinghaus folgte ihm, dann fanden sie den alten Hansen im Wohnzimmer. Auf dem Tisch lag ein abgezogener Seeadler, den der Alte präparieren wollte. Federkleid und Körper waren bereits getrennt worden, auch stand ein kleiner Topf mit giftigem Eulan bereit, um damit das Federkleid vor der Verwesung zu schützen. Auch etwas Holzwolle zum Ausstopfen des Balges lag auf dem Sofa. Doch dazu war der alte Hansen nicht mehr gekommen. Jetzt lag er zusammengekrümmt auf dem Boden und halluzinierte ganz offensichtlich. Er murmelte unverständliches Zeug, während ihm

Speichel aus dem rechten Mundwinkel lief. Dr. Lessinghaus sagte jetzt zu Dr. Nesemann: „Schnell, verlassen sie bloß dieses Haus, hier ist wahrscheinlich alles verseucht! Ich kümmere mich schon um den Patienten!" Dr. Nesemann eilte hinaus. Dr. Lessinghaus versuchte, den Patienten anzusprechen und sagte: „Herr Hansen, können Sie mich verstehen? Ich bin Dr. Lessinghaus, ich werde Ihnen helfen." Unverständliches Kauderwelsch war die Antwort, Dr. Lessinghaus verstand nur das Wort „Kniiper". Und nochmals, diesmal deutlich: „De Kniiper!" Dann wurde der Ausdruck in den Augen des fiebernden Kranken plötzlich erstaunlich klar und er rief: „Ian Kniiper inne Tiiner, nicht iiten!" Dann röchelte er und spuckte eine weiße Masse aus, die in kleinen Bröckchen auf das Parkett fiel. Dann setzte seine Atmung aus und seine Augen brachen, doch hatte sein Gesicht einen zufriedenen Ausdruck angenommen. Dr. Lessinghaus konnte nur noch den Tod feststellen und dem Verstorbenen die Augen schließen. Dann sprach er ein Gebet für den Toten. Danach kehrte er zu Dr. Nesemann zurück, der vor dem Haus wartete. „Der Mann ist tot", sagte Dr. Lessinghaus ernst. „Ich hatte zufällig mein Diktaphon dabei, und habe seine letzten Worte aufgezeichnet. Können Sie das verstehen?" fragte er den Inselarzt und spielte ihm die letzten Worte des alten Hansen vor: „De Kniiper...ian Kniiper inne Tiiner, nicht iiten!" „Nun, er sprach von einem Taschenkrebs, den er wohl in seiner Hummerfalle hatte, und dass man den Taschenkrebs nicht essen solle", übersetzte der Inselarzt die im besten friesischen Halunder gesprochenen letzten Worte des soeben Verstorbenen. „Wir müssen alles untersuchen, und den Toten möglichst rasch obduzieren. Allerdings möchte ich nicht noch einen weiteren Raum verseuchen. Könnten Sie eine starke Lampe auftreiben, und mir im Schutzanzug assistieren? Dann würde ich die Obduktion sofort hier vor Ort durchführen. Ich weiß, dass das vielleicht etwas ungewöhnlich ist, eine Leiche im Wohnzimmer zu sezieren, aber wir müssen sichergehen, dass für die anderen Inselbewohner keine Gefahr besteht. Es würde viel zu lange dauern, die Leiche erst nach Hannover zu bringen. Es kann unter Umständen um Minuten gehen!" Dr. Nesemann nickte zustimmend, sichtlich geschockt, und machte sich dann zusammen mit Dr. Lessinghaus auf den Weg, um die für die Sektion nötige Ausrüstung zu holen. Bereits nach einer halben Stunde kehrten sie zurück, und widmeten sich ihrer grausigen Arbeit. Und was sie dabei herausfanden, sollte einen kleinen Puzzlestein darstellen, der unter den Untersuchungstisch von Professor Horvath und Professor Müllerheim gefallen war. Er sollte sich später nahtlos mit einem anderen Teil ergänzen, welches bis jetzt fast unbeachtet in einer Ecke gelegen hatte.

Helgoland, Biologische Station, 14.45h

Währenddessen waren auch Dr. Ito und Dr. Zuckmayer, sowie die beiden Müllers nicht untätig gewesen. Letztere hatten jetzt mehrere der gesammelten Quallen lebend in ihren Aquarien kultiviert, wo diese nun in einer langsamen Strömung auf und ab schwebten und von den beiden „Quallologen" mit Planktonfutter versorgt wurden. Dabei machten sie eifrig Notizen und Digitalfotos, um zunächst alles zu erfassen und zu sammeln, was man über die Quallen bei bloßer visueller Betrachtung herausfinden konnte. Dr. Ito war dagegen im Schutzanzug aufgebrochen, um möglichst viele Medusen aus dem Wasser zu fischen, denn für die toxikologischen Tests musste eine größere Menge der Tiere zunächst gesammelt, dann getrocknet und schließlich pulverisiert werden. Dabei wurde er von zwei Laborassistenten unterstützt, die ebenfalls Schutzanzüge trugen und die ihm halfen, mehrere Eimer mit Quallen zu füllen. Glücklicherweise war das Hafenbecken noch voller Medusen, so dass sie schon nach einer halben Stunde mit insgesamt 6 Eimern voller „Quallengelees" zurück zur Station wankten. Dort angekommen, schütteten sie ihre Beute in einen großen alten Kessel, den sie sich von einem Restaurant hatten bringen lassen. Dann pürierten sie die Quallen, indem sie das Ganze mit einem langen Stock umrührten. Sie nahmen einige Kanülen voll mit Proben von dieser Masse, dann versiegelten sie den Topf mit einer dicht schließenden Folie und betteten ihn vorsichtig in einen kleinen Aluminiumcontainer, in dem bereits die von Dr. Skibbe gesammelten toten Seetiere verstaut worden waren. All diese Tätigkeiten nahmen sie sicherheitshalber draußen im Freien vor. Als die Aluminiumkiste dicht schließend verpackt war, ließen sie die gefährliche Fracht von einem Helikopter der Bundeswehr nach Hannover ins Institut fliegen, da sie hier vor Ort keine technische Möglichkeit besaßen, aus den Quallen eine trockene untersuchbare Masse herzustellen, ohne sich selbst oder andere dabei zu gefährden. Dann ließen sie sich gründlich entseuchen und betraten die Station, um hier in einem Nebenraum die Möglichkeit zu schaffen, mit den gesammelten Proben Insekten- und Tierversuche machen zu können. Dr. Müller-Schiffer wartete bereits auf sie, und so konnten die ersten Versuche schon zwei Stunden nach dem Sammeln der Proben realisiert werden. Dabei behielten alle Beteiligten ihre Schutzanzüge an, was sich schon bald als richtige Entscheidung herausstellen sollte. Die Ergebnisse der Tests waren schockierend und sollten nicht nur ihnen klar machen, wie gefährlich die Materie war, mit der sie es hier zu tun hatten. Sie fanden einen weiteren wichtigen Puzzlestein, der jedoch noch nicht ausreichen sollte, alle aufgetretenen Phänomene naturwissenschaftlich zu erklären. Doch kamen sie der Lösung des Rätsels der vermeintlichen „Killerquallen" näher, als sie es zunächst erwartet hätten. Während Dr. Ito und Dr. Müller-Schiffer mit ihren Tierversuchen beschäftigt waren, hatte Dr. Skibbe den Biologen Florian Zuckmayer darum gebeten, die Tagebücher von Dr. Susanna Pelzer nach weiteren Einträgen zu durchforsten, die etwas mit dem Sterben der Meeressäugetiere zu tun haben konnten. Dabei stieß Dr. Zuckmayer in ihrem letzten Tagebuch aus dem Jahr 2017 auch auf eine Leidensgeschichte, die ihm die Tränen in die Augen trieb. Susanna hatte nie mit ihm darüber gesprochen, doch jetzt wurde ihm einiges klar, und er begann, einige ihrer Missverständnisse der letzten Zeit in einem etwas anderen Licht zu sehen.

Tagebucheintrag von Dr. Susanna Pelzer vom 03.05.2017

Würde ich jemandem sagen, dass ich mich ziemlich mies fühle, und dass es mir wirklich dreckig geht, dann wäre das wohl sehr stark untertrieben. Florian war heute zum Glück nicht da, weil er seine Eltern in Jennelt besuchte, und keinem in der Station fiel mein heutiges Fehlen auf, weil ich am Mittwoch sowieso schon oft meinen freien Tag genommen habe. Als ich aufwachte hatte ich furchtbare Bauchschmerzen, die bis in den Rücken ausstrahlten; außerdem hatte ich Blut im Urin. Ich wusste es sofort, dass etwas mit mir nicht stimmte, und schleppte mich gleich zu Dr. Nesemann, der mich in seiner Sprechstunde sofort vorzog, nachdem ich der ärztlichen Assistentin die Symptome geschildert hatte. Nachdem er mich angesehen und abgetastet hatte, wurde ich geröntgt und dann in den neuen Computer-Tomographen geschoben. Ich muss dann wohl Panik und Platzangst bekommen haben, weshalb die Schwester kommen musste, um meine Hand zu halten. Plötzlich kam ich mir wieder klein und hilflos vor! Gestern noch strotzend vor Gesundheit, heute sterbenselend! Himmelhochjauchzendzutodebetrübt, das trifft es wohl am besten! Dann diese qualvolle halbe Stunde des Wartens auf die Diagnose; der Blinddarm konnte es nicht sein, den hatten sie mir schon vor zwanzig Jahren rausgenommen. Also machte ich mich auf das Schlimmste gefasst. Schließlich kam Dr. Nesemann persönlich ins Wartezimmer und holte mich in sein Sprechzimmer. Ich weiß es nicht mehr genau, was er mir sagte, denn ich wäre vor Schmerzen fast vom Stuhl gefallen. Letztlich drang zu mir nur ein Fetzen durch. „Noch etwa sechs Monate". Hörte ich Dr. Nesemann sagen. Immer wieder. Ich muss ziemlich heftig geweint haben, er brachte mir Taschentücher. Dann gab er mir eine Spritze, und ich wurde ruhiger, die Schmerzen ließen etwas nach. „Frau Dr. Pelzer, ich habe Ihnen gerade etwas Morphium gespritzt, wie fühlen sie sich?" fragte er mich. „Bedeutend besser, diese Schmerzen sind kaum auszuhalten. Sie sagen also, dass das Gebärmutterkarzinom bösartig und nicht operabel sei, und dass ich vielleicht nur noch sechs Monate zu leben habe?" wollte ich wissen. „Nun, Frau Dr. Pelzer, natürlich könnten sie in die Uniklinik nach Hamburg fahren, doch ich fürchte, dass es nicht viel Sinn macht, Ihr Leben durch eine Operation oder eine Chemotherapie zu verlängern. Sie würden Ihre Leidenszeit vielleicht verdoppeln, vielleicht aber auch nicht. Ich dachte mir, dass es besser ist, wenn ich nicht um den heißen Brei herumrede, denn das hilft Ihnen nicht weiter. Sind sie eigentlich gläubig? Ich habe sie schon oft in unserem kleinen Gottesdienst in der Inselkirche gesehen, und ich habe mich ehrlich gesagt immer etwas gefragt, wie Sie persönlich dazu stehen?" „Ich glaube an Gott und weiß, wo ich einmal die Ewigkeit zubringen werde", hörte ich mich wie aus weiter Ferne selbst sagen, doch ich meinte es wirklich so. „Könnten Sie mich denn für meine Restlaufzeit schmerzfrei stellen?" fragte ich Dr. Nesemann. „Frau Dr. Pelzer, sie haben insofern Glück im Unglück, dass ich Ihnen da tatsächlich weiterhelfen kann. Sehen Sie hier, in diesem Prospekt für Palliativmedizinprodukte ist es sogar abgebildet. Es handelt sich dabei um ein kleines Gerät, welches so groß ist und auch so geformt ist wie eine normale Spirale, die zur Schwangerschaftsprävention eingesetzt wird. Nur dass diese Spirale in Wirklichkeit ein Morphiumdepot enthält, welches dafür sorgt, dass ihre Bauchschmerzen vollständig verschwinden werden." „Kann man denn die Dosis regulieren?" fragte ich etwas benommen, da mir die Morphiumspritze jetzt doch etwas zusetzte. „Aber ja, Frau Dr. Pelzer, das ist überhaupt kein Problem. Das Morphium wird entweder kontinuierlich in einer geringen Menge über den Tag verteilt abgegeben, oder sie benötigen mal etwas mehr, dann brauchen sie nur einen kleinen Magnetsender zu drücken, den sie bequem in der Handtasche tragen können. Dann wird etwas mehr Wirkstoff abgegeben, in dem sich ein winziges Magnetventil öffnet." „Kann ich denn weiterhin tauchen und Geschlechtsverkehr haben, ohne irgendwelche Beeinträchtigungen?" „Alles kein Problem, Frau Dr. Pelzer, Sie können sich Ihre Lebensqualität in vollem Umfang erhalten!" Ich war erst mal beruhigt. Dr. Nesemann versprach mir, die Spirale sofort anzufordern, so dass sie spätestens morgen oder übermorgen da wäre. Ich bat ihn darum, mit niemandem über meine Krankheit zu sprechen, insbesondere seine Arzthelferinnen sollte er entsprechend instruieren, was er entrüstet mit dem Hinweis auf die Schweigepflicht aller Beteiligten zur Kenntnis nahm. Dann gab er mir noch zwei kleine Ampullen Morphium und eine Spritze mit nachhause, damit ich notfalls die nächsten zwei Tage überstehen konnte. Ich lief den kurzen Weg nachhause in meine Pension, ich schien zu schweben, was wohl am Morphium lag. „Toll, jetzt bin auch noch voll auf Drogen!" dachte ich. Es war gut, dass Florian nicht da war, das hätte nur alles noch schlimmer gemacht. Ich duschte, machte mir etwas zu Essen und ging dann zur Station, um mich etwas mit meiner Arbeit abzulenken. Ich arbeitete bis spät in die Nacht und führte einige wichtige Telefonate. Um drei Uhr morgens ging ich ins Bett.

Tagebucheintrag von Dr. Susanna Pelzer vom 04.05.2017

Gegen 11 Uhr vormittags rief mich Dr. Nesemann auf meinem Handy an, zum Glück bekam keiner mit, worum es bei dem Gespräch ging. Das „Gerät" war bereits geliefert worden, und das sogar in der für mich passenden Größe, denn der Tomograph hatte hierfür ein individuelles Profil erstellt. Ich unterbrach die Arbeit, sagte Rüdiger, dass ich noch mal kurz nachhause und im Oberland etwas erledigen müsse, dann machte ich mich auf den Weg zu Dr. Nesemann. Hier traf ich im Wartezimmer zufällig mit Kerstin Müller zusammen, die prompt wissen wollte, was mich denn zum Arzt führen würde? Ich sagte ihr nur, dass es eine „typische Frauengeschichte" sei, was ja in diesem Sinne nicht gelogen war. Dabei müssen meine Augen etwas geträ̈nt haben – zum einen, weil mich die Frage so unvorbereitet tief getroffen hatte, zum anderen, weil ich gerade jetzt wieder Schmerzen bekam. Sie reichte mir ein Taschentuch, das ich dankend annahm. Manchmal ärgere ich mich über mich selbst, so nahe am Wasser gebaut zu sein, aber nun siegte doch die Ratio und ich sagte: „Ich muss wohl langsam in die Wechseljahre kommen, ist wahrscheinlich was Hormonelles." „Jedem Alter seine spezielle Seuche" sagte Kerstin, und ich wäre ihr am liebsten an die Gurgel gegangen. Das konnte ja echt heiter werden, wenn ich mich nicht mal wegen so einem blöden Gequatsche im Griff hatte! Doch ich grinste bloß und machte Gute Mine zum hoffentlich Guten Spiel. Nach einer halben Stunde kam ich dann dran, und die Schwester setzte mir die Morphinspirale ein. Es war zwar erst etwas unangenehm, tat aber zum Glück kaum weh. Es blutete etwas, aber das sei ganz normal, versicherte mir dann Dr. Nesemann, der sich das Ergebnis auf dem Röntgenschirm ansah. „Die Morphinspiralen werden übrigens immer mit höchster Priorität ausgeliefert", erklärte er mir, „sie wurde bereits gestern verpackt und heute mit dem Flugzeug angeliefert. Sie sind ja schließlich Privatpatientin." Manchmal hatte es eben doch Vorteile, ein wenig prominent zu sein. Dann bedankte ich mich bei Dr. Nesemann und fragte ihn, ob er mir den Gefallen tun könne, einige Unterlagen von mir aufzuheben und sie im Falle des Falles an die richtigen Personen auf der Insel weiterzuleiten. Er sagte mir das sofort ohne Zögern zu; außerdem steckte er mir noch die Telefonnummern mehrerer Seelsorger sowie seine private Handynummer für alle Fälle zu. Ich bedankte mich und mischte mich unauffällig unter die Touristen, die jetzt in Scharen am Geländer des Oberlandes standen. Dann holte ich mein Handy raus und rief meinen Vater an. Zuerst war er nicht sehr erbaut von meinem Anruf, denn wir waren vor knapp zwei Jahren im Streit auseinander gegangen und hatten seitdem Funkstille gehalten. Dann sagte ich ihm, dass Umstände eingetreten seien, die ein Treffen dringend nötig machen würden. Natürlich wollte ich es ihm hier zunächst noch nicht erklären, deutete aber an, dass es mit meiner Gesundheit zu tun habe. Ich hatte früher immer gedacht, dass es kaum etwas geben könne, was meinen Vater, diesen knallharten Geschäftsmann, irgendwie negativ beeindrucken könne, doch jetzt wurde ich eines Besseren belehrt. Er brach fast in Tränen aus, als er mich fragte, was ich denn hätte. „Ist es etwa der verdammte Krebs?" wollte er wissen, denn auch meine Mutter war vor mehr als zehn Jahren an einem ähnlichen Karzinom gestorben. Ich nickte bloß, bis mir einfiel, dass er mich ja nicht sehen konnte, dann bejahte ich seine Frage. Er brach tatsächlich in Tränen aus! Bisher hatte ich meinen Vater nur einmal weinen sehen, und das war bei der Beerdigung meiner Mutter gewesen. „Soll ich kommen?" wollte er wissen, doch ich schlug ihm stattdessen vor, selber nach Hamburg zu fahren. Außerdem verpflichtete ich ihn gleich, mit ja niemandem darüber zu reden; warum, das würde ich ihm noch erklären. Zum Glück konnte ich mich da schon immer auf ihn verlassen. Dann beendeten wir das Gespräch. Ich genoss die Aussicht auf die Weite des Meeres unter mir, als mir jemand von hinten ohne Vorwarnung die Augen zuhielt. „Oh Gott, Florian", durchzuckte mich ein Gedanke, den ich dummerweise auch noch laut äußerte. Ich drehte mich um, und blickte in sein lachendes Gesicht. „Na, habe ich Dich gerade mit einem Deiner zahllosen Verehrer erwischt?" wollte er wissen. Wahrheitsgemäß sagte ich ihm, dass ich gerade mindestens mit meinem zweitgrößten Verehrer telefoniert habe, woraufhin er in ein albernes

Kichern ausbrach. Im Nachhinein weiß ich es wirklich nicht, ob es sein Kichern war oder das Morphium, welches jetzt wohldosiert durch meine Adern floss – auf jeden Fall fiel ich in sein albernes Kichern mit ein und küsste ihn dann lange und zärtlich. Einige der Touristen um uns herum grinsten schon vielsagend, aber das war uns egal. Dann gingen wir gemeinsam zurück zur Station. Natürlich hatte er als erstes bei seiner Wiederkehr Kerstin Müller getroffen, die ihm brühwarm von meinem Arztbesuch erzählt hatte! Also trat ich die Flucht nach vorne an und sagte ihm, dass der Arzt mir wegen meines desolaten Hormonhaushaltes eine Spirale eingesetzt habe. „Wenn ich manchmal unter Stimmungsschwankungen leiden sollte, liegt das an diesen blöden Hormonen. Sei froh, dass Du keine Frau bist!" Das war nur halb gelogen und deshalb gab er sich damit zufrieden. Irgendwie hatte ich das Gefühl, Florian um etwas zu betrügen, doch auf der anderen Seite würde ich ihm dafür ein Vielfaches geben können. Ich hoffte sehr innig, dass er das eines Tages verstehen würde. Er, und die anderen auch! In der Station gingen wir dann zur Tagesordnung über und diskutierten über die jüngsten Totfunde von Kegelrobben. Es waren leider fünf mehr als im gleichen Monat des Vorjahres, doch schien sich das Verhältnis insgesamt verschoben zu haben. Fanden wir früher die meisten toten Kegelrobben in der kalten Jahreszeit oder im Frühling auf, so war dieses nun im Sommer der Fall. Ob das wohl am Klimawandel liegen könne? fragte sich Rüdiger. „Nun, die allgemeine Überfischungssituation spielt natürlich auch eine Rolle!" wandte Florian ein. Die Diskussion wogte eine gute halbe Stunde zwischen den Begründungen für die eine oder andere Hypothese hin und her, doch kamen wir so nicht weiter. Wir brauchten mehr Daten. Deshalb beschlossen wir, uns die aktuellen Statistiken anderer Länder mit Kegelrobbenbeständen zu besorgen, um unsere Daten abgleichen zu können. Außerdem wollten wir das gleiche für die Seehundbestände vornehmen, weil wir hier Ähnlichkeiten beobachtet hatten. Wie ich diese Büroarbeiten hasse! Endlose E-Mails und Telefonate, statt draußen im Feld bei den Tieren zu sein. Lieber wäre ich zwei Stunden in der noch relativ kalten Nordsee tauchen gegangen! Wir beschäftigten jetzt ein halbes Dutzend Leute weltweit mit dem Zusammentragen der Daten in einer für alle sichtbaren Datenbank im Internet. Das Ergebnis gab uns einiges zu denken. Denn fast alle anderen Robbenstationen vermeldeten ähnliche Grundtendenzen, wie wir sie beobachtet hatten. Daraufhin sahen wir uns die Todesursachen der aufgefundenen Tiere an und stellten fest, dass die meisten Sommertoten an gefressenen Plastikstücken und in alten Fischernetzen qualvoll verendet waren. Ein Tier war von einem Motorboot gerammt worden, weil ein Tourist damit ins Schutzgebiet eingedrungen war, und vier weitere waren offensichtlich an Altersschwäche gestorben. Diese Fälle wurden von uns aussortiert. Dann prüften wir die amtlichen Statistiken der Fischereibehörden und stellten fest, dass die Fänge der kleinen Beutefische der Robben in den letzten drei Jahren während des Sommers ebenfalls stark rückläufig waren. Das erstaunte uns insofern, als dass diese Arten eigentlich bisher immer von der Überfischung der großen Dorscharten, die Jagd auf sie machten, profitiert hatten. Doch waren beispielsweise die Erträge der Fischerei auf Wittlinge und Schellfische sukzessive um mehr als fünfzig Prozent eingebrochen. Für uns zeichnete sich hier ein schleichendes Drama ab. Offensichtlich fanden die Robben im Sommer nicht mehr genug Nahrung im Meer und fraßen aus der Not heraus Plastikmüll, den sie offensichtlich mit ihren kleinen Beutefischen verwechselten! Ich kochte vor Wut! Das musste unbedingt veröffentlicht werden, und wenn es nach mir gegangen wäre, hätte ich sofort eine Pressekonferenz anberaumt. Doch Rüdiger sagte zu mir: „Susanna, nun komm doch erst mal runter! Bislang ist das erst eine Hypothese, die wir noch hieb- und stichfest untermauern müssen. Wir brauchen noch mehr Datensätze; und außerdem sollten wir zu diesem Thema in diesem Herbst eine internationale Konferenz anberaumen. Denn wenn wir unsere PR-Arbeit auf den September verschieben, dann bekommen wir automatisch noch mehr brauchbare Daten, die unsere These stützen. Und was das Weltklima angeht, sollte es ja nicht schwer sein, die entsprechenden Daten noch von den Hydrographischen Instituten zu bekommen." „Genau", sagte Florian, „möglicherweise sagen diese Daten dann auch aus, dass es mehrere Ursachen für das Robbensterben im Sommer gibt. Es scheint momentan ohnehin kaum noch etwas von dem zu gelten, was wir früher über die Tiere wussten oder gelernt haben. Erinnert ihr Euch an die neugeborenen Kegelrobben im letzten September? Das hätte es theoretisch niemals geben dürfen. Doch die meisten dieser Jungtiere leben sogar heute noch!" Ich erinnerte mich gut an das Phänomen im September 2016, als Touristen uns aufgeregt von den niedlichen Robbenbabys erzählten. Wir glaubten es erst nicht, bis wir selbst nachgesehen hatten. Etwas stimmte da nicht oder nicht mehr, denn normalerweise gebären Kegelrobben ihre Jungen im Winter, und nicht im Spätsommer. Verkehrte Welt! Es erinnerte mich damals an die Eisbärweibchen, die mittlerweile nur noch zwei statt drei Jungtiere gebären. Möglicherweise können sich Tiere an den Klimawandel besser anpassen, als wir das je gedacht hätten. Vielleicht lag die Erklärung einfach darin, dass die Robbenmütter sich in zu warmen Sommern keine ausreichenden Speckreserven mehr für das Säugen der Jungen im Winter anfressen konnten, so dass sie nun begannen, Paarung und Geburt der Jungtiere umzuterminieren. So etwas war bisher weltweit noch nicht beobachtet worden, so sehr wir auch die anderen Robbenstationen anfragten! Irgendetwas Großes bahnte sich da draußen an, das hatte ich im Gefühl. Ich fühlte mich plötzlich alt.

Tagebucheintrag von Dr. Susanna Pelzer vom 15.06.2017

So, das Amtliche habe ich gestern hinter mich gebracht. Jetzt kann ich in dem Bewusstsein von dieser Welt abtreten, getan zu haben, was ich konnte. Gott helfe mir! Mein Vater war sehr stolz auf mich und es war das erste Mal seit Jahren, dass wir uns so viel zu sagen hatten. Ich glaube, unser Kaffeetrinken nach dem Termin beim Notar dauerte bis zum Abendbrot. Endlich hat Papa es eingesehen, dass Geld nicht alles ist. Im gegensätzlichen Verhältnis zu seinem Einkommen lebt er hier in einem bescheidenen kleinen Apartment, das zwar in der Elbchaussee liegt, aber das tatsächlich nur 60 Quadratmeter groß ist. Die Einrichtung ist eher sparsam, und außer unseren Familienbildern aus besseren Tagen hat er nicht viele andere Bilder an den Wänden hängen. Sein Wohnzimmer ist dafür mit vielen Grünpflanzen eingerichtet, und er ist ein leidenschaftlicher Orchideensammler. Das Herz des Wohnzimmers bildet jedoch ein mindestens zwei Meter langes Regenwaldtroparium, welches einen Wasser- und einen Landteil hat, Frösche und kleine Echsen beherbergt und außerdem einige kleine Fische im Wasserteil. Ich fühlte mich in seiner neuen Wohnung, die ich bisher noch nicht gekannt hatte, auf Anhieb wohl. Ich hatte Florian von diesem Besuch erzählen müssen, weil er eigentlich mit mir zusammen einen freien Tag nehmen wollte. Ich sagte ihm, dass es sich um eine wichtige Familienangelegenheit handelte, über die ich erst später mit ihm reden könnte. Wie wahr! Er konnte es ja nicht ahnen, dass ich zu diesem Zeitpunkt nicht mehr auf diesem Planeten leben würde... Irgendwie fand ich das Ganze fast schon komisch, und allmählich kam ich mir vor wie der Weihnachtsmann, der kleine Kinder beschert. Seltsamerweise bin ich momentan wieder obenauf, was wahrscheinlich an meiner allgemeinen Schmerzfreiheit infolge des Morphiums liegen dürfte. Bisher musste ich nur selten etwas nachdosieren. Auch fühle ich meine sonst üblichen Regelschmerzen und Kopfschmerzen nicht mehr. Endlich verstehe ich, warum Junkies Drogen nehmen! Nur manchmal macht mich das Zeug etwas träge oder hindert mich am Einschlafen, so dass mir Dr. Nesemann für diese Anwendungsfälle noch leichte Medikamente verschreiben musste. Grundsätzlich ist das nicht schlimm und fällt auch nicht weiter auf; meine Arbeit beeinträchtigt das zum Glück nicht. Unser Monitoring-Projekt schreitet auch voran, und wir konnten schon einige Zusammenhänge einwandfrei belegen und nachweisen. Auch die britischen Kollegen aus Schottland sind hier sehr fleißig, und ich glaube, dass unser internationales Symposium im September ein großer Erfolg werden wird. Leider haben wir nicht mehr so viele finanzielle Mittel für die Station, um noch mehr Mitarbeiter einzustellen – es würde einfach zu sehr auffallen, wenn mein Vater hier mit größeren Summen direkt finanziell helfen würde. Nun ja, was nicht ist, kann ja noch werden;-). Ich freue mich jeden Tag, wenn ich mir vorstelle, wie die Kollegen gucken werden... Leider gab es vorgestern wieder eine tote Kegelrobbe, die allerdings nicht bei der Düne, sondern im Felswatt gefunden wurde. Ein mittelaltes Tier, wie man unschwer am Gebiss feststellen konnte. Das Tier war mir einen Tag vorher schon aufgefallen, als es offenbar orientierungslos in Hafennähe herumschwamm. Ich hatte es eine Weile mit dem Fernglas beobachtet und festgestellt, dass das Tier möglicherweise sogar erblindet war. Das war vormittags gewesen. Nachmittags war das Tier dann schon in der Nähe des Felswatts, wo wir es später bargen. Solche Funde hatte ich leider schon einige Male gemacht, und aufgrund der Symptomatik vermutete ich eine Quecksilbervergiftung, verursacht durch verseuchte Beutefische. Die toxikologischen Proben bestätigten heute meine erste Vermutung, wie ich eben beim Checken meiner E-Mails feststellen musste. Manchmal wünscht man es sich einfach, nicht immer Recht zu behalten... Des Weiteren fanden wir im Gewebe dieser Robbe relativ hohe PCB- und Cadmiumwerte, die kein Mensch überlebt hätte. Manchmal wundere ich mich, dass hier im Wattenmeer überhaupt noch Tiere irgendwelcher Art leben können... Deshalb werde ich alles dafür tun, dass unser Symposium im September ein voller Erfolg wird. Zwar hoffe ich darauf, dieses noch erleben zu dürfen, doch falls nicht, werde ich Florian stärker als bisher fordern und in meine Arbeit mit einbeziehen. Dabei kommt es mir natürlich nicht ungelegen, dass ich ihm als Projektleiterin Aufgaben übertragen kann, gegen die er sich früher immer sträubte. Manchmal wird er dann etwas unlustig, aber bisher ist es mir noch immer gelungen, diesen leichten Unmut durch qualitativ guten Sex wieder etwas auszugleichen. Ich denke, er wird es später alles verstehen. Sein Lebenswerk und mein Lebenswerk werden eins sein, egal wie das Projekt ausgeht. Die Pfade werden sich dann für immer vereinigt haben, auch wenn ich nicht mehr da sein kann. Der Gedanke tröstet mich und nimmt mir eine schwere Last ab. Es gibt nicht viele Menschen, die so privilegiert sterben dürfen wie ich. Doch jetzt muss ich für heute leider Schluss machen. Florian wartet auf mich. Und mein erster Geliebter wartet auch auf mich – Jesus Christus. Die Selbstaufgabe ist ein Vorrecht des Gläubigen. Eines Tages wird das sogar Florian verstehen. Denn dem göttlichen Zugriff kann sich niemand entziehen.

Tagebucheintrag von Dr. Susanna Pelzer vom 16.06.2017

Heute habe ich zusammen mit Florian die tote Kegelrobbe in unserer Kühlkammer seziert. Dies war eine Tätigkeit, welcher er in der Vergangenheit noch nie beigewohnt hatte, er fand es ziemlich schlimm. Doch ich sagte ihm, dass man manchmal auch schlimme Dinge tun muss, um zu neuen Erkenntnissen zu gelangen. Vor allem interessierte uns der Mageninhalt des Tieres. Und was wir fanden, hat selbst mich erschüttert, ich hätte echt heulen können! Der Magen des Tieres war regelrecht ausgebeult und aufgedunsen, er war etwa doppelt so groß wie bei einem gesunden Tier. Er enthielt nur einen einzigen halb verdauten Fisch, eine Scholle von etwa zehn Zentimetern Länge. Ansonsten enthielt er noch Reste von Krebstieren, sowie diverse

Plastikstücke, eine Cola Dose und eine kleine Blechdose mit Resten einer giftigen Farbe, mit der wahrscheinlich ein Schiffsbesitzer irgendetwas angestrichen hatte. Die Farbe enthielt auch das vermutete Quecksilber, wie ich eben durch das Internet recherchieren konnte. Die Augen dieser Kegelrobbe fehlten bereits, da die Möwen sie aus dem Kopf gepickt hatten, bevor wir die Leiche bergen konnten. Der Gestank war schier unerträglich, doch was noch schlimmer war, war die Erkenntnis, dass etliche Meeressäuger durch solche und ähnliche Relikte von uns Menschen irgendwo unbemerkt starben; und das langsam und qualvoll, ohne Aussicht auf jede Rettung! Dann untersuchten wir noch den Darm des Tieres und stellten fest, dass er komplett leer war. Dieses Tier musste wegen der Verstopfung seines Magens mit vollem Bauch verhungert sein, und durch sein Hungergefühl hatte es in seiner Verzweiflung alles gefressen, was es hatte finden können. Und offensichtlich hatte es Plastikstücke nicht mehr von Fischen und Krebsen unterscheiden können! Wir machten Fotos und dokumentierten alles. Dann kippte mir Florian fast um, weil er den Geruch nicht mehr ertragen konnte. So setzten wir die Sektion schließlich bei geöffneter Tür fort, was zur Folge hatte, dass in der Station nebenan plötzlich alle Fenster zugeklappt wurden. Jetzt grinsten wir uns verschwörerisch an, wie zwei, die gemeinsam etwas ausgefressen haben, und Florian meinte nur noch: „Na, dass das mal nicht zu miefig wird in der Bude..." „Egal, ich verantworte auch den aufziehenden Mief!" rief ich, und wir lachten gemeinsam. Trotz des scheußlichen Anblicks, der sich uns hier bot. Dann sahen wir uns noch die Leber des Tieres an. Sie hatte einen leichten grünlichen Schimmer angenommen und war deutlich kleiner, als die Leber einer gesunden Kegelrobbe. „Was hat das zu bedeuten?" fragte Florian. „Nun, die Robbe hat offensichtlich schon seit längerer Zeit so viele Gifte in ihrem Körper abgelagert, dass die Leber ihren Aufgaben nicht mehr nachkommen konnte. Es ist fast schon mit der Schrumpfleber eines Alkoholikers vergleichbar. Das heißt, dass das Tier bald sowieso an Leberversagen gestorben wäre." sagte ich. Florian schwieg erschüttert. „So, jetzt weißt Du, wie und wo Du künftig die entscheidenden und wichtigen Organe bei einer Kegelrobbe findest, und wie Du sie entsprechend präparieren kannst. Ich erwarte von Dir, dass Du das später auch ohne mich hinbekommst, Du kannst Dir ja von jemand anderen dabei assistieren lassen." „Aber, das traue ich mir noch nicht so wirklich zu! Susanna, ich..." wollte Florian einwenden, doch ich unterbrach ihn: „Florian, als Projektleiterin kann ich mich nicht ständig mit dieser handwerklichen Arbeit rumschlagen – weißt Du, wie viele Meldungen, Verwaltungskram und sonstige Mails ich heute noch erledigen muss?" Florian schwieg betreten; ich merkte, dass es ihm nicht gefiel, dass ich jetzt die Chefin rauskehren musste. Deshalb sagte ich, um die Situation etwas aufzulockern: „Wir machen das jetzt so: Ich gehe mich jetzt erst mal waschen und umziehen, während Du Dich hier um den Abschluss dieser Arbeit kümmerst und hier ein bisschen sauber machst und aufräumst. Und nimm den Desinfektor. Lieber ruhig die doppelte Menge von dem Zeug, damit dieser bestialische Gestank hier wieder verschwindet. Ich erledige inzwischen den ganzen Papierkram, und heute Abend werde ich Dich auf Chinesisch verführen – na was hältst Du davon?" Er schwieg sichtlich perplex. „Also gut, dann bis nachher!" rief ich und küsste ihn kurz auf den Mund. Nach etwa zwei Stunden kam er zu mir ins Büro; er hatte sich inzwischen gründlich gereinigt, doch roch er immer noch ein wenig nach Robbe, da der penetrante Geruch in seinen Haaren und in seiner Kleidung hing. Deshalb bat ich ihn, zuhause duschen zu gehen und die Sachen in die Waschmaschine zu stopfen; ich würde dann meine Sachen noch dazutun. Dann zeigte ich ihm eine Checkliste mit allen schriftlichen Arbeiten, die ich nach der Sektion der Robbe noch zu tun gedachte; etwa die Hälfte der Punkte waren abgehakt. Dann sagte ich ihm, dass er sich künftig an dieser Liste orientieren könne, und dass ich dankbar wäre, falls ihm noch etwas dazu einfiele. Er stöhnte auf, denn etwa die Hälfte der von mir aufgelisteten Vorgänge standen auf der Liste der von ihm meist gehassten Tätigkeiten. So beispielsweise meine Idee der Zeugenbefragung, um wirklich alle Umstände beim Fund des toten Tieres aufzuklären. Er redete nicht gerne mit anderen, die er nicht so gut kannte, hier würde er noch viel an sich arbeiten müssen. Männer! Große Maulhelden, wenn sie eine Frau rumkriegen wollen, aber schüchtern wie die Erstklässler, wenn sie nur mal jemanden nach dem Weg fragen sollen! Murrend und vor sich hin grummelnd zog er von dannen. Dann machte auch ich meinen Computer aus und ging nachhause. Ich traf ein, als er unter der Dusche stand. Beste Voraussetzungen für die Chinesische Verführung, die er noch nicht kannte. Ich zog mich aus und zog meine chinesische Unterwäsche aus Seide an. An gewissen Stellen hatte diese gewisse Aussparungen, die ich ihn entdecken lassen würde; außerdem sprühte ich mich noch mit einem dazu passenden exotischen Jasmin Duft ein. Dann machte ich uns beiden dazu einen passenden Tee, von dem ich wusste, dass er einige anregende Pflanzenextrakte enthielt. Natürlich hatte ich über meiner Reizwäsche noch einen seidenen Morgenmantel angezogen. Dieses gute Stück hatte mich mehr als tausend Dollar gekostet, was Florian aber nicht wissen konnte. Dann verdunkelte ich unser Wohnzimmer und machte die Rollos runter, damit wir wirklich ungestört waren. Außerdem zündete ich für jeden von uns eine Kerze an. Alles wäre wirklich perfekt gewesen, wenn ich in diesem Moment nicht gerade einen flammenden Stich im Bauch gefühlt hätte. Verdammt, ausgerechnet jetzt, und Florian kam schon aus der Dusche! Ich musste zu meiner Handtasche gelangen, um etwas Morphium mit der Pumpe nachdosieren zu können, doch die lag noch drüben in der Station! Verdammter Mist, wie konnte ich bloß das Wichtigste vergessen? Ich ärgerte mich über mich selbst, als mir die Spritze einfiel, die Dr. Nesemann mir damals bei der Diagnose gegeben hatte. Aber wohin injizieren? In den Bauch, oder besser in den Arm, und wie viel? Ein neuer Stich, diesmal im Unterleib. Nun wusste ich, was los war: Die Spirale mit der Morphiumpumpe war verrutscht! Das konnte selten mal vorkommen, hatte Dr. Nesemann mir gesagt. Eigentlich hätte ich jetzt zum Arzt gehen müssen, aber das hätte meine Liebesbemühungen zunichte gemacht! So schob ich mich jetzt an Florian vorbei ins Bad und sagte, dass ich mal müsste. Dann machte ich hinter Florian die Tür zu, setzte mich auf die Toilette, atmete tief durch und machte erst mal eine Entspannungsübung. Dann tastete ich mich vorsichtig ab, und es gelang mir tatsächlich, das Problem selbst zu beheben. Ich machte noch einen Handstand, damit die Spirale dahin rutschen sollte, wo sie hingehörte. Dann verabreichte ich mir sicherheitshalber eine halbe Phiole Morphium ins linke Bein, den Rest hob ich in meiner Kulturtasche auf. Sofort merkte ich, dass ich begann, mich high zu fühlen – es war wohl doch etwas zu viel gewesen. Egal, ich machte mich frisch und ging zu Florian ins Wohnzimmer. Ich breitete meinen Morgenmantel weit auseinander und drückte alle die Knöpfe, die man bei einem Mann drücken muss, um ihn in Stimmung zu bringen. Dieser Abend endete mit einigen multiplen Orgasmen, die lange andauerten. Auch Florian war danach zufrieden und glücklich, da er nicht wissen konnte, dass meine sexuellen Höhepunkte wahrscheinlich nur durch das Morphium, und weniger durch seine Bemühungen ausgelöst worden waren. Diese Nacht wurde die längste Liebesnacht, die wir bisher miteinander verbracht hatten. Wir kamen mindestens dreimal zusammen, vielleicht waren es aber auch viermal; ich glaube, ich habe wegen des Morphiums nicht mehr alles mitbekommen. Gott sei Dank war es im Zimmer so dunkel, dass Florian meine erweiterten Pupillen nicht weiter auffielen. Dann musste er mal kurz ins Bad, und als er wiederkam, hielt er plötzlich die Spritze in der Hand. Er wollte natürlich wissen, was das sei, und ob ich Drogen nehmen würde: Zum Glück hatte ich so viel Morphium in mir, dass ich noch nicht mal erschrocken sein konnte. Ich überlegte kurz, und sagte dann, dass es sich dabei um so eine Art flüssiges „Viagra" speziell für Frauen handeln würde; das gehöre zu meiner Chinesischen Verführung. Wie das Zeug genau heiße, wisse ich zwar nicht mehr, aber dass es wirken würde, hätte er doch wohl gerade selbst erlebt? Wütend sah er mich an und sagte nur: „Tu das bloß nie wieder, denn ich möchte, dass Du Du bist und auch bleibst, ist das klar?" Beschämt nickte ich und versprach, es nie wieder zu tun, was ja in einem gewissen Sinne auch stimmte. Dann warf er die Spritze in den Müll. Offenbar hatte ich – ohne es zu wollen – seine Männlichkeit verletzt. Ich bat ihn um Verzeihung und sagte, dass es heute wohl alles etwas viel gewesen sei. Dann zog ich ihn an mich und kuschelte mich an seine behaarte Brust. Er küsste mich, dann lächelte er wieder und sagte, dass er eine Überraschung für mich hätte. Er stand auf, und kam mit einer kleinen Schachtel in der Hand herein. Er kniete vor mir nieder und fragte mich, ob ich ihn heiraten wolle. Er wünsche sich nichts sehnlicher, und er würde auch gerne meinen Nachnamen annehmen, wenn ich darauf bestehen würde. Jetzt blieb mir die Sprache weg! Eine Hochzeit hatte mir gerade noch gefehlt, wie sollte ich das alles nur in meiner „Restlaufzeit" schaffen? Aber um den Schein des Anstandes zu wahren, sagte ich erst mal ja und fiel ihm weinend um den Hals. Ich ließ alles raus; zum Glück konnte er zu diesem Zeitpunkt nicht annähernd ahnen, warum ich weinte. Hätte er es gewusst, hätte es das Ende unserer Beziehung sein können! Und vor nichts fürchtete ich mich mehr.

Helgoland, Biologische Station, 15.45h

Dr. Florian Zuckmayer hätte jetzt am liebsten geweint, er war total fertig mit den Nerven und fühlte sich einsam. So wenig hatte er sie also verstanden! Es kam ihm so vor, als wenn er die ganze letzte Zeit nur an Susanna vorbei gelebt hätte; Selbstvorwürfe begannen ihn zu quälen. Am meisten beschäftigte ihn jedoch die Frage, warum sie sich ihm nicht einfach anvertraut hatte, vielleicht hätte das vieles vereinfacht. Nachdenklich drehte er an seinem goldenen Verlobungsring, der später einmal ein Ehering hätte werden sollen. Der Ring von Susanna hing noch an ihrem Ringfinger; sie hatten ihn ihr nicht abnehmen können, weil ihre Finger leicht geschwollen gewesen waren. Ob er diesen Ring je wiederbekommen würde? Ach, was bedeutete schon so ein Ring, gab es jetzt nicht andere Dinge, die wichtiger waren? Er holte sich einen Tee und nahm gerade einen Schluck, als Dr. Skibbe alle Anwesenden zu einer kurzen Besprechung zusammenrief. „Es ist wichtig, deshalb habe ich es für nötig gehalten, Euch bei Euren Untersuchungen kurz zu unterbrechen. Im Laufe des frühen Abends bekommen wir hohen Besuch. Unser Ministerpräsident Ian Bannister hat seinen privaten Urlaub abgebrochen, und ist auf dem Weg zu uns. Er wird wahrscheinlich gegen 19.00h hier sein. Deshalb wäre es sehr gut, wenn wir ihm bis dahin schon einige erste Ergebnisse präsentieren könnten. Er hat mir persönlich zugesagt, uns zu unterstützen, wo er nur kann. Außerdem hat er die Vorgänge auf Helgoland zur Chefsache erklärt, der Innenminister Dr. Werner Theißing wird voraussichtlich morgen auch noch zu uns stoßen, sobald er in Hannover einen Krisenstab etabliert hat. Des Weiteren hat mich Professor Horvath von der Toxikologie Hannover angerufen, um mir kurz mitzuteilen, dass alle Leichen, das heißt sowohl die Leiche unserer Projektleiterin Frau Dr. Pelzer, als auch die Leichen der Meerestiere ersten toxikologischen Tests unterzogen wurden. In ausnahmslos allen fanden sich Spuren und Reste des gleichen Toxins! Das heißt, dass wir alle hier sehr vorsichtig bei unseren Untersuchungen vorgehen müssen. Deshalb möchte ich alle darum bitten, sich strikt an die Anweisungen der Toxikologen aus Hannover zu halten. Deshalb wird morgen Professor Horvath mit zusätzlichem Gerät zu uns stoßen, da wir ja bekanntermaßen keine toxikologische Station sind. Professor

Müllerheim wird dagegen persönlich die Sektionen der Leichen überwachen und die Ergebnisse zusammentragen, die wir dann auch sofort erhalten werden. Ach, und da fällt mir noch etwas ein: Wir hatten leider einen Todesfall hier auf der Insel. Der alter Herr Hansen ist verstorben. Dr. Lessinghaus und Dr. Nesemann nehmen bereits eine erste Obduktion im Hause des Verstorbenen vor, wegen der Dringlichkeit. Bitte seien Sie alle um Himmels Willen vorsichtig, denn wir wissen es nicht, was uns noch alles erwartet! Im Zweifel fragen Sie bitte Dr. Ito oder die anderen Toxikologen aus Hannover!" Dr. Skibbe schwieg erschöpft, während Dr. Zuckmayer bei der Erwähnung des alten Herrn Hansen sichtlich betroffen zusammengezuckt war. Susanna hatte sich relativ oft mit dem Alten unterhalten, um mehr über die Insel und die Lebensbedingungen der Tiere zu erfahren. Für Susanna, aber auch für Florian, hatte er immer eine offene Tür und einen Friesentee da, und sie hatten so manchen Nachmittag zusammen verbracht. Florian kannte den Alten, so lange er denken konnte – für ihn war er immer so etwas wie der der gute Onkel von nebenan gewesen. Nun war ihm auch noch der zweite Mensch genommen worden, der ihm auf dieser Insel wirklich etwas bedeutete. Er fühlte eine unendliche Leere und Trauer in sich aufsteigen. Und Wut. Denn irgendjemand musste doch für dieses Umweltdesaster verantwortlich sein! Es war jetzt ganz klar erwiesen, dass alle Todesfälle miteinander verflochten waren. Waren es die Quallen? Aber wenn sie es waren, wieso waren sie dann plötzlich so giftig? Irgendetwas konnte da nicht stimmen; sowohl Florian als auch Dr. Skibbe ahnten es. „Verdammt, Du lässt Dich treiben, und hast jede Initiative verloren!" dachte er halblaut zu sich selbst. Es war ihm, als würde Susanna direkt zu ihm sprechen. Sie hatte ihn in der letzten Zeit ganz schön ins Schwitzen gebracht, doch jetzt verstand er wenigstens, warum sie das getan hatte. Sie wollte ihn darauf vorbereiten, dass er ihr gemeinsames Projekt in jedem Fall auch alleine beenden könnte. Und er hätte sich das niemals zugetraut. Und jetzt stieg auch noch die Politik mit ein! Das konnte ja echt heiter werden! Dr. Skibbe trat zu ihm heran und fragte ihn: „Na Florian, hast Du schon etwas herausgefunden, wegen der toten Kegelrobben der letzten Zeit? Geben Susannas Tagebücher etwas darüber her?" Florian schwieg nachdenklich. „Tut mir leid, wegen des alten Hansen. Dr. Nesemann sagte mir übrigens vorhin, dass auch er Krebs hatte; allerdings war das nicht die Todesursache! Der Alte soll doch tatsächlich noch versucht haben, einen toten Seeadler auszustopfen! Aber er hatte wohl auch noch irgendwelches Meeresgetier gegessen, als er starb – ich hoffe nur, dass Dr. Lessinghaus so schnell wie möglich zu Ergebnissen kommt. Denn wenn die ganzen Seetiere jetzt auch noch alle verseucht sind, dann drehe ich hier langsam am Rad, dann werden wir hier irgendwann alle noch wahnsinnig!" „Der alte Hansen war ein Freund unserer werdenden Familie, er war fast so etwas wie ein Pate für uns", sagte nun Florian. „Über tote Robben schrieb Susanna recht viel, aber das sind alles Dinge, die uns hier nicht weiterhelfen. Tod durch Plastikmüll, Tod durch Unfälle mit Booten, Tod durch Altersschwäche – aber das ist alles nicht vergleichbar mit dem, was zurzeit da draußen abläuft. Mittlerweile kommt es mir fast so vor, als wäre unsere gesamte Robbenpopulation aus Solidarität mit Susanna gestorben, so verrückt das auch klingt. Und der alte Hansen ist ihnen auf dem Fuße gefolgt, weil er es ohne sie nicht mehr ertragen hat." Während dieses Gespräches mit den Kollegen der Biologischen Station hatten Dr. Ito und Dr. Müller-Schiffer in ihrem improvisierten Labor im Nebenraum vorsichtig weitergearbeitet. Da sie keine Schleusentür hatten, hatten sie ein großes unübersehbares Schild an der Tür aufgehängt, auf dem zu lesen war: ☣ ACHTUNG LEBENSGEFAHR! ZUTRITT STRENG VERBOTEN! ☣ Da sie in diesem Raum sonst keine andere Entlüftungsmöglichkeit hatten, arbeiteten sie bei gekippten Fenstern. Deshalb hatten sie auch in einem Umkreis von etwa zwanzig Metern draußen vor den Fenstern Warnschilder gleichen Inhaltes aufstellen lassen, damit niemand mit kontaminierter Luft in Berührung kommen sollte. Doch beiden war klar, dass diese Absicherungen angesichts der Gefährlichkeit ihrer Untersuchungsobjekte immer noch improvisiert und lächerlich waren. Ihre Arbeit wurde dadurch erschwert, dass sie beide ABC-Schutzanzüge tragen mussten, wodurch sie nicht besonders gut hantieren konnten. Für den Notfall hatten sie mit Dr. Skibbe vereinbart, die Alarmglocke zu läuten. In diesem Falle würde die ganze Station sicherheitshalber von allen binnen einer Minute geräumt werden, hatte Dr. Skibbe ihnen zugesagt. Denn außer Ihnen trug hier sonst keiner einen Schutzanzug, da dieses für die Kollegen zu aufwändig gewesen wäre. Auch hätten Schutzanzüge ihre normalen Tätigkeiten zu einem guten Teil gar nicht erst zugelassen. Alle wussten, dass sie sich hier auf dünnem Eis bewegten, und entsprechend leise und vorsichtig agierten sie. Andreas Schnitzler drehte jetzt alle fünfzehn Minuten eine Runde, bei der er die Kakerlaken in ihren Spezialboxen überwachte. Außerdem hatte Dr. Müller-Schiffer an den drei wichtigsten Punkten der Station jeweils eine kleine Box mit einer Labormaus aufgestellt, die Andreas Schnitzler ebenfalls kontrollierte. Bislang lebten alle Tiere, doch ein etwas mulmiges Gefühl verspürten sie alle, da sie ja jetzt etliche lebende und auch tote potentielle „Killerquallen" in der Station beherbergten. Dr. Ito hatte für seine Versuche einige tote Quallen in einem Eimer, der zur Hälfte mit Seewasser gefüllt war, seine Kollegin hatte ein ähnliches Behältnis. Beide Behälter hatten einen bei Bedarf dicht schließenden Deckel, doch war es ziemlich schwierig, diesen mit den dicken Schutzhandschuhen des ABC-Anzuges wieder abzubekommen. Beide schwitzten, denn sie hatten die Klimaanlage des Raumes ausschalten müssen, da sonst giftige Gase in die übrige Station gelangen konnten. Dr. Ito arbeitete an einem großen Labortisch links im Raum, während seine Kollegin den rechten Tisch mit ihren Versuchstieren besetzt hatte. In der Mitte hatten sie auf einem umgedrehten Papierkorb eine Box mit lebenden Kakerlaken gestellt, damit sie ein biologisches Warnsystem hatten, falls gefährliche Gase den Raum kontaminieren sollten. Dr. Ito schüttelte bedenklich den Kopf, als seine Kollegin diese Aufstellung der Box auf dem Papierkorb vornahm, doch sie hatten hier nur wenig Platz, und der Papierkorb war der noch am ehesten geeignete Gegenstand, um die Kakerlakenbox aufstellen zu können. Sie begannen ihre Versuche zunächst damit, dass Dr. Ito etwas Gewebe einer toten Qualle entnahm und dieses in eine spezielle Plastikdose legte. Dann legte er eine kleinere Plastikdose mit einer lebenden Kakerlake in die größere Dose mit der Gewebeprobe. Sie brauchten keine zehn Minuten lang abzuwarten, um den Tod der Kakerlake mit ansehen zu müssen. Die beiden Wissenschaftler sahen sich vielsagend an. Dann wiederholten sie den Versuch mit einer Labormaus. Diese zeigte erst keine Reaktion, dann versuchte sie etwa nach zwei Minuten aus der Box zu fliehen, um dann nach weiteren fünf Minuten wie irr im Kreis herum zu laufen. Nach sieben Minuten und drei Sekunden war die Maus bereits tot. Nun wussten sie, dass die harmlos aussehenden Quallen tatsächlich Träger eines Toxins geworden waren, welches Eigenschaften eines biochemischen Kampfstoffes besaß. Nach diesen ersten Versuchen wiederholten sie noch je einen Versuch mit einer Kakerlake und einer nackten Labormaus, in welchem sie die Tiere einem direkten Kontakt mit dem Gewebe der Quallen aussetzten. Die Kakerlake verendete sofort, während es bei der Maus einige qualvolle Minuten dauerte. „Wir müssen sofort Dr. Skibbe informieren, dass die Quallen die Killer sind, die seine Kollegin Dr. Pelzer, sowie die anderen Meerestiere auf dem Gewissen haben, sofern denn Quallen ein Gewissen haben können", sagte Dr. Ito. Deshalb beschlossen sie jetzt, alle toten Versuchstiere sicher zu verpacken, und dann den Raum weit zu lüften. Die Kakerlake in der Mitte des

Raumes raschelte immer noch munter in ihrer Box. Danach schrubbten sie sich gegenseitig ihre ABC-Anzüge mit einer speziellen Entseuchungslotion ab, bevor sie die Tür öffneten und nach Dr. Skibbe riefen. Niemand antwortete ihnen! Sie riefen nach Dr. Zuckmayer und nach Andreas Schnitzler, doch es erfolgte keine Reaktion! Sie verließen den Raum, verschlossen die Tür hinter sich und gingen durch die ganze Station. Doch die Station war komplett geräumt worden! Als sie zu den Aquarien kamen, wussten sie auch warum: Die neben den Quallenaquarien stehenden Kakerlakenboxen enthielten nur noch tote Kakerlaken, und so hatten wohl alle Forscher Hals über Kopf das Haus geräumt! Dr. Ito und Dr. Müller-Schiffer gingen jetzt zurück durch die gesamte Station und kontrollierten alle Behälter mit lebenden Labortieren, doch alle anderen Tiere waren wohlauf. Dann verließen sie die Station durch den Vordereingang, wo sie auf die anderen Kollegen stießen, die gerade darüber diskutierten, was man nun machen solle. „Die Quallen müssen so schnell wie möglich raus aus der Station!" sagte jetzt Dr. Skibbe. „Aber Rüdiger", warf Florian ein, „wenn wir die Quallen nicht in der Station halten können, wo denn bitte dann? Wir können ja nicht gut hier draußen Aquarien aufstellen, wo jeder damit Kontakt haben kann. Schließlich können wir hier draußen nichts absperren!" „Die Sicherheit von uns allen geht in jedem Fall vor", schaltete sich jetzt Dr. Ito ein. „Wir haben soeben klar nachweisen können, dass diese Quallen ein Toxin besitzen, welches sowohl in Form eines Aerosols über die Luft letal wirkt, als auch bei direktem Kontakt über die Haut. Allerdings stehen wir noch vor einem Paradoxon, welches wir bisher nicht verstehen. Denn laut ihren Schilderungen, Dr. Zuckmayer, verstarb Ihre Projektleiterin Frau Dr. Pelzer sofort nach dem Kontakt mit den Quallen, ist das so richtig?" fragte Dr. Müller-Schiffer nach. Dr. Florian Zuckmayer nickte nachdenklich zustimmend. „Aber bei unseren Versuchen verstarben die Säugetiere nicht sofort, sondern erst Minuten nach dem Kontakt mit dem Toxin, während die Schaben sofort starben. Und das verstehen wir einfach nicht. Warum verstarb Frau Dr. Pelzer sofort? Sie hätte eigentlich noch länger leben müssen! Und warum passierte Dr. Skibbe nichts? Er hatte doch auch Kontakt mit den Quallen, und dieses sogar zweimal! Irgendetwas stimmt da hinten und vorne nicht. Ich kriege ein ganz mieses Gefühl, je mehr Gedanken ich mir darüber mache. So etwas ist mir bei meinen vielen Jahren Forschungen über Gifte eigentlich noch nie untergekommen. Natürlich könnte ein Organismus rein theoretisch betrachtet immer eine Immunität gegen ein Gift ausbilden, aber er müsste bereits früher mit einer schwächeren Dosis des Toxins Kontakt gehabt haben. Ich frage mich allmählich, ob es wohl sein könnte, dass Sie, Dr. Skibbe, früher schon mal mit irgendwelchen ähnlichen Quallen Kontakt gehabt haben könnten?" wollte jetzt Dr. Müller-Schiffer wissen. „Eigentlich wäre mir das wohl bekannt, aber ich habe mit Quallen letztlich auch nicht mehr oder weniger Kontakt gehabt, als jeder, der hier ab und zu tauchen geht. Im Übrigen halten wir uns hier auf Helgoland beim Tauchen alle an die Vorschriften, da hier nur Forschungstaucher mit einer speziellen Ausbildung tauchen gehen dürfen. Das heißt, dass alle Kollegen, die hier tauchen gehen, im Grunde genommen hoch qualifizierte Taucher sind, die sicherlich alle darauf bestrebt sind, Kontakte mit Nesseltieren grundsätzlich zu vermeiden. Denn das gehört mit zur Grundausbildung eines Forschungstauchers. Denn Forschungstaucher arbeiten meistens alleine ohne Tauchpartner, damit sie ihren Aufgaben besser nachgehen können und sich nicht auf Kollegen konzentrieren müssen. Also ich hatte bisher nur sehr selten mal ein Problem mit Nesselquallen; und diese grünlich leuchtenden Quallen sahen wir bei unserem letzten Tauchgang zum ersten Mal. Glauben Sie mir bitte, aber solche Tiere habe ich hier in all den Jahren, die ich jetzt hier bin, noch nie gesehen." „Hm", überlegte jetzt Dr. Ito laut, „könnte Dr. Skibbe sich möglicherweise auch durch den Kontakt mit anderen Substanzen immunisiert haben?" und dann, zu Dr. Skibbe gewandt, sagte er: „Ernähren sie sich von irgendetwas, das nicht zum ganz alltäglichen Nahrungsspektrum der Durchschnittsbevölkerung gehört? Also, ich meine jetzt irgendwelche exotischen Früchte oder sonstige ausgefallene Nahrungsmittel?" „Nicht wirklich, ich esse gerne Müsli, normales Obst, zwei bis dreimal die Woche Fisch und wenig Fleisch. Und sonst eigentlich nur das, was andere auch essen." „So kommen wir wohl nicht weiter, Rüdiger," warf Dr. Zuckmayer ein, „wie verfahren wir nun?" „Wir müssen weitere Tierversuche machen, und zwar zunächst mit Meerestieren. Vielleicht können wir dann die Wirkungsweise des Giftes besser verstehen lernen. Denn wir haben ja an unserem Dünenstrand bisher nur sehr wenige tote Fische gefunden, und ich selbst habe heute Vormittag einige sehr muntere Schweinswale vor dem Strand der Düne gesichtet! Das passt doch auch nicht zusammen – die Robben sterben populationsweise, und die Schweinswale, die man sonst kaum sieht, haben ein fröhliches Coming Out! Da passt doch irgendwas nicht zusammen! Gewöhnlich findet man nach einer Umweltkatastrophe alle möglichen Meeresbewohner tot an den Stränden auf, aber hier scheint es nur ganz bestimmte zu erwischen! Und andere gar nicht! Es ist wirklich zum Verrücktwerden!" rief Dr. Skibbe. „Eine gute Idee, Dr. Skibbe, aber ich bin eigentlich nur für Insekten wirklich kompetent. Für Crustaceen und Fische bin ich nicht wirklich kompetent, als dass ich hier alleine Versuche machen könnte" sagte Dr. Ito. „Nun, dann muss Ihnen eben jemand von uns assistieren", sagte Dr. Skibbe und blickte in die Runde. Dr. Zuckmayer meldete sich freiwillig. „Ich kenne mich gut mit unseren Tieren aus, doch erst müssen wir überlegen, wie wir uns jetzt weiter organisieren, denn offenbar können wir mit den Quallen in der Station nicht weiterarbeiten." Daraufhin beschlossen sie, die Station vorerst zu sperren, und alle Verwaltungs- und Kontaktarbeiten mit der Außenwelt vom Nordseehotel aus zu erledigen. Außer Dr. Ito und Dr. Müller-Schiffer sollte dann außerdem noch Professor Horvath hinzugezogen werden, der allerdings erst morgen Vormittag mit seiner Ausrüstung auf Helgoland ankommen würde. Des Weiteren sollten die beiden Müllers bei allen Versuchen und Versuchsanordnungen assistieren. Wenn Professor Horvath keine geeigneten Schutzvorrichtungen mitbringen würde, dann müssten sie eben alle in ABC-Schutzanzügen arbeiten, was nicht unproblematisch war. Denn man konnte mit so einem Anzug nicht mal eben zwischendurch eine Kaffee- oder eine Pinkelpause einlegen, sondern man musste damit wohl oder übel durcharbeiten, wobei alle Beteiligten vier Stunden als Minimum ansahen. Dann holte Dr. Skibbe im Schutzanzug alle wichtigen Laptops und Unterlagen aus der Station, während sich Dr. Ito um die Absicherung der Anlage kümmerte. Er schloss alle Fenster von innen und hängte an allen Türen große Warnschilder auf: ☣ Biologisch-Chemische Kampfstoffe! ☣ ACHTUNG LEBENSGEFAHR! ☣ ZUTRITT STRENG VERBOTEN! ☣ Danach machten sich Dr. Ito und Dr. Zuckmayer auf den Weg zum Haus des alten Herrn Hansen, um Dr. Lessinghaus und Dr. Nesemann von den neuen Ergebnissen der Forschungen in Kenntnis zu setzen. Gleichzeitig nahm Dr. Skibbe vom Nordseehotel aus Kontakt mit Professor Müllerheim auf. Er informierte ihn von den jüngsten Geschehnissen, und bat ihn außerdem darum, den im Anmarsch befindlichen Ministerpräsidenten zum Nordseehotel zu schicken. Dort würde er diesem ein kurzes Briefing zu den neuesten Entwicklungen geben. Gleichzeitig sagte Professor Müllerheim zu, per Mail die wichtigsten Feststellungen der Toxikologen aus Hannover an die Kollegen auf Helgoland zu übermitteln. Selbstverständlich würde der Ministerpräsident gleichzeitig auch darüber informiert werden. Dann beendeten sie ihr Gespräch, und Dr. Skibbe eilte zum Empfang, um einen Konferenzraum für seine weitere Verwaltungs- und Kommunikationsarbeit zu buchen, sowie einen Raum für eine kurze improvisierte

Pressekonferenz zu beschaffen, bei der auch der Ministerpräsident Niedersachsens zu Wort kommen sollte. Danach sackte Dr. Skibbe erschöpft auf einem Sessel in der Lounge des Hotels zusammen. Oder war es doch mehr als nur Erschöpfung?

In einem CH53-Helikopter der Bundeswehr, etwa 80 Kilometer entfernt von Helgoland, 17.35h

Ian Bannister schlief auf einer einfachen Pritsche neben der Spezial-Ausrüstung Professor Horvaths, die man bereits eilig vorab eingeladen hatte. Währenddessen überwachte Rebekka Ahrens alle eingehenden E-Mails und das Internet, um hinsichtlich der Vorgänge auf Helgoland immer auf dem neusten Stand zu sein. Aische Özdemir saß vorne beim Piloten und starrte angestrengt nach draußen, wo das Meer damit begann, das Blickfeld auszufüllen. Sie hatte die Aufgabe, eventuell eingehende Funksprüche für den Ministerpräsidenten entgegen zu nehmen. Deshalb trug auch sie wie der Pilot ein Head-Set mit Funksprecheinrichtung. Sie musste innerlich grinsen, wenn sie an den schlafenden Ministerpräsidenten dachte. Groß im Bett waren ihre Männer immer – aber hinterher? Da sie schon seit einiger Zeit keine Verhütungsmittel mehr genommen hatte, war es außerdem nicht unmöglich, geschwängert worden zu sein. Auch nicht schlecht, das käme ihren Plänen in jedem Fall nicht ungelegen! Denn es ist in der Praxis alles andere als einfach, die Frau eines öffentlichen Würdenträgers auszubooten, um dann selbst aufzusteigen. Deshalb musste sie jetzt dranbleiben; vor allem aber durfte sie es sich nicht mit Rebekka Ahrens verscherzen, da diese einen erheblichen Einfluss ausüben konnte, den sie auf keinen Fall gegen sich haben wollte. Es war so einfach gewesen, ihn zu verführen! Männer! Allesamt schwanzgesteuert, kein Problem für Aische Özdemir! Allerdings machte sie nur für echte Gewinner die Beine breit, mit Losern würde sie sich dagegen niemals abgeben. Hätte ihr jemand gesagt, dass man durch gute Leistungen und Referenzen Karriere machen könne, dann hätte sie nur wissend gelächelt. Sogar ihr Abitur hatte sie sich damals erschlafen, aber sowohl sie als auch der damalige Schuldirektor hatten allen Grund gehabt, mit niemandem darüber zu reden. Was für ein fetter ekliger Kerl war das gewesen – da war ihr Ian Bannister mindestens zehnmal lieber. Der smarte dunkelhaarige Charming Boy war immerhin erst achtundvierzig Jahre alt, war in jeder Hinsicht attraktiv, nicht zu fett und sah einfach blendend aus. Wenn da nur nicht sein Ruf wäre, ständig irgendwelche Affären laufen zu haben. Wenn sie erst einmal Frau Bannister hieß, würde das natürlich ein Ende haben. Da musste sie sich unbedingt noch etwas einfallen lassen. Vielleicht belastendes Material aufheben oder damit drohen, pikante Interna seiner Amtsgeschäfte auszuplaudern. Manche munkelten sogar, er habe vor einigen Jahren eine Frau aus einer chinesischen Wirtschaftsdelegation flachgelegt, um für Niedersachsen den Zuschlag für ein größeres Milliardenprojekt in Shanghai zu bekommen. Sie wusste natürlich, dass das nicht nur ein Gerücht war, denn sie hatte die beiden in Ian Bannisters Büro erwischt. Und da sie auch gerade sexuellen Appetit gehabt hatte, hatten sie dann einen flotten Dreier daraus gemacht. Wofür Ian Bannister ihr wahrscheinlich bis in alle Ewigkeit dankbar sein musste! Er musste sie einfach heiraten, ihm blieb keine andere Wahl – es war ihm nur noch nicht klar! Offenbar war sie damals zu bescheiden gewesen, und dann kam ihr ihre Krankheit dazwischen. Verdammter Krebs! Aber sie würde noch ein paar Jahre leben, und da würde sie es sich gut gehen lassen. Jetzt jedenfalls konnte sie sich an ihn festklammern wie eine Klette, sie würde ihre Chance nutzen! Rebekka Ahrens riss sie aus ihren Überlegungen. „Der Ministerpräsident ist wach, er möchte gerne wissen, wie weit wir sind?" Da schaltete sich der Pilot ein: "Ich habe soeben den Funkleitstrahl der Fregatte „Bremen" empfangen. Wir können dort in etwa einer Viertelstunde landen."

Ian Bannister erschien im Cockpit. „Sehr gut, schon was Neues von Helgoland, das wir wissen sollten?“ „Ja, ein neuer Todesfall, wie mir vorhin per Funk der Chef der Biologischen Station, ein Dr. Skibbe, mitteilte. Außerdem mussten sie die Station aus Sicherheitsgründen räumen. Deshalb sollen wir nachher im Nordseehotel einchecken, wo wir dann auch ein minutenaktuelles Briefing von Dr. Skibbe und den Toxikologen aus Hannover erhalten werden“ informierte ihn jetzt Aische Özdemir. Ian Bannister sah erschrocken aus, fing sich aber schnell wieder, da sie ja zunächst auf der Bremen landen würden. „Gibt es irgendwelche Informationen wegen des neuen Todesfalls?“ wollte der Ministerpräsident wissen. Aische Özdemir antwortete ihm: „Es soll sich dabei um einen alten Mann handeln, der auch sofort vor Ort obduziert wurde. Genaue erste Ergebnisse werden wir wahrscheinlich nachher auf Helgoland erfahren.“ „Und wenn es nun eine Seuche ist? Was, wenn wir auch infiziert werden? Kann man das ausschließen? Und warum haben sie die Biologische Station geschlossen?“ fragte der Ministerpräsident. „Das wird Ihnen nachher dieser Japaner, dieser Dr. Ito genauer sagen können. Soweit ich es verstanden habe, hat er die Station vorläufig komplett unter Quarantäne stellen lassen. Irgendwelche Schaben sind plötzlich gestorben; da war die Funkverbindung zu Dr. Skibbe gerade etwas gestört, so dass ich es nicht ganz begriffen habe, was da eigentlich los war.“ „Und wie stellt Dr. Ito sich unsere Sicherheit vor?“ wollte Ian Bannister jetzt wissen. „Schließlich will ich nicht auf so einer Insel an einem unbekannten Virus oder Gift verenden wie diese ganzen bedauernswerten Seetiere. Diese Art der Solidarität ginge mir dann doch etwas zu weit!“ regte sich jetzt der Ministerpräsident auf. „Keine Sorge, Herr Ministerpräsident“, schaltete sich jetzt Rebekka Ahrens ein. „Wir können uns auf der Bremen ABC-Schutzanzüge ausleihen, bevor wir die Insel betreten. Uns wird schon nichts passieren. Und die Kollegin Özdemir kann Ihren Auftritt dann auch medienwirksam per Camcorder filmen und gleich ins Internet stellen. So ein Schutzanzug wirkt Wunder – dann nehmen die Zuschauer die Krise wenigstens auch als wirkliche Krise wahr, und...“ „...das bedeutet Wählerstimmen!“ fiel ihr Ian Bannister ins Wort. „Einfach genial, so machen wir es, Herr Ministerpräsident“, ergänzte jetzt Aische Özdemir. „Am besten wäre es wohl, Sie würden persönlich im Schutzanzug diese verseuchte Station inspizieren. So was wollen die Leute heutzutage sehen! Den Ministerpräsidenten, der mitten drin ist in der Katastrophe und sich von nichts und niemand abschrecken lässt. Und Sie sollten im Schutzanzug noch irgendetwas Wichtiges machen, vielleicht etwas wegräumen oder ein wichtiges Telefonat führen oder so etwas. Soll ich den Bundeskanzler anrufen? Dann könnten wir vielleicht sogar eine Liveschaltung zwischen ihm im Kanzleramt und Ihnen in der Station hinbekommen. Und das Ganze Live im Zweiten Deutschen Fernsehen!“ „Das ist eine hervorragende Idee, Frau Özdemir. Ja, machen Sie das, am besten Sie bleiben im Hubschrauber und reden mit dem Bundeskanzler, während ich zusammen mit Frau Ahrens der Bremen meine Aufwartung mache. Das gibt viele PR-Punkte für das Krisenmanagement, und wir haben die Oppositionsparteien in den Meinungsumfragen bald weit hinter uns abgehängt. Und – Frau Özdemir – es wäre ideal, wenn Sie auf Helgoland noch jemanden ausfindig machen könnten, der einen persönlichen Schicksalsschlag erlitten hat. Wenn wir nämlich dann noch ein Einzelschicksal haben, werden wir dieser Person alle erdenkliche Hilfe zukommen lassen, die möglich ist. Das macht sich immer am besten, weil die Wähler sich damit identifizieren. Ich weiß, dass das schwer ist. Aber Ihnen traue ich die Kompetenz zu, auch diese schwere Aufgabe zu meistern.“ „Mache ich, Herr Ministerpräsident,“ versprach Aische Özdemir. Allerdings fragte sie sich schon jetzt, wo sie so einen Fall bloß herbekommen sollte? Na ja, sie würde halt nett mit ein paar Leuten reden; bis jetzt hatte sie eigentlich immer bekommen, was sie wollte. Sie wusste, wie man mit anderen Leuten umging, und sie würde auch hier ganz gewiss nicht versagen. Sie war eine wahre Meisterin, wenn es darum ging, andere zu manipulieren. Und wenn es gar nicht anders ging, dann hatte sie ja immer noch etwas Erfreuliches zwischen ihren attraktiven langen Beinen. Damit ging es dann immer. Nun kam die Fregatte in Sicht, und der Pilot brachte den CH53 in eine vertikale Position, etwa in fünfzig Metern Höhe über dem Achterdeck der Bremen. Die See war ruhig und das Schiff krängte nur sehr wenig in den Wellen. Trotzdem musste er jetzt den Helikopter sehr vorsichtig im Wind ausrichten, da er jederzeit seitlich von Windböen getroffen werden konnte. Man musste den Helikopter hier sehr vorsichtig über der Landeplattform ausrichten, um nicht in der letzten Sekunde von einer Böe getroffen und gegen Aufbauten des Schiffes oder ins Meer gedrückt zu werden. Als der Helikopter auf dem Landedeck aufsetzte, rollte das Schiff gerade leicht nach Backbord gegen die ablandige Meeresströmung, und der Hubschrauber rutschte ein kleines Stück Richtung Backbord. Doch die routinierte Crew der Bremen hatte die Räder des Helikopters bereits gesichert, ehe dieser ins Meer abrutschen konnte. Erleichtert atmeten alle auf. Der Ministerpräsident und Rebekka Ahrens stiegen nun aus, nahmen aber nur ihre wichtigsten Utensilien mit, zu denen vor allem ein Laptop und eine erstklassige Kommunikationseinrichtung gehörten, die völlig autonom und sattelitengestützt arbeiten konnte. Kapitän Heinrich Paulsen nahm die beiden persönlich in Empfang, während der CH53 wieder vom Landedeck gelöst wurde und dann in Richtung Helgoland weiterflog. Der Kapitän begleitete beide auf die Brücke und erklärte ihnen die aktuelle Lage, von See aus betrachtet. „Also, Herr Ministerpräsident, kommen wir ohne Umschweife zur Sache. Auf Helgoland sind ohne jede Vorwarnung von einem Tag zum anderen alle Seevögel und alle Robben verendet. Außerdem gibt es bisher zwei Tote zu beklagen, wobei wir von dem zweiten noch nicht wissen, ob er auch zu den Opfern der Katastrophe gehört. Dann haben wir letzte Nacht dieses merkwürdige grünliche Meeresleuchten beobachtet, so etwas habe ich bisher noch nie gesehen. Und ich habe wirklich alle sieben Weltmeere befahren, das können sie mir glauben. Offenbar glauben die Biologen der Station Helgoland, dass das Leuchten durch Quallen verursacht wurde. Und möglicherweise sind diese Quallen gleichzeitig der Schlüssel zu den Ereignissen. Denn die Forscher halten es für möglich, dass diese Quallen extrem giftig sind. Sie forschen gerade daran, warum das so ist. Mein letzter Stand ist der, dass Dr. Skibbe mich vom Nordseehotel Helgoland aus angefunkt hat, dass die Quallen sehr wahrscheinlich für das Robbensterben und die menschlichen Todesfälle verantwortlich sind. Außerdem hat mir Hauptbootsmann Mill gemeldet, dass das Einsammeln der toten Tiere wegen der hinderlichen Schutzanzüge leider länger dauern wird als geplant. Er schätzt, dass es wahrscheinlich eine Woche dauern wird, bis die Insel frei ist von jeglichem Kadaver. Momentan stapeln wir die Kadaver auf einem flachen Prahm und werden sie dann später als Sondermüll entsorgen lassen. Die Männer tun wirklich, was sie können, aber die Arbeit ist in den Anzügen extrem Schweiß treibend, und die Leute können beim besten Willen nicht länger als vier Stunden am Stück arbeiten. Zwei, die es eine Stunde länger durchhielten, erlitten am Strand bei der Düne einen Kreislaufzusammenbruch; die sind jetzt hier im Schiffslazarett." „So ein Mist!" fluchte Ian Bannister zum Glück nur innerlich, das wären zwei geeignete Kandidaten für Aisches besonderes PR-Geschick gewesen, aber vielleicht konnte er hier auch etwas tun. „Bitte bringen Sie mich zu diesen beiden Leuten, ich möchte mich persönlich bei ihnen für ihren Einsatz bedanken. Außerdem würde ich mich gerne für die Beförderung solch tüchtiger Soldaten einsetzen", sagte Ian Bannister. „Gerne, Herr Ministerpräsident, bitte folgen Sie mir doch ins Lazarett, hier entlang." Sie folgten dem Kapitän, und kurze

Zeit darauf standen Ian Bannister und Rebekka Ahrens im Krankenzimmer. Die beiden Kranken waren wach, beide hingen am Tropf und erhielten Infusionen von lebenswichtigen Elektrolyten. Sie waren sehr überrascht, als die Tür aufging, und Ian Bannister hereinkam. Er schüttelte beiden die Hände, bedankte sich überschwänglich für ihren Einsatz und versprach, alles dafür zu tun, damit sie sobald wie möglich Hilfe bekommen sollten, um Helgoland wieder bewohnbar zu machen. Dann entschuldigte er sich, dass er ihnen leider keine Blumen habe mitbringen können, doch das sei hier auf See und im Helikopter leider etwas schwierig. „Sie sehen", fuhr er fort, „dass es Dinge gibt, wo selbst einem Ministerpräsidenten die Hände gebunden sind. Doch was mich jetzt noch persönlich interessieren würde: Wie hoch schätzen Sie aufgrund Ihrer Berufserfahrung das Gefahrenpotential auf Helgoland ein? Ist Ihnen etwas Ähnliches schon mal begegnet?" Der Gefreite Michael Schäfer sah Ian Bannister nachdenklich an, dann sagte er: „Ich war vor einigen Jahren mal im Persischen Golf dabei, als ein paar Islamisten einen Giftgasanschlag auf einen amerikanischen Zerstörer verübt hatten. Das war – mit Verlaub gesagt – die reine Kinderkacke gegen das, was wir hier auf Helgoland gesehen haben." Sein Kamerad im Nachbarbett nickte, offenbar waren sie zusammen am Persischen Golf gewesen. „Und was war der gravierendste Unterschied?" wollte Ian Bannister genauer wissen. „Nun, von den amerikanischen Seeleuten starben zwar einige, manche davon auch sehr qualvoll, aber die meisten waren nicht sofort tot. Und einige, die nur leicht kontaminiert waren, konnten sogar gerettet werden. Aber hier auf Helgoland ist ja offensichtlich in nur einer einzigen Nacht fast das ganze marine Leben ausradiert worden. Und wir haben kein einziges verletztes Tier gesehen. Es gab nur Tote, Tote, Tote. Keine Verletzten. Und das hat uns ganz schön nachdenklich gemacht. Hoffentlich schnappen Sie diese Schweine, die für diese Riesensauerei verantwortlich sind. So wie es aussah, kann das doch eigentlich nur irgendein chemischer oder biologischer Kampfstoff gewesen sein. Und giftig muss das Zeug sein, Ultra giftig, wenn Sie mich fragen. Passen Sie bloß auf sich auf, wenn Sie diese Insel betreten. Mir wird jetzt noch mulmig, wenn ich nur daran denke." Sein Kamerad im Nachbarbett nickte zustimmend. „Danke, ich werde stets daran denken. Ich muss mich jetzt leider verabschieden, denn Helgoland wartet auf mich. Sie hören noch von mir." Ian Bannister gab beiden die Hände, dann geleitete der Kapitän ihn zu einer Barkasse der Bremen, die den Ministerpräsidenten und Rebekka Ahrens nach Helgoland bringen sollte. Jetzt fragte Rebekka Ahrens den Kapitän noch geistesgegenwärtig nach den Schutzanzügen. Er führte sie zur Waffenkammer des Schiffes, wo sie sich auch gleich umziehen konnten. Außerdem nahmen sie auch noch einige Reserveanzüge mit an Bord der Barkasse, und nachdem auch ihr persönliches Gepäck verstaut worden war, legten sie ab Richtung Helgoland. Dabei besprachen sie ihr weiteres Vorgehen, dann rief Ministerpräsident Ian Bannister die Staatssekretärin Aische Özdemir, sein verlässliches Vorauskommando an. Und was er bekam, waren keine guten Nachrichten. Andererseits aber doch. Denn es kam lediglich darauf an, was man daraus machte. Er hätte besser Marketingspezialist werden sollen! Seine Furcht vor dem unkalkulierbaren Fremdem war plötzlich wie weggeblasen.

Helgoland, Haus des alten Herrn Hansen, 18.00h

Dr. Lessinghaus und Dr. Nesemann waren immer noch mit der Obduktion des Verstorbenen beschäftigt, die sich noch schwieriger als erwartet entwickelt hatte. Denn das Haus des alten Knaben war alles andere als sorgfältig aufgeräumt; allein das Bad für sich war ein Alptraum. Überall lagen hier irgendwelche Sachen herum, über die man sich im schweren Schutzanzug mühsam hinwegarbeiten musste. In der Küche lagen noch die Reste eines Taschenkrebses auf der Anrichte; wahrscheinlich wollte der alte Hansen diesen „Kniiper“ auch noch präparieren. Darüber kreisten jedoch keine Fliegen. Vielmehr lagen etliche tote Fliegen auf der Küchenanrichte oder unter der Fensterbank. Es war jedoch unklar, woran diese gestorben waren, denn manche waren vom Hausbesitzer ganz offensichtlich auch erschlagen, aber nicht weggeräumt worden. Dr. Nesemann wusste jedoch, dass der alte Mann wenigstens einmal im Monat Besuch von einer Nichte aus Hamburg bekam, die meist für ein Wochenende blieb, und dann saubermachte und aufräumte. Wahrscheinlich war sie bereits länger als drei Wochen nicht mehr da gewesen; jedenfalls sah es so aus. Das Einzige, was der alte Hansen wirklich gut gekonnt hatte, waren das Anfertigen von exzellenten Präparaten von diversen Meerestieren für Touristen, sowie ausgedehnte Führungen über die Insel. Seinen Haushalt dagegen hatte er sträflich vernachlässigt. Das einzige bewohnbare Zimmer war das Wohnzimmer gewesen, wo er immer auf eine gewisse Grundordnung achtete, wie er es zu Lebzeiten genannt hatte. Alles andere war für ihn nicht so wichtig gewesen. Die beiden Ärzte hatten die noch warme Leiche Hansens auf den Wohnzimmertisch gelegt, und begannen gerade damit, diese auszuziehen, als es an der Tür klingelte. Mühsam kämpfte sich Dr. Nesemann zur Tür, nur um festzustellen, dass dort einige Reporter auf ihn warteten. „Was können sie uns zu dem heutigen Todesfall sagen?“ fragte auch schon der erste Reporter von einem privaten Fernsehsender, hinter ihm stand ein Kameramann und nahm alles auf. „Meine Damen und Herren“, sagte Dr. Nesemann jetzt, würden Sie bitte das Grundstück verlassen! Ohne Schutzanzug besteht hier möglicherweise akute Lebensgefahr; jedenfalls können wir das nicht ausschließen. Ihre Fragen werden wir später gerne bei einer Pressekonferenz beantworten, bitte entschuldigen uns jetzt, wir müssen hier arbeiten.“ „Was tun Sie denn? Stimmt es, dass Sie den Verstorbenen in seiner eigenen Wohnung sezieren?“ wollte eine Reporterin wissen. „Kein Kommentar!“ sagte Dr. Nesemann gereizt, bevor er die Tür schloss. Dann ging er zurück zu Dr. Lessinghaus und sie überlegten gemeinsam, ob sie nicht zunächst einmal besser alle Fenster schließen und alle Jalousien herunterlassen sollten, damit sie nicht von sensationsgeilen Reportern bei der Obduktion gefilmt werden konnten. Die Jalousien klemmten etwas, aber sie gingen schließlich doch noch runter. Dann riefen sie in der Station an und ließen von Kerstin Müller Warnschilder bringen, welche diese dann rund um das Haus und das Grundstück aufhängte. Erst jetzt entfernten sich die Reporter aus der Nähe des Hauses – allerdings filmten sie vorher die Schilder und sprachen Kommentare dazu in ihre Kameras. Das würde heute der Knüller der Abendnachrichten werden! Nur eine halbe Stunde später hatten Dr. Nesemann und Dr. Lessinghaus gerade die Leibeshöhle des Toten geöffnet, um die inneren Organe zu untersuchen, als es nochmals an der Tür klingelte, diesmal lange und eindringlich. Dr. Lessinghaus fluchte, was bei ihm nur extrem selten vorkam, wischte sich die blutigen Handschuhe an seiner Sektionsschürze ab, und ging zur Tür. „Das darf doch nicht wahr sein!“ stöhnte er auf. Es waren zwei konsterniert aussehende Dorfpolizisten, die jetzt eine besorgte Miene zur Schau trugen. „Sehen Sie nicht, dass wir hier ungestört arbeiten müssen!“ sagte jetzt Dr. Lessinghaus. Im Schutzanzug, um den die blutige Schürze hing, sah er aus wie ein außerirdischer Schlächter. Und dieser Eindruck wurde noch durch die durch das Helmmikrofon etwas verzerrt klingende Stimme verstärkt. „Uns wurde berichtet, dass Sie hier offensichtlich einen kürzlich Verstorbenen zuhause obduzieren. Das verstößt doch wohl gegen sämtliche amtlichen Hygienevorschriften!“ Wollte sich der erste Polizist wichtigmachen. „Meine Herren, das ist uns bekannt. Dies ist jedoch eine absolute Ausnahmesituation, die leider keinen Aufschub duldet!“ „Warum können Sie das denn nicht in der Praxis von Dr. Nesemann tun?“ wollte jetzt der zweite Polizist wissen. „Ganz einfach: Weil hier Gefahr im Verzug ist und wir eine Verseuchung seiner Praxis nicht in Kauf nehmen können. Im Übrigen bringen Sie sich gerade durch ihren Auftritt hier in akute Lebensgefahr, da wir momentan davon ausgehen müssen, dass das gesamte Haus des Herrn Hansen verseucht ist. Hier lebt nichts mehr, nicht mal mehr die Fliegen auf dem Fensterbrett! Möchten Sie Ihre Lebensdauer verkürzen? Bitte, dann treten Sie ein, nur zu meinen Herren!" „Was erlauben Sie sich eigentlich, Sie stören eine polizeiliche Ermittlung!" sagte der erste Beamte. „Und Sie verhindern gerade, dass wir Menschenleben retten und Gefahren von der Allgemeinheit abwenden, ist das etwa das neue Dienstprofil der Polizei?" ereiferte sich jetzt Dr. Lessinghaus. „Die Sache wird ein Nachspiel haben!" rief der erste Beamte. „Ja, und zwar für Sie beide!" rief jetzt Dr. Lessinghaus, dem allmählich auch der Kragen platzte. „Wir werden eine Dienstaufsichtsbeschwerde wegen Behinderung bei wichtigen gefahrabwendenden Tätigkeiten bei Ihrer Dienststelle einreichen, darauf können Sie sich verlassen!" sagte Dr. Lessinghaus, knallte wütend die Tür hinter sich zu, und stapfte schwitzend vor Aufregung wieder ins Wohnzimmer, während die beiden Dorfpolizisten wie begossene Pudel betreten von dannen schlichen. Dann setzten sie die Sektion der Leiche fort, nahmen Proben der inneren Organe, wogen die Organe, stellten den Mageninhalt sicher und sicherten Proben der Körperflüssigkeiten des Verstorbenen. Und das alles im Eilverfahren ohne Zeit für saubere Schnitte. Glücklicherweise war der Verstorbene relativ schlank gewesen, so dass ihnen keine dicken Fettschichten die Arbeit unnötig erschwerten. „Ein Wunder, das dieser Mann noch solange lebte – sehen Sie mal Dr. Nesemann, alles voller Metastasen!" sagte Dr. Lessinghaus und präsentierte Dr. Nesemann den linken Lungenflügel des Toten, der übersät war von kleinen knotigen Geschwüren. „Er hätte täglich daran sterben können", sagte Dr. Nesemann, „aber diese alten Inselbewohner leben ja relativ gesund und sind deshalb zäher als Stadtbewohner. Ein anderer wäre wahrscheinlich bei diesen Metastasen schon vor einem Jahr gestorben. Das macht die frische Seeluft, vor allem aber das Jod in der Luft. Das wirkt bei vielen Krankheiten lindernd, wenn nicht sogar heilend." „Aß der Verstorbene eigentlich häufiger Meerestiere?" wollte Dr. Lessinghaus wissen. „Na dann schauen Sie mal in den Garten hinterm Haus, da stapeln sich die Schalen fast sämtlicher Meeresbewohner, die wir auf Helgoland haben; manche davon hat er sogar noch präpariert für die Touristen." Dr. Lessinghaus beschloss, nach der Obduktion einen Blick in den Garten zu werfen. Vielleicht erhielt er ja dadurch weitere Aufschlüsse über das Geschehen. Dann legten sie die inneren Organe des Toten wieder zurück in seine Leibeshöhle und vernähten diese sorgfältig, so dass der berühmte Ypsilon-Schnitt nun eine Ypsilon-Naht erhielt. Dann kam der schwerste Teil der Operation dran – die Sektion des Schädels. Dr. Lessinghaus holte eine kleine Kreissäge heraus und begann damit, den Schädel des Toten aufzusägen. Dabei musste Dr. Nesemann danebenstehen und ein Handtuch hochhalten, damit kein Blut und keine Knochensplitter durch das Zimmer gewirbelt werden konnten. Allein das Geräusch der kleinen Kreissäge klang grauenerregend, doch was sie jetzt fanden, ließ ihnen das Blut in den Adern gefrieren. Als sie das Schädeldach abhoben, lag das Gehirn des Toten frei. Oder was einmal sein Gehirn gewesen war. Denn statt einer grauen wallnussartigen Struktur lag ein grünes schleimiges Etwas vor ihnen, das sich sofort zu verflüssigen begann! Schnell nahm Dr. Lessinghaus eine Probe von der jetzt grünen Gehirnmasse des Toten, dann verpackten sie den Kopf des Toten mitsamt Schädeldach in eine undurchsichtige Plastiktüte. Sie ersparten sich die Mühe, das Schädeldach wieder anzunähen, weil die grünliche Flüssigkeit jetzt damit begann, das übrige Körpergewebe, mit dem sie in Kontakt kam, zu verflüssigen. Danach verpackten sie den Toten in zwei mitgebrachte Bodybags, welche sie übereinander zogen und lüfteten das Haus durch, nachdem sie sich überzeugt hatten, dass draußen keine Menschen in der Nähe waren. „Wo lagern wir ihn nur?“ fragte Dr. Lessinghaus. „Wir können ihn nicht einfach woanders hinbringen, die Leiche ist ja völlig kontaminiert!“ „Ich glaube, dass der alte Hansen hinter der Küche noch eine Kammer hat, in der eine Kühltruhe steht“, sagte Dr. Nesemann. „O.K., packen wir ihn da rein“, antwortete Dr. Lessinghaus. Als sie die Kühltruhe öffneten, stellten sie jedoch fest, dass diese geradezu überfüllt war mit toten Meerestieren und Seevögeln, die der Alte wohl hatte ausstopfen wollen. „Verdammt, die können ja auch alle verseucht sein, was nun?“ fluchte jetzt Dr. Lessinghaus. „Ich habe da eine Idee. Tun wir doch die Tiere einfach auch in einen Bodybag. Immerhin sind die gefroren. Dann tun wir den Leichnam in die Truhe. Dadurch gewinnen wir zumindest Zeit, bis morgen früh Professor Horvath da ist, und sich auch ein Bild davon machen kann. Ich denke, dass Ihr Professor Horvath schon wissen wird, was mit dem Kühlgut zu tun ist“ warf jetzt Dr. Nesemann ein. „O.K. Dr. Nesemann, eins zu null für Sie, mir fällt jetzt auch nichts Besseres ein. Kann man dieses Haus wenigstens abschließen?“ „Ich fürchte nicht, der alte Herr Hansen hat sein Haus leider nie abgeschlossen, und ich sehe hier auch nirgendwo Schlüssel.“ „Na schön, dann holen wir eben die Polizei – sollen die sich doch um ein Notschloss kümmern! Ich werde mich jetzt nochmals um die entsprechenden Warnschilder rund ums Haus kümmern!“ sagte Dr. Lessinghaus, während Dr. Nesemann nach draußen ging, um die Polizei anzurufen. Da die beiden Beamten nicht gerade zu den diskretesten Vertretern ihrer Zunft gehörten, ging die Nachricht von dem verseuchten alten Mann wie ein Lauffeuer um die gesamte Insel. Dr. Lessinghaus hängte zusätzlich an alle Türen, aber auch an alle Seiten des Gartenzaunes überall unübersehbare Warnschilder folgenden Inhalts: ☣Biochemische Kampfstoffe! ACHTUNG LEBENSGEFAHR! ZUTRITT STRENGSTENS VERBOTEN! ☣ Als die beiden Dorfpolizisten mit den Notschlössern kamen, wurden sie sichtlich bleich, als sie die jetzt etwas deutlichere Beschilderung des Gesamtgrundstückes sahen. Dr. Lessinghaus, der gerade hinter dem Haus gewesen war, um die Reste der Schalentiere zu inspizieren, kam gerade nach vorne zum Haupteingang, als einer der Polizisten das Notschloss anbauen wollte. „Am besten, Sie geben mir das Schloss, denn sie haben ja immer noch keine Schutzanzüge angelegt!“ sagte er tadelnd. „Können Sie denn nicht lesen?“ sagte er, und deutete auf die Warnschilder. Der Polizist schluckte sichtlich betroffen. „Und jetzt machen Sie sich hier bitte vom Acker, ach ja, da wäre noch was: Halten Sie bitte die Reporter fern. Ich möchte nicht, dass hier noch ein Unglück geschieht!“ Tatsächlich waren die Reporter bereits im Anmarsch. Doch nun wurden sie von der Polizei weggeschickt. Dann fiel Dr. Lessinghaus noch etwas Wichtiges ein, und er ging nochmals ins Haus des Toten, welches sie so gut es eben ging gereinigt und desinfiziert hatten. Da sie die Jalousien heruntergelassen hatten, war es dunkel, und er musste den Lichtschalter an der Wand erst suchen. Und dabei passierte es dann. Er trat auf eine am Boden liegende Schnapsflasche, glitt aus und fiel mit dem Helm seines Schutzanzuges genau auf die Kante des steinernen Couchtisches. Es knirschte, dann fühlte er einen stechenden Schmerz im Gesicht. Das Plastikglas des Helms war zersplittert, obwohl es sich um ein spezielles Sicherheitsplexiglas handelte. Er fühlte, wie ihm Blut über das Gesicht lief. Mühsam stand er auf, fand den Lichtschalter und tastete sich dann zur Küche vor. Das was er suchte, lag zum Glück immer noch dort; er steckte es in einen kleinen Plastikbeutel und verließ das Haus. Dann verriegelte er das Notschloss und atmete tief durch, denn er hatte im Haus die Luft angehalten. Jetzt roch und schmeckte er den Geruch seines eigenen Blutes, denn er hatte auch etwas davon in den Mund bekommen. Etwas benommen machte er sich mit seinen Utensilien zurück auf den Weg zur Biologischen Station, um diese dort zu deponieren. Dabei verwendete er für sein schweres Gepäck den stationseigenen kleinen Bollerwagen. Da die Station abgeschlossen war, blieb ihm nichts anderes übrig, als den Bollerwagen ebenfalls mit Warnschildern zu versehen, und dann den Weg zum Nordseehotel anzutreten, wo man die Toxikologen aus Hannover einquartiert hatte. Dr. Müller-Schiffer kam ihm bereits entgegen. Als sie sah, dass sein Helm beschädigt war, alarmierte sie sofort Dr. Ito. Gemeinsam sprühten sie dann Dr. Lessinghaus mit Desinfektionsmitteln ein und halfen ihm aus dem Anzug. Dann begutachtete Dr. Ito kritisch das Gesicht von Dr. Lessinghaus. Die Nase blutete, und das Nasenbein schien gebrochen zu sein. „Das sieht nicht gut aus! Was ist passiert?" wollte Dr. Ito wissen. „Ich bin in diesem vermaledeiten Haus über irgendetwas gestolpert, als ich den Lichtschalter suchte. Und bin mit dem Helm genau auf die Tischkante des Marmor-Couchtisches gefallen. Ich hoffe nur, dass ich jetzt nicht auch noch verseucht bin. Verdammter Mist!" schimpfte Dr. Lessinghaus. Nun eilte auch Dr. Nesemann herbei, der im Nordseehotel bereits auf Dr. Lessinghaus gewartet hatte. Als er den Kollegen sah, machte er sofort wieder kehrt, holte seinen Arztkoffer aus der Lounge des Hotels und verarztete seinen Kollegen noch draußen vor dem Hotel, damit er nicht drinnen alles mit seinem Blut verunreinigen konnte. Währenddessen wurden sie bereits von Fernsehreportern umringt, die unbedingt erfahren wollten, was geschehen war. Sichtlich genervt erklärte Dr. Ito ihnen, was sie wissen wollten, um sie möglichst rasch wieder loszuwerden. Und Dr. Müller-Schiffer wies die Reporter darauf hin, dass es heute wahrscheinlich noch eine kleine Pressekonferenz geben würde, wo man mehr zu dem Obduktionsergebnis sagen könne. Dann gingen sie alle zusammen ins Hotel, wo sie den in der Lounge schlafenden Dr. Skibbe wecken mussten, um ihn zum Essen abzuholen. Beim Essen besprachen sie dann die Ereignisse des Tages und überlegten gemeinsam, was sie dem Ministerpräsidenten und der Presse ohne Bedenken sagen konnten. Außerdem mussten Professor Müllerheim und Professor Horvath dringend die Untersuchungsergebnisse bekommen, damit sie der Lösung des Rätsels näherkamen. Denn dass der alte Hansen nicht durch den Verzehr verseuchter Meerestiere umgekommen war, stand für sie außer Frage, weil er sonst nicht mehr so lange gelebt hätte. Blieb noch die Möglichkeit, dass er das geheimnisvolle tödliche Gift als Aerosol eingeatmet hatte. Warum aber hatte er dann noch solange gelebt? Und warum konnte ein Aerosol Gehirngewebe verfärben? Warum gerade grün? Und weshalb verflüssigte es sich bei Luftkontakt? Das alles war sehr rätselhaft und machte weitere Tierversuche nötig. Plötzlich trat eine attraktive dunkel gebräunte Frau mit rabenschwarzen Haaren in einem grauen dezenten Business-Dress an ihren Tisch. „Guten Abend miteinander, die Hotelrezeption hat mich hier zu Ihrem Tisch geschickt. Ich bin Aische Özdemir, Staatssekretärin aus dem Krisenstab von Ian Bannister. Könnten Sie bitte so nett sein und mir ein kurzes Briefing zu den Ereignissen des heutigen Tages geben? Der Herr Ministerpräsident hat mich vorgeschickt, da er noch einen Kurzbesuch auf der Fregatte Bremen macht, um die Moral der Truppe zu stärken. So ist er eben – kaum noch Freizeit, aber immer mittendrin, wenn irgendwo geschossen wird!" „Setzen Sie sich doch einfach zu uns, darf ich Ihnen einen Kaffee bestellen?" fragte Dr. Skibbe höflich. Aische Özdemir erkannte ihn an seiner Stimme sofort wieder. „Gerne, danke, Dr. Skibbe." Dr. Skibbe bestellte jetzt den Kaffee. Dann erzählten sie Aische Özdemir alles über die wichtigsten Ereignisse des Tages. Sie lächelte unentwegt, gab sich charmant und allen das Gefühl, wichtig zu sein. Sie erkundigte sich sogar einfühlsam nach der Ursache für die Gesichtsverletzungen von Dr. Lessinghaus. Dann versicherte sie allen, dass der Herr Ministerpräsident diese Sache sehr ernst nähme, und dass er alles dafür tun würde, die Krise so schnell wie möglich zu meistern. „Schließlich geht es hierbei vordergründig nicht um Wirtschaftsinteressen, sondern um Menschenleben und Existenzen", hob sie explizit hervor. Dann unterhielten sie sich noch über die nächste gemeinsame Pressekonferenz und planten hierfür bereits die Sitzordnung, als plötzlich zwei „Mondfahrer" im ABC-Schutzanzug die Lounge des Hotels betraten. So drückte es jedenfalls Dr. Skibbe später in seinen Memoiren aus. Alle blickten erschrocken auf.

Dublin, Wohnung von Martha Bannister, 17.48h

Martha Bannister überlegte gerade, ob sie nach so einem ereignisreichen Tag den Fernseher einschalten sollte, um sich etwas abzulenken, als es plötzlich an der Tür ihres Luxusapartments klingelte. Als Ausgleich für seine zahlreichen Affären hatte ihr Mann ihr dieses Apartment in Dublin kaufen müssen, um sie ruhig zu stellen. Eine Scheidung würde für die überzeugte Katholikin Martha Bannister niemals in Frage kommen, und das wusste ihr Mann. Ihre Kinder waren jetzt beide in einem deutschen Elite-Internat, wo sie selbstverständlich zweisprachig erzogen wurden, gemeinsam mit anderen ausländischen Kindern von Diplomaten und wichtigen Politikern und Wirtschaftsleuten. Das erneute Klingeln riss sie aus ihrem Fernsehsessel. Sie ging zur Gegensprechanlage: „Wer ist da?" fragte sie. „Ich bin es selbst, Monty, wir müssen reden!" Wenn Monty selbst sich hierherbemühte, dann musste er entweder lebensmüde sein, oder es war wirklich wichtig, dachte sie. Sie ließ ihn ein. Monty war einst ihre Jugendliebe gewesen, bevor sie sich an Ian band. Natürlich war Monty nicht sein richtiger Name. Denn in Wahrheit hatte er viele verschiedene Namen und Identitäten. Denn als Chef der Irisch Republikanischen Armee konnte er es sich nicht leisten, irgendwo unter seinem wahren Namen aufzutreten. Denn offiziell war er bereits vor mehr als fünfzehn Jahren bei einer Sprengung ums Leben gekommen, und man hatte seine Überreste – oder was man eben dafür hielt - sogar offiziell beerdigt. Er besaß viele Identitäten, doch die verschwiegene Martha Bannister war die einzige Person in Irland, die seine wahre Identität kannte. Allerdings wusste sie nicht, dass er jetzt zum Chef der IRA aufgestiegen war. Sie wusste auch nicht, dass es für ihn kein Problem darstellte, andere Menschen zu töten. Wobei er sich verschiedensten Methoden bediente, um kein erkennbares Muster seiner Taten zu hinterlassen. Allerdings bereitete ihm das Morden kein Vergnügen; vielmehr sah er es als eine lästige vaterländische Pflicht an. Eine Pflicht, die ein Soldat – und als ein solcher verstand er sich – nun mal ausüben musste, wenn es nötig war. Deshalb hasste er nichts mehr als unnötiges Blutvergießen und arbeitete immer darauf hin, so wenige Leute wie möglich liquidieren zu müssen. Besonders weh tat es ihm aber, wenn Iren sterben mussten. Doch das Schlimmste war es für ihn, wenn ein unschuldiger Ire starb. Jedenfalls redete er sich das immer wieder ein. Er betrat das Apartment. 200 Quadratmeter. Die Einrichtung war eher schlicht gehalten, aber sie umfasste im Wohnzimmer einige wertvolle Gemälde irischer Maler; dazu kam außerdem noch eine beachtliche Bibliothek im Salonzimmer nebenan. Monty registrierte das alles im Vorbeigehen, dann bot Martha ihm einen Kaffee an. Höflich nahm er an und hörte sich geduldig ihre Klagen über die Affären ihres Mannes an. Dann fragte sie ihn, was ihn hierhergeführt habe. „Die Vergangenheit" sagte er. „Ich musste leider herausfinden, dass Dein Mann damals nicht die Wahrheit sagte." „Wann hat er das denn je getan?" fiel ihm Martha ins Wort. „Nun, er war damals ein vielversprechender Kandidat aus gutem Hause, sein Vater war einer unserer besten Leute gewesen. Bis er im Kampf für unsere Sache, ein freies und unabhängiges vereintes Irland gefallen ist." Gefallen war natürlich ein grenzenloser Euphemismus für jemanden, der bei einer Bombenexplosion, oder genauer gesagt beim Herstellen einer Bombe für ein Attentat, zerfetzt worden war, dachte Martha Bannister. Sie kannte die Familiengeschichte ihres Mannes; zumindest die auch allgemein bekannten Teile davon. Und auch einige weniger bekannte Episoden, über die sie aus Sicherheitsgründen lieber schwieg. Monty fuhr fort. „Nun, uns fiel vor kurzem durch Zufall der Polizist in die Hände, der damals Ian verhört hatte, nachdem sie ihn wegen der Sache – Du weißt schon – geschnappt hatten. Dabei kam etwas ganz Interessantes heraus. Denn dieser Volksverräter von Polizist hat uns doch tatsächlich gestanden, dass Ian damals Malcolm Hastings verpfiffen hat, um seinen eigenen Kopf aus der Schlinge zu ziehen. Gut, die Sache ist lange her, aber für mich ist es unerträglich, dass wir daraufhin den Falschen wegen Verrats bestraft haben. Einstimmig sind wir zu dem Ergebnis gekommen, dass diese Sache irgendwie gesühnt werden muss. Es steht Blut zwischen uns, Martha, unschuldiges Blut eines armen jungen Iren, das nach Genugtuung schreit! Was soll ich nur machen? Wie können wir das aus der Welt schaffen?" fragte er sie und sah sie an, als ob sie darauf eine Antwort parat haben könnte. Erst begann Martha sich etwas unbehaglich zu fühlen, doch dann sagte sie: „Ach Monty, alter Schwerenöter, warum schlafen wir nicht erst mal zusammen darüber? Weißt Du, seit mein Mann es mit seinen Staatssekretärinnen treibt, haben wir vielleicht noch zwei bis dreimal im Jahr Sex miteinander. Ich fühle mich innerlich ausgelaugt. Na, wolltest Du es mir nicht schon immer mal besorgen? Jetzt ist die Chance dazu da! Lass uns damit nicht solange warten, bis Ian von diesem verfluchten Helgoland heimkommt! Um der alten Zeiten willen!" Sie zog ihren Morgenmantel aus, und was darunter zum Vorschein kam, war erfreulich wenig Kleidung. Monty stand von seinem Stuhl auf, grinste sie charmant an und zog seine Schuhe aus. Dann zog sie ihn an sich, küsste ihn zärtlich auf den Mund und führte ihn ins Schlafzimmer wo ein weit ausladendes Himmelbett auf sie beide wartete. Martha war es jetzt völlig egal, dass sie fremdging – irgendwie wollte sie sich jetzt für die Untaten ihres Mannes revanchieren. Ihr würde schon etwas einfallen, wie sie Monty auf den richtigen Pfad setzen konnte. Sie liebten sich wild und leidenschaftlich – sowie zwei, die ein verlorenes Leben nachholen müssen. Danach entspannten sie sich, lagen nebeneinander, starrten nachdenklich den Himmel des Bettes an, plauderten über die besseren alten Zeiten und rauchten eine Zigarette. Dann taten sie es nochmals. Sünde kann so schön sein – einfach himmlisch – dachte Martha Bannister. Ian würde sie eine gewaltige Lektion erteilen. Die IRA würde ihm eine Lektion erteilen – so viel war sicher! Denn der alte Kader vergaß nie. Das hätte Ian Bannister eigentlich wissen müssen! Dass sie bereits jetzt einen nicht wieder gut zu machenden Fehler begangen haben könnte, kam ihr nicht in den Sinn. Es war, als sei ein intaktes Warnsystem einfach ausgefallen. Oder abgeschaltet worden. Was jedoch letztlich nur auf den Standpunkt des Beobachters ankam.

Oberland von Helgoland, Am Gipfelkreuz des Pinnebergs, 20.07h

Dr. Florian Zuckmayer lehnte sich mit dem Rücken an das Gipfelkreuz. Sein Gesicht war nass von den vielen Tränen, die er hier geweint hatte. Er war ein gebrochener Mann. Unter dem Vorwand, Susannas Tagebücher weiter zu lesen, hatte er sich bei den anderen abgemeldet. Er konnte nicht mehr! Er ertrug das alles nicht mehr, es war einfach zu viel für ihn. Sein streng wissenschaftsorientiertes Weltbild war bis in die Grundfesten erschüttert worden. Es gab einfach Dinge, für die er keine Erklärung hatte. Und wenn er ehrlich war, dann musste er wohl zugeben, dass er auch keine Erklärung mehr dafür haben wollte. Was würde Susanna jetzt machen? Sie hätte wohl ihr Neues Testament in die Hand genommen und dann zu einem Gott gebetet, den man nicht sehen konnte. Was für ein Schwachsinn! Sein Rest Intellekt wehrte sich gegen ein Wesen, das unsichtbar und dem Menschen übergeordnet sein sollte. So etwas war nicht beweisbar, und was nicht beweisbar war, gab es nicht. „Du drehst Dich ständig im Kreis."

Es war ihm, als würde Susanna zu ihm sprechen. Schon so manches Mal hatte sie ihn aus dem befreit, was sie einen didaktischen Zirkel nannte. Oder auch den Gedankenkreis der Philosophen. Wahrscheinlich hätte Susanna jetzt gesagt: „Der Kreis wurde für Dich von außen durchbrochen. Dein goldener Käfig wurde doch längst geöffnet. Warum fliegst Du nicht einfach weg? Was hindert Dich daran?“ Er erinnerte sich an ein Gespräch, dass er zwei Tage vor ihrem Tod mit ihr geführt hatte. Dabei hatten sie zunächst über die Umweltsituation der Nordsee und des Weltmeeres diskutiert. Bis Susanna irgendwann trocken zu ihm sagte: „Ein Drittel aller Meeresbewohner aber starb... wusstest Du eigentlich, dass das bereits im Neuen Testament steht? Ich habe es erst gestern wieder in der Offenbarung des Sehers Johannes gelesen. Es muss schrecklich für den Propheten gewesen sein, das alles vorherzusehen. Doch wir sehen heute, wie es eintrifft und wie sich die Prophezeiung erfüllt. Für mich ist das schrecklich. Doch ich weiß, dass eines Tages alles gut enden wird.“ Er hatte ihr heftig widersprochen. Und ein gutes Ende konnte er sich auch nicht mehr vorstellen, nicht nach der Sektion der Kegelrobbe, die vollen Magens verhungerte und durch giftige menschliche Abfälle qualvoll verendet war. Ein Gott, der so etwas zuließ, musste ganz einfach böse sein! Was konnten denn die Tiere für die Fehler des Menschen? Warum mussten sie ebenfalls leiden? Das war doch alles absurd! Aber Susanna stritt nicht mit ihm weiter, sondern sie schwieg einfach. So saßen sie eine ganze Weile nebeneinander, hier am Gipfelkreuz des Pinnebergs. „Wir reden ein andermal darüber“, sagte sie nur. Dann lächelte sie ihn an, legte ihre Arme um seinen Hals und küsste ihn zärtlich. Nie würde er diesen Kuss vergessen, mit dem sie spielend seine ganze Härte und seinen Zynismus einfach so überwand. Dann sagte sie, nein sie flüsterte es ihm ins Ohr: „Ich will mit Dir zusammen sein, für immer und ewig. Da bin ich wirklich ein egoistisches Biest, das gebe ich gerne zu. Und jetzt möchte ich mit Dir zusammen sein, halt mich fest. Komm, lass uns schnell nachhause gehen – ich möchte gerne die Hochzeitsnacht mit Dir proben, damit später nichts mehr schief geht.“ Sie stand auf, und es wunderte ihn, mit welcher Energie sie ihn hochzog. Er stand plötzlich vor ihr und sah ihr gerade in die Augen, weil sie auf dem Sockel des Gipfelkreuzes stand und so die Kopflänge ausglich, um die er sie sonst überragte. Dann küsste sie ihn nochmals, nahm ihn an die Hand und keine fünf Minuten später kamen sie in ihre Pension, zogen sich aus und fielen übereinander her wie zwei Ertrinkende, die aneinander Halt suchten, aber natürlich nicht finden konnten. Danach kuschelte sie sich einfach an ihn und schlief an seiner haarigen Brust ein. Er erinnerte sich, wie er den Arm um sie gelegt hatte und sich in diesem Moment gewünscht hatte, dass dieser Moment nie enden möge. Es war fast wie ein Gebet gewesen. Ein frischer Wind kam auf, und es begann zu dämmern. Langsam wurde es dunkel. Er blickte auf die See hinaus. Und wieder begann das gesamte Meer rings um Helgoland grünlich aufzuleuchten, um dann wieder zu verlöschen. Ein Schauspiel von atemberaubender Schönheit, welches Susanna, seine Susanna, das Leben gekostet hatte. Und doch lag in dem geheimnisvollen Meeresleuchten eine geradezu unglaubliche und einfältige Unschuld, die er mit Worten nicht erklären konnte. So wie das Haar von Susanna, das er nach seiner Begegnung mit ihr in seinem Traum auf der Pritsche gefunden hatte. Das Leben kam ihm allmählich immer irrealer vor. „Werde ich jetzt verrückt?“ fragte er sich. Wenn es einen guten Gott gab, wie konnte er dann das alles zulassen? Auch auf diese Frage hatte Susanna ihm eine Antwort gegeben. Sie hatte nur gelächelt; dann hatte sie ihm den Sonnenuntergang gezeigt. Und dann sagte sie nur einfach: „Gott allein weiß es, Gott ist sooooo groß!“ Und dann hatte sie ihre Arme ausgebreitet und gerufen: „Komm in meine Aaaaarme!“ So, wie eine Mutter mit ihrem Kleinkind gesprochen hätte. Dann hatte sie gelacht, und auch er hatte das Ganze plötzlich so absurd und komisch gefunden, dass er sich davon anstecken ließ. Er war in ihre Arme gelaufen, doch dann kehrte er das Verhältnis um, indem er sie mühelos vom Boden hochhob und sie zärtlich an sich drückte. Und in diesem Moment schoss sie plötzlich ihren Pfeil ab, er hatte keine Chance, er hatte ihn nicht kommen sehen. Sie versteifte sich plötzlich und befreite sich aus seiner Umklammerung. Dann wurde sie sehr ernst und sagte: „Und so einen Kinderkram macht der seriöse Geistesmensch und Wissenschaftler Dr. Florian Zuckmayer also mit? Ich hätte etwas mehr akribischen Sektionsgeist für Glaubensfragen von ihm erwartet. Seine Wissenschaft kann ja von jedem Kind erschüttert werden! Ich bin schwer enttäuscht von ihm!" Vollkommen verblüfft hatte er sie angesehen, doch ernst hielt sie seinem Blick stand. Er wusste nicht, was er jetzt sagen oder machen sollte, sie hatte ihn bis ins Innerste getroffen. Da er keine Antwort parat hatte, trat sie an ihn heran, und wollte ihn umarmen, doch stolperte sie dabei über einen kleinen Stein, der im Weg lag. Reflexartig fing er sie auf. Er würde nie diesen dankbaren Blick von ihr vergessen, mit dem sie ihn anlächelte. Dann sagte sie: „Entschuldige Florian, das war nicht ganz fair von mir. Ich glaube, ich habe Dich, nein ich habe uns beide jetzt überfordert. Kannst Du mir meinen Hochmut verzeihen?" Er beantwortete ihre Frage mit einem langen zärtlichen Kuss. „Ich bin so froh, dass Du keine einfache Frau bist, Susanna. Ich will mit Dir zusammen sein, für immer und ewig." „Hey, ich dachte, Du glaubst nicht an ewige Dinge", neckte sie ihn und grinste frech. Dann kitzelte sie ihn am Bauch und ließ sich von ihm einfangen. „Das gibt jetzt einen Strafkuss, Frau Dr. Pelzer" intonierte er, plötzlich den Ernsthaften mimend. Lachend war sie ihm um den Hals gefallen. Und nun, einige Tage später, dämmerte ihm eine Erkenntnis. Wenn Susanna recht gehabt hatte und ihr Glauben nicht nur ein Hirngespinst war, dann – ja dann musste er sich zur Quelle begeben. Es war wie in der Biologie. Wenn man mehrere Unterarten gefunden hatte, musste man meist nur stromaufwärts oder abwärts suchen, um die ursprüngliche Art, den *Holotypus,* zu finden. Ob das bei Glaubensfragen auch so einfach war? Er beschloss für sich, sobald es ging nach den Ursprüngen zu suchen. An Susanna hatte er gesehen, dass nicht alle, die an irgendetwas glaubten, deshalb gleich geistig krank waren. Oder hatte er von Anfang an einen didaktischen Fehler gemacht? Er war müde, sehr müde. Er erhob sich jetzt und betrachtete nachdenklich das Gipfelkreuz, das auch ein religiöses Symbol war. Und auf ein sinnloses Leiden hinwies, mit dem er noch nichts anfangen konnte. Was sollte das? Hatte Gott sich geirrt? Er machte sich auf den Heimweg, in seine Pension. Er fiel auf sein Bett und schlief ein. Doch was er in dieser Nacht träumte, ging ihm nicht mehr aus dem Kopf. Es war ihm, als spräche Gott selbst zu ihm. Wurde er langsam verrückt?

Dublin, Apartment von Martha Bannister, 20.43h

Martha Bannister hatte nochmals Kaffee gekocht und nur rasch ihren Morgenmantel übergeworfen; darunter war sie nackt. Ihre Augen leuchteten und fast hätte sie den eigentlichen Grund für Montys Besuch vergessen. Monty saß entspannt in Unterhosen am Couchtisch neben Martha und nippte behaglich an seinem Kaffee. Zwar hatte er den Sex mit Martha wirklich genossen, doch hatte er diesen Beischlaf lediglich zu einem Teil seines Planes gemacht. Er hatte längst, was er wollte, und würde nun seinen Plan zum Abschluss bringen. Oder in die Nähe davon. Wie man es eben sah! Martha plauderte fröhlich von ihrer gemeinsamen Schulzeit und auch er grinste amüsiert. Das machte es für sie beide leichter, sie würde es gar nicht spüren, redete er sich ein. Doch in Wahrheit wusste er, dass das nie ganz stimmte, es konnte immer noch schief gehen. Eine Kleinigkeit daneben, und es war nicht sofort vorbei. Er war kein Sadist, der seine Opfer leiden sehen wollte. Und Martha sollte nicht leiden. Sie konnte schließlich nichts dafür.

Dafür, dass sie einfach nur dumm war! Hätte sie seine Anweisungen exakt befolgt, wäre ihr das, was jetzt kam, erspart geblieben. Aber so musste er es tun, vor allem da sie seine wirkliche Identität kannte. Gerade als sie davon anfangen wollte, wie sie gemeinsam Ian im Schwimmbad untergetaucht hatten, führte er es aus, kurz, hart, schnell und präzise. Er hatte das Stilett, das er unter der Jacke getragen hatte, rechts neben sich unter einem Sofakissen versteckt, als Martha in der Küche war. Lässig griff er wie zufällig mit der rechten Hand unter das Kissen. Dann griff er mit der linken Hand an Marthas Bademantel und nestelte in eindeutiger Absicht daran herum. „Ach Monty, Du bist einfach unersättlich", sagte Martha und öffnete ihren Bademantel, so dass er an ihre Brüste besser herankam. Noch besser! Dachte Monty und stieß ihr nun mit der rechten Hand das Stilett mitten ins Herz. Sie blickte ihn erstaunt an, dann brachen ihre Augen. So gesehen ein schöner Tod, dachte Monty. Da der Stich sofort richtig gesessen hatte, war kaum Blut geflossen, was jetzt Montys Absichten sehr entgegen kam. Er trug die tote Martha Bannister ins Schlafzimmer, und drapierte sie auf dem Rücken liegend in ihrem Himmelbett, nachdem er ihr den Morgenmantel ausgezogen hatte. Dann murmelte er ein kurzes Gebet, eine Träne lief ihm über die rechte Wange und er sagte leise: „Verzeih mir, Martha. Aber wir beide wissen, dass das Beste war, was Dir passieren konnte." Dann rammte er das Stilett in ihre großen, aber jetzt schlaffen Brüste und in ihren Unterleib. Er drehte die Leiche im Bett hin und her, damit möglichst viel Blut austrat. Natürlich hatte er beim Sex ein Kondom benutzt, aber selbst, wenn sie von ihm irgendeine Spur fanden, so wäre sie doch für die Ermittler völlig wertlos, da er ja bereits seit fünfzehn Jahren offiziell tot war. Zwar ekelte es ihn an, ein Sexualverbrechen vorzutäuschen, aber für einen politischen Mord konnte es einfach keine bessere Tarnung geben. Hätte Martha ein freistehendes Haus bewohnt, so hätte er sicherlich das gesamte Haus angezündet, um die Spuren zu beseitigen, doch er wollte hier keine Unschuldigen mit verbrennen. Dann ging er ins Badezimmer und reinigte sich gründlich, bevor er sich anzog. Danach machte er den Abwasch, und beseitigte alle Fingerabdrücke an den Dingen, die er hier angefasst hatte. Er stellte sogar den Geschirrspüler an und sorgte so dafür, dass alles nochmals abgespült wurde. Gerade wollte er aus der Wohnung schlüpfen, als er plötzlich Schritte im Treppenhaus hörte. Dann hörte er, wie jemand den Schlüssel ins Schloss steckte und aufschloss. Schnell versteckte er sich im Schlafzimmer hinter der Tür und umklammerte sein Stilett. „Mrs. Bannister, sind Sie zuhause?" hörte er die Stimme einer jungen Frau mit einem leichten spanischen Akzent. Wahrscheinlich die Putzfrau. Aber was machte die am Abend hier? Sie ging erst ins Wohnzimmer, dann auf die Toilette. Danach hörte er, wie sie den Flur entlangkam. „So ein Mist, ich habe es wahrscheinlich im Schlafzimmer liegen lassen!" hörte er sie sagen. Dann öffnete sie die Tür und machte das Licht an. Allerdings war das auch ihre letzte Handlung in ihrem kurzen Leben, denn Monty hielt ihr mit der linken Hand den Mund zu und stieß auch ihr mit der rechten Hand das Stilett in die Brust. Sie stöhnte auf, was ihn dazu veranlasste, sicherheitshalber noch einige weitere Stiche zu setzen. Schnell und routiniert legte er sie auf den Rücken und sah auf den Boden. Kein Blutfleck! Das war gut so. Er legte auch sie jetzt in das Bett neben Martha Bannister, entkleidete sie vollständig und richtete ihre Leiche genauso zu. War es eben ein doppelter Sexualmord! Ihre blutigen Sachen nahm er an sich und tat sie zusammen mit dem Bademantel von Martha in eine Tasche. Dann nahm er auch noch ihre Jacke von der Flurgarderobe und durchsuchte ihre Taschen. Dabei fand er ihren Ausweis. Eine junge Frau aus Honduras! Auch egal, so was sollte sich hier in Irland sowieso höchstens in den Bordellen aufhalten. Auf solche „Bürger" konnte man seiner Ansicht nach gut und gerne verzichten. Alles was er tat, das tat er nur für Irland, seine einzige wahre Liebe. Dann suchte er den

Wohnungsschlüssel an ihrem Schlüsselbund, welches er in ihrer Handtasche gefunden hatte, verließ das Apartment und schloss es von außen ab. Dann ging er seelenruhig zur nächsten Telefonzelle und rief Marty an, der in einem geparkten Auto zwei Querstraßen weiter saß und eine Zigarette rauchte. „Das Menü wurde geliefert, bitte jetzt noch die Rechnung bezahlen." Dann legte er auf. Marty würde sich jetzt in Bewegung setzen, und an der rückwärtigen Seite des Apartments eine Fensterscheibe einschlagen. Dabei würde er größere Schuhe als gewöhnlich tragen, um falsche Spuren zu hinterlassen und die Polizei in die Irre zu führen. Danach würden sie die Sachen der Opfer und die Schuhe verbrennen; die Polizei würde ihnen jedenfalls nicht auf die Schliche kommen. Monty musste jetzt schon grinsen, wenn er an die Forensiker der Polizei dachte, die hier vergeblich nach Spuren suchen würden. Und da die Kleidung eines Opfers verschwunden war, würden sie wahrscheinlich sogar glauben, dass der Täter ein Fetischist war, der sich daran aufgeilte! Er versicherte sich nochmals, dass er das Wichtigste hatte. Doch ganz sicher, in der Tasche seines Jacketts, welches er später sicherheitshalber auch verbrennen würde. Er fühlte den kleinen Schlüssel von Martha Bannisters Bankschließfach. Hätte sie die Unterlagen, die man ihr geschickt hatte, gleich nach dem Lesen gemäß der beiliegenden Anweisung vernichtet, wäre ihr nichts passiert. So aber war sie zu einem Risiko für den Führungskader der IRA geworden. Einem Risiko, das man jetzt ausgeschaltet hatte. Die Unterlagen würde man in Kürze abholen. Doch das musste Monty nicht selbst erledigen. Dafür gab es verlässliche Leute mehrere Stufen unter ihm. Monty ging zu Fuß nachhause. Dort angekommen verbrannte er als erstes die Beweisstücke im Kamin der behaglichen Dreizimmerwohnung. Offiziell war er ein armer Arbeitsloser. Inoffiziell war er jedoch ständig beschäftigt. Doch das konnte niemand wissen. Er tätigte noch einen kurzen Anruf, dann war sein „Arbeitstag" endlich zu Ende. Die Zweite Runde im Fall Ian Bannister war bereits eingeleitet worden. Sie würden auch ihn kriegen. Das Schwein würde ihm nicht davonkommen! Der Verrat an der IRA und der sinnlose Tod von Malcolm Hastings sollten nicht ungesühnt bleiben – und wenn Monty dabei selbst draufgehen würde! Denn der Ehrenkodex der IRA musste immer gewahrt werden. Auch wenn er eigene Freunde oder Angehörige betraf. Dann sogar besonders!

Helgoland, Nordseehotel, 21.00h

„Heavens! Was ist jetzt los? Ist der Speisesaal des Hotels auch verseucht? Warum hat uns denn niemand gewarnt?!" rief Dr. Ito und sprach aus was alle dachten. „Beruhigen Sie sich bitte wieder!" quäkte eine Stimme durch den Helmlautsprecher des einen ABC-Schutzanzuges. Es war eine deutlich erkennbare weibliche Stimme, nämlich die von Rebekka Ahrens. Auch Aische Özdemir war mit den anderen aufgesprungen; jetzt lächelte sie jedoch und sagte: „Herr Ministerpräsident, ich denke, dass hier noch keine Gefahr droht, sie können den Anzug wieder ablegen." Alle lachten und atmeten erleichtert auf. Es war aber auch einfach zu komisch. Natürlich wussten hier alle, wie Ian Bannister aussah, aber im Schutzanzug war er nicht zu erkennen gewesen; insbesondere deshalb nicht, weil die Sichtscheibe seines Helmes die Deckenbeleuchtungen widerspiegelte. Sofort halfen Dr. Ito und Dr. Müller-Schiffer dem Ministerpräsidenten aus dem Schutzanzug, unter dem jetzt ein leicht verknittert aussehender und erschöpfter Ian Bannister zum Vorschein kam. „Guten Abend meine Damen und Herren", begrüßte er jetzt die versammelte Runde und reichte jedem die Hand. Dann setzten sich alle zu einer großen Runde zusammen, es wurde neuer Kaffee gebracht, und der Ministerpräsident ließ sich alle bisher bekannten Fakten und Zusammenhänge nochmals schildern. „Und Sie sind sich also sicher, dass der verstorbene alte Mann durch das Einatmen eines giftigen Aerosols verstorben ist?“ wollte er jetzt wissen. „Nun, das bleibt nach Ausschluss der Nahrungsaufnahme de facto als einzige Möglichkeit übrig. Wir müssen davon ausgehen, dass das Aerosol in der Wohnung des Herrn Hansen wahrscheinlich durch tote Meerestiere freigesetzt wurde, die Herr Hansen wohl noch präparieren wollte. Wir haben einen bereits abgezogenen Seeadler sichergestellt, der auf seinem Wohnzimmertisch lag. Darüber hinaus haben wir in seiner Kühltruhe auch noch diverse andere tote Seevögel und Meerestiere gefunden“ sagte jetzt Dr. Lessinghaus. „Das verstehe ich nicht!“ warf Dr. Skibbe ein. „Denn meines Wissens nach hatte Herr Hansen den toten Seeadler von unserer Station zur Präparation bekommen. Wäre der Seeadler verseucht gewesen, dann müsste ja bereits die Hälfte unserer Mitarbeiter verseucht worden sein. Das passt doch wieder nicht zusammen.“ „Tja, wahrscheinlich hatte Herr Hansen vorher andere verseuchte Tiere in seinem Wohnzimmer – deshalb sollten wir uns morgen die Seetiere aus seiner Kühltruhe mal etwas genauer ansehen. Im Übrigen habe ich noch eine weitere interessante Beobachtung gemacht“, warf jetzt der etwas lädiert aussehende Dr. Lessinghaus ein. „Denn in der Küche des Herrn Hansen lagen tote Fliegen neben den Resten eines Krebstieres herum. Es gab aber keine lebenden Fliegen mehr im gesamten Haus, was man sonst hätte erwarten können. Deshalb habe ich einige tote Fliegen für unseren Insektenexperten sichergestellt. Sie liegen drüben bei der Station bei meinen Proben.“ „Meine Herren, sind Sie nicht auch der Meinung, dass wir gemeinsam einen Blick in die Station werfen sollten?“ schaltete sich jetzt Ian Bannister ein. „Ich möchte mir nämlich gerne einen persönlichen Eindruck der Ereignisse verschaffen. Denn ich würde gerne dafür sorgen wollen, dass Sie hier auf Helgoland so gut und so sicher wie in der Toxikologie in Hannover arbeiten können. Was ja momentan offensichtlich erstens nicht der Fall ist, aber zweitens dringend notwendig zu sein scheint!“ „Sie haben völlig recht, Herr Ministerpräsident“, sagte jetzt Dr. Skibbe. „Wir sollten die Station so schnell wie möglich wieder einsatzfähig machen, damit wir mit unseren Nachforschungen weiterkommen. Am besten, wir nehmen die Begehung sofort vor.“ In diesem Moment klingelte das Handy von Aische Özdemir. Nachdem sie sich gemeldet hatte, reichte sie es an Ian Bannister weiter und sagte nur: „Der Bundeskanzler.“ Ian Bannister nahm das Handy entgegen und informierte den Kanzler in kurzen knapp gehaltenen Sätzen. Dann sagte er: „Ist gut Herr Bundeskanzler, wir verbleiben so, ja das machen wir so, dann bis später!“ Er beendete das Gespräch. „Wir gehen jetzt zusammen in die Station; der Bundeskanzler wünscht, dass wir mit einer Kamera aufzeichnen, was wir dort vorfinden. Außerdem möchte der Bundeskanzler eine Live-Übertragung haben. Frau Özdemir, bereiten Sie bitte das dafür nötige vor. Die Angelegenheit berührt jetzt nicht mehr nur die Landesebene, sondern es geht jetzt um eine nationale Krise, die in Berlin sehr ernst genommen wird. Das kann Auswirkungen auf alle möglichen Bereiche haben, wie die internationale Schifffahrt in unseren Gewässern beispielsweise. Sogar unsere Nachbarländer fragen schon besorgt nach, was hier los ist. Deshalb hat die Sache auch beim Bundeskanzler eine hohe Priorität!“ Alle erhoben sich; es wurde entschieden, dass Dr. Skibbe, Dr. Ito, Dr. Müller-Schiffer, Dr. Nesemann, Aische Özdemir und Ian Bannister die Station inspizieren sollten. Darüber hinaus sollte Dr. Ito die Proben von Dr. Lessinghaus sichern, der sich wegen seiner immer noch blutenden Nase in seinem Hotelzimmer hinlegen musste. Aische Özdemir sollte alles mit ihrem Camcorder dokumentieren. Sie legten ihre ABC-Schutzanzüge an, und machten sich auf den Weg. Sie sollten wieder etwas Erschreckendes vorfinden. Damit verbunden allerdings auch ein weiteres Puzzlestück aus dem Puzzle Professor Horvaths. Und Ian Bannister sollte bekommen, was er sich gewünscht hatte. Wäre er doch Marketing-Spezialist geworden;

man hätte ihn mit Ehrungen überhäuft! Doch er gehörte zu der Sorte von Menschen, die ausschließlich sich selbst in Szene zu setzen wussten und letztlich nur sich selbst vermarkteten. Und nicht einmal der Bundeskanzler ahnte, wofür Ian Bannister ihn wirklich eingespannt hatte. Oder hatte einspannen lassen.

Hannover, Apartment von Dr. Fuyisho Ito, 21.25h
Irene Ito griff zum klingelnden Telefon. „Hallo, ich bin es, Werner. Kann ich morgen Abend nach Schichtende kurz vorbeikommen? Dann können wir noch mal über alles reden!" „Aber gerne doch", flötete Irene Ito. „Ich freue mich schon auf Dich! Wahrscheinlich lasse ich es doch besser abtreiben – am besten wir sprechen persönlich darüber", sagte sie. Sie hörte, wie Werner erleichtert aufatmete. Freu Dich bloß nicht zu früh, dachte sie und grinste unwillkürlich in sich hinein. „Dann bis morgen, ich liebe Dich!" rief Werner und legte auf. Aber höchstens körperlich, dachte Irene Ito. Morgen würden sie ihm die Lektion seines Lebens erteilen. Danach würde er es sich wünschen, besser ohne Schwanz geboren worden zu sein! Dann fuhr sie damit fort, ihre Vorbereitungen für den morgigen Abend zu treffen. Das würde ein böses Erwachen für Werner geben! Im wahrsten Sinne des Wortes. Sie lächelte grimmig und wie eine Frau, die mit sich selbst äußerst zufrieden ist! Und zu allem fähig, sei es zum Guten oder zum Schlechten. Armer Werner!

Helgoland, Biologische Station, 22.15h
Alle standen jetzt in Schutzanzügen vor der Station, Umringt von Journalisten und Kameraleuten, die auf Interviews und Aufnahmen aus der verseuchten Station für die Nachtsendungen hofften. Soeben hatte Aische Özdemir auch einen Schutzanzug angelegt. Eigentlich sollte sie die Vorgänge in der Station mit ihrem Camcorder aufzeichnen, doch merkte sie sehr schnell, dass sie diesen mit den Handschuhen des ABC-Schutzanzuges gar nicht richtig bedienen konnte. „Herr Ministerpräsident, es gibt da ein Problem. Ich kann in diesem Schutzanzug unseren Camcorder nicht bedienen, da ich mit diesen Handschuhen die kleinen Knöpfe leider nicht richtig drücken kann. Was sollen wir jetzt machen?" fragte sie. „Dann fragen Sie doch einen der Presseleute, ob er bereit wäre, im Schutzanzug mit in die Station zu kommen. Dann geben Sie ihm ihren Schutzanzug und informieren den Bundeskanzler, auf welchem Fernsehsender er sich die Live-Übertragung aus der Station ansehen kann. Außerdem bleiben Sie hier draußen als Schnittstelle zwischen der Presse, uns, und dem Bundeskanzler. Kommen Sie damit klar?" fragte Ian Bannister, der sofort eine große Chance witterte, sich noch besser in den Medien präsentieren zu können. Seine Wiederwahl war ein Kinderspiel! Aische Özdemir bestätigte ihm, dass sie das auch für die beste Vorgehensweise hielte, und stieg mühsam aus dem Anzug. Dann winkte sie die Pressevertreter herbei, die bis jetzt eine Sicherheitsdistanz von zehn Metern zum Eingang eingehalten hatten. „Da ich mit unserem eigenen Camcorder leider keine Aufnahmen machen kann, benötigen wir einen ihrer Kameraleute, der bereit wäre, mit in die Station zu kommen für eine Live-Übertragung. Ich denke, dass die anderen Sender der Fairness halber auch dieser Übertragung zugeschaltet werden können, bitte einigen Sie sich untereinander ob das möglich wäre. Und dann hätte ich gerne einen Freiwilligen." Sie machte eine bedeutungsvolle Pause. „Es kann unter Umständen gefährlich werden, ich weise Sie nur der Vollständigkeit halber darauf hin, dass Ihr Einsatz in der Station auf eigene Gefahr geschieht, aber im Prinzip müsste Ihnen das ja bereits bekannt sein. Aufgeregtes Gemurmel setzte ein, dann entschied man sich, den Vertreter des Zweiten Deutschen Fernsehens zu entsenden, da es mit dem ZDF in der Vergangenheit bei solchen

Gelegenheiten die wenigsten technischen Probleme bei der Zuschaltung anderer Sender gegeben hatte. Nur fünf Minuten später war der Kameramann angezogen, der Bundeskanzler informiert und Millionen von Zuschauern waren den Ereignissen live zugeschaltet, als sie gemeinsam die Station betraten. Dr. Skibbe ging voran, da er sich in den Räumlichkeiten besser auskannte als die Toxikologen aus Hannover. Zunächst schaltete er die Beleuchtung ein, die die gesamte Station in das gleißende Licht zahlreicher Neonröhren tauchte. Ihm folgten zunächst die Toxikologen, dahinter dann Ian Bannister mit dem Kameramann im Gefolge. Zunächst inspizierten Sie den Eingangsbereich und die Büros. Dr. Skibbe deutete auf die an verschiedenen markanten Punkten postierten Kakerlaken- und Mäusekäfige. „Im Eingangsbereich scheint alles O.K. zu sein", sagte jetzt Dr. Ito. „Alle Nagetiere und alle Schaben leben noch, und zeigen normales Verhalten." Dann gingen sie weiter in den Mittelteil der Station. Die Boxen mit den Tieren im Flur waren in Ordnung, dann inspizierten sie die Nebenzimmer. Auch dort gab es keine Ausfälle. Danach betraten sie den Aquarienbereich der Station mit der Hummerbrutanlage und den Quallenbecken. „Vorsicht, hier ist alles verseucht!" rief Dr. Ito, und jetzt sahen es auch die anderen. Alle Kakerlaken und Mäuse lagen tot in den Kontrollboxen. Aber das waren nicht die einzigen Tiere die tot waren. „Schnell, kommen sie rein, und schließen Sie die Verbindungstüren!" rief Dr. Ito mit der quäkenden Stimme seines Helmmikrofones. Der Kameramann beeilte sich nachzukommen und schloss die Tür hinter sich. Dann wies Dr. Skibbe ihn auf die markanten Ereignisse in diesem Raum hin, die er dokumentieren sollte. Die meisten Fische in den Aquarien schwammen munter auf und ab und zeigten ihre leuchtenden Farben, obwohl die Beleuchtung bis vorhin abgeschaltet gewesen war, und sie daher eigentlich eher dezentere Tarnfarben wie in der Nacht hätten zeigen müssen. Doch es war etwas anderes, was allen das kalte Grausen über den Rücken laufen ließ. Alle Krustentiere in den Aquarien waren tot! Sowohl alte, als auch junge Hummer lagen seltsam verrenkt in den Becken, so als hätte die Krebspest hier gewütet. Und auch alle anderen Krebstiere hatten den Geist aufgegeben. Vereinzelt sah man auch bereits einige tote Fische in den Aquarien liegen. „Wo sind die Becken mit den Quallen?" fragte jetzt Ian Bannister, trat in eine kleine Pfütze mit Seewasser und wäre fast auf dem glatten Boden ausgeglitten, wenn Dr. Ito ihn nicht geistesgegenwärtig festgehalten hätte. „Da sind die Quallenbecken, Herr Ministerpräsident", sagte jetzt Dr. Ito und deutete mit der rechten Hand geradeaus; sie standen direkt davor. Oder besser: Vor dem, was einmal Aquarien mit Quallen gewesen waren.

Dublin, Apartment von Martha Bannister, 22.17h

Es war für Marty kein Problem gewesen, von der Rückseite des Hauses an das Fenster zu gelangen. Völlig geräuschlos klebte er Klebestreifen über die Scheibe der zum Hof hin gelegenen Bibliothek des Bannister-Apartments. Dann schlug er die Scheibe mit einem Totschläger ein, wie er gewöhnlich von Anglern verwendet wurde. Das leise Klirren des Glasbruchs war kaum zu hören. Er tastete mit seinen behandschuhten Fingern nach dem Fenstergriff und öffnete das Fenster. Dann zog er das kaputte Fenster mühelos auf und drang in das Apartment ein. Die Alarmanlage schlug nicht an, weil Monty diese bereits vorher außer Gefecht gesetzt hatte – er hatte sie einfach von innen aus abgeschaltet. Die Polizei würde eben glauben, dass Martha Bannister sie selbst deaktiviert hatte. Er stieg ein, schloss das Fenster, damit es nicht hin und her schlug und im Wind klappern konnte und machte das Licht an. Dann ging er in den Flur und kontrollierte von dort aus alle Räume. Nichts, außer der Leiche im Schlafzimmer. Zuletzt wollte er sich nochmals die Tote ansehen, um sich zu vergewissern, dass es auch wirklich Martha Bannister war, die hier in ihrem Blut lag. Doch als er näher an das große Himmelbett trat, sah er plötzlich eine zweite Leiche neben Martha Bannister liegen, die er von der Tür aus nicht gesehen hatte. Beide Leichen lagen grotesk verrenkt auf dem Rücken, eine einzige Orgie aus Blut und Entsetzen ausdrückend. Er betrachtete die zweite Tote etwas genauer, dann dämmerte ihm eine grauenvolle Erkenntnis: Es war seine eigene Freundin, Conchita Esteban aus Honduras, die hier vor ihm lag! Verdammt, wie hatte er das nur vergessen können, dass er selbst ihr die Putzstelle bei den Bannisters vermittelt hatte! Eigentlich war es nicht direkt er gewesen, sondern seine Frau, die keine Ahnung davon gehabt hatte, dass er sie mit der fünfundzwanzigjährigen Putzfrau betrog. Und ausgerechnet heute war sie hergekommen, und Monty hatte wie immer „gründliche" Arbeit geleistet, was man ihm noch nicht mal vorwerfen konnte! Er fühlte Wut in sich aufsteigen, Wut auf Monty, Wut auf sich selbst. Und Trauer. Nun ja, die Trauer eines Freiers um seine Lieblingshure, so redete er es sich ein. Es würde sich schon eine Neue finden. Sollte er es Monty sagen, wen er da kalt gemacht hatte? Er verwarf diesen Gedanken ebenso schnell, wie er gekommen war. Dann besah er sich nachdenklich die Szenerie. O.K., sagte er sich, versachlichen wir die Angelegenheit. Schalten wir alle Emotion einfach ab. Er fühlte nichts mehr. Nur noch Leere. Monty hatte also einen doppelten Sexualmord vortäuschen wollen – jetzt kam sein entscheidender Part. Er zog einen kleinen Beutel mit grauen Haaren aus der Tasche. Mit einer Pinzette ließ er nun vorsichtig einige dieser Haare auf den Fußboden und auf das Bett fallen. Dann kontrollierte er alle Teppiche und Böden auf eventuelle Blutspritzer, fand aber nichts. Auch die Wände waren in Ordnung. Er hatte schon öfter Tatorte für die Experten der Polizei präpariert, und bis jetzt war es ihnen immer gelungen, die Polizei in die Irre zu führen. Dann trat er nochmals an das Himmelbett, zog ein Taschentuch hervor, und drückte damit vorsichtig auf den Bauch der ermordeten Conchita, der immer noch warm war und aus dem auf sanften Druck hin immer noch warmes Blut austrat. Monty hatte hier mindestens zehn Stiche in den Unterleib gesetzt – einfach ekelhaft. Aber einer musste nun mal diese nassen Jobs erledigen, auch wenn es noch so abstoßend war. Dann malte er mit dem Taschentuch eine Zeichnung und einige rätselhafte Buchstaben an die Wand. Dabei verwendete er exakt die gleiche Symbolik und die gleichen Lettern wie bei einem ähnlichen Anschlag vor zwei Jahren. Jetzt würde die Polizei sogar nach einem Serientäter fahnden, den es gar nicht gab. Einfach genial. Er grinste selbstgefällig, Monty würde zufrieden sein. Dann schaltete er im Schlafzimmer das Licht aus, spülte im Badezimmer das blutige Taschentuch in der Toilette runter, hinterließ noch ein paar graue Haare im Badezimmer und im Wohnzimmer und löschte überall das Licht. Dann stieg er aus dem Fenster, ging durch den Hof nach draußen auf die Straße und stieg zwei Querstraßen weiter in das eigens für solche Aktionen gestohlene Auto, einen kleinen Fiat-Panda mit grüner Lackierung. Er musste immer noch grinsen, wenn er daran dachte, wem die grauen Haare gehörten, die er in der Wohnung hinterlassen hatte. Sie gehörten dem irischen Innenminister, und er hatte sie nun bereits zum zweiten Mal an einem Tatort ausgelegt! Wie gut, dass es auch Frisöre gab, welche die IRA insgeheim mit der einen oder anderen Sachleistung unterstützten. Doch ein wenig Trauer stieg auch in ihm auf. Nicht nur deshalb fuhr er jetzt zu seinem Lieblingspub, parkte das Auto drei Straßen weiter und ging den Rest zu Fuß. Dann bestellte er sich ein schönes großes Guinness und wartete auf seine Kontaktfrau, eine Telefonistin, die hier in der Nähe wohnte. Sie erschien etwa eine Stunde nach seiner Ankunft. Er schob ihr einen kleinen Zettel mit einer Nachricht für Monty zu, den sie in einem toten Briefkasten deponieren würde. Darauf standen nur zwei Wörter: All over. Dann empfahl er sich. Die Nr.2 der IRA lebte erschreckend bürgerlich mitten in Dublin. Er würde noch in dieser Nacht eheliche

Pflichten von seiner Frau einfordern. Er brauchte das nach so einem Tag zur Entspannung. Conchita Esteban hatte er bereits völlig vergessen. Ihr letzter Anblick war ja auch nicht mehr wirklich hübsch gewesen.

Helgoland, Biologische Station, 22.37h

Die beiden Müllers hatten insgesamt drei Aquarien mit Quallen aufgestellt. Das mittlere Becken hatte etwa 300 Liter Fassungsvermögen, war von seiner Grundform her rund und aus Plexiglas. Dieses Aquarium war noch völlig intakt, und in ihm schwammen die Medusen, die Dr. Skibbe bei dem letzten Tauchgang mit Dr. Susanna Pelzer gesammelt hatte. Diese pulsten rhythmisch auf und ab, waren jetzt zu ihrer vollständigen Größe ausgedehnt und hatten je Tier einen Schirmdurchmesser von etwa sechs Zentimetern. Ein friedliches Bild, welches durch das schwache grünliche Licht, welches sie ausstrahlten, eher noch verstärkt wurde. Und doch waren sie und ihre Artgenossen verantwortlich für das Ableben eines Nationalparkrangers, einer Meeresbiologin, eines alten Mannes, zweier Pathologen und eines kompletten Robben- und Seevogelbestandes. Weitere Personen, die indirekt durch ihr Auftreten starben sowie weitere Meerestiere zunächst einmal außen vor gelassen. Jeweils links und rechts neben diesem Hauptbecken für Quallen hatten die beiden Müllers zwei würfelförmige Becken gestellt, die mit handelsüblichem Silikon verklebt gewesen waren. Das Silikon hatte sich größtenteils verflüssigt, so dass die Scheiben dieser beiden Becken regelrecht auseinandergeklappt waren. Eine Scheibe hing sogar noch an einem dünnen Silikonfaden, der jetzt riss, so dass die Scheibe zu Boden fiel und dort klirrend zersprang. Das Wasser war größtenteils durch den Bodenabfluss abgelaufen. Da jedes Würfelbecken etwa 120 Liter Inhalt gehabt hatte, waren also mehr als 200 Liter ausgelaufen und im Bodenabfluss fast restlos verschwunden, nur kleine Pfützen waren noch übriggeblieben. Einige tote Quallen klemmten im Abflussgitter, einige weitere Exemplare lagen mit bereits oberflächlich angetrockneten Schirmen auf dem getrockneten Betonfußboden. Sie waren wegen des Wasserverlustes bereits etwas eingeschrumpft. Und doch hatten gerade diese dem Tod geweihten Exemplare offensichtlich ein tödliches Aerosol an die Luft in der Station emittiert, welches durch die Belüftung in die Aquarien gelangt war, und dort ein großes Sterben ausgelöst hatte. Der Kameramann nahm nun Bilder der toten Quallen und der kaputten Aquarien auf. Ian Bannister fragte Dr. Skibbe, wie so etwas möglich sein könne. Darauf entgegnete dieser: „Herr Ministerpräsident, offensichtlich sind diese Quallen nicht nur in der Lage, ihr Gift über ihre Nesselzellen an die Luft, sondern auch direkt ins Wasser zu emittieren. Wahrscheinlich hat das Toxin eine starke säureähnliche Wirkung, weshalb die Silikonnähte der Aquarien verflüssigt wurden. Dieses wiederum führte zu einem Auseinanderfallen der Becken. Und da die Quallen dann erst recht an die Luft gelangten, hat das von ihnen abgegebene Aerosol unsere gesamte Aquarienanlage verseucht." Da schaltete sich Dr. Lisbeth Müller-Schiffer ein: „Sehen Sie mal, kommen Sie schnell mit der Kamera hier zum großen Panoramabecken!" Der Kameramann schwenkte die Kamera herum, so dass nun Millionen von Zuschauern live sahen, wie ein Fisch nach dem anderen erst hektisch durch das Aquarium schoss, dann kurz zuckte, und dann entweder tot zum Grund sank oder kieloben an der Oberfläche trieb. Das ganze Schauspiel dauerte nicht länger als drei Minuten, dann waren alle Fische gestorben. Alle waren geschockt, besonders Dr. Skibbe, denn die Beschaffung der Tiere war zum größten Teil sehr aufwändig gewesen. Manche der soeben gestorbenen Fische waren geradezu unbezahlbar. Als erster ergriff Ian Bannister das Wort: „Wie erklären Sie das, dass die Fische bei unserem Eintreffen noch munter umher schwammen, und dann plötzlich starben? Sie sahen doch völlig agil und lebendig aus, besonders dieser schöne blaue da drüben?" Er zeigte auf einen toten männlichen Kuckuckslippfisch von etwa vierzig Zentimetern Länge, der jetzt tot an der Oberfläche trieb. „Das ist aus toxikologischer Sicht eher ein typischer Ablauf gewesen", schaltete sich nun Dr. Ito ein. „Fische reagieren auf Gift im Wasser zunächst mit einer Aktivierung ihrer Hautpigmente und mit erhöhter Aktivität, wie etwa Auf- und Abschwimmen, Futtersuche, Aufführung von Balzverhalten oder sonstigem. Unter natürlichen Bedingungen kann ein Fisch so möglicherweise einem Toxin im Wasser noch durch Wegschwimmen entkommen. Was im Aquarium natürlich nicht geht. Auf diese Phase folgt dann je nach Stärke des Giftes eine kurze Phase der Agonie, und nach dieser kurzen Phase beginnt dann das rasche Sterben, wobei die Tiere meistens noch Kiemendeckel und Flossen abspreizen, wie man es hier bei diesem blauen Fisch sehr gut sehen kann. Solange die Tiere noch in der Latenzphase mit gesteigerter Aktivität sind, kann man sie unter Umständen noch durch einen raschen Wasserwechsel retten; sind sie dagegen erst einmal in die akute Phase der Agonie gefallen, ist meist alles zu spät. Es gibt natürlich auch Gifte, wie etwa Cyanid, welche die Fische nur vorübergehend betäuben, doch sterben so gefangene Fische später in den Aquarien der Liebhaber meist an schweren Leberschäden. Das gehört im Grunde zur Grundausbildung jedes Toxikologen." „Wie erklären Sie es dann aber, dass bei Helgoland bisher nur wenige tote Fische gefunden wurden, wenn doch die Quallen offensichtlich auch Gifte direkt an das Meerwasser abgeben?" wollte Ian Bannister jetzt wissen. Da schaltete sich Dr. Skibbe ein. „Nun, ich denke, dass wir zunächst einmal im Meer schlichtweg nicht so eine hohe Fischdichte haben, so dass die von den Medusen abgegebenen Giftmengen im Verhältnis zur Größe des Wasserkörpers im Meer immer noch sehr gering sind. Darüber hinaus scheinen die giftigen Quallen eher oberflächenorientiert zu sein, so dass die Fische unter ihnen mit einigem Abstand wahrscheinlich relativ ungefährdet durchschwimmen können. Bisher hatten wir bei unseren Sammlungen toter Meerestiere erst zwei Arten von toten Fischen gefunden. Die eine Art wurde durch zwei relativ große Mondfische vertreten. Diese ernähren sich von Quallen, weshalb anzunehmen ist, dass die Mondfische durch den Verzehr des Toxins starben. Und die andere Art fanden wir in Form von etlichen toten Jungtieren am Todesstrand der Robben. Es handelte sich dabei um Jungtiere des Wittlings, einem kleinen Dorschfisch, der sich natürlicherweise gerne unter dem Schirm nesselnder Quallen versteckt. Beide Fischarten besitzen eigentlich einen natürlichen Nesselschutz, der jedoch bei diesen Quallen offensichtlich völlig versagt hat." Ian Bannister nutzte seine Chance und ließ nicht locker. „Dr. Skibbe, könnten Sie wohl mir und den, ähm Fernsehzuschauern zuhause" (fast hätte sich hier der Ministerpräsident versprochen und „Wähler" statt Fernsehzuschauer gesagt) „erklären, warum diese Quallen so giftig sind? Ist das eine neue Art, die unserer Gewässer eingeschleppt wurde? Was wissen Sie bisher über diese Tiere?" „Wir untersuchen sie zurzeit mit allen uns zur Verfügung stehenden Mitteln, wobei uns die Toxikologen aus Hannover besonders bei der Erforschung ihrer Toxine helfen. Durch die heutigen Ereignisse, deren Folgen Sie ja hier sehen konnten, wurden wir jedoch in unseren Nachforschungen stark behindert und..." „Dr. Skibbe, das wissen wir bereits! Aber was für eine Quallenspezies kann so etwas anrichten? Kann uns das denn niemand sagen?" sagte jetzt Ian Bannister mit gespielter Hilflosigkeit, ganz den Volkstribun mimend. „Nun, es handelt sich auf den ersten Blick um ganz gewöhnliche Ohrenquallen, lateinisch *Aurelia aurita*, die man kosmopolitisch in allen Meeren antreffen kann. Eigentlich ist die Ohrenqualle eine völlig harmlose Art, deren Nesselzellen die Haut des Menschen nicht durchschlagen können. Außerdem leuchten sie normalerweise nicht grünlich. Das sind alles Anomalien, an denen wir gerade sehr intensiv forschen." „Könnte es sich vielleicht um eine Mutation handeln, Dr. Skibbe?" wollte nun Ian Bannister wissen. „Das wäre durchaus möglich, wir suchen in allen Richtungen nach Gründen für ihre Giftigkeit." „Möglicherweise hat die Toxizität dieser Medusen auch eine nicht natürliche Ursache", warf nun Dr. Müller-Schiffer ein. „Dann darf ich Sie alle jetzt im Interesse der Öffentlichkeit darum bitten, die wahren Gründe für das plötzliche Auftreten dieser Tiere zu ermitteln, damit wir etwas dagegen unternehmen können. Ich für meinen Teil habe bereits erste Maßnahmen getroffen, wie Sie alle in Kürze erfahren werden. Es soll niemand sagen, dass die Politik in dieser Sache gänzlich handlungsunfähig wäre." Ian Bannister sah auf die große Uhr, die in der Station oben an der Wand hing. „Wie ich gerade sehe, beginnen meine Sofortmaßnahmen in nur wenigen Minuten. Wenn Sie mir bitte nach draußen folgen würden, dann können Sie es sogar von hier aus sehen." Dr. Skibbe öffnete die Hintertür, und alle verließen die Station. Ihnen allen bot sich ein ungewöhnliches Schauspiel.

III – Nackter Terror

„If the bombs and the fire don`t instantly kill, then the greed of the ashes certainly will."*

*** Zitat aus einem Songtext von Anne Clark: „Wenn die Bomben und das Feuer uns nicht völlig ausrotten, dann wird dieses die Gier unserer Asche tun."**

25. August 2017, Freitag

Helgoland, in der Nacht vom 24. auf den 25. 08. 2017, Pension von Dr. Zuckmayer
Dr. Florian Zuckmayer schlief erschöpft ein. Als er die Tiefschlafphase erreicht hatte, erschien ihm im Traum der alte Herr Hansen. Anklagend sah er Florian an, dann sagte er: „Ach Florian, Du warst immer wie ein Sohn für mich. Aber weißt Du, was ich wirklich traurig finde? Dass unsere Tiere hier auf Helgoland eigentlich nie jemanden gehabt haben, der sich *wirklich* für sie eingesetzt hat! Die Einzige, die das getan hat, war Susanna, Gott hab sie selig! Weißt Du, wie weh meinem Herzen das Sterben der Tiere, und nicht nur der Tiere, getan hat? Weißt Du, wie es ist, wenn man einem anderen etwas anvertraut, und dieser es dann einfach kaputt macht? Aus Mutwillen? Aus Gier? Aus Egoismus? Aus persönlicher Eitelkeit heraus? Weißt Du, wie schwer es ist, aus nichts etwas zu machen? Und wie furchtbar einfach es ist, dasselbe zu zerstören? Hast Du es jetzt endlich verstanden, wie es ist, wenn man einen über alles geliebten Menschen verloren hat? Es tut Dir weh, nicht wahr? Es sprengt Dir das Herz weg, es zerreißt Dich, es frisst Dich auf und es nagt an Deiner Seele! Könntest Du das Vorhandensein Deiner Seele auch wissenschaftlich erklären? Du siehst sie ja nicht, und doch tut sie Dir weh! Weißt Du, wie es mich zerrissen hat, als das, was mir am liebsten war, zwischen dem Abschaum der Menschheit an ein Lattengerüst genagelt wurde? Hast Du auch nur eine entfernte Ahnung davon, wie so ein Nagel schmerzen kann, der Dir durch das Fleisch Deines Leibes getrieben wird? Das war jetzt zu viel für Dich? Ich will Dir aber noch mehr zumuten! Kannst Du Dir vorstellen, dass jeder einzelne Nagel in Wahrheit mein Herz getroffen hat? Das war Dir noch nicht genug? Soll ich fortfahren?" Die Gestalt des alten Herrn Hansen hatte sich etwas verändert; plötzlich sah sie vollkommen hell aus und schien von innen heraus zu glühen; Florian merkte jetzt, dass das nicht mehr Herr Hansen war, wie er ihn kannte. Florian rief im Traum: „Geh weg, ich ertrage das Licht nicht mehr, ich kann diese Fragen nicht beantworten, warum quälst Du mich so? Wer bist Du, was willst Du überhaupt von mir?" Das Licht wurde schwächer, plötzlich war es wieder der väterliche alte Herr Hansen: „Nun, min Jung", er räusperte sich, „hast Du jetzt Deine Lektion begriffen? Siehst Du endlich ein, was wirklich schief gelaufen ist in Deinem Leben? Ach Florian, ich sehe so viel Klugheit bei Dir, so viel Klugheit! Aber um echte Weisheit zu erlangen, musst Du noch eine winzige Kleinigkeit in Deinem Leben ändern. Möge der Gott Susannas Dir dabei helfen! Susanna lebt, und Du sollst auch leben!" Dann verschwand der alte Hansen aus seinem Blickfeld und Florian sah in der Ferne ein Licht, das langsam heraufdämmerte. Er schlug die Augen auf. Die Sonne sandte ihre ersten Strahlen über den Horizont, ein neuer Morgen dämmerte herauf. Erschöpft schlief er wieder ein, denn der Traum hatte ihn sehr angestrengt. Traumlos schlief er jetzt weiter, es war, als hätte ihm jemand ein Schlafmittel gegeben. Stunden später wurde er schließlich von einem lauten Klingeln an seiner Tür geweckt. Er stand auf, warf sich seinen Morgenmantel über, und ging zur Tür. Vor ihm stand ein Mann mit weißen Haaren, sagte höflich Guten Morgen, und fragte, ob er kurz hereinkommen dürfe. Erstaunt bat er den Fremden herein. Wurden seine Träume jetzt plötzlich zur Wirklichkeit? Langsam bekam er Angst, verrückt zu werden.

Helgoland, Pier vor der Biologischen Station, 0.01h
Allen bot sich ein fantastisches Spektakel: Das Meer um die Insel herum schien intensiv grünlich zu glühen, es mussten Millionen von leuchtenden Quallen im Wasser sein. Dann wurde das Glühen schwächer und nahm wieder an Intensität zu. Es war, als würde jemand einen Dimmer aufdrehen und wieder abdrehen. Dann schob sich plötzlich in

etwa zwei Kilometern Entfernung von der Insel der schattenhafte Umriss eines Kriegsschiffes in das paradiesisch ruhige Panorama, der sich konturenhaft gegen das fahle Nachtlicht abhob. Kurz danach schien das Schiff plötzlich einige große plumpe Kugeln zu verlieren, die links und rechts von seiner Bordwand ins Meer rollten. Zunächst sah es so aus, als wollte das Schiff eine Kette von Bojen im Wasser absetzen, doch die vermeintlichen Bojen schwammen nicht, sondern versanken hinter der Kiellinie des Schiffes langsam im Meer. Dann gab es plötzlich einen dumpfen lauten Knall der weit über die spiegelglatte Oberfläche des Meeres hallte und einen Lichtfleck unter Wasser. Dieser wurde schnell größer, und eine ganze Reihe weiterer gedämpfter Detonationen folgte. Dann stiegen weiße Gischt Fontänen auf, die teilweise eine Höhe von fünfzig Metern und mehr erreichten und dann wieder auf die Wasseroberfläche aufklatschten. Die Fregatte Bremen hatte von der Leitstelle der Marine in Kiel die Order bekommen, rund um Helgoland einen Teppich aus Wasserbomben abzuwerfen! Mit offenen staunenden Mündern standen alle da. Und der Kameramann des Zweiten Deutschen Fernsehens lieferte eine zunächst nicht weiter kommentierte Live-Übertragung des Bombenabwurfes. Dort, wo die Wasserbomben die See aufgewühlt hatten, wurde das grünliche Leuchten der Quallen schwächer, und dort, wo die Bremen entlanggefahren war, entstand eine Schneise dunklen Wassers inmitten der grünen Quallenflut. Es dauerte fast eine dreiviertel Stunde, bis die Bremen Helgoland umrundet hatte, doch als sie an der Ausgangsposition ihres Bombardements angekommen war, hatte sich die schwarze Schneise auf der Wasseroberfläche nicht nur wieder geschlossen, sondern das grünliche Leuchten der nicht getroffenen Medusen schien an Intensität eher noch zugenommen zu haben! Dann gingen der Bremen die Wasserbomben aus. Doch sie stellte den Kampf gegen die Quallen keineswegs ein. Vielmehr feuerten ihre Geschütztürme und Maschinengewehre jetzt Salven von bunter Leuchtspurmunition ins Wasser. Es sah fast aus, wie ein Feuerwerk zu Silvester. Immer noch starrten alle wie gebannt auf das Schauspiel; auch viele Helgoländer hatten sich jetzt auf dem Oberland der Insel versammelt. Dann stellte die Bremen das Feuer ein, umrundete die Insel nochmals und drehte dann auf einen südlichen Kurs bei. Die Zuschauer begannen sich zu zerstreuen, und auch Ian Bannister und die Wissenschaftler widmeten sich jetzt anderen Tätigkeiten, als es ohne weitere Vorwarnung geschah: Die Bremen fuhr einen Halbkreis, und mehrere Flammenwerfer schickten einen feurigen Regen auf das immer noch grünlich leuchtende Meer. Dann loderte eine Feuersäule von der Meeresoberfläche auf, die sich jetzt ringförmig um die Insel ausbreitete. Wo die Feuersäule mit den Quallen in Berührung kam, erlosch das grünliche Leuchten augenblicklich. Für die Dauer von etwa einer Stunde war Helgoland von einem flammenden Ring umzingelt, der jedoch mangels neuer Nahrung bald in sich zusammenbrach. Denn das Öl, das die Bremen ins Meer abgelassen hatte, reichte nicht aus, um damit allen Quallen den Garaus zu machen. Dr. Skibbe, Dr. Nesemann und Dr. Ito standen jetzt wieder unten am Pier und schüttelten mit den Köpfen. So einfach konnte man die Medusen sicherlich nicht aus der Welt schaffen, das war allen Beteiligten klar. Aber die Bilder dieser Aktion gingen live um die Welt, die Reporter sprachen aufgeregte Kommentare in ihre Mikrofone und die Wissenschaftler mussten am Pier der Biologischen Station eine improvisierte Pressekonferenz abhalten. In der Hektik des Geschehens hatte jedoch niemand von ihnen darauf geachtet, dass der Hinterausgang der verseuchten Station immer noch sperrangelweit offenstand. Irgendwann drehte sich Dr. Ito um und bemerkte es. „Um Himmels Willen, die Station ist ja immer noch auf!“ rief er. „Bringen Sie die Reporter bloß hier weg, falls es nicht schon zu spät dazu ist!“ Dr. Nesemann kam dieser Aufforderung sofort nach, während

Dr. Ito und Dr. Skibbe in die verseuchte Station eilten, um die Türen zu verschließen. Dabei erlebten sie im wahrsten Sinne des Wortes ein blaues Wunder!

Dublin, Martys Apartment, 1.45h

Marty lag gerade auf seiner Ehefrau und war mit seinen ehelichen Pflichten beschäftigt, als das Telefon einmal klingelte. Er schenkte dem zunächst keine Beachtung, beeilte sich jetzt aber, zum Abschluss seiner Liebeskünste zu kommen. Exakt drei Minuten später klingelte es dann zwei weitere Male. Er stand auf, schaltete die Beleuchtung in seinem benachbarten Arbeitszimmer zweimal an und wieder aus und begab sich dann zurück ins Schlafzimmer. Er gab seiner Frau einen Kuss, erklärte ihr, dass er nochmals dringend wegmüsse, suchte seine Anziehsachen zusammen, ging dann ins Bad und machte sich etwas frisch. Dann verließ er seine Wohnung und ging zu Fuß in einen Pub, der „OLD INN" hieß und nur drei Querstraßen entfernt lag. Kurze Zeit später traf eine junge blonde Irin ein, die sich wie er ein Guinness bestellte und dann neben ihm Platz nahm. Da noch etwa zwanzig andere Zecher anwesend waren, fiel das kaum jemandem auf. Denn die anderen Zecher grölten irgendwelche Trinklieder und waren zu einem nicht unwesentlichen Teil bereits in jenen Teil der Hemisphäre abgetaucht, den man an den glasigen Blicken der Leute auch ohne medizinische Fachkenntnisse unschwer als Vorstufe des Deliriums hätte erkennen können. „Was will M?" fragte Marty nun, etwas genervt davon, dass man ihn noch so spät – oder eben auch früh – gerufen hatte. „Du sollst zum Klubhaus kommen; ich werde Dir in fünf Minuten auf einem Umweg folgen. Dort alles Weitere. Es ist sehr dringend. Es geht um Ian!" „O.K., ich bin gleich da, welcher Eingang?" „Du gehst von hinten rein, ich von vorne." „Ist gut", sagte er, erhob sich, zahlte und ging. Fünf Minuten später folgte ihm die kleine blonde Irin, die nicht größer war als etwa einen Meter sechzig. Sie nahm jedoch sicherheitshalber wie besprochen einen kleinen Umweg durch ein übles Stadtviertel, um nicht mit ihm in Verbindung gebracht werden zu können. Sie war keine zwei Straßen weit gekommen, als wie aus dem Nichts drei übel aussehende Schlägertypen aus einem Hauseingang kamen und ihr den Weg versperrten. „Wohin des Weges, Cinderella?" sagte der größte der drei, sichtlich angetrunken, und zog plötzlich ein Butterfly-Messer aus der Hosentasche. Die anderen beiden standen nur abwartend da und grinsten. „Na, willst Du mir nicht einen blasen? Das ist die hier übliche City-Maut!" Die anderen beiden lachten dreckig und verteilten sich so auf der Straße, dass sie weder nach hinten, noch zur Seite ausweichen konnte. Dann machte der Große einen Schritt in ihre Richtung, während der Mann rechts von ihm einen Baseball-Schläger hinter seinem Rücken hervorholte. Marty konnte ihr nicht helfen; der war wahrscheinlich schon im Klubhaus. Genau wie Monty, der sie hier auch weder hören noch sehen konnte. „Lasst mich durch, sonst gibt es Ärger!" sagte sie ganz ruhig zu dem Anführer des Trios. Ein höhnisches Lachen war die Antwort, die Straße war menschenleer und wirkte wie ausgestorben. Es war die Ruhe vor dem Sturm, der sich gleich schnell und sehr heftig austoben sollte. Wobei es wohl mindestens ein Opfer geben würde. Jedenfalls dachten das alle.

Helgoland, Biologische Station, Hummerbrutanlage, 1.59h

Als Dr. Ito und Dr. Skibbe die Station betraten, um sie schnell abzuriegeln, fiel ihnen sofort etwas ins Auge, das vorher ganz anders ausgesehen hatte. Der blaue Kuckuckslippfisch schwamm wieder munter durch das große Panoramabecken! Des Weiteren einige andere Fische, die sie ebenfalls für tot gehalten hatten. Wie war das nur möglich? „Es muss mit der Lüftung des Raumes zu tun haben!" sagte Dr. Ito zu Dr. Skibbe. „Das sehe ich genauso, Dr. Ito. Können wir über Nacht alles auflassen? Vielleicht mit entsprechenden Warnschildern draußen?" „Ich halte das für eine gute Idee! Morgen früh, das heißt eigentlich heute so etwa gegen neun Uhr, wird Professor Horvath hier eintreffen. Mal sehen, was er davon hält. Vielleicht gibt es ja ein Gegenmittel gegen das Toxin? Ich glaube, wir sind da jetzt durch Zufall nahe drangekommen!" „Dr. Ito, ich gebe Ihnen Recht. Doch trotzdem müssen wir noch jetzt die toten Tiere aus den Aquarien entfernen, weil die uns sonst den restlichen Besatz durch entstehendes Ammonium und Ammoniak umbringen werden, und dann kippt doch noch alles, und wir könnten dann noch nicht mal genau sagen, warum." „Da haben Sie Recht! Daher würde ich sagen, dass ich jetzt etwas Ordnung mache, das verbliebene Quallenbecken mit einer Sicherungsfolie abdecke, den Boden schrubbe und mich um die Entseuchung des Raumes kümmere. Unterdessen können Sie ja die toten Tiere absammeln. Am besten, die kommen alle in einen Bodybag, damit wir die später noch untersuchen können." Dann bat Dr. Ito Dr. Nesemann, der noch draußen vor der Station wartete, einen oder besser mehrere Bodybags zu organisieren. Danach begann er damit, die Station systematisch zu reinigen und zu entseuchen, wobei ihm seine Kollegin half, während sich Dr. Skibbe um die toten Krebstiere kümmerte. Ein winziger Lichtstrahl der Hoffnung war aufgekeimt; nur musste jetzt daraus eine Pflanze gezüchtet werden, die auch als brauchbare Heilpflanze dienen konnte!

Dublin, eine verlassene Straße, zwei Straßen vom OLD INN, 2.33h

Hätten die drei Schläger auch nur ansatzweise geahnt, dass die kleine blonde Irin, die sich den Decknamen Ruth zugelegt hatte, eine Spezialausbildung der IRA im Nah- und Häuserkampf genossen hatte, so hätten sie wahrscheinlich einen weiten Bogen um die junge Frau gemacht. Aber so lernten sie nun ihren Meister kennen, auch wenn dieser zwei Köpfe kleiner als der Größte von ihnen war. In dem Moment, in dem der rothaarige Riese einen torkelnden plumpen Schritt in ihre Richtung machte, spürte er plötzlich einen heftigen Stich unterhalb seines Brustkorbes. Ein Zittern durchlief ihn, und das Messer, das er immer noch krampfhaft umklammern wollte, wurde ihm aus der Hand gerissen. Ruth hatte einen kleinen Elektroschocker, den sie für solche Gelegenheiten immer dabeihatte, einfach auf seinen fetten Bierbauch abgefeuert. Der zweite Schläger registrierte nun, dass mit seinem Kumpel etwas nicht stimmte, und holte mit dem Baseballschläger gegen die zierliche Ruth aus. Diese hatte seine Bewegung jedoch bereits aus dem Augenwinkel gesehen und duckte sich einfach unter dem Hieb weg, so dass der Schlag nun den großen Rothaarigen mit voller Wucht in die Rippen traf. Ein leises Knackgeräusch machte allen Beteiligten unmissverständlich klar, dass hier ein paar Rippen zersplittert sein mussten. Der rothaarige Riese stöhnte hilflos auf, brach in die Knie und bekam nun von der kleinen blonden Ruth sein eigenes Butterfly-Messer unterhalb der linken Achsel in den Körper gerammt. Dies wiederum rief einen Schmerz hervor, der den jetzt hilflosen Schläger fast wahnsinnig machte. Er wollte schreien, konnte es aber nicht, weil der Elektroschock von etwa zwanzigtausend Volt auch seine Stimmbänder gelähmt hatte. Er fiel nach hinten und schlug mit dem Hinterkopf im Kothaufen eines Hundes überraschend weich auf. Jedoch war der Geruch nicht besonders angenehm. Hilflos am Boden liegend musste er jetzt mit ansehen, wie Ruth seinem Kameraden mit dem Baseball-Schläger gleich dreimal in einem kurzen schnellen Stakkato in den Arm stach, so dass er den Baseball-Schläger vor Schreck und Schmerzen fallen ließ. Dann trat sie ihm gekonnt seitlich so gegen sein Knie, dass das Kreuzband augenblicklich riss. Denn ihrem dezenten Stahlkappenschuh hatte sein ungeschütztes Knie nichts mehr entgegen zu setzen gehabt. Mit einem Wimmern brach auch er zusammen, wobei sie es sich nicht nehmen ließ, ihren ganzen Körper um eine danebenstehende Laterne zu schwingen, um seinen Abgang noch durch einen heftigen Tritt mit beiden Füßen, deren Stahlkappen sie auch noch gegen seinen Unterkiefer richtete, erheblich zu beschleunigen. Ein doppelter Kieferbruch war die Folge, was ihn jämmerlich aufheulen ließ. Es klang so jaulend, als ob man einem Hund auf den Schwanz getreten sei. Der dritte Schläger hatte so ungünstig gestanden, dass er mit dem zweiten zusammenprallte, als dieser zu Boden ging. Immerhin schaffte er es noch, eine kleine 9 Millimeter Makarow aus der Tasche seiner Jeansjacke zu ziehen. Er kam jedoch nicht mehr dazu, die Waffe auch zu entsichern, geschweige denn in Anschlag zu bringen, weil die kleine wendige Ruth geschickt ein zweites Mal um die Laterne schwang, so in seinen Rücken gelangte und ihm einen gewaltigen Tritt mit ihren Stahlkappen in den Hintern verabreichte. So fiel er jetzt weich auf den Rothaarigen, und noch ehe er mit der Waffe im Anschlag hochkam, saß Ruth plötzlich rittlings auf seinem Rücken und hackte wie ein Racheengel mit dem Butterfly-Messer in seinen rechten Arm, so dass er die kleinkalibrige Pistole vor Schmerz fallen ließ. Ruth sprang auf, nahm die Waffe an sich, ergriff jetzt außerdem den zu Boden gefallenen Baseballschläger und wollte den dritten Schläger eigentlich nur ins Reich der Träume schicken, als dieser ihr hasserfüllt sein Gesicht zuwandte. Das hätte er besser nicht tun sollen, denn nun ließ der niedersausende Knüppel sein Nasenbein splittern und er fühlte und schmeckte sein eigenes Blut über seine Sachen laufen. „Habt Ihr nun endlich genug?" fragte Ruth grimmig, ein wenig außer Atem, aber mit einem sehr zufriedenen Grinsen. Der rothaarige Riese konnte wieder sprechen und sagte: „Na warte, wenn wir Dich nochmals erwischen, dann machen wir Dich gleich platt!" „An Eurer Stelle würde ich mich nicht noch mal mit der Irisch Republikanischen Armee anlegen. Denn die sorgt für Sauberkeit und Ordnung auf den Straßen. Und jetzt verpisst Euch hier ganz schnell, sonst blase ich Euch mit Eurer eigenen Artillerie das bisschen Resthirn weg, was Ihr Saufköpfe vielleicht noch habt." Ruth zielte jetzt mit der entsicherten kleinkalibrigen Makarow auf die empfindlichsten Weichteile des rothaarigen Anführers der Straßengang. Mühsam stand er auf, und wie drei schwer verletzte Krieger humpelten die drei Schläger unter den wachsamen Blicken Ruths von dannen. So ein Mist! Kein vernünftiger Ire legte sich freiwillig mit der Irisch Republikanischen Armee an. Sie konnten von Glück sagen, dass die kleine Blonde heute nochmals Gnade hatte walten lassen. Das nächste Mal würde die Blondine sie hier tot zurücklassen. Daran bestand für die drei keinerlei Zweifel. Blutend und stinkend nach Hundekot schleppten sie sich zur Notaufnahme des nächsten Krankenhauses. Zu ihrem Erstaunen kam ihnen jedoch auf halbem Wege bereits ein Krankenwagen entgegen, der sie einsammelte. Ruth wollte ja ab und zu auch ihren Spaß haben, weshalb sie den Notruf gewählt hatte. Dabei hatte sie geschildert, dass zwei Straßengangs sich gegenseitig bekriegt hätten. Aus sicherer Entfernung beobachtete sie, wie die drei ins Krankenhaus gebracht wurden. Dann setzte sie ihren Weg diesmal unangefochten fort. Monty würde sie nach Helgoland schicken. Sie hob den Kopf und streckte die Brust raus. Wahrscheinlich war sie die Beste für diese Aufgabe. Ein Job wie andere auch. Vielleicht nicht so einfach wie die heutige Straßenreinigung, wie sie es nannte. Sie betrat den Klub. Dort legte sie die von ihr heute erbeuteten Waffen in einen speziellen Schrank, den sie hier als Waffenlager nutzten. Sie behielt lediglich das Butterfly-Messer. Damit konnte sie sich schließlich ab und zu auch ihre Fingernägel maniküren. Sie war eben eine gefährliche Frau. Femme fatale! Sie lächelte grimmig. Hätte man sie auf der Straße getroffen, hätte man sie auf den ersten Blick für ungefährlich gehalten. Aber unter dieser Oberfläche verbarg sich sehr geschickt ein Racheengel, welcher schon sehr bald tätig werden sollte. Mit diesmal tödlichen Konsequenzen.

Helgoland, Foyer des Nordseehotels, 3.03h

Alle Kameras waren auf Ian Bannister gerichtet. Er war in seinem Element, morgen würde ihn Dr. Werner Theißing an der „Pressefront", wie er es nannte, tatkräftig unterstützen. Ein Reporter fragte ihn etwas kritischer: „Herr Ministerpräsident, war es denn wirklich notwendig, ein Schlachtschiff gegen Quallen einzusetzen? Sowohl ich als auch einige Kollegen hier aus dem Podium können es uns nicht vorstellen, dass das tatsächlich etwas bringt, um die Killerquallen auszurotten!" „Der Einsatz der Bremen war von mir, Dr. Theißing und der Leitstelle der Marine in Kiel bereits gestern Abend auf Wunsch des Bundeskanzlers verabredet worden, der ein energisches Handeln von uns gefordert hat. Ich gebe gerne zu, dass es sich dabei zunächst nur um einen Probelauf gehandelt hat, da unserem Wissen nach noch keine Marine dieser Welt zur Quallen Bekämpfung eingesetzt worden ist. So gesehen sind wir hier – global gesehen – Vorreiter. Aber die außerordentliche Giftigkeit dieser Tiere hat uns dazu gezwungen. Leider ist es so, wie es uns der gute alte Stratege von Clausewitz gelehrt hat: Das Militär ist der verlängerte Arm der Politik, wenn diese nicht mehr anders weiterkommt." „Herr Bannister", wollte jetzt eine Reporterin des ZDF wissen, „ist es nicht aber so, dass die Politik die zivilen Möglichkeiten noch nicht alle ausgeschöpft hatte, als die Quallen beschossen wurden? Haben Sie nicht auch andere Meeresbewohner durch die Aktion gefährdet?" „Ich gebe Ihnen durchaus recht, wenn Sie sagen, dass wir noch nicht alle zivilen Möglichkeiten ausgeschöpft hatten, aber heute Nachmittag ist ein weiterer Mensch an den Folgen einer Vergiftung mit dem Toxin der Killerquallen gestorben. Und bei Gefahr im Verzug konnten wir es uns nicht leisten, noch länger mit Aktionen zu warten, auch wenn unsere Aktionen möglicherweise noch nicht vollständig gegriffen haben sollten. Hätten wir nichts getan, dann würde uns doch jeder rechtschaffene Bürger dieses Landes Untätigkeit vorwerfen! Und das" – Ian Bannister legte eine bedeutungsvolle rhetorische Pause ein – „können wir uns selbstverständlich nicht leisten, solange Gefahr für Leib und Leben von Menschen besteht. Und was die anderen Meerestiere betrifft, so können Sie sich persönlich selbst hier auf Helgoland davon überzeugen, was mit ihnen geschieht, wenn wir nichts gegen die Quallen unternehmen. Ein Marinesoldat hat mir gesagt, dass er in seiner ganzen Laufbahn bisher noch nie so schlimme Giftwirkungen beobachtet hat. Und glauben Sie es mir bitte: Der Mann hatte bereits Giftgasanschläge und deren Auswirkungen im Persischen Golf mit eigenen Augen gesehen. Und selbst Professor Horvath von der Toxikologie Hannover hält die Toxizität der Quallen in ihrer Wirkung für giftgasähnlich." „Aber wird die Gezeitenwelle nicht dafür sorgen, dass die Quallen auch an die nördlichen Badestrände in Schleswig-Holstein und Dänemark gelangen? Was wollen Sie dagegen machen?" wollte ein Lokalreporter aus Hamburg wissen. „Nun", entgegnete Ian Bannister, „wir werden morgen eine Krisensitzung mit dem Bundeskanzler haben, wo wir die entsprechenden Experten vom Deutschen Hydrographischen Institut sowie unsere ermittelnden Wissenschaftler mit einbeziehen. Danach werden wir unsere weiteren Entscheidungen treffen. Selbstverständlich werden wir den Erfolg unserer heutigen Operation gegen die Killerquallen auch bei unseren Entscheidungen mitberücksichtigen. Wir werden vorerst die Strände weiterhin sperren müssen. Wir arbeiten rund um die Uhr und mit Hochdruck an einer Lösung der Probleme. Das Interview für die deutsche Presse ist jetzt beendet; bitte haben Sie dafür Verständnis, denn ich muss jetzt noch ihren englischsprachigen Kollegen von CNN und British Press Rede und Antwort stehen. Denn es könnte sich in Kürze durchaus auch um eine internationale Umweltkrise handeln, wenn es das nicht schon tut."

Dublin, ein konspiratives Apartment der IRA mitten in der Innenstadt, 3.17h

Marty, die Nummer 2 der Irisch Republikanischen Armee, öffnete jetzt eine Schiebetür und winkte Ruth herein. Genau genommen nannte sich dieser Flügel der IRA jetzt New Revenge Irish Republican Army, was so viel bedeutete wie die „Neue Irisch Republikanische Armee der Rache". An ihrer Ernsthaftigkeit bestand kein Zweifel, wie sowohl die nord- als auch die südirische Polizei zugeben mussten. Die New Revenge IRA machte zwar mangels Personals nur relativ wenige Attentate und Anschläge, aber wenn, dann machte die IRA grundsätzlich keine Gefangenen oder der Anschlag traf den politischen Gegner mit tödlicher Präzision an seinen verwundbarsten Stellen. So hatte die IRA es beispielsweise aufgegeben, nur Anschläge auf hochrangige Regierungsvertreter zu machen. Vielmehr hatten sie sich jetzt dahin gewandt, die Funktionäre auszuschalten, welche die ihrer Meinung nach falschen politischen Linien ausarbeiten und umsetzen sollten. So hatten sie etwa zwei hochrangige Staatssekretäre eliminiert, die wichtige Bestandteile der Europapolitik Irlands ausarbeiten sollten. Die Leichen waren bis heute immer noch spurlos verschwunden. Doch hatte die Polizei Blutspuren gefunden, die darauf hinwiesen, dass die beiden nicht mehr lebten. Die IRA hatte später mit dem Blut der beiden Ermordeten eine öffentliche Mauer mit dem Spruch: „So ergeht es künftig allen Verrätern unserer Sache" beschmiert. Außerdem hatten Sie ein wichtiges Europaterminal des Flughafens von Dublin erfolgreich gesprengt, um den europäischen Handel zu behindern. Denn die IRA forderte in ihren Manifesten den sofortigen Austritt Irlands aus der europäischen Union, was sie mit solchen und ähnlichen Aktionen stets untermauerte. Waren es früher die Briten gewesen, die dem Terror als Ziel dienten, so waren es nun pro europäische Funktionäre und Einrichtungen geworden. Die New Revenge IRA hatte alle pro europäischen Politiker und Funktionäre auf ihrer Todesliste stehen, und diese Liste war lang! Leute wie Ruth rekrutierte man gewöhnlich auf Beerdigungen von Leuten, deren Angehörige durch Versäumnisse des irischen Staates oder durch den Terror gegnerischer paramilitärischer Vereinigungen ums Leben gekommen waren. Auch die Katholikin Ruth war so für die Sache der IRA gewonnen worden. Ihr Mann und ihr damals dreijähriger Sohn waren in Belfast durch eine Bombe protestantischer Extremisten gestorben. Drei furchtbare Tage und Nächte hatte Ruth, die mit bürgerlichem Namen eigentlich Kate Nightingale hieß, am Bett ihres sterbenden kleinen Sohnes James gesessen, bis dieser schließlich seinen schweren Verbrennungen erlag. Marty war zu dieser Zeit gerade in Belfast auf Rekrutierungstour gewesen, und hatte sie dezent und einfühlsam angesprochen. Nach anfänglichem Zögern war sie dann nach Dublin gekommen, wo sie kurze Zeit später den Fahneneid der IRA leistete. Sie war eigentlich eine ausgebildete Fachkraft für Telekommunikation, doch war es kein Problem gewesen, sie für echte harte Fronteinsätze auszubilden. Denn ihr Hasspotential war so hoch, dass sogar ihre Ausbilder begannen, sie zu fürchten. Im Prinzip brauchte man Kate nur zu sagen, dass dieser oder jener Funktionär oder Politiker eine Mitschuld an ihrem persönlichen Leid trug – dann hatte man eine scharfe Waffe vor sich, eine lebende Kampfmaschine, die kein Erbarmen mehr kannte. Sie hatte alle Brücken hinter sich abgebrochen, ihre alte Wohnung in Belfast hatte sie einfach ungeräumt zurückgelassen. Dort würde sie nichts mehr halten. Monty winkte sie jetzt heran, und deutete auf den eingeschalteten Fernseher. CNN sendete ein Interview in englischer Sprache mit Ian Bannister aus Helgoland. Zu Beginn wurde der Schriftzug des Nordseehotels eingeblendet, außerdem zeigte man Bilder der Insel Helgoland. Nachdem das Interview beendet war, schaltete Marty den Fernseher aus, und Monty ergriff das Wort: „Nun, Kate, hast Du ihn gesehen? Und nach allem, was wir hier gesehen haben: Keine Personenschützer, also ein leichtes

Ziel für Dich! Wir halten Dich für das Beste, was wir für diesen Auftrag haben. Traust Du Dir das zu? Wenn Du es schaffst, werden wir Dich in unseren Führungskreis aufnehmen, und wir werden Dir mindestens fünfzig Aktivisten zuweisen, die Du in Absprache mit uns befehligen darfst." Fünfzig Aktivisten! Das war etwas mehr als ein Drittel ihrer kleinen Streitmacht, überlegte Kate. Bisher hatte sie nur einen kleinen Kreis von etwa zehn Personen führen dürfen, aber gleich fünfzig? Das übertraf selbst ihre kühnsten Erwartungen! „Und wieso glaubt Ihr, dass gerade ich Ian Bannister zur Strecke bringen kann?" wollte sie wissen. „Nun, Du bist Telekommunikationsexpertin. Wir können Dich relativ problemlos nach Helgoland bringen, weil Du zufällig einer Reporterin der Irish Press zum Verwechseln ähnlich siehst, hier gebe ich Dir ein Foto von ihr. Wir haben sie bereits angerufen – sie wird morgen nicht nach Helgoland fliegen, sondern sie wird Dir ihre Sachen übergeben und Du fliegst an ihrer Stelle. Da man sie mit neuen Kollegen in ein Team versetzt hat, wird niemand merken, dass sie es nicht ist. Du musst lediglich mit nach Helgoland fliegen, ein paar intelligente Fragen stellen, und dann die richtige Gelegenheit abpassen. Du bist die Beste, die wir zurzeit haben, Kate. Ich bin immer wieder begeistert, wenn ich mir Deine Trainingsvideos ansehe. Du bist attraktiv, kannst alles ad hoc improvisieren und bist unsere absolute Königin, was die konsequente Umsetzung der Hit and Run Strategie angeht. Leuten wie Dir gehört unsere Zukunft; ich bin Realist. Marty und ich werden allmählich zu alt für so was. Und wir wollen Dein Talent auf keinen Fall vergeuden!" „Wie komme ich nach dem Hit von der Insel?" wollte Kate jetzt wissen. „Das ist relativ einfach, wenn auch ein nicht unwichtiger Punkt", antwortete Monty. „Wie Du ja siehst, musst Du Dir nur die Haare dunkel färben, um der Reporterin ähnlich zu sehen. Das heißt, dass es nach dem Hit nur darauf ankommt, Deine ursprüngliche Haarfarbe wiederherzustellen. Außerdem haben wir für Dich noch einige Utensilien besorgt, mit denen Du Dein Aussehen noch etwas verändern kannst. Keiner wird Dich wiedererkennen. Dann entführst Du das nächstbeste Privatflugzeug und lässt Dich nach Hamburg fliegen. Dort wartet dann ein deutscher Kontaktmann auf Dich, der alles Weitere veranlasst." Kate war noch nicht überzeugt. „Könnte ich nicht auch ein Boot nehmen? Das kann doch nicht so schwer sein, per GPS nach Hamburg zu fahren?" „Grundsätzlich wäre auch das möglich, aber die Deutschen haben eine Fregatte vor Helgoland, die Dich dann schneller aufbringt, als Du gucken kannst. Die Crew hat nach unserer Meinung Erfahrung in der Bekämpfung von Piraten am Horn von Afrika gesammelt. Und so eine Crew ist so ziemlich das Letzte, was Du Dir aufhalsen solltest!" „Überzeugt", sagte Kate, „ich nehme den Luftweg. Ich werde diese Europaflöte Bannister schon wegputzen, dann wird es wieder etwas heller in der politischen Landschaft Irlands und Deutschlands." „Stell Dir das nicht so einfach vor, das ist kein Kinderspiel! Und vergiss es nie, was Terence Mac Swiney – Gott hab ihn selig – einst sagte: Nicht die werden gewinnen, die am stärksten zuschlagen können, sondern jene, die am meisten einstecken können. Bis jetzt musstest Du bei Deinen Einsätzen noch nicht sehr viel einstecken, deshalb denke immer daran, dass es auch mal anders kommen könnte. Ich selbst wäre auch schon mal bei einem harmlosen Routineauftrag fast getötet worden. Deswegen darf es für Leute wie uns niemals Routine geben!" sagte Monty. „Schon kapiert", sagte Kate. „Ach, da ist noch etwas Wichtiges, Kate: Ian Bannister steht ausschließlich auf dunkelhaarige Frauen; er hatte noch nie was mit einer Blonden oder Rothaarigen laufen, obwohl er als Weiberheld bekannt ist. Vielleicht setzt Du auch Deine weiblichen Eigenschaften ein, um an ihn ranzukommen, " sagte jetzt Marty. „Vielleicht", antwortete Kate und grinste spöttisch. Sie wusste es genau, an welcher Stelle Männer wirklich schwach werden konnten. Und das würde sie in jedem Fall skrupellos ausnutzen.

Helgoland, Pension von Dr. Florian Zuckmayer, 25.08.2017, 08.05h

Der fremde Besucher folgte Dr. Zuckmayer in das noch nicht aufgeräumte Wohnzimmer. Die Tagebücher von Dr. Susanna Pelzer lagen auf dem Couchtisch. Florian räumte seine Sachen vom Sofa, dann bot er dem ungewöhnlichen Besucher einen Platz an. Dieser nahm Platz, dann sagte er: „Oh, Entschuldigung, ich habe mich ja noch gar nicht vorgestellt. Mein Name ist Professor Dr. Lazlo Horvath vom Toxikologischen Institut in Hannover. Zunächst möchte ich Ihnen nochmals persönlich meine Anteilnahme zu Ihrem furchtbaren Verlust aussprechen." Florian nickte, dann weinte er. Seltsam, er schämte sich gar nicht, in Gegenwart dieses Fremden zu weinen, was war bloß los mit ihm? Professor Horvath sah ihm voller Anteilnahme zu, dann legte er ihm einen Arm auf die Schulter und sagte: „Sie war eine großartige Frau, ich habe sie vor einigen Jahren bei einem Kongress getroffen, wo wir über den Verbleib von giftigen Substanzen in Meerestieren und die damit verbundenen Akkumulationen und Persistenzen sprachen. Schon damals fiel sie mir positiv auf. Durch ihre Haltung, nicht einfach alles als Gott gegeben hinnehmen zu wollen. Sie sagte mir – und das machte damals solchen Eindruck auf mich, dass ich es mir bis heute gemerkt habe – dass wir Wissenschaftler eine besondere moralische und ethische Verantwortung für die Tiere und unsere Umwelt haben. Und zwar deshalb, weil wir im Gegensatz zur breiten Masse der Leute die Zusammenhänge verstehen, und weil wir als einzige Problemlösungsstrategien vorschlagen können. Sie sagte mir auch, dass es unsere Aufgabe sei, die Politik im Sinne von Schutz und Nachhaltigkeit zu beeinflussen, sonst sei unsere gesamte Forschung vergeblich! So oder so ähnlich hat sie es mir gesagt, ich habe es nie vergessen!" Florian war sichtlich sprachlos. „Sind Sie gekommen, um mir das zu sagen? fragte er jetzt, sichtlich berührt von den Worten des Professors. „Eigentlich wollte ich Ihnen nur persönlich den Ring übergeben, den Susanna – ich meine Frau Dr. Pelzer - an ihrem Ringfinger trug. Als ich Ihren Namen darin las, dachte ich mir, dass er Ihnen vielleicht etwas bedeuten könnte. " Professor Horvath legte ein kleines Schmuckkästchen auf den Tisch. „Was geschieht jetzt mit Susanna?" wollte Florian wissen. „Sie hatten Glück, Florian, großes Glück! Wären Sie ihr ins Wasser hinterher gesprungen, so wären sie jetzt wahrscheinlich auch tot. Warum Dr. Skibbe überlebt hat, ist uns allerdings immer noch ein Rätsel. Wir können momentan nur so viel sagen, dass die sterblichen Überreste von Frau Dr. Pelzer genau wie die toten Meerestiere, die wir bereits untersucht haben, völlig verseucht waren. Deshalb werden wir sie nach der amtlichen Bestattungsfreigabe in unserem Institut abluftgefiltert einäschern müssen. Ihre Asche kann dann selbstverständlich in einer doppelwandigen Spezialurne bestattet werden. Nach den Vorstellungen der Angehörigen natürlich. Wir haben den Vater von Frau Dr. Pelzer bereits informiert. Wir stehen in ständigem Kontakt zu ihm und können ihn per Sondergenehmigung auch nach Helgoland kommen lassen, falls Sie bereit dazu wären, sich hier um seine Unterbringung zu kümmern." „Den haben wir ja bisher ganz vergessen!" stöhnte Florian auf. „Er ist Ihnen deswegen nicht böse, er weiß ja, dass hier eine Ausnahmesituation herrscht", sagte Professor Horvath einfühlsam. Florian erhob sich. „Ich mache uns schnell einen Kaffee, bitte bleiben Sie noch kurz." Florian eilte in die Küche, und schon nach zwei Minuten erschien er mit zwei dampfenden Bechern voller frisch gebrühter Instantkaffees. Professor Horvath nippte dankbar daran; auch für ihn war es eine kurze Nacht gewesen. „Wissen Sie eigentlich, dass Susanna vor drei Jahren in Thailand einen Bürgerkrieg verhindert hat?" fragte jetzt Professor Horvath Florian. Dieser war wieder einmal sprachlos. Mit was für einer Frau war er eigentlich zusammen gewesen? Er merkte, wie ihm der Boden immer mehr entglitt. „Sind das hier ihre Tagebücher?" wollte Professor Horvath wissen, und zeigte auf die Bücher auf dem

Tisch. „Ja, sie wollte, dass ich sie lese. Ich habe damit angefangen, aber bei Thailand war ich noch nicht." „Nun, das ging damals auf Wunsch von Frau Dr. Pelzer auch nicht durch die Presse. Ich wurde von den damaligen Geschehnissen nur am Rande involviert und musste mich auch gegenüber der thailändischen Regierung zum Stillschweigen verpflichten. Offiziell hat Frau Dr. Pelzer damals nur die letzten thailändischen Dugongs vor dem Abschuss bewahrt, in Wahrheit hat sie sich auch für politische Reformen und einen sozialen Ausgleich zwischen verschiedenen Bevölkerungsgruppen eingesetzt. Aber sie wäre fast selbst dabei drauf gegangen. Vielleicht hat sie Ihnen ja mal ihre Narbe gezeigt?" „Was für eine Narbe?" wollte Florian wissen, jetzt neugierig geworden. „Nun, sie hat bei der Auseinandersetzung eine verirrte Kugel in den Rücken bekommen, wir konnten die Narbe bei der Obduktion lokalisieren. Sie hat später bei dem Kongress mir gegenüber erwähnt, dass sie schwer verwundet wurde. Ihr Leben hing damals an einem seidenen Faden, doch ein thailändischer Fischer hat sie gerettet." Dr. Florian Zuckmayer war jetzt völlig baff. „Ich muss jetzt rüber zur Station, Dr. Skibbe und Dr. Ito erwarten mich bereits. Ich denke, wir sollten später nochmals kurz über die Ausrichtung einer Trauerfeier und über die Unterbringung von Dr. Artur Pelzer reden. Wenn Sie das möchten, kann ich mich gerne nebenbei darum kümmern." „Ich danke Ihnen sehr Professor Horvath, Sie wissen ja gar nicht, was Sie gerade für mich getan haben", sagte Florian nun. Dann begleitete er Professor Horvath zur Tür. Dann ging er zum Telefon und rief im Nordseehotel an, dass er heute etwas später käme. Danach wählte er die Nummer von Dr. Nesemann, des Inselarztes und Prädikanten der Helgoländer Inselkirche.

Helgoland, vor dem Eingang der Biologischen Station, 9.03h
Dr. Skibbe und Dr. Ito rieben sich noch den Schlaf aus den Augen, als Professor Horvath auf sie zueilte und sie begrüßte. „Gott sei Dank sind Sie endlich da, Chef! Es gibt Probleme! Bitte kommen Sie schnell mit rüber zum Nordseehotel; Dr. Lessinghaus hat es jetzt möglicherweise auch erwischt. Er ist heute Morgen nicht zum Frühstück erschienen. Daraufhin hat Dr. Müller-Schiffer nach ihm gesehen. Er konnte nicht aufstehen, war aber noch ansprechbar. Sie hat sofort sein Zimmer gelüftet und Dr. Nesemann gerufen, den Inselarzt. Da sehen sie – er geht gerade ins Hotel!" Alle drei eilten zum Nordseehotel. Dr. Müller-Schiffer empfing sie: „Dr. Nesemann ist jetzt drin und untersucht ihn. Da er ansprechbar ist, gehe ich davon aus, dass das etwas mit seinem gestrigen Sturz zu tun haben dürfte und nicht mit dem Gift. Ich habe sicherheitshalber alles durchgelüftet – bei den Fischen scheint das ja bisher Wunder gewirkt zu haben." Professor Horvath sah verständnislos drein. Dann klärte ihn Dr. Ito über ihre gestrige Beobachtung auf. „Sehr interessant, dafür gibt es mit Sicherheit eine Erklärung. Und wenn wir die haben, dann könnten wir zunächst unsere eigene Sicherheit um einhundert Prozent erhöhen. Ich denke, wir sollten uns zunächst hier zusammensetzen und gemeinsam unsere Unterlagen durchgehen. Erst dann sollten wir drüben in der Station weitermachen. Wenngleich jemand die verseuchte Station inspizieren sollte, am besten sofort." „Das werde ich tun!" meldete sich Dr. Skibbe sofort. „Ist in Ordnung, aber Sie sollten für alle Fälle noch jemanden mitnehmen. Im Schutzanzug, volle Montur", sagte Professor Horvath sachbetont. „Ist schon klar, dann will ich mal aufbrechen und Dr. Zuckmayer holen", sagte Dr. Skibbe, doch Professor Horvath schüttelte mit dem Kopf. „Ich war heute Morgen bei ihm, bitte stellen Sie ihn frei, soweit das irgend geht. Er muss jetzt einige andere wichtige Dinge leisten, Trauerarbeit zum Beispiel. Ich denke, er wird später von alleine dazu kommen." „Ist gut, dann frage ich eben Kerstin Müller. Und Thomas Müller werde ich bei der Gelegenheit

erst mal zu Ihnen ins Hotel schicken." Dr. Skibbe eilte aus dem Hotel. Da ging die Tür auf, und Dr. Nesemann winkte sie herein. „Er schläft jetzt. Ich habe ihm ein Schmerzmittel gespritzt. Sehen Sie hier – das ganze Kopfkissen ist voll Blut. Ich denke, dass er sich bei dem Sturz eine Fraktur des Siebbeines zugezogen hat. Das ist ein Knochen, der hinten tief in der Nase sitzt. Wir müssen ihn liegend zu mir in die Praxis bringen, da habe ich einen Computer-Tomographen stehen. Wahrscheinlich muss er operiert werden, aber wie wir einen Chirurgen nach Helgoland bekommen sollen, weiß ich auch noch nicht. Die Kollegen in der Hamburger Uniklinik werden begeistert sein!" „Keine Sorge, Dr. Nesemann, wenn es sein muss, dann werde ich selbst das Skalpell schwingen. Es ist zwar schon einige Jahre her, dass ich so etwas gemacht habe, aber hier geht es möglicherweise um Minuten! Lassen Sie uns keine Zeit verlieren! Können wir hier eine Trage für Dr. Lessinghaus bekommen?" sagte jetzt Professor Horvath. Er war tatsächlich vor mehr als zehn Jahren als Chirurg tätig gewesen. Unterdessen lief Dr. Müller-Schiffer zum Empfang des Hotels, wo man ihr schnell eine leichte Trage aus dem Sanitätsraum gab. Als sie damit wiederkam, legten sie Dr. Lessinghaus vorsichtig darauf und trugen ihn zur Praxis von Dr. Nesemann. Noch im Gehen rief Dr. Nesemann seine Arzthelferinnen an und bat sie, sowohl den Tomographen, als auch ein Operationszimmer, welches sie hier für kleinere Eingriffe hatten, vorzubereiten. Dr. Lessinghaus brauchten sie nicht darum bitten, sich in der Röhre des Tomographen ruhig zu verhalten, denn er hatte offenbar das Bewusstsein verloren. Sie schnallten ihn daher an der Plastikunterlage fest und fixierten seinen Kopf. Dann scannte der Tomograph seinen Schädel. Sorgenvoll sahen sich jetzt Professor Horvath und Dr. Nesemann die Bilder des Tomographen an. Nach einer kurzen Besprechung entschieden sie sich für eine sofortige Notoperation, wobei ihnen die beiden Arzthelferinnen mit Herz und Hand beistanden. Außerdem waren sie während der gesamten Operation mit dem Chefchirurgen des Hamburger Universitätsklinikums verbunden, da der Eingriff sehr riskant war. Das Leben von Dr. Lessinghaus stand im wahrsten Sinn des Wortes auf Messers Schneide!

Helgoland, vor dem Eingang der Biologischen Station, 10.37h

Kerstin Müller hatte sichtliche Schwierigkeiten mit dem Schutzanzug, denn dieser war ihr etwa eine Nummer zu groß. Doch hatten sie in der Eile keinen anderen Anzug mehr auftreiben können. Sie war sichtlich betroffen, als Dr. Skibbe ihr von dem Ausfall von Dr. Lessinghaus erzählte, denn sie hatte den Pathologen sehr nett gefunden. Dann gingen sie außen um die Station herum und inspizierten zuerst die Hummerbrutanlage, das letzte verbliebene Quallenbecken und die Aquarien. Die Quallen lebten, und auch die Hälfte der Fische hatte sich wieder erholt. Allerdings mussten sie doch noch ein halbes Dutzend tote Fische aus den Aquarien bergen. Der traurige Rest schwamm munter wie eh und je herum. Und auch die von Dr. Ito neu aufgestellten Boxen mit lebenden Schaben wiesen noch einen sehr lebendigen Inhalt auf. Dann öffneten sie vorsichtig die Schleusentür zur Station. Sie gingen alles ab, doch auch hier lebten alle Versuchstiere noch. Eine Maus in einer Box hatte sogar einige Junge geboren. „Wie niedlich die sind!" sagte Kerstin Müller sichtlich entzückt. „Hm, hier ist offenbar nichts mehr verseucht; am besten, wir stellen die Fenster auf Kipp, um hier mal ein bisschen durchzulüften", meinte Dr. Skibbe. Dafür brauchten sie fast eine halbe Stunde, da insbesondere Kerstin Müller mit ihren kleinen Fingern Probleme hatte, diese in den dicken Handschuhen des Schutzanzuges zu bewegen. Dann gingen sie nach draußen, legten die Schutzanzüge ab, und machten sich auf den Weg ins Nordseehotel, wo sie darauf hofften, Dr. Ito und Dr. Müller-Schiffer zu treffen. Doch diese waren noch bei Dr. Nesemann und bangten und hofften um ihren Kollegen Dr. Lessinghaus, der immer noch auf dem OP-Tisch lag und jetzt künstlich beatmet wurde. Und wo war bloß Thomas Müller? Sie riefen sein Handy an, doch es war offenbar abgeschaltet. So blieb ihnen vorerst nichts anderes übrig, als ihre bisherigen Erkenntnisse zusammenzutragen, wofür sie sich mit ihren Laptops in die Lobby des Hotels setzten und nebenbei Kaffee tranken. Die Station war zwar offenbar nicht mehr verseucht, aber Dr. Skibbe war der Ansicht, dass besser Professor Horvath über die Freigabe der Räume entscheiden sollte, ehe noch ein weiteres Unglück geschah. Wie Recht er damit hatte, konnte zu diesem Zeitpunkt noch niemand ahnen.

Helgoland, Foyer des Nordseehotels, 10.47h

Ian Bannister hatte nach dem Frühstück, welches er heute etwas später als sonst üblich zu sich genommen hatte, beschlossen, den Strand mit den verendeten Meeressäugetieren persönlich in Augenschein zu nehmen. Danach wollte er noch mit Dr. Zuckmayer sprechen, denn er plante, bei einem Gedenkgottesdienst in der Inselkirche etwas über die verstorbene Meeresbiologin zu sagen. Auch wenn diese nicht unbedingt zu den Leuten gehört hatte, die ihm immer gelegen gekommen waren. Denn vor etwa einem Monat hatte sie sich bei ihm persönlich über den Müll in der Nordsee beschwert. Sie hatte ihm den Sektionsbericht einer toten Kegelrobbe geschickt, die irgendwelchen Plastikmüll gefressen hatte, und Maßnahmen der Politik gefordert. Außerdem hatte sie auch ihn zu einem internationalen Symposium für den Schutz der Meeressäuger der Nordsee im September eingeladen und den Wunsch geäußert, dass er die Schirmherrschaft dafür übernähme. Wirklich toll! Das war eigentlich so ziemlich das Letzte, wofür er noch Zeit erübrigen konnte; durch seine Anwesenheit auf Helgoland würde er einige wichtige Meetings versäumen; er fragte sich schon jetzt, wie er das alles bewältigen sollte. Immer ein volles Programm. Er suchte gerade nach Dr. Skibbe, als ihm Thomas Müller über den Weg lief. „Sagen Sie mal, junger Mann, gehören Sie nicht auch zu den Biologen der Station?" „Ja, ich studiere noch, ich forsche zurzeit an den Quallen." „Das ist ja interessant, können Sie mir vielleicht mehr darüber verraten?" „Nicht zwischen Tür und Angel, weil ich meine ganzen Unterlagen drüben in meiner Pension liegen habe. Kann ich Ihnen sonst noch mit etwas weiterhelfen, Herr Ministerpräsident?" „Ja, in der Tat – ich suche Dr. Skibbe. Da kommt ja Frau Özdemir. Haben Sie Dr. Skibbe gefunden?" „Die Empfangsdame teilte mir mit, dass dieser Dr. Lessinghaus sich bei seinem gestrigen Sturz schwere Verletzungen zugezogen habe. Daher finden Sie wahrscheinlich alle bei der Praxis von Dr. Nesemann", sagte nun Aische Özdemir. So machten sie sich gemeinsam auf den Weg, trafen aber nur Dr. Ito und Dr. Müller-Schiffer im Vorzimmer des Arztes an, beide waren sichtlich nervös. Aische Özdemir erkundigte sich einfühlsam nach Dr. Lessinghaus, und Dr. Ito gab ihr bereitwillig die gewünschten Informationen, um sich abzulenken. Dann fragte Ian Bannister, ob Dr. Ito und auch Thomas Müller zum Todesstrand auf der Düne mitkommen würden, doch Dr. Ito lehnte ab, er musste jetzt mal an etwas ganz anderes denken. Da ging die Tür zum Behandlungszimmer des Arztes auf, und Dr. Nesemann kam mit ernstem Gesicht heraus. Alle blickten ihn gespannt an. „Wir kriegen ihn wohl durch, wenn wir ihn so, wie er jetzt ist, für ein paar Tage stabilisieren können. Professor Horvath ist total erledigt, denn es war eine sehr kritische Operation, aber er ist zuversichtlich, dass Dr. Lessinghaus es schafft." Alle atmeten auf, als Professor Horvath kam. „Dr. Ito? Sie hier? Dr. Müller-Schiffer? Sie auch? Haben Sie beide nichts Besseres zu tun? Das kann doch wohl nicht wahr sein!" regte sich Professor Horvath auf, und wurde puterrot. Dr. Ito wusste zwar, dass man dem Professor besser nicht widersprach, aber er ergriff nun das Wort: „Herr Professor, es tut uns sehr leid wegen der vergeudeten Zeit, aber glauben Sie uns bitte eines: Wir haben die ganze Nacht durchgearbeitet! Wir brauchen bald Streichhölzer, um unsere Augen noch offen zu halten. Auch wir haben unsere Grenzen. Ich habe mich heute Morgen selbst dabei ertappt, wie ich damit begann, falsche Zahlen in mein Memo einzutragen. Wenn wir jetzt wegen Übermüdung auch noch Fehler machen, dann kann das ganz fatal enden." „Außerdem ging uns das mit unserem Kollegen so an die Nieren, dass wir an nichts anderes mehr denken konnten, können Sie das nicht verstehen?" schaltete sich jetzt Dr. Lisbeth Müller-Schiffer ein und begann zu weinen. Professor Horvath sah ein, dass er die beiden zu Unrecht getadelt hatte. Deshalb sagte er jetzt jovial: „Ich glaube, ich muss mich bei Ihnen beiden entschuldigen, es tut mir wirklich sehr leid, aber ich bin auch bloß ein Mensch. Die Operation war kompliziert, aber erfolgreich. Ich denke, dass Dr. Lessinghaus es schaffen wird. O.K., machen Sie beide bis heute Nachmittag um 15.00h erst mal Pause, dann beraten wir uns im Hotel, wie es weiter geht." Dr. Ito und Dr. Müller-Schiffer bedankten sich, und gingen zum Nordseehotel. Ian Bannister wünschte Professor Horvath alles Gute zum Gelingen seiner Forschungen und machte sich dann gemeinsam mit Thomas Müller, Aische Özdemir und einigen Reporterteams, die sie beim Hotel aufgabelten, auf den Weg zum Todesstrand bei der Düne. Vorsorglich hatte Ian Bannister einen Schutzanzug mitgenommen, den er nun anzog. Dann half er demonstrativ Hauptbootsmann Mill beim Wegräumen der toten Seehunde und musste feststellen, dass das in der Tat eine sehr anstrengende Tätigkeit war. Währenddessen gab Aische Özdemir den Reportern Interviews und bemühte sich darum, die Haltung des Ministerpräsidenten klar zu machen. Dabei wurden die Bilder des mit anpackenden Ian Bannister nicht nur im deutschen, sondern auch im irischen, britischen und amerikanischen Fernsehen gesendet. Aische Özdemir musste innerlich grinsen, wenn sie daran dachte, dass Ian Bannister jetzt auf der Skala des Public Relations Ratings deutscher Politiker ganz nach oben rutschte. Nein, mit Verlierern gab sie sich nicht ab. Es würde ihr sehr viel Spaß machen, heute Abend für einen echten Gewinner die Beine breit zu machen. Und sie würde dabei gewiss keinen Orgasmus vortäuschen müssen! Sie würde nachher noch einen kleinen Tausch der bereits bezogenen Zimmer in die Wege leiten müssen, denn dummerweise hatte man den Ministerpräsidenten in ein Einzelzimmer mit nur einem Bett gesteckt. Rebekka Ahrens würde es schon verstehen, wenn das Personal des Hotels sich für den Buchungsfehler entschuldigte und die Zimmer tauschte. Die Ahrens war ja so arglos! Die bekam auch wirklich nichts mit! Was für ein blondes Dummchen doch Rebekka Ahrens war, dachte Aische Özdemir.

Helgoland, Lobby des Nordseehotels, 15.00h

Professor Horvath ließ sich jetzt von Dr. Ito und Dr. Müller-Schiffer ein Briefing der bisherigen Geschehnisse auf der Insel geben. Hin und wieder warfen Dr. Skibbe und Dr. Zuckmayer Ergänzungen ein. Immer noch war es ihnen rätselhaft, warum Dr. Skibbe den Kontakt mit den Quallen überlebt hatte, Dr. Pelzer dagegen nicht. Und dann waren da noch die Fischer, welche die Leiche des Nationalparkrangers Jens Wortmann geborgen hatten. Auch ihnen war nichts passiert. Und dann die rätselhafte „Auferstehung" der Fische in der verseuchten Station. Irgendetwas passte da nicht ins Gesamtbild, nur was konnte das sein? Nachdem sie lange darüber diskutiert hatten, beschlossen sie endlich, mehrere systematische Darstellungen ihrer Ergebnisse in Tabellenform anzufertigen, wobei auch alle Ergebnisse der Forschungen mit Insekten und Säugetieren einbezogen werden sollten. Außerdem sollten auch noch die Ereignisse in der Biologischen Station mitberücksichtigt werden. Es waren einfach zu viele Daten! Was sollten sie nur machen? Alle fühlten sich trotz der kurzen Pause irgendwie leer und ausgepumpt. Schließlich einigten sie sich darauf, dass Professor Horvath kurz die Station besichtigen sollte, um über ihre Freigabe zu entscheiden. Außerdem sollte der Professor entscheiden, ob und in welchem Umfang und mit welchen Maßnahmen weitere Quallenversuche nötig waren. Das Ärgerliche daran war, dass Thomas Müller fehlte, der bereits einige Erkenntnisse über die Quallen gewonnen hatte. Wahrscheinlich steckte er noch bei der Düne in der Nähe von Ian Bannister fest. Nun ja, würden sie ihn eben nachher mit Arbeit überschütten. Es war fast 17.00h, als Thomas Müller endlich wieder auftauchte. Gemeinsam gingen sie zur Station. Professor Horvath besah sich alles sehr kritisch, schüttelte nur hin und wieder mit dem Kopf und gab danach sein fachmännisches Urteil ab. „Aufgrund der bisherigen Erfahrungen mit den Quallen bin ich dafür, alle schriftlichen Arbeiten drüben im Nordseehotel auszuführen. Da sind wir in jedem Fall sicher, was man von dieser Station leider nicht sagen kann. Quallenbecken müssen offensichtlich aus einem Guss sein, da die Tiere sonst die Silikonnähte beschädigen. Also müssen davon noch einige besorgt werden, woher auch immer. Und alle Versuche mit den Tieren müssen bei offenen Türen gemacht werden. Und das Tragen eines Schutzanzuges ist dabei oberste Pflicht. Wenn ich nur daran denke, wie Dr. Skibbe die ersten Exemplare eingesammelt hat, dann wird mir ganz anders. Ach ja, und der Kühlschrank für Lebensmittel sollte mitsamt dem gesamten Inhalt sicherheitshalber entsorgt werden. Wir können uns keine Nachlässigkeit leisten, auch wenn es hier bisher gut ging. Außerdem möchte ich um die Quallenversuchsanlage herum ein spezielles Schleusenzelt aufbauen. Und ich möchte, dass in einem Radius von mindestens einhundert Metern um die Station herum Absperrungen und Warnschilder aufgebaut werden. Und wenn wir bis morgen früh daran arbeiten, aber unsere eigene Sicherheit geht jetzt über alles. Denn wenn uns etwas passiert, kann das auch noch andere mit ins Verderben reißen. Ich möchte also an Sie alle hier appellieren, Ihre hohe Verantwortung angemessen wahrzunehmen. Da draußen sterben nicht nur Meerestiere, sondern auch Menschen. Dass wir bis jetzt relativ wenige Opfer zu beklagen hatten, betrachte ich als reines Glück. Wobei ich als Wissenschaftler den Faktor „Glück" leider negieren muss. Lassen Sie uns immer den Worst Case erwarten, das ist der einzig angemessene Umgang mit diesem Problem. Und jetzt lassen Sie uns alles vorbereiten, damit wir hier bald zu brauchbaren Ergebnissen kommen!" Alle zerstreuten sich und machten sich wieder an die Arbeit. Sie konnten nicht ahnen, dass auch das Nordseehotel in Kürze zu einem Ort der Unsicherheit werden sollte. Doch aus einem ganz anderen Grund als dem einer rätselhaften Umweltkrise.

Helgoland, Flugplatz an der Düne, 17.14h

Das Verhängnis begann mit der unauffälligen Landung einer kleinen Cessna aus Hamburg, welche gleich zwei weitere Reporterteams nach Helgoland brachte. Alles war bisher relativ problemlos verlaufen. Kate, alias Ruth, alias jetzt Andrea O`Leary, hatte sich bisher unerkannt unter die Journaille gemischt. Sie trug sogar die Originalkleidung der echten Andrea auf dem Leib. Sicherheitshalber hatten sie die echte Andrea O`Leary in ein konspiratives Versteck gebracht, um Komplikationen durch ein Auftauchen der echten Andrea in der irischen Öffentlichkeit zu verhindern. Wäre Andrea O`Leary keine bekennende Patriotin und damit nicht auch zumindest eine Sympathisantin der IRA gewesen, hätte man sie längst liquidiert und ihre Leiche in irgendeinem dreckigen Hinterhof verscharrt. Doch da Andrea O`Leary nicht nur kooperierte, sondern dies sogar gerne tat, ohne weitere Fragen zu stellen, hatte man sie unweit des Hauptquartiers als „Gast" untergebracht. Da die ganze Operation nicht länger als zwei oder drei Tage dauern sollte, war die konspirative Unterbringung kein Problem gewesen. Man gab ihr linientreue Literatur zum Lesen und tat alles, um sie bei Laune zu halten. Zwei untergebene Aktivisten von Kate, die jetzt Monty direkt berichteten, beschäftigten sich mit ihr. Das einzige Problem war die abweichende Haarfarbe gewesen; die leicht verschiedene Augenfarbe würde keiner bemerken. Die echte Andrea O´Leary war etwa fünf Zentimeter größer als ihr mörderisches Double, doch sogar bei der Körbchengröße gab es weitest gehende Übereinstimmungen. Bisher hatte sie niemand erkannt. Und damit das auch so blieb, musste sie sich lediglich im Hotel von den anderen Journalisten fernhalten, denn es konnte immerhin passieren, dass ein Kollege eines anderen Senders etwas bemerkte. Als sie gelandet waren, schützte sie eine aufkommende Erkältung vor und ließ sich ihre Sachen von den Hotelbediensteten in das bereits von Dublin aus reservierte Zimmer bringen. Den Kollegen sagte sie, dass sie sich nur kurz hinlegen wolle, um nachher fit für das Interview mit den Politikern zu sein. Sie hatte sich sogar bereits einige Fragen ausgedacht und sie plante, wenn es so weit war, einen Hustenanfall und den Ausfall ihrer Stimme zu simulieren, damit jemand anders aus dem Team ihre Fragen stellen musste. So bestanden weniger Chancen, sie an einer falschen Stimmlage als Eindringling zu entlarven. Sie hätte nie gedacht, dass sie mal eine derart öffentliche Undercover-Mission ableisten würde, die ihre gesamte psychische und physische Energie erforderte. Denn ein falsches Wort, ein falscher Schritt – und ihre perfekte Tarnung war dahin. Und die Flucht von einer Insel war schließlich alles andere als einfach. Als sie aus dem kleinen Flugzeug gestiegen war, hatte sie es auch nicht schwer gehabt, Unwohlsein zu heucheln, da sie sich infolge des böigen Wetters so mies fühlte, dass sie sich noch auf dem Flugfeld übergeben musste. Alle sahen sie mitleidig an. Dann machten sie sich auf den Weg zum Nordseehotel. Kaum angekommen, verschwand sie dort in der Damentoilette, allerdings eine Etage tiefer als ihr eigenes Zimmer lag. Sie überzeugte sich, dass hier niemand im Anmarsch und auch niemand in der Toilette war, dann zündete sie eine Rolle Toilettenpapier an, warf diese in einen Papierkorb und begab sich über die Treppe schnell zum Empfangstresen in der Lobby des Hotels. Keine drei Minuten später ertönte Feueralarm, eine Sirene schrillte, und die Empfangsdame sah auf einem Schaltplan nach, wo es brannte. Dann eilte diese nach oben, um sich des Brandes anzunehmen. Während alle panisch nach draußen liefen, tat sie, als wolle sie ihren Schlüssel an das Schlüsselbrett hängen, wobei sie in Wahrheit rasch einen Blick in das Gästebuch warf. Hatte sie es doch gewusst! Wie alle Promis hatte auch Ian Bannister es sich nicht nehmen lassen, sich mit Namen und Zimmernummer einzutragen. Wunderbar! Das war ja noch viel einfacher, als sie gedacht hatte. Um kein Aufsehen zu erregen, rannte sie jetzt auch nach draußen. Die Zimmernummer hatte sich unauslöschlich in ihr Gedächtnis eingefräst. Von dem kleinen Zimmertausch, den Aische Özdemir veranlasst hatte, ahnte sie jedoch nichts.

Hannover, Apartment von Dr. Fuyisho Ito, 18.34h

Werner Isselmann klingelte an der Tür, er trug noch seine Dienstuniform und hatte einen Strauß voller Rosen im Arm. Irene Ito ließ ihn ein, machte die Tür hinter ihm zu und gab ihm einen stürmischen Kuss auf den Mund. Fast wären ihm die Rosen aus der Hand gefallen. Da trat plötzlich jemand von hinten an ihn heran und presste ihm einen mit Äthanol getränkten Lappen ins Gesicht. Reflexartig wollte er sich wehren, aber da er sich nicht dafür entscheiden konnte, die Rosen fallen zu lassen, verlor er das Bewusstsein, noch ehe er angemessen reagieren konnte. Als klar war, dass er nichts mehr mitbekam, nahm Angela Isselmann den Lappen weg und sie schafften Werner ins Ehebett der Itos. Dort zogen sie ihn aus, fesselten seine Gliedmaßen an die Bettpfosten, wofür sie auch seine eigenen Handschellen verwendeten, und trafen einige weitere

Vorbereitungen für ein „kleines Spielchen", wie sie es nannten. Wie lange würde er bewusstlos bleiben? Sie wussten es nicht. Aber sie hatten ja alle Zeit dieser Welt. Wie gut, dass Irene Ito es vergessen hatte, ihrem Mann seine Ausrüstung für das Fangen, Betäuben und konservieren von Insekten einzupacken. Zwei Frauen, die einen Mann vergewaltigten! Das würde ein Novum in der Kriminalgeschichte sein. Sie würden diesmal voll auf ihre Kosten kommen. Und jede Art von Gegenwehr würde ihre Lust erheblich steigern. Als Werner nach einer halben Stunde immer noch nicht wach war, beschlossen sie, noch in Ruhe einen Kaffee zu trinken. Sobald er aufwachte, sollte es fröhlich weitergehen. Nur nicht für ihn!

Helgoland, Nordseehotel, 19.00h

Kate hatte geschickt gewartet, bis Ian Bannister essen ging, dann setzte sie ihren Plan in die Tat um. Sollte Plan A scheitern, würde sie natürlich auch noch Plan B und C in der Tasche haben, aber sie war sich sicher, dass die einfachen Pläne auch meist die erfolgreichsten waren. Deshalb schraubte sie nun ihre tragbare Thermoskanne für Kaffee auseinander. Unter der Ummantelung der Kanne kam eine sorgfältig in Folie verpackte teigähnliche weiße Masse zum Vorschein, die völlig harmlos wirkte. Es handelte sich jedoch um 500 Gramm Sprengstoff aus heimischer Fabrikation, der als Plastiksprengstoff sehr vielseitig eingesetzt werden konnte. Sie hatten vor etwa einem halben Jahr fast eine Tonne davon aus einem Armeedepot gestohlen, und dann die Marge gut über ihre Verbindungen weiterverteilt. Denn sie planten, in Kürze einen neuen Bloody Friday zu veranstalten, wie damals, 1972 in Belfast, um damit endgültig allen klar zu machen, dass man mit ihnen wieder zu rechnen hatte. Außerdem würde man dann auch die Entschuldigungen, die spätere IRA-Vertreter für diese Bluttaten öffentlich abgegeben hatten, wieder mit öffentlichen Proklamationen zurücknehmen. Keine Gnade für die protestantischen Verräter und Freunde der europäischen Einheit! Kate wusste, dass Monty sogar erste Anbahnungsgespräche mit deutschen Rechtsradikalen führte, und dass die IRA außerdem an einem geheim gehaltenen Ort damit begonnen hatte, zwei deutsche Terroristen auszubilden. Wenn alles klappte, dann würde auch der heutige Freitag ein „Bloody Friday" werden, jedoch nur im Hotelzimmer von Ian Bannister. Sie ging jetzt zum Trakt im dritten Stock, in dem die Suite des Ministerpräsidenten liegen musste. Niemand sprach sie an, alle waren beim Essen. Perfekt. Hätte sie jemand gefragt, dann hätte sie einfach gesagt, dass sie ein Exklusivinterview haben wolle. Fragen hierfür hatte sie ja genug parat. Sie klopfte vorsichtshalber an der Tür, doch niemand war im Zimmer. Sie drückte die Klinke runter und die Tür ging überraschend leicht auf! Schnell schlüpfte sie in die Nobel-Suite und erkannte schnell, dass sie notfalls über den Balkon eine Treppe nach unten erreichen konnte. Es war immer gut, einen Fluchtweg zu haben. Dann brachte sie den Sprengstoff unter dem Bett an und platzierte einen Aufschlagzünder unter der Mitte der Matratze. Sie stellte die Sprengfalle gerade auf scharf, als sie Schritte im Flur hörte. Sie beendete ihre Arbeit, dann entschlüpfte sie über den Balkon nach draußen und nahm die Feuerleiter nach unten. Keine fünf Minuten später gab es eine gewaltige Explosion, welche das Bett und die Person zerriss, die sich gerade daraufgelegt hatte. Der Alarm ging an. Alles läuft wie am Schnürchen, einfach perfekt, lobte sich Kate. Da kann ich ja schon mal den Heimflug buchen, dachte sie. Eine Fehleinschätzung, wie sie bald feststellen musste.

Hannover, Apartment von Dr. Fuyisho Ito, 18.55h

Werner Isselmann erwachte aus der Betäubung, noch immer spürte er den scheußlichen Geschmack und Geruch des Äthers in Mund und Nase. Was war mit ihm passiert? Dann registrierte er, dass er sich nicht mehr bewegen konnte. Und dass er splitterfasernackt und rücklings auf einem Bett lag. Irene! Was war plötzlich mit Irene los? Hatte sie etwa ihren Mann geholt? Was hatte sie nur mit ihm vor? Er verspürte plötzlich starken Durst und merkte, dass seine Blase sich offensichtlich ins Bett entleert haben musste. Er beschloss, nach Irene zu rufen, Er rief gerade in dem Moment, in dem er Gekicher aus der Küche hörte. Zwei Frauen! Verdammt, was sollte das? Das Gekicher verstummte plötzlich. Sekunden später standen zwei maskierte Dominas in engen Lederkostümen am Bett, die eine hielt eine Peitsche, die andere ein Stück Stacheldraht in der Hand. Wortlos und feindselig starrten sie auf ihn herunter. Da sie beide Skimasken trugen, konnte er ihre Gesichter und ihre Haare nicht erkennen. Doch Irene erkannte er sofort an ihrer Stimme: „Hat dieses Schwein doch ins Bett gemacht! Ich glaube, wir müssen ihn zunächst etwas bestrafen, damit er uns auch ernst nimmt!" Die andere Domina nahm jetzt wortlos ihre Peitsche und verpasste ihm damit einige leichte Schläge auf den Bauch, seiner Intimzone empfindlich nahe. Werner jammerte, Werner winselte, er bettelte um Gnade, doch jetzt kam auch noch der Stacheldraht an seiner Brust zum Einsatz. Er jaulte auf, worauf ihm Irene mit einem Stück Klebefolie den Mund zuklebte. „So was wollen wir hier nicht hören, haben wir uns verstanden?" sagte sie kalt. Die andere Domina schwieg immer noch. Dann zogen sie unter ihm das Bett ab, und drapierten unter ihm einige Handtücher. „Damit das Blut und andere Köperflüssigkeiten uns nicht das ganze Bett versauen", intonierte Irene kalt. Jetzt bekam er richtige Angst. Irene fasste ihm vorsichtig an den Bauch, wo leichte Striemen sichtbar waren. Dann zog sie ihm einen spitzen Fingernagel quer über den Bauch, was ebenfalls einen roten Streifen hinterließ. „Angeblich soll die Geilheit bei einem Mann ja irgendwo an den Nebennieren sitzen", dozierte sie jetzt kalt. „Das kann man natürlich nur bei einer Sektion des lebenden Objektes herausfinden." Werner wurde kreidebleich, als die andere Domina Irene wortlos eine kleine Schere reichte, wie sie gewöhnlich in einem Operationssaal verwendet wurde. War Irene jetzt wahnsinnig geworden? Und wer war die andere? Er versuchte etwas zu sagen, was aber wegen des Knebels nicht ging. „Ah, das Versuchsobjekt will mit dem Operateur sprechen? Seltsam, sonst reden Männer doch nie mit Frauen!" machte sich Irene jetzt über ihn lustig. Dann nahm die andere ihm den Knebel aus dem Mund, legte ihm aber gleichzeitig ihren Zeigefinger auf die Lippen. Er schwieg vorsichtig. „Sollen wir die Sektion lieber mit Betäubung vornehmen?" fragte ihn jetzt Irene, scheinbar freundlich. „Ihr seid doch voll wahnsinnig, das könnt ihr doch nicht machen!" begehrte Werner Isselmann jetzt auf. Als Antwort gab die zweite Domina jetzt Irene ein kleines Messer. „Oder sollen wir zuerst Teile seiner Männlichkeit entfernen?" fragte Irene. „Nein, das wäre noch zu früh!" sagte jetzt Angela Isselmann, nahm das Messer und legte es in Werners Schoß. Das kalte Metall der Klinge trieb ihm den Angstschweiß auf die Stirn. Dann erst registrierte er, dass die zweite Domina seine Frau Angela sein musste. Er war verblüfft. „Angela? Du hier? Was soll das?" „Das müsste wohl eher ich Dich fragen, Du geillebiges Schwein! Wir werden Dir heute einiges über das Mann- und das Frausein beibringen. Und danach wirst Du es Dir wünschen, nicht als Mann geboren worden zu ein. Und wo wir schon mal beim Thema Gebären sind: Wir sind der Meinung, dass auch ein Mann mal Anteil am Gebärschmerz einer Frau erhalten sollte. Nun mach nicht so ein Gesicht, Werner", sagte sie, und hauchte ihm einen angedeuteten Kuss auf die Wange, „immerhin bist Du der erste, dem heute diese Ehre zuteilwird. Na, freust Du Dich schon?" Jetzt schluckte Werner. Dann stammelte er:

„Aber was soll das? Gut, ich bin fremdgegangen, das tut mir sehr leid, aber Ihr könnt mich doch nicht einfach so misshandeln? Angela, das ist sogar strafbar, was Ihr beide da macht, dafür könnt Ihr in den Knast kommen!" „Na und, aber vorher haben wir halt ein bisschen Spaß mit Dir. Und wer hat Dir denn gesagt, dass Du unsere kleinen chirurgischen Eingriffe überleben wirst? Aber bevor wir über Dein weiteres Schicksal beraten, will Angela noch wissen, mit wie vielen Frauen Du es so nebenbei getrieben hast? Ich finde, dass wir beide ein Recht darauf haben, es zu erfahren! Schließlich könnten wir ja durch Deine Tätigkeiten Geschlechtskrankheiten bekommen haben, vielleicht sogar Aids! Also rede, wenn Dir Dein kleiner Freund lieb ist!" sagte Irene sanft und legte ihre Hand an den Griff des Messers in seinem Schoß. Er wurde sichtlich bleich, dann gestand er alles. Fünf Frauengeschichten. Während er redete, schrieb Angela sich alle Namen und Adressen auf. „Warum nicht gleich so kooperativ?" lobte sie ihn, dann drückte sie ihm erneut ein Tuch mit Äther ins Gesicht. Er bäumte sich noch kurz auf, dann sank er schlafend zurück in die Handtücher.

Helgoland, Speisesaal des Nordseehotels, 19.25h

Ian Bannister wollte gerade mit Aische Özdemir den restlichen Tagesablauf planen, als ein gewaltiger dumpfer Knall das gesamte Hotel in seinen Grundfesten erschütterte, sofort danach heulte eine Alarmsirene. Ian Bannister hatte sich an einer Kartoffel verschluckt und lief rot im Gesicht an. Geistesgegenwärtig klopfte Aische Özdemir ihm auf den Rücken. Er spuckte die Kartoffel aus, alle sprangen von ihren Plätzen auf und liefen nach draußen. Dabei hätte Ian Bannister Kate fast über den Haufen gerannt. Sichtlich geschockt sah sie ihn kurz an, aber niemandem viel das in dem Durcheinander auf. Sofort wurde ihr klar, dass sie das falsche Ziel getroffen hatte. Aber woran konnte das nur gelegen haben? Wer konnte nur im Bett des Ministerpräsidenten gelegen haben? Etwa eine neue Geliebte, die sie nun unabsichtlich zur Hölle expediert hatte? Kate plagten Gewissensbisse, denn bis jetzt hatte sie immer das richtige Ziel lokalisiert und ausgeschaltet. Hatte sie sich etwa in der Zimmernummer geirrt? „Woher kam das?" wollte ein Reporter wissen. „Aus dem dritten Stockwerk!" antwortete ihm die kreidebleiche Empfangsdame. „Die Inselfeuerwehr müsste eigentlich gleich da sein. Wir hatten vor wenigen Wochen schon mal ein Problem an einer Gasleitung im dritten Stock. Mein Gott, das hörte sich nach einer Gasexplosion an, hoffentlich ist niemand zu Schaden gekommen. Die meisten Gäste waren ja zum Glück gerade beim Essen!" Nun begann Ian Bannister seine Mitarbeiter um sich zu scharen. „Frau Özdemir, wo ist denn die Frau Ahrens?" „Die wollte kurz in ihr Zimmer gehen, und sich frisch machen"... „Hoffentlich ist ihr nichts passiert, ich meine, es gibt doch viele Zimmer im dritten Stock?" wollte der Ministerpräsident wissen. „Ja, aber schauen Sie mal – der Qualm kommt glaube ich genau aus dem Zimmer, in dem Sie gestern noch einquartiert waren! War das ein Attentat?" „Das würde mich ehrlich wundern, schließlich sind wir hier nicht in Belfast oder Dublin!" sagte Ian Bannister. In diesem Moment rückte auch schon die Inselfeuerwehr an, gefahren und bedient von den beiden Inselpolizisten, welche die Aufgaben der Feuerwehr in Personalunion mit erledigen mussten. „Aus dem Weg, aus dem Weg", rief der erste und drängte die Menge zurück, während der zweite das Feuerwehrfahrzeug in Position brachte. Gerade war es vorgefahren, als es ein zweites Mal laut knallte und eine lange Feuerzunge nach draußen schoss. Der Brand wollte sich nach oben ausweiten und die Feuerzunge warf sich jetzt in einem permanenten Feuerstrahl aus dem Fenster des Zimmers. In diesem Moment hatte Bannister eine wichtige Eingebung: „Frau Özdemir, wenn das eine Gasleitung ist, dann sollte jemand das Gas abstellen. In Irland ist das eigentlich überall so, dass nach der neuen EU-Norm, die ich mit durchgesetzt habe, außerhalb eines Gebäudes ein Hahn zum Absperren für die Gasversorgung ist. Kommen Sie mit, vielleicht können wir ja an der Rückseite des Gebäudes das Gas abdrehen!" Beide sprinteten los. Keuchend vor Anstrengung erreichten sie die Rückfront des Hotels. Währenddessen stand Kate wie gelähmt in der Menge und fühlte Skrupel in sich aufsteigen, ein Gefühl, das sie schon lange nicht mehr gehabt hatte. Da klingelte ihr Handy. „Was lief schief?" fragte Marty mit leicht verzerrter Stimme; CNN hatte sofort live gesendet und zufällig Ian Bannister gefilmt, der nun gerade quietschlebendig ums Hotel rannte. „Weiß nicht, das Zimmer war richtig. Vielleicht ist eine Geliebte von ihm ins Bett gegangen. Shit!" Sie wollte das Gespräch beenden, aber Marty sagte nur: „Bleib dran. Du solltest jetzt die entstandene Verwirrung ausnutzen. Verlass Dich auf Deinen Instinkt. Du bist kurz davor!" Dann legte er auf. Währenddessen hatten Aische Özdemir und Ian Bannister die Absperrhähne des Hotels erreicht, und drehten diese rasch zu. Die Feuerzunge im dritten Stockwerk erlosch wenige Sekunden später, und die Feuerwehr hatte den Brand bereits nach einer halben Stunde unter Kontrolle. Zwei neugierige Reporter waren Ian Bannister und Aische Özdemir mit einer Kamera gefolgt und fragten nun den Ministerpräsidenten, was er dort gerade getan habe. Das war natürlich Wasser auf seine Mühlen! „Nun meine Damen und Herren, was sie hier gerade gesehen haben, war die praktische Umsetzung einer neuen EU-Richtlinie, die wir letztes Jahr europaweit realisieren konnten. Nach diesem Gesetz müssen alle Arten von öffentlichen Gebäuden eine von außen zugängliche Vorrichtung besitzen, um das Gas abstellen zu können. Da es sich hier möglicherweise um eine Gasexplosion handelte, haben wir also ganz einfach die Gaszufuhr unterbrochen. Sie sehen, es geht nichts über den praktischen Nutzen solcher Gesetze." In diesem Moment stiegen die beiden Polizisten in Hitzeschutzanzügen in das ausgebrannte Zimmer, der Brand war bereits fast gelöscht. Ihnen bot sich ein Bild der Verwüstung und des Grauens. Sah man einmal von den rußgeschwärzten Wänden und dem zertrümmerten Mobiliar ab, so klebten praktisch an allen Wänden des Zimmers menschliche Überreste der nicht mehr definierbaren Art. Es roch nach verbranntem menschlichem Fleisch, ein Geruch, den die beiden Polizisten trotz Atemschutz registrierten. Da es zum Flur hin noch eine Zwischentür gegeben hatte, war die Zimmertür selbst nur leicht angerußt, aber sonst nicht kaputt gegangen, und hatte sogar dem Explosionsdruck standgehalten. Sie beschlossen, einen Leichensack zu besorgen und kehrten um. Die Reporter warteten bereits auf sie. „Ist jemand verletzt worden? Gibt es Tote?" wollte jemand wissen. „Bitte treten Sie alle zurück, wir müssen den Bereich absperren. Wir können es noch nicht genau sagen, aber wir haben mindestens die Überreste *einer* toten Frau gesehen. Möglicherweise wurden auch weitere Personen getötet, das ist leider noch nicht eindeutig erkennbar. Bis jetzt haben wir leider nur kleine Teile gefunden, falls Sie verstehen, was ich meine", sagte der Dorfpolizist. Aufgeregt umdrängten die Reporter die beiden: „War es ein Anschlag? War es eine defekte Gasleitung? Oder etwas anderes?" wollten die Journalisten wissen. Kate hatte sich wieder etwas gefangen und stand ebenfalls in der Menge der Journalisten. Sie hatte sich eine Kamera ihres Teams geschnappt und filmte alles, da der Kameramann gerade nicht anwesend war. Da sie keines ihrer Teammitglieder in dem Gewühl gefunden hatte, kommentierte sie jetzt mit rauchiger Stimme das Geschehen; ihr Report wurde live im irischen Fernsehen gesendet und niemand bemerkte, dass es nicht die echte Andrea O'Leary war, die das Geschehen kommentierte. Sie entschuldigte sich sogar bei den Zuschauern für ihre krächzende Stimme, was sie mit dem beißenden Qualm begründete, den sie eingeatmet habe. Als Monty und Marty in Dublin ihre Live-Sendung sahen, waren sie begeistert. Kate hatte es tatsächlich geschafft, die verfahrene Situation komplett zu ihren Gunsten zu drehen. Selbst wenn die deutschen Ermittler dem Anschlagsversuch auf die Schliche kamen, so würden sie doch mit Sicherheit keine irische Live-Reporterin verdächtigen. Nach einer qualvollen halben Stunde war Rebekka Ahrens noch immer nicht erschienen. Und dann wurde es zur schrecklichen Gewissheit: Rebekka Ahrens war der Flammenhölle zum Opfer gefallen, man hatte in einer Ecke des Zimmers Reste ihrer Nickelbrille und ihres Schlüsselbundes gefunden, an dem sie immer ein Bild ihres kleinen Sohnes trug. Der jetzt zehnjährige Kai Ahrens würde seine Mutter niemals wiedersehen. Als Kate diese Umstände bekannt wurden, hätte sie fast geweint. Das hatte sie nicht gewollt! Doch dann siegte ihre Professionalität, und sie erkundigte sich, wo sie jetzt übernachten solle? Denn wie alle anderen stand sie nun schon seit zwei geschlagenen Stunden vor dem Hoteleingang. Nachdem die beiden Polizisten dann endlich das ganze Hotel geprüft hatten, sperrten sie lediglich den Bereich um das gesprengte Zimmer ab; auch die Zimmer darüber und darunter wurden auf Anweisung der Polizei geräumt und gesperrt. Dann durfte der unbeschädigte Rest des Hotels weiter von den Gästen benutzt werden. Offiziell sagte man jetzt, dass es sich wohl um eine defekte Gasleitung gehandelt habe. Alle begaben sich zur Nachtruhe, doch Kate musste noch etwas Wichtiges in Erfahrung bringen. Warum nicht die Kamera mitnehmen und dem Ministerpräsidenten zu seiner Suite folgen? Und so begann sie sofort damit, Plan B in die Tat umzusetzen. Dass ihr jetzt auch noch der Kameramann von Irish Press über den Weg lief, passte ihr ausgezeichnet, um ihre Tarnung aufrechtzuerhalten. Deshalb brüllte sie ihn jetzt mit heiserer Stimme, die vom vielen Kommentieren der von ihr aufgenommenen Sequenzen nun wirklich heiser und rau wie ein Reibeisen klang, an: „Sag mal, wo steckst Du hirnverbrannter Idiot eigentlich? Wir kriegen hier die Story unseres Lebens frei Haus geliefert, und der einzige Kameramann von Irish Press ist weg! Ich musste alles alleine machen! Fuck! Ich kann kaum noch reden!" Fast hätte sie ihn verprügelt, aber es gelang ihr, ihren gespielten Zorn etwas zurückzunehmen. Nur nicht übertreiben. Die echte Andrea O´Leary hatte zwar auch etwas Temperament, aber sie hatte bisher noch niemanden ernsthaft verletzt oder gar zusammengeschlagen. Sichtlich eingeschüchtert antwortete Jerry der Kameramann: „Entschuldige, Andrea, dass ich nicht da war, aber ich war gerade mit den anderen drüben auf der Düne beim Todesstrand. Wir haben diese stinkenden toten Robben und Vögel gefilmt; Vera hat für Dich die Kommentare gesprochen, weil Du ja Deine Stimme etwas schonen wolltest für heute Abend. Na ja, dann haben wir ja wenigstens die komplette Story im Kasten, das wird den Chef sehr freuen!" „Entschuldige bitte, dass ich Dich so angepflaumt habe! Aber ich glaube, meine Nerven lagen völlig bloß wegen dieser Explosion." „Ist denn jemand dabei verletzt worden?" wollte Jerry wissen. Für einen Moment brachte sie die Frage aus der Fassung, doch dann atmete sie tief durch und sagte mühsam: „Irgend so eine Deutsche, glaube ich. War wohl mit dem Ministerpräsidenten von Lower Saxony da, mit diesem Ian Bannister. Sie hinterlässt einen zehnjährigen Sohn; von einem Ehemann wurde allerdings nichts gesagt. Wahrscheinlich war sie alleinerziehend. Oder es war eine Patch-Work-Family. Du kannst Dich ja mal bei den Kollegen umhören, vielleicht wissen die was. Mein Deutsch ist nicht so gut, frag doch mal die deutschen Kollegen! Nachher, meine ich, denn ich brauche Dich jetzt!" In Wahrheit sprach Kate ein ausgezeichnetes Deutsch. Doch da sie wusste, dass die echte Andrea O´Leary kaum Deutsch sprach, tat sie jetzt so, als wäre sie der Sprache weitgehend unkundig. Deshalb hatte sie bisher auch fast nur auf Englisch geredet. „Was willst Du denn jetzt noch, wir haben doch alles?" „Eben nicht! Ian Bannister ist vorhin mit seiner Sekretärin hinters Haus gerannt; ich habe es nicht mitbekommen, was die da gemacht haben, weil sie alles auf Deutsch erklärt haben. Deshalb will ich gleich dem Ministerpräsidenten zu seiner

Suite folgen, um ihn nochmals danach zu fragen. Ich denke, dass er seinen Landsleuten die Story sicher zum Besten geben wird. Also schnapp Dir die Kamera und folge mir unauffällig, wenn ich jetzt sage!" „OK.", willigte Jerry ein, „hey, ich glaube, er geht gerade los!" Tatsächlich ging Ian Bannister jetzt mit Aische Özdemir zur Treppe, da die Fahrstühle aus Sicherheitsgründen immer noch außer Betrieb waren. Zwar wusste Kate genau, dass der Ministerpräsident den Gashahn des Hauses abgedreht hatte, aber das brauchte ja Jerry nicht zu wissen. Außerdem stimmte es tatsächlich, dass Ian Bannister bisher nur ein Interview in deutscher Sprache gegeben hatte. Sie ließen den Ministerpräsidenten vorgehen, und folgten ihm dann die Treppe hinauf. Schließlich trat er mit Aische Özdemir in den Flur des dritten Stocks und steuerte das zweite Zimmer neben dem Zimmer des Anschlages an, also das erste gegenüber dem Lift. Kate registrierte das alles und die Zimmernummer in einen winzigen Augenblick. Sie hätte jetzt auch ohne weiteres Jerry, den Ministerpräsidenten und Aische Özdemir ohne viel Federlesens in wenigen Augenblicken ohne jegliche Waffe töten können, aber es wäre dann zu schwierig gewesen, zu flüchten. Denn bei drei Zielen rief meistens noch jemand um Hilfe und konnte alles im letzten Moment verderben. Deshalb rief sie jetzt den Ministerpräsidenten an, stellte sich ihm als Andrea O´Leary, direkt aus Dublin eingeflogen vor, und bat ihn um das wichtige Exklusivinterview für die Spätmeldungen. Dabei erzählte sie ihm, dass sie leider nicht genug Deutsch spräche, weshalb sie vorhin das meiste nicht verstanden habe. Ian Bannister war sichtlich erfreut, einer so attraktiven Landsmännin weiterhelfen zu können, dass das Interview sogar in seiner Suite gefilmt werden durfte. Kate registrierte dabei jede Kleinigkeit und merkte sich die komplette Einrichtung, um später keinen Fehler zu machen. Etwas irritiert stellte sie fest, dass die Suite ein Doppelbett hatte. Ob er was mit der Özdemir laufen hat? Fragte sie sich. Nun ja, sie würde sich vor ihm wahrscheinlich erst mal um die gute Staatssekretärin kümmern müssen. Kein Problem. Das machte die Sache nur etwas spannender. Ja, rede Du nur, vor dieser Kamera, dachte sie. Das wird schon bald Dein letztes Interview gewesen sein! Dann bedankte sie sich höflich für das Interview, gab ihm ihre Visitenkarte von Irish Press und ging mit Jerry zurück in die Lobby des Hotels, von wo aus sie sich nach all der Aufregung direkt an die Bar begaben, um bei einem Bier etwas abzuschalten.

Hannover, Apartment von Dr. Fuyisho Ito, 20.54h

Jetzt wurde der unruhig schlafende Werner Isselmann von schweren erotischen Alpträumen geplagt. Die Grenze zwischen Traum und Wirklichkeit begann zu verschwimmen. Er hatte den Eindruck, dass jemand auf ihm ritt. Alles fühlte sich plötzlich so feucht an. Er bäumte sich auf, er träumte davon, wie er es einer wilden Domina besorgte. Nein, falsch herum. Die Domina fiel über ihn her. Der Traum wiederholte sich einige Male, dann tat ihm der ganze Unterleib weh. Er wollte schreien, doch sein Mund war zu trocken, er konnte nur noch krächzen. Er wollte sich befreien, doch er war angekettet. Er schlug die Augen auf. Angela ritt auf seinem Schoß. Oder war es Irene? „Bitte, hört auf!" jammerte er. „Nur einen Moment noch, ich komme gleich", rief Angela. Dann stieg sie von ihm runter. „Bitte, bringt mir was zu trinken, nur etwas Wasser, ich verdurste gleich." „Irene, bring mal ein Glas Wasser!" rief jetzt Angela. Irene kam mit einem Glas voll Whisky wieder, den sie nun gemeinsam Werner einflößten. Gierig nahm er einen Schluck und hätte ihn fast wieder ausgespuckt. Sie zwangen ihn, alles auszutrinken. Als seine Augen glasig wurden, drückten sie ihm gemeinsam den Lappen mit dem Äther ins Gesicht. Er sank in Agonie kraftlos zurück. Es sollte der letzte Erholungsschlaf sein, den er auf dieser Welt erlebte.

Helgoland, Bar des Nordseehotels, 22.37h

Kate bestellte sich ein Weizenbier, da es hier leider kein irisches Guinness gab. Sie beklagte gerade diesen Mangel, als sich neben ihr ein mittelgroßer schwarzhaariger Japaner zu ihr umdrehte, mit seinem Weizenbier fröhlich zuprostete und „Cheers, lang lebe Irland" sagte. Sie sah ihn erstaunt an, musste aber unwillkürlich grinsen, als er ihr zuprostete. Dann stellte er sich ihr als Dr. Fuyisho Ito vor, wobei er nun in die englische Sprache wechselte. Sie lächelte zurück, dann sagte sie erfreut: „Angenehm, ich bin Andrea O´Leary" von Irish Press, das war ein harter Tag heute. Unser Kameramann war gerade drüben auf der Düne, als es hier plötzlich knallte, und ich musste die ganze Story alleine filmen und kommentieren. Ich muss dringend was trinken, sonst kriege ich bald keinen Ton mehr raus." Sie nahm einen tiefen Schluck. „Und was machen Sie hier auf dieser Todesinsel?" fragte sie Dr. Ito, obwohl sie ihn letzte Nacht bereits im irischen Fernsehen gesehen hatte. „Nun, ich bin Entomologe und Toxikologe und versuche, zusammen mit meinen Kollegen herauszufinden, was für ein Gift hier Menschen und Tiere umbringt." „Da sind Sie ja auch nicht zu beneiden, das muss ein gefährlicher Job sein." „Oh ja, einer meiner Kollegen ist gestern leider verunfallt, aber es war nicht das Gift, das er abbekommen hat. Er ist unglücklich gefallen und hat sich eine schwere Fraktur zugezogen. Er wird die nächsten Wochen erst mal außer Gefecht sein. Das war heute Morgen ein ganz hübscher Schock für uns!" „Shit happens, da kann man nichts machen! Und wie machen Sie jetzt weiter, bei Ihren schrumpfenden Personalbeständen? Ich meine, Ihr Kollege war doch sicher kein Dummkopf, und solche Leute sind extrem schwer zu ersetzen, wenn sie mal ausfallen. Auch wir haben öfter mal dieses Problem; vor allem, wenn Techniker krank werden." „Tja, das weiß ich auch nicht. Zum Glück ist jetzt Professor Horvath aus Hannover eingetroffen. Bis morgen will er alle Forschungen katalogisiert und alle Zwischenergebnisse zusammengestellt haben. Da werde ich mit meiner verbliebenen Kollegin wohl eine Nachtschicht einlegen müssen. Haben Sie nicht ein paar Drogen für mich, mit denen ich die Nacht besser durchhalten kann?" „Wenn Sie eine Frau wären, dann würde ich Ihnen jetzt zu qualitativ gutem Sex raten, aber für Männer ist das leider nichts, das bewirkt beim Mann leider das Gegenteil! Auch Alkohol ist da eher einschläfernd und deshalb kontraproduktiv. Rauchen Sie? Dann hätte ich da was für Sie!" „Wirklich, was haben Sie denn da für mich?" „Nun", sagte Kate, „hier kann ich Ihnen immerhin die stärkste Nikotinzigarette Irlands anbieten. Aber rauchen Sie besser nicht zu viele davon, das Zeug macht leider süchtig! Die Marke heißt übrigens „Sargnagel"! „Sie meinen wohl eher, das Zeug bringt einen um!" sagte jetzt Dr. Ito grinsend. „Also vielen Dank, kann ich da ein paar von haben?" „Nehmen Sie ruhig die ganze Schachtel, ich habe immer einige Schachteln für Notfälle wie diesen dabei." Dr. Ito bedankte sich und sie plauderten noch ein wenig über die Quallenkrise, den Death-Beach Helgoland, wie er jetzt in der englischsprachigen Presse genannt wurde und über einiges mehr. Erstmalig kam Dr. Ito dazu, über seine Trennung von Irene zu sprechen. Teilnahmsvoll hörte Kate ihm zu, dann sagte sie nur: „Da haben Sie ja das volle Programm abgekriegt, und das alles auf einmal. Ich kenne das! Aber trösten Sie sich: Das geht wieder vorbei. Vielleicht können wir uns ja morgen Mittag zum Essen treffen?" „Das wäre sehr nett, Sie könnten sich ja zu unserem Tisch gesellen, wenn es Ihnen nichts ausmacht?" „Ich dachte aber eher an ein Dinner für zwei gebrochene Herzen", sagte sie und grinste schelmisch. Sie genoss es, zu flirten, das hatte sie schon lange nicht mehr getan. „O.K., Sie haben gewonnen, also morgen um 13.00h? Ich lasse uns einen Tisch mit Meeresblick reservieren!" Sie stimmte zu, dann empfahl sie sich auf ihr Zimmer, da sie sich müde fühlte, unendlich müde. Und ein bisschen verliebt war sie auch, wenn sie ehrlich zu sich selbst war. Sie verschob das Attentat auf die nächste Nacht. Übermüdet konnte sie zu leicht Fehler machen. Und jeder Fehler konnte schnell tödlich enden. Außerdem brauchte sie auch noch Zeit, um ihre Flucht vorzubereiten. Sie hatte fast keine Zeit mehr. Doch sie ahnte es nicht.

Hannover, Apartment von Dr. Fuyisho Ito, 22.43h

Werner Isselmann hatte die Rachsucht der beiden Frauen unterschätzt. Hatte er zunächst geglaubt, dass sein Geständnis sie besänftigen würde, so hatte er damit nun eher das Gegenteil erreicht. Während er geschlafen hatte, hatte Angela alle von ihm genannten Frauen mit seinem Handy angerufen, wo er die Kontakte mit Zahlen verschlüsselt abgespeichert hatte. Das war ihnen Beweis genug gewesen. Ein letztes Mal kam er zu sich. Sein ganzer Unterleib schien in Flammen zu stehen. Und dann begannen sie damit, ihn zu treten. Immer wieder an immer wieder die gleiche Stelle. Bis er das Bewusstsein verlor. Dann wurde seine Atmung flacher, setzte aus und er fiel ins Koma. Während sie in der Küche Kaffee tranken und sich über seine Affären unterhielten. Als sie wiederkamen, war er tot. Gestorben an inneren Blutungen im Bauch- und Unterleibsbereich. Der erste Mann der Geschichte, der den Folgen einer Vergewaltigung durch zwei Frauen erlag. Zunächst waren sie erschrocken, denn sie hatten ihm ja eigentlich nur die Lektion seines Lebens erteilen wollen. Dann jedoch fassten sie sich wieder, und überlegten, wie sie die Leiche loswerden könnten. Und da kam Irene Ito die rettende Idee: „Ich hab's! Es ist zwar mit ein wenig Aufwand verbunden, aber so werden wir ihn los. Vor ein paar Jahren hat doch die Russenmafia einen Toten in seine Einzelteile zerlegt, und ihn dann in einem Koffer in einem Bahnhofsschließfach abgestellt. Das können wir doch auch!" Angela schüttelte den Kopf. „Das kriege ich nie hin, den eigenen Mann in seine Einzelteile zerlegen? Ich muss jetzt schon kotzen, wenn ich nur daran denke!" „Das mache ich, denn es war ja auch meine Idee, ihn hierher zu locken", sagte Irene Ito. „Gut, dann wäre das ja geklärt. Aber Werner ist ziemlich schwer, und Du musst alles so verpacken, dass kein Blut auslaufen kann. Am besten, Du packst mehrere Koffer. Ich würde ihn dann zum Bahnhof bringen. Allerdings nicht nach Hannover zum Hauptbahnhof, weil da so viele Überwachungskameras sind. Am besten wäre so ein Bahnhof wie Hildesheim, da ist nicht ganz so viel los." „Ist in Ordnung, so machen wir es. Das Blöde ist nur, dass ich meinem Mann unseren gesamten Kofferbestand mitgegeben habe, als ich ihn rausschmiss! Mist, was nun!?" sagte Irene Ito. „Hast Du denn keine anderen Taschen im Hause?" „Doch, jetzt wo Du es sagst! Ich habe im Keller noch zwei große Sporttaschen stehen. Die nehme ich sonst immer zum Tennis. Wir könnten alternativ auch ein paar Plastiktüten nehmen..." „Nein, die sind nicht diskret genug. Weißt Du was? Du fängst hier an mit der Grobarbeit, ich hole von zuhause schnell noch einen alten Koffer." „Ist aber auch blöd, falls Du damit gesehen wirst. Ich weiß noch was Besseres: Da unten vorm Haus steht doch Werners ziviler Dienstwagen. Da hat er gewöhnlich zwei Metallkoffer mit kriminaltechnischem Equipment drin. Warum nehmen wir die nicht einfach? Den Inhalt der Koffer kannst Du doch später irgendwo in die Büsche werfen!" „Gute Idee, Irene! Ach, ich kann es ja immer noch nicht glauben, dass er tot ist. Wir sollten ihn wenigstens waschen und baden, um unsere Spuren von ihm zu entfernen. Du weißt ja auch, dass die heutzutage jedes kleine Härchen finden können." „Da hast Du Recht, Angie, komm lass ihn uns ins Bad bringen." Und so schafften sie die Leiche erst in die Badewanne, wo Irene jetzt für die grobe Vorbereitung der Teile sorgte, nachdem sie den Toten abgebraust hatte. Blut würde es jedenfalls keines geben, das verschwand im Abfluss. Währenddessen gelang es Angela Isselmann, unbemerkt das Haus zu verlassen und die beiden Metallkoffer zu holen. Den Inhalt der beiden Aluminiumkoffer schüttete sie auf das Bett, dann ging sie zu Irene ins Bad. Fast hätte sie sich übergeben, als sie sah, was Irene gerade machte. Doch sie beherrschte sich und half Irene, die Einzelteile ihres Mannes in die Koffer zu packen. Irgendwann gegen halb fünf Uhr morgens waren sie mit ihrem mörderischen Werk fertig. Sie brachten die Koffer zu Angelas Wagen. In die beiden Sporttaschen hatten sie den ursprünglichen Inhalt der Koffer getan; allerlei Probenbehälter, Werkzeuge und anderes. Dann fuhr Angela los, und Irene säuberte sehr sorgfältig die Wohnung und das Bad, bevor sie selbst darin ein entspannendes Bad nahm. Ein Schwein weniger auf dieser Welt, na und? So gesehen hatten sie doch etwas für das Wohl der Menschheit getan! Währenddessen hielt Angela kurz an einer Landstraße an, irgendwo hinter Sarstedt. Dort warf sie den Inhalt der beiden Sporttaschen in einen Graben, wo die Sachen sofort im Morast versanken. Soviel kriminelle Energie hatte sie sich selbst gar nicht zugetraut! Ach, warum denn die Koffer in der Öffentlichkeit eines Bahnhofes abladen? Kein Mensch war hier jetzt unterwegs! Sie hatten die beiden Koffer sorgfältig abgeschlossen. Und so warf sie jetzt die beiden Behälter mitsamt ihrem grausigen Inhalt in den Graben, in dem sie blubbernd versanken. Sie atmete auf. So einfach war das also! Sie stieg ins Auto und fuhr nachhause.

26. August 2017, Samstag

Hannover, Apartment von Dr. Fuyisho Ito, 08.15h

Immer noch spukten die grausigen Bilder der letzten Nacht durch den Kopf von Irene Ito; nie hätte sie es gedacht, dass gerade sie so etwas fertigbringen könnte. Doch als gelernte Krankenschwester und Fachfrau für Hygienetechnik hatte sie im Grunde nur ihr umfangreiches Fachwissen angewandt. Wenn auch missbräuchlich, wie sie sich eingestand. Sie hatte sämtliche Wäsche gewaschen, mit Ausnahme der Dienstkleidung von Werner. Dann hatte sie Schlafzimmer und Bad gründlich geschrubbt und gewischt, sowie alles mindestens zweimal mit Sagrotan desinfiziert. Die Sachen, die sie gewaschen hatte, hatte sie in den Trockner getan und nach dem Trocknen zusammen mit Werners Dienstkleidung in eine große Plastiktüte gelegt. Irgendwo würde sie die Sachen schon loswerden; das Namensschild an seinem Revers hatte sie natürlich entfernt. Auch seine Schuhe hatte sie dazu gepackt. Sie machte sich einen Kaffee, schlafen konnte sie ohnehin nicht mehr. Mit Angie hatte sie eine Kontaktsperre von einem Monat vereinbart, denn es wäre sehr ärgerlich, wenn die Polizei auf diesem Wege eine Verbindung finden würde. Auf der anderen Seite hatte sie Angela Isselmann von der Wohnung aus angerufen! Zu dumm, sie musste eine Weile verschwinden, zumindest bis Gras über die Sache gewachsen war. Sie kramte ihre wichtigsten Sachen zusammen und tat diese in zwei weitere große Plastiktüten. Dann wurde ihr wieder übel, sie rannte zur Toilette und übergab sich. Dann schluckte sie eine Valium und ihr Medikament gegen die Übelkeit. Schuldgefühle kamen hoch. War es nicht doch ein feiger Mord gewesen? Hatten sie ihn nicht doch zu Tode gefoltert? Andererseits konnte man natürlich einwenden, dass er auch Leben und Gesundheit von Angie und ihr aufs Spiel gesetzt hatte, denn er hatte ihnen gestanden, mit den anderen Frauen auch ohne Kondom Verkehr gehabt zu haben. Vielleicht hatten sie ja jetzt beide wegen ihm Aids? Oder Syphilis? Wer konnte das schon wissen? Sie spürte, wie die Valiumtablette sie jetzt etwas ruhiger machte. Dann dachte sie an das Kind. Wenn das Kind von Werner war, dann würde sie diesem Kind niemals in die Augen sehen können. Einem Kind, dessen Vater sie mit getötet hatte! Sie schaltete ihren Computer an, dann suchte sie nach Abtreibungskliniken im Ausland. Die Itos waren vermögend, Geld sollte keine Rolle spielen. Als sie etwas Geeignetes gefunden hatte, druckte sie sich einige wichtige

Informationen aus. Dann legte sie diese in ihre Handtasche. Danach ging sie ins Bad, und färbte sich die Haare dunkelrot. Eigentlich war das nicht ihre Lieblingstönung, aber das war jetzt egal. Es war das einzige Mittel, welches sie gerade zur Hand hatte. Dann nahm sie ihre drei Tüten, suchte noch einige wichtige Papiere raus, und verließ das Haus. Sie trug eine dunkle Sonnenbrille, da die Sonne tatsächlich schien. Zwei Polizisten kamen ihr auf dem Gehsteig entgegen, doch sie ignorierte sie. Tatsächlich erkannten die beiden Beamten sie nicht wieder, obwohl sie erst vor kurzem da gewesen waren, um sie vor ihrem eigenen Mann zu beschützen. Jedenfalls hatten sie das geglaubt. Die Polizisten gingen in das Apartmenthaus, wie Irene Ito jetzt im Rückspiegel ihres kleinen roten Toyotas sehen konnte. Offenbar wollten sie schon zu ihr! Nur die Ruhe bewahren! Sie legte den ersten Gang ein, dann schaltete sie automatisch hoch in den zweiten Gang. Zum Glück hatte sie ihren aktuellen Hausmüll auch mitgenommen, da sie ja wusste, dass die Polizei den Container neben dem Haus sicherlich auch durchsuchen würde. Unwillkürlich musste sie jetzt lächeln. Polizisten! Hielten sich immer für so schlau! Sie warf doch nicht ihre Sachen in deren Nähe weg, wenn nach ihr gesucht wurde. Die Wohnung war absolut clean, es war schließlich kein Verbrechen zu putzen. Und sofern die Polizei die Leiche noch nicht hatte, gab es auch keinen Mord, so einfach war das! Geschickt fädelte sie sich durch den Stadtverkehr zur nächst besten Tankstelle. Dort entsorgte sie Handtücher, Uniform, Schuhe und ihren Hausmüll in einem öffentlichen Müllcontainer, saugte ihr Auto, schickte den Toyota noch durch die Waschanlage und fuhr dann weiter in ein Gewerbegebiet. Nach kurzem Suchen fand sie einen arabischen Im- und Exporthändler, dem sie den Wagen für den Export verkaufte. Er versprach, den Wagen behördlich abzumelden, was ihr sehr recht war. Dann bekam sie von ihm noch 2.500 Euro bar auf die Hand, bedankte sich für seinen Service, gab ihm den Fahrzeugbrief und fuhr mit der nächsten Straßenbahn zum Hauptbahnhof. Sie brauchte nicht lange zu suchen und hatte schnell den richtigen Zug gefunden. Sie löste eine Fahrkarte am Automaten, dann entfernte sie die SIM-Karte aus ihrem Handy, um nicht geortet werden zu können, und machte sich auf den Weg zum Bahnsteig. Überall sah sie Polizisten, doch sie kam ungehindert an allen vorbei. Sie stieg in den Zug ein und nahm mit ihrer wenigen Habe auf einem für sie reservierten Sitz Platz. Erst jetzt realisierte sie, dass sie bereits auf der Flucht war.

Helgoland, Sanddüne neben dem Nordseehotel, 08.36h

Kate Nightingale alias Ruth alias Andrea O'Leary joggte durch den weißen Sand rund ums Hotel. Das tat sie nicht ohne Grund, denn sie wollte Spuren ihres Bombenanschlages beseitigen, falls sie hier etwas fand. Ins Hotelzimmer hatte sie nicht gehen können, das war zu gefährlich, weil die beiden Polizisten vielleicht noch dort tätig waren. Da glitzerte vor ihr etwas Metallenes im Sand. Reste des Aufschlagzünders! Schnell steckte sie das Teil ein und suchte konzentriert weiter, als sie plötzlich mit einem Mann zusammenstieß, der offensichtlich in tiefe Gedanken versunken war, ums Hotel wanderte und sie schlichtweg übersehen hatte. Erschrocken über den Zusammenprall blickten sich beide an, dann mussten sie unwillkürlich lachen. Es war Dr. Ito, der mal wieder die Nacht durchgemacht hatte und nun dringend etwas Auslauf an der frischen Luft benötigte. „Shit! Sie schon wieder!" rief sie lachend, er grinste zurück. „Also ich weiß ja nicht, was wirklich in den Glimmstängeln ist, aber wenn man einen oder zwei davon geraucht hat, dann kann man ja mindestens drei Tage am Stück durcharbeiten!" sagte Dr. Ito auf Englisch. So gingen sie nun nebeneinander her und plauderten über Helgoland, ihren Liebeskummer und andere Katastrophen ihres Lebens. Kate hatte schon lange nicht mehr wirklich herzlich gelacht, und sie genoss dieses unbeschwerte

Gefühl, endlich mal über nichts wirklich Wichtiges reden zu müssen. Gleichzeitig bedrückte sie immer noch der Gedanke, einem Sohn die Mutter genommen zu haben. Doch hatte sie sich eine Doktrin Martys wieder ins Gedächtnis gerufen: „Bei jedem Krieg fallen Soldaten. Und immer sind es Ehemänner, Väter, Brüder und Freunde. Was auch besonders die weiblichen Angehörigen und Kinder einschließt. Ich weiß, dass das schrecklich ist, aber wir stehen in einem Krieg für das Vaterland. Und einen Krieg hat noch niemand ohne Opfer gewonnen. Es liegt nicht in unserem Interesse, viele Hinterbliebene zu produzieren. Aber in einem Krieg sind manche Dinge leider unumgänglich. Das müsst Ihr Euch immer wieder ins Gedächtnis rufen, wenn die Medien versuchen, durch ihre sensations- und blutlüsterne Berichterstattung Schuldgefühle bei Euch zu erwecken. Das muss alles von Euch abprallen, wie die Wasserwoge am Felsen in Millionen kleine Spritzer zerlegt wird. Ich sage nicht, dass Ihr immer gewissenlos handeln sollt. Ihr sollt nur nicht vergessen, in welcher Zeit wir leben und wie sehr die Gegenseite versucht, uns durch ihr Medienmonopol zu manipulieren. Macht weiter so, wie bisher! Das wahre Irland wird stolz auf Euch sein!" Sie hatte das auswendig gelernt und in der letzten Nacht mehrfach leise rezitiert, doch hatte es bei ihr auch andere Empfindungen geweckt. Sie musste an ihren kleinen James denken, sein Stöhnen, sein Keuchen und an seinen qualvollen letzten Atemzug. Zweifel stiegen in ihr auf. Es gab doch auch noch eine andere Welt, asymmetrische Kriegsführung hin oder her. Sie schwankte zwischen zwei Welten. Am liebsten hätte sie jetzt einfach als Andrea O´Leary weitergelebt. Die musste sich nicht verstecken, die hatte ein Leben, Freunde, einen anerkannten Beruf. Und konnte machen, was sie wollte. Und musste sich vor allem nicht verstellen, nicht tarnen, nicht lügen und nicht heucheln. Und so beschloss Kate, sich das für mindestens einen Tag lang auch zu gönnen. Teilweise zumindest. Denn sie konnte das alles durchaus als Tarnung rechtfertigen und gut gebrauchen. „Also bleibt es bei unserer Verabredung heute Mittag, Miss O´Leary?" fragte jetzt Dr. Ito höflich. „Sehr gerne, sagen Sie doch einfach Andrea zu mir!" entgegnete sie. Der Flirt mit dem Japaner begann ihr Spaß zu machen. „Dann nenn Du mich einfach Fuji, das ist am Einfachsten!" sagte er. „O.K., Fuji!" sagte sie und gab ihm einen flüchtigen Kuss auf den Mund. Überrascht sah er sie an. „Na Du gehst ja ganz schön ran!" „Ich kann das natürlich auch intensiver, aber das können wir ja vielleicht noch nach dem Essen ausprobieren?" sagte sie nur. „Warum nicht schon vorher?" meinte er und zog sie in seine Arme. „Ich dachte immer, Ihr Japaner wärt so zurückhaltend!" konterte sie. Dann küssten sie sich, diesmal mindestens eine Minute lang. Lachend liefen sie Hand in Hand zurück ins Hotel. Es hatte gefunkt, und Kate war sich plötzlich gar nicht mehr so sicher, welche Prioritäten sie wirklich hatte. Die Sonne lachte vom Himmel, und es versprach ein schöner Tag zu werden. Und warum sollte sie nicht auch mal Spaß bei der Arbeit haben? So wie andere Leute auch, dachte sie grimmig.

Helgoland, Nordseehotel, 9.25h

Die Wissenschaftler hatten sich jetzt in einem Konferenzraum zusammengesetzt und arbeiteten ihre Unterlagen nochmals durch. Um 11.00h würden sie eine Pressekonferenz abhalten. Ian Bannister würde wahrscheinlich auch dabei sein. Der Innenminister Werner Theißing sollte eigentlich schon seit gestern da sein, doch war er tatsächlich erst an diesem Morgen mit einem Bundeswehrhubschrauber auf Helgoland gelandet, da ihn wichtige Amtsgeschäfte aufgehalten hatten. Auch der Oppositionsführer des niedersächsischen Landtages und einige weitere Staatssekretäre, Anwälte und Berater von Ian Bannister und Pressesprecher waren mitgekommen. Jeder wollte die Geschehnisse auf der Insel weitestgehend für sich ausschlachten. Und um

16.00h sollte ein Gedenkgottesdienst für Dr. Susanna Pelzer und für den alten Knut Hansen in der evangelischen St. Nicolai-Kapelle stattfinden, an welchem Ian Bannister auch ein kurzes Gedenkwort für Rebecca Ahrens sprechen wollte. Das alles sollte live übertragen werden. Es war zwar viel Programm, aber irgendwann musste ja die Staatstrauer auch abgearbeitet werden. Das war wichtig und würde bei den Wählern gut ankommen. Die Ironie dabei war die, dass der Ministerpräsident im Gottesdienst das beste Anschlagsziel für einen potentiellen Terroristen sein würde, weil hier niemand mit einem Zwischenfall rechnete, und die Personenschützer alle zuhause geblieben waren. Allerdings waren für die IRA christliche Gotteshäuser, gleich welcher Konfession, als Anschlagsorte tabu. Jetzt gesellte sich Aische Özdemir zu den Wissenschaftlern und half mit, die Pressekonferenz vorzubereiten. Das war etwas, was sie tatsächlich gut konnte. Sie machte sich eifrig Notizen, um zu wissen, welche Fragen der Ministerpräsident stellen sollte, um den bestmöglichen Eindruck des engagierten und mitdenkenden Krisenmanagers zu erzeugen. Einige Fragen delegierte sie an Werner Theißing, da diese in dessen Ressort gehörten. Sie würde ihren Beitrag leisten, um ihren Traummann nicht nur gut aussehen zu lassen. Er würde der Triumphator von Helgoland sein. Da konnten die Wahlen auch ruhig zwei Monate eher stattfinden!

Hannover, Wohnung von Angela Isselmann, 10.05h

Als sie frühmorgens zuhause angekommen war, hatte sie den Wagen nicht in die Garage gestellt, sondern sicherheitshalber zwei Straßen weiter geparkt. Dann hatte sie sich durch den Hintereingang ins Haus geschlichen, war ins Bett gegangen, und hatte geweint. Jetzt tat es ihr leid! Aber aus dem Spielchen war nun mindestens ein gemeinschaftlicher Totschlag geworden, die anderen Torturen und Seelenqualen nicht mitgerechnet. Andererseits war sie auch froh, ihn los zu sein. Sein Diensthandy hatten sie nach Gebrauch ausgeschaltet. Irene hatte es danach in seine Einzelteile zerlegt und durch die Toilette weggespült. Ein Problem weniger! Aber würde sie die Nerven behalten, wenn die Polizei sie anrief und verhörte? Doch andererseits würde die Polizei ihr, einer biederen Grundschullehrerin, wohl kaum so etwas zutrauen. Ja, nicht einmal sie selbst konnte fassen, was letzten Abend und in dieser Nacht geschehen war. Heute hatte Werner eigentlich seinen freien Tag, oder hatte er mal wieder die Schicht getauscht? Wann würden ihn seine Kollegen vermissen? Sie sah am schwarzen Brett nach. Nein, heute hatte er frei. Also würden sie nicht vor Sonntag anrufen. Sie atmete auf. Doch es gab noch keinen Grund zur Entwarnung. Langsam begann sie damit durchzudrehen.

Helgoland, Speisesaal des Nordseehotels, 13.00h

Die Pressekonferenz um 11.00h war business as usual für alle Beteiligten gewesen. Man präsentierte unfertige Zwischenergebnisse, stellte oder beantwortete Fragen aller Art und war immer bemüht, keine Peinlichkeiten oder Verlegenheit aufkommen zu lassen. Kate gefiel ihre neue Rolle als Reporterin, und bei der zweiten Runde für die englischsprachige Presse stand sie vor dem Mikrofon und stellte alle möglichen Fragen, wobei sie auch versucht hatte, Dr. Ito etwas aus der Reserve zu locken. Fast hätte sie vor dem Mikro „Fuji“ zu ihm gesagt, doch sie konnte diesen Impuls noch geradeso unterdrücken. Auch einer der beiden Dorfpolizisten saß mit auf der Tribüne im Foyer des Hotels und musste Fragen zur gestrigen Gasexplosion beantworten. Zum Glück hatten die Beamten keine Reste der Bombe gefunden. Die Reste des Zünders, die Kate heute in insgesamt drei Teilen in den Dünen eingesammelt hatte, hatte sie bereits vorsichtshalber durch die Toilette entsorgt. „Dr. Ito, “ so hatte sie ihn gefragt, „ist es wahr, dass Sie sich bei Ihrer Arbeit ganz auf die Gefahrenanzeige durch Kakerlaken stützen? Meinen Sie, dass man dadurch einem so gefährlichen Umweltgift tatsächlich angemessen begegnen kann?" „Miss O'Leary", antwortete er, „da muss ich zunächst etwas richtigstellen. Selbstverständlich haben wir jede Menge von Vorsichtsmaßnahmen ergriffen, um der Gefahr zu begegnen. Die Kakerlaken sind jedoch ein sehr gutes Indikationsmittel, da sie sofort auf das Gift ansprechen und mit dem sofortigen Ableben reagieren. Ohne die Kakerlaken hätten wir jedoch noch schlechtere Karten, weil wir sonst nur schwer rechtzeitig auf die Giftemissionen aufmerksam werden könnten. Denn Säugetiere sterben erheblich langsamer an dem Toxin. Und das könnte uns dann sehr plötzlich auch einmal zum Verhängnis werden." Artig hatte sie sich bei ihm bedankt, ihm munter zugezwinkert und ihn damit fast aus dem Konzept gebracht. Nun saßen sie sich gegenüber, flirteten miteinander, bestellte ihr Essen und sprachen über den weiteren Tagesablauf. „Ich werde wohl weiter forschen müssen, doch werden wir alle um 16.00h bei diesem Gedenkgottesdienst sein. Das zerreißt einem mal wieder den ganzen Tag, und man hat dann das Gefühl, nichts geschafft zu haben. Ich sehe schon die nächste Nachtschicht auf mich zu kommen. Wann sehe ich eigentlich mal ein Bett?" „Vielleicht nach dem Essen, da könntest Du Dich doch etwas bei mir im Zimmer ausruhen. Ich habe auch ein hübsches Doppelbett im Zimmer, weil kein richtiges Einzelzimmer mehr für mich frei war." „Hm, das klingt echt verlockend. Doch wie komme ich diskret rein, ohne dass mich einer sieht? Immerhin bin ich ja noch offiziell verheiratet, wenn Du verstehst was ich meine?" Sie lachte spitzbübisch. Zimmer 246, Zweiter Stock links, bitte zweimal anklopfen. Aber gib mir noch ein paar Minuten, damit ich die durchgeschwitzten Sachen hier loswerden kann." Sie erhob sich und ging in ihr Zimmer, nachdem sie ihm einen flüchtigen Kuss auf die Nasenspitze gehaucht hatte. Etwas verwirrt blieb er sitzen, dann bestellte er sich noch einen Espresso. Nach einer Viertelstunde ging er dann auf sein Zimmer, putzte sich die Zähne und machte sich etwas frisch. Da er noch ganz offiziell bis zum Gedenkgottesdienst Pause hatte, verließ er sein Zimmer, ging eine Etage tiefer und stand vor Nummer 246. Diese Frau hatte in ihm etwas geweckt, was er lange Zeit mit Arbeit betäubt hatte. Etwas unsicher klopfte er zweimal. Es konnte ja auch sein, dass sie ihn nur vorführen wollte. Diesen Journalisten konnte man nie so ganz trauen. Manche sollten ja auch schon mit Informanten ins Bett gegangen sein, um an Insider-Storys heranzukommen. Doch irgendwie hatte er bei Andrea ein anderes, ein gutes Gefühl. Er wusste es selbst nicht, warum. „Come in!" rief sie. Er trat ein. Sie übertraf seine kühnsten Erwartungen. Sie trug schwarze Netzstrümpfe, einen dazu passenden BH und äußerst knapp bemessene, dazu passende Hot Pants. Ihr Zimmer war makellos aufgeräumt und das Bett neben sich hatte sie einladend zurückgeschlagen. Er schloss die Tür, und sie winkte ihn zu sich heran. Zunächst etwas schüchtern ließ er sich neben ihr auf dem freien Bett nieder und blieb zunächst sitzen, doch dann zog sie ihn leidenschaftlich zu sich hinunter. Sie begann damit, ihn auszuziehen. Und dann schaltete sich bei ihm irgendeine Sicherung ab und sie liebten sich leidenschaftlich wie zwei Liebende, die sich lange nicht gesehen hatten, und dringend etwas nachholen mussten. Fuji vergaß für einen Moment seinen gefährlichen Forschungsauftrag, seine verpfuschte Ehe mit Irene, den schwer verletzten Dr. Lessinghaus und all den anderen Ärger. Und Kate begann plötzlich wieder als Frau aufzuleben. Als Frau, deren Sehnsucht nach etwas, was ihr seit langem abhandengekommen war, nun endlich gestillt wurde. Für einige kostbare Sekundenbruchteile verschmolzen sie zu einer Einheit, die ihnen beiden Wärme und Geborgenheit in einer kalten und bedrohlichen Welt suggerierte. Danach schmusten und kuschelten sie miteinander, bevor sie es nochmals taten. Dann schliefen sie nebeneinander ein, bis der Wecker sie um 15.15h unbarmherzig auseinanderriss. Er gab ihr zum Abschied einen leidenschaftlichen Kuss, dann zog er sich schnell an und machte sich für den Gottesdienst fertig. Sie tat das Gleiche, denn gleich mussten sie wieder ihre offiziellen Rollen weiterspielen. Doch jetzt hatten sie etwas miteinander gemeinsam, was nur ihnen gehörte. Fast hätte Kate ihre Attentatsplanungen vergessen. War sie nur emotional verwirrt, oder war sie wirklich verliebt? Oder beides? Zu schade, dass es schon bald wieder vorbei sein würde, dachte sie. Doch es sollte alles ganz anders kommen. Schlimmer, aber gleichzeitig vielleicht auch viel besser, als sie es je erwartet hätte.

Helgoland, St. Nicolai Kirche, 16.00h

In der Mitte des kleinen Kirchsaals hatte man vorne, gut sichtbar für alle, große Bildwände mit Fotos der Verstorbenen aufgebaut. Auch ein Bild von Rebekka Ahrens stand dabei; darauf hatte Ian Bannister großen Wert gelegt. Dann schilderte zunächst der Pastor die Lebensläufe der drei Verstorbenen in Kurzform. Danach hielt der Innenminister Werner Theißing eine kurze Laudatio für die verstorbene Rebekka Ahrens und hob besonders ihre aufopfernde Einsatzfreude hervor. Ihr Verlust sei ein großer Verlust für das Innenministerium. Und sie hinterlasse eine schmerzliche Lücke, die man nur sehr schwer wieder schließen könne. Dann kam Ian Bannister an das Rednerpult und hielt eine kurze Rede, in der er Leben und Einsatz der Meeresbiologin Dr. Susanna Pelzer würdigte. Dabei hob er hervor, dass sie eine manchmal anstrengende und unbequeme Zeitgenossin gewesen sei, aber dass jetzt eine Zeit angebrochen sei, in der solche Leute wie sie geradezu unentbehrlich geworden seien. Dabei gab er ehrlich zu, vor kurzem auch etwas Stress mit ihren Anliegen und Anträgen gehabt zu haben, aber er sei stolz darauf, dass diese Frau der Nachwelt solch eine wertvolle Forschungsarbeit und darüber hinaus einen dringenden Appell hinterlassen habe, sich ernsthaft für das Meer und seine vielfältigen Bewohner einzusetzen. Er werde das alles künftig beherzigen und könne jetzt nicht so einfach wieder zur Tagesordnung übergehen. Er werde noch lange über seine Erfahrungen auf Helgoland nachdenken müssen. Und sicher werde dies alles auch Konsequenzen bei der Umweltpolitik nach sich ziehen. Er versprach, es den Umweltsündern aller Art künftig schwer zu machen und sagte ihnen sogar den Kampf an, was beim Publikum einen kleinen spontanen Applaus erzeugte. Dann setzte er sich, der Pastor sprach Gebete für die Verstorbenen und für den schwer verletzten Dr. Lessinghaus. Dann sangen sie noch das alte Kirchenlied „So nimm denn meine Hände", welches von der Fürstin Eleonore Reuß Anfang des neunzehnten Jahrhunderts komponiert worden war. Danach erhoben sich alle zum pastoralen Segen und verließen die kleine Kirche. Der Gottesdienst war live übertragen worden, und ein eigens aus Hannover eingeflogener Übersetzer hatte alles simultan für die englischsprachige Berichterstattung gedolmetscht. An Dr. Florian Zuckmayer war das alles wie ein nicht enden wollender Alptraum vorbeigerauscht, er war froh, als es vorbei war. Und doch fühlte er sich von den Worten der Predigt irgendwie angesprochen, es war ihm, als wolle jemand oder etwas in sein Herz eindringen. Das gleiche Gefühl erlebte noch jemand anders, wenn auch aus ganz anderen Gründen und Motiven. Kate Nightingale zuckte regelrecht zusammen, als der Pastor das Vaterunser sprach. Denn bei den Worten „Und vergib uns unsere Schuld" fühlte sie sich bis ins Mark getroffen. Das war keine Manipulation durch gegnerische Medien, sie fühlte und sah plötzlich noch eine andere Macht hinter den Dingen stehen. Es war ihr, als ob sie jemand bei ihrem Tun beobachten würde. Plötzlich musste sie weinen, als am Schluss des Gottesdienstes nochmals alle Verstorbenen namentlich erwähnt wurden. Der Name Rebekka Ahrens hatte sich in ihre Seele gebrannt und in diesem Moment spürte sie, dass sie diesen Namen bis zum Ende ihres eigenen Lebens wie ein Kainsmal in ihren Kopf hinein gebrannt tragen würde. Unwillkürlich bekreuzigte sie sich, und die katholische Erziehung ihrer Jugend kam wieder durch. Und innerlich bereute sie ihre furchtbare Tat und ihr schoss nur noch der Gedanke durch den Kopf: „Oh Gott, wenn es Dich gibt, vergib mir meine Sünden". Sie sagte dem Team von Irish-Press, dass ihr nicht gut sei, die schlechte Luft in der Kirche eben, und zog sich auf ihr Zimmer zurück. Nachdem sie hemmungslos in ihr Kissen geweint hatte, ging sie ins Bad und machte sich frisch. Da klingelte plötzlich ihr abhörsicheres Handy. „Ruth, wie lange dauert es denn noch? Das macht Dir wohl Spaß, die Reporterin zu mimen? A.O.L. wartet schon sehnsüchtig darauf, wieder draußen rum laufen zu dürfen. Sie rechnet nach Deinen fulminanten Auftritten mit einer Beförderung!" „Ach M., es ist alles etwas schwieriger, ich werde später berichten. Haltet mir die Daumen, dann klappt es heute Nacht. Ich mache gerade die letzten Vorbereitungen. Sieht gut aus, habe sogar das Zielgebiet schon sondiert." „Ruth, Du bist die Beste, wir glauben an Dich! Bye und alles Gute!" Monty hatte aufgelegt. Sie ging nun daran, ihre Gefühle wegzulegen, wie man ein gebrauchtes Kleid in den Schrank legte. Nein, sie würde niemals wieder wie diese Durchschnittsspießer leben wollen. Zunächst schaltete sie ihr Handy auf den Abhörmodus um. Denn sie konnte mit diesem Gerät alle Gespräche im Umkreis von etwa zweihundert Metern belauschen, wenn sie diesen speziellen Modus aktiviert hatte. Noch leichter hatte sie es, wenn sie die Handy- oder Telefonnummer eines Abhöropfers bereits hatte. Und sie hatte bereits die Durchwahlnummern von Aische Özdemir und Ian Bannister auf deren Hotelzimmern ermittelt, denn die Durchwahlnummer entsprach ganz einfach der jeweiligen Zimmernummer. Sie brauchte nicht lange zu warten, um sich anzuhören, wie beide erst dienstlich telefonierten, und dann eine Liebesnacht miteinander planten. Die allerdings nie mehr stattfinden würde, dachte sie grimmig. Und auch etwas eifersüchtig. Warum sollten diese beiden Europaflöten, wie sie solche Leute bei der IRA nur nannten, das bekommen, was ihr für ihr patriotisches Engagement verwehrt bleiben sollte? Sie würde heute Nacht ein Exempel statuieren. Eine böse Vorfreude ergriff sie, als sie sich ausmalte, wie die beiden sich vor Angst einnässen würden, bevor sie sie mit einer Kugel von der Seelenqual erlösen würde. Etwas ergriff wieder Besitz von ihrer Seele. Etwas unaussprechlich Dunkles und Böses, was das Licht verdrängte, das für Sekunden der Erkenntnis in ihren Geist gedrungen war. Sie prüfte ihre Waffen und traf ihre letzten Vorbereitungen. Sie musste dringend die dunkle Haarfarbe entfernen, um ihre Flucht von der Insel vorzubereiten. Und sie würde nur das mitnehmen, was sie auf dem Leib tragen konnte. Und das konnte manchmal auch ziemlich wenig sein.

Helgoland, Zimmer von Dr. Ito im Nordseehotel, 22.53h

Dr. Fuyisho Ito redete sich ein, dass das alles wahrscheinlich nur ein One-Night-Stand gewesen war. Und doch wünschte er sich, dass es anders wäre. Doch als er vorhin an Andreas Zimmertür geklopft hatte, hatte er keine Antwort erhalten. So ging er auf sein Zimmer und holte seinen Laptop heraus. Er lud gerade neue Forschungsdaten von seinen Kollegen aus Hannover aus dem Internet herunter, als er plötzlich aus dem Zimmer von nebenan einen dumpfen Schlag und ein Stöhnen hörte. Er hielt in seiner Arbeit inne, dann hörte er die Tür leise zu klappen, jemand huschte auf leisen Sohlen über den Flur und verschwand hinter einer anderen Tür. Er wollte gerade weiterarbeiten, als er ein Wimmern aus dem Nachbarzimmer vernahm, schwach, aber doch deutlich zu verstehen. Dann einen leisen, erstickt klingenden Ruf: „Hilfe!" Er stellte den Laptop ab, schlich zum Nachbarzimmer, um niemand anderen in seiner Nachtruhe zu stören, und öffnete vorsichtig die Tür zum Nebenzimmer. Es war dunkel, doch dann hörte er wieder ein ängstliches Wimmern: „Bitte tun Sie mir nichts!" Er fand den Lichtschalter, und was er sah, schockte ihn zutiefst. Aische Özdemir lag seitlich auf dem Boden, ihre Nase blutete heftig und jemand hatte ihre Hände und Füße mit Kabelbindern aus Plastik zusammengebunden. Was sollte das? Erlaubte sich hier jemand einen Scherz? Aische Özdemir trug ein kurzes Nachthemd und darunter offensichtlich Reizwäsche. Das Nachthemd war schon ganz blutig von dem Nasenblut. Er rannte schnell und leise zurück in sein Zimmer. Womit schnitt man nur Kabelbinder schnell auf? Da fiel sein Blick auf das alte Samuraischwert seiner Vorfahren, aus siebzigfach gehärtetem Stahl. Eigentlich müsste es scharf genug sein, dachte er. Schnell eilte er zurück und durchschnitt damit die Fesseln von Aische Özdemir. „Wer war das?" fragte er diese dabei. Als er ihre Fesseln durchschnitten hatte, reicht er der sichtlich verwirrten Geliebten des Ministerpräsidenten ein Taschentuch. „Es ging alles so schnell! Eine blonde Frau. Sie hat mich zusammengeschlagen und gefesselt, dann ist sie bei Ian rein gegangen. Bitte, Dr. Ito, helfen sie ihm! Holen sie Hilfe, ich glaube, er ist in Gefahr. Es könnte vielleicht sogar die IRA sein. Ich glaube, das gestern war doch keine Gasexplosion, sondern eine Bombe!" Sie sah ihn ängstlich an. „Hat sie was zu Ihnen gesagt?" fragte Dr. Ito. „Sie sagte nur so was wie: Das ist für Dich Du Türkenschlampe, sei schön ruhig, sonst kommst Du nachher auch noch dran!" „Frau Özdemir, schaffen Sie es bis zum Telefon? Rufen Sie schnell den Empfang an und verlangen Sie die Polizei, ich gehe rüber und tue, was ich kann. In welchem Zimmer ist Ian Bannister?" „Genau gegenüber. Wir haben was laufen. Können Sie bitte diskret sein, egal was auch passiert?" „Selbstverständlich, es geht mich ja nichts an, Frau Özdemir." „Danke, Dr. Ito", hauchte sie und kroch mit letzter Kraft zum Telefon.

Helgoland, Zimmer von Ian Bannister im Nordseehotel, 23.03h

Ian Bannister sah erstaunt auf, als statt einer dunkelhaarigen Frau plötzlich eine hellblonde Frau in Reizwäsche vor ihm stand. Sie lächelte und sagte nur: „Hallo Ian, nett Dich wieder zu sehen." Er grinste etwas irritiert und glaubte schon fast, dass Aische einen flotten Dreier organisiert habe, als er das Gesicht wiedererkannte. „Nanu, Sie sind doch Andrea O´Leary, warum sind Sie denn plötzlich blond?" „Sagen wir mal besser, ich war nie wirklich schwarzhaarig", sagte nun Kate kalt und holte die Makarow mit aufgeschraubtem Schalldämpfer hinter ihrem Rücken hervor. „Wir von der New Revenge Irish Republican Army werden mit diesen ganzen europafreundlichen Politikern aufräumen, und mit Dir setzen wir heute unsere Abrechnungsreihe fort, Vaterlandsverräter! Los, setz Dich da auf den Stuhl. Beweg Dich, sonst werde ich erst noch ein paar kleine Luftlöcher in Deinen Körper schießen, bevor es ans Eingemachte geht!" Er setzte sich gehorsam auf den Stuhl und sah verzweifelt zur Tür. Routiniert fesselte sie ihn mit Kabelbindern an den Stuhl, dann sagte sie: „Deine Türkenschlampe wird Dich nicht retten, die ist schon im Land der Träume. Aber ich wollte heute echt großzügig sein, und Dir einen Deal vorschlagen: Wenn Du tapfer stirbst, ohne Geschrei und Gezeter und so, dann werde ich sie verschonen. Wenn nicht – nun ja – dann werde ich sie Dir gleich hinterherschicken. Du weißt ja, wie die IRA traditionellerweise Verräter bestraft. Also: Ein Knieschuss ohne Gejammer, sonst stirbt sie auch!" Ian Bannister brach jetzt der kalte Schweiß aus. Dann fiel ihm etwas ein. Er wusste, dass er etwas Zeit schinden musste, deshalb sagte er mit gespielt weinerlicher Stimme: „Okay, okay, ich bekenne mich meinetwegen aller Verbrechen für schuldig, die ihr mir zur Last legt, nur lasst bitte Aische Özdemir aus dem Spiel. Sie hatte absolut nichts mit meiner Europapolitik zu tun. Wirklich! Ihr habt doch schon die unschuldige Rebekka Ahrens auf dem Gewissen, oder war das etwa nicht Eure Handschrift? Reicht es noch nicht, dass Ihr statt mir eine unschuldige Mutter von einem minderjährigen Kind auf dem Gewissen habt?" Durch diesen Geistesblitz hatte er Kate getroffen, sie war sichtlich beeindruckt, schluckte und verlor für einen Sekundenbruchteil sichtlich die Fassung. Sie senkte die Pistole. Sie stand nahe der holzvertäfelten Wand und zielte nun spielerisch und nachdenklich auf das Knie von Ian Bannister. In genau diesem Moment wurde plötzlich die Tür aufgerissen, und Dr. Fuyisho Ito stürmte mit einem Samuraischwert bewaffnet durch die Tür. Er hatte bis eben an der Tür gelauscht, um den bestmöglichen Zeitpunkt für den Überraschungsangriff zu finden. Und nun war es Zeit. Wie seine antiken Vorfahren rief er lauf „Banzai!" Die Samurai wären stolz auf ihn gewesen. Unter normalen Umständen hätte er mit dieser Nummer keinen Erfolg gegen die Profikämpferin Kate gehabt, doch das Überraschungsmoment lag klar auf seiner Seite, denn sie musste die Waffe erst in seine Richtung schwenken, um zum Schuss zu kommen. Als sie die Pistole halb herumhatte, bekam das alte Samuraischwert bereits Tuchfühlung mit dem Schalldämpfer der Waffe. Kate drückte instinktiv ab, doch die Kugel wurde noch im Pistolenlauf von der Schwertklinge als Querschläger abgelenkt, denn die Klinge war mehr als rasiermesserscharf und durchschnitt den Schalldämpfer wie ein Stück Butter. Der Querschläger durchschlug ihr rechtes Schlüsselbein, während die Spitze des Schwertes ihr eine mindestens drei Zentimeter tiefe Kerbe in die rechte Brust ritzte. Außerdem knallte es jetzt laut, so dass andere Gäste bereits von dem Lärm geweckt wurden, denn der Schalldämpfer war ja von der Waffe gewaltsam entfernt worden. Dr. Ito hatte die vermeintliche Andrea O´Leary wegen ihrer jetzt blonden Haare zunächst nicht erkannt, doch nun sahen sich beide geschockt an. Dann nahm Kate die Makarow in die linke Hand und wich in die hinterste Zimmerecke an der Wand zurück. Es war eine blitzschnelle Reflexbewegung gewesen, die dazu führte, dass Dr. Ito ihr nun nachsetzen musste. Da er bei seiner Attacke jedoch einen Hausschuh verloren hatte, kam er nun ins Stolpern, schlug der Länge nach hin, und das kostbare Katana schlug so unglücklich mit seinem Griff auf dem Boden auf, dass er mit dem Handgelenk umknickte. Vor Schreck und Schmerzen ließ er den Griff des Samurai Schwertes los und dieses wirbelte unkontrolliert durch den Raum, die rotierende Klinge blitzte im Licht der Deckenbeleuchtung auf. Kate kam noch einmal zum Schuss und Pulverdampf breitete sich im Zimmer aus. Ian Bannister musste heftig husten. Das herumwirbelnde Katana schlug mit einem leisen Sirren ein wie der Blitz der Gerechtigkeit.

Helgoland, Nordseehotel, Empfang, 23.15h

Am Empfang wurde der Notruf von Aische Özdemir mit großer Bestürzung aufgenommen. Doch die Empfangschefin handelte rasch und entschlossen. Sie rief den Dienst habenden Dorfpolizisten auf seinem Handy an, und dieser war tatsächlich noch wach. Da er nur zwei Fußminuten vom Hotel entfernt wohnte, rannte er jetzt im Laufschritt zum Nordseehotel. Von unterwegs rief er seinen Kollegen an, den er so unsanft aus dem Bett riss. Außerdem bat er diesen, den Arzt zu holen. Für alle Fälle. Er kam gerade in dem Moment ins Zimmer gestürmt, als bereits alles vorbei war. Ihm bot sich ein unüberschaubares und zugleich skurriles Bild. Nachdem er sich überzeugt hatte, dass keine Gefahr mehr drohte, steckte er die Dienstwaffe wieder ein. Das Samuraischwert hatte Kate genau die Strafe zugefügt, die sie eigentlich Ian Bannister zufügen wollte. Das Schwert war ihr von der Seite her ins rechte Knie gedrungen und hatte dieses an die Vertäfelung der Holzwand genagelt. Der Schuss, den sie noch reflexartig abgab, schlug harmlos vor ihr im Boden ein. Erst jetzt realisierte sie, dass ihr Knie unerträglich stark schmerzte. Als sie nach unten sah, färbte sich ihr Gesicht grau durch den Schock und den nicht unerheblichen Blutverlust. Sie ließ die Waffe genau in dem Moment fallen, als der Polizist zur Tür hereinstürmte. Wie mechanisch versuchte sie, die Hände zu heben, was ihr jedoch wegen des zerschossenen Schlüsselbeines nicht gelang. Dr. Ito lag immer noch auf dem Boden vor ihr, und konnte es nicht fassen, dass er eine Liaison mit einer so gefährlichen Terroristin gehabt hatte. Jetzt wollte sie nach unten greifen, um das Schwert aus ihrem Knie zu ziehen, doch Dr. Ito hielt sie geistesgegenwärtig davon ab: „Tun Sie das nicht! Das Schwert ist scharf, es kann Ihnen das Bein auch ganz abtrennen, wenn Sie es rausziehen." Sie stöhnte auf vor Schmerzen, er eilte zu ihr hin und stützte sie ab, bis der Inselarzt kam. „Mein Gott! So etwas hatte ich ja noch nie. Wie sollen wir sie bloß zum OP kriegen?" „Wir müssen sie mitsamt dem Schwert, oder besser das Schwert mit ihr aus der Wand ziehen, dann müssten wir das Schwert noch bis zum OP stecken lassen, sonst wird sie entweder ihr Bein verlieren oder verbluten oder beides." Kate nahm das alles nur noch wie aus weiter Ferne wahr, warum erschoss sie denn keiner? Dann verlor sie das Bewusstsein. Nachdem auch der Polizist mit Hand angelegt hatte, konnten sie Kate endlich mitsamt Schwert im Knie auf eine Bahre legen und in die Praxis von Dr. Nesemann tragen, der ihr vorsichtshalber bereits das Bein über dem Knie abgebunden hatte, während Dr. Ito ihr eine Kompresse auf das zerschossene Schlüsselbein drückte. „Könnte mich vielleicht mal jemand befreien?" beschwerte sich jetzt Ian Bannister nicht ganz zu Unrecht. Aische Özdemir lief ins Zimmer und kümmerte sich um seine Fesseln. Im Vorbeigehen bat Dr. Nesemann am Empfang darum, seine Arzthelferinnen aus dem Bett zu holen, doch Dr. Ito erklärte sich bereit, ihm bei der Notoperation zu assistieren, da er ja auch gewisse medizinische Grundkenntnisse habe. So kämpften sie fast zwei Stunden lang darum, der IRA-Terroristin Kate Nightingale Bein, Schlüsselbein, Brust und Leben zu erhalten. Bei der Operation verbrauchten sie insgesamt fünf Blutkonserven, doch am Ende sollte das Leben der Sieger bleiben. Doch Kate würde für den Rest ihres Lebens die Narben dieses Abends tragen müssen. Außerdem würde sie bestenfalls hinken, wenn nicht vielleicht sogar das Bein verlieren. Sie würde mit sehr großer Wahrscheinlichkeit ein Krüppel sein, der nie wieder anderen Menschen gefährlich werden konnte.

27. August 2017, Sonntag

Helgoland, Foyer des Nordseehotels, 2.05h

Dr. Ito war völlig erledigt von der Notoperation, während der Kate zwischendurch sogar kurz zum Bewusstsein gekommen war. Sie hatten sie mit Morphium versorgt, so dass sie nichts spüren konnte. Sie wollte etwas sagen, doch Dr. Ito legte ihr sanft den Zeigefinger auf die Lippen. Sie verstand und sah ihn fragend an. „Du wirst Dein Bein behalten, aber Du wirst wahrscheinlich immer etwas hinken müssen. Wir tun alles, was wir können." Darauf schien sie ihn anzulächeln, so als wolle sie sagen: „Danke Fuji, Du hast mich erlöst." Es hatte sie ihre letzte Kraft gekostet, sie verlor wieder das Bewusstsein. Nach der Operation nahm einer der beiden Dorfpolizisten in der Arztpraxis Platz; er musste jetzt hier übernachten, um die schwer verletzte Terroristin zu bewachen. Eigentlich unnötig. Weglaufen konnte sie ja sowieso nicht mehr. Als jetzt Dr. Ito mit seinem immer noch blutigen Samuraischwert ins Foyer des Nordseehotels stolperte, ging ein wahres Blitzlichtgewitter über ihm nieder. Ian Bannister kam ihm entgegen, schüttelte ihm die Hände und auch Aische Özdemir bedankte sich bei ihm. Plötzlich war er der Held des noch jungen Tages. Und das, obwohl er doch alles vermasselt hatte. Als er Kate sah, wie sie von dem Schwert an die Vertäfelung gespießt worden war, da war es ihm, als ob ein Teil von ihm, von seinem Herzblut, dort an der

Wandvertäfelung hängen würde. Er würde sie nachher besuchen. Doch jetzt wollte er nur noch ins Bett. Er gab rein mechanisch einige Interviews, doch als die Reporter sahen, dass ihm vor Müdigkeit fast die Augen zufielen, ließen sie ihn in sein Zimmer gehen. Am nächsten Morgen war er in allen Zeitungen der Held des Tages. Schlagzeilen wie: „Verrückter Insektenkundler rettet Ministerpräsident mit Samuraischwert" oder „Deutschjapaner erlegt Terroristin mit dem Schwert" dominierten die Boulevard-Presse. Weitere Auszeichnungen sollten folgen. Doch niemand ahnte zu diesem Zeitpunkt, dass Dr. Ito insgeheim ganz anders über die Terroristin Andrea O´Leary alias Kathrin Nightingale dachte und fühlte.

Helgoland, Kleines Konferenzzimmer des Nordseehotels, 8.35h

Ian Bannister hatte die ganze Nacht durchgearbeitet, konferiert, Fragen und Anfragen beantwortet, sich und Aische ärztlich untersuchen lassen, Polizeiformulare mit Zeugenaussagen ausgefüllt und einiges mehr. Er war völlig erschöpft; Aische Özdemir hatte immerhin schon um 04.00h morgens ins Bett gehen dürfen, da sie sich aufgrund ihrer Gehirnerschütterung deutlich überanstrengt hatte und dringend Ruhe brauchte. Jetzt saßen Werner Theißing, zwei Rechtsberater des Innenministers, die der angesehenen Kanzlei Wöllers & Rüttgers angehörten und Dr. Ito zusammen, um sich über alle Vorgänge der letzten Nacht zu beraten. In diesem Moment ergriff gerade ein erfahrener Rechtsanwalt, Diplom Jurist Heinrich Wöllers das Wort: „Herr Ministerpräsident, gestatten Sie mir die Bemerkung aber ich bin der Meinung, dass wir rein rechtlich gesehen noch nicht wirklich gut dastehen. Denn die einzige schwer verletzte Person des Abends ist die Terroristin, von der wir ja bisher nur ihren falschen Namen wissen. Was ist, wenn sie Schadensersatzansprüche gegen Sie oder gegen Dr. Ito geltend macht? Was ist, wenn sie einfach behauptet, es sei alles nur eine Verwechslung gewesen? Was ist, wenn sie behauptet, die gefundene Schusswaffe habe gar nicht ihr gehört, sondern habe nur auf dem Tisch oder sonst wo herum gelegen? Was ist, wenn sie abstreitet, am Vortag eine Bombe gelegt zu haben? Sie sehen, worauf ich hinaus möchte. Ich will gerne eine eindeutige Beweislage haben, oder ein Geständnis der Frau. Ansonsten haben wir nicht nur lange und aufwendige Prozesse am Hals, sondern sie könnte uns auch noch durch die eine oder die andere Gesetzeslücke schlüpfen. Dann kommt sie im Extremfall nach der Untersuchungshaft wieder frei, lacht sich über uns ins Fäustchen und mordet fröhlich weiter!" „Ich glaube nicht, dass das geschehen wird. Ich glaube nicht, dass Andrea so ein kaltblütiger Killer sein soll, das kann ich mir einfach nicht vorstellen. Als ich gestern Mittag mit ihr zusammen gegessen habe, machte sie einen sehr vernünftigen Eindruck, ja ich würde sogar sagen einen netten Eindruck auf mich, "wandte nun Dr. Ito ein. „Würden Sie sie denn als normalen Menschen charakterisieren, nachdem sie dann gestern Abend mitbekommen haben, was sie in der Suite des Ministerpräsidenten abgezogen hat?" wollte jetzt der Innenminister Dr. Theißing von Dr. Ito wissen. „Im Nachhinein muss ich sagen, dass ich erst mal geschockt war, nachdem ich sie wiedererkannt hatte. Es war, als sei sie schizophren und habe zwei völlig verschiedene Persönlichkeiten. Aber was ich wirklich verrückt finde ist, dass sie in den Boden geschossen hat, als sie mich oder den Herrn Ministerpräsidenten hätte erschießen können. Also das zeigt doch, dass da einige sehr menschliche Regungen bei ihr vorhanden sein müssen. Ein echter Killer, wie ich ihn mir vorstellen würde, hätte doch seinen Job durchgezogen, oder nicht?" Dr. Ito schwieg jetzt nachdenklich, auch die anderen hingen ihren Gedanken nach. Da sagte Dr. Theißing: „Also als Innenminister ist es für mich völlig inakzeptabel, dass so jemand mit seinen Touren mangels Beweisen einfach so davonkommt. Und was ich auch wirklich seltsam finde: Warum hatte die Frau nur Reizwäsche an? Das stellt doch unsere Seite in ein ganz schlechtes Licht! Das sieht so aus, als habe der Herr Ministerpräsident sich hier körperlich mit Prostituierten auseinandergesetzt. Wer sagt uns denn, dass sie nicht behaupten wird, eine zu sein?" In diesem Moment klingelte das Telefon, und die Dinge nahmen eine völlig unerwartete Wende.

Helgoland, Aufwachzimmer in der Praxis Dr. Nesemanns, 8.20h

Kate hatte wegen des Morphiums geschlafen, war aber von unruhigen Träumen gepeinigt worden. Mal sah sie das Gesicht ihres verstorbenen Sohnes James vor sich, dann wieder das Bild von Rebekka Ahrens in der Kirche. Sie wollte aus dem Alptraum weglaufen, aber ihr Bein gehorchte ihr nicht mehr. „Hit and Run!" dachte sie, aber es nützte nichts. Dann kam ihr ein Name in den Sinn, ein Name, der war wichtig, ihr eigener Name? Andrea O´Leary! Sie wachte schweißgebadet auf. Ihr rechtes Bein war in einer Metallschiene fixiert worden, sie hing an diversen Schläuchen und Kabeln. Obwohl sie keinen Durst verspürte, war ihr Mund trocken. Sie krächzte etwas, dann musste sie husten. Und dann fühlte sie Schmerzen, überall Schmerzen. In der Brust, im Schlüsselbein und in ihrem rechten Bein. Ihren rechten Fuß konnte sie kaum spüren. „Doktor!" rief sie. Nach wenigen Augenblicken betrat der Inselarzt Dr. Nesemann mit ernster Miene das Krankenzimmer. „Wie fühlen Sie sich?" fragte er sie auf Deutsch. Kate versuchte, sich etwas im Bett aufzurichten. „Einfach prächtig. Ich glaube, ich habe keinen Körperteil mehr, der mir nicht weh tut." „Na, dann sind sie ja wieder voll da, und die Polizei kann sie bald verhören." „Herr Doktor, könnten Sie bitte den Polizisten rausschicken? Ich müsste Ihnen etwas sagen, was unter Ihre ärztliche Schweigepflicht fällt." „Ich mache das nur, wenn es sich dabei nicht um Straftatbestände handelt", sagte Dr. Nesemann kalt. „Versprochen, das tut es nicht. Ich muss Ihnen etwas sehr Persönliches anvertrauen – und dann benötige ich Ihre Hilfe. Es geht um ein weiteres Menschenleben." Der Polizist erhob sich und verließ jetzt achselzuckend das Krankenzimmer. „Zunächst einmal zu mir: Wie Sie jetzt sicher wissen, ist mein richtiger Name nicht Andrea O`Leary. Mein wirklicher Name lautet Kathrin Nightingale, und ich stamme aus Belfast. Vor etwa vier Jahren wurden mein Ehemann Gary und mein kleiner dreijähriger Sohn James bei einem Bombenattentat der New Ulster Liberation Army getötet. Drei Tage lang habe ich meinem kleinen Jungen beim Sterben zugesehen. Danach wurde ich dann von der New Revenge Irish Republican Army angeworben. Seitdem lebe ich im Untergrund, wurde in Nah- und Häuserkampf, im Umgang mit Sprengstoffen und noch einigen anderen Dingen ausgebildet. Kann ich einen Schluck Wasser, bitte?" Dr. Nesemann reichte ihr einen kleinen Pappbecher, sie nahm einen Schluck, dann fuhr sie fort: „Ich war an einigen Anschlägen beteiligt. So etwa an der Sprengung des Europaterminals am Flughafen von Dublin, letztes Jahr, sie erinnern sich?" Dr. Nesemann nickte, er hatte es in den Nachrichten gesehen, der Sachschaden betrug mehrere Millionen Euro, die Folgeschäden nicht gerechnet. Sie setzte ihre Beichte fort: „Ich habe auch selbst Menschen verletzt, neue Rekruten angeworben und sollte gestern meinen ersten richtigen Mordauftrag durchführen. Doch dann habe ich versehentlich die falsche Person getötet: Rebekka Ahrens! Können Sie sich vorstellen, wie furchtbar es für mich war, als Reporterin getarnt den Gedenkgottesdienst besuchen zu müssen?" Sie begann zu weinen. „Und dann kam mir auch noch dieser nette Japaner über den Weg gelaufen, Fuji. Ich habe mich irgendwie in ihn verliebt und sogar mit ihm geschlafen." „Sie meinen Dr. Ito?" fragte Dr. Nesemann etwas irritiert. „Ich redete mir ein, dass das gut sei für meine Tarnung und wollte das Attentat dann gestern Abend doch durchziehen; danach wollte ich ein Flugzeug kapern und damit nach Hamburg fliehen, wo wir Kontaktleute haben. Verstehen Sie jetzt, warum ich den Polizisten nicht dabeihaben wollte? Ich möchte Dr. Ito schützen, denn er kann ja nichts für meine Taten!“ Wieder schluchzte sie, Dr. Nesemann gab ihr ein Taschentuch. „Herr Doktor, ich bereue alles, was ich diesen armen Menschen angetan habe, wirklich! Ich glaube, ich war sogar ganz froh, dass es Dr. Ito war, der mich gestern aus dem Verkehr gezogen hat. Wissen Sie, ich will gerne ins Gefängnis gehen, ich möchte für meine Taten gerecht bestraft werden. Ich habe Ihnen das jetzt alles gesagt, damit Sie verstehen, dass das, worum ich Sie jetzt bitte, wirklich kein Scherz ist. Bitte geben Sie mir ein Telefon, ich muss dringend mit Ian Bannister sprechen! Ich habe Informationen, die nur er rasch genug an die richtige Stelle bringen kann. Es geht um das Leben der echten Andrea O´Leary! Ich kann ihm zwei mögliche Adressen nennen, wo sie möglicherweise noch versteckt wird. Wenn nicht sofort etwas geschieht, dann kann es sein, dass sie wegen meines Versagens beseitigt werden muss. Ich kann das nicht mehr ertragen, dass noch ein unschuldiger Mensch sterben soll!“ Dr. Nesemann überlegte einen Augenblick, dann wählte er mit seinem Handy das Nordseehotel an. Nach wenigen Sekunden bekam er den Ministerpräsidenten an den Apparat. „Hier ist Dr. Nesemann. Herr Ministerpräsident, um es kurz zu machen: Kathrin Nightingale möchte mit Ihnen reden, sie sagte mir glaubhaft, dass es dabei um die Rettung eines weiteren Menschenlebens ginge!“

Helgoland, Kleines Konferenzzimmer des Nordseehotels, 8.50h
Ian Bannister nahm das Telefon ab. Dr. Nesemann war am anderen Ende und sagte etwas von einer Kathrin Nightingale. „Wer ist denn jetzt bitte Kathrin Nightingale?“ fragte er, völlig übermüdet. „Ihre Attentäterin, ich glaube, Sie sollten sich das zumindest kurz anhören!“ „O.K., nun geben Sie ihr schon den Hörer!“ Kate begann schüchtern: „Mr. Bannister?“ „Am Apparat!“ knurrte er böse. Ein Schluchzen erklang, das ihn sichtlich aus der Fassung brachte. „Ich möchte mich zuerst bei Ihnen und ihrer Mitarbeiterin entschuldigen, es tut mir alles unendlich leid, wirklich! Ich werde alles gestehen, auch den Bombenanschlag von vorgestern. Ich möchte bestraft werden. Ich kann mit diesem Gewissen nicht mehr weiterleben, ich denke jede Minute an Rebekka Ahrens und an ihren Sohn.“ Sie machte wieder eine Pause, weil sie weinte. Dann fuhr sie fort: „Mr. Bannister, ich wollte Sie um etwas bitten. Um zwei Dinge. Ich weiß, dass Sie das jetzt nicht tun müssen, aber es geht um das Leben der echten Andrea O´Leary. Ich werde Ihnen jetzt zwei Adressen nennen, unter denen sie versteckt gehalten werden könnte. Sie müssen sofort den Innenminister in Dublin informieren, dann können sie Andrea O´Leary vielleicht noch retten. Wie ich die IRA kenne, werden sie Andrea wahrscheinlich bald als unliebsame Zeugin beseitigen. Würden Sie das tun?“ Ian Bannister war erst sprachlos, dann hob er den Daumen und sagte: „Ist gut Miss Nightingale, ich habe das Telefon laut gestellt, damit meine Rechtsberater mithören können. Würden Sie das bitte nochmals kurz wiederholen, dass und was Sie gestehen wollen?“ Kate wiederholte ihr kurzes Geständnis, dann weinte sie wieder. „Und was wollen Sie noch?“ fragte Ian Bannister. „Ich möchte gerne der erste Terrorist sein, der seine Taten öffentlich vor laufenden Fernsehkameras gesteht. Ich wäre bereit, das hier von diesem Krankenbett aus zu tun. Meine Kollegen von Irish Press sollen die Aufzeichnung machen. Außerdem würde ich mich freuen, wenn Sie, Aische Özdemir und Dr. Ito auch dabei wären. Und danach würde ich gerne mit Ihnen allen persönlich darüber sprechen, ob und wie ich irgendetwas von dem, was ich getan habe, wieder gut machen kann. Wie bereits gesagt, ich will alles gestehen, ich erwarte keine Gnade, ich gehe gerne ins Gefängnis.“ „Wären Sie denn auch bereit, über früher begangene Taten

auszusagen?" fragte jetzt der Rechtsberater von Ian Bannister. „Vielleicht, aber nicht öffentlich." „Gut dann nennen Sie uns jetzt bitte die beiden Adressen!" Kate buchstabierte ihnen nun zwei Adressen in Dublin durch. Dann sank sie erschöpft in ihr Bett zurück, und schlief ein. Dr. Nesemann nahm ihr sanft das Handy aus der Hand und deckte sie nachdenklich geworden wieder zu.

Helgoland, Kleines Konferenzzimmer des Nordseehotels, 9.15h

Alle atmeten auf. „Endlich eine gute Nachricht. Denn wenn sie gesteht, sind wir aus dem Schneider!" sagte Ian Bannister. „Gut, planen wir eine Pressekonferenz für 12.00h mittags an Ihrem Bett. Könnten Sie das organisieren?" fragte der Ministerpräsident jetzt Dr. Theißing. Dieser nickte nur. „Das wird die Sensation! Es hat meinem Wissen nach noch nie einen Terroristen gegeben, der so was macht. Mut hat sie ja, das muss man ihr wirklich lassen!" „Ich werde jetzt in Dublin anrufen", sagte Ian Bannister, „die irischen Verhörexperten sind ja sowieso schon auf dem Weg zu uns. Vielleicht gibt es ja ein Zeugenschutzprogramm oder so etwas, dann kriegen wir diese Brut von der IRA endlich ganz ausgerottet. Ach, da fällt mir noch etwas ein: Hat meine Frau sich hier gemeldet? Immerhin ist sie gerade in Dublin! Ich werde den Innenminister der Republik Irland gleich darum bitten, sie unter Personenschutz zu stellen. Man kann ja nie wissen!" Keiner der Anwesenden ahnte, dass es dafür längst zu spät war. Dr. Ito erhob sich und eilte zu Dr. Nesemann.

Dublin, ein konspiratives Apartment, mitten in der City, 10.23h

Andrea O´Leary fühlte sich nicht mehr so behaglich, wie am Beginn ihrer Gefangenschaft, denn da sie gerade die neusten Nachrichten aus Helgoland gesehen hatte, begriff sie, dass sie in großer Gefahr sein konnte. Denn immerhin kannte sie jetzt zwei konspirative Verstecke der IRA in Dublin und konnte auch drei oder vier Aktivisten wiedererkennen. Je nachdem, wie hoch diese in den Rängen der IRA standen, konnte sie so zu einem Sicherheitsrisiko für die Aktivisten werden. Sie überlegte, selber abzuhauen, aber dann wäre sie sofort ein legitimes Ziel für die Terroristen geworden. Die beiden Typen, die sie bewachten hießen Larry und Brian, eigentlich zwei ganz nette Typen, die für sie Kaffee kochten und einkaufen gingen. Die beiden schienen nicht besonders hell zu sein, doch der erste Eindruck konnte ja auch täuschen. Sie wusste, dass sie gegen die beiden im Ernstfall nicht den Hauch einer Chance haben würde. Denn nicht umsonst hatten die beiden ihr grinsend die Narben an Armen und Beinen gezeigt, die sie sich beim Nahkampf im Laufe ihrer Tätigkeiten zugezogen hatten. Sie sah gelangweilt aus dem Fenster. Ein trister verlassener Hinterhof, in dem Kinder mit einem kleinen Shetland-Pony spielten. Da hätte sie jetzt auch gerne mitgemacht, aber sie durfte ja nicht raus. Da fiel ihr plötzlich etwas an der friedlichen Szene auf, doch sie ließ es sich nicht anmerken. Sie nippte gerade gedankenverloren an ihrem Kaffee, als Brian ohne Vorwarnung zu ihr sagte: „Andrea O´Leary, der Boss hat gerade angerufen. Es gibt jetzt für Dich zwei Möglichkeiten: Entweder, Du leistest noch heute den Treueid auf die New Revenge Irish Republican Army, oder wir müssen Dich aus Sicherheitsgründen leider beseitigen. Du hast Zeit bis 12.00h mittags. Wenn Du den Eid nicht leisten möchtest oder kannst, hat der Chef Dir immerhin einen schnellen schmerzlosen Tod zugesichert. Also überlege es Dir gut!" Andrea O´Leary war entsetzt, hatte aber etwas Ähnliches bereits erwartet. Shit! Das hatte sie nun von Ihrer Kooperation. Wenn sie den Eid leistete, dann würde auch sie im Untergrund leben müssen. So oder so: Egal, wie sie sich entschied: Sie verlor in jedem Falle ihr Leben!

Helgoland, Krankenzimmer bei Dr. Nesemann, 09.30h

Dr. Fuyisho Ito hatte es noch nie so eilig gehabt, zum Arzt zu kommen. Dr. Nesemann empfing ihn in seinem Sprechzimmer. „Sie hat mir alles von ihrer kleinen Affäre gesagt, Kollege. Sie wollte, dass ich darüber schweige, und das werde ich selbstverständlich nach außen hin auch tun. Aber ich dachte mir, Sie sollten es wenigstens wissen, dass Sie es mir gesagt hat." „Wann kann ich zu ihr? Ich muss dringend mit ihr reden?" wollte Dr. Ito wissen. „Sie schläft jetzt, im Moment sehe ich es noch nicht, dass sie nachher eine Pressekonferenz durchhält. Aus medizinischer Sicht würde ich daher vorschlagen, dass die Konferenz nur solange geht, wie sie durchhält." „Ich muss unbedingt vorher mit ihr sprechen, ich muss da noch etwas Wichtiges klären, nicht dass sie vor laufenden Kameras über unser Verhältnis spricht, oder so etwas. Sie scheint nämlich emotional nicht gerade stabil zu sein!" „Keine Sorge, ich denke schon, dass Sie noch vor der Konferenz mit ihr reden können. Bedeutet sie Ihnen denn etwas?" fragte Dr. Nesemann ahnungsvoll. „Ich glaube, ich bin in sie verliebt. Ja ich weiß, das klingt jetzt komisch, aber sie bringt in mir etwas in Wallung, was ich rational nicht erklären kann. Ich würde sie gerne aus dem Sumpf rausholen, in dem sie steckt, sehen Sie da eine Chance?" „Nun, ich denke, wir werden erst ihr Geständnis und ihre weiteren Vernehmungen abwarten müssen; sicherlich sind die irischen Vernehmungsspezialisten schon auf dem Weg zu uns. Vielleicht gibt es für sie ein Zeugenschutzprogramm oder ähnliches. Wir werden es sehen. Außerdem wissen wir es ja noch nicht, ob sie wirklich Reue zeigt oder uns das nur vorspielt. Gerade wegen ihres Schauspieltalentes ist sie so gefährlich." Beide schwiegen nachdenklich. Da klopfte der Polizist an der Tür. „Sie ist gerade aufgewacht und verlangt nach Ihnen!" Dabei sah er Dr. Ito an. Dieser folgte ihm ins Nebenzimmer an das Bett der Schwerverletzten. Sie hatte Tränen in den Augen, als sie ihn ansah, doch sie hielt seinem forschenden Blick stand. Dann baten sie beide den Polizisten, sie allein zu lassen, was dieser auch tat. Er begann: „Was ich nicht verstehe ist eines: Wieso hattest Du Deine Reizwäsche an, als Du bei Ian Bannister reinmarschiert bist?" „Ach Fuji, das waren rein pragmatische Gründe. Zum Zimmer der Özdemir bin im Trenchcoat marschiert. Dann bekam sie von mir was auf die Glocke, und ich ließ den Trenchcoat in ihrem Zimmer liegen. Die Sachen hatte ich aus zwei Gründen an: Nämlich einmal für den Fall, dass mich ein Gast auf dem Weg von Aisches in Ians Zimmer gesehen hätte. Der hätte sich dann seinen Teil gedacht, aber niemand holt Hilfe, wenn eine Nutte ein Zimmer betritt, oder?" „Gut, und Grund Nummer Zwei?" wollte er wissen. „Ich wollte Ian verwirren. Nichts erstickt die Gegenwehr eines Mannes so schnell wie eine wenig bekleidete Frau. Oder würdest Du so eine Frau angreifen?" „Das war ganz schön schlau von Dir, jetzt verstehe ich einiges! Und warum hast Du mich gestern verführt? Gehörte das auch zu Deinem Plan? Hast Du es aus Berechnung getan?" Jetzt traten ihr Tränen in die Augen. „Aber nein, ich habe mich irgendwie in Dich verliebt. Du hast mir plötzlich einfach so etwas gegeben, was ich seit Jahren nicht mehr hatte!" Sie schluchzte auf, und er merkte, dass ihre Tränen echt waren. „Komm bitte näher, ich muss Dir was ins Ohr flüstern", sagte sie. Vorsichtig trat er näher. „Du brauchst keine Angst mehr vor mir zu haben, sieh mich doch an! Mein ganzer Körper scheint aus schmerzenden Wunden zu bestehen, aber ich vergesse das sofort wieder, wenn ich Dich nur ansehe. Sie haben mir übrigens die rechte Hand ans Bett gekettet" – sie zeigte ihm jetzt eine Handschelle an ihrem Handgelenk – „als ob ich mit meinen Verletzungen abhauen könnte!" Er beugte sich vorsichtig und langsam zu ihr hinunter und sie flüsterte in sein Ohr: „Ich liebe Dich, nur Dich! Ich würde Dich sofort heiraten, wenn ich nur könnte. Aber wahrscheinlich werden sie mich für den Rest meines Lebens ins Gefängnis stecken. Und ich habe es weiß Gott auch verdient!" Sie versuchte, ihn zu küssen. Er hielt ihr seine Wange hin, er spürte ihre Tränen an seiner Haut. Er nahm ihre Hand und saß neben ihr. Und dann beichtete sie ihm ihr Leben. Als sie fertig war, schwiegen sie beide eine Weile, dann sagte sie: „Ich musste es schon mal üben, für nachher. Kannst Du dabei meine Hand halten? Dass würde mir Kraft geben." „Ich fürchte, dass das vor den laufenden Kameras nicht gut wäre, doch ich mache Dir einen anderen Vorschlag. Ich halte die Kamera, dann hast Du das Gefühl, zu mir zu sprechen und Du wirst etwas ruhiger. Ich möchte gerne dabei helfen, dass die Welt die wahre Kathrin Nightingale kennen lernt." „Danke, Fuji", flüsterte sie und schlief wieder ein. Er blieb bis zur Pressekonferenz an ihrem Bett sitzen und hielt die ganze Zeit ihre verschwitzte klebrige Hand. Ihre Geschichte sollte nicht nur bekannt werden, sie sollte noch hohe Wellen schlagen. Sie würde die Welt erschüttern. Aber auf ganz andere Weise, als das bisher der Fall gewesen war.

Dublin, ein konspiratives Apartment, mitten in der City, 11.52h

„Noch acht Minuten", stellte Brian lakonisch fest. „Wie werdet Ihr mich denn töten, wenn ich den Eid nicht leiste?" wollte Andrea O´Leary jetzt wissen. „Ich meine, dass ich als Delinquentin ein Recht darauf habe, es zu erfahren, damit ich mich darauf vorbereiten kann. Meinen letzten Willen habe ich bereits geschrieben, der Zettel liegt da drüben auf dem Tisch. Ich nehme an, die IRA leitet das Papier wenigstens weiter?" „Noch sieben Minuten zu leben, falls dass Deine Entscheidung war", stellte jetzt Larry gleichgültig fest. Dann holte er spielerisch sein Butterflymesser aus der Jackentasche, um sich damit die Nägel zu reinigen. Plötzlich sah Brian ihn scharf an und sagte: "Was bist Du doch für ein verdammter Blödmann. Der Boss hat ausdrücklich gesagt, dass wir ihr keine Angst machen sollen!" Dann wandte er sich um zu Andrea O´Leary und sagte mit einer beruhigenden Stimme: „Wir werden es Dir nicht verraten, es wird aber plötzlich, schmerzlos und überraschend kommen. Und vollkommen unblutig. Du wirst nicht leiden. Versprochen. Oder sehe ich etwa aus wie ein Unmensch? Nur Barbaren stechen Frauen mit Messern ab, Barbaren und Idioten!" Dabei sah er Larry wütend an. Dieser steckte jetzt sein Messer ein. „Was hat sie eigentlich auf den Zettel geschrieben?" wollte jetzt Larry wissen, um von sich etwas abzulenken. „Nur zu, sagte Andrea, lies es Dir gut durch und gib es dann Brian." „Noch drei Minuten", sagte dieser. Larry las den Zettel, der überschrieben war mit den Worten „Mein letzter Wille". Dann wurde er plötzlich aschfahl im Gesicht und reichte den Zettel an Brian weiter. Dieser las ihn jetzt laut vor: „Mein letzter Wille. Übrigens, nur zu Eurer Information, ihr Schwachmaten und Superkiller. Der gesamte Häuserblock ist umstellt von Bullen. An Eurer Stelle würde ich die Hände über dem Kopf zusammenlegen und mich gut sichtbar ans Fenster stellen, weil ein Scharfschütze Euch bereits seit zehn Minuten im Visier hat. Guckt mal kurz nach oben, dann könnte ihr da so einen roten Punkt eines Lasersuchers an der Wand sehen. Gez. Andrea O´Leary, im Vollbesitz ihrer geistigen Kräfte." Beide starrten an die Wand und sahen den roten Punkt. Sie hoben die Hände, legten diese auf den Kopf und traten ans Fenster, um ihre Friedfertigkeit zu demonstrieren. Währenddessen erhob sich Andrea O´Leary seelenruhig vom Küchenstuhl und ließ die Beamten des Anti-Terror Kommandos in die Wohnung, die bereits völlig lautlos bis zur Wohnungstür gekommen waren. Die Uhr zeigte exakt die aktuelle Zeit an. Genau 12.00h mittags.

Helgoland, Krankenzimmer bei Dr. Nesemann, 12.00h

Dr. Fuyisho Ito hielt jetzt die Kamera, und Karin Nightingale begann zu sprechen. Sie gestand alle Verbrechen, welche sie auf Helgoland begangen hatte, öffentlich ein. Sie tat das sogar zweisprachig, abwechselnd deutsch und englisch, damit das Geständnis sowohl im deutschen, als auch im englischsprachigen Fernsehen gesendet werden konnte. Als sie alles öffentlich zugegeben hatte, richtete sie noch einige Worte an ihre letzten Opfer: „Lieber Kai Ahrens, es ist furchtbar, was ich Dir in meiner Verblendung angetan habe und ich denke dauernd an Deine arme Mutter. Ich wünschte, ich könnte sie wieder lebendig machen, doch wir beide wissen, dass das nicht mehr geht. Wenn ich mein Leben geben könnte, damit sie wieder lebt, so würde ich das tun, bitte glaub mir das. Ich weiß es aus eigener Erfahrung, wie schlimm der Verlust ist, unter dem Du jetzt leiden musst. Wenn ich irgendetwas für Dich tun kann, dann sag es mir bitte, ich werde alles geben, was ich habe und alles tun, was ich kann, damit Du, kleiner Kai, eines Tages wieder lächeln kannst." Sie schluchzte auf, dann fuhr sie fort: „Und nun zu Ihnen, Frau Özdemir: Ich habe Sie brutal zusammengeschlagen und in Todesangst versetzt. Auch habe ich Ihre Nationalität beleidigt und Sie als Person entwürdigt. Es tut mir aufrichtig leid, ich hoffe, Sie können es mir eines Tages verzeihen. Und ich hoffe auch, dass Sie eines Tages keine Angst mehr haben werden, wenn wir uns treffen sollten. Und abschließend möchte ich mich noch bei Ian Bannister entschuldigen, der sich als ein Regent erwiesen hat, der seines Postens wirklich würdig ist. Ich habe ihn verängstigt und gequält, ich entschuldige mich auch dafür. Es tut mir sehr leid, ich hoffe, dass ich eine Chance bekomme, dies alles eines Tages wieder gut zu machen, auch wenn ich jetzt schon weiß, dass das schwierig sein wird. Und dann möchte ich mich noch bei allen Menschen entschuldigen die ich in irgendeiner Weise getäuscht, belogen oder gedemütigt habe. Was auch die drei Schläger mit einschließt, die ich erst vor kurzem in Dublin krankenhausreif geprügelt habe. Ich wende mich jetzt an Sie, liebe Zuschauer, vor allem aber an die Iren unter ihnen: Sehen Sie mich an, ich werde nie wieder richtig laufen können und für den Rest meines Lebens verkrüppelt sein. Aber wenn es nur bei einem von Ihnen die Erkenntnis bewirkt hätte, dass man mit Gewalt kein Problem lösen kann, dann wäre es das wert gewesen. Ich bedanke mich für Ihr Zuschauen und wünsche Ihnen alles Gute für eine gewaltfreie Zukunft, da wo Sie gerade leben." Kathrin Nightingale sank jetzt erschöpft in ihre Kissen zurück, Dr. Ito filmte noch ihren ganzen geschundenen Körper in einer eindrucksvollen Ganzaufnahme und richtete die Kamera dann auf den Kommentator von Irish Press. Dieser fasste nun „das Wunder von Helgoland", wie er es in eigenen Worten nannte, nochmals in einem eigenen Kommentar zusammen. Dann war die Sendung vorbei. Alle, die dabeigestanden hatten, waren zutiefst angerührt von den Worten der reuigen Terroristin. Danach gingen alle mit Ausnahme ihrer Opfer nach draußen, und Kathrin Nightingale winkte diese zu sich heran. Nacheinander nahm sie nun Aische Özdemir, Ian Bannister und auch Fuyisho Ito in den Arm, indem sie ihnen den gesunden linken Arm um den Hals legte, und sie kurz und herzlich an sich drückte. Alle Beteiligten hatten Tränen in den Augen, dann fragte Kathrin Nightingale: „War das jetzt so in Ordnung?" Ian Bannister antwortete ihr, stellvertretend für die anderen: „Sie haben etwas getan, was vor Ihnen noch kein Mensch in Irland fertiggebracht hat. Ich denke, das wird so schnell niemand vergessen. Und ich glaube, Sie haben mit diesen paar Worten mehr für Irland getan, als Sie das mit ihren Bomben und Waffen je erreicht hätten!" Kate lächelte traurig, dann schlief sie vor Erschöpfung einfach ein. Sie hatte wirklich alles gegeben. Verdiente sie eine zweite Chance?

Dublin, ein Zimmer im städtischen Krankenhaus, 12.30h
Ryan, der Schläger, dem Ruth alias Kate Nightingale den Kiefer zweifach gebrochen hatte, und der jetzt ein dick geschwollenes Knie hatte, hatte gerade Besuch von seinen zwei Kumpeln bekommen, die zwar auch Verbände trugen, aber bereits ambulant weiter behandelt werden konnten. Denn Kate hatte sie zwar mit dem Butterflymesser

traktiert, aber darauf geachtet, ihnen das Messer nicht zu tief ins Fleisch zu treiben. Der Arzt hatte jedenfalls gesagt, dass das sehr ungewöhnlich war. Nach der Ursache ihrer Verletzungen gefragt, hatten sie der Polizei gesagt, dass es sich um eine Rivalität unter Straßengangs gehandelt habe, womit diese auch zufrieden gewesen war. Als sie nun die Fernsehberichte von Helgoland sahen, lief ihnen noch im Nachhinein ein Schauder über den Rücken. Dann sagte der große rothaarige Ron, der auch der Anführer des Trios war: „Wenn das so ist, dann können wir ja wirklich froh sein, dass sie uns nicht gekillt hat. Aber ich finde, wir sollten jetzt der Polizei die Wahrheit sagen. Hey Leute, wir sind jetzt waschechte Terroropfer, ganz offiziell!" Ryan grunzte nur zustimmend, denn reden konnte er nicht mehr. „Die muss echt Nerven wie Drahtseile haben", meinte jetzt der dritte Straßenschläger, „denn, wenn sie in einem irischen Knast landet oder irgendwo der IRA in die Hände fällt, kann sie ihr letztes Gebet sprechen. Geschieht ihr Recht!" Alle nickten zufrieden. Da hatte es jetzt endlich mal die Richtige erwischt! Ron zog sein Handy aus der Tasche und wählte die Nummer der Dubliner City-Police.

Hannover, Wohnung von Angela Isselmann, 12.30h

Auch Angela Isselmann hatte den Fernsehbericht mit dem Geständnis der reuigen Terroristin gesehen. Sie fühlte sich sterbenselend. Irene Ito war nicht mehr erreichbar, und in einer Stunde würde die Schicht ihres Mannes Werner beginnen. Eine Schicht, die er niemals mehr antreten würde. Sie sah ein, dass auch sie Ihr Verbrechen gestehen musste, denn so würde sie nicht weiterleben können. Das Problem dabei war, dass jedes Geständnis ihre Komplizin ebenso belastete. Und wie sollte sie das, was sie getan hatten, gestehen? Vor laufenden Kameras sicherlich nicht. Das war schon wirklich verrückt: Der Mann von Irene war auf Helgoland zum Nationalhelden aufgestiegen, während seine Noch-Ehefrau zuhause ein Mordkomplott beging. Ja, das war es gewesen: Ein Komplott! Nachdem sie lange mit sich gerungen hatte, traf sie eine Entscheidung. Sie setzte sich an ihren Computer und tippte ein schriftliches Geständnis. Wenigstens die Polizei und seine Kollegen sollten erfahren, was mit Werner Isselmann passiert war. Sie schilderte die gesamte Vorgeschichte, danach, wie sie das Komplott verabredet hatten und abschließend, wie es ausgegangen war. Sie beschrieb in Andeutungen, was sie mit der Leiche gemacht hatten und schrieb zum Schluss, dass sie die beiden Koffer mit den Überresten ihres Mannes, mit dem sie immerhin fünf Jahre verheiratet gewesen war, irgendwo in einen Graben geworfen habe. Wo sich Irene zurzeit aufhalte wisse sie nicht, nur dass diese schwanger sei. Sie setzte ihre elektronische Unterschrift unter das E-Mail, das sie direkt an Werners Kollegen adressiert hatte, zögerte noch einen Moment, las sich nochmals alles durch und versandte dann das Mail. Danach fühlte sie sich erleichtert; es war ihr, als fielen schwere Gewichte von ihr ab. Dann ging sie hinauf in den ersten Stock, legte sich auf ihr Ehebett, welches ihr nun zu groß für sich selbst vorkam und schnitt sich die Pulsadern auf. Sie spürte überraschend wenig Schmerzen, da sie vorher mehrere Valium Tabletten genommen hatte. Langsam wurde sie schwächer. Der Wille zu leben kroch aus ihrem erschlaffenden zierlichen Körper.

Helgoland, Krankenzimmer von Kathrin Nightingale/Praxis von Dr. Nesemann, 12.45h

Dr. Ito betrachtete sehr nachdenklich die jetzt schlafende Kathrin Nightingale. Insgesamt gesehen sah sie furchtbar aus, obwohl sie eigentlich ein sehr hübsches Gesicht hatte. Dann schrieb er eine kurze Notiz in seiner zierlichen Handschrift auf einen kleinen Zettel, und legte ihr diesen auf ihre Bettdecke. Er drückte ihre gesunde linke Hand und ging nach draußen an die frische Luft, wo ihn die Reporter sofort umlagerten.

„Dr. Ito, was hat sie Ihnen noch gesagt?" „Dr. Ito, ist es wahr, dass Sie in einer Beziehung mit der Terroristin stehen?" „Dr. Ito, halten Sie die Reue der Frau für echt?" Dr. Ito blickte etwas gequält in die Kameras, dann entgegnete er: „Ladies and Gentlemen, entschuldigen Sie mich bitte, aber ich bin zurzeit einfach sehr übermüdet. Ich kann Ihre Fragen deshalb noch nicht beantworten, so gerne ich das täte. Das hat mich alles sehr mitgenommen. Ich bitte Sie! Bitte gönnen Sie mir und sich allen doch mal eine kurze Pause. Zurzeit ist das alles einfach zu viel für mich!" Dann ging er wieder in die Praxis, wo die Arzthelferin ihm unaufgefordert einen Kaffee brachte. Dr. Nesemann trat ihm entgegen und winkte ihn in sein Sprechzimmer. „Na da haben Sie sich ja was Hübsches angelacht", sagte er. Dr. Ito antwortete mit einer Frage: „Meinen Sie, dass das vorhin echte Reue war, oder hat sie da nur eine große Show für das Fernsehen abgezogen? Ich meine, es gibt ja auch Leute, die sich gerne selbst reden hören und alles nur inszeniert haben." „Ich bin ein wirklich skeptischer Mensch, doch ich glaube ihr. Sie hat sich völlig verausgabt. Für ihren Zustand war das eigentlich eine unmögliche Leistung, allerdings habe ich ihr auch eine doppelte Dosis Vitamin C mit in den Venentropf getan. Können Sie die Reporter draußen nicht mal fragen, was aus der echten Andrea O´Leary geworden ist? Vielleicht gibt es ja schon etwas Neues?" In diesem Moment klopfte die Arzthelferin und stürmte ins Zimmer. „Sie haben sie, sie ist wohlauf und wird jetzt von der Polizei in Dublin verhört. Es kam eben als Eilmeldung im Radio. Außerdem haben sie auch einige weitere Terroristen geschnappt. Unsere Kathrin hat Andrea O´Leary das Leben gerettet!" Dr. Nesemann und Dr. Ito bedankten sich gerade für die Information, als das Telefon klingelte. Dr. Nesemann meldete sich und gab den Hörer an Dr. Ito weiter: „Die Kriminalpolizei in Hannover!" „Ja, hier Ito, worum geht es denn?" Am anderen Ende meldete sich eine Stimme: „Dr. Ito, wir haben soeben per E-Mail einige Informationen erhalten, nach denen Ihre Ehefrau Irene in ein Verbrechen verwickelt sein soll. Sie soll gemeinschaftlich mit ihrer Freundin Angela Isselmann unseren Kollegen Werner Isselmann getötet und die Leiche beseitigt haben. Wissen Sie, wo sich ihre Frau aufhalten könnte? Wären Sie dazu bereit, uns Zutritt zu Ihrer Wohnung in Hannover zu gewähren, damit wir die Ermittlungen aufnehmen können, oder müssen wir uns dafür einen richterlichen Durchsuchungsbeschluss besorgen? Das Verbrechen soll nämlich in ihrer Wohnung verübt worden sein, uns liegt ein Geständnis per E-Mail von Angela Isselmann vor." „Mein Gott, was hat sie nur getrieben, als ich nicht da war? Mein letzter Stand ist der, dass sie mich zuhause rausgeworfen hat, weil sie ein Verhältnis hatte. Sie hatte mir alle meine Sachen vor die Tür gestellt, der Vorgang müsste beim 4. Polizeirevier eigentlich aktenkundig sein." „Das ist korrekt, die Akten haben wir schon gesehen. Nochmals meine Frage: Werden Sie mit uns kooperieren, damit wir die Wohnung durchsuchen können? Werden Sie uns umgehend informieren, falls Ihre Ehefrau wieder auftaucht oder sich meldet?" „Bitte, durchsuchen Sie alles, aber ich weiß es wirklich nicht, wo sie sein könnte. Auch kann ich leider aus beruflichen Gründen nicht nach Hannover kommen; Sie kennen ja sicher die Medienberichte." „Danke, Dr. Ito, vielen Dank. Sie sind ja jetzt so eine Art Nationalheld in Niedersachsen geworden, wussten Sie das schon? Wir werden deshalb diese Angelegenheit mit absoluter Diskretion handhaben, darauf können Sie sich verlassen!" „Ist gut, sagen Sie mir bitte nur nochmals, mit wem ich gerade gesprochen habe?" „Ich bin Oberkommissarin Regina Neufelder. Ich werde Ihnen in Kürze ein Mail mit meinen Telefonnummern schicken. Ach, da wäre noch was: Haben Sie vielleicht einem Nachbarn oder Hausmeister Schlüssel zu ihrem Apartment gegeben?" „Bedaure, leider nicht. Außerdem hat Irene die Schlösser auswechseln lassen, so dass ich keinen passenden Schlüssel mehr habe." Die Oberkommissarin beendete das Gespräch. Dr. Ito wandte sich zu Dr. Nesemann:

„Ich kann es noch immer nicht glauben! Meine Noch-Ehefrau Irene soll in unserem Apartment, aus dem sie mich vor ein paar Tagen rausgeschmissen hat, gemeinsam mit einer anderen Frau einen Polizisten umgebracht haben. Wahrscheinlich sogar ihren Liebhaber! In unserer Wohnung! Angeblich hat die andere Frau alles gestanden!" Dr. Ito biss sich auf die Lippe. „Habe ich jetzt einen notorischen Hang zu kriminellen Frauen? Bin ich am Ende auch noch ein Psychopath? Ich drehe hier bald durch!" Dr. Nesemann stand auf, ging um seinen Schreibtisch und legte Dr. Ito väterlich die Hand auf die Schulter: „Lieber Kollege, die Wege Gottes mit uns sind manchmal nicht zu verstehen, glauben Sie mir, ich habe schon viel gesehen! Nein, Sie sind nicht verrückt. Ich glaube eher, dass der liebe Gott noch einiges mit Ihnen vorhat. Betrachten Sie es doch einfach als eine Prüfung, so wie andere auch. Bis jetzt haben Sie sich doch mit Bravour geschlagen, ich denke, dass Sie ein wirklicher Held sind!" „Darf ich mich noch ein bisschen zu Kathrin setzen?" fragte Dr. Ito. „Es ist irgendwie seltsam, aber sie kommt mir so vertraut vor, so als wenn ich sie schon ewig kennen würde! Ich könnte sie stundenlang einfach nur anschauen, egal wie sie gerade aussieht, können Sie das verstehen?" „Ja, das kann ich gut. Es ist die Macht der Liebe, der wir uns nicht entziehen können. Gehen Sie ruhig und holen Sie mich sofort, wenn Miss Nightingale etwas braucht." Dr. Ito bedankte sich, und begab sich nunmehr völlig verwirrt in das Krankenzimmer, inzwischen war es schon halb zwei geworden. Kate war wach, hatte einen kleinen Schluck getrunken und dann den Zettel gefunden. Sie strahlte ihn an, als sie ihn sah, der Polizist war gegangen und machte irgendwo auf der Insel seine Mittagspause. Auf dem Zettel hatte er geschrieben: „Liebe Andrea, ich meine natürlich Kathrin! Wenn Du schläfst, dann ist das ein Anblick, an dem ich mich nicht mehr satt sehen kann. Für mich bist Du die schönste Frau im ganzen Universum, selbst wenn Du Dein Bein doch noch verlieren solltest, was ich nicht hoffen will. Es ist mir egal, ob Du ins Gefängnis musst oder nicht. Ich werde Dich trotzdem lieben. Dein Fuji." Doch das erste, nachdem sie sich jetzt bei ihm erkundigte, war der Verbleib von Andrea O´Leary. „Sie haben sie gerettet und einige IRA Terroristen verhaftet. Die Polizei in Dublin verhört sie gerade", sagte er. „Gepriesen sei Ian Bannister!" rief sie nun, und meinte es auch wirklich so. Doch sie hatte seinen bedrückten Gesichtsausdruck gesehen und fragte ihn nach dem Grund. „Meine Noch-Ehefrau Irene soll gemeinsam mit einer anderen Frau in unserer Wohnung in Hannover einen Polizisten getötet haben. Die Kripo rief mich vorhin hier an, sie baten mich um die Genehmigung einer Hausdurchsuchung. Ich habe wirklich eine Krise, Kathrin, denn langsam frage ich mich, ob ich einen psychotischen Drang zu kriminellen und gewalttätigen Frauen habe. Ich bin noch völlig fertig von dem Anruf!" „Mein Gott Fuji, das tut mir wirklich leid! Bitte sieh mich nicht so an! Ich bin ja, wie Du jetzt weißt, keine gewöhnliche Kriminelle. Alles, was ich getan habe, habe ich getan, weil ich glaubte, dass höhere Ziele mich dazu legitimierten. Ich hätte niemals aus Spaß oder Rachsucht jemand anderem Leid zugefügt. Und sogar die drei Schläger, die ich neulich in Dublin krankenhausreif geschlagen habe, habe ich nicht getötet oder lebensgefährlich verletzt, obwohl ich das sehr leicht hätte tun können. Ich hätte sogar alle drei erschießen können. Ich habe es nicht nur nicht getan, sondern ich habe ihnen sogar noch einen Krankenwagen gerufen. Ich weiß jetzt, dass Gewalt keine echte Lösung für Konflikte ist, aber ich spüre immer noch diesen alten Drang in mir, verstehst Du das? Im Grunde war ich eigentlich immer eine biedere gut bürgerliche Frau, bis mein Leben durch eine Bombe zerstört wurde. Es scheint eine echte Ironie des Schicksals zu sein, dass eine weitere Bombe und meine Verletzungen mich wieder auf den Pfad der Tugend gerufen haben. Ich ertappe mich ständig dabei, wie ich in meinen Gedanken immer wieder in die rassistischen Denkmuster der IRA-Doktrin zurückfalle, doch ich will nicht mehr so weiterleben. Ich kann das nicht alleine, Du musst mir dabei helfen.“ Sie sah ihn flehend an. „Kathrin, ich muss Dir ehrlich sagen, dass mich das alles komplett überfordert. Wahrscheinlich würde ich alles tun, um Dir zu helfen, aber ich denke, dass Du noch sehr viel professionellere Hilfe als die meine brauchst, um aus dem IRA-Sumpf wieder rauszukommen. Bitte gib mir, nein gib uns beiden etwas Zeit, um alles zu überdenken. Darf ich Dich zum Abschluss noch etwas Profanes fragen?“ „Bitte, nur zu!“ sagte sie. „Wirst Du eigentlich gegen mich Schadensersatzforderungen stellen, weil ich Dich so schwer verletzt habe? Weißt Du, ich bin noch nie mit einem Samurai-Schwert auf irgendjemanden losgegangen, es geschah alles aus einer Improvisation heraus, weil ich gerade nichts anderes zur Hand hatte.“ Sie lächelte ihn nur an, dann sagte sie: „Nein, ich werde keine Forderungen stellen, denn ich selbst habe ja diese ganze Situation verschuldet.“ Dann musste sie weinen, er gab ihr ein Taschentuch. Als sie sich wieder gefangen hatte, sagte sie: „Du Fuji, ich habe jetzt auch etwas ganz Profanes: Hunger! Könntest Du mir vielleicht irgendetwas besorgen, und mir beim Essen helfen? Ich bin nun mal Rechtshänderin, kann aber meine rechte Hand nicht gebrauchen. Alleine kann ich wahrscheinlich nicht mal eine Suppe essen!“ „Ist gut, das mache ich“, sagte er, ging kurz raus und fragte die Arzthelferin. Diese rief kurz im Nordseehotel an, und ein Menü wurde an die Praxis ausgeliefert. Als das Essen da war, half er ihr beim Essen, so gut es eben ging. Erst versuchte sie es alleine, dann gab sie es jedoch auf, da sie nicht genug Kraft hatte, eine Gabel zum Mund zu führen. So musste er sie füttern, wobei die Arzthelferin ihr einen Latz umgebunden hatte, auf den nun einiges danebenfiel. Gemeinsam lachten sie über ihr Ungeschick. Danach fragte er sie, was er jetzt der Presse wegen ihres Verhältnisses sagen sollte. „Das ist doch ganz einfach, sag Ihnen die Wahrheit, und nichts als die Wahrheit. Ich kann es mir nicht mehr leisten, irgendjemanden zu belügen oder zu täuschen. Am besten wäre es, Du sagst es ihnen gleich, wenn Du raus gehst. Ich denke, das würde vieles vereinfachen.“ In diesem Moment ging die Tür auf, und zwei Frauen in Zivil und ein Mann in einem dunklen Anzug traten ein. „Guten Tag, ich nehme an, Sie sind Dr. Ito, und Sie sind Miss Kathrin Nightingale?“ sagte der Mann im Anzug, und gab beiden die Hände. Die Frauen begrüßten sie auch mit Handschlag. „Ich darf uns kurz vorstellen: Ich bin Sonderermittler Agent Edward Terry vom Irish Intelligence Service, meine beiden Kolleginnen heißen Lissy O`Connor und Sandra Miller. Dr. Ito, ich muss Sie leider darum bitten, uns jetzt mit Miss Nightingale alleine zu lassen. Bitte glauben Sie mir, dass ist sowohl zu Ihrem als auch zu unserem Besten. Meine Kollegin Sandra Miller wird Sie hinausbegleiten und Ihnen noch einige wichtige Informationen zu unserer Arbeit geben, sie hat sich extra für Sie und auf Sie vorbereitet, Sie werden staunen!“ Sichtlich verblüfft verabschiedete er sich jetzt von Kathrin, dann nahm Sandra Miller ihn sanft aber bestimmt an die Hand und führte ihn nach draußen. Dann erklärte sie ihm Einiges, das sein Leben radikaler verändern sollte, als er es je für möglich gehalten hätte.

Hannover, Wohnung von Angela Isselmann, 13.43h

Ein Streifenwagen war sofort zu ihrer Wohnung aufgebrochen, nachdem Werners Kollegen ihr E-Mail gelesen hatten. Als auf das Klingeln niemand zur Tür kam, schlug ein Polizist eine kleine Scheibe in der Eingangstür ein, rief: „Gefahr im Verzug!“ und stürmte zusammen mit seiner Kollegin ins Haus. Schon nach einer Minute hatten sie die bewusstlose und nicht mehr ansprechbare Angela Isselmann auf ihrem Bett gefunden. Zum Glück hatte sie die Pulsadern nur quer und nicht längs aufgeschnitten, so dass sie ihr schnell die Arme abbinden konnten. Dann riefen sie einen Krankenwagen, in dem die junge Beamtin mitfuhr. Durch die sofortigen Infusionen stabilisierte sich der

Kreislauf von Angela Isselmann wieder. Sie würde es schaffen. Aber würde sie wirklich weiterleben können?

Helgoland, Krankenzimmer von Kathrin Nightingale/Praxis von Dr. Nesemann, 15.05h
Edward Terry war ein mittelgroßer Mann, schlank und blond mit grauen Strähnen im Haar, welches seinen Kopf nur noch zur Hälfte bedeckte. Sein Vollbart war kurz getrimmt, und er machte einen sauberen und gepflegten Eindruck. Sein Kollegin Lissy O`Connor hatte rote Haare und grüne Augen. Sie war etwa einen Kopf kleiner als ihr Kollege, hatte fein geschnittene Gesichtszüge und trug ein Business-Kostüm für Damen mit dezentem Goldschmuck. Nur wenn man genau hinsah, konnte man den Schimmer einer langen dünnen Narbe sehen, die von ihrem Hals zu ihrer Brust lief und dort auch tatsächlich endete. Sie lächelte wissend, dann nickte sie ihrem Kollegen Edward Terry zu. Dieser hielt plötzlich eine kleine Pistole in der Hand, mit der er auf das linke Auge der erschrocken dreinblickenden Kathrin Nightingale zielte. Dann sagte er in akzentfreiem Deutsch: „Ich habe Sie vorhin leider belogen, Miss Nightingale. Mein Name ist in Wirklichkeit Sascha Ahrens, und das hier ist meine Lebensgefährtin Jessica. Die andere Frau, die Sie vorhin gesehen haben, sollte lediglich dafür sorgen, dass uns hier niemand stört. Ist auch besser, wenn der rechtschaffene Dr. Ito es nicht mit ansehen muss, wie seine innig geliebte Mörderin stirbt. Die irischen Ermittler sind noch gar nicht da! Sie haben meinem Sohn das Wichtigste genommen, was er auf dieser Welt hatte. Ich wollte nur, dass Sie es wissen, warum Sie jetzt sterben müssen, bevor ich gleich abdrücke. Haben Sie dazu noch etwas zu sagen?"

Helgoland, Sprechzimmer in der Praxis Dr. Nesemanns, 15.05h
Sandra Miller war wie ihre beiden Kollegen auch in etwa in einem mittleren Lebensalter, war brünett, attraktiv und dezent geschminkt. Auch sie trug ein Business-Kleid, allerdings war ihr Kostüm rot, wozu sie grünen Jadeschmuck trug. Im Sprechzimmer Dr. Nesemanns stand bereits dampfender Kaffee bereit, den sie sich und Dr. Ito mit geschickter Hand einschenkte. Dann nahm sie auf dem Platz Dr. Nesemanns Platz und fing an: „Dr. Ito, kommen wir gleich zur Sache, alles andere ist bullshit! In welchem Verhältnis stehen Sie in Wirklichkeit zu Kathrin Nightingale? Wir wissen es bereits, dass Sie mit Ihr geschlafen haben. Keine Ausflüchte, ich will nur die Wahrheit wissen. Sie helfen weder ihr, noch sich selbst, wenn Sie uns belügen. Also?" Ihr Blick warf eine unmissverständliche Drohung in den Raum, die er nicht ignorieren konnte. Als er schwieg, griff sie in ihre Handtasche und zog dort plötzlich ein Butterfly-Messer hervor, welches sie mit einer geschickten Handbewegung aufklappte. Dann begann sie, sich damit die Fingernägel zu maniküren, ihn jedoch stets im Blick behaltend. Dann sagte sie lässig: „Sie haben genau drei Sekunden Zeit für eine Antwort. Danach werden sie erfahren, wie es ist, von einem IRA-Dolch durchbohrt zu werden."

Helgoland, Krankenzimmer von Kathrin Nightingale/Praxis von Dr. Nesemann, 15.10h
Kate schloss kurz die Augen, atmete tief durch, ließ sich in die Kissen sinken und wusste nicht, was sie sagen sollte. Sie war völlig verwirrt. „Na, hat es Ihnen etwa die Sprache verschlagen? Dabei haben Sie ja heute Mittag im Fernsehen ganze Arien gequatscht!" sagte jetzt Sascha Ahrens alias Edward Terry höhnisch. „Ja, das habe ich, aber Sie haben mir leider nicht zugehört. Denn ich hatte gesagt, dass Gewalt keine Probleme löst. Und dass die Mutter des kleinen Kai nicht wieder lebendig werden kann, ob Sie nun abdrücken oder nicht, hatte ich wohl auch erwähnt. Wissen Sie, Herr Ahrens, ich bin ehrlich froh, dass der Junge Sie noch hat. Doch wenn Sie jetzt abdrücken, dann kann es

passieren, dass er Sie auch noch verliert, und das wäre dann wirklich sehr traurig. Erschießen Sie mich ruhig, ich bin nur noch eine gebrochene und verkrüppelte Frau, an Leib und Seele schwer verletzt. Der Tod ist vielleicht sogar eine Erlösung für mich. Und wenn ich ehrlich bin, dann muss ich zugeben, dass ich die Todesstrafe verdient habe. Doch ich bitte Sie: Tun Sie das Ihrem Sohn nicht an! Er braucht Sie jetzt mehr als alles auf der Welt!" Sascha Ahrens lächelte grimmig, dann zielte er auf ihre Brust und drückte ab, während er ihr ruhig in die Augen sah.

Helgoland, Sprechzimmer in der Praxis Dr. Nesemanns, 15.10h

Dr. Ito war wie gelähmt, er konnte kaum sprechen. Dann stammelte er: „Ich liebe sie. Ich, ich – ja ich liebe sie wirklich! Aber warum wollen Sie das denn wissen, wenn Sie von der IRA sind?" Sofort nahm Sandra Miller das Messer und warf es geschickt so, dass es zitternd vor ihm in der Platte des Schreibtisches stecken blieb. Er hatte keine Zeit gehabt, um irgendwie darauf zu reagieren. Dann grinste Sandra Miller ihn plötzlich an, ging um den Tisch, sammelte das Messer wieder ein und legte es zurück in ihre Damenhandtasche. Dann setzte sie sich wieder ihm gegenüber. „Probe bestanden, Dr. Ito!" rief sie fröhlich. Wusste ich es doch, dass man Sie nicht so leicht narren kann. Aber ich habe Ihnen einen ganz hübschen Schrecken eingejagt, nicht wahr?" „Warum machen Sie das bloß?" fragte er verblüfft und nahm sich einen Schluck Kaffee. „Sehen Sie, Dr. Ito, ich bin speziell dafür ausgebildet worden, mich um die Angehörigen von Terroristen zu kümmern, und diese tiefenpsychologisch auf den Umgang mit Terrorismus vorzubereiten. Denn die Grundstrukturen sind trotz verschiedener menschlicher Kulturen überall dieselben. Deshalb beginnen wir immer mit einer kleinen Schocktherapie, um den Angehörigen von Terroristen klar zu machen, was Terror eigentlich ist: Es bedeutet schlichtweg Schrecken! Na, haben Sie diesen kleinen Exkurs jetzt genossen? Ist es mir gelungen, den Wissenschaftler in Ihnen zu wecken? Dr. Ito, ich weiß mehr über Sie, als Ihnen lieb sein dürfte, bitte glauben Sie mir das. Aber ich werde dieses Wissen nicht missbräuchlich verwenden, das verspreche ich Ihnen hoch und heilig. Ihre Freundin hat Glück gehabt, sogar sehr großes Glück! Denn unser Innenminister Keith Hastings in Dublin wünscht, dass Ihre Freundin Kathrin vollständig rehabilitiert und resozialisiert wird. Als er das Geständnis von ihr gesehen hatte, hat er uns sofort angerufen und verlangt, dass wir mit ihr das härteste Umerziehungsprogramm beginnen, das wir haben. Es soll nämlich hinterher niemand sagen dürfen, dass wir ihr irgendetwas geschenkt hätten. Deshalb werden wir mit ihr etwas durchexerzieren, was in dieser Form noch nie mit einem reuigen Terroristen geschehen ist. Meine kleine Demonstration eben sollte Ihnen nur nochmals vor Augen führen, wie gefährlich dieses Gebiet ist, wenn Sie verstehen, was ich meine?" „Heißt das etwa, dass Kathrin ein Zeugenschutzprogramm bekommt, einen neuen Namen und ähnliches?" „Nein! Genau das will unser Innenminister nicht, und auch der Justizminister sieht es ähnlich. Wir wollen, dass aus Kathrin Nightingale wieder eine normale geachtete Bürgerin wird, wie andere auch. Und dass sie unbehelligt in einem zivilen Beruf leben und arbeiten kann. Wir werden sie deshalb auch nicht verhören und versuchen, ihr Geständnisse und Namen anderer Aktivisten der IRA abzupressen. Diese Dinge bringen unserer Ansicht nach keinen wirklich langfristigen Erfolg im Kampf gegen den Terror. Nein, alles was sie uns mitteilt und offenbart soll sie vollkommen freiwillig und ohne Druck oder Zwang tun. Weder sie selbst noch die IRA soll sagen können, dass sie von uns zu irgendetwas genötigt wurde." Aber wie wollen Sie sie dann vor der Rache der IRA schützen?" Wollte Dr. Ito jetzt wissen, den das Thema immer mehr zu faszinieren begann. „Ganz einfach: Wir wollen aus ihr eine Ikone der Zivilcourage, der

Versöhnung und der Anti-Terror-Bewegung machen. Wer sie tötet, wird damit seine eigene Legitimation für seinen Terror zerstören. Niemand tötet ungestraft die Galionsfigur einer ganzen Gesellschaft! Und glauben Sie es mir: Nichts fürchtet die IRA mehr!" „Wie könnte dann ihre Zukunft aussehen?" fragte Dr. Ito. „Nun, wir werden noch heute damit beginnen, mit ihr zu arbeiten. Im Moment machen die Kollegen nebenan mit ihr auch eine kleine Schocktherapie, das ist aber nur ein kleiner Anfang. Es wird schmerzhaft für alle Beteiligten sein, manchmal müssen selbst wir psychoterrorähnliche Methoden anwenden, um gewisse Ergebnisse und Einsichten zu erzeugen, aber glauben Sie es mir bitte: Wir sind keine Sadisten, sondern Experten auf bestimmten Fachgebieten. Ich werde mit Ihnen trainieren, wie sie die ersten Symptome der Lebensweisen, die sich Kathrin im Laufe der letzten Jahre angeeignet hat, sofort erkennen können. Dann können Sie ihr helfen, daran zu arbeiten. Ich werde Sie begleiten, wenn Sie das wünschen. Oder ich ziehe mich zurück – auch kein Problem! Wenn Sie diesen Weg wirklich mit uns gehen wollen, dann sagen Sie sofort ja. Wenn nicht, dann lassen Sie es eben sein, und Kathrin muss diesen Weg ganz alleine mit uns gehen. Überlegen Sie es sich gut, denn es ist zeitintensiv, anstrengend und gefährlich. Denn ein Terrorist kann jederzeit wieder gefährlich werden, wie ein zahmer Schoßhund, der seinen Besitzer ohne große Vorwarnung plötzlich beißt, wenn Sie verstehen, was ich meine? Wollen Sie das wirklich? Wollen Sie Kathrin dabei unterstützen, koste es, was es wolle?" „Ja, ich will!" sagte Dr. Ito ohne Zögern. „Gut, dann können wir beide ja heute schon mal mit einigen grundlegenden Dingen anfangen. Machen Sie mit?" „Ja, das werde ich, doch darf ich Ihnen vor unserem Anfang noch eine Frage stellen? Woher wussten Sie, dass ich mit ihr geschlafen habe?" „Nun, das war höchst einfach", sagte Sandra Miller und holte das Butterfly-Messer aus ihrer Handtasche. „Wir haben sofort nach unserer Ankunft hier das Zimmer von Kathrin Nightingale alias Andrea O´Leary durchsucht. Dabei fanden wir nicht nur dieses hübsche Spielzeug, das ordentlich neben ihren Pullovern im Kleiderschrank lag, sondern auch Spermaspuren in ihrem Bett, die wir Ihnen mit Hilfe ihrer gebrauchten Unterwäsche – Sie verzeihen, dass wir ihr Zimmer durchsuchen mussten, aber das war leider absolut wichtig – eindeutig zuordnen konnten." Dr. Ito war schon wieder völlig verblüfft. Vor allem über das Tempo der Ermittlungen. „Dürfen Sie denn so einfach meine Sachen durchsuchen?" fragte er zweifelnd. „Oh ja, wir haben Sondervollmachten, von denen andere Ermittler nur träumen können. Denn es geht hier nicht um Lappalien wie Mord und Totschlag. Es geht um Terrorismus. Und das ist viel mehr, als Sie oder ich es sich je werden vorstellen können. Wir alle werden im Kampf gegen den Terror einen sehr hohen persönlichen Preis bezahlen müssen. *„Nicht diejenigen werden gewinnen, die hart austeilen können, sondern diejenigen, die einstecken können."* „Und wissen Sie, Dr. Ito, wer das gesagt hat? Es war Terry Mac Swiney persönlich, einer der Gründerväter der IRA! Also lernen wir doch von ihm! Wir werden gewinnen! Daran glaube ich, und daran sollten auch Sie glauben, wenn sie uns auf diesem schweren Weg begleiten! Also nochmals: Sind Sie wirklich dabei, Dr. Ito?" „Ja, ich bin dabei, und wenn es mich alles kostet, was ich habe und was mir etwas bedeutet!" sagte er leidenschaftlich. Sie stand auf und ging um den Tisch. Dann sagte sie zu ihm: „Bitte stehen Sie auf!" Er erhob sich. Da legte sie plötzlich ihre Arme um ihn und sagte einfach: „Seien Sie jetzt ein Mann, lassen Sie es raus, alles, ich bin Ihre Mutter, ich fange es auf!" Er begann zu weinen, und sie ermunterte ihn, mindestens alle Taschentücher zu verbrauchen, die sie hatten. Danach sah sie ihn strahlend an und sagte: „Ist es nicht gut, wenn sich der kleine Junge bei Mutti so richtig ausheulen darf? Ist Liebe nicht etwas Wunderbares?" Er fühlte jetzt ihren warmen Körper, ihre Sanftheit und ihren guten Geruch. Sie hatte ihn zu ihrem Kind gemacht. Für ihn konnte es nichts Besseres geben, das fühlte er. Dann dachte er an Kathrin. Und plötzlich begriff er, wofür Männer Frauen einfach nur lieben sollten.

Helgoland, Krankenzimmer von Kathrin Nightingale/Praxis von Dr. Nesemann, 15.19h
Als Sascha Ahrens alias Edward Terry den Abzug durchzog, erschien eine kleine Flamme auf dem Lauf der Pistole. Es war keine Pistole, sondern nur ein harmloser Zigarettenanzünder, der wirklich aussah, wie eine echte Waffe. Kate brach in Tränen aus, denn nun merkte sie, dass es nur ein Test gewesen war. Edward Terry steckte die Waffe wieder in sein Jackett, welches er nun seiner Kollegin reichte, die lächelnd neben ihm stand. Dann beugte er sich über Kate, tupfte mit einem Taschentuch behutsam und sanft ihre Tränen ab und gab ihr völlig überraschend einen Kuss auf die Wange. Dann kam die rothaarige Lissy O`Connor dazu, lächelte sie an und nahm sie vorsichtig in die Arme. Sie drückte sie ganz sanft an sich, um ihr nicht wehzutun und strahlte sie dann an. „Herzlichen Glückwunsch Kathrin, Sie haben unseren ersten Test mit Bravour gemeistert. Ich hätte fast weinen müssen, als ich Ihnen zugesehen habe. Auch im Fernsehen, vorhin, das war ganz große Klasse! Doch bevor wir weiter machen, möchten wir Ihnen – oder darf ich einfach Kathrin sagen – einige grundlegende Dinge erklären." „O.K, sagen Sie einfach Kate zu mir" sagte Kate jetzt sichtlich entspannter. „Gut Kate, dann bin ich einfach der Eddie, ist das okay?" „In Ordnung, vielleicht vereinfacht es einiges." „Also Kate, wir haben vorhin mit einer Schocktherapie angefangen, weil wir dachten, dass das für Dein neues Leben der bestmögliche Start sein könnte. Wir wollten wissen, wie Du Dich in einer extremen Situation verhalten würdest. Bitte glaube es uns: Wir haben das auf dem Weg hierher mehrmals geprobt und wir hätten es sofort abgebrochen, wenn Du hysterisch geworden wärst, oder eine Panikattacke bekommen hättest. Uns beiden hier hat das Ganze keinen Spaß gemacht, wir haben jede Sekunde mit Dir gelitten, kannst Du Dir das vorstellen?" Jetzt nahm Eddie sie in den Arm. Sie weinte. Sie schluchzte, sie war völlig am Ende. „Gut, für heute hören wir auf, es war alles zu viel für Dich." „Kate, wir müssen Dir jetzt noch in Kurzform etwas erklären", sagte Eddie und erklärte ihr in wenigen Sätzen Sinn und Absicht dessen, was sie mit ihr vorhatten. Dann fragte sie ahnungsvoll: „Und was ist mit Fuji, ich meine Dr. Ito? Kann er mit dabei sein?" In diesem Moment öffnete sich die Tür, und Sandra Miller trat mit Dr. Ito an der Hand ein. „Hier bringe ich Ihnen Ihren zukünftigen Freund und Anti-Terror-Coach! Was sagen Sie nun, Kathrin?" „Jetzt bitte nur noch Kate!" sagte Kate und richtete sich etwas in den Kissen auf. „Gut, ich bin einfach die Sandra!" „Und mich könnt Ihr alle gerne einfach Fuji nennen", sagte Dr. Ito. Alle lachten, denn das klang irgendwie doch etwas komisch. Dann wurde Eddie plötzlich sehr ernst und sagte etwas, was das Weltbild von Kate und Fuji nochmals erschüttern sollte. „Ach übrigens, nur dass Ihr beiden es wisst: Wir drei hier sind alles ehemalige Terroristen. Jeder von uns hat für das, was er heute ist, einen hohen Preis bezahlt, stimmt das?" Jetzt zogen wie zur Bestätigung Lissy und Sandra ihre Jacketts und Blusen aus. Die rothaarige Lissy hatte eine deutlich sichtbare Narbe, die vom Hals abwärts über ihre linke Brust verlief, während Sandra sich umdrehte und ihnen allen eine lange gezackte Narbe präsentierte, die quer über ihre rechte Schulter lief. Dann zogen sie sich wieder an und Eddie sagte: „Meinen Bauch seht Ihr vielleicht noch später, ich kann Euch jedoch versichern, dass ich eigentlich schon so gut wie tot war. Es ist ein Wunder, dass ich hier heute so vor Euch stehe." Die anderen nickten zustimmend. „Wir werden es Dir nicht sagen, für welche Vereine wir tätig waren, liebe Schwester Kate, denn die machen im Prinzip alle das Gleiche. Aber eines wollen wir Dir heute noch unbedingt sagen, ich zähle bis drei: Eins, zwei, drei: Herzlich willkommen im Club der toten Terroristen, Kathrin Nightingale!"

Dann umarmten sie Kate nochmals, als Eddie plötzlich innehielt. „Was haben wir denn da? Handschellen? Nein, die brauchst Du wirklich nicht mehr!“ Eddie nahm einen kleinen Schlüssel aus der Tasche und nahm ihr die Handschellen ab. „Der Polizist soll zuhause bleiben, denn hier liegt ja nur noch eine tote Terroristin“, sagte Eddie jetzt lachend. „Sollen wir ein Warnschild an die Tür machen: Vorsicht, tote Terroristin schießt nicht mehr?“ fragte jetzt Kate frotzelnd. Alle lachten. Dann sagte Fuji: „Ich muss Euch leider noch etwas sehr Ernstes erzählen, Kate weiß es bereits.“ Und dann schilderte er in dieser merkwürdigen Runde das Problem mit seiner Frau Irene in aller Ausführlichkeit. Sandra Miller fiel ihm als erste um den Hals, weinte und sagte: „Verdammt Fuji, was bin ich heute für ein Arsch gewesen. Kannst Du mir nochmals verzeihen?“ Die anderen schlossen sich an, drückten ihn an sich und versprachen, künftig noch aktueller und umfassender über ihre „Patienten“ zu recherchieren. Dann ließen sie sich aus dem Nordseehotel Essen liefern, und alle aßen zusammen im Krankenzimmer, wobei sie reihum abwechselnd Kate mit allerlei Leckerbissen fütterten. Aus ihnen sollte eine verschworene Gemeinschaft werden, wie sie die Welt bisher noch nicht gesehen hatte. Sie würden den Terror gemeinsam besiegen. Es gab wieder eine Zukunft für Fuji und Kate. Nach diesem Abend gingen alle glücklich und zufrieden schlafen. Schon Morgen würde es weiter gehen. Das einzig wirksame und zugleich auch beste Programm gegen Terror in der Geschichte der Menschheit, was je verabschiedet worden war.

Dublin, vor dem Apartment Martha Bannisters, 16.00h

Zwei Polizisten der City-Police standen unmotiviert und sichtlich gelangweilt vor dem Apartmenthaus, im dem Martha Bannister ihre Luxuswohnung hatte. So ein elender langweiliger Job, und das am Sonntag! Die reinste Strafe war das! Sie hätten jetzt viel lieber mit einem frisch gezapften Guinness in ihrem Lieblingspub gesessen. Der eine Beamte sah auf die Uhr. „Verdammte Scheiße, da stehen wir hier sinnlos rum. Ich wette, dass die Bannister gar nicht zuhause ist, sondern irgendeinen Wochenendausflug zu ihren Verwandten aufs Land gemacht hat. So eine sinnlose Vergeudung von Personalressourcen! Ich werde mich morgen beim Personalrat beschweren! Stundenlang steht man hier sinnlos rum, und die verdammte Ablösung ist auch mal wieder nicht pünktlich!“ In diesem Moment kam ein ziviler Streifenwagen vorgefahren, aus dem zwei Beamte in Zivil ausstiegen. Nachdem sie sich ausgewiesen hatten, fragte der leitende Chief-Inspector Steve Mac Donnel: „Alles in Ordnung hier? Nichts Ungewöhnliches?“ „Da ist keiner zuhause!“ murrte der erste Streifenpolizist. „Das kann aber nicht sein, wir haben bei allen Bekannten, Freunden und Verwandten der Bannisters angerufen. Alle waren der Meinung, dass Martha Bannister zuhause sein müsste. Da stimmt doch was nicht, am Sonntag kann man hier schließlich nicht shoppen gehen, und sehen Sie mal: Da drüben steht ja sogar ihr Auto!“ „Keiner hat uns was von einem Auto gesagt, wir sollten nur klingeln und in jedem Fall den Zugang sichern.“ „Haben Sie denn das Apartment visuell gecheckt?“ wollte Steve Mac Donnel wissen. „Von hier vorne aus ist doch alles O.K.!“ „Na dann kommen Sie mal mit, wollen doch mal sehen, ob man auch von hinten an das Apartment rankommt“, sagte Steve Mac Donnel. Suchend liefen die Beamten an den unübersichtlich angeordneten Häuserfassaden und Hofeingängen vorbei und fanden schließlich über den dritten Eingang auf dem Umweg über eine kleine halbhohe Trennmauer einen Weg zur Rückseite des Gebäudes. „Shit!“ rief der eine der beiden Streifenpolizisten nur, als er das eingeschlagene Fenster an der Rückseite des Apartments sah. Davor waren einige noch relativ gut erkennbare Schuhabdrücke zu sehen. Wortlos machten drei der vier

Beamten kehrt, rannten zum Haupteingang des Gebäudes und klingelten bei einem Nachbarn, um ins Haus zu gelangen. Der vierte, ein Streifenpolizist sicherte derweil die Rückseite des Gebäudes mit gezogener Dienstwaffe. Beim Personalrat würde er sich nicht mehr beschweren für die Langeweile am Sonntagnachmittag, soviel stand fest. Als die anderen drei Beamten im Gebäude waren, öffnete der Streifenpolizist mit einem Spezialbesteck die Wohnungstür. Das erste, was sie wahrnahmen, war ein merkwürdiger übler Geruch, der in der Luft hing. Das Zweite war das Summen. Fliegen! So schoss es den drei Beamten sofort durch den Kopf. Das verhieß nichts Gutes! Mit gezogenen Dienstwaffen durchsuchten sie das ganze Apartment, obwohl sie bereits wussten, dass sie zu spät kamen, viel zu spät. Als sie das Schlafzimmer betraten, bot sich ihnen ein Bild des Grauens. Auf dem Bett lagen zwei völlig nackte Frauenleichen, blutverschmiert und bereits leicht aufgedunsen, da die Wärme im Schlafzimmer stand und der Raum tagelang auf mindestens 25 Grad Celsius beheizt worden war. Die beiden Leichen wurden eifrig von Fliegen frequentiert und unzählige Maden tummelten sich auf den gebrochenen Körpern, deren einstige Schönheit durch die Hand eines Schlächters von ihnen genommen worden war. Doch was die Beamten, die im Laufe ihres Lebens schon viel gesehen hatte, am meisten schockierte, waren eine geheimnisvolle bräunlich aussehende Schrift und eine mit der gleichen blutigen „Tinte" an die Wand gemalte kryptische Zeichnung. Die Zeichnung zeigte zwei Engel mit Flügeln, die jedoch beide große weibliche Brüste hatten. Darunter standen einige einzelne gut lesbare Buchstaben: „A`was Ngel Fere Hucker!" Der Chief-Inspector ging nun in ein anderes Zimmer, nachdem er die anderen angewiesen hatte, nichts anzurühren. Er riss das nächstbeste Fenster auf, und übergab sich geräuschvoll in den Vorgarten. Dann rief er in der Zentrale an, und verlangte die Spurensicherung. Dazu sagte er: „Könnten Sie bitte prüfen, ob das richtig an uns durchgegeben wurde, Verdacht auf IRA-Alarm? Das scheint nämlich ein Irrtum zu sein. Hier liegen nicht eine, sondern gleich zwei tote Frauen. Es sieht auf den ersten Blick nach einem Sexualmord aus. Wir konnten die Opfer jedoch leider nicht mehr identifizieren, die liegen schon einige Tage hier, wenn Sie mich fragen. Wir fassen nichts an, wir gehen jetzt wieder raus! Nehmen sie bloß irgendeinen Atemschutz mit, dieser Geruch ist nicht zu ertragen!" Er legte auf, und übergab sich nochmals. Die anderen warteten schon draußen. Dann begannen sie damit, den Tatort vor und hinter dem Apartment mit Bändern abzusperren. Nur wenige Minuten später rückte der Vorgesetzte des Chief-Inspectors an, der auch gleichzeitig ein weitläufiger Verwandter der Bannisters war. Genau genommen war Marc Conolly ein Vetter zweiten Grades, kannte Ian und Martha Bannister von Familienfeiern persönlich und hatte Martha das letzte Mal vor etwa zwei Wochen lebend gesehen. Er ignorierte die Hinweise, dass er den Tatort besser nicht ohne einen Atemschutz betreten sollte, und betrat eilig das Apartment, wo er nur dem steten Summen der Fliegen zu folgen brauchte. Er hielt unwillkürlich den Atem an, ignorierte den bestialischen Gestank und näherte sich dem blutgetränkten Himmelbett. Nachdem er mit behutsamen Handbewegungen einige Fliegen verscheucht hatte, betrachtete er das Gesicht der links auf dem Bett breitbeinig drapierten Toten. Es war eine junge Frau, höchstens Mitte Zwanzig, das war nicht Martha Bannister. Dann besah er sich die andere Frau. Trotz der bereits einsetzenden Verwesung schien ihr Gesicht einen erstaunten Gesichtsausdruck zu haben. Sie war deutlich älter als die andere Tote; ihre Beine waren parallel zueinander hingelegt worden, während der Täter ihre Arme wie die Flügel eines Engels ausgebreitet hatte. Er sah genauer hin, dann stand für ihn die Identität der Toten zweifelsfrei fest. Es war eindeutig Martha Bannister! Er eilte zurück vor die Tür des Apartments und sog gierig die frische Luft in sich ein. Dann wählte er das

Innenministerium an und gab die brisante Information weiter. Noch während er telefonierte, rückte das Team der Spurensicherung mit dem Gerichtsmediziner an. Dann wurde er mit dem Innenminister Keith Hastings persönlich verbunden. Er schilderte diesem ausführlich das, was er und die Kollegen vorgefunden hatten. Keith Hastings sagte jetzt: „Und Sie sind sich ganz sicher, dass es wirklich Martha Bannister ist? Verstehen Sie mich bitte nicht falsch, aber ich kann doch ihren Ehemann Ian nicht mit falschen Informationen beliefern! Und Sie sind sich sicher, dass das nicht die Handschrift der IRA ist? Ein Sexualdelikt, wirklich?" „Herr Innenminister, ich stehe immer noch unter Schock! Martha Bannister ist eine entfernte Verwandte von mir, ich bin mir leider ganz sicher, ich habe sie das letzte Mal vor etwa zwei Wochen lebend gesehen. Und diese Schrift an der Wand hatten wir bei einem früheren Mordfall schon mal gesehen. Es ist das gleiche Anagramm! Es war der „Angelfucker!" Keith Hastings erbleichte sichtlich. „Ja, ich erinnere mich dunkel an den Fall. Ist es ein oder zwei Jahre her? Es scheint also doch ein Serienmörder zu sein! Ich will, dass Sie sofort eine Sondereinheit dafür abstellen, die Sache hat höchste Priorität, andere Sachen können warten, ist das klar?" Staatsanwalt Marc Conolly antwortete: „Jawohl, Herr Innenminister, wir tun alles, um dieses Schwein endlich zu kriegen! Da wäre allerdings noch etwas. Wollen Sie Ian Bannister informieren, oder soll ich das tun? Schließlich sind die Bannisters ja Verwandte von mir, und ich habe das Gefühl, dass ich mit Ian telefonieren sollte. Irgendwie glaube ich, dass ich ihm das schuldig bin, vor allem, weil ich Martha identifiziert habe." Der Innenminister schwieg kurz, dann sagte er: „O.K., ich gebe Ihnen jetzt die Nummer des Nordseehotels auf Helgoland. Am besten, Sie rufen ihn sofort an. Ich werde ihn dann später anrufen, um zu kondolieren. Ich danke Ihnen sehr, dass Sie mir diese Bürde abnehmen, Conolly. Dann bis später!" Er legte auf.

Helgoland, Nordseehotel, Kleines Konferenzzimmer, 17.17h

Ian Bannister, Werner Theißing und Aische Özdemir saßen zusammen mit ihren Rechtsberatern und diskutierten die aktuelle Lage. „Meinen Sie wirklich, dass man Terroristen resozialisieren kann? Sollen wir sie wirklich den Iren überstellen? Ich habe da einige Zweifel!" sagte der Innenminister Werner Theißing nachdenklich. „Aber ich bin wirklich beeindruckt, wie diese Frau ihr Geständnis abgelegt hat. Und wie sie sich bei mir persönlich entschuldigt hat. Also, als ich sie plötzlich so hilflos in dem Bett liegen sah, da tat sie mir eher leid, obwohl ich zuerst auch etwas Angst vor ihr hatte. Aber sie hatte plötzlich so etwas Warmherziges an sich, was nicht zu einer Terroristin passt. Es war, als wenn sie sich plötzlich in eine andere Person verwandelt hätte", sagte nun Aische Özdemir. „Warten wir doch erst mal den weiteren Verlauf ab, immerhin hat sie ja ihrem Double Andrea O´Leary das Leben gerettet. Ich denke, dass jemand, der seine Taten nicht wirklich bereut hat, so etwas nicht getan hätte. Immerhin hat sie mit der Preisgabe dieser Informationen die IRA de facto verraten. Und ich denke, wir alle hier wissen, was das für sie bedeutet. Sie kann gar nicht mehr zurück!" sagte nun Ian Bannister gerade im Brustton der Überzeugung, als das Telefon klingelte. Er hob den Hörer ab, das Telefon war laut gestellt, da die anderen in der Runde auch jede aktuelle Information sofort erhalten sollten. Eine entfernt klingende undeutliche Stimme krächzte in englischer Sprache aus dem Lautsprecher: „Hallo Ian, bist Du dran?" „Bin persönlich dran, wer spricht da bitte, ich kann die Stimme leider nicht erkennen, wegen der Verzerrung!" „Ian, ich bin es, Marc Conolly. Ich dachte, ich sage es Dir besser persönlich, Keith Hastings wird Dich später auch noch anrufen. Es geht um Martha. Sie ist tot! Ich habe sie leider eindeutig identifizieren können. Offensichtlich lag sie schon einige Tage in ihrer Wohnung, kein schöner Anblick, behalte sie lieber so in Erinnerung, wie sie gelebt hat. Neben ihr fanden wir eine weitere Frauenleiche, die wir leider noch nicht identifizieren konnten. Es tut mir so leid für Dich, Ian!" Marc Conolly weinte jetzt, die Tränen waren echt. Alle in der Runde waren geschockt. Ian Bannister schluckte schwer, dann fragte er gefasst: „War es die IRA? Wie sah es aus?" „Ian, es sieht ganz, ganz schlimm aus. Es ist besser, wenn Du es nicht siehst! Es scheint ein Sexualverbrechen zu sein. Hier hat ein Serienmörder seine Signatur an der Wand hinterlassen. Genauso ein Anagramm wie bei einem ähnlichen Fall vor ein oder zwei Jahren, ich bin nicht sicher. Wenn man das Anagramm richtig ordnet, dann steht an der Wand: *Angel fucker was here*! Mein Gott, Ian, wie bringst Du das nur Deinen beiden Jungs bei? Ian, ich bin in Gedanken und Gebeten bei Dir, wir alle hier fühlen mit Dir! Es tut mir so leid für Dich. Sie war eine gute Frau; so eine bekommt man nur einmal im Leben. Mein Gott, Ian!" Marc Conolly schluchzte nochmals, dann sagte Ian Bannister gefährlich ruhig: „Marc, ich danke Dir für Deinen Anruf. Wir sehen uns dann später, spätestens bei der Beerdigung. Ich mache jetzt Schluss, damit Keith mich noch erreichen kann, Bye Marc!" Er legte den Hörer auf die Gabel. Dann weinte er. Aische Özdemir war sofort neben ihm und gab ihm ein Taschentuch. Dann sagte Ian Bannister: „Bitte lasst mich alle hier allein, ich rufe Euch, wenn ich Euch brauche." Alle drückten ihm ihr Beileid aus, dann verschwanden sie in Richtung Hotelbar. Da klingelte das Telefon. Keith Hastings kondolierte ihm als erster von vielen Politikern. Der Verlust von Martha war ein schwerer Schlag für ihn, jetzt auf dem Höhepunkt seiner politischen Triumphe. Denn sie hatte trotz seiner Affären nach außen hin immer zu ihm gehalten, sie war die Mutter seiner Kinder und manchmal auch die Stütze seines Amtes gewesen. Jetzt kam bei ihm so etwas wie Scham für das auf, was er ihr in all den Jahren angetan hatte. Und gleichzeitig war es auch ein Schock für ihn. Und dass es nicht die New Revenge Irish Republican Army war, die Martha auf dem Gewissen hatte, konnte er überhaupt nicht verstehen. Er würde Kathrin Nightingale persönlich durch die Mangel drehen. Aber erst am nächsten Morgen...

28. August 2017, Montag

Helgoland, Krankenzimmer von Kathrin Nightingale/Praxis von Dr. Nesemann, 9.00h
Die Nachricht von der Ermordung Martha Bannisters machte schnell Schlagzeilen, und als Eddie, Sandra und Lissy jetzt das Krankenzimmer betraten, wusste Kate bereits Bescheid, da Dr. Nesemann ihr die unerfreuliche Nachricht überbracht hatte. Die Arzthelferin hatte sie mit dem Nötigsten versorgt, sie etwas gewaschen und frisch gemacht, während Dr. Nesemann ihre Verbände erneuert hatte. Sie konnte ihren rechten Fuß jetzt wieder richtig spüren, und auch ihre Zehen ließen sich – wenn auch mühevoll – bewegen. Sie hatte dank einiger Schmerzmittel gut geschlafen, doch sah man ihr die Anstrengungen des gestrigen Tages deutlich an. Dr. Nesemann und die Arzthelferin ließen sie jetzt mit den drei Sonderermittlern allein. Eddie sah sie fragend an: „Ich will nicht lange um den heißen Brei herumreden, hast Du es schon gehört, Kate?" Kate nickte, dann liefen ihr Tränen über beide Wangen und sie sagte: „Ich weiß, dass Ihr jetzt von mir hören wollt, ob ich was davon weiß oder etwas damit zu tun hatte. Ist es so?" Sie blickte alle drei fragend an. Schließlich sagte Lissy: „Ian Bannister ist gestern Abend fast durchgedreht! Erst macht er sich stark für Dich, und dann ist plötzlich seine Frau tot! Wir konnten ihn nur mit Mühe davon abhalten, nicht hierher zu kommen, um Informationen aus Dir heraus zu prügeln! Er war kaum zu bändigen! Was sollen wir jetzt machen?" „Ich weiß nichts, ehrlich, wirklich. Wenn ich Euch jetzt ein Geheimnis verrate, bleibt das dann hier unter uns?" „Ich vertraue und glaube Dir, Kate, verrate uns

besser nicht zu viel", sagte Eddie. „Doch, Ihr könnt es ruhig wissen, ich denke, ich schade damit niemandem außer mir selbst. Ich war die Nummer 3 der IRA, falls ihr wisst, was das bedeutet. Wenn es die IRA war, die Martha Bannister getötet hat, dann können es nur Nummer 1 oder 2 gewesen sein. Und das halte ich für sehr unwahrscheinlich." In diesem Moment stürmte ein sehr zorniger Ian Bannister zur Tür herein, in der Hand hielt er eine Waffe, die er nun auf Kate richtete. Kate schloss die Augen und erwartete den sicheren Tod.

Helgoland, Nordseehotel, im Konferenzraum der Wissenschaftler, 09.05h
Dr. Ito kam fünf Minuten zu spät zum heutigen Meeting, auch Dr. Zuckmayer fehlte noch, sollte aber am Nachmittag wieder dabei sein. Florian musste jetzt mit dem aus Hamburg angereisten Vater von Dr. Susanna Pelzer deren Beerdigung planen. Zum Gedenkgottesdienst in der Nicolaikapelle hatte Dr. Artur Pelzer leider nicht anreisen können, da er anderweitig durch wichtige Termine gebunden war. Andreas Schnitzler nahm auch an dem Treffen der Wissenschaftler teil, da auch er einige Erkenntnisse über die gefährlichen Quallen beisteuern konnte. Professor Horvath hielt nun eine Lobrede auf Dr. Ito und bestellte Grüße von Dr. Thorsten Lessinghaus, der inzwischen in die Uni-Klinik nach Hamburg ausgeflogen worden war. Professor Horvath begann damit, gemeinsam mit den anderen einen Plan zu entwerfen, wie man dem Rätsel des tückischen Quallengiftes auf die Schliche kommen könne. Da hatte Dr. Ito plötzlich eine Eingebung: „Vielleicht haben wir das Pferd vom falschen Ende her aufgezäumt. Wir haben bisher immer nur über die verschiedenen Wirkungsweisen des Giftes gerätselt. Vielleicht sollten wir andersherum verfahren und überlegen, welche Organismen wie und wo getroffen wurden. Dann sollten wir Übereinstimmungen bei den Organismen suchen, also beispielsweise Krebstiere und Insekten, Mäuse und Menschen, Wittlinge und Mondfische. Ich bin davon überzeugt, dass wenn wir die Organismen verstehen, wir darüber auch Parameter des Giftes definieren können. Und was mir im Zusammenhang mit Dr. Lessinghaus einfällt, wäre der Aspekt der radioaktiven Verseuchung, den wir bisher noch gar nicht untersucht haben. Und dann kam mir noch ein Gedanke. Könnte es wohl sein, dass unsere Killerquallen möglicherweise nicht nur ein Gift, sondern vielleicht sogar einen ganzen Cocktail diverser Toxine bereithalten? Das wäre doch möglich? Die Frage wäre dann nur die, woher die Toxine stammen? Und wie verhält sich die Giftigkeit in Korrelation mit anderen Parametern wie etwa pH-Wert, Temperatur, Spurenelementen und Schadstoffen im Wasser? Und wie erklären wir die spontane Heilung der Fische durch Lüftung?" Darauf sagte Professor Horvath: „Meine Damen und Herren, Sie sehen, wir haben viel zu tun, doch die Vorsicht muss immer über allem anderen stehen. Übrigens lassen wir sogar den ABC-Anzug von Dr. Lessinghaus auf Materialfehler untersuchen, denn so etwas darf nicht nochmals passieren. Ach, und da fällt es mir gerade ein, es gibt noch eine gute Nachricht: Der Gehilfe der Pathologie in Aurich ist vollständig genesen und wurde heute früh als geheilt entlassen, die Information habe ich heute früh um 08.00h erhalten. Und es gibt abschließend noch eine positive Neuigkeit: Auf Druck von Professor Müllerheim hat die Virologie in Hannover etwas gefunden. Das möchte ich dann später noch näher mit Dr. Skibbe und Dr. Zuckmayer diskutieren. Sie sehen also: Wir kommen voran!"

Helgoland, Krankenzimmer von Kathrin Nightingale/Praxis von Dr. Nesemann, 9.10h
Ian Bannister war rot vor Zorn und rief: „Ich setze mich für Dich ein, mein Innenminister wollte Dich lebenslänglich in den Knast stecken lassen, und was ist der Dank? Dein verdammter Terrorclub hat schon vor Tagen meine Martha ermordet, meine über alles

geliebte Martha! Die Mutter meiner Kinder! Weißt Du, was ich mit Dir machen werde, Du verdammte Terroristin, Du? Ich werde Dich langsam erschießen. Erst das eine Knie, dann das andere. Ich werde Dich von unten nach oben durchlöchern, wie einen Schweizer Käse, und wenn mich das mein verdammtes Amt kostet! Ich will Dich wirklich leiden sehen, bevor Du krepierst! Aber das ist noch gnädig, im Gegensatz zu dem was Dein Verein meiner Martha angetan hat. Vielleicht warst es ja sogar Du selbst? Ihr ganzer Körper war zerstochen! Ich wünschte es mir, ich hätte ein schönes scharfes Messer, dann würde ich es Dir mindestens genauso geben! Ich habe heute die Bilder vom Tatort gesehen, nein, dafür kann es keine Gnade mehr geben. Ich will Dich leiden sehen, und dann sollst Du langsam verrecken, so wie Du es mit mir vorhattest! Du sollst solche Schmerzen fühlen, dass Du vergisst, dass Du eine Frau bist. Ich mache Dich kalt, ich werde..." Da wurde Ian Bannister plötzlich von Eddie unterbrochen, der sich in die Schusslinie stellte. Dann stellte sich Sandra vor Eddie und Lissy schließlich zwischen die beiden. Ian Bannister war plötzlich verwirrt und guckte konsterniert. Er wusste nicht mehr, auf wen er zielen sollte. „Wenn Sie Kate liquidieren wollen, nur zu, Mr. Bannister. Aber sie müssen dann erst uns ausschalten, alle drei, einen nach dem anderen. Und uns dabei in die Augen sehen", sagte nun Sandra Miller mit sanfter Stimme. Da schaltete sich Kate ein: „Bitte, geht aus dem Weg. Er knallt Euch sonst wirklich noch ab. Er ist jetzt sehr wütend und traurig, ich verstehe ihn. Mr. Bannister, ich bitte Sie jetzt nicht um mein Leben, meine Gesundheit oder um einen Straferlass. Bevor Sie mich erschießen, wozu ich Ihnen durchaus ein gewisses moralisches Recht zugestehen würde, möchte ich Sie nur um eines bitten. Nämlich mir einmal fünf Minuten Ihrer ungeteilten Aufmerksamkeit zu schenken. Danach dürfen Sie mit mir machen, was Sie wollen, ist das ein Deal? Bitte geht jetzt endlich aus dem Weg, es ist eine Sache, die Euch nichts angeht." Die drei traten beiseite und Ian Bannister trat an das Krankenbett, er senkte die Waffe und zielte auf das unverletzte linke Knie von Kate. „Mr. Bannister? Oder darf ich Sie Ian nennen? Ich möchte Ihnen danken, dass Sie mir diese Chance geben. Sehen Sie, wenn Sie mich jetzt erschießen würden, dann würden Sie nicht nur Ihr eigenes Leben ruinieren, sondern auch das ihrer Kinder. Darf ich Ihnen sagen, warum ich Terroristin geworden bin? Weil man meinen Mann und meinen dreijährigen Sohn vor meinen Augen weggebombt hat. Drei Tage lang habe ich damals meinem kleinen Sohn beim Sterben zugesehen. Danach war ich tot, verstehen Sie das? Mein Leben war vorbei. Ich hatte mit allem abgeschlossen, es war so leer in mir. Ian, glauben Sie mir bitte, nicht wegen mir, sondern wegen Ihnen selbst und Ihren Kindern! Sie würden sich nach der Tat nur leer und verbraucht fühlen, aber Ihre Martha kommt nicht zurück. Sie können mit den Kugeln Ihres Revolvers nicht die Geschichte rückgängig machen, sagten Sie mir nicht gestern hier etwas Ähnliches? Und wenn Sie jetzt bereit wären, nicht mehr mit der Waffe auf mein Knie zu zielen, dann werde ich Ihnen Informationen geben, die Ihnen vielleicht weiterhelfen werden, vielleicht auch nicht, O.K.? Ich tue das aber nur freiwillig, und wenn Sie die Waffe abgeben. Sonst nehme ich mein Wissen mit ins Grab!" Als Sie das sagte, sah sie ihn mit einem zu Allem entschlossenen Blick an. Er senkte die Waffe, sicherte sie, und gab sie Eddie. Lissy brachte ihm einen Stuhl, auf dem er sich erschöpft von seiner Hasstirade vor das Bett von Kate setzte. Sie lächelte ihn jetzt an, dann sagte sie: „Ian, Sie sind doch kein Henker, oder?" Beschämt schüttelte er mit dem Kopf. Sie fuhr fort: „Ian, sehen Sie, ganz ehrlich, ich bin Ihnen sehr dankbar, für Ihren Auftritt vorhin. Den hatten Sie bei mir gut, jetzt sind wir endlich quitt. Bitte hören Sie mir nur noch kurz zu: Ich habe es vorhin auch schon den Sonderermittlern gestanden, machen Sie mit dieser Information, die ich Ihnen jetzt gebe, was sie wollen; sie brauchen auf mich keine Rücksichten zu nehmen. Töten Sie mich, sperren Sie mich ein, was Sie wollen, es ist Ihre Entscheidung. Aber dies sollten Sie vorher noch erfahren: Bevor ich nach Helgoland aufbrach, hat die Führung der New Revenge Irish Republican Army mir gesagt, dass ich bei einer erfolgreichen Ausführung des Auftrages zur Nummer 3 im Unternehmen aufsteigen könne, mit mindestens 50 Aktivisten, die man mir zuordnen wollte. Ich kenne leider nicht die wirklichen Namen von Nummer 1 und Nummer 2, aber eines kann ich Ihnen versichern. Nämlich, dass ich es mir überhaupt nicht vorstellen kann, dass es einer von diesen beiden alten Opas war. Und ich war es auch nicht. Außerdem hätte das gegen alle unsere Ziele verstoßen, es hätte uns unglaubwürdig in der Bevölkerung gemacht. Ich weiß es sogar ganz sicher, dass Nummer 1 unnötiges Blutvergießen hasst, besonders wenn es andere Iren trifft. Mehr weiß ich nicht, bitte glauben Sie es mir! Wenn ich bereits früher aufgestiegen wäre, dann hätte ich Ihnen und Ihren Sonderermittlern jetzt eine komplette Inventarliste der IRA übergeben können, mit Namen und Verstecken. Aber so weiß ich leider auch nicht viel mehr als Andrea O´Leary, das ist wirklich wahr." Ian Bannister schwieg jetzt nachdenklich. Dann sagte Kate: „Eddie, könntest Du ihm jetzt bitte seine Artillerie wiedergeben. Ich möchte, dass er jetzt die Möglichkeit bekommt, mich zu erschießen, denn ich habe es verdient. Bitte geht jetzt alle drei raus aus dem Zimmer, wie ich schon sagte, das ist eine Sache zwischen mir und Ian, ist es nicht so?" Die drei Sonderermittler verließen sichtlich beeindruckt den Raum, nachdem Eddie Ian Bannister die Waffe wiedergegeben hatte. Dieser sah Kate nachdenklich an, ließ die Waffe aber gesichert. „Ich bin beeindruckt, Miss Nightingale, ich hätte gedacht, dass Ihnen Ihr Leben mehr wert ist, als die fünf Kugeln, die ich hier im Magazin habe." Kate sagte jetzt sehr leise: „Ian, ich muss Dir jetzt was gestehen. Ich bin nicht so mutig und stark, wie ich zu sein scheine. Ich habe ehrlich eine Riesenscheißangst vor dem Sterben! Nicht vor dem Leiden, das kenne ich schon. Weißt Du, mir tut mein ganzer Körper weh, wenn die Wirkung der Schmerzmittel nachlässt. Weißt Du, ich finde, wir beide sollten das Kriegsbeil begraben, weil nämlich keiner von uns dabei irgendetwas gewinnen kann. Wir werden höchstens beide etwas verlieren. Doch wenn Du mich jetzt wirklich abknallen möchtest, dann bitte ich Dich nur um eines: Schieß mir bitte direkt in den Mund, damit es schnell vorbei ist. Das wäre dann auch die letzte Bitte eines Delinquenten an seinen Henker. Würdest Du mir diesen Wunsch abschlagen wollen, Ian?" Sie schloss die Augen, lehnte sich ins Kopfkissen zurück und öffnete den Mund. Ian Bannister beugte sich vor, und drehte die Waffe in seiner Hand. Ihr Atem kam langsam, sie holte tief Luft, so als wäre es ihr letzter Atemzug. Er legte die Waffe auf ihre Bettdecke, dann legte er ihr seinen Zeigefinger in den Mund auf ihre Unterlippe, und dann sagte er plötzlich: „Peng!" Sie zuckte zusammen und öffnete erstaunt die Augen. „Aische hatte Recht, Du bist wirklich unschuldig am Tod von Martha. Du kannst jetzt das Programm mit den anderen fortsetzen. Bitte mache mit und enttäusche mich nicht – es steht auch mein guter Ruf mit auf dem Spiel. Ich glaube wieder an Dich, Kate." Er küsste sie jovial auf die Stirn, dann stand er auf. „Eine Frage habe ich an Dich, Ian", sagte sie jetzt. „War der Revolver wirklich geladen?" Er entsicherte den Revolver, zielte auf die Holzdecke und drückte ab. Ein ohrenbetäubender Knall hallte durch den Raum und Holzsplitter regneten von der Decke. Kate machte vor Angst ihr Geschäft ins Bett. Wortlos stapfte Ian Bannister nach draußen, vorbei an Eddie, Lissy und Sandra, die entsetzt hineingestürmt kamen. Er grinste nur grimmig, beachtete sie aber nicht.

Helgoland, Oberland, gegenüber der Langen Anna, 10.47h

Ian Bannister war unruhig, konnte er etwas mit den Informationen von Kate anfangen? Wen hatte sie mit den beiden alten Opas, mit Nr. 1 und mit Nr. 2 gemeint? Mit Sicherheit benutzten die Drahtzieher der Anschläge nur Decknamen. Die Verstecke, die Kate kannte, würden sie inzwischen alle geräumt haben. Der einzige Ermittlungserfolg gegen die New Revenge IRA war bisher die Verhaftung von insgesamt 5 Aktivisten in 2 konspirativen Wohnungen in Dublin gewesen. Diese Leute hatten sie alle im Zusammenhang mit der Befreiung Andrea O´Learys geschnappt. Aber die Verhafteten waren alles junge Leute gewesen, die man zum guten Teil noch nicht einmal richtig strafrechtlich belangen konnte. Die meisten der 5 würden bald wieder frei sein, und es würde auch sehr schwer sein, den beiden Bewachern Andrea O´Learys Entführungs- oder Mordabsichten nachzuweisen. Er überlegte jetzt scharf. Wenn sie wirklich schon fast zur Nummer 3 aufgestiegen war, dann musste das bedeuten, dass die IRA ihr sehr viel zugetraut hatte. Vielleicht sollte er einfach das Gleiche tun. Er musste Aische fragen. So kam er nicht weiter. Sie hatte ihn scheinbar spielend in den Sack gesteckt, doch sie hatte wirklich Recht. Sie zu erschießen wäre nicht nur sein politischer Ruin gewesen – es hätte sogar einen internationalen Eklat gegeben. So etwas durfte es heute nicht mehr geben, dass Regierungsoberhäupter willkürlich über Leben und Tod entschieden und sich wie Peter der Große von Russland auch noch selbst als Henker betätigten. Fast hätte er es wirklich getan. Er schauderte zurück vor sich selbst. Das Verrückte war nur, dass er für Kate so eine Art Hassliebe empfand, denn sie schien ihm in einigen Dingen ähnlich zu sein. Sie war eloquent, wusste Probleme zu lösen und war immer wieder kreativ genug, um ihren Kopf aus der Schlinge zu ziehen. Kathrin Nightingale! Verdammt, was konnte er mit dieser Femme Fatale nur anfangen? Sie ließ sich nicht so leicht benutzen wie andere Leute, dazu war sie einfach zu intelligent. Er sah ein, dass er ihr sehr viel geben musste, wenn er nicht am Ende dumm dastehen wollte. Hatte nicht sie selbst ihn als einen würdigen Regenten beschrieben? Meinte sie das wirklich, oder wollte sie sich nur bei ihm einschmeicheln? Nach kurzem Überlegen kam er zu dem Schluss, dass Kathrin Nightingale es nicht mehr nötig hatte, sich irgendjemandem anzubiedern. Sie hatte mit dem Leben abgeschlossen, sie war fertig. Zuerst hatte er sich darüber gefreut, dass sie in ihr Bett gekotet hatte, es hatte ihm eine gewisse Genugtuung bereitet. Doch jetzt sah er die Dinge plötzlich anders. Was war, wenn sie eine Anzeige gegen ihn machte? Als Zeugen gab es immerhin drei Sonderermittler, die man nicht einfach wegdiskutieren konnte. Und die hatten in einigen Feldern gottähnliche Vollmachten. Er musste dringend mit Keith Hastings telefonieren, und ihm davon erzählen. Von dem, was er gerade verbrochen hatte. Denn es war ein Verbrechen gewesen, eine völlig wehrlose Frau zu Tode zu erschrecken und Druck auf sie auszuüben. Er hatte sich vergessen, das durfte einfach nicht wieder vorkommen. Er musste sich jetzt etwas abreagieren, deshalb zog er jetzt seine Waffe, seine gute alte Glock, aus dem Schulterholster, und begann auf die lange Anna zu schießen. Leider hatte er nur noch vier Schüsse. Sandstein rieselte nach dem letzten Abschuss aus dem roten einzelnstehenden Felsen, als ihm Jemand von hinten leicht an die Schulter tippte. „Sie können damit keine Vögel mehr verscheuchen, die sind alle tot", sagte Dr. Florian Zuckmayer trocken. „Ach Sie sind es, Sie sind doch der Lebensgefährte von Frau Dr. Pelzer, nicht wahr?" „Wir waren verlobt, die Hochzeit war bereits geplant, aber wissen Sie was wirklich komisch ist? Susanna hat es gewusst, dass sie ihre eigene Hochzeit nicht mehr erleben würde. Sie war schwer krebskrank und wäre sehr wahrscheinlich vorher daran gestorben. Aber sie hat mir bis zuletzt nichts davon gesagt. Stattdessen hat sie mir und den Kollegen der Station ein Vermögen von mehreren Millionen Euro hinterlassen, damit wir ihr Projekt weiterführen können. Verrückt, nicht wahr? Zu planen, was nach dem eigenen Tod passieren soll." „Meine Martha war eine Seele von Frau, sie hat mich immer gestützt, wenn es darauf ankam. Ich hatte sie nicht verdient, nein wirklich nicht. Ich hatte viele Affären mit vielen verschiedenen Frauen, das liegt mir wohl so in den Genen. Aber keine hat mich so lange getragen und ertragen wie meine Martha, keine andere hat mir Kinder geboren. Ich war dabei, ich habe es gesehen, wie sie in den Wehen lag und litt. Und dann die Freude, als unser erster Sohn dann endlich da war! Sie strahlte hell wie die Sonne, ja es wurde automatisch hell, wenn sie irgendwo hinkam. Ich hatte sie nicht verdient, nein ich nicht. Und jetzt ist es wieder eine Frau, die mir in die Quere gekommen ist. Und soll ich Ihnen was sagen? Ich liebe und ich hasse sie in einem Atemzug, für mich ist sie wie das Gift des Alkohols in einem wohlschmeckenden Whisky. Es ist alles so verrückt! Erst wollte sie mir den Garaus machen, dann hat sie sich bei mir entschuldigt, und ich habe die Entschuldigung angenommen. Und dann, ja dann erfuhr ich das mit meiner Martha! Der Mörder muss sie mit unzähligen Messerstichen gefoltert haben, doch vorher hat er sie noch nackt ausgezogen und geschändet. Hätte ich sie schützen können, wenn ich als ihr Mann bei ihr gewesen wäre? Ja und dann, dann kam ich heute Morgen, als ich die Bilder vom Tatort und von Martha sah, so in Rage, dass ich die Frau töten wollte, der ich doch schon längst verziehen hatte! Manchmal frage ich mich, ob das die irische Seele in mir ist, oder ob es da noch etwas anderes, etwas Böses gibt? Ich schäme mich so, ich bin doch kein Despot, der Leute eigenhändig exekutiert, sowie Peter der Große. Aber vorhin – ja vorhin, da hätte ich es fast getan, wenn nicht sie mich davor bewahrt hätte. Und das mit meinen eigenen Worten, die ich ihr gestern noch zugesprochen habe, als die Presse nach ihrem Geständnis weg war. Ich ärgere mich über meine eigene Dummheit, über meinen blinden Hass. Wie würden Sie so etwas wiedergutmachen, Dr. Zuckmayer? Ich kann ja meine Worte und Taten nicht zurückholen." Dr. Zuckmayer sah jetzt Ian Bannister fassungslos an: „Sie haben Kathrin Nightingale doch nicht etwa mit dieser Waffe da bedroht?" „Ich will ehrlich zu Ihnen sein, absolut ehrlich: Yes I have, yes I did." „Und nun? Eigentlich sind Sie ja jetzt quitt mit Ihr, aber als Gentleman müssten Sie sich dafür entschuldigen, wenn nicht sogar öffentlich!" „Ja, da haben Sie völlig recht! Aber es reicht in diesem Fall einfach nicht aus, dass ich sage: Hey Leute, bin auch nur ein Mensch, habe einen dummen Fehler gemacht, sorry! Da sie es nicht tun wird, müsste ich mich wohl selbst anzeigen, damit unsere Rechtsstaatlichkeit gewahrt wird. Wegen Nötigung und versuchtem Mord aus Rachsucht. Ach, ich weiß es noch nicht, was ich tun werde. Aber irgendwie tut mir die Frau auch leid. Stellen Sie sich das vor, sie bot mir an, sie erschießen zu dürfen – als Gegenleistung verlangte sie nur, dass ich ihr 5 Minuten zuhöre. Und zum Schluss lag sie auf dem Bett, machte den Mund auf und sagte mir, wenn ich sie erschießen wolle, dann bitte in den Mund; mit Schmerzen sei sie nicht mehr zu beeindrucken, da ihr der ganze Körper auch so schon genug weh tue. Ich kann so etwas einfach nicht fassen! Plötzlich konnte ich es nicht mehr tun, sie hatte mir nur durch ihre Worte die Waffe schon längst aus der Hand genommen. Und dann fragte sie mich zum Abschluss, ob die Waffe wirklich geladen war. Und was habe ich Idiot getan? Ein Loch in die Decke geballert, und sie hat sich gleich eingekackt, wirklich. Das war heute kein siegreicher Tag für Ian Bannister, nein, ich habe mit der Waffe in der Hand gegen eine völlig wehrlose schwer verletzte Frau verloren! Was tun?" „Mr. Bannister, bei allem Respekt wegen Ihres hohen Amtes, aber hat Ihnen schon mal Jemand gesagt, was Sie eigentlich für ein Schwein sind!?" „Ich danke Ihnen, dass Sie das so ehrlich sagen, Dr. Zuckmayer, ja wirklich. Doch was würden Sie an meiner Stelle jetzt tun?" „Zuerst würde ich der Frau Blumen schicken, mindestens den größten Strauß, den ich hier auf der Insel bekommen könnte. Und dann würde ich mich schriftlich bei Ihr entschuldigen. Und vielleicht würde ich es auch noch im Fernsehen tun, vor allen Leuten, so wie sie es Ihnen ja schon vorgemacht hat." Ian Bannister umarmte Dr. Zuckmayer spontan. „Dr.

Zuckmayer, sie sind ein wahrer Helfer in der Not, ich danke Ihnen! Ja sie haben Recht, das wäre ein Weg. Und ich will prüfen, was ich Kate Nightingale darüber hinaus noch Gutes tun kann, damit dieses elende Drama endlich beendet wird.“ Ian Bannister ging zurück zum Nordseehotel, dort begann er zu handeln. Dr. Florian Zuckmayer blieb nachdenklich auf dem Oberland zurück und vermisste das Gekreische von Tausenden von Seevögeln, die diesen trostlosen Felsen einst bevölkert hatten. Die Stille war einfach nur gespenstisch. Es war geradezu so, als wenn die Seelen der toten Vögel anklagend von den Klippen herunter starrten.

Helgoland, Krankenzimmer von Kathrin Nightingale/Praxis von Dr. Nesemann, 9.35h
Gleich nach den drei Ermittlern kamen Dr. Nesemann und die Arzthelferin ins Zimmer gerannt. „Ist sie O.K.?“ wollte Dr. Nesemann wissen, und Eddie rief: „Mein Gott, Kate, was hat dieser blöde Arsch nur getan?“ Dabei war Eddie als Erster an ihrem Krankenbett. Kate lief rot im Gesicht an, dann richtete sie sich mühsam in ihren Exkrementen liegend auf und brüllte laut, so laut, dass es die zweite Sprechstundenhilfe im Vorzimmer noch hören konnte: „Fuck! Fuck You All! Fuck off! Piss Off!“ Dann holte sie ohne weitere Vorwarnung, trotzdem ihr linker Arm an einem Tropf hing, zu einem Kung-Fu-Schlag gegen Eddies ungeschützten Solar Plexus aus, der ihn mitten ins Zentrum traf und sofort zu Boden schickte, obwohl sie nur die Hälfte ihrer Kraft einsetzen konnte. Der Tropf wurde umgerissen und fiel zu Boden, wo die daran hängende Flasche klirrend zersprang. „Ihr verfluchten Arschlöcher, ich hätte dabei draufgehen können! Verdammt, warum habt ihr ihm die Knarre wiedergegeben und habt mich hier mit ihm allein gelassen? Ich denke, Ihr seid alle Terror- und Gewaltexperten? Ich war ihm völlig schutzlos ausgeliefert! Eddie hätte doch nur zu sagen brauchen, dass es genug gewesen sei und er hätte seine Waffe glatt vergessen! Wollt Ihr mich in Wahrheit doch umbringen? Und ich Idiotin habe Euch vertraut!“ Kate brach jetzt völlig zusammen, der Schuss in die Decke hatte ihr den Rest gegeben. Weinkrämpfe schüttelten sie, und sie wehrte alle ab, die ihr Trost spenden wollten. Da sagte Lissy: „Schnell, Doktor, schnell, sie braucht jetzt ein starkes Sedativum! Das muss so eine Art posttraumatischer Schock sein! Schnell!“ Dr. Nesemann zog bereits eine Spritze auf. Doch als Lissy ihren Arm festhalten wollte, damit der Arzt ihr die Injektion geben konnte, schüttelte Kate sie zunächst ab und rammte dann Dr. Nesemann ohne Vorwarnung ihre linke Faust ins rechte Auge. Und verpasste ihm damit ein sehr ansehnliches Veilchen, weil sie bei diesem Schlag ihren ganzen Körper hinter ihre Anstrengung warf, und dabei ihr verletztes rechtes Bein verdrehte, welches sofort wieder zu bluten begann. Dr. Nesemann war völlig perplex und saß jetzt nachdenklich auf dem Hosenboden. Dann nahm er die Spritze und rammte sie ihr schnell in das verletzte Bein, das sie ja wegen der Beinschiene nicht mehr wegziehen konnte. „Fuck! Das tut weh! Fuck You Doc!“ Dann erstarrte sie, ein Zittern lief durch ihren Körper und sie sank kraftlos in die Kissen, weil die Wirkung des Sedativums, welches ihre Muskeln augenblicklich entspannte, sofort durchschlug. Sie murmelte jetzt nur noch wirres Zeug und war nicht mehr ansprechbar. „Soll ich sie saubermachen und umziehen?“ fragte die Arzthelferin, doch Lissy schüttelte den Kopf. Bei dem Ringkampf mit Kate war ihr Kostüm mit Exkrementen beschmutzt worden. Eddie hatte sich mühsam wieder aufgerappelt, japste nach Luft und fragte die anderen: „Müssten wir sie nicht eigentlich besser am Bett fixieren? Seht mal, ihr Bein blutet wieder, Shit!“ Dr. Nesemann kümmerte sich sofort um die Wunde. „Eddie, wir haben alle großen Mist gebaut. Verdammt, wie konnten wir nur so blöd sein? Wir haben sie schutzlos ihrem Henker, oder besser noch dem Zufall ausgeliefert. Das hätten wir niemals zulassen dürfen, dass sie mit Ian Bannister alleine bleibt. Wir hätten ihn sofort

entwaffnen müssen. Wir hätten wissen müssen, wie gefährlich das war!" sagte jetzt Sandra. „Shit, doch ich dachte, er wolle sie bloß etwas erschrecken, um sich für ihren Überfall zu revanchieren. Ich dachte, ein Ministerpräsident vergisst sich nicht so leicht und kommt nicht mit einer geladenen Kanone rein!" verteidigte sich jetzt Eddie wenig glaubhaft. „Was nun?" fragte Lissy. „Ich würde sagen, Eddie geht jetzt erst mal zu Ian Bannister und liest ihm die Leviten. Außerdem müssen wir wissen, was er mit ihr gemacht hat, bevor er in die Decke geschossen hat. Sie hat sich schließlich nicht umsonst eingekotet. So was passiert nur, wenn Jemand echten Stress und echte Angst hat. Ansonsten würde ich vorschlagen, dass wir jetzt daran arbeiten müssen, das verlorene Vertrauen wieder zu gewinnen. Wir wollten sie doch als Freund gewinnen, und jetzt haben wir sie enttäuscht. Ich wäre mindestens genauso durchgedreht wie Kate!" sagte Sandra. „Also, was schlägst Du jetzt vor?" fragte Lissy. „Wir versuchen es mit dem „Ich-schlafe-bei-Dir-Ansatz". Dr. Nesemann, könnten wir noch weitere Betten bekommen? Ich muss mein Kostüm sowieso ausziehen, könnten Sie mir dann vielleicht auch ein Engelhemd geben, wie es Kate trägt? Wir bauen drei Betten da drüben unter der Garderobe auf, da können wir ihre Infusionsflasche gut an den Haken hängen, den Sack ihres Katheters packen wir dann eben auf den Boden ans Fußende!" Eddie und Sandra begannen damit, die Matratzen aufzubauen und Betten zu beziehen, während Lissy Kate wie ein kleines Kind saubermachte und neu anzog. Kate ließ alles widerstandslos über sich ergehen, ihre Augen waren nur noch kleine Schlitze, durch die sie die Realität nur noch fragmenthaft wahrnahm. Dann fielen ihr die Augen zu, und sie schlief ein. Sie begann zu träumen. Plötzlich sah sie sich als hochschwangere Frau, doch sah sie sich selbst aus einer Distanz von einigen Metern. Ihr Bauch war astronomisch dick, sein Umfang betrug mindestens zwei Meter. Aus der Ferne hörte sie eine Stimme, die fragte: „Wann kommt denn nun endlich Dein Kind?" Sie hörte sich antworten: „Ich weiß es nicht, wirklich, wie denn auch?" Danach sah sie sich den drei Schlägern in einer dunklen Gasse in Dublin gegenüber. Sie sah sich, wie sie aufgab. Sie rief: „Macht doch, was ihr wollt mit mir. Dann fühlte sie, wie jemand sie mit irgendetwas penetrierte, doch es war ihr egal. Plötzlich fühlte sie sich nackt, aber konnte sich nicht mal mehr schämen, so wehrlos war sie. Dann zog ihr jemand etwas an. Die Grenze zwischen Realität und Traum war plötzlich verschwommen. Dann hörte sie eine beruhigende, sanfte Frauenstimme dicht an ihrem Ohr: „Katie Darling, komm, sei ganz ruhig. Wir sind alle für Dich da!" Dann fühlte sie eine sanfte Berührung an ihrem linken Arm. Sie kämpfte mühsam gegen den Schlaf an, dann kam sie langsam zu sich. Vor ihrem Gesicht sah sie das lächelnde Gesicht von Lissy. Überdeutlich nahm sie jetzt Lissys Narbe wahr, die von ihrem Hals ab quer nach unten verlief, von ihr aus gesehen. Dann sah Lissy plötzlich traurig aus und schien sich für etwas zu schämen. Sie schloss die Augen und drehte den Kopf zur anderen Seite. Da lag Sandra, auch im Bett und sah genauso traurig drein wie Lissy. Wo war Eddie? Dann streichelte Sandra ihre Wange und sie ließ es geschehen. Und dann erst bemerkte sie, dass Sandra hemmungslos weinte.

Helgoland, Krankenzimmer von Kathrin Nightingale/Praxis von Dr. Nesemann, 12.45h

Gegen Mittag kam Aische Özdemir zu Besuch, sie brachte einen großen Strauß roter Rosen, es mussten mehr als hundert Stück sein, von der teuersten Sorte. Zwischen den Rosen steckte ein handgeschriebener Brief von Ian Bannister, geschrieben auf dem offiziellen Briefpapier des Ministerpräsidenten. Der Brief war in vertraulichem Ton geschrieben worden und auch wortwörtlich so gemeint, wie er geschrieben war. Er lautete so: *„Liebe Kate (ich sage jetzt einfach mal Du, weil wir uns bei verschiedenen Gelegenheiten bereits geduzt haben, und ich eine offizielle Anrede daher albern fände),* *das, was ich Dir heute angetan habe, ist von einem rein moralischen Standpunkt her gesehen schlimmer als Dein Attentatsversuch gegen meine Person. Auch Aische findet, dass Du das nicht verdient hättest. Du hast mir gesagt, dass ich ein würdiger Regent sei, aber ich gebe hiermit zu, dass ich als Landesherr Dir gegenüber völlig versagt habe, auch wenn Du keine Bürgerin Niedersachsens bist. Vor allem, da wir Dich ja wegen Deinem mutigen Geständnis vollständig rehabilitieren wollten. Ich war blind vor Hass und Rachsucht wegen meiner ermordeten Frau, und ich gebe freimütig zu, dass ich die drei Sonderermittler tatsächlich erschossen hätte, wenn Du sie nicht weggeschickt hättest. Für das, was ich Dir angetan habe, gibt es eigentlich keine Entschuldigung, das ist mir bewusst. Was ich getan habe, war etwa so mutig, wie einen Rollstuhlfahrer vor ein Auto zu schubsen. Ich sage Dir nicht, dass es mir leidtut. Nein, es tut mir weh! Deshalb werde ich alles dafür tun, damit Du die Chance bekommst, irgendwo mit Deinem Leben komplett neu anfangen zu können, ohne dass man Dich verfolgt oder belästigt. Und damit Du mir glaubst, dass ich es wirklich ernst damit meine, habe ich beschlossen, mich öffentlich selbst zu bestrafen und außerdem zu Deiner Resozialisierung zu bekennen. Deshalb lasse ich mich in diesen Minuten gerade für einen Tag vor versammelter Presse in der Polizeiwache von Helgoland einsperren, der Innenminister wird gleich den Schlüssel hinter mir umdrehen. Auch Du wolltest keine Gnade, auch Du wolltest bestraft werden, erinnerst Du Dich? Vielleicht sind wir auch deshalb aneinandergeraten, weil wir uns in manchen Beziehungen ähnlich zu sein scheinen. Übrigens habe ich diesen Brief als offenen Brief geschrieben, denn jeder Bürger dieses Landes soll wissen, dass auch der oberste Bürger des Landes nicht über dem Gesetz steht, oder sogar Herr über Leben und Tod spielen darf. Ich sende Dir die besten Blumen, die Aische auf dieser Insel auftreiben konnte. Du hast mich jetzt auch völlig ohne Waffen geschlagen, Kate mach weiter so! Ich werde Dich nach meiner Entlassung privat und unbewaffnet besuchen, ich glaube, ich habe mich jetzt auch ein wenig in Dich verliebt, obwohl da so vieles zwischen uns ist. Dein Ian."* Doch Kate war noch weit davon entfernt, Besuche oder Blumen anzunehmen, geschweige denn Briefe zu lesen. Als sie Sandra ansah, bemerkte sie bei näherem Hinsehen, dass sie mit einer Handschelle an Sandras Handgelenk gefesselt war. Sie drehte den Kopf und sah, dass sie mit der anderen Hand an Lissys Hand hing. Und erst dann fühlte sie, dass beide Frauen die ganze Zeit ihre Hände gehalten haben mussten, denn ihre Hände lagen warm und schweißnass in den Händen ihrer Bettnachbarinnen. Und dann sah sie, dass beide ebenfalls wie sie Engelhemdchen trugen. Ein merkwürdiges Gefühl der Annahme und Geborgenheit stellte sich ein, aber dann wehrte sie sich gegen die Vorstellung, angekettet worden zu sein. Traurig und leise fragte sie jetzt: „Warum diese Handschellen? Habe ich Euch je etwas getan?" Lissy lächelte sie daraufhin an, nahm mit ihrer freien Hand einen Schlüssel in die Hand und befreite ihre Hand aus der Fessel, ohne sie loszulassen. Gleichzeitig verfuhr Sandra genauso. Und dann sagten beide gleichzeitig: „Entschuldigung, Kate." Jetzt begriff sie, dass sie frei war, dass sie nur deshalb angekettet gewesen war, weil die beiden anderen sich Sorgen gemacht hatten, dass sie sich wehtun könne. Dann sagte Sandra sanft: „Kate, bitte vergib uns, wir drei haben heute etwas ganz Schlimmes getan, das soll nie wieder vorkommen, versprochen!" Dann weinte Sandra wieder und gab Kate einen Kuss auf die Wange. Danach machte Lissy dasselbe. Kate kam sich merkwürdig vor. Zwiegespalten. Denn eine Stimme in ihr sagte ihr, dass das alles blöd und albern sei, außerdem auch fast schon lesbisch, während eine andere Stimme dagegen argumentierte und sagte: *Das ist vielleicht der einzige Weg, den sie noch zu Deinem Herzen finden können, verschließe es nicht.* Sie rang mit sich selbst, jetzt fühlte sie wieder leichte Schmerzen im Bein, sie brauchte neue Schmerzmittel. Andererseits wurde sie dadurch auch wachgehalten. Dann zog sie die Hände der beiden auf ihren Bauch und ließ sich von ihnen streicheln. Es war, als wenn ein gefährlicher Tiger entdeckt hat, dass es besser ist, sich von einem Kind streicheln zu lassen, als dieses aufzufressen. Dann sagte Lissy zu ihr: „Kate, Du bist ein echtes Wunderkind! Du bist heute einen sehr großen Schritt weitergekommen. Wir hatten geglaubt, dass wir uns mit Dir mindestens zwei Jahre lang beschäftigen müssten, aber mittlerweile glaube ich, dass Du unser Programm erheblich schneller absolvieren wirst. Soll ich Dir mal was zeigen?" Sie stand auf und öffnete die Tür. Davor lag ein riesiger Haufen von Briefen und Blumen, die viele unbekannte Leute ihr geschickt hatten. Dann sagte sie: „Das ist die Frucht Deines Geständnisses im Fernsehen." Danach ging sie in eine Ecke des Zimmers und holte den größten Strauß roter Rosen hervor, den Kate je gesehen hatte, noch nie hatte ihr jemand so viele Rosen geschenkt. „Und die hier sind von Ian, Du darfst ihn jetzt offiziell mit Du anreden. Er hat vor Dir kapituliert. Soll ich Dir mal seinen Brief vorlesen, den jetzt gerade Millionen von Leuten in Deutschland und Irland in ihren Zeitungen und im Internet lesen können?" Dann las ihr Lissy den Brief vor. „Heißt das, dass wir weitermachen, ich muss nicht ins Gefängnis?" fragte sie unsicher. „Ja Kate, Du hast jetzt eine große Zukunft vor Dir. Du hast es schriftlich, keiner kann es Dir mehr wegnehmen. Wir freuen uns so für Dich", sagte jetzt Sandra. „Und wieso liegt Ihr beiden hier am Boden rum, so wie ich?" wollte sie jetzt wissen. „Keine Angst, wir sind nicht auf den lesbischen Trip gekommen, falls Du das befürchten solltest. Wir wissen, dass es rein rechtlich gesehen problematisch ist, eine andere Person auch nur zu berühren, aber wir haben ja nichts Unsittliches getan. Alles was wir wollten war, Dir Nähe und Zuwendung zu geben. Wir hatten Dich in einer Gefahr allein gelassen, wir wollen das jetzt wieder gut machen, auch wenn es vielleicht albern aussieht, oder blöd klingt." „Und warum die Handschellen?" „Ganz einfach", erklärte ihr jetzt Sandra. „Du hast im Traum, und nicht nur im Traum, um Dich geschlagen. Wir hatten wirklich Angst, dass Du Dich verletzen könntest, so wie Du Dir Dein krankes Bein verletzt hast, als Du Dr. Nesemann ein schönes blaues Auge verpasst hast." „Wie, ich habe Dr. Nesemann geschlagen? Das wollte ich doch gar nicht!" „Das ist uns auch klar, denn Du warst ja gar nicht mehr ansprechbar. Es war gut, dass Deine Wut rauskam. Richtig schlimm ist es nämlich, wenn jemand alles in sich hineinfrisst, und dann irgendwann explodiert wie ein Vulkan. Kate, Du siehst, dass Du immer noch gefährlich bist, weil dieses Abwehrverhalten tief in Dir verankert wurde. Wir wollen an Dir arbeiten, damit sich das wieder löst. Im Prinzip wollen wir aus einer Löwin eine kleine süße Schmusekatze machen, wenn Du verstehst, was ich meine", erklärte Sandra weiter. „Das geht mir jetzt aber völlig gegen den Strich!" begehrte Kate auf. „Was meinst Du, wie es mir vorhin ging, als ich Dich sauber machte, wie die Mutti ihr Baby wickelt? Ich kam mir echt blöd vor, weil ich wahrscheinlich fast genauso alt bin wie Du. Aber das gehört alles zu unserem Konzept, in diesen Fällen sind wir sogar verpflichtet, selbst aufzuräumen und sauber zu machen. Es war wirklich eklig, einem erwachsenen Menschen den Hintern abzuputzen, und es hat furchtbar gestunken. Aber ich habe das alles nur für Dich getan. Außerdem haben wir beschlossen, dass wir beide jetzt zumindest nachts bei Dir schlafen, damit Du Dich wieder sicher fühlen kannst. Was glaubst Du wohl, wie Eddie mich in den nächsten Nächten vermissen wird?" „Wie, Ihr beiden seid zusammen?" fragte Kate erstaunt. „Lissy, sag es ihr ruhig!" mischte sich nun Sandra ein. „O.K., mache ich. Du siehst ja sicher meine Narbe, die ich am Hals habe?" Kate nickte. „Eddie und ich gehörten früher zu zwei unterschiedlichen protestantischen Splittergruppen, inzwischen habe ich es vergessen, warum wir überhaupt verfeindet waren. Bei einem alten Fabrikgelände kam es dann zum Showdown. Es gab eine Schießerei. Irgendwann wurde die Lage unübersichtlich. Jeder schoss auf jeden,

Freunde bewarfen sich plötzlich gegenseitig mit Handgranaten, und irgend so ein Irrer hatte einen alten Säbel dabei. Dieser Irre war Eddie. Ich lud grade meine Pistole nach, als er plötzlich wie ein Racheengel mit dieser bluttriefenden Säbelklinge vor mir stand. Ich weiß es noch, wie ich versuchte, mich mit der Pistole vor dem Säbelhieb zu schützen, doch die Klinge glitt am Lauf der Waffe ab, fegte mir diese aus der Hand und zog mir eine schwere Fleischwunde vom Hals bis zum Busen. Ich habe geschrien wie am Spieß, kann ich Dir sagen! Eddie hatte noch nie vorher eine Frau umgebracht, und es tat ihm leid. Ich lag also schwer verletzt am Boden, da rollte plötzlich eine Handgranate auf uns beide zu. Eddie kickte die Granate zwar noch ein paar Meter weg und warf sich neben mich, das heißt vor mich auf den Boden, aber er hat einige sehr große Granatsplitter abbekommen. Er rief plötzlich nach seiner Mutter und hielt sich den Bauch, ich konnte die Eingeweide sehen. Ich kroch zu ihm rüber, ohne ihn wäre ich mit Sicherheit tot gewesen, weil ich schon relativ viel Blut verloren hatte. Mit letzter Kraft rief ich mit meinem Handy die Polizei, so wurden wir beide grade so noch gerettet. An Eddie haben sie fast eine Woche lang rumoperiert, bis er durch war. Im Militärgefängnishospital von Belfast haben wir uns dann irgendwann wieder getroffen. Da haben wir dann einen Priester getroffen, der uns betreut hat. Er hat uns letztlich auch zu einer Weiterbildung verholfen, die uns zu unseren heutigen Jobs geführt hat. Ohne ihn wären wir nicht das geworden, was wir heute sind!" „Und warum habt ihr nicht geheiratet?" „Oh doch, wir sind verheiratet!" Wir haben allerdings herausgefunden, dass es am Anfang besser ist, wenn unsere Patienten das nicht wissen. So können wir offener und besser reden!" Kate war sichtlich erstaunt. „Und wie hat es bei Euch gefunkt?" wollte Kate wissen. In diesem Moment betrat Eddie den Raum, er hatte die Frage mitbekommen. „Sie hat sich unsterblich in mein wertvolles Innenleben verliebt!" sagte er, und grinste. Dann ging er zu Lissy und gab ihr einen Kuss. Dann wurde er plötzlich sehr ernst: „Wir ihr ja schon mitbekommen habt, hat sich Ian Bannister jetzt selbst in den Knast gesteckt, und ich frage mich allmählich, ob nicht wenigstens einer von uns auch gemeinsam mit ihm absitzen sollte. Schließlich haben wir einen schlimmen Fauxpas begangen. Ich meine, dass der Kindergärtner, der das Kind mit dem Wolfshund alleine lässt, eigentlich auch was auf den Deckel bekommen sollte! Wir sind echt so blöd gewesen, ich ärgere mich immer noch über mich selbst!" Aber Kate winkte ab. „Es ist genug, ihr müsst jetzt nicht alle hysterisch werden und Euch mit ich weiß nicht was noch bestrafen. Immerhin bin ja eigentlich ich die Verbrecherin. Ich muss wirklich sagen, dass Ihr schon so viel für mich getan habt, dass das alles andere wieder aufwiegt. Ihr tut mir keinen Gefallen, wenn Ihr Euch mit Ian einsperrt, wirklich nicht. Denn ich brauche Euch. Mir tut mein eigener Gefühlsausbruch von vorhin leid und es belastet mich sehr, dass ich ohne nachzudenken zugeschlagen habe. Es war wie ein Automatismus! Hirn aus und zugeschlagen. Hit and run! Ich bin im Nachhinein noch über mich selbst erschrocken, dass ich Dr. Nesemann ein Veilchen verpasst habe. Könntet Ihr ihn vielleicht mal holen, damit ich es mir ansehen und mich bei ihm entschuldigen kann? Es belastet mich wirklich." Einfühlsam sagte jetzt Sandra: „Es freut mich sehr, dass Du so empfindest, Kate. Weißt Du, bei mir war das damals auch so, dass Gewalt ein Grundmuster in meinem Verhalten war. Es war völlig egal, ob der Toaster klemmte, das Auto nicht ansprang oder nur jemand etwas Dummes zu mir sagte. Ich habe immer zuerst draufgeschlagen, nie habe ich zuerst die konstruktive Lösung des Problems gesucht. Ich habe mehr als drei Jahre gebraucht, um dieses Grundmuster meines Verhaltens abzulegen, und ich habe selbst Eddie schon einige Male Bauchschmerzen bereitet. Denn er ist am Bauch sehr empfindlich geworden, seit seiner schweren Verletzung. Ihn kann ein Kind in den Bauch pieken, und er fällt gleich um, weil bei ihm bestimmte Teile der normalen Muskulatur einfach nicht mehr vorhanden sind. Deshalb trägt er bei unseren Einsätzen auch meistens einen speziellen Bauchschutz, der wie ein Nierengurt aussieht. Nur bei Dir war er sicher, so etwas nicht zu brauchen. So kann man sich irren!" „Und ich habe mich schon gewundert, warum er gleich zu Boden geht, ich hatte doch gar keine richtige Kraft, im linken Arm schon gar nicht", sagte nun Kate. Darauf sagte Eddie: „Du konntest es ja nicht wissen, und ich hätte meinen Gurt tragen sollen, mein Fehler. Mich würde aber noch eines interessieren: Mit welcher Technik hast Du zugeschlagen, Kate? Denn das war kein normaler Faustschlag, es fühlte sich etwas anders an." „Es war ein klassischer Kung-Fu-Schlag, bei dem man die Finger zu einer Kralle umklappt. Ich habe diesen Schlag als Tigerkralle gelernt. Ein bisschen höher platziert kann man damit auch Menschen töten, weil damit der Zapfen am Brustbein abgebrochen werden kann. Und ist der Zapfen weg, setzt die Atmung aus, und der Mensch erstickt. Wie ihr seht, bin ich also auch als schwer Verletzte immer noch gefährlich. Ich bin darauf nicht stolz, es ist Teil meiner Person geworden. Habe ich denn eine Chance, da wieder rauszukommen? Mein Gott, ich hätte Eddie fast getötet! Bitte entschuldige, Eddie, es tut mir aufrichtig leid!" Kate weinte fast. Lissy nahm sie tröstend in den Arm und drückte sie kurz an sich, dann sagte sie etwas Überraschendes zu Kate: „Ich danke Dir, dass Du mir meinen Mann gelassen hast!" Kate war verblüfft. Dann lachte Eddie und sagte ohne Übergang: „Können wir uns das Melodrama für später aufsparen, Lissy? Sie übertreibt aber auch alles! Ich wollte Euch nämlich noch einige Neuigkeiten mitteilen, die uns betreffen. In Kürze wird hier eine Delegation aus Irland einschweben. Keith Hastings möchte gerne persönlich mit Kate sprechen. Und ratet mal, wenn er noch in seinem Gepäck dabeihat? Die beiden Typen, die Andrea O´Leary bewachten! Und außerdem natürlich noch Andrea selbst. Sie will sich bei Kate für ihre Rettung bedanken und möchte gerne die gesamte Kate-Story schreiben. Ich glaube, da kommt auf unsere Kate einiges zu!" In diesem Moment klopfte es an der Tür.

Schweiz, Romanshorn am Bodensee, 14.00h

Irene Ito hatte es geschafft, sich mit Nahverkehrszügen bis ins grenznahe Konstanz durchzuschlagen. Von hier aus war es kein Problem gewesen, per Anhalter in die Schweiz zu gelangen, da hier die Grenzkontrollen sehr lax waren. Sie hatte ihren alten Reisepass wieder herausgekramt, der noch zwei Jahre lang gültig war und auf ihren Mädchennamen ausgestellt worden war. So reiste sie jetzt als Irene Klein durch die Gegend, was jedoch bei einer echten intensiven Passkontrolle aufgefallen wäre. Große Bahnhöfe versuchte sie nach Möglichkeit zu vermeiden. Irene Ito hatte sich problemlos Geld beschaffen können, da sie über das Internet eine Vielzahl von Konten und Kreditkartenkonten verwalten konnte. Somit verfügte sie jetzt über einen Bestand von rund 200.000 Euro, von dem sie gut die Hälfte in Form von Bargeld mit sich führte. Sie steuerte jetzt die nächstbeste Bank an, und eröffnete dort mehrere Nummernkonten mit Einlagen von jeweils 4000 Euro. Sie erklärte den Bankern, dass sie ein Internet Management der Konten wünsche, und dass sie für ein Mittelständisches Unternehmen tätig sei, welches Mitarbeiter in diversen Ländern beschäftige und diesen so ihre Gehälter zur Verfügung stellen wolle. So nannte sie der Bank 13 frei erfundene Namen fiktiver Mitarbeiter, für die sie Konto und Kennwort einrichten ließ. Danach ging sie ein paar Straßen weiter zur nächsten Bank und wollte sich zunächst für 30.000 Euro Gold in Form von Krügerrandmünzen aus Südafrika kaufen. Nach dem Zweck des Kaufes gefragt, nannte sie den Namen eines fiktiven Unternehmens, was Mitarbeiter in Übersee währungsstabil bezahlen können müsse. Die Banker stellten keine weiteren Fragen und boten ihr für Käufe über 40.000 Euro Sonderkonditionen an, worauf sie dann

Münzen für etwa 40.000 Euro kaufte. Dann verließ sie die Bank, stieg in einer günstigen Pension ab, und dachte über weitere Planungen nach. Das Kind, welches sie in sich trug, wollte sie nun doch nicht abtreiben, zwei Morde waren einer zu viel, fand sie. Falls das Kind von Werner Isselmann war, würde sie es eben in irgendeine Babyklappe legen. Sollte es von ihrem Noch-Ehemann sein, würde sie ihm das Kind sehr wahrscheinlich in irgendeiner Weise zukommen lassen. Denn ihre Zukunft sah sie irgendwo in Übersee, in einem warmen tropischen Land, wo das Leben billig war und niemand überflüssige Fragen stellte. Wenn Sie das 30 Jahre lang durchhielte, wäre die Tat mit Sicherheit verjährt, und sie könnte zurückkommen. Wenn sie das dann noch wollte.

Helgoland, Krankenzimmer von Kathrin Nightingale/Praxis von Dr. Nesemann, 14.02h
Dann öffnete sich die Tür, und Dr. Ito trat ein, wobei er überladen war mit zahlreichen Pappschachteln, aus denen chinesisches Essen verführerisch duftete. Er wurde mit Begeisterung empfangen, und Kate fiel ihm um den Hals, als er sich zu ihr runterbeugte. Dann sagte er: „Eddie hat mir vorhin alles erzählt, nachdem er mit Ian Bannister fertig war, kam er noch vorbei und holte mich aus unserer Besprechung. Mit ihm habe ich auch das Essen verabredet, was ich hier aus dem Chinalokal geholt habe. Der Laden erfreut sich übrigens großer Beliebtheit bei Deinen Kollegen von Irish Press, sie wollen Dich später auch noch besuchen kommen." „Au weia!" rief Kate, „ich glaube ich brauche bald einen Manager, der meine Termine regelt. Wäre es nicht praktischer, Ihr verlegt mich auch ins Nordseehotel? Da haben es dann auch die ganzen Pressevertreter nicht so weit!" „Mal sehen, vielleicht. Doch jetzt lasst uns erst mal essen, ich habe einen Bärenhunger", sagte Eddie. Alle machten sich über die fernöstlichen Kostbarkeiten her, wobei Dr. Ito darauf bestand, Kate beim Essen helfen zu dürfen. Als sie fertig waren sagte Kate: „Also, wenn Ihr mich jetzt noch weiter so mästet, dann werde ich wahrscheinlich komplett verfetten, und werde künftig viel zu dick sein, um Anschläge und Attentate zu begehen." Alle lachten sichtlich erheitert und Kate grinste auch. Dann sagte sie, plötzlich ernst geworden zu Dr. Ito: „Ach Fuji, das ist leider alles nicht so einfach mit mir! Wir haben eben gemeinsam rausgefunden, dass in mir drin leider doch noch eine ganze Menge Killerinstinkte wohnen, die ich wieder loswerden muss. Sogar Dr. Nesemann habe ich schon ein Veilchen verpasst. Ich weiß es nicht, kann ich das von Dir wirklich verlangen, dass Du Dich ständig mit so einer gefährlichen Frau wie mir umgibst? Ich meine, die Nummer könnte ja auch mal schief gehen, und dann habe ich Dich nachher auch noch auf dem Gewissen! Ich schlage einfach zu ohne vorher darüber nachzudenken, ich frage mich jetzt langsam wirklich, ob ich allein damit nicht schon eine Gefahr für die Allgemeinheit bin?" Doch Fuji sah sie nur kurz an und sagte dann: „Dann passen wir ja noch besser zusammen, als ich dachte. Denn ich liebe gefährliche Sachen. Ich habe kein Problem damit." Da schaltete sich Sandra ein: „Trotzdem solltest Du es nicht machen, wie der Sprengstoffexperte, der schon tausend Bomben entschärft hatte und dann von der ein tausendundeinsten Bombe ins Jenseits befördert wurde. Glaube mir Fuji, sie ist gefährlich, wie auch ich immer noch gefährlich sein könnte, wenn ich das wollte. Auch ich habe lange gebraucht, um meine antrainierten Killerreflexe wieder loszuwerden. Ich habe es Dir doch schon demonstriert, dass ich sehr gut mit Messern umgehen kann. Ich kann das sogar so gut, dass ich Griffe beherrsche, mit denen mir selbst ein guter Karatekämpfer das Messer nicht mehr aus der Hand schlagen kann. Ich könnte also anderen Leuten ganz plötzlich und ohne weitere Vorwarnung gefährlich werden. Und mit Deinem Samuraischwert könnte ich in wenigen Minuten ein richtiges Massaker anrichten, das kannst Du mir glauben. Für mich war es eine große Anfechtung, als ich mit Kates Butterfly-Messer spielen durfte. Ich habe es sofort nach Gebrauch

wieder abgegeben, es liegt jetzt sicher im Hotelschließfach. Messer und Klingen sind meine Leidenschaft, und deshalb mache ich auch prinzipiell keine Küchenarbeiten mehr und habe auch kein Taschenmesser. Bevor ich ein Messer in die Hand nehme, rede ich mit Eddie oder Lissy darüber, damit ich unter Kontrolle bleibe. Glaube mir, Fuji, das ist wirklich hart für mich, es ist aber der einzige Weg, damit klar zu kommen. Das ist bei mir fast so schlimm wie bei einem Alkoholiker! Dieses schöne Butterflymesser, einfach herrlich, was glaubst Du, wie gerne ich jetzt damit rumspielen würde!" „Hast Du denn in der Vergangenheit schon mal jemanden abgestochen?" wollte jetzt Kate wissen. „Ich möchte das Thema in dieser Runde nicht so ausführlich erörtern, aber Du kannst davon ausgehen, dass ich in der Vergangenheit mit Messern schlimme Sachen und Erfahrungen gemacht habe. In der Siedlung, in der ich als Teenager wohnte, machten selbst große harte Kerle einen weiten Bogen um mich, rein präventiv, gewissermaßen. Und Dr. Nesemann war übrigens ganz schön sauer auf mich, wegen der beschädigten Schreibtischplatte. Er dachte erst, dass es unser Samurai Kämpfer Fuji gewesen wäre... Er hat nicht schlecht geguckt, als ich ihm Sinn und Zweck der Übung erklärt habe! Wo steckt unser Dr. Blauauge eigentlich? Er wollte doch noch vorbeischauen!" Alle lachten, als die Tür aufging und tatsächlich Dr. Nesemann hereinkam. Trotz Kühlung war sein Auge fast zu geschwollen, Kate hatte wirklich einen Volltreffer gelandet. „Nun, wie geht es denn unserer Schlägerin?" fragte er Kate. Sie sah ihn sichtlich beschämt an, dann entgegnete sie: „Und Ihnen? Was macht das Auge? Es sieht ja ziemlich schlimm aus! Es tut mir aufrichtig leid, aber als sie mir danach die Spritze ins Bein gehauen haben, hat das auch richtig wehgetan. Ich bin ja sonst nicht so zimperlich, aber meine Beine, vor allem die Waden, sind sehr empfindlich. Und Sie haben mir die verdammte Spritze genau in die empfindlichste Stelle gehauen! Von wem haben Sie nur diesen Killerinstinkt? Habe ich Ihnen das jetzt beigebracht?" Dr. Nesemann lächelte, dann meinte er: „Sie scheinen ja schon wieder obenauf zu sein, das ging aber schnell. Ich wollte Ihnen jetzt gerne noch eine Aufbauinjektion verabreichen, denn da steht noch einiges auf ihrem Tagesprogramm. Also, wenn Sie mich nochmals schlagen wollen, bitte nur immer auf dasselbe Auge, ja? Sonst muss ich Sie wieder in die Wade stechen!" „Kein Problem, Herr Doktor, hier ist mein Arm." Sie hielt ihm den gesunden linken Arm hin. Nach der Injektion meinte er: „Sie scheinen ja eine bemerkenswerte Heilhaut zu besitzen, die hätte ich auch gerne. Trotzdem sollten Sie sich jetzt etwas ausruhen, damit Sie für nachher noch Kraft haben." „Ist schon O.K. Doc, haben Sie noch etwas gegen die Schmerzen? Das Bein merke ich jetzt gar nicht so, aber mein Schlüsselbein." Dr. Nesemann sah sich die Wunde an, dann erneuerte er den Verband. „Sieht eigentlich gut aus, ich habe schon schlimmere Sachen gesehen. Ich gebe Ihnen jetzt das Schmerzmittel. Sollte es später noch wehtun, dann sagen Sie Bescheid, dann werde ich Sie zur Sicherheit noch mal in die Röhre schicken. „So, und jetzt muss ich zum nächsten Patienten, bis dann!" Dr. Nesemann empfahl sich, und Kate schlief ein. Diesmal träumte sie wieder, dass sie schwanger sei, dann gab es einen zeitlichen Sprung, und sie hielt ein Kind mit Schlitzaugen im Arm. Und dann war sie plötzlich umgeben von lauter Kindern die alle riefen: „Noch mehr Tante Katie, gib uns noch mehr!" Mit Ausnahme von Sandra und Lissy verließen jetzt die anderen das Zimmer.

Helgoland, Foyer des Nordseehotels, 17.11h

Dr. Ito war durch die Ereignisse so aus der Bahn geworfen worden, dass er fast das Nachmittagstreffen der Wissenschaftler komplett versäumt hätte. Sie machten gerade eine Pause und er ging in die Raucherecke, um sich einen Sargnagel zu gönnen, wie diese irische Zigarette tatsächlich hieß. In der Raucherecke standen bereits einige Presseleute, und eine dunkelhaarige Frau gab ihm bereitwillig Feuer. Fast wäre ihm vor Staunen die Zigarette aus der Hand gefallen, und er starrte sie an. „Ist was, Dr. Ito?" fragte sie ihn. „Das gibt es doch nicht, Sie sehen ja wirklich aus wie Kate, Sie sind nur ein bisschen größer! Sie müssen Andrea O´Leary sein!" „Die bin ich. Was macht Kate jetzt? Wann kann ich zu ihr?" „Nun, vorhin hat sie geschlafen, sie muss sich ein bisschen von den Anstrengungen des heutigen Tages erholen." „Was war denn los, ich habe hier so ein paar wilde Geschichten gehört. Stimmt es wirklich, dass Ian Bannister sie bedroht hat? Ich verstehe das gar nicht, denn eigentlich ist er ja bei uns in Eire eher als Ladykiller in einem anderen Sinne verschrien, wenn Sie verstehen, was ich meine. Als er noch bei der Sinn Fein war, da gab es bei uns sogar das geflügelte Wort, dass es in der Partei noch kein weibliches Mitglied gäbe, dass er nicht persönlich bestiegen und auf die Ehefraubetrugstauglichkeit getestet habe." Dr. Ito musste jetzt grinsen. Dann sagte er, in dem er sich Andrea O´Leary nochmals eingehend ansah: „Wo wir schon mal bei dem Thema sind, muss ich Ihnen nun doch noch etwas beichten", er grinste jetzt über beide Ohren. „Wir beide haben schon mal miteinander geschlafen!" Erst sah ihn Andrea O´Leary verständnislos an, dann fiel sie in sein Lachen mit ein. Dann erklärte er ihr diesen Teil der Geschichte, nämlich dass er ja Kate Nightingale unter ihrem falschen Namen Andrea O´Leary kennen gelernt habe. „Nachdem ich dann wusste, wie sie wirklich heißt, habe ich sie trotzdem noch einige Male Andrea genannte, ich habe ihr sogar mal eine kleine Notiz geschrieben, wo ich sie als Andrea anredete. Ist das nicht verrückt?" Da gesellte sich ein untersetzter Mann mit roten Haaren zu ihnen, der eine Halbglatze hatte, einen rötlichen gepflegten Vollbart und stechend grüne Augen hatte. „Dr. Ito? Ich bin Keith Hastings, der Innenminister der Republik Irland. Können wir uns schon mit Miss Nightingale unterhalten? Wie geht es ihr denn jetzt, nachdem Ian mal wieder richtig Scheiße gebaut hat? Also manchmal kann er so ein Idiot sein, Trauer hin oder her. Er hat mir heute so einiges gebeichtet, als ich noch im Flieger saß. Wir stehen in ständigem Kontakt, wegen der Mordermittlungen in Dublin. Man hätte ihm die verdammten Bilder vom Tatort nicht schicken dürfen, ich glaube, da wäre ich auch durchgedreht. Aber er hat darauf bestanden, da kann selbst ich nicht wirklich nein sagen, leider." „Und wie finden Sie das, dass er sich selbst von seinem Innenminister einsperren ließ, wenn auch nur für einen Tag?" wollte Dr. Ito wissen. „Na ja, das ist zwar eine Geste für die Öffentlichkeit, ich denke aber, dass er sich so auch die Möglichkeit verschafft hat, allein zu sein und trauern zu können, " sagte Keith Hastings. „Was glauben Sie, wurde seine Frau wirklich von einem Sexualtäter umgebracht? Oder war es doch die IRA? Kate hat uns gesagt, dass sie Letzteres nicht glaube", sagte Dr. Ito. „Wir ermitteln in alle Richtungen, mehr können wir momentan nicht sagen. Fakt ist, dass Ian Bannister vor mehr als zwanzig Jahren schon mal mit der IRA zu tun hatte. Damals muss irgendetwas passiert sein, jedenfalls gibt es da so ein paar Gerüchte. Einer meiner entfernten Verwandten kam damals zu Tode. Kurze Zeit später ist Ian Bannister dann zur Sinn Fein gewechselt und hat sich von allen paramilitärischen Gruppierungen losgesagt. Ob es da einen Zusammenhang gibt, wissen wir aber nicht. Ich werde Ian darauf ansprechen, ob es irgendeine Verbindung zur Vergangenheit geben könnte." „Eines wüsste ich auch noch gerne", warf jetzt Andrea O`Leary ein. „Nämlich, weshalb Ian Bannister hier überhaupt mit einer Waffe herumrennt. Ich dachte immer, er sei ein bekennender Pazifist?" „Wahrscheinlich hat er einen Peacemaker!" sagte Dr. Ito. Alle lachten. Dann machten Sie sich auf den Weg zur Praxis von Dr. Nesemann, der ihnen auf halbem Wege entgegenkam. Dr. Ito machte sie miteinander bekannt. Als sie weiter gingen, sagte Andrea O´Leary: „Woher hat er denn das schöne blaue Auge. Ist er hingefallen?" Dr. Ito antwortete: „Das hat einen ernsten Hintergrund und hängt mit Kate zusammen. Am besten, Sie fragen nachher sie oder die Sonderermittler. Die haben mich auch schon ganz schön drangenommen", sagte er grinsend und legte so eine falsche Spur. Er wollte den Eindruck vermeiden, dass Kate notorisch gewalttätig sei, da der Innenminister neben ihm lief. Doch dieser lächelte nur wissend und sagte dann: „Ihr Pech, Dr. Ito, ich bekomme mehrmals am Tag Briefings nur zu dem Thema Kathrin Nightingale. Es war Kathrin Nightingale, die Dr. Nesemann das blaue Auge verpasst hat. Also versuchen Sie nicht, mir irgendeinen Bären aufzubinden, ich kenne inzwischen sogar schon die Größe Ihrer Unterhosen, wenn Sie verstehen, was ich meine?" Lachend klopfte er Dr. Ito auf die Schulter, der jetzt rot wurde. Dann machte Keith Hastings eine wegwerfende Handbewegung: „Diese Dinge sind in der Anfangsphase unserer Spezialbehandlung völlig normal, das kennen wir schon. Doch was meine Mitarbeiter betrifft gebe ich Ihnen einen goldenen Tipp: Geben Sie niemals etwas, das eine Klinge hat, in die Hände von Sandra Miller." Dann grinste er wölfisch.

Helgoland, Krankenzimmer von Kathrin Nightingale/Praxis von Dr. Nesemann, 17.32h
Kate schlief noch, als Dr. Ito mit Andrea O'Leary und Keith Hastings bei der Praxis ankam. Sandra Miller kam ihnen an der Tür des Krankenzimmers im Engelhemd entgegen, was komisch aussah, da sie darunter bequeme Jeans angezogen hatte. Sie erschrak sichtlich, als sie Keith Hastings erkannte. Er brauchte nichts zu sagen, er hielt nur die offene Hand ins Zimmer. Andrea O'Leary und Dr. Ito guckten erstaunt. Dann lief Sandra Miller zu ihrer Handtasche, holte einen Gegenstand heraus und legte diesen vorsichtig, ja fast ehrfürchtig in der Hand von Keith Hastings ab. Es war das zusammengeklappte Butterflymesser von Kate! Keith Hastings lächelte, dann steckte er das Messer ein und nahm Sandra Miller in die Arme. Er streichelte ihr über das Haar, dann sagte er mit einem leisen Tadel in der Stimme: „Sandra mein Schätzchen, was machst Du nur? Wirfst wieder mit Messern? So was will ich nicht noch mal in meinen Reports lesen, auch wenn ich weiß, dass Du die Beste bist!" Sandra Miller wurde rot, wie ein Kind, dass man bei irgendeinem Streich erwischt hat. Keith Hastings grinste jetzt breit und erklärte dem völlig verdutzen Dr. Ito: „Meine Sonderermittler sind für mich wie meine eigenen Kinder. Wir stehen in ständigem Kontakt, jedenfalls bei den politisch wichtigen Fällen, und ich mache mir ständig darüber Gedanken, wie ich Gefahren von meinen Sonderermittlern und anderen Leuten abwenden kann. Es ist in etwa so, als wenn sie ein Rudel Wölfe aus freier Wildbahn gefangen und als Wachhunde abgerichtet hätten. Sie können nie ganz sicher sein, dass der alte Wolfstrieb plötzlich nicht wieder ausbricht. Nicht wahr, Sandra, mein Täubchen?" Sandra wurde nochmals rot. „Entschuldige Sandra, dass Du gerade als Beispiel herhalten musstest. Sie hat einige Jahre im Knast gesessen, wo sie leider auch immer wieder in Auseinandersetzungen verwickelt war. Der Gefängnisdirektor sagte mir damals, sie sei ein hoffnungsloser Fall. Dann habe ich ihr Vater Andrew vorbeigeschickt, um zu beweisen, dass es keine hoffnungslosen Fälle gäbe. Und nun sehen Sie, was heute aus ihr geworden ist! Allerdings versucht sie auch heute noch, manchmal irgendwelche Messer zu behalten, das ist fast so ein Spiel zwischen uns. Heute hat sie allerdings verloren, weil ich aus den Akten sehen konnte, dass sie es noch hatte." „Gemeiner Schuft! Musst Du immer alles verraten?!" sagte jetzt Sandra Miller und verzog sich in einen Schmollwinkel. Keith Hastings lachte herzlich. „Ich sehe, wir verstehen uns nach wie vor", sagte er. „Ich darf es ja nicht so laut sagen, aber sie ist so ein bisschen meine Lieblingstochter", gestand Keith Hastings jetzt ein. „Wie haben Sie dieses Resozialisierungsprogramm eigentlich erfunden? Das ist ja ganz faszinierend, dass erwachsene Menschen sich plötzlich so verhalten können!" „Nun, genau genommen ist es nicht meine Erfindung, und auch nicht die Erfindung von Vater

Andrew, der als Gefängnisseelsorger fast alle Gefängnisse in Irland kennt. Nein, unsere Methode beruht auf simplen urchristlichen Werten und Prinzipien, die wir konsequent anwenden. Die Erfolgsquote liegt bei mehr als 90 Prozent, weshalb ich negative Kritiken nicht dulde. So einfach ist das." „Also hat das alles etwas mit Religion zu tun?" fragte Dr. Ito sichtlich fasziniert. „Nur indirekt. Sie können die gleiche Methodik auch durchaus bei Menschen anderer Religionen oder Kulturkreise anwenden, was wir auch schon getan haben. Wenn unsere Patienten erst einmal begriffen haben, was wir ihnen damit geben, dann können sie ohne gar nicht mehr leben. Die meisten, aber nicht alle von ihnen werden irgendwann zu Christen oder zumindest zu Menschen, vor denen man keine Angst mehr haben muss. Und deshalb ist es auch so ziemlich die einzige Methode, wie man Menschen, die sehr schlimme Dinge getan haben, wieder auf den richtigen Weg helfen kann. Denn unsere Methode beinhaltet ihr Programm in sich selbst, genau genommen besteht es nur in einem einzigen Wort: Liebe!" Dr. Ito schwieg beeindruckt. Andrea O´Leary war jetzt ins Zimmer geschlüpft, und machte ein Foto von der schlafenden Kathrin Nightingale. Vom Klicken der Kamera und vom Blitzlicht geweckt, blinzelte Kate vorsichtig. „Andrea O`Leary! Welche Freude, Sie lebend und munter zu sehen! Kommen Sie her zu mir!" sagte Kate, nachdem sie begriff, wer da ein Foto gemacht hatte. Jetzt trat auch Keith Hastings dazu. Plötzlich änderte sich Kates Blick und wirkte weniger erfreut als vorher: „Keith Hastings!" stieß sie keuchend hervor und sah plötzlich so aus, als wolle sie aus dem Bett springen, um ihm an die Gurgel zu gehen. „Was ist denn jetzt kaputt?" fragte Dr. Ito Kate, „hat er Dir etwas getan?" Da entspannte sich Kate wieder, dann lächelte sie und sagte: „Entschuldigen Sie Mr. Hastings, entschuldigen Sie das bitte vielmals, es ist mir ja so peinlich..." Dr. Ito guckte verständnislos, während Andrea O´Leary sich bereits vorstellen konnte, was jetzt kam. Keith Hastings erklärte es ihm: „Vor etwa zwei Wochen hat die New Revenge IRA in einer renommierten Zeitung in Dublin eine Hass- und Todesliste mit Namen von Politikern und anderen veröffentlicht, welche sie abarbeiten möchte. Mein Name stand ganz oben, an erster Stelle der Liste, ist es nicht so, Miss Nightingale?" Kate sank in ihr Kissen und nickte betreten. Dann sagte sie: „Ich bitte um Entschuldigung, aber es ist so, dass wir alle Personen dieser Liste als Targets, also als Ziele, bezeichnet haben. Was bedeutete, dass wir alle uns dazu verpflichten mussten, das Ziel bei nächst passender Gelegenheit zu treffen. Ian Bannister stand auf unserer Liste nur an Platz 23, aber wir haben ihn als Ziel vorgezogen, weil er sich sicher fühlte und ohne Leibwächter nach Helgoland gereist war. Es war purer Zufall, dass diese frappierende Ähnlichkeit zwischen mir und Andrea O´Leary bestand, und dass diese gerade nach Helgoland fahren sollte. Ich bitte um Entschuldigung, aber ich bin ja die letzten vier Jahre darauf trainiert worden, so zu denken. Für mich ist es daher immer noch ein komisches Gefühl, mit einem Target zu reden. Ich will also damit sagen: Mr. Hastings, Sir, ich habe absolut nichts Persönliches gegen Sie, wir können später auch gerne mal ein Guinness zusammen trinken, aber ich merke einfach, wie sehr ich mich hier noch als IRA-Leaderin fühle. Können Sie mir das nachsehen? Es tut mir wirklich leid!" Keith Hastings nickte verständnisvoll, dann grinste er. Dann sagte er wieder etwas Überraschendes. „Sie wäre fast aufgesprungen, um mich zu attackieren, haben Sie es gesehen, Dr. Ito? Daran können Sie sehen, wie leicht es ist, andere zu manipulieren. Und genau das lehne ich ab. Ich möchte, dass meine Schützlinge freiwillig das Gute tun. Im Grunde können wir nicht mehr machen, als den dafür geeigneten Rahmen und die emotionale Sicherheit dafür zu bieten. Ich werde Ihnen das jetzt demonstrieren, Lissy, lass mich mal in Dein Bett." Lissy rutschte zur Seite, während Keith Hastings seine Schuhe auszog und sich dann zwischen Lissy und Kate quetschte. Er legte sich entspannt auf den Rücken, sah zur

Decke und sagte höflich: „Miss Nightingale, ich hatte heute einen anstrengenden Tag. Darf ich mich hier etwas ausruhen?" Sie zögerte mit der Antwort, man sah wie ihre Mundwinkel zuckten, fast hätte sie *„Piss off!"* gebrüllt, das sah man ihr deutlich an. Sie begann zu keuchen. Dann wurde sie etwas ruhiger. Keith Hastings griff in seine Hosentasche, klappte jetzt in aller Seelenruhe das Butterflymesser auf und gab es Kate in die wie er wusste gesunde linke Hand. „Ich wollte Ihnen nur Ihr Messer wiedergeben, Miss Nightingale, sagte er höflich. Was ist? Können Sie es etwa nicht mehr gebrauchen? Nur zu, Target Nr. 1 liegt jetzt neben Ihnen, direkt in Stichweite. Na, wie sieht es aus?" Kate betrachtete nachdenklich das Messer, dann klappte sie es mühevoll wieder zusammen und gab es ihm wortlos zurück. „Danke Kathrin, ich sehe, Sie sind eine echte Lady geworden." Keith Hastings erhob sich wieder. „Und das klappt immer?" wollte Dr. Ito wissen. „Meistens, und wenn es mal nicht klappt habe ich eine kugel- und stichsichere Weste an. Sie hat den Test bestanden, bemerkenswert. Kathrin, darf ich Dich nun offiziell in meine Familie aufnehmen? Ich bin Papa Keith, Du kannst mich auch gerne Keith nennen, wie Du es willst. Darf ich Dich auch Kate nennen, wie die anderen es tun, oder soll ich lieber Kathrin sagen?" „Kate, einfach nur Kate. Oder Du nennst mich Katie, wie Du willst!" „O.K., dann Kate! Er kniete sich jetzt neben ihr nieder, legte ihr die Arme auf die Schultern und sprach einen Irischen Segen über ihr aus. Sie war völlig überrascht, genauso wie Dr. Ito und Andrea O`Leary.

Helgoland, Nordseehotel, Konferenzraum der Wissenschaftler, 20.00h

Dr. Ito hatte das Meeting der Wissenschaftler wegen Kate völlig vergessen, doch die anderen konferierten weiter zusammen. Seufzend sagte Professor Horvath zu Dr. Skibbe: „Ich gebe Ihnen hier schon mal die Entdeckungen unserer Virologen, vielleicht fällt Ihnen ja dazu noch etwas ein. Sehen Sie es sich an, schlafen Sie eine Nacht darüber, ich habe die Unterlagen bereits Dr. Ito zugemailt, der aber jetzt aus uns allen bekannten Gründen ein wenig in den Rückstand gekommen ist. Leider ist er unser einziger Experte für Kerbtiere. Vielleicht hilft ihnen das eine oder andere hier weiter, sehen Sie mal. Hier auf Seite 36 des Reportes finden sich nämlich auch einige Hinweise auf marine Crustaceen. Außerdem ist auch die Seite 105 sehr interessant, da geht es um Symbiose Organismen, welche mit Hilfe von Bakterien Stoffe austauschen. Überlegen Sie doch mal, ob dieser Part für die Phänomene bei Helgoland Relevanz haben könnte." „Nun, es ist eigentlich nichts Unbekanntes, dass Tiere im Weltmeer Partnerschaften eingehen, gerade von den Nesseltieren ist es uns bekannt, dass sie in ihrem Gewebe Zooxanthellen beherbergen. Also diese kleinen Symbiose Algen, die für ihren Wirt Sauerstoff und Stärke produzieren. Doch eine Kombination aus Biolumineszens, also Tieren die mit Hilfe von Bakterien nachts leuchten, und Symbiose Algen ist mir bisher noch nicht bekannt gewesen. Das Merkwürdige an unseren Quallen ist es ja auch, dass sie tagsüber überhaupt nicht leuchten oder grünlich aussehen, dafür aber nachts. Ansonsten sehen sie aus wie normale Ohrenquallen. Außerdem haben Andreas Schnitzler und Thomas Müller die Fotos von den lebenden Quallen analysiert und dabei festgestellt, dass kleine Pünktchen in den Quallenschirmen eingebettet liegen, die offenbar unterschiedliche Formen und Größen haben. Diese Pünktchen haben manchmal sogar verschiedene Farben! Sie sind aber winzig klein, und waren auch nur nach diversen Bildbearbeitungsmaßnahmen zu lokalisieren. Einige Quallen hatten mehr, andere weniger dieser Pünktchen. Was kann das nur sein? Wir zerbrechen uns schon tagelang den Kopf darüber, denn so etwas war uns bisher noch nicht bei Quallen irgendeiner Spezies bekannt geworden", antwortete Dr. Skibbe. „Ich glaube, dass ich da etwas für Sie habe, lieber Kollege! Sehen Sie mal hier, dieses Gutachten unserer Toxikologie aus

Hannover habe ich erst gestern erhalten. Moment, ich muss erst suchen, wo war es denn nur, ach ja hier, Seite 120. *„Inklusionen. Bei der Analyse des Gewebes der marinen Medusen fanden wir bei fast jedem untersuchten Exemplar Inklusionen von fast mikroskopisch kleinen Feinstpartikeln, welche die Medusen offensichtlich im Nanoplankton erbeutet hatten. Dabei handelt es sich unseres Erachtens um Polymerverbindungen, wie man sie gewöhnlich in PVC, PCB und ähnlichen Erdölendprodukten findet. Ein weiterer Test ergab eine Anlagerung zahlreicher weiterer Gifte an diesen Partikeln, wie etwa Quecksilber, Dieldrin, Cadmium, Blei, Zink und andere. Für sich genommen entsprach die letale Dosis dieser Substanzen mindestens der Stärke des Seveso-Giftes Dioxin, wobei manche Toxizitäten auch erheblich höher lagen, manche sogar um das bis zu zwanzigfache der Giftigkeit von Dioxin. Eine weitere Messung ergab, dass alle Proben radioaktiv strahlten, und zwar in Abstufungen zwischen 5 und 50 Becquerel pro Quadratzentimeter. Wir vermuten, dass eine Korrelation von Toxizität und Radioaktivität in den Schirmen der Medusen für das Massensterben der Meeressäugetiere und der Seevögel auf Helgoland relevant sein könnte und empfehlen weitere Versuche vor Ort in dieser Richtung vorzunehmen. Darüber hinaus raten wir zur höchsten Vorsicht, da wir zum gegenwärtigen Zeitpunkt die Infektion mit diesen Toxinen durch Viren oder Bakterien, welche sich von diesen Giften ernähren, nicht ausschließen können. Wir empfehlen, hierzu weitere Tierversuch in jeder Richtung vorzunehmen."* „Dr. Skibbe, was würden Sie davon halten?" fragte jetzt Professor Horvath. „Das ist wirklich brisant, ich werde mir heute Nacht das komplette Gutachten durchlesen. Vielleicht haben wir ja Glück, und unsere Terroristin gönnt uns morgen mal unseren Nationalhelden für einige Feineinstellungen unserer Versuche", sagte jetzt Dr. Lisbeth Müller-Schiffer, die aufmerksam zugehört hatte. „Das Hauptproblem sind ja nicht unsere Versuche, sondern die Gewährleistung unserer Sicherheit. Ich hatte mir heute die Wohnung des alten Hansen angesehen, um die Bodybags mit den inzwischen aufgetauten toten Tieren rauszuholen. Es war nicht möglich! Die Säcke sind nämlich leider Gottes irgendwie nicht ganz dicht gewesen, so dass überall auf dem Fußboden die Salzränder von getautem Meerwasser zu sehen waren, welches inzwischen natürlich verdunstet ist. Dann habe ich einen Kakerlakentest gemacht. Drei Kakerlaken von vier fielen sofort aus, Nummer vier etwa 9 Sekunden später. Die verdammte Hansen-Bude ist so verseucht, dass sie jetzt wahrscheinlich abgerissen werden muss. Ohne Schutzanzug würde ich hier jetzt nicht mehr sitzen!" ergänzte die Toxikologin. „Gut, lassen Sie uns für jetzt das Meeting beenden, morgen machen wir weiter. Ich glaube, dass wir dicht davor sind, das Rätsel zu verstehen. Morgen ist ein neuer Tag. In diesem Sinne, dann bis Morgen, " sagte Professor Horvath und erhob sich. Doch am nächsten Tag mussten sie leider auch ohne Dr. Ito auskommen, sie konnten eben nicht in die Zukunft sehen.

Helgoland, Krankenzimmer von Kathrin Nightingale/Praxis von Dr. Nesemann, 18.35h
Keith Hastings intonierte: „Kathrin Nightingale, ich segne Dich im Namen des Gottes des Friedens und der Rechtschaffenheit, im Namen des Geistes der Buße und der Reue, im Namen dessen, der das Leben gibt und nimmt und im Namen dessen, der Neues schafft und erhält. Und wenn auch Deine Sünde rot ist wie Blut, so soll sie doch weiß werden wie Wolle. Der allmächtige Heiland Gott heile jetzt Deinen Körper, Deine Seele und Deinen Geist. Er möge Dich erneuern und festhalten und aus Dir ein Geschöpf seines Wohlgefallens machen, wie es einst auch der heilige Patrick von Irland gewesen ist. Er gebe Dir seine Liebe, seine Gerechtigkeit und seinen Frieden. Du sollst eine Arbeiterin des Friedens und der Versöhnung für ganz Irland werden, Menschen werden Dir folgen

und Du sollst sie zur Freiheit, zum Frieden und zum wahren Licht rufen. Es soll Dir niemand mehr ein Leid antun dürfen und die Frucht Deines Leibes soll gesegnet sein. So segne Dich der Barmherzige, der alles heilen und vielfältig erstatten wird, was Du verloren hast. Der Vater, der Sohn und auch der Heilige Geist. Amen." Für einen langen Moment schwiegen alle, und selbst Eddie, Sandra und Lissy waren sichtlich beeindruckt. Kate hatte nach diesem Gebet ebenfalls leise Amen gesagt, dann schwieg sie, sichtlich berührt. Keith Hastings wollte sich erheben, doch Kate drückte ihn mit ihrem linken Arm an sich, dann sagte sie: „Das war sehr schön, Papa Keith, danke!" Dann hauchte sie ihm einen Kuss auf die Wange. Keith erhob sich wieder. Dann sagte er: „Katie-Liebling, ich glaube an Dich, große Dinge stehen Dir bevor! Und bereits morgen kannst Du damit anfangen, ich habe da etwas für Dich. Der deutsche Innenminister Werner Theißing hat mich vorhin darum gebeten, morgen das Gefängnis aufzuschließen, und Ian Bannister aus seiner Zelle zu befreien. Wie wäre es, wenn Du das für mich tun würdest?" „Aber wie soll ich dahin kommen, mit diesem Bein?" wollte Kate wissen. „Ich könnte ihr doch eines meiner etwas weiteren Kleider ausleihen", sagte da Sandra. „Und ein Rollstuhl wird sich sicher auch auftreiben lassen!" „Gut, so machen wir es", entschied Keith Hastings. Dann wandte er sich an Dr. Ito: „Dr. Ito, könnten Sie vielleicht heute noch Sandra bei einer wichtigen Aufgabe helfen? Denn ich möchte gerne das gesamte Attentat und seine Verhinderung von vorne bis hinten untersuchen. Und was wir noch nicht getan haben, ist Folgendes: Wir haben Ihr Samuraischwert noch nicht eingehend untersucht. Ich möchte gerne wissen, ob und welches Blut an diesem Schwert klebt. Winzigste Mengen genügen! Wir haben einen kleinen Gen-Sequenzierer dabei, ich denke, dass Sie sich auch damit auskennen." „Und warum haben Ihre Ermittler das bisher noch nicht untersucht?" fragte jetzt Andrea O`Leary. „Nun, das hängt leider mit deren persönlichen Hintergründen zusammen. Eddie hat vor vielen Jahren seine jetzige Frau Lissy mit einem Säbel verletzt. Für die beiden ist die Beschäftigung mit solchen Mordgeräten tabu. Da kommt dann einfach zu viel wieder hoch. Und mein Täubchen Sandra kann man mit Klingen jeglicher Art nicht alleine lassen. Dazu kommt noch, dass Sandra eine sehr starke Abneigung gegen getrocknetes Blut hat, obwohl sie den Anblick von frischem Blut durchaus ertragen kann. Ich weiß es wirklich nicht, warum das so ist, aber beim Anblick von getrocknetem Blut kann sie richtig anfangen, durchzudrehen." „Könnte man denn mit dem Gen-Sequenzierer auch ganz alte Blutspuren feststellen? Immerhin haben meine Vorfahren das Schwert möglicherweise auch benutzt und ich habe es nie gereinigt, auch nicht nach dem missglückten Attentat", sagte Dr. Ito. „Das werden Sie dann schon merken, denn die Signatur des japanischen Genoms ist ja unverkennbar. Der Sequenzierer erkennt das alles innerhalb weniger Minuten." „Und was mache ich, wenn Sandra es nicht packt, also wenn diese blutigen Artefakte ihr zu viel werden? Soll ich Ihr dann ein Beruhigungsmittel geben?" „Nein, in dem Fall beten sie besser, dass sie keinen Amoklauf mit dem Schwert beginnt..." Keith Hastings grinste jetzt, und auch Sandra fing an zu lachen. „Es ist ganz einfach, Fuji: Wenn Du merkst, dass es mir nicht gut geht, schickst Du mich einfach aus dem Zimmer, bis es wieder geht. Außerdem werde ich eine Spezialbrille tragen, mit der ich es nicht ganz so klar vor mir sehe, dieses alte eklige Krustenblut!" sagte Sandra entschieden. „Ist gut, wann fangen wir damit an, mit der Blutuntersuchung?" wollte Fuji wissen. „Am besten gleich morgen früh, nach dem Frühstück", sagte Keith Hastings. In diesem Moment klingelte sein Handy. „Was? Sofort? Das geht nicht, ich bin hier gerade auf Helgoland! Nein, nein. Das muss ein Irrtum sein! Verwechslung der Proben ausgeschlossen? Gut, dann wenden Sie sich an meine Sekretärin, die soll Ihnen alle meine Termine, die ich in den letzten Tagen hatte, per E-Mail schicken! Was? Die letzten zwei Jahre! Ist gut, durchsuchen Sie alles, ich habe nichts dagegen! Wir telefonieren sobald wie möglich, da kann irgendetwas nicht stimmen, das stinkt doch geradezu! Ja genau, machen Sie das, ich möchte bitte ständig informiert werden! Bye, bis dann!" Keith Hastings beendete das Gespräch. Dann sagte er: „Es tut mir leid, aber es sind Umstände eingetreten, die alles verändern. Man ermittelt offiziell gegen mich in der Mordsache Martha Bannister. Da muss irgendein Irrtum vorliegen. Sie behaupten, die Spurensicherung habe an dem Tatort meine DNS gefunden. Und nicht nur das. Angeblich haben sie die gleiche Spur an einem weiteren Tatort entdeckt, der bereits zwei Jahre her ist. Dabei bin doch ich es gewesen, der durchgesetzt hat, dass alle Staatsdiener eine DNS-Probe abliefern müssen, und ich habe meine Probe auch gestern abgeliefert, da das Gesetz seit gestern gilt. Das verstehe ich nicht! Hat die Spurensicherung in Dublin Mist gebaut?" Sofort war in Andrea O´Leary die Reporterin erwacht. „Soll das heißen, dass man Sie beschuldigt, Martha Bannister gekillt zu haben?" „Noch werde ich nicht beschuldigt, der Sachverhalt wird noch geprüft. Ich vermute, dass da etwas verwechselt wurde." „Oder es hat jemand falsche Spuren gelegt", sagte Dr. Ito, ohne zu ahnen, wie nahe er der Wahrheit mit dieser Anmerkung tatsächlich kam. In diesem Moment schaltete sich Kate ein: „Nicht, dass jetzt wieder jemand behauptet, dass die IRA so arbeitet! Die IRA ist eigentlich immer darauf bedacht gewesen, eine gewisse Signatur unter ihre Taten zu setzen, statt diese zu verschleiern. Denn die Taten der IRA sollen ja von der Öffentlichkeit gesehen werden! Und noch etwas, mir ist da vorhin etwas sehr Wichtiges eingefallen, ich denke, ich muss es Euch einfach sagen, sonst werde ich bald meines Lebens nicht mehr froh sein. Es fiel ein, als Ihr die ganze Zeit von Blut geredet habt. Die IRA besitzt etwa eine Tonne Sprengstoff, qualitativ guten C4. Mir ist bekannt, dass die IRA ein ganz großes Comeback plant. Sie will einen neuen „Bloody Friday" veranstalten, und zwar in Belfast und Dublin gleichzeitig, wobei alle intereuropäischen Einrichtungen, Kulturzentren, Moscheen und andere Begegnungsstätten als Ziele gesehen werden. Man will das Jahr 1972 nicht nur deutlich toppen, sondern es sollen seitens der IRA auch alle später öffentlich geäußerten Entschuldigungen für die früheren Anschläge zurückgenommen werden!" Keith Hastings blieb der Mund offenstehen, dann sagte er: „Kate, sag das noch mal!" „Die New Revenge IRA plant einen neuen Bloody Friday." sagte Kate ruhig. „Mein Gott, wenn das wahr ist, warum hast Du es nicht früher gesagt?" sagte jetzt Sandra, sie weinte fast und zitterte vor Anspannung. „Ich musste ja ständig um mein kleines bisschen Restleben kämpfen, außerdem musste ich mich mit so vielen neuen Dingen beschäftigen, dass ich es schlichtweg verdrängt habe. Es tut mir sehr leid. Und außerdem habt Ihr mir doch gesagt, dass Ihr mich nicht nötigen wollt, irgendetwas zu verraten, damit die IRA keinen Grund findet, mich als Verräter zu bestrafen." Keith Hastings ging jetzt in die Hocke und setzte sich neben Kate. „Katie, mein Gott, weißt Du noch mehr? Weißt Du eigentlich, wie vielen Menschen Du jetzt das Leben retten kannst?" „Ich kenne leider keine Details, da Nr. 1 und Nr. 2 die Ziele festlegen wollten. Sie wollten mich ja erst nach dem Helgoländer Attentat in ihren Führungszirkel aufnehmen." „Ist das wirklich wahr? Weißt Du wirklich nicht mehr, Kate?" sagte Keith Hastings eindringlich. Kate standen Tränen in den Augen, als sie antwortete: „Papa Keith, ich war so dumm! Wie konnte ich nur diesen Rattenfängern auf den Leim gehen? Sie haben mir nur zehn Aktivisten anvertraut, die ich führen sollte, mehr nicht. Ich war bis jetzt immer nur an der Ausführung von Aktionen beteiligt, aber nicht an der Planung! Ich sage die Wahrheit!" „Ist ja gut, ich glaube Dir! Kennst Du wenigstens den Termin des Anschlages?" fragte Keith Hastings jetzt. Alle sahen sie gespannt an. „Den genauen Termin haben sie nie erwähnt, sie meinten, dass es im Wesentlichen an der Organisation der Anbringung der Sprengladungen läge. Denn alle Sprengsätze sollten in den 12 Stunden vor dem Termin verlegt worden sein. Sie sollten alle per Handy gezündet werden, und zwar immer dann, wenn man möglichst viele Targets damit treffen könnte. Man wollte es ausdrücklich vermeiden, dass die Hälfte der Bomben hochgeht, aber keine weichen Ziele trifft, wie sie das genannt haben. Sie sagten auch, der Anschlag von Belfast aus dem Jahr 1972 sei in dieser Hinsicht ein Flop gewesen." „Also haben wir möglicherweise durch Dein gescheitertes Attentat jetzt etwas Zeit gewonnen!" meinte jetzt Eddie. „Oder auch nicht", warf Dr. Ito ein. „Schließlich könnte es ja auch sein, dass sie Kate nur irgendetwas vorgelogen haben, um uns zu täuschen, falls man sie schnappt. Vielleicht wollen sie bereits diesen Freitag zuschlagen!" Da schaltete sich Andrea O`Leary ein. „Mein Gott, und mit so einer Mörderbande habe ich sympathisiert! Mr. Hastings, bitte glauben Sie mir das, aber mit solchen Mördern will ich nichts zu tun haben! Ich wurde von der IRA mehrfach kontaktiert, damit ich als Europakritikerin ein bisschen Wasser auf deren Mühlen gießen sollte, was ich eigentlich aufgrund meiner politischen Meinung immer gerne in den Medien getan habe. Ich bereue es jetzt bitter, wirklich! Kann ich hier vielleicht etwas tun? Vielleicht gemeinsam mit Kate?" Jetzt schaltete sich überraschender Weise Dr. Ito ein, denn sein Geist hatte auf Hochtouren gearbeitet. „Ich denke, dass man die Anschläge zu einem großen Teil nicht verhindern kann, wenn die IRA tatsächlich dazu in der Lage ist, viele kleinere Sprengladungen innerhalb von nur 12 Stunden zu platzieren. Denn die IRA braucht zwar viele Aktivisten, um die Sprengsätze zu verstecken, aber nur sehr wenige, um sie auszulösen. Das bedeutet, dass man außer einer Ausgangssperre für zwei komplette Großstädte sowie ein Versammlungsverbot für alle internationalen Gruppen, Einrichtungen und Verbände nichts tun kann. Denn die IRA wird eine so große Menge an Sprengsätzen im petto haben, dass es sie nicht wesentlich von den Anschlägen abhalten wird, wenn einzelne Bombenleger geschnappt werden. Das ist ganz genau so wie bei einem starken Gift, dessen letale Dosis hoch potenziert wurde. Selbst, wenn man das Gift verdünnt – es bleibt immer noch genauso tödlich!" „Was sollen wir dann tun, Dr. Ito?" fragte jetzt Keith Hastings. Da schaltete sich wieder Kate ein: „Warum machen wir es nicht so, wie ich Ian Bannister entwaffnet habe?" „Wie meinst Du das jetzt?" wollte Eddie wissen. „Ich würde mich dazu bereit erklären, Andrea O´Leary ein Interview zu geben. Wenn Sie mir die richtigen Fragen stellt, die wir natürlich vorher absprechen müssen, dann können wir damit dem Ansehen der IRA im Vorfeld der Anschläge das Wasser abgraben. Vielleicht könnte man den nächsten Freitag auch einfach zum Nationalen Trauertag ernennen, alle Flaggen auf Halbmast setzen und überall für die Opfer von 1972 Kränze ablegen, am besten an allen möglichen Plätzen, die potenzielle Ziele abgeben. Denn wenn es überall Iren sind, die auf die Straße gehen, dann hat die IRA ein echtes Problem: Sie kann ja nicht einfach überall die eigenen Landsleute wegbomben! Und das werden sie auch nicht tun, da bin ich mir sicher", sagte Kate. „Hm, überlegte jetzt Keith Hastings, ich weiß es noch aus dem Geschichtsunterricht: Der ursprüngliche *Bloody Friday* fand am 21.07.1972 statt. Insofern könnte dieses Datum auch als so eine Art Anagramm für ein neues Anschlagsdatum verstanden werden, nämlich den 01.09.2017." „In der Tat, das ist es! Das ist als Anagramm gemeint, das muss das Datum sein!" rief Dr. Ito jetzt. Da klingelte wieder das Handy von Keith Hastings. „Staatsanwalt Conolly? Sie schon wieder? Hören Sie, Conolly, das ist ja schön, dass Sie gegen mich ermitteln, aber ich habe hier eine Sache, bei der es um Fragen der nationalen Sicherheit in Nord- und Südirland geht. Können Sie ihre Ermittlung nicht ein paar Tage zurückstellen? Ich versichere Ihnen, dass von meiner Seite aus keine Fluchtgefahr besteht, ich bitte Sie, ich bin eine Person des Öffentlichen Lebens! Was los ist? Das will ich Ihnen gerne sagen. Wir sind da auf etwas gestoßen. Ja, durch Kathrin Nightingale. Sie ist absolut kooperativ, wirklich. Sie wollen wissen, was denn so wichtig ist? Jetzt stelle ich Ihnen mal eine Frage, Conolly. Was könnte ein Anagramm zum 21.07.1972 sein? Das wissen Sie nicht? Mein Gott, Conolly, jeder Ire weiß das, nur Sie nicht! Damals, der *Bloody Friday* in Belfast. Miss Nightingale hat uns davon in Kenntnis gesetzt, dass die New Revenge IRA den *Bloody Friday* für Belfast und Dublin gleichzeitig wiederholen möchte. Sie verstehen aber, was ein Anagramm ist, ja? Also, vertauschen Sie doch einfach mal die Ziffern, dann kommt dabei fast genau Freitag, der 01.09.2017 raus, es ist nur eine 2 zu viel! Oder steht die überflüssige 2 für den 2. *Bloody Friday*? Mein Gott, nur noch vier Tage bis zur Attacke, will das jetzt in Ihren Schädel rein? In Anbetracht der vielen Menschenleben, um die es hier geht, sollten Sie jetzt anderen Aufgaben nachgehen, als mich mit Ihren Ermittlungen von der Arbeit abzuhalten, sehen Sie das wenigstens ein? Und selbst wenn ich persönlich Martha Bannister gekillt hätte, hat die Verhinderung dieser Anschläge bei Ihnen hoffentlich Priorität, oder etwa nicht? Sie wollen Miss Nightingale sprechen? Bitte, ich gebe sie Ihnen, sie hat mitgehört!" Keith Hastings reichte erschöpft das Handy an Kate weiter. Diese stellte schnell das Mikrofon an, damit alle mithören konnten. „Miss Nightingale, stimmt es, dass Sie Kenntnis von einer neuen Anschlagsserie hatten? Warum haben Sie uns das nicht eher gesagt?" „Mr. Conolly, sehen Sie, ich bin eine relativ schwer verletzte Frau, die hier fast jeden Tag mit ihrer körperlichen Unzulänglichkeit und um ihr nacktes Überleben kämpfen musste, daher hatte ich es völlig ins Unterbewusstsein verdrängt. Es kam heute alles wieder hoch, als hier über Blutvergießen gesprochen wurde. Ich stand unter Schock, doch heute wurde meine Erinnerung wieder freigesetzt!" „Miss Nightingale, vielleicht haben Sie es ja gerade mitbekommen: Wir haben Haare am Tatort Bannister gefunden, die wir eindeutig Keith Hastings zuordnen können, der Gentest lügt nicht. Halten Sie es für möglich, dass die IRA solche falschen Spuren auslegt, um damit einen Mord zu kaschieren, der vielleicht einen politischen Hintergrund haben könnte?" „Soweit ich das bisher mitbekommen habe, arbeitet die New Revenge IRA anders. Sie möchte es ja ausdrücklich, dass ihre Taten auch als solche wahrgenommen werden. Sie braucht Publicity! Und die bekommt man ja nicht, wenn man falsche Spuren legt. Wie sahen denn die Haare aus, Mr. Conolly?" „Es waren graue Haare, etwa halblang." „Dann können es aber nicht die des Innenministers sein, denn der hat rötliche Haare!" „Geben Sie mir bitte Mr. Hastings!" „O.K., hier ist er!" Kate gab ihm das Handy. „Ja, sie hat Recht, meine Haare sind rot, weil ich sie vor etwa zwei Monaten so gefärbt habe, um etwas jünger auszusehen." „Herr Innenminister, da stinkt etwas ganz gewaltig! Wir werden uns jetzt die Haarprobe ansehen, die sie im Ministerium hinterlegt haben!" „Sehr gerne, die sind auch gefärbt!" „Ich glaube, da will uns wohl jemand auf den Arm nehmen, gut, wir stellen die Ermittlungen gegen Sie vorerst ein, das passt nicht zusammen. Schließlich färbt sich nicht jemand die Haare, begeht dann einen Mord, bei dem er die Tönung aus den Haaren entfernt, und färbt sich danach erneut die Haare. Ich habe schon vieles erlebt, aber das ist einfach unvorstellbar! Da muss der Hase irgendwo anders im Pfeffer liegen! Bitte entschuldigen Sie, wenn ich sie belästigt und gestört habe, aber ich tue hier nur meine Pflicht, das wissen Sie ja!" „Conolly, sie sind einer meiner besten Leute, machen Sie weiter. Durchwühlen Sie bitte alles: Telefonverbindungen, Bankkonten, einfach alles. Und noch etwas: Den Ehemann können Sie in diesem Fall ausschließen, ich habe das bereits prüfen lassen. Er war nachweislich in Deutschland. Und seine Trauer und seine Wut sind wirklich echt, er hätte nur fast Miss Nightingale erschossen." „Danke", sagte jetzt Staatsanwalt Conolly und legte auf. Keith Hastings atmete erleichtert auf. „Das ist wirklich ungeheuerlich, mich des Mordes zu verdächtigen! Miss O`Leary, da haben Sie jetzt eine Exklusiv-Story! Ich bitte Sie jedoch darum, mit der Veröffentlichung noch zu warten, bis ich Ihnen grünes Licht gebe. Ich möchte in dieser Phase nicht die Ermittlungen behindern, das verstehen Sie sicher?" „Ist O.K.", sagte Andrea O`Leary. „Und wenn Sie den Lumpen geschnappt haben, der das verzapft hat, dann will ich dafür sorgen, dass die Presse ihm den Rest gibt!" „Na, da habe ich noch mal Glück gehabt, dass ich Sie gerade dabeihabe!" Dann wandte sich Keith Hastings an Kate: „Kate, wenn Sie es schaffen sollten, gemeinsam mit Andrea O´Leary die Anschläge zu verhindern, dann wird ganz Irland Sie zur nationalen Heiligen küren, dass ist Ihnen doch wohl klar?" Kate blickte nachdenklich drein, dann sagte sie leise: „Aber das macht die arme Rebekka Ahrens auch nicht wieder lebendig. Sie ist das Kainsmal, dass ich in meinem Kopf tragen muss, egal, was noch passiert. Wann soll das Interview gesendet werden?" „Am besten morgen Abend, wenn wir mit Ian reden konnten. Momentan dürfen wir ihn leider nicht kontaktieren. Im Übrigen macht es ja auch Sinn, dass Kate sich gleichzeitig nochmals mit Ian versöhnt, um hier alle Zweifel auszuräumen." In diesem Moment klopfte es an der Tür, und der Kameramann Jerry und die Kommentatorin Vera von Irish Press standen mit Blumen vor der Tür, ihre Kamera hatten sie diesmal nicht mit dabei.

Helgoland, Flughafen auf der Düne, 20.05h

Sanft setzte die kleine Cessna auf der Piste auf, es war der letzte Flug des Tages von Hamburg nach Helgoland gewesen. Der Pilot ließ die Maschine ausrollen, dann kamen zwei Leute des Bodenpersonals und entluden die Maschine. Es handelte sich um eine Materialsendung für verschiedene Fernsehsender, sowie um Lebensmittel für das Nordseehotel. Eine große Aluminiumbox war besonders schwer, die Männer fluchten. „Verdammt noch mal, da kracht uns ja gleich der Bollerwagen durch. Ist da wieder mal ein halber Ochse für die Küche drin?" Dann brachten sie den Bollerwagen zum Strand, luden alles um auf ein kleines Boot und fuhren damit zum Anleger. Dort luden sie die Ladung auf verschiedene Bollerwagen um, je nach dem Adressaten der Sendung. Die Aluminiumkiste wurde zusammen mit zwei kleineren Kisten zum Nordseehotel gefahren und dort vor dem Hintereingang abgestellt, wo sie erst morgen früh ausgepackt und reingeholt werden würden, da sie laut Lieferschein keine leicht verderblichen Waren enthielten. Das Nordseehotel hatte wegen der vielen Besucher Unmengen an Kaffee und Tee nachbestellen müssen. Nachdem der Lieferant gegangen war, schob sich aus dem Trageschlitz der großen Kiste eine kleine Hand, die vorsichtig den Bügel aufdrückte, der den Deckel festhielt. Dann wurde der Deckel aufgeschoben, und eine etwa einen Meter und dreißig große Person kletterte aus der Box. Die Person bückte sich, entnahm der Box noch einen Rucksack, und machte sich auf den Weg zur nächsten öffentlichen Telefonzelle. Dort blätterte der unbekannte Eindringling in einem Telefonbuch und fand nach einigem Suchen eine Adresse, die er sich gut einprägte. Dann marschierte er entschlossen los und erreichte sein Ziel nach weniger als einer Minute. Da die Haustür nicht verriegelt war, schlüpfte er ungehindert in einen Vorraum, von dem mehrere Türen abgingen. Dann atmete der Unbekannte tief durch und klopfte an der ersten Tür.

Helgoland, Krankenzimmer von Kathrin Nightingale/Praxis von Dr. Nesemann, 20.43h

Sie hatten sich jetzt Essen und Kaffee vom Nordseehotel bringen lassen, und allen waren die Anspannung und die Anstrengungen der letzten Stunden anzumerken. Dr. Nesemann hatte gerade Kate versorgt und ihr ein leichtes Schmerz- und Schlafmittel gegeben, damit sie besser schlafen konnte. Sie war aber noch wach. In diesem Moment klopfte es zaghaft an der Tür, Andrea O´Leary rief „Come in!" Die Tür ging einen Spalt weit auf, und ein kleiner Junge, etwa einen Meter und dreißig groß, stand in der Tür. Der Junge machte erst große Augen, als er Andrea O´Leary sah, dann lief er davon. Dr.

Ito riss die Tür auf, und hechtete geistesgegenwärtig hinterher, er hielt es für einen Streich. Kate war plötzlich hellwach, denn sie hatte den Jungen sofort wieder erkannt, weil sie das Bild von dem gefundenen Schlüsselanhänger aus der gesprengten Luxussuite unauslöschlich in ihrem Gedächtnis gespeichert hatte. „Shit, das ist ja Kai Ahrens! Mein Gott, wie ist der denn hierhergekommen? Bringt mir schnell einen Kaffee, ich darf jetzt nicht schlafen!" Keith Hastings schenkte ihr eine Tasse ein, die sie schnell trank, um die Wirkungen des Schlafmittels zu bekämpfen. Da kam Dr. Ito mit dem Jungen wieder, er trug ihn auf dem Arm. „Stell Dir vor, Kate was er mir gesagt hat! Oder möchtest Du es Tante Kate selber sagen?" fragte er den Jungen. „Ich traue mich nicht", sagte der Junge schüchtern. „Gut, dann helfe ich eben: Also, das hier ist der Sohn von Rebekka Ahrens, er hat mir aber verraten, dass er nicht ihr leiblicher Sohn war, sondern dass er adoptiert wurde, stimmt das?" „Ja, meine Großeltern haben mir das erst gestern verraten. Meine richtigen Eltern sind aber auch tot, weil sie bei einem Autounfall starben." „Und warum bist Du hierhergekommen?" „Ich wollte die Terroristin sehen, die sich bei mir im Fernsehen entschuldigt hat. Ich wollte sie fragen, wo ich eine neue Mama herbekommen kann." Als Kate das hörte, musste sie weinen, dann sagte sie: „Komm her zu mir, Du kleiner Ausreißer, Deine Oma wird sich doch bestimmt schon Sorgen machen?" „Der habe ich einen Zettel hingelegt, dass ich herfahre. Es war zwar nicht leicht, in Hamburg den richtigen Flugplatz zu finden, aber ich habe es doch geschafft. Meine Mama hat mir nämlich beigebracht, wie man Fahrpläne liest und wie man auf Stadtplänen alles findet. Also habe ich mein Taschengeld genommen, und bin von Hannover aus mit dem Zug nach Hamburg gefahren. Dann habe ich bei der Information gefragt, wo die Flieger nach Helgoland abfliegen. Dann bin ich mit einem Taxi zum Flugplatz gefahren, habe dem Mann noch ein Trinkgeld gegeben, wie Mama das auch immer gemacht hat und habe dann die Flugzeuge gesucht. Da habe ich mich dann in einer Kiste versteckt, wo eigentlich Kaffee drin war. Den Kaffee habe ich beim Flugplatz in eine andere Kiste getan, und habe mich dann in die Kiste verkrochen. Es stand ja drauf: Ziel: Helgoland." Schüchtern näherte er sich Kate, bei der langsam wieder so etwas wie Muttergefühle aufkamen. Als er vor ihrem Bett stand, winkte sie ihn zu sich und legte ihren linken Arm um ihn, dabei schluchzte sie hörbar auf. Geistesgegenwärtig machte Andrea O`Leary ein Foto von der Szene. „Unglaublich!" sagte Keith Hastings, der nicht gut deutsch konnte und nur die Hälfte von dem, was der Junge gestammelt hatte, verstanden hatte, aber das wenige hatte gereicht. So sollten also eine schwer verletzte Terroristin, eine befreite Reporterin und ein kleiner Junge der IRA den Kampf ansagen. Gegen hundert Aktivisten im Untergrund und eine Tonne Sprengstoff, die bereits darauf lauerte, an vielen verschiedenen Plätzen viele Unschuldige in den Tod zu reißen.

Hannover, Henriettenstift, 21.05h

Angela Isselmann war nach ihrer Einlieferung schnell professionell versorgt worden. Nach dem ersten Aufwachen war sie nicht vernehmungsfähig gewesen und hatte hysterische Anfälle bekommen. Auch hatte sie versucht, ihre Verbände abzureißen. So pumpte man sie zunächst mit Beruhigungsmitteln voll und gab ihr außerdem ein Schlafmittel. Man musste sie am Bett fixieren. Bei jedem Aufwachen rief sie gequält, dass man sie endlich sterben lassen solle, sie hätte alles gesagt, was zu sagen gewesen sei. Sie weigerte sich, mit der Polizei zu reden und betonte, dass sie nicht weiterleben wolle. Sie verweigerte jede Nahrung und spuckte auch Flüssigkeiten wieder aus. Schließlich verabreichte man ihr schwere Antidepressiva und versuchte es mit Psychopharmaka. Sie wurde an den Tropf gehängt und musste jetzt außerdem noch künstlich ernährt werden, weil sie sich allem anderen völlig verweigerte. Als sie jetzt wieder aufwachte, nahm sie neben ihrem Bett erstmals keine Polizistin wahr, sondern eine Frau in einem grauen Kostüm, die dezenten Schmuck trug. „Sind Sie auch von der Polizei? Ich rede nicht mit Ihnen!" rief sie trotzig. „Guten Abend, Frau Isselmann, ich bin Schwester Adelheid, die Krankenhausseelsorgerin. Ich bin nicht von der Polizei und ich stehe unter Schweigepflicht. Alles, was Sie hier sagen, bleibt in diesem Raum, versprochen." Warmherzig drückte sie die Hand der Patientin. „Ich habe das Schlimmste getan, was man als Frau tun kann", schluchzte Angela Isselmann. „Ich weiß alles, Sie brauchen mir nichts zu sagen, wenn es zu schwer für Sie ist", entgegnete Schwester Adelheid. „Warum lässt man mich nicht sterben? Ich will es so, ich muss bestraft werden, warum akzeptiert das denn niemand?" „Vielleicht ist ja Ihr Urteil über sich selbst zu hart", entgegnete die Schwester sanft.

Deutsche Bucht, irgendwo draußen auf der Nordsee, an einer Messboje des Deutschen Hydrografischen Institutes, 22.33h

Seit 2009 trieb hier eine verankerte Boje, die dort, wo kein Tidenhub mehr stattfinden konnte, mit einem Laserstrahl den Abstand zum Meeresboden messen sollte. Bisher waren ihre Daten absolut zuverlässig gewesen, nie hatte es hier technische Störungen gegeben. Die starken Antifouling Mittel hatten den Bewuchs der Boje mit Meeresbewohner oder Seetang verhindert. Doch genau in diesem Moment kollidierte ein ganzer Schwarm großer Plastikstücke mit der Boje, die durch Reste eines Fischernetzes zusammengehalten wurden. Das Netz umklammerte die Boje und die Plastikstücke wurden durch die Strömung so drapiert, dass sie mit dem Netz und der Boje zu einer unauflösbaren Einheit verkeilt wurden. Der Laser wurde jetzt durch Plastikstücke und Netzreste leicht abgefälscht, doch lag die Abweichung im Nanobereich. Ein Schwarm *Nauplius*-Larven traf auf das Gebilde, und heftete sich an die Plastiktrümmer. Aus ihnen würden in Kürze große Kolonien von Seepocken werden, die Larven von Muscheln und Seescheiden würden ihnen in Kürze folgen. Auch die Sporen einiger Seetange dockten an. Schon bald würde die Boje nur noch das senden, was sie schon immer gesendet hatte. Doch hier draußen gab es absolut keinen, der das bemerkt hätte. Die Warnung, welche die Boje aussenden sollte, würde niemals ausgesandt werden.

Hannover, Henriettenstift, Krankenzimmer von Angela Isselmann, 23.40h

Angela Isselmann hatte alles gebeichtet. Bei manchen Dingen, die sie Schwester Adelheid anvertraute, wurde diese rot, da es selbst ihr peinlich war. Danach fühlte sich Angela Isselmann auf eine merkwürdige Art erleichtert, sie selbst konnte es gar nicht sagen, weshalb. Sie fragte die Schwester: „Werden die mich jetzt einsperren? Was passiert mit mir?" „Soweit ich informiert bin, werden Sie wohl eine Einweisung in die Psychiatrie bekommen, es kann sogar sein, dass man Sie für nicht verhandlungsfähig erklärt, so dass Ihnen die Anklage des Staatsanwaltes nur pro forma zugestellt wird, Sie aber nicht vor Gericht erscheinen müssen." „Aber ich bin doch nicht irre!" begehrte Angela Isselmann auf. „Sie sind eine sehr labile und psychisch kranke Frau, Frau Isselmann. Sie sind krank, nicht geistesgestört. Das ist ein großer Unterschied." „Aber habe ich nicht etwas Unverzeihliches getan? Ich kann doch nie wieder raus, wenn ich erst mal in der Klapsmühle gelandet bin", sagte Angela Isselmann verzweifelt. „Das kann man so nicht sagen. Weil Sie geständig waren, kann es sein, dass man Sie nach einigen Jahren begnadigen wird. Wenn die Therapien angeschlagen haben, wird man versuchen, Sie auf ein neues Leben vorzubereiten. Bei manchen dauert das drei Jahre, bei anderen fünf und noch andere möchten gar nicht mehr raus, weil sie erkannt haben, dass sie die Fürsorge anderer Menschen brauchen. Ich bin täglich in solchen Einrichtungen tätig, und ich kann Ihnen wirklich versichern, dass dort viel für die Patienten getan wird. Und bei manchen geschehen auch kleine Wunder." „Was muss ich denn tun, um dahin zu kommen?" fragte Angela Isselmann jetzt. „Nun, Sie müssen zuerst eine Entscheidung für Ihr Leben treffen. Wenn Sie das möchten, werde ich Ihnen dabei helfen, so gut ich kann. Wenn Sie so weit sind, dann rufen Sie mich bitte, ich kümmere mich dann um alles Weitere." „Heißt das etwa, dass ich dann nicht mehr von der Polizei verhört werde?" „In Anbetracht der Schwere Ihres Falles werden Sie keine Polizeiuniform mehr zu sehen bekommen. Wenn Sie verlegt werden müssen, dann werden das Beamte in Zivilkleidung machen. Sie werden Ihnen keine Fragen mehr stellen. Genügt das?" Angela Isselmann antwortete nicht mehr, sie war vor Erschöpfung bereits eingeschlafen.

29. August 2017, Dienstag

Helgoland, Krankenzimmer von Kathrin Nightingale/Praxis von Dr. Nesemann, 9.15h
Sie hatten sich von Dr. Nesemann noch weitere Betten bringen lassen, so dass Dr. Ito und Kai Ahrens ebenfalls bei Kate übernachten konnten. Jetzt waren alle wach. Kai hatte interessiert zugesehen, als Dr. Nesemann die Wunden von Kate behandelte. Eigentlich hatte der Doktor den Jungen nach draußen schicken wollen, doch Kate bestand darauf, dass er bleiben durfte. Kai war ein stämmiger kleiner Bursche, der gerne und viel las, und der in den letzten Tagen alle Nachrichten von Helgoland aufmerksam mitverfolgt hatte. Nachdem der Arzt gegangen war, fragte er Kate, wie sie verletzt worden war, und ob das mit dem Schwert von Dr. Ito wirklich wahr wäre. „Ach Kai, Du hast ja meine Wunden gesehen, glaubst Du es jetzt?" „Hatte Mama, ich meine Rebekka, auch solche Wunden, wie Du sie abbekommen hast?" wollte Kai wissen. Dr. Ito antwortete für Kate, die bei dieser Frage sichtlich schlucken musste. „Weißt Du Kai, bei Deiner Mutter, also bei Rebekka, war das ganz anders. Sie wurde durch die Bombe so schwer verletzt, wie Du es Dir besser nicht vorstellst. Darum war sie auch sofort tot und hat keine Schmerzen mehr gefühlt, so wie Kate sie jetzt fühlen muss. Sie kam sofort im Himmel beim lieben Gott an, da kannst Du ganz sicher sein. Sie hat bestimmt nichts mehr gemerkt. Auch wenn es für uns schrecklich erscheint, aber sie musste nicht mehr leiden, so wie Kate. Sieh mal, Kate wird wahrscheinlich nie wieder richtig laufen können, während Rebekka jetzt im Himmel mit dem lieben Gott spazieren gehen kann, ohne dass ihr was weh tut." „Ihr habt mir aber noch nicht gesagt, wo ich jetzt eine neue Mutti herbekomme, ich dachte, dass Tante Kate das vielleicht wüsste." „Ach Kai, komm doch noch mal zu mir!" sagte Kate. Zögernd näherte er sich ihr. „Weißt Du, ich habe es Dir ja schon gesagt, dass ich Rebekka leider nicht wieder lebendig machen kann. Aber weißt Du was? Vielleicht gibt es ja einen Weg, dass ich Dich adoptieren kann? Und auch wenn das nicht ginge, so würde ich mich doch gerne um Dich kümmern, wenn es mir erlaubt wird. Doch bevor das entschieden wird, muss ich den Politikern noch helfen, ganz viele Menschen vor Bombenanschlägen zu retten. Dabei kannst Du vielleicht sogar mithelfen, möchtest Du das tun? Dir kann nichts passieren, denn hier sind ganz viele nette Menschen, die Dich und auch mich beschützen werden. Was meinst Du?" „Komme ich dann ins Fernsehen?" fragte Kai. „Ja, ganz bestimmt! Nachher kommen sicher die Reporter zu uns, und wollen uns filmen." Da schaltete sich Dr. Ito ein: „Hey, Ihr beiden, habt Ihr nicht noch jemanden bei Euren Planungen vergessen?" Beide sahen ihn erstaunt an. „Na, ich wollte doch schon immer mal Papa werden! Das nennt man dann die perfekte Patch-Work-Family!"

„Kannst Du Dir denn eine ehemalige Terroristin und einen verrückten Insektengiftforscher als Deine neuen Eltern vorstellen, Kai?" wollte jetzt Kate wissen. Bei der Frage weinte sie fast, denn sie musste wieder an ihren kleinen James denken. Als Antwort legte Kai Ahrens seine kleinen Arme um ihren Hals, winkte auch Dr. Ito heran, und umarmte auch ihn. Dann sagte er zu beiden: „Verrückter als meine Großeltern könnt ja auch Ihr beide nicht mehr sein!" Dann gab er erst Kate, dann Dr. Ito einen Kuss auf die Wange. In diesem Moment rückte die Staatsmacht an, um die noch junge Patch-Work-Family auf ihre erste Probe zu stellen. Es war einer der beiden Dorfpolizisten. Er klopfte an, trat ein, wünschte einen guten Morgen und wollte den Jungen mitnehmen, damit er zurück zu seinen Großeltern gebracht werden könne. Doch Kai protestierte: „Herr Wachtmeister, ich möchte da gar nicht mehr hin. Ich habe doch hier zwei neue Eltern!" Der Polizist guckte erstaunt, was so komisch aussah, dass alle drei lachen mussten. Und Kate sagte jetzt: „Officer, ich verstehe ja die Sorge seiner Großeltern, aber soll ich Ihnen etwas verraten? Kai möchte gerne von mir und Dr. Ito adoptiert werden! Das kam zwar für uns auch sehr überraschend, aber wir würden diese Herausforderung gerne annehmen. Nicht wahr Fuji?" Dr. Ito nickte. „Außerdem brauchen wir den Jungen nachher noch bei der Pressekonferenz, er ist sehr wichtig und kann uns helfen, viele Menschenleben zu retten. Ich weiß es nicht, ob Ihnen das schon jemand gesagt hat, aber die IRA möchten einen zweiten *Bloody Friday* veranstalten, noch diese Woche! Leider ist es so, dass die IRA auch die Mittel dafür hat." Der Polizist war verblüfft. „Mit einem Kind wollen Sie das verhindern? Das will ich sehen!" sagte der Beamte. „Sie werden es bald sehen, keine Sorge. Und Officer, könnten Sie wohl so nett sein, und Ian von mir grüßen? Sie können ihm ja sagen, dass er nachher sehr unkonventionell aus dem Knast befreit wird, aber verraten Sie ihm bitte nicht von wem!" Der Polizist machte sich auf den Heimweg, er hatte auch keine Lust mehr dazu, sich mit den neuen Ikonen der Medienlandschaft anzulegen. Sollten doch die Politiker das unter sich regeln. Danach sorgte Dr. Ito dafür, dass Kai bei seinen Großeltern anrief, diese verlangten natürlich auch, Kate und ihn zu sprechen. Sie telefonierten über eine halbe Stunde zu fünft, bis die Großeltern damit einverstanden waren, ihren Adoptivenkel vorerst auf Helgoland zu belassen. Sie vereinbarten eine Probezeit von mindestens zwei Wochen, danach sollte der Junge nochmals eine Entscheidung treffen. Dann beendeten sie das Gespräch, nachdem die Großeltern versprochen hatten, sobald als möglich auf die Insel zu kommen. Dann kam Sandra Miller mit Rollstuhl und verschiedenen Kleidern, die Kate jetzt mühsam anprobieren musste, wobei alle sie unterstützten, so gut es eben ging. Schließlich nahmen sie ein dunkles Binden Kleid, unter dem sich das durch die Metallschiene versteifte Bein am besten verstecken ließ. Auch Lissy und Eddie halfen, wo sie nur konnten. Kate saß gerade ausgehfertig im Rollstuhl, als Keith Hastings dazu kam, Werner Theißing im Gefolge. „Meine Güte, Kate, jetzt gründest Du so nebenbei noch eine Familie? Auf was haben wir uns da bloß mit Dir eingelassen? Du bist ja noch anstrengender, als ich dachte!" sagte jetzt Keith Hastings. „Das muss an Deinem irischen Segen liegen, Papa Keith!" konterte sie. Dr. Werner Theißing war noch nicht ganz überzeugt. „Selbst wenn der Junge es will, sehe ich es doch als problematisch an, wenn eine ehemalige Terroristin, die ja eigentlich seine Mutter auf dem Gewissen hat, ihn adoptieren will. Das kann schwierig werden!" Dr. Ito hielt dagegen: „Und was, wenn der Junge offiziell von mir adoptiert wird? Ich bin schließlich ein unbescholtener Bürger mit einwandfreiem Führungszeugnis. Übrigens haben wir gerade mit seinen Großeltern telefoniert. Die waren ganz aus dem Häuschen! Sie haben gesagt, wir sollen es erst mal für 14 Tage miteinander probieren, sie kommen, sobald sie dürfen auch hierher. Sie sind sehr stolz auf ihren Kai, dass er Kate wirklich vergeben möchte!" „So ein Lausebengel", brummte Dr. Theißing leicht verärgert, „wegen ihm gibt es keinen Kaffee mehr im Nordseehotel, der ist der Küche vor einer halben Stunde ausgegangen!" Doch Keith Hastings lachte. „Sehen Sie es mal so, Kollege: Gegen die Macht des irischen Segens sind alle Politiker dieser Welt machtlos! Nun müssen wir das nur noch der IRA beweisen, Kate, hast Du da vielleicht noch eine Idee?" „Als Du vorhin reinkamst, Papa Keith, musste ich wieder an Target 1 denken, tut mir leid. Aber weißt Du, was mir dabei für eine tolle Idee kam?" Kate winkte ihn jetzt nah zu sich heran, und flüsterte ihm etwas ins Ohr. Er fing an, breit zu grinsen, dann sagte er: „Hey, Katie-Darling, kann es sein, dass Du endlich was begriffen hast? Super Idee, das machen wir! Das Modell ist sogar noch ausbaufähig, wart `s ab!" „Wer soll sich um das Material kümmern?" „Warum übernimmt das jetzt nicht der männliche Part Eurer neuen Familie, also Vater und Sohn?" „Fuji und Kai!", rief Dr. Ito lachend. „Kate, sagst Du uns, was wir tun sollen?" Dann erklärte sie es auch ihnen und lachend machten sich die beiden auf den Weg. Das Terrornetzwerk, welches die New Revenge IRA aufgebaut hatte, würde in Kürze einer Macht zum Opfer fallen, der sie nichts mehr entgegensetzen konnte. Aber das ahnten ihre derzeitigen Befehlshaber noch nicht einmal ansatzweise. Denn auf so einen Gegner konnten sie sich nicht vorbereiten. Dagegen waren all ihre Waffen und all ihr Sprengstoff nutzlos. Und jede Form der Gewalttat.

Helgoland, Nordseehotel, Konferenzsaal der Wissenschaftler, 11.00h
Dr. Ito hatte schon wieder abgesagt und alle waren am Rotieren. Dr. Skibbe hatte die ganze Nacht über den Gutachten gebrütet, kam aber auf keine neuen Ideen mehr. Sie diskutierten gerade über die Radioaktivität, die man im Gewebe der Quallen gefunden hatte, als man plötzlich auf einen Zusammenhang stieß, der so simpel war, so dicht vor ihren Augen gelegen hatte, dass man nicht darauf gekommen war. Dr. Müller-Schiffer sprach es schließlich aus: „Wenn ein Aerosol in der Luft ist, dann kann dieses die Luft als solche nicht nur verseuchen, es kann mit bestimmten Zutaten die Luft auch reinigen und schädlichen Einflüssen entgegenwirken. Das kann man sogar zuhause mit einem einfachen Luftwaschgerät ausprobieren. Plötzlich wird die Atemluft befeuchtet, und man kann der Atemluft wohltuende Düfte und Aromen beifügen. Und dann gibt es ja auch noch die berühmte heilende Seeluft, die wir hier zwar die ganze Zeit eingeatmet, aber irgendwie völlig übersehen haben. Und was enthält diese Seeluft im Wesentlichen? Nun, es ist ganz einfach: Jod!" „Dann ist also das Jod der Seeluft das Heilmittel, welches verhindert hat, dass die Fischer bei dem Kontakt mit der ersten Wasserleiche durch die Toxine angegriffen werden konnten!" sagte Dr. Skibbe. „Ja, und noch viel mehr: Das Jod hat die Fische der Station geheilt, die noch ein wenig Leben in sich hatten, als wir dann gelüftet haben", stellte jetzt Dr. Müller-Schiffer fest. „Das scheint mir jetzt ein erster erfreulicher Durchbruch zu sein. Nun müssen wir nur noch ermitteln, wie und wodurch die Medusen zu den Killern geworden sind, die wir heute vor uns haben. Und ich fürchte, da kommen wir an weiteren Tierversuchen und an Dr. Ito nicht vorbei. Ich werde ihn nachher kurz besuchen, mal sehen was er zu dieser kleinen Sensation zu sagen hat", schloss Professor Horvath die Runde ab. „Dann bis später, und stellen Sie Ihre eigene Sicherheit bitte über alles andere. Es nützt uns nichts, wenn wir einen Tag Forschung um den Preis des eigenen Lebens oder der eigenen Gesundheit aufholen. So etwas wirft uns dann um ein Vielfaches zurück. „Ich benötige noch ein Schleusenzelt, für mich und Dr. Ito", sagte Dr. Müller-Schiffer. Sie hatte eine bestimmte Ahnung, konnte aber noch nicht sagen, wie sie diese exakt wissenschaftlich begründen sollte. Egal, sie würde es eben einfach testen. Notfalls bis zum letzten Meerschweinchen.

Dublin, ein konspiratives Apartment, 12.09h

Das missglückte Attentat auf Ian Bannister war ein herber Rückschlag für den Führungskader der New Revenge Irish Republican Army gewesen. Und damit nicht genug – jetzt machte Kate ihnen auch noch Scherereien mit dieser dämlichen Versöhnungs- und *wir-haben-uns-ja-doch-lieb-Tour*. Dass sie wegen dieser dämlichen Staatssekretärin plötzlich so viel Mitgefühl zeigte, passte so gar nicht zu der Kate, die sie jahrelang im Untergrund ausgebildet hatten. Wenn sie doch nur in Reichweite wäre! Dann könnte man sie wenigstens neutralisieren, aber so kam man natürlich gar nicht mehr an sie heran. Dazu kam noch, dass es einen extremen Imageverlust bedeuten würde, wenn man einen reumütigen Sünder tötete. In diesem Falle würde man einen Märtyrer schaffen und viele Sympathisanten verlieren. Sie waren in eine echte Zwickmühle geraten, die Frau war ein Politikum. Sie war nicht nur eine echte Femme fatale gewesen, sie war es auch geblieben, doch nun leider mit dem gegenteiligen Effekt. Ein weiterer Fehler war es gewesen, sie in Teile der Planungen für den zweiten *Bloody Friday* einzuweihen. Man hätte sie erst jemanden töten lassen sollen, um ihre letzten Skrupel abzubauen, aber es wäre nicht gut gewesen, ausgerechnet Kate zu Martha Bannister zu schicken. Sie hätte ihr wahrscheinlich erst mal alle Rippen gebrochen; außerdem hatten sie Kate zu diesem Zeitpunkt die Notwendigkeit solch politischer Neutralisationen, wie sie es nannten, noch nicht vermitteln können. An der Basis der IRA brodelte es bereits, einige Aktivisten waren bereits ausgestiegen. Monty begann nun seinen Vortrag vor den fünf besten Teamleadern. Marty war heute nicht dabei. Das machten sie aus Prinzip so, dass sie möglichst selten zusammen waren. Sollte doch mal eine Razzia zuschnappen, dann konnte der verbliebene Rest immer noch weitermachen. Eine Schlange mit zwei Köpfen konnte eben auch zweimal beißen, so einfach war das! „Also, meine Herren, es ist ein einfaches System, glauben Sie mir! Wäre es nicht einfach, dann wäre unser Plan unmöglich auszuführen! Die einfachen Pläne sind meist die besten, weil die Gegenseite immer glaubt, dass wir umständlich und kompliziert vorgehen. Wenn Sie einmal ein Loch im Anzug verstecken müssen, dann zeigen Sie einfach den ganzen Anzug! Niemand wird das Loch sehen. Wenn Sie aber dauernd probieren, es zu verstecken, dann wird es sehr viel schneller bemerkt! Deshalb haben wir uns auch etwas Einfaches überlegt. Wir werden nicht dieselben Fehler machen, wie 1972, wo die Hälfte der Bomben im Grunde genommen höchstens einen Beitrag zur Klimaerwärmung geleistet haben." Alle lachten. „Nein, wir gehen sofort an die neuralgischen Punkte! Es ist uns gelungen, sowohl in Belfast, als auch in Dublin die jeweiligen Gasversorgungsunternehmen erfolgreich zu infiltrieren. Das heißt, dass die Gegenseite mit vielen Bomben rechnen wird, während wir in Wahrheit nur sehr wenige einsetzen werden. Denn was brennt besser, als die Gasanschlüsse unserer Ziele? Und dafür brauchen wir noch nicht einmal 10 Prozent unserer C4-Vorräte! Sie werden bei allen Aktionen tatkräftig von unseren deutschen Kameraden unterstützt, die sich auch nichts sehnlicher wünschen, als die dekadenten multikulturellen Gesellschaften in Westeuropa zu beseitigen. Freitag ist übrigens ein besonders günstiger Tag für unsere Aktion, weil dann besonders viele Muslime in ihren Moscheen sitzen. Moscheen, die wir zusammen mit diesen lästigen Muselmanen synchron abfackeln können. In Belfast, in Derry und in Dublin. Meine Herren, glauben Sie mir: Wenn wir das durchgezogen haben, werden die verbliebenen Moslems das Land freiwillig verlassen. Und wenn wir hier aufgeräumt haben, dann helfen wir unseren Freunden in Deutschland und Österreich, danach kommt Frankreich dran! Wir werden das Muslimpack mit Feuer und Schwert austreiben aus dem Land, mögen sie alle in der Hölle schmoren!" Alle klatschten Beifall. „Noch Fragen?" „Wann bekommen wir denn unsere Monteursanzüge von den jeweiligen Stadtwerken?" wollte der IRA-Leader aus Derry wissen. Monty antwortete: „Das bekommen Sie alle pünktlich 24 Stunden vor Beginn der Aktion *Glowing Islam*. Und dann werden wir die muslimischen Infiltrierer rösten, bis sie alle verschwunden sind mit ihren Minaretten, ihren Kopftüchern und Burkas! Der befreite Westen Europas soll auf ihren Gräbern tanzen!" Alle applaudierten. „Doch die Muslime sind natürlich nicht die einzigen Targets. Wir wollen so wenige Iren wie möglich ausschalten, aber es ist uns gelungen, ein Hauptquartier der militanten Protestanten ausfindig zu machen. Es liegt in der Nähe von Belfast. Noch. Bald schon lag es da." Einige klatschten. „Wir werden dieses Lager als Sekundärziel behandeln. Wahrscheinlich werden die New Ulster Forces dort eine Krisensitzung machen, sobald die erste Moschee in Belfast brennt. Erst, wenn die Bude voll ist, heizen wir ihnen tüchtig ein. Das wird übrigens ein Kinderspiel sein – unser Gasmann war nämlich schon da!" Tosender Beifall. „Also, wenn jeder von Ihnen 10 Sprengsätze montiert, dann haben wir insgesamt mehr als 50 Sprengfallen gelegt, da wir ja einige bereits ausgelegt haben. Selbst wenn ein oder zwei von Ihnen geschnappt werden sollten, reicht der verbliebene Rest aus, um beide Städte in Schutt und Asche zu legen. Ich muss mich hier etwas relativieren, ich meine natürlich nur die so genannten multikulturellen Teile davon. Danach heißt es: islamfrei, Spaß dabei!" Alle klatschten. Danach löste sich die Versammlung auf und ging auf getrennten Wegen aus dem Gebäude. Über ihnen rief ein Muezzin die Gläubigen zum Gebet. Schon am nächsten Freitag sollte er zum letzten Mal gerufen haben, denn auch dieses Haus sollte nach Montys Plänen der Gasattacke zum Opfer fallen. Die Zünder und Sprengsätze hatte er selbst bereits vor drei Tagen montiert. Es war gut, wenn man nicht allen Aktivisten, die man in den Krieg schickte, immer die ganze Wahrheit sagte. In der Kunst der Desinformation war Monty noch immer ein bisher ungeschlagener Meister. Kate war wirklich gut gewesen. Aber als Nummer 4 war sie besser zu gebrauchen als im engsten Führungszirkel. Denn Monty hatte zwar immer ihre Fähigkeiten geschätzt, doch dachte und handelte sie seiner Meinung nach einfach immer noch zu sozial, das hatte er ihr nie richtig abgewöhnen können.

Helgoland, Polizeiwache 13.00h

Ian Bannister hatte noch eine Stunde abzusitzen. Er hatte verlangt, dass man ihm nur Wasser und Brot geben sollte, sein Handy gab er Aische Özdemir, er wollte in eine Zelle ohne Fernseher, Radio oder sonstige Unterhaltungsmedien. Er sucht und fand die Stille. Trauer erfüllte ihn. Ihm wurde bewusst, dass er bald wieder nach draußen gehen musste, um sich seinen Dämonen zu stellen. Er war nahe daran, alles hinzuschmeißen.

Helgoland, Nordseehotel, 13.09h

Die neugegründete Familie war ins Nordseehotel umgezogen, doch hatten sie vor ihrem Umzug die Presseleute darum gebeten, nicht vor dem Eingang auf sie zu lauern. Dafür hatten sie der Presse für 14.00h einen ersten Event beim Gefängnis von Helgoland angekündigt, so dass die ersten Teams schon begonnen hatten, ihre Ausrüstungen aufzubauen. Jetzt wurde auf Helgoland wieder Weltpolitik gemacht! Kate hatte sich in ihrem neuen Hotelzimmer hinlegen lassen, da sie bereits am frühen Vormittag gemerkt hatte, dass sie es kaum länger als eine Stunde im Rollstuhl aushalten konnte. Die drei Sonderermittler standen abwechselnd ihr und Keith Hastings zur Seite. Lissy und Eddie waren froh, wieder in ihrem Doppelzimmer schlafen zu dürfen, Kate und Kai Ahrens hatte man in das glücklicherweise leerstehende Nebenzimmer gesteckt, wobei man noch ein zusätzliches Bett für Sandra Miller hineingestellt hatte. Sandra hatte eine kurze medizinische Grundausbildung genossen und würde auch pflegerische Tätigkeiten übernehmen, da Kate es ja noch nicht einmal alleine zur Toilette schaffte. Es war nicht einfach gewesen, Kai zu erklären, warum Fuji woanders schlafen musste, aber Fujis elf Koffer hatten sich ebenfalls als nicht kurzfristig lösbares Problem herausgestellt. Schließlich erlaubte es Fuji, dass Sandra Miller seine Sachen aufräumte – durchsucht hatte sie diese ja bereits einmal. Nur das Schwert musste er währenddessen anderweitig unterbringen, weshalb er es tatsächlich in einem Hotelschließfach deponierte. Als es schließlich halb zwei war, hievten sie Kate vorsichtig in den Rollstuhl, den sie mit Kissen so gepolstert hatten, dass sie möglichst bequem sitzen konnte. Ihr rechtes Bein wurde vorsichtig abgestützt, um es nicht unnötig zu belasten. Sie konnte weder Schuhe noch Socken tragen, da das bloße Anziehen für sie bereits eine Höllenqual gewesen wäre. So wurde sie nun barfuß im Rollstuhl Richtung Gefängnis geschoben, die Presse war bereits erwartungsvoll versammelt. Lissy schob ihren Rollstuhl, Kai und Fuji gingen neben ihr, Keith Hastings und Eddie bildeten zusammen mit Sandra die Vorhut. Weil es fast unmöglich war, mit dem Rollstuhl in der Polizeiwache zu Ian Bannisters Zelle zu fahren, hatten Sie sich darauf geeinigt, den Haupteingang zur Wache symbolisch aufzuschließen. Das war für Kate gar nicht so einfach, da sie nur die linke Hand richtig gebrauchen konnte, den rechten Arm trug sie in einer Schlinge. Als es dann genau 14.00h war, erschien Ian Bannister am Haupteingang. Jetzt trat Keith Hastings vor, hielt eine kurze Ansprache vor den Fernsehkameras, wo er erklärte, dass sein deutscher Amtskollege ihn darum gebeten habe, Ian wieder in die Freiheit zu entlassen. Er bedankte sich für diese Ehre und Freude, einem Landsmann helfen zu dürfen, doch sagte er dann, dass er diese hohe Ehre gerne an jemand anderen abgeben wolle. Lissy fuhr jetzt mit Kate heran, die den Schlüssel mit der linken Hand von Keith Hastings empfing, und dann unter dem Beifall der versammelten Menge die Tür öffnete. Ian Bannister trat sichtlich angerührt ins Freie. Kate hatte sich etwas zurückrollen lassen und sagte einfach: „Hallo Ian, ich habe Dir zu Deiner Entlassung einige Geschenke mitgebracht, wir werden sie im Laufe des Nachmittags gemeinsam auspacken. Doch jetzt würde ich Dich zuerst gerne umarmen, wenn Du nichts dagegen hast!“ Er beugte sich vorsichtig zu ihr hinunter, dann sagte er: „Kannst Du das denn durchhalten, im Rollstuhl? Ich dachte, Du wärst noch nicht transportabel?“ „Ich nehme mich halt ganz stark zusammen“, sagte sie nur. „Und dann wollen wir Dir noch jemanden vorstellen: Das ist Kai Ahrens. Er möchte gerne von mir oder von Dr. Ito adoptiert werden. Er ist ganz alleine von seinen Großeltern abgehauen, nur um zu uns zu gelangen. Wir wollen eine neue Familie gründen!“ Ian Bannister war sprachlos vor Staunen. Dann drehten sie sich zu den Kameras um, um die Fragen der Journalisten zu beantworten. Jetzt fing sich Ian Bannister wieder und war im Handumdrehen wieder der Macher, der die Lage kontrollierte und für sich ausnutzte. Demonstrativ drückte er Kate für die Fotografen nochmals an sich, und Kate holte außerdem noch Kai und Fuji dazu. Die Sensation war perfekt. Der Junge, welcher der Mörderin seiner Mutter vergeben hat. Die Terroristin, die ihr Opfer adoptiert. Die neue Form des Täter-Opfer-Ausgleiches. Dann machten sie sich auf den Weg ins Nordseehotel, um Ian Bannister über die neuesten Entwicklungen hinsichtlich der Bekämpfung des Terrors in Irland zu informieren. Und über eine Idee, die es bisher noch nicht gegeben hatte. Der Sturm begann damit, sich zusammen zu brauen. Ein Tornado, welcher die Bollwerke des Terrors in ganz Irland hinwegfegen sollte.

London, Downing Street Nr. 10, 15.00h

Der britische Premierminister Gus Falkner war alles andere als begeistert von dem Anruf seines irischen Amtskollegen. Eigentlich waren sie sogar locker miteinander befreundet, aber was Kenneth Sinclair heute von ihm forderte, war dann doch etwas zu viel des Guten. Deshalb sagte er jetzt: „Mein lieber Ken, das geht mir alles ein bisschen zu schnell. Das alles wegen einer reuigen Terroristin? Die Frau gehört weggesperrt! Wenn ich sie einkassiert hätte, dann hätte ich sie nicht mit solchen Samthandschuhen angefasst. Und wer kann schon in den Menschen sehen? Wissen wir, ob ihre Reue tatsächlich echt ist? Sie kann ja auch nur eine große Schau abgezogen haben, um uns von anderen Sachen abzulenken. Alles zentriert sich um sie, und die IRA bombt plötzlich wieder mitten in London weiter. Das hatten wir doch alles schon mal, das ist mir zu risikoreich." „Ich wusste, dass Du das so sehen würdest, Gus. Aber es gibt Neuerungen, und das geht jetzt über ihre öffentliche Reue im Fernsehen weit hinaus. Sie hat uns freiwillig – also ohne, dass wir sie unter Druck verhört hätten – mitgeteilt, dass die New Revenge IRA einen neuen *Bloody Friday* plant." „Und wie habt ihr das verifiziert? Oder glaubt ihr einfach alles, was in Katies Märchenstunde erzählt wird?" sagte Gus Falkner skeptisch. „Ihre Aussage verifizierte sich aus sich selbst heraus. Der *Bloody Friday* damals in Belfast fand am 21.07.1972 statt, na sagt Dir das jetzt was?" fragte Kenneth Sinclair. „Ich sehe aber nicht, worauf Du jetzt hinauswillst?" sagte der britische Premierminister. „Anagramm, na klingelt es jetzt? Die Zahlen des ersten Anschlages bilden ein Anagramm zum zweiten Anschlagsdatum: 01.09.2017. Dabei bleibt dann noch eine 2 übrig. Eine 2, wie zweiter Anschlag!" „Heavens!" rief jetzt Gus Falkner, „das ist ja noch diese Woche! Shit!" „Du siehst also, wir können es uns nicht leisten, das zu ignorieren. Kathrin Nightingale hat uns glaubhaft versichert, dass die IRA vor allem multikulturelle Ziele angreifen will. Außerdem sagte sie, dass die IRA etwa eine Tonne C4 besitzt, der hier bei uns aus einem Armeedepot verschwunden ist. Das konnten wir bereits verifizieren. Mein Gott, weißt Du, wie viele Leute die damit wegbomben können? Sie wollen übrigens nicht nur in Belfast zuschlagen, sondern auch in Dublin. Und sie wollen diesmal noch mehr weiche Ziele treffen, wenn Du verstehst, was ich meine. Weiterhin meinte Miss Nightingale, sie würden wahrscheinlich um die hundert Aktivisten haben, die innerhalb von 12 Stunden vor den Anschlägen die Sprengsätze legen würden. Einhundert Bombenleger, und es kann jeder sein! Die Omi, die über den Platz geht genauso wie der Zeitungsjunge! Wir können doch gar nicht alle überprüfen!" „Da hast Du Recht, das ist sehr unangenehm. Auch wir können das nicht leisten. Und wir können auch nicht in einer Zwölfstundenfrist alle öffentlichen Plätze durchchecken. Was für ein verdammter Alptraum. Was würdet Ihr denn machen, in Dublin?" Wollte jetzt Gus Falkner von seinem Amtskollegen Kenneth Sinclair wissen. Daraufhin begann dieser damit, ihm etwas über die Grundlage von Bürgerbewegungen zu erzählen. Dann führte er einige historische Beispiele an, wie etwa Rosa Parks und Martin Luther King. Und dann schilderte er ihm eine neue Idee, die er in der Eile noch völlig unausgereift mit seinem Innenminister Keith Hastings diskutiert hatte. Wie gebannt hörte der britische Premier zu. Dann sagte er: „Ich werde sofort das Kabinett zu einer geheimen Krisensitzung rufen, aber es hört sich plausibel an. Ich denke, wenn wir uns einig sind, dann kann die IRA künftig in den Regalen der Weltgeschichte Staub ansetzen. Ich rufe Dich heute Abend zurück, bye Ken." Er legte den Hörer auf, dann ließ er das gesamte Kabinett zu einer Krisensitzung einberufen. Danach rief er Ian Bannister an und recherchierte außerdem einige historische Zusammenhänge der jüngeren deutschen Geschichte. Es war Zeit, das unblutige Ende der IRA durch einige konsequente politische Maßnahmen einzuleiten. Er fühlte, dass die Stunde jetzt gekommen war. Danach rief er auf Helgoland an. Er musste jetzt Kathrin Nightingale sprechen. Er hatte bereits eine Idee, die alles ändern könnte. Wenn sie nur wollte. Oder noch konnte.

Neuharlingersiel, Restaurant der Fischereigenossenschaft, 16.05h

Die angebotenen Fischsorten hinter dem Kühltresen stammten fast alle aus Übersee, aus heimischen Aquakulturen im Binnenland oder aus den Pariser Hallen. Wo man inzwischen Fische des Atlantiks zukaufen musste, um überhaupt noch etwas ursprünglich hier Heimisches verkaufen zu können. Da man noch nicht wusste, woher die giftigen Quallen stammten, war die Fischerei aus Sicherheitsgründen vorerst eingestellt worden. Es hatte sich schnell herumgesprochen, dass der Nationalparkranger Jens Wortmann an den Toxinen der Giftquallen gestorben war. Seine Frau hatte heute früh die offizielle Todesursache mitgeteilt bekommen. Ein kleiner Trost lag wenigstens in der Tatsache, dass er nicht lange gelitten haben konnte, denn er hatte eine sehr hohe Giftdosis abbekommen. Das Fischverbot vor Helgoland hatte Obos Hoffnungen zunichte gemacht, dass er hier durch einige weitere gute Fänge kurzfristig zu Geld kommen könne, um mit den Raten für die neue Heizungsanlage weiterzukommen. Es war einfach zum Verrücktwerden. In einer Ecke des Raumes stand ein neuer Flachbildfernseher, vor dem Obo und einige Kollegen saßen, Heiner und Andi waren auch dabei. Da wurde plötzlich das reguläre Programm unterbrochen, und es gab eine neue Live-Sendung aus Helgoland, wo jetzt ein älterer Mann im weißen Kittel etwas zu den aktuellen Forschungsergebnissen über die Killerquallen sagte. Unten im Bild erschien eine Einblendung: *Professor Lazlo Horvath, Toxikologie, Hannover.* Professor Horvath fasste nun die bisherigen Resultate der Forschungen für die Fernsehzuschauer zusammen, nachdem er eingangs die Wirkungen des gefährlichen neuen Umweltgiftes geschildert hatte. „Zusammenfassend kann man also sagen, dass es sich bei dem Gift nicht nur um ein einzelnes Gift handelt, sondern um einen Cocktail der verschiedensten Substanzen. Die Quallen nehmen diese Substanzen mit ihrer Nahrung auf, weil sie winzigste Planktonpartikel fressen. Zu diesen Partikeln gehören leider auch winzige Polymerverbindungen, die man landläufig auch einfach als Plastikmüll bezeichnen könnte. Daran lagern sich von ganz alleine weitere Gifte an, welche die Quallen in ihrem Gewebe einlagern. Darüber hinaus fanden wir heraus, dass alle untersuchten Medusen Phosphor in ihrem Gewebe abgelagert hatten. Phosphate sind regulär in fast allen Lebewesen enthalten, aber nicht in so hohen Konzentrationen. Das Phosphor ist übrigens auch der Grund, weshalb die Medusen nachts grünlich leuchten." Es wurde ein Bild des grünlich leuchtenden Meeres um Helgoland eingeblendet. „Darüber hinaus haben wir Radioaktivität in den Quallen nachgewiesen, und zwar zwischen 5 und 50 Becquerel pro Quadratzentimeter. Was uns nachdenklich stimmt, ist die offenkundige Tatsache, dass alle diese Faktoren anthropogenen, das heißt rein menschlich industriellen Ursprunges sind. Es ist ein Umweltskandal."

Helgoland, Nordseehotel, Zimmer von Kathrin Nightingale, 16.09h

Kate lag auf ihrem Bett, Dr. Nesemann packte seine Sachen zusammen und verließ das Zimmer. Er hatte ihr strengste Bettruhe verordnet, da er sonst nicht für den Erhalt ihres Beines garantieren könne. Ihr rechtes Bein war etwas angeschwollen und Kate hatte Probleme, ihren Fuß zu spüren. Dr. Nesemann hatte ihr unumwunden erklärt, dass sie ihr Bein verlieren würde, wenn sie weiter mit dem Rollstuhl Ausflüge machen würde. Daraufhin war sie sichtlich blass geworden. Sie würden ihr jetzt im Hotel ein Krankenzimmer einrichten, das sie nicht verlassen durfte. Sie lag in ihrem Bett und wartete darauf, dass eine Pflegerin vorbeikäme, die es ihr so angenehm wie möglich machen sollte. Zum Glück hatte sich Fuji um Kai gekümmert; noch nie hatte sie sich so hilflos gefühlt. Und wenn sie nicht aufpasse, dann könne sie auch noch ihr Leben verlieren, hatte Dr. Nesemann ihr darüber hinaus eröffnet. Der Plan einer

Familiengründung rückte damit in weite Ferne. Die Pflegerin kam gerade zur Tür herein, als das Telefon klingelte. Sandra, die ihre Hand hielt, um ihr etwas Trost zu spenden, gab ihr den Hörer. Eine fremde Stimme sprach sie an: „Miss Nightingale?“ „Am Apparat“, antwortete sie. „Hier ist Gus Falkner, oder auch Target Nr. 5, wie man bei Ihnen in Dublin so sagt.“ Kate zuckte zusammen, dann sagte sie höflich: „Womit kann ich Ihnen weiterhelfen, Herr Premierminister?“ „Wir brauchen Sie in Belfast, am Freitag. Wie fit sind Sie für einen kleinen Flug?“ „Der Doktor sagt, dass ich bei einem weiteren Ausflug mein Bein riskiere, vielleicht sogar mein Leben“, antwortete sie wahrheitsgemäß. „Miss Nightingale, wenn ich Ihnen gleich schildere, was wir mit Ihnen vorhaben, dann würden Sie sich – so denn Ihre Reue echt war – wahrscheinlich beide Beine abschneiden lassen, um dabei zu sein. Nicht ich brauche Sie – Ihre Nation braucht Sie. Und da wäre noch etwas: Ich verspreche es Ihnen nicht nur, ich gebe es Ihnen auch gerne schriftlich, dass wir Sie vollständig amnestieren werden.“ Und dann erklärte er ihr seine Idee. Sie willigte ein. Dann sagte er zu ihr: „Und wenn die Sache vorbei ist, dann werden wir Sie in unser bestes Krankenhaus in London bringen, wo man sich Ihrer Gesundheit annehmen wird. Wir brauchen Sie, Kathrin, denn wir haben noch viel mehr mit ihnen vor. Ich persönlich werde außerdem dafür sorgen, dass unsere besten Ärzte Sie bei allem begleiten und behandeln werden.“ „Nennen Sie mich doch einfach nur Kate“, sagte Kate. „Dann dürfen Sie mich auch Gus nennen.“ Sie beendeten das Gespräch. Dann wurde sie von Sandra und der Pflegerin vorsichtig versorgt. Doch es war unsicher, wie lange sie hier liegen bleiben würde. Sandra saß neben ihr, und hielt ihre Hand. Wo blieb nur Fuji mit dem Jungen? Sie schlief ein.

Helgoland, Nordseehotel, Konferenzraum der Politiker, 16.25h
Dr. Ito war es gelungen, Dr. Theißing abzupassen, um mit ihm eine wichtige persönliche Angelegenheit zu regeln. Nämlich seine eigene Scheidung. Dr. Theißing versprach ihm, nach einer schnellen Lösung zu suchen, wies ihn aber darauf hin, dass grundsätzlich ein Jahr der Trennung gegeben sein müsse. Ab wann man das rechne, sei jedoch eine andere Frage. Dann nahm Dr. Theißing ihn mit hinein in die Sitzung der Politiker, da sich viele neue Dinge ergeben hatten, die sie jetzt klären mussten. Kai Ahrens ließen sie in der Obhut von Eddie und Lissy zurück, die mit ihm Kuchen essen gehen würden. Eddie sprach nämlich deshalb so ein gutes Deutsch, weil er als Jugendlicher einige Jahre in Hamburg gelebt hatte, wo sein Vater als Hafenarbeiter tätig gewesen war. In der Sitzung sprachen sie über die Planungen für die nächsten Tage und über die Rolle, die Kate bei der Bekämpfung der IRA spielen sollte. Außerdem machten sie Dr. Ito unmissverständlich klar, dass man Kinder nicht so ohne weiteres adoptieren könne, was in Deutschland kaum anders als im United Kingdom oder in der Republik Irland sei. Außerdem hatte sich schon der Vorsitzende des Kinderschutzbundes beschwert, dass man so nicht mit Kai Ahrens verfahren dürfe. Ian Bannister fand schließlich die richtigen Worte: „Dr. Ito, Sie wissen, dass ich allen Grund habe Ihnen dankbar zu sein, und dass ich tief in Ihrer Schuld stehe. Aber selbst als Landesherr kann ich mich nicht über bestehende Gesetze einfach so hinwegsetzen. Doch ich möchte Ihnen jetzt nicht den Mut nehmen, sondern Ihnen einen Weg aufzeigen, wie Sie vielleicht doch noch zu Ihrer Patch-Work-Family gelangen können. Der erste Schritt: Sie müssen selbst rechtskräftig geschieden sein. Dr. Theißing wird sich dafür einsetzten, dass der Ablauf etwas beschleunigt wird. Der zweite Schritt: Wir werden Kathrin Nightingale auf Helgoland internieren, wenn sie ihren Einsatz in Irland und einen Krankenhausaufenthalt in London hinter sich gebracht hat. Da ist sie sicher vor Anschlägen, und wir können das ganze zu einer symbolischen Haftstrafe erklären, sagen wir für die Wintersaison. Wir werden sie

dabei mit einer elektronischen Fußfessel ausstatten müssen, damit die Öffentlichkeit es uns auch glaubt. Darüber hinaus werden wir dann in einem dritten Schritt unser Umerziehungsprogramm mit ihr fortsetzen und dafür sorgen, dass sie eine Ausbildung in einem sozialen Beruf bekommt. Während dieser Zeit dürfen Sie drei selbstverständlich in Ihrer Freizeit Kontakt haben, sofern Sie nicht damit gegen bestehende Gesetze verstoßen. Und sollte Kai Ahrens weiterhin in ihre Familie integriert werden wollen, müssen wir hier mit den entsprechenden Behörden einen Deal aushandeln. Das heißt, dass Sie damit leben müssen, einen externen Berater in Ihrem zukünftigen Zuhause wohnen zu lassen, der sie unterstützt, aber auch kontrolliert. Darüber hinaus wird von Ihnen erwartet, dass Sie sich pädagogisch fortbilden. Kinder sind schließlich keine Insekten, Dr. Ito!"

Helgoland, Nordseehotel, vor dem Zimmer von Kathrin Nightingale, 20.26h
Eigentlich sollte Andrea O`Leary das Interview mit Kate schon zur Zeit der Abendnachrichten fertig gedreht haben, aber Sandra hatte ihr unumwunden den Ernst von Kates Gesundheitslage erklärt. Als sie ihr dann die Entscheidung von Kate mitteilte, bekam Andrea O´Leary feuchte Augen. „Könnte ich nicht Kate in Irland doubeln?" fragte sie spontan. „Ich bräuchte mir doch nur die Haare zu färben, es würde doch keiner merken!" „Und wer interviewt sie dann? Nein, Ihr beide müsst einfach nebeneinander auf dem Podium stehen! Andrea, Du bekommst die Story Deines Lebens, ist Dir das eigentlich klar? Wir werden Geschichte schreiben, und das völlig unblutig!" „Aber was ist, wenn Kate dabei drauf geht? Ich mache mir wirklich Sorgen um sie!" „Da sind Sie nicht die einzige", sagte Ian Bannister trocken, der gerade zusammen mit Aische Özdemir um die Ecke gebogen kam und den letzten Satz Andrea O´Learys gehört hatte. „Ist sie denn jetzt wach?" wollte er wissen. „Ich sehe mal nach", sagte Sandra Miller und schlüpfte ins Zimmer. Kate war aufgewacht, doch sie fühlte sich schwach. „Wasser", hauchte sie nur. Sandra gab ihr vorsichtig einen kleinen Becher. Danach ging es ihr etwas besser, das rechte Bein fühlte sich an, wie eingeschlafen. „Ian will Dich sehen, kannst Du mit ihm reden? Und Andrea will mit dem Interview anfangen, Du weißt schon, was wir vorhin besprochen haben." „Hol sie beide rein, aber lasst mich nie wieder allein mit Ian, O.K.?" Sandra drückte aufmunternd ihre linke Hand, dann holte sie die anderen ins Zimmer. Man musste wahrlich kein Arzt sein, um zu sehen, dass Kate sich übernommen hatte. Deshalb wünschten sie ihr alles Gute und verabschiedeten sich wieder. Sie hatten das Interview auf den nächsten Vormittag verschoben, Kate musste wieder zu Kräften kommen. Kai Ahrens durfte heute Nacht bei Dr. Ito übernachten. Das Schwert würden sie ein andermal untersuchen müssen. Keith Hastings hatte allerdings Fuji noch eine ganz andere Frage zu den Ermittlungen gestellt: „Da gibt es noch etwas, was ich wirklich nicht verstehe. Als wir den Trenchcoat aus der Suite von Aische Özdemir untersuchten, fanden wir in den Taschen das hier!" Er breitete mehrere Damenstrumpfhosen aus Nylon auf dem Boden aus, die in der Form eines Overalls zusammengenäht worden waren; es war ein echtes Kunstwerk, welches keine Lücke offenließ. Als Dr. Ito begriffen hatte, was das war, wurde er kreidebleich. „Mein Gott, wenn sie das getan hätte, wäre sie sehr wahrscheinlich gestorben, aber alle Achtung, sie ist viel gebildeter, als wir alle gedacht haben!" „Und was soll das sein?" fragte Keith Hastings. „Das ist ein Quallenschutzanzug, wie ihn australische Rettungsschwimmer verwenden. Wahrscheinlich wollte sie nach einem gelungenen Attentat rüber schwimmen zur Düne, um dann dort ein Flugzeug nach Hamburg zu entführen. Doch warum ließ sie ihr Butterfly-Messer zurück?"

Zwei Kilometer westlich vor Helgoland, 21.30h

Die Silhouetten zweier Kriegsschiffe waren von der Insel aus deutlich zu erkennen, noch immer leuchteten unzählige Quallen im Oberflächenwasser grünlich auf. Die beiden Schiffe schwenkten ein auf einen Parallelkurs, den sie rund um die Insel mehrmals zurücklegten. Dabei ließen sie eine dunkle Flüssigkeit ins Wasser ab und bemühten sich darum, die schwere Flüssigkeit mit ihren Schrauben etwas unter die Wasseroberfläche zu quirlen. Aus diesem Grund fuhren sie exakt dreimal im gleichen Abstand um die Insel. Beide Kapitäne kontrollierten mit ihren Ferngläsern ihr Werk, welches sie sehr präzise ausgeführt hatten. Inmitten der grünen Quallen konnte man jetzt breite gelbe Markierungsbänder erkennen, welche ebenfalls aus einer fluoreszierenden Flüssigkeit bestanden. Dann drehten beide Schiffe bei, wobei das eine nach Norden, und das andere Schiff nach Süden einschwenkte. Als sie etwa 5 Kilometer von der Insel entfernt waren, stellten sie ihre Geschütztürme auf dem Heck im richtigen Winkel ein, und schickten einen Regen von 76 Millimeter-Leuchtspurgeschossen auf den von ihnen mit der gelben Flüssigkeit markierten Ring. Wobei sie in nur einer Minute einen Geschoßhagel von jeweils 86 Projektilen ins Meer schossen. Zunächst schien nichts passiert zu sein, doch dann begann das Meer unter der Oberfläche zu kochen. Ein Flammenring, der nur etwa einen Meter Höhe erreichte, begann, um die Insel zu wandern. Er sollte mehr als zwei Stunden brennen. Nachdem er abgebrannt war, wurde die gleiche Prozedur, doch diesmal mit einem größeren Radius um die Insel, wiederholt. So arbeiteten beide Fregatten die ganze Nacht durch. Schließlich ankerten die Bremen und das neue irische Flaggschiff, die Dublin, friedlich nebeneinander, etwa 4 Kilometer entfernt von Helgoland. Sie hatten mehr als 50Prozent der Quallen erfolgreich vernichtet. Über dem Meer tanzte ein dünner Nebel aus schmutzigem grauem Qualm. Es stank penetrant nach Napalm.

IV – Gericht und Gnade

„Amazing grace, how sweet the sound, that saved a wretch like me"…*

***Aus einem Kirchenlied: „Oh liebliche Gnade, die einen Sünder wie mich gerettet hat."**

30. August 2017, Mittwoch

Nordsee, 20 Seemeilen nordwestlich von Helgoland, 5.33h

Wie ein zornig gewordener Schutzengel knatterten die Rotorblätter eines weiß lackierten Hubschraubers durch den frühen Morgen und zerstörten die windige Stille, die über der See geherrscht hatte. Aus dem Hinterteil dieser Neuauflage des Seakings ragten mehrere Stabilisatoren, die ihn trotz leichter Böen in einer exakt geraden Flugbahn hielten. Nur wer sich genau auskannte, hätte bei näherem Hinsehen gemerkt, dass dieser neue Seaking etwas breiter und kompakter gebaut worden war als sein Vorgängermodell. Auch die Kennung war ungewöhnlich. Auf jeder Flanke des Hubschraubers, aber auch unter seinem Boden prangten die Abzeichen des Roten Kreuzes und des Roten Halbmondes, der islamischen Schwestergesellschaft. Außerdem trug dieser Helikopter die Embleme der UNO und der UNICEF, sowie die *Signatur Ärzte ohne Grenzen*. Kleine unauffällige aufgemalte Flaggen auf den großen Schiebtüren wiesen ihn jedoch als Eigentum des United Kingdom aus. Nach wenigen Minuten Flugzeit verlangsamte der neue Seaking seinen Flug und ging zum Landeanflug über. Dann senkte er sich über dem Pier vor Helgolands Hafen ab, direkt vor den Hummerbuden. Eine Schiebetür wurde aufgerissen, und ein Arzt im weißen Kittel sprang nach draußen, gefolgt von einer Krankenschwester, der wiederum zwei Sanitäter mit einer Bahre folgten. Der Arzt warf einen Blick auf ein kleines tragbares GPS-Gerät, dann lotste er die anderen zielsicher zum Nordseehotel.

Helgoland, Nordseehotel, Krankenzimmer von Kathrin Nightingale, 5.50h

Kate hatte unruhig geschlafen und schlecht geträumt. Sie träumte von Dr. Nesemann, der ihr jetzt aus Rache für das blaue Auge das Bein mit einer altmodischen Knochensäge amputieren wollte. Gerade als er anfing zu sägen, hörte sie ein lautes zorniges Summen. Schweißgebadet wachte sie auf, als die Tür aufgerissen wurde. Ein Arzt und eine Krankenschwester betraten jetzt das Zimmer, die Sanitäter warteten draußen. „Miss Nightingale?" Sandra Miller fuhr aus dem Bett und wollte sich schon fast auf den Eindringling stürzen, als sie merkte, dass es ein Arzt war. "Was soll das? Sie wurden uns nicht angekündigt!" rief sie empört, da man sie so unsanft aus dem Bett gerissen hatte. „Entschuldigen Sie bitte unser plötzliches Eindringen bei Ihnen zu dieser frühen Stunde, aber es geht um das Bein von Miss Nightingale! Es geht um jede Minute, wir wollen es retten. Ich bin Professor Dr. Steve Ferguson, Spezialist für offene Frakturen. Wir sind auf Anforderung von Gus Falkner hier. Bitte zeigen Sie mir das Bein, schnell, es kann jetzt um jede Minute gehen!" Kate erbleichte, dann schlug Sandra die Decke zurück und machte das Licht an. Dr. Ferguson untersuchte kurz Bein und Wunde, dann sagte er: „Wenn wir uns ranhalten, dann können wir Ihnen in jedem Fall noch das Leben retten, Miss Nightingale. Wir nehmen Sie jetzt mit und werden sofort mit der OP beginnen. Sie haben großes Glück, dass unser Lazaretthelikopter Lazarus I gerade in London stand." Die Sanitäter begannen jetzt nach Anweisungen des Arztes Kate vorsichtig auf eine Trage zu legen. Da erschien plötzlich Dr. Ito mit Kai Ahrens in der Tür. „Wir wollen mit", sagte er nur. „Ist gut, Dr. Ito, bitte ziehen Sie sich schnell an, wir wollen gleich mit Kurs auf London aufbrechen. Wir warten nur 5 Minuten, dann sind wir weg." Dr. Ito und Kai sprinteten los, während die Sanitäter Kate zudeckten und nach draußen trugen. „Müssen Sie amputieren?" fragte Kate ängstlich. Dr. Ferguson grinste sie an und sagte dann, neben den Sanitätern laufend: „Wie man es nimmt, gewissermaßen. Sie sind ja ein zäher Brocken, Kathrin, sie schaffen das schon! Haben Sie nur etwas Mut und Vertrauen!" „Nehmen Sie eine Knochensäge? Werde ich dann wenigstens betäubt?" Dr.

Ferguson lachte. „Hey, leben Sie noch im Mittelalter, Kate? Wir haben die weltweit modernste medizinische Ausrüstung dabei, die Sie sich nur vorstellen können. Sie werden sogar bei Bewusstsein sein können, wenn wir völlig schmerzfrei an Ihnen rumschrauben. Und wenn wir da sind, dann werden Sie wieder rumhüpfen und tanzen gehen!" „Rumhüpfen wie ein Storch?" „Nein, wie ein Frosch! Passen Sie auf Kathrin, Sie sind ja doch ein kleiner Angsthase, ich gebe Ihnen jetzt erst mal was zur Beruhigung". Er gab ihr eine Spritze in den Arm. Dann hatten sie den Helikopter erreicht und hievten Kate hinein, sie wurde sofort auf einem speziellen Operationstisch festgeschnallt. Dann wurde unterhalb ihrer Brüste eine spezielle Trennwand auf den Operationstisch herabgelassen, so dass sie ihre Beine nicht mehr sehen konnte. „Ich habe da noch einen Überraschungsgast für Sie, der Ihnen etwas geistlichen Beistand leisten möchte", sagte Dr. Ferguson jetzt. Erst meinte Kate, es wäre Keith Hastings, der hier neben ihrem Oberkörper saß, denn der Mann war etwa ebenso alt und hatte die gleichen kantigen Gesichtszüge. Doch als sie näher hinsah, bemerkte sie, dass er fast weiße Haare hatte, also doch etwas älter als Keith Hastings sein musste. „Guten Morgen, ich bin Vater Andrew. Andrew Hastings, um genau zu sein, ich bin der ältere Bruder von Keith. Er hat mir bereits viel von Ihnen erzählt, Miss Nightingale. Da ich gerade zufällig in London war, bin ich sofort mitgekommen, um Ihnen jetzt in dieser schweren Stunde beizustehen." Er legte ihr sanft seine Hand auf das Gesicht, dann malte er ihr mit dem Zeigefinger ein Kreuz auf die Stirn. „Immer steht der Mensch zwischen Leben und Tod, sein ganzes Leben lang. Doch ich vertrete hier den, der für uns in den Tod ging, damit wir das Leben haben. Miss Nightingale, ich möchte gerne hier und jetzt das Abendmahl mit Ihnen feiern. Was halten Sie davon?" In diesem Moment stiegen Dr. Ito und Kai auf der anderen Seite ein und der Helikopter hob ab. Und so feierte die kleine Patch-Work-Family jetzt gemeinsam mit Vater Andrew das Abendmahl, während die Ärzte die letzten Vorbereitungen für die Notoperation trafen. Dr. Ferguson erschien im Durchgang, dann stellte er ihnen Dr. Said vor, den Anästhesisten. Dann erklärte er Kate den Ablauf. „Wir werden alles mit einer Spinalanästhesie machen, das heißt, dass Sie unterhalb des Beckens ihre Extremitäten nicht mehr spüren können. Sie werden absolut nichts merken, Miss Nightingale, da wir dadurch die Weiterleitung aller Reize durch die Wirbelsäule an das Gehirn unterbrochen haben. Said, könnten Sie Miss Nightingale mal kurz in den linken Fuß zwicken? Na, haben Sie was gespürt?" „Nichts", sagte Kate. „Bin ich schon betäubt?" „Sie bekommen wohl auch gar nichts mit? Alles schon passiert, als Vater Andrew mit Ihnen redete. Im Operationstisch befindet sich eine spezielle Vorrichtung für schmerzlose Injektionen. Klasse, was?" Kate war verblüfft. „Es ist nicht viel anders als Haare schneiden. Hier bekommen Sie ein Headset von mir. Sollte Ihnen irgendetwas komisch erscheinen, dann sprechen Sie bitte hinein, ich höre sie dann sofort. Wenn Sie merkwürdige Geräusche hören sollten, dann sagen Sie sich einfach, dass da nur ein bisschen herumgeschraubt wird, es kann Ihnen völlig egal sein." „Werden Sie amputieren?" fragte Kate angstvoll. Dr. Ferguson lächelte geheimnisvoll. „Nein, Miss Nightingale! Schön wär's! Dann wären wir nämlich schon längst fertig mit der Arbeit und könnten uns erst mal eine Tasse Kaffee gönnen. Was meinen Sie, wie viele Sekunden ich brauche, um ein Bein zu amputieren?" „Weiß nicht?" „Ganze sieben Sekunden." „Und was werden Sie jetzt machen?" „Sehen Sie Miss Nightingale, wir werden jetzt ein bisschen alten Schrott bei Ihnen rausschrauben, dann die Ersatzteile einbauen, das Ganze dann vernünftig ummanteln, es wieder zu machen und danach eine Ausgehmanschette über Ihr Knie ziehen. Ich erwarte von Ihnen, dass Sie es mir sofort melden, falls Sie irgendetwas merken sollten. Wenn wir landen, sollte es eigentlich soweit fertig sein, dass Sie selber aussteigen können, mit etwas Hilfe natürlich. Na, geben Sie mir dann wenigstens in der Cafeteria des Militärkrankenhauses einen Kaffee aus? Dann kann ich Ihnen bei einem kleinen Pläuschchen auch verraten, womit wir hier unsere Zeit verschwendet haben. So ich fange jetzt an!" Kai, Dr. Ito und Vater Andrew hielten Kate die Hände, während auf der anderen Seite gearbeitet wurde. „Ist es für Dich schlimm, Kai?" fragte Kate, die absolut keine Schmerzen spürte. Kai drückte ihre linke Hand und sagte: „Tut Dir auch wirklich nichts weh, Tante Kate? Dann ist es nicht schlimm!" „Nichts, sagte sie, absolut nichts." Vater Andrew schaltete sich ein: „Ich habe schon einige Male Patienten in diesem Luxusflieger begleitet. Da habe ich schon einige Wunder erlebt. Fast so gut, wie die Krankenheilungen von Jesus. Und immer schmerzlos, auch wenn es sich manchmal seltsam anhörte." Sie hörten, wie etwas ausgefräst wurde, dann wurde etwas eingeschraubt. Eine kleine Bohrmaschine ließ ein leises Summen ertönen. Dann wurde noch etwas geschraubt und etwas schnappte zusammen. Es wurde ein bisschen am Bein hin und her gezuckelt, dann sagte plötzlich Dr. Ferguson via Bordlautsprecher: „Miss Nightingale, ich muss Sie jetzt ein bisschen kitzeln, O.K.?" Jetzt begann Kate zu kichern, alle sahen sie erstaunt an. Dann zog Dr. Ferguson die blutigen Handschuhe aus, schob seine Brille auf die Stirn und rief: „Fertig, Miss Nightingale! Habe gerade alles zugenäht." Dann kam er nach vorne, sah auf die Uhr und sagte: „Na ja, noch ungefähr eine halbe Stunde bis zur Landung. Da bekomme ich ja jetzt richtig Langeweile." „Und was haben Sie jetzt bei Kate gemacht?" wollte Dr. Ito wissen. „Nun, es war höchste Eisenbahn, den alten Schrott rauszuwerfen und endlich etwas Haltbares einzubauen. Das heißt, wir haben das alte Kniegelenk samt Kniescheibe komplett entfernt, und ihr ein künstliches Gelenk eingesetzt. Wir haben also mit unserem Laser die beschädigten Gelenkköpfe entfernt, und dann den Rest manuell reingeschraubt. Mit unseren neuen Betäubungsmethoden hat der Patient gewöhnlich keine Chance, überhaupt was zu merken. Da könnte ich Ihnen im Vorbeigehen ein neues Bein dran schrauben, und Sie würden es nicht mal merken! Verzeihung, ich muss das etwas relativieren: Es fällt Ihnen dann auf, wenn der alte Schuh nicht mehr auf den neuen Fuß passt." Er grinste. Nun kam auch der Anästhesist dazu, und Kate bedankte sich bei ihm. Nachdem sie hinter dem Vorhang aufgeräumt hatten, bauten sie die Trennplatte ab. Dann gaben sie Kate etwas Wasser zu trinken, und es gab ein einfaches Frühstück. Als sie damit fertig waren, landete der Seaking auf der Landeplattform des Militärkrankenhauses. Sie hatten Kate jetzt einen Kittel umgehängt und halfen ihr vorsichtig dabei, vom Operationstisch aufzustehen. Sie spürte ihr Bein, doch es war ein seltsames Gefühl, darauf zu stehen. Dr. Ito stieg aus und stützte Kate so gut ab, wie es eben ging. Dann reichte ihr Dr. Ferguson eine Krücke, und sie versuchte vorsichtig einen Schritt zu laufen. Es ging, aber sie fühlte sich noch zu erschöpft, so dass sie ihr einen Rollstuhl gaben. Dann wurden sie alle unter dem Geleitschutz einiger bewaffneter Soldaten zur Cafeteria eskortiert. Es waren Angehörige der Royal Marines.

Helgoland, Nordseehotel, 07.00h

Keith Hastings ließ das alte Samuraischwert Dr. Itos keine Ruhe. Schließlich stand er auf, zog sich an und ging zum Empfang. Dort wies er sich aus und bat darum, ihm das Schwert für seine Untersuchungen auszuhändigen. Kate war zwar jetzt in guten Händen, aber vielleicht fand sich ja noch etwas Relevantes an der Klinge des Katanas. Er ging damit auf sein Zimmer, holte den kleinen Koffer mit dem Gen-Sequenzierer hervor und nahm dann einige Abstriche von der Klinge. Dann testete er die Proben, wobei er Proben von der Schneide, der Oberseite der Klinge und von der Spitze nahm. Nach einigen Minuten teilte ihm der Sequenzierer das Ergebnis mit. Außer der DNS von Kate, die sich in fast jeder Probe fand, fand er noch Bruchstücke des genetischen Fingerabdrucks von mindestens fünf verschiedenen Japanern. Darüber hinaus fand er aber noch Spuren pflanzlichen Ursprungs, die der Sequenzierer unschwer einer japanischen Giftpflanze zuordnen konnte. Das Schwert war seit hunderten von Jahren vergiftet gewesen! Sofort rief er Professor Horvath auf dessen Zimmer an und fragte ihn um Rat. Dieser notierte sich den lateinischen Namen der Pflanze und begann zu recherchieren. Als er das Ergebnis sah, schüttelte er nur mit dem Kopf und rief Keith Hastings an, um ihm eine dringende Empfehlung zu geben.

London, Militärkrankenhaus, Cafeteria, 9.45h

Gus Falkner erschien persönlich, um Kathrin Nightingale in Augenschein zu nehmen. „Na Kate, hat Steve Sie mit seinen schrägen Sprüchen gut bei Laune gehalten und Ihnen einen ordentlichen Schrecken eingejagt? Er kann ja so einfühlsam sein, der gute alte Steve!" Er grinste breit, denn er kannte Steve seit mehr als 30 Jahren noch aus der Schulzeit. Doch Professor Dr. Steve Ferguson konterte: „Ja, ja, der medizinische kompetente Premierminister! Will er doch glatt einen Patienten mit aufkommenden Nekrosen von Ärzten betreuen lassen, bis er tot ist! Na ja, man muss das verstehen, er gehört ja auch keiner der sozialen Parteien an..." „Trotzdem muss ich mich wohl bei Ihnen beiden vielmals bedanken, ohne Sie würde ich wahrscheinlich nicht mehr im Besitz meines Beines sein! Langsam bekomme ich auch wieder Gefühl im Fuß." Sagte Kate, um den kleinen Disput der beiden zu unterbrechen. „In all der Eile haben wir jetzt wohl nur ihre Spezialausrüstung für Morgen vergessen", meinte Gus Falkner. Das schaltete sich Dr. Ito ein: „Das stimmt nicht, ich habe das Teil einfach angezogen, sogar doppelt. Es sollte nicht schwer sein, noch mehr davon herzustellen." Alle sahen erstaunt auf den Deutschjapaner, der jetzt sein Jackett öffnete. Er trug ein weißes T-Shirt, auf dem mit Textilfarbe ein Fadenkreuz aufgemalt worden war. Darunter stand der Spruch: *I´m a target*[?]. „Wunderbar!" rief Gus Falkner. „Ja so machen wir das. So werden wir die IRA schlagen. Und darüber hinaus werde ich am Freitag gemeinsam mit Kenneth Sinclair eine Erklärung abgegeben, die Geschichte machen wird. Kate, wenn Sie Ihren Job gut machen, dann werden Sie als erste davon erfahren. Und dann können Sie vielleicht sogar unsere Entscheidung bekannt geben. Sie sollten sich jetzt noch irgendwo etwas ausruhen, Andrea O´Leary und die anderen werden dann im Lauf des Mittags noch zu uns stoßen." Dann sah er Kai und Dr. Ito neben Kate sitzen und er sagte: „Oh, Euer erster Familienausflug, heute?" Daraufhin strahlte Kai ihn an. In diesem Moment kam die Krankenschwester des Operationsteams dazu, um zum Abschluss der gelungenen Operation Kate ihre Gesundheitsdaten auszuhändigen. Dabei sagte sie: „Es gibt da noch etwas, dass ich ihnen lieber nicht in dieser Runde sagen würde. Könnten Sie alle uns bitte kurz allein lassen?" Alle erhoben sich und setzten sich ein paar Tische weiter in eine andere Ecke. Dann redete die Krankenschwester kurz und eindringlich mit Kate. Diese schlug sich vor Überraschung erst die Hand vor den Mund, dann blickte sie kurz nachdenklich drein, und dann strahlte sie plötzlich. Sie rief Fuji und Kai zu sich und teilte den beiden leise etwas mit: „Ich erwarte ein Kind! Es kann nur von Fuji sein, es ist noch ganz winzig. Wir werden doch noch eine richtige Familie!" Kai sah etwas verlegen drein. Kate sagte: „Kai, Du bekommst noch einen kleinen Bruder oder eine kleine Schwester, stell Dir das mal vor! Wenn es soweit ist, sind wir bestimmt alle zusammen, egal wie wir das machen werden." „Sollten wir es den anderen nicht sagen, ehe Gerüchte entstehen?" fragte Fuji. „Das wird wohl das Beste sein", entschied Kate. Sie winkten die anderen herbei. „Ich werde nochmals Mutter, ist das nicht etwas Wunderbares?" Alle

---

[?] Englisch = Ich bin eine Zielscheibe.

beglückwünschten sie. „Sie wird bald die Mutter der Nation sein", prophezeite jetzt Gus Falkner. Dann brachten sie Kate in ein Einzelzimmer, immer bewacht von bewaffneten Royal Marines. „Es ist schon wirklich paradox", brachte es Dr. Ito auf den Punkt, „da wird eine ehemalige irische Terroristin von britischen Soldaten vor anderen irischen Terroristen beschützt. Da versteh einer die Welt!" Fuji und Kai blieben bei Kate im Zimmer und durften sich hier in den Nachbarbetten breit machen. Nach noch nicht einmal fünf Minuten war die neue, jetzt auch noch Zuwachs erwartende Familie, eingeschlafen.

Amsterdam, bei einer Filiale der Citibank, 10.00h
Irene Ito war ohne Zwischenfälle bis nach Amsterdam gelangt. Sie hatte ihre rote Haarfarbe stets erneuert und war in einer billigen Pension unter dem Namen Irene Klein abgestiegen. Jetzt hob sie etwas Geld ab. Ihr Mann würde sich noch wundern, denn das gemeinsame Konto hatte sie bereits abgeräumt. Sie nahm das Geld aus dem Automaten und wollte sich gerade zum Ausgang wenden, als plötzlich eine Polizeistreife vorfuhr, zwei Beamte heraussprangen und Richtung Geldautomat hetzten. Jetzt nur nicht die Nerven verlieren, dachte sie. Deshalb ging sie zurück in die Bank und fragte am Tresen nach der Kundentoilette. Die Bankangestellte brachte sie in den Keller, wo die Toiletten waren. Sie folgte ihrem Instinkt und ging nicht in die Damen-, sondern die Herrentoilette. Sie konnte hören, wie die Beamten oben alles durchsuchten. Sie ging in die erstbeste Kabine und hatte prompt Glück: Es gab ein Fenster nach draußen. Aber es führte nicht direkt ins Freie, denn das Gitter darüber war festgeschweißt. Trotzdem kletterte sie nach draußen und kroch in den toten Winkel, der von der Kabine aus nicht mehr zu sehen war. Da kamen die beiden Polizisten auch schon zu den Toiletten, wobei sie zuerst die Damentoiletten durchsuchten. Dann sahen sie auch noch flüchtig bei den Herren nach und verschwanden wieder. Irene Ito atmete auf. Künftig würde sie noch vorsichtiger sein. Dies war ihr eine echte Lehre gewesen.

Helgoland, Nordseehotel, Foyer, 10.03h
Andrea O´Leary war ebenso wie die anderen Journalisten und Politiker von der plötzlichen Abholung Kates völlig überrascht worden. Alle hatten zusammengesessen und hofften und zitterten mit, dass die Operation in dem fliegenden Hubschrauber gelungen sein möge, als schließlich der erlösende Anruf von Gus Falkner aus London kam. Die Sonderermittler hatten derweil die wichtigsten Utensilien ihrer Schützlinge eingepackt und auch ihre eigenen Reisesachen gepackt. Nun betraten Ian Bannister und Keith Hastings das Foyer. „Meine Damen und Herren, Ladies and Gentleman", begann jetzt Ian Bannister. „In Anbetracht der besonderen Umstände dieses Tages schlage ich vor, dass wir jetzt alle gemeinsam nach London aufbrechen. In Kürze wird ein Hubschrauber der Bundeswehr uns und unser Gepäck zum Militärhospital bringen, in dem Kathrin Nightingale vorerst untergebracht wurde. Sie kann mit Einschränkungen laufen und ruht sich jetzt von den Strapazen aus. Ich bitte Sie sehr herzlich darum, Rücksicht auf sie zu nehmen, damit sie bis Belfast durchhält. Deshalb sollte Andrea O`Leary Ihre Schnittstelle zu Miss Nightingale sein, ist das so in Ordnung?" Alle stimmten zu. „Gut, dann lassen Sie uns jetzt runter gehen zum Pier, der Hubschrauber landet in wenigen Minuten." Alle brachen auf, als Professor Horvath noch mit dem Laptop von Dr. Ito angelaufen kam. Sandra Miller nahm diesen an sich. Sie kümmerte sich um ihren Schützling.

London, Militärkrankenhaus, Krankenzimmer von Kathrin Nightingale, 15.07h

Als Kate aufwachte, verspürte sie plötzlich einen starken Harndrang und stellte fest, dass sie keinen Katheter mehr trug. Sie setzte sich vorsichtig im Bett auf, und ihr wurde ein wenig schwindelig. Dann suchte sie die Krücke. Verdammt, die stand weit entfernt von ihrem Bett neben der Tür. Fuji und Kai waren auch weg, so dass ihr keiner helfen konnte. Und hier war auch nirgendwo ein Knopf zum Heranklingeln der Schwester. Hm, ärgerlich! Immerhin konnte sie ihren rechten Fuß plötzlich wieder gut spüren, als sie mit dem großen Zeh am Gitter des Krankenbettes hängen blieb. Sie beschloss daher, es einfach zu versuchen, denn sie wollte nicht noch einmal in ihr Bett machen. Vorsichtig brachte sie ihre Füße auf den Boden, dann drückte sie sich mit beiden Beinen vom Bett hoch. Plötzlich stand sie neben dem Bett! Sie ließ es vorsichtig los und ging dann einige Schritte zur kleinen Tür in der Mitte des Raumes, wo die Toilette sein musste. Sie humpelte die letzten zwei Schritte, dann fasste sie die Klinke an und öffnete die Tür. Geschafft! Sie knipste das Licht an und setzte sich auf die Toilette. Sie konnte wieder laufen! Als sie fertig war, stand sie vorsichtig auf, spülte, wusch sich die Hände und lief zurück zu ihrem Bett. Als sie es gerade erreicht hatte, hatte sie plötzlich das Gefühl, in Sirup getreten zu sein. Doch als sie nach unten blickte, musste sie feststellen, dass ihr ein dünner Faden dunklen Blutes am rechten Bein hinunterlief, was sie nicht gemerkt hatte, weil das Blut vom Knie abwärts außen über ihren Thrombosestrumpf gelaufen war. Sie erschrak sich und suchte wieder einen Klingelknopf für die Schwester, aber es gab hier keinen. Wahrscheinlich war der Raum nicht für Kranke, sondern nur für Personal des Krankenhauses, schoss es ihr durch den Kopf. Also setzte sie sich jetzt auf das Bett und rief um Hilfe. „Help me! Shit, warum kommt denn hier keiner? Ich blute!" Einer der Wachsoldaten riss die Tür auf und stürmte herein. Als er sah, was los war, half er Kate, sich auf das Bett zu legen, während sein Kollege den Arzt rief. Keine zwei Minuten später kam Professor Dr. Ferguson mit seinem Arztkoffer angerannt, Schweißperlen auf der Stirn. Er schickte die Wache nach draußen, entfernte die Manschette und sah sich die blutende Stelle an. Dann holte er einen kastenförmigen Apparat aus der Tasche und sagte: „Miss Nightingale, es wird jetzt ein bisschen kalt, tut aber nicht weh, O.K.?" Dann drückte er einen Knopf, und ein Display wurde auf der Oberseite des Kastens sichtbar. Dort nahm er einige Feineinstellungen vor und aktivierte dann das Gerät. Es trat ein weißer kalter Dampf aus, der sich auf die kleine Wunde legte und die Blutung augenblicklich stoppte. Dann zischte es, und die Wunde wurde mit einem transparenten Film versiegelt. „Schon fertig, na haben Sie was gemerkt?" „Nein, es war alles O.K.", antwortete Kate. „Sagen Sie mal Doktor, wieso hat das jetzt noch geblutet?" „Haben Sie das Bein belastet?" „Ich musste mal zur Toilette, war auch kein Problem, bis ich dann zurückkam." „Ja, so etwas kann am Anfang durchaus passieren. Eine kleine Vene wurde wahrscheinlich beim Zunähen etwas angeritzt und ist jetzt aufgegangen. Sieht gewöhnlich schlimmer aus, als es ist. Ich habe es jetzt vereist, es wird bald alles geheilt sein, und dann können Sie wieder normal in der Gegend herumlaufen. Wir haben Ihnen nämlich eine trikondyläre Endo Prothese eingesetzt, die hoffentlich die nächsten 50 Jahre überdauern wird. Bei diesen Prothesen sind die mechanischen Anteile nicht fest miteinander verbunden, sondern sie sind gegeneinander verschiebbar. Es erfordert etwas Übung, damit richtig zu laufen, aber mit etwas Krankengymnastik werden Sie auch das noch hinbekommen, das geht schnell. Ganz am Anfang sollten Sie das Bein möglichst nicht stark belasten, deshalb sollten Sie Ihre Krücke ruhig verwenden. Übrigens hat mir Ihr Mann vorhin verraten, dass er Sie selbst mit Krücke attraktiv finden würde. Da haben Sie wirklich einen Traummann abbekommen, das können Sie mir glauben!" „Professor Ferguson, was ist eigentlich mit meinem Arm los? Kann ich den je wieder heben?" „Nun, Miss Nightingale, ich habe mir natürlich von Dr. Nesemann bereits vor unserem Einsatz alle ihre Gesundheitsunterlagen schicken lassen, inklusive der Bilder, die er noch in der Nacht Ihres Unfalles mit dem Tomographen gemacht hatte. Sie werden den Arm mit einer sehr großen Wahrscheinlichkeit nicht mehr richtig anheben können, weil Ihr Schlüsselbein durch den Querschläger mehr oder minder fragmentiert wurde. Das heißt, dass Sie bestimmte Sachen nicht mehr richtig hochheben können, es wird aber durchaus dafür reichen, ein Baby auf den Wickeltisch zu legen." „Und kann ich denn mit meiner verletzten Brust ein Kind stillen?" „Kein Problem, das wird vollständig heilen, die Milchdrüsen werden sich entsprechend regenerieren." Noch eine letzte Frage: „Haben die Medikamente und die Spinalanästhesie keinen negativen Einfluss auf mein ungeborenes Kind oder die Schwangerschaft?" „Da kann ich Sie vollständig beruhigen, Miss Nightingale. Bevor wir Sie auch nur angefasst haben, wussten wir bereits von der Schwangerschaft. Da sind wir immer sehr gründlich. Bei uns wird niemand behandelt, bevor wir nicht die wichtigsten Daten abgeklärt haben. Wir haben Ihre Körperflüssigkeiten analysiert, was bei uns nur fünf Minuten dauert. Allerdings haben wir Ihnen vor dem Eingriff von der Schwangerschaft lieber nichts gesagt, um Sie nicht noch mehr zu beunruhigen." „Eine letzte Frage, Professor Ferguson: Weshalb haben Sie mir nicht gleich gesagt, dass das Bein nicht amputiert werden musste?" wollte Kate noch wissen. „Ganz ehrlich Miss Nightingale: Es stand auf Messers Schneide, und ich wollte Ihnen die Angst etwas nehmen. Im Hotel konnte ich dazu noch nichts entscheiden, weil ich bestimmte Messungen und Untersuchungen erst im Hubschrauber machen konnte. Sie haben großes Glück gehabt, denn im Knie hatten sich bereits Nekrosen gebildet, was bedeutet, dass Sie tote Gewebeteile im Knie hatten. Diese sahen fast so aus, wie Gewebe, das von einem Giftpfeil getroffen wurde. Und sie wurden von mehr als einem Giftpfeil getroffen! Keith Hastings hat das Samuraischwert von Dr. Ito untersucht und mit dem Gen-Sequenzierer festgestellt, dass das Schwert vor mindestens zweihundert Jahren vergiftet wurde. Dabei handelt es sich um ein japanisches Pflanzengift, was an den betroffenen Stellen mit einigen Tagen Verzögerung ein Absterben des Gewebes auslöst. Sie können aber ganz beruhigt sein, denn wir haben das gesamte verseuchte Gewebe entfernt. Dr. Ito teilte mir das vorhin mit, nachdem er auf seinem Laptop eine entsprechende Nachricht von Professor Horvath gefunden hatte, der wiederum von Keith Hastings danach gefragt worden war. Sie sehen also, die Hälfte der wissenschaftlichen Welt Westeuropas macht sich inzwischen Sorgen um Ihre Gesundheit. Und mittlerweile glaube ich auch, dass das für die Hälfte der politischen und kirchlichen Welt gilt. Ich spritze Ihnen jetzt noch ein Aufbaupräparat für Herz- und Kreislauf, damit Sie den Rest des Tages durchhalten können. Außerdem werde ich immer in Rufweite sein, falls irgendetwas ist. Gus Falkner hat mir alle Nebentätigkeiten untersagt. Hier gebe ich Ihnen einen kleinen Pager, am besten Sie hängen Ihn sich immer um den Hals. Wenn Sie den kleinen grünen Knopf drücken, dann kommt Ihr persönlicher Professor sofort hinter dem nächsten Busch hervorgesprungen." Er grinste schräg. „Das habe ich ehrlich noch nie erlebt, dass man sich so um meine Gesundheit kümmern würde", sagte Kate. „Sie sind jetzt in der Politik angekommen, Kate. Nur Sie haben die Möglichkeit, jetzt mitzuhelfen, damit in Nordirland endlich ein Durchbruch erzielt wird. Nur jemand wie Sie kann den Brückenschlag machen, auf den Leute wie Keith Hastings und Gus Falkner lange gewartet haben. Darum enttäuschen Sie sie bitte nicht!" „Ich werde mein Bestes tun, mit aller Kraft", versprach Kate. „Und Kate, vergessen Sie eines nicht: Sie haben eine starke kleine Familie, die Sie bei allem unterstützen wird. Rechnen Sie ruhig mit den beiden, auch mit dem Jungen!" Nachdenklich blickte sie Dr. Ferguson an, als es an der Tür klopfte und Vater Andrew eintrat. „Kathrin, meine Tochter in Christo, wie geht es Dir?" fragte er besorgt und zugleich väterlich. „Ich laufe wieder!" rief sie und strahlte ihn an. Professor Ferguson verließ das Zimmer. „Kathrin, jedes Mal, wenn ich ins Gebet gehe und für Dich bete, dann habe ich ein Bild, das Gott mir vor mein geistiges Auge stellt. Ich sehe einen einfachen Mann, der einen langen Stecken in der Hand hält. Von hinten sieht er so ein bisschen aus, wie der gute Hirte. Und dann schlägt er mit dem Stecken plötzlich auf den Boden, es gibt ein Erdbeben, und dann verwandelt sich der Mann plötzlich in eine Frau. Eine blonde Frau, in Dich! Sieh mal Kate, ich bin ja nur ein alter protestantischer Pastor und verstehe nicht sehr viel von den katholischen Mythen, aber hast Du eine Erklärung dafür?" Kate schloss die Augen, und versuchte, sich das Bild vorzustellen. Dann merkte sie, wie ihr Geist zurückschweifte in ihre frühe Kindheit, als ihr alter Großvater ihr am St. Patricks Day etwas über den heiligen Patrick erzählt hatte. Und dann wurde es ihr plötzlich klar, Tränen rannen heiß über ihre Wangen und sie rief: „Was habe ich nur getan?" Vater Andrew legte seine Hände auf ihre Schultern. „Kathrin Nightingale, Dir ist bereits vergeben! Und nun sage mir, was Du gesehen hast? Bitte, es ist wichtig, es geht nicht um uns, das weiß ich schon!" „Vater Andrew, ich habe mir das Bild vorgestellt. Dann wurde ich in meine Kindheit zurückgeführt, wo mein Großvater mir etwas über den Heiligen Patrick erzählt hat. Der Heilige Patrick soll der Legende nach mit seinem Bischofsstab alle Schlangen aus Irland vertrieben haben. Natürlich gab es nie Schlangen in Irland. Also war das eher symbolisch gemeint. Das heißt, der Heilige Patrick hat nicht Schlangen, sondern den Teufel und seine Dämonen aus Irland vertrieben. Damals waren es die Dämonen des Heidentums und der Götzendiener. Und dann wurde mir das Bild klar: Ich soll heute die Dämonen des Terrors aus ganz Irland vertreiben, das ist es, was das Bild bedeuten soll." „Mein Kind, wenn das so ist, wird eine neue Ära beginnen, lass mich Dich dafür segnen: Der Herr selbst segne und behüte Dich, er lasse sein Angesicht leuchten über Dir und er sei Dir gnädig. Er beschütze Dich vor der Heimtücke böser Menschen und er führe Dich und Deine Familie in das verheißene Land, auch wenn ich es nicht mehr erreichen werde. Möge die Kraft des alles heilenden Gottes mit Dir sein, möge sie alles heilen, was Du heilen willst. So segne Dich, Kathrin Nightingale, der Vater, der Sohn und der Heilige Geist. Dein neuer geistlicher Name soll von jetzt ab Patricia, ja Patricia von Irland lauten. Der Herr selbst gebe Dir Mut und Kraft für Deine schwere Aufgabe!" Vater Andrew sank erschöpft zusammen und setzte sich jetzt auf einen Stuhl neben das Bett von Kate. Kate war völlig sprachlos, doch Vater Andrew lächelte ihr schelmisch zu. „Glaub mir Kathrin, die eigentliche Schlacht haben wir beide soeben für uns entschieden. Die Politiker müssen letztendlich auch tun, was Gott will, ob sie das einsehen oder nicht. Lasse Dich von Nichts und Niemandem erschrecken, so wirst Du in Kürze das größte Werk getan haben, was je ein Mensch für Irland tun konnte. Natürlich nicht Du, sondern Du mit Gottes Hilfe." Jetzt sagte sie, plötzlich schüchtern geworden: „Aber ist das alles nicht eine Nummer zu groß für mich?" „Aber nein, Kathrin, es werden sehr viele hinter Dir stehen, es wird etwas ganz Neues geschehen, da bin ich mir sicher. Manchmal dauert das ein paar Jahre, aber Du kannst heute den Anfang machen, möchtest Du das?" „Ja, ich will Vater Andrew!" sagte Kate entschieden und bekräftigte es nochmals: „Ja, ich will, mit allem was ich habe, zusammen mit allen, die ich liebe und mit allem, was ich bin!"

Hannover, Wohnung von Angela Isselmann, 16.00h

Zwei zivile Beamte und zwei Pfleger hatten Angela Isselmann nachhause gebracht. Sie durfte ihre wichtigsten Sachen mitnehmen, über den Rest ihrer Habe würde später entschieden werden. Ein ganzes Leben, das in Koffer und Kisten verpackt wurde, so kam es ihr vor. Sie ließen sich Zeit und Angela Isselmann durfte in ihrer Wohnung noch ein letztes Mal Kaffee trinken. Die Zivilbeamten und Pfleger waren sehr höflich und rücksichtsvoll und langsam begann Angela Isselmann wieder etwas mehr Lebensmut zu fassen. Da klingelte es an der Tür und Schwester Adelheid kam herein. Sie hatte versprechen müssen, Angela Isselmann auf ihrem Weg zu begleiten. Ihrem Weg ins Landeskrankenhaus nach Wunstorf, wo man therapeutisch mit ihr arbeiten würde. Angela Isselmann hatte es eingesehen, dass sie nicht vor sich selbst davonlaufen konnte.

Helgoland, Biologische Station, in einem Schutzzelt für toxikologische Versuche, 16.05h

Dr. Lisbeth Müller-Schiffer fluchte, was bei ihr nicht oft vorkam. Wenn doch nur Dr. Ito da wäre! So musste sie das ganze Pensum der Versuche straffen und war in Eile, denn nach nur vier Stunden konnte sie kaum noch im Schutzanzug arbeiten. Und jetzt hatte sie auch noch das verdammte Rasierzeug vergessen, mit dem sie die Meerschweinchen vor ihren Versuchen immer rasierte, damit Studien der kontaminierten Haut vorgenommen werden konnten. Sie hatte jedoch keinerlei Lust, extra deswegen durch die Sicherheitsschleusen zu stapfen, sich mühsam aus dem Anzug zu schälen und dann das Rasierzeug zu besorgen. Also was tun? Sie hatte nur noch zwei Meerschweinchen da. Kurz entschlossen nahm sie jetzt das erstbeste Tier, ein noch junges Männchen, und fixierte es im Versuchsbehälter. Dann öffnete sie vorsichtig eine Ampulle, die eine Probe des giftigen Quallengewebes enthielt. Sie verdünnte die Probe etwas, so dass diese nur noch zehn Prozent ihrer ursprünglichen Giftigkeit enthielt. Dann tropfte sie einen einzigen Tropfen auf den Rücken des Meerschweinchens. Was dann geschah, konnte sie nicht fassen, es ließ ihr kalte Schauer über den Rücken laufen. Das Meerschweinchen zitterte kurz, schnaufte ein letztes Mal und lag plötzlich tot auf der Seite! Das konnte doch nicht wahr sein! Alle rasierten Meerschweinchen hatten mehrere Minuten mit der Quallenpaste überlebt, auch wenn sie dann je nach Alter und Größe nach jeweils sieben bis neun Minuten gestorben waren. Dummerweise hatte sie ihre Kamera nicht so schnell anstellen können, wie das Meerschweinchen starb, so dass sie jetzt die gesamte Prozedur nochmals mit dem letzten Meerschweinchen durchführte und diesmal alles filmte. Es trat der gleiche Effekt ein, Irrtum ausgeschlossen! Das war einfach rätselhaft, sie würde das nachher mit Professor Horvath und den anderen Wissenschaftlern von der Station diskutieren müssen. Sie reinigte ihren Anzug vor, dann passierte sie die Schutzschleusen und entledigte sich vor der Station ihres Anzuges, den sie hier unter einem kleinen Vorbau an die Wand hängte. Danach eilte sie zu ihrem Arbeitsplatz, um schnell alle Ergebnisse an ihrem Computer zusammen zu stellen. Dann verschickte sie die Daten an ihre Kollegen, auch an Dr. Ito, und hoffte, dass wenigstens einer von ihnen etwas damit anfangen konnte. Das war doch einfach verrückt! Da forschte man nun immer schön brav mit rasierten Meerschweinchen wie vorgeschrieben, und tat man es einmal nicht, war das Ergebnis sofort letal! Irgendetwas stimmte da nicht, sie mussten etwas Wichtiges übersehen haben, das fühlte sie immer mehr. Nur was? Sie zermarterte sich ihr Hirn, bis sie nur noch grübelnd aus dem Fenster starrte. Dann widmete sie sich anderen Aufgaben, trug Messergebnisse in Tabellen ein, stellte Toxizitätsberechnungen an und arbeitete weiter an einem Gutachten für Professor Horvath.

London, Militärkrankenhaus, Krankenzimmer von Kathrin Nightingale, 16.17h

Mittlerweile war die Zahl derer, die etwas von Kate wollten, dramatisch angestiegen. Sie alle saßen in einem Vortragsraum, der eigentlich für Medizinstudenten vorgesehen war. Nachdem Vater Andrew, der zur Denomination der Anglikaner gehörte, das Zimmer von Kate verlassen hatte, traten Dr. Ito und Kai ein. Diese waren schon um 13.00h aufgestanden, hatten etwas zum Mittag gegessen und danach die im Foyer des Militärkrankenhauses ausgestellten Modelle von Kriegsschiffen, Flugzeugen und anderen Militärfahrzeugen besichtigt. Diesen Tipp hatte ihnen Gus Falkner gegeben, der selber Kinder hatte und wusste, dass man diese immer irgendwie bei Laune halten musste. Kai lief zu Kate und schlang die Arme um sie. Daraufhin streichelte sie ihn etwas und Fuji setzte sich auf die andere Seite des Bettes. „Du Kate, ich muss Dir was sagen. Deine Fans sitzen im Auditorium dieses Krankenhauses und warten auf Dich, und ständig werden es mehr!" sagte Fuji mit einem deutlichen Understatement in der Stimmlage. „Aber ich habe ja noch nicht mal vernünftige Sachen zum Anziehen, ich kann doch nicht im Engelhemd vor denen erscheinen." „Vermutlich ist denen das völlig egal, sie wollen Dich sehen!" „Kannst Du nicht irgendwen nach einem Kleid oder etwas Ähnlichem fragen? Und ich brauche einen Rollstuhl. Die Krücke kann ich nicht nehmen, weil das auf mein Schlüsselbein drückt, das sind sonst Höllenschmerzen!" „Ich kümmere mich darum, warte kurz!" Er hauchte ihr einen Kuss auf die Wange und eilte nach draußen, wo er fast mit Sandra Miller kollidiert wäre, die ihm entgegenkam. Mit einem großen Koffer in der Hand. „Gott sei Dank, hast Du Sachen für Kate dabei?" fragte er. „Alles dabei, kein Problem, Du kannst uns helfen, ihr was anzuziehen." Sie gingen zurück ins Zimmer. Dann wählten sie ein geeignetes Kleid aus, das Kate eigentlich eine Nummer zu groß war, aber deshalb auch leichter anzuziehen war. Außerdem bekam sie auch neue Unterwäsche, da die alte Wäsche durchgeschwitzt war. Sandra Miller wollte während des Umziehens Kai Ahrens nach draußen schicken, aber Kate sagte nur: „Er hat mich sowieso schon fast nackt gesehen, und außerdem sind wir doch eine Familie. Es ist albern, wenn wir ihn jetzt rausschicken." Kai guckte trotzdem höflich in eine andere Ecke, während Fuji sie nachdenklich betrachtete. Dann sagte er: „Für mich bist Du die schönste Frau auf der Welt, Kate, und das wäre auch noch so, wenn Du das Bein verloren hättest, das weißt Du!" „Ja, Fuji, ich weiß es. Aber manchmal glaube ich doch, dass Du seltsame Vorstellungen von Schönheit hast." Sie waren gerade mit dem Anziehen fertig, als es klopfte, und Professor Dr. Ferguson persönlich einen Rollstuhl brachte. „Wie fühlen Sie sich Miss Nightingale? Kann es losgehen?" „Ich fühle mich gut, wirklich, aber ich bin ziemlich hungrig. Gibt es hier vielleicht auch etwas Fast Food für mich?" „Kein Problem, die Kantine hat da immer etwas auf Lager, für die müden und hungrigen Krieger des Lichtes", sagte er und grinste vielsagend. Kate setzte sich vorsichtig in den Rollstuhl und sie fuhren mit ihr in die Cafeteria, wo sie etwas zu essen bekam. Danach fuhren sie alle mit ihr in den Vortragsraum, wo eine bunte Mischung aus Politikern, Journalisten und Geistlichen sich versammelt hatte, um das weitere Vorgehen wegen der drohenden Anschlagsgefahr zu besprechen.

Dublin, ein konspiratives Apartment mitten in der City, 17.08h

Monty und Marty hatten sich heute allein getroffen, um ihre Planungen abzustimmen. Die Abreise von Kate war nicht geheim geblieben und über ihre losen Kontakte zu Irish Press hatten sie bereits herausbekommen, wo Kate zurzeit war. Das nützte ihnen jedoch auch nichts, weil Kate in einem Militärkrankenhaus der britischen Streitkräfte de facto unangreifbar war. Sie mussten also abwarten, was die Gegenseite jetzt mit Kate vorhatte. Für den Fall, dass Kate etwas von den drohenden Anschlägen verraten würde, hatten sie sich bereits darauf verständigt, das Verlegen der Bomben durch die Gasmänner einen Tag vorzuverlegen. Auch die Verteilung der Monteursanzüge musste so einen Tag vorgezogen werden, aber das würde man auch noch hinbekommen. So versetzten sie also alle Aktivisten in Alarmbereitschaft und hofften darauf, eine Chance zu bekommen, um Kathrin Nightingale ein für alle Mal auszuschalten. Monty schaltete den Fernseher an und hatte Glück: In den 18.00h-Nachrichten sendete Irish Press ein Exklusivinterview mit Kathrin Nightingale, welches Monty selbstverständlich mitschnitt, um eine passende Lokalität für einen Anschlag auf Kate zu finden. Und tatsächlich sollten sie diese bereits heute ausfindig machen. Kathrin Nightingale sollte schon bald daran glauben müssen, wenn es nach ihnen ging. Sie losten aus, wer das Attentat ausführen sollte, dann reiste der Ausgewählte schnell ab, um seine Vorbereitungen für die politische Neutralisation Kathrin Nightingales zu treffen. Und wenn er dabei selbst drauf gehen würde. Doch der Ehrenkodex der IRA verlangte es so. Ohne Rücksicht auf persönliche Beziehungen jeglicher Art.

London, Militärkrankenhaus, Auditorium, 17.10h

Eine illustre Runde war hier zusammengekommen und alles applaudierte, als Kathrin Nightingale im Rollstuhl auf das Podium geschoben wurde. Man gab ihr ein kleines Ansteckmikrofon und alle wollten am liebsten gleichzeitig über sie herfallen. Damit ein wenig Struktur in das Chaos kommen konnte, ergriff jetzt Gus Falkner das Wort: „Ladies and Gentlemen, wir freuen uns, Ihnen hier Miss Kathrin Nightingale vorstellen zu dürfen. Sie alle kennen ja bereits ihre Vorgeschichte. Damit es hier nicht völlig durcheinander geht, möchten wir Sie alle bitten, ihre Fragen an Miss Nightingale für nachher zu notieren. Wir werden Ihnen allen jetzt unsere Vorgehensweise erklären und bitten insbesondere die Journalisten darum, uns alles vorzulegen, was sie später veröffentlichen wollen. Das hat etwas damit zu tun, dass wir fehlerhafte Meldungen oder Behauptungen in jedem Falle vermeiden müssen, da wir sonst die Sache, um die es hier geht, unmöglich machen. Ich bin wirklich kein Freund von Zensur irgendwelcher Art, das können Sie mir glauben. Aber hier geht es um Menschenleben, um sehr viele Menschenleben. Wir wollen jetzt nämlich nicht nur ein Unglück verhindern, sondern wollen darüber hinaus das Nordirlandproblem ein für alle Mal lösen. Ich hoffe, Sie haben jetzt verstanden, um welche Brisanz es hierbei geht." Im Saal erhob sich aufgeregtes Gemurmel. „Wie mein Kollege Ian Bannister es den überwiegend deutschen Presseleuten bereits gesagt hat, so möchte auch ich Ihnen jetzt sagen, dass Miss Andrea O´Leary die erste Ansprechpartnerin von Kathrin Nightingale sein soll, weil wir auf die Gesundheit von Miss Nightingale Rücksicht nehmen müssen. Deshalb bitte ich auch um Verständnis, falls wir die Sitzung aus diesem Grunde abbrechen müssten. Wir können uns den Verlust von Miss Nightingale in dieser Situation nicht leisten, ich hoffe, Sie haben das alle verstanden?" Die Journalisten nickten ihm zu. Dann wandte sich Gus Falkner zu Andrea O´Leary. „Miss O´Leary, haben Sie ihre Fragen vorbereitet?" „Ich bin soweit." „Miss Nightingale, fühlen Sie sich fit genug, jetzt diese Fragen vor laufenden Kameras zu beantworten? Gesendet wird das alles erst mit den 18.00h-Nachrichten, was bedeutet, dass wir Versprecher notfalls noch rausschneiden lassen können. Sind Sie bereit?" „Kein Problem, Miss O`Leary kann anfangen." Jetzt kam Andrea O´Leary mit ihrem Kameramann Jerry nach vorne und hockte sich zuerst neben Kate, so dass er die Gesichter der beiden nebeneinander filmen konnte. Sie waren sich verblüffend ähnlich und unterschieden sich eigentlich nur durch die Haarfarbe. Dann schwenkte die Kamera auf Andrea O´Leary, die jetzt eine Frage stellte, und schwang dann wieder zu Kate zurück, die die Fragen wahrheitsgemäß beantwortete. Kate erklärte zum Anfang, wie und warum sie zur IRA gekommen war. Als Andrea O´Leary sie nach früheren Anschlägen fragte, sagte sie, dass sie dieses zum gegenwärtigen Zeitpunkt nicht beantworten wolle und könne und bat um die nächste Frage. „Stimmt es eigentlich, dass

Sie bei dem Attentat auf Ian Bannister nur mit Reizwäsche bekleidet gewesen sind? Man hört da die abenteuerlichsten Gerüchte und Vermutungen?" „Ja, das stimmt tatsächlich. Ich weiß, dass das seltsam klingt, aber diese Art der Bekleidung hatte rein taktische Gründe. Denn nach Gelingen des Attentates wollte ich einfach einen selbst zusammengenähten Overall aus Nylonstrümpfen darüber ziehen, um dann mit diesem Quallenschutzanzug zur Düne von Helgoland zu schwimmen, wo ich mich dann mit einem Flugzeug nach Hamburg absetzen wollte. Bei einem Anschlag braucht man genügend Zeit, um sich erfolgreich absetzen zu können. Und wenn man diese wertvolle Zeit mit Umziehen verschwendet, wird man geschnappt, ehe man sich versieht. Darüber hinaus wusste ich natürlich, dass Ian Bannister überall als Frauenheld gilt, somit ist ein solcher Outfit bei einem Anschlag auf ein Opfer mit solchen Neigungen recht hilfreich. Zum einen verwirrt er das Opfer, das gar nicht mehr an Gegenwehr denkt, zum anderen hätten sich andere Hotelgäste, die mich vielleicht zufällig gesehen hätten, ihren Teil gedacht, aber keine Hilfe geholt. Denn wer holt denn schon Hilfe, wenn eine Prostituierte das Hotelzimmer eines Politikers aufsucht?" Alle sahen jetzt Kate ganz erstaunt an, woraufhin diese höflich lächelte. „Dann hätte ich da noch eine Frage zu Ihrem Verhältnis zu dem renommierten Insektenforscher Dr. Ito. Stimmt es, dass Sie beide jetzt ein Paar sind, obwohl er sie mit seinem Samuraischwert so übel zugerichtet hat?" „Wir lernten uns zwischen den beiden Attentaten, die ich begangen habe, kennen. Wir können Ihnen allen das rational nicht erklären, doch wir haben uns tatsächlich in dieser kurzen Zeit ineinander verliebt. Und bevor Gerüchte aufkommen, sage ich Ihnen allen besser die ganze Wahrheit: Wir haben zwischen den beiden Attentaten nachmittags ein Schäferstündchen miteinander in meinem Hotelzimmer verbracht. Nach meiner heutigen Operation erfuhr ich dann, dass ich dadurch geschwängert wurde. Das war alles sehr viel für mich und uns in den letzten Tagen, aber wir wollen zusammenhalten und streben sogar die Gründung einer Familie an." Die Zuhörer schrieben jetzt eifrig Notizen, manche saßen mit offenem Mund da und staunten. „Und was ist mit Kai Ahrens, dem Sohn von Rebekka Ahrens? Wieso ist er eigentlich bei Ihnen?" „Wie Sie ja alle wissen, habe ich mich nach meinem fehlgeschlagenen Bombenattentat an alle mir bekannten Opfer meiner Tätigkeit gewandt, also auch an Kai Ahrens. Daraufhin hat er sich selbst nach Helgoland eingeschmuggelt, um mich zur Rede zu stellen. Er wollte, dass ich ihm eine neue Mutter beschaffe! Sie können es sich nicht vorstellen, wie sehr mich das angerührt und getroffen hat, verzeihen Sie bitte." Kate musste weinen, jemand gab ihr ein Taschentuch. „Es heißt, Sie wollen Kai Ahrens in ihre Pläne für eine Familiengründung mit einbeziehen, mal ehrlich: Ist das so ohne weiteres realistisch?" „Ich weiß, dass es schwierig ist, doch ich fühle mich moralisch dazu verpflichtet, diesem Kind beizustehen. So auch immer man mir dieses erlaubt. Selbstverständlich ist mir bewusst, dass ich erst mein persönliches Resozialisierungsprogramm und eine Ausbildung in einem sozialen Beruf abschließen muss, und auch Dr. Ito wird sich hier noch fortbilden. Und sollte Kai eines Tages tatsächlich mit in unserem Haushalt leben, so werden wir einen Bewährungshelfer bei uns wohnen lassen müssen, der über dem Wohl unserer Kinder wacht. Es ist alles nicht einfach, aber wir wollen alles dafür tun, um das von mir begangene Unrecht zu sühnen, soweit dieses möglich ist." „Erzählen Sie uns doch etwas von ihrem Resozialisierungsprogramm, wie soll das laufen, welche Ziele sind damit verbunden?" „Nun, das Training hat bereits begonnen, und ich kann Ihnen versichern, dass bereits der Beginn kein Zuckerschlecken war. Denn nur weil ich meine Taten eingesehen und bereut habe, bin ich ja noch nicht automatisch ungefährlich geworden. Die IRA hat mich zu einer gefährlichen Kampfmaschine ausgebildet, die auch ohne den Einsatz von

Waffen töten kann. Darüber hinaus hat man auch meine Gedankenwelt manipuliert und ich erlebe es als täglichen Kampf, aus diesen Denkmustern und Gewaltstrukturen auszusteigen. Sehen Sie, Miss O´Leary: Bevor eine Bombe meine damals noch junge Familie in den Tod riss, hatte ich ein ganz normales Familien- und Berufsleben wie andere Leute auch. Danach hatte ich zunächst nichts. Die IRA warb mich an und füllte dann diese Leere in mir aus. Die IRA war also so etwas wie meine neue Familie geworden! Deshalb ist es ja für die meisten Angehörigen solcher Vereinigungen auch so schwer, auszusteigen, weil keiner gerne seine „Familie" aufgibt. Im Grunde genommen zielt mein Resozialisierungsprogramm darauf ab, mir eine echte Familie zurück zu geben, in welcher Form das auch immer geschehen wird. Darüber hinaus soll ich dann unter meinem echten Namen eine neue Chance in der Gesellschaft bekommen, mit einem neuen Beruf, einer neuen Wohnung aber mit meinem alten Namen." „Aber fürchten Sie denn nicht, dass die IRA Sie als Verräterin einstufen und beseitigen wird?" „Man hat mir zugesichert, dass ich mich keinen Verhören zu unterziehen brauche, um Namen und Adressen preiszugeben, die ohnehin bereits veraltet sind. Sehen Sie, die Strafe der IRA für Verrat ist ja bekanntermaßen ein Schuss ins Knie. Diese Strafe habe ich bereits erleiden müssen, selbst der dümmste Straßenkämpfer der IRA wird das zugeben müssen. Die Schwertattacke von Dr. Ito hat mich mein komplettes rechtes Kniegelenk samt Kniescheibe gekostet, und um ein Haar hätte ich fast mein Bein verloren. Ich glaube, diese Angst um mein Bein war viel schlimmer, als die Aussicht, an so einer Verletzung qualvoll zu sterben, bitte glauben Sie mir das! Professor Dr. Ferguson wird es Ihnen bestätigen können. Es war die Hölle für mich!" „Warum haben Sie dann aber zwei Verstecke der IRA verraten? War das nicht viel zu gefährlich?" „Diese Verstecke habe ich nur deshalb verraten, um Ihnen, Miss O`Leary, das Leben zu retten. Ich konnte den Gedanken nicht ertragen, dass wegen meinem Schweigen ein weiterer unschuldiger Mensch sterben muss. Das war einfach zu viel für mich!" „Ist das auch der Grund, warum Sie jetzt noch eine öffentliche Erklärung abgeben wollen?" „Ja, ganz genau, ich möchte gerne dazu beitragen, dass viele Menschen bewahrt werden können. Denn vor meinem Einsatz auf Helgoland erhielt ich Kenntnis davon, dass die New Revenge IRA wahrscheinlich am 01.09.2017 eine Wiederholung des *Bloody Friday* von 1972 plant." „Sie sagen uns: Wahrscheinlich. Wie kommt man auf das Anschlagsdatum?" „Nun, der ursprüngliche *Bloody Friday* fand am 21.07.1972 statt. Die Zahlen des Datums bilden zum überwiegenden Teil ein Anagramm zum 01.09.2017. Es bleibt eine 2 übrig, die für Anschlag Nr. 2 stehen könnte." „Und welche Ziele möchte die IRA angreifen?" „Im Visier stehen sämtliche multikulturellen Einrichtungen, internationale Terminals, Moscheen und Begegnungsstätten in Belfast und Dublin gleichzeitig. Gefährdet sind vor allem alle nichtirischen Menschen, die in Nordirland und in der Republik Irland leben. Aber auch radikale Protestanten kommen als Anschlagsziele in Frage." „Und weshalb sind Sie davon überzeugt, dass die New Revenge IRA Anschläge dieses Ausmaßes begehen könnte?" „Weil die IRA mindestens eine Tonne hochwertigen C4-Sprengstoff besitzt, was Ihnen der Verteidigungsminister der Republik Irland bestätigen wird. Denn diese Menge wurde aus einem Armeedepot gestohlen. Darüber hinaus hat die IRA auch genügend Aktivisten im Feld, um diese Anschläge zu realisieren. Was bedeutet, dass man unmöglich alle öffentlichen Plätze und Einrichtungen bewachen kann. Geschieht nichts, dann werden früher oder später sehr viele Menschen so wie ich damals vor vier Jahren als Terroropfer enden. Deshalb habe ich mich entschieden, diese Pläne der Öffentlichkeit zu offenbaren, damit wir alle dem Terror entschieden entgegentreten können." „Aber wie stellen Sie sich das vor? Und warum sollen andere Menschen bei dieser hehren Absicht einer ehemaligen Terroristin zu Hilfe kommen, von der man ja gar nicht weiß, ob sie einen nicht doch nur durch eine großangelegte PR-Show in die Falle locken will?" „Es geht nicht um mich, ich bin unwichtig, bitte glauben Sie mir, ich flehe Sie an! Sehen Sie, ich habe nicht die Absicht, für mich eine Schonung oder Sonderbehandlung zu verlangen, nur weil ich einige körperliche Verletzungen habe. Nein, ich möchte mitten unter den Menschen sein, welche die IRA als Ziel ausgesucht hat. Und wenn dort die Bombe hochgeht, will ich genau da sein, wo gelitten und gestorben wird." Kate gab jetzt Dr. Ito ein Handzeichen, und dieser legte ihr das T-Shirt mit der Zielscheibe so auf ihr Kleid, dass es so aussah, als wenn sie es gerade anhätte. „Ich werde dieses T-Shirt tragen, wenn ich morgen nach Belfast fahre. Und ich möchte alle Belfaster und alle Dubliner herzlich darum bitten, sich auch solche T-Shirts zu machen. Gehen Sie auf die Straße, demonstrieren Sie bitte alle Solidarität mit den Gästen und Minderheiten unserer Gesellschaft. Denn die IRA kann es sich nicht leisten, unschuldige Iren mit weg zu bomben. Und wenn die IRA keine Zielgruppen mehr lokalisieren kann, dann kann sie keine Bomben mehr zünden, ohne sich selbst zu zerstören. Denn sie würde dadurch jegliche Sympathien verspielen, welche sie zurzeit noch bei einigen Teilen der Bevölkerung genießt. Und gleichzeitig können alle gutwilligen und nicht militanten Bürger so auch den protestantischen Paramilitärs zeigen, dass ihre Aktivitäten nicht länger erwünscht sind." „Doch meinen Sie denn im Ernst, dass eine Bürgerbewegung ausreicht, um den Terror dauerhaft zu unterbinden?" „Nein, sie wird nicht ausreichend sein, da bin ich Realist. Was wir hier in Irland brauchen, ist eine echte Versöhnung zwischen verschiedenen Bevölkerungsgruppen und Religionsanhängern. Da muss die Geistlichkeit etwas mithelfen. Sehen Sie, Miss O´Leary, hier müssen wir uns nach Personen umschauen, welche die Gräben überbrücken können, die ihre Amtsvorgänger aufgerissen haben. Ich bin beispielsweise zwar selbst Katholikin, habe aber mein bisheriges Leben mit Gott und Glauben ehrlich gesagt nicht viel zu tun gehabt. Doch ich habe es auf Helgoland in einer protestantischen Kirche erlebt, dass Gott mein Herz persönlich berührt hat. Das war bei der Gedenkfeier, bei der unter anderem an Rebekka Ahrens erinnert wurde. Da habe ich gemerkt, dass hinter der Fassade der Religiosität noch mehr sein muss, als ich mir früher immer vorgestellt habe. Leider habe ich zu diesem Zeitpunkt nicht darauf gehört, sondern habe es ausgeblendet, um das Attentat auszuführen. Das habe ich später bitter und schmerzhaft bereuen müssen! Deshalb möchte ich mich jetzt dafür einsetzen, dass wir alle von diesem Gebundensein an Denominationen wegkommen, und den Kern des irischen Christentums wiederentdecken. Ein großes Vorbild war mir dabei Vater Andrew, der sich um Strafgefangene in ganz Irland kümmert, egal welcher Konfession sie angehören. Es ist doch einfach irre, wenn sich Menschen, die sich für aufgeklärt und rechtgläubig christlich halten, wegen Konfessionsunterschieden gegenseitig umbringen. Der Heilige Patrick würde sich im Grabe umdrehen und weinen, wenn er sehen würde, was seine Erben hier so alles veranstalten. Deshalb möchte ich nach Belfast fahren, am liebsten auch noch nach Dublin, um es den Menschen auf der Straße zu sagen, nein zuzurufen: Stoppt den Irrsinn endlich!" „Jetzt mal eine harte Frage an Sie persönlich, Miss Nightingale: Könnten Sie denn auch den Tätern verzeihen, die damals ihre Familie in den Tod gebombt haben?" „Auch wenn es mir wirklich nicht leichtfällt: Ja! Am liebsten würde ich diese Leute in den Arm nehmen und ihnen sagen, dass ich ihnen vergeben möchte. Denn inzwischen glaube ich, dass nur Vergebung der Schlüssel zu einem zivilen Leben ohne Terror sein kann. Wir müssen alle darum kämpfen, den Teufelskreis aus Sterben und Rächen zu durchbrechen. Wenn wir alle das könnten, wenn wir uns unsere gegenseitigen Verletzungen vergeben würden, dann würde sehr schnell eine Heilung einsetzen, die den Terror insgesamt völlig überflüssig macht.

Nehmen Sie doch meinetwegen mich als Beispiel: Ich habe es Dr. Ito wirklich vergeben, dass er mich sehr schwer verletzt hat. Warum? Weil ich ihn liebe! Könnte das nicht auch eine Motivation einer ganzen Volksgemeinschaft werden, um Hass und Bitterkeit ein für alle Mal auszurotten? Im Übrigen trifft der Terror meist die falschen, wie Sie ja auch am Beispiel von Rebekka Ahrens oder meines kleinen dreijährigen Sohnes James sehen können. Die Idee, zielgenau die richtigen Leute umzubringen, lässt sich doch meist gar nicht richtig umsetzen. Das geht nur, wenn man als Täter seinem Opfer Auge in Auge gegenübersteht. Aber dann ist sehr schwierig, die nötige Kälte zu entwickeln, um den anderen wirklich umzubringen. Auch Ian Bannister ist es gelungen, mich durch eine einfache Frage völlig aus dem Konzept zu bringen, als ich ihn völlig in meiner Gewalt zu haben glaubte." „Und was war das für eine Frage?" „Er ging auf die Bombe vom Vortag ein und fragte mich, ob es nicht genug sei, dass die unschuldige Rebekka Ahrens durch die Bombe sterben musste. Er hatte damit genau meinen Nerv getroffen, ich war unsicher geworden, ob es richtig war, das Attentat wirklich auszuführen. Und dann kam Dr. Ito durch die Tür gestürmt und hat mich gestoppt. Ganz ehrlich – heute bin ich ihm dankbar dafür, denn ich habe gemerkt, dass ich so weder weiter leben kann, noch möchte. Sehen Sie, Kain wurde nach seinem Brudermord an Abel ein Malzeichen auf die Stirn gebrannt. Aber mir wurde nach dem Mord an meiner Schwester Rebekka Ahrens das Kainsmal in den Kopf gebrannt, und dort brennt es immer noch. Nie werde ich das vergessen können, nie, solange ich lebe." Kate schluchzte. Andrea O´Leary fuhr fort: „Miss Nightingale, wie wollen Sie jetzt weitermachen? Wo werden wir Sie morgen sehen?" „Ich persönlich würde sehr gerne eine Rede an einem Ort halten, welcher die Iren aus Nord und Süd gleichermaßen eint. Ich hätte da an einen Ort wie etwa Downpatrick gedacht. Ich würde gerne etwas über den geistlichen Gründervater unserer Nation sagen, und worauf es diesem heutzutage sehr wahrscheinlich ankäme." „Abschließend hätte ich noch eine letzte Frage: Wie sind Sie eigentlich auf die Idee gekommen, Ihre Taten vor laufenden Fernsehkameras zu gestehen? Wollten Sie sich damit irgendwie selbst darstellen, rechtfertigen oder profilieren? Das sind doch Fragen, welche die Leute mir täglich stellen!" „Ich glaube, dass ich es nur aus einer Intuition heraus getan habe. Ich hatte einfach das Gefühl, ich müsse etwas sehr Belastendes und Schlimmes mit einer möglichst großen Menge von Menschen teilen. Und ich kann Ihnen versichern, dass es mir hinterher psychisch besser ging. Vielleicht habe ich es aber auch nur deshalb getan, weil in mir die alte Telekommunikationstechnikerin erwachte, die eine Ahnung davon hatte, dass man damit mehr erreichen kann, als mit Bomben und Terror. Zu diesem Zeitpunkt sah ich mein Leben als gescheitert an und habe ehrlich gesagt nichts mehr davon erwartet. Ich dachte sogar an Selbstmord als Sühne für mein Verbrechen. Als ich nach dem Attentatsversuch aufgespießt an der Vertäfelung hing, habe ich mich ehrlich gewundert, dass alle mir trotz meiner bösen Absichten, die ich ja vorher gehabt hatte, helfen wollten. Ich hatte eigentlich erwartet, erschossen zu werden. Ich weiß, dass das meine letzten Empfindungen waren, bevor ich dann ohnmächtig wurde und man mich schließlich operierte. Das war übrigens wirkliche Nächstenliebe, die mich dann später noch tief berührt und erreicht hat. Sehen Sie Miss O´Leary, ich habe in diesen wenigen Tagen einige sehr harte Lektionen lernen müssen. Aber wenn ich eines verstanden habe, dann ist das eines: Terror kann nicht durch Terror bekämpft oder gestoppt werden! Nein, Terror kann nur durch Hingabe und Liebe überwunden werden. Deshalb möchte ich persönlich jetzt den Bombenlegern, die mir damals meine Familie weggerissen haben, eines sagen: Ich vergebe Ihnen, wer immer Sie waren oder sind. Ich will Sie nie wieder mit meinem Hass verfolgen. Und gleichzeitig bitte ich um Vergebung für all die Jahre, die ich damit sinnlos verschwendet habe, Sie mit meinem Hass zu verfolgen. Es tut mir aufrichtig leid." Kate sank völlig erschöpft in ihren Rollstuhl zurück, und Andrea O´Leary beendete das Interview. Danach applaudierte der gesamte Saal. Politiker und Geistliche kamen nach vorne auf das Podium. Und nach einer kurzen Diskussion wurde beschlossen, am nächsten Tag gegen Nachmittag eine spontane Kundgebung im irischen Downpatrick abzuhalten. Auch Andrea O´Leary war sehr beeindruckt von den ehrlichen Antworten gewesen und fragte: „Aber war es denn wirklich notwendig, vor laufenden Kameras etwas über die Schwangerschaft zu sagen?" „Oh ja, das war es, da bin ich mir ganz sicher. Die Menschen wollen es erleben, dass man ihnen die Wahrheit sagt. Und das wäre ja früher oder später doch herausgekommen, und dann hätten alle gerechnet. Ich weiß, dass es irgendwie merkwürdig ist, wenn eine Terroristin zwischen zwei Attentaten ein Kind zeugt, aber ich halte es für besser, das jetzt zuzugeben, als später, wenn die ersten gerechnet haben. Im Übrigen freuen wir uns schon jetzt auf das Kind, wirklich, egal unter welchen Umständen ich es gebären werde." „Kathrin, wenn Sie wieder in Ihr Resozialisierungsexil nach Helgoland zurückkehren sollten, kann ich Sie dann dabei begleiten und darüber berichten? Ich glaube, dass sehr viele daran Anteil nehmen würden." „Gerne, Du kannst mich aber auch gerne Kate nennen, das ist nicht so förmlich. Ich würde mich darüber sehr freuen, ich glaube, dass mir das sogar wirklich weiterhelfen würde. Denn es erhöht die eigene Motivation beträchtlich, wenn man weiß, dass viele am eigenen Schicksal Anteil nehmen. Ich glaube, dass einem das sogar das Sterben leichter macht, wenn es einen dann trifft." Jetzt kam Ian Bannister mit Aische Özdemir zu Kate: „Ich hätte fast geheult, Kathrin!" sagte Aische Özdemir. „Darf ich Dich künftig auch Kate nennen?" Kate legte ihren gesunden Arm um Aische und sagte: „Aber ja doch, ich freue mich, wenn Du keine Angst mehr vor mir hast. Das nimmt eine große Last von meinem Gewissen!" „Kate, ich muss irgendwann später mal kurz mit Dir unter vier Augen reden", sagte jetzt Ian und Kate erschrak sich ein wenig, was ihm sofort auffiel. „Es ist nichts Schlimmes, ich möchte Dir gerne etwas über mich anvertrauen, von dem ich mir sicher bin, dass Du es verstehst, wenn ich es Dir erklären werde, Kate. Es hängt mit der IRA-Vergangenheit meiner Familie zusammen. Ich fürchte, dass wir beide mehr miteinander gemeinsam haben, als uns lieb sein kann. Am besten wäre es, Du würdest mich holen lassen, wenn Du soweit bist. Jetzt werde erst mal wieder halbwegs gesund. Morgen machen wir weiter in Belfast!" sagte Ian Bannister jetzt jovial. Danach kam Vater Andrew zu Kate und sagte nur: „Kate, ich freue mich so über Dich! Während Du geredet hast, haben Keith und ich still für Dich gebetet, damit Gott Dir die richtigen Gedanken schenken möge. Und genau das ist geschehen! Ich bin sehr gespannt, was jetzt passieren wird!" „Ich auch", sagte Kate. „Ich bin jetzt ziemlich müde, ich glaube ich muss ins Bett." Gus Falkner wünschte Kate eine Gute Nacht und Fuji schob sie gemeinsam mit Kai zurück zu ihrem Zimmer, nachdem sie sich von allen verabschiedet hatte. Die Aufnahmen des heutigen Abends wurden nicht nur in Deutschland und Irland, sondern weltweit gesendet. Erst in den 18.00h Nachrichten, dann auch in den späteren Nachrichtensendungen. Weltweit wurde das Geschehen kommentiert, doch die ersten Auswirkungen dieser Ansprache wurden bereits am nächsten Vormittag sichtbar, und das nicht nur in Irland. Plötzlich liefen Tausende von Menschen mit weißen T-Shirts herum, auf die sie ein Fadenkreuz gemalt hatten, unter dem zu lesen war: Ich bin eine Zielscheibe. Und in Irland malten viele Menschen auf die Rückseiten der T-Shirts auch noch Sprüche wie „We don`t need IRA" oder „Fuck off You Bloody Bastards" oder „Fuck IRA and Ulster Liberation Army" oder ganz einfach „Piss off, You Bloody murderers". Hatte man morgens in den Straßen von Dublin und Belfast zunächst nur wenige hundert Menschen mit diesen T-Shirts gesehen, so wurden es jetzt stündlich mehr. In manchen

Geschäften waren weiße T-Shirts bereits ausverkauft. Aus dem Nichts heraus war eine Bewegung entstanden, die sich über das ganze Land ausbreitete. Und auch in anderen europäischen Ländern begannen die Menschen, aus Solidarität mit den Iren solche T-Shirts zu tragen. Zeitungen druckten Appelle, in denen sie die militanten Terrorgruppen aufforderten, endlich ihre Waffen abzugeben oder wegzuwerfen und die den Terrorgruppen nahestehenden Parteien wie etwa die Sinn Fein beeilten sich, Statements zu drucken, in denen sie sich von allen terroristischen Aktivitäten distanzierten. Die Luft wurde immer dünner für Marty und Monty, und stündlich verließen Aktivisten die Terrororganisationen. Manche outeten sich sogar öffentlich und versprachen, nie wieder gewalttätig zu sein. Zwei IRA-Kämpfer taten nicht nur das, sondern zeigten sich bei der Polizei sogar selbst an, und baten darum, in der Haft eine Psychotherapie gegen Gewalt machen zu dürfen. Ein weiterer IRA-Leader stellte sich dann im weiteren Verlaufe des Tages, und was er zu gestehen hatte, sollte alles nochmals gründlich verändern. Es wurde eng für Monty und Marty, sehr eng. Aber den eigentlichen Rest sollte ihnen schließlich der britische Premier Gus Falkner und Kenneth Sinclair, der Taoiseach der Iren, geben.

Helgoland, Nordseehotel, Konferenzraum der Wissenschaftler, 20.30h
Alle hatten den Auftritt von Kathrin Nightingale im Auditorium des Londoner Militärkrankenhauses gesehen und waren einerseits traurig, dass Dr. Ito wegen ihr heute wieder bei der Arbeit gefehlt hatte, andererseits waren sie aber auch stolz darauf, einen solch populären Kollegen zu haben. Denn inzwischen hatten manche Medien damit begonnen, Dr. Ito zum Volkshelden zu verklären, der mit seinem Samuraischwert stets dem Bösen Einhalt gebot. Professor Horvath ergriff jetzt das Wort: „Sie sehen also, dass unser Dr. Ito uns leider noch für einige Tage fehlen wird, also wünschen wir ihm alles Gute für seine Mission in Irland. Trotzdem hat er mir soeben per Mail mitgeteilt, dass er sich Gedanken über unsere Arbeit hier macht, und dass er ausdrücklich per Internet und E-Mail auf dem Laufenden über unsere Entdeckungen gehalten werden will. Soeben hat er mir geschrieben: *Lieber Professor Horvath, es sind zurzeit so viele Dinge, die auf mich einstürzen, dass ich gar nicht weiß, wo ich anfangen soll. Da ist zum einen die Neuigkeit, dass ich in absehbarer Zeit Vater werde, weil Kathrin von mir schwanger geworden ist. Auf der anderen Seite bin ich aber schon Vater, weil Kai Ahrens wie eine Klette an mir hängt und mich in jeder Hinsicht auf Trab hält. Es ist ein unglaubliches Gefühl, Vater zu sein und zu werden – ich weiß jetzt nur noch nicht, wie ich das alles organisieren soll. Und dann Kathrin: Sie ist regelrecht aufgeblüht, seit sie erfahren hat, dass sie ein Kind bekommt. Plötzlich hat sie so viel positive Energie, dass man den Eindruck hat, der Sommer ist gekommen, wenn sie nur den Raum betritt. Alle hier waren begeistert von ihrem letzten Fernsehinterview, und selbst Andrea O´Leary war fasziniert von ihrer schonungslosen Ehrlichkeit. Soeben hat uns Vater Andrew, der Anglikaner, der die Gefängnisse in ganz Irland beseelsorgt, besucht. Er hat Kathrin, Kai und mich gesegnet, damit wir als Familie richtig zusammenwachsen können. Ich weiß es natürlich noch nicht, wo wir unsere spätere gemeinsame Zukunft verbringen werden, aber ich denke, dass wir nach Kathrins Einsatz in Irland zunächst für eine Weile weiter auf Helgoland bleiben werden. Ich werde mich dann weiterhin der Erforschung der Ursachen der Umweltverschmutzung widmen, deren Zeugen wir alle geworden sind, während Kathrin ihre Resozialisierung und ihre Ausbildung absolvieren wird. Was während dieser Zeit mit Kai Ahrens passiert, wissen wir zwar noch nicht, aber Dr. Theißing und Ian Bannister tüfteln hier bereits für uns an einer Lösung. Ich denke, ich muss jetzt sowohl Kathrin als auch Kai so gut unterstützen, wie es eben geht, damit es*

in Belfast und Dublin nicht zu Attentaten der IRA kommt. Erste Reaktionen bei der irischen Presse waren sehr positiv. So haben wir gerade erfahren, dass viele Zuschauer nach Kathrins Interview sich telefonisch oder per E-Mail bei der Redaktion gemeldet haben und mitteilten, dass sie morgen mit einem Anti-Terror-T-Shirt auf die Straße gehen wollen. Morgen will Vater Andrew gemeinsam mit Kathrin am Grab des Heiligen Patrick, des Schutzpatrons von Irland, eine Rede halten. Wahrscheinlich werden Tausende Iren aus Dublin und Belfast ebenfalls dorthin kommen. Kathrin wird bald wahrscheinlich so eine Art Nationalheldin sein, was es mir nicht leichter macht, mal 5 Minuten mit ihr allein zu sein. Ihrem Knie geht es deutlich besser und zurzeit ist sie sogar fast schmerzfrei, muss aber noch jede Menge Medikamente und Antibiotika schlucken. Ich hatte im letzten Mail von Ihnen gelesen, dass die Meerschweinchen von der sehr geschätzten Kollegin Dr. Müller-Schiffer ohne Rasur sofort an dem Toxin starben. Das finde ich sehr rätselhaft auf der einen Seite, doch auf der anderen fällt mir hier sofort eine Parallele auf. Nämlich zu Dr. Skibbe, der mit seinem Glatzkopf (verzeihen Sie mir bitte den Ausdruck) die Quallen Attacke überlebt, während die normal behaarte Frau Dr. Pelzer sofort stirbt. Da kam mir der Gedanke, ob es vielleicht sein könnte, dass Haare bei Giftkontakt wie eine Leitungsbahn wirken, ähnlich wie ein Stromkabel, das man ins Wasser taucht. Die Frage ist nur: Welche Partikel werden durch die Haare transportiert? Und wohin werden die Partikel transportiert? Was geschieht nach dem Kontakt? Und dann stellte sich mir noch eine weitere Frage: Gibt es vielleicht einen Zusammenhang zwischen Behaarung, Beborstung und den Chitinpanzern von Crustaceen und Insekten? Gibt es hier möglicherweise gleiche Eigenschaften, welche die verheerende Wirkung des Giftes noch potenzieren? Ich sagte es ja bereits bei früherer Gelegenheit, dass ich glaube, dass wir am falschen Ende mit unserer Suche begonnen haben. Denn kennen wir die gleichen Eigenschaften der am stärksten getroffenen Opfer, dann kennen wir auch das Gift! Für mich ist es jedenfalls einwandfrei erwiesen, dass das Toxin auf alles, was Fell, Haare oder einen Chitinpanzer trägt, sofort letal wirkt, während andere Lebewesen, wie etwa Fische, nicht unbedingt zu den primären Opfern gehören. Insbesondere bei den Fischen sollten noch Versuche mit dem Hautkontakt mit den Medusen unternommen werden, das hatten wir bisher noch nicht geschafft. Dabei sollte man durchaus lebende und tote Medusen für die Versuche verwenden. Des Weiteren würde ich es für nötig halten, die gleichen Versuche mit gleichen Dosen des Toxins, aber bei unterschiedlichen Temperaturen zu machen. Denn das Problem tauchte ja erst auf, als das Nordseewasser relativ warm war, wegen des Spätsommers. Ob es da einen Zusammenhang gibt? Nun, man sollte dem unbedingt nachgehen. Ich wäre jetzt wirklich sehr gerne dabei und würde auch gerne Versuche machen, aber das geht ja leider zurzeit nicht. Daher würde ich vorschlagen, dass ich mich hier, so gut es eben geht, mit den Auswertungen der Versuche beschäftige. Und wenn ich wieder auf Helgoland bin, dann würde ich sehr gerne mit der Kollegin Dr. Müller-Schiffer an einer Professur zum Thema „Toxine anthropogenen Ursprunges in Meerestieren" weiterarbeiten, gerne auch mit der Beteiligung von Dr. Zuckmayer und Dr. Skibbe. Diese Arbeit sollte jedoch von vorneherein nicht als akademischer Selbstzweck verstanden werden, sondern sie soll dann auch konkrete Erkenntnisse liefern, wie die Politik künftig mehr für einen besseren Schutz des Meeres tun kann. Ich denke, dass auch Ian Bannister daran interessiert sein dürfte, wie das Umweltproblem an unserer Küste eigentlich entstanden ist. Ich sehe hier noch sehr viel Arbeit auf uns zu kommen, aber die Sache allein ist es auf jeden Fall wert. Sind die Kollegen dabei? Wollen wir sofort mit der Professur beginnen? Können Sie, Professor Horvath, uns dabei mit der Aufstellung eines Forschungsplanes helfen? So, ich muss jetzt Kai noch eine Gute-Nacht-Geschichte erzählen, deshalb muss ich leider für heute Schluss machen! Dann bis morgen, In Gedanken bin ich bei Ihnen allen! Mit freundlichen Grüßen, Dr. F. Ito. Alle waren sehr angetan von Dr. Itos Ideen und beschlossen jetzt, zunächst eine Nacht darüber zu schlafen. Morgen wollten sie dann beraten, wie es weitergehen sollte. Denn die bloße Entdeckung des unheimlichen Giftes und das Verständnis seiner Wirkungen in Luft und Wasser reichten bei weitem noch nicht aus. Denn man musste die Quelle eruieren, um die Gefahr dauerhaft zu beseitigen. Die Quelle allen Übels und allen Sterbens.

London, Militärkrankenhaus, Krankenzimmer von Kathrin Nightingale, 21.18h
Kate und Kai waren bereits eingeschlafen, doch Dr. Ito bekam kein Auge zu. Vor seinem geistigen Auge sah er sterbende Menschen und Meerschweinchen. Schließlich stand er wieder auf, zog sich einen Morgenmantel über, den ihm das Krankenhaus geliehen hatte, nahm seinen Laptop und ging damit zur Tür. Dann fragte er einen der beiden Royal Marines, die gerade Wache hatten, ob es einen Raum gäbe, wo er einen Stromanschluss hätte und noch etwas arbeiten könne. Auf Nachfragen stellte sich dann heraus, dass der Wachsoldat früher bei Nato-Manövern in der näheren Umgebung Hannovers dabei gewesen war. So freundeten sie sich schnell an, und Dr. Ito meinte: „Colour Sergeant Miller, es ist schon ein echt komisches Gefühl, wenn man so exklusiv bewacht wird. Ich bin wirklich alles andere als ein Kämpfer, und vom Militär verstehe ich ja nichts, aber machen Sie eigentlich ständig solche Jobs oder kommen Sie auch mal raus?" „Nennen Sie mich doch einfach Steven!" „O.K. Steven, ich heiße Fuji." „Ist gut, Fuji, also als Colour Sergeant komme ich viel herum, und manchmal muss ich auch raus ins Feld, um nicht einzurosten." „Hattest Du denn bei einem Einsatz schon mal mit der New Revenge IRA zu tun?" „Ja leider, die sind ganz schön abgebrüht! Ich sollte damals einen unserer Stützpunkte in der Nähe von Belfast bewachen. Ein öder Job, wie immer, dachte ich. Zusammen mit meinem Kameraden Walter spielte ich im Wachhaus Karten, um wach zu bleiben, als es plötzlich passierte. Ein dunkler PKW fuhr vor, irgendjemand brüllte nur: *Alert, IRA*! Als es dann auch schon passierte. Eine Handgranate kam auf unser Häuschen zugerollt, während gleichzeitig eine Salve aus einer Maschinenpistole auf uns abgefeuert wurde. Walter hat es voll erwischt, während ich nur einen Streifschuss am Bein abbekam. Ich ließ mich also fallen und schaffte es gerade so noch, die Tür vom Wachhaus zuzuschlagen. Hätte ich das nicht gemacht, hätte die Handgranate mich zerfetzt. Das ging damals alles wahnsinnig schnell, doch heute läuft der Film wie in Zeitlupe vor meinem inneren Auge ab. Irgendwie gelang es mir dann noch, nach der Explosion meine Pistole aus dem Holster zu reißen und zurück zu schießen, doch der dunkle PKW hatte schon gewendet und war fast außer Schussweite. Auf jeden Fall muss ich wohl zwei oder drei Treffer in der Heckscheibe untergebracht haben, denn am nächsten Morgen fand man dann etwa drei Kilometer entfernt den PKW auf einem Feldweg. Auf der Rückbank lag ein toter IRA-Kämpfer, eine noch nicht mal 20 Jahre alte Frau, die ich wohl in den Hinterkopf getroffen haben muss. Man hat mir damals einen Orden verliehen und mich befördert, aber das hat meinen Kumpel Walter natürlich auch nicht wieder lebendig gemacht. Und ich musste ein halbes Jahr pausieren und Psychotherapie machen. Im Übrigen war es auch ein ganz mieses Gefühl, eine Frau abgeknallt zu haben, auch wenn es eine Terroristin war. Verdammt! Von ihrem Alter her hätte es meine eigene Tochter sein können!" „Da hast Du ja was mitgemacht! Hast Du eigentlich Kinder?" wollte Fuji wissen. „Ja, ich habe einen Sohn und zwei Töchter, die sind natürlich schon alle erwachsen, meine Jugendsünden eben, Du verstehst?" Steven grinste. „Und wie war das, als sie noch kleiner waren? Kannst Du mir irgendeinen Tipp geben?" „Anstrengend, wirklich anstrengend. Am Schlimmsten fand

ich immer das Wickeln, und das stinkt vielleicht!" Steven rümpfte die Nase, dann fuhr er fort: „Und die Brüllnächte, wenn sie die ganze Nacht lang schreien, und Du kein Auge zu bekommst. Das ist echt bullshit! Aber es ist echt toll, Vater zu sein. Das merkst Du dann, wenn Du mit den größeren Kindern zusammen was unternimmst. Oder Fußball spielst. Aber die Großen sind dann wieder auf eine andere Art anstrengend, das wirst Du schon noch rausfinden!" „Mal was anderes: Habt Ihr eigentlich vorhin das Interview mit Kate mitbekommen? Was haltet Ihr von ihr?" „Ich muss ehrlich sagen, dass das, was sie gesagt hat, selbst so hart gesottene Kämpfer wie mich berührt hat. Ich hätte es früher eigentlich kaum geglaubt, dass diese Fanatiker von der IRA zu solche einem Sinneswandel fähig sein könnten. Wenn Du mich fragst, Fuji, ehrlich – sie ist eine tolle Frau! Bei unserer Truppe, also bei den Royal Marines, machen solche Leute in der Regel schnell Karriere und steigen in Führungsränge auf. Aber jetzt möchte sie ja lieber Mutti sein. Und das ist mir ehrlich gesagt auch lieber. Ich will nicht noch mal eine Frau erschießen müssen, manchmal habe ich da heute noch Alpträume. Ich glaube, dass man da als Mann immer noch so eine Art Beschützerkomplex oder so etwas hat. Gleichberechtigung hin oder her!" „Meinst Du denn, dass man das Nordirlandproblem jetzt dauerhaft lösen kann?" „Na ja, für wahrscheinlich halte ich es eigentlich nicht. Schließlich hauen wir uns da schon seit bald 800 Jahren die Köpfe ein, und alles nur wegen dieser blöden Religionsscheiße! Im Grunde geht es ja dabei um nichts, das ist ja das Verrückte! Sag mal Fuji, wie ist das eigentlich mit dem Samuraischwert passiert? Ich meine, wie bist Du überhaupt auf die Idee gekommen, eine ausgebildete Profikämpferin mit so einer fossilen Waffe anzugreifen? Also wenn ich das tun würde, dann wäre das ja irgendwo noch logisch, weil ich natürlich auch am Bajonett ausgebildet wurde, aber wie kommt ein Zivilist wie Du ausgerechnet zu so einer antiquierten Waffe und auf so eine Idee?" „Eigentlich fing es damit an, dass meine Frau Irene mich zuhause rausgeworfen hatte, nachdem ich rausfand, dass sie mich in unserer Wohnung mit einem Polizisten betrog. Das Schwert hatte sie oben auf meine Koffer gelegt, also nahm ich es notgedrungen mit, als ich nach Helgoland musste. Ja, und an dem Abend hörte ich dann plötzlich einen Hilferuf aus dem Nachbarzimmer und fand Aische Özdemir auf dem Boden liegend, gefesselt mit Kabelbindern. Also holte ich das Schwert, um die Kabelbinder aufzuschneiden. Und dann rettete ich damit den Ministerpräsidenten, weil ich es gerade in der Hand hatte. Wahrscheinlich hätte ich auch ein Messer oder eine Schere genommen, wenn ich das Katana nicht dabeigehabt hätte." „Du musst echt verrückt sein!" sagte Steven und schüttelte mit dem Kopf. „Ja ehrlich, das denke ich schon die ganzen letzten Tage. Mein Leben ist ganz schön in Schieflage geraten. Na ja, ich hoffe, dass es bald etwas ruhiger wird." „Ja, hoffen wir das Beste." Steven verabschiedete sich jetzt von Dr. Ito und dieser begann damit, einige wichtige Dateien und Bilder durchzusehen, die er eigentlich an dem Abend des Attentats bereits hatte ansehen wollen. Nachdenklich betrachtete er die Bilder von Querschnittpräparaten verendeter Kakerlaken. Dann klickte er die dazu gehörenden Vergrößerungen bestimmter Organe an. Dabei sah und fand er einige überraschende Details. Die Tracheen der toten Tiere waren frei, hier war absolut nichts zu finden. Aber überall unter dem Chitinpanzer hatte sich eine Schicht einer rätselhaften grünen Masse ausgebildet. Dann zoomte er sich die Vergrößerungen der Nervenbahnen der getöteten Kakerlake heran und stellte fest, dass diese ebenfalls grünlich verfärbt worden waren. Und unter einer achthundertfachen Vergrößerung sah er es dann schließlich, ein Durchbruch war geschafft! Er erstellte eine Tabelle und schickte diese per E-Mail nach Helgoland. Dann ging er mit sich zufrieden ins Bett.

Ameland, am Weststrand, 22.24h

Amsterdam war Irene Ito zu gefährlich geworden, deshalb hatte sie sich noch am selben Tag, an dem die Polizei sie fast geschnappt hätte, auf die beliebte Ferieninsel abgesetzt. Es war kein Problem gewesen, ein billiges Quartier zu finden, weil wegen Umweltalarms alle Badestrände für den Tourismus gesperrt worden waren. Jetzt lief sie nachdenklich am Strand entlang und plante ihre weitere Zukunft. Irgendwo musste sie möglichst diskret ein Kind zur Welt bringen, was gar nicht so einfach war. Andererseits hatte sie in Erfahrung gebracht, dass es hier auf der Insel eine Abtreibungsklinik geben sollte. Sie war hin- und her gerissen zwischen ihren Gefühlen und Meinungen. Warum die Polizei hinter ihr her war, konnte sie sich gut vorstellen. Angie war eben noch nie besonders nervenstark gewesen, wahrscheinlich war sie schon beim ersten Verhör zusammengebrochen. Um keinen Zeugen für die Tat zu haben, hätte sie Angie auch töten müssen, aber diese hatte ihr ja schließlich nichts getan. Also, was war ihr jetzt anderes übriggeblieben? Dann sagte sie sich, dass sie das Beste daraus machen würde. Finanziell stand sie recht gut da, sie musste nur noch einen Weg ins Ausland finden. Aber erst, wenn sie das Kind los war. Denn mit Kind oder schwanger wollte sie nicht in ein Drittweltland gehen, schließlich war die medizinische Versorgung in solchen Ländern eine Katastrophe. Und häufig waren in solchen Ländern Kinder- und Müttersterblichkeit entsprechend hoch. Das wollte sie sich auf keinen Fall antun. Sie würde sich unauffällig umhören, vielleicht fand sich ja hier auch eine Hebamme, die sie privat bezahlen konnte. Und die diskret war. Diskretion war das Allerwichtigste. Das Gebären eines Kindes erschien Irene Ito eher nebensächlich zu sein.

31. August 2017, Donnerstag

London, Militärkrankenhaus, Krankenzimmer von Kathrin Nightingale, 07.00h

Unbarmherzig rasselte ein Wecker, und Kate wäre fast vor Schreck aus dem Bett gefallen. Der Einzige im Zimmer, den das Rasseln nicht weiter gestört hatte, war Dr. Ito gewesen, weil er bis nachts um 3 Uhr gearbeitet hatte. Man hätte neben ihm eine Kanone abfeuern können, aber das Geräusch hätte er wahrscheinlich auch nur in seinen Traum eingebaut und dann weitergeschlafen. Sandra Miller, die mit im Zimmer übernachtet hatte, musste ihn wachrütteln. Er sah auf seine Armbanduhr. „Na ja, immerhin 4 Stunden Schönheitsschlaf, das ist ja schon eher zu viel für meine Verhältnisse." Dann ging er zu Kate, gab ihr einen Kuss und kümmerte sich dann um Kai. Heute sollte es nach Downpatrick gehen! Sandra Miller half Kate bei der Morgentoilette, danach kam Professor Dr. Ferguson zur allgemeinen Wundinspektion, wie er es nannte. Alles sah gut aus und Kate hätte Bäume ausreißen können. Dann gingen sie alle gemeinsam in der Cafeteria frühstücken, wo man sie mit großer Hingabe verwöhnte, da man ja nicht oft solche prominenten Gäste hatte. Dann wurden sie von Gus Falkner und Vater Andrew abgeholt, während Sandra Miller ihre Sachen packte. Gemeinsam gingen sie zum Helikopterlandeplatz, wobei man Kate allerdings noch in einem Rollstuhl schieben musste, weil sie noch nicht richtig sicher laufen konnte. Der weiße Seaking Lazarus I leuchtete in der Sonne und wartete auf seine Fluggäste. Auch das Sanitäter Team war an Bord, außerdem einige zivile Personenschützer. Nachdem Sandra Miller mit dem Gepäck erschienen war, hoben sie ab und genossen den ruhigen Flug zu dem verträumten Ort Downpatrick. Unterwegs besprachen sie sich über die Reden, die Vater Andrew und Kathrin Nightingale an diesem historischen Ort halten sollten. Eigentlich hatte man das Areal um das Grab des Heiligen Patrick von Soldaten der regulären irischen Armee bewachen lassen wollen, doch hatte sich hier Keith Hastings mit einem einfachen Argument durchgesetzt. Es war einfach nicht glaubwürdig, wenn man über Frieden und Versöhnung sprach, aber gleichzeitig den militärischen Arm der Staatsmacht aufmarschieren ließ. Deshalb hatten sie sich schließlich darauf verständigt, zivile Personenschützer unauffällig unter das Publikum zu mischen, falls sich hier doch ein Attentäter einschleichen sollte. Denn bei der New Revenge IRA war es immer besser, vorsichtshalber mit allem zu rechnen. Und leider sollte das auch hier zutreffend sein. Einer von ihnen sollte den Auftritt in dem verschlafenen Kurort Downpatrick nicht überleben.

Downpatrick (Dún Phádraig), Wiese neben dem Grab des Heiligen Patrick, 11.47h

Die nordirische Polizei hatte dieses Areal extra für den weißen Hubschrauber abgesperrt, der nun sanft auf dem Rasen aufsetzte. Alle stiegen aus und nun trafen sie auch Keith Hastings, der in der Pilotenkanzel vorne mitgeflogen war. Eigentlich war Downpatrick zu dieser Jahreszeit ein kleines verschlafenes Provinznest, welches höchstens von Urlaubern, die am Strangford Lough Urlaub machten, besucht wurde. Doch jetzt waren hier plötzlich große Mengen von Leuten zusammengekommen, von denen die meisten weiße T-Shirts mit aufgemalter Zielscheibe trugen. Es waren Tausende von Iren aus Nordirland genauso wie aus der Republik Irland. Viele kamen aus dem nahen Belfast und mindestens ebenso viele waren aus dem weiter entfernten Dublin angereist. Die Straßen und Felder waren geradezu gesäumt gewesen mit Autos und Bussen. Und viele Leute trugen auch Schilder, auf denen zu lesen war: „Kathrin, we love You!" oder einfache Slogans wie „Ireland - United in Peace" waren auch zu finden. Vor dem Grabmal des Heiligen Patrick hatte man eine Rednertribüne aufgestellt, außerdem hatte man eine Verstärkeranlage mit Konzertboxen aufgebaut, welche eine lokale Rockband spontan zur Verfügung gestellt hatte. Vor der Tribüne hatten zahlreiche Fernsehsender ihre Utensilien aufgebaut, damit man alles live übertragen konnte. Unterdessen musste Kate feststellen, dass sich der Rollstuhl einfach nicht über das hohe Gras und den etwas unebenen Boden rollen, geschweige denn schieben ließ. So stützte sie sich jetzt mit dem linken Arm auf Sandra Miller, und probierte zu laufen, doch merkte sie schnell, dass sie noch zu unsicher auf den Beinen war. Schließlich hatte Dr. Ito die rettende Idee. Er nahm Kate einfach auf den Arm und trug sie vorsichtig und langsam zur Rednertribüne. Die Zuschauer brachen daraufhin in einen spontanen Applaus aus, der in Rufen endete wie: „Kathrin, Du schaffst das!" oder auch einfach nur: „Wir wollen Kathrin Nightingale!" Dr. Ito trug Kate dann sogar noch die Treppe hoch, danach wäre er fast vor Erschöpfung zusammengebrochen, denn es war relativ warm an diesem letzten Augusttag. Vorsichtig ließ er Kate auf den Boden der Tribüne herunter, und nun ging sie selbstständig zur Mitte der Tribüne ans Rednerpult, hinter und neben sich umringt von Politikern und Geistlichen. Die Leute waren jetzt ganz aus dem Häuschen und skandierten einfach nur noch „Kathrin, Kathrin", als sie an das Mikrofon trat. Eine erwartungsvolle Stille senkte sich plötzlich über den Platz, und Kate bekam etwas Herzklopfen, als sie daran dachte, dass auch etliche Millionen von Fernsehzuschauern sehen würden, was sie hier redete und tat. Doch dann fühlte sie die Hand von Fuji auf ihrer Hüfte, und er flüsterte ihr ins Ohr: „Falls Du nicht durchhalten solltest, fange ich Dich auf, Kate." Sie nickte dankbar, dann blickte sie ergriffen auf ihr Publikum. Sie hatte noch nie so viele Menschen gesehen. Fast wurde ihr etwas schwindlig.

Downpatrick (Dún Phádraig), Wiese neben dem Grab des Heiligen Patrick, gegenüber der Tribüne, 12.00h

Allein die Anwesenheit der vielen Leute war ein negatives Kriterium für einen wirklich erfolgreichen Anschlag auf Kathrin Nightingale. Denn es war für den Attentäter von vorneherein klar, dass er den Anschlag zwar ausführen konnte, dass es aber bei dieser Lokalität kaum eine Möglichkeit gab, sich danach unauffällig abzusetzen. Man würde ihn entweder gefangen nehmen und den Rest seines Lebens einsperren, oder er musste nach dem geglückten Attentat schnell genug Selbstmord begehen, um eben dieses zu verhindern. Keine rosigen Aussichten also für einen Attentäter. Außerdem musste er stets wachsam sein, damit ihn keine Zivilpolizisten an der Ausführung der Tat hindern konnten. Immerhin hatte er eine kleinkalibrige Waffe mit Schalldämpfer auftreiben können, was dann doch eine gewisse kleine Chance beinhaltete, unauffällig in der Menge verschwinden zu können. Da Kate sein Gesicht kannte, hatte er sich einen falschen Bart angeklebt und sich die Haare gefärbt. Zuerst hatte ihn nicht mal seine Frau wieder erkannt, was er als positiv einstufte. Die Gute! Sie hatte natürlich keine Ahnung, welches gefährliche Doppelleben er führte. Ein weiteres Problem war natürlich die Distanz, denn es waren so viele Menschen auf dem Platz, dass er kaum durch die Menge kam. Um zu einem halbwegs optimalen Schuss zu kommen, musste er auf jeden Fall in der ersten oder der zweiten Reihe stehen können. Dann musste er darauf hoffen, dass seine Nachbarn neben ihm nichts sahen oder merkten, bis die Tat ausgeführt war. Was danach kam, war erst einmal unwichtig, das würde er dann spontan entscheiden. Er schob den Gedanken beiseite. Dann nahm er einen Schluck Whisky aus seinem Flachmann, um sich etwas zu beruhigen. Noch mindestens 50 Reihen von Leuten vor ihm. Zum Glück war er schlank wie ein Aal, aber er kam trotzdem nur sehr langsam vorwärts. Bald würde es vorbei sein. Dann hielt er kurz inne, denn nur drei Reihen vor ihm stand ein Zivilfahnder, den er unschwer an seinem Earphone erkannte. Er arbeitete sich weiter nach rechts rüber, um den Zivilfahnder zu umgehen, jetzt fing er sich schon ärgerliche Rippenstöße von Leuten ein, denen es auf den Geist ging, dass jemand versuchte, hier durch zu schlüpfen. Er entschuldigte sich höflich, tat so, als ob er schwerhörig sei und wandte sich dann nach links. An einer korpulenten Frau vorbei, zwischen zwei kleinen Kindern durch, und dann kam er erst mal nicht weiter. Denn alle standen still und angespannt auf der Wiese, weil Kathrin Nightingale damit begonnen hatte, zu allen zu sprechen.

Downpatrick (Dún Phádraig), Wiese neben dem Grab des Heiligen Patrick, Rednertribüne 12.14h

Kate war geradezu überwältig von der Resonanz ihres gestrigen Interviews. Fast war sie wie in Trance. Zu dieser spontanen Versammlung war durch Presse und Fernsehen erstmalig durch die gestrigen Spätnachrichten eingeladen worden. Dass so viele kamen, hatte das kleine etwa zehntausend Einwohner fassende Städtchen Downpatrick sichtlich überfordert. Doch auch die meisten Einwohner des Städtchens waren gekommen, so dass allein deshalb schon deutlich mehr als zehntausend Leute gekommen waren. Es war wirklich schwer zu beurteilen, ob es zwanzig-, dreißig- oder fünfzigtausend Menschen waren, die sich hier über die gesamte Fläche zerstreut hatten. Eigentlich hätten die Behörden solch einen Aufmarsch verbieten müssen, aber die Sache, um die es hier ging, war einfach zu wichtig, als dass man auf die Einhaltung von allgemeinen Versammlungsvorschriften Wert gelegt hätte. So begann nun Kate ihre Rede: „Liebe Mitbürgerinnen und Mitbürger, haben Sie zunächst einmal vielen Dank, dass Sie sich die Zeit genommen haben, um dabei zu sein, wenn wir heute daran arbeiten wollen, unser nationales Trauma zu überwinden. Bitte entschuldigen Sie mich, falls mir dann und wann die Stimme versagen sollte, aber ich habe noch nie vor so vielen gesprochen, das ist alles ganz neu für mich." Sie räusperte sich und jemand gab ihr ein Glas Wasser. Sie fuhr fort: „Vielleicht wird jetzt der eine oder andere von Ihnen denken, dass ich gar nicht so schwer verletzt worden sei, weil ich heute hier stehe, doch ich kann Ihnen allen versichern, dass mich dieser Auftritt heute meine ganze Kraft kostet. Zwar habe ich jetzt ein künstliches Kniegelenk implantiert bekommen, aber ich kann damit leider noch nicht richtig laufen, so dass ich wohl noch eine ganze Weile auf einen Rollstuhl angewiesen sein werde. Und mein rechtes Schlüsselbein wurde zertrümmert, so dass ich den rechten Arm nie wieder richtig hochheben kann. Außerdem kann ich dadurch auch keine Krücke verwenden, weil ich dafür meinen Arm bräuchte. Ich bin aber heute nicht hier erschienen, um Sie mit meiner selbstverschuldeten Krankengeschichte zu langweilen. Nein, ich möchte vielmehr dazu beitragen, dass meine Geschichte dazu beiträgt, ein großes Problem zu lösen, das uns Iren seit gut 800 Jahren beschäftigt." Kate machte eine Pause, nahm noch einen Schluck Wasser und blickte in die Gesichter der konzentriert zuhörenden Menge. Für einen Sekundenbruchteil meinte sie plötzlich, einen Bekannten gesehen zu haben, aber wahrscheinlich hatte sie sich doch getäuscht. Sie setzte ihre Rede fort. „In der Vergangenheit haben wir den großen Fehler gemacht, immer die Dinge zu betonen, die uns trennten. Dabei denke ich etwa an Veranstaltungen wie die Oraniermärsche in Belfast. Wissen Sie, ich habe lange darüber nachgedacht, wie man den einen ihre wertvolle Tradition erhalten kann, ohne den anderen damit weh zu tun. Und gerade bei diesen Märschen ist mir dann die Erleuchtung gekommen, wie wir alle uns mit uns selbst und unserer Vergangenheit aussöhnen könnten. Wie Sie ja alle wissen, bin ich als Katholikin in Belfast aufgewachsen, später habe ich dann einen Protestanten geheiratet und unser kleiner Sohn James wurde katholisch getauft. Für meinen Mann und mich war die Religion nie ein Grund gewesen, um sich deswegen zu streiten. Dafür hatten wir dann andere Gründe." Kate lächelte und nahm noch einen Schluck Wasser, einige Zuschauer lachten. „Warum könnte man nicht die Oraniermärsche künftig so gestalten, dass auch Katholiken in historischen Kostümen darin vorkommen? Auch in den USA spielen erwachsene Menschen den historischen Bürgerkrieg der 1860er Jahre nach, tragen Uniformen von Nordstaatlern und Rebellen, veranstalten ihre Schlachten mit nicht scharfer Munition und gehen danach gemeinsam ein Bier trinken. Warum ist das hier nicht auch möglich? Wäre das nicht eine Lösung, die alle zufrieden stellen könnte? Wo sich keiner diskriminiert oder vergessen fühlt? Mal ganz ehrlich: Für was für einen Bullshit haben wir uns in der Vergangenheit eigentlich gegenseitig gequält und umgebracht? Ich ärgere mich wirklich darüber, dass ich deswegen jetzt als halber Krüppel durch die Gegend humpeln darf. Ich ärgere mich über meine eigene Dummheit, meinen Hass und meine Verblendung. Und es macht mich auch traurig. Traurig, dass ich und andere sinnlos leiden und nochmals leiden sollen. Geht Ihnen das auch so?" Beifälliges Gemurmel erhob sich jetzt. „Wir sind doch alles aufgeklärte Menschen, die nicht mehr im Mittelalter leben wollen! Tun wir uns zusammen gegen diejenigen, die echten humanitären Fortschritt behindern und verhindern wollen. Zeigen wir ihnen doch hier, jetzt und heute, was wir von ihren intoleranten Ideen und ihrem sinnlosen Hass halten. Die Sinn Fein lügt, wenn sie behauptet, keine paramilitärische Organisation zu unterstützen. In Wahrheit hat die IRA hervorragende Kontakte zur Sinn Fein, was ich jederzeit persönlich bestätigen kann. Man könnte es aber auch noch anders ausdrücken: Wenn Sinn Fein die politische Macht in Dublin hätte, dann hätte sie mit Sicherheit als erstes eine Armee ausgerüstet, um Ulster gewaltsam heim ins Land zu holen. Ist Ihnen allen hier eigentlich klar, was so etwas bedeuten würde? Eine Neuauflage eines sinnlosen Blutvergießens, welches wir schon in den 1920er Jahren hatten. Merken Sie jetzt etwas? Fast 100 Jahre sind vergangen, aber in den Köpfen mancher politischer Führer in diesem Land schreiben wir wohl immer noch das Jahr 1921! Ist das akzeptabel? Ich denke nicht!" Jetzt begannen erst einige, dann immer mehr Menschen zu applaudieren. „Sehen Sie mich an: Ich bin eine an Körper und Seele gebrochene Frau geworden, weil es einigen wenigen Zynikern so gefallen hat. Mein Mann war denen egal, mein Sohn war ihnen auch egal. Wissen Sie, welches Verbrechen ich begangen hatte, als meine Familie dem Terror einer Bombe zum Opfer fiel? Mein ganzes Vergehen bestand darin, neben einem Buchladen zu wohnen, wo sich angeblich radikale Katholiken trafen, um Anschläge vorzubereiten. Wie es sich später herausstellte, trafen sich dort lediglich ein paar Leute, die im Keller eine Modelleisenbahn zusammenbauten. Sehr konspirativ, nicht wahr? Soll ich es Ihnen beschreiben, was ich alles nach der Explosion der Autobombe mit ansehen und ertragen musste? Mein Mann lag in Einzelteilen auf der Straße, zu seinem Glück war er sofort tot. Mein kleiner Sohn James..." Kate schluchzte auf bei der Erinnerung, und Fuji musste sie stützten, dann fuhr Kate fort: „Also mein kleiner Sohn schrie erst wie ein Tier nach mir, dann wurde er ohnmächtig. Er hatte fast vollständig in Flammen gestanden, und mindestens 80% seiner Haut waren verbrannt. Ich weiß noch, wie ich ihn mit meiner Jacke löschte, indem ich die Flammen erstickte, und dann mit ihm im Auto über so ziemlich alle roten Ampeln, die es in Belfast gibt, zum Krankenhaus raste. Dort habe ich ihm dann drei qualvolle Tage lang beim Sterben zugesehen. Und als es endlich vorbei war, da war ich auch tot, verstehen Sie das? Tot, stumpf, empfindungslos. Nach der Beerdigung meiner Angehörigen rekrutierte mich dann die IRA und machte auch mich zu einem Monster, ja ich sage Ihnen hier ganz bewusst dieses Wort: Monster!" Jetzt liefen Kate Tränen des Zornes über die Wangen. „Doch ich möchte jetzt darauf kommen, warum ich hier und heute an diesem Ort stehe: Zeigen wir doch den Monstern, das Mitmenschlichkeit stärker sein kann, stellen Sie sich einmal vor, der Heilige Patrick würde heute zu Ihnen sprechen. Meinen Sie etwa, der würde Ihnen gebieten, für ihn eine Waffe in die Hand zu nehmen? Oder nehmen Sie die Heilige Brigida von Kildare, die auch hier begraben wurde. Was würde sie tun? Ich kann es Ihnen sagen: Sie würde Sie alle hier segnen, sie würde es Ihnen wünschen, dass Sie Erfolg im Beruf und eine gute Familie haben und sie würde sich darum kümmern, dass Krankenhäuser und Schulen gebaut werden. Würde sie Ihnen eine Maschinenpistole in die Hand drücken? Nein, natürlich nicht, und der Heilige Patrick würde das auch nicht tun. Und wissen Sie auch wieso? Nun, weil sowohl der Heilige Patrick als auch die Heilige Brigida in Ihnen allen ihre Kinder sehen würden! Und welcher Vater oder welche Mutter würde denn seine Kinder mit echten scharfen Waffen spielen lassen? Welche Eltern könnten es mit ansehen, wie sich ihre Kinder gegenseitig umbringen? Sie etwa?" Kate zeigte jetzt in die Menge. „Oder Sie, oder Sie da drüben, der Herr mit dem Filzhut?" Zustimmendes Gemurmel setzte ein. „Ich bin wirklich nur eine einfache Frau, ich habe keinen akademischen Beruf gelernt. Aber so viel habe ich verstanden: Wir alle hier, egal ob Katholiken, Anglikaner oder Protestanten, versündigen uns an unserer Seele, ja an der Seele unseres ganzen Volkes, wenn der Irrsinn nicht schnellstens beendet wird. Darum bitte ich heute Sie alle um Ihre Unterstützung. Sagen Sie es ihren Nachbarn, sagen Sie es ihren Freunden weiter, tragen Sie das T-Shirt mit dem Fadenkreuz. Denn wenn wir alle eine Zielscheibe sind, dann kann niemand mehr auf uns zielen, verstehen Sie das? In der Masse sind wir sicher vor dem Monster. Und jetzt möchte ich mich nochmals bei allen Unterstützern bedanken, seien Sie morgen in Dublin dabei, seien Sie in Belfast dabei! Ich hoffe, dass ich auch in Belfast oder Dublin dabei sein kann, so meine Gesundheit es zulässt. Ich bin innerlich zerrissen, denn am liebsten würde ich überall dabei. Mittendrin da, wo gebombt und geschossen werden soll. So, wie Jesus Christus es auch getan hätte. Ich habe keine Angst mehr; meine einzige Angst ist die, dass das Monster versucht, wieder auf die Füße zu kommen. Lassen Sie es nicht zu, es ist bereits besiegt! Ich danke Ihnen allen für Ihre Aufmerksamkeit!" Kate winkte allen zu, dann wäre sie fast umgefallen, weil es sehr anstrengend für sie gewesen war. Sandra Miller hatte hinter Kate den Rollstuhl aufgestellt, in den sie sich nun sinken ließ. Hinter dem Rollstuhl stand Vater Andrew und wollte nach Kate ans Rednerpult gehen. Er sollte nicht mehr dazu kommen.

Downpatrick (Dún Phádraig), eine Wiese neben dem Grab des Heiligen Patrick, gegenüber der Tribüne, 12.57h

Es war für den Attentäter fast nicht möglich gewesen, bis nach vorne zu kommen, er hatte de facto die ganze Zeit von Kates Rede dafür gebraucht. Mittendrin hatte sie ihn sogar direkt angesehen, aber erkannt hatte sie ihn trotzdem nicht. Was ihn auch sehr gewundert hätte. Als sie mit ihrer Rede fast fertig war, war er nur bis zur dritten Zuschauerreihe gekommen, in einer leicht schrägen Position, von ihm aus gesehen halblinks. So konnte er zwar nicht unbemerkt schießen, aber er hatte mindestens eine fünfzigprozentige Chance, von hier aus wenigstens ihren Brustkorb zu treffen, falls sie noch so lange stand. Bis er die Waffe, eine Luger-Präzisionspistole, aus seiner Brusttasche ziehen konnte. Er hatte sich schnell dazu entschlossen, ihren Brustkorb als Ziel zu wählen, weil dieses Ziel größer war als der Kopf. Und er wusste, wie leicht man ein kleineres Ziel verfehlen konnte. Und hatte sie sich denn nicht eine hübsche Zielscheibe auf ihr T-Shirt gemalt? Im Grunde war es das reinste Scheibenschießen, sagte er sich. Auf den Schalldämpfer verzichtete er jetzt, denn es hätte erstens zu lange gedauert, diesen aufzuschrauben, und zweitens seine Zielsicherheit beeinträchtigt. Denn seine Nachbarn würden rein zwangsläufig sehen, was er hier tat. Wenn er schnell war, würde er zwei Schüsse abfeuern können, falls nicht, musste es eben schon der erste tun. In genau diesem Moment beendete Kate ihre Rede und winkte ins Publikum. Seine einzige Chance! Schnell zog er die Luger mit der rechten Hand aus der linken Tasche seines Trenchcoats, riss die Waffe über die Schulter seines völlig entsetzt rechts vor ihm stehenden Vordermannes und gab rasch zwei Schüsse ab, ehe ihn der Faustschlag eines großen rothaarigen Schlägertyps hinter ihm ins Reich der Träume schickte. Der rothaarige Ron, der damals Kate überfallen wollte und dann von ihr zusammengeschlagen worden war, hatte das erste Mal in seinem Leben etwas wirklich Sinnvolles geleistet.

Downpatrick (Dún Phádraig), eine Wiese neben dem Grab des Heiligen Patrick, Rednertribüne 12.59h

Kate plumpste gerade erschöpft in den Rollstuhl, als es plötzlich wie aus dem Nichts zweimal laut knallte. Zu Tode erschrocken zuckte sie zusammen, doch die Kugeln verfehlten sie. Stattdessen traf die erste Vater Andrew mitten in die Brust, während die zweite Sandra Miller in den rechten Oberschenkel traf. Schreiend verlor diese den Halt und wäre fast von der Tribüne gestürzt, wenn nicht Kate geistesgegenwärtig nach ihr gegriffen hätte, so dass Sandra Miller jetzt auf ihrem Schoß zu sitzen kam. Was wiederum Kate aufstöhnen ließ. Vater Andrew dagegen blickte erstaunt in die Menge, dann wich das Leben aus seinem tödlich verwundeten Körper und er sank auf dem Boden der Tribüne hilflos in sich zusammen. „Jesus!" war das Letzte, was in dieser Welt über seine Lippen kam, dann schwiegen diese für immer. Bei den Zuschauern drohte

Panik auszubrechen, weshalb jetzt Kate zu Fuji sagte: „Schnell, kümmere Dich um Sandra, ich muss ans Mikrofon!“ Schnell zerrte Fuji jetzt Sandra von Kates Schoß und sie erhob sich, erreichte das Mikrofon und sagte: „Bitte beruhigen Sie sich wieder, bitte bewahren Sie die Ruhe! Das wäre genau das, was der Attentäter wollte: Dass Sie sich jetzt alle gegenseitig tottrampeln! Wollen Sie diesen Leuten wirklich diesen Triumph gönnen? Bitte werden Sie wieder ruhig, please calm down!“ Das Wunder geschah, die Menge beruhigte sich wieder etwas. Inzwischen hatten zwei Personenschützer den Attentäter in Gewahrsam genommen und wollten ihn wegbringen, als Kate von der Tribüne rief: „Bitte bleiben Sie mit dem Täter hier, ich werde jetzt von der Tribüne kommen, ich möchte ihn sehen!“ Die Personenschützer schleiften den Mann jetzt auf die Freifläche vor der Tribüne, und Kate ließ sich von zwei anderen Sicherheitsleuten runtertragen. Dann trug der eine sie auf ihre Bitte hin zu dem Attentäter. Nachdem sie ihm den falschen Bart aus dem Gesicht genommen hatte, erkannte sie ihn sofort: Es war Marty. Dieser kam nun wieder zu sich, weil ihm jemand eine Flasche Wasser ins Gesicht gekippt hatte. Da rief jemand von der Tribüne: „Vater Andrew ist tot!“ Während genau in diesem Moment Dr. Ito mit Sandra Miller in seinen Armen zu dem weißen Lazaretthubschrauber Lazarus I hetzte. Sandra hatte heftig geblutet, die Kugel steckte wahrscheinlich mitten im Oberschenkelknochen. Dr. Ferguson war jetzt neben Dr. Ito und half ihm mit der schwer verletzten Frau, es war ein Wettrennen gegen das Verbluten, und beide wussten es. Kate blickte Marty gerade in die Augen, dann sagte sie zu ihm: „War es das wirklich wert, Marty?“ Mehr sagte sie nicht, Tränen standen in ihren Augen. Und als sie begriffen hatte, dass Vater Andrew wirklich tot war, setzte sich die Katholikin Kathrin Nightingale einfach auf den Boden und begann hemmungslos wegen des toten Anglikaners zu weinen. Nach einer kurzen Pause trat Gus Falkner an das Mikrofon und hielt eine kurze knappe Rede. Hätte er sie vorher gehalten, wäre das Attentat möglicherweise gar nicht mehr verübt worden!

Downpatrick (Dún Phádraig), eine Wiese neben dem Grab des Heiligen Patrick, Rednertribüne 13.14h

Gus Falkner begann jetzt zu sprechen. „Liebe Mitbürgerinnen und Mitbürger, liebe Nachbarn, liebe Freunde, es hat mich tief getroffen, dass ein aufrechter Gottesmann hier in unserer Mitte so vor unser aller Augen von dieser Welt gehen musste. Deshalb möchte ich Sie alle darum bitten, jetzt eine Minute mit mir zusammen die Augen zu schließen, und in der Stille der Seele von Vater Andrew Hastings, dem wohl großartigsten Gefängnisseelsorger in ganz Irland, zu gedenken.“ Alle wurden leise und schlossen die Augen, viele weinten oder beteten. „Doch wie durch ein Wunder blieb Miss Kathrin Nightingale unverletzt, wenn man von ihren schon vorhandenen Verletzungen einmal absieht. Dafür können wir Gott nur danken. Doch eine zweite Frau wurde verletzt, sie sollte eigentlich Kathrin Nightingale bei ihrer Resozialisation unterstützen, bitte lassen Sie uns auch einen Moment lang für Miss Sandra Miller beten.“ Nochmals kehrte für eine Minute Ruhe ein, dann winkte Gus Falkner, der Premierminister der Briten, Kenneth Sinclair, den Taoiseach der Republik Irland heran. Dieser ergriff nun das Wort. „Wie Sie ja alle wissen, haben mein britischer Amtskollege und ich bereits seit längerer Zeit hinter verschlossenen Türen verhandelt, miteinander gerungen und Verträge vorbereitet. Eigentlich wollten wir mit der Bekanntgabe noch bis Weihnachten warten, um Ihnen allen ein Weihnachtsgeschenk damit zu machen, doch in Anbetracht der jüngsten Entwicklungen haben wir uns dazu entschieden, unsere Sache vorzuziehen, auch wenn unsere Parlamente das dann noch alles im Detail nacharbeiten müssen.“ „Sogar die Queen ist damit einverstanden“, sagte jetzt Gus

Falkner. „Es gibt ab sofort keine britische Präsenz mehr im Norden Irlands. Wir als Briten möchten Ihnen allen künftig gute Nachbarn sein. Herzlichen Glückwunsch zu Ihrem jetzt wieder vereinigten Inselstaat Irland!" Gus Falkner schüttelte Kenneth Sinclair die Hand, und ein unbeschreiblicher Jubel breitete sich aus, Nord- und Südiren lagen sich in den Armen und tanzten spontan auf der Wiese. Dann trat Ian Bannister ans Rednerpult und sagte: „Ladies and Gentleman, die politische Mauer, die Nord- und Südirland einst trennte, ist jetzt verschwunden. Deshalb möchte ich jetzt noch an Sie alle hier appellieren, die Mauer in Ihren Köpfen zu beseitigen. Lernen Sie von den Menschen in Deutschland! Denn bevor dort die Mauer zwischen Ost- und Westdeutschland fiel, fiel eine Mauer in den Herzen und Köpfen der Menschen. Lernen wir doch einfach von den Deutschen! Dann haben Vereinigungen wie die IRA keine Existenzgrundlage mehr, ich bitte Sie, machen Sie alle dabei mit! Wie froh wäre mein Vater gewesen, wenn er diesen Augenblick noch hätte erleben können. Es lebe das neue wieder vereinigte Irland!" Doch es hörte ihm kaum noch jemand zu. Die Leute vorne umlagerten jetzt Kate und den Attentäter, die anderen tanzten.

Downpatrick (Dún Phádraig), eine Wiese neben dem Grab des Heiligen Patrick, beim weißen Seaking Lazarus I, 13.15h

Dr. Ito hatte jetzt gemeinsam mit Professor Dr. Ferguson den rettenden Sanitäts-Helikopter erreicht. Der Professor hatte sich schnell einen Einweghandschuh angezogen, und dann seinen behandschuhten Daumen in die Wunde von Sandra Millers Oberschenkel gepresst. Damit gelang es ihm zwar, die Blutung zu stoppen, aber so kamen sie natürlich nur qualvoll langsam voran. Endlich erreichten Sie den Einstieg des Fluggerätes. Dr. Said half ihnen beim Einladen von Sandra Miller und sofort begann eine dramatische Notoperation. Denn kaum nahm der Professor seinen Finger aus der Wunde, spritzte eine Blutfontäne heftig daraus hervor. Sandra Miller war zum Glück bereits ohnmächtig geworden und bekam nichts davon mit. Dr. Ito wäre beim Anblick des Blutes auch fast weggetreten, doch gelang es ihm schließlich doch, sich zusammen zu reißen. Nun eilte auch noch die Krankenschwester herbei, die sich eigentlich um Kathrin Nightingale hatte kümmern sollen, und assistierte den beiden Ärzten und Dr. Ito. Sie schnitten der Verletzten die Blue Jeans vom Bein. Und nach einigen Minuten gelang es ihnen dann doch noch, die Blutung zu stillen. Sie hängten Sandra Miller an einen Tropf und gaben ihr mehrere Blutinfusionen. Nach einer halben Stunde hatten sie dann den Kampf um das Leben von Sandra Miller vorerst gewonnen. Dr. Ito eilte jetzt mit einem blutbespritzten Jackett zurück zu Kate, um dort Zeuge einer eigenartigen Szene zu werden. Rund um den Attentäter standen Leute, die ihn ganz offensichtlich lynchen wollten. Der erste wollte gerade Hand an Marty legen, als sich plötzlich der zehnjährige Kai Ahrens dazwischen stellte und sagte: „Ihr habt es doch gehört, dass Tante Kate nicht will, dass noch etwas Böses geschieht. Bitte, lasst den Mann in Ruhe!" Jemand fragte: „Was hat das Kind gesagt?" denn Kai hatte auf Deutsch gesprochen. Kate übersetzte seine Rede, einmal ins Englische, und dann nochmals in Gälische. Jetzt wichen die Iren erstaunt zurück und Kate erklärte dem Lynch Mob: „Nur so können wir das Böse überwinden. Mit Gutem. Der Mann gehört vor ein ordentliches Gericht. Wir stehen doch nicht mehr mit ihm und seinesgleichen auf einer Stufe, nein, wir stehen darüber! Diese Genugtuung wollen wir doch der New Revenge IRA nicht gönnen, dass wir mit deren Methoden arbeiten, oder? Wenn ich das gewollt hätte, dann wäre dieser Mann jetzt bereits tot, schließlich hat er mich mit darin ausgebildet, ohne Waffen zu töten. Darf ich Ihnen allen diesen Mann vorstellen, auch wenn ich nur seinen Decknamen kenne? Er nennt sich Marty und gehört zum Führungsduo der New Revenge

IRA. Er ist die Nr. 2. Was sagen Sie nun?“ Alle schwiegen verblüfft, die Reporter kamen. Dann wurde Marty abgeführt. Dr. Ito half jetzt Kate auf, und viele Leute wollten noch mit ihr reden. Viele umarmten sie, einige schenkten ihr Blumen. Die jetzt leere leibliche Hülle Vater Andrews lag tot auf der Tribüne.

Downpatrick (Dún Phádraig), Wiese neben dem Grab des Heiligen Patrick, Rednertribüne 13.47h

Keith Hastings hatte wie gelähmt danebengestanden, als es plötzlich laut knallte und sein Bruder auf die Tribüne sank. Sie hatten noch so viele gemeinsame Projekte gehabt, sie wollten gemeinsam noch so vieles bewegen. Und das alles wurde nun in einem Sekundenbruchteil einfach ausgelöscht. Er kniete sich neben seinen Bruder, der mit jetzt leeren Augen in den Himmel starrte, immer noch hatte er einen erstaunten Gesichtsausdruck. Er schloss ihm sanft die Augen, dann warf er sich schluchzend auf ihn. Er wusste es nicht, wie lange er den Leichnam seines Bruders so in den Armen gehalten hatte. Niemand wagte es, ihn in seiner Trauer zu stören. Tränen rannen über sein Gesicht, er vergaß die Umgebung. Er dachte zurück an ihre Kindheit, an die vielen Streiche und Unternehmungen, die sie gemeinsam unternommen hatten. Dann an die Zeit, als sie beide Theologie studiert hatten, bis Keith seine Zukunft in der Welt der Politik fand und Andrew schließlich Priester wurde. Danach an eine sehr wechselvolle Zeit voller neuer Wege, bis sie schließlich gemeinsam um neue Formen der Resozialisierung von Straftätern und Schwerkriminellen rangen. Und jetzt – alles zerstört in nur einem einzigen kurzen Augenblick. Eine Ewigkeit später erhob er sich dann, legte seine Jacke über den Toten, ließ sich ein Taschentuch geben und wischte sich die Tränen ab. Dann ging er ans Mikrofon. „Liebe Mitbürgerinnen und Mitbürger, mein Bruder hatte eine Vision, kurz bevor er von uns gehen musste. Und ich denke, ich bin es sowohl ihm als auch Ihnen allen schuldig, Ihnen seine Vision mitzuteilen.“ Er legte eine bedeutungsvolle Pause ein. „Ursprünglich wollten sowohl mein Bruder Andrew als auch ich uns damit beschäftigen, Schwerkriminellen und Terroristen eine neue Chance zu geben. Ich in meiner Funktion als Innenminister, und mein Bruder Andrew als Geistlicher. Und was heute geschehen ist, hat mich darin bestätigt, dass unser gemeinsames Anliegen richtig war. Ich mache weiter, denn ich glaube, dass das in Andrews Sinn gewesen wäre. Sehen Sie, trotz dieses feigen und verabscheuungswürdigen Attentates ist hier und heute in Downpatrick ein echtes Wunder geschehen: Eine ehemalige Terroristin wirbt für den Frieden und hat eine Friedensbotschaft für unser ganzes Land! So etwas hat es bisher noch nicht in unserer Geschichte gegeben! Deshalb bitte ich Sie jetzt darum, sich dieses Datum zu merken. Erzählen Sie bitte allen, die Sie kennen, was Sie hier und heute gehört und gesehen haben. Und erzählen Sie es bitte auch ihren Kindern und Kindeskindern, damit dieser Tag niemals in Vergessenheit gerät! Himmel und Hölle haben sich hier und heute offenbart – welchen Weg wollen Sie wählen?“ Keith Hastings machte eine weitere Pause, dann fuhr er fort. „Mein Bruder hatte eine Vision, und er teilte sie sowohl mir als auch Miss Nightingale mit. Er sah einen einfachen Mann mit einem Hirtenstab. Plötzlich klopfte und schlug der Mann damit auf den Boden, und die Erde bebte. Und dann verwandelte sich der Mann vor den Augen meines Bruders in eine Frau, genauer gesagt in Miss Nightingale. Als mein Bruder mit ihr darüber gesprochen hatte, wussten beide, was das Bild zu bedeuten hatte: Der einfache Mann mit dem Stab war ein Bild des Heiligen Patrick. Dieser soll der Legende nach alle Schlangen aus Irland vertrieben haben. Weil es aber nie echte Schlangen in Irland gab, können wir davon ausgehen, dass die Schlangen ein Symbol für heidnische Kulte und Böses aller Art waren. Und weil der

Heilige Patrick uns heute im Kampf gegen das Böse leider nicht mehr zu Hilfe kommen kann, sandte Gott uns Miss Nightingale! Sie sollte das Böse und den Terror aus dem Land vertreiben, ein für alle Mal. Jetzt werden sich sicherlich einige unter ihnen fragen, was denn dann der Stab und das Erdbeben zu bedeuten hatten? Nun, ich will es Ihnen sagen, die Erkenntnis traf mich wie ein Blitz, als mein Bruder für das Werk des Herrn fiel: Sie selbst sind es, Sie und wir alle hier, wir sind Stab und Erdbeben in einer Person! Vergessen Sie das nie, jeder einzelne von Ihnen ist mächtiger, als alle Terroristen Irlands!" Keith Hastings machte eine Pause und trank jetzt einen Schluck Wasser. „Und obwohl hier neben mir mein toter Bruder liegt, möchte ich heute und an diesem Tag allen die Hand der Versöhnung reichen, weil ich weiß, dass das im Sinne von Andrew gewesen wäre. Ich wünsche es, nein Andrew hätte es auch so gewünscht, dass alle Mitglieder paramilitärischer Gruppen sich freiwillig stellen und entwaffnen sollen. Als Gegenleistung sichere ich Ihnen dafür eine Amnestie für alle bisher begangenen Straftaten sowie eine kostenlose Teilnahme an einem einzigartigen Resozialisierungsprogramm und eine Psychotherapie auf Staatskosten zu. Wir wollen niemanden mehr einsperren, der guten Willens ist. Ich gebe allen davon Betroffenen eine Woche Bedenkzeit. Bedenken Sie bitte eines: Mein Bruder Andrew hat diese Amnestie heute mit seinem kostbaren Blut unterschrieben! Wollen Sie so ein kostbares Geschenk wirklich ablehnen? Mehr habe ich heute nicht mehr zu sagen." Erst schwieg die Menge der Zuschauer, dann gab es Standing Ovations, die kaum noch enden wollten. Dann riefen erst Einzelne, dann immer mehr Leute: „Kathrin, wir wollen Kathrin hören". Dr. Ito half Kate nun beim Aufstehen, dann biss sie die Zähne zusammen und humpelte unter den anfeuernden Rufen der Menge zur Tribüne. Plötzlich war der rothaarige Riese Ron neben ihr, den sie in Dublin zusammengeschlagen hatte, griff nach ihrem linken Arm, legte ihn sich überraschend gefühlvoll über die Schulter und half ihr so, bis zum Mikrofon zu kommen. Dann grinste er schräg und meinte: „Nun mach schon, Deine Fans warten auf Dich!" Kate bat ihn darum, neben ihm auf der Tribüne zu bleiben. Dann begann sie etwas keuchend zu sprechen, da sie sich sehr angestrengt hatte. „Sehen Sie diesen Mann hier neben mir? Ein alter Bekannter von mir, der mir mit seinen Freunden in einem Hauseingang aufgelauert hatte, und den ich dann mitsamt seinen Kumpeln krankenhausreif prügelte. Und sehen Sie, was er heute getan hat: Er hat mir geholfen, hier hoch zu kommen! Sie sehen es: Menschen können sich ändern! Ich danke Ihnen vielmals, und möchte mich gleichzeitig dafür entschuldigen, dass ich es damals mit meiner Notwehr etwas übertrieben habe. Ach ja, da wäre noch was zu sagen: Den Krankenwagen für Euch drei habe damals ich gerufen." Der rothaarige Ron sah erstaunt drein, während Kate leicht grinsen musste, sie konnte es einfach nicht gut unterdrücken. Kate wandte sich wieder der Menge zu. „Der Tod von Vater Andrew ist auch für mich ein sehr herber Verlust!" Kate winkte Keith Hastings zu sich, nahm ihn in den gesunden linken Arm und drückte ihn an sich. Dann trat sie wieder an das Mikrofon: „Ich verdanke Keith Hastings und Vater Andrew sehr viel. Bis vor kurzem dachte ich noch, mein Leben sei bereits vorbei, doch sie beide haben mir eine neue Chance gegeben. Ich werde Ihnen ewig dafür dankbar sein!" Kate schwieg einen Moment. Dann sagte sie: „Ich möchte eigentlich nicht weiter in irgendeiner Weise wie eine Prinzessin privilegiert und mit dem Hubschrauber in der Gegend herumgeflogen werden. Denn ich bin doch eine von Euch! Deshalb möchte ich Euch alle hier um etwas bitten: Gibt es hier vielleicht eine möglichst protestantische Familie aus Belfast, die bereit wäre, mich und meine kleine zukünftige Patch-Work-Family für heute Nacht und das nächste Wochenende als Gäste aufzunehmen? Wir stellen keine hohen Ansprüche und sind mit den einfachsten Dingen zufrieden. Außerdem würde ich gerne heute Nachmittag noch hierbleiben, um mit Euch zu reden, zu feiern und zu weinen, wenn das sein muss. Was halten Sie davon?" Die Zuschauer waren begeistert, und alle wollten Kate bei sich einquartieren. „Gut. Dann müsst Ihr mich jetzt nur wieder von der Tribüne holen!" Die Tribüne wurde fast gestürmt. Schließlich entschied Kate, dass zwei Katholiken und zwei Protestanten sie im Rollstuhl nach unten tragen sollten. Es sollte noch ein ereignisreicher Nachmittag werden.

Derry-Londonderry, neben dem Haupteingang zum geheimen Hauptquartier der Ulster Liberation Front, 14.12h

Alan Parker war der Polizeichef von Derry, der zweitgrößten Stadt in Nordirland, die einst Schauplatz des so genannten Bloody Sunday gewesen war, bei dem britische Fallschirmjäger mehrere unbewaffnete Demonstranten erschossen hatten. Derry, welches bei einigen Bevölkerungsgruppen einfach nur Derry, bei den Protestanten jedoch Londonderry genannt wurde, hatte etwa 100.000 Einwohner. Alan Parker hatte sich mit einem sehr ungewöhnlichen Utensil gerüstet, bevor er mit einem Kollegen zum Hauptquartier der Ulster Liberation Front aufgebrochen war, er holte es jetzt vom Rücksitz des Polizeiwagens. Dann schnallte er seinen Gürtel mit seiner Dienstwaffe ab, gab diesen seinem Assistenten und ging zum Haupteingang eines freistehenden einstöckigen Hauses. Dann drückte er an einem Klingelknopf, auf dem in Handschrift „Barry Adams und Familie" stand. Eine Stimme ertönte über die Gegensprechanlage: „Was wollen Sie hier, Parker?" „Wir müssen reden. Ich komme unbewaffnet, mein Assistent wird im Dienstwagen warten. Ich gehe jetzt einige Schritte zurück, damit Sie mich sehen können." Er ging drei Schritte zurück, dann holte er hinter seinem Rücken eine weiße Fahne hervor. Das Utensil, was er bei dieser Unternehmung extra für diesen Zweck selbst gebastelt hatte. Zwar mit einem Unterhemd, aber man erkannte, was damit gemeint war. Nach einer Minute kamen zwei Männer aus dem Haupteingang und winkten ihn heran. Er stellte sich jetzt mit erhobenen Händen und breitbeinig an die Häuserfassade, und der eine der beiden durchsuchte ihn gekonnt nach Waffen. „Er ist sauber", sagte er nur. „Was wollen Sie?" wollte der andere jetzt wissen. „Ihr Leben retten, wenn es Ihnen recht ist. Wir müssten nur mal kurz in Ihren Keller gehen, ach ja, wir bräuchten dann noch einen Schraubenzieher. An Ihrer Gasleitung ist eine Bombe angebracht worden." „Woher wollen Sie das wissen?" fragte Barry Adams, jetzt misstrauisch geworden. „Ich bin der noch amtierende IRA-Leader von Derry, genügt Ihnen das nicht?" Barry Adams verschlug es die Sprache. Dann nickte er und bedeutete Alan Parker, mit in den Keller zu kommen. Bereits nach einer Minute hatten sie einen kleinen silbernen Metallkasten gefunden, der mit Schraubschellen an der Gasleitung montiert worden war. Sie montierten den Kasten vorsichtig ab, Alan Parker hebelte ihn vorsichtig auf und nahm den Zünder aus der weißen Knetmasse mit C4-Sprengstoff. Erst jetzt dämmerte es den beiden Männern der ULF, dass sie spätestens am nächsten Tag mitsamt Haus und Gasleitung in die Luft gesprengt worden wären. „Wie können wir Ihnen nur danken?" stammelte Barry Adams. „Machen Sie es doch einfach wie ich: Ich werde jetzt meinen Kollegen bitten, mich zu verhaften. Dann werde ich alles gestehen, alle mir bekannten Sprengstoff- und Waffenverstecke bekannt geben und räumen lassen. Selbstverständlich werde ich mein Amt zur Verfügung stellen. Kathrin Nightingale hat Recht: Wir müssen diesen Wahnsinn endlich beenden." Barry Adams beriet sich jetzt kurz mit seinem Freund, dann fragte er: „Und das gilt wirklich, die Amnestie von Keith Hastings, meine ich?" „Aber sicher, das hat dieser doch öffentlich gesagt. Das ist damit so gut wie einklagbar." „Ist gut, dann kommen wir jetzt mit Ihnen mit. Wir werden das Vereinsheim zur Räumung freigeben!“ Gemeinsam stiegen sie in den Polizeiwagen und ließen sich zur Wache fahren.

Downpatrick (Dún Phádraig), eine Wiese neben dem Grab des Heiligen Patrick, Wiese unter der Rednertribüne, 15.33h

Keith Hastings und Kate diskutierten jetzt gerade mit den Umstehenden, als das Handy von Keith Hastings klingelte. „Was? Wiederholen Sie das nochmals? Das kann ich ja kaum glauben! Haben Sie schon die Experten ins Feld geschickt? Sehr gut! Halten Sie mich auf dem Laufenden, Bye!“ Dann wandte sich Keith Hastings an die Leute und an Kate. „Es geschehen heute noch echte Wunder! Der IRA-Leader aus Derry hat sich der Polizei gestellt – es war der Polizeichef selbst! Er hat eigenhändig eine Bombe aus dem Hauptquartier der Ulster Liberation Front entfernt, die an der Gasleitung angebracht war. Er hat uns sämtliche ihm bekannten Waffenverstecke benannt! Und er hat uns einen wichtigen Hinweis geliefert, wo die übrigen Sprengladungen für Morgen montiert wurden. Das heißt, dass wir bis morgen wahrscheinlich alle Sprengladungen in Belfast und Dublin noch rechtzeitig demontieren können, wenn unsere Leute jetzt damit anfangen und eine Nachtschicht einlegen. Der Polizeichef hat sich übrigens selbst verhaften lassen und will mit uns in jeder Hinsicht kooperieren. Und nun kommt das, was mich jetzt wirklich umhaut: Die Ulster Liberation Front hat sich ebenfalls gestellt und lässt gerade ihr Hauptquartier von der Polizei räumen. Sie sind alle geständig und wollen sich einer Anti-Gewalt-Therapie unterziehen. Dabei sollen sie sogar geäußert haben, dass sie mit Kate reden möchten.“ Die Umstehenden applaudierten, Kate sah nachdenklich drein. „Was können die nur von mir wollen?“ fragte Kate. „Vielleicht triffst Du sie ja schon morgen“, sagte jetzt Dorothy Newton, eine presbyterianische Hausfrau aus dem Gaeltacht-Viertel von Belfast. Dorothy war eine rundum glückliche und zufriedene Frau, ihr Mann Michael war auch recht wohl beleibt, und sie waren mit ihren drei Kindern hergekommen, von denen der älteste elf Jahre alte Michael Junior sich auf Anhieb mit Kai Ahrens gut verstand. Trotz der Sprachbarriere spielten sie zusammen, und auch die beiden acht Jahre alten Zwillingstöchter Patricia und Jennifer hingen wie die Kletten an Kai. Deshalb entschieden Kai und Fuji sich dafür, sich von Dorothy und Michael einladen zu lassen, womit Kate sich dann einverstanden erklärte. Der weiße Seaking war inzwischen gestartet und brachte Sandra Miller in ein Dubliner Krankenhaus. Dorothy und Michael bewohnten ein hübsches kleines Einfamilienhaus in der Nähe des Naturschutzgebietes Bog Meadows und waren mit einem geräumigen Kleinbus gekommen, in den sie auch alle bequem hineinpassen würden. Da Kate jetzt langsam am Rande ihrer Belastbarkeit angekommen war, beschlossen sie, jetzt aufzubrechen. Vorher gab Kate Keith Hastings natürlich noch die Adresse, und dieser sorgte dafür, dass Kate noch einen Personenschützer für alle Fälle mitbekam. Außerdem versprach er, am Abend noch Professor Dr. Ferguson vorbeizuschicken. Letzteres gab dann später fast noch einen kleinen Eklat, weil der Professor sich natürlich mit dem Hubschrauber bringen ließ, der wiederum nichts Besseres zu tun hatte, als im nahegelegenen Naturschutzgebiet zu landen. Allerdings bekam das Ganze dann noch dadurch eine komische Note, dass die herbeigerufene Belfaster Polizei nicht wusste, wie viel Bußgeld sie für einen in einem Naturschutzgebiet geparkten Helikopter verlangen sollte. Der Amtsschimmel wieherte wegen des Vorfalles jedenfalls fleißig, und letztlich einigte man sich darauf, *dass die Landung für den irischen Staat unverzichtbar gewesen sei, so dass keine Bußgelder zu zahlen wären*. Die lokale Presse fand den Vorgang jedoch so skurril, dass hier ein Bericht darüber erschien. Als Fazit hieß es dann in dem Artikel: *„Wenn Sie, liebe Mitbürger, einmal falsch parken müssen, dann tun Sie das bitte mit* *einem Helikopter im Naturschutzgebiet. Dort wird ihnen außer den verwirrten Tieren vermutlich niemand ernsthaft böse sein."* Die Newtons waren wirklich nette Gastgeber und verwöhnten ihre Gäste, wo sie nur konnten. Sie stellten Kate und Fuji sogar ihr eigenes Ehebett zur Verfügung und Kai durfte bei den anderen Kindern schlafen. Als Professor Dr. Ferguson dann am frühen Abend mit dem Helikopter eingeschwebt kam, brachte er Kate und Fuji auch noch ihren Koffer und ihr übriges Gepäck mit, welches sie nun gut gebrauchen konnten. Er gab Kate ihre Medikamente und ermahnte sie, diese am nächsten Morgen auf keinen Fall zu vergessen. Irgendwann gegen zehn Uhr abends plumpsten sie dann alle nur noch ins Bett, denn der Tag war sehr anstrengend gewesen. Doch nachts um etwa ein Uhr früh wurden Kate und Fuji fast gleichzeitig wach. Kate sagte zu Fuji: „Komm zu mir, ich brauche das nach so einem Tag!" „Ich auch", sagte er nur, und vorsichtig liebten sie sich. Danach fragte Kate ihn: „Und, findest Du es anregend mit einem Krüppel zu schlafen?" Fuji sagte darauf nur: „Für mich bist Du die schönste Frau der Welt Kate, wirklich, das weißt Du doch!" Danach streichelte er sie vorsichtig, bis Kate in seinen Armen einschlief. Der nächste Tag würde anstrengend werden. Hoffentlich konnte Kate das noch durchhalten. Denn das war heute alles etwas zu viel gewesen. Dagegen war Helgoland eine Oase der Ruhe gewesen.

Ameland, ein Zimmer im Keller der Abtreibungsklinik, 21.35h
Zum Glück war dieser Raum gut schallisoliert, denn sonst hätte man das heftige Gestöhne einer Frau vermutlich durch das ganze Haus gehört. Der Oberarzt war jetzt sehr intensiv mit ihr beschäftigt, was jedoch mit Sicherheit keine dienstliche Tätigkeit war. Das alte Bett, was hier stand, knarrte und ächzte, was jedoch keinen der beiden Akteure dieses Aktes sonderlich störte. Als sie fertig waren, kehrte eine merkwürdige Stille in das Zimmer ein. Beide lagen jetzt nebeneinander und rauchten eine Zigarette. Nachdenklich überlegte der Oberarzt, wie er der neuen „Patientin" helfen konnte. Denn das hatte er bisher noch nicht erlebt, dass eine Patientin seiner Klinik nicht abtreiben, sondern das Kind heimlich zur Welt bringen wollte. Schnell hatte Irene Ito gemerkt, dass dieser Arzt offensichtlich gerne die Notlagen von verzweifelten Frauen ausnutzte, so dass sie sofort überlegte, wie sie daraus Kapital schlagen könnte. Dabei war ihr Körper ihr durchaus hilfreich, und es hatte ihr wirklich Spaß gemacht, so zu tun, als wäre der Oberarzt ihr Verführer. Er würde sich noch wundern! Doch vorerst beließ sie es dabei.

Dublin, eine konspirative Wohnung der IRA, 22.36h
Die Streiche, welche die Politiker und Kathrin Nightingale heute ausgeteilt hatten, hatten die New Revenge IRA regelrecht fragmentiert. Alles war in Auflösung begriffen. Die ganze Stadt war heute in Aufruhr gewesen, es war genauso wie in Belfast. Weiße T-Shirts waren in den Geschäften etwa gegen 14.00h komplett ausverkauft gewesen, so dass es jetzt auch vereinzelt gelbe T-Shirts mit aufgemalten Zielscheiben zu sehen gab. Eine aufgebrachte Menge war nach dem missglückten Attentat auf Kathrin Nightingale vor das Büro der Sinn Fein gezogen, hatte die Räume einfach gestürmt und hatte dann das gesamte Inventar zertrümmert. Spontane Kundgebungen wurden abgehalten, und selbst Leute, die sonst immer gerne mit der IRA kokettiert hatten, distanzierten sich plötzlich öffentlich von ihr. Tausende Bürger trugen T-Shirts und auch einige Aktivisten der IRA begannen damit, sich T-Shirts zu kaufen. Allein schon deshalb, um nicht negativ in der Öffentlichkeit aufzufallen. Monty war verzweifelt. Seine rechte Hand, den getreuen Marty hatte man verhaftet. Nicht nur, dass Marty das Attentat verpatzt hatte, nein es kam noch viel schlimmer. Denn er hatte einen Priester erschossen! Das war eine unverzeihliche Todsünde, das Image der IRA war jetzt auf ewige Zeiten ruiniert. Das

konnte man im Grunde mit absolut nichts mehr rechtfertigen. Ein erschossener Personenschützer – gut, das war halt dessen Berufsrisiko, aber ein Geistlicher? Damit machte man sich bei der gesamten Bevölkerung unmöglich. Und nun würde Monty auch bald das Versteck wechseln müssen, wenn das so weiter ging. Doch der größte Flop war der IRA-Leader aus Derry gewesen, in den er immer große Hoffnungen gesetzt hatte. Er konnte es fast nicht glauben, als er Alan Parker im Fernsehen einträchtig neben Barry Adams von der Ulster Liberation Front sitzen sah. Doch das Schlimmste war der Druck einer breiten Bevölkerungsmehrheit, der künftige Anschläge so gut wie unmöglich machte, weil die Leute auf breiter Front Gewalt in jeder Form für geächtet erklärten. Monty und die New Revenge IRA hatten den Kampf jetzt schon verloren, das sah Monty ein. Doch was sollte er tun? Sich stellen? Den Kampf für beendet erklären? Er beschloss, erst den nächsten Morgen abzuwarten. Vielleicht zündete ja doch noch jemand einen Sprengsatz. Die Befehle waren erteilt. Es fragte sich nur, wie viele Sprengsätze die Fahnder rechtzeitig finden würden, und wie viele Aktivisten noch bereit dazu waren, die übrigen zu zünden. Aber Monty wollte nicht so einfach klein beigeben. Denn nur er wusste, wo die gestohlenen 700 Kilogramm C4 lagerten. Und die konnte er immer noch eigenhändig hochjagen. Er lächelte grimmig. 700 Kilogramm! Damit konnte man eine halbe Großstadt in die Luft jagen. Warum eigentlich nicht? Monty kramte einen Tiefgaragenschlüssel aus seiner Hosentasche. Nachdenklich sah er diesen an, dann fasste er einen Entschluss. Wenn er Kate nicht erwischen konnte, dann würde er wenigstens Keith Hastings erwischen. Oder wenigstens ein paar weitere von *„diesen elenden Schmarotzern, die im Parlament residierten“*, wie er sich stets auszudrücken pflegte. Bitter lachte er auf. Der Hass verzehrte ihn und trübte sein Urteilsvermögen.

Helgoland, Nordseehotel, Konferenzraum der Wissenschaftler, 23.07h

Sie hatten heute kaum arbeiten können, da sie alle wie gebannt die neuesten Meldungen aus Irland verfolgt hatten. Sie waren stolz auf Dr. Ito, Kathrin Nightingale und den kleinen Kai Ahrens, der offensichtlich heute einen Lynch Mob davon abgehalten hatte, einen Attentäter am nächsten Baum aufzuknüpfen. Sie hatten den ganzen Abend lang Dr. Itos Ideen und Hypothesen diskutiert und schließlich hatte Professor Horvath sich dazu bereit erklärt, einen Forschungsplan für eine Professur zu erstellen. Hierfür hatte er mehrere Stunden lang mit Professor Müllerheim gesprochen, schließlich hatten sie dann eine Lösung gefunden, die auch auf Helgoland realisiert werden konnte. Dr. Skibbe und Dr. Zuckmayer waren auch dabei, und so verabredeten sie heute die ersten Arbeitseinteilungen. Es würde wahrscheinlich eine mindestens tausendseitige Arbeit werden, doch sie würde beispiellos in der Geschichte der Wissenschaft werden, darüber waren sich alle einig. Sie waren sich allerdings noch nicht darüber einig, inwieweit sie die Politik mit einbeziehen sollten. Schließlich sollte nach Abschluss der Arbeit niemand sagen können, dass die Politik das Ergebnis beeinflusst habe. Trotzdem wäre es natürlich wünschenswert, die Expertise unter die Schirmherrschaft der Landesregierung Niedersachsens zu erstellen. Allein schon wegen der Fördermittel, die man hierfür bräuchte. Und konnte man hierfür einfach Dr. Ito vorschicken, nur weil er dem Ministerpräsidenten das Leben gerettet hatte? Darüber musste man erst eine Nacht schlafen, und so vertagten sie sich auf den nächsten Tag.

Dublin, Four Courts (Na Ceithre Cúirteanna), Büro von Staatsanwalt Marc Conolly, 23.10h

Der Staatsanwalt Marc Conolly war durch die Ereignisse der letzten Tage sichtlich aus der Bahn geworfen worden, er hatte kaum einen klaren Gedanken fassen können. War der „Angelfucker" nun ein realer Serientäter, oder handelte es sich um den geschickten Versuch der New Revenge IRA, einen politischen Mord zu verschleiern? Der gefangene Attentäter hatte jedenfalls bisher geschwiegen, so kamen sie hier einfach nicht weiter. Da erreichte ihn ein Anruf aus der Gerichtsmedizin. Sie hatten ein Schamhaar des Mörders gefunden! Doch sofort kam der Dämpfer. Die DNS-Analyse hatte ergeben, dass dieser schon seit etwa 15 Jahren tot war, gestorben bei einer Explosion, die wohl ein Arbeitsunfall in Nordirland gewesen war. Da konnte man eine Exhumierung der Leiche so oder so vergessen. Oder hatte da jemand nur sein Ableben geschickt vorgetäuscht? Und wie passte das mit der Umbuchung zusammen, die Martha Bannister kurz vor ihrem Tod bei der Bank Of Ireland veranlasst hatte? Wo war das Geld hingeflossen? Wenn diese verdammten Schweizer Banker bloß nicht so verdammt diskret wären!

01. September 2017, Freitag

Belfast, Wohnung der Newtons, 08.30h

Alle saßen bei einem gemeinsamen Frühstück zusammen im geräumigen Wohnzimmer der Newtons und unterhielten sich über die Ereignisse der letzten Tage. Kate war schon lange nicht mehr bei einer irischen Großfamilie eingeladen gewesen, und es ging recht turbulent zu. Jetzt fragte Dorothy Kate, was sie denn nach Ihrer Resozialisierung gerne tun würde. „Also ich möchte einfach zunächst einmal eine ganz normale Mutti sein dürfen. Und wenn mein Baby größer ist, dann würde ich gerne in einem sozialen Beruf arbeiten. Vielleicht mit Behinderten, mit Alten oder mit Kindern, ich weiß es noch nicht. Und das würde ich am liebsten in einem protestantischen Umfeld tun, um damit ein Zeichen zu setzen. Und ich würde mich für irgendeine Sache unserer nationalen Einheit engagieren wollen, natürlich friedlich." „Und in welche Kirche geht Dein zukünftiger Mann?" „Ehrlich gesagt haben wir darüber noch nicht nachgedacht. Ich bin eigentlich nicht so wirklich ein Kirchgänger, aber Kate zuliebe würde ich mitkommen", sagte nun Dr. Ito. „Ich denke, dass es gar nicht so sehr auf die Konfession ankommt, ich kann es mir inzwischen auch vorstellen, in einen anglikanischen oder anderen Gottesdienst zu gehen, seit ich erlebt habe, dass Gott mich auf Helgoland in einer evangelischen Kirche angesprochen hat. Vielleicht sollten wir alle uns künftig häufiger miteinander über unsere Gotteserfahrungen austauschen und auch mal andere Kirchen besuchen. In Deutschland ist das jedenfalls kein Problem. Ich glaube, dadurch würden wir viele Spannungen abbauen können, ehe etwas eskaliert und aus dem Ruder läuft." sagte Kate. „Da hast Du Dir aber viel vorgenommen, Kate", sagte nun der gemütlich dicke Michael, und goss sich neuen Kaffee ein. „Ohne viele andere wunderbare Menschen an meiner Seite werde ich es auch nicht schaffen, das ist mir klar. Aber ich würde mich sehr freuen, wenn wir in Kontakt bleiben könnten. Und wenn ich dann von Helgoland entlassen werde, dann würde ich mich mit meiner Familie gerne hier in Eurer Nähe niederlassen, die Gegend gefällt mir nämlich wirklich. Und es landen hier ja zum Glück nicht dauernd Hubschrauber im Naturschutzgebiet!" Kate lachte, und die anderen fielen ein. „Was kosten denn hier die Häuser? Ich meine, ich habe etwas gespart, vielleicht reicht es ja für ein kleines Domizil?" wollte jetzt Dr. Ito wissen. „Meistens so zwei- bis dreihunderttausend Euro, je nach Ausstattung, und was man selbst bauen kann", antwortete Michael. „Vielleicht bekommen wir ja eine staatliche Förderung", sagte Kate. In diesem Moment klingelte es an der Tür, und Andrea O´Leary bat um Einlass. Sie bekam auch eine Tasse Kaffee und sagte dann: „Also Kate, ich glaube, Du weißt gar nicht, was Du da alles losgetreten hast. Draußen ist der Teufel los! Die Leute von Dublin und Belfast sind heute kaum zur Arbeit gegangen, stattdessen laufen sie auf den Straßen rum, demonstrieren gegen den Terror und verteilen Flugblätter. Manche werfen den Behörden schwerwiegende Versäumnisse bei der Terrorbekämpfung vor. Ein IRA-Aktivist in Dublin, der sich outen wollte, fiel fast einem wütenden Lynch Mob zum Opfer, sie mussten ihn unter Polizeischutz stellen und verhaften. Die Leute bringen jetzt auf jede erdenkliche Weise zum Ausdruck, wie satt sie unsere Politiker und die Terroristen haben. Manche sprechen schon von einer Revolution. Nur Keith Hastings steht jetzt bei den Leuten in einem hohen Kurs – und Du natürlich! Ich glaube, es fehlt jemand, der den Leuten sagt, wo es lang gehen soll!" „Tja Andrea, das sind jetzt die Nebenwirkungen einer Bürgerbewegung. Was soll ich den Leuten nur sagen? Wo fange ich an, wo soll ich sprechen?" fragte Kate. „Ganz einfach Kate: Du bleibst erst mal hier, denn da draußen kann Dich auch niemand wirklich beschützen, falls der Mob außer Kontrolle gerät. Wir von Irish Press können das alles arrangieren." In diesem Moment klingelte es an der Tür, und zwei Polizisten aus Derry standen mit drei Kate unbekannten Männern vor der Tür. Nachdem sie sich ausgewiesen hatten, nahmen auch sie im Wohnzimmer der Newtons Platz und langsam wurde es knapp mit Kaffee und Sitzgelegenheiten. Dann stellte der leitende Officer die drei ungewöhnlichen Besucher vor: „Guten Morgen Miss Nightingale, diese drei Leute haben sich uns gestern gestellt und baten darum, so schnell wie möglich mit Ihnen reden zu dürfen, es ginge um Fragen der nationalen Einheit und Sicherheit. Aufgrund ihrer Angaben hatten wir Anlass, ihnen zu glauben, weshalb wir jetzt hier sind." Kate begrüßte alle drei per Handschlag, dann fragte sie nur: „Ulster Liberation Front?" Zwei der drei nickten, der dritte ergänzte nur trocken: „Und New Revenge IRA." „Und was führt Sie jetzt her?" fragte Kate neugierig. „Nun, vielleicht fange ich der Einfachheit an," sagte jetzt der erste des Trios. „Ich bin Alan Parker, ich war der Polizeichef von Derry. Oder Londonderry, wie sie wollen. Gleichzeitig war ich der IRA-Leader von Derry. Miss Nightingale, wir sind uns zwar nie begegnet, aber ich weiß einiges von Ihnen. Nr. 1 und Nr. 2 der IRA haben Ihr Beispiel oft lobend erwähnt, aber ich weiß auch von Nr.1, dass er Sie gar nicht als Nr. 3 haben wollte. Nein, Nr. 3 war ich, denn er meinte, dass Sie ihm noch etwas zu sozial eingestellt gewesen wären! Er sah in Ihnen jedoch ein großes Potential für die Durchführung von Anschlägen aller Art, er wollte aus Ihnen den Top-Exekutor der New Revenge IRA machen. Früher oder später wären Sie ein echtes Monster geworden, wie Sie es ja in Ihrer Rede selbst formuliert haben. Deshalb sollten Sie auch nach Helgoland gehen – Sie sollten endlich zum Killer werden! So hat er es jedenfalls mir gesagt. Außerdem sagte er mir, dass es kaum etwas Besseres geben könne als einen weiblichen Killer, weil bei einer Frau die wenigsten Opfer mit einer echten Gefahr für Leib oder Leben rechnen würden. Kathrin, Sie wären zur hochrangigsten und besten Killerin der IRA ausgebildet worden und aufgestiegen, Sie hätten fast unbeschränkte Mittel für Ihre Aktionen bekommen, ist Ihnen das überhaupt klar?" Kate blickte etwas irritiert und auch etwas erschrocken drein, dann fragte sie: „Und warum sind Sie jetzt hergekommen? Doch sicher nicht nur, um mir das zu sagen?" In diesem Moment mischte sich der jetzt ehemalige Leader der Ulster Liberation Front, Barry Adams ein: „Nein, Miss Nightingale, wir sind nicht nur deswegen da! Stellen Sie es sich vor: Nur wegen Ihrer Rede hat Alan Parker uns das Leben gerettet! Man hatte bereits eine Bombe an der Gasleitung unseres Hauptquartiers angebaut! Wäre Alan Parker nicht ausgestiegen, dann wären wir heute Morgen wahrscheinlich weggebombt worden! Ich möchte mich persönlich bei Ihnen bedanken, dass Sie mich gerettet haben!" „Das gilt auch für mich", sagte jetzt der zweite ULF-Mann. „Ich glaube, wir haben uns Ihnen noch nicht namentlich vorgestellt: Also das hier ist unser Leader Barry Adams, und ich heiße Terry Watkins. Ihre gestrige Rede hat uns wirklich sehr beeindruckt, sie hat aber besonders mich tief getroffen. Und wissen Sie auch, wieso?"

Jetzt sah Terry Watkins plötzlich sehr traurig aus und sprach nur leise weiter, so dass man ihn kaum verstehen konnte. „Ich bin es gewesen, ich war der Mann, der damals Ihre Familie von Ihnen genommen hat, Miss Nightingale. Ich weiß, dass man für so etwas eigentlich niemanden um Verzeihung bitten kann. Doch Alan und Barry meinten, ich solle es dennoch tun. Können Sie mir vergeben, Kathrin? Das, was ich getan habe, kann ich niemals sühnen, das weiß ich. Aber mein Gewissen konnte es einfach nicht mehr verdrängen oder rechtfertigen. Ich weiß, wie schwer das jetzt alles für Sie sein muss, und ich nehme es Ihnen nicht übel, wenn Sie mich jetzt hinausschicken. Aber ich kann damit nicht mehr weiterleben, verstehen Sie das?" Terry hatte plötzlich echte Tränen in den Augen und rutschte unruhig auf dem Sofa hin und her. Kate war zunächst sprachlos. Erst wurde sie rot vor Zorn, dann krampfte sie ihre Hände zu Fäusten, und es sah einen Moment lang so aus, als wenn sie Terry Watkins verprügeln wolle. Sie atmete keuchend und stoßweise, dann griff sie plötzlich nach einem Küchenmesser, welches noch auf dem Tisch lag. Da legte Dr. Ito ihr beruhigend seinen Arm um die Schultern. Augenblicklich entspannte sie sich, atmete jetzt langsam und tief ein und aus und gab Fuji ruhig das Messer in die Hand. Dann, als sie sich wieder etwas beruhigt hatte, stand sie von ihrem Stuhl auf und sagte mit Tränen in den Augen: „Terry, es tut mir sehr leid, ich muss mich wohl bei Ihnen entschuldigen. Das ist leider meine IRA-Grundausbildung, die hier immer noch durchkommt. Mein Wort, das ich gestern gesagt habe, gilt natürlich, und ich danke Ihnen sehr, dass Sie den Mut hatten, hierher zu kommen." Dann bedeutete sie dem einen Polizisten, ihr den Platz rechts neben Terry Watkins zu überlassen. Sie setzte sich neben ihn und legte ihren gesunden linken Arm um ihn. Dann sagte sie bewusst: „Ich lege jetzt den Arm um den Mörder meiner Familie, um den Menschen, der mir alles nahm, was ich damals wirklich liebte. Und ich sage ihm, auch wenn ich ihn viel lieber umbringen würde: Friede sei mit Dir!" Dann weinte sie. Terry Watkins legte nun vorsichtig seine Hände auf ihre Schultern und sagte ergriffen: „Kathrin, ich danke Ihnen für alles! Sie haben mir ein Vorbild gegeben, in allem. Ich möchte mich gerne Ihrer Anti-Terror Allianz anschließen, wenn Sie damit einverstanden wären. Es fällt mir zwar sehr schwer, aber ich wäre auch bereit, meine Taten öffentlich zu gestehen. Sehen Sie Kathrin, seit meine Frau vor einer Woche am Krebs gestorben ist, ist mein Leben völlig sinnlos geworden. Barry kann Ihnen das bestätigen. Es ist mir ehrlich gesagt egal, ob ich jetzt eingesperrt werde oder nicht. Aber ich möchte noch irgendetwas Gutes tun, bevor es mich auch erwischt." Kate drückte ihn jetzt voller Inbrunst an sich, dann sagte sie: „O.K. Terry, ich weiß, was wir jetzt machen: Wir werden eine gemeinsame Erklärung vor laufender Kamera bei Irish Press abgeben, Andrea, kannst Du schon mal Dein Team reinholen? Im Übrigen nennen mich hier alle Kate, einfach nur Kate." „Ist gut, Kate, ich danke Dir für alles!" „Vergeben ist noch nicht vergessen", sagte Kate jetzt. „Ich weiß, und ich will es auch niemals vergessen. Was bin ich doch für ein blödes Arschloch gewesen!" rief jetzt Terry. „Ich auch, sagten Kate, Alan Parker und Barry Adams wie aus einem Munde. Einen Moment lang sahen sie sich verblüfft an, dann mussten sie unwillkürlich lächeln. Dann sagte Alan Parker: „Ich schätze, wir vier sollten so etwas wie ein nationales Versöhnungskomitee gründen, wie wäre das? Was haltet Ihr davon?" „Ich bin sofort dabei", sagte Barry Adams. „Ich auch", sagte jetzt Terry und Kate gleichzeitig. „Und wer ruft jetzt den Innenminister an?" wollte einer der beiden Officers wissen. Als Antwort reichte Kate ihm das Handy, welches Keith Hastings ihr gegeben hatte. Vorher hatte sie die entsprechende Nummer eingetippt. Der Officer berichtete Keith Hastings, was er eben gesehen und gehört hatte, dann sagte er nur: „Hm, ja, machen wir so, ist gut Herr Innenminister. Wann? Heute Mittag, ja ist gut. Ich denke das lässt sich machen. Ja, Andrea O´Leary ist schon da, sie wird die Performance machen. Was? Natürlich, das können wir alles machen. Ist gut, ich frage die Leute, einen kleinen Moment bitte. Miss Newton? Sind Sie damit einverstanden, wenn Sie heute Besuch von unserem Innenminister bekommen? Das kommt dann alles ins Fernsehen! Sie ist einverstanden, Herr Minister, sie nickt. Ja, wunderbar, so machen wir das!" Er beendete das Gespräch und gab Kate das Handy zurück.

Dublin, Nationales Parlament (Oireachtas), Kildare Street, 09.47h

Monty war extrem frustriert. Sowohl die Dubliner Polizei als auch die Polizei in Belfast hatten ausnahmslos alle Sprengsätze an den Gasleitungen gefunden und entschärft, jetzt hieß es in den Nachrichten, dass man damit begonnen hätte, die Gasmänner der jeweiligen Stadtwerke zu überprüfen und zu befragen. Einige seien bereits geständig gewesen und säßen schon in Untersuchungshaft. Er drehte das Autoradio ab. Der kleine Lieferwagen, den er jetzt fuhr, hatte als offizielle Ladung frische Seefische an Bord. Hinter den hinten liegenden Fischkisten lagerten allerdings knapp 700 Kilogramm weißer C4-Sprengstoff, der sorgfältig in mehrere blaue Heringsfässer eingefüllt worden war. Das Ganze war mit mehreren Kabeln an einem Zünder verdrahtet worden, der per Handy ausgelöst werden musste. Selbstverständlich durfte man gegenüber dem Parlament nicht parken, was Monty jedoch ignorierte. Der Wagen hatte ein Kennzeichen, welches seine Herkunft aus der Stadt Cork belegte, so dass jeder Polizist annehmen könnte, er habe sich hier verfahren und der Fahrer suche eine andere Adresse. Das war zwar kein exzellenter Plan, aber Monty war zunächst nichts Besseres eingefallen. Er stieg aus und wollte sich gerade von dem Lieferwagen, den er direkt gegenüber dem Haupteingang des Parlamentes geparkt hatte, entfernen, als ein ziviler Streifenwagen um die Ecke bog. Da alle Polizisten in Alarmbereitschaft waren, schnitten sie ihm mit ihrem Wagen gekonnt den Weg über die Straße ab und riefen ihn an. „Hallo Sir, was machen Sie da? Sie dürfen dort nicht parken, das ist hier streng verboten!" „Tut mir leid, ich komme aus Cork und sollte hier Fisch an die Küche des Nationalparlamentes liefern, aber ich fand den Liefereingang nicht", sagte Monty, den Hilflosen spielend. „Könnten wir bitte mal Ihre Papiere sehen? Reine Routine, wegen der Anschlagswarnungen", sagte der eine Polizist. Monty griff jetzt langsam in die Tasche seines Trenchcoats, und gab dem Polizisten einen gefälschten Führerschein. Dieser gab das Dokument seinem Kollegen, der es mit seinem Bordcomputer sofort prüfen wollte. In diesem Moment tat Monty so, als suche er noch etwas in seiner rechten Jackentasche. In Wirklichkeit hatte er hier einen kleinen Revolver mit Schalldämpfer verborgen. Die Polizisten waren seiner Meinung nach ohnehin allesamt Verräter der irischen Sache und konnten bedenkenlos immer und überall ausgeschaltet werden, das Überraschungsmoment würde er ohnehin auf seiner Seite haben. Die beiden gutgläubigen Zivilfahnder hatten gegen ihn keine Chance, und das wusste Monty.

Dublin, Four Courts (Na Ceithre Cúirteanna), Kildare Street, Büro von Staatsanwalt Marc Conolly, 09.54h

Staatsanwalt Marc Conolly grübelte immer noch darüber nach, ob es einen Zusammenhang zwischen der Umbuchung von Martha Bannisters Konto auf ein Schweizer Nummernkonto und ihrer Ermordung gab, als er zufällig aus dem Fenster auf die Kildare Street hinaussah. Er hätte es nie geglaubt, eines Tages selbst Zeuge eines Mordes zu werden, doch genau dieses geschah jetzt direkt vor seinen Augen. Ohne dass er die Möglichkeit hatte, zu warnen oder einzugreifen. Er schätzte die Distanz zum Geschehen auf etwa einhundert Meter ein. Ein Mann in einem weiten Trenchcoat stand für ihn nur von hinten sichtbar vor einem zivilen Streifenwagen, daneben parkte der

Lieferwagen einer Fischhandlung aus Cork direkt vor dem Parlament. Da stimmte was nicht. Seit wann bekamen sie denn Fisch aus Cork? Er griff sofort zum Telefon und verständigte die hausinternen Sicherheitsleute. Und dann geschah es direkt vor seinen Augen und Ohren. Da es fast windstill war und er sein Fenster weit offenstehen hatte, um hier überhaupt noch Luft zu bekommen, hörte er jetzt ein vierfaches „Plopp". Dann sah er, wie sich der Mann im Trenchcoat von der Zivilstreife entfernte. Beide Zivilfahnder hingen leblos in den Gurten, und an der Windschutzscheibe des Wagens klebte Blut, was er sogar von hier aus gut sehen konnte. Sofort begriff er, dass sich in dem Lieferwagen eine Bombe befinden musste. Er griff nochmals zum Telefon und gab eine bestimmte Ziffernfolge ein, welche die sofortige Räumung aller Regierungsgebäude über den Hinterausgang einleitete. Dann griff er zu seiner eigenen Dienstwaffe und eilte zur Kildare Street, um den Mörder der Zivilfahnder zu jagen. Dabei sprang er zwei Meter tief aus dem Fenster, um Zeit zu gewinnen, denn glücklicherweise lag sein Büro im Erdgeschoß. Marc Conolly war sehr sportlich und der Mann schien ihn noch nicht bemerkt zu haben. Im Laufen entsicherte er seine Waffe, eine Glock, die auch die klassische Dienstwaffe des amerikanischen FBI war.

Dublin, Nationales Parlament (Oireachtas), Kildare Street, 09.59h

Überrascht hatten die beiden Zivilfahnder in die Mündung von Montys Waffe gesehen, sie kamen nicht mehr zu einer Gegenwehr. Er verpasste beiden jeweils einen Brust- und einen Kopfschuss, dann steckte er seelenruhig die Waffe ein und lief jetzt langsam quer über die zu dieser Zeit nur wenig frequentierte Straße. Ehe er die Bombe zündete, wollte er lieber eine Distanz von etwa einem halben Kilometer zwischen sich und das Zentrum der Explosion bringen. Verdammte Parlamentarier! Er hatte dieses Pack schon immer gehasst und mittlerweile war es ihm auch egal, ob er Keith Hastings mit dieser Aktion traf oder nicht. Hauptsache, die Aktion hinterließ einen schönen sauberen Eindruck von der Handlungsfähigkeit der New Revenge IRA. Er hatte jetzt gerade die andere Straßenseite erreicht und wandte sich nach links, als er aus dem Augenwinkel jemanden über die Straße rennen sah. Sofort gingen bei ihm alle Alarmsirenen an und dann sah er, dass der Mann eine Waffe im Anschlag hatte. Verdammt, da hatte ihn wohl doch einer gesehen! Er beschleunigte seine Schritte, zog seine Waffe und lud diese im Laufen schnell nach. Der Mann holte jetzt stetig auf, da er besser zu Fuß war als Monty, der nicht mehr der Jüngste war. Verdammt, zu den fünfhundert Metern Distanz fehlten ihm noch mindestens zweihundert Meter. Der Mann war nun etwa achtzig Meter hinter ihm und holte stetig auf. Nur noch wenige Meter, und er konnte schießen. In diesem Moment kamen mehrere Streifenwagen angerast, von denen der eine direkt auf den Lieferwagen zuhielt, während zwei weitere Kurs auf Monty nahmen, weil der Verfolger diese in seine Richtung dirigierte. Monty umrundete eine Garageneinfahrt und verschanzte sich hinter einem Steinpfeiler, in den bereits mehrere Kugeln einschlugen. Schnell nahm er sein Handy aus der Tasche und begann hektisch damit, eine bestimmte zwölfstellige Ziffernfolge einzutippen.

Dublin, Nationales Parlament (Oireachtas), etwa 200 Meter entfernt rechts an der Kildare Street, 10.05h

Marc Conolly war verzweifelt. Jetzt war der Kerl auch noch hinter einem Steinpfeiler in Deckung gegangen. Und wenn sie Pech hatten, dann würde er auch noch in letzter Sekunde die Autobombe zünden können. *Denk nach,* hämmerte es in seinem Schädel. Die Streifenwagen waren ihm zwar um einige Meter voraus, aber von der Straße aus würden sie nicht so schnell zum Schuss kommen können, wie vom Bürgersteig aus.

Verdammt, er fühlte wieder dieses verdammte Bruststechen, was er bei einer Überanstrengung immer sehr leicht bekam. Er keuchte. Dann feuerte er aufs gerate wohl einige Schüsse auf den Pfeiler ab. Der Typ ließ sich allerdings davon nicht aus der Reserve locken, was Marc Conollys schlimmste Ahnungen bestätigte. Dann war er bis auf knapp dreißig Meter heran. Was er jetzt tat, konnte er später selbst nicht erklären, doch er handelte aus dem Impuls heraus, dass es jetzt möglicherweise um sehr viele Menschenleben ging, wo sein eigenes nicht so wichtig war. Er sprang einfach über einen gusseisernen halbhohen Zaun eines Vorgartens und setzte sich damit dem Risiko aus, ohne jede Deckung von dem Polizistenmörder erschossen werden zu können. Dabei rollte er sich auf den Rasen und feuerte wie irrsinnig geworden auf den Mann, der gerade die Tastatur eines Handys bediente. Die ersten beiden Kugeln schlugen über dem Mann in den Steinpfeiler ein und jaulten als harmlose Querschläger davon, der dritte Schuss jedoch traf das Handy genau in dem Moment mitten ins Display, als der Mann die Option „senden" drücken wollte. Das Handy purzelte die Auffahrt hinunter und gab noch einen kurzen Piepton von sich, ehe es verstummte. Der Mann war zwar überrascht worden, aber plötzlich hatte auch er seine Waffe in der Hand und gab einen Schuss in Conollys Richtung ab. Erde spritzte genau an der Stelle auf, an der Marc Connolly noch Sekundenbruchteile vorher gelegen hatte. Conolly rollte sich immer noch auf dem Rasen, um kein leichtes Ziel zu bieten, doch der Mann schoss überlegt und präzise, der nächste Treffer würde sitzen, das wurde Conolly im Bruchteil einer Sekunde klar. Deshalb stoppte er jetzt seine Drehung und warf sich einfach nach links, so dass der nächste Schuss des Mannes ihn verfehlte und rechts neben ihm einschlug. Jetzt war wieder Marc Conolly am Drücker. Er blieb einfach liegen, ignorierte die Tatsache, dass er hier auf dem Präsentierteller lag und gab in rascher Folge drei Schüsse ab. Der erste traf den Mann mitten in die rechte Hand, so dass ihm die Waffe entfiel. Der zweite Schuss schlug in die Steinsäule ein, und der dritte Schuss traf schließlich den Mann in die Brust, so dass dieser mit dem Kopf gegen die Steinsäule geschleudert wurde. Plötzlich fühlte der sonst so ruhige Staatsanwalt Marc Conolly eine unbändige Wut, er hätte am liebsten sein restliches Magazin in den Körper des Mannes entleert. So ein feiger gemeiner Mörder! Er hatte die beiden toten Zivilfahnder nur im Vorbeilaufen gesehen, aber es war ein Anblick gewesen, bei dem sich einem einfach der Magen umdrehte. Jetzt endlich waren auch die Beamten aus dem Streifenwagen präsent. Der Mann lebte noch! Schnell riefen sie einen Krankenwagen und der Mann wurde unter strengster Bewachung ins Krankenhaus gebracht. Marc Conolly übergab seine Dienstwaffe dem ermittelnden Beamten und ging zurück zu seinem Büro, nachdem er sich ausgewiesen hatte. Unterwegs stieß er dann zu den Kollegen, welche den Lieferwagen bereits untersuchten. Sie hatten den zentralen Zünder glücklicherweise noch in letzter Sekunde aus dem Sprengstoff entfernen können. Sie zeigten Marc Conolly den ausgebauten Zünder, der den Eingang eines Anrufes um 10.07h anzeigte. Ein eiskalter Schauer rann Marc Conolly über den Rücken. Er war um Sekundenbruchteile zu spät gekommen! Hätten die Kollegen nicht die Bombe so schnell entschärfen können, dann würden wohl jetzt das gesamte Parlament und auch die vier Gerichtshöfe Irlands in Trümmern liegen! Trotzdem war der Staatsanwalt Marc Conolly der Held des heutigen Tages. Völlig erschöpft sank er jetzt neben dem Lieferwagen in die Knie. Da fragte ihn einer der Polizisten: „Sir, welcher Staatsanwalt soll denn jetzt in dieser Sache verständigt werden?" Als Antwort zückte Marc Conolly nur wortlos seinen Dienstausweis.

Dublin, St. Patricks Kathedrale, 10.30h

Die Ereignisse begannen sich zu überschlagen. Die Nachricht von dem Anschlagsversuch auf das irische Nationalparlament Oireachtas ging wie ein Lauffeuer durch die Medien und sorgte für großes Aufsehen. Straßensperren wurden eingerichtet, um weitere Attentate zu verhindern. Gleichzeitig aber gingen Tausende von Menschen auf die Straße, um meist friedlich zu demonstrieren. Während die einen gegen den Terror demonstrierten, wollten die anderen die neue nationale Einheit feiern. So waren die Leute auf der Straße sehr zwiegespalten in dem was sie taten oder proklamierten. Als Keith Hastings von den Ereignissen eingeholt wurde, war er gerade in der St. Patricks Kathedrale in Dublin, um mit den geistlichen Führern der Nation über ein würdiges Begräbnis für seinen Bruder Andrew zu sprechen. Die Kathedrale war von Personenschützern abgeriegelt worden, doch jetzt gingen dauernd wichtige Anrufe auf dem Handy von Keith Hastings ein, so dass er kaum einen klaren Gedanken fassen konnte. Ständig kondolierten hohe Würdenträger aus Kirche und Politik, und sogar der Papst hatte seinen Besuch zur Beerdigung von Andrew Hastings angekündigt. Als Keith Hastings die Nachricht von den Geschehnissen im Wohnzimmer der Newtons aus Belfast erhalten hatte, schilderte er allen Geistlichen, was er soeben gehört hatte. Dann bat er sie um ihre Unterstützung. Türen gingen plötzlich auf, die vorher jahrelang verschlossen gewesen waren. Plötzlich trat eine große Einmütigkeit ein, die er so noch nie bei der irischen Geistlichkeit erlebt hatte. Dann erhielten sie alle die Nachricht von dem gescheiterten Anschlagsversuch auf das Nationalparlament, was dazu führte, dass alle einmütig Dankgebete sprachen und Kerzen anzündeten. Danach bat Keith Hastings darum, alle weiteren Dinge der Trauerfeier ohne ihn weiter zu planen, da er dringend nach Belfast müsse. So verabschiedete er sich und ließ sich von seinen Personenschützern nach Belfast eskortieren, Eddie und Lissy wichen dabei nicht von seiner Seite. Es war kaum möglich, sich an den Massen demonstrierender Menschen vorbei zum Flughafen fahren zu lassen, doch schließlich gelang es ihnen dann doch noch, einen kleinen Helikopter bekommen zu können, der sie sicher nach Belfast bringen konnte. Auch dieser würde wohl im Naturschutzgebiet landen müssen. Doch jetzt waren nationale Interessen wichtiger, die keinen Aufschub mehr duldeten.

Belfast, Wohnung der Newtons, 12.30h

Die Kinder spielten friedlich in ihrem geräumigen Kinderzimmer, während das Wohnzimmer der Newtons langsam aus allen Nähten platzte. Denn die Kollegen von Irish Press hatten ihre Ausrüstungen aufgebaut, um eine der ungewöhnlichsten Begegnungen in der Geschichte des Landes vorzubereiten. Einige Leute mussten jetzt schon auf Gartenstühlen sitzen, während alle auf den Innenminister warteten. Kate hatte sich unterdessen mit Dorothy und Andrea O´Leary in die Küche verdrückt, wo sie zu dritt Kaffee und Tee kochten und außerdem einen kleinen Imbiss für alle Gäste vorbereiteten. Dazu sagte Kate: „Ich muss schon mal für später üben, ich weiß gar nicht mehr, wie ich das früher immer gemacht habe, aber so langsam kommt es jetzt doch alles wieder.“ „Ist Dir das auch wirklich nicht zu anstrengend, Kate?“ wollte Dorothy wissen. „Es geht, ich sitze ja hier bloß auf der Küchenbank und schmiere Brote, da muss ich ja mein Bein nicht belasten.“ Da betrat Terry Watkins gemeinsam mit Barry Adams und Alan Parker die Küche. Terry fragte: „Können wir Euch etwas helfen? Wir fühlen uns momentan so ungebraucht!“ Kate überlegte kurz, dann meinte sie schließlich: „O.K., warum nicht? Terry kann ja auch noch ein paar Sandwiches machen, Barry kann schon mal was rüber tragen und Alan kümmert sich schnell um das Geschirr.“ So arbeiteten sie einträchtig zusammen, damit der Empfang des Innenministers gut gelingen konnte.

Schließlich schwebte Keith Hastings endlich ein, doch bevor sie im Fernsehen auftraten, nahmen sie noch einige Feinabstimmungen in der Küche vor. In diesem Moment kam auch noch Ian Bannister mit Aische Özdemir dazu. Keith Hastings klärte mit ihm in Kürze einige wichtige Punkte, dann gingen sie alle ins Wohnzimmer, um dort eine gemeinsame improvisierte Pressekonferenz zu geben.

Helgoland, Nordseehotel, Konferenzraum der Wissenschaftler, 12.37h
„Und Sie sind sich da absolut sicher?" fragte Dr. Skibbe und sah fast schon ungläubig Professor Horvath an. Doch dieser nickte bestätigend. Dann sagte er: „Dr. Ito hat es gefunden, was wir alle dauernd hätten vor Augen haben müssen, aber schlichtweg vergessen oder übersehen haben: Die Auswirkungen eines massiven Aufkommens von *Chrysochromulina polylepis*, der Killeralge, in der südlichen Nordsee. Offensichtlich ist diese Alge eine Endosymbiose mit der eigentlich harmlosen Ohrenqualle *Aurelia aurita* eingegangen, wobei sie zu einer erheblich kleineren Form mutiert ist, die wir deshalb auch einfach übersehen haben. Das bedeutet, dass hier eine ganz merkwürdige Form der Symbiose entstanden ist. Denn normalerweise verbleiben ja kleinere Symbiose Partner im Gewebe ihres größeren Wirtes. Doch hier ist offenbar eine Form entstanden, die unter bestimmten Bedingungen von ihrem größeren Wirt wieder an die Umwelt emittiert wird. Es ist bekannt, dass Korallen bei zu hohen Temperaturen ihre farbigen Zooxanthellen, das heißt ihre kleinen Symbiose Algen, die sie in ihrem Gewebe tragen, abstoßen. Soweit ist es durchaus verständlich, dass unsere plötzlich zum Wirt gewordene Ohrenqualle bei zu hohen Temperaturen überzählige Symbiose Algen abstoßen muss, um nicht selber von diesen vergiftet zu werden. Neu daran ist es jedoch, dass diese abgestoßenen Symbiose Algen sich wie aggressive Viren verhalten. Sie suchen Einfallstore, um zu einem neuen Wirt zu gelangen. Und zufällig weisen Borsten, Haare und Chitinpanzer eine Struktur auf, die ihnen das optimale Eindringen erleichtert. Deshalb starben die behaarten Meerschweinchen, die Kakerlaken, die Krebstiere und letztlich auch die menschlichen Opfer so extrem schnell. Dazu kommt noch, dass jedes Lebewesen Phosphat enthält, was für diese besondere Form der Killeralge das wichtigste Grundnahrungsmittel ist. Offensichtlich dringt die Alge also durch die Haare oder Borsten ihrer Opfer ein und beginnt dann sofort, das vorhandene Phosphat als Nahrung zu verwerten. Das erklärt dann auch laut Dr. Ito die grüne Schleimschicht unter dem Panzer einer toten Kakerlake. Das Opfer stirbt sofort, weil seine Nervenbahnen bei dieser Form von Attacke als erstes kollabieren. Daher habe ich mir nun auch das Zustandekommen der Verflüssigung der menschlichen Gehirne zu einer grünlichen Masse bestens erklären können. Denn was sind Gehirne anderes, als eine Ansammlung von Nervenzellen?" Alle schwiegen jetzt sichtlich beeindruckt. „Dr. Ito ist es gelungen, in den Nervenbahnen einer Kakerlake die virusähnlichen Ableger der mutierten Killeralgen zu finden. Das ist der lang ersehnte Durchbruch! Trotzdem bleiben noch viele Fragen offen. Nämlich zunächst mal die nach der Wirksamkeit des Giftes als Aerosol in der Luft. Und dann noch die Frage, warum das Gift durch Haare schneller letal wirkt als auf die nackte Haut geträufelt? Normalerweise müsste es nämlich umgekehrt sein, das ist ja letztlich auch die Sache, welche vor allem bei der Kollegin Frau Dr. Müller-Schiffer die größten Irritationen ausgelöst hat, nicht wahr?" Die Forscherin nickte zustimmend. „Also hat mein Glatzkopf mir das Leben gerettet?" fragte jetzt Dr. Skibbe. „Wenn Sie so wollen, ja, Dr. Skibbe", antwortete Professor Horvath. „Es wäre auch denkbar, dass der natürliche Säureschutzmantel der Haut das Gift, beziehungsweise die aggressiven Algenviren, eine gewisse Zeit lang aufhalten kann. Das würde dann auch das zeitlich verspätete Ableben der rasierten Meerschweinchen erklären." „Dann müssen wir jetzt

umso entschiedener daran gehen, die Herkunft der Algen und des Giftes herauszufinden", warf jetzt Dr. Zuckmayer ein. „Wir müssen die Quelle des Ursprunges beseitigen, sonst tritt das Phänomen jeden Sommer wieder auf, da die Nordsee ja leider immer wärmer wird. Es ist ja sogar schon so warm geworden, dass eine zunehmende Zahl von Makroalgen wegen der Wärme hier bei uns nicht mehr wächst. Auch sichten wir hier vor Helgoland immer mehr Mittelmeertiere, jedes Jahr kommen neue Arten dazu. Der so genannte Klimaschutz hat offensichtlich völlig versagt." „Ja, da stimme ich Ihnen zu, Dr. Zuckmayer. Doch immerhin haben wir jetzt die Möglichkeit, die Herkunft des Giftes eng einzugrenzen. Es wird zwar aufwändig sein, die Ursache im Meer zu bekämpfen, aber wenn das nicht getan wird, dann werden die Folgen eines Tages noch viel großflächiger aus dem Ruder laufen, als das hier auf Helgoland geschehen ist", sagte Professor Horvath. „Und da ist noch etwas", meldete sich jetzt Dr. Müller-Schiffer zu Wort. „Denn wenn es stimmt, dass die Quallen im Grunde genommen nur der Wärme halber ihre Symbiose Algen emittieren, und diese sich über das Wasser und auch durch die Luft neue Wirte suchen, dann müssen wir damit rechnen, dass sie früher oder später auch neue Wirte finden, die mit ihnen weiterleben können. Ich dachte da beispielsweise an andere Quallenarten, es wären aber auch durchaus gewisse Fischarten denkbar, die natürlicherweise mit Quallen oder Nesseltieren zu tun haben. Die Folgen für uns Menschen wären verheerend, wenn Fische sich plötzlich an solche starken Toxine adaptieren. Da braten wir uns dann unser Fischstäbchen, und es war der letzte Genuss, den wir auf dieser Welt hatten."

Belfast, Wohnung der Newtons, 13.150h

Die jetzt fünfunddreißig Jahre alte Andrea O`Leary hatte bisher immer nur als gute, aber letztlich doch eher durchschnittliche Kommentatorin in der Medienlandschaft Irlands gegolten. Doch jetzt war sie plötzlich die gefragteste Journalistin im ganzen Land. Zunächst sprach sie einen kurzen einleitenden Kommentar, in welchem sie erklärte, wo sie sich jetzt befanden und was sie hier eigentlich machten. Dann schwenkte die Kamera über die versammelte Runde, und Andrea O´Leary stellte den Zuschauern alle hier versammelten Personen kurz vor. Dann begann sie bei ihrem Interview damit, womit ihrer Meinung nach der gestrige Tag ausgeklungen war. „Herr Innenminister Hastings, wir alle waren schockiert von dem gestrigen Attentat, bei dem Ihr Bruder Andrew getötet wurde. An dieser Stelle möchte ich Ihnen nochmals unser tief empfundenes Beileid aussprechen. Was haben denn Ihre heutigen Gespräche in der St. Patricks Kathedrale mit den führenden Geistlichen Irlands ergeben? Gibt es Dinge, die den Friedensprozess im Lande Ihrer Meinung nach weiterbringen werden?" „Nun, Miss O`Leary, ich war heute Morgen sehr angenehm überrascht von der Einfühlsamkeit und der Einigkeit unserer geistlichen Führer im Lande. Sogar ein Vertreter der Muslime war persönlich da, um mir zu kondolieren. Gleichzeitig waren sich alle einig, dass die Trauerfeier für meinen Bruder Andrew in der St. Patricks Kathedrale stattfinden sollte. Allerdings wurden wir bei unseren Gesprächen etwas dadurch gestört, dass ich ständig Anrufe von anderen Staatsoberhäuptern und sogar einen vom Papst persönlich annehmen musste, der übrigens auch kommen will." „Herr Innenminister, wie haben es denn die Geistlichen aufgenommen, als sie dann im Laufe des Vormittages von dem Anschlagsversuch auf unser Nationalparlament hörten?" „Alle waren sichtlich betroffen und erschüttert. Doch es geschah etwas Unglaubliches, was ich noch nie zuvor so erlebt habe. Alle standen plötzlich einig im Gebet vor Gott und dankten für die Bewahrung vor dem Anschlag. Außerdem wurde auch für die Seelen der beiden getöteten Zivilfahnder und für den schwer verletzten Terroristen gebetet. Wir erlebten eine Einheit, wie man sie mit Worten einfach nicht mehr beschreiben kann." „Und warum sind Sie jetzt persönlich nach Belfast gekommen?" „Weil ich mich gerne persönlich von einem weiteren Wunder überzeugen musste. Aufgrund des gestrigen Appells von Miss Kathrin Nightingale hat sich jetzt ausgerechnet der Mann der Ulster Liberation Front hierher begeben, der zugibt, vor vier Jahren durch eine Autobombe die damalige Familie von Miss Nightingale ausgelöscht zu haben. Er hat sich bei ihr entschuldigt, und sie hat diese Entschuldigung angenommen." Die Kamera blendete jetzt die Gesichter von Terry Watkins und Kathrin Nightingale ein, dann befragte Andrea O´Leary Terry Watkins, wie sie es vor dem Interview mit ihm abgesprochen hatte. „Mr. Watkins, ist es wahr, dass Sie verantwortlich dafür sind, dass vor etwa vier Jahren die Familie von Miss Kathrin Nightingale durch eine Autobombe ausgelöscht wurde?" „Ja, Miss O´Leary, das ist leider wahr! Heute tut es mir nicht nur sehr leid, sondern die gestrige Ansprache von Miss Nightingale hat mich tief getroffen. Vor etwa einer Woche ist meine Frau an Krebs gestorben, das Leben hatte für mich keinen Sinn mehr. Ich hoffe, dass mein Geständnis noch zu etwas Gutem beitragen kann. Nämlich dazu, dass solche Dinge in unserem Land künftig nicht mehr passieren. Deshalb möchte ich es hier vor allen Zuschauern nochmals bekennen: Ich schäme mich heute meiner Taten, es tut mir alles mehr als leid!" „Miss Nightingale, wie haben Sie das Geständnis von Terry Watkins aufgenommen? Hat es Sie stark berührt, oder sind Sie nach vier Jahren über Ihren damaligen furchtbaren Verlust schon etwas besser hinweggekommen?" „Miss O`Leary, ganz ehrlich: Zunächst war ich von dem Geständnis geschockt, dann wütend. Ich habe zuerst große Lust dazu verspürt, Mr. Watkins zu verprügeln. Danach habe ich dann nach einem Küchenmesser gegriffen, welches hier auf dem Tisch lag. Zum Glück war Dr. Ito neben mir, der mich davon abhielt, Schlimmeres zu tun. Ich habe das ganze Geschehen von damals, meine ganzen Gefühle und meine Ohnmacht nochmals durchleiden müssen. Glauben Sie es mir, ich bin kein christlicher Übermensch, der so etwas leicht verzeihen kann. Ich habe das zwar gestern in der Öffentlichkeit gesagt, aber wenn man dann direkt damit konfrontiert ist, empfindet man plötzlich alles ganz anders!" Sie weinte fast. Dann fuhr sie fort: „Glücklicherweise gibt es aber auch Menschen wie meinen neuen Lebenspartner, die einen dann wieder aus dem Gefühlschaos zurückholen können. Und deshalb habe ich mich dann ganz bewusst entschieden, dem Mörder meiner Familie zu vergeben. Vergeben ist leider nicht gleich vergessen, und das wird noch lange in mir arbeiten." Andrea O´Leary wandte sich jetzt an Terry Watkins: „Mr. Watkins, was geschah dann, nachdem Miss Nightingale sich wieder etwas beruhigt hatte, könnten Sie das den Zuschauern schildern?" „Nun, sie stand auf, setzte sich neben mich auf das Sofa und legte ihren gesunden Arm um mich. Dann sagte sie, dass sie mir vergeben wolle. Ich hatte und hätte das ehrlich nicht von ihr erwartet! Es war ein unbeschreibliches Gefühl, so freigesprochen zu werden. Auch wenn wir alle uns darüber einig waren, dass das keine Sache war, die man je wird vergessen können." „Mr. Watkins, Sie sind aber zusammen mit Barry Adams noch aus einem anderen Grund zu Miss Nightingale gekommen, ist das richtig?" „Ja, das stimmt. Am besten wäre es jedoch, sie befragen hierzu Barry Adams persönlich." „Mr. Adams, wieso haben Sie sich auf den weiten Weg von Derry-Londonderry nach Belfast gemacht?" „Nun, wir wollten uns persönlich bei Miss Nightingale für Ihre gestrige Ansprache bedanken. Ohne diese Ansprache in Downpatrick hätte Alan Parker uns samt unserem Hauptquartier heute Morgen um 07.00h früh in die Luft gejagt. Alan Parker hat uns übrigens auch verraten, dass das Datum des Anschlages tatsächlich ein Anagramm zu dem Datum des 21.07.1972 sein sollte. Die übrige 2 sollte dabei tatsächlich für den 2. Bloody Friday stehen, während die ebenfalls übrige Ziffer 7 dafür stehen sollte, dass die ersten sieben Sprengsätze um

Punkt sieben Uhr morgens gezündet werden sollten. Dabei sollten wir in Derry-Londonderry mit zu den ersten sieben Anschlagszielen gehören." „Mr. Parker, wie soll es jetzt mit Ihnen dreien weitergehen? Wollen Sie das Amnestieangebot des Innenministers Keith Hastings annehmen? Haben Sie schon mit ihm darüber gesprochen?" „Ja, das haben wir. Aber ich glaube es ist am besten, wenn Sie zu dieser Thematik Ian Bannister befragen, der hierzu einen auch für uns überraschenden Vorschlag gemacht hat." „Mr. Bannister, als gebürtiger Ire mit deutscher Mutter sind Sie ja eher zufällig in diese ganze Sache hineingerutscht. Was können Sie denn jetzt als Ministerpräsident von Lower Saxony in Deutschland dazu beitragen?" „Nun, Miss O´Leary, wenn man es genau bedenkt, bin ich ja nur um Haaresbreite einem Attentat entronnen. Es hat mich sehr bewegt, mitzuerleben, wie meine Landsleute sich darum bemühen, Terror zu bekämpfen und zu beenden. Eigentlich war ich ja nur wegen eines furchtbaren Umweltskandals auf Helgoland, nun aber könnte die Helgoländer Tragödie auch ihr Gutes gehabt haben. Denn dadurch, dass wir die Insel vorerst für den Massentourismus sperren mussten, hatten wir ursprünglich vor, dort nur Miss Nightingale zwecks einer echten Resozialisierung und Rehabilitierung den Winter über unter Arrest zu stellen. Nun kam mir aufgrund der jüngsten Ereignisse noch eine weiterführende Idee. Warum nicht alle hier sitzenden reumütigen Terroristen dort den Winter über unterbringen? So könnten sie nämlich gemeinsam miteinander resozialisiert werden, und auch in persönlichen Gesprächen lernen, miteinander friedlich umzugehen! Das ist dann eine echte Revolution beim Strafvollzug, wobei es in dieser besonderen Konstellation auch noch die Möglichkeit der Aufarbeitung von Täter- und Opferbeziehungen gibt. Und wenn das ein Erfolg werden sollte, dann könnte daraus auch eines Tages ein nationales irisches Komitee werden, welches beispielhaft für andere echte Versöhnung und echten Frieden vorlebt. Damit wird weiteren Extremisten auf lange Sicht hin das Wasser abgegraben, und wir alle können wieder etwas ruhiger schlafen." „Mr. Bannister, darf ich Ihnen abschließend noch eine ganz persönliche Frage stellen?" „Nur zu, Miss O´Leary!" „Mr. Bannister, Kollegen von mir haben behauptet, dass Sie bereits wieder eine Affäre mit Miss Özdemir laufen hätten, obwohl Ihre Frau Martha noch nicht einmal beerdigt werden konnte. Was sagen Sie zu solchen Anschuldigungen?" „Ich denke, ich habe nie ein Geheimnis daraus gemacht, dass ich nicht unbedingt zur Sorte der immer treuen Ehemänner gehöre, doch kommt das zu diesem Zeitpunkt für mich alles etwas überraschend. Die Wahrheit ist schlichtweg die, dass ich Martha im letzten Jahr leider nur selten gesehen habe. Martha hatte im Grunde genommen hier ihr eigenes Leben, da sie sich in Niedersachsen leider nie so richtig wohl gefühlt hatte. Martha hat trotz meiner Affären immer zu mir gestanden, sie war die Mutter meiner Kinder und die Stütze meiner Familie, manchmal auch meines Amtes. Ich habe sie wirklich geliebt, auch wenn wir uns in letzter Zeit etwas auseinanderentwickelt haben. Ich gebe es hier in dieser Runde wirklich nur ungern zu, aber ich hatte mit Frau Özdemir seit etwa zwei Jahren hin und wieder mal was laufen. Im Grunde genommen ist mir Frau Özdemir durch die Umweltkrise von Helgoland eher zufällig an die Seite gestellt worden, weil sie gerade eine Urlaubsvertretung im Ministerium übernommen hatte. Als ich diesen Sommer wieder mit ihr angebändelt hatte, konnte ich ja nicht wissen, dass man meine Frau in Dublin ermordet hatte! Im Übrigen hatte sich Martha damit abgefunden, dass ich hin und wieder eine Affäre hatte. Ich weiß, dass das jetzt alles sehr unglücklich für mich aussieht, aber sie können alles, was ich hier eben gesagt habe, objektiv nachprüfen lassen, es entspricht schlichtweg der Wahrheit! Sollte also jemand auf die Idee kommen, zu behaupten, dass ich mich jetzt mit Frau Özdemir vergnügen würde, während meine Martha noch nicht mal unter der Erde liegt, so muss ich das als eine infame Behauptung zurückweisen! Es mag sein, dass auch ich meine Fehler habe, aber ich stehe dazu und habe es nicht nötig, hier anderen etwas vorzuheucheln!" „Herr Ministerpräsident, ich danke Ihnen sehr für diese Klarstellungen, ich denke, wir sollten dann an dieser Stelle für heute erst mal Schluss machen, nochmals vielen Dank für Ihre Ehrlichkeit." Andrea O'Leary sprach jetzt noch einen abschließenden Kommentar, in dem sie die Ereignisse des Tages zusammenfasste und beendete dann die Live-Übertragung. Nach dem Ende des Interviews bat Ian Bannister noch Kate um ein persönliches Gespräch, wobei allerdings auch Aische Özdemir und Dr. Ito anwesend sein sollten, sie zogen sich dazu ins Schlafzimmer zurück. Dann begann Ian Bannister: „Kate, ich muss Deinen Familiengründungsabsichten leider einen kleinen Dämpfer verpassen. Denn eine Adoption von Kai Ahrens nach deutschem Recht ist zurzeit leider weder von Dir, noch von Ihnen, Dr. Ito, durchführbar. Ich kann Euch versichern, dass Dr. Theißing und ich sogar beim Bundeskanzler waren, aber auch er sieht hier vorerst keine Möglichkeit. Kate und Dr. Ito sahen sich enttäuscht an. „Aber es gibt einen Weg, die rechtlichen Hürden zu umgehen, auch wenn er etwas länger ist." Ian Bannister grinste jetzt verschmitzt und Aische Özdemir fuhr fort: „Wir machen es so: Ian wird mich jetzt ganz offiziell als neue Frau an seiner Seite einführen, wir werden das in der Öffentlichkeit so darstellen, wie wir es heute getan haben. Es wäre jedoch sehr nett, wenn Ihr beide weiterhin darüber schweigen würdet, dass ich in der Nacht des zweiten Attentates zu Ian ins Zimmer wollte. Wenn Ian mich als Frau an seiner Seite etabliert hat, dann ist es für uns ein Leichtes, die Vormundschaft für Kai Ahrens zu übernehmen. Wir werden dann jedoch Folgendes machen: Wir werden ganz offiziell Ians Villa im Zooviertel von Hannover verkaufen, und stattdessen unseren ersten Wohnsitz nach Helgoland verlegen. Dann kann Kai Ahrens ganz offiziell auch auf Helgoland leben, wo Ihr beide natürlich zufällig auch gerade arbeitet, ausgebildet und resozialisiert werdet. Und wenn Kai dann immer noch mit Euch beiden in einer Familiengemeinschaft leben möchte, können wir das dann später diskret in die Wege leiten. Solltet Ihr später nach Irland ausreisen wollen, ist das dann auch kein Problem mehr, denn dann kann man Kai natürlich vorher auf die andere Sprache und Kultur vorbereiten. Keith Hastings ist davon übrigens auch sehr angetan, denn er würde aus Euch gerne eine Bahn brechende Modellfamilie machen. In Irland würde jeder von Euch beiden ganz problemlos eine neue Arbeitsstelle bekommen, wenn Ihr den Winter auf Helgoland überstanden habt. Na, was sagt Ihr jetzt?" „Ach Aische, ich bin echt sprachlos! Hast Du Dir das alles ausgedacht?" „Ja, wer denn sonst!" sagte Aische Özdemir nicht ohne eine gewisse Eitelkeit. „Also ich glaube, dass ich bei der nächsten Wahl in Niedersachsen Ian Bannister wählen werde", sagte jetzt Dr. Ito. „Und ich bin sehr stolz, dass wir Forscher wie Dr. Fuyisho Ito in Niedersachsen haben. Denn ich habe heute von Professor Horvath die Nachricht erhalten, dass er das Rätsel des großen Seetiersterbens auf Helgoland weitgehend gelöst hat, herzlichen Glückwunsch dazu, Dr. Ito!" Ian Bannister schüttelte ihm jetzt die Hände. „Und wer sagt das alles jetzt Kai Ahrens?" fragte Kate in die Runde. „Ich bin dafür, dass das die Frauen machen, was meinen Sie, Mr. Bannister?" „Sagen Sie einfach Ian zu mir, Ihre zukünftige Braut duzt mich ja auch." „Ist gut, also Du kannst mich dann auch Fuji nennen. Soll ich jetzt Kai zu den Frauen schicken, und wir trinken noch ein gutes irisches Guinness?" „Das ist ein echtes Wort unter Männern!" antwortete Ian Bannister.

Dublin, Four Courts (Na Ceithre Cúirteanna), Kildare Street, Büro von Staatsanwalt Marc Conolly, 14.25h

Soeben hatte Staatsanwalt Marc Conolly eine neue sensationelle Nachricht erhalten. Eine Nachricht aus dem Gefängniskrankenhaus von Dublin. Der heute verhaftete Attentäter hatte natürlich auch einen genetischen Fingerabdruck. Und dieser wiederum war absolut identisch mit dem des bei der Leiche von Martha Bannister aufgefundenen Schamhaares. Die Brisanz dieser Entdeckung lag auf der Hand: Der Mann hatte in jedem Fall Geschlechtsverkehr mit Martha Bannister gehabt, und zwar kurz vor ihrem Tod. Möglicherweise war er sogar der Mörder! Dieses würde Keith Hastings eindeutig entlasten, Gott sei Dank! Sofort griff er zum Telefon und teilte Keith Hastings das Ergebnis mit. Dann rief er in der Klinik an. Aber der Attentäter war noch nicht vernehmungsfähig. Er lag im künstlichen Koma und momentan war es noch unsicher, ob er durchkommen würde. Dann rief Marc Conolly Ian Bannister an. Ein Ermittlungsergebnis, welches diesem notorischen Frauenhelden sicherlich nicht ungelegen kam.

Belfast, Bog Meadows, vor der Wohnung der Newtons, 15.12h

Die Anwesenheit von Kathrin Nightingale und den anderen Terroristen in diesem Stadtteil hatte sich nicht verheimlichen lassen, und so standen jetzt zahllose Leute vor dem Haus der Newtons und skandierten: „Wir wollen Kathrin, wir wollen Kathrin!" Kate fühlte sich müde, Professor Dr. Ferguson war gerade da gewesen, hatte Kate untersucht, dann nur mit dem Kopf geschüttelt und gesagt: „Miss Nightingale, Sie müssen sich mehr schonen. Sonst heilt das alles nicht so, wie es soll, und Sie riskieren einen Rückschlag!" „Kann ich das Bein denn immer noch verlieren?" fragte Kate ängstlich. „Ich sage es Ihnen lieber schonungslos und ehrlich: Ja, alles ist möglich, zum Guten wie zum Schlechten, leider!" „Aber Professor, Sie hören es doch auch. Die Leute da draußen verlangen nach mir! Was soll ich nur tun?" „Ich werde jetzt sicherheitshalber hier bei Ihnen bleiben, Miss Nightingale. Tun Sie, was Sie für richtig halten, aber reduzieren Sie Ihr Programm bitte auf ein Minimum. Ich denke, wenn Sie kurz rausgehen und es den Leuten erklären, dann wird das jeder verstehen. Ich gebe Ihnen jetzt nochmals eine Aufbauspritze, damit Sie das da draußen durchhalten können. Ich gebe Ihnen extra kein Schmerzmittel, damit Sie es selber merken, wann es nicht mehr geht. Am besten wäre es, Sie gehen nur eine halbe Stunde raus und legen sich dann hin." „Und wie wäre es morgen? Kann ich dann in Dublin sprechen?" „Das kann erst morgen entschieden werden. So, und jetzt gehen Sie in Gottes Namen nach draußen, aber nicht so lange! Am besten, Sie nehmen den Rollstuhl!" Lissy kam und brachte Kate den Rollstuhl. Mühsam stand sie vom Bett auf und setzte sich hinein, dann rollte Lissy sie nach draußen. Zu Kates Überraschung standen Alan Parker, Barry Adams und Terry Watkins gemeinsam mit Keith Hastings bereits auf der Straße und redeten mit den Demonstranten. Als Kate heranrollte, brach ein unbeschreiblicher Jubel bei den Leuten aus, einer brachte ihr sogar ein Megafon, damit sie zu der Menge sprechen konnte. „Liebe Freunde", begann Kate sichtlich gerührt, „leider bin ich heute gesundheitlich etwas eingeschränkter als gestern, mein Arzt hat mir große und lange dauernde Anstrengungen strikt verboten. Deshalb bitte ich um Verständnis, dass ich nicht lange bleiben kann." Es ertönten Rufe wie „Du schaffst das, Kathrin!" und „Wir brauchen Dich jetzt!" Doch Kate winkte ab. Dann sagte sie nur: „Vor unserem Fernsehinterview ist übrigens noch etwas Bemerkenswertes geschehen: Alan Parker, Barry Adams, Terry Watkins und ich haben in der Küche einträchtig zusammengearbeitet, damit unser Innenminister noch einen kleinen Snack bekommen kann. Dabei sind wir uns etwas nähergekommen und haben ein paar tiefe Gräben zugeschüttet. Wir wollen dann später gemeinsam nach Helgoland gehen und dort ein Komitee zur nationalen Versöhnung gründen. Das ist übrigens nichts Besonderes, denn das können Sie alle hier auch tun! Was halten Sie davon?" „Ich bin dabei, ich mache auch mit!" antworteten viele aus der Menge. „Dann machen Sie doch alle heute den ersten Schritt: Tauschen Sie ihre Adressen aus und besuchen Sie sich gegenseitig!" sagte Kate. Zustimmendes Gemurmel setzte ein. Jetzt bat Terry Watkins um das Megafon und sagte dann: „Es fällt mir wirklich schwer, heute hier zu stehen. Aber ich möchte gerne mithelfen, damit wir alle hier weiterkommen. Ich kenne mich etwas mit dem Internet aus und werde dort von Helgoland aus ein Bürgerforum einrichten, wo wir alle ganz ohne Tabus über alles reden können, was uns belastet. In welcher Form wir das tun werden, werden wir natürlich noch friedlich miteinander ausdiskutieren müssen, wobei ich schon gemerkt habe, dass Kate ein ganz schön anstrengender Gesprächspartner sein kann." Dabei lächelte er zaghaft, drückte Kate vorsichtig an der linken Schulter und gab ihr das Megafon zurück. Einige Leute applaudierten. „O.K. Terry, ist schon gut, ich bringe Dich später um", sagte jetzt Kate grinsend. Einige Leute guckten irritiert und Kate beeilte sich damit zu sagen, dass es sich nur um einen unglücklichen Scherz gehandelt habe. Dann nahm Alan Parker das Megafon und sagte: „Ich muss ehrlich sagen, dass ich mich jetzt schäme, für das, was ich in der Vergangenheit war. Polizeichef und IRA-Leader in einer Person! Ich werde vieles aufarbeiten müssen und ganz sicher nie wieder bei der Polizei tätig sein können, nicht mal als Verkehrspolizist. Aber auch ich möchte gerne daran arbeiten, meine Fehler wieder gut zu machen, so das irgendwie möglich ist. Ich möchte der Allgemeinheit künftig wirklich dienen und nicht nur so tun als ob! Ich weiß, dass manche meiner Taten unverzeihlich sind, doch trotzdem möchte auch ich darum bitten, dass sich alle Leute, die meinen, von mir geschädigt worden zu sein, bei mir oder bei der Polizei in Derry-Londonderry melden, damit auch eine Wiedergutmachung geschehen kann. Auch ich werde mit nach Helgoland gehen, um eine Therapie zu machen." Er gab das Megafon jetzt Barry Adams. „Ich komme auch mit, und ich versichere Ihnen, dass auch ich leider an einigen wirklich schlimmen Dingen beteiligt war. Wir vier werden das alles gemeinsam aufarbeiten, obwohl wir jetzt schon wissen, dass uns das an unsere Grenzen bringen wird. Aber wenn wir zusammenstehen wie ein Mann, dann kann es eine neue Hoffnung für Irland und für uns alle hier geben." In diesem Moment trat Andrea O´Leary heran, nahm das Megafon und sagte: „Nun Barry, ich muss Sie da etwas korrigieren. Sie werden zu sechst sein, nein eigentlich werden wir zu siebt sein! Denn ich werde das alles begleiten, ich komme mit nach Helgoland. Und die beiden IRA-Aktivisten, die mich in Dublin gefangen hielten, werden auch dabei sein. Denn sie haben nicht nur den Wunsch geäußert, an einer Resozialisierungsmaßnahme teilzunehmen, sondern wünschen es sich darüber hinaus, mit mir zu einem Täter-Opfer-Ausgleich zu gelangen! Also freut Euch auf Larry und Brian!" Kate nahm jetzt das Megafon zurück, dann sagte sie: „Au weia, hast Du Dir das auch gut überlegt, Andrea? Also nicht, dass ich nachher bei Larry wieder Kindermädchen spielen muss, falls der wieder mit seinen Messern rumspielt und uns damit auf die Nerven geht! Als ich ihn damals rekrutiert habe, hat er mich aus lauter Dankbarkeit dafür einmal fast abgestochen! Und Brian? Na gut, der ist schon etwas vernünftiger. Aber prügeln kann der sich? Da bin ja selbst ich schon fast harmlos dagegen!" Kate lachte. Dann erklärte sie: „Ich dachte mir, es wäre ehrlich, Ihnen allen nochmals zu sagen, was wir für Leute sind. Ich sage es Ihnen, wie es ist: Wäre ich gesund, dann könnte ich die meisten von Ihnen ohne Probleme zusammenschlagen oder unter den Tisch trinken. Sehen Sie, ich habe es erst heute wieder gemerkt, dass Gewalttätigkeit leider ein Wesenszug von mir geworden ist. Doch ich kämpfe dagegen an und möchte davon loskommen, das ist der

Grund, warum ich nach Helgoland gehen muss. Es ist wie so eine Art Automatismus, es überkommt einen einfach. Ich hoffe sehr, dass wir sieben es schaffen werden!" Andrea O'Leary nahm jetzt wieder das Megafon: „Ja, da ist noch eine Sache, die mich betrifft. Wer mich kennt, weiß, dass ich früher mehr oder minder offen mit der IRA sympathisiert habe. Und ich denke, dass ich da nicht die Einzige gewesen bin. Das hätte mich jetzt fast mein Leben gekostet! Deshalb bitte ich Sie alle darum, damit aufzuhören, mit irgendwelchen paramilitärischen Gruppen zu kokettieren. Es ist nicht nur unschön, es kann sogar sehr gefährlich werden! Im Grunde genommen brauche auch ich eine Therapie, denn ich bin hier auch schuldig geworden, ja ich wiederhole nochmals bewusst dieses Wort: Schuldig!" Wie gebannt hatten die Leute Andrea O'Leary zugehört, jetzt kam aus der Menge ein untersetzter Mann mittleren Alters, der eine Halbglatze und eine Nickelbrille trug. Er nahm das Megafon und sagte: „Danke, Miss O'Leary, dass Sie das einmal ausgesprochen haben. Ja, das ist auch ein Thema von mir und meinen Kumpels am Stammtisch, nur haben wir mit der Ulster Liberation Front sympathisiert. Ja, Sie haben völlig Recht, das ist genauso verkehrt, als wenn man richtig dazu gehört. Möglicherweise hat damals durch solch ein blödes Gerede an einem Stammtisch die ULF den Hinweis bekommen, dass in der Nachbarschaft von Miss Nightingale Katholiken heimlich Bomben und Waffen bauen würden. Möglicherweise starb die Familie von Miss Nightingale damals eigentlich nicht durch eine Bombe, sondern nur durch unser dummes Gerede! Können Sie mir das verzeihen, Miss Nightingale?" Kate sah einen Augenblick nachdenklich drein, dann sagte sie durch das Megafon: „Nennen Sie mich doch einfach alle Kate. Ich danke Ihnen für Ihre Ehrlichkeit, ja ich denke, so kommen wir alle gemeinsam weiter. Nämlich wenn wir alle uns entschieden gegen dummes Gerede und Sympathisantentum jeglicher Art stellen. Deshalb frage ich jetzt Sie alle hier: Wollen Sie das tun, und damit bei sich selbst anfangen? Also ich bin dabei, und ich bitte sehr darum, es mir zu sagen, wenn ich einmal irgendwelchen Blödsinn reden sollte! Tut mir wirklich leid, Terry, dass ich vorhin so dummes Zeug gequatscht habe. Wie ich mich kenne, wird es wahrscheinlich wieder passieren, deshalb bitte ich jetzt schon um Nachsicht!" Einige lachten jetzt, Kate erhielt viele zustimmende Rufe aus der Menge. „Jetzt mal was ganz anderes: Bisher ist diese schöne Siedlung ja eher eine protestantische Domäne. Hätte denn jemand etwas dagegen, wenn ich mich nach Helgoland später hier mit meiner Familie ansiedeln würde?" Jetzt umringten die Leute Kate, viele drückten sie an sich und gaben ihr die Bestätigung, dass sie hier immer gern gesehen sei. Dann verabschiedete sich Kate von allen und ließ sich nach drinnen bringen, denn es hatte sie alles sehr angestrengt. Keith Hastings hatte das alles aus nächster Nähe mit angesehen. Er war in sich zwiegespalten, denn einerseits fühlte er starke Trauer um seinen Bruder, andererseits freute er sich über die neuen Anfänge, die hier in Belfast gerade gemacht wurden. Er fühlte, dass eine neue Epoche begonnen hatte. Nachdem Kate gegangen war, kamen viele auf ihn zu und beglückwünschten ihn einerseits wegen seiner Ideen zur nationalen Versöhnung, andererseits kondolierten sie ihm wegen seines ermordeten Bruders. Und etliche andere begannen damit zu rufen: „Keith Hastings for Präsident, Präsident of united Ireland!" Rechts neben ihm stand Eddie, der jetzt sehr nachdenklich aussah. Konnten Sie zu zweit wirklich gleichzeitig mit sieben „Patienten" arbeiten? Denn keiner konnte sagen, wann Sandra Miller wieder einsatzfähig wäre. Plötzlich erschien ihm das alles eine Nummer zu groß für ihn zu sein. Er fühlte sich überfordert. Er musste dringend mit Keith Hastings und mit Lissy reden. Ob sie das ähnlich empfand? Er hatte sie noch nicht fragen könnten. Und dann war da noch Kate. Manchmal kam es ihm so vor, als habe er sich ein bisschen in sie verliebt. Natürlich durfte das nicht sein, aber vielleicht war das ja auch auf einer anderen Ebene geschehen. Er beschloss, auch darüber mit Keith Hastings und Lissy zu reden. Er wusste, dass er ihnen wirklich alles anvertrauen konnte.

Ameland, ein Büro in der Abtreibungsklinik, 17.00h

Endlich hatte der Oberarzt Dr. Zuiders Feierabend machen können, nachdem er die letzte Patientin nochmals etwas beseelsorgt hatte. Denn bei den meisten war die Zeit nach erfolgtem Eingriff am Kritischsten. Eine Patientin hatte sich sogar nur einen Tag nach der Abtreibung das Leben genommen, zum Glück nicht hier in der Klinik. Tragisch und auch mit viel Ärger verbunden war das trotzdem. Jetzt betrat Irene Ito sein Büro, allerdings hatte sie sich ihm als Marlene vorgestellt, wobei sie durchblicken ließ, dass sie vielleicht auch anders heißen könnte. Nach einer kurzen Verhandlung erklärte er sich damit einverstanden, sie in einem Einzelzimmer der Klinik unterzubringen. Die Miete müsste sie sich jedoch verdienen. Dann gingen sie in den schalldichten Kellerraum. Er ahnte es nicht, wozu Marlene alias Irene fähig sein konnte.

Belfast, Wohnung der Newtons, 18.30h

Das Interview mit Kate und den anderen ehemaligen Terroristen wurde in jeder Nachrichtensendung wiederholt und stündlich riefen sogar aus dem Ausland Politiker beim Irischen Parlament an, welche sich mal besorgt und dann wieder erfreut zu den Vorgängen in Irland äußerten. Das Nationalparlament der Iren hielt eine lange Sondersitzung ab, in der die demokratischen Parteien über einen Ausschluss der Sinn Fein vom Parlament beratschlagten. Auch wurde sehr kontrovers über die Amnestiepläne von Keith Hastings gestritten. Doch am meisten Sorgen bereitete dem Parlament das demonstrierende Volk auf den Straßen in Dublin, Belfast, Derry-Londonderry und anderen großen Städten des Landes. Denn die Leute verlangten jetzt umgehende Neuwahlen und eine Auflösung des Parlamentes, außerdem verlangten viele Iren nach einer offiziellen Umbenennung des nun wiedervereinigten Landes. Glücklicherweise waren die meisten Demonstranten friedlich, doch war die Situation durchaus nicht unproblematisch. Denn die landesweiten Demonstrationen hatten einen Großteil des öffentlichen Lebens einfach lahmgelegt. Glücklicherweise arbeiteten die nordirische Polizei und die Polizei der jetzt ehemaligen Republik Irland gut zusammen, so dass die Polizei wenigstens die wichtigsten Verkehrsknotenpunkte offenhalten konnte. Trotzdem kam ein Teil des wirtschaftlichen Lebens fast zum Stillstand, weil viele nicht zur Arbeit gingen. Auf der anderen Seite funktionierten jedoch die sozialen Netzwerke wie etwa Schulen, Kindergärten und Krankenhäuser weiter, weil die Mitarbeiter hier sehr pflichtbewusst zur Arbeit erschienen waren. Der größte Teil der Post blieb dagegen auf den Postämtern liegen, und auch einige Banken mussten mangels Mitarbeitern geschlossen werden. Das alles bekamen Kate und die anderen im Hause der Newtons Verbliebenen am Rande mit, wenn sie den Fernseher einschalteten. Kate hatte Kai Ahrens trösten müssen, der etwas enttäuscht gewesen war, dass es mit der Familiengründung doch nicht so schnell vorangehen würde. Die Polizisten mit ihren Gefangenen aus Derry-Londonderry waren bereits wieder zurückgefahren, Keith Hastings hatte ins Parlament nach Dublin eilen müssen, und Eddie und Lissy sollten sich die neuen „Patienten" in Derry ansehen. Die reuigen Terroristen waren jetzt zu einem Politikum geworden, von dem viel für die Zukunft des ganzen Landes abhängen konnte, das war allen Beteiligten klar geworden. Nach dem Abendessen versorgte Professor Dr. Ferguson die Wunden von Kate und gab ihr diverse Medikamente. Doch Kate musste sich kurze Zeit später übergeben, was eine Nebenwirkung der Schwangerschaft war. Daraufhin musste der Professor ihr diverse Medikamente spritzen. Dann sagte er: „Miss

Nightingale, das gefällt mir alles gar nicht, ganz ehrlich. So wie ich das sehe, müssen Sie morgen in ein Krankenhaus, wo ich Sie an einen Tropf hängen kann. Außerdem kann Ihnen etwas Bettruhe nicht schaden." „Shit! Die Leute wollen, dass ich zu Ihnen spreche! Da können Sie mich doch nicht einfach in ein Krankenhaus wegsperren!" „Miss Nightingale, ich kann es nicht nur, ich muss. Ich möchte jetzt nicht damit anfangen, mit meinem Ärztelatein zu fachsimpeln, aber ihre jetzigen Blutwerte gefallen mir nicht wirklich. Es kann sogar sein, dass Sie noch einige Transfusionen brauchen. Wenn Ihnen irgendetwas weh tut, dann sagen Sie es am besten sofort. Ansonsten lasse ich Sie erst morgen nach dem Frühstück umverlegen." „Professor Ferguson, könnten Sie mich dann ins Krankenhaus nach Dublin bringen lassen, zu Sandra Miller? Immerhin liegt sie ja jetzt gewissermaßen wegen mir da. Dann hätte sie wenigstens auch etwas Gesellschaft." „Gut, ich denke, dass wird sich einrichten lassen, wenn Miss Miller nicht mehr auf der Intensivstation liegt. So, und jetzt schlafen Sie sich am besten gesund, soll ich Ihnen dafür etwas zum Einschlafen spritzen, da Sie es ja sonst nicht drin behalten?" „Das wäre gut, ich fühle mich knochenkaputt und müde, aber ich kann nicht schlafen, weil mir so viel im Kopf rumschießt!" Professor Dr. Ferguson gab ihr jetzt eine Injektion in den linken Arm, nach fünf Minuten war Kate eingeschlafen. Dann informierte der Professor die anderen über die geplante Verlegung von Kate, worüber die Newtons wirklich unglücklich waren. „Wir kommen wieder!" versprach Dr. Ito.

Helgoland, Biologische Station, 20.24h

Dr. Florian Zuckmayer konnte ebenfalls nicht einschlafen, das waren einfach zu viele Eindrücke und Nachrichten in der letzten Zeit gewesen. Deshalb stöberte er in den Tagebüchern von Dr. Susanna Pelzer nach relevanten Informationen zum Umweltgeschehen auf Helgoland. Schließlich fand er noch eine interessante Information aus dem Jahr 2017 der ungewöhnlichen Art. Ungewöhnlich deshalb, weil Susanna es niemandem außer Dr. Rüdiger Skibbe gesagt hatte.

Tagebucheintrag von Dr. Susanna Pelzer vom 19.04.2017

Das Deutsche Hydrographische Institut lügt! Ich könnte echt heulen vor Wut, aber gegen so viel Infamie komme auch ich nicht mehr an. Arbeiten da eigentlich nur Wahnsinnige? Gucken die alle ständig weg, oder werden sie vielleicht sogar für das Weggucken bezahlt? Oder bin ich jetzt durchgedreht oder dumm geworden? Es kann doch einfach nicht wahr sein! Kurz nach meiner Ankunft hier auf Helgoland hatte ich beim Tiefststand einer ganz normalen Ebbe an mehreren Felsen im Felswatt Markierungen angebracht. Das Deutsche Hydrographische Institut hat behauptet, dass der allgemeine jährliche Anstieg des Meeresspiegels nur bei etwa 4 Millimetern im Jahr liegen würde. Meine Markierungen haben mir aber in nur zwei Jahren einen Anstieg von insgesamt 8 Zentimetern angezeigt! Als ich heute beim Chef des Institutes anrief, behauptete er, dass ich mich irren müsse; im Übrigen würden für den Helgoländer Bereich besondere geophysikalische Gegebenheiten gelten, die mit der letzten Eiszeit zusammenhingen; außerdem wären meine Messungen ungenau, da wären die Ortungen des Institutes an verschiedenen Messpunkten per Messboje und per Satellit viel genauer. Nun gut, ich konnte das natürlich nicht widerlegen. Was aber, wenn die Zahlen aus irgendwelchen technischen oder sonstigen Gründen fehlerhaft wären? Darauf sagte Professor Wackernagel, dass das völlig ausgeschlossen sei, die Geräte würden schließlich ständig überwacht werden und so weiter und so fort. Als ich damit drohte, die Medien einzuschalten, sagte er nur, ich notiere es hier wortwörtlich, als Nachweis für die Nachwelt: „Wenn Sie, Frau Dr. Pelzer, mit Hilfe der Medien unsere objektiven Messdaten in Frage stellen wollen, dann zwingen Sie mich leider, dafür zu sorgen, dass Sie künftig keine Stelle mehr bei irgendwelchen Instituten bekommen werden, sei es im Inland, oder sei es auch im Ausland. Es kostet mich ein Lächeln und einen Anruf, und dann wird die Biologische Station auf Helgoland geschlossen werden. Sie glauben mir nicht? Ich warne Sie, probieren Sie es nicht aus. Ich habe Beziehungen bis hin in Kreise, wo Ihnen auch das Geld Ihres Vaters nicht mehr weiterhelfen wird. Ich gebe Ihnen einen guten Rat: Kommen Sie uns nicht in die Quere, sonst haben Sie das genau zum letzten Mal getan, ist Ihnen das überhaupt klar? Und jetzt lassen Sie uns hier mit Ihren abstrusen Ideen und Anschuldigungen besser in Ruhe, ich warne Sie wirklich nur einmal. Wenn Sie mir nicht glauben sollten, dass ich das kann, dann fragen Sie doch mal Ihren Dr. Skibbe, ist nur ein kleiner Tipp von mir." Ich beendete das Gespräch und war völlig aufgewühlt. Dann fragte ich Rüdiger. Und der bestätigte mir tatsächlich, dass Professor Wackernagel die Machtfigur in der wissenschaftlichen Szene Deutschlands schlechthin sei. Professor Wackernagel hatte Rüdiger vor drei Jahren einen lukrativen Posten weggenommen, nur über Beziehungen. Außerdem wurde plötzlich seine Tochter durch anonyme Anrufe erschreckt, die erst aufhörten, bis er nur noch eine zahme Meinung zur Umweltsituation hatte. Danach dachte Rüdiger plötzlich ganz anders über den Motorradunfall seines Sohnes, bei dem dieser getötet wurde und der flüchtige Unfallverursacher nie gefasst wurde, obwohl er durch mindestens eine Radarfalle gefahren sein musste. „Nicht verwertbare Bilder", hieß es später seitens der Polizei. Sehen durfte Rüdiger diese Bilder jedoch nie. Ehrlich gesagt läuft mir da ein kalter Schauer über den Rücken. Was für ein Monster ist dieser Professor Wackernagel eigentlich? Na gut, ich werde es vorerst nicht publik machen, aber ich werde meine Messpunkte weiter beobachten. Irgendetwas ist da doch oberfaul, nur was? Nun ja, ich werde jetzt mit den normalen Messungen weitermachen und hoffe darauf, möglichst gute und objektive Messdaten zu bekommen, die unwiderlegbar sind. Ich werde mal vorsichtig die Kollegen in Schottland fragen, vielleicht haben die ja noch andere Quellen? Wenigstens war Florian heute gut drauf, was bei ihm manchmal wetterabhängig zu sein scheint. Trotzdem ist er ein lieber Kerl, wahrscheinlich der Beste, den ich je hatte. Eigentlich schade, dass wir nie ein Kind bekommen können. Aber laut meinem Vater war damals schon meine Geburt ein medizinisches Wunder, da Mama vorher schon einige Fehlgeburten hatte und ich erst der dritte und letzte gelungene Versuch war. Ach Mama! Manchmal vermisse ich sie, obwohl das jetzt schon zehn Jahre her ist, seit sie am Krebs gestorben ist. Ich bete zu Gott, dass ich nicht auch so enden möge, aber die genetische Wahrscheinlichkeit ist möglicherweise auch gegen mich. Leider ist der Kontakt zu Papa etwas ins Stocken gekommen, aber es kotzt mich wirklich an, dass er nur ans Geldverdienen denkt. Es gibt doch auch noch andere Dinge im Leben! Aber seit Mama tot ist, hat er sich mehr und mehr ins Geschäft geflüchtet. Und dann noch sein blöder Versuch, mich damals in Thailand mit dem Sohn seines Geschäftsfreundes verkuppeln zu wollen. Was hat er mit meinem privaten Glück zu tun? Ich bin jedenfalls heilfroh, jetzt mein eigenes Geld zu verdienen. Und einen gewissen Ruf als Tierschützerin zu besitzen, das ist manchmal auch nicht zu unterschätzen. Eines Tages werde ich diese mafiösen Verflechtungen in der wissenschaftlichen Welt aufbrechen, davon bin ich überzeugt. Aber ob Florian da mitmacht? Ich weiß es nicht. Dr. Florian Zuckmayer las jetzt auch noch den Eintrag des nächsten Tages, die Lektüre hatte ihn gefesselt. Warum hatte ihm Susanna das nicht gesagt? Oder wollte sie es später noch tun? Oder hatte er ihr nicht zugehört, als sie es ihm sagen wollte?

Tagebucheintrag von Dr. Susanna Pelzer vom 22.04.2017

Endlich Samstag! Eigentlich wollten wir ja heute einen kleinen Ausflug auf das Festland machen, aber der alles entscheidende Kollege aus Edinburgh war leider nur heute telefonisch zu erreichen. So bemühten wir uns darum, das Beste daraus zu machen. Florian sagte ich, dass dieses Telefonat wichtig für das Projekt sei, und so verschoben wir unseren Ausflug nach Jennelt auf Morgen. Florian schickte ich derweil zum Einkaufen, ich war jetzt alleine in der Station. Dann meldete sich Edinburgh, eines muss man den Schotten wirklich lassen, sie sind fast immer zuverlässig und pünktlich. Ich schilderte dem Kollegen Ethan Mac Donaldson mein Problem mit dem Deutschen Hydrographischen Institut. Ich kannte Ethan von einigen Kongressen und wusste, dass er zu den wirklich guten und unbestechlichen Leuten gehörte. Nachdenklich sagte Ethan zu mir: „Hm, Susanna, ich weiß nicht. Ich meine, ich habe von einigen unserer Fischer auch schon ähnliche Aussagen gehört, aber die lesen hier ja nur die Pegelanzeigen im Hafen ab. Ich habe bislang immer geglaubt, unsere alten Kaimauern sacken vielleicht ab, das könnte ja immerhin sein! Aber warum das Deutsche Hydrografische Institut das alles wegleugnet, kann ich mir auch nicht erklären. Und Du bist Dir ganz sicher, dass dieser Professor Wackelzahn, oder wie der heißt der doch gleich? Dir wirklichen Ärger machen kann?" Ich erzählte ihm jetzt von den Erfahrungen, die Rüdiger mit ihm gemacht hatte. „Also Susanna, das stinkt doch wirklich, da ist doch irgendetwas faul! Ich werde mal unauffällig bei unserer Seebehörde nachfragen, mal sehen, was die so gemessen haben. Das interessiert mich jetzt wirklich!" Ich ermahnte ihn, möglichst diskret und vorsichtig zu sein, denn im Feld der Politik kann es manchmal auch gefährlich werden. Er versprach es, sich spätestens am nächsten Dienstag bei mir zu melden, dann beendeten wir das Gespräch. Dann sortierte ich noch ein paar Unterlagen und machte für heute Feierabend. Es war warm, und wir sonnten uns heute auf der Düne.

Tagebucheintrag von Dr. Susanna Pelzer vom 25.04.2017

Ich bin mal wieder völlig verwirrt, ich bin völlig fertig mit der Welt. Habe heute Nachmittag in Edinburgh angerufen, nachdem Ethan sich nicht mehr bei mir gemeldet hat. Er ist gestern tödlich verunglückt! Sein Wagen wurde in einer Schlucht gefunden. Bei regnerischem Wetter war er eine Böschung hinabgerutscht und hatte sich mehrmals überschlagen, wie mir seine Sekretärin mitteilte. Dabei wusste sie genauso wie ich, dass Ethan ein ruhiges Temperament hatte und eigentlich nie zu schnell fuhr. Doch die Polizei nannte überhöhte Geschwindigkeit als Unfallursache. Ich war echt geschockt! Sollte der Arm von Professor Wackernagel wirklich so lang sein? Dann fragte ich die Sekretärin vorsichtig, ob Ethan sich in letzter Zeit noch mit einer Anfrage von mir beschäftigt habe. Darauf sagte sie mir: „Er hatte mich beauftragt, unser Seeamt nach dem Thema Anstieg des Meeresspiegels in den letzten zwei Jahren zu befragen. Als ich bei unserem Seeamt anrief, meinten die nur, dass dafür jetzt europaweit das Deutsche Hydrografische Institut zuständig sei. Also habe ich da angerufen und nachgefragt." Ich wurde kreidebleich, bedankte mich für die Auskunft und schrieb ein kurzes Mail an Professor Wackernagel, in dem ich beteuerte, mich geirrt zu haben, es seien alles Messfehler und subjektive Fehleinschätzungen gewesen. Danach rannte ich auf Klo und übergab mich, denn das war einfach zu viel für meine Nerven! Im Geiste sah ich mich schon von einer Helgoländer Klippe stürzen, ich war völlig fertig mit den Nerven. Es kam ein kurzes Mail als Antwort, in dem nur stand: „Entschuldigung akzeptiert, und jetzt kümmern Sie sich wieder um Ihre Meeressäuger. Gez. Prof. Dr. Wackernagel." Mir fiel ein echter Stein vom Herzen, doch war ich wirklich traurig wegen Ethan. Der Ausflug am Sonntag zu Florians Eltern nach Jennelt war sehr nett gewesen. Zu meiner Überraschung stellte es sich heraus, dass

Florians Vater Laienprediger in der kleinen evangelischen Freikirche im Ort war, seine Mutter sagte mir dann, als ich ihr in der Küche half, während die Männer ein Bier tranken, dass sie beide tiefgläubig seien, aber das Florian in der Beziehung leider ihr Sorgenkind sei. Ich outete mich jetzt auch als gläubig, worauf sie nur trocken meinte: „Und wann heiratet Ihr beiden?" Darauf sagte ich ehrlich, dass ich darüber noch nicht so sehr nachgedacht habe, da ich den Kopf zurzeit einfach zu voll mit Arbeit und anderen Dingen habe. Dann meinte sie, dass ich als gläubiger Mensch in jedem Falle heiraten müsse, weil es Gott nicht gefallen würde, wenn ich in einer ungeschützten Beziehung mit einem Mann leben würde. Darauf sagte ich, dass mir das zwar auch bewusst sei, aber dass ich mit Gott so eine Art von Abmachung getroffen habe. „Er lässt es mich einfach ausprobieren, bis jetzt hat er nichts dagegen gesagt." „Schauen wir mal", sagte daraufhin Florians Mutter. Dann wollte sie von mir wissen, wie und wo ich zum Glauben gekommen sei, und ich schilderte ihr meine Erfahrungen, die ich in Thailand gemacht hatte. Davon war sie sichtlich beeindruckt und ich merkte, dass ich ihre Gewissensprüfung bestanden hatte. Dann umarmte sie mich und sagte: „Susanna, Du bist die erste Frau, von der ich es mir vorstellen kann, dass sie einen guten Einfluss auf Florian hat. Wir haben das schon vor einem Jahr gemerkt, als wir mit ihm plötzlich über Dinge sprechen konnten, über die er mit uns früher nie sprechen wollte. Aber er mauert noch, na ja, vielleicht überzeugst Du ihn ja doch noch eines Tages." „Ich nicht, wenn, dann nur der Heilige Geist!" Damit erntete ich ein strahlendes Lächeln von ihr, es war die richtige Antwort gewesen. Der Gottesdienst in der kleinen Freikirche von Jennelt fand ausnahmsweise heute Abend statt und Florian kam mir zuliebe auch mit. Es wurde viel gesungen und zu meiner Überraschung kannte Florian einige Lieder sogar auswendig. Er hatte eine für mich zumindest überraschend schöne Stimme. Nur am Abendmahl nahm er nicht teil, da war er konsequent und ehrlich. Ich war positiv überrascht, dass hier viele junge Leute kamen, was der ganzen Veranstaltung einen fast schon familiären Charakter gab. Ich fühlte mich auf Anhieb wohl! Danach wurde ich noch verschiedensten Leuten vorgestellt, und weil einige mich auch schon mal im Fernsehen gesehen hatten, war ich hier plötzlich eine Berühmtheit! Ich musste sogar Autogramme verteilen, das war mir fast schon peinlich. Dann fragten mich einige, was ich denn von der ganzen Umweltsituation der Nordsee halten würde, und ich schockte wohl alle mit dem Satz: „Die Nordsee ist ein sterbendes Meer, manchmal habe ich den Eindruck, dass wir nur noch Sterben und Siechtum verwalten, statt zu forschen und zu schützen." Der Bürgermeister war auf Einladung von Florians Vater auch gekommen, um mich in Augenschein zu nehmen, und er fragte mich: „Frau Dr. Pelzer, was kann man denn Ihrer Meinung nach für die Nordsee tun?" Ich antwortete ihm: „Da fragen Sie mich jetzt etwas Schweres! Sehen Sie, man hat in der Vergangenheit jede Menge Chemieabfälle und andere nette Sachen ins Meer geworfen, und diese Sachen bleiben da auch zunächst mal drin! Das Wasser der Nordsee braucht durchschnittlich etwa drei Jahre, um sich einmal komplett mit dem Atlantik auszutauschen. Das ist für so ein kleines Randmeer leider viel zu lange! Und auch den Plastikmüll kann man nicht mehr abfischen, weil diese Teile im Lauf der Zeit leider immer kleiner und kleiner werden. Die Seetiere fressen es und krepieren elendig daran. Es ist eine Schande, was der Mensch täglich mit Gottes wunderbarer Schöpfung anstellt. Ich habe mich manchmal schon darüber gewundert, dass in der Nordsee überhaupt noch Tiere und Pflanzen leben können. Doch selbst auf Helgoland beobachten wir jetzt schon das Verschwinden der großen Brauntange, was bei uns mindestens genau schnell fortschreitet wie der Schwund der Kelpwälder in Kalifornien oder vor der spanischen Atlantikküste. So, was können wir tun? Ich denke, beten, hoffen und unseren Lebensstandard reduzieren. Wir besitzen so Vieles, was wir in

Wahrheit nicht brauchen, warum häufen wir es also an? Ich glaube, dass die meisten Menschen es nicht wahrhaben wollen, dass das letzte Hemd keine Taschen hat. Meine Mutter hat das gewusst, und sie hat kurz vor ihrem Krebstod ihre meisten Sachen verschenkt. Ich habe das damals nicht verstanden, aber später wurde mir alles klar! Florian, sag mal ehrlich, wie viel Kleider habe ich im Schrank hängen?" „Genau drei." Antwortete Florian erwartungsgemäß. „Und wer von uns beiden besitzt mehr Sachen?" „Ich. Bei Dir hatte ich manchmal den Eindruck, dass Du auf gepackten Koffern lebst." „Sehen Sie Herr Bürgermeister, so oder so ähnlich könnte es aussehen, wenn wir anfangen, unseren Lebensstandard zu reduzieren. Die Folge wäre eine geringere Industrieproduktion und damit verbunden auch eine bessere Emissions- und Umweltbilanz." „Aber die Arbeitsplätze?" wandte der Bürgermeister ein. „Nun, die könnten ohne Probleme auch in der Verwaltung oder im Umweltschutzbereich entstehen. Wir haben in der Vergangenheit zwei Fehler begangen: Der erste ist der, dass wir es zugelassen haben, dass einige Wenige sich an einer erhöhten Produktivität bereichern dürfen, ohne dass die Masse davon profitieren darf. Der zweite Fehler ist der, dass die Zerstörung der Umwelt und der Verbrauch von Ressourcen bisher kaum oder gar nicht zu unserem Bruttosozialprodukt hinzugerechnet werden. Denn würden wir das tun, würden wir schnell merken, dass wir in Wahrheit jedes Jahr ein negatives Wachstum verzeichnen. Ich rede mir auf den wissenschaftlichen Kongressen schon den Mund fusselig, aber bislang konnte ich damit leider noch keine Einsicht erzeugen." „Und was könnten wir dann Ihrer Meinung nach hier in Jennelt tun?" fragte mich jemand. „Nun, gründen Sie doch eine Umweltgruppe, überlegen Sie, auf was Sie persönlich verzichten können, machen Sie Werbung für die Sache, beten sie dafür. Seien Sie selbst das Wunder!" „Aber ist das ganze Natursterben nicht auch etwas Endzeitliches? Kann man das überhaupt verhindern?" wollte jetzt eine Mutter von zwei kleinen Kindern wissen. Ich sagte: „Hätten Sie noch Kinder in die Welt gesetzt, wenn Sie wüssten, dass morgen der Herrgott endlich die Schnauze voll hat von uns?" Ich entschuldigte mich für den etwas derben Ausdruck, aber ich sagte dazu, dass man die Dinge eigentlich kaum noch beschönigen könne. Einige Leute gaben mir ihre Adressen und baten mich darum, ihnen ab und zu die neuesten Umweltskandale von Helgoland mitzuteilen. Sie wollten wirklich eine Umweltgruppe gründen! Ich freute mich und sagte ihnen das auch zu. Dann mussten Florian und ich mit seinen Eltern aufbrechen, die uns mit dem Auto zum Emdener Hafen brachten, von wo aus wir die letzte Fähre nach Helgoland nahmen. So betrachtet war wenigstens der Sonntag ein guter Tag. Abends wollte Florian dann noch wissen, wie ich seine Familie fände. „Ganz nett", sagte ich, „Aber Du bist natürlich der netteste Zuckmayer von allen!" Eine ausgedehnte und romantische Liebesnacht war die Folge, und vorübergehend vergaßen wir die ökologischen Probleme des sterbenden Meeres unten vor unserer Haustür. Als Dr. Zuckmayer diese Abschnitte gelesen hatte, wurde er sehr nachdenklich. Morgen Vormittag würde er bei Ebbe ins Felswatt gehen. Soviel stand für ihn unumstößlich fest. Komme, was da wolle.

02. September 2017, Samstag

Belfast, Wohnung der Newtons, 08.30h

Dr. Ferguson hatte jetzt seine Untersuchungen beendet, er schüttelte nur mit dem Kopf, dann sagte er zu Kate: „Also, Miss Nightingale, Sie haben irgendwie immer Glück im Unglück, ich verstehe es echt nicht mehr: Bein und Brust sind völlig in Ordnung, nur Ihr Schlüsselbein sieht gar nicht gut aus. Wahrscheinlich wurden Sie gestern von zu vielen Leuten umarmt. Da ist eine etwas eitrige Entzündung, und das kriegen wir auch wieder hin – aber nur in einer Klinik, wo ich Ihnen die Antibiotika etwas höher dosiert geben kann." „Muss ich operiert werden?" wollte Kate wissen. „Nein, ich denke nicht." Kate atmete auf. Dann halfen Fuji und Kai ihr gemeinsam beim Anziehen und sie gingen zum Frühstück. Dorothy Newton hatte Tränen in den Augen, doch Kate sagte: „Dorothy, sehe ich denn wirklich so schlimm aus?" „Wie ein Zombie", rief jetzt der elfjährige Michael Newton, doch ein strenger Blick seines Vaters brachte ihn schnell zum Verstummen. In die einsetzende peinliche Stille griff nun beherzt lächelnd Professor Ferguson ein. „Nun, Miss Nightingale sieht etwas blass aus, was aber völlig normal ist, bei den vielen Drogen, mit denen ich sie hier ständig vollpumpen muss." Alle lachten. Dann schenkte Dorothy allen Kaffee ein und sie bereiteten Kates Abreise vor. Diesmal wurde sie zwar nicht geflogen, aber draußen fuhr plötzlich ein Krankenwagen mit Dubliner Kennzeichen vor. Die Sanitäter klingelten und Kate wurde auf eine Trage gelegt, obwohl sie lieber gelaufen wäre. Sie brachten sie in den Laderaum, der so geräumig war, dass die anderen auch darin mitfahren konnten. Kai durfte vorne neben dem Fahrer sitzen, und so fuhren sie nun mit ihrer kostbaren Fracht an Bord von Belfast nach Dublin. Zwei zivile Fahrzeuge begleiteten sie dabei. Das eine war ein Dienstwagen der Belfaster, das andere ein Dienstwagen der Dubliner Polizei. Die Wiedervereinigung Irlands wurde jetzt von allen intensiv vorangetrieben.

Helgoland, 09.45h

Dr. Zuckmayer stapfte in seinen Wathosen durch das Felswatt, genau jetzt sollte der Tiefststand der Ebbe eigentlich da sein. Susannas Markierungen waren noch immer an den Felsen, alle fünf. Und das Ergebnis war eindeutig, fassungslos schüttelte er nur den Kopf: Das Wasser stand jetzt 12 Zentimeter über Susannas alter Nullmarke! Er würde das nachher im Internet prüfen. Aber nicht von der Station aus. Das war ihm aus verständlichen Gründen zu gefährlich geworden.

Dublin, Städtisches Krankenhaus, Krankenzimmer von Sandra Miller und Kathrin Nightingale, 12.00h

Kate und Sandra saßen jetzt nebeneinander in ihren Betten und aßen ihr Mittagessen, welches für die Verhältnisse eines Krankenhauses recht passabel war. Da Kate genau pünktlich zum Essen da war, musste sie sich erst nach dem Essen ausziehen und untersuchen lassen. Dann wurde sie ins Bett verfrachtet und an den Tropf gehängt, wo man ihr jetzt abwechselnd starkes Penicillin und Clont verabreichte. Außerdem bekam sie auch Tabletten gegen die Schwangerschaftsübelkeit. Professor Ferguson ließ es sich natürlich nicht nehmen, auch Sandras Oberschenkel zu untersuchen, wobei er sagte: „Sieht gut aus, der Oberschenkel, meine ich. Die Wunde natürlich weniger. Aber das wird schon wieder, bald können Sie auch wieder in der Gegend herumspringen, Miss Miller." Er grinste schräg. Sandra frotzelte jetzt: „Na, Sie scheinen aber wirklich ausgesprochen gerne an den Beinen hübscher junger Frauen rumzufummeln, habe ich Recht Doc?" „Seien Sie lieber froh, dass es nur das Bein war! Sie haben – mit Verlaub gesagt – nach dem Treffer erst mal geblutet wie ein Schwein, was gerade abgestochen wird. Wenn Dr. Ito nicht gerade neben Ihnen gewesen wäre, wären Sie wahrscheinlich ganz schnell verblutet. Also wäre ich an Ihrer Stelle wirklich froh darüber, dass da so zwei alte Knacker wie Dr. Ito und meine Wenigkeit an Ihrem Bein ein wenig rumgefummelt haben." Sandra Miller wurde etwas rot, doch Professor Ferguson grinste nur und sagte: „Machen Sie sich um meinen Sexualtrieb mal nicht solche Sorgen, denn ich bin wirklich glücklich verheiratet – mit meiner Arbeit. Und was glauben Sie, was ich schon alles gesehen habe? Da gibt es eigentlich nichts, was ich nicht kennen würde, geschweige denn, was mich erregen könnte. Da könnten Sie mich auch in einen Harem mit einem Dutzend nackter Jungfrauen einsperren, hinterher hätte ich die wahrscheinlich alle untersucht, aber nicht angefasst, wenn Sie verstehen, was ich meine. Dafür bin ich einfach schon etwas zu alt!" „Aber Angst einjagen können Sie einem immer noch", sagte Kate. „Tut mir sehr leid Miss Nightingale, aber manchmal ist man einfach dazu gezwungen! Was hätten Sie denn wohl gefühlt oder gedacht, wenn ich Ihnen erst gesagt hätte: Jawohl, wir retten jetzt Ihr Bein! Und dann ein paar Minuten später: Oh tut mir leid, habe mich geirrt, ich amputiere es mal eben so ein bisschen?" „Sie sind wirklich ein guter Arzt", sagte jetzt Kate, und Sandra ergänzte: „Ja Herr Professor, das haben Sie auch bei mir ganz toll gemacht. Vor allem, dass ich im Hubschrauber nichts mehr mitbekommen habe. Was haben Sie mir bloß für ein Wundermittel gegeben?" „Nun, ganz ehrlich: Gar keines!" „Das verstehe ich jetzt aber nicht?" „Nun, Sie wurden wegen einer plötzlich eintretenden Blutarmut natürlicherweise bewusstlos, so dass wir da nichts mehr tun mussten. Allerdings haben wir das Bein humanerweise lokal betäubt, damit es nicht ganz so viel herumzuckt auf dem Operationstisch. Na ja, Sie machen das schon, ein paar Tage Bettruhe und Sie können wieder die Gegend unsicher machen." Professor Ferguson verabschiedete sich und Andrea O'Leary trat ein, gefolgt von Eddie und Lissy. Es gab viel zu planen. Währenddessen tagte das Nationalparlament der Iren in der Kildare Road und beschloss als erstes, alle Parteien, die in irgendeiner Weise in Kontakt zu paramilitärischen Gruppierungen gestanden hatten, zu zwingen, diese Verbindungen offen zu legen. Bei Nichtbefolgung wurde mit einem Parteiverbot gedroht. Dann wurde ein Termin für gesamtirische Neuwahlen festgelegt. Und als letzten Programmpunkt nahm das Parlament den Rücktritt von Keith Hastings an, der allerdings bis zur Bildung eines neuen Nationalparlamentes kommissarisch im Amt bleiben würde.

Helgoland, ein Internetcafé`, 14.30h

Die Flut war gekommen und Dr. Florian Zuckmayer saß jetzt bei einer Tasse Tee vor einem großen Bildschirm, wo er nun gewisse Suchanfragen eingab. Dabei landete er einige Treffer auf gut verborgenen Seiten von argentinischen Polarforschern, die ehemals auf der Esperanza-Station tätig gewesen waren. Er pfiff unwillkürlich durch seine Zähne, machte ein paar Ausdrucke von spanischen und englischen Schriftstücken, zahlte dafür und ging nachhause. Jedoch nicht, ohne vorher seine virtuelle Spur, die er im Internet hinterlassen hatte, vollständig zu verwischen. Denn was er gefunden hatte, war zu brisant, um es sich von seinem Arbeitsplatz oder von zuhause aus anzuschauen. Er fühlte, dass er es irgendwie schaffen musste, zu den Argentiniern einen Kontakt aufzubauen. Doch zunächst musste er dafür noch einige Sicherheitsvorkehrungen treffen. Deshalb ging er jetzt zum befreundeten Besitzer eines helgoländischen Elektronikladens und bat ihn darum, ihm einige Bauteile aus seinem Shop zusammenzustellen und zu verkaufen. Außerdem bat er ihn darum, diese Bauteile bei ihm zuhause zusammen zu bauen. Nur eine halbe Stunde später waren sie dann bei ihm zuhause und schraubten die Apparatur zusammen, die er sich vorstellte. Dann gingen sie ins Internet und installierten dort einige Umwege. Sie bauten dabei eine dreistufige Sicherheitszone für Florians neuen Rechner ein. Künftig konnte er sich jetzt ohne Möglichkeit der Rückverfolgung durch das gesamte Internet manövrieren. Dann rief er Dr. Skibbe an, der nach einer Viertelstunde dazu kam. Gemeinsam planten Sie ihr weiteres Vorgehen, nachdem Florian ihn zu Susannas Tagebucheinträgen aus dem April 2017 intensiv befragt hatte. Das Deutsche Hydrografische Institut hatte nun einen mehr als ebenbürtigen Gegner bekommen. Die Wahrheit würde bekannt gemacht werden.

Die Tage Professor Dr. Wackernagels waren bereits angezählt. Doch das konnte dieser zum gegenwärtigen Zeitpunkt noch nicht einmal ansatzweise erahnen. Vor allem, weil er glaubte, dass mit dem Tod von Dr. Susanna Pelzer sein vorerst schärfster Kritiker das Feld kampflos geräumt habe.

Zwei Meilen westlich von Helgoland, 21.45h

Obwohl die Anzahl der leuchtenden Ohrenquallen bereits deutlich rückläufig war, rückten die beiden Fregatten nochmals gemeinsam ins Feld aus, um den restlichen grünen Flecken im Wasser den Garaus zu machen. Da jetzt nicht mehr ganz so viele Quallen im Wasser leuchteten, fuhr die Bremen nur einen kleinen Kreis um Helgoland, während die Dublin einen erheblich weiteren Radius zog. Mit größter Sorgfalt quirlten sie mit ihren Schrauben das Napalm unter die Wasseroberfläche. Als sie mit der Prozedur fertig waren, setzten sich beide Schiffe wieder in entgegen gesetzter Richtung voneinander ab. Wieder hatten sie das Wasser mit einer gelb leuchtenden Flüssigkeit markiert. Doch diesmal standen sich die beiden Schiffe nicht Heck gegen Heck gegenüber, sondern nahmen beim Beschuss des Napalmteppiches eine Position ein, bei der sie beide etwa 2 Seemeilen voneinander entfernt lagen, wobei die Insel Helgoland östlich von ihnen lag. Alles lief nach Plan, als sie die erste Salve abfeuerten. Doch der Napalmteppich ließ sich diesmal nicht so leicht anzünden wie in den vorigen Nächten, weil der Seegang etwas stärker geworden war. Aus diesem Grunde einigten sich die beiden Kapitäne darauf, kleine ferngelenkte Exocetraketen abzufeuern, diese dicht unter der Oberfläche zu zünden, und so den Napalmteppich zum Auflodern zu bringen. Das gesamte Meer begann jetzt wieder etwas stärker grünlich zu glühen, als die ersten kleinen Marschflugkörper sich auf die Reise begaben. Durch eine kleine Unachtsamkeit des Steuermannes hatte die Bremen sich jedoch durch eine starke Seitenströmung und den Seegang um wenige Grad gedreht und krängte plötzlich in einer Schräglage von 45 Grad nach Backbord. Gleichzeitig hatte die Bremen eine Salve von vier Exocetraketen abgefeuert, welche nun direkt auf die lange Anna und damit verbunden auch auf das Oberland von Helgoland zurasten. Der Offizier im Feuerleitstand schaltete die Raketen sofort auf eine automatische Steuerung mit Suchkopffunktion um, welche bewirkte, dass die Raketen sich jetzt Ziele mit Metallkennung suchten. Eine Rakete sauste darauf hin zum Hafen und schlug in ein Fischerboot ein, dessen Einzelteile sich nach der Explosion der Rakete über das gesamte Unterland der Insel verteilten. Die zweite Rakete schlug in die Lange Anna, den großen Felsenpylon und damit in das Wahrzeichen Helgolands ein und sprengte ein etwa zehn Kubikmeter großes Stück aus dieser heraus. Ein Regen von Steinsplittern folgte. Da der Sandstein weich und nachgiebig war, blieb die restliche Steinsäule unangefochten stehen. Die restlichen beiden Exocetraketen fanden jedoch nicht solch ein glimpfliches Ziel und schlugen ohne Vorwarnung in Bug und Brücke der Fregatte Dublin ein. Wie durch ein Wunder zündete die Rakete, die in die Brücke einschlug, nicht ihren Sprengkopf, während die Rakete, die in den Bug einschlug, hier für einen großen Wassereinbruch sorgte. Die Schotten schlossen sich zwar sofort automatisch, aber die Dublin hing mit deutlicher Schräglage im Wasser. Da die Dublin synchron gefeuert hatte, schlugen deren Raketengeschosse an den korrekten Zielpunkten unter Wasser ein, detonierten an einigen Felsvorsprüngen unter Wasser und setzten so das Napalm von unten her in Brand. Die See begann jetzt, nur einhundert Meter von der nun völlig hilflosen Dublin entfernt, zu brennen und zu kochen. Auf der Brücke der Dublin lagen mehrere tote und schwer verletzte Offiziere, bei der Mannschaft brachen Verwirrung und Panik aus, während sich von Helgoland her eine brennende Flammenwand näherte. Wegen der starken Krängung der Fregatte konnte man auch keine Rettungsboote ins Wasser lassen. Glücklicherweise hatte man auf der Bremen sofort den Fehlschuss bemerkt, aber die Warnung der Bremen per Funk kam um Sekundenbruchteile zu spät auf der Dublin an. Da durch den Brückentreffer auch die Funkanlage der Dublin zerstört worden war, konnte auch niemand mehr SOS oder May Day funken. Die Bremen stellte sofort das Feuer ein, drehte bei und nahm Kurs auf die hilflos im Wasser taumelnde Dublin. Die Flammenwand aus Napalm rückte bedenklich näher, sie war jetzt nur noch achtzig Meter von der Dublin entfernt, während die Bremen noch deutlich mehr als eine Seemeile entfernt war. Von der Fregatte Bremen stieg nun ein Seaking auf, der ein langes Schleppseil trug. Er kämpfte sich mühsam durch die Böen, die durch das brennende Napalm auf dem Wasser noch verstärkt wurden. Er arbeitete sich mutig voran, und tatsächlich gelang es dem Helikopter der Bremen, das Schlepptau zum Heck der antriebslos treibenden Dublin zu bringen. Dort nahmen einige Seeleute das Schlepptau in Empfang und vertäuten es an den zwei wichtigsten Schlepppollern. Dieses Manöver war sehr riskant, und fast wäre dabei einer der Seeleute über Bord gespült worden. Unterdessen spielten sich auf der Brücke der Dublin dramatische Szenen ab. Kapitän, Steuermann und der Zweite Offizier waren beim Einschlag der Rakete sofort durch umhersirrende Trümmer getötet worden. Der Funker hatte den linken Arm verloren und stand unter Schock, während der erste Offizier keinen Kratzer abbekam, da er gerade nebenan auf Toilette gewesen war. Als er den Einschlag und die Schreie des Funkers hörte, sprang er sofort auf, machte schnell seine Hose zu und rannte auf die Brücke. Oder was davon übrig war. Obwohl ihn das Grauen zu übermannen drohte, kümmerte er sich zuerst um den verletzten Funker und band diesem den Armstumpf mit seiner eigenen Krawatte ab. Dann sah er nach den anderen, aber diese waren alle tot. Er checkte die Funkeinrichtungen, aber alles war völlig zerstört. Daher rannte er nach draußen, den Funker schleppte er mühsam mit. Im Gang traf er unterwegs zwei Matrosen, denen er den Funker anvertraute. Er eilte auf das Deck und ließ sofort Seenotraketen und Signalflaggen mit Seenotkennung setzen. Erst in diesem Moment bemerkte er die Flammenwand aus Napalm, die nur noch zwanzig Meter von dem Flaggschiff der irischen Navy entfernt war. Zwar drohte ihn erst das Entsetzen zu überwältigen, doch dann gewann seine Ratio wieder die Oberhand. Sofort rief er alle unter Deck.

Dublin, Städtisches Krankenhaus, Krankenzimmer von Sandra Miller und Kathrin Nightingale, 21.50h

Kate war auf Schonprogramm gesetzt worden, und sie hatte es auch tatsächlich dringend nötig. Tagsüber hatte sie mit den Sonderermittlern einige wichtige Dinge geklärt, danach waren Kai und Fuji noch eine Weile da gewesen, und sie hatten zusammen einige einfache Brettspiele gespielt, die ihnen das Krankenhaus zur Verfügung stellte. Sandra Miller war irgendwann am frühen Nachmittag eingeschlafen und Kate folgte ihr eine Stunde später ins Reich der Träume, weil ihr Körper sich jetzt das holte, was er brauchte. Andrea O´Leary durfte über ihren Gesundheitszustand berichten, der plötzlich eine nationale Angelegenheit geworden war. Kai und Fuji waren dann nach dem Abendessen gegangen, um die Großeltern von Kai anzurufen und über alle neuen Entwicklungen zu informieren, und nun waren Kate und Sandra alleine zusammen im Zimmer. Beide konnten nicht schlafen, da sie ja bereits einen Großteil des Tages verschlafen hatten. Da sie einen Fernseher ins Zimmer gestellt bekommen hatten, hatten sie sich zusammen die Nachrichten angesehen. Dann sagte Kate zu Sandra: „Meinst Du wirklich, dass das mit Helgoland ein Erfolg wird? Müssten sich nicht viel mehr Leute um uns kümmern?“ „Wenn ich eines weiß, dann ist es das: Nämlich das

Keith Hastings uns nicht hängen lässt! Aber der Verlust von Vater Andrew ist ein sehr schwerer Schlag. Nicht nur für ihn, sondern auch für uns! Ich selbst verdanke Vater Andrew alles, wirklich alles." „Erzähl mir doch mal, wie Du aus dem Sumpf gekommen bist, in dem Du stecktest?" wollte Kate von Sandra wissen. „Nun, ich hatte ein langes Vorstrafenregister. Meistens wegen Messerstechereien. Schließlich steckten sie mich in den Bau und warfen den Schlüssel weg, wenn Du verstehst, was ich meine. Ich hatte eine körperliche Auseinandersetzung mit drei anderen Jugendlichen, zwei Jungs und einem Mädchen. Auf dem Schulhof. Ich ging zwar nicht mehr zur Schule, aber die drei waren praktisch Nachbarn aus meiner Siedlung und hatten mich am Vortag verbal geärgert. Also ging ich auf den Schulhof, und dann..." Sandra stockte plötzlich mitten in ihrem Vortrag und Kate merkte, dass es ihr sehr schwerfiel, über das, was jetzt kam zu sprechen. „Was dann?" fragte Kate. „Kate, behältst Du das auch für Dich? Ich habe das noch nie jemandem erzählt, nicht mal Vater Andrew, es ist mir so furchtbar peinlich!" „Ich sage niemandem etwas, warum sollte ich?" „Also gut, ich versuche es. Nun, der eine von den Jungs sah mich und holte die anderen beiden, weil er Angst vor mir hatte. Dann machten sie sich über mich lustig. Vor allem das Mädchen, sie hieß Julia, glaube ich. Sie rief so Sachen wie „Jungs, holt die Kondome raus, die alte Dorfnutte hat sowieso Aids!" Und immer wieder Sprüche wie „Zeit, dass Dich mal jemand fickt, dann wirst Du zahmer!" und ähnliche Sachen, das meiste habe ich vergessen. Jedenfalls bin ich total ausgerastet. Plötzlich hatte ich meine beiden Butterflymesser in den Händen, in jeder Hand eines. Ich weiß es im Nachhinein auch nicht mehr so genau, aber auf einmal habe ich mit dem einen Messer nach Julia geworfen. Es traf sie voll in den Unterleib. Julia ging zu Boden und schrie wie am Spieß. Aber ich ging hin und trat noch nach, immer wieder und wieder, wie ein Berserker. Die Jungs hielt ich mir dabei mit dem anderen Messer vom Leib. Irgendwann kamen dann mehrere Leute, die mich entwaffnen wollten. Ich teilte nach allen Seiten Messerstiche aus, verletzte zwei Lehrer, drei Schüler und schlug und trat um mich. Julia war inzwischen schon längst verblutet und rührte sich nicht mehr. Ich weiß es noch, wie ich auf sie spuckte, mich umdrehte und gehen wollte. Da standen plötzlich zwei Polizisten vom Sondereinsatzkommando hinter mir, die Pistolen im Anschlag. Erst da habe ich gecheckt, was los war! Ich ließ aber das verdammte Butterflymesser nicht los, sondern duckte mich unter dem links von mir stehenden Polizisten weg, und stach ihn ins Bein. Dann knallte es plötzlich ganz laut und ich sah nur noch rote Sterne. Ich kam dann im Krankenhaus wieder zu mir. Da erfuhr ich dann später, dass der andere Polizist, eine Beamtin, den finalen Rettungsschuss angewendet hatte. Die Kugel hatte mein Herz aber knapp verfehlt, weshalb ich mit einem Lungendurchschuss davonkam. Hinterher sagten die Ärzte zu mir, dass es ein Wunder sei, dass ich noch lebte. Und als ich dann später erfuhr, dass Julia tot war, und wie viele Leute ich zusammen gestochen hatte, da wurde mir klar, dass die mich nie wieder rauslassen würden. Im Knast ging es dann immer so fröhlich weiter, ich bastelte aus allem, was mir halbwegs geeignet erschien, Messer. Sogar aus den Stielen von Zahnbürsten! Ich terrorisierte meine Mitgefangenen wo ich nur konnte, und ich durfte fast jeden Tag beim Direktor der Anstalt antreten. Dann steckten sie mich in Einzelhaft, wo ich schließlich einen Selbstmordversuch machte. Ich wollte sterben wie Julia und rammte mir einen angespitzten Bleistift in den Bauch. Ich habe zwar geblutet wie ein Schwein, aber weil sie mich ständig per Kamera überwachten, konnten sie mich gerade so noch retten. Und dann, als ich ganz unten war, alleine in einem Zimmer des Gefängniskrankenhauses, besuchte mich Vater Andrew. Er sagte mir, dass mein Fall sehr wichtig sei und bei ihm die höchste Priorität hätte. Erst konnte ich das nicht verstehen und schrie ihn an, er solle sich verpissen, doch er blieb einfach im Zimmer und sagte nichts. Ich war ja angekettet und konnte nicht weg. Er hat einfach einen ganzen Tag lang dagesessen und hat mich ausgehalten, ja ausgehalten ist das richtige Wort. Irgendwann wollte ich dann wissen, warum er das tat. Und dann hat er etwas gesagt, was mich in nur einem Sekundenbruchteil völlig verändert hat. Er sagte nur: Ich sehe Dich mit den Augen von Jesus, ich sehe Dich, und ich weine. Und weißt Du, meine Tochter, warum ich weinen muss? Ich sagte, dass ich mir das nicht vorstellen könne. Und dann sagte er nur: Die Liebe Gottes treibt mich. Du könntest ganz anders sein, wenn Du nur wolltest. Und da habe ich es dann begriffen: Der Pfaffe meinte das ernst! Er hat dann dafür gesorgt, dass ich eine Therapie bekam und er hat mich alle paar Tage besucht. Irgendwann hat sich dann bei mir ein Schalter umgelegt und ich wollte eine Ausbildung machen. So machte ich dann eine Ausbildung in Psychologie, weil mich das einfach interessierte. Ich wollte wissen, warum ich zur Bestie geworden war. Später dann kamen echte Reue und Einsicht, und ich wollte alles wieder gut machen. Doch die meisten meiner früheren Opfer wollten nicht mit mir sprechen, weil sie immer noch Angst vor mir hatten, selbst fünf Jahre nach der Messerattacke! Die Mutter von Julia hat sich etwa ein halbes Jahr nach Julias Tod aufgehängt, der Vater ist weggezogen. Ein gutes Drittel meines heutigen Gehaltes spende ich an meine ehemaligen Opfer, es soll mir heute nicht besser gehen als ihnen jetzt; ist so eine Philosophie von mir. Keith Hastings hat mich vor zwei Jahren in sein Team geholt, und dafür werde ich ihm ewig dankbar sein. Aber manche Spätschäden werde ich wohl ewig behalten, Du hast es ja schon mitbekommen." „Und was war Dir jetzt so peinlich an der Geschichte?" wollte Kate wissen. „Nun, die Ermittler glaubten damals, dass es ein Zufallstreffer war, den das Butterflymesser in Julias Unterleib landete. War es aber nicht! Ich wollte ihr Geschlecht verletzen, weil sie meines beleidigt hatte! Denn ich kann ein Butterflymesser zentimetergenau platzieren, ich würde damit gegen den besten Dartwerfer gewinnen, wenn ich damit auf eine Dartscheibe werfen würde. Aber das hat Dein Fuji vielleicht auch schon gemerkt?" Kate sah sie verständnislos an. Dann erzählte ihr Sandra von dem Messerwurf, als sie Fuji damit beeindrucken wollte. „Und Papa Keith war richtig sauer, als ich das später im Bericht geschrieben habe! Viel zu gefährlich, war seine Kritik. Er hatte ja auch Recht! Wenn Dir nämlich so ein blödes Messer nur ein klein wenig abrutscht, dann kann so was böse daneben gehen. Jetzt ärgere ich mich über mich selbst, aber die Versuchung war einfach zu groß für mich. Denn ich hatte das Butterflymesser gefunden, und Eddie und Lissy haben nichts gemerkt. Da gingen dann die alten Pferde wieder etwas mit mir durch." Kate schwieg beeindruckt. Dann fragte sie leise: „Und was ist, wenn Du noch mal so richtig Scheiße baust? Sperren Sie Dich dann die nächsten hundert Jahre weg?" „Ach weißt Du Kate, mal ehrlich: Verdient hätte ich es dann wirklich! Aber ich habe mir gewisse Sperrmechanismen aufgebaut, die mich daran hindern, durchzudrehen. Deshalb wirst Du mich zum Beispiel nie in einer Küche antreffen, denn da liegen einfach zu viele Messer rum. Ich esse grundsätzlich nur Nahrungsmittel, die man ohne Messer zubereiten kann, was manchmal wirklich schwer ist. Also sollte ich Dich mal bitten, mir einen Apfel zu schälen, dann weißt Du jetzt, dass dieses keine Faulheit von mir ist. Und ansonsten habe ich es gelernt mich verbal zu verteidigen, was meistens auch gut klappt. Na ja, bis auf so etwas wie eine Attentatssituation, wo ich dann und wann mal Kugelfänger für Dich spielen muss. Ist aber auch ganz nett, da komme ich jetzt wenigstens mal wieder ein bisschen zur Ruhe, die letzten Tage fand ich ganz schön anstrengend, vor allem psychisch." „Ja, da hast Du wirklich Recht. Mir wird das langsam irgendwie so ein bisschen unheimlich, dass mich hier alle zur Nationalheiligen ernennen wollen, das ist verdammt anstrengend." „Ach Kate, dazu brauchen sie Dich doch nicht mehr zu ernennen, Du bist es schon! Du musst da jetzt durch, wir werden Dir helfen, soweit wir das können. Und da steht noch einiges auf Deinem Trainingsprogramm: Frustrationsabbau, Beherrschung von Reflexen, Versöhnung mit den Opfern, Täter-Opfer-Ausgleich, Leben in geheilten Beziehungen und noch einige Sachen mehr. Glaub mir Kate, ich habe das auch alles mitgemacht, und manchmal wollte ich alles hinschmeißen. Aber dann habe ich mich wieder aufgerappelt, und es ging wieder ein Stück weiter. Und an manchen Sachen arbeite ich heute noch, ich gehe einmal pro Woche zu meinem persönlichen Berater." „Und hast Du eigentlich schon mal ans Heiraten oder an eine Familie gedacht?" „Ja, aber das habe ich dann wieder verworfen. Ich könnte meinen Kindern nicht mal Schulbrote schmieren, das ist wirklich Schrott. Welcher Mann würde das denn dauerhaft ertragen? Da gefällt mir das so besser, wirklich!" „Und hast Du nicht manchmal ein Bedürfnis nach Sex? Oder stehst Du nicht auf Männer?" wollte Kate wissen. „Das ist eine schwere Frage für mich. Ich will Dir ein Geheimnis verraten: Auch wenn es blöd klingt, aber ich habe noch nie mit einem Mann geschlafen. Ich bin wirklich noch eine *Virgo intacta*! Und das mit siebenunddreißig Jahren. Ich glaube, dass Sexualität etwas Schönes ist, aber ich habe noch nie den Richtigen getroffen, um sie zu entdecken. Ich denke, dass ich die Zuwendung, die ich brauche, auf einer anderen Ebene bekomme. Und momentan reicht mir das völlig aus. Genügt Dir das?" „Danke für Deine große Ehrlichkeit, das hätte ich nicht gedacht, dass es in Deinem Alter noch Jungfrauen gibt. Also ich kann ohne Sex nicht leben, aber ich habe das erst spät gemerkt, leider zu spät! Seit dem Ableben meiner Familie vor vier Jahren hatte ich keinen Sex mehr, wirklich. Und als ich dann Fuji getroffen habe, hat er bei mir etwas freigelegt, von dem ich selbst nicht mehr wusste, dass ich es noch hatte. Er ließ mich wieder eine Frau sein. Eine Frau mit Körper, Seele und Gefühlen. Ich glaube, dass es letztlich auch das war, was mich hat umkehren lassen. Ich merkte einfach, dass ich kein Killer sein wollte. Kein Killer, und ein Kampfroboter schon gar nicht! Es war wirklich verrückt, aber als ich mit ihm geschlafen hatte, habe ich mich seit vier Jahren erstmalig wieder als vollwertige Frau gefühlt. Vorher war ich irgendetwas anderes. Auf jeden Fall etwas, das ich nie wieder sein möchte! Kannst Du das verstehen, auch wenn Du noch nie Sex hattest?" „Das verstehe ich sogar sehr gut", sagte Sandra, gähnte und schlief ein. Kate lag noch lange Zeit wach, und dachte über ihr bisheriges Leben nach. Vielmehr ließ sie es an sich Revue passieren, beginnend mit der Kindheit. Aufgewachsen in einem typischen Vorort von Belfast, katholisch erzogen. Ihre Mutter war strenger als der Vater, sie war manchmal sehr resolut gewesen. Doch als jüngstes von insgesamt vier Kindern war Kate relativ viel verwöhnt worden. Ihr Vater war politisch wohl eher im rechten Spektrum zu finden gewesen, doch war er immer vorsichtig damit, seine Meinung in der Öffentlichkeit kund zu tun. In jedem Fall sympathisierte er mit Sinn Fein, wie auch viele ihrer Nachbarn. Das war nicht schlimm gewesen, es galt hier als normal. Sie erinnerte sich, wie sie im Alter von sechs Jahren zuhause ausgerissen war, um zusammen mit einer protestantischen Freundin einem Umzug des Oranierordens zuzusehen. Die bunten Kostüme und Trachten hatten sie toll gefunden. Als hinterher herauskam, wo sie gewesen war, nahm ihre Mutter sie beiseite, verbot ihr, weiter Kontakt mit ihrer protestantischen Freundin zu haben und sagte ihr, dass diese Umzüge böse und schlecht seien. Sie hatte es damals nicht verstanden. Und ihr Vater versohlte ihr den Hintern, bis ihre Mutter sagte, dass es genug sei. Sie konnte drei Tage nicht richtig sitzen. Dann kam sie in die Pubertät, ihr Vater starb, als sie sechzehn war. Sie traf sich heimlich mit protestantischen Freunden. Als sie dann volljährig war, warf ihre Mutter sie zuhause raus, doch sie konnte bei Freunden wohnen. Hier machte sie ihre ersten sexuellen Erfahrungen, nach einigen Jahren heiratete sie dann Gary, als ein Kind unterwegs war. Von ihrer Mutter kam nichts, weder etwas zur Hochzeit, noch zur

Geburt von James. Als dann ihre Familie dem Terroranschlag zum Opfer fiel, kam ebenfalls nichts. Ihre protestantischen Freunde zogen sich aus Angst vor ihr zurück. Schließlich traf sie Marty und wurde von ihm rekrutiert. Sie ließ alle möglichen Dinge mit sich geschehen, denn sie wollte nur noch eines: Rache. Rache dafür, allein gelassen worden zu sein, als sie andere Menschen am meisten brauchte. Allein gelassen von ihren Eltern, ihren Freunden. So war sie schnell in ihrer neuen „Familie" aufgestiegen. Sie hatten sie solange bearbeitet, bis sie überzeugt war, dass man Gewalt anwenden musste, um etwas zu verändern. Zuerst half sie mit, Schutzgelder einzutreiben. Sogar von Protestanten in Belfast. Teils setzte sie dafür ihren weiblichen Charme ein, teils auch nackte Gewalt. Ein unwilliger Zahler wurde von ihr krankenhausreif geschlagen. Nachdem der Mann am Boden lag, hatte er ihr leidgetan. Doch dann warf sie das Mitleid von sich ab, wie Monty es ihr immer gepredigt hatte, und sie hatte zu dem Mann gesagt: „Pass mal auf, mein Freund: Entweder Du zahlst jetzt freiwillig, dann rufe ich Dir einen Krankenwagen, oder ich lasse Dich hier liegen, bis Du langsam verblutet bist." Der Mann war zu seiner Registrierkasse gekrochen, und hatte ihr das Geld gegeben. Im Gegenzug versprach sie ihm, einen Krankenwagen zu holen und nahm ihm die Krawatte ab, aus der sie eine Schlinge für seinen gebrochenen Arm machte. Dann hatte sie tatsächlich einen Krankenwagen gerufen und war verschwunden. Künftig zahlte der Mann immer pünktlich. Sie las Bücher über Nahkampftechniken und übte heimlich in Hinterhöfen oder Kellern. Bald schon kannte sie das ganze Repertoire der Brutalitäten des Nahkampfes und brachte damit ihre IRA-Ausbilder zur Verzweiflung, denn zwei davon prügelte sie ebenfalls krankenhausreif, wobei der eine sogar fast gestorben wäre. Körperliche Gewalt auszuüben, faszinierte sie immer mehr, und sie genoss es stets, dass die meisten Leute sie gründlich unterschätzten. Einmal wollten ein paar Jugendliche ihr mitten in der Innenstadt von Dublin ihre Handtasche klauen. Es waren drei, von denen einer sie mit seinem billigen Springmesser bedrohte. Sie packte blitzschnell seinen Messerarm und sorgte dafür, dass das Messer plötzlich in seinem Oberschenkel steckte. Den zweiten trat sie gekonnt zwischen die Beine, und dem dritten brach sie mit einem speziellen Kung-Fu-Schlag mehrere Rippen. Sie erinnerte sich jetzt an das, was sie damals zu den Jugendlichen gesagt hatte: „Ihr dummen Rotzbengel! Ich bin mindestens doppelt so alt wie ihr, ja ich könnte bald Eure Omi sein, und ihr werdet nicht mit einer unbewaffneten Frau wie mir fertig? So, und jetzt bekomme ich Euer verdammtes Taschengeld von Euch, damit ihr mal am eigenen Leib erfahrt, wie es ist, am helllichten Tag ausgeraubt zu werden." Sie sammelte die Geldbörsen der jungen Leute ein, nahm sich die Scheine raus und sagte dann generös: „Das Kleingeld könnt ihr behalten, da könnt ihr Euch noch Spielzeug für kaufen. Treffe ich Euch hier noch mal an, werde ich Euch noch ein paar weitere Knochen brechen." Zur Demonstration hob sie einen kleinen Stock von der Erde auf und zerbrach ihn nur mit den Fingern ihrer linken Hand. „Wo haben Sie das gelernt?" fragte sie jetzt der Junge mit dem Messer im Bein. Sie sagte nur trocken: „Irisch Republikanische Armee." Dann drehte sie sich auf dem Absatz um, und ließ die verletzten Teens zurück. Von der nächsten Telefonzelle aus rief sie einen Krankenwagen, dann war sie im nächsten Pub ein Guinness trinken gegangen. Bald schon hatte sie sich bei der IRA einen legendären Ruf erworben und wurde mit anderen Sachen betraut. Sie brachten ihr den Umgang mit Sprengstoff bei, und da sie sich mit Handys und Mitteln der Telekommunikation gut auskannte, half sie mit, Zünder für Sprengsätze zu perfektionieren. Allein bei dem Gedanken, endlich den Leuten, die ihre Familie weggesprengt hatten, einiges heimzahlen zu können, bekam sie schon fast einen Orgasmus. Ihr erstes Ziel waren einige Polizeiautos in Belfast gewesen. Allerdings hatte Kate es damals ein wenig übertrieben, und so hatten sie statt zwei oder drei Polizeiautos mindestens die Hälfte des Fuhrparks der Belfaster City-Police hochgejagt. Es gab dabei nur zwei leicht verletzte Opfer. Dann waren sie konsequent andere Ziele angegangen, bis sie schließlich als größtes Ziel das Europaterminal des Dubliner Airports gesprengt hatten. Nach einigen weiteren Aktionen sollte Kate schließlich den ersten Mord begehen. „Politische Neutralisation" nannte das Monty, die Nr. 1 der New Revenge IRA. Im Nachhinein erschrak sie darüber, wie leichtfertig sie die Grenzen überschritten hatte, ohne darüber nachzudenken. Sie war ein Monster geworden. Und dann sah sie plötzlich Vater Andrew vor sich, wie er im Leben gewesen war. Aber auch, wie er tot auf der Tribüne gelegen hatte. Was hatte er ihr doch bei dem Abendmahl im Helikopter gesagt? *Es gibt keine Vergebung der Sünde ohne Blutvergießen.* Jetzt begriff sie es. War ihr Opfer Rebekka Ahrens jetzt wirklich im Himmel? Und was, wenn nicht? War das dann auch ihre Schuld? Und dann fiel es ihr wie Schuppen von den Augen: Vater Andrew war für sie gestorben, für Kathrin Nightingale persönlich. Denn der Schuss, der ihn getroffen hatte, hätte eigentlich sie getroffen, wenn sie noch hinter dem Mikrofon stehen geblieben wäre! Sie erschauerte. Und erst jetzt wurde ihr die volle Bedeutung des ganzen Geschehens klar. Und mit einem Mal begriff sie, dass Jesus Christus nicht nur eine religiöse Figur war, die man aus irgendwelchen fadenscheinigen Gründen vor zweitausend Jahren exekutiert hatte. Nein, Jesus war auch für sie persönlich gestorben, weil auch sie Blut vergossen hatte und weil es sonst absolut nichts gab, was ihre Schuld wieder rückgängig machen konnte! *Es gibt keine Vergebung der Sünde ohne Blutvergießen.* Ja, so hatte es Vater Andrew beim Abendmahl formuliert. Und jetzt begann sie zu verstehen, dass sie das brauchte, und sie merkte, dass das absolut nichts mit ihrer Erziehung oder Konfession zu tun hatte. Auch nicht mit ihr, dem Staat oder ihrer Resozialisierung. Nein, es war eine Sache zwischen dem höchsten Richter und ihr. Und der höchste Richter, nämlich Gott persönlich, hatte ihre Strafe erlitten, damit er sie guten Gewissens begnadigen konnte. Denn niemand sollte hinterher sagen können, dass es eine billige und zu einfache Begnadigung gewesen sei. In ihrem Herzen spürte sie jetzt eine Stimme, die ihr nur immer wieder diese eine Frage stellte: „Willst Du, Kathrin Nightingale, dazu ja sagen? Stimmst Du meiner Amnestie zu, die ich mit meinem heiligen Blut unterschrieben habe? Du weißt es jetzt, worum es wirklich geht. Stimmst Du zu?" Und dann sagte sie einfach nur laut: „Ja, Gott, ich stimme Deinem Urteil zu." Danach spürte sie einen unglaublichen Frieden. Es war ihr, als wäre sie wieder das sechs Jahre alte Kind. Nur mit neuen Eltern, die sie einfach vollkommen liebten. Dann wanderten ihre Gedanken wieder zu Vater Andrew, dann zu Fuji und Kai, aber auch zu Rebekka Ahrens. Doch sie fühlte plötzlich keine Bitterkeit mehr. Sie fühlte nur noch Freiheit. Die Freiheit, die Welt zu umarmen, die ihr vorher verloren gegangen war. Die Freiheit, zu reden, was sich sonst niemand traute. Und die Freiheit, ihr Leben von einer höheren Macht in Ordnung bringen zu lassen.

Zwei Meilen westlich von Helgoland, 22.17h

Die Schlepptrossen spannten sich zwar an, und die Dublin hing nun im Schlepp der Bremen, die beigedreht hatte, um sie aus der Gefahrenzone zu ziehen. Doch die Flammenhölle aus Napalm war jetzt nur noch fünf Meter vor dem Bug des tödlich getroffenen Schiffes. Dank des starken Seeganges waren die Brände, welche die Explosion der Exocetrakete am Bug ausgelöst hatten, schnell vom Seewasser gelöscht worden, doch das eingedrungene Seewasser hatte die Dublin gemeinsam mit dem starken Seegang viel zu schnell in eine gefährliche Schieflage gebracht. Selbst wenn der Havarist nicht dem Napalm zum Opfer fiel, so drohte dem Schiff in jedem Fall das Kentern. Es war nur eine Frage der Zeit, wie lange es noch der rauen See standhalten konnte. Von der Bremen aus beobachtete man jetzt mit Nachtsichtgeräten das Geschehen auf der Dublin, niemand war dort an Deck zu sehen. Und dann geschah das Unfassbare. Der Wind hatte bei Helgoland plötzlich gedreht und war ablandig geworden, was mit der starken Erwärmung der Luftmassen um die Insel herum zusammenhing. Feurige Böen jagten über die See, und plötzlich umhüllte die auflodernde Flammenwand die gesamte Dublin, die sich nun als schwarzer Schlagschatten davon abhob. Sofort fingen die Aufbauten Feuer, und dann begannen auch die Schlepptaue zu brennen. Kapitän Paulsen gab deshalb das verzweifelte Kommando volle Fahrt voraus, doch sie schafften bei diesem Seegang und unter diesen suboptimalen Bedingungen für ein Schleppmanöver nur eine Geschwindigkeit von etwa zehn Knoten. In diesen Augenblicken lief der bei Helgoland stationierte Seenotkreuzer aus dem Helgoländer Hafen aus und nahm ebenfalls Kurs auf die Dublin. Dabei musste dieser jedoch einen Zickzackkurs fahren, um sich zwischen den auf dem Wasser brennenden Inseln aus Napalm hindurch zu manövrieren, was das ganze Geschick von Kapitän und Steuermann erforderte. Dabei wären sie einmal fast in eine Flammeninsel gefahren, so dass sie ihre Fahrt auf eine Geschwindigkeit von acht Knoten drosseln mussten. Quälend langsam pirschte sich der Seenotkreuzer voran. Dann erreichten sie schließlich die havarierte Fregatte, die jetzt bedenklich schief im Wasser hing, und deren Aufbauten mit lodernden Flammen brannten. Ab und zu waren kleine Explosionen zu vernehmen, da die Treibstoffleitungen der Dublin Feuer gefangen hatten. Falls diese kleinen Feuer den Treibstoffbunker des Flagg-Schiffes erreichten, würde die Explosion das Schiff in hunderttausend kleine Trümmer zerreißen. Außerdem war völlig unklar, ob überhaupt noch jemand von der Besatzung am Leben war, denn an Deck war niemand zu sehen. Und auch sonst meldete sich niemand mehr per Funk oder mit anderen Kommunikationsmitteln. Schließlich gelang es der Bremen doch noch, die Dublin aus der Flammenhölle des Napalmteppiches herauszuschleppen, doch das Flaggschiff der irischen Flotte stand immer noch in Flammen. Die Mannschaft der Bremen betätigte nun die große Heckwinde, um die Dublin näher an sich heranzuziehen, damit man das Schiff endlich mit der Wasserkanone absprühen konnte. Doch gleichzeitig sah man mit Schrecken, dass die Dublin tiefer im Wasser lag, als noch vor wenigen Minuten. Offensichtlich hatte der Havarist begonnen zu sinken.

Zwei Meilen westlich von Helgoland, an Bord der Dublin, 22.47h

Die Entscheidung, die Männer unter Deck zu schicken, war richtig gewesen. Der Erste Offizier ließ jetzt alle schnell im Laderaum zusammenkommen, außerdem ließ er die Männer Decken, Verbandszeug und Notfallrationen zum Essen und Trinken herbeischleppen. Sie mussten irgendetwas tun, um nicht verrückt zu werden. Er sah auf die Uhr. Die Zeit verging qualvoll langsam, dann fiel auch noch das Notfallaggregat für den Strom aus und sie standen alle im Dunkeln. Dann fühlten sie, wie sich der Raum spürbar erhitzte. Da kam dem Schiffskoch, einem dickleibigen Mann namens Michael O´Collins, eine Idee: „Leute, wenn wir nicht gebraten werden wollen, dann sollten wir uns besser in den Kühlraum absetzen. Das ist zwar bescheiden kalt, aber ich glaube, dass das unsere einzige Chance ist." Der Erste Offizier John Mc Cullough beeilte sich, ihm zuzustimmen. Dann ordnete er an, alle warmen Decken und alle tragbare Ausrüstung mitzunehmen. Glücklicherweise waren es nur zehn Meter bis zum Kühlraum und einige Matrosen hatten Taschenlampen dabei. Der Kühlraum war sehr geräumig, da sie hier manchmal beschlagnahmte Fänge von illegalen Raubfischern bunkern mussten, die natürlich nicht weggeworfen, sondern noch vermarktet wurden. Deshalb stank der Kühlraum auch immer etwas nach Fisch, zurzeit hatten sie allerdings nur ihre eigenen

Lebensmittel dort gebunkert. Nachdem sie alle drinnen waren, hüllten sie sich in ihre Decken und harrten einer ungewissen Zukunft entgegen. Der Erste Offizier rechnete sich eine Überlebenschance von vielleicht zwanzig Prozent aus. Sie durften nur nicht kentern, sinken oder explodieren. Die anderen Männer dachten ähnlich, aber keiner sprach es aus. Sie verarzteten die Verletzten, dann zählten sie alle durch. Vier Mann fehlten, davon lagen drei tot auf der Brücke. Der vierte, der fehlte, war ein Maschinist. Und der konnte jetzt überall sein. Oder tot sein. Keiner wusste es. Einige fingen an zu beten, andere schwiegen nur. Jetzt begannen sie zu frieren, denn der Raum war minus zwanzig Grad kalt. Einige philosophierten jetzt gerade darüber, ob die Hölle ein kalter oder ein heißer Ort sei, als plötzlich von außen die Tür aufgerissen wurde und ein Schwall kochend heißer Luft in die Kühlkammer fegte. Weiße Dampfwolken stiegen auf, die allen Beteiligten die Sicht nahmen.

Zwei Meilen westlich von Helgoland, an Bord der Bremen, 23.27h

Der Kapitän der Bremen hatte die Schlepptrosse kappen lassen, da sich die brennenden Seile ohnehin nicht mehr lange gehalten hätten. Auf der anderen Seite hätte es aber auch passieren können, dass, das sinkende Flaggschiff der Iren die Bremen ebenfalls mit in die Tiefe gezogen hätte. Oder dass die Seile bei einem Abwinkeln des Havaristen den Schrauben der Bremen gefährlich nahegekommen wären. So gewannen sie schnell an Fahrt und preschten zur Dublin vor. Sie erreichten den Havaristen etwa gleichzeitig mit dem Seenotkreuzer und pumpten nun Unmengen von Löschwasser durch ihre beiden Wasserkanonen, um die lichterloh brennenden Aufbauten der Dublin zu löschen. Doch das Napalm flammte immer wieder auf, es war ein verzweifelter Kampf. Die Dublin ächzte und stöhnte auf, an einigen Stellen wurden durch die Hitze des Brandes Stahlnieten aus der Bordwand gesprengt, und der Rumpf wurde rissig. Da die Lenzpumpen des Havaristen mitsamt dem Notstromaggregat ausgefallen waren, begann das Schiff damit, langsam aber stetig zu sinken. Dabei sank der Bug zuerst, da hier bereits Wasser im zweiten und dritten Schott stand. Doch auch an anderen Stellen drang bereits Seewasser in das weidwunde Schiff ein. Immer wieder loderten helle Flammen aus heißem Napalm auf. Die Bremen sandte nun nochmals den Seaking aus, der unter seinen Kufen ein großes Rettungsfloß trug, in welches notfalls auch bis zu dreißig Leute klettern konnten. In dem Rettungsfloß saßen zwei Marineinfanteristen der Bundeswehr in Feuerschutzanzügen mit Gasmasken. Als sie über dem schrägen und abschüssigen Deck der Dublin waren, sprangen sie aus zwei Metern Höhe auf das brennende Schiffsdeck, rissen die nächstbeste Luke zum Laderaum auf und spähten vorsichtig unter Deck. Niemand zu sehen! Dann ließen sie ein digitales Thermometer in den Laderaum hinab. Siebzig Grad Celsius! Der eine Bootsmann der Bremen schüttelte nur mit dem Kopf, als sie plötzlich ein fauchendes Geräusch und erstaunte Rufe hörten. Dann klappte eine Tür zu. Der erste der beiden Marineinfanteristen sprang daraufhin auf gut Glück in den dunklen Laderaum, nachdem er seine Stirnlampe eingeschaltet hatte. Der andere folgte ihm Sekunden später. Sie lauschten ins Dunkel. Links von ihnen waren gedämpfte Geräusche zu hören. Sie tasteten sich vorwärts, dann standen sie vor der verschlossenen Kühlkammer. Die Geräusche waren jetzt etwas lauter zu hören. „Die sind in der Kühlkammer, clever die Jungs!" sagte jetzt der erste der Marineinfanteristen und öffnete vorsichtig die Tür. Weißer Qualm schlug ihnen entgegen. Dann fragte er auf Englisch: „Hallo. Lebt hier noch jemand?" Ein vielstimmiges Hurra war die Antwort. Dann sagte er nur: „Folgen Sie uns bitte, schnell, aber diszipliniert. Wir holen Sie hier mit dem Hubschrauber raus." Jetzt kamen alle einzeln durch die Tür. Der Funker musste von zwei Kameraden getragen werden, da er bewusstlos war. Der Erste Offizier schickte sie alle über zwei Leitern an Deck. Der Maschinist, der sich kurz vor der Ankunft der deutschen Marineinfanteristen auch noch in die Kühlkammer gerettet hatte, litt an einer Rauchvergiftung und wurde nun von dem einen der beiden deutschen Marineinfanteristen nach oben geschleppt. Dann reichte er ihn den anderen an, die ihn in auf das Rettungsfloß legten. Dann stieg er als letzter Mann in das Rettungsfloß ein, während das Meer bereits zwei Drittel des Decks überspülte. Als der Seaking endlich wieder in passabler Höhe in der Luft schwebte, sah man von der Bremen aus die letzten Aufbauten der Dublin im Meer versinken. Danach ertönte ein dumpfer, aber weithin hörbarer Knall, und eine fünfzig Meter hohe Feuerlohe schoss genau an der Stelle in den nächtlichen Himmel, an der nur etwa dreißig Sekunden früher noch der Helikopter gestanden hatte. Das stolze neue Flaggschiff der Iren war nicht nur gesunken, sondern es war auch noch unter Wasser explodiert! Auf dem Wasser breitete sich ein Teppich aus brennendem Öl und Napalm aus, der noch Stunden brannte. Der Stolz der irischen Nation hatte mindestens 125 Millionen Euro gekostet.

03. September 2017, Sonntag

Zwei Seemeilen westlich von Helgoland, in der Nähe des Seenotkreuzers, 00.08h
Hauptbootsmann Mill, der die heldenhafte Rettungsaktion der Bremen zusammen mit einem freiwilligen Kameraden durchgeführt hatte, war sichtlich bleich geworden, als die Dublin unter Wasser explodiert war. Den anderen ging es nicht besser. Das Rettungsfloß schwankte bedenklich im Wind, und da der Seegang immer stärker wurde, erschien es ihm unmöglich zu sein, Leute auf dem Seenotkreuzer oder auf dem Deck der Bremen abzusetzen, ohne jemanden zu verletzen. Er beriet sich kurz mit dem Ersten Offizier der nun gesunkenen Dublin, dann fällten sie eine gemeinsame Entscheidung. Hauptbootsmann Mill funkte den Piloten des Helikopters an und wies ihn an, sie alle auf dem Oberland von Helgoland abzusetzen. Dieses gelang auch problemlos, und bereits dreizehn Minuten später hatten sie wieder festen Boden unter den Füßen. Zum Glück hatte Hauptbootsmann Mill sich gemerkt, in welchem Haus der Bürgermeister wohnte, und so klingelte er diesen jetzt aus dem Bett. Der Bürgermeister holte schnell die freiwillige Feuerwehr und Dr. Nesemann zu Hilfe, der sich zuerst um die Schwerverletzten kümmern musste. Dann verteilten sie die Seeleute auf diverse Quartiere, während die beiden Schwerverletzten, der Funker und der Maschinist mit der Rauchvergiftung, im Krankenzimmer von Dr. Nesemanns Praxis untergebracht wurden. Insgesamt waren 25 irische Seeleute gerettet worden, davon waren zwei schwer verletzt worden, fünf weitere hatten leichte Blessuren abbekommen. Drei Offiziere waren tot, aber da man die Leichen nicht hatte bergen können, würden sie nun offiziell als vermisst geführt werden müssen. Eine bittere Bilanz, der auf der anderen Seite ein zerstörtes irisches Flaggschiff, ein detoniertes deutsches Fischerboot, eine großflächig zerstörte Umwelt, verseuchtes Meerwasser und einige Tausend vernichtete giftige Leuchtquallen gegenüberstanden. Und ein freistehender Pylon, auch besser bekannt als „Lange Anna“, welcher nun einsturzgefährdeter war als je zuvor. Aber das wahre Ausmaß dieses Schadens würde man wohl erst bei Tageslicht erkennen können.

Dublin, Städtisches Krankenhaus, Krankenzimmer von Sandra Miller und Kathrin Nightingale, 10.00h
Sowohl die anderen Sonderermittler als auch Keith Hastings waren jetzt hier zusammengekommen, um über die weitere Zukunft zu sprechen. Keith Hastings fing an: „Ach Kate, wenn es nur alles so einfach wäre! Aber diese ganze juristische Aufarbeitung

Deines Falles bereitet sowohl mir, als auch den deutschen Kollegen Sorgen. Denn unser Justizminister steht jetzt auf dem Standpunkt, dass er sagt: Amnestie ja, aber dafür muss ein offizielles Geständnis abgelegt werden. Und zwar von allen bekannten Straftaten. Und damit nicht genug. Er hat außerdem verlangt, dass Du Dein Geständnis vor dem Nationalparlament vorträgst. Begründet hat er das damit, dass er meinte, dass Du ja jetzt so eine Art „Nationalheilige" wärst. Und wenn die Nation Dich begnadigen soll, musst Du sie auch pro forma um Gnade bitten." „Zu welcher Partei gehört denn unser Justizminister?" wollte jetzt Sandra wissen, die sich nie so richtig für Politik interessiert hatte. „Fianna Fáil", antwortete jetzt Eddie düster. Die Fianna Fáil, deren gälischer Name so viel bedeutete wie „Soldaten des Schicksals", war die zurzeit wichtigste und größte Partei des irischen Parlamentes. Sie hatte einen ursprünglich republikanischen, jetzt aber zunehmend konservativen und manchmal auch liberalen Hintergrund. Da sie die meisten Abgeordneten im Parlament hatte, konnte Keith Hastings, der zur Labour-Party gehörte, hier nicht sehr viel gegen den Justizminister ausrichten. Kate überlegte einen Augenblick, dann sagte sie: „Und was ist, wenn ich ein Geständnis ablege und damit noch andere belaste? Was ist, wenn das Parlament sagt: Vielen Dank auch, wir stecken sie jetzt trotzdem in den Bau?" „Das wird schon nicht passieren, denn dann gäbe es einen Volksaufstand, und das weiß das Parlament auch", sagte Keith Hastings. „Und was ist, wenn ich andere mit meinen Aussagen belaste?" fragte Kate nochmals nach. „Darüber brauchst Du nicht zu sprechen, das habe ich dem Justizminister noch abringen können. Denn er akzeptiert mein Resozialisierungskonzept, welches ja ausdrücklich vorsieht, dass Du niemanden verraten sollst und auch nicht zum Verrat gezwungen werden sollst." „O.K., ich kann gerne auch vor dem Parlament reden. Muss ich die Rede vorher schriftlich einreichen, muss ich sie überhaupt vorher schreiben? Bisher habe ich ja so etwas noch nicht gemacht. Und darf Fuji auch mit dabei sein, wenn ich da erscheine? Das würde mir sehr helfen." „Er darf auf der Zuschauertribüne sitzen, meinetwegen auch mit Kai. Apropos – wo stecken denn die beiden?" wollte Keith Hastings wissen. „Sie machen einen kleinen Stadtbummel durch die Innenstadt und sehen sich ein paar Museen an, und so", sagte jetzt Lissy. „Gut, dann müssen wir jetzt Kate helfen, ihre Geständnisrede zu schreiben. Das Parlament will es von mir bis heute um 12.00h wissen, ob Kate das macht. Falls ja, dann muss sie das noch möglichst heute vortragen, sie werden dann eine Sondersitzung wegen Kate um 14.00h veranstalten. Kate, bist Du fit genug dafür?" fragte jetzt Keith Hastings. „Professor Ferguson meinte, es ginge mir besser und ich fühle mich auch gut." „Nun, um ehrlich zu sein: Ich selbst habe ihn vorhin schon ins Kreuzverhör genommen. Er wird Dich ins Parlament begleiten und sich darum kümmern, dass Du dort nicht umklappst. Ach ja, und da wäre natürlich noch etwas: Es kann sein, dass man Dir dort noch Fragen stellt, Kate. Am besten ist es, wenn Du darauf absolut ehrlich antwortest, auch wenn es gegen mich gehen sollte. Ich habe mich schon gedanklich auf Einiges vorbereitet. Und sage bitte bloß nichts, was irgendjemanden provozieren könnte, auch nicht gegen die Sinn Fein! Das könnte nämlich im Parlament nach hinten losgehen, auch wenn die Sinn Fein zurzeit nicht gut aussieht." „Ist gut, ich bemühe mich darum, wirklich", versprach Kate. „Was ist eigentlich mit der Trauerfeier für Vater Andrew? Ich würde ihm gerne mit das letzte Geleit geben. Es ging alles so furchtbar schnell, doch erst in der letzten Nacht ist es mir völlig klar geworden, dass er an meiner Stelle gestorben ist. Und mir ist jetzt auch klar geworden, warum Jesus Christus für mich sterben musste. Ich war eigentlich nie ein religiöser Mensch, aber in der letzten Nacht habe ich das für mich persönlich erkannt. Und angenommen!" sagte Kate und strahlte jetzt. Die anderen freuten sich mit ihr, beglückwünschten sie und dann sagte Keith Hastings: „Kate, wie wäre es denn, wenn

Du das dem Parlament vortragen würdest. So als kleinen Nachruf auf meinen Bruder? Ich glaube, er würde sich darüber sehr freuen!" „Darf ich das denn?" wollte Kate wissen. Da grinste Keith Hastings sie an: „Aber ja doch! Du hast jetzt Jesus gefunden, ganz offiziell! Sag Ihnen doch einfach, was Du jetzt empfindest, damit wirst Du die härtesten Herzen unserer Abgeordneten erweichen. Aber sag einfach, was Dir in den Sinn kommt und tu es in Deiner Art, dann wird die Botschaft auch ankommen, da bin ich mir sicher." „Ach Papa Keith, irgendwie wird mir jetzt doch ziemlich mulmig, wenn ich daran denke." „Nur Mut, Kate", sagte jetzt Eddie. „Wenn ich es nicht besser wüsste, dann hätte ich gedacht, dass Du die geborene Politikerin bist." „Falls das Parlament mich begnadigen würde, würde ich dann als vorbestraft gelten?" wollte Kate jetzt noch wissen. „Das muss leider so sein, weil wir als Staat ja nicht jedem Schwerverbrecher einen Freifahrtschein ausstellen wollen, nur weil er geständig ist." „Und wird man mich trotz Amnestie für angerichtete Schäden haftbar machen? Ich meine nur, immerhin habe ich mit an der Bombe gebastelt, die vor zwei Jahren das Europaterminal des Dubliner Flughafens gesprengt hat. Und ich habe vor zweieinhalb Jahren den halben Fuhrpark der Belfaster City-Police hochgejagt. Ich meine, dass ich ja alleine die Sachschäden niemals werde bezahlen können, ich bin eine mittellose Frau!" „Das ist alles nicht so schlimm. Das werden wir dann nach der Amnestie regeln. Es wird erwartet, dass Du, wenn Du später eine Arbeitsstelle hast, eine gewisse Summe für den Täter-Opfer-Ausgleichsfond bezahlst. Aber das wird mehr symbolisch gesehen, weil ja klar ist, dass Du nicht mal eben so ein paar Millionen Euro bezahlen kannst." „Gut, dann lasst uns jetzt eine Liste meiner Untaten erstellen, ich werde alles machen, was das Nationalparlament von mir verlangt. Ich verstehe das schon. Es geht ja auch darum, dass das Parlament der Öffentlichkeit zeigen muss, wer die Macht im Lande hat. Und ich habe Verständnis dafür, dass das logischerweise nicht so eine abgehalfterte Terroristin wie ich sein darf. Sonst haben wir hier bald keinen richtigen Rechtsstaat mehr, oder?" sagte Kate. „Ja, ganz genau! Kate ich bin immer wieder erstaunt, wie gut Du Dich doch mit politischen Dingen auskennst. Willst Du nicht doch eines Tages Politikerin werden? Ich bin sicher, dass Dich viele wählen würden, wenn sie dürften", sagte Keith Hastings, der Noch-Innenminister der Noch-Republik Irland. „Nein, ein Attentat auf mich reicht mir, ehrlich gesagt. Ich möchte irgendwo im sozialen Bereich arbeiten und vielleicht engagiere ich mich ja auch noch für die Opfer von Terror und Gewalt. Mal sehen. Das ist einfach alles zu viel für mich!" „Kein Problem, Kate, wir glauben alle an Dich, und wir stehen zu einhundert Prozent hinter Dir!" sagte jetzt Lissy und drückte ihre gesunde linke Hand. Dann halfen sie Kate dabei, ihre Rede zu schreiben. Nur Keith Hastings sagte, dass er aus rechtlichen Gründen nicht daran mitschreiben dürfe, weshalb er mit Sandra im Rollstuhl jetzt das Zimmer verließ, damit er eine Zeugin hätte, die das auch bestätigen könnte. Als dann das Mittagessen kam, waren sie gerade fertig geworden. Sie druckten das Geständnis mehrfach aus, lasen es nochmals gemeinsam durch und Kate unterschrieb das Ganze eigenhändig. Dann fiel ihr noch etwas Profanes ein. „Sagt mal, muss man sich nicht ausweisen können, bevor man zu einer Behörde geht? Ich kann das gar nicht, weil ich damals meinen Pass verbrannt habe und dann immer nur gefälschte Pässe hatte. Also ich meine, ich habe nun mal jahrelang im Untergrund gelebt. Was soll ich da nur tun?" „Kein Problem, das hat Papa Keith schon für Dich geregelt. Im Übrigen wird er kurz vor Dir dran sein und ein paar einleitende Sätze sagen, ich denke, dass er da auch was zu Deiner Identifizierung sagen können wird. Und außerdem stehst Du ja nicht vor Gericht." „Puh, da fällt mir ja ein Stein vom Herzen! Für mich gibt es ja kaum was Schlimmeres, als irgendwo vor einer Menge Leute zu stehen, und wichtige Dinge nicht zu wissen oder dabei zu haben." In diesem Moment kamen Fuji und Kai von ihrem

Ausflug zurück, Fuji machte ein sehr bedröppeltes Gesicht, was sofort allen auffiel. „Was ist denn los?“ wollten alle wissen. „Nun, als ich mit Kai in der Stadt war, wollte ich zum Automaten gehen, um etwas Geld abzuheben. Aber egal, welche Karte ich auch nahm, der Automat zog alle Karten ein! Ich vermute, dass das mit meiner Noch-Ehefrau Irene zusammenhängt – wahrscheinlich hat sie unser ganzes Barvermögen geraubt und ist jetzt damit auf der Flucht! Ich konnte uns weder ein paar Würstchen noch Eis kaufen. Allerdings haben die Verkäufer uns vom Fernsehen her wieder erkannt und haben uns dann doch ein paar Kleinigkeiten spendiert! Wirklich nett, Deine Landsleute, Kate!“ Kai lachte und sagte dann: „Am besten war das Eis essen. Und alles umsonst!“ Dann musste Kate sich für ihre Rede anziehen.

Dublin, Nationales Parlament (Oireachtas), 14.25h
Nachdem ihre Vorredner mit ihren einleitenden Bemerkungen fertig waren, eskortierten zwei Polizisten Kate zum Rednerpult. Um dem Ausdruck der Staatsgewalt zu neuem Ansehen zu verhelfen, hatte man sie in einem Polizeibus in die Kildare-Road gefahren, außerdem hatte man sie während des Transportes an Händen und Füßen mit Ketten gefesselt wie einen Schwerverbrecher. Allerdings hatten die Beamten ihr gegenüber durchblicken lassen, dass sie das nur sehr ungern taten, und hatten die Fesseln daher so locker wie irgend möglich eingestellt. Erst vor dem Eingang zum Plenarsaal nahm man ihr die Ketten wieder ab, was natürlich von der Presse fotografisch dokumentiert wurde. Kate war es schon etwas unbehaglich gewesen, wie man sie transportiert hatte, aber Professor Ferguson hatte die ganze Zeit neben ihr gesessen und sie mit seinem manchmal etwas abgründigen Humor aufzuheitern versucht. Keith Hastings hatte nun als letzter vor Kate gesprochen, sein letzter Satz lautete: „Und nun, verehrtes Parlament, wird Miss Kathrin Nightingale persönlich zu Ihnen allen sprechen, sich zu den von ihr verübten Straftaten bekennen, und sie alle dann ganz offiziell um die Begnadigung bitten, wie mein Vorredner, der Herr Justizminister Harold Liam, dieses verlangt hat.“ Keith Hastings räumte das Pult. Kate nahm jetzt den Zettel mit ihrer Rede und ging nach vorne, wobei einer der beiden Polizisten sie stützen musste, da sie noch sehr unsicher auf den Beinen war und keine Krücke dabei hatte. Dann begann sie mit ihrer Rede. „Verehrte Mitglieder des Nationalparlamentes, bevor ich die von mir begangenen Straftaten öffentlich eingestehe, möchte ich gerne noch in Kurzform etwas zu meiner Person sagen.“ Alle blickten sie jetzt erwartungsvoll an. Dann schilderte sie in Kurzform ihren Lebenslauf und beschrieb die Umstände, die sie in die Arme der New Revenge IRA getrieben hatten. Danach schilderte sie die zahlreichen von ihr begangenen Straftaten wie Schutzgelderpressung, Körperverletzung in diversen Fällen, Geldwäsche, Bauen von Sprengsätzen und Verübung von Sprengstoffanschlägen. Schließlich schilderte sie noch in Kurzform ihre Taten, die sie auf Helgoland begangen hatte. Sie schloss ihre Rede mit den Worten: „Verehrtes Parlament, ich habe Ihnen jetzt alles vorgetragen, was mir in der Kürze des heutigen Vormittages eingefallen ist. Dennoch könnte es durchaus passiert sein, dass ich Ihnen unabsichtlich einige Delikte unterschlagen habe, weil ich in den vier Jahren meiner Illegalität natürlich kein Buch darüber geführt habe. Das Problem ist ganz einfach, dass ich manche Dinge irgendwann automatisch und ohne jedes Unrechtbewusstsein getan habe, weil mein Gewissen und meine Gedankenwelt manipuliert worden sind. Ich sage Ihnen dieses besser jetzt, bevor sich später vielleicht noch Zeugen melden, die mich mit weiteren Taten in Verbindung bringen können. Wie ich es bereits an anderer Stelle mehrfach geäußert habe, bereue ich meine Taten aufrichtig und möchte im Rahmen meiner Möglichkeiten zu einer Wiedergutmachung im Rahmen eines Täter-Opfer-Ausgleiches gerne beitragen. Ich

weiß, dass Sie mich selbstverständlich nicht zu begnadigen brauchen. Ich habe mich Ihnen heute ausgeliefert, damit sie darüber abstimmen können. Mein Schicksal ist unwichtig, heute geht es um andere Zusammenhänge und Dinge, die ich früher in meiner Verblendung leider völlig verkannt habe. Ich bitte Sie darum, dieses zu berücksichtigen! Im Übrigen möchte ich mich sehr herzlich bei dem Herrn Innenminister bedanken, der sich für mich eingesetzt hat. Des Weiteren auch bei dem britischen Premier Gus Falkner, der alles getan hat, um mir mein Bein zu erhalten. Doch zum Abschluss möchte ich mich bei einem Mann bedanken, der leider heute nicht mehr unter uns sein kann. Nämlich bei Vater Andrew Hastings, der für mich gestorben ist, als die New Revenge IRA meine Person beseitigen wollte, als ich in Downpatrick in der Öffentlichkeit für eine Versöhnung in unserem Volk geworben habe. Bitte lassen Sie uns gemeinsam eine Minute lang für diesen großartigen Versöhnungsboten Gottes aus unserer Mitte schweigen, auch wenn Sie das vielleicht bereits getan haben sollten." Alle schwiegen eine Minute. Dann sagte Kate: „Erst in der letzten Nacht wurde es mir klar, was der Tod von Vater Andrew für mich persönlich bedeutet. Er starb, damit ich leben kann. Und damit gab er mir ein Beispiel dessen, was Jesus Christus für mich getan hat. Ich weiß jetzt, dass alles, was ich jemals getan habe, von mir nie wieder gut gemacht werden kann, und Sie, verehrte Damen und Herren Abgeordnete der Republik Irland, wissen das natürlich auch. Aber ich möchte es Ihnen trotzdem sagen: Egal, ob Sie heute für oder gegen mich abstimmen: Ich weiß es jetzt ganz persönlich in meinem Herzen, dass der höchste Richter, den Sie sich je vorstellen könnten, mir vergeben hat, weil er selbst mit dem eigenen Leben für meine Bluttaten bezahlt hat. Ich habe das nicht verdient, doch habe ich es gewagt, in der letzten Nacht zu diesem Freispruch ja zu sagen. Ich weiß, dass ich eigentlich lebenslänglich eingesperrt werden müsste. Verdient hätte ich das. Ich danke Ihnen dafür, dass Sie nur wegen mir diese Sondersitzung abgehalten haben. Wenn Sie noch Fragen an mich haben, so werde ich Ihnen hier und jetzt Rede und Antwort stehen." Sie nahm einen Schluck Wasser. Dann kam die erste Frage: „Miss Nightingale, warum haben Sie uns hier und heute nichts von Ihrer Schwangerschaft gesagt, obwohl das in anderen Medien bekannt gegeben wurde?" „Nun, ich dachte mir, dass das mit meinen Straftaten nichts zu tun habe. Oder würden Sie die Zeugung eines Kindes als Terrorakt einstufen?" sagte Kate schlagfertig. Einige Parlamentarier waren jetzt sichtlich erheitert. „Miss Nightingale, Hand aufs Herz: Wissen Sie wirklich nichts über den Mord an Martha Bannister? Können Sie eine Verbindung zur IRA wirklich ausschließen, wie Sie das bei früherer Gelegenheit behauptet haben?" „Nun, über die Hintergründe dieses wirklich abscheulichen Verbrechens kann ich Ihnen wirklich nichts sagen. Vielleicht nur so viel: Wenn ich es begangen hätte, dann würde ich heute nicht hier stehen. Denn dann hätte ich mich auf Helgoland von Ian Bannister persönlich dafür töten lassen. Fragen sie ihn ruhig, er wird Ihnen das bestätigen können. Oder könnten Sie jemanden umbringen, dann hinterher dem überlebenden Ehegatten des Opfers gerade in die Augen sehen und dann mit einer Unschuldsmine behaupten, dass Sie es nicht gewesen seien? Es mag sein, dass ich leider einen notorischen Hang zur Gewalttätigkeit entwickelt habe. Aber trotzdem kann ich es Ihnen versichern, dass ich Gewalt immer nur als Zweck und nie als Selbstzweck empfunden habe. Sinnlose Gewaltausübung nur so zum Spaß habe ich eigentlich immer verabscheut, es sei denn, ich wurde provoziert und musste jemandem eine Lektion erteilen. „Miss Nightingale, Sie haben den Attentäter, der sie beseitigen wollte, zweifelsfrei als die Nr. 2 der IRA identifiziert. Was macht Sie da so sicher, dass dieses auch wirklich wahr ist?" „Ehrlich gesagt kann ich da natürlich nur das wiedergeben, was Nr. 1 und Nr. 2 mir hierzu gesagt haben. Ich gebe gerne zu, dass das auch falsch gewesen sein könnte." „Miss Nightingale, wer sagt uns denn, dass die ganze Sache mit dem zweiten *Bloody Friday* nicht nur ein Ablenkungsmanöver von Ihnen war, um in Wirklichkeit ungestört das Parlament sprengen zu können? Hier vor diesem Gebäude stand ein Lieferwagen mit 700 Kilogramm Sprengstoff!" wollte jetzt ein kritischer Abgeordneter wissen. „Nun, ganz einfach: Mit Sprengstoff kenne ich mich inzwischen etwas aus. Das hätte zwar einen gewaltigen Knall gegeben, wenn die 700 Kilogramm vor dem Gebäude explodiert wären, aber ein wirklich professioneller Anschlag hätte noch ganz anders ausgesehen. Ich persönlich halte das, was geschehen ist, für eine Verzweiflungstat eines einzelnen Täters, wahrscheinlich von Nr. 1 der IRA, weil ihm seine meisten Aktivisten weggelaufen sind. Wenn Sie mir ein Bild des Täters zeigen würden, könnte ich da vielleicht weiterhelfen." „Miss Nightingale, einmal ganz ehrlich: Sind Sie der Meinung, dass Sie sich wegen Ihres Engagements eine zweite Chance verdient haben?" „Selbstverständlich nicht! Denn weder kann ich die von mir angerichteten Sachschäden bezahlen, noch Tote wieder lebendig machen. Im Prinzip kommt es auch gar nicht darauf an, ob dieses Parlament mich heute freispricht oder nicht. Für mich kommt es nur darauf an, ob und mit welcher Einstellung und welchem Gewissen ich weiterleben kann. Und ob ich das in einem Gefängnis tue, oder woanders, ist für mich eher nebensächlich. Wenn Sie meinen, dass ich nach wie vor eine Gefahr für die Allgemeinheit bin, dann sperren Sie mich bitte ein, denn dieses läge dann auch in meinem Interesse. Denn ich möchte nie wieder die Dinge tun, die ich getan habe, koste es mich, was es wolle." Die Befragung war jetzt zu Ende, Kate wurde von den Polizisten nach draußen geführt, und im Foyer des Nationalparlamentes an die beiden Polizisten gekettet. Die Kameras der Fotografen klickten ohne Unterlass.

Helgoland, Am Rande des Felswatts, 14.31h

Das Ausmaß der Schäden, welche die Ereignisse der vergangenen Nacht hinterlassen hatten, war enorm. Die Lange Anna war im unteren Drittel von der Rakete getroffen worden. Zwar stand der mächtige Felsen noch, aber es war absehbar, dass die nächste größere Sturmflut das Wahrzeichen Helgolands durchaus zum Einsturz bringen konnte. Denn der Helgoländer Sandstein war keinesfalls ein einheitliches Sandsteingemisch, sondern bestand zu einem guten Teil auch aus weichen Ton- und Salzschichten, welche durch eine größere Sturmflut und starke Regenfälle relativ schnell ausgewaschen werden konnten. Der Bürgermeister, Hauptbootsmann Mill, Dr. Zuckmayer und noch einige weitere Leute hatten sich nun bei Ebbe dem Pylonen vorsichtig von unten am Rande des Felswatts genähert. „Der muss dringend abgestützt werden", sagte jetzt der Bürgermeister, „sonst erlebt dieser Felsen das nächste Frühjahr nicht mehr." „Das sehe ich auch so", pflichte ihm Dr. Zuckmayer bei, der schon einige Felsabstürze auf Helgoland erlebt und dokumentiert hatte. „Demnächst werde ich da mal nach Fossilien suchen gehen, das könnte sich lohnen. Ich denke, ein paar Ammoniten und versteinerte Muscheln sollten uns sicher sein", meinte jetzt Dr. Zuckmayer. „Aber seien Sie bloß vorsichtig, und nehmen Sie einen Helm mit", riet der Bürgermeister. „Kann ich auch mitkommen, falls es meine Zeit zulässt? Ich sammle nämlich auch Fossilien!" sagte jetzt Hauptbootsmann Mill. „Von mir aus, kein Problem. Wie geht es eigentlich den Iren?" „Die stehen immer noch alle unter Schock. Dazu kommt noch, dass es ja nur ihr verdammtes Flaggschiff war, das schnellste Schiff der Flotte und der Stolz der ganzen Nation. Das gibt noch einen Haufen Ärger, unser Kapitän kann wahrscheinlich schon mal sein Patent abgeben. Und das Seeamt wird jetzt endlose Untersuchungen anordnen, und so weiter und so weiter, so ein Mist! Und alles nur wegen diesen bescheuerten Giftquallen!" „Ich will Sie ja nicht zusätzlich demoralisieren, Hauptbootsmann Mill, aber

Ihr Einsatz war nach meinen Erkenntnissen ohnehin eine vergebliche Liebesmüh", sagte jetzt Dr. Zuckmayer. „Warum das?" „Nun, die Quallen sind nur bei Temperaturen über der zweiundzwanzig Grad Celsius Marke wirklich giftig. Außerdem sterben sie zum Winter hin sowieso ab. Und darüber hinaus haben wir herausgefunden, dass die Quallen möglicherweise auch noch andere Meerestiere verseuchen können, welche dann genau so giftig wie die Quallen werden. Und außerdem wäre das Quallenproblem wohl nicht entstanden, wenn der schlaue und äußerst intelligente *Homo sapiens* nicht seine ganzen Chemie- und Industrieabfälle klugerweise in der Nordsee deponiert hätte. Denn diese sind für das Auftreten der Killerquallen ursächlich. Das heißt, wir haben uns hier die ganze Zeit nur mit unserem eigenen Müll herumgeschlagen, ja nur mit unserem eigenen Müll. Und jetzt stehen wir da und lecken unsere Wunden."

Dublin, Nationales Parlament (Oireachtas), 16.45h

Kate saß nun schon fast eine Stunde im Foyer des Nationalparlamentes, angekettet wie ein Schwerverbrecher. Der Haupteingang war durch Markierungsbänder abgesperrt worden, Dahinter standen Reporter und machten mit ihren Teleobjektiven eifrig Fotos von Kate und ihren Bewachern. Als sie sich die beiden Polizisten etwas genauer ansah, stellte sie überrascht fest, dass der eine zur City-Police von Dublin gehörte, der andere aber zur City-Police von Belfast. Sie sprach die beiden darauf an, was das zu bedeuten habe, doch die Beamten grinsten geheimnisvoll. Dann sagte der Beamte aus Belfast: „Soso, unsere Nationalheldin Miss Nightingale hat mir also damals die Hälfte meines Fuhrparks weggebombt. Also mal ganz ehrlich, Miss Nightingale: Allein dafür würde ich Sie schon mindestens zwanzig Jahre in den Knast stecken. Und ich würde Sie den ganzen Tag lang Autos reinigen lassen. Aber Sie haben Glück, dass ich nicht der Richter bin, der darüber entscheiden muss." Der Polizist aus Dublin schloss sich ihm jetzt an: „Und ich habe da so einige Akten, wo eine kleine blonde Frau Ihrer Statur an Tätlichkeiten jeglicher Art beteiligt gewesen sein soll. Ziemlich gefährlich, diese Sachen. Also damit die Dubliner wieder ruhig schlafen können, würde ich Sie wahrscheinlich auch mindestens zwanzig Jahre ins Loch stecken." Darauf sagte Kate resigniert und seufzend. „Sie haben beide völlig Recht. Früher wäre ich wahrscheinlich gehängt worden. Wissen Sie, das ist mir letzte Nacht noch mal richtig klar geworden, dass die IRA ein Monster aus mir gemacht hat. Und mein Fehler war der, dass ich dabei mitgemacht habe. Sehen Sie, wenn ich das Monster eben entfesselt hätte, dann würden Sie beide jetzt tot in der Bank liegen, und ich würde ohne Ketten aus dem nächsten Fenster springen. Das ist im Prinzip ganz einfach, aber zu Ihrem Glück möchte ich das nicht mehr. Sperren Sie mich ein, wenn das Parlament es richtig findet. Ich werde mich dann schon damit abfinden. Nur für mein Kind wird es dann später hart werden. Aber auch das Kind ist für mich kein Argument, hier irgendjemanden um Nachsicht zu bitten." Da kam Professor Ferguson um die Ecke gebogen. „Hey Miss Nightingale, was haben Sie denn jetzt wieder ausgefressen?" fragte er und grinste schelmisch. „Ach, ich habe nur den halben Fuhrpark der Belfaster Polizei in die Luft gejagt und außerdem den Fernzünder für die Sprengung des Europaterminals am Airport von Dublin hergestellt. Für diese und noch andere Kleinigkeiten wollen die beiden Beamten hier neben mir mich insgesamt mindestens 40 Jahre lang in den Bau stecken, wobei ich wahrscheinlich gar nicht mehr so lange leben werde. Also lebenslänglich." Sie zuckte resigniert mit den Schultern. „Dann kommen Sie auf jeden Fall in einen Luxusknast für Prominente, Miss Nightingale. Ich meine nur – bei dem prominenten Besuch, den Sie dann dauernd bekämen. Sogar Ian Bannister würde Sie regelmäßig besuchen kommen, das hat er mir vorhin jedenfalls gesagt. Na, was halten Sie davon?" „Au weia, ausgerechnet der", stöhnte Kate, „ich dachte immer, die Folter wäre hier schon vor einigen Jahren abgeschafft worden..." Jetzt begannen alle zu lachen, die beiden Polizisten grinsten bis über beide Ohren, dann fragte der Beamte aus Belfast, ob die Fesseln zu eng wären oder drücken würden. Sie schüttelte mit dem Kopf. Da klingelte sein Handy. „Ja. Was? Wirklich? O.K., das machen wir so, ja bye, Herr Parlamentspräsident." Dann wandte er sich an Kate. „So, Miss Nightingale, wir gehen jetzt darein und hören uns den Spruch des Nationalparlamentes an. Aber wir haben ausdrückliche Order dazu bekommen, Sie gefesselt vorzuführen. Der Parlamentspräsident sagte mir, dass Sie das hinterher verstehen würden, wir können es Ihnen jetzt auch nicht erklären. Er sagte was von wichtiger Staatsräson, oder so etwas Ähnliches." Kate wurde sichtlich blass und sah angespannt aus. „Kopf hoch, ich besuche Sie dann auch im Luxusknast!" rief Professor Ferguson ihr noch nach, dann eilte er hinter ihr in den Saal auf eine Zuschauerbank. Jetzt wurde Kate wie eine Angeklagte nach vorne geführt und musste sich in der Mitte des großen Plenarsaales auf einen einzelnen Stuhl setzen, auf dem sie wie auf dem Präsentierteller saß. Die beiden Polizisten ketteten sie an den Stuhl. Alle Blicke ruhten auf ihr. Dann ging der Parlamentspräsident ans Rednerpult und begann seine Rede: „Miss Nightingale, bevor gleich Kenneth Sinclair Ihnen die Entscheidung über Ihre Person mitteilen wird, muss ich Ihnen noch eine kleine Rüge erteilen. Denn es stand Ihnen als Gastrednerin dieses Forums nicht zu, vom Parlament eine Schweigeminute zu verlangen. In Anbetracht der näheren Umstände ist das Parlament jedoch zu dem Ergebnis gekommen, dass Ihr Verhalten gegenüber diesem Parlament ansonsten angemessen und aufrichtig war. Deshalb hat dieser kleine Formfehler Ihrerseits auch keine Entscheidung des Parlamentes beeinflusst. Des Weiteren möchte ich Sie hier darüber belehren, dass dieses Gremium keine Gerichtsbarkeit darstellt, wohl aber mit der Judikative eng zusammenarbeitet. Das heißt, dass die Entscheidungen des heutigen Plenums mit den üblichen demokratischen Mitteln anfechtbar sind. Allerdings vermuten wir, dass Sie daran wahrscheinlich nicht interessiert sind, ist es nicht so?" Kate nickte, mit einem Mal wirkte sie schwach und zerbrechlich. „Ich übergebe jetzt das Wort an unseren Taoiseach, Kenneth Sinclair, bitte sehr." Kenneth Sinclair erhob sich jetzt und ging zum Rednerpult. Dann sagte er, zu den links von Kate sitzenden Reportern und Kameraleuten gewandt. „Ich erlaube es Ihnen jetzt, mit der Liveübertragung der heutigen Sondersitzung zu beginnen. Ich bitte um Verständnis, dass wir die vorhergehende Abstimmung leider nicht öffentlich machen konnten. Aber es handelte sich dabei um ein demokratisches Grundrecht." Jetzt schwenkten erst alle Kameras auf Kate, dann auf Kenneth Sinclair. „Miss Nightingale, mit Ihrem mutigen Geständnis haben Sie eine ganze Nation herausgefordert, das ist Ihnen doch hoffentlich klar?" Kate nickte ergeben. „Nun, wir haben uns Ihre Aussagen vorhin kritisch angehört, wirklich sehr kritisch. Darüber hinaus haben wir auch noch eine der mit Ihrem Fall betrauten Sonderermittlerinnen befragt, nämlich Miss Sandra Miller, die uns mit einer Live-Schaltung zugeschaltet wurde." Kate schluckte jetzt etwas und Kenneth Sinclair nahm auch einen Schluck Wasser. „Um nur noch einmal eine Sache klarzustellen: Alles was hier und jetzt geschieht, möchten Sie bitte als einen symbolischen Akt betrachten, es liegt nicht in der Absicht dieses Plenums, Sie, Miss Nightingale, vorzuführen oder bloßzustellen." Kenneth Sinclair machte eine bedeutsame Pause. „Erkennen Sie an, dass Sie sich als irische Staatsbürgerin diesem Gremium unterzuordnen haben, was immer es beschließt oder noch beschließen wird, so antworten Sie jetzt bitte mit: Ja, so wahr mir Gott helfe." „Ja, so wahr mir Gott helfe." „Gut, dann wäre das ja geklärt. Denn dieses Parlament setzt sich heute erstmals auch aus einigen Parlamentariern zusammen, die wir aus Belfast und Derry hierhergeholt haben. Meine Damen und Herren von der Presse: Diese ist ein historischer Tag!" Der

Saal applaudierte. „Entschuldigung, Miss Nightingale, kommen wir wieder zu Ihnen. Bevor wir über Ihr weiteres Schicksal abstimmten, haben wir den Beschluss gefasst, dass wir Ihnen die Chance auf ein künftiges Leben in Freiheit nur dann gewähren wollen, wenn alle Vertreter aus allen Fraktionen einstimmig dafür sind. Das heißt, dass Sie bei nur einer einzigen Gegenstimme lebenslänglich hinter Gittern verschwinden werden, ohne Aussicht auf Bewährung. Ich habe diesen Antrag selbst gestellt, weil ich der Meinung bin, dass unsere Nation einen absolut einigen Neuanfang braucht. Egal, welche Partei es jetzt betrifft, wir alle müssen neu beginnen." Kate wurde jetzt sichtlich blass und sank auf dem Stuhl zusammen, sie fühlte sich hundeelend. Erst liefen einzelne Tränen, dann wurde sie von Weinkrämpfen geschüttelt. Die nervliche Belastung war einfach zu viel für sie. Besorgt eilte Professor Ferguson herbei und es erhob sich aufgeregtes Gemurmel. Kenneth Sinclair verließ das Rednerpult, stieg hinab und kniete sich vor Kate nieder, die kaum noch etwas von ihrer Umgebung wahrnahm. Auch Keith Hastings kam dazu. Sie gaben ihr ein Taschentuch und Professor Ferguson gab ihr eine Injektion zur Beruhigung. Sie ließ alles widerstandslos mit sich geschehen. Dann legte Kenneth Sinclair ihr seine Arme auf die Schultern, sah sie direkt an und sagte: „Miss Nightingale, das Nationalparlament hat sie doch einstimmig amnestiert. Miss Nightingale, hey, haben Sie das verstanden?" Verdutzt sah Kate ihn an. „Wirklich?" „Ja, wir wollen jetzt in einem symbolischen Festakt Ihre Fesseln lösen, das heißt ich, der Innenminister und der Justizminister. Es soll doch hinterher keiner sagen, dass das billige Gnade sei, oder so etwas, was meinen Sie? Bitte entschuldigen Sie, dass wir Sie nervlich etwas überfordern mussten, aber nur so ist unsere Entscheidung später nicht mehr anfechtbar, Sie verstehen?" Kate nickte, dann kam auch der Justizminister, und sie nahmen ihr die Ketten ab, mit denen man sie wie einen Schwerverbrecher gefesselt hatte. Der ganze Saal applaudierte. Dann kam überraschend der britische Premierminister Gus Falkner nach vorne und hielt eine kurze knappe Ansprache. „Liebes Nationalparlament, liebe Nachbarn, liebe Freunde! In der Vergangenheit ist die Geschichte von Briten und Iren immer wieder mit Blut geschrieben worden. Ich wünsche es mir, dass die Dämonen von früher nie wieder aus dem Schrank geholt werden. Machen Sie bitte das Gleiche wie wir: Sperren Sie sie tief unten ein in ein dunkles Verlies und werfen Sie den Schlüssel einfach weg. Und dafür werden Sie künftig noch einige Leute mehr vom Schlage einer Kathrin Nightingale brauchen. Ich darf Sie zu Ihrer heutigen einmütigen Entscheidung beglückwünschen. Insbesondere möchte ich meiner Freude darüber Ausdruck verleihen, dass sogar die Vertreter der Sinn Fein diese heutige Entscheidung mitgetragen haben. Zeigt es doch aller Welt, dass Gräben zugeschüttet werden können und Menschen zusammenkommen. Machen Sie alle künftig weiter so, dann haben wir alle eine friedliche und gute Zukunft vor uns!" Der ganze Saal applaudierte jetzt, dann winkte Gus Falkner allen zu und jemand erteilte jetzt Ian Bannister das Wort: „Liebe Landsleute, liebes Nationalparlament, liebe Kate! Dies ist ein großer Tag für Irland, und ich freue mich, der neuen demokratischen Nation zu diesem besonderen Tag gratulieren zu dürfen! Ich bin ehrlich gesagt sehr zwiegespalten, denn auf der einen Seite trauere ich noch um meine ermordete Frau Martha, auf der anderen Seite freue ich mich, dass ich an diesem historischen Moment Teil haben darf." Er machte eine kurze Pause, dann fuhr er fort. „Also mal ganz ehrlich: Ich hatte vor Kate wirklich Angst, als sie mich in Ihre Gewalt gebracht hatte. Aber dann bin ich nicht nur Zeuge ihres Sinneswandels geworden, sondern sie hat mich davon abgehalten, Böses mit Bösem zu vergelten und damit eine große Dummheit zu begehen. Ja, ich denke, sie hat mich tatsächlich auch verändert. Ich habe große Hoffnungen für sie, und deshalb habe ich mich dafür eingesetzt, dass Sie auf Helgoland rehabilitiert werden kann.

Außerdem möchte ich mich dafür einsetzen, dass sie später in Beruf und Familie normal weiterleben kann, wie andere Leute auch. Nochmals: Ich wünsche allen Iren und auch Kate Nightingale, dass Sie alle eine gute Zukunft haben werden. May God bless You all!" Alle applaudierten, dann erklangen plötzlich Rufe aus dem Zuschauerbereich: „Kathrin soll sprechen! Kathrin soll eine Rede halten! Kathrin! Kathrin!" Keith Hastings stützte sie jetzt links etwas ab, und Kate ging wie in Trance ans Rednerpult. Ihre Stimme stockte etwas, dann fing sie sich, der Saal wurde ruhig und sie sah in viele erwartungsvolle Gesichter. Dann begann sie zu sprechen, zuerst leise und unsicher, dann jedoch mit einer sanften Energie, die man ihr kaum noch zugetraut hätte. „Liebes Nationalparlament, liebe Landsleute, lieber Ian, Papa Keith und lieber Taoiseach, habe ich wen vergessen? Ich hoffe doch nicht. Ich danke Euch und Ihnen allen. Als ich vorhin hörte, dass das Parlament herausgefordert war, ein einstimmiges Votum über mich abzugeben, habe ich wirklich geglaubt, dass ich jetzt in einem dunklen Verlies der Weltgeschichte weggeschlossen werde, worin man mich einsperrt, und dann den Schlüssel wegwirft. Deshalb bin ich auch völlig zusammengebrochen, es tut mir sehr leid, dass ich für einen Moment jegliche Beherrschung verloren habe. Aber ich dachte wirklich: jetzt kommst Du lebenslänglich in den Knast, und alles andere war umsonst." Kate legte eine rhetorische Pause ein. „Wäre das passiert, dann hätte ich irgendwann im Gefängnis mein Kind geboren, es zur Adoption freigegeben oder es dem Vater überlassen, und dann hätte ich mich wahrscheinlich in guter alter IRA-Tradition einfach zu Tode gehungert." Kate stockte etwas. „Aber glücklicherweise durfte ich die Erfahrung machen, dass die ganze Nation hinter mir stehen und mir helfen möchte, einen neuen, einen beispielhaften Weg zu gehen. Ich möchte deshalb auch der ganzen Nation Danke dafür sagen, dass sie mir dieses Vertrauen entgegenbringt, das ich in mich selbst vielleicht gar nicht hätte. Wisst Ihr, oder wissen Sie alle eigentlich, wovon ich träume?" Kate hielt kurz inne. „Ich träume von katholischen Eltern, die zu ihren Kindern sagen: Bei den Oraniermärschen könnt ihr schöne bunte Kostüme sehen, und es gibt dort leckeres Eis und Würstchen. Ich träume von protestantischen Eltern, die sagen: Gar kein Thema, wenn das Enkelkind katholisch getauft wird. Und ich träume von Katholiken, Anglikanern, Presbyterianern und anderen Christen, die gemeinsame Gottesdienste feiern und hinterher sagen: War das nicht schön, wie uns heute wieder der Herr begegnet ist? Und last but not least träume ich davon, dass ich eines Tages nach meiner Resozialisation als ehemalige katholische IRA-Terroristin in einem protestantischen Kindergarten in Belfast als Kindergärtnerin arbeiten darf. Ich weiß, dass meine Träume für einige Leute hier im Saal sehr anstrengend sind, aber das ist erst der Anfang! Besinnen wir uns doch auf unsere Wurzeln, tun wir doch einfach das, was auch dem Heiligen Patrick oder der Heiligen Brigida von Kildare gefallen hätte, warum eigentlich nicht! Und ich will gerne dabei, wenn Sie mich lassen, wenn Ihr mich lasst. Da wo geschossen und gekämpft wird. Denn die Sache ist es wert. Oder seid Ihr Euch das nicht selbst wert?" Kate hielt jetzt erschöpft inne, alles applaudierte und die Menge rief nur noch „Kathrin, Kathrin, we love You!" Dann wollte sie noch etwas sagen, doch ihr wurde plötzlich schwarz vor Augen und sie sackte einfach nach hinten weg und blieb bewusstlos auf dem Teppich liegen. Heute hatte sie wirklich alles gegeben. Professor Ferguson war sofort da und schüttelte nur mit dem Kopf. Dann wurde Kate hinausgetragen. Es wurde plötzlich sehr still im Saal.

Dublin, Städtisches Krankenhaus, Krankenzimmer von Sandra Miller und Kathrin Nightingale, 18.45h

Kate erwachte davon, dass Professor Dr. Ferguson jemanden im Nebenzimmer anbrüllte. Sie hatte den freundlichen, manchmal auch etwas abgründig humorigen Professor noch nie so wütend erlebt. „Ist es Ihnen eigentlich klar, was Sie hier getan haben? Sie haben einen Mordanschlag auf die wichtigste Patientin von ganz Irland verübt! So eine verdammte Sauerei! Der Junge wäre fast durchgedreht, als er das Blut gesehen hat! Und Sie wollen mir was erzählen von: *Da habe ich wohl das Pulver verwechselt!* Ich hätte gute Lust, jetzt die City-Police von Dublin anzurufen, und Sie wegen versuchten Mordes verhaften zu lassen!" Nach dieser Tirade hörte Kate eine junge Frau weinen. Diese wiederum schien sich in völliger Auflösung zu befinden. Kate öffnete die Augen. Als erstes sah sie Sandra Miller, die neben ihr senkrecht im Bett saß, die Tirade des Professors hatte sie offenbar hochgetrieben. An ihrem Bett saßen Kai und Fuji, die beide sehr besorgt dreinblickten. Kate stellte fest, dass sie wieder ein Engelhemd anhatte und wieder am Tropf hing, sie fühlte sich etwas schlapp, aber sonst schien sie O.K. zu sein. Ihre letzte Empfindung vor ihrer Ohnmacht war die gewesen, dass ihr plötzlich Schweiß über den Oberkörper rann, danach konnte sie sich an nichts mehr erinnern. Schwach fragte sie jetzt: „Was war denn los?" Kai sprang schnell auf, rannte aus der Tür und zerrte jetzt Professor Ferguson hinter sich her, zu Kate ans Bett, ehe er seine Schimpfkanonade fortsetzen konnte. „Hey Doc, was war denn los, warum regen Sie sich so auf? Was war denn mit mir?" Wollte Kate jetzt wissen. „Na Sie sind echt gut, Miss Nightingale! Sie wären wegen einer Schlamperei hier im Krankenhaus fast verblutet! Die Schwester, die Ihnen den Tropf mit dem Clont geben sollte, hat Ihr Clont einem anderen Patienten gegeben. Der andere Patient sollte dagegen das gute alte Marcumar bekommen, ein Blutverdünnungsmittel. Mein Gott Kate, Sie wären fast verblutet, haben Sie das nicht gemerkt?" „Ich dachte noch, warum läuft mir da plötzlich Schweiß über den Oberkörper, das ist das letzte, was ich fühlte." „Ja, die Wunde am Schlüsselbein ging natürlich wieder auf, nachdem die Wirkung des hoch dosierten Marcumars einsetzte. Ich dachte erst, es wäre nur die Überanstrengung oder der Stress gewesen, erst als Kai im Krankenwagen geschrien hat, dass alles voll Blut sei, haben wir das Malheur bemerkt. Denn Sie hatten ja ein dunkles Kleid an, wo man natürlich kein Blut sehen konnte. Ihr ganzes Unterhemd war flächig rot. Das können Sie jetzt als rotes T-Shirt tragen..." „Und was ist jetzt, wie haben Sie mich wieder hingekriegt?" „Es geht doch nichts über die Wunder der modernen Medizin: Ich habe Ihnen im Krankenwagen erst eine Blutkonserve verpasst und außerdem ein starkes Gerinnungsmittel gespritzt. Es hat allerdings noch einige Zeit gedauert, bis die Blutung gestillt war." „Professor, glauben Sie wirklich, dass das ein Anschlag war?" fragte jetzt Dr. Ito. „Wahrscheinlich ist das nicht, aber ich habe die Krankenschwester etwas zusammengefaltet. Manchmal vergessen die nämlich, dass sie Menschenleben in ihren Händen halten." „Würden Sie die Krankenschwester bitte mal herholen? Ich möchte sie gerne sehen", sagte jetzt Kate. Kai hatte es verstanden und ging nach nebenan, dann kam er mit der völlig verheulten Krankenschwester zurück. „Bitte kommen Sie doch mal zu mir", sagte Kate sanft, die Schwester gehorchte. Kate bedeutete ihr, sich auf das Bett zu ihr zu setzen, was sie auch schüchtern tat. Dann fragte Kate die Schwester: „Wie heißen Sie?" „Ich bin Schwester Mildred, Madam." „Schwester Mildred, bitte hören Sie jetzt mal auf zu weinen, ich kann das nicht ertragen. Nun gib ihr doch mal jemand ein Taschentuch, bitte!" Dr. Ito reichte Schwester Mildred ein Taschentuch. Dann sagte Kate: „Schwester Mildred, wie lange arbeiten Sie schon auf dieser Station?" „Seit vorgestern, Madam, ich bin neu hier im Krankenhaus und finde mich noch nicht so gut mit allem zurecht." „Schwester Mildred, nun machen Sie sich mal wegen mir bitte keine Gedanken mehr, O.K.? Sehen Sie, ich werde das nicht melden, und ich möchte auch nicht, dass Professor Ferguson einen großen Film davon macht. Glauben Sie es mir, ich habe viel schlimmere Dinge getan als Sie eben, und das mit Absicht! Dagegen sind Sie ein wirklicher Engel. Sehen Sie, Schwester Mildred, ich habe Krankenschwestern immer bewundert, weil sie immer freundlich zu den nervigsten Patienten und Ärzten sein müssen, in Schichtdiensten arbeiten und auch sonst viel Stress und Überstunden haben. Was ihnen sicher niemand bezahlt. Es ist halt passiert, aber ich hätte ja auch aus ganz anderen Gründen im Nationalparlament umklappen können. Also von mir aus ist die Sache erledigt, und Professor Ferguson vergisst das jetzt bitte auch, können Sie das, Professor?" „Ungern, Miss Nightingale, nur sehr ungern", brummelt der Professor grimmig. Schwester Mildred drückte jetzt die Hand von Kate und hauchte nur. „Ich danke Ihnen Madam, vielen Dank. Ich dachte vorhin schon, dass ich mir bald eine neue Stelle suchen müsste! Wissen Sie, ich habe ein kleines Kind, und es ist heutzutage nicht so einfach, mit Kind eine Arbeit zu bekommen." „Nennen Sie mich einfach nur Kate, O.K.? Und jetzt hätte ich noch eine schwere Aufgabe für Sie: Ich brauche etwas Kaffee, um wieder etwas wach zu werden. Wie spät ist es überhaupt, ich habe gar kein Zeitgefühl mehr!" Schwester Mildred verließ das Zimmer. Sandra sagte: „Es ist jetzt gerade kurz nach sieben Uhr abends." In diesem Moment klopfte es an der Tür, und hoher Besuch trat ein. Der Taoiseach Kenneth Sinclair, der Innenminister Keith Hastings, der Justizminister Harold Liam, sowie Ian Bannister und Aische Özdemir kamen herein, sie trugen eine große Menge an Blumen, die sie auf dem Krankenbett ablegten, so dass Kate fast vollständig darunter verschwand. Dann fragten sie Kate nach Ihrem Wohlbefinden und wünschten ihr eine rasche Genesung. Danach kam Andrea O´Leary zusammen mit Schwester Mildred ins Zimmer, die Kate nun einen erstklassigen Kaffee servierte. Kate bat darum, auch den anderen Kaffee zu bringen, was Schwester Mildred mit übergroßem und strahlendem Eifer tat. Dann sagte der Taoiseach Kenneth Sinclair: "Miss Nightingale, ich glaube, ich muss mich nochmals bei Ihnen entschuldigen. Sehen Sie, wir wollten Sie nicht erschrecken. Natürlich wusste ich bereits vor meiner Antragstellung an das Nationalparlament, wie die Sache ausgehen würde, weil ich vorher mit jedem einzelnen Abgeordneten darüber gesprochen habe. Die Sinn-Fein-Abgeordneten waren übrigens die folgsamsten von allen, denn hätten sie nicht mitgemacht, hätten die anderen Parteien die Sinn Fein vom Parlament ausgeschlossen und die gesamte Partei künftig verboten. Und auch die anderen konnten sich ein Votum mit *Nein* aus den einen oder anderen Gründen nicht leisten. Schließlich wollte ja auch niemand ernsthaft die nationale Einheit gefährden, die ja noch sehr jung ist. Es tut mir wirklich leid, dass es so melodramatisch aussah, aber das mussten wir letztlich auch tun, weil die ganze übrige Welt uns dabei zusah. Und der Rest der Welt soll schließlich nicht glauben, dass das neue Irland künftig eine rechtsfreie Zone ist, oder ein Amnestieparadies für Terroristen oder Ähnliches." „Das habe ich schon verstanden, Sie haben das ganz gut inszeniert. Ich hatte wirklich Angst, und allein schon das Vorhandensein der Ketten hat mich völlig demoralisiert, das war fast schon etwas inhuman. Ich fühlte mich so verloren, so nackt, so wehrlos". „So musste es auch sein!" schaltete sich jetzt der Justizminister ein. „Denn alles andere hätte danach ausgesehen, als ob unser Parlament nichts mehr zu sagen hätte. Obwohl der ganze Vorgang an sich durchaus fragwürdig war, auch rechtlich gesehen, wie ich leider zugeben muss. Von einem rein juristischen Standpunkt gesehen hat das Parlament hier plötzlich die Funktion einer imaginären Gerichtsbarkeit übernommen, was es eigentlich nicht darf." „Also war das alles nur eine große Show? Ein Bluff, um die Leute zu beeindrucken?" Wollte Kate wissen. „Wenn Sie so wollen, ja", gab jetzt Kenneth Sinclair zu. „Aber das ist eben höhere Politik! Wir sind leider manchmal gezwungen, uns über gewisse Dinge hinwegzusetzen, wenn es um eminent wichtige Angelegenheiten geht. Miss Nightingale, auch wenn wir Sie künftig ganz offiziell als vorbestrafte Person führen werden, so sind wir Ihnen doch zu großem Dank verpflichtet. Und zwar dafür, dass Sie nicht nur dazu beigetragen haben, das Leben von Miss O´Leary zu retten, sondern auch, weil Sie mit Ihrem couragierten Auftritt wahrscheinlich sehr vielen Menschen in Derry-Londonderry, in Belfast und in Dublin das Leben gerettet haben. Unsere Spezialisten haben insgesamt mehr als 55 Sprengsätze sichergestellt, nicht gerechnet die 700 Kilogramm-Bombe vor dem Nationalparlament. Deshalb werden wir Ihnen später noch den höchsten Orden unseres Vaterlandes verleihen, außerdem werden wir ein Bild von Ihnen im Foyer unseres neuen Nationalparlamentes aufhängen." „Aber das wäre doch gar nicht nötig. Ich habe doch nur getan, was mir mein Gewissen befahl zu tun!" „Miss Nightingale, wenn das alle Iren in der Vergangenheit so gemacht hätten wie Sie, dann würden wir heute eine erheblich höhere Bevölkerungsdichte in unserem kleinen Inselstaat haben, das können Sie mir ruhig glauben," sagte jetzt Kenneth Sinclair. „Sie sagten vorhin etwas von einem neuen Nationalparlament, wo soll das denn stehen?" fragte Kate. „Wir werden die Bevölkerung ganz Irlands darüber abstimmen lassen müssen, aber wir wollen natürlich einen Ort mit integrativem Charakter haben, der auch die nötige Infrastruktur dafür aufweist. Belfast und Derry-Londonderry sind da durchaus schon in unserer internen Diskussion aufgetaucht, aber auch kleine Orte wie Slane und Downpatrick wurden schon von verschiedenen Leuten ins Spiel gebracht. Das würde dann allerdings sehr teuer für den Steuerzahler werden, weil wir bei diesen kleinen Orten neue Städte bauen müssten. Aber das wollen wir das gesamte Volk entscheiden lassen, denn wir wollen einen möglichst breiten Konsens darüber haben. Ja, und da ist natürlich noch ein Aspekt: Sie, Miss Nightingale, sind bereits jetzt ein lebender Bestandteil unserer Landesgeschichte geworden. Unsere Kinder werden von Ihren Taten aus Geschichtsbüchern erfahren, Sie werden ein Beispiel abgeben für die Generationen der Zukunft! Na, wie gefällt Ihnen das? Eine lebende historische Persönlichkeit zu sein, die neue Ikone Irlands?" „Shit! Darüber habe ich noch gar nicht nachgedacht. War ich denn wirklich so wichtig?" „Oh ja, ohne Sie hätte alles viel länger gedauert, glauben Sie mir. Und ohne Sie wären am letzten Freitag viele unschuldige Menschen dem Terror zum Opfer gefallen. Und ohne Sie wären dann bereits heute die ersten Angehörigen der Opfer auf den Pfad der Blutrache getreten. Und so weiter, wie hunderte Jahre vorher... Verstehen Sie es jetzt, was unsere Nation Ihnen verdankt?" „My God, das hätte ich nie geglaubt! Und ich dachte immer, ich wäre unwichtig!" „Ah, ist Demut nicht eine schöne Tugend!" rief jetzt Ian Bannister. Und dann fügte er etwas ernster hinzu: „Und ich Idiot wollte Dich ernsthaft umbringen! Kate, ich werde Dir ewig dafür dankbar sein, dass Du mich vom Gegenteil überzeugt hast. Kate, ich bin jetzt wirklich stolz auf Dich, dass Du Dein Resozialisierungsprogramm noch bei uns auf Helgoland zu Ende bringen willst. Obwohl Du das als neue Nationalheilige nicht tun müsstest." „Doch, Ian, ich muss. Als ich vor dem Nationalparlament an die beiden Polizisten gekettet war, habe ich doch tatsächlich darüber nachgedacht, wie ich die beiden mit den Ketten erwürgen könnte, um zu fliehen... Immer wieder denke ich diesen Shit! Ich komme da nicht so ohne weiteres raus, es sitzt ganz tief in mir drin, die New Revenge IRA hat mich da wohl leider echt versaut, in der Beziehung." Jetzt schaltete sich der Justizminister Harold Liam ein: „Sehen Sie Miss Nightingale, und genau das hat mich davon überzeugt, dass es Sinn macht, mit Ihnen dieses Programm durchzuziehen. Ihre schonungslose Ehrlichkeit! Was meinen Sie, wie viele Straftäter mir die besten Absichten versprochen haben. Aber dann später, als es darauf ankam, das glatte Gegenteil taten? Ich kann Ihnen versichern, dass es viel zu viele waren! Deshalb haben wir ja auch so große Hoffnungen in Sie gesetzt. Es wird nicht leicht werden, aber am Ende werden Sie etwas ganz Neues sein. Und Sie werden die Ikone einer Gesellschaft werden, in der versöhnt, statt gehasst, und integriert, statt gespalten wird. Wenn Sie das auch wollen, dann werden wir alles in Sie investieren, was wir an Personal und Mitteln dafür haben, denn bei Ihnen sind wir uns jetzt schon sicher, dass wir unser Investment mindestens zehnfach, wenn nicht gar hundertfach zurückerhalten werden." Kate schwieg beeindruckt, so hatte sie es noch nicht gesehen. Dann fragte sie: „Darf ich meine Rede vor dem Nationalparlament eigentlich später noch vollenden? Ich war nämlich noch nicht ganz fertig." „Wo immer und wie auch immer Sie das wollen, Kathrin", versprach jetzt der Taoiseach. „Nennen Sie mich doch einfach alle einfach nur Kate, ich kann es mir nämlich langsam nicht mehr merken, wer mich wie anredet." „O.K. Kate, ich bin Ken". „Und ich Harry" sagten jetzt Taoiseach und Justizminister. Jetzt fragte Keith Hastings: „Und wie wollen wir unseren kleinen Club nennen?" Harold Liam übernahm die Antwort für die anderen: „O.K., wir sind ganz einfach der Kate-Club!" Dann sagte er, an Kate gewandt: „Und wann immer Du in Schwierigkeiten sein solltest, kannst Du Dich immer an einen von uns wenden und um Hilfe rufen, ist das für Dich O.K., Kate, Ikone von Irland?" Er grinste schelmisch. „O.K., ich werde es mir merken. Aber das ist ein ganz schön anstrengender Job." „Na hoffentlich nicht anstrengender, als im Untergrund zu leben und Anschläge auszuhecken", sagte jetzt der Taoiseach. „Das mache ich bestimmt nie wieder! Jetzt sind erst mal andere Dinge dran, Mutter werden zum Beispiel!" Kate drückte jetzt Kai an sich, der etwas verlegen dreinsah. „Ich musste mich vorhin im Nationalparlament übrigens sehr beherrschen, als Du sagtest, dass das Zeugen von Kindern kein terroristischer Akt sei! Also ehrlich Kate, ich hätte mich fast weggeschmissen vor Lachen, aber als Taoiseach musste ich ja leider völlig ernst bleiben. Das ist manchmal schwerer, als es aussieht. Manchmal glaube ich, unser Plenum wäre so eine Art Kindergarten, so wie sich einige manchmal benehmen!" sagte jetzt Ken. Alle lachten und es wurde noch eine heitere Runde. Zum Abschied sagte dann der Taoiseach: „Übrigens bekommst Du morgen noch Besuch von Marc Conolly. Das war der Staatsanwalt, der den Anschlag mit der 700-Kilobombe vereitelt hat. Er braucht Deine Hilfe, Du sollst Dir ein paar Fotos ansehen und ähnliches. Du bist natürlich nicht dazu gezwungen, ihm zu helfen, aber nett wäre es schon, denn wir wollen unbedingt den Mord an Ians Frau Martha aufklären. Er sagte mir am Telefon, dass es neue und möglicherweise Bahn brechende Erkenntnisse gäbe. Aber alleine kommt er da nicht weiter. Vielleicht kommt Ian später auch noch dazu, es könnte unter Umständen hilfreich sein." „Er kann gerne kommen und ich freue mich wirklich sehr, dass er den Anschlag verhindern konnte", sagte Kate. „Leider nicht ganz. Denn vor seinen Augen hat der Attentäter zwei Zivilpolizisten einfach erschossen. Er musste es mit ansehen und konnte nichts machen, weil er zu weit weg war. Eine schlimme Geschichte, ich glaube er geht deswegen jetzt zu einem Psychologen." „So ein verdammter Schweinehund, einfach zwei Menschen zu killen, nur weil sie ihm gerade in die Quere kamen!" regte sich jetzt Ian Bannister auf, Aische Özdemir musste ihn etwas beruhigen. Dann verabschiedeten sich alle und Fuji und Kai blieben mit Sandra zurück. Dann kam Schwester Mildred ganz verzweifelt angelaufen und rief: „Madam, Kate! Wir haben ein echtes Problem. Hier kommen dauernd Leute und geben Blumen für Dich ab. Der ganze Gang ist schon voll, man kommt ja kaum noch durch. Würde ich die Blumen hier rein tragen, dann wäre das Zimmer bald voll bis unter die Decke! Und seit Andrea O´Leary eben im Fernsehen gesagt hat, dass Du wieder voll da bist, stehen draußen vor dem Eingang zur Klinik Dutzende von Leuten und wollen Dich sehen! Sie fordern, Dich sehen zu können, weil Sie nicht glauben wollen, dass es Dir gut geht." „Haben wir noch ein neues Kleid für mich?" fragte jetzt Kate Sandra. „Tut mir leid Kate, aber eines brauche ich noch selber und die anderen beiden werden gerade gereinigt." „Tja, dann werde ich wohl im Engelhemd rausmüssen." „Aber Kate, solltest Du Dich nicht etwas schonen?" meinte jetzt Fuji. „Fuji, hör mal: Wenn die Leute nicht glauben, dass es mir gut geht, dann stürmen sie bestenfalls das Krankenhaus und verursachen hier ein schlimmes Chaos, und schlimmstenfalls verwüsten sie die Innenstadt von ganz Dublin! Fuji, nimm es mir bitte nicht übel, aber Du kennst die Iren nicht! Die können starrköpfig und uneinsichtig sein bis zum Gehtnichtmehr!" Dann sagte Kate zu Schwester Mildred: „Bitte bringst Du mir einen Morgenmantel? Ich gehe jetzt da raus, Ihr könnt mich ja etwas stützen, O.K.? Und bitte, Schwester Mildred: Könntest Du wohl so nett sein, kurz raus gehen und den Leuten vor dem Eingang sagen, dass ich gleich bei Ihnen bin? Aber nur wenn sie Ruhe bewahren, keine Einfahrten für Krankenwagen blockieren und ähnliches, O.K.?" Schwester Mildred eilte jetzt nach draußen. Dann stand Kate mit Hilfe von Kai und Fuji auf, und ging barfuß vorsichtig zur Tür, wo sie jetzt den Morgenmantel bekam. Sie zog sich an, und dann lief sie ganz alleine den Flur entlang bis zum Fahrstuhl, mit jedem Schritt spürte sie plötzlich ihre alte Sicherheit beim Laufen wiederkehren. Dann fuhren sie zu dritt in die Eingangshalle, die bereits völlig überfüllt war mit Leuten, die nach ihr riefen und zu ihr wollten. Als sie aus dem Fahrstuhl trat, erkannten die Leute sie nicht sofort wieder, bis sie laut rief: „Hey Leute, sucht Ihr nach mir? Bitte entschuldigt diesen etwas ausgefallenen Outfit heute, aber mein Kleid ist leider in der Reinigung, weil es vorhin völlig mit Blut eingesaut wurde. Ist aber alles halb so wild, ich wäre nur fast wegen einem falschen Medikament etwas verblutet. Aber jetzt geht es mir wieder gut, wie hoffentlich alle sehen können!" „Kathrin ist da!" „Kathrin, Kathrin!" schallte es ihr entgegen. Dann sagte sie zu den vordersten Leuten: „Bitte lasst mich mal durch, sonst glauben die Leute da draußen es vielleicht nicht, dass ich noch lebe, und dann wird es nachher sehr ungemütlich in der Stadt. Ich kenne doch unsere irischen Dickschädel!" Sie ging mühelos durch die Reihen der Leute, die ihr jetzt Platz machten. Dann erreichte sie den Ausgang, trat ins Freie und sah mehr als tausend Leute vor dem Eingang stehen. Jetzt kam der völlig verzweifelte Pförtner zu ihr geeilt: „Miss Nightingale, bitte sagen Sie den Leuten, dass sie wieder gehen sollen! Die blockieren alles, da kriegen wir keinen Notfall mehr rein!" „Würde ich ja gerne machen. Haben Sie einen Lautsprecher oder ein Megafon?" „Einen Moment, das bringe ich Ihnen sofort!" Eine halbe Minute später hatte Kate ein Megafon in der Hand. Fuji musste es halten, da sie dafür keine Kraft mehr hatte und ihr Schlüsselbein schonen musste. Kate begann: „Liebe Leute, ich finde es großartig und toll von Euch allen, dass Ihr so viel Anteilnahme an mir und meinem Schicksal genommen habt, wirklich." Die Leute begannen jetzt wieder „Kathrin, Kathrin" zu skandieren. „Aber Ihr blockiert hier die Krankenhauszufahrt, und das kann Menschenleben kosten. Deshalb möchte ich Euch darum bitten, jetzt die Zufahrten frei zu machen und dann bitte nachhause zu gehen. „Kathrin, wie geht es Dir?" riefen jetzt ganze Chöre von Leuten. „Danke der Nachfrage, ich bin heute wegen einem falschen Medikament nur halb verblutet, aber sonst geht es mir prächtig. Und wenn Ihr mir jetzt noch ein wenig Nachtruhe gönnen würdet, dann könnte ich morgen vielleicht noch mal irgendwo in der Stadt mit Euch reden, wäre das O.K. für Euch?" „Kathrin, Kathrin, wir sehen uns!" riefen jetzt die Leute, und begannen damit, zu gehen. Kaum war die Zufahrt frei, fuhr ein Krankenwagen mit einem Herzpatienten vor. Noch ein Mensch, dem Kathrin Nightingale das Leben gerettet hatte. Dann ging sie langsam zum Fahrstuhl zurück und fühlte sich plötzlich wieder schlaff. Fuji hatte sie die ganze Zeit über kritisch beobachtet, dann nahm er sie einfach in die Arme, trug sie bis zum Fahrstuhl und danach bis zu ihrem Bett. Als er sie ins Bett legte, war sie bereits in seinen Armen eingeschlafen. Kai begann damit, albern zu kichern. Fuji sah ihn erst verständnislos an, dann musste er auch etwas grinsen. „Was habt Ihr denn, fragte jetzt Sandra Miller?" „Sie hat ganz schwarze Füße", sagte Fuji trocken. Sandra fiel mit ein in das allgemeine Grinsen. „Na ja, wusste ich es doch immer, dass sie auch zum Stamme der Schwarzfußindianer gehört." Dann zeigte sie Fuji und Kai ihre eigenen Füße. Und diese waren ebenfalls schwarz. Alle lachten.

04. September 2017, Montag

Dublin, Four Courts (Na Ceithre Cúirteanna), Kildare Street, Büro von Staatsanwalt Marc Conolly, 08.30h

Staatsanwalt Marc Conolly schüttelte nur mit dem Kopf, als er seine E-Mails las. Das wurde ja wirklich immer bunter! Jetzt musste er sich auch noch selbst um die Verifizierung kümmern! Und damit nicht genug, hatte man wegen Krankheitsausfällen ausgerechnet ihm den heikelsten Part der Ermittlung anvertraut. Es war einfach unglaublich! Normalerweise hätte er dafür jetzt eine Beamtin eingesetzt, aber ausgerechnet seine kompetenteste Fachkraft dafür lag gerade selbst in den Wehen und bekam ein Kind, vier Wochen vor dem Termin. Shit! Konnte denn nicht einmal irgendetwas glatt gehen? Dann griff er zum Hörer und rief Andrea O´Leary auf ihrem Handy an. „Was, Sie sind schon bei ihr? Ja, wunderbar, bitte bleiben Sie da, Miss O´Leary, es ist wichtig. Ja, ich komme so schnell wie möglich. Ich habe einige überraschende Neuigkeiten, für Sie beide. Ich brauche allerdings gleich noch etwas von Ihnen beiden. Was? Nein, das sage ich Ihnen dann lieber persönlich, bis gleich, Bye!" Danach tätigte er noch zwei kurze Anrufe, holte sich selbst den Koffer mit dem Gen-Sequenzierer aus dem Materialfundus und stieg ins Auto, mit Kurs auf das städtische Krankenhaus. Sollte er sie persönlich darum bitten? Oder jemanden vorschicken? Als vor ihm ein Krankenwagen einbog, kam ihm die Erleuchtung. Ja, so würde er es machen. Dann wäre es nicht ganz so peinlich für alle Beteiligten. Hoffentlich fand er eine dafür geeignete Krankenschwester. Und wenn es nicht klappte? Nun, dann war es eben nicht ganz so sicher. Aber er war sich bereits sicher. Wenn der alte Mann doch nur endlich vernehmungsfähig wäre!

Dublin, Städtisches Krankenhaus, Krankenzimmer von Sandra Miller und Kathrin Nightingale, 09.25h

Kate und Andrea O´Leary plauderten gerade munter über die Ereignisse des Vortages, als Schwester Mildred das Zimmer betrat. „Guten Morgen Kate, ich habe hier etwas für Dich, sagte sie lächelnd und gab ihr ein Blatt Papier, auf dem eine Kinderzeichnung war. Es handelte sich um einen Engel, der ein helles Pferd ritt. „Ist von meiner Tochter Dany, sie hat es extra für Dich gemalt, als ich ihr davon erzählte, dass Du auf unserer Station bist!" „Oh, vielen Dank, das ist aber lieb! Wie alt ist sie denn?" wollte Kate wissen. „Sie ist schon 6 Jahre und kommt bald zur Schule." „Dann gib ihr ein Küsschen von mir, vielen Dank! Das ist ein sehr gelungenes Bild, wirklich." „Es soll ja auch eine Elfe sein, die ein Zauberpferd reitet, hat sie mir gesagt." In diesem Moment klopfte es an der Tür, dann trat Staatsanwalt Conolly ein. Er wies sich aus und stellte sich kurz vor, dann sagte er: „Bevor wir beginnen, müsste ich bitte mal kurz draußen mit der Schwester sprechen, könnten Sie bitte mal mitkommen?" Schwester Mildred erbleichte sichtlich, denn sie dachte, der Staatsanwalt würde wegen des vertauschten Medikamentes gegen sie ermitteln. „Was ist denn mit Ihnen? Ich beiße nicht. Ich habe da nur eine etwas ungewöhnliche Bitte. Könnten Sie mal kurz mit vor die Tür kommen?" Die beiden verließen jetzt das Zimmer. Durch die Tür hörten Kate und Andrea O´Leary jetzt wie die Schwester überrascht ausrief: „Was? Ist gut Herr Staatsanwalt!" Dann hörten sie noch etwas leises Geflüster, das sie aber nicht verstehen konnten, dann kam die Schwester alleine zurück. „Kate, Miss O´Leary, die Sache ist etwas delikat, und es ist dem Staatsanwalt furchtbar peinlich! Er sagte mir, dass das normalerweise immer eine Beamtin machen würde, aber seine Kollegin ist auch gerade hier im Krankenhaus und liegt auf der Entbindungsstation. Und so blieb es an ihm hängen. Er sagte, er müsse etwas mit einem Gentest verifizieren, und dafür braucht er von jeder von Ihnen beiden ein Haar aus der Intimzone, wie er sich ausdrückte." Kate grinste, dann sagte sie: „Armer Teufel, aber das hätte ich mich auch nicht getraut zu fragen. Aber bevor ich so ein Haar abgebe, möchte ich doch wissen, ob es dabei um eine Ermittlung gegen meine Person geht, oder was das soll? Können Sie ihn nicht mal kurz reinholen?" „Ja, das wüsste ich auch gerne vorher", sagte Andrea O´Leary. Die Schwester holte den Staatsanwalt. „Sie wollen wissen, ob gegen sie ermittelt wird", sagte die Schwester. „Meine Damen, diese ganze Angelegenheit ist – nun wie soll ich sagen – vielschichtig. Ich kann Ihnen aber eines versichern: Nämlich, dass ich diesmal ausdrücklich nicht gegen, sondern für Sie beide ermittle. Das ist dann mal ein erfreulicher Nebeneffekt der Sache. Sehen Sie, ich habe zwar schon einige Untersuchungsergebnisse vorliegen, aber bevor ich Ihnen beiden etwas ganz Falsches sage, muss ich das noch verifizieren. Und um eines klar zu stellen: Ich bitte Sie darum, zunächst über alles, was Sie heute von mir zu sehen und zu hören bekommen, Stillschweigen zu bewahren. Ich kann Ihnen zusichern, dass ich Sie beide im Gegenzug mit in meine Ermittlungen einbinde, soweit mir dies erlaubt ist. Also könnte ich jetzt die Probe bekommen, ich gehe natürlich auch aus dem Zimmer." „Ist in Ordnung, wenn es nicht gegen uns geht. Bekomme ich denn dann später die Exklusivrechte für die Story?" wollte Andrea O´Leary wissen. „Ich denke, das müssen Sie dann selbst entscheiden, " sagte jetzt der Staatsanwalt und verließ das Zimmer. Zwei Minuten später brachte ihm die Krankenschwester die gewünschten Haare in den Probenbeuteln, die er ihr gegeben hatte. Er legte diese auf den tragbaren Gen-Sequenzierer, den er auf dem Schoß liegen hatte, und der nicht größer war als ein Laptop. Nach nur zehn Minuten war er fertig, pfiff durch seine Zähne, klappte den Sequenzierer zusammen und betrat das Krankenzimmer.

Dublin, Marineministerium, 09.30h

Bedingt durch Übersetzungsprobleme und bürokratische Hürden, die dadurch entstanden waren, dass zwei Sachbearbeiter am Wochenende nicht ans Telefon gingen, weil sie lieber Akten abarbeiteten, war die Meldung vom Untergang der Dublin vor Helgoland noch nicht bis zum Oberkommando der irischen Marine vorgedrungen. Da man den Einsatz der Dublin für eine Routineübung gehalten hatte, der man nicht allzu viel Beachtung beimaß, hatte man sich auch nicht sonderlich um deren derzeitigen Standort gekümmert. Die Telefonate, die nicht durchgekommen waren, waren nur die wichtigen Anrufe der deutschen Marine und des Ersten Offiziers der Dublin gewesen. Als der Chef der irischen Marine, Admiral Maurice O´Hara, jetzt aus den Nachrichten bei CNN vom Untergang der Dublin hörte, wurde er erst ganz blass, dann hörte er den Berichten konzentriert zu. Dann rief er sofort bei der deutschen Marineleitstelle in Kiel an. Nachdem er die befürchtete Auskunft erhalten hatte, rief er zuerst die Angehörigen der Toten an. Das war der unangenehmste Teil, weshalb er das immer zuerst erledigte. Dann schlug er mit der Faust auf seinen Schreibtisch und zitierte seinen gesamten Stab in sein Büro. Zeugen berichteten später, dass es dann ganz plötzlich sehr laut wurde, und dass man die Flüche und Beschimpfungen Maurice O´Haras bis ins Foyer des Marineministeriums gehört habe. Und einige Mitarbeiter seines Stabes hatten nach seiner Rede vergessen, ob sie Männlein oder Weiblein waren. Zeugen zufolge hatte sich diese leider nicht in allen Details überlieferte Rede etwa so angehört: „Als ich Sie alle hier eben zusammentrommelte, dauerte es verdammte geschlagene zehn Minuten, bis Sie alle da waren. Zehn Minuten, was für Trantüten arbeiten hier eigentlich? In zehn Minuten hätten Terroristen unsere gesamte Flotte bereits dreimal versenken können! Haben Sie etwa eine Entschuldigung dafür? Aber was mich wirklich wütend macht, ist die Tatsache, dass es von den Kollegen der Wochenendbereitschaft offensichtlich keine Sau für nötig gehalten hat, mal ans Telefon zu gehen! Was haben Sie denn bloß wieder getrieben? Ihre Sekretärinnen flachgelegt? Bingo gespielt? Verdammt, von was für einem Sauhaufen bin ich hier nur umgeben? Wissen Sie überhaupt, warum ich so böse auf Sie bin? Nein? Ja, das habe ich mir gedacht! Unser neues Flaggschiff, die Dublin, ist bereits gestern, kurz nach 0.00h vor Helgoland durch einen tragischen Unfall gesunken! Die Deutschen klären den Vorfall gerade auf und befragen auch schon unsere Leute. Drei Tote, zwei Schwerverletzte! Nehmen Sie sich mal ein Beispiel an den Deutschen, die tun was, die haben übrigens auch die meisten unserer Jungs gerettet. Wahrscheinlich versenkt durch *friendly fire*! Und was tun Sie hier? Bearbeiten Akten, vögeln mit Ihren Sekretärinnen, gehen Ihren verdammten Vergnügungen nach, während man nur das Flaggschiff unserer kleinen Navy versenkt! Verdammt, was soll ich denn jetzt dem Verteidigungsminister sagen: Entschuldigung, ja tut mir leid Herr Minister, das haben meine Leute verbockt, ach bitte sehen Sie denen doch einfach Ihre Sexualtriebe nach, ja? Und es war auch nur die Dublin, die hat ja auch nur einhundertzwanzig Millionen Euro gekostet, das sind doch nur peanuts im Etat? Ich sage Ihnen allen was: In nur einer halben Stunde will ich die komplette Faktenlage auf meinem Schreibtisch haben! Und außerdem will ich von jedem, der am Wochenende hier Dienst hatte, wissen, was er den ganzen lieben Tag lang gemacht hat! Und zwar schriftlich mit Unterschrift. Das hat Konsequenzen, und wenn ich Sie alle feuern muss. Sie wollen der Stab einer Navy sein? Da kann ich mir auch ein paar Schuljungen vom nächsten Schulhof holen, die würden nämlich wenigstens mal ans Telefon gehen! Oder ein paar Dorfnutten ohne Schulabschluss, die sind kommunikativer eingestellt als sie alle zusammen. So, und jetzt raus hier, in einer halben Stunde habe ich die Sachen auf dem Tisch. Und jetzt alle RAUS!"

Dublin, Städtisches Krankenhaus, Krankenzimmer von Sandra Miller und Kathrin Nightingale, 9.40h

Staatsanwalt Marc Conolly betrat mit einer geheimnisvollen Miene das Zimmer, Kate und Andrea O´Leary sahen ihn voller Spannung an. „Bevor wir ans Eingemachte gehen, hätte ich da noch ein oder zwei Fragen an Sie beide. Ich bitte Sie darum, sich nicht zu wundern, dass es Ihre Familienverhältnisse betrifft. Denn die haben mit Ihnen beiden und dem ganzen Fall unter Umständen mehr zu tun, als Sie auch nur entfernt ahnen können. Also, fangen wir doch mal mit Ihnen an, Miss O´Leary: Kannten Sie eigentlich Ihren Vater?" „Nein, den habe ich nie kennen gelernt. Meine Mutter war alleinerziehend. Ich habe auch keine Geschwister gehabt, ich bin als Einzelkind aufgewachsen." „Gut, und Sie Miss Nightingale? Wie war das mit Ihrem Vater, erzählen Sie es mir?" „Mein Vater starb, als ich sechzehn Jahre alt war. Er war Bauarbeiter, im Straßenbau glaube ich. Irgendwo nördlich von Antrim sollte eine neue Trasse aus dem Felsen gesprengt werden. Durch ein Versehen eines Arbeiters wurde er mitsamt der Sprengladung einfach weggesprengt. Man fand kaum Überreste von ihm, nur ein paar angesengte Haare, glaube ich. Ansonsten hatte ich drei Geschwister, ich war das jüngste von allen. Habe aber seit Jahren weder Kontakt zu meiner Mutter, die nichts mehr von mir wissen will, noch zu den anderen Geschwistern. Wieso ist das so wichtig?" „Nun, Miss Nightingale, Miss O´Leary, ich hätte es Ihnen auch bereits sofort am Telefon sagen können, aber ich musste es eben erst noch verifizieren, was mir nun gelungen ist: „Sie beide stammen vom gleichen Vater ab, haben aber völlig verschiedene Mütter! Herzlichen Glückwunsch, Sie sind Halbschwestern! Was sagen Sie nun?" „Ich bin völlig platt, ich habe eine Schwester! Wenn ich das zwanzig Jahre früher gewusst hätte!" rief Andrea O`Leary mit Tränen in den Augen. „Und ich hatte immer nur drei Brüder, wie gerne hätte ich damals eine Schwester gehabt!" sagte Kate und schloss Andrea O´Leary in die Arme. „Hm", räusperte sich jetzt Marc Conolly, „nun, es gibt dort noch einen kleinen Wermutstropfen, und zu diesem kommen wir gleich." Er holte jetzt das Bild eines bleichen Mannes aus der Tasche, der intubiert wurde. „Dieser Mann ist Ihr biologischer Vater." „Wer ist das?" fragte jetzt Andrea O´Leary. „Das war der Mann, der siebenhundert Kilogramm Sprengstoff vor dem Parlament geparkt und zwei Zivilfahnder erschossen hat. Außerdem haben wir ein Schamhaar von ihm an der toten Martha Bannister gefunden, weshalb wir davon ausgehen können, dass er kurz vor ihrem Tod Geschlechtsverkehr mit ihr hatte. Und wahrscheinlich ist er auch ihr Mörder; allerdings liegt er immer noch im Koma, und wir wissen es nicht, ob wir ihn je vernehmen können." Vor Entsetzen schlug sich jetzt Andrea O´Leary eine Hand vor den Mund, dann weinte sie. Und Kate sah sich das Foto nochmals genau an, dann sagte sie: „Shit, das ist Monty! Die Nr. 1 der New Revenge IRA. Und er war mein eigener Vater, und ich habe ihn nicht wieder erkannt! Ich kapier das einfach nicht, aber ich hatte meinen Vater ja auch ganz anders in Erinnerung. Früher hatte er immer einen Vollbart und eine dicke Hornbrille, die Haarfarbe war auch irgendwie anders und seine Stimme – ja die war früher tiefer, viel tiefer." „Nun, unsere Ärzte haben den Mann gründlich untersucht. Wir haben festgestellt, dass er vor einigen Jahren am Kehlkopf verletzt wurde, das könnte in der Tat die Stimme verändert haben", sagte Marc Conolly. „Er hat uns nur benutzt, und dann einfach weggeworfen wie ein Stück Dreck!" Schluchzte jetzt Andrea O´Leary. Kate drückte ihre Hand, dann sagte sie: „Jetzt passt alles zusammen! Ich hatte mich nämlich immer darüber gewundert, woher er so schnell eine Doppelgängerin von mir nehmen konnte. Er muss uns beide jahrelang beobachtet haben, um uns für die New Revenge IRA zu rekrutieren. Und als wir dann seinen Plänen in die Quere kamen, hat er nicht gezögert, uns aus dem Weg zu räumen! Was ist das nur für ein Mensch?" „Sehen Sie", sagte jetzt Staatsanwalt Conolly, „das ist genau das, was ich mich auch schon die ganze Zeit lang frage. Warum schläft er erst mit Martha Bannister, und bringt sie dann einfach um? Ihr Name stand doch gar nicht auf der Todesliste der New Revenge IRA! Es muss hierfür irgendeinen plausiblen Grund geben, der sich mir allerdings völlig entzieht. Ich vermute, dass es sich um ein Motiv handelt, das irgendwo in der Vergangenheit der Bannisters liegt. Oder das wir vor der Nase haben, und deshalb übersehen?" „Wenn Monty sie wirklich getötet hat, dann hat er hierfür einen sehr wichtigen Grund gehabt. Denn ich erinnere mich noch ganz genau daran, wie er mir bei einem Treffen vor etwa einem Jahr mal gesagt hat, dass er unnötiges Blutvergießen hassen würde. Insbesondere fände er es abscheulich, wenn unschuldige Iren, insbesondere Frauen und Kinder, leiden müssten. Deshalb legte er immer größten Wert auf chirurgisch genaue Schläge gegen den Feind, wie er sich ausdrückte. Und das soll mein Vater sein? Ich kann es kaum glauben, das ist doch kein Mensch, sondern eine Bestie, ein kaltes Monster!" Kate war außer sich, und Andrea O´Leary musste sie beruhigen. „Gut", sagte jetzt Marc Conolly, „dann hatte er also einen wichtigen Grund, Martha Bannister zu beseitigen. Wir können dann vielleicht sogar zu seinen Gunsten vermuten, dass es gar kein Sexualmord war, sondern dass das nur vorgetäuscht wurde, um etwas anderes damit zu kaschieren. Nur was? Mit dem anderen Gefangenen kommen wir leider nicht weiter, er schweigt beharrlich. Darf ich ganz offen mit Ihnen beiden reden?" „Nur zu, ich bin ja jetzt schon einiges gewöhnt", antwortete Kate. „Ich selbst dürfte in diesem Fall eigentlich gar nicht mehr ermitteln, da ich persönlich bereits zweimal involviert wurde. Das erste Mal deshalb, weil Martha Bannister zu meinem weiteren Verwandtenkreis gehört. Weshalb ich übrigens auch die Leiche identifiziert habe, es war furchtbar!" Kate drückte mitfühlend seine Hand, dann sagte sie: „Ich hätte es nie geglaubt, dass Monty und Marty zu was fähig wären. Und dass es dann auch noch mein Vater sein soll, der Martha Bannister so zugerichtet hat, das kann ich immer noch nicht fassen. Und wie sollen wir uns jetzt gegenüber Ian Bannister verhalten? Mein Gott, der wird völlig ausrasten, und das zu Recht! Was sollen wir nur tun?" „Ich denke, Sie beide können diesen Part getrost mir überlassen. Soweit ich informiert bin, organisiert er gerade die Beerdigung von Martha. Es wäre jedoch gut, wenn Sie beide ihm ein deutliches Signal senden würden, wie sehr Sie beide diese Tat verabscheuen und sich von ihrem – ich sage jetzt einmal biologischen – Vater distanzieren." Da sagte Andrea O'Leary: „Ich habe es! Wir schalten Aische Özdemir ein. Wenn Sie Frau Özdemir fragen könnten, ob sie bereit wäre, für uns zu sprechen, dann bekommen wir die Schärfe wieder etwas aus dieser Sache heraus. Wann wird denn Martha Bannister beerdigt?" „Am Mittwoch." „Dann sollten wir besser sofort mit Aische sprechen", sagte jetzt Kate. „Unser Hauptproblem ist ja leider das, dass Nr. 2 der IRA schweigt und dass Nr. 1 immer noch nicht vernehmungsfähig ist. Und über andere Kanäle komme ich momentan einfach nicht weiter! Eigentlich dürfte ich gar nicht weitermachen, weil ich ja die Nr. 1 der IRA selbst mit meiner Dienstwaffe erlegt habe, aber Keith Hastings hat ausdrücklich angeordnet, dass ich weiter mache, weil ich zurzeit die ganze Akten- und Faktenlage am besten überschauen kann. Nur die Anklage darf ich dann später nicht machen, aber da ist ein Kollege von mir schon dran." „Was ich noch immer nicht verstehen kann, ist, warum er mit Martha Bannister noch Sex hatte, wenn er sie doch killen wollte? Das passt doch irgendwie nicht so richtig zusammen, da kann was nicht stimmen! Oder war er schizophren? Ich meine, könnte es sein, dass unser *biologischer* Vater in den letzten Jahren ganz einfach verrückt geworden ist?" wollte jetzt Andrea O'Leary wissen. „Wir werden das alles prüfen, aber dem können wir natürlich nur nachgehen, wenn er wieder aus dem Koma aufwacht. Das ist unser größtes Problem!" sagte Staatsanwalt Marc Conolly. „Dann hätte ich an Sie beide noch eine Frage: Da er ja ihr Vater ist, müssten Sie natürlich nicht gegen ihn aussagen, kein Richter kann das von Ihnen beiden verlangen. Würden Sie es trotzdem tun, soweit sie können, auch um Ian damit ein Signal zu senden?" „Wir werden es tun!" sagten Kate und Andrea gleichzeitig, und sahen sie sich erstaunt an. Marc Conolly schmunzelte: „Also gibt es bei Ihnen beiden noch mehr als nur genetische Übereinstimmungen, das freut mich wirklich sehr für Sie beide!" Dann fragte Kate: „Wann wird eigentlich Vater Andrew beigesetzt?" „Miss Nightingale, das habe ich gerade heute Morgen aus meinen E-Mails erfahren. Er soll am Mittwochnachmittag beerdigt werden, während Martha Bannister vormittags das letzte Geleit gegeben wird. Wahrscheinlich wird Keith Hastings Sie deswegen noch ansprechen, er hat da mir gegenüber so etwas angedeutet." „Ich denke, wir gehen zu beiden Beerdigungen, nicht wahr Andrea?" „Ja, aber vorher redet der Staatsanwalt besser mit Ian Bannister und wir beide mit Aische Özdemir." „Ich mache Ihnen einen Vorschlag: Sie rufen jetzt Frau Özdemir an, und ich bin dabei, wenn Sie mit Ihr reden. Ich werde Ihr auch Einsicht in die Faktenlage gewähren. Und dann setzen wir alle uns später noch mit Ian Bannister zusammen, nachdem Aische Özdemir mit ihm gesprochen hat. Ian kann manchmal sehr jähzornig sein, aber ich glaube, wenn ich dabei bin, dann wird es die Lage etwas entschärfen." „Danke, Staatsanwalt Conolly! Ich hätte nie geglaubt, dass ich eines Tages durch einen Gentest eine Schwester bekommen könnte", sagte jetzt Andrea O´Leary. Nur Kate schimpfte etwas: „Dieses blöde Haar auszureißen hat ganz hübsch wehgetan! Aber was tut man nicht alles für seine einzige Schwester?" Andrea O´Leary und Staatsanwalt Marc Conolly grinsten vielsagend, dann lachten alle drei. Dann wählte Andrea O´Leary Aische Özdemir an.

Dublin, Innenstadt, Stadtpark, 11.04h

Fuji, Kai und Sandra Miller hatten einen kleinen Ausflug in den Stadtpark unternommen, und Sandra zeigte und erklärte ihnen die verschiedensten Sehenswürdigkeiten. Sandra hatte zum Glück auch etwas Geld dabei, so dass sie sich nun ein Eis kauften. Für die Jahreszeit war es mit 27°Celsius deutlich zu warm und selbst Sandra schwitzte im Rollstuhl, obwohl sie sich kaum bewegen musste.

Dublin, Städtisches Krankenhaus, Krankenzimmer von Sandra Miller und Kathrin Nightingale, 11.13h

Aische Özdemir und Ian Bannister waren sofort gekommen, da sie beim Bestatter ohnehin gerade fertig geworden waren. Marthas einzige Schwester Emily würde die Verwandtschaft einladen. Als sich alle begrüßt hatten, sagte Ian Bannister: „Ihr könnt mir ruhig alles sagen, ich laufe inzwischen nicht mehr bewaffnet durch die Gegend und erschrecke damit Leute, die auch nichts dafür können. Wirklich!" „Ian, wir glauben Dir ja, aber wenn Du gleich hörst, was ich den beiden Schwestern hier als vorläufiges Ermittlungsergebnis mitgeteilt habe, dann wird es selbst Dir die Sprache verschlagen. Ich glaube, es wäre besser, Ihr setzt Euch erst mal hin, dann gebe ich Euch eine grobe Übersicht über den aktuellen Stand der Ermittlungen, " sagte nun Staatsanwalt Marc Conolly. „Wieso sagtest Du vorhin *Schwestern,* Marc? Das verstehe ich jetzt nicht oder habe ich mich da verhört?" fragte Ian Bannister. „Ja, in der Tat: Sie sind Halbschwestern, die den gleichen Vater haben. Das konnte ich vorhin mit dem Gen-Sequenzierer verifizieren. Aber da ist noch etwas Ian, und ich bitte Dich, mal ausdrücklich nicht sippenbezogen zu denken, kann ich mich darauf verlassen, Ian?" „Kein Problem, nur zu!" Da unterbrach Kate Marc Conolly. „Vielleicht ist es besser, wenn er es von uns erfährt!" Dann wandte sie sich Ian zu, und bat ihn darum, ihr seine Hand zu geben. Andrea O´Leary nahm seine andere Hand in ihre Hand. Verwundert sah er die beiden Frauen an. Dann sagte Kate: „Ian, ich habe gedacht, mein Vater sei gestorben, als ich sechzehn Jahre alt war. Doch jetzt hat die Ermittlung ergeben, dass er offensichtlich immer noch lebt und seinen Abgang nur vorgetäuscht hatte. Mein biologischer Vater, und ich betone jetzt das Wort *biologisch*, war der Chef der New Revenge IRA! Ich konnte es nicht wissen, weil er sein Aussehen verändert hatte und auch seine Stimme sich verändert hat. So, wie es sich jetzt darstellt, sind wir alle drei seine Opfer geworden. Ja, selbst seine eigenen Töchter wollte er nur für die Erreichung seiner Ziele benutzen und rekrutieren. Und als wir ihm dann im Weg waren, wollte er uns einfach beseitigen, uns, seine eigenen Töchter! Was ist das nur für ein Scheusal!" Kate weinte jetzt und Ian bemerkte, dass ihre Tränen echt waren. Betroffen schaute er in die Runde, dann sagte er leise: „Dann wird mir alles klar! Deshalb konnte er auch Eure große Ähnlichkeit so gut für den Attentatsversuch ausnutzen. Das erklärt ja jetzt so Einiges!" Da klinkte sich Marc Conolly wieder in den Dialog ein. „Leider nur fast, Ian. Denn wir haben herausgefunden, dass er wahrscheinlich auch Deine Martha auf dem Gewissen hat. Leider können wir das noch nicht zu einhundert Prozent beweisen. Aber wir können ihm einwandfrei nachweisen, dass er mit Martha vor ihrem Ableben Geschlechtsverkehr hatte. Kate sagte mir, dass es irgendeinen sehr wichtigen Grund gegeben haben muss, warum er Martha beseitigte. Das würde übrigens auch bedeuten, dass es kein Sexualmord war, wenn es Dich ein wenig tröstet. Denn Martha wurde mit einem gezielten Stich ins Herz getötet, die anderen Verletzungen wurden ihr wahrscheinlich erst nach ihrem Tod beigebracht. Bei der zweiten Frauenleiche neben Martha haben wir übrigens drei Stiche im Oberkörper festgestellt, von denen zwei das Herz trafen und der dritte die Aorta, was bedeutet, dass alle drei tödlich waren. Übrigens hatte die zweite Frau vor ihrem Ableben keinen Geschlechtsverkehr, was die Theorie von einem politischen Mord oder einem Mord aus einem ganz anderen Motiv heraus stützen würde. Die zweite Tote war übrigens Marthas Putzfrau. Wir vermuten, dass sie den Mörder bei seiner Tätigkeit gestört hat und deshalb sterben musste." Ian Bannister begann jetzt zu weinen und Kate und Andrea legten ihre Arme um ihn, bis er sie behutsam abschüttelte. Dann fragte er nur: „Hat der Kerl auch die Bombe vor dem Nationalparlament gelegt?" Marc Conolly nickte nur. Dann sagte er: „Ian, leider ist er immer noch im Koma, wir wissen es noch nicht mal, ob der je wieder aufwacht. Was sollen wir nur machen? Ohne ihn werden wir den Fall wahrscheinlich nie ganz aufklären können, oder weißt Du noch irgendetwas? Vielleicht eine späte Rache für eine alte Sache oder so etwas?" „Das kann ich mir beim besten Willen nicht vorstellen. Wie heißt er eigentlich mit richtigem Namen?" wollte Ian Bannister jetzt wissen. „Abraham Walker", sagte Kate. „Hm, das sagt mir nichts. Besteht die Möglichkeit, dass ich später mit ihm sprechen oder an einem Verhör teilnehmen kann? Vielleicht fallen mir ja noch die richtigen Fragen ein", sagte Ian Bannister jetzt. „Das wäre möglicherweise hilfreich." „Wir würden auch gerne mit ihm sprechen," sagten jetzt Kate und Andrea wie aus einem Munde und sahen sich gleich darauf verdutzt an. „Schwestern, eben", meinte Marc Conolly, und alle lächelten. Dann sagte Kate: „Ich finde, dass dieser Mensch uns einige Fragen beantworten sollte. Wenigstens das könnte er tun, wenn er wieder aufwacht. Dass er in diesem Leben nicht mehr aus dem Knast kommt, sollte ihm doch eigentlich klar sein, oder?" „Sicher, Miss Nightingale", sagte jetzt Marc Conolly, „denn auch falls wir ihm den Mord an Martha Bannister nicht beweisen können, haben wir da ja immer noch das Führen einer terroristischen Vereinigung, die Anordnung zahlreicher Straftaten im Rahmen der selbigen, den feigen Doppelmord an den beiden Zivilfahndern sowie den versuchten Sprengstoffanschlag auf das Parlament. Dafür gibt es wahrscheinlich tausend Jahre Gefängnis, wenn man alle Strafen zusammenaddiert. Er wird ganz sicher nie wieder freikommen. Dafür werden wir schon sorgen." Dann fuhr er fort: „Außerdem wirft das jetzt ein ganz neues Licht auf das Attentat von Helgoland. Möglicherweise hatte er für die Beseitigung von Ian Bannister doch noch ein anderes Motiv, als dessen angebliche Europafreundlichkeit. So, wie er seine Töchter behandelt hat, müssen wir jetzt vor allem davon ausgehen, dass er diesen nie die ganze Wahrheit gesagt hat. Und das bringt noch ganz neue Aspekte zu dieser Angelegenheit. Ian, fällt Dir wirklich nichts mehr ein?" „Absolut nicht, im Übrigen muss ich mich jetzt noch um einige Sachen wegen der zwei Beerdigungen kümmern. Denn Keith Hastings hat mich gebeten, zusammen mit Kate bei der Beerdigung von Vater Andrew zu sprechen. Und ich weiß noch gar nicht, was ich da sagen soll, ich bin jetzt ehrlich etwas durcheinander." Kate sagte mitfühlend: „Ach Ian, jeder hier versteht das, und Andrea und ich sind auch noch ganz verwirrt. Vor allem müssen wir uns alle noch darüber abstimmen, was davon eines Tages öffentlich bekannt sein darf und was nicht. Ich denke, da müssen wir vor allem mit Keith Hastings reden." „Ja, das wollte ich auch gerade alle Beteiligten bitten. Denn wir wissen es nicht, inwiefern wir die Ermittlungen sonst behindern oder verzögern können. Alles, was von jetzt ab unnötig bekannt wird, kann unsere Ermittlungen torpedieren, das müssen wir alle uns ständig vor Augen halten," sagte Marc Conolly. In diesem Moment kehrten Fuji, Kai und Sandra von ihrem Ausflug zurück.

Helgoland, Konferenzraum der Wissenschaftler, 14.05h

Dr. Florian Zuckmayer hielt nun eine kurze Ansprache. „Wie Ihr ja alle wisst, hat Susanna uns nicht unbeträchtliche Geldmittel hinterlassen, um uns für die Nordsee ernsthaft einsetzen zu können. Ich darf Euch allen hier und heute den Vater von Susanna, Herrn Dr. Artur Pelzer, vorstellen. Er hat mir versichert, dass er auch gerne dazu bereit wäre, uns zusätzliche Finanzmittel zu gewähren, falls die Stiftungsgelder nicht ausreichen sollten. Dafür möchte ich mich im Namen von uns allen vorab bei Ihnen, Dr. Pelzer, sehr herzlich bedanken." Dr. Zuckmayer schüttelte ihm jetzt die Hand. „Ich möchte gerne einen guten Teil des Geldes dafür einsetzen, die Professur von Dr. Ito zu unterstützen, damit wir damit nicht bei Ian Bannister betteln gehen müssten. Denn ich habe leider den wohlbegründeten Verdacht geschöpft, dass Politik und Wirtschaft kein allzu ernsthaftes Interesse an der Aufklärung dieses Umweltskandals haben werden. Ach ja, und das Symposium mit den Kollegen aus England, Dänemark, den Niederlanden und Norwegen werden wir trotzdem durchführen, wobei wir dann nicht unseren Robbenbestand, sondern die Thematik seines Ablebens thematisieren werden. Ich denke, dass das in Susannas Sinne gewesen wäre. Und da wir gerade bei Susanna sind: Ihre sterblichen Überreste wurden soeben eingeflogen. Ich habe bereits mit dem Pastor gesprochen: Am Mittwoch werden wir eine offizielle Trauerfeier für Susanna in der St. Nicolai Kapelle abhalten, danach werden wir dann mit der Urne zum Hafen gehen, unser größtes Boot nehmen und die Urne in der Nordsee versenken, so wie es Susannas letzter Wille war. Ich bin sehr stolz darauf, mit dieser großartigen Frau liiert gewesen zu sein." Alle klatschten Beifall. Es war eine eigenartige Mischung aus Trauer und Euphorie, welche die gesamte Runde befallen hatte.

Helgoland, Strand an der Düne, 15.03h

Dr. Florian Zuckmayer und Dr. Rüdiger Skibbe gingen jetzt am nun von den toten Meeressäugern befreiten Todesstrand entlang. Zwar hatten Hauptbootsmann Mill und seine Männer ganze Arbeit geleistet und die toten Meeressäuger entfernt, doch hier und da lagen immer noch vereinzelte Seevögel herum. Außerdem fand sich dazwischen allerlei Müll, Ölklumpen und anderes totes Meeresgetier, was bei der ungewöhnlichen Wärme dieses Tages geradezu bestialisch stank. An einer Stelle der Düne ragte eine kleine Zunge aus Sand ins Wasser, und an dieser Stelle sahen sie nun eine Ansammlung orangefarbener Gegenstände treiben. Es waren Schwimmwesten der gesunkenen Dublin, des ehemaligen neuen High-Tech-Flaggschiffs der irischen Navy. Dr. Zuckmayer hob eine Schwimmweste auf und sagte dann zu Dr. Skibbe: „Ach Rüdiger, so ein Irrsinn, den die hier veranstaltet haben! Ich bin inzwischen der Meinung, dass wir das auch noch dokumentieren und aufarbeiten sollten. Von unseren Stiftungsgeldern können wir doch locker die Toxikologen aus Hannover mitbezahlen, dann können wir nämlich wenigstens mal ganz amtlich nachweisen, was für eine Riesensauerei die hier abgezogen haben." „Vorsicht, Florian, wir müssen das etwas dezenter machen, damit wir nicht den falschen Leuten in die Quere kommen! Aber ich habe da so eine Idee! Die Idee kam mir gestern, als ich mich mit dem Ersten Offizier der Dublin unterhalten habe. Wie wäre es denn, wenn wir diese überflüssige Umweltaktion durch die irischen Medien anprangern? Die deutschen Medien werden das dann irgendwann von den Iren übernehmen, und wir sind fein raus, weil wir ja nichts dafür können, dass die sich untereinander austauschen.

Na, was hältst Du davon, Florian? Ich wette, dass Susanna da auch ihren Spaß dran gehabt hätte!“ Dr. Zuckmayer blickte nachdenklich drein, dann sagte er: „Die Idee ist ganz gut. Die Frage ist nur: Wie ködern wir die irischen Medien? Denn die haben ja Dank dieser ganzen Geschichte um ihre Top-Terroristin Kathrin Nightingale bereits auf Wochen hinaus Geschichten und Schlagzeilen ohne Ende auf Lager, da werden die sich sicher nicht für eine müde Umweltgeschichte nochmals hierher bemühen.“ „Damit könntest Du im Prinzip Recht haben, aber wir haben ja hier noch einen Joker im Ärmel: Dr. Ito!“ „Gut, dann werde ich ihm so schnell wie möglich ein Mail schreiben, damit er mal mit dieser Kathrin redet. Angeblich will sie ja zurück nach Helgoland, wegen diesem Resozialisierungsprogramm. Vielleicht haben wir ja Glück, und diese Andrea O´Leary kommt auch mit, dann müssten wir diese nur noch von unserer Sache überzeugen.“ „Florian, ich glaube es wäre am besten, wenn Du das machst. Biete ihr doch ein Exklusivinterview an, über Susanna, über Helgoland und über alle aktuellen Umweltskandale. Und den Kollegen Ito hauen wir an, dass er hierbleibt und die näheren Zusammenhänge erforscht, nachweist und dokumentiert. Wenn der seinen Namen darunterschreibt, dann kann uns keiner was, nicht mal Ian Bannister. Wir werden alles, was hier geschehen ist, mit der Welt teilen. Und beim internationalen Symposium für Meeressäuger Ende September fangen wir dann damit an, unsere Pfeile abzuschießen. Und diese Sauerei hier werde ich noch heute fotografisch dokumentieren. Da schütten die doch glatt Napalm ins Meer, diese Wahnsinnigen! Das ist ja wie Teufel mit Beelzebub austreiben! Haben die denn nichts begriffen?“ „Nein, Rüdiger, das haben sie nicht. Ich glaube, dass die Nordsee bald dem Toten Meer Konkurrenz machen kann, wenn das so weiter geht. Denn Du weißt ja auch, dass es etwa drei Jahre dauert, bis sich das Nordseewasser mit dem Atlantikwasser komplett erneuert hat. Das ist viel zu lange, um so eine Riesensauerei ungeschehen machen zu können. Mal ganz von der Persistenz des Giftmülls an den tiefen Stellen der Nordsee abgesehen.“ „Hast Du neulich auch diesen Bericht im Angelmagazin gelesen, wo es um den großen Steinbutt ging, den sie bei Bergen gefangen haben? Ein Riesenfisch, eine Körperscheibe von gut einem Quadratmeter. Aber übersäht mit blumenkohlähnlichen Geschwüren, die so dicht an dicht saßen, dass der ganze Fisch von weitem leuchtend rot aussah. Aber das Interessante an dem Bericht war ja nicht das Aussehen des Fisches, sondern die Analyse seines Innenlebens! Das Tier hatte Quecksilber in seiner Leber und in seinem Fettgewebe eingelagert, das so stark konzentriert war, dass Du damit mindestens ein Dutzend Leute hättest vergiften können. Und seine Leber war ein einziges Arsenal aus Giften aller Art, da hättest Du ein komplettes chemisches Labor mit ausstatten können. Was ist das nur für ein Meer geworden? Was hat *Homo sapiens* nur aus der Nordsee gemacht? Ein Giftmülldeponie, eine stinkende Kloake, ein Abfallloch. Ich glaube, ich gehe hier nie wieder baden oder tauchen!“ Dr. Skibbe schüttelte zur Bekräftigung mit dem Kopf. „Ich bin ehrlich froh, wenn wir am Mittwoch die Beisetzung von Susanna endlich hinter uns haben, es ist einfach ein ganz blödes Gefühl, sie zu vermissen und gleichzeitig zu wissen, dass ihre Asche in einer Urne nebenan steht. Ständig will ich sie etwas fragen, sogar an Sex muss ich manchmal denken, es ist einfach nur schlimm. Sag mal Rüdiger, glaubst Du eigentlich an ein Höheres Wesen, also an einen Gott? Susanna hat an so etwas geglaubt, und ich habe in letzter Zeit so einige seltsame Erfahrungen gemacht.“ „Ach weißt Du, Florian, ich habe mich so viele Jahre mit Wissenschaft beschäftigt, dass ich im Ergebnis nur sagen kann, dass sie nicht ausreicht, um alles zu erklären. Erkläre mir doch zum Beispiel mal solche Sachen wie Liebe oder Verstand, aber bitte ganz rational. Wie soll das gehen? Ich bin da ehrlich selber noch auf der Suche.“ „Susanna hatte es gut! Die hatte sogar einen persönlichen Gott. Meine Eltern glauben auch an Jesus, meine Geschwister auch – nur ich bin bisher das schwarze Schaf der Familie. Wenn es Gott wirklich geben würde, glaubst Du, dass er uns das zeigen würde?" „Warum sollte er denn? Bei dem, was der Mensch so täglich verbricht, da hätte ich – wenn ich der Herrgott wäre – die Menschheit schon vor mehr als tausend Jahren restlos ausgerottet. Warum soll es einen barmherzigen Gott geben? Guck Dich doch um in dieser beschissenen Welt! Und wenn einer dann was wirklich Gutes tun will, wird er abgeschossen, weil das unpopulär und unbequem ist. Aber ich bewundere ja diese Terroristin, diese Kathrin Nightingale. Was die alles für Torturen mitgemacht hat! Ich hätte das bestimmt nicht ausgehalten, ich hätte mich schon längst umgebracht oder wäre in der Klapsmühle gelandet. Die soll doch ernsthaft vor dem irischen Nationalparlament gesagt haben, dass sie jetzt auch an Jesus Christus glauben würde, und wie es aussieht, haben die Iren ihr auch Glauben geschenkt. Aber: An ihrer Stelle würde ich besser nicht nach Helgoland zurückkehren." „Warum nicht?" wollte Florian jetzt wissen. „Der deutsche Generalbundesanwalt wird sie sehr wahrscheinlich wegen Terrorismus anklagen, und da wird es ihm egal sein, ob die Iren sie rehabilitiert haben oder nicht." „Aber gibt das nicht einen Riesenärger, wenn sie die hier einsperren? Ich meine ja nur, die Frau hat dazu beigetragen, eine ganze Anschlagsserie zu verhindern und wahrscheinlich hat sie - wenn man CNN glauben darf - dazu beigetragen, alle nennenswerten Terrororganisationen in Irland zu ächten und zu zerschlagen. Wenn man diese Frau jetzt verhaftet, dann stört man da den gesamten Versöhnungsprozess." „Mag sein, aber Rebekka Ahrens war schließlich eine deutsche Staatsbürgerin, die hier auf deutschem Boden weggebombt wurde. Was bedeutet, dass der Generalbundesanwalt die Interessen des deutschen Opfers wahren wollen wird. Und das bedeutet: Lebenslänglich hinter Gitter!" Schweigend gingen sie weiter. Dann sagte Dr. Zuckmayer: „Dann sieht es auch sehr schlecht für unsere Sache aus. Denn wenn sie Kathrin Nightingale hier verhaften sollten, dann werden wir wahrscheinlich Dr. Ito dadurch verlieren. Denn der wird sich wahrscheinlich eher mit ihr zusammen einsperren lassen, als uns weiter zu helfen. Verdammte Sache! Können wir sie nicht irgendwo verstecken, wo man sie nicht so schnell findet, falls es hart auf hart kommt?" „Da wüsste ich schon einen Ort, wir müssten da nur ganz unauffällig ein paar Vorbereitungen treffen. So für alle Fälle. Selbst unsere Dorfpolizisten kennen diesen Ort nicht, da bin ich mir ganz sicher. Die Frage ist nur, ob sie sich auch verstecken lassen würde?" „Ja, das ist eine gute Idee Rüdiger, ich ahne es schon, was Du vorhast. Man sollte immer was in petto haben, falls es hart auf hart kommt." „Da ist übrigens noch was: Hast Du schon mal daran gedacht, dass diese Frau auch bei den Briten so viel nationales Interesse erzeugt hat, dass die bei einer Verhaftung von ihr auch noch tätig werden könnten? Schließlich haben die Briten auch kein Interesse mehr daran, dass die IRA wieder auflebt und in ihrer Hauptstadt Bomben zündet. Dieser Gus Falkner scheint mir da ein sehr entschlossener Bursche zu sein, ein richtiger smart guy." „Mist! Wenn ich das jetzt mal weiterspinne, dann meinst Du also, dass die Briten im Krisenfall vielleicht sogar militärisch aktiv werden könnten? Schließlich hatten sie Helgoland schon mal von uns einkassiert – man sagt ja immer, dass die Geschichte sich bisweilen wiederholt!" „Also ehrlich gesagt, würde ich so etwas sogar begrüßen, uns kann das nur nützen. Allerdings möchte ich hier auch nicht plötzlich auf einem Kriegsschauplatz sein!" sagte Dr. Skibbe, jetzt plötzlich nachdenklich geworden. „Was meinst Du, würden die uns als Geiseln nehmen?" „Nicht auszuschließen. Allerdings möchte ich nicht von der deutschen Marine befreit werden, da würde ich dann lieber gleich die britische Staatsbürgerschaft haben wollen", sagte Dr. Skibbe. „Ich auch, bloß weg von dieser Todesinsel, so langsam hält mich wirklich nichts mehr hier. Susanna tot, das Gros der Meeresfauna abgelebt –

ich will gar nicht wissen, wie es jetzt unter Wasser aussieht! Das ist nicht mehr das Helgoland, welches ich mal kannte. Und die lange Anna wird die nächste Sturmflut wahrscheinlich auch nicht mehr überleben. Erst wollte ich da noch Fossilien sammeln gehen, aber hast Du Dir den Felsen mal aus der Nähe angesehen? Nur Lebensmüde gehen noch in die Nähe von diesem Abbruchfelsen. Da nützt Dir nämlich auch ein Helm nicht mehr viel, wenn das ganze Ding auf Dich drauf kracht!" „Und ich dachte, der Bürgermeister wollte den Schaden reparieren lassen?" „Wie denn, bei dem derzeitigen Seegang kann man da gar nicht arbeiten. Und wie sieht das denn wohl aus, wenn man das Loch im Felsen einfach mit Beton stopft? Selbst, wenn man den grauen Beton rot färben würde, würde man es noch sehen. Es sähe dann letztlich aus, wie ein riesiger Zahn mit einer Füllung. Völlig unnatürlich, so etwas ist dann nicht mehr fotogen. Da haben die jetzt nicht nur eines ihrer bescheuerten Kriegsschiffe, sondern auch gleich noch unser einziges Wahrzeichen zerstört. Bravo! Ich glaube ich gehe nach Cornwall. Oder nach Australien. Da gibt es wenigstens noch intakte Steilküsten." Dr. Zuckmayer schwieg nachdenklich. Nach einer Weile sagte er dann. „Also, Rüdiger, dann bereite doch schon mal den Hide-Spot vor. Man kann es ja nie wissen, wer den benötigt. Und pack ruhig ein paar Betten mehr rein, das kann nicht schaden. Aber lass Dich bloß nicht dabei erwischen." „Kein Problem, Florian, da kenne ich hier noch ein paar nette Pfade und Abkürzungen, da würdest selbst Du staunen! Am besten wäre es aber, wenn Du mir noch so ein paar hübsche Warnschilder aus der Sammlung von Dr. Ito besorgen könntest. Dann würde sich da nämlich niemand mehr hin trauen." „Klasse Idee Rüdiger, ja so machen wir das. Schließlich hält einem die Angst der Leute diese ganz gut vom Halse. Und ein paar Vorräte, die man nicht kochen muss, wären auch ganz gut." Dr. Skibbe grinste jetzt. „Als Pfadfinder musste ich mal eine Woche in den Bergen Kanadas durchhalten. Das hier ist ein Witz dagegen!" Doch sowohl Dr. Skibbe als auch Dr. Zuckmayer wussten, dass es nicht lustig war. Da waren einfach zu viele Variablen in ihrer Gleichung, welche sie weder wissen noch planen konnten. Doch ihr Hauptproblem bestand darin, dass sie es kaum abschätzen konnten, wer künftig noch vertrauenswürdig war. Oder wurden sie bereits bespitzelt und abgehört? Hatte Professor Dr. Wackernagel vom Deutschen Hydrografischen Institut schon zum vernichtenden Schlag gegen sie beide ausgeholt? Bei der bloßen Vorstellung lief es ihnen kalt den Rücken hinunter.

Dublin, Städtisches Krankenhaus, Krankenzimmer von Sandra Miller und Kathrin Nightingale, 17.27h

Aische Özdemir und Ian Bannister waren zusammen mit Staatsanwalt Conolly gegangen, Sandra und Kate hatte sich über die Mittagszeit etwas ausgeruht, und Kai und Fuji waren auch schon wieder in Dublin unterwegs, um ein paar Sehenswürdigkeiten anzuschauen. Jetzt betraten Keith Hastings und Andrea O´Leary das Zimmer, die zwischendurch ein paar wichtige Besorgungen in der Stadt gemacht hatte. Vor dem Krankenzimmer hatte man zwei Polizisten postiert, um die Sicherheit von Kate zu gewährleisten. Es war immer noch warm, mindestens 25°Celsius im Zimmer. Weil die Klimaanlage versagt hatte, hatten sie die Fenster weit aufgerissen. Nachdem Keith Hastings alle begrüßt hatte, wobei er Sandra sogar ein Küsschen auf die Wange gegeben und ihr neue Blumen mitgebracht hatte, war Sandra plötzlich etwas rot geworden, während Kate und Andrea O´Leary sich nur vielsagend angrinsten. Denn Keith Hastings war durchaus immer noch zu haben, was Andrea Kate in einer stillen Stunde anvertraut hatte. Dann fragte Kate: „Sag mal, Papa Keith, wie stellst Du Dir das eigentlich bei der Beerdigung von Vater Andrew vor? Ian hat gesagt, ich solle mit ihm zusammen eine Rede halten. Aber was wird er sagen? Ich meine, ich weiß natürlich schon, was ich sagen würde, aber wie bringen wir das alles passend zusammen?“ „Ach Kate, das ist ganz einfach: Du übernimmst den ersten Part und erzählst einfach nur, was Du mit meinem Bruder erlebt hast und was er Dir bedeutet hat. Wie ich Ian kenne, wird er dann die politische Seite des Ganzen herausheben, das kann er nämlich wirklich gut.“ „Und wie stellen wir die neuesten Erkenntnisse über uns und unseren Vater in der Öffentlichkeit dar, falls wir gefragt werden? Das ist doch jetzt alles ganz schön heikel und verfahren?“ fragte Andrea O´Leary. „Ich habe das Ganze vorhin nochmals sehr kontrovers mit Marc Conolly diskutiert. Es ist ganz brutal einfach: Ihr beiden bleibt einfach immer bei der Wahrheit, auch wenn es weh tut. Mittlerweile überlege ich sogar, morgen Vormittag eine Pressekonferenz mit Euch beiden und Marc Conolly zu geben, um der Öffentlichkeit den Ermittlungsstand mitzuteilen. Denn schließlich wurde ja sogar gegen mich ermittelt, weil die Täter offensichtlich gefälschte Spuren am Tatort Bannister hinterlassen haben. Ich muss allerdings noch mit Ian sprechen, wegen des Schamhaares, welches wir bei seiner Frau gefunden haben. Darauf stützt sich ja ein wesentlicher Teil der Beweiskette, es zieht aber leider das Ansehen der Ermordeten in den Dreck, was wir natürlich nicht wollen. Also da müssen wir noch eine diplomatische Lösung finden, wenn Ihr versteht, was ich meine. Es tut mir sehr leid, dass Marc Conolly Euch wegen dieser dummen Haarprobe belästigen musste, aber die Experten hatten bei der kriminaltechnischen Untersuchung festgestellt, dass das Schamhaar vom Tatort Bannister eine strukturelle Anomalie aufwies, die sehr wahrscheinlich erblich bedingt ist. Solche Nachweise kann man nicht oft führen, aber bei Euch beiden war der Befund eindeutig positiv. Es ging ja auch letztlich nicht nur darum, Eure Geschwisterschaft eindeutig zu beweisen, sondern auch darum, die Kindschaft nochmals zu verifizieren. Und dank dieser Proben wissen wir jetzt alle, woran wir sind. Am besten wäre es aber, Ihr erzählt niemandem etwas davon, wie wir zu diesem Ergebnis gekommen sind.“ „Keine Sorge“, sagte Kate jetzt, „das wäre selbst mir etwas peinlich. Aber der arme Staatsanwalt hat vorhin echt Blut und Wasser geschwitzt, während ich mich fast kaputtgelacht hätte.“ Kate kicherte albern, während Andrea O´Leary und Sandra Miller es mit viel Bemühen schafften, ernst zu bleiben. Dann fragte Keith Hastings: „Hat Kate jetzt einige angemessene Kleider für Pressekonferenz und Beerdigung? Immerhin sieht die ganze Nation zu. Und kann Kate endlich wieder Schuhe tragen? Was meint Ihr wohl, was ich mir noch von unserem Taoiseach anhören durfte, weil sie doch tatsächlich barfuß vor dem Nationalparlament erschienen ist! Ich habe das ja zunächst gar nicht gesehen, weil sie ein langes Kleid trug, aber als man Kate dann raustrug, hat es die ganze Nation gesehen! Wirklich peinlich!“ „Das muss Dir nicht peinlich sein, Papa Keith. Es war nur so, dass ich etwas geschwollene Füße hatte und außerdem mit der Endo Prothese noch nicht richtig laufen kann. Ich muss ja das Laufen erst wieder neu lernen, und das geht nun mal ohne Schuhe am besten. Im Übrigen hat es mich nicht gestört.“ „Dann bin ich ja beruhigt! Ich habe nämlich Kenneth Sinclair etwas Ähnliches gesagt. Nicht das hier noch irgendwelche Leute auf die Idee kommen, dass Du damit unser Parlament hättest beleidigen wollen, oder so etwas.“ „Wann erfahre ich denn davon, ob morgen Vormittag eine Pressekonferenz gegeben wird?“ wollte jetzt Andrea O´Leary wissen. „Spätestens bis 22.00h, falls Dir das Recht ist“, sagte jetzt Keith Hastings. Dann meinte er noch: „Ich war ehrlich geschockt, dass die New Revenge IRA zu einem guten Teil ein Familienbetrieb war. Und mit was für einer Einstellung zu nahen Angehörigen der alte Abraham Walker zu Werke ging, ist einfach unglaublich. Ich kann Euch beiden nur nochmals sagen, wie leid mir das für Euch tut!“ Keith Hastings drückte jetzt beide an sich. „Warum bist Du eigentlich von Deinem Posten als Innenminister zurückgetreten?“ Wollte jetzt Andrea

O´Leary von Keith Hastings wissen. „Weil er als Kandidat für das Amt des Staatspräsidenten des neuen wiedervereinigten Irlands vorgeschlagen wurde!", sagte jetzt Sandra Miller und strahlte Keith Hastings dabei stolz an. Kate und Andrea wechselten einen vielsagenden Blick, dann fragte Kate vorsichtig: „Sagt mal, so ganz im Vertrauen, habt Ihr beide etwas miteinander? Ich und Andrea werden es auch keinem verraten, aber ihr turtelt ja doch ganz hübsch miteinander rum, kann das sein?" Jetzt errötete Keith Hastings. Dann seufzte er tief auf und sagte: „Also gut, ich kann es ja nicht ewig vor Euch verstecken. Als Sandra bei dem Attentatsversuch auf Kate verletzt wurde, da war ich zunächst verwirrt und gefangen in meiner Trauer. Aber als ich es dann mitbekam, was mit ihr passiert war, da habe ich mir echte Sorgen gemacht. Und dann musste ich plötzlich feststellen, dass es mehr als die Sorgen eines Dienstherrn um seinen Untergebenen waren. Ich hätte es nie geglaubt, dass mir das in meinem Alter noch passieren könnte, aber es ist so. Sie war ja schon immer so ein bisschen mein Lieblingskind, schon als ich ihre Dienstakte das erste Mal in die Finger bekam. Aber ich bitte Euch darum, das bitte bloß niemandem zu sagen, denn das kann gerade jetzt in der Öffentlichkeit sehr falsch ankommen. Wie soll ich das der Presse erklären? Beziehung mit einer Untergebenen? Und dann noch: Frühere Messerstecherin soll Präsidentengattin werden? Das bereitet mir zurzeit wirklich schlaflose Nächte!" Darauf sagte Kate: „Papa Keith, ich finde, dass es wahrscheinlich noch nie so einen guten und anständigen Innenminister in diesem Land wie Dich gegeben hat. Da soll mal keiner etwas sagen! Ja, es ist schwierig, sich zur Liebe zu bekennen. Und es ist noch schwieriger, sich zu der Person zu bekennen, die man liebt. Aber sieh Dir mal Fuji an: Er hat mir sogar schon auf Helgoland einen kurzen Brief geschrieben, in dem er geschrieben hat, dass er zu mir halten würde, auch wenn sie mich lebenslänglich in den Knast stecken würden." „Das kann Dir übrigens theoretisch zumindest immer noch passieren, Kate. Und das hängt damit zusammen, dass der deutsche Generalbundesanwalt natürlich Anklage wegen Terrorismus, Mordes an Rebekka Ahrens, Sachzerstörung und fahrlässiger Gefährdung Dritter gegen Dich gestellt hat. Er hat sogar bereits einen Auslieferungsantrag gestellt, wie ich heute Morgen leider erfahren musste." „Und werdet Ihr mich denn ausliefern?" fragte Kate ängstlich. „Nun, wir sind bereits am Verhandeln. Deine Person ist ja nun ein politischer Fall geworden, weshalb das jetzt auf ganz anderen Ebenen verhandelt wird. Besonders Gus Falkner und das britische Kabinett sind von dem Ersuchen des deutschen Generalbundesanwaltes sehr erzürnt, und auch Kenneth Sinclair setzt sich bereits für Dich ein. Wir argumentieren momentan damit, dass wir Dich hier in Irland als nationale Integrationsfigur unbedingt brauchen, und dass wir ohne Dich leider befürchten müssen, dass hier wieder Unruhen ausbrechen und Attentate verübt werden. Der deutsche Bundeskanzler und Ian Bannister stehen auch auf unserer Linie, aber die deutsche Justiz ist da leider etwas eigenwillig." „Heißt das, dass ich gar nicht nach Helgoland gehen kann, um dort meine Resozialisierungsmaßnahmen abzuschließen? Das wäre wirklich schlimm, weil ich allen gesagt habe, dass ich daran festhalten möchte!" Sagte Kate nun mit Tränen in den Augen. „Wir tun, was wir können, nun lass mal den Kopf nicht hängen, Katie Darling!" sagte Keith Hastings. Bei dem Wort *Darling* warf Sandra Miller mit ihrem Kopfkissen nach ihm. Alle lachten, nur Sandra Miller saß schmollend in ihrem Bett. Keith Hastings ging zu ihr, nahm sie in die Arme und gab ihr demonstrativ vor allen einen langen Kuss. Dann holte er den Rollstuhl und ging mit Sandra nach draußen, um noch etwas mit ihr spazieren zu gehen. „Au weia", sprach jetzt Andrea O´Leary aus, was sie und Kate gerade dachten. Dann sagte Andrea zu Kate: „Wenn Sie es wagen sollten, Dich in den Knast zu stecken, dann komme ich mit! Schließlich habe ich in der Vergangenheit ja auch sehr viel IRA-freundliche Artikel geschrieben und andere Sachen veröffentlicht. Ich finde, dass man mich als geistigen Brandstifter genauso einsperren müsste wie Dich. Vielleicht ist ein geistiger Brandstifter sogar noch gefährlicher als derjenige, der tatsächlich die Bomben legt und zündet." „Ach Andrea, mein Schwesterherz, wahrscheinlich hast Du recht. Aber sieh das mal so: Falls Du mit mir in den Knast gehen würdest, dann gibt es da zwei Probleme. Zum einen sprichst Du kein gutes Deutsch, was in einem deutschen Gefängnis sicherlich sinnvoll wäre. Und zum anderen kannst Du von draußen meine Arbeit nicht nur weiterführen, sondern auch die Presse für mich mobil machen, was Du in einem deutschen Gefängnis nicht kannst. Und der deutsche Terrorknast ist wirklich hart, ich habe mir nämlich vor gut einem Jahr ein Buch über die deutschen Terroristen der RAF gekauft. Stammheim ist wirklich kein kuscheliges Plätzchen, davon kannst Du ausgehen. Und ehrlich gesagt kommen mir auch langsam Zweifel, ob es richtig ist, wenn ich künftig frei rumlaufen darf, während andere ihre Strafe absitzen müssen. Ich finde, dass ich irgendeine Form der Bußarbeit für mich finden muss, egal, was die mit mir machen. Ich könnte sonst nicht so einfach weiterleben! Auch wenn ich weiß, dass der höchste Richter mir vergeben hat, habe ich doch trotzdem das Gefühl. Es ist wie so eine Art Ahnung, dass da noch irgendetwas von mir kommen muss." Andrea O´Leary sah jetzt sehr nachdenklich aus, dann sagte sie leise: „Egal, was da auf Dich zukommt, Kate, ich würde Dich gerne dabei begleiten. Und Apropos begleiten, ich wollte Dich noch etwas anderes fragen, wo es mir gerade einfällt: Darf ich später bei der Geburt Deines Kindes dabei sein? Ich freue mich so, dass ich jetzt auch noch Tante werde!" „Gerne, warum nicht? Aber Du musst mir etwas versprechen: Nämlich, dass Du Dich um das Kind kümmerst, falls ich es nicht kann, kannst Du mir das versprechen?" Andrea umarmte Kate, dann sagte sie: „Auf jeden Fall! Wenn es sein muss, werde ich für Dein Kind auch mehr sein, als eine Tante, irgendwie werde ich das schon machen!" Nun überlegten sie noch gemeinsam, wie sie ein Kinderzimmer einrichten würden, danach half Andrea Kate dabei, die Sachen anzuprobieren, die sie ihr mitgebracht hatte. Außerdem probierte es Kate vorsichtig aus, in den Sandalen zu laufen, die Andrea für sie gekauft hatte. Langsam begann sie damit, ihre Endo Prothese immer besser zu beherrschen. Diesmal bereitete sie sich gründlich vor.

In einer Zelle im Hochsicherheitstrakt des Belfaster Gefängnisses, 22.12h

Marty hatte beharrlich geschwiegen. Bevor er zu dem Attentatsversuch aufgebrochen war, hatte er seine Frau davon informiert, dass Sie auf keinen Fall Kontakt zu ihm aufnehmen solle, egal was auch passierte. Er hatte der Polizei nichts gesagt, nicht mal seine Identität. Er wusste, dass sie bisher absolut nichts von ihm haben konnten, so dass sie kaum eine Chance hätten, ihn zu identifizieren. Das war zwar nur ein schwacher Trost, aber es war einer. Irgendwie redete er sich das jedenfalls ein. Essen rührte er nicht an, nur etwas Kaffee und Wasser hatte er akzeptiert. Merkwürdigerweise musste er jetzt nicht an seine Frau, sondern an Conchita denken, die Putzfrau der Bannisters. Die Putzfrau! Ja, das war eine Schwachstelle, über die man ihn möglicherweise doch noch finden konnte. Alle Verhöre hatte er mit gleichmütiger Miene ertragen, und selbst die Androhung von körperlicher Gewalt brachte ihn nicht aus der Fassung. Er lächelte nur dünn und zuckte mit den Achseln. Mit Untermenschen redete er nun mal nicht, so einfach war das. Seiner Frau hätte er vielleicht einiges gesagt, aber nicht diesen korrupten Staatsdienern, die sich in ihren Uniformen nur unnötig aufblähten. Man hatte ihm alles abgenommen, sogar seinen Gürtel, da man nicht zu Unrecht fürchtete, dass er sich etwas antun könnte. Er hatte diesen Fall jedoch schon hunderte Male in seinem Geist durchexerziert, und wenn der richtige Zeitpunkt da war, würde er es auch ohne

Gürtel und andere Hilfsmittel schaffen, sich zu entleiben. Er hatte das bereits zweimal mit anderen Leuten gemacht, warum nicht mit sich selbst? Es war letztlich nur eine Frage des Willens, das wusste er. In seiner Zelle gab es nur einen an der Wand verankerten Tisch, eine Toilette aus Edelstahl, die fest im Boden verankert war und eine einfache Pritsche, mit der es sich ebenso verhielt. Als Kleidung hatte man ihm einen orangefarbenen Gefangenenoverall für tagsüber und einen beigefarbenen einfarbigen Schlafanzug für die Nacht gegeben. Bettlaken und Bettdecken ließen sich nicht abziehen, da die Verschlüsse mit kleinen elektronischen Schlössern gesichert worden waren. Auch das Essbesteck war nicht für einen Suizid geeignet, da dieses nur aus einem stumpfen Teelöffel aus Chromagan bestand. Nein, so etwas brauchte er nicht! Alles was er brauchte, waren die Dunkelheit und die Kante eines Möbelstücks. Nochmals ließ er alles in der Rückschau an sich vorbeilaufen. Sie waren gescheitert. Das war zwar bitter, aber vielleicht würde ja doch jemand anderes ihr Werk zum Abschluss bringen. Oder die Nation war es eben doch nicht wert. Egal, er würde es tun. Innerlich begann er jetzt einen Countdown zu zählen, unhörbar für die Mikrofone, die sie hier wahrscheinlich versteckt hatten. Er begann bei 200, bei 5 würde er sich hinsetzen, und bei 0 würde er es plötzlich ohne jede Vorankündigung einfach machen. In exakt 195 Sekunden würde er tot sein.

Hochsicherheitstrakt des Belfaster Gefängnisses, im Gang, 22.15h

Ein kurzes dumpfes Geräusch ertönte aus der Zelle des wichtigsten Gefangenen, den man hier zurzeit hatte. Die Wächter hatten ihn „Mr. Namenlos" genannt, da er sich beharrlich weigerte, etwas zu seiner Identität zu äußern. Der Mann war wie ein Gespenst gewesen. Bleich, von dünner schlaksiger Statur und absolut unwillig, irgendetwas zu sagen oder zu essen. Selbst als ein Wärter ihn brutal in seine Zelle warf, indem er ihm nach einem weiteren erfolglosen Verhör einen Schlag gegen die Rippen verpasste, gab der Mann kaum mehr als ein lautes Atmen von sich. Man hätte Marty auch foltern können, er hätte nichts gesagt, denn er hatte sich endlosen selbst ersonnen Anti-Folter-Tests unterzogen. Körperliche Schmerzen konnten ihn nicht mehr beeindrucken, doch das wussten seine Wächter nicht. Sofort nach dem seltsamen Geräusch wurde ein Alarm im Zimmer des Personals ausgelöst und der Dienst habende Officer stellte sofort das Licht in der Zelle an und sah nach, was los war. Der Mann lag seltsam verkrümmt auf dem Boden, die Augen starrten glasig an die Decke, an der Kante des Tisches klebte etwas Blut. War es ein Unfall gewesen? Sofort rannte der Officer los und schloss die Zelle auf, doch er kam zu spät. Marty hatte seinen Körper offensichtlich von der Bettkante aus rückwärts sehr sorgfältig auf die Tischkante hin austariert, dann hatte er sich mit den Armen an der Bettkante festgehalten, war kurz und energisch hin und her geschwungen und hatte es dann geschafft, sein Genick so passgenau auf der Tischkante zu platzieren, dass dieses sofort brach. Außerdem hatte er seine Beine als zusätzlichen Hebel eingesetzt, und sich mit diesen gleichzeitig von der Bettkante abgestoßen. Man hätte ihm auch seinen Gürtel lassen können, dann hätte er sich die tagelangen Berechnungen des richtigen Aufschlagswinkels sparen können. Denn wenn es eines gab, was Marty in seinem Leben wirklich geliebt hatte, dann war es genau das gewesen: Exakt durchdachte Präzisionsarbeit.

Dublin, Städtisches Krankenhaus, Krankenzimmer von Sandra Miller und Kathrin Nightingale, 22.21h

„Sandra, ich kann nicht einschlafen!" maulte Kate. „Was ist denn?" „Na ja, mich quält eine brennende Frage, wirklich." „Was denn?" „Habt Ihr beiden schon Eure Hochzeit geplant?“ „Kate, Du nervst, gleich kommt was geflogen!“ „Entschuldige, Sandra, ich wollte Dir nicht auf die Nerven gehen, aber ich muss über so vieles nachdenken. Wenn die mich nun doch in Deutschland in den Knast stecken sollten, darf ich dann vorher noch heiraten? Oder darf man überhaupt heiraten, wenn man im Gefängnis ist? Ich möchte gerne, dass mein Kind ehelich geboren wird.“ „Ach Kate, Du hast ja echte Sorgen! Ich glaube nicht, dass sie es zulassen würden, dass Du in Deutschland sitzen musst. Und im Übrigen kann sich Dein Fuji wahrscheinlich gar nicht rechtzeitig scheiden lassen.“

05. September 2017, Dienstag

Dublin, Städtisches Krankenhaus, Krankenzimmer von Sandra Miller und Kathrin Nightingale, 09.47h

Marc Conolly, Keith Hastings und Andrea O´Leary waren vorbeigekommen, um die heutige Pressekonferenz zu planen. Kai und Fuji spielten derweil mit Sandra Miller ein Brettspiel. Die Pressekonferenz sollte gegen 12.00h mittags im Presseraum des Nationalparlamentes stattfinden. „Also, ich fasse nochmals den groben Ablauf zusammen“, sagte Keith Hastings, „zuerst beginnt Marc Conolly damit, die aktuellen Erkenntnisse zum Mordfall Martha Bannister zu schildern. Dabei wird er jedoch die etwas pikanteren Details weglassen und noch nicht auf die näheren Verwandtschaftsverhältnisse von Andrea und Kate eingehen. Dann werde ich ganz kurz schildern, wie ich selbst durch gefälschte Beweise in den Fokus der Ermittlungen geraten bin, außerdem werde ich kurz darauf eingehen, warum Marc Conolly trotz seiner persönlichen Verwicklungen in den Fall die Ermittlungen weiterhin leiten muss. Danach werde ich dann das Wort an Andrea und Kate erteilen, die etwas über ihr neues Dasein als Schwestern erzählen dürfen. Und danach wiederum wird Marc Conolly den Faden aufgreifen, und schildern, wer der biologische Vater der beiden ist und welche Hintergründe es hierzu gibt, allerdings auch ohne Detailangaben zu den Beweismitteln zu machen. Denn das wäre in Anbetracht der Tatsache, dass die arme Martha Bannister noch nicht mal unter der Erde ist, zu traurig und zu pietätlos für die Verwandten von Martha, zu denen Marc Conolly ja nun mal leider auch gehört.“ „Klingt gut, aber ich denke, ich werde bei der Einleitung noch sagen, dass ich ein entfernter Verwandter der Bannisters bin, dann haben wir eine halbwegs objektive Darstellung der Ereignisse“, sagte nun Marc Conolly. „Ist eigentlich unser *biologischer* Vater wieder aus dem Koma erwacht?“ fragte jetzt Kate. „Nein, leider nicht. Und es gibt leider noch eine schlechte Nachricht: Der zweite Attentäter, den Kate als Nr. 2 der New Revenge IRA identifiziert hat, ist leider tot. Er starb gestern Abend in seiner Zelle trotz strenger Überwachung durch Selbstmord.“ „Mein Gott!“ rief Kate, wie hat er es denn getan? „So wie es aussieht hat er sich selber das Genick an einer Tischkante gebrochen, in dem er sich mit voller Wucht rückwärts dagegen warf. Es ist unfassbar! So etwas hat bislang noch keiner gebracht, “ sagte jetzt Keith Hastings. Kate sah nachdenklich drein, dann nickte sie und sagte: „Verdammt, ich hätte es wissen müssen! Er hat vor einiger Zeit mal eine Schulung zu diesem Thema abgehalten. Wie man sich ohne Hilfsmittel umbringt, wenn es für einen selbst zu hart kommen sollte. Da hat er unter anderem diese Methode erwähnt. Er meinte, grundsätzlich geht alles, das Hauptproblem dabei sei die genaue Ausführung und der tatsächliche Wille dazu. Außerdem müsse man alle Rahmenbedingungen genau berechnen. Darin war er nämlich wirklich Meister. Im Berechnen von Aufschlagswinkeln und ähnlichen Problemen. Das hat er alles im Kopf gerechnet, wie ein Computer. Wenn er was geplant hat, dann war es immer einhundertfünfzigprozentig.“ „Dich trifft keine

Schuld, Kate, Du warst ja hier das eigentliche Opfer. Und von dem kann wohl niemand erwarten, dass es sich um das Wohlergehen seines Attentäters sorgt", sagte Andrea O´Leary. „Auch wieder wahr, aber es ärgert mich doch, dass ich nicht mehr daran gedacht habe, während ich auf der anderen Seite durchaus noch darüber nachgrübeln kann, wie man gleich zwei Polizisten umlegt, an die man angekettet ist. Ich werde noch mal verrückt!" „Das waren übrigens nicht nur zwei einfache Polizisten, Kate. Das waren die beiden Polizeichefs von Dublin und Belfast, aber das nur am Rande. Sie haben mich persönlich darum gebeten, Dich mal ein bisschen anketten zu dürfen", sagte jetzt Keith Hastings. „Oh, war ich etwa zu dreist zu den beiden? Ich hoffe, ich habe sie nicht verärgert", sagte jetzt Kate und tat ganz zerknirscht. „Keine Sorge Kate. Beide haben mir versichert, dass sie gegen eine Abschiebung von Dir nach Deutschland sind. Und willst Du auch wissen, wieso?" „Weil sie mich persönlich hier in Irland einsperren wollen?" fragte Kate, doch Keith Hastings schüttelte jetzt mit dem Kopf. „Nein, im Gegenteil! Sie fanden Dich beide sehr charmant und würden Dich gerne mal zum Kaffeetrinken in ihre Familien einladen. Also zumindest die Frau des Polizeichefs von Dublin kenne ich persönlich, sie ist übrigens sehr nett." „Au weia, Papa Keith, in was bin ich da nur rein geraten! Der Polizeichef von Dublin stand doch auch auf unserer Todesliste, ich meine das war Nummer 15 oder so." „Es war Nummer 16", sagte Keith Hastings trocken und grinste dann. „Na ja Kate, ich habe mit den beiden natürlich auch über Dich und diese Liste gesprochen. Sie meinten, Du könntest diese Liste ja jetzt noch abarbeiten – in dem Du alle, die darauf stehen, mal zum Kaffee besuchst! Na, was hältst Du davon?" Keith Hastings grinste vielsagend. „Toll! Wenn ich das gemacht habe, werde ich tot sein – gestorben an Verfettung vom vielen Kuchen!" jammerte nun Kate und alle lachten. „Deshalb ist das ja auch eine echte Todesliste", sagte jetzt Andrea und fügte hinzu: „Strafe muss eben doch sein!" Wieder lachten alle. „Genau. Und weil das so ist, kann Kate natürlich gleich bei Target Nr. 1 anfangen, nämlich bei mir. Und zwar nach der Beerdigung meines Bruders. Ihr seid natürlich alle herzlich eingeladen, ich habe einen Saal für 200 Leute gemietet und hoffe, dass der ausreichen wird", sagte nun Keith Hastings. Kate sagte jetzt ernst: „Wenn ich es könnte, würde ich gerne seinen Sarg tragen." Darauf erwiderte Keith Hastings: „Ach Kate, Du trägst schon jetzt viel zu viel! Kommt, lasst uns jetzt alle für Kate beten, denn die nächste Zeit wird in jedem Fall anstrengend für sie werden." Alle legten Kate die Hände auf Rücken oder Schultern und beteten für sie, manche still, andere laut, am Schluss sprach Keith Hastings ihr noch den göttlichen Segen zu. Dann fragte Kate: „Und wie soll das jetzt mit meiner Resozialisierung auf Helgoland weitergehen. Ich meine, dass Kaffeetrinken allein mit dem Polizeichef von Dublin ja kein ernsthafter Beitrag zur Resozialisierung sein kann, oder?" „Doch, das zählt alles dazu, Kate, das ist ja das Wunderbare! Denn dadurch stellst Du aktiv unter Beweis, dass Du Deine alten Feindbilder ein für alle Mal abgebaut hast." Kate schwieg verblüfft. „Und das Thema Helgoland überlassen wir jetzt erst mal den Politikern. Ich habe da heute Morgen so ein Gerücht aufgeschnappt, dass Ian Bannister irgendetwas zusammen mit Gus Falkner ausgeheckt hat. Also mach Dir keine Sorgen, Kate." Keith Hastings wandte sich jetzt Sandra zu. „Wollen wir noch etwas an die frische Luft gehen, bevor es losgeht? Eine halbe Stunde haben wir noch!" Sandra Miller freute sich.

Helgoland, Bootsanleger, 11.07h

Die kleine graue Barkasse setzte jetzt insgesamt sechs Männer auf Helgoland ab, die den Auftrag hatten, hier auf eine ganz bestimmte Person zu warten, um dieser dann einen gültigen Haftbefehl zu präsentieren. Sie marschierten als erstes zum Nordseehotel, wiesen sich aus, und beschlagnahmten dort einige bestimmte Gegenstände, die sie im Safe des Hotels einschließen ließen. Danach quartierten sie sich in drei Doppelzimmern ein und machten es sich dort gemütlich. Momentan bestand ihr Job nur daraus, die aktuellen Nachrichtensendungen zu verfolgen. Besonders alle Meldungen und Interviews aus Irland verfolgten sie mit dem größten Interesse. Ihre Barkasse verblieb im Hafen, wobei diese in ständiger Abfahrbereitschaft gehalten werden sollte, ab einem gewissen Punkt jedenfalls, welchen die Männer dem Kapitän der Barkasse noch mitteilen würden. Sollte Kathrin Nightingale nochmals Helgoland betreten, würde man sie nicht nur schnell verhaften, sondern sie darüber hinaus rasch von der Insel bringen, um weitere Komplikationen bei der Festnahme zu verhindern. Es war mit Sicherheit die heikelste Festnahme, welche die Männer, die allesamt Angehörige des Bundesgrenzschutzes waren, je ausgeführt hatten, aber ihnen allen winkte danach eine Beförderung um mindestens eine Soldstufe nach oben. Und allein dafür lohnte sich dieser Einsatz in jedem Fall. Außerdem waren sie bis an die Zähne bewaffnet, was man ihnen jedoch nicht ansah, da sie ihre Waffen gut verborgen am Körper trugen. Kathrin Nightingale konnte jetzt ruhig hier aufkreuzen. Sie würden dafür sorgen, dass diese Dame schneller in Stammheim saß, als ihr lieb war. Und im Hamburger Hafen wartete sogar ein betanktes Fahrzeug auf sie.

Dublin, Nationales Parlament (Oireachtas), Presseraum, 12.00h

Marc Conolly begann jetzt mit seinem Vortrag. „Sehr verehrte Damen und Herren, wir möchten Ihnen heute einen groben Überblick über den aktuellen Stand unserer Ermittlungen in der Mordsache Martha Bannister liefern. Doch bevor ich damit anfange, kurz noch etwas zu meiner Person, um Irritationen zu vermeiden. Es ist wirklich reiner Zufall, dass die Bannisters um zwei Verwandtschaftsgrade zu meinem eigenen Verwandtenkreis gehören. Als ich als zuständiger Staatsanwalt an den Tatort gerufen wurde, musste ich die verstorbene Martha Bannister identifizieren. Da meine Kollegin zu diesem Zeitpunkt leider wegen ihrer Schwangerschaft ins Krankenhaus eingewiesen wurde, musste ich diesen Fall behalten, obwohl ich ihn wegen Befangenheit eigentlich hätte abgeben müssen. Und ich sage es Ihnen ganz ehrlich: Hätte ich gewusst, was mich hier noch alles erwarten würde, dann hätte ich mich wahrscheinlich lieber krankgemeldet." Die Journalisten lachten. Dann fuhr Marc Conolly fort: „Nun, wir haben bisher ein Beweismittel gefunden, mit dessen Hilfe wir diesem abscheulichen Verbrechen einen möglichen Tatverdächtigen zuordnen konnten. Diesen werden wir Ihnen nachher noch präsentieren. Unsere Ermittlungen wurden unter anderem auch davon aufgehalten, dass der Täter uns am Tatort offensichtlich falsche Beweismittel untergeschoben hat. Hierzu wird Ihnen jetzt unser Innenminister Keith Hastings einiges sagen." Alle lauschten konzentriert und es war plötzlich sehr leise, als Keith Hastings begann, zu sprechen. „Meine sehr verehrten Damen und Herren, meine Sekretärin wird es Ihnen bestätigen können, dass man zeitweise sogar gegen mich selbst ermittelt hat." Aufgeregtes Gemurmel setzte ein, während Keith Hastings eine rhetorische Pause machte. „Wie es sich dann später herausstellte, hatten der oder die Täter tatsächlich die Dreistigkeit besessen, echte Haare von meinem Kopf in der Wohnung von Martha Bannister zu platzieren. Wir konnten jedoch mich als Täter eindeutig ausschließen, weil ich erstens zur Tatzeit nachweislich nicht in Dublin gewesen sein kann, und zweitens die Haare aus der Wohnung grau waren, während meine Haare rötlich gefärbt sind. Ich denke, dass es sowohl für Sie alle hier wie auch für uns als ermittelnde Seite klar sein dürfte, dass es wohl kaum passiert, dass Jemand seine Haartönung aus seinen Haaren nimmt, dann einen Mord begeht, bei dem er die entfärbten Haare am Tatort zurücklässt, und sich dann danach die Haare wieder rötlich färbt. Meine Haare hatte ich vor etwa zwei Monaten in ihrer ursprünglichen Färbung kolorieren lassen. Also müssen die Haare, die man an diesem Tatort gefunden wurden, vorher von mir entnommen worden sein; wir vermuten, dass die Ursprungsquelle beispielsweise bei meinem Frisör liegen könnte. Denn alle gefundenen Haare waren auch geschnittene Haare. Und jetzt frage ich Sie: Welcher Mörder würde sich wohl an einem Tatort die Haare schneiden? Sie sehen also, mit welcher Raffinesse hier vorgegangen wurde, um unserer Ermittler in die Irre zu führen. Handeln sexuell motivierte Serientäter so? Ich denke nein. Deshalb gehen wir jetzt davon aus, dass es sich um einen Mord, beziehungsweise um einen Doppelmord handelte, bei dem kein sexuelles Motiv vorlag. Dafür spricht übrigens auch, dass die zweite Tote, nämlich die Putzfrau von Martha Bannister nicht sexuell missbraucht wurde. Wahrscheinlich war sie einfach nur zur falschen Zeit am falschen Ort, so dass der Mörder sie auch beseitigen musste. Wir haben zwar jetzt einen Tatverdächtigen, zu dem wir nachher auch noch kommen werden, aber leider noch kein Motiv für diesen schrecklichen Doppelmord. In jedem Fall können wir es jetzt als gegeben annehmen, dass der Mörder beide Opfer mit einem spitzen Dolch oder einem Stilett zuerst ins Herz stach, die Opfer dann auf dem Himmelbett im Schlafzimmer auslegte, und sie wahrscheinlich erst dann mit dem Messer weiter verunzierte, um es mal vorsichtig auszudrücken.“ Keith Hastings nahm jetzt einen Schluck Wasser, während der Raum plötzlich totenstill vor Anspannung war. „So, ich reiche nun das Mikrofon an Miss Andrea O´Leary weiter, die gemeinsam mit der Ihnen aus anderen Zusammenhängen bekannten Miss Kathrin Nightingale indirekt in diesen Fall involviert wurde, jedoch sind beide ausdrücklich nicht als Tatverdächtige von uns eingestuft worden, was Sie in Kürze auch verstehen werden.“ Jetzt setzte wieder aufgeregtes Gemurmel ein. „Liebe Kolleginnen und Kollegen, im Zuge der Ermittlungen kam Staatsanwalt Marc Conolly auf Kathrin Nightingale und mich zu, um uns eine wichtige Mitteilung zu machen, mit der wir beide nicht gerechnet hätten.“ Andrea O´Leary reichte jetzt ein Mikrofon an Kate weiter. „Es stellte sich nämlich ganz überraschend heraus, dass Ihre Kollegin Andrea O´Leary, welche ich ja bei meinem Attentat auf Helgoland mit einer falschen Haarfarbe erfolgreich gedoubelt habe, bei der Geburt meines Kindes zu dessen Tante werden wird. Andrea O´Leary und ich sind Halbschwestern, wir haben den gleichen *biologischen* Vater, haben jedoch verschiedene Mütter und sind auch getrennt voneinander aufgewachsen.“ Andrea und Kate umarmten sich jetzt demonstrativ, und die Journalisten wurden immer aufgeregter. Kate fuhr fort: „Sie wollen jetzt sicher wissen, was das mit dieser Mordermittlung zu tun hat? Meine Schwester wird es Ihnen besser sagen können als ich, weil sie etwas mehr Abstand dazu hat, ich denke, Sie werden das gleich nachvollziehen können.“ Kate schob jetzt Andrea das Mikrofon rüber. „Also, die Brisanz der Sache ist folgende: Am Tatort Bannister wurde ein genetischer Fingerabdruck des Täters sichergestellt. Der Täter ist sowohl Kathrins, als auch mein *biologischer* Vater. Ich selbst lernte meinen Vater nie kennen, da meine Mutter mich allein aufzog. Meine Schwester dagegen glaubte, dass ihr Vater gestorben sei, als sie sechzehn Jahre alt war. Angeblich starb er durch einen Unfall im Zusammenhang mit Sprengstoff in der Nähe von Antrim beim Straßenbau, wo er beschäftigt gewesen war. Ich denke, dass es wohl am besten ist, wenn Ihnen Staatsanwalt Marc Conolly jetzt die restlichen Zusammenhänge erklärt, da es selbst mir wegen meiner persönlichen Betroffenheit in dieser Sache sehr schwerfällt, vor Publikum darüber zu reden.“ Marc Conolly schaltete sich schnell ein, da jetzt einige Journalisten Fragen stellen wollten. „Bitte stellen Sie Ihre Fragen nachher, nach meinem Vortrag werden sich die meisten davon wohl von selbst erledigt haben. Also, wo fange ich jetzt an, wo höre ich auf? Nun, fangen wir bei Miss Nightingale an. Miss Nightingale hat den von uns festgenommenen Täter zweifelsfrei als die Nr. 1 der New Revenge IRA identifiziert. Es handelt sich um denselben Täter, der am 01.09.2017 zunächst zwei Zivilfahnder direkt vor unserem Nationalparlament und vor meinen Augen erschoss, und der danach auch noch versuchte, eine 700 Kilogrammbombe zu zünden. Ich stellte ihn und schoss ihn an, weshalb die offizielle Anklage später von einem meiner Kollegen übernommen werden wird. Ich bin jetzt nur noch deshalb ermittelnd mit diesem Fall betraut worden, weil ich die Aktenlage am besten kenne. Leider ist der Täter immer noch nicht vernehmungsfähig, da er immer noch im Koma liegt. Was diesen Fall so außerordentlich bizarr macht, sind zwei Dinge: Das eine ist, dass dieser Mann offensichtlich nicht davor zurückscheute, auch seine eigenen Töchter beseitigen zu lassen, wenn es nur den Zielen seiner Terrororganisation diente, das andere, dass er offenbar für alle seine Taten gute Gründe hatte. Gründe, die sich leider nach wie vor unserer Kenntnis entziehen. Und dann muss ich Ihnen an dieser Stelle noch eine brisante Neuigkeit mitteilen: Die Nr. 2 der New Revenge IRA hat gestern Abend im Gefängnis Selbstmord begangen. Er brach sich selbst das Genick an einer Tischkante, so unglaublich das auch klingen mag. Wir haben den Vorgang auch von Mitarbeitern des internationalen Roten Kreuzes untersuchen lassen, damit es nicht heißt, dass wir Gefangene in der Untersuchungshaft töten würden. Das Untersuchungsergebnis des Roten Kreuzes deckt sich exakt mit unseren Erkenntnissen und Ermittlungen zu diesem Vorgang. Und auch Miss Nightingale hat hierzu von sich aus uns gegenüber eine ergänzende Aussage gemacht, welche dieses Ergebnis bestätigte. Nr. 2 der IRA hat nämlich interne Schulungen darüber abgehalten, wie man sich selbst möglichst ohne Hilfsmittel umbringen kann. So, und jetzt dürfen Sie Ihre Fragen stellen!" „Wie heißt der Chef der New Revenge IRA?" Kate antwortete: „Abraham Walker". „Miss Nightingale, wieso erkannten Sie denn Ihren eigenen Vater nicht wieder, als Sie noch für die IRA tätig waren?" „Zum einen hatte er sein Aussehen drastisch verändert und trug weder einen Bart noch eine Hornbrille wie früher, zum anderen hatte er aber auch seine Stimme verändert. Diese war früher viel tiefer. Die veränderte Stimme kam wohl durch eine Verletzung des Kehlkopfes zustande. Außerdem habe ich ihn ja nicht sehr oft gesehen, und rekrutiert wurde ich von Nr. 2 der New Revenge IRA." „Kann uns jemand was zur Identität von Nr. 2 der IRA sagen?" fragte jetzt eine Reporterin. „Leider noch nicht, da der Mann bei uns nie aktenkundig war, " antwortete ihr Marc Conolly. „Können wir jetzt davon ausgehen, dass Martha Bannister aus politischen Gründen ermordet wurde?" wollte ein Reporter von Irish News wissen. „Nun, darüber können auch wir zum gegenwärtigen Zeitpunkt leider nicht viel sagen. Fakt ist, dass Martha Bannister auf keiner Todesliste der IRA stand. Also könnte es auch ein ganz anderes Tatmotiv sein." „Was meinen Sie, wann der Täter vernommen werden kann?" „Das können wir leider nicht sagen. Auch wissen wir nicht, ob er aussagen wird. In jedem Fall können wir ihn allein wegen der von ihm nachweislich am 01.09. 2017 begangenen Straftaten lebenslänglich einbuchten. Wir werden dafür sorgen, dass er nie wieder aus dem Gefängnis kommt und noch lange über seine Taten nachdenken kann." „Miss Nightingale, Miss O´Leary, war es nicht ein furchtbarer Schock für Sie beide, als sie hörten, wer ihr Vater ist?" Kate antwortete: „Oh ja, das war es. Es war ein Wechselbad der Gefühle für uns. Zuerst freuten wir uns, dass wir endlich die lang ersehnte Schwester bekommen hatten, doch dann traf uns der eiskalte Schock, dass ein Monster, das uns beide beseitigen lassen wollte, unser *biologischer* Vater ist. Derselbe, der außerdem mit hoher Wahrscheinlichkeit auch noch die arme Martha Bannister auf dem Gewissen hat! Deshalb haben wir uns auch darauf geeinigt, ihn nur noch als *biologischen* Vater zu akzeptieren, mehr nicht." „Haben Sie bereits mit Ian Bannister darüber gesprochen? Ist das nicht sehr heikel für Sie beide?" „Oh ja, da haben Sie völlig recht, es war in der Tat heikel! Aber gemeinsam mit Staatsanwalt Conolly und Aische Özdemir haben wir uns mit Ian Bannister ausgesprochen und konnten es ihm vermitteln, dass wir beide mit dieser abscheulichen Tat nichts zu tun hatten. Wir haben ihn im Arm gehalten und mit ihm geweint, fragen sie ihn ruhig, das ist wirklich war." Andrea O´Leary machte eine Pause, dann fuhr sie fort. „Was es für uns beide so hart gemacht hat, ist die Tatsache, dass Abraham Walker unsere große Ähnlichkeit bestens für seine Attentatspläne auszunutzen verstand, aber dass er uns auf der anderen Seite ohne mit der Wimper zu zucken beseitigen lassen wollte, als wir ihm dann in die Quere kamen. Wir beide haben wirklich geweint, als uns klar wurde, was für ein Unmensch unser *biologischer* Vater eigentlich ist. Ein Mann, der sein eigen Fleisch und Blut einfach so aufgibt und wegwirft wie einen Haufen Dreck! Ich kann es immer noch nicht fassen, es war ein großer Schock für uns." „Miss Nightingale, noch eine persönliche Frage an Sie: „Werden Sie auch nach Helgoland gehen, wenn der deutsche Generalbundesanwalt Sie dort verhaften lässt?" „Das kann ich zum gegenwärtigen Zeitpunkt noch nicht beantworten, da hier zurzeit auf verschiedenen Ebenen der Politik nach einer Lösung gesucht wird", antwortete Kate. „Noch eine letzte Frage an Sie, Miss Nightingale: „Würden Sie auch zur Beerdigung von Rebekka Ahrens gehen, wenn man Ihnen zusichern würde, Sie dort nicht zu verhaften?" „Nun, genau genommen war ich ja auf Helgoland bereits bei einer Trauerfeier für mein Bombenopfer. Ich werde das nie vergessen, das können Sie mir wirklich glauben. Und jetzt würde ich es sehr begrüßen, wenn Sie mit Ihren Fragen wieder zum eigentlichen Tagesthema, nämlich dem Mord an Martha Bannister zurückkehren könnten", sagte Kate. Und Keith Hastings, der sie leicht angestoßen hatte, nickte dankbar. „Uns würde noch interessieren, welches Beweismittel den Chef der New Revenge IRA mit dem Mord an Martha Bannister in Verbindung gebracht hat?" wollte jetzt ein besonders aufmerksamer Reporter wissen. Marc Conolly schaltete sich ein: „Das können wir aus rein ermittlungstaktischen Gründen zum gegenwärtigen Zeitpunkt leider noch nicht bekannt geben. Sie können sich jedoch sicher sein, dass es sich um ein absolut eindeutiges Beweisstück handelt. Zu gegebener Zeit werden es alle erfahren, spätestens beim Prozess gegen Mr. Abraham Walker." „Hat es etwas mit einem genetischen Fingerabdruck zu tun?" „Kein Kommentar mehr, bitte akzeptieren Sie das. Die Pressekonferenz ist hiermit offiziell beendet." Eine Schar aufgeregter Reporter verließ jetzt den Saal und eilte in ihre jeweiligen Redaktionen. Besonders das Beweisstück gab Grund zu vielen Spekulationen. War es eine Waffe mit Fingerabdrücken? Ein Haar, eine Hautschuppe oder Blut des Täters, weil er sich bei dem Mord vielleicht selbst verletzt hatte? Die nächste Sensation war in jedem Fall gesichert.

Helgoland, Biologische Station, 14.30h

Die Ankunft der Beamten des Bundesgrenzschutzes hatte sich auf der kleinen Insel schnell herumgesprochen. Und auch wenn diese versucht hatten, den Grund ihres Kommens zu verschleiern, so konnte es sich hier doch jeder denken. Deshalb schrieb jetzt Dr. Skibbe eine entsprechende Warnung per E-Mail an Dr. Ito, der den Erhalt des Mails auch prompt bestätigte. Kurze Zeit danach kam dann noch ein Mail von Dr. Ito, in dem dieser schrieb: „Zurzeit wird nach einer politischen Lösung des Problems auf den höchsten politischen Ebenen gesucht. Wahrscheinlich sind wir bereits am Donnerstag wieder auf Helgoland. Die Briten scheinen auch involviert zu sein, aber noch mauern alle und ich komme nicht an die richtigen Informationen. Kate ist in jedem Fall entschlossen, zu erscheinen. Ich melde mich wieder, sobald ich etwas weiß. Gez. Dr. F. Ito." Dr. Skibbe rief jetzt Dr. Zuckmayer hinzu und sie schickten folgendes Mail an Dr. Ito: „Falls alle Stricke reißen, haben wir einen kleinen Hide-Spot eingerichtet. Sind für alles gerüstet. Brauchen Euch alle hier auf Helgoland. Näheres bei Ankunft. P.S.: Wir lassen die Beamten des BGS ständig beobachten. Dorf Post läuft gut! Gez. ß."

06. September 2017, Mittwoch

Dublin, St. Patricks Kathedrale (Árd Eaglais Naomh Pádraig), 11.00h
Die St. Patricks Kathedrale in Dublin hatte im Laufe der Jahrhunderte eine sehr wechselvolle Geschichte hinter sich gebracht, weshalb sie für die beiden Beerdigungen, die heute anstanden, einen guten Symbolcharakter hatte. Ursprünglich hatte hier in grauer christlicher Vorzeit eine kleine Kapelle aus Holz gestanden, da der Heilige Patrick hier angeblich bei einer Quelle die ersten Iren getauft hatte. Deshalb konnte man dort heute statt der ursprünglichen Quelle einen symbolträchtigen Brunnen vorfinden. Die eigentliche Kathedrale wurde allerdings erst im Mittelalter aus grauen Steinen gebaut, wobei die Ursprünge der heutigen Kathedrale bis ins Jahr 1191 zurückreichen sollen. Der Hauptturm der Kathedrale war mit einer Höhe von nur 43 Metern verhältnismäßig klein, wenn man den Bau mit anderen europäischen Kathedralen auf dem Festland verglich. Doch trotzdem war St. Patricks die größte Kirche Irlands und galt schon immer als Kirche des Volkes, was dem heutigen Anlass sehr entgegen kam. Berühmte irische Größen wie etwa der Schriftsteller Jonathan Swift, der einst Dekan hier gewesen war, wurden hier begraben, und während der Ära von Oliver Cromwell diente das Kirchenschiff als Pferdestall. Im 19. Jahrhundert war die Kathedrale leider abgebrannt und wurde später wieder aufgebaut, weshalb man jetzt leider nicht mehr genau sagen konnte, aus welcher Ära welche Steine des Baus stammten. Obwohl St. Patricks die größere der beiden anglikanischen Kirchen Dublins war, war der Bischofssitz auch heute noch die kleinere Christ Church Cathedral. Zur Beerdigung von Martha Bannister hatte sich eine große Menge von Publikum aus der Politik und den geistlichen Führungseliten des Landes eingefunden. Die meisten davon würden dann nach einer kurzen Mittagspause auch dem ermordeten Vater Andrew das letzte Geleit geben. Ganz vorne links im Kirchenschiff saßen die Angehörigen von Martha Bannister, während vorne rechts im Kirchenschiff die politische Führungselite des Landes, Staatsanwalt Marc Conolly, die Sonderermittler von Keith Hastings inklusive der verletzten Sandra Miller, die im Rollstuhl saß, Kathrin Nightingale, Andrea O´Leary, Dr. Ito, Kai und noch einige andere Überraschungsgäste saßen. Wie etwa der geständige Alan Parker von der New Revenge IRA sowie Barry Adams und Terry Watkins von der ehemaligen Ulster Liberation Front. Sie alle saßen einmütig nebeneinander, sangen Choräle und demonstrierten so eine Einheit, die man bis dahin in diesem Gotteshaus wohl kaum gesehen hatte. Der Bischof selbst ließ es sich nicht nehmen, beide Trauergottesdienste zu leiten, wobei er in seiner Predigt sagte. „Wir wissen es nicht, woher das Böse wirklich kommt, und welchen Plan Gott damit hat, dass er es immer wieder geschehen lässt. Doch wir dürfen in der Hoffnung darauf gewiss sein, dass Gottes Sohn für uns das Böse überwunden hat, um diese zerschlagene zersplitterte Welt, ja die Wunden der Menschen, die darin leben müssen, zu heilen. So lasset uns nun für unsere verstorbene Schwester Martha beten, damit Gott ihrer Seele den Frieden schenken möge, den sie auf Erden nicht haben durfte." Die beiden Söhne der Bannisters saßen neben ihrem Vater in der ersten Reihe, sie waren jetzt 14 und 16 Jahre alt. Obwohl sie ihre Mutter in letzter Zeit nicht oft gesehen hatten, da sie beide in einem Internat lebten, weinten sie jetzt hemmungslos. Danach wurde der Sarg nach draußen getragen. Da das

Kirchenschiff restlos überfüllt war, hatte man die Trauerfeier auf einer großen Leinwand nach draußen live übertragen. Diese Leinwand stand in der Nähe des Brunnens, den nun viele Leute nutzten, um sich in der Hitze des Tages eine kleine Erfrischung zu verschaffen. Die Grünflächen rund um die St. Patricks Kathedrale wurden von mehr als 1000 Zuschauern belagert und es war jetzt schon absehbar, dass zur Beerdigung von Vater Andrew noch mehr Leute kommen würden. Überall wimmelte es von Sicherheitskräften, wobei auch viele Polizisten mit Uniformen der Belfaster City Police ihre Dubliner Kollegen tatkräftig unterstützten. Außerdem hatte man auch einige Krankenwagen bereitgestellt, falls jemand wegen des warmen Wetters Kreislaufprobleme oder ähnliches bekommen sollte. Nach der Beerdigung von Martha Bannister mussten Kate und Andrea sich schnell vor den Mengen von Leuten in Sicherheit bringen, die ihnen Fragen stellen oder mit ihnen reden wollten, wobei sie sich jedoch darauf zurückziehen konnten, dass Kate bei der Beerdigung von Vater Andrew auch einige Worte sagen sollte. Allerdings war sie da nicht die Einzige, wie sie zu ihrer Überraschung feststellen musste, denn auch die drei Sonderermittler Eddie, Lissy und Sandra standen noch vor Kate auf der Rednerliste, die man ihr ausgehändigt hatte.

Nordsee östlich von Helgoland, 12.00h

Die kleine Barkasse dümpelte antriebslos in der sanften Strömung, die See war ruhig und die Sonne schien mild auf das grünliche Wasser herab, im welchem sich hier nur sehr selten einmal eine Qualle an der Oberfläche sehen ließ. Dann wurde eine kleine Glocke geläutet, die ihren hellen Klang über die Wasseroberfläche in die Ferne aussandte. Achtmal glaste es, dann trat die Nichte des alten Herrn Hansen vor, und warf die Urne mit seinen sterblichen Überresten in das Meer. Von dem er gelebt hatte, und durch das er letztlich auch gestorben war. Tränen liefen ihr über die Wangen, als die Urne im grünlichen, aber dennoch glasklaren Meerwasser versank. Dann glaste es weitere acht Mal und zwei Männer traten gemeinsam an die Reling. Der eine war fast fünfzig Jahre alt, der andere etwa Mitte sechzig. Jeder von ihnen hielt die Urne am Rand fest, und nach dem achten Schlag ließen sie die Urne gemeinsam los, die nun ebenfalls rasch in der Nordsee versank. Danach lagen sich Dr. Florian Zuckmayer und Dr. Artur Pelzer in den Armen und weinten um Dr. Susanna Pelzer, die einst Projektleiterin der Biologischen Station und internationale Spezialistin für Meeressäugetiere gewesen war. Die anderen Mitarbeiter der Station standen etwas weiter im Hintergrund und ließen jetzt das, was sie mit Susanna in den zwei Jahren ihres Wirkens erlebt hatten, nochmals Revue passieren. Dr. Skibbe dachte zurück an das Aufnahme- und Taufritual, und musste dabei etwas schmunzeln. Dann erzählte er nochmals die Geschichte von Susannas Ankunft und Taufe auf Helgoland, und alle mussten jetzt noch lachen, als sie daran dachten, wie sehr der starke Jamaikarum Susanna umgehauen hatte. Nun erzählte auch Dr. Pelzer einige Episoden aus der Kinder- und Jugendzeit Susannas, die hier noch keiner kannte. Bei einigen Dingen sahen alle erstaunt drein, während sie bei anderen Geschichten lachen mussten. Ja, so war sie gewesen, und so würden sie alle ihre Susanna in Erinnerung behalten. Dann nahmen sie einen einfachen Leichenschmaus zu sich, der aus Matjesheringen bestand, dazu gab es dann noch einen Eintopf, verschiedene Getränke und danach sogar noch Kaffee und Kuchen. Was als Trauerfeier begonnen hatte, endete als eine fröhliche Ausflugsfahrt, auch wenn die weitere Zukunft ungewiss war. Und als Florian zum Himmel aufsah, schien es ihm so, als wenn die weißen kleinen Wölkchen alle kleine fröhliche Engel wären, die um einen Neuankömmling in ihrer Welt tanzten. Und eine Wolke, so schien es ihm, trug die Gesichtszüge von Susanna. Und sie schien wissend zu lächeln.

Dublin, St. Patricks Kathedrale (Árd Eaglais Naomh Pádraig), 14.00h

Die Trauerfeier für Vater Andrew war ein solch bedeutendes nationales Ereignis, dass man sie auch auf anderen öffentlichen Plätzen in ganz Irland auf großen Leinwänden zeigte. Hunderttausende standen in Belfast, Derry-Londonderry, Dublin und Cork zusammen, um an diesem Ereignis teil zu haben. Er, der sich im Leben immer eher für einen unbedeutenden Provinzgeistlichen gehalten hatte, wurde nun zu einer Figur der nationalen Integration verschiedenster Gruppen, weil er nie nach der Konfession gefragt hatte, wenn er sich um einen Menschen bemühte. Vor der Predigt wurden jetzt diverse Gastredner aufgerufen, darunter waren der Premierminister der Briten, der irische Taoiseach, dann diverse geistliche Würdenträger und erst danach kamen die drei Sonderermittler an die Reihe. Zuerst gingen Eddie und Lissy nach vorne. Sie schilderten in Kurzform ihr Schicksal und dann sagte Lissy: „Sehen Sie mich ruhig an. Ich bin eine von einer furchtbaren Narbe entstellte Frau geworden, weil ich in meiner Vergangenheit einige schlimme Wege gegangen bin. Doch Vater Andrew hat mir nicht nur geholfen, die Vergangenheit hinter mir zu lassen, nein, er hat mir auch zu einer wunderbaren Hoffnung auf die göttliche Ewigkeit verholfen, die er jetzt selbst sehen darf. Und zu einem neuen Leben und einer neuen Zukunft mit meinem Mann Edward. Und was das Wichtigste für uns dabei ist, das ist die Tatsache, dass wir erkannt haben, dass man Gutes nicht mit bösen Mitteln erreichen kann. Darum stehen wir heute hier. Vielen Dank." Viele Leute applaudierten. Danach trat Sandra Miller ans Mikrofon und man merkte, dass es ihr sichtlich schwer viel, vor so vielen Menschen zu sprechen. „Ich will ganz ehrlich zu Ihnen allen sein. Ich hätte es eigentlich nicht verdient, heute hier zu stehen und zu Ihnen zu sprechen. Ich war eine hoffnungslose Kriminelle, ich habe viele Menschen mit meinen Messerattacken verletzt und am Schluss meiner kriminellen Laufbahn sogar eine junge Frau getötet. Man hatte mich ins Gefängnis gebracht, wo ich dann genauso weiter machte wie draußen. Ich galt als absolut hoffnungsloser Fall, wie mir Vater Andrew es dann später einmal sagte. Doch Vater Andrew war einer der wenigen, der trotzdem Hoffnung für mich hatte und der mich aufgefangen hat, als ich ganz tief gefallen bin. Ich habe das nicht verdient, verdient hätte ich eigentlich eher die Todesstrafe oder einhundert Jahre Gefängnis, da bin ich ganz ehrlich. Manche meiner damaligen Opfer haben noch heute Angst vor mir, obwohl ich es nach Möglichkeit vermeide, irgendwo ein Messer in die Hand zu bekommen. Ich möchte deshalb diesen Tag dazu nutzen, um mich nochmals bei meinen Opfern zu entschuldigen und ihnen zu sagen: Ihr müsst mich nicht mehr fürchten! Durch Vater Andrew wurde ich ein ganz neuer Mensch und wurde völlig verändert, auch wenn ich mit manchen Lasten der Vergangenheit leider noch weiterleben muss. Aber ich nehme meine Verantwortung trotzdem wahr und tue, was ich kann. So, wie Vater Andrew es mir vorgelebt hat. Möge er jetzt in Frieden ruhen." Sandra weinte bei den letzten Worten und alle schwiegen ergriffen von ihrer Rede, die an einigen Stellen eher stockend und unsicher verlaufen war. Nun war Kate an der Reihe. Sie hinkte nach vorne und alle sahen sie erwartungsvoll an. Doch bevor sie zu sprechen begann, sagte sie zu Ian Bannister, der vorne in der ersten Reihe saß: „Ian, könntest Du bitte neben mich nach vorne kommen. Ich brauche Dich jetzt hier an meiner Seite, nein ganz Irland braucht auch Dich!" Ian Bannister erhob sich und stellte sich so neben Kate, dass ihn jeder sehen konnte. „Heute möchte ich Ihnen den Mann vorstellen, der heute seine Ehefrau beerdigen musste, die einem abscheulichen Verbrechen zum Opfer fiel. Und außerdem den Mann, den ich selbst noch vor kurzem mit terroristischer Gewalt aus dieser Welt entfernen wollte." Dann wandte sich Kate zu Ian Bannister um und sagte: „Auch wenn wir uns bereits miteinander ausgesöhnt haben, so möchte ich es doch an dieser Stelle nochmals öffentlich sagen: Bitte vergib mir das, was ich Dir auf Helgoland in meiner Verblendung angetan habe. Kannst Du es mir verzeihen, damit der ewige Kreislauf aus Tat und Rache endlich beendet werden kann?" „Ja, ich will Dir verzeihen", sagte Ian Bannister. „Danke Ian!" Kate fiel ihm um den Hals, dann fuhr sie fort. „Viel mehr möchte ich jetzt nicht sagen und werde gleich das Wort an Ian Bannister übergeben. Ich glaube, dass der Wunsch nach echter Versöhnung das war, was Vater Andrew im Leben und Sterben angetrieben hat. Und ich werde es nie vergessen, dass es Vater Andrew war, der statt mir in Downpatrick einem Attentat zum Opfer fiel. Nie, mein ganzes Leben nicht." Kate wollte sich setzen, doch Ian Bannister winkte sie jetzt zu sich. Dann legte er jovial seinen Arm um sie, drückte sie väterlich an sich und sagte: „Ich kann es Ihnen gar nicht sagen, was mir meine ehemalige Attentäterin inzwischen bedeutet. Ich glaube, dass ich sie inzwischen sogar liebgewonnen habe, ja ich liebe sie wirklich, und das ist jetzt nicht eine meiner vielen Affären, zu denen ich mich gerne als schuldig bekenne. Wir alle sind Sünder, der eine auf diese, der andere auf jene Weise. Vater Andrew jedoch war ein Mann, der es verstand, Männer wie Frauen zurück auf den Weg des Anstandes und der Tugend zu führen. In meinem furchtbaren Schmerz um meine Frau Martha fiel auch ich zeitweilig einer Verblendung zum Opfer, einer Verblendung, in welcher ich diese Frau hier, die in dieser Situation schwer verletzt und völlig wehrlos war, fast aus Rache umgebracht hätte. Obwohl ich es schon getan habe, möchte dafür nochmals um Vergebung bitten, denn ich glaube, dass das der Weg war, für den Vater Andrew mit seinem Leben und seinem Tod geworben hat. Wir alle sollten uns ein Beispiel daran nehmen. Kate, kannst Du mir auch vergeben?" „Ja, ich vergebe Dir, wie Du mir vergeben hast." Dann setzten sich beide demonstrativ nebeneinander in die erste Reihe, und der anglikanische Bischof hielt seine Trauerrede, in der er das Versöhnungsbeispiel von Kate und Ian Bannister sofort aufgriff und als beispielhaft für die ganze Nation darstellte. Nach dem Ende des Trauergottesdienstes läuteten die Glocken und alle gaben Vater Andrew das letzte Geleit, außerdem hatte der Bischof angekündigt, dass man für den Verstorbenen eine Gedenktafel in der St. Patricks Kathedrale anbringen werde. Dr. Ito war fast schon etwas eifersüchtig auf Ian Bannister geworden, doch sah er ein, dass das wohl eher eine Umarmung für die Staatsräson gewesen war. Politik eben! Kai hatte das alles auch wegen der Sprachbarriere noch nicht ganz verstanden, weshalb Fuji es ihm nun erklärte. Nachdem man dann den Sarg zu seiner letzten Ruhestätte geleitet hatte, baten die Reporter Kate und Ian darum, sich am Grab von Vater Andrew nochmals nebeneinander zu stellen und dabei eine versöhnte Haltung einzunehmen, was so auf Zuruf hin gar nicht so leicht war. Nachdem sie dann endlich alle Keith Hastings kondoliert hatten, machten sie sich auf den Weg zu der Halle, wo das große Kaffeetrinken stattfinden sollte. Auch für sie waren Plätze reserviert worden und so wurde es noch ein guter Ausklang eines Tages, der zwei endgültige Abschiede beinhaltet hatte. Als endlich die meisten Gäste gegangen waren, waren nur Kate, Dr. Ito, Kai Ahrens, Andrea O´Leary, Barry Adams, Terry Watkins, Alan Parker und die drei Sonderermittler noch zurückgeblieben, um mit Keith Hastings den morgigen Tag zu besprechen. Denn morgen sollte es nach Helgoland gehen. Keith Hastings gab ihnen dazu einen kurzen Lagebericht zu der politischen Lage, die gerade im Hintergrund ausgekämpft wurde und drückte Kate und den anderen ehemaligen Terroristen einen ganzen Stapel von Papieren in die Hand. Dabei grinste er schräg und meinte nur: „Ich erwarte von Ihnen allen, dass Sie sich durch Ihr Verhalten als würdige Sonderbotschafter der Republik Irland, beziehungsweise von deren Nachfolgestaat, dessen genaue Bezeichnung unser Volk noch festlegen muss, erweisen werden. Sie alle genießen jetzt die diplomatische Immunität eines Botschaftsangehörigen, bitte berücksichtigen Sie das bei allen Ihren Äußerungen und

Taten in der Öffentlichkeit. Diese Maßnahme haben wir insbesondere zum Schutz von Kate getroffen, das heißt, dass damit eine Verhaftung auf deutschem Boden nach internationalem Recht schlichtweg illegal wäre. Und nun wünsche ich Ihnen allen eine ruhige Nacht und morgen dann einen guten Flug. Sandra und ich werden ein paar Tage später nachkommen, da ich hier leider sehr viel zu tun habe, was mit dem Posten des Staatspräsidenten zusammenhängt, für den man mich offiziell als Kandidaten vorschlagen möchte."

Ameland, Am Strand, 18.36h

Der Sonnenuntergang am Weststrand war sehr schön gewesen und fast hätte Irene Ito damit begonnen, so etwas wie romantische Gefühle für den Oberarzt Dr. Robert Zuiders zu entwickeln. Es war immer noch wärmer als zwanzig Grad Celsius, was für diese Jahreszeit ungewöhnlich war, doch was beide sichtlich genossen. Sie spazierten Hand in Hand, plauderten über Belanglosigkeiten, das warme Wetter und darüber, welche erotischen Vorstellungen und Phantasien sie hatten. Irene Ito hütete sich jedoch sehr davor, hier zu viel von sich preiszugeben, stattdessen sagte sie: „Man muss mich erobern, und das kann ganz verschieden sein. Du kannst ja mal so einiges ausprobieren, es muss ja nicht immer dasselbe sein. Ich bin da durchaus auch für ganz andere Sachen offen, das wirst Du dann schon noch rausfinden." Dabei sah sie ihn geheimnisvoll und verschwörerisch an und sagte: „Und schwanger werden kann ich ja auch nicht mehr, weil ich das schon bin. Also: Welches Risiko gehst Du ein?" Dann zog sie ihn vom Wasser weg und flüchtete plötzlich zwischen die Dünen. Als er ihr folgte und um die erste große Düne bog, hatte sie bereits damit begonnen, sich an Ort und Stelle auszuziehen. Diesem Argument hatte er dann nichts mehr entgegenzusetzen. Er war bereits jetzt ein verlorener Mann.

London, Downing Street No. 10, 21.44h

Es war ein ausgesprochen bewegter und anstrengender Tag für den britischen Premierminister Gus Falkner geworden. Doch wenn man das irische Problem ein für alle Mal lösen wollte, dann musste man entschlossen handeln. Sie hatten ihre Truppe sehr sorgfältig ausgesucht, ein paar kleine Verschiebungen bei der Home Fleet der Royal Navy vorgenommen, und damit eine der wichtigsten Aktionen in der Geschichte des United Kingdom in die Wege geleitet. Und eine der Ungewöhnlichsten! Gus Falkner musste jetzt schon schmunzeln, wenn er daran dachte. Mit dem deutschen Bundeskanzler hatte er vor einer halben Stunde telefoniert und ihm gesagt, dass alles vorbereitet wäre. Offiziell würde der Bundeskanzler von der Aktion natürlich nichts wissen und jede Beteiligung abstreiten, aber so war das nun einmal, wenn man einen Staat mit Teilung der Staatsgewalten regieren wollte. Um den einen Irrsinn zu stoppen, musste man eben einfach einen anderen Irrsinn dagegensetzen. Warum nicht? Einen Brand konnte man schließlich auch mit einem Gegenbrand löschen. Und das alles nur wegen Rolf Helmholtz, diesem dickschädeligen Generalbundesanwalt, den man leider nicht so ohne weiteres aus dem Amt entfernen konnte, weil das Bundesverfassungsgericht in Karlsruhe seinen schützenden Arm über dem Querkopf ausgebreitet hatte. Wie dem auch wäre: Die Staatsräson würde siegen, dessen war sich Gus Falkner völlig sicher. Dann ließ er einen Besucher in der Uniform der Royal Marines ein und erteilte diesem einige sehr sorgfältige Instruktionen. Abschließend sagte er dann: „Und vergessen Sie es bitte um Gottes Willen niemals, dass wir hier nicht im Krieg sind. Wir leihen uns nur etwas aus, das uns einmal gehört hat. Wir wollen es weder beschädigen noch sonst irgendwie heimsuchen oder zerstören. Wir wollen es später so intakt wie irgend möglich zurückgeben. Und nun wünsche ich Ihnen gutes Gelingen für ihre Aktion." Der Mann salutierte und ging nach draußen. Gus Falkner sprach in seine Sprechanlage: „Und jetzt bitte den Offizier vom Nachrichtendienst." Ein Mann in zivil trat ein. Gus Falkner ließ sich von ihm zur Thematik „E-Mail-Verkehr zwischen ß und Dr. F. Ito ein Briefing geben. Danach traf er dann eine ungewöhnliche Entscheidung, welcher das britische Kabinett, der Verteidigungsausschuss und der Verteidigungsminister sofort zustimmten.

07. September 2017, Donnerstag

Nordsee, etwa 30 Seemeilen nordwestlich von Helgoland, 06.00h

Ein kleiner Konvoi aus britischen Kriegsschiffen hatte sich in der Nacht mit Kurs auf Helgoland auf den Weg gemacht. Das Ganze hatte die britische Navy offiziell als friedliche Manöverübung deklariert, bei der Aktionen und Interaktionen befreundeter Schiffsverbände mit ohne den Einsatz von elektronischen Hilfsmitteln getestet werden sollten. In Wahrheit führte jedoch jede der insgesamt fünf kleinen Fregatten insgesamt zwei Kampfhubschrauber mit sich, welche für ihren Einsatz sicherheitshalber mit Spezialmunition ausgerüstet worden waren. Momentan hatte der kleine Schiffsverband die Order erhalten, eine Warteposition zu beziehen, die Aktivitäten aller deutschen Schiffe rund um Helgoland zu überwachen und sich für alle Eventualitäten bereit zu halten. Außerdem hatte man zwei komplette Züge der Royal Marines mitgenommen, die man für Operationen wie diese speziell ausgebildet hatte. Der Verband der fünf Fregatten fächerte sich nun in verschiedene Richtungen auf und begann damit, Helgoland in einer weitläufigen Zangenbewegung einzuschließen. Auf Anfragen der Fregatte Bremen, was das zu bedeuten habe, antwortete man damit, dass man ein kompliziertes Manöver ohne den Einsatz elektronischer Hilfsmittel testen wolle, weshalb man für die nächsten zwei Stunden auch nicht mehr per Funk erreichbar wäre. Man würde jedoch zwecks Kommunikation einen Zerstörer zur Bremen schicken, der dort gerne den Gebrauch der alten Signalflaggen und der Morselampen üben würde, wobei die Bremen durchaus interagieren könne. Da der Kapitän der Bremen gerne sein nautisches Können unter Beweis stellen wollte, willigte er ein und wies seine Offiziere an, die etwas veralteten Kommunikationsmittel hervorzuholen, damit man diese bei dieser Gelegenheit testen könne. Unterdessen aktivierte der Zerstörer der Briten einen Störsender, der jeglichen Funkverkehr um Helgoland unterband. Aufmerksam beobachtete man jetzt auf der Brücke des Zerstörers die Peilung eines großen Transporthubschraubers, der sich aus nördlicher Richtung der Insel näherte. Dann wurde eine elektronische Meldung über ein Satellitentelefon direkt nach London und Dublin gesandt, dass bisher alles nach Plan verlaufe und man in jedem Falle einsatzbereit sei. Der Seegang wurde jetzt etwas stärker, da die Windstärke von 4-5 auf der Richterskala jetzt auf 6-8 gestiegen war, was auch mit der einsetzenden Gezeitenströmung im Zusammenhang stand.

Helgoland, Flugplatz auf der Düne, 07.02h

Sanft setzte der gute alte CH53 der Bundeswehr auf dem Flugfeld auf, welches zu dieser Zeit noch nicht von Flugzeugen genutzt wurde. Dies geschah vor allem deshalb, weil man mit diesem etwas veralteten Hubschrauber auf keinen Fall die Anwohner früh morgens stören wollte. Kate, Andrea O´Leary, Dr. Ito und die anderen ehemaligen Terroristen stiegen jetzt aus, gefolgt von den zwei Sonderermittlern. Kate musste sich von Kai Ahrens verabschieden, der nun mit Ian Bannister und Aische Özdemir weiter ins heimatliche Hannover flog, wo ihn seine Großeltern schon sehnlich erwarteten. Auch Fuji war sehr traurig, und als der Hubschrauber abgeflogen war, spürten alle ein Gefühl der inneren Leere, so als würde ihnen etwas sehr Wichtiges fehlen. Dr. Skibbe und Dr. Zuckmayer kamen den Ankömmlingen nun entgegen und Florian sagte gleich nach der Begrüßung: „Also diese Beamten vom Bundesgrenzschutz scheinen ja ziemliche Langschläfer zu sein. Nach unseren Informationen liegen die immer noch in den Federn, wahrscheinlich stehen die erst in zwei Stunden auf, oder so. Kommt, wir nehmen unser Boot und fahren gleich rüber zur Station – wir haben da ein etwas improvisiertes Frühstück für Euch vorbereitet." Alle stiegen in die kleine Barkasse, welche bei dem heftigen Seegang heftig schaukelte und sie alle heil auf den Felsenteil der Insel beförderte. Wo der arme Dr. Ito sich als erstes ins Hafenbecken übergeben musste, weil ihm die Flugreise mit anschließender kurzer Seereise leider gar nicht bekommen war. Sie luden ihr Gepäck an Land und brachten alles unter das Vordach der Biologischen Station, dann gingen sie nach drinnen und frühstückten hier gemeinsam mit den anderen Wissenschaftlern. Mittlerweile kam es dabei Dr. Ito vor, als würde er von einer Welt in eine andere wechseln und es fiel ihm sichtlich schwer, den Wechsel mental zu vollziehen. Die vielen Eindrücke, der Vorgeschmack auf eine mögliche Vaterschaft und eine neue Beziehung zu einer Frau hatten ihn sichtlich aus dem Tritt gebracht. Nach dem Frühstück machten sie dann in englischer Sprache eine große Vorstellungsrunde. Danach brachen sie zu einem gemeinsamen Spaziergang zum Oberland der Insel auf, um die Schäden an der Langen Anna zu betrachten und dann gemeinsam das weitere Vorgehen miteinander abzustimmen. Dass die Beamten des Bundesgrenzschutzes Langschläfer waren, sollte sich schon bald als eine verhängnisvolle Fehleinschätzung erweisen.

Helgoland, Oberland, an der Rückseite des Nordseehotels, 09.05h

Die Bundesgrenzschützer hatten natürlich bemerkt, dass sie von der Inselbevölkerung überwacht wurden, weshalb sie nun zu einer Kriegslist gegriffen hatten. Sie hatten vorgetäuscht, zu den Langschläfern zu gehören, obwohl sie jeden Morgen um fünf Uhr früh aufstanden, um Fitnessübungen abzuhalten. Somit war es auch nicht schwer gewesen, sich früh aus dem Haus zu schleichen, sich über die gesamte Insel zu verteilen und insbesondere Hafen und Düne zu beobachten. Da die erwarteten Neuankömmlinge jedoch nicht im Hafen, sondern sofort bei der Biologischen Station an Land gegangen waren, wollte man in der Station natürlich keinen Hausfriedensbruch begehen, da man für ein Betreten der Einrichtung einen richterlichen Beschluss benötigt hätte. Normalerweise hätten sie in einer solchen Situation einfach die nächstbeste Scheibe eingeschlagen, hätten Gefahr im Verzug geltend gemacht und wären dann rasch in das Gebäude eingedrungen, aber das war ihnen von ganz oben her verboten worden. Daher hatten sie das Objekt ihrer Begierde, nämlich Kathrin Nightingale, mit ihren Ferngläsern beobachtet und hatten dann die Gruppe aus ehemaligen Terroristen, Sonderermittlern und Wissenschaftlern von allen Seiten unauffällig eingekreist, wobei ihnen die unübersichtliche Topographie der Insel und der darauf stehenden Häuser zu Hilfe kam. Vier von ihnen waren oben, in der Nähe der Gruppe und kreisten diese von zwei Seiten ein, während zwei weitere Beamte unten bei der kleinen Barkasse waren, den Hafen für den Abtransport der Gefangenen sicherten und dafür gesorgt hatten, dass das kleine Boot mit seiner kostbaren Fracht sofort Richtung Stammheim ablegen konnte, wie sie es bei der Planung der Aktion selbst formuliert hatten. Die Gruppe aus ehemaligen Terroristen und Wissenschaftlern war völlig ahnungslos, als die vier Beamten des Bundesgrenzschutzes plötzlich von zwei Seiten auf sie zustürmten, genau auf Kathrin

Nightingale zu, die vor Schreck fast in Ohnmacht gefallen wäre. Doch dann passierte einiges, was niemand erwartet hatte und noch einiges mehr, das später Geschichte machen sollte.

Helgoland, in der Nähe des Pinnebergs beim Gipfelkreuz, 09.18h

Die kleine Gruppe hatte gerade das Gipfelkreuz am Pinneberg erreicht, als plötzlich insgesamt vier Beamte des Bundesgrenzschutzes hinter einer Hausfassade hervor gestürmt kamen, kurzläufige Maschinenpistolen der Marke Heckler & Koch im Anschlag. Die Frauen schrien hysterisch auf, Kathrin Nightingale war zu Tode erschrocken und die Beamten überbrückten die Distanz zur Gruppe in weniger als zehn Sekunden. Kate stand gerade mitten in der Gruppe, umringt von den anderen. Nach einer Schrecksekunde stellte sich zuerst Dr. Ito vor Kate, danach gruppierten sich die anderen um sie herum. Bedrohlich zielten die Maschinenpistolen auf die kleine Gruppe. „Machen Sie bitte alle Platz", sagte jetzt der Einsatzleiter. Und dann zu Kate gewandt: „Miss Nightingale, wir haben hier einen Haftbefehl des Generalbundesanwaltes für Sie, der auf dem Territorium der Bundesrepublik Deutschland zu vollstrecken ist. Gehen Sie bitte alle aus dem Weg, wir wollen nur Miss Nightingale verhaften, die anderen können alle gehen." Da trat dem Einsatzleiter Professor Horvath entgegen. „Junger Mann, wir sind alle ausnahmslos unbewaffnet, Sie haben uns zu Tode erschreckt. Finden Sie nicht selbst, dass Ihr Verhalten vollkommen unangemessen ist? Im Übrigen genießt Miss Nightingale jetzt einen Status als Botschafterin der Republik Irland. Sie hat die Papiere unten in der Station liegen lassen. Wenn Sie sie verhaften, dann begehen Sie einen groben Verstoß gegen internationales Recht." „Das interessiert uns nicht. Und zwar allein schon deshalb nicht, weil sie illegal hier eingereist ist und den deutschen Boden Helgolands ohne unsere ausdrückliche Erlaubnis betreten hat. Insofern können wir Sie jetzt auch einfach alle wegen illegaler Einreise in die Bundesrepublik Deutschland verhaften." „Aber Sie müssen uns doch wenigstens die Gelegenheit dazu geben, Ihnen unsere Papiere zeigen zu können. Außerdem geben wir Ihnen zu bedenken, dass wir keinesfalls illegal, sondern mit einem Hubschrauber der Bundeswehr gemeinsam mit dem Ministerpräsidenten persönlich hier angereist sind. Rufen Sie in der Staatskanzlei an, falls Sie uns nicht glauben." „Das ist alles Palaver, gut dann verhaften wir eben alle. Sie sind alle wegen illegaler Einreise verhaftet." In diesem Moment arbeitete sich Kate nach vorne, und stellte sich vor Professor Horvath, auf dessen Brust die Heckler und Koch des Einsatzführers immer noch bedrohlich zielte. Dann sagte Kate: „Also als ehemalige Soldatin der Irisch-Republikanischen Armee muss ich Ihnen jetzt mal was sagen. Es ist einfach ein abscheulicher feiger Akt, mit einer Maschinenpistole auf unbewaffnete Zivilisten zu zielen! Schämen Sie sich! Und jetzt sehen Sie selbst, was sie angerichtet haben!" Die anderen gingen auseinander und gaben den Blick auf Andrea O´Leary frei, die mit jetzt völlig abwesendem Blick in der Mitte der Gruppe stand, nicht mehr ansprechbar war, weil sie unter Schock stand und außerdem ihre Hose eingenässt hatte. Jetzt wurde sie auch noch von Weinkrämpfen geschüttelt und begann ganz offensichtlich damit, durchzudrehen. Kate hinkte zu ihr zurück, sprach ihr Trost zu und legte beruhigend den Arm um sie. Der Einsatzleiter gab ein Zeichen, und die anderen Beamten des Bundesgrenzschutzes senkten die Maschinenpistolen. Dann sagte er gefährlich leise: „Miss Nightingale: Sie sind verhaftet, die Gründe hierfür sind Ihnen selbst sicher besser bekannt als anderen Leuten. Kommen Sie bitte freiwillig mit zum Hafen, oder ich lasse Sie hier jetzt und sofort in Handschellen abführen. Habe ich mich klar ausgedrückt?" „Sie begehen einen großen Fehler!" warf jetzt Dr. Ito ein. Der Beamte ging auf Kate zu, die immer noch neben ihrer Halbschwester hockte und den Arm um sie gelegt hatte, so dass diese sich langsam wieder beruhigte. Dann stammelte Andrea O´Leary: „Shit, ich glaube ich habe mich nass gemacht, oh, das ist mir so peinlich. Kate geh nicht mit denen mit, das ist doch alles illegal, was die hier machen!" Als Kate aufstehen wollte, klammerte Andrea sich an ihr fest. Im selben Moment packte der Beamte blitzschnell zu und wollte Kate den Arm im Polizeigriff auf den Rücken drehen. Das hätte er jedoch besser nicht getan, und was jetzt passierte, geschah so schnell, dass selbst Kate später nur noch sagen konnte, dass sie offenbar völlig impulsiv und reflexgesteuert arbeitete. Als er ihren Oberarm berührte, ließ sich Kate plötzlich fallen, riss ihm die Maschinenpistole vom Arm weg, gab ihm einen kräftigen Tritt in die Kniekehlen, der ihn sofort zu Fall brachte und saß keine Sekunde später rittlings auf seinem Rücken, wobei sie die Maschinenpistole auf sein Genick gerichtet hatte. Es geschah alles so schnell, dass auch seine Kollegen keine Chance mehr hatten, rechtzeitig einzugreifen. Erst jetzt merkte Kate, was sie getan hatte und sah selbst völlig verblüfft aus. Alle starrten sie völlig entgeistert an. Dann rief sie mit kläglicher Stimme zu den anderen Beamten des Bundesgrenzschutzes, die schon damit angefangen hatten, ihre Maschinenpistolen aus Gründen der Deeskalation auf den Boden zu legen: „Bitte nicht schießen, bitte bleiben Sie jetzt ganz ruhig, bitte kein Blutvergießen! Ich lege jetzt die Waffe weg und ergebe mich." Sie legte die Waffe auf den Boden, dann reichte sie dem Beamten die Hand und half ihm aufzustehen, worauf er sie überrascht ansah. Dann hielt sie ihm resigniert ihre Handgelenke hin, damit er ihr Handschellen anlegen konnte und begann verzweifelt, zu schluchzen und zu weinen. Andrea kam zu ihr und gab ihr ein Taschentuch. Dann sagte Kate, zu Lissy und Eddie gewandt: „Das Monster ist wieder da, ich habe es getan, ohne darüber nachzudenken, ich habe es einfach getan! Ich will, dass man mich fesselt und einsperrt, ich bin immer noch eine Gefahr für die Allgemeinheit!" Mit Erleichterung vernahm sie das Klicken der Handschellen. „Hat hier jemand eine Zigarette für mich, ich glaube ich brauche jetzt was zu rauchen!" Der Einsatzleiter gab ihr eine Zigarette und danach auch Feuer. Dann fragte er sie: „Mal ganz ehrlich: Hätten Sie mich erschossen, wenn die Waffe geladen gewesen wäre?" Kate nickte verzweifelt. Er ließ sie noch zu Ende rauchen, dann ging sie freiwillig mit den Beamten zum Hafen, wo eine Barkasse darauf wartete, sie mit Höchstgeschwindigkeit zum Hamburger Hafen zu bringen. Alle waren plötzlich sehr sprachlos geworden. Dr. Ito stiegen Tränen in die Augen. Sollte dies bereits das Ende ihrer jungen werdenden Familie sein?

Helgoland, Oberland, etwa mittig zwischen dem Gipfelkreuz des Pinneberges und dem Hafen, 09.31h

Sie hatten jetzt etwa die Hälfte des Weges zum Hafen zurückgelegt, wobei die restliche Gruppe noch immer völlig traumatisiert hinter ihnen herlief. Da vernahmen sie ein leises Sirren in der Luft, und als sie zurücksahen, gefror ihnen das Blut in den Adern. Zwei britische Kampfhubschrauber des Typs Tiger schwebten plötzlich über die Abbruchkante des Oberlandes und steuerten genau auf sie zu. Der eine flog über sie hinweg, wendete und zielte mit seinen bedrohlich auf sie ausgerichteten Bordwaffen auf die kleine Gruppe, die hier keinerlei Deckung hatte. Der andere Hubschrauber hielt sie von der anderen Seit her ebenfalls mit seinen Bordwaffen in Schach. Dann senkten sich die beiden Kampfmaschinen langsam ab und auf jeder Seite sprangen jetzt jeweils fünf Royal Marines an Land und richteten ihre Waffen auf die Männer vom Bundesgrenzschutz, die nun ihrerseits ihre Waffen auf Kate richteten. Die Hubschrauber stiegen wieder auf und nahmen eine Warteposition ein. Dann sagte Kate zu dem Einsatzleiter: „Lassen Sie mich mit denen reden? Bitte, ich will nicht, dass hier was eskaliert, sonst gibt es schnell Tote! Die sehen nämlich nicht so aus, als wenn sie Spaß machen, das sind britische Royal Marines, mein Gott!“ Der Einsatzleiter beriet sich kurz mit seinen drei Kollegen, dann sagte er: „O.K. Reden Sie mit denen. Sagen Sie ihnen, dass sie verschwinden sollen.“ Kate begann jetzt zu sprechen und fühlte nur noch den Lauf der ungeladenen Waffe des Anführers im Rücken, was sie etwas ermutigte. „Hey, Royal Marines, hören Sie! Sie sind hier auf deutschem Boden. Was soll das werden? Bitte schießen Sie nicht, hier laufen ganz viele unbewaffnete Zivilisten herum. Ich bitte Sie!“ „Sind Sie nicht Miss Nightingale?“ „Die steht hier vor Ihnen.“ „Gut, Miss Nightingale, wir sind hier, um Ihnen zu helfen! Wir werden es nicht dulden, dass man Sie verhaftet oder Ihnen ein Leid antut. Wir sind auf persönliche Weisung von Gus Falkner und Ian Bannister hier. Im Übrigen machen Sie die Herren des Bundesgrenzschutzes bitte darauf aufmerksam, dass sie von dieser Sekunde an auf britischem Territorium stehen. Denn Ian Bannister hat Helgoland für eine Dauer von zunächst einem Jahr für die symbolische Summe von einem Euro an den United Kingdom verpachtet, womit auch alle Hoheitsrechte automatisch auf diesen übergehen. Ich komme jetzt ohne Waffen und gebe dem deutschen Leader die entsprechenden Dokumente.“ Er legte seine Maschinenpistole auf den Boden und übergab dem Leiter der Einsatzgruppe jetzt eine Ledermappe, während Kate alles rasch ins Deutsche übersetzte. Die Beamten lasen sich die Dokumente dreimal durch, dann senkten sie ihre Waffen und sagten: „O.K., hiermit übergeben wir Ihnen Ihre Terroristin. Machen Sie doch mit ihr, was sie wollen. Wir erwarten, dass Sie uns im Gegenzug einen freien Abzug gewähren, wozu es auch gehört, dass wir noch unsere Sachen aus dem Nordseehotel holen dürfen.“ „Kein Problem, Sir, allerdings werde ich jedem von Ihnen einen Bewacher mitgeben, um sicher zu gehen, dass Sie keine Dummheiten machen.“ Der Einsatzleiter schloss die Handschellen von Kate auf. Zu seiner Überraschung sagte sie jetzt: „Bitte entschuldigen Sie das, was ich vorhin im Reflex getan habe! Es belastet mich wirklich sehr, dass ich diese Dinge immer noch in mir trage, obwohl ich es nicht will. Aber das ist auch der Grund, warum ich diesen Einsatz hier mache. Sie können mir glauben, dass es für mich selbst schlimmer war als für Sie. Wenn Sie als Zivilisten hierbleiben wollen, dann könnten Sie das sicherlich tun. Ich könnte Ihnen noch einiges beibringen, glaube ich.“ Doch der Einsatzleiter schüttelte nur mit dem Kopf. „Sie sind mir zu gefährlich, Miss Nightingale, wirklich. Aber ich wünsche Ihnen trotzdem viel Erfolg bei Ihrer Therapie.“ Dann winkte er den anderen, ihm zu folgen, und sie verschwanden mit den Royal Marines im Nordseehotel. Keine Viertelstunde später legte ihre Barkasse ab und nahm Kurs auf Hamburg, jedoch ohne Kathrin Nightingale an Bord. Aber es hatte einfach keinen Sinn gehabt, sich mit einer britischen Eliteeinheit und deren Kampfhubschraubern anzulegen. Das würde selbst ein Generalbundesanwalt einsehen müssen. Als sie das offene Meer erreicht hatten, warf der Einsatzleiter den zusammengeknüllten Haftbefehl für Kathrin Nightingale einfach über die Reling in die Nordsee. Sollte die sich doch von den Fischen verhaften lassen. Und vielleicht holten sie ja auch diese verdammten Killerquallen! Ihre Beförderung um eine Soldstufe nach oben konnten sie wohl vergessen.

Helgoland, Oberland, 09.41h

Alle waren völlig sprachlos und staunten, als die Royal Marines auf dem Oberland gelandet waren. Und es noch drei weitere Hubschrauber auf Helgoland. Einer landete auf der Düne und sicherte den Flughafen, während die anderen beiden den Hafen in Besitz nahmen. Jeder Tiger spuckte fünf Royal Marines aus, welche die Insel offiziell in Besitz nahmen. Bei den Elitesoldaten stellte sich jetzt das erhebende Gefühl ein, nicht nur Geschichte zu schreiben, sondern auch das Rad der Geschichte wieder etwas zurückdrehen zu können, denn Helgoland war ja in der Vergangenheit bereits einmal britischer Besitz der Krone gewesen. Nun eilte der Bürgermeister der Insel herbei, und auch Dr. Nesemann kam mit seinem Arztkoffer angelaufen, da er befürchtete, dass es Verletzte gegeben haben könnte. Andrea O´Leary war noch immer fassungslos, als sie begriff was hier geschah. Schnell kramte sie ihre kleine Digitalkamera aus ihrer Handtasche und machte einige Schnappschüsse, als auch schon der Befehlshaber der Royal Marines auf sie zu gestapft kam, sie kritisch von oben bis unten musterte und dann die Kamera von ihr verlangte. Sie sagte nur: „Ich bin doch von der Presse! Das sind historische Aufnahmen, bitte nicht löschen!" „Wir werden das nur prüfen, dann können Sie Ihre Aufnahmen wieder haben. Aber ich möchte bitte vor einer Veröffentlichung gefragt werden, O.K.? Sind Sie irgendwo reingefallen, Miss? Sie sind ja ganz nass, sie sollten sich umziehen, es ist ganz schön windig und kalt hier!" Andrea O´Leary wurde rot, weil es ihr peinlich war, sich vor Angst eingenässt zu haben. Da sprach Dr. Zuckmayer sie an: „Hey, Andrea, ich glaube er hat recht, Sie sollten sich so schnell wie möglich umziehen. Folgen Sie mir!" Er deutete auf ein etwa zwanzig Meter entferntes Haus, sie folgte ihm etwas verwirrt. Warum ging er nicht mit ihr schnell zur Station? Er schloss auf, dann führte er sie in ein Schlafzimmer und öffnete einen kleinen Schrank voller Damenkleider. Erstaunt sah sie ihn an. „Diese Sachen können Sie gerne alle haben, Sie haben meiner verstorbenen Lebensgefährtin Susanna gehört. Eine Tür weiter ist das Bad, ich lege Ihnen noch ein Handtuch hin, falls Sie duschen möchten." „Danke, das ist sehr nett von Ihnen, Florian! Ich fühle mich nämlich wirklich ziemlich eklig, haben Sie auch eine Waschmaschine?" „Gegenüber der Dusche, schmeißen Sie ihre Sachen einfach rein, ich mache die Maschine nachher an." Florian wollte aus dem Zimmer gehen. „Florian, gehen Sie schon zur Station zurück?" „Nein, Andrea, ich gehe nur in die Küche und mache uns einen Kaffee, oder möchten Sie lieber einen Tee? Ich müsste nämlich, wenn Sie fertig sind, mal etwas sehr Wichtiges mit Ihnen besprechen! Wir brauchen nämlich Ihre Dienste und Verbindungen, aber das erkläre ich Ihnen dann in Ruhe." Andrea sah etwas überrascht drein, dann sagte sie: „O.K., aber sagen Sie den anderen bitte Bescheid, sonst macht Kate sich noch um mich Sorgen. Ich weiß nicht, ob Sie es schon mitbekommen haben, aber Kate ist meine Halbschwester." Dann verschwand sie mit einige frischen Sachen unter der Dusche, während Florian jetzt Kaffee und Tee machte, dazu holte er etwas Gebäck aus dem Schrank. Dann rief er Dr. Skibbe an, und informierte ihn kurz. Schritt Nummer eins war getan. Und das sogar viel schneller als ursprünglich beabsichtigt!

Helgoland, Oberland, 09.50h

Kate und Dr. Ito standen nun dem Befehlshaber der Royal Marines gegenüber, und Kate bedankte sich überschwänglich für die Befreiung aus deutscher Haft, auch wenn diese kurz gewesen war. Dr. Ito hatte den Offizier sofort wieder erkannt, es war Colour Sergeant Steven Miller, den er ja bereits im Militärkrankenhaus in London getroffen hatte. „Steven! Ich habe mich ja ehrlich noch nie so gefreut, einen britischen Soldaten zu sehen! Danke, dass Ihr Kate rausgehauen habt, das war wirklich in der letzten Minute!" „Hey Fuji, alter Samurai, ich hätte auch nicht gedacht, dass wir uns unter diesen Bedingungen treffen würden. Sag mal, könntest Du vielleicht für mich dem Bürgermeister erklären, warum wir das hier alles machen? Mein Deutsch ist leider nicht das Beste. Also der ganze zivile Betrieb hier geht natürlich weiter wie bisher, Detailfragen klären wir später!" „Befehligst Du jetzt hier die ganze Truppe?" „Ich bin jetzt quasi der Oberbefehlshaber der Schutzmacht auf Helgoland, wenn Du so willst. Ohne mich läuft hier künftig entweder alles oder nichts, je nachdem, ob wir angegriffen werden oder was noch passiert. So ist das eben, wenn man im Feld die Fehler der Politik wieder gerade ziehen darf. Und diese ganze Aktion hier nur wegen so einem starrköpfigen Generalbundesanwalt, das kostet Millionen! Na ja, shit, nicht mein Geld! Sehen wir uns nachher im Hotel zum Essen?" „Klar, das lässt sich machen." „Gut, noch was, Fuji: Deine Kate ist jetzt so eine Art staatstragende Figur geworden, man nennt das bei uns auch *First Lady*. Gus Falkner möchte gerne, dass sie rund um die Uhr bewacht wird, sie ist extrem kostbar für uns. Könntest Du ihr das bitte möglichst schonend beibringen? Es geht dabei wirklich nur um den Schutz ihrer Person. Gus Falkner hat mich persönlich zu sich in die Downing Street No. 10 geholt, um mir das aufs Herz zu legen. Er hat gesagt, ich zitiere ihn jetzt fast wörtlich: *Steven, Sie tragen die volle Verantwortung für das ganzheitliche Wohlergehen von Miss Nightingale. Und darunter verstehe ich: Keine körperlichen Überanstrengungen mehr, keine psychischen Foltern oder andere Sachen, wobei sie durchdrehen könnte und darüber hinaus: Sie wissen immer, wo sie ist und was sie gerade macht, egal ob sie gerade was isst, schläft, oder auf dem Klo sitzt. Und ich will, dass immer einer Ihrer Leute in Rufweite ist.* So, das hat mir Gus Falkner im Wesentlichen gesagt. Deshalb möchte ich Dich bitten, Ihr diese zwei Sachen zu geben." Er öffnete jetzt nochmals seine Ledermappe, dann gab er Fuji einen kleinen Peilsender an einem Gummiband und zwei kleine Geräte aus Plastik, die für einen Notruf gedacht waren. „Also, den Peilsender macht sie sich bitte ans Bein, dann wissen wir immer, wo sie ist. Und von diesen beiden Pagern bekommst Du einen und sie einen. So könnt Ihr sofort Hilfe holen, falls das nötig sein sollte. Wahrscheinlich wird sie das alles nicht so toll finden, aber sie ist jetzt die wichtigste Person auf dieser Insel! Kannst Du Ihr das möglichst schonend beibringen?" „Das werde ich, Steven, ich denke, wir werden das alles gut hinkriegen. Habe nur eine Frage: Was ist, wenn ich mal mit der First Lady allein sein möchte?" „Da sind wir absolut diskret, das ist schon O.K. Ich denke, wir werden Euch beide im Nordseehotel in einem Zimmer unterbringen, das wird wohl einiges vereinfachen." „Ist gut, können wir jetzt zur Station gehen?" „Natürlich, aber mein Kollege Sergeant Myers wird Euch begleiten. Je früher Ihr Euch daran gewöhnt, dass immer einer meiner Leute dabei ist, desto einfacher wird es künftig für alle Beteiligten." Unterdessen hatte Kate die Gelegenheit ergriffen, sich bei Dr. Nesemann nochmals für das blaue Auge zu entschuldigen, das jetzt zum Glück kaum noch zu erkennen war. Darauf sagte Dr. Nesemann etwas Überraschendes zu ihr: „Miss Nightingale, oder darf ich Sie Kathrin nennen?" „Einfach nur Kate." „Also gut, Kate, meine Frau Karin ist sehr begeistert von Ihnen, und ich ehrlich gesagt auch. Deshalb würde es uns eine große Freude bereiten, wenn Sie mit Dr. Ito mal bei uns zum Kaffee vorbeikommen würden. Sehen Sie, ich habe ja ein Ehrenamt in der Kirche inne, und könnte Ihnen vielleicht auch ein bisschen Unterstützung bei Glaubensfragen geben, denn ich denke, dass das gerade für Sie künftig eine große Herausforderung sein könnte." „Vielen Dank, Dr. Nesemann, das ist echt nett!" Sie gab ihm einen Kuss auf die Wange und er war erst irritiert, dann lächelte er. Da schaltete sich Dr. Ito ein. „Aber legen Sie dann bitte noch zwei Gedecke mehr auf. Nämlich eines für die Halbschwester von Kate, Andrea O´Leary und ein weiteres für unseren Wachhund. Steven hat mir nämlich gerade verraten, dass die Royal Marines Kate jetzt nicht mehr aus den Augen lassen werden." Und zu Kate gewandt fuhr er fort: „Ich habe jetzt eine gute und eine schlechte Nachricht für Dich. Welche möchtest Du zuerst hören?" „Die schlechte." „O.K., also, Du musst jetzt immer diesen Peilsender mit Dir tragen, weil Du jetzt eine echte *First Lady* bist. Man nennt das auch eine staatstragende Person. Und hier ist ein kleiner Pager für Notrufe. Außerdem wird immer einer der Royal Marines in Deiner Nähe sein, egal, was Du gerade tust oder lässt." „Und die gute Nachricht?" „Wir dürfen in einem Zimmer wohnen!" Jetzt fiel Kate ihm um den Hals. Dann sagte Dr. Ito zu Dr. Nesemann: „So prominenten Besuch bekommen Sie nicht alle Tage! Hat sie nicht eine märchenhafte Karriere gemacht: Von der Attentäterin zur *First Lady*?" Kate sah nachdenklich drein. Dann sagte sie: „Da fällt mir noch etwas ein, ich muss ganz dringend mit dem Chef des Nordseehotels sprechen. Aber dafür brauche ich noch einige der Papiere, die Keith Hastings mir mitgegeben hat." Dann sah sie sich um und fragte: „Hey, hat hier irgendjemand meine Schwester gesehen? Ich sehe sie nirgends, sie ist weg!"

Helgoland, Wohnung von Florian Zuckmayer, 10.11h

Andrea O`Leary hatte tatsächlich eine brauchbare Jeans bei Susannas Sachen und noch einige andere Textilien gefunden. Sie hatte sich komplett neu angezogen, weil ihr eigener Pullover und ihr Unterhemd vom Angstschweiß völlig durchgeschwitzt gewesen waren. Nun folgte sie dem Kaffeeduft in die Küche, wo Florian bereits am Tisch saß und sie einlud, sich ihm gegenüber an den Tisch zu setzen. Ihre Haare waren noch etwas feucht, weil sie den Föhn nicht gefunden hatte und sie trug jetzt einen Pullover von Susanna, der das Emblem der Biologischen Station trug. Aber in dem Stapel von Pullovern hatte sie keinen anderen gefunden; offenbar hatte Susanna nur drei völlig gleiche Pullover besessen. „Sie sehen gut aus, Andrea! Ja, das tut mir wirklich leid, aber Susanna hatte nur diese drei Pullover, weil sie ihre anderen Sachen zu einem guten Teil kurz vor Ihrem Ableben verschenkt hat." „Und ich dachte, Ihre Lebensgefährtin wäre bei einem Tauchunfall gestorben? Ich verstehe das jetzt nicht ganz?" „Nun, um ehrlich zu sein: Sie hat mir vor ihrem Ableben so eine Art Rätsel aufgegeben, an dem ich immer noch zu knabbern habe. Sie war schwer krebskrank, ein Karzinom der Gebärmutter, aber sie hat es keinem gesagt. Außer Dr. Nesemann wusste hier keiner, wie krank sie wirklich war. Sehen Sie, und das ist das, was ich echt nicht verstehe. Warum hat sie sich mir nicht anvertraut, wo sie mir doch auf der anderen Seite die Fortführung ihres Lebenswerkes zugetraut hat? Sie hat mir ein Stiftungsvermögen in Millionenhöhe hinterlassen, aber sie hat mir vorher absolut nichts davon verraten! In ihrem Tagebuch hat sie sogar geschrieben, dass sie sich fast wie der Weihnachtsmann vorkam. Sie hat alles über ihren Tod hinaus geplant, ist das nicht Wahnsinn?" Andrea O´Leary nippte an ihrem Kaffee, dann sah sie ihm direkt in die Augen und sagte: „Doch, ich glaube ich kann Ihnen sagen, was Ihre Susanna angetrieben hat. Es ist im Grunde ganz einfach, aber ein Mann kann das nur sehr schwer nachvollziehen, weil er eben ein Mann ist." Sie trank einen Schluck Kaffee. „Wie meinen Sie das jetzt?" fragte Dr. Zuckmayer, halb verwirrt, halb interessiert. „Nun Florian, sehen Sie, Ihre Susanna war in einer schwierigen Lage. Einerseits wusste sie, dass sie ihr Lebenswerk möglicherweise nicht mehr vollenden konnte, andererseits wollte sie aber auch sicherstellen, dass sie selbst bis zuletzt aufrichtig geliebt wird, und zwar nicht wegen ihres Geldes. Und gleichzeitig muss sie Sie, Florian, wirklich geliebt haben. Im Grunde genommen hat sie sich genauso wie eine Frau verhalten, die ein Baby gebären muss, aber weiß, dass sie selbst die Geburt nicht überleben kann. So eine Frau würde doch alles für ihr Baby tun! Und genau das hat Ihre Susanna getan. Das Spannende dabei ist allerdings eines: Wer oder was ist Susannas wahres Baby?" Florian Zuckmayer sah erst wie vom Donner gerührt drein, dann sagte er: „Verdammt, ja, Andrea, Sie haben recht! Sie haben den Nagel auf den Kopf getroffen! Susanna wusste, dass sie unfruchtbar war, das ist es! Es ging nicht um Susanna und mich, es ging um ihr Kind. Und das ist eher etwas Spirituelles, etwas, das sie herbeigesehnt hat, und das ich ans Licht holen soll. Sie hat mich zur Hebamme gemacht. Ja, das ist es: Zu einer männlichen Hebamme hat sie mich gemacht!" Florian musste weinen, und er schämte sich nicht, dies vor einer ihm völlig fremden Frau zu tun.

Andrea O´Leary streichelte vorsichtig seine Hand, die er plötzlich wegzog, als ob er einen Peitschenschlag darauf erhalten habe. „Entschuldigung", sagte Andrea O´Leary, doch Florian entgegnete: „Nein, ich bin es, der sich für diesen Gefühlsausbruch entschuldigen müsste. Wissen Sie, es war alles zu viel für mich in den letzten Tagen. Erst ihr plötzlicher Tod, dann die Umweltkrise – und gestern das Urnenbegräbnis auf der Nordsee. Das alles hat mich sehr mitgenommen." „Florian, darf ich Ihnen mal etwas Wichtiges mit auf den weiteren Weg geben: Ich finde es gut und wichtig, wenn auch Männer dann und wann andere Menschen erkennen lassen, dass auch sie Gefühle haben! Solche Typen sind mir persönlich viel lieber als diese ekelhaften Zyniker, die sich hinter einer Maske verstecken, und wo man nie weiß, was die wirklich wollen, denken oder empfinden! Ich mag Typen, die eine echte Seele haben – falls Sie jetzt verstehen, was ich meine." Florian nickte nachdenklich. Dann sagte er: „Andrea, ich danke Ihnen, Sie haben mir sehr weitergeholfen, jetzt weiß ich, dass ich auf dem richtigen Weg bin. Sehen Sie, Dr. Skibbe und ich brauchen in absehbarer Zeit jemanden, der gewisse Informationen an die Presse lancieren kann. Dabei geht es auch um das Lebenswerk von Susanna, und es geht um eine sehr unbequeme Wahrheit. Ich will Ihnen nichts vormachen und es Ihnen ganz ehrlich sagen: Wir bekommen es mit sehr mächtigen Leuten zu tun, wenn wir machen, was Susanna zur Welt bringen wollte. Aber es geht dabei um andere Dinge als einen Nobelpreis oder den Pulitzerpreis für die beste Berichterstattung. Es geht um das Leben und die Gesundheit von Millionen von Menschen, aber auch um die zerstörte Umwelt, in der wir leben. Es geht um etwas, was uns vielleicht nur Ärger einbringt, aber auch um etwas, was möglicherweise wichtig für die gesamte Menschheit sein könnte." Andrea O´Leary sah ihn skeptisch an, dann sagte sie: „Ist das wirklich so wichtig, dass Sie dafür alles einsetzen würden, was Sie haben oder sind?" „Ja, das würden Dr. Skibbe und ich ohne weiteres tun! Wir hoffen, dass wir Dr. Ito auch davon überzeugen können. Sehen Sie, Andrea, wenn Sie an einer Straße stehen, auf der Kinder mit dem Ball spielen, und Sie sähen ein schnelles Auto nahen, würden Sie dann nicht die Kinder von der Straße holen? Das ist genau das, was Susanna von mir erwartet hat. Aber ich schaffe es nicht alleine, ich brauche einige Verbündete, denn es sind heutzutage leider viele Autos auf der Straße unterwegs. Auf der Straße, auf der die vielen arglosen Kinder spielen, meine ich." „Bevor ich mich für irgendetwas einsetze, möchte ich gerne Beweise sehen. Unterlagen, was auch immer – haben Sie so etwas zu bieten, Florian?" „Ja, das und noch viel mehr! Sehen Sie Andrea, Susanna hat ein Tagebuch geführt, da stehen ganz viele Dinge drinnen, die eines Tages sehr brisant werden könnten! Wenn Sie mit dabei wären, dann bekommen Sie noch viel mehr geliefert als einen Bericht über irgendeine Umweltsauerei – Sie werden die Top-Story Ihres Lebens bekommen! Man wird Ihren Namen in einem Atemzug mit Al Gore und Greenpeace nennen, und man wird Sie nicht nur in Irland oder Deutschland kennen. Nein, Sie werden möglicherweise die *First Lady* der ganzen Welt sein. Der ganzen Welt, die wir vielleicht noch retten können, meine ich." Andrea O`Leary schwieg jetzt sichtlich beeindruckt, dann sagte sie: „Könnten Sie mir nur einen einzigen Beweis Ihrer Hypothese liefern?" Florian sah auf die Uhr. „Kein Problem, wenn wir uns ranhalten, schaffen wir es noch rechtzeitig. Sie kriegen Susannas Wathosen von mir, weil Sie offensichtlich sogar die gleiche Größe haben. Wir machen jetzt mal einen kleinen Ausflug ins Felswatt, da zeige ich Ihnen was Interessantes." Dann rief Dr. Zuckmayer kurz Dr. Skibbe an, holte die Wathosen aus dem Schuppen hinter dem Haus und sie machten sich auf den Weg ins Felswatt. In nur dreißig Minuten würde die Ebbe ihren Tiefststand erreicht haben.

Nordsee, etwa zwei Seemeilen nordöstlich von Helgoland, 10.13h

Der kleinen grauen Barkasse der Bundesgrenzschützer schob sich nun ein britischer Zerstörer in den Weg, der sie per Funk anfragte, wohin sie wollten und was der Zweck ihrer Reise wäre. Der Einsatzleiter war jedoch sehr ungehalten von dieser Anfrage und brüllte nur „Piss off!" in sein Funkgerät. Das hätte er besser nicht tun sollen, denn nun richtete der Zerstörer sein Buggeschütz auf das kleine Wasserfahrzeug und gab der kleinen Barkasse einen Schuss vor den Bug. Dieser war so dicht platziert, dass die Bundesgrenzschützer eine kleine Dusche bekamen. Als sie nochmals angefunkt wurden, nannten sie den Zweck ihrer Abreise und wiesen sich als Beamte des Bundesgrenzschutzes aus. Der Zerstörer teilte ihnen mit, dass sie mit gedrosseltem Motor warten sollten, dann setzte er ein Enterkommando in einem Schlauchboot ab. Keine fünf Minute später wurden sie von einem Trupp von vier finster aussehenden Royal Marines heimgesucht, von denen drei an Bord gingen, die Personalien prüften und dann die kleine Barkasse nochmals durchsuchten. „Just for prevention", teilte ihnen der Anführer des Stoßtrupps mit. Dann durften sie ihre Fahrt fortsetzen. Kaum hatten sie den Zerstörer der Royal Navy hinter sich gelassen, sahen sie dahinter die Umrisse der Fregatte Bremen auftauchen. Sie funkten die Bremen an, aber erhielten keine Antwort, da die Funkeinrichtungen der Bremen von einem Störsender des britischen Zerstörers gestört wurden. So griffen sie zur Morselampe und erhielten diesmal Antwort. Sie baten darum, an Bord kommen zu dürfen, und man ließ ihnen ein Fallreep hinunter. Vier Bundesgrenzschützer kamen nun an Bord, während die übrigen beiden sich mit der Barkasse auf den Weg nach Hamburg machten. Sie gingen schnell auf die Brücke und sprachen mit Kapitän Heinrich Paulsen, der plötzlich die Welt nicht mehr verstand. „Was, wegen einer Terroristin leasen die einfach so unser Helgoland von Ian Bannister? Und das alles für nur einen Euro? Verdammt, wenn dieser dämliche Zerstörer nicht unseren Funk und unser Satellitentelefon stören würde, dann würde ich jetzt sofort mit der Marineleitstelle in Kiel sprechen! Was tun?" „Warum stellen Sie sich nicht einfach dumm, melden dem Zerstörer per Signalflagge ein technisches Problem mit dem Antrieb und nehmen Kurs auf den Helgoländer Hafen? Dagegen kann er doch nichts machen, schließlich wissen Sie ja offiziell nicht, was da los ist." „Hm, ich habe mich natürlich schon etwas über die Kampfhubschrauber auf unserem Radar gewundert, aber wir hielten das ja alles nur für eine Übung. Andererseits: Wenn wir jetzt in den Helgoländer Hafen fahren, dann betreten wir ja jetzt britische Hoheitsgewässer, da wir die drei Meilen Zone entern würden. Und dann könnten die Briten unter Umständen unser Schiff beschlagnahmen." Nach einer kurzen Beratung beschlossen sie dann, Helgoland in sicherer Entfernung zu umrunden. Alle Mann auf Gefechtsstation!

Helgoland, Nordseehotel, Büro des Geschäftsführers 10.22h

Nachdem Kate von Dr. Skibbe erfahren hatte, dass ihre Schwester jetzt von Dr. Zuckmayer neu eingekleidet wurde, war sie von einem der Royal Marines zur Station eskortiert worden. Dort hatte sie dann einige wichtige Papiere herausgesucht, die ihr Keith Hastings mitgegeben hatte, und dann war sie zusammen mit Sergeant Myers zum Nordseehotel gegangen, wo sie an der Rezeption nach dem Geschäftsführer fragte. Nachdem die Dame an der Rezeption diesem gemeldet hatte, wer sich als Besuch ankündigte, ließ er Kate sofort von der Empfangsdame persönlich zu seinem Büro bringen, welches ebenfalls im 3.Stock lag, welcher ja Schauplatz von Kates Attentaten gewesen war. Sergeant Myers folgte ihr auf Schritt und Tritt und kam mit ins Büro. „Muss das sein?" fragte ihn Kate. „Am besten, Sie gewöhnen sich dran. Ich erkläre es Ihnen gerne später, " antwortete dieser. Kate seufzte ergeben, dann begrüßte sie der

Geschäftsführer Herr Obermüller und gab ihr die Hand. Dann bot er ihr einen Stuhl an und holte dann noch einen Stuhl für Ihren Leibwächter aus dem Nebenzimmer. Kate begann etwas zaghaft: „Lieber Herr Obermüller! Ich glaube, dass ich noch nicht dazu gekommen bin, mich persönlich bei Ihnen zu entschuldigen. Das möchte ich jetzt gerne hiermit nachholen. Es tut mir aufrichtig leid, dass ich Ihr Hotel so stark beschädigt habe, bei meinen Attentaten. Das muss bestimmt eine schlimme Sauerei gewesen sein, dass alles wieder in Ordnung zu bringen." Kate stockte etwas, dann fuhr sie fort. „Ich selbst bin eine mittellose Frau ohne Haftpflichtversicherung und kann Ihnen leider keinen Schadensersatz leisten. Und wenn ich das durch Küchendienst abarbeiten könnte, würde ich es gerne tun. Nur würde das dann vermutlich hundert Jahre dauern, oder so." Jetzt begann Herr Obermüller zu lächeln, und meinte dann gönnerhaft: „So schlimm ist es nun auch wieder nicht, Miss Nightingale! Das gesprengte Zimmer von Rebekka Ahrens hat uns etwa 30.000, -. € gekostet, das Zimmer von Ian Bannister werden wir im Wesentlichen mit Ausnahme der Blutflecke im Teppich so belassen." „Warum denn das?" wunderte sich Kate. „Ganz einfach: Sie haben durch Ihre beiden Attentate eine echte Touristenattraktion geschaffen! Deshalb haben wir nur Ihr Blut aus dem Teppich entfernt, was eine sehr aufwändige Prozedur war, und selbstverständlich das Blut von der Vertäfelung abgewischt. Aber wann hat man das schon mal, dass ein Gast in einem Zimmer mit einem Samuraischwert an die Vertäfelung gespießt wird? Die Leute kommen und wollen das Zimmer sehen, das ist eine gute Einnahmequelle für uns geworden. Insofern haben Sie eine sehr gute Werbung für unser Hotel gemacht, wir können uns vor Buchungen nicht retten, sobald die Insel wieder für Touristen freigegeben ist!" Dann reichte Kate ihm einige Unterlagen über den Tisch und sagte: „Das soll ich Ihnen mit besten Grüßen von Keith Hastings geben. In diesen Dokumenten verpflichtet sich die Republik Irland dazu, die von mir angerichteten Schäden zu regulieren, sie wollen sogar für eventuelle Buchungsausfälle aufkommen." „Vielen Dank, Miss Nightingale, ich denke, dass meine Versicherung das dann mit Ihrem Staat regeln wird. Und jetzt habe ich noch mal eine ganz dumme Frage: Stimmt es, dass wir Helgoländer jetzt plötzlich britische Staatsbürger sind?" „Nur leihweise", antwortete Kate, jetzt wieder etwas selbstsicherer geworden.

Dublin, eheliche Wohnung von Marty, 11.07h

Martys Ehefrau stand immer noch unter Schock, seit sie die Verhaftung Ihres Ehemannes im Fernsehen gesehen hatte. Da aber Marty immer sehr darauf bedacht gewesen war, im Hintergrund zu bleiben und sich in der Öffentlichkeit von ihr und ihren Verwandten und Freunden möglichst abzuschotten, vermisste ihn bisher niemand, und es konnte ihn auch keiner anhand der Fernsehaufnahmen identifizieren. Wenn nach ihm gefragt wurde, sagte sie nur ausweichend, dass er an einer Lichtallergie leide und deshalb nur sehr selten mit größten Schutzvorkehrungen nach draußen gehen könne. Dies hatte er selbst ihr als gängigste Ausrede beigebracht, und mittlerweile glaubte sie es auch fast selbst. Als sie im Fernsehen das Interview mit Staatsanwalt Conolly gesehen hatte, erfuhr sie dadurch vom Tod Ihres Mannes. Also hatte er doch recht gehabt, als er ihr prophezeit hatte, dass er möglicherweise auch eines Tages in der Haft getötet werden könne. Sollte dieser Fall eintreten, sollte sie das Bankschließfach leeren, welches er bei der Bank Of Ireland unterhielt, und das darin befindliche Paket sichten. Das darin enthaltene Material sollte sie dann zu einem politisch günstigen Zeitpunkt, welchen er ihrem Ermessen anheimgestellt hatte, veröffentlichen, dabei aber nicht selbst in Erscheinung treten. Martys Ehefrau fuhr jetzt zur Bank, leerte das Fach und sah sich den Inhalt dann zuhause an. Jetzt begriff sie einiges! Dem Inhalt war ein kurzer

Abschiedsbrief von Marty beigefügt: *„Meine liebe Ehefrau, ich möchte Dir auf diesem Wege noch einmal Danke sagen, für all die Jahre, in denen Du mich ertragen hast, so wie ich nun mal bin. Unsere Liebe war immer etwas sehr Reines und Gutes, diente doch alles dem Höheren. Wenn Du diese Zeilen liest, dann haben sie mich wahrscheinlich durch die Vortäuschung eines Unfalles ermordet, wie ich es Dir ja schon selbst gesagt hatte. Trau ihnen nicht und gehe vor allem nicht zur Polizei! Am besten wird es sein, wenn Du meine Sachen in die Altkleidersammlung gibst, meine wenigen Besitztümer entsorgst und dann behauptest, dass ich Dich verlassen habe, was ja auch tatsächlich stimmt. Hüte Dich vor der Polizei, arbeite nicht mit ihnen zusammen, sonst könntest Du ähnlich enden wie ich jetzt. Auch wenn ich nicht mehr bin – unsere gemeinsame Sache wird alles überdauern, dessen bin ich völlig gewiss. Sei geküsst und umarmt, Dein M. Dublin, den 30.08.2017."*
Erst weinte sie, dann wurde sie rasch tätig.

Helgoland, Nordseehotel, Kücheneingang, 12.05h
Als der Küchenchef die Metallkiste öffnete, die ihm die beiden Royal Marines gebracht hatten, guckte er sichtlich irritiert. Das musste ein Irrtum sein! Als der eine der beiden zurückkam, zeigte er ihm den Inhalt der Kiste, und zeigte dann auf die Biologische Station, da er kein richtiges Englisch sprach. Der Soldat antwortete ihm, dass er verstanden habe, was er meinte, und funkte dann seinen Kollegen an. Shit! Sie hatten wirklich die Kisten vertauscht! So gab ihm jetzt der Küchenchef einen kleinen Handwagen und half dem Soldaten, die Kiste aufzuladen. Dann machte sich dieser mit der kostbaren Fracht auf den Weg zur Station, wo Dr. Skibbe und die eben dazukommende Andrea O´Leary und Dr. Zuckmayer sich deutlich über den Inhalt freuten. Die Kiste war voller kleiner europäischer Hummer und anderer Meerestiere, die aus den britischen und irischen Hoheitsgewässern stammten. Sie waren ein offizielles Staatsgeschenk der britischen und der irischen Administration! Dabei lag ein kurzes Anschreiben, welche Gus Falkner gemeinsam mit Kenneth Sinclair verfasst hatte: *„Liebe Mitarbeiter der Biologischen Station! Durch die Berichterstattung der letzten Tage und aufgrund der jüngsten Ereignisse möchten wir einen kleinen Beitrag dazu leisten, dass in absehbarer Zeit die Nordsee um Helgoland wieder von Meerestieren besiedelt werden kann. Deshalb schenken wir Ihnen hiermit eine große Kiste mit kleinen Hummerbrütlingen und anderem Meeresgetier, und eine etwas kleinere Kiste, die einige lebende Krustentiere zu unserer Einstandsfeier auf Helgoland beinhaltet. Bitte bringen Sie diese zum Nordseehotel, damit sie dort als Delikatesse zubereitet werden können. Wir kommen Sie alle bald gemeinsam besuchen, sobald es unsere Amtsgeschäfte zulassen. Mit den allerbesten Grüßen für eine gute gemeinsame Zukunft und Zusammenarbeit. Gez. Gus Falkner, Prime Minister des United Kingdom und Kenneth Sinclair, Taoiseach der Republik Irland. Dublin, den 06.09.2017".* Da den Biologen in der Hummeranlage leider auch ihr größter lebender Hummer eingegangen war, wählten Sie nun auch von den Tieren, die für die Küche bestimmt waren, einige aus, um sie in den jetzt ziemlich leeren Aquarien der Station weiter zu pflegen. Dabei nahmen sie je zwei Männchen und dazu zwei Weibchen, die Eier trugen. So würden sie versuchen, ihre Hummerzucht wieder aufzubauen, der Tierpfleger Andreas Schnitzler war begeistert! Er arbeitete den ganzen Tag daran, alle Mitbringsel der Briten zu versorgen, und da man in der Station noch viele leere Aquarien hatte, beschloss man, die Lebensmitteltiere nicht sofort zu verarbeiten, sondern damit zu warten, bis der hohe Staatsbesuch anrückte. So gab es wenigstens hier einen dünnen Strahl der Hoffnung in einer sonst trüben Zeit, welche die Zukunft der Nordseetiere als immer ungewisser erscheinen ließ. Jetzt hatten sie wieder etwas Ausgangsmaterial für eine neue Zucht.

Helgoland, Nordseehotel, Speisesaal, 13.00h

Alle hatten sich zum Mittagessen versammelt, und Kate wurde von Steven Miller gebeten, sich mit Fuji zusammen zu ihm zu setzen. Daneben saßen Sergeant Myers, Andrea O´Leary und Dr. Florian Zuckmayer. Steven Miller gab Andrea O´Leary ihre Kamera zurück und sagte charmant: „Na, junge Lady, wieder getrocknet? Hier haben Sie Ihre Aufnahmen zurück, ich musste nur sichergehen, dass dadurch keine militärischen Geheimnisse öffentlich werden, Sie können sie also gerne veröffentlichen." Andrea O´Leary wurde rot, da es ihr immer noch peinlich war, sich in ihrer Angst eingenässt zu haben. Doch jetzt grinste Steven Miller kumpelhaft und sagte dann in einem mitfühlenden Tonfall: „Miss O´Leary, Sie brauchen sich dafür nicht zu schämen! Fuji hat mir vorhin alles erklärt. Was meinen Sie wohl, wie es einem Soldaten im Feld ergeht, wenn er seine erste Feindberührung hat? Da habe ich schon ganz andere Sachen gesehen. Und ehrlich gesagt bin ich heilfroh, dass Sie nicht dabei waren, als ich damals im Irak meinen ersten Feindkontakt hatte. Wenn Sie das damals fotografiert hätten - au weia, das war kein Ruhmesblatt für mich - wirklich nicht!" Er lachte und die anderen fielen mit ein. Dann fragte Kate: „Wie haben Sie es bloß geschafft, mich rechtzeitig aus den Klauen des Bundesgrenzschutzes zu reißen?" „Och, das war ganz einfach. Wir wussten ja, dass und wie viele Beamte sich auf der Insel befanden. Also haben wir als erstes zwei unbemannte Drohnen in den Himmel geschickt, welche die Bundesgrenzschutzbeamten die ganze Zeit überwachten. Wir warteten ab, bis sie tätig wurden, und dann griffen wir ein. Respekt, Miss Nightingale, wie sie den Einsatzleiter flachgelegt haben. Von oben sah das urkomisch aus, wie Sie auf ihm geritten sind!" Bis auf Kate und Fuji lachten alle. Dann sagte Kate leise: „Es war nur so ein Reflex von mir, und dass macht mir wirklich Angst, Sergeant Miller. Es ist einfach da, und ich kann es nicht kontrollieren. Was, wenn ich nun gar nicht mehr resozialisierbar bin?" „Nennen Sie mich doch einfach Steven, darf ich auch einfach Kate sagen?" „Klar doch." „Also Kate, ich weiß zwar nicht, wo und wie Du das gelernt hast, aber ich hätte wirklich Lust, Dich in meine Truppe aufzunehmen. Es gibt Leute, die arbeiten viele Jahre hart, um dann nur halb so schnell zu sein wie Du. Betrachte es doch mal eher als eine Begabung, die erst mal nichts Schlechtes sein muss. Ich sehe das so: Wenn Du wirklich bösartig veranlagt wärst, dann hättest Du diese vier Bundesgrenzschützer auch ohne Waffen fertig gemacht. Da hätte denen dann ihre Artillerie auch nichts genützt! Aber weil Du es nicht getan hast, zeigt das doch, dass Du Respekt vor ihrem Leben hattest. Und dass, obwohl sie Deines zerstören wollten. Du brauchst Dir also nichts mehr vorzuwerfen, Kate." „Aber bin ich nicht wie ein schlimmes Raubtier, was jetzt so ein bisschen zahm geworden ist?" wollte Kate wissen. Da mischte sich Dr. Zuckmayer ein: „Die wirklich schlimmen Raubtiere lassen sich niemals richtig zähmen. Die sind und bleiben immer gefährlich, dafür könnte ich Ihnen jetzt hundert Beispiele aus der Biologie liefern, Kathrin." „Nennt mich doch alle einfach Kate." „Und mich Andrea." „Ist O.K., ich bin Florian." „Und wo wir dabei sind: Ich bin der Rüdiger!" sagte Dr. Skibbe und gesellte sich zu der Runde. Dann bekamen sie ihr Essen und es wurde noch eine heitere Runde. Dann sagte Steven: „Kate, hättest Du nicht mal Lust, gegen meine besten Nahkämpfer anzutreten? Ich wäre ehrlich gespannt, wer den Kürzeren ziehen würde!" „Vielen Dank, Steven, aber erstens bin ich schwanger – was ich vorhin ehrlich glatt vergessen habe – und zweitens bin ich ja nicht dafür ausgebildet worden, Auge in Auge mit Nahkampfprofis zu kämpfen. Ich beherrsche es vielmehr, ein Überraschungsmoment zu verwerten, schnell zuzuschlagen und mich dann so zu positionieren, dass der Gegner nicht an mich rankommt. Ich will damit sagen, dass ich nicht unbedingt die Konstitution besitze, einen längeren Kampf durchzustehen. Ich kann zwar gut und schnell austeilen, aber einstecken ist dann wieder was anderes! Ich könnte Dir zum Beispiel jetzt mit einem einfachen Kung-Fu-Schlag das Nasenbein brechen, aber wenn es Dir gelingt, mir trotzdem irgendwo einen Treffer zu verpassen, dann könnte es schnell passieren, dass ich demoralisiert in der Ecke liege. Und da seid Ihr Marines wegen Eurer Ausbildung in einem klaren Vorteil." „Gut, die Schwangerschaft lasse ich ja gerne gelten, weil es natürlich nicht gut wäre, wenn Du einen Tritt oder Schlag in den Bauch bekämst. Aber trotzdem würde ich Dich gerne mal dabeihaben, wenn meine Jungs üben. Du könntest uns ein paar Tipps geben, wie wir besser und schneller werden können; vielleicht könntest Du Ihnen auch einfach mal was vorturnen?" „Prima Idee, vom Prinzip her gerne, aber ich habe ja noch ein Handicap: Nämlich meine Endo Prothese. Ich kann zwar schon damit laufen, aber es fühlt sich doch etwas anders an, als mein richtiges Knie." „Aber in der Luftaufnahme habe ich es ganz klargesehen, dass Du mit dem rechten Bein zugetreten hast", sagte Steven trocken. „Ja, aber Deine Drohne hat natürlich nicht meine Schmerzen danach filmen können, es tut sogar jetzt noch etwas weh!" „Kate, mach keinen Unsinn!" sagte jetzt Andrea sorgenvoll. „Soll ich besser Professor Ferguson holen lassen? Er ist noch draußen auf der Dorsetshire II, wo er gerade einen verletzten Seemann operiert. Ich werde ihn mal anfunken, damit er heute Nachmittag noch herkommt." In diesem Moment klingelte Stevens Handy. „Ja? Was? Gut, immer beobachten. Wenn sie Ärger macht, dann wisst Ihr ja, was zu tun ist! Was, sie setzten Euch einen Schuss vor den Bug? Frechheit! Na dann legt mal los, viel Erfolg, das gibt dann einige Beförderungen. Und keine Seeschlacht, klar?! Also dann los!" Steven sah etwas besorgt drein: „Die deutsche Fregatte Bremen hat soeben das Feuer auf unsere Dorsetshire II eröffnet, weiß der Teufel, was die reitet! Ihr entschuldigt mich, ich muss in den Befehlsstand!" Er erhob sich und rannte raus.

Helgoland, Oberland, 13.35h

Wie ein zorniges Insekt hob jetzt der Tiger ab, in den Colour Sergeant Steven Miller soeben eingestiegen war. Nach nur zwei Minuten Flugzeit hatte er die Bremen erreicht, blieb wie eine Libelle auf genau derselben Stelle in der Luft stehen und senkte sich dann langsam ab, so dass Steven Miller mit dem Fernglas Auge in Auge Kapitän Heinrich Paulsen gegenüberstand. Dann gab er dem Zerstörer Order, den Funkverkehr nicht mehr zu stören und funkte die Bremen an. „Tiger I an Bremen, können Sie mich empfangen?" „Laut und deutlich, Tiger I". „Gut, ich mache nicht viele Worte. Wenn Sie nochmals auf die Idee kommen sollten, Gebrauch von Ihrer Artillerie gegen meine Schiffe zu machen, dann lernen Sie die meine kennen." Steven Miller drückte jetzt einen Knopf, und an beiden Seiten des Kampfhubschraubers wurden jetzt Maschinengewehre ausgefahren, die direkt auf den Kommandostand des völlig verblüfften Kapitäns Heinrich Paulsen zeigten.

An Bord der Bremen, 13.45h

Geschockt starrten alle in die Gewehrmündungen am Kampfhubschrauber, die sich durch eine sanfte Rotation in die richtige Schussposition drehten. Kapitän Paulsen rief erregt: „Verdammt, die machen Hackfleisch aus uns!" In diesem Moment kam eine Stimme aus dem Lautsprecher: „Da Sie eines meiner Schiffe bedroht haben, welches nur an einem friedlichen Manöver teilnahm, beschlagnahme ich hiermit Ihr Schiff. Ich darf Sie höflich darum ersuchen, jetzt unverzüglich den Hafen von Helgoland anzulaufen. Alles Weitere besprechen wir dort. Des Weiteren mache ich Sie darauf aufmerksam, dass Ihr Schiff von insgesamt vier Tigern umzingelt ist. Wenn Sie Ärger machen, dann können wir Sie in einer Minute versenken. Wir sehen uns auf Helgoland, Kapitän

Paulsen!“ Der Tiger stieg jetzt auf und verschwand über dem Oberland der Felseninsel. Alle atmeten auf, doch nun erst bemerkten sie, dass die Bremen von allen Seiten umzingelt war. Daher nahmen sie Kurs auf Helgoland, legten am Außenhafen an und harrten der Dinge, die kommen würden. Sie wurden aufgefordert, das Schiff zu verlassen. Dann wurden sie von mehreren Royal Marines zum Nordseehotel eskortiert, wo sie zunächst in einen großen Konferenzraum gebracht wurden. Währenddessen durchsuchten fünf Royal Marines die Bremen und spürten schließlich die vier Bundesgrenzschützer auf, welche sich hier noch an verschiedenen Stellen versteckt hatten. Diese wurden mit Handschellen gefesselt und abgeführt, man sperrte sie im Nordseehotel getrennt von den anderen in ein kleines Konferenzzimmer. Dann wurden alle verhört und schließlich wieder auf die Bremen gebracht, wo man sie dann vorübergehend internierte. Mit Ausnahme der Bundesgrenzschützer, die man in der Polizeiwache in den Zellen unterbrachte, in denen am frühen Morgen noch die beiden Ex-Terroristen Larry und Brian gesteckt hatten.

Helgoland, Oberland, gegenüber der langen Anna, 14.58h
Kate blickte nachdenklich auf das Meer hinaus, über dem jetzt eine hektische Betriebsamkeit herrschte. Kampfhubschrauber des Typs Tiger patrouillierten am Himmel über dem Meer, und die britischen Kriegsschiffe hatten jetzt bestimmte Wartepositionen eingenommen, welche sie im Wesentlichen hielten. Sie wollte eigentlich alleine sein, aber Sergeant Myers war nur einen Steinwurf weit von ihr entfernt, das wusste sie. Dass man nur für Ihre Person die halbe Home-Fleet der Briten nebst Kampfhubschraubern in Marsch setzen würde, hätte sie nie gedacht. In was war sie da nur rein geraten? Sie fühlte, dass jetzt Politik gemacht wurde, die mit ihrer Person wahrscheinlich kaum noch etwas zu tun hatte – vielmehr schien sich die Maschinerie jetzt immer mehr zu verselbständigen. Und das war ihr schlichtweg unheimlich. Fuji kümmerte sich gerade um ihr Gepäck und um ihr gemeinsames Zimmer, Andrea würde in wenigen Minuten nachkommen und nachher würde sie sich noch von Professor Ferguson untersuchen lassen müssen. Das rechte Bein tat ihr immer noch etwas weh, aber die Wunde war nicht aufgegangen und auch sonst schien alles damit zu stimmen. Wenn sie lief, dann humpelte sie immer noch etwas. Ihre Sandalen hatte sie im Hotel gelassen und war barfuß gelaufen, da sie so mehr Gefühl im rechten Fuß und das Empfinden hatte, besser laufen zu können. Plötzlich nahte sich jemand von hinten, der fast zwei Köpfe größer war als sie. Sie sah auf und erkannte Florian, der sich jetzt neben sie ans Geländer stellte. Schweigend sahen beide auf die lange Anna, die jetzt so aussah, als würde sie bei der nächsten Sturmflut einfach umkippen, dann sagte Florian leise: „Susanna hat diesen Ausblick immer genossen. Aber jetzt, wo die Vögel weg sind, fehlt hier was. Es ist irgendwie gespenstisch geworden.“ „Aber immer noch schön, ich könnte den Ausblick stundenlang genießen. Nur diese ganzen Kanonenboote und Hubschrauber passen da irgendwie nicht rein, und alles wegen mir! Was habe ich bloß alles falsch gemacht! Mein Gott, das muss doch Millionen kosten. Warum so ein Aufwand? Ich bin doch wirklich kein besonderer Mensch, ich fühle mich jedenfalls nicht wie eine Superheilige oder so etwas.“ „Doch, Kate, Du bist etwas ganz Besonderes!“ rief jetzt Andrea, die soeben dazu gekommen war. „Du bist meine einzige Schwester!“ Sie trat neben Kate und drückte sie an sich. „Ja, aber um welchen Preis?“ fragte Kate. Dann sagte sie: „Es belastet mich immer noch, gefährlich zu sein. Steven war ja sehr begeistert von meiner Nahkampftechnik, aber mein Problem hat er wahrscheinlich nicht wirklich verstanden. Ich tue automatisch furchtbare Dinge und gefährde damit andere Leute. Das könnte eines Tages auch mal ziemlich schief gehen, und dann? Bin ich nun ein

gefährliches Raubtier, oder bin ich das nicht? Ich werde noch mal verrückt!" „Ach Kate, wir alle sind Raubtiere", sagte Florian. „Von einem rein biologischen Standpunkt gesehen ist der Mensch als Art sogar das schlimmste Raubtier auf diesem Planeten. Wir Biologen würden unsere Art wohl als Hyperprädator einstufen müssen." „Wie meinst Du das?" wollte jetzt Andrea wissen. „Nun, ein Hyperprädator ist nicht unbedingt größer, stärker oder giftiger als andere Prädatoren. Aber er ist in der Lage, sich an viele ökologische Nischen zu adaptieren, viele Lebensräume zu besiedeln und mit allerlei Tricks seine Art gegen andere zu behaupten. Ja, der Mensch hat es mit Hilfe seiner Medizin sogar geschafft, seine eigene Sterblichkeit hinaus zu zögern und damit seine Lebensspanne zu verlängern, was andere Arten auf diesem Planeten nicht können. Machen wir uns doch nichts vor. Ohne moderne Medizin wären wir drei wahrscheinlich schon längst in die ewigen Jagdgründe eingegangen, wenn es die denn geben sollte." „Und was ist dann ein Terrorist, biologisch gesehen?" wollte Kate wissen. „Nun, rein biologisch gesehen ist ein Terrorist so etwas wie der Hyperprädator des Hyperprädators. In Ermangelung von Seuchen und Fressfeinden sorgt der Terrorist dafür, dass nicht zu viele Hyperprädatoren auf diesem Planeten leben. So gesehen ist ein Terrorist wohl eher eine nützliche Spezies. Das klingt jetzt ganz schön verrückt, nicht wahr? Ist aber nichts anderes als reine Biologie ohne Ethik oder Moral." Kate schwieg verblüfft, so hatte sie das noch nie gesehen. „Aber sind Menschen nicht auch zur Liebe fähig?" fragte jetzt Andrea. „Na ja, aber die Liebe ist ja meistens auch mit dem Fortpflanzungstrieb gekoppelt. Oder sie hat Bestands erhaltende Funktionen", sagte Florian. „Gibt es denn überhaupt Dinge, die den Menschen vom Tier unterscheiden?" fragte Kate, jetzt neugierig geworden. „Oh ja, jede Menge! Der Mensch kann sich zum Beispiel mit Hilfe der Technik über die Natur und ihre Gesetze hinwegheben, wie man dort drüben bestens sehen kann." Florian deutete auf einen der Hubschrauber. „Na ja, zumindest, bis er ins Gras beißen muss, gibt der Mensch sich dieser Illusion hin. Danach kehren seine Überreste zurück in den ewigen Kreislauf des Werdens und Vergehens. Ich habe das mit Susanna alles von hinten bis vorne durchgekaut, aber irgendwie scheint das alles für sich genommen keinen wirklichen Sinn zu machen. Entweder, dahinter steckt noch etwas Höheres, was damit eine Absicht verfolgt, oder das ist alles vollkommen sinnlos." „Und was wäre, wenn es wirklich alles nicht sinnvoll wäre und es dahinter nichts gibt, also keinen Gott, keinen Urknall, keine kosmische Kraft oder sonst irgendetwas?" Wollte jetzt Andrea wissen. „Nun, dann sollten wir unsere restliche Zeit nicht mit solchen Diskussionen verschwenden. Wahrscheinlich wäre es dann das Beste, einfach das Beste daraus zu machen. Wie die Eintagsfliegen. Die lernen ja auch kein Latein mehr; nein, die paaren sich und das war es dann!" Florian grinste jetzt bitter. „Und wie war das mit Deiner Susanna? War sie auch nur eine Eintagsfliege?" fragte Andrea. „Ich denke, wenn sie eine war, dann war sie ein besonders gelungenes und schönes Exemplar. Und vor allem eines, das Latein konnte! Aber die Paarungsrituale hat sie auch sehr gut beherrscht, wirklich. Ach Susanna, sie fehlt mir so, ständig will ich mit ihr reden. Oder ich erwarte ihren Widerspruch, wenn ich meine zynischen Thesen zu laut denke. Und dann wieder möchte ich sie darum bitten, mir mit ihrem Latein zu helfen, wenn ich mit meinem am Ende bin. Ich bin immer noch am Rätseln, was sie genau von uns wollte, obwohl ich es mir allmählich denken kann. Ich denke, ich werde nachher noch ihr Tagebuch lesen, vielleicht finde ich ja noch etwas Relevantes. Ich glaube, dass ich irgendetwas übersehen habe, nur was?" Jetzt sagte Andrea zu Kate: „Kate, wir müssen auch noch mal miteinander reden. Florian hat mir vorhin im Felswatt etwas gezeigt. Und das ist noch viel erschreckender, als die Bombe, die Du gelegt hast. Und es ist auch noch viel explosiver als Sprengstoff, da bin ich mir inzwischen sicher." „Ich hätte da eine große

Bitte an Euch beide: Bitte sagt davon nichts, aber auch absolut nichts, irgendwelchen Politikern. Nicht Gus Falkner, und auch nicht Ian Bannister. Sonst könnten wir hier bald noch ganz andere Probleme bekommen, als die militärische Besetzung einer Insel." „Jetzt habt Ihr beiden mich aber neugierig gemacht, worum geht es denn?" wollte Kate wissen. „Das können wir Dir leider noch nicht sagen, Schwesterherz, und ich glaube es ist besser, wenn Du davon noch nichts weißt. Allerdings wollen wir Fuji einweihen, sobald das geht. Wir brauchen seine Hilfe! Denn es geht um etwas, was viel größer ist als wir paar Figuren hier. Es geht um viele Millionen Leute und Schicksale. Selbst wenn wir dabei drauf gehen würden, so könnte es doch den Einsatz wert sein, ist es nicht so, Florian?" „Ja, möglicherweise. Wie gesagt, ich werde Susannas Aufzeichnungen nochmals durchsehen. Da muss noch etwas sein, so eine Art Schlüssel oder so, ich weiß es nicht." In diesem Moment näherten sich unbemerkt Larry und Brian der kleinen Gruppe, Sergeant Myers griff unwillkürlich an den Griff seiner Maschinenpistole. „Hey Kate, hey Andrea, na mächtig am Flirten?" rief jetzt Larry, und Andrea zuckte sichtlich zusammen. „Hat man meinen Babys Auslauf gewährt?" fragte nun Kate neckisch und drehte sich um. „Ach Kate, das war ein geiler Knast hier, das kann man nicht anders sagen. Gutes Essen im Hotel, freier Auslauf über die Insel den ganzen Tag lang, nur pennen mussten wir in der Polizeiwache. Aber da haben die uns sogar noch einen Fernseher gebracht, echt nett, die Leute hier, " sagte jetzt Brian. Florian sah etwas erstaunt aus. „Also Leute, das hier ist Dr. Florian Zuckmayer, ein Meeresbiologe der Station. Und diese beide Tunichtgute sind Larry und Brian; die habe ich vor etwa einem Jahr selbst rekrutiert", sagte nun Kate. Dann sagte sie zu den beiden: „Es tut mir echt leid, dass ich unser Versteck verraten musste. Aber ich habe es wegen Andrea gemacht. Ihr beide wärt wahrscheinlich bald wieder raus aus dem Bau gewesen, ich dachte, das sei ein geringerer Einsatz gegen ein Leben." „Ist schon O.K. Kate. Du, ich muss Dir was sagen: Steven Miller hat uns vorhin ein Video gezeigt, was die unbemannte Drohne von Dir gefilmt hat. Wir haben uns echt schlapp gelacht, als wir gesehen haben, wie Du es dem Bundesgrenzschützer gegeben hast. Also das war mal wieder Ruth in Höchstform!" sagte Larry, und Brian begann auch zu lachen. „Jetzt will ich aber noch mal was wissen: Wie wolltet ihr beide mich eigentlich schmerzfrei und unblutig umlegen? Ich meine, jetzt könnt Ihr es mir doch ruhig verraten!" sagte Andrea. „Du hast aber noch die Punkte plötzlich und unerwartet vergessen", sagte Brian. „Also: Wie wolltet Ihr es machen?" „Ah, da wärst Du nie draufgekommen. Zuerst hätten wir Dich mit Kaffee oder Saft abgefüllt, bis zum Gehtnichtmehr." „Aber das ist doch nicht tödlich?" „Ja, das zwar nicht, aber was kommt denn danach, wenn man viel getrunken hat, na?" „Man isst noch was?" „Quatsch, gerade Frauen haben doch nur eine kleine Blase..." „Wie, Ihr wolltet mich beim Pinkeln umlegen?" rief Andrea empört. „Nein, falsch, sondern durch das Pinkeln! War so eine Erfindung von Marty. Man wartet vor der Tür, bis das Opfer angefangen hat, sich zu erleichtern, und wenn man es rieseln hört, legt man einen kleinen Schalter um, der die Toilette unter Starkstrom setzt. Ist eine sehr elegante Methode, hat Marty gesagt. Und nur wenn man Pech hat, muss man dann noch etwas Urin aufwischen. Aber das ist immer noch besser als Blut aufwischen und hinterlässt vor allem keine Spuren." Andrea schwieg erstaunt, dann fragte sie: „Und das hättet Ihr beiden wirklich mit mir gemacht?" „Ich kann es Dir nicht sagen, ehrlich", sagte jetzt Larry. „Es ist ja immer das eine, über so etwas zu reden. Aber es dann wirklich zu machen, ich weiß nicht. Also ich hätte sicherlich keine Probleme, jemanden beim Messerkampf abzustechen, weil das ja irgendwie noch ein Kampf ist. Aber jemanden heimtückisch zu ermorden, das erfordert schon etwas mehr Abgebrühtheit." „Sehe ich auch so!" sagte jetzt Brian. „Außerdem hattest Du uns ja nichts getan, wir hatten nichts Persönliches gegen Dich. Larry hat mir später gesagt, dass er ursprünglich die Idee hatte, Dich ein bisschen mit dem Messer zu verletzen, und dann entkommen zu lassen. Da wäre Marty zwar sauer gewesen, aber damit hätten wir unsere Gefährlichkeit bewiesen gehabt und Du wärst am Leben geblieben. Es ist für einen Mann ja auch eine sehr bescheidene Heldentat, eine wehrlose Frau platt zu machen. Also bei Kate wäre das dann natürlich was ganz anderes. Die ist nämlich wirklich gefährlich, die hat Reflexe, bei denen selbst ich mir in die Hosen mache, und das will was heißen", sagte nun Brian. „Andrea, kannst Du den beiden verzeihen? Sie sind manchmal etwas grob, aber irgendwie wurden sie doch aus dem richtigen Holz geschnitzt", sagte nun Kate. „Vergeben und vergessen", sagte Andrea. „Allerdings möchte ich das später in meinem Buch schreiben, denn ich denke, die Leute wollen das ja auch wissen." „Da möchte ich aber auch noch was von Andrea wissen: Wann hast Du eigentlich die Bullen bemerkt?" „Nun, als ich am Fenster saß, habe ich doch ein Shetlandpony mit den Kindern im Hinterhof gesehen. Und da hatte doch tatsächlich jemand mit einem Edding dem Shetlandpony was auf das Hinterteil geschrieben. Da stand: *Miss O´Leary, halten Sie noch ein paar Minuten durch, wir stürmen gleich.* Als ich das gelesen hatte, war es etwa viertel vor zwölf. Da schrieb ich schnell mein Testament. Und als ich damit fertig war, habe ich das Testament noch kurz vor das Fenster gehalten. Denn auf die Rückseite hatte ich geschrieben: *Bitte nicht schießen, die ergeben sich gleich.* Aber das habt Ihr beiden ja nicht mehr gelesen, weil Ihr nur mein angebliches Testament gelesen habt." Brian pfiff jetzt durch die Zähne. „Ganz schön raffiniert, die Frau! Das hätte ich ihr gar nicht zugetraut. Na ja, vielen Dank! Die hätten uns wahrscheinlich fast erschossen, oder?" „Ja, einmal bin ich sogar aufgestanden, um in der Schussbahn zu stehen. Sonst hätten die wahrscheinlich schon früher losgelegt." Larry wurde bleich und schwieg beeindruckt, dann sagte auch er nur kurz: „Danke Andrea, Du bist echt eine tough Lady!" Dann wandte sich Brian an Kate und fragte: „Und wie hat Dein Japaner es geschafft, Dich auszuschalten? Das haben ja sonst noch nicht mal wir bei unseren Übungen mit Dir geschafft!" „Na ja, er hatte ja das Überraschungsmoment auf seiner Seite. Dazu kam noch, dass ich emotional von Ian Bannister verunsichert worden war, weil er die Sache mit Rebekka Ahrens ansprach. Er sagte mir auf den Kopf zu, dass es ein Anschlag war, der sie getötet hatte. Das hat mich einen Moment verunsichert, und das nutzte Fuji dann aus." „Und wie hat er Dich an die Vertäfelung genagelt?" „Das war eigentlich keine Absicht von ihm. Er ist gestolpert, das Schwert schlug mit dem Griff auf den Boden und wurde so durch die Luft gewirbelt, dass es mich traf. Das Ding ist rasiermesserscharf, da könnt Ihr Eure Butterflymesser getrost vergessen! Zuerst hat er mir damit nämlich den Schalldämpfer von der Pistole gehackt, dabei hat mich dann die eigene Kugel als Querschläger am Schulterbein getroffen, und die Schwertklinge hat mich noch an der Brust erwischt. Ich kann echt von Glück sagen, dass mich seine erste Attacke keine Körperteile gekostet hat. Na ja, und als er mich dann wieder erkannt hat, wollte er mich wohl nur entwaffnen, was allerdings schief ging. Zum Glück hat er verhindert, dass ich mir das Schwert selbst aus dem Knie gezogen habe, sonst wäre ich wahrscheinlich ganz schnell verblutet. Das war echt verrückt: Da hing ich an der Vertäfelung, litt Höllenqualen und dachte nur noch: *Warum knallt Dich denn keiner ab*? Und plötzlich waren alle damit beschäftigt mich zu retten, statt dass sie Ian Bannister von seinem Stuhl befreit hätten, an den ich ihn mit Kabelbindern gefesselt hatte. Das war dann wiederum fast komisch, nur dass ich zu viele Schmerzen hatte, um wirklich darüber lachen zu können." „Und jetzt bildet unsere Ruth also britische Soldaten aus!" meinte Brian. „Da versteh einer die Welt!" „Also ausbilden werde ich die sicherlich nicht, aber vielleicht sehe ich mir das mal an, was die so draufhaben. Ich kann mich ja wegen meiner Schwangerschaft sowieso nicht mit ihnen prügeln. Obwohl mir das vielleicht doch Spaß machen könnte. Denn mein Wachhund nervt mich schon. Der steht immer vor der Tür, wenn ich mal pinkeln gehe. Da hat man ja kein Privatleben mehr!" „Tja, das ist wohl der Preis der Berühmtheit!" meinte jetzt Florian und Andrea sagte nur: „Das wäre nicht passiert, wenn sie kein öffentliches Geständnis abgelegt hätte. Dann hätte sie jetzt in einem deutschen Knast ihre wohlverdiente Ruhe." „Spottet ihr nur! Immerhin läufst Du wegen meinem Geständnis noch immer lebend und unverletzt rum", konterte jetzt Kate. „Hey Kate, wie ist es, eine kleine Runde Nahkampf ohne Messerattacke?" fragte jetzt Brian, doch Kate schüttelte mit dem Kopf. „Das würde ich an Deiner Stelle besser lassen, Larry, denn Sergeant Myers wird das wahrscheinlich nicht lustig finden. Oder willst Du hier auf Helgoland mit einem kleinen Loch im Pelz sterben, wegen so einem Blödsinn?" „Ne, mir reicht es erst mal. Aber ich habe einfach Langeweile ohne Schlägerei. Gibt es denn hier nichts zu tun für uns?" „Ich kann ja mal Steven fragen, ob seine Leute es mit Euch aufnehmen möchten. Da wäre ich doch wirklich neugierig, wer besser ist: Meine von mir ausgebildeten Schläger und Messerstecher, oder die Royal Marines?" „Hey, die Idee klingt ganz spaßig Kate! Frag doch mal diesen Steven, ich mache mit", sagte jetzt Brian und Larry rief: Ich aber auch!" Kate schmunzelte, dann sagte sie zu Florian und Andrea: „Sie sind so ein bisschen wie meine Kinder, was meint Ihr? Sollte man die beiden nicht mal ein wenig auf die Royal Marines hetzen?" „Ach Kate, ist das nicht alles etwas zu brutal? Ich will nicht, dass sich hier irgendwelche Leute zu meiner Belustigung unnötig verletzten", sagte Andrea. „Ach, Schwesterherz, die sorgen schon dafür, dass es nicht zu ernst wird, und tödliche Schläge sind natürlich tabu. Ich glaube, ich frage Steven mal beim Abendessen." In diesem Moment kam ein Arzt im weißen Kittel aus einem landenden Tiger gesprungen, nahm seinen Arztkoffer und eilte auf Kate zu. Keuchend erreichte jetzt Professor Ferguson die kleine Gruppe. „Es tut mir sehr leid, Miss Nightingale, aber ich musste vorhin bei einer verfrühten Geburt assistieren, bei einer unserer Soldatinnen. Sechs Wochen vor dem Termin! Mutter und Tochter sind wohlauf. Übrigens soll die Tochter Kathrin heißen!" „Au weia, wenn die jetzt alle ihre Kinder nach mir benennen sollten, dann heißt ja plötzlich eine ganze Generation Kathrin!" stöhnte Kate demonstrativ. Alle lachten. Dann sagte Professor Ferguson: „Und, was macht das Bein? Sie treten schon wieder Leute zusammen, wurde mir gesagt?" „Es war ein reiner Reflex, wirklich, aber es tut immer noch etwas weh." „Zeigen Sie mal her – die Herren gucken jetzt bitte mal weg!" Kate hob den Rock hoch, und der Professor nahm die Manschette von Kates Knie. „Hm, sieht von außen alles gut aus. Warum laufen Sie denn barfuß?" „Das geht besser, da habe ich mehr Gefühl beim Gehen", sagte Kate. „Na schön, das Knie röntgen wir nachher noch, rein prophylaktisch." Professor Ferguson verabschiedete sich und eilte jetzt wieder zum Hubschrauber, der ihn zurück auf sein Schiff brachte. Dann legte Kate ihre Arme um die Schultern von Larry und Brian und sagte: „Hey Jungs, es tut gut, Euch beide hier zu haben. Ehrlich gesagt habe ich so ein bisschen Angst vor diesen ganzen Soldaten und dem Rummel, den die hier veranstalten. Und das alles wegen mir? Ich glaube mittlerweile, dass die da noch irgendwelche Nebenabsichten haben, nur welche? Deshalb würde ich Euch darum bitten, einfach mal ein bisschen die Augen offen zu halten und vor allem keinen Mist zu bauen ja?" „Ist schon O.K. Kate", sagte Brian. „Wir passen auf!" „Und dass ihr hübsch auf meine kleine Schwester aufpasst, ja?" „Aber die ist doch mindestens fünf Zentimeter größer als Du?" „Ja, aber ein halbes Jahr jünger!" Alle lachten sichtlich amüsiert, dann gingen sie zurück zum Nordseehotel.

Helgoland, Nordseehotel, Foyer, 16.45h

Als die kleine Gruppe das Foyer des Hotels erreichte, eilte ihnen Dr. Ito entgegen: „Kate, hast Du das schon gehört? Die Briten haben vier Leute vom Bundesgrenzschutz in Gewahrsam genommen und in der Polizeiwache eingesperrt!" „Shit! Wo kamen die denn so plötzlich her?" „Die hatten sich wohl an Bord der Bremen versteckt. Steven vermutet, dass sie Dich entführen wollten, der hätte sie wahrscheinlich am liebsten gleich standrechtlich exekutiert! Mensch Kate, der war vielleicht sauer! So habe ich den noch gar nicht erlebt!" Ein Wort schoss Kate durch den Kopf: Deeskalation. Dann fragte sie überraschend ruhig: „Wo ist Steven jetzt?" Da schaltete sich Sergeant Myers ein, der das Gespräch zum Teil verstanden hatte. „Steven? Den findet Ihr bei der Polizeiwache! Ich schätze, dass der jetzt diese Leute vom Bundesgrenzschutz verhört." „Auf zur Polizeiwache!" rief Kate und wandte sich um zum Gehen. Die anderen folgten ihr sichtlich angespannt.

Helgoland, Polizeiwache, 16.58h

Sergeant Myers hatte Colour Sergeant Steven Miller bereits angefunkt, so dass dieser bereits auf Kate wartete. „Hey Kate, das ist gut, dass Du vorbeikommst, ich hätte Dich sonst noch holen lassen. Diese Typen vom Bundesgrenzschutz lehnen es ab, mit mir zu reden! Und das finde ich gar nicht witzig!" regte sich Steven auf. Kate sagte nur: „Warum lässt Du es nicht einfach mich versuchen?" Da schaltete sich Andrea ein: „Und mich auch? Ich denke, dass sie wahrscheinlich mit jemandem reden würden, der nicht ganz so vorbelastet ist wir Kate oder Steven?" „O.K. Andrea, versuche es doch einfach mal. Sag denen, dass es wichtig ist, dass sie mit uns reden. Sonst gibt das hier noch einen Kleinkrieg!" Andrea ging jetzt zu der Zelle, in der die vier Grenzschützer eingesperrt waren. Erstaunt sahen diese Andrea an, denn die Ähnlichkeit mit Kate wirkte immer wieder verblüffend. Andrea fragte: „Sprechen Sie etwas Englisch? Mein Deutsch ist leider nicht so gut wie das meiner Schwester." Keine Antwort. „Bitte, meine Herren, ich tue Ihnen doch nichts! Wenn Sie hier mit niemandem reden wollen, kann ich das sogar verstehen. Aber dass Sie damit einen internationalen Konflikt heraufbeschwören, ist Ihnen doch hoffentlich klar? Bitte, meine Schwester möchte auch mit Ihnen reden, wir wollen, dass es hier kein Blutvergießen gibt, also?" „Wie heißen Sie noch mal? Ich habe Sie zwar im Fernsehen gesehen, habe es aber wieder vergessen", sagte jetzt der Einsatzleiter. „Andrea O´Leary. " „Gut, Miss O´Leary. Dann sagen Sie bitte Ihrer Schwester, dass wir bereit sind zu Verhandlungen. Wir würden diesen ganzen Wahnsinn nämlich auch gerne möglichst rasch hinter uns bringen." „Und wer sind Sie?" fragte Andrea O´Leary jetzt. „Ich bin Reinhold Petermann, Einsatzleiter des Bundesgrenzschutzes. Mehr brauchen Sie nicht zu wissen." „Ist gut, Herr Petermann, ich sage es Kate. Wollen Sie sie allein sprechen oder darf ich dabei sein?" „Sie können gerne bleiben." „O.K., ich hole jetzt Kate." Andrea ging zum Empfang der Wache und holte Kate ab, unterwegs nannte sie ihr den Namen des Einsatzleiters. „Herr Petermann, kommen wir besser gleich zur Sache", sagte Kate. „Steven hat mir erzählt, dass Sie sich mit Ihren Leuten an Bord der Bremen versteckt hatten. Er bewertet das als den Versuch, mich von Helgoland entführen zu wollen. Ich habe mit Engelszungen geredet, um ihn vom Gegenteil zu überzeugen. Wie ist denn Ihre Version der Geschichte?" „Zunächst einmal eine Vorbemerkung, Miss Nightingale. Wir vier gehören einer Eliteeinheit des deutschen Bundesgrenzschutzes an. Rang und Namen dürfen wir im Falle der Gefangennahme nicht nennen, das steht in unseren Dienstverträgen. Sie können aber ruhig wissen, dass ich diesen Einsatz ursprünglich geleitet habe. Ich hoffe, das erklärt Ihrem Steven, warum wir uns ihm nicht näher vorstellen wollten." „O.K., das verstehe ich. Aber nun die entscheidende Frage: Weshalb haben Sie sich versteckt?" „Sagen wir mal: Ganz einfach, um Komplikationen zu vermeiden! Schließlich hatte uns Ihr Befehlshaber ja des jetzt britischen Territoriums verwiesen. Da ist es doch wohl klar, dass wir ihm nicht nochmals unter die Augen kommen wollten." „Mal ganz ehrlich: Sie wollten mich nicht entführen und nach Deutschland ausliefern?" „Miss Nightingale, Sie mögen von uns oder mir ja gerne halten was Sie wollen, aber wir arbeiten hier immer noch auf der Grundlage rechtsstaatlicher Prinzipien. Und da dürfen wir gar nicht irgendwelche Leute aus dem Ausland entführen, das wäre doch illegal! Im Übrigen habe ich Ihren Haftbefehl eigenhändig in die Nordsee geworfen, da können Sie meine Teamkollegen gerne fragen, stimmt es, Leute?" Alle nickten zustimmend. Er fuhr fort: „Und ohne Haftbefehl können wir nun mal niemanden verhaften, selbst Sie nicht. Und mittlerweile sind mir persönlich auch sehr starke Zweifel an der Entscheidung des Generalbundesanwaltes gekommen. Sie sind eine ehrliche Person, zu der man irgendwie Vertrauen hat. Ehrlich gesagt haben Sie mich dadurch überzeugt, als Sie sich plötzlich von mir verhaften ließen, statt mich kalt zu machen. Sie sind keine Killerin, wie es unser Generalbundesanwalt behauptet." „Meinen Sie das jetzt ehrlich, oder sagen Sie das nur, damit ich Sie hier raushole?" fragte Kate. „Miss Nightingale, ich habe mindestens hundert Verhaftungen von Schwerstkriminellen durchgeführt, aber noch nie ist mir so etwas wie mit Ihnen passiert. Außerdem tun Sie ja gerade alles, um einen Kleinkrieg zu verhindern! Was meinen Sie wohl, was passiert, wenn man uns hier festhält? Da draußen warten hundert Kollegen von uns, um uns da raus zu hauen. Und die machen das auch, die GSG 9 ist schließlich kein Kindergartenverein." „Und ich dachte, die dürfen nicht ins Ausland?" fragte Kate. „Dürfen die ja auch nicht. Aber wie ich unser deutsches System kenne, werden die versuchen, den Bannister-Falkner-Pachtvertrag für nichtig zu erklären. Und dann kommen Sie, da können Sie sicher sein." „Shit, so habe ich das noch nicht gesehen. Könnten Sie nicht Ihrem Generalbundesanwalt irgendeinen Deal vorschlagen? Also ich meine so etwas wie eine symbolische Haftzeit für mich auf Helgoland etwa? Bis zum nächsten Sommer zum Beispiel? Sehen Sie hier" – Kate hob jetzt ihren Rock ein kleines Stück hoch und zeigte ihm den Peilsender – „diesen Peilsender muss ich hier sowieso schon tragen. Damit könnten auch Sie mich überall orten, es ist so etwas Ähnliches, wie eine elektronische Fußfessel. Damit könnte doch auch Ihr Generalbundesanwalt sicher sein, dass ich die Insel nicht verlasse?" „Das klingt ganz vernünftig, Miss Nightingale. Würden Sie das Ihrem Steven sagen? Dass wir bereit wären, dem Generalbundesanwalt einen Deal vorzuschlagen?" „Ich würde es sehr begrüßen, wenn Sie endlich mit ihm reden würden. Steven ist eigentlich ein sehr netter Kerl, aber wenn man ihn verarscht, kann er richtig wild werden. Meine Schwester und ich können auch gerne dabei sein und ein wenig vermitteln, falls es an der Sprache hapert. Also?" Reinhold Petermann sah in die Gesichter seiner Männer, die jetzt zustimmend nickten. "Gut, dann hole ich jetzt Steven, sagte Kate. „Aber vorher werde ich ihm noch was anderes vorschlagen." Dann ging Kate zum Empfang, winkte Steven heran, der gerade etwas mit Fuji besprach, und sagte: „Hey Steven, alles halb so schlimm! Die wollten mich gar nicht entführen!" Dann erklärte sie ihm alles und machte einen überraschenden Vorschlag. Er runzelte erst die Augenbrauen, dann nickte er einsichtig und sagte dann: „Kate, Du hast recht, ja, so machen wir es!" Dann setzte er sich in Bewegung zu der Zelle, in der die amtierende Elite der GSG 9 gefangen gehalten wurde. Hätte Steven geahnt, mit was für Leuten er es hier wirklich zu tun hatte, dann hätte er diese wahrscheinlich unter Anwendung eines Notstandsparagraphen umgehend exekutieren lassen. Und ihre Leichen ohne viel Federlesen in der nahen Nordsee entsorgen lassen.

Helgoland, Wohnung von Dr. Florian Zuckmayer, 17.25h

Irgendetwas war in Florians Kopf abgespeichert, eine Information, die wichtig war, er hatte es nur verdrängt, aber nicht vergessen. Da war doch was! Etwas, dass Susanna zu ihm gesagt oder geschrieben hatte. Er las nochmals in den Tagebüchern, blätterte alles durch – nichts. Da war ein Stichwort, da musste doch etwas sein, was war es nur? Schließlich beschloss er, unter die Dusche zu steigen, um auf andere Gedanken zu kommen. *Den Geist frei lassen*, hätte Susanna das genannt. Vorher warf er noch die Waschmaschine mit Andreas Sachen an. Und als er dann an nichts mehr dachte und einen warmen Strahl von der Dusche massierend in seinem Nacken spürte, traf ihn die Erkenntnis wie ein Blitz. „Testament!" rief er. Das war es! Susanna hatte mit ihm über das schleichende Sterben der Meeressäuger im Meer gesprochen und eine Stelle aus dem neuen Testament zitiert. Das hatte sie sonst nie getan! Schnell stellte er die Dusche ab, trocknete sich ab und eilte zu Susannas Nachtschrank. Er zog die kleine Schublade auf, und da lag ihr Neues Testament, eine Gideon-Bibel, die ihr mal jemand geschenkt hatte. Er blätterte das kleine Buch aufgeregt durch, als ihm plötzlich ein einziges kleines Kuvert entgegenfiel. Auf dem Umschlag stand nur, in Susannas zierlicher Handschrift ein einziger Begriff, aber dieser jagte ihm nun kalte Schauer über den Rücken, so dass er eine Gänsehaut bekam. Da stand in nüchternen Lettern: *Ein missing link für Florian.*

Helgoland, Nordseehotel, Speisesaal, 18.00h

Steven Miller hatte ein kurzes Telefonat mit Gus Falkner geführt, dann hatte dieser kurz Kate verlangt, und nachdem sie dem Premierminister alles, was Steven gesagt hatte, bestätigen konnte, hatte auch Gus Falkner grünes Licht gegeben. Dann hatte er Kate noch etwas erklärt, was sie in Erstaunen versetzte, worüber sie aber mit niemandem außer Steven reden durfte. Dann hatten sie das Gespräch beendet und waren nach den Anweisungen von Gus Falkner vorgegangen. Und nun saßen Kate, Andrea, Fuji, Steven und die Bundesgrenzschutzbeamten gemeinsam beim Abendbrottisch und genossen die drei irischen Hummer, die der Küchenchef auf Anweisung von Steven aus der Station geholt und zubereitet hatte. Dabei sagte jetzt Steven: „Ich bin wirklich froh, dass Kate das wieder eingerenkt hat, sonst hätten wir hier wirklich noch einen kleinen Krieg oder so etwas Ähnliches produziert, und da hört es dann auf, lustig zu sein." „Typisch Männer!" rief jetzt Andrea O´Leary. „Die müssen immer erst schießen, und stellen erst dann die Fragen, wenn alle Beteiligten tot sind:" Alle mussten lachen, sogar die Deutschen. „Also gut, wir werden also noch heute die Insel mit einem Schreiben von Kate verlassen. Darin wird sie den Generalbundesanwalt im Namen der Republik Irland in Ihrer neuen Rolle als Sonderbotschafterin bitten, Ihren Aufenthalt auf Helgoland als die Ableistung einer symbolischen Haftstrafe anzuerkennen. Außerdem wird Sie ihm in dem Schreiben noch Ihren persönlichen Werdegang der letzten beiden Wochen darlegen, der natürlich auch ein formales Geständnis enthält. Außerdem verpflichtet sie sich zur Wiedergutmachung, soweit dieses ihr beziehungsweise der Republik Irland, zumutbar und möglich ist. Darüber hinaus lädt sie den Generalbundesanwalt zu einem persönlichen Gespräch nach Helgoland ein. Na, ich finde, mehr kann der alte Sack nun wirklich nicht verlangen. Wann wird das Schreiben wohl fertig sein?" wollte Reinhold Petermann wissen. „Also, wenn Kate meiner Stabssekretärin gleich noch beim Schreiben hilft, dann schätze ich, dass es noch ein bis zwei Stunden dauern wird. Aber ich denke, dass das so O.K. ist", meinte Steven. „Steven, ich hätte da noch eine ungewöhnliche Bitte. Larry und Brian haben Langeweile und wollen sich mal wieder ein wenig mit anderen Leuten schlagen. Wie wäre es, wenn Du sie mal mit Deinen Royals kämpfen lässt? Immerhin habe ich die beiden ausgebildet! Na, was hältst Du davon?"

„Warum eigentlich nicht? Aber ich muss das erst noch mit meinem Stellvertreter besprechen. Morgen beim Frühstück sage ich Euch dann Bescheid." „Danke Steven, Du tust mir damit einen großen Gefallen." Sie hauchte ihm einen Kuss auf die Wange, worauf er überrascht zurückzuckte. „Die Waffen der Frauen!" rief sie, alle lachten und Kate machte sich auf den Weg zur Stabssekretärin von Steven, die im Büro des Geschäftsführers auf sie wartete. Währenddessen erhob sich auch Fuji vom Tisch, um Kontakt mit Ian Bannister und Kai Ahrens aufzunehmen.

Ameland, Abtreibungsklinik, Büro von Oberarzt Dr. Robert Zuiders, 20.00h

Ganz überraschend war die Frau von Dr. Zuiders in der Klinik aufgetaucht und hatte sofort das „Vergewaltigungszimmer", wie sie es nannte, welches im Keller der Klinik lag, angesteuert. Da sie einen Schlüssel hatte, hatte sie sich einfach Zutritt verschafft und ihren Mann in flagranti mit Irene Ito erwischt. Mitfühlend sah sie Irene an, dann sagte sie zu ihr: „Sie tun mir aufrichtig leid, Frau?" „Marlene" sagte Irene Ito und stellte sich jetzt verzagt und schüchtern, kniff aber Robert heimlich in den Oberschenkel. „Nun, Marlene, mein Mann nutzt leider gerne die Hilfebedürftigkeit von Frauen aus. Kommen Sie in meine Sprechstunde, da werde ich Sie gerne kostenlos behandeln und beraten." Dann hatte sie sich zu Robert umgedreht und dann nur gesagt: „Das war heute Dein letzter Arbeitstag hier, Du kannst nachhause fahren, die Post vom Anwalt kommt später!" Dann hatte sie die Tür hinter sich zu geknallt und war von dannen geeilt. Das war nun ungefähr das Schlimmste, was Irene Ito passieren konnte. Nämlich ihr sicheres Domizil zu verlieren. Und was sollte sie dann machen? Zur Frau von Robert gehen, und diese um eine illegale Geburtshilfe bitten? Das ging nicht. Dann fragte sie Robert, was er jetzt machen würde, worauf er resigniert mit den Achseln zuckte. Darauf sagte sie zu ihm: „Pass mal auf, Robert, ich habe da so eine Idee! Was hältst Du davon?" Dann schilderte sie ihm einen einfachen, aber brillanten Plan, dem auch er nach einigem Zögern zustimmte. Tat er es nicht, würde er alles verlieren, weil die Klinik seiner Frau gehörte. Dann zogen sich beide wieder an, wobei Irene jetzt eine Schwesterntracht anlegte, in der man sie nicht so leicht wieder erkennen würde, da sie vorhin im Halbschatten auf dem Bett neben Robert gesessen hatte. Dann gingen die beiden in Roberts Büro, wo er sich an den Schreibtisch setzte, und sie daneben auf dem Fußboden Platz nahm, so dass man sie von vorne nicht sehen konnte. Dann bestellte Robert seine Frau ins Büro und bat sie um ein Gespräch. Er bot ihr eine Aussöhnung an, was sie jedoch vehement ablehnte. Dann fragte er sie, ob sie gedenke, hier vor der ganzen Belegschaft einen Aufstand zu machen, man könne das doch um des lieben Betriebsfriedens willen etwas leiser und diskreter regeln. Darauf sagte sie: „Also, bisher habe ich hier noch mit keinem gesprochen, ich werde das alles morgen bei einer Teambesprechung bekannt geben." Und so unterschrieb sie mit diesem Satz ihr eigenes Todesurteil. Plötzlich war Irene Ito hinter ihr und drückte ihr einen mit Äther getränkten Lappen ins Gesicht. Erst wehrte sich die korpulente Frau, wobei sie noch einen Aschenbecher vom Schreibtisch fegte, dann wurde sie plötzlich schlaff. Irene begann damit, sie auszuziehen. Dann zogen sie ihr ein Engelhemd für Kranke an. Dann holte Dr. Zuiders schnell das vorbereitete Bett, und sie schafften sie gemeinsam in den Operationssaal, der um diese Zeit einsam und verlassen dalag. Dort erstickten sie Roberts Frau gemeinsam mit einem Kissen und zogen dann die Leiche wieder an. Danach brachten sie das Bett mit einem Fahrstuhl in den Keller. Niemand da, so ein Glück! Sie atmeten vorerst auf. Dann steckten sie die Leiche in einen Abfallsack mit Übergröße und verfrachteten diesen in den Abfallcontainer der Klinik hinter dem Haus. Sie bedeckten den Sack mit anderem Müll, dann gingen sie zurück in die Klinik. Irene beseitigte alle Spuren und Robert machte im

Büro seiner Frau den Computer aus, nachdem er dort einige Unterlagen geprüft und dafür andere Dokumente gelöscht hatte. Mit etwas Glück würde seine Frau nicht allzu schnell vermisst werden. Denn offiziell war sie noch zwei Wochen im Urlaub gewesen. Und der Container würde bereits morgen geleert werden. Wenn alles wie üblich erledigt wurde. Und davon ging er aus. Ein Problem weniger, das er hatte. Er überlegte gerade, was er mit seiner teuflischen Komplizin machen sollte, als diese sich ihm sanft von hinten näherte.

Helgoland, Nordseehotel, Speisesaal, 20.05h

Colour Sergeant Steven Miller hatte jetzt Kapitän Heinrich Paulsen und dessen Mannschaft von der Bremen holen lassen und dafür gesorgt, dass sie hier gut versorgt wurden. Kate war nach ihrem Diktat im Büro des Geschäftsführers in ihr Zimmer gegangen, wo prompt das Telefon klingelte und sich der untröstliche Professor Ferguson für ihre Untersuchung auf morgen vertagte, da er hier an Bord einen dringenden Notfall behandeln müsse. Kate legte auf und legte sich ins Bett, Fuji kam nach und teilte ihr die neusten Entwicklungen und Nachrichten von Ian Bannister und Kai Ahrens mit. Ian war im Stress, da er jetzt vieles nachholen und den Wahlkampf starten musste, Kai war gut bei seinen Großeltern angekommen und vermisste Kate bereits und Fuji musste ihm versprechen, Kate einen Kuss von ihm zu geben, was er hiermit tat. Dann fiel auch Fuji todmüde ins Bett, legte seinen Arm vorsichtig um Kate und beide schliefen aneinandergeschmiegt ein. Währenddessen erhielten die Bundesgrenzschützer von der GSG 9 die wichtigen Dokumente, und wurden von einem kleinen Fischkutter nach Hamburg gebracht. Im Speisesaal sprach Steven Miller mit Kapitän Paulsen und meinte nur nochmals fassungslos: „Und nur, weil unser kleiner Zerstörer nicht die Funkblockade aufhob, haben Sie ihm gleich einen Schuss vor den Bug setzen lassen? Kapitän Paulsen, mit so etwas kann man einen Krieg vom Zaun brechen. Sind Sie verrückt?" „Natürlich nicht, aber der Kommandant Ihres Zerstörers hat ja auf unsere Anfrage per Signallampe nicht reagiert." „So, hat er das? Na den werde ich mir noch zur Brust nehmen, verlassen Sie sich darauf!" „Und was passiert jetzt mit uns und mit unserem Schiff?" wollte der Erste Offizier der Bremen wissen. „Das müssen die Herren der Politik entscheiden, das liegt jetzt leider nicht mehr in meinem Entscheidungsbereich. Morgen wissen wir mehr, es tut mir sehr leid, meine Herren." Dann sagte Kapitän Paulsen: „Also sie haben uns mit ihrem Tiger einen ganz hübschen Schrecken eingejagt, wirklich. Ich dachte wirklich schon, mein letztes Stündlein habe geschlagen!" Steven grinste jovial: „Ach, fassen Sie das lieber als einen kleinen Spaß unter Freunden auf. Ich hätte selbstverständlich nicht gefeuert; aber wenn eines meiner Boote einen Schuss vor den Bug bekommt, finde ich das auch nicht mehr so komisch." „Ich versichere Ihnen, dass wir nur unscharfe Übungsmunition dafür genommen haben. Schließlich haben wir aus dem Zwischenfall mit der Dublin einiges gelernt! Schlimme Sache, das kann mich noch mein Kapitänspatent kosten." „Na ja Herr Kapitän, es kann ja auch an anderen Ursachen gelegen haben. Und da ist die Liste der Möglichkeiten lang! Falsche Munition für das falsche Ziel, ein Fehler im Feuerleitstand, ein Kurzschluss in der Elektronik, ein kleiner Fehler des Steuermannes und so weiter. Wir beide hier wissen das – die Politiker in Berlin, London und Dublin leider nicht." Alle stimmten diesem Votum zu.

Ameland, Abtreibungsklinik, Büro von Oberarzt Dr. Robert Zuiders, 22.07h

Sanft legte Irene Robert ihre Hände um den Hals, dann drückte sie spielerisch zu, und er fuhr alarmiert herum. Sie grinste schelmisch: „Aber Robert, ich brauche Dich doch noch!" Dann gab sie ihm einen Kuss auf den Mund und fuhr fort mit ihrem Vortrag:

„Also, mein Süßer, ich werde Dir jetzt reinen Wein einschenken, wer ich wirklich bin. Ich denke, so kommen wir beide weiter: Du hast dann mich in der Hand und ich Dich. Im Übrigen haben wir es gemeinsam getan, schon vergessen?" Dann gab sie ihm noch einen Kuss und sagte zu ihm: „Nimm mich! Nimm mich jetzt hier in Deinem Büro, dann gestehe ich Dir alles, O.K.?" Dann zog sie ihn an seiner Krawatte in ihre gefährliche Nähe, und für einige erotische Minuten vergaß Dr. Robert Zuiders, wie gefährlich seine neue Geliebte in Wahrheit war.

Helgoland, eine Hotelpension auf dem Oberland, 22.17h

Kate hatte Eddie und Lissy den ganzen Tag lang nicht zu sehen bekommen, weil diese sich mit Barry Adams und Terry Watkins in ein anderes Haus zurückgezogen hatten. Dort führten diese mit den beiden intensive Gespräche über die Therapie und die Ziele, die sie damit verfolgten. Dann wurden Schriftstücke gedruckt und unterschrieben, sie nahmen zwischendurch die Mahlzeiten ein und machten dann bis spät abends weiter. Alan Parker hatten sie im Nachbarhaus einquartiert und zwischendurch besuchten sie auch ihn und stellten ihm bestimmte Aufgaben, die er schriftlich lösen musste. Dann sahen sich Eddie und Lissy die Schriftstücke an, zogen sich zurück, diskutierten darüber und riefen dann Keith Hastings an, der ihr weiteres Vorgehen offiziell absegnete. So war der Tag wie im Fluge vergangen und Eddie und Lissy gingen im ersten Stock schlafen, während Barry Adams und Terry Watkins in ihren Einzelzimmern im Erdgeschoß schliefen. Die erste Nacht auf Helgoland verlief ruhig und ohne Zwischenfälle. Morgen würden sie dann mit Brian und Larry weitermachen, aber es kam dann doch etwas anders, als sie das erwartet hätten. Aber es sollte ihren Absichten sehr entgegenkommen. Eddies Hand fuhr jetzt zärtlich über die Narbe von Lissy, bis sie in der richtigen Stimmung war. Dann beschlossen sie den Tag mit einem ausgedehnten Liebesakt.

V – Ein Verbrechen gegen die ganze Menschheit

„Wer die kleinen Leute verachtet, der verachtet auch deren Schöpfer."*

*** Ein Zitat aus den Sprüchen Salomons, Altes Testament.**

08. September 2017, Freitag

Helgoland, Wohnung von Dr. Florian Zuckmayer, 00.15h

Florian hatte sich vom Institut abgemeldet und den Rest des Tages vor seinem Computer verbracht. Von diesem aus rief er nun Dateien aus dem Internet ab, die Susanna bei einem Unterserver des thailändischen Fischereiministeriums für ihn hinterlegt hatte. Das würde er später alles Andrea und Dr. Ito zeigen, es bestätigte seine schlimmsten Ahnungen. Auf der Zugangsseite hatte Susanna einige erklärende Notizen für ihn hinterlassen, die zunächst recht nüchtern begannen, dann aber immer brisanter wurden: *„Hallo Florian! Diese Notizen sind nicht nur für Dich bestimmt, das wirst Du sehr schnell merken. Bitte sei vorsichtig, am besten Du druckst die Sachen einfach aus, machst aber bitte keinen Download. Du bist das einzige Back-Up-Programm, das ich habe, selbst mein Vater ist ahnungslos. Das ist auch besser so, wenn er nichts weiß. Ich möchte ihn nicht gefährden. Vor einiger Zeit sagte ich Dir, dass wir als Wissenschaftler eine Verantwortung haben. Nun ist es leider so gekommen, dass wir diese Verantwortung auch gegen die politische Welt (Wäre dieses damals im Dritten Reich geschehen, dann hätten die Nazis es sehr schwer gehabt, die Juden in die Konzentrationslager zu bringen. Du wirst schnell merken, dass es hier um eine ähnliche Ungeheuerlichkeit geht...leider...die Zeit läuft uns weg!) durchsetzen müssen. Das ist nicht einfach, aber wir haben Verbündete! Versuche am besten, unabhängige Presseleute im Ausland zu finden, die das alles publik machen können. Bitte sei vorsichtig! Für manche dieser geheimen Informationen mussten bereits Menschen sterben, such ruhig in meinen Tagebüchern! Besonders der März 2017 könnte hier für Dich aufschlussreich sein. Florian, wenn nur die Hälfte von dem wahr ist, was ich hier für Dich gesammelt habe, dann nimmt es eine Dimension an, bei der unsere eigenen Leben und Ideen völlig unwichtig werden! Bitte verzeih mir, dass ich die ersten Schritte noch nicht einleiten konnte (außer dem Link zu einem unabhängigen Fernsehsender in den USA), aber meine Krankheit hat mich da leider doch etwas behindert. Ich denke, Du wirst mich schon verstehen, auch wenn es zunächst etwas weh tut. So, und jetzt an die Arbeit, Herr Wissenschaftler! Sentimentalität können wir uns nicht mehr leisten. In Liebe, Susanna."*

Helgoland, Nordseehotel, Speisesaal, 08.30h

Als Kate und Fuji den Speisesaal des Hotels betraten, verstummten plötzlich viele Gespräche an den Tischen und alle sahen in ihre Richtung. Steven winkte beide zu sich heran, und Kate nahm neben ihrer ebenfalls bereits wartenden Schwester Andrea Platz. Steven begrüßte sie ausgesprochen freundlich, und an den Nachbartischen wurde jetzt erwartungsfroh weitergeschwatzt. „Hallo Kate", sagte Steven jetzt in bester Gutsherrenlaune. „Ich habe Deine Idee gestern mit meinen Männern diskutiert, aber wir haben uns dann doch noch was für Dich ausgedacht." Er zwinkerte jetzt verschwörerisch. „Also, wir werden keine Nahkampfveranstaltung im üblichen Sinne machen, weil wir verhindern wollen, dass sich hier irgendwelche Feindschaften aufbauen können. Ich habe das natürlich auch schon vorhin am Telefon mit Euren Sonderermittlern besprochen, die die Idee auch gut fanden. Wir werden mindestens drei Teams gegeneinander ins Feld schicken, und lassen von den Teams einen Parcours abarbeiten. Wer es am schnellsten schafft, bekommt einen kleinen Pokal, die anderen bekommen eine Teilnahmeurkunde. Und das Beste dabei: Du darfst auch mitmachen, da Du Dich ausnahmsweise mal nicht prügeln musst!" Steven lachte und Andrea, Kate und Fuji stimmten mit ein. „Und woraus rekrutieren sich die drei Teams?" wollte Kate jetzt wissen. „Also, Euer Team besteht aus Dir und den anderen Leuten von Eurem nationalen Versöhnungskomitee, wie das jetzt nämlich amtlich heißt. Das zweite Team besteht aus meinen besten Royals, und das letzte Team besteht aus Crewmitgliedern der Dublin. Es könnte sein, dass auch noch ein viertes Team aus Crewmitgliedern der Bremen dazu kommt, aber das kläre ich erst noch." „Und muss jedes Teammitglied alle Punkte des Parcours abarbeiten?" fragte Kate besorgt, denn sie wusste, dass sie das mit ihrer Endo Prothese niemals schaffen konnte. „Nein, natürlich nicht, sonst dauern die Durchgänge viel zu lange. Jeder kann sich die Übungen aussuchen, die er am besten beherrscht." „Und es gibt wirklich keine Zweikämpfe? Also Brian und Larry finden das sonst langweilig", meinte Kate. „Doch, für Deine Nahkampfexperten ist auch was dabei, lasst Euch doch überraschen!" sagte Steven und nahm einen Schluck Kaffee. „Wann startet das Ganze?" wollte Fuji wissen, denn er wollte heute eigentlich wieder seinen Forschungsarbeiten nachgehen. „Nun, wir dachten so gegen 14.00h, weil wir dann noch genügend Zeit haben, den Parcours aufzubauen. Übrigens helfen Deine Leute und die Crew der Dublin dabei mit, alles aufzubauen. Das Verliererteam muss dann alles alleine abbauen, dann ist der Leistungsanreiz höher", sagte jetzt Steven und grinste. „Ab wann kann man sich die Aufgaben ansehen?" fragte Kate jetzt. „Ich denke so ein bis zwei Stunden vor der Veranstaltung. Und keine Sorge: ich habe persönlich dafür Sorge getragen, dass einige Aufgaben auch von schwangeren und gehandicapten Frauen ausgeführt werden können, Du wirst es schon sehen, Kate!" In diesem Moment näherte sich Kapitän Heinrich Paulsen dem Tisch und fragte dann: „Sie wollten uns noch sagen, was jetzt aus uns und der Bremen wird?" Steven runzelte die Augenbrauen, dann sagte er: „Da habe ich leider eine nicht so günstige Nachricht für Sie, Herr Kapitän. Die Iren haben für den Verlust Ihres Flaggschiffes nicht nur einen Tag Staatstrauer angesetzt, sondern sie wollen auch Schadensersatz für den Verlust von der deutschen Seite einfordern. Deshalb wurde ich damit beauftragt, die Bremen vorerst als Faustpfand für die Dauer der Verhandlungen hier auf Helgoland an die Kette zu legen. Es tut mir aufrichtig leid, Ihnen da nichts anderes sagen zu können." „Das ist ja unerhört! So etwas habe ich in meiner ganzen Laufbahn noch nie erlebt, dass befreundete Nationen sich in solchen Dingen nicht gütlich einigen können!" rief nun Kapitän Paulsen. „Da gebe ich Ihnen gerne Recht, Herr Kapitän, aber offenbar ist die deutsche Seite wohl leider über die Regulierung des Schadens anderer Meinung als die irische. Und deshalb wiederum wurden wir von den Iren gebeten, vermittelnd etwas zu tun. Denn wie Sie vielleicht wissen, wurden die Iren von den Finanzkrisen der letzten Jahre ungleich härter getroffen als die Deutschen; außerdem war es ihr Flaggschiff. Und da ist das nationale Prestige leider ziemlich arg angegriffen worden. Wie gesagt – es liegt nicht an mir! Apropos Prestige – hätten vielleicht einige Ihrer Männer daran Interesse, heute Mittag an einem kleinen Parcours teilzunehmen? Es geht rein um die Ehre, das Siegerteam bekommt einen Pokal, während das Verliererteam abbauen muss und nur eine Teilnahmeurkunde bekommt." „Und wer nimmt noch daran teil?" fragte Kapitän Paulsen. „Nun, ein Team meiner Royals natürlich, dann ein Team um Miss Nightingale und ein Team aus Leuten von der Dublin." „Hm, ich werde das mit meinen Offizieren besprechen!" „O.K., es tut mir wirklich leid, dass Sie jetzt hier festsitzen. Deshalb wäre mein Vorschlag der: „Lassen Sie uns das Beste daraus machen und die Politiker sollen Ihre Probleme gefälligst unter sich klären." „Sie haben wohl recht", sagte jetzt Kapitän Paulsen und seufzte resigniert. „Dann bis später!" Da klinkte sich Dr. Ito ein, und sagte mitfühlend zu Kapitän Paulsen: „Tragen Sie es mit Fassung! Manchmal kommt mir das alles wie ein großer Kindergarten vor, nehmen Sie es besser nicht so tragisch. Ich denke, dass Ian Bannister Sie und die Bremen da schon früher oder später rauspauken wird." Dann sagte er zu Kate: „Ich sehe Dir natürlich gerne zu. Aber übernimm Dich bloß nicht dabei!" „Keine Sorge", versicherte Steven. „Ich denke, das wird die reine Erholung für sie sein und es wird ihr Spaß machen. Ihr werdet schon sehen!" „Darf ich davon Fotos für Irish Press machen, oder sind das etwa auch militärische Geheimnisse?" fragte Andrea. „Alles kein Problem", sagte Steven jovial. „Ach übrigens wollte ich Euch noch etwas sagen: Für heute hat sich hoher Besuch angekündigt, Ihr werdet noch staunen!" Dann ging Steven nach draußen.

Ameland, Hollum, Hof hinter der Abtreibungsklinik, 09.04h
Die Müllabfuhr arbeitete gründlich und zuverlässig und nahm den gesamten Müllcontainer mit. Dieser wurde jetzt verschlossen und auf das Müllfahrzeug verladen. Dann wurde ein neuer leerer Container hingestellt, und der Müll wurde zur Fähre gebracht. Dr. Robert Zuiders und Irene hatten vom Fenster aus dabei zugesehen, und ihnen fiel ein Stein vom Herzen, dass die sterblichen Überreste von Roberts Frau so kundenfreundlich von der Müllabfuhr entsorgt wurden. So würde seine Frau die Feuerbestattung erhalten, die sie sich zu Lebzeiten auch gewünscht hatte. Na ja, so ähnlich, dachte Dr. Zuiders. Irene Ito hatte ihm gestern einen Großteil ihrer Untaten gestanden, weshalb er sie am liebsten gleich mitsamt seiner Frau entsorgt hätte, aber auf der anderen Seite war er ihrer Sinnlichkeit verfallen. Und eigentlich, so redete er es sich ein, war sie genau zum richtigen Zeitpunkt am richtigen Ort gewesen. Denn seine Frau hätte ihm wegen seiner ständigen Affären mit Sicherheit früher oder später den Laufpass gegeben. Nur leider war Hollum ein Dorf, wo viel getratscht wurde, weshalb er ihr einen Deal vorgeschlagen hatte. Er stellte sie einfach unter falschem Namen als Krankenschwester für den OP ein, um hier auf Hygiene und Sauberkeit zu achten und gelegentlich bei einem Schwangerschaftsabbruch zu assistieren. Alles Weitere konnten sie jetzt weiterhin diskret im Kellerzimmer tun. Allerdings hatte Irene ihn gewarnt: „Vergreifst Du Dich an anderen Frauen, dann sorge ich dafür, dass Du für den Rest Deiner Tage impotent sein wirst." Und das hatte er ihr ohne weiteres geglaubt. Irene Ito dagegen genoss es sehr, jetzt die erste Henne am Platz zu sein, die der Hahn regelmäßig besteigen musste. Langsam kam ihre gewohnte Selbstsicherheit wieder. Dann fiel ihr noch etwas Wichtiges ein. Du Robert, Du warst Doch gestern am Computer Deiner Frau, oder?" „Ja, wieso?" „Nun, wenn ihr Verschwinden auffällt, wird die Polizei den Rechner checken. Und wie erklärst Du denen, dass Du an ihrem Rechner warst?" Jetzt musste Dr. Zuiders etwas grinsen. „Ach, das ist doch ganz einfach: Weil sie Urlaub hatte, musste ich dort nach verschiedenen Patientenakten suchen. Das stimmt sogar tatsächlich. Außerdem habe ich ihre ganzen E-Mails gecheckt, Gott sei Dank hat sie gestern nichts verschickt!" „Aber wenn Sie irgendwas gedownloadet hat?" wollte Irene wissen. „O.K., überzeugt, ich sehe nochmals nach. Keine Sorge, die Polizei wird nichts finden. Und außerdem werde ich auf Ihrem Rechner noch ein paar Ordner mit Krankenakten einstellen. Da wird mir jeder glauben, dass ich mit ihrer Wiederkehr gerechnet habe." „Super Idee, Robert, Du bist viel klüger, als ich dachte!" Sie gab ihm einen Kuss. Dann sagte sie geheimnisvoll und lüstern: „Und nachher in der Mittagspause, da mache ich Dir die Krankenschwester! Wir sehen uns!" Dann ging sie zum Schwesternmeeting an ihrem neuen Halbtagsjob. Die andere Hälfte arbeitete sie jedenfalls ganz anders ab.

Helgoland, Nordseehotel, Kleines Konferenzzimmer, 11.00h
Die beiden Sonderermittler Eddie und Lissy, sowie Kate, Andrea und die anderen reuigen Terroristen saßen jetzt in einer einmütigen Runde zusammen und sprachen über die Teilnahme am Wettbewerb. Dabei einigten sie sich darauf, möglichst fair und rücksichtsvoll mit den anderen umzugehen. Larry und Brian sollten den Teil des Parcours

übernehmen, der mit einer körperlichen Auseinandersetzung verbunden war, während Barry und Terry für die Teile Schnelligkeit und Geschicklichkeit vorgesehen waren. Kate sollte in jedem Fall an der letzten Station Schießübungen machen dürfen, außerdem durfte sie sich noch eine zusätzliche Station aussuchen. Professor Ferguson hatte sie bereits untersucht und ihr grünes Licht für die Teilnahme gegeben, aber er würde sicherheitshalber beim Wettkampf dabei sein, um sicher zu gehen, dass hierbei nichts schief ging. Dabei würde er sich gemeinsam mit Dr. Nesemann auch um andere Teilnehmer kümmern, um hier erste Hilfe im Bedarfsfall leisten zu können. Jetzt holte Lissy plötzlich ein großes Wollknäuel aus ihrer Handtasche und sagte dazu: „Vor dem Mittagessen und vor dem Sport würde ich mit Euch gerne noch eine Gruppenübung machen, die wir auch als Beziehungsnetz bezeichnen. Ich werfe jetzt jemand anderem aus der Gruppe das Wollknäuel zu, und sage ihm etwas Nettes. Dann muss der das Knäuel weiter werfen, behält aber den Faden in der Hand. Am Ende hat dann jeder jedem etwas gesagt, und wir sind alle miteinander verbunden. Ich fange an, es ist ganz einfach. Ach ja, und es wäre sehr schön, wenn dabei keine alten Wunden aufgerissen werden könnten. Ist das für Euch so O.K.?" Alle nickten. „Gut, dann fange ich jetzt mal an!" Sie warf das Wollknäuel zu Barry, behielt aber den Faden in der Hand. „Hallo Barry! Ich finde es einfach super, wie Du Dich bisher so eingebracht hast in unsere Gruppe." Dann war Barry dran und warf das Knäuel zu Andrea. „Und ich finde es gut, dass Andrea dabei ist und später allen berichten kann, was wir hier zusammen geschaffen haben." Andrea behielt den Faden und warf das Knäuel zu Terry. „Terry, ich finde, dass Du ganz schön mutig bist, hier auf Helgoland dabei zu sein." Terry warf jetzt das Knäuel zu Kate. „Kate, für mich bist Du mindestens die großartigste Frau, die unsere Nation je gesehen hat." Kate errötete etwas, dann warf sie das Knäuel zurück zu Terry und sagte: „Danke, dass Du hier bist Terry! Ich denke, dass wir gemeinsam noch viel erreichen werden!" Und so setzten sie ihr Spiel fort, bis es schließlich um viertel vor zwölf an der Tür klopfte. Lissy rief herein, und die Tür öffnete sich. Gus Falkner, Kenneth Sinclair, Keith Hastings und Sandra Miller, die an einer Krücke ging, betraten nun den Konferenzraum. Erstaunt sahen sie, dass alle Anwesenden durch ein Netz verbunden waren, welches aus einem roten Wollfaden gesponnen worden war. „Toll, dass Ihr da seid!" rief nun Kate und wollte sich erheben, um allen die Hand zu geben. Allerdings hatte sie sich den Wollfaden mehrfach um ihr linkes Handgelenk geknotet, so dass sie gar nicht mehr davon loskam und sich jetzt hoffnungslos darin verhedderte. Alle lachten, und da Kate nahe der Tür und mit dem Rücken zur Tür gesessen hatte, verstrickte sie sich beim Umdrehen nur noch mehr ins selbst gesponnene Netz. Gus Falkner grinste breit, dann zückte er sein Taschenmesser und befreite Kate aus ihren Fesseln. Dazu sagte er: „Jetzt müssen die Truppen des United Kingdom unsere irische Nationalheldin schon das zweite Mal aus den Fesseln befreien, die ihr andere angelegt haben. Aber ich mache das natürlich auch sehr gerne persönlich!" Nachdem er Kate von dem Wollfaden befreit hatte, sagte sie nur „Danke, Gus" zu ihm, und gab ihm einen Kuss auf die Wange, was ihn sichtlich rührte. Dann sagte sie: „Ich hätte es ja nie geglaubt, dass die Briten die Hälfte ihrer Home-Fleet in Bewegung setzen würden, nur um mich zu retten!" „Na ja, mal ganz ehrlich: Wir hatten hier sowieso gerade was zu tun. Und wären wir nicht hier gewesen, dann hätte mein Kollege Ken die Mannschaft der Dublin angewiesen, etwas zu Deinem Schutz zu improvisieren. Aber der Vertrag mit Ian Bannister ist schon ganz brauchbar, da können wir jetzt einiges machen!" Da schaltete sich besorgt Keith Hastings ein: „Ich habe gehört, dass Ihr an dem Parcours teilnehmen wollt? Ich habe das im Vorbeigehen gesehen, nicht dass Kate sich hierbei verausgabt oder überanstrengt!" „Keine Sorge, Papa Keith, das wird nicht passieren! Ich darf nur an zwei Stationen mitwirken, wobei die eine wirklich nur so eine Art Kinderspiel sein soll, wie mir gesagt wurde. Ich kann wegen meinem Schlüsselbein auch keine Klimmzüge oder ähnlichen Unsinn machen, und mein Bein erlaubt es auch nicht, dass ich damit Hürdenlaufen oder ähnlichen Quatsch mitmache." „Na, da bin ich aber beruhigt", sagte jetzt Sandra, „nicht das wir wieder zusammen im Krankenzimmer landen, das wird mir dann nämlich langsam zu anstrengend!" Sandra grinste keck. „Du bekommst da dauernd so hohen Besuch und so, da muss ich mich dann immer stark zusammenreißen, um nichts Verkehrtes zu sagen und so." Alle lachten. Dann schaltete sich Kenneth Sinclair ein: „Ich habe vorhin schon mit Steven Miller gesprochen. Ihr werdet alle noch ein einheitliches Outfit bekommen, wobei Ihr als Versöhnungskomitee in weiße Overalls gesteckt werden sollt. Die Royals werden ihre Tarnuniformen in grün-braun tragen, und die Mannschaft der Dublin soll blaue Uniformen erhalten. Die Deutschen wollen leider nicht mitmachen, was ich einerseits schade finde, andererseits aber auch verstehen kann. Aber sie werden Kate und das Versöhnungsteam anfeuern, haben sie mir gesagt!" Und Keith Hastings meinte: „Ich würde vorschlagen, dass wir jetzt mal alle zusammen den Parcours besichtigen, und uns danach dem Mittagessen widmen. Habe da was läuten gehört, dass es heute noch mal Hummer satt geben soll!" Er zwinkerte verschwörerisch. „Und dann werden Sandra und ich noch etwas offiziell bekannt geben."

Helgoland, Wohnung von Dr. Florian Zuckmayer, 11.11h

Florian, Dr. Skibbe und Dr. Ito saßen jetzt gemeinsam im Wohnzimmer von Florian und betrachteten nachdenklich gemeinsam die verschiedenen Ausdrucke des Quellenmaterials, welches Florian von dem Unterserver des thailändischen Fischereiministeriums ausgedruckt hatte. Sie hatten Dr. Ito in alles eingeweiht, und dieser war immer nachdenklicher geworden. Sie konnten von dem ausgedruckten Material leider nicht alles auswerten, da einige Schriftstücke in Form von asiatischen Schriftzeichen vorlagen, die man kaum zuordnen konnte. Aber was sie bisher gesehen und verstanden hatten, war erschreckend genug. Zu jedem der hier hinterlegten Dokumente hatte Susanna kurze Anmerkungen notiert, auch zu den von ihnen nicht lesbaren Akten. Aber in der Grundtendenz verband sie alle die gleiche erschreckende Grundaussage. Sie mussten sehr vorsichtig agieren, insbesondere, da jetzt auch noch einige Regierungsoberhäupter auf der Insel gelandet waren, was sie durch einen kurzen Anruf aus der Station mitbekommen hatten. Deshalb beschlossen sie, die konspirativen Akten vorerst bei Florian zu verstecken; dann würden sie unauffällig auf getrennten Wegen nach draußen gehen, um sich dann beim Parcours zu treffen, den sie sich natürlich alle ansehen wollten. Sie vertagten sich auf einen späteren Zeitpunkt und Fuji versprach, sich darüber Gedanken zu machen, wie man die Wahrheit noch rechtzeitig ans Licht bringen könnte. Eine Wahrheit, die für sie alle durchaus tödliche Folgen haben konnte, sei es auf diese oder auf jene Weise...

Helgoland, Nordseehotel, Speisesaal, 13.15h

Alle saßen mit den Staatsoberhäuptern an einem Tisch. Das Mittagessen, welches aus hervorragenden irischen Hummern und Austern bestanden hatte, hatten sie sehr genossen. Da klingelte Keith Hastings mit einem Teelöffel an sein Glas, und alle wurden plötzlich ruhig. Dann erhoben sich Keith Hastings und Sandra Miller und Keith sagte: „Liebe hier Versammelte dieses Tisches. Sandra und ich möchten heute etwas ganz Besonderes bekannt geben." Keith Hastings schwieg jetzt, und Sandra Miller ergriff das Wort: „Also, es ist so: Keith und ich haben uns heute Morgen verlobt. Wir planen, innerhalb des nächsten halben Jahres zu heiraten." Alle applaudierten und wünschten den beiden Glück, während Sandra Keith einen langen Kuss gab, für den noch etwas extra Beifall nachgelegt wurde. Dann gab Keith Sandra einen silbernen Verlobungsring, und Sandra gab nun ihrerseits Keith einen Ring. Später, nach dem Essen, als Kate einen kleinen Augenblick mit Sandra alleine war, sagte Kate zu Sandra: „Na Sandra, immer noch Jungfrau?" und grinste neckisch, während Sandra etwas errötete. Darauf sagte Kate nur: „Genieße es!" Sandra, die das irgendwie gar nicht so komisch fand, wollte mit dem rechten Arm ausholen, um Kate eine Ohrfeige zu geben, aber Kate war schneller und packte ihr Handgelenk. Dann sagte sie vorwurfsvoll: „Mensch Sandra, ich freue mich doch nur so für Dich! Entschuldige, falls ich Dir zu nahegetreten sein sollte, ich mache es nicht wieder, O.K.?" Dann umarmte sie Sandra und drückte sie an sich, worauf diese fast in Tränen ausbrach. „Entschuldige Kate, es ist jetzt nur irgendwie alles so anders, kannst Du das verstehen? Keith will mit mir bis zur nächsten Präsidentenwahl verheiratet sein. Und wenn es geht, wollen wir auch noch ein Kind ansetzen. Wir sind ja leider nicht mehr die jüngsten!" „Nun mal ganz langsam, Sandra, das ist alles ein bisschen viel für Dich, oder?" Sandra nickte. „Ich wünsche Euch jedenfalls alles Liebe und Gute! Wirst Du denn jetzt noch auf Helgoland dabei sein?" „Erst mal ja, aber am Wochenende kommt dann entweder Keith her oder ich komme nachhause. Mal sehen, wie es sich machen lässt." „Schön, das finde ich toll, dass Du dabei sein willst!" „Kate, Ihr seid natürlich später auch zur Hochzeit eingeladen! Wir sagen Dir dann rechtzeitig Bescheid." „Und was ist, wenn ich dann hier nicht weg darf?" „Da findet Keith schon eine Lösung, wart es nur ab!"

Helgoland, Oberland, am Parcours, 14.00h

Steven Miller eröffnete den Parcours mit einer kurzen Rede, in der er allen Teilnehmern kurz die Spielregeln erklärte. Außerdem wurde der eigentliche Beginn der Spiele auf 14.45h verschoben, damit alle Teilnehmer noch die Möglichkeit hatten, sich mit allen Sportgeräten vertraut zu machen. Um es möglichst gerecht zu gestalten, wurde bei manchen Stationen auch das Alter der Teilnehmer notiert, weil dieses für die Bewertung der geleisteten Aufgabe relevant war. So konnte auch ein älterer Teilnehmer bei geringerer Leistung unter Umständen mehr Punkte als ein jüngerer bei höherer Leistung erzielen. Außerdem gab es auch eine Teamaufgabe, bei es nicht auf die Zeit ankam. Dann begann das Team der Royals, da diese ja auch den Parcours aufgebaut hatten. Allerdings mussten bei drei Stationen auch gegnerische Mitspieler mitwirken, wobei Kate bei der letzten Station auf Position geschickt wurde, während die beiden anderen Positionen von den Seeleuten der Dublin gespielt werden sollten. Der Parcours bestand aus insgesamt zehn Stationen. Bei der ersten Station mussten die Wettkämpfer unter tiefhängenden Drähten durchkriechen. Wer hängen blieb, löste damit einen Alarm aus, der natürlich Punktabzug bedeutete. Danach ging es weiter mit einem Hürdenlauf über jeweils fünf Hürden hin und fünf Hürden zurück. An der dritten Station musste ein Staffellauf mit der ganzen Gruppe gemacht werden, wobei jedoch Kate nicht mitzumachen brauchte. An der vierten Station musste ein Sandsack in einer Minute möglichst viele Treffer bekommen. An der fünften Station musste dann ein gegnerischer Spieler im Nahkampf ausgeschaltet werden, wobei jedoch Tiefschläge und gefährliche Schläge aller Art streng verboten waren. Der Gegner musste dabei entweder erfolgreich umgangen oder auf den Boden gebracht werden. Eine Verletzung des Gegners würde einen Punktabzug bedeuten. Auch bei der sechsten Station traf man auf Gegner eines anderen Teams, allerdings spielten hier beide Mannschaften gegeneinander Fußball. Dabei sollten die Teams auf einem kleinen Spielfeld in zehn Minuten möglichst viele Tore schießen. Wegen der Kleinheit des Fußballfeldes gab es jedoch kein Abseits, und

Fouls jeglicher Art würden vom Gesamtpunktestand abgezogen werden. An Station sieben schließlich waren die stärksten Mitspieler gefragt, denn diese sollten hier auf dem Rücken liegend in zehn Minuten möglichst viele Gewichte möglichst oft stemmen. Station acht war eine besonders schlimme Station, bei der es darauf ankam, in möglichst kurzer Zeit unter diesmal etwas höher gespannten Drähten hindurch zu kriechen. Allerdings durch schlammigen Matsch, bei man sich rein zwangsläufig völlig dreckig machen würde. Station neun war dann wieder nur ein einfacher Sprint über eine Distanz von fünfzig Metern mit einem abschließenden Sprung in eine Sandkiste, wobei die Zeit des Sprints und die Distanz des Sprunges gewertet wurden. Und Übung zehn bestand dann aus einem Lauf, bei dem alle Mitglieder des Teams eine Distanz von vierzig Metern überbrücken mussten, ohne von einem Mitspieler eines gegnerischen Teams mit einem Farbbeutel aus einer Gotcha-Pistole getroffen zu werden. Für jedes getroffene Teammitglied gab es Punkte für den Gegner und Abzug bei den eigenen Punkten. Nun begannen die Royals den Parcours abzuarbeiten, wobei sie bei den Gelände- und Sprintaufgaben gute Zeiten vorlegten. An Station fünf stand ein verhältnismäßig kleiner Ire aus der Crew der Dublin bereit, an dem jedoch der größte der Royals einfach nicht vorbeikam, weil er ein wandelndes Muskelpaket mit blitzschnellen Reaktionen war. Schließlich lag der Royal am Boden, und die Royals bekamen einen Punktabzug. Dann spielten die Royals gegen die Crew der Dublin Fußball, wobei jeweils fünf Leute in einem Team waren, bei einem Auswechselspieler. Hier gab es kaum Fouls, und am Ende trennte man sich zwei zu zwei Unentschieden, doch hatten die Royals ein Foul mehr begangen als die Iren, was ihnen nun negativ angerechnet wurde. Die Schlammbahn musste von zwei Leuten des Teams absolviert werden, was die Royals auch in Rekordzeit schafften. Auch Station neun mit Sprint und Sprung wurde von ihnen gut geschafft, allerdings sprang einer der beiden Sprinter falsch ab, so dass sein Sprung nicht gewertet wurde. Danach kam Kate an der Gotcha-Pistole zum Einsatz. Zwar hatte sie mit solch einer großen Waffe noch nie gearbeitet, aber es kam ihr jetzt zugute, dass sie diese mit beiden Händen halten musste, wodurch sie das Manko ihres beschädigten rechten Schlüsselbeines gut ausgleichen konnte. Kate stellte sich breitbeinig in ihrem weißen Anzug auf den Platz, wobei sie wieder barfuß lief, weil sie so sicherer auf den Beinen war als mit Schuhen. Sie hatte fünf Schuss für insgesamt fünf Royals, die natürlich im Zick-Zack über den Platz rennen würden, um ihr das Zielen zu erschweren. Als der Schiedsrichter schließlich pfiff, statteten die Royals durch und nahmen überraschenderweise einen direkten Kurs auf Kates Position, um sich gegenseitig zu decken, und um Kate zu verwirren. Doch Kate blieb ruhig und ließ sie erst fünfzehn Meter laufen, ehe sie damit begann, die Farbkugeln auf die Royals zu verschießen. Sie traf alle, einen nach dem anderen, und kein Schuss ging daneben. Die Zuschauer applaudierten ihr jetzt einen frenetischen Beifall, während die Royals etwas geknickt vom Spielfeld schlichen, da ihre Taktik nicht aufgegangen war. Alan Parker, der hinter Kate gestanden hatte, grinste jetzt und meinte nur trocken: „Gelernt ist eben gelernt, es geht doch nichts über die Grundausbildung der guten alten IRA." Aufgrund dieser Bemerkung guckten einige der geschlagenen Royals sichtlich böse, worauf Kate die Gotcha-Pistole zurückgab, und zu den Royals sagte: „Kopf hoch Jungs, das war natürlich nicht die Grundausbildung der IRA! Das war eine einfache Konzentrations- und Reaktionsübung für mich, die mit der Waffe nichts zu tun hatte! Und jetzt tut mir das verdammte Schlüsselbein von dem Rückstoß dieses Dings leider doch etwas weh!" Sie grinste die Royals schräg an, ging auf sie zu, und legte dann zweien von ihnen ihre Arme um die Hüften. Sie sahen Kate überrascht an. Dann sagte Kate: „Und nochmals vielen Dank, dass Ihr Jungs mich aus den Klauen der deutschen GSG 9 gerettet habt, das werde ich Euch echt nie vergessen!" Dann hauchte sie jedem einen Kuss auf die Wange, und mit einem Mal mussten alle lachen. Und Kate sagte zufrieden: „Das sind eben die Waffen von uns Frauen, dagegen ist noch keine Waffe erfunden worden." Alle grinsten jetzt, als nun die Crew der Dublin an den Start ging. Diese brachte zwar bei den sportlichen Herausforderungen keine Bestzeiten zustande, schaffte es jedoch, den Gegner im Weg einfach zu umgehen. Larry war zwar groß und sehnig, aber einfach nicht schnell genug, um den kleinen drahtigen Iren auch nur ansatzweise zu packen zu bekommen. Das Fußballspiel gegen das Versöhnungsteam verloren sie knapp mit zwei zu drei, wodurch das Versöhnungsteam drei Siegerpunkte einstrich, aber durch ein böses Foul von Brian einen davon wieder abgeben musste. An Station zehn schafften sie es dann immerhin, zwei von fünf Leuten ungetroffen gegen einen Schützen der Royals ins Ziel zu bringen, der aus Nervosität zwei Fehlschüsse machte. Dann kam das Versöhnungsteam an die Reihe. Dabei stellten sich Barry und Terry als sehr geschickt, wendig und schnell heraus, als es um die Abarbeitung der ersten Hindernisse ging, wodurch sie hier mit den Royals gleichzogen. Für die Überwindung eines Gegners war überraschend Kate entgegen allen ärztlichen Ratschlägen angetreten. Ihr gegenüber stand jetzt der kleine drahtige Ire, der nur darauf wartete, wieselflink Kates Umgehungsmanöver zu vereiteln. Kate trat jetzt von einem Fuß auf den anderen und tat so, als ob sie nicht wüsste, ob sie links oder rechts von ihm vorbeihuschen wolle. Damit ließ sie sich eine gute Minute Zeit, was den Mann sichtlich irritierte. Dann unternahm sie erst einen Ausfallschritt nach rechts, wobei er sich etwas nach links orientieren musste, um ihr den Weg zu versperren. In genau diesem Moment trat sie gerade auf ihn zu und fragte ihn: „Also Tiefschläge sind nicht erlaubt, oder?" Verwirrt sah er sie an und überlegte gerade, was er davon halten sollte, als sie gerade auf ihn zutrat, blitzschnell den linken Arm um seinen Hals legte und ihm dann einen Kuss mitten auf den Mund drückte. Noch ehe er begriffen hatte, was passiert war, war sie links an ihm vorbeigehuscht. Es gab jetzt plötzlich Standing Ovations für Kate und einen Siegpunkt für die erfolgreiche Abarbeitung dieser Station. Das Fußballspiel spielten dann die anderen Teammitglieder, wobei sich Andrea als hervorragende Goalkeeper erwies, die selbst nur ein Tor durch einen Elfmeter kassierte, der durch ein Foul von Brian zustande gekommen war. Am Ende besiegten sie die Royals mit drei zu eins, obwohl die Royals eigentlich mehr Torchancen gehabt hatten. Zu Kates Überraschung arbeiteten sich Andrea und Terry dann noch als schnellste Teilnehmer des ganzen Turniers durch den Schlammparcours. Und an der letzten Station hatte Kate darauf bestanden, für ihre jetzt vom Schlamm verkrustete Schwester Andrea vor den Gotcha-Kugeln davon laufen zu dürfen. Der beste Schütze der Royals stand mit der Gotcha-Pistole bereit, als der Schiedsrichter pfiff. Kate hatte vorher allen erklärt, wie sie laufen sollten, und so taktierten sie nun auch. Larry und Brian waren nicht unbedingt die schnellsten, weshalb diese beiden vor Terry und Barry herlaufen sollten, und zwar jeweils am rechten und linken Spielfeldrand im Zickzack. Gleichzeitig sollte Kate durch die Mitte sprinten. Um den Schützen zusätzlich zu verwirren, liefen sie alle genau gleichzeitig los. Zuerst wurde Brian getroffen, doch der hinter ihm laufende Terry ließ ich davon nicht irritieren, sondern hielt sich im Zickzacklauf am linken Spielfeldrand. Währenddessen schaltete der Schütze den rechts laufenden Larry aus. Barry stoppte einen kurzen Moment und machte dann genau so weiter wie Terry. Dann wollte der Schütze Kate erwischen, zielte und schoss auf sie, doch sie ließ sich genau in dem Moment fallen, als er abdrückte, so dass die Kugel hinter ihr in den Sand klatschte und dort einen blauen Fleck hinterließ. Jetzt versuchte der Schütze, Terry zu erwischen, doch der war schon ins Ziel gesprintet. Er wollte gerade auf Barry schießen, als plötzlich etwas auf ihn zugeflogen kam. Im nächsten Moment stand Kate über ihm und richtete die Gotcha-Pistole mit der letzten Farbkugel auf den Schützen, während Barry ins Ziel lief. Kate lächelte zufrieden. Dann gab sie die Waffe Steven, der persönlich herbeigeeilt kam, und es gab tosenden Applaus vom Publikum. Nach der reinen Punktzahl hatte das Versöhnungsteam von Kate knapp gegen die Royals und die Iren gewonnen, doch Kates Endspurt gegen den Schützen gab noch ein paar Bonuspunkte extra. Besorgt eilte jetzt Professor Ferguson herbei und fragte Kate, ob alles in Ordnung wäre. Sie lächelte und meinte dazu: „Mir tut absolut nichts weh, alles O.K.!" „Donnerwetter, Sie haben eine echte Heilhaut, Miss Nightingale!" sagte Professor Ferguson und schüttelte nur mit dem Kopf. So bekam nun bei der Siegerehrung das Versöhnungsteam nicht nur den Pokal, sondern man erkannte Kate für ihre außergewöhnlichen Leistungen trotz ihrer Behinderungen noch einige Extrapunkte zu, weshalb sie von allen Schiedsrichtern einstimmig zur besten Sportlerin des Turniers erklärt wurde. Ihr Team nahm sie auf die Schultern, und so trugen sie Kate zu der beim Nordseehotel im Freien stehenden Bierzeltgarnitur, wo sie die neue Modell Athletin zum Kaffeetrinken absetzten. Es wurde noch ein fröhlicher Nachmittag, es wehte ein laues Lüftchen und alle genossen das spätsommerlich warme Wetter. Nachdem sie etwa eine Stunde im Freien gesessen hatten, begann sich jedoch der Wind zu drehen und es wurde plötzlich kalt und ungemütlich. Kate meinte nur: „Shit, ich habe überhaupt keine warmen Sachen im Gepäck; an langen Sachen habe ich nur das Kleid von Sandra, und da werde ich auch an den Armen frieren, wenn das Wetter jetzt kühler wird." Da schaltete sich Florian ein und sagte: „Kate, das ist doch alles kein Problem! Wie wäre es, wenn Du Dir einfach die restlichen Sachen von Susanna abholst, für die ich ja eh keine Verwendung mehr habe. Ich würde mich sehr freuen, wenn Du sie noch gebrauchen kannst. Ich denke mal, wenn Deiner Schwester die Sachen von Susanna passen, dann passen sie Dir erst recht!" „Wirklich, Florian? Ach das wäre nett! Könnten wir das gleich machen? Sonst erkälte ich mich noch!" Sie standen auf, und auch Fuji und Andrea kamen mit, um Kate beim Tragen der Kleider in Richtung Nordseehotel zu helfen. Als sie gerade in Florians Pension waren, begann sich plötzlich draußen der gesamte Himmel zu verfinstern. Dann zuckten Blitze über den Himmel, es donnerte apokalyptisch laut und es setzte ein Starkregen ein, der alle Aufräumarbeiten am Parcours schlagartig beendete und alle Akteure des Nachmittages regelrecht in ihre Behausungen spülte. Florian kochte Tee und Kaffee für alle, während Andrea und Kate Susannas Sachen sortierten und unter sich aufteilten. Florian holte ihnen dann noch eine Kiste dazu, in die sie alles verpackten, und Kate, die jetzt immer noch das Kleid von Sandra trug, wechselte ihr Kleid gegen bequeme Jeans und einen Pullover mit einem Emblem der Biologischen Station. Außerdem wusch sie sich die Füße, nahm sich ein Paar Socken und Florian brachte ihr dazu ein Paar neue Turnschuhe, die Susanna bisher kaum getragen hatte. Alles passte wie angegossen und Florian sagte dazu: „Ich denke sogar, dass das echt in Susannas Sinne gewesen wäre. Sie hat nämlich sehr viel von Umweltschutz, Recycling und dem Auftragen gebrauchter Sachen gehalten." Kate und Andrea bedankten sich für die Sachen, und nach dem Wolkenbruch gingen alle zurück zum Hotel.

Helgoland, Nordseehotel, Zimmer von Kathrin Nightingale und Dr. Fuyisho Ito, 23.17h
Es war ein sehr ausgelassener Abend geworden, bei dem alle zusammen im Speisesaal des Nordseehotels gefeiert hatten, und Kate ihre Trinkfestigkeit unter Beweis stellen musste. Tatsächlich gelang es Kate, mehrere Royal Marines unter den Tisch zu trinken, aber dann bekam auch sie etwas Schlagseite, begann plötzlich damit, albern zu kichern und konnte kaum noch geradeaus laufen. Also hatten Fuji und Andrea sie untergehakt

und ins Bett gebracht. Allerdings waren auch Fuji und Andrea nicht nüchtern geblieben, so dass das schwankende Trio mehr oder minder an der Zimmerwache vorbei in das große Doppelbett stolperte, während der Wachmann hinter ihnen respektvoll die Tür schloss. Sie setzen den heiteren Abend dann zu dritt im Bett fort, doch sollte vor allem Kate sich am nächsten Morgen an manches nicht mehr richtig erinnern können, was vor allem Andrea und Fuji etwas entgegenkommen sollte.

Helgoland, Wohnung von Dr. Florian Zuckmayer, 23.50h
Florian und Rüdiger hatten sich unauffällig von der Feier zurückgezogen, da sie beide nicht auf Saufgelage und Exzesse standen. Stattdessen überlegten sie, wen sie noch vorsichtig in ihr Vorhaben involvieren konnten. Dabei kam ihnen die Idee, sich beim internationalen Forum für Meeressäugetiere, welches ja Ende September auf Helgoland stattfinden sollte, unauffällig nach weiteren Verbündeten im Ausland umzusehen und umzuhören. Außerdem wollten sie versuchen, von den schottischen Kollegen noch Näheres zum Unfalltod von Ethan Donaldson herauszufinden, um Susannas Angaben aus ihrem Tagebuch zu verifizieren. Wodurch war der Mann wirklich gestorben? Dass so ein vorsichtiger Autofahrer wie Ethan durch überhöhte Geschwindigkeit in eine Schlucht gestürzt sein sollte, konnte doch wohl nur ein Witz sein! Sowohl Florian als auch Rüdiger waren mit Ethan Donaldson bereits in Schottland unterwegs gewesen, und wenn man mit diesem Kollegen mitfuhr, dann plante man besser die doppelte Fahrtzeit ein. Dann überlegten sie außerdem, wie man Professor Wackernagel vom Deutschen Hydrografischen Institut beikommen könnte. Denn im Internet ließen sich nur unverfängliche Informationen über ihn herausfinden, und auf einen vagen Verdacht hin konnte man ihm sicher kaum etwas nachweisen. Nach langem Überlegen beschlossen sie dann, sich einen hochkarätigen Detektiv zu suchen, der auch Kontakte zu Hackern hatte, um Beweise gegen Professor Wackernagel zu finden. Der Mann war mit Sicherheit bestechlich, doch ihm das nachzuweisen, dürfte heikel sein. Mit Sicherheit wäre Susanna auch dafür gewesen, einen Teil der Stiftungsgelder dafür einzusetzen. Nachdem sie dann einige Stunden lang intensiv gesucht hatten, fanden sie endlich die Frau ihres Vertrauens.

09. September 2017, Samstag

Helgoland, Nordseehotel, Zimmer von Kathrin Nightingale und Dr. Fuyisho Ito, 07.07h
Als Andrea links neben Fuji aufwachte und den Kopf hob, spürte sie einen stechenden Schmerz, der sie zwang, den Kopf wieder auf das Kissen zu legen. Mit Erschrecken stellte sie jedoch fest, dass sie alle drei nackt nebeneinander lagen, wobei sie selbst mit Fuji unter einer Decke lag. Dieser schlief noch friedlich und ruhig, Kate schlief auch noch, schnarchte allerdings leise vor sich hin. Verdammt, was war nur passiert? *Denk nach, hämmerte es in ihrem Kopf, na los!* Und dann traf sie die Erkenntnis wie ein Blitz: Betrunken wie sie waren hatten sie einen flotten Dreier veranstaltet, aber sie erinnerte sich nicht mehr an alle Einzelheiten. Shit! Sie hatte noch nicht mal mit irgendetwas verhütet! Dazu kam noch das viel schlimmere Gefühl, ihre Schwester betrogen zu haben. Andererseits auch nicht. Denn hatte die nicht auch fröhlich mitgemacht? Verdammt, der Wachtposten vor der Tür hatte bestimmt alles mitbekommen, bald würden es alle wissen. Und Kate war doch jetzt eine Ikone der Öffentlichkeit! So ein Mist! Andrea dämmerte es nun, dass sie Schadensbegrenzung betreiben musste, wie auch immer. So schlüpfte sie aus dem Bett zu und suchte mühsam ihre Sachen zusammen, die überall im Zimmer verteilt worden waren. Sie zog sich an, deckte dann

Kate und Fuji richtig zu, damit man sie nicht von der Türspalte aus in diesem Zustand sehen konnte, und schlich sich schnell nach draußen. Der Wachtposten war gerade nicht zu sehen, na ja, auch der musste halt mal austreten, dachte sie voller Genugtuung, und huschte dann schnell in ihr Zimmer gegenüber. Hier zog sie sich aus, sprang unter die Dusche und reinigte sich, so gut es eben ging. Dann wurde ihr schlecht und sie schaffte es gerade so noch zur Toilette, um sich zu übergeben. Dann duschte sie nochmals, zog sich frische Sachen an und schlich sich nach draußen, um hier auf dem Oberland gegenüber der langen Anna frische Luft zu schnappen. Sie musste sich erst mal etwas sortieren, sie war immer noch völlig verwirrt. Sie wollte doch ihrer Halbschwester nicht den Mann abspenstig machen! Was, wenn sie schwanger war? Das wäre eine schöne Katastrophe, denn bei dem Vater würde jeder sehen können, von wem das Kind wirklich war. Und noch viel schlimmer: Was würde Kate dazu sagen? Und Fuji? Und würde der Wachtposten seinen Mund halten? So etwas konnte durchaus ihr ganzes Projekt hier gefährden, das war ihr völlig klar. Erst jetzt begriff sie, was sie getan hatte. Sie begann hemmungslos zu schluchzen.

Helgoland, Oberland gegenüber der langen Anna, 08.12h

Rüdiger war irgendwann morgens um fünf nachhause gegangen, während Florian versucht hatte, etwas auf dem Sofa zu schlafen. Auf seinem Bett lagen zahllose Akten und Papiere, da war einfach kein Platz mehr für ihn gewesen. Er würde das eben morgen aufräumen. Morgen! Es war bereits *„morgen“*! Nachdem er etwas vor sich hingedöst hatte, kam er zu dem Schluss, dass er sowieso nicht schlafen konnte. Also stellte er die Kaffeemaschine an und ging hinaus zum Oberland, um wenigstens etwas frische Luft zu bekommen, danach würde er dann seinen ersten Kaffee an diesem Tag genießen können. Schon von weitem sah er eine Frau am Geländer stehen, dann hörte er, dass sie weinte. Für einen Moment glaubte er, Susanna zu sehen, weil die Frau dieselben Sachen wie Susanna anhatte, doch die Haarfarbe stimmte nicht. Dann dämmerte es ihm: Das musste Andrea O´Leary sein! Aber so aufgelöst hatte er sie noch nicht erlebt. Schweigend trat er neben sie und blickte hinaus auf den verlassenen Vogelfelsen und das Meer, dabei hielt er jedoch einen respektvollen Abstand zu ihr ein. Irgendwann bemerkte sie ihn dann, schrak auf und seufzte erleichtert, als sie Florian erkannte. „Guten Morgen Andrea! Was ist denn mit Dir passiert?“ sagte Florian in seiner freundlich direkten Art. Für einen Moment überlegte sie, ob sie ihn besser anlügen sollte, doch dann siegte die Erkenntnis, dass das ziemlich sinnlos war, falls der Wachtposten mit anderen Leuten über die letzte Nacht redete. So fasste sie sich ein Herz und begann damit, Florian ihr Herz auszuschütten; schließlich hatte er sich ihr ja auch einfach vertraut, ohne sie zu kennen. „Florian, was ich Dir jetzt erzähle, muss unter uns bleiben, Du wirst gleich verstehen warum. Mir ist was Dummes passiert!“ „Dann nur raus damit, bei mir sind alle schrecklichen Geheimnisse dieser Insel bestens aufgehoben.“ Er zwinkerte verschwörerisch. „Also, wir haben letzten Abend sehr ausgelassen gefeiert und getrunken, mir wird ehrlich gesagt jetzt noch schlecht, wenn ich nur daran denke. Wir alle hatten reichlich dem Whisky zugesprochen, besonders aber Kate! Die hat es doch wirklich geschafft, fünf von den Royal Marines unter den Tisch zu trinken! Danach war sie allerdings auch etwas in Mitleidenschaft gezogen, wurde völlig albern, redete dummes Zeug und musste von Fuji und mir gestützt werden, sonst hätte sie ihr Bett nicht mehr erreicht. Na ja, ich habe also mitgeholfen, sie hoch ins Zimmer zu bringen. Wie gesagt: Fuji und ich waren auch nicht mehr nüchtern. Ich erinnere mich zwar nicht mehr an alle Einzelheiten, aber als ich heute Morgen aufwachte, wurde mir schnell klar, was passiert ist. Fuji hat in der letzten Nacht wahrscheinlich erst mit Kate, und dann mit mir Sex gehabt!" Florian sah nachdenklich aus, dann fragte er leise: „Hat es einer mitbekommen?" „Der Wachtposten vor der Tür, glaube ich. Verdammt, wir waren so betrunken, dass wir nicht mehr wussten, was wir taten! Was soll ich denn jetzt machen? Dazu kommt noch, dass ich nicht verhütet habe. Wenn ich ein Kind von Fuji bekäme, dann würde jeder sehen, von wem es ist! Dann würde Kate die Tante eines Kindes werden, das ihr eigener Mann gezeugt hat. So etwas geht nicht, schon gar nicht in Irland, wo die Leute konservativ sind bis zum Gehtnichtmehr! Was soll ich bloß tun?" Darauf sagte Florian: „Ich würde es für besser halten, wenn wir das bei mir in der Küche besprechen könnten, ich habe vorhin schon Kaffee aufgesetzt, der müsste jetzt fertig sein. Ich glaube, ich habe da so eine Idee, aber wir müssen sehr diskret sein, O.K.?" Überrascht sah sie ihn an, er lächelte jetzt. „Ja ich weiß, manche hier würden jetzt sagen, dass an mir ein Seelsorger verloren gegangen ist, und Du glaubst es ja nicht, wen ich schon alles beraten habe; komm lass uns gehen." Er hakte sie unter und sie begann, wieder etwas Mut zu fassen. Dann betraten sie die Küche seiner Wohnung, die angenehm, nach Kaffee duftete, und er stellte ihr ein paar Sachen zum Frühstücken hin. Dann meinte er: „Ich würde Dir im Wesentlichen mindestens zwei, eher aber drei Dinge raten. Fangen wir bei Dir an. Ich kann gleich Dr. Nesemann wegen eines medizinischen Notfalls herbestellen. Ich denke, dass er Dir die berühmte Pille für danach geben kann. Du musst ihm ja keine Namen nennen – davon abgesehen steht er unter Schweigepflicht. Vom Prinzip her würde es ja auch reichen, wenn Du ihm nur sagst, dass Du eine Dummheit begangen hast. Als Zweites würde ich an Deiner Stelle mit Steven reden. Sag ihm ruhig, was passiert ist. Dann sorgt er schon dafür, dass keine Gerüchte in Umlauf kommen. Das ist sein Job! Schließlich wird hier von und mit Deiner Schwester Politik gemacht, und so etwas käme sicherlich nicht gut, wenn es denn publik würde." „Und was noch?" fragte Andrea, jetzt sehr aufmerksam zuhörend und an ihrem Kaffee nippend. „Nun, sobald Kate und Fuji wieder nüchtern und ansprechbar sind, müsste ihr alle drei darüber reden, auch wenn es peinlich ist. Aber sonst schleppt ihr drei etwas mit Euch herum, was Euch belastet. Und dann können wir alle nicht richtig arbeiten und laufen hier in der Gegend herum wie Falschgeld. Ich übrigens auch, da ich ja jetzt ebenfalls davon weiß." „Und Du hältst mich jetzt nicht für ein Flittchen?" Florian sah sie erstaunt an. „Also nach meinem Verständnis wäre ein Flittchen etwas ganz anderes. Das wäre nämlich eine Person, die sich aus so einem Vorfall keinerlei Gewissen macht, und der das dann außerdem noch Spaß machen würde, es vorsätzlich zu tun. Nein, Andrea, Du bist eine gute Frau, eine echte Lady, wirklich!" Sie begann wieder zu weinen und lehnte sich dafür an seine Brust, vorsichtig ließ er sie gewähren und gab ihr dann ein Taschentuch. Dann rief er Dr. Nesemann an, schilderte ihm, worum es ging und der Inselarzt versprach ihm, sofort zu kommen. Als Dr. Nesemann erschien, ließ er Andrea mit dem Arzt allein und sortierte die Papiere von seinem Bett in die richtigen Aktenordner. Dann hörte er, wie die Tür klappte, als der Arzt wieder ging und kam in die Küche zurück. Andrea lächelte ihn an: „Danke Florian, Du hast uns alle gerettet! Ich habe ihm alles erzählt und er hat mir eine Tablette gegeben. Ein netter Mann, wirklich, ich glaube man kann ihm vertrauen! Und Dir natürlich auch. Trinken wir noch einen Kaffee zusammen? Du musst mir noch ein bisschen Mut machen für den Tag, ich traue mich das nämlich gar nicht alleine, diese ganzen Gespräche zu führen!" Florian goss ihr noch etwas Kaffee ein. „Wir könnten das ja auch anders machen. Ich rufe Steven, Kate und Fuji an. Dann helfe ich Euch dabei, die Sache wieder hinzukriegen. Wahrscheinlich wäre das einfacher, als alles alleine zu versuchen." „Mach das, ja das ist eine gute Idee! Ich habe nämlich auch etwas Angst vor Kate, wenn sie das spitzkriegt! Schließlich könnte sie mich ohne weiteres zusammenschlagen, Du weißt ja, wie impulsiv sie sein kann." „Also ich glaube nicht, dass sie das tun würde, denn sie ist doch froh, Dich zu haben." „Hm, stimmt auch wieder – O.K. – kannst Du sie alle jetzt anrufen? Und wo treffen wir uns?" „Am besten diskret im Hotel, hier kriegen zu viele Leute was mit, meine Nachbarn sind nämlich auch nicht ohne", stellte Florian jetzt lakonisch fest. „Du bist ein echter Schatz!" rief sie und gab ihm spontan einen Kuss auf die Wange, worauf Florian sie ganz verdattert ansah.

Helgoland, Nordseehotel, kleiner Konferenzraum, 10.14h
Kates Gedächtnis war wie gelöscht, was die letzte Nacht betraf, und Fuji hatte einen gehörigen Kater, erinnerte sich aber bruchstückhaft an das Geschehene. Als er aufgewacht war, war Andrea fort gewesen, aber das hatte ihn nicht wirklich beruhigt. Nun saßen sie hier alle zusammen mit Steven und Florian, und Florian machte den Anfang, in dem er kurz und knapp schilderte, was Andrea ihm am frühen Morgen anvertraut hatte. Kate war bei dieser Schilderung sichtlich blass geworden, aber sie sah auch ohnehin nicht gut aus. Fuji ging es nicht besser, er schluckte schwer und nippte an seinem Kaffee. Da eine peinliche Stille eingetreten war, ergriff jetzt Steven das Wort. „Also, ich kann Euch etwas beruhigen. Der Einzige, der von dem ganzen Vorfall bereits vom Wachtposten etwas erfahren hatte, war ich heute Morgen. Meine Leute sind wirklich sehr diskret, vor allem, weil sie ja wissen, dass sie hier Leute bewachen, die wichtig für die Politik sind. Wir alle haben ja nun mal unsere kleinen Fehler und Macken und mein Wachtpersonal weiß natürlich ganz genau, dass diese Dinge nicht in die Öffentlichkeit gehören. Glaubt mir bitte das, was ich Euch jetzt sage: Ihr könntet da drin eine Orgie feiern; außer mir erfährt das niemand, auch nicht Gus Falkner oder Kenneth Sinclair! Meine Leute wissen ganz genau, dass sie ihren Job los sind, wenn sie quatschen. Also von da droht Euch keine Gefahr! Im Übrigen finde ich es vorbildlich, wie sich Andrea um eine Klärung der Situation Gedanken gemacht hat! Wenn doch nur alle so wären!" Jetzt wandte sich Andrea an Kate: „Kate, bist Du denn gar nicht böse auf uns?" Kate nahm noch einen Schluck starken Kaffee, dann sagte sie: „Was habe ich doch für eine Schwester! Komm doch mal her zu mir!" Zaghaft näherte sich ihr Andrea, doch Kate nahm sie einfach in den gesunden linken Arm und drückte sie an sich. Dann sagte sie: „Danke, Andrea, Du hast uns allen sehr geholfen! Ehrlich gesagt weiß ich es gar nicht mehr, was ich alles getan oder nicht getan habe, also kann ich mir über Dich oder Fuji gar kein Urteil erlauben. Außerdem war ich sehr unvernünftig, denn ich hätte schon wegen meiner Schwangerschaft nicht so viel trinken dürfen. Shit, aber ich bereue es jetzt bitter! Da mache ich mir jetzt eher noch Sorgen um das Kind!" „Kate, kannst Du mir auch verzeihen?" fragte Fuji schüchtern. Kate gab ihm als Antwort einen langen Kuss. „Gut, wenn das jetzt geklärt wäre, dann können wir ja unser Programm fortsetzen, O.K.?" fragte jetzt Steven und wurde wieder ganz zum Planer und Manager des Tages. „Nachher kommen noch einige Überraschungsgäste für Euch, ich verrate aber nicht, wer", sagte er und grinste auf seine unnachahmliche Art.

Helgoland, Nordseehotel, kleiner Konferenzraum, 15.18h
Kate und Fuji warteten bereits ungeduldig auf den Überraschungsgast, als die Tür ganz zaghaft geöffnet wurde. Dann stand Kai Ahrens in der Tür, und nachdem er Kate und Fuji gesehen hatte, stürzte er sich erst auf Kate und dann auf Fuji. Danach folgten Ian Bannister und Aische Özdemir und setzten sich zu den dreien. Nachdem sie sich herzlich begrüßt hatten, kam Ian sofort zur Sache. „Also passt mal auf, das war leider alles nicht ganz so einfach, wie ich gedacht habe, weil die Behörden natürlich nicht so schnell kooperieren wollten. Selbst ich als Ministerpräsident muss mir diesen verdammten

Amtsschimmel gefallen lassen! Es ist doch wirklich eine Katastrophe, na ja, ich denke, ich werde demnächst dafür sorgen, dass die Hälfte dieser Ämter endlich geschlossen wird!" „Aber Ian, nicht doch vor den Wahlen!" beschwichtigte ihn jetzt Aische Özdemir. „Also, gutes Stichwort, kommen wir doch erst dazu: Ich konnte im Landtag in einer Eilsitzung ein neues Wahlgesetz durchpeitschen. Neuwahlen sind in drei Wochen, am dritten Oktober, dem Tag der deutschen Einheit. Und weil Einheit ein super Wahlthema ist, brauche ich Deine Hilfe Kate. Kann ich ein paar der Fotos aus Irland für meinen Wahlkampf verwenden? Am besten finde ich das, wo wir uns in der St. Patricks Cathedral gegenseitig umarmt haben. Hier, ich zeige Dir die Bilder, an die ich dabei dachte." Ian Bannister legte jetzt einen Stapel Bilder vor Kate hin, und sie sah sich die Fotos an. „Und was bekommen ich dafür?" wollte sie wissen. Aische Özdemir lächelte, nahm ihre Hand und legte die Hand von Kai Ahrens in ihre. Kate sah ganz verblüfft aus. „Wir haben alles geregelt. Kai wird mit seinen Großeltern hier auf Helgoland wohnen, offiziell natürlich bei Ian und mir. Das Gute dabei ist, dass die deutschen Behörden auf britisches Territorium nicht zugreifen können. Ehrlich gesagt mussten wir Kai illegal aus dem Land schmuggeln, aber das lag im Wesentlichen an diesem uneinsichtigen Jugendamt! Von wegen Kindeswohl! Die hätten ihn jetzt nämlich von seinen Großeltern weggenommen – weil zu alt – und hätten ihn glatt in ein Heim gesteckt. Und das konnten Ian und ich natürlich nicht mit ansehen, daher haben wir jetzt unkonventionell gehandelt!" „Ian, also was soll ich noch sagen? Du und Aische - Ihr seid ja ein echtes Dream Team! Also von mir aus kannst Du Deinen Wahlkampf mit diesen Bildern ruhig machen, wenn Du meinst, dass es etwas bringt!" sagte nun Kate. „Das bringt es auch tatsächlich. In den Umfragen liegt Ian mit seiner Partei des neuen bürgerlichen Zentrums bereits jetzt jenseits der absoluten Mehrheit! Die Leute lieben unbürokratische und unkonventionelle Lösungen, da hat Ian sich einen großen Namen gemacht!" meinte nun Aische Özdemir. „Ich wähle ihn auch!" sagte Fuji, dann nahm er Kai auf seinen Schoß und fragte ihn, was sie denn heute noch machen wollten. Aus dem Nichts war der perfekte Vater geboren worden, und auch eine Tante war bereits da. Kai Ahrens sollte nicht nur neue Eltern, sondern auch eine neue Familie bekommen, diesmal jedoch eine, die vollständig war. Mit vielen interessanten und vielseitigen Verwandten.

Helgoland, 17.05h

Kate kam jetzt nicht mehr zur Ruhe, weil Gus Falkner und Kenneth Sinclair sie offiziell zum Tee eingeladen hatten. Auch Keith Hastings, Sandra Miller und Steven Miller waren dabei. Dabei eröffneten sie ihr, dass der deutsche Generalbundesanwalt sich für das Vorgehen der GSG9 gegen sie persönlich bei ihr entschuldigen wolle, und dass der Rolf Helmholtz wahrscheinlich bereits am Montag auf Helgoland offiziell mit ihr sprechen wolle. Außerdem werde Keith Hastings bei dem Gespräch dabei sein, was Kate weitgehend beruhigte. Dann eröffnete ihr Keith Hastings, dass die Großeltern von Kai Ahrens am Sonntag auf der Insel ankommen würden, um mit ihr und Dr. Ito über die weitere Zukunft von Kai zu sprechen. Sie würden für die nächste Zeit in den Hummerbuden am Hafen einquartiert werden. Dann entschuldigte sich Kenneth Sinclair: „Kate, es tut uns leid, dass sich hier zurzeit Staatsinteressen um Deine Person mit denen um ein verloren gegangenes Kriegsschiff vermengt haben, aber leider geht es hier nicht um einen Pappenstiel. Die Dublin hat immerhin rund 120 Millionen Euro gekostet, und es ist für Irland eine echte Katastrophe, dieses teure Flaggschiff verloren zu haben! Wir wollen uns jedoch Mühe geben, Dich hier so gut wie irgend möglich zu schützen. Wenn wir mit dem Generalbundesanwalt einen Deal machen könnten, wäre das die für alle Parteien beste Lösung. Schließlich ist es ja auch nicht glücklich, wenn Du bei uns rehabilitiert bist, aber im übrigen Europa als Terroristin gesucht wirst! So etwas geht gar nicht, und ich hoffe nur, dass die deutsche Seite hier nicht auf die Idee kommt, Deine Amnestierung gegen ein Kriegsschiff eintauschen zu wollen. Falls aber doch, lassen wir uns etwas Neues einfallen, das verspreche ich Dir als Taoiseach der Republik Irland." Kate nickte jetzt nachdenklich, dann fragte sie leise: „Und was wäre, wenn die Deutschen mich entführen und einsperren würden? Könnte es nicht sein, dass die so etwas versuchen, um damit die Bremen freizubekommen? Immerhin haben sie ein Spezialkommando der GSG9 hierhergeschickt, und ich stehe jetzt noch unter Schock, wenn ich nur daran denke!" „Keine Sorge, Kate", schaltete sich jetzt Steven Miller ein. „Auch kleine Boote oder U-Boote kommen nicht ungesehen nach Helgoland. Wir haben hier alles unter Kontrolle, so leicht können die da gar nichts machen." „Nehmt mir das nicht übel, aber bei dem was passiert ist, traue ich den Deutschen inzwischen alles zu", sagte Kate. „Na ja, militärisch werden sie wohl kaum gegen uns agieren. Im Übrigen werden wir auch noch bis zum Dienstag bleiben, um stundenweise an Euren Resozialisierungssitzungen teilzunehmen. Wir werden davon auch kurz in einer Pressekonferenz berichten, da hier nationale Interessen in der Öffentlichkeit dargestellt werden müssen." „Übrigens gibt es noch einige sehr erfreuliche Meldungen aus Irland für Dich, Kate", warf jetzt Keith Hastings ein. „Nach unseren Informationen existiert die New Revenge IRA nicht mehr. Da sich fast einhundert Personen bei unseren Polizeistationen gemeldet und um eine Amnestie gebeten haben, scheint es das dann auch gewesen zu sein. Und auch von der Ulster Liberation Front und einigen anderen Organisationen haben sich bisher ungefähr weitere fünfundsiebzig Leute gemeldet. Wir haben sie alle registriert und werden sie demnächst zu begangenen Straftaten befragen. Und alles wegen Dir, Kate! Ich werde dem Generalbundesanwalt alle diese Dinge mitteilen, und dann soll er sich ein eigenes Bild von Dir verschaffen. So, wie die Dinge momentan liegen, wird es für Dich eigentlich stündlich besser." „Danke für alles, Papa Keith, aber trotzdem habe ich immer noch Angst vor der GSG 9. Denn das die nicht im Ausland agieren dürfen, kann ich kaum glauben, haben die nicht früher diese entführte Lufthansamaschine in Mogadischu befreit? Nehmt es mir nicht übel, aber ich habe wirklich Angst, dass ich mich nochmals gegen die GSG 9 verteidigen muss. Und dann? Ja dann darf ich nicht mal zurückschlagen, weil man mir sonst erst recht Terrorismus vorwerfen kann! Und dann ist da jetzt auch noch Kai Ahrens aufgetaucht. Was ist, wenn sie den Jungen benutzen, um an mich heran zu kommen? Schließlich interessieren die meine Papiere aus Irland, die mich als Botschafterin ausweisen, einen Dreck! Und woher weiß ich denn, dass der Generalbundesanwalt sich an einen Deal hält?" sagte Kate. „Nun, ganz einfach: Wo die Vernunft endet, beginnt die Logik des Militärs", sagte jetzt Steven. „Ich fände es allerdings sehr schlimm, wenn sich GSG 9 und Royal Marines wegen mir beschießen und gegenseitig umbringen. Da frage ich mich doch langsam, wer dann wohl die wahren Terroristen wären?" rief Kate aufgebracht. Doch Gus Falkner fiel jetzt ein und sagte: „Ganz ruhig, Kate. Wir sind schließlich befreundete Nationen, und bis jetzt gab es zwischen Nato-Angehörigen eigentlich noch keinen Krieg, oder? Wir setzen auf Abschreckung und Deeskalation. Und falls das nicht reichen sollte: Wir besitzen Plutoniumwaffen, die Deutschen nicht!" „Ich hoffe, dass das jetzt nicht ganz ernst gemeint war. Ihr werdet doch wohl keinen atomaren Erstschlag wegen mir führen?" wollte Kate wissen, und Gus Falkner grinste jetzt, ganz in seinem Element. „Natürlich werden wir das nicht. Aber es ist gut, diese Möglichkeit einfach nur zu besitzen. Eine Atommacht kann man eben nicht so einfach verarschen." „Kate", sagte jetzt Kenneth Sinclair, „da ist noch etwas, was ich Dir sagen wollte! Wegen Deiner Ansprache in Downpatrick hat sich in gesamt Irland nicht nur eine Bürgerbewegung zur

Ächtung des Terrors gebildet, nein, die Iren machen uns jetzt noch ganz andere Probleme. Es hat sich nämlich eine Bewegung aus Nordirland heraus entwickelt, welche den kleinen Ort Downpatrick zur neuen gesamtirischen Hauptstadt machen möchte. In den Umfragen sind mehr als 80% der Wahlberechtigen dafür! Das werden wir nicht ignorieren können, es wirft aber große Probleme aller Art auf, vor allem ist es leider auch teuer! Könntest Du nicht versuchen, den Leuten diese Idee wieder auszureden?" „Ach Ken, wenn ich das versuchen würde, dann würden die Leute mich wahrscheinlich nicht mehr mögen. Und wenn sie mich nicht mehr mögen, dann gibt es vielleicht noch einen neuen Bürgerkrieg. Bitte, lasst mich da bloß raus und lasst die Leute darüber abstimmen! Man kann es ihnen doch ehrlich sagen, was es kostet, warum eigentlich nicht?" Meinte Kate. Dann fragte sie weiter: „Ian Bannister hat mir gestanden, dass er Kai Ahrens mehr oder minder illegal nach Helgoland geschmuggelt hat, weil das deutsche Jugendamt ihn sonst in ein Heim gesteckt hätte! Wie können wir denn seinen Aufenthalt hier legalisieren? Schließlich könnte das ja auch noch ein Thema sein, welches den Generalbundesanwalt interessiert?" „Darüber müssen wir uns erst beraten, Kate", sagte Kenneth Sinclair. „Aber vielleicht bekommen wir so etwas Ähnliches wie ein Asylverfahren für Kai Ahrens hin." „Da hätte ich auch noch eine Idee beizusteuern", meinte jetzt Gus Falkner. „Nach dem Zweiten Weltkrieg gab es doch in ganz Europa so genannte *displaced persons*. Wie wäre es denn, wenn wir ihn einfach so einstufen, und die entsprechenden Paragrafen von damals anwenden?" „Dann landet er gleich wieder in Deutschland", meinte nun Steven Miller. „Könnt Ihr denn für ihn nicht einfach eine Einbürgerung oder so etwas Ähnliches machen, um persönliche Härten von ihm abzuwenden?" fragte nun Kate. „Das könntest Du sogar selbst tun, Kate. Du kannst doch Deinen Status als Sonderbotschafterin ausnutzen, warum nicht?" „Und wer bestätigt dann diese Dokumente?" „Das könnte zur Not auch einer der drei Sonderermittler tun, natürlich nach Rücksprache mit mir", sagte jetzt Keith Hastings, der kommissarische Innenminister der Republik Irland.

Helgoland, Wohnung von Dr. Florian Zuckmayer, 17.08h

Während Fuji und Kai zur biologischen Station gegangen waren, um dort die neu angekommenen Meerestiere aus Irland und England zu besichtigen, war Andrea O'Leary zur Pension Dr. Zuckmayers gegangen, nachdem sie ihn nicht in der Station angetroffen hatte. Auf ihr Klingeln erfolgte zuerst keine Reaktion, dann hörte sie etwas rumpeln und herunterfallen, und schließlich kam er ihr im Morgenmantel entgegen. Florian gähnte verschlafen, dann sagte sie: „Oh, entschuldige, ich komme wohl gerade völlig ungelegen!" „Nein, nein – es ist nur – also, weil ich letzte Nacht durchgearbeitet habe, habe ich etwas Schlaf nachgeholt. Ich wollte sowieso gerade aufstehen. Komm ruhig rein, ich muss Dir was Wichtiges zeigen." Sie kamen in die Küche und Florian bat sie, etwas Kaffee zu kochen, während er sich schnell anziehen ging. Als er wiederkam brachte er einige Ausdrucke von Susannas geheimen Dokumenten mit, dazu einige Zeitungsartikel, die er aus dem Internet gefischt hatte. Besonders die spanischen Artikel las Andrea jetzt mit immer größer werdenden Augen, da sie gut Spanisch konnte. Dann schlug sie ihre Hand vor den Mund und rief: „Mein Gott, Florian! Wenn davon nur die Hälfte wahr ist, bleibt uns kaum noch Zeit, und wir können eigentlich nur noch auf die Gnade von Mutter Natur hoffen!" „Wobei ich begründete Zweifel hätte, dass diese gnädig sein kann", konsternierte Florian jetzt lakonisch. In diesem Moment klingelte das Telefon, Florian hob ab, und reichte den Hörer dann an Andrea weiter. Es war Dr. Nesemann, der sie, Kate und Fuji zum nächsten Gottesdienst in der Inselkirche am nächsten Sonntag einlud, außerdem danach zu einer kleinen Besprechung bei sich zuhause zum Mittagessen. „Ist gut, Dr. Nesemann, vielen Dank, ja ich spreche mit meiner Schwester. Ich würde sehr gerne kommen, kann aber nicht für die anderen sprechen. Ist gut, wir melden uns ab oder kommen einfach, bye!“ sagte Andrea und legte auf. „Na, will er Euch auch bekehren?“ fragte Florian und lächelte geheimnisvoll. „Ich weiß es nicht, aber anhören würde ich es mir schon ganz gerne. Wie stehst Du eigentlich zur Religion?“ „Nun, das war bei Susanna und mir immer so ein Reizthema. Allerdings hatte Susanna oft die besseren Argumente, das muss ich zugeben. Mittlerweile denke ich über manches anders und gebe gerne zu, dass man vieles leider nicht naturwissenschaftlich erklären kann. Liebe, zum Beispiel.“ „Aber ich dachte, die würde hauptsächlich der Fortpflanzung und der Bestandspflege dienen?“ meinte nun Andrea keck. „Andrea, der Mensch ist doch kein Tier! Wenn ich das neulich gesagt habe, dann war das eben nicht zu einhundert Prozent meine Meinung, es war eher so eine Art Anmerkung meiner beruflichen Zunft. Und die kann ja auch ganz falsch sein!“ „Und was stellst Du Dir dann unter Liebe vor?“ wollte sie von ihm wissen. „Nun, Liebe hat nur teilweise etwas mit Sexualität zu tun. Liebe kann sich selbst negieren, Liebe kann auch einfach nur ein schönes oder nettes Gefühl sein, so wie Sympathie zum Beispiel. Aber Liebe kann uns auch antreiben und motivieren, gute oder schlimme Dinge zu tun, je nach dem. Sieh Dir doch mal Deine Schwester an: Aus einer falsch verstandenen Liebe zu Irland war sie sogar bereit, zu sprengen, zu prügeln und andere zu töten.“ „Aber aus Liebe zum Leben anderer hat sie mich gerettet!“ warf nun Andrea ein. „Da hast Du sicherlich Recht. Aber Du siehst, wie fließend hier die Übergänge sind.“ „Tja, es ist nicht leicht, zu lieben, und vor allem: wirklich, wahrhaft und richtig zu lieben!“ „Sag mal Andrea, was hat Dich eigentlich zu mir geführt?“ wollte Florian wissen. „Ich wollte mich einfach nochmals wegen heute Morgen und vorhin bei Dir bedanken. Du hast das alles wieder ins Lot gebracht, was ich mir selbst echt nicht zugetraut hätte. Und dann haben wir ja auch noch diese ganzen Politiker hier – wie sollen wir uns da noch irgendwo einfach so treffen?“ „Das sehe ich ein. Von mir aus könnt Ihr Euch alle einfach bei mir treffen, wenn es woanders gerade nicht geht. Ich verpetze Euch nicht.“ „Danke Florian, das ist sehr nett von Dir! So, jetzt muss ich aber los, vielleicht muss ich mich auch noch etwas um meinen Neffen in Spe kümmern, auch wenn ich nur wenig deutsch kann.“ Andrea stand auf, gab Florian ein Küsschen auf die Wange und huschte nach draußen. In diesem Moment zuckte ein Blitz aus der Wolkendecke, es donnerte bedrohlich und Sturzbäche begannen vom Himmel zu fallen. Da Andrea erst wenige Meter von Florians Wohnung entfernt war, kehrte sie um und bat ihn, für die Dauer dieses apokalyptischen Regengusses bleiben zu dürfen. Doch es setzte jetzt ein sintflutähnlicher Regen ein, der gar nicht mehr enden wollte, so dass sie schließlich noch zum Essen blieb. Danach recherchierten sie gemeinsam weitere Fakten aus dem Internet zusammen und Andrea half Florian, spanische Dokumente eines antarktischen Polarforschers namens Armadillo zu sichten und mit wichtigen Anmerkungen zu versehen. Dabei stießen sie auch auf die Berichte von der Esperanza-Station in der Antarktis und lasen sich hier ein. Gleichzeitig schrieb Andrea zu jeder Seite eine kurze Zusammenfassung in englischer Sprache. So arbeiteten sie die Nacht durch und kamen zu immer überraschenderen Ansichten und Einsichten, die so tiefgehend waren, bis sie irgendwann nur noch eines anzutreiben schien: Das nackte Entsetzen und die Angst um viele Millionen von Menschenleben. Und die Angst, möglicherweise viel zu spät zu kommen.

Helgoland, Nordseehotel, Zimmer von Kathrin Nightingale und Dr. Fuyisho Ito, 22.30h
Es war ein langer harter Tag für Kate gewesen, manchmal war ihr alles zu viel! Aber sie hatte mit Keith Hastings wichtige Schriftstücke und anderes vorbereitet. Auch die

Aussprache mit den Großeltern von Kai Ahrens würde für Kate nicht eben einfach sein, doch Sandra Miller hatte ihr versprochen, sie dabei zu unterstützen, obwohl sie selbst kaum deutsch sprechen konnte. Schließlich hatte sie dann mit Kai und Fuji ihr Abendessen zu sich genommen, hatte dann noch ein paar Brettspiele mit Kai gespielt und wollte danach ins Bett gehen. Doch nun tauchte ein neues Problem auf, über das sie noch gar nicht nachgedacht hatten. Wohin mit Kai? Denn dieser wollte nicht alleine in einem fremden Hotelzimmer schlafen, sondern bestand darauf, bei Kate und Fuji zu übernachten. Abgesehen davon, dass das ihr Liebesleben etwas beeinträchtigte, war in ihrem Zimmer auch kaum Platz für Kai und seine Sachen. Schließlich erklärte sich der Zimmerservice des Hotels dazu bereit, ihnen allen eine große Luxussuite zu geben, in der man in einem halben Nebenzimmer noch ein Kinderbett unterbringen konnte. Fujis elf Koffer sollten wegen der bereits vorgerückten Stunde erst am Folgetag umziehen. Als sie dann schließlich alle in ihren viel zu großen Luxusbetten lagen, und Kate und Fuji darauf hofften, dass Kai endlich in seinem Bett einschlafen würde, kamen plötzlich kleine Trippelschritte auf ihr Bett zugelaufen, bei Kate hob sich die Decke und Kai krabbelte zu ihnen ins Bett. „Also Kate, darüber müssen wir später noch ernsthaft reden, " meinte jetzt Fuji und begann dann plötzlich zu kichern, weil Kai ihn auskitzelte. Kate erging es nicht viel besser, und so tobten sie noch eine ganze Weile mit Kai herum, *„bis der völlig überdrehte Junge endlich im Land der Träume war"*, wie sich Kate später ausdrückte. Dann trug Fuji ihn in sein eigenes Bett, doch in der Zwischenzeit war Kate einfach eingeschlafen, da der Tag sehr anstrengend für sie gewesen war. Morgen waren sie zu Dr. Nesemann eingeladen und Fuji versuchte bereits, sich auf irgendeine Form der Moralpredigt einzustellen. Aber ihm fiel einfach keine gute Ausrede für das gestrige Geschehen ein. Er fiel in einen unruhigen Schlaf, aus dem er dann gegen Mitternacht aufwachte. Kate erging es ebenso, und so kamen sie doch noch zu einem kurzen zärtlichen Intermezzo, welches durch eine brutal angeschaltete Deckenbeleuchtung abrupt endete. Kai stand vor ihrem Bett und meinte nur trocken: „Könnt Ihr Euch nicht etwas leiser liebhaben? Ich kann nicht schlafen!" Darauf sahen sich Kate und Fuji, der auf ihr lag, aber gerade so noch seine Decke über sie beide gezogen hatte, nur vielsagend an. Dann lachten sie beide und Fuji meinte nur: „Entschuldige Kai! Du wirst das später mal verstehen, wenn Du auch eine Frau und Kinder hast." Jetzt wollte Kai zu ihnen unter die Decke krabbeln, was Fuji und Kate jedoch mit Händen und Füßen abzuwehren suchten, weil sie ja darunter nichts anhatten. Schließlich sah Kai es ein, als er ihnen die Decke weggerissen hatte und beide völlig unbekleidet auf dem Bett liegen sah. Jetzt wurde es ihm sichtlich peinlich, und er wollte sich zaghaft wegschleichen. Doch Kate setzte sich auf, hob die Decke auf, warf sie sich und Fuji um die Schultern und sagte dann: „Na ja, wir müssen uns als Familie erst noch finden! Hat er uns eben erwischt, na und?" Dann gab sie Kai einen Gutenachtkuss und brachte ihn nackt wie sie es gerade war zurück in sein eigenes Bett.

10. September 2017, Sonntag

Helgoland, Wohnung von Dr. Florian Zuckmayer, 02.07h
Die Zeit verging wie im Fluge, und als sie auf die Uhr sahen, war es bereits zwei Uhr nachts, doch draußen regnete es immer noch junge Hunde. „Kann ich bei Dir übernachten?" fragte Andrea schüchtern. „Kein Problem! Aber da wir jetzt das ganze Wohnzimmer inklusive des Sofas mit unseren Akten zugestellt haben, müsstest Du wohl in Susannas Bett neben mir schlafen, wenn Dich mein gelegentliches Schnarchen nicht stört." „Du, ich falle gleich um vor Müdigkeit." Dann gingen beide ins Bett, Andrea

umarmte das Kissen, murmelte nur noch *Good Night* und war sofort eingeschlafen. Florian dagegen schaltete das Licht aus, sah im Dunkeln ihre zarten Umrisse und musste an Susanna denken. Irgendwann döste auch er ein. Dann donnerte es draußen geradezu infernalisch und Andrea saß plötzlich im Bett und schrie panisch auf. Was Florian dazu brachte, seine Nachttischlampe anknipsen zu wollen. Da er jedoch eine ungeschickte Bewegung machte, fiel sie ihm runter und zerbrach mit einem lauten Klirren. Als Andrea nun als Folge eines nahen Blitzeinschlages den großen Schatten Florians an der Wand sah, wurde sie noch panischer, bis er ihre Hand nahm und beruhigend auf sie einsprach. Sie entspannte sich sichtlich, mühsam tastete Florian sich über sie hinweg zu ihrer Nachttischlampe, und machte diese an. Andrea war schweißgebadet, was ihr sichtlich peinlich war. „Soll ich lieber ins Hotel gehen?“ fragte sie, es war etwa 4 Uhr morgens. „Bei dem Wetter kann man ja keinen Hund vor die Tür jagen, das ist schon O.K.“, sagte er. „Kann ich mich an Dich kuscheln, falls es noch mal kracht?“ fragte sie. In diesem Moment krachte es wieder infernalisch laut. „Ich drehe bald durch, ich hatte schon immer Angst vor solchem Wetter!“ Als Antwort legte Florian beschützend seinen riesigen Arm um sie. „Wenn Dir mein Arm nicht zu schwer ist“, sagte er nur, und schlief gähnend ein. Sie drückte sich an seine Brust und war auch bald eingenickt. So verbrachten sie ihre erste gemeinsame Nacht, weitere sollten folgen. Und beide fühlten etwas, was sie lange vermisst hatten. Als Andrea nochmals wach wurde, war es bereits halb acht Uhr morgens. Jetzt war sie innerhalb von nur zwei Tagen schon das zweite Mal in einem fremden Bett aufgewacht, und irgendwie kam sie sich dabei fast wie eine Hure vor. Auf der anderen Seite war es bei Florian irgendwie alles anders. Er hatte so eine sanfte, fast schon väterliche Art, und schien sonst nichts von ihr zu wollen. Das fand Andrea zutiefst seltsam, da ihr das mit anderen Männern, auch mit älteren, bisher nicht passiert war. Dann erwachte auch Florian, lächelte einen Moment glücklich und murmelte nur „Susanna“. In diesem Moment begriff Andrea, dass seine Liebe zu Susanna immer noch da war, und dass Susanna zwischen Florian und anderen Frauen stand. Florian entschuldigte sich bei ihr. „Entschuldige, Andrea, ich habe vorhin von Susanna geträumt und muss Dich beim Aufwachen wohl mit ihr verwechselt haben. Ich hoffe, es hat Dich nicht verletzt oder beleidigt, aber es fällt mir immer noch sehr schwer, Susanna loszulassen. Sie war so etwas wie meine Chefin, Mentorin, beste Freundin, Geliebte und Außenministerin, wenn Du verstehst, was ich meine.“ Andrea bemerkte, dass sie genauso durchgeschwitzt war wie Florian, dass ihr aber sein Geruch nichts ausmachte. Und ihrer schien ihn umgekehrt auch nicht zu stören. „Ach Florian, Du bist wirklich mindestens der netteste Mann, den ich je kennengelernt habe; irgendwie finde ich es total süß, wie Du das sagst! Weißt Du, ich hatte es ehrlich gesagt noch nie mit jemandem zu tun, der noch trauert, und es rührt mein Herz, wenn Du so von ihr sprichst. Sie muss eine tolle Frau gewesen sein!“ „Ja, das war sie. Doch bis zu ihrem plötzlichen Tod habe ich nur einen kleinen Teil ihrer Person gekannt, und das stößt mir dann auch etwas bitter auf. Vor allem, dass sie mir ihre Krankheit verheimlicht hat, ist etwas, mit dem ich immer noch nicht ganz klarkomme.“ „Bin ich Dir zu nahegekommen?“ fragte Andrea, die immer noch mit Florian unter einer Decke steckte. „Für mich war es O.K. Weißt Du, es ist ein unglaublich trauriges Gefühl, wenn Du allein im Bett liegst und immerzu denken musst, dass da mal jemand neben Dir geschlafen hat. Deshalb habe ich in letzter Zeit mehr auf dem Sofa als hier übernachtet. Aber mit Dir ging es plötzlich wieder. Ich hatte nicht mehr das Gefühl, allein zu sein. Das war sehr schön, wirklich.“ „Wie würdest Du mich denn sehen? Findest Du mich überhaupt attraktiv und begehrenswert?“ wollte Andrea von Florian wissen. „Andrea, Du stellst mir ja wirklich schwere Fragen! Aber um ganz ehrlich zu sein: Ich empfinde Deine Gegenwart als etwas sehr Positives." „Ich würde es aber gerne noch etwas genauer von Dir wissen. Magst Du mich? Hast Du Dich in mich verliebt?" „Du stellst mir da aber sehr schwere Fragen vor dem Frühstück. Wie wäre es, wenn wir zusammen frühstücken und dann darüber reden? Ich stehe jetzt auf, mache alles fertig und Du kannst Dich ja schon mal ins Bad begeben. Deine Sachen von neulich liegen da übrigens gewaschen und getrocknet auf der Waschmaschine, ich habe alles ordentlich für Dich zusammengelegt." „Vielen Dank, gut das machen wir so!" Andrea ging jetzt ins Bad und duschte, während Florian das Frühstück machte. Dann kam sie sichtlich erfrischt mit ihren neuen Sachen aus dem Bad und setzte sich zu ihm an den Küchentisch. Er goss ihr Kaffee ein und sie sah ihn erwartungsvoll an. „Also, Andrea, ich finde, dass Du eine wirklich gute und sympathische Frau bist; irgendwie habe ich sofort gemerkt, dass ich Dir wirklich vertrauen kann. Sonst hätte ich Dir sicherlich nicht diese sensiblen Daten gezeigt. Aber ich glaube, dass ich zum guten Teil so ähnlich wie ein Vater empfinde, der eine erwachsene Tochter hat. Das könnte mit unserem Alter zusammenhängen. Sieh mal, ich bin schon 48. Und wie alt bist Du?" „Ich bin 31." „Susanna war immerhin 36 Jahre alt, und auch das war schon nicht leicht für mich, manchmal kam ich mir wie ein alter Opa vor, wirklich. Insofern weiß ich nicht, ob ich der Richtige für Dich wäre." „Wollen wir es nicht einfach probieren? Ich meine, wir können es ja vorläufig bei guter Freundschaft belassen, wenn Du damit einverstanden wärst." „Klar, warum auch nicht! Es bringt mich auf etwas andere Gedanken und dann kann ich auch mehr leisten. Ich glaube, dass die letzte Nacht sehr gut für mich war. Noch nie konnte ich mich in den letzten Tagen so gut erholen. So, ich gehe jetzt ins Schlafzimmer, ich muss dort noch lüften und mir ein paar Sachen aus dem Schrank holen." Florian stapfte barfuß zu seinem Bett, um sein Unterhemd unter dem Kopfkissen hervorzukramen. Als er gerade um das Bett herum war ertönte ein lauter Schmerzensschrei, den Andrea in der Küche hörte, und der sie sofort aufspringen ließ. Als sie dann ins Schlafzimmer trat, saß Florian auf dem Bett und hielt sich seinen rechten Fuß fest, der stark blutete. „Verdammt, ich habe die kaputte Nachttischlampe vergessen und bin voll in eine große Scherbe getreten. Hast Du mal ein Taschentuch?" Sie reichte ihm eins, dieses war jedoch sofort mit Blut vollgesogen. Daher fragte sie ihn: „Soll ich besser Dr. Nesemann holen? Nicht, dass Du wegen so einem Unsinn noch verblutest!" Er sagte ihr die Nummer. Schnell lief sie in die Küche, und schon wenige Minuten später kam Dr. Nesemann vorbei. Schnell und professionell brachte er die Blutung zum Stoppen, dann fragte er Andrea ganz direkt: „Haben Sie heute bei Florian übernachtet, als Ausgleich für gestern?" Andrea wurde erst etwas rot, dann half ihr Florian aus der Patsche, in dem er sagte: „Wir haben die halbe Nacht durchgearbeitet und ich konnte doch Andrea bei dem Sauwetter nicht ins Hotel gehen lassen. Im Übrigen ist zwischen uns nichts gelaufen, falls Sie das meinen. Da bin ich Susanna noch treu." Dr. Nesemann sagte darauf: „Entschuldigen Sie bitte, Dr. Zuckmayer, ich wollte mich nicht in Ihr Privatleben einmischen. Ich wollte nur Miss O´Leary nicht mit irgendwelchen Hormonpillen mästen müssen, um noch mal das Schlimmste abzuwenden. Die haben nämlich ganz nette Nebenwirkungen, und das hätte ich Miss O´Leary gerne erspart. Sie wissen ja, dass ich von Berufes wegen zur Verschwiegenheit verpflichtet bin." „Ist schon gut, Doktor. Und vielen Dank, dass ich jetzt wieder laufen kann, wenn auch mit Einschränkungen." Unterdessen kehrte Andrea die Scherben auf und wischte das Blut weg, so gut das eben ging. „Kommen Sie nachher zur Kirche?" fragte jetzt Dr. Nesemann Andrea. Diese nickte nur und Florian fragte: Haben Sie Miss Nightingale und Dr. Ito noch erreicht?" „Kein Problem, die kommen alle zum Gottesdienst und zum Kaffee. Falls Sie möchten, dürfen Sie auch gerne kommen, Dr. Zuckmayer." Andrea sah Florian fragend an. „O.K., ich komme mit, warum auch nicht? Wir sehen uns also nachher noch!" Er gab

Dr. Nesemann die Hand und dieser eilte nach draußen. „Oh je, jetzt muss ich auch noch zur theologischen Diskussion etwas beitragen. Na hoffentlich schmeißen mich die Nesemanns nicht raus, weil sie mich zu ketzerisch finden." „Ich helfe Dir beim Anziehen!" rief jetzt Andrea spontan. „Wollen wir lieber getrennt zur Kirche gehen, nicht dass sich jetzt plötzlich alle was dabei denken, wenn sie uns zusammen sehen?" fragte Florian. „Also ich glaube, Deine Susanna hätte es auch ehrlicher gefunden, wenn wir zusammen hingehen. Außerdem weiß ich ja nicht den besten Weg!" Sie blinzelte ihn verschwörerisch an, und für einen Moment fühlte er sich wie der Vater, dessen Tochter einen neuen Streich ausheckt. „Wir gehen zusammen", entschied Florian.

Helgoland, Esszimmer bei Dr. Nesemann, 13.14h

Zur Enttäuschung aller hatte Dr. Nesemann, welcher als Prädikant der Inselkirche tätig war, nicht über Moral oder Sittenlehre gepredigt. Er hatte einfach nur über den ersten Korintherbrief, dreizehntes Kapitel, gepredigt. Die Liebe Gottes eben. Sehr schlicht und in leicht verständlichen Worten. Florian hatte dabei für Andrea übersetzt. Doch bei dem Vers „Die Liebe treibt nicht Mutwillen" blickten die drei Sünder der vorletzten Nacht sich nachdenklich an. Florian lächelte etwas, während Kate und Fuji das aus verständlichen Gründen nicht komisch fanden. Sofort guckte er wieder ganz ernst drein, so dass nun Andrea unwillkürlich anfing zu kichern. Nun saßen sie also bei Dr. Nesemann und dessen korpulente Frau Maria trug gerade das Mittagessen aus der Küche herbei, welches sehr lecker roch. Sergeant Myers saß neben Kate, so dass für ihre Sicherheit auch gesorgt war und nun hielten sie alle nochmals Rückschau über die sehr bewegten Ereignisse der letzten Wochen. „Was mich allerdings wirklich beunruhigt, ist dieses anhaltende schlechte Wetter. Das hatten wir hier schon viele Jahre nicht mehr, vor allem diese starken Regengüsse", sagte Dr. Nesemann jetzt, während seine Frau dazu eifrig nickte. „Immerhin kann die Sintflut Helgoland nicht so leicht wegspülen", meinte jetzt Florian mutig. „Nun, die Bibel sagt uns ja, dass es keine zweite Sintflut mehr geben wird", meinte Dr. Nesemann und fuhr unbeirrt fort: „Aber es gehört mit zur biblischen Apokalypse, dass die Inseln im Meer versinken. Insofern kann man sich da auch auf einer Felseninsel nie zu einhundert Prozent sicher fühlen." „Glauben Sie eigentlich wirklich alles, was in der Bibel steht?" wollte jetzt Kate von Dr. Nesemann wissen. „Nun, Miss Nightingale, dazu würde ich vorsichtig formulieren wollen: Die Kernaussagen ja! Und Sie müssen natürlich etliche Dinge der Bibel auch vor deren historischem Hintergrund her sehen lernen. Schließlich kannten die Propheten vor zweitausend und mehr Jahren ja noch keine moderne Technik. Und auch unsere heutigen Regierungssysteme waren ihnen völlig fremd. Sie dachten außerdem meist sippen- und stammesbezogen, was es uns heute nicht unbedingt erleichtert, ihre Hinterlassenschaften zu verstehen. Doch vom persönlichen Glaubensglück des einzelnen wussten auch schon Leute wie Jesus Christus und König David, um nur mal zwei Beispiele zu erwähnen." „Aber ist denn Gott wirklich eine Person? Mir ist eine Person einfach zu begrenzt, um die ganze Welt erschaffen zu haben!" warf jetzt Dr. Ito ein. „Ein gutes Argument", gab Dr. Nesemann jetzt zu, „aber es geht beim Glauben an einen personalen Gott nicht darum, was wir über Gott meinen, wie er denn zu sein habe. Es geht um etwas anderes. Es geht darum, dass Gott den Menschen sucht, jeden Menschen übrigens. Und es könnte durchaus sein, dass Menschen in Asien oder Afrika Gott anders empfinden oder entdecken wie Menschen aus den USA oder Europa. Wobei es letztlich nur Hinweise und Erfahrungen gibt, aber meine Erfahrungen könnten auch ganz andere als die Ihren sein." Jetzt mischte sich Kate ein: „Also ich bin eigentlich kein besonders religiöser Mensch, aber es hat mich bei der Gedenkfeier für Rebekka Ahrens tief getroffen, als der Pastor die Verse

Und vergib uns unsere Schuld gebetet hatte. Es kam mir so vor, als wollte mich dadurch jemand persönlich ansprechen, im Nachhinein ist das für mich noch ganz schön unheimlich." „Sehen Sie Miss Nightingale, genau darum geht es ja beim Glauben: Nämlich nicht, dass wir ohne Nachzudenken antiquierten Wertvorstellungen folgen, sondern dass wir die Gottheit zu uns sprechen lassen. Sie haben das so erfahren – Ihr Lebenspartner wird es wahrscheinlich ganz anders erfahren, so wie Gott es für ihn richtig findet. Wussten Sie zum Beispiel, dass der Mathematiker Blaise Pascal nur durch didaktische und logische Überlegungen zum Glauben kam? Sie sehen also, Gottes Möglichkeiten sind sehr vielfältig, um uns zu erreichen." Jetzt fragte Florian: „Wie, dann hat Glauben auch noch etwas mit Logik zu tun? Das hat mir ja noch nie jemand gesagt, auch Susanna nicht!" „Aber wenn Gott so ein logisches Wesen ist, warum lässt er dann soviel Elend und Not zu? Warum müssen Tiere und Menschen sterben?" wollte jetzt Dr. Ito wissen. „Nun, das Sterben und der Tod sind eine Grenze, die Gott gesetzt hat, damit das Leiden sich nicht ewig fortsetzen kann. Das ist so etwas wie göttliche Barmherzigkeit", sagte jetzt Dr. Nesemann, „also gewissermaßen die Gnade im Gericht. Wenn Ihr Kind etwas Dummes gemacht hat, dann müssen Sie es auch bestrafen, damit sie von ihm als Autorität ernst genommen werden. Aber wenn Sie Ihr Kind wirklich lieben, dann gibt es auch noch eine Gutenachtgeschichte nach dem Stubenarrest, verstehen Sie jetzt, worauf ich hinauswill?" Kate sah nachdenklich aus, dann sagte sie leise: „Ich glaube, ich verstehe jetzt, was Gnade wirklich ist. Ich hätte eigentlich für mein Verbrechen sterben müssen, aber Gott wollte nicht, dass ich noch mehr leiden muss, obwohl ich es ja verdient hätte. Deshalb hat er in Irland Vater Andrew für mich sterben lassen, deshalb hat er Jesus sterben lassen, damit auch Leute wie ich noch eine Chance auf ein neues Leben bekommen!" Sie weinte fast, und Florian begann einiges zu verstehen. Dann sagte Florian: „Sag das noch mal Kate: Damit Leute wie Du ein neues Leben bekommen? Du meinst ganz neu?" „Ja, Florian, das wollte ich damit sagen. Meine ganze IRA-Geschichte ist damit automatisch Vergangenheit geworden; die Terroristin Ruth ist durch das Kreuz von Jesus besiegt worden. Aber manchmal kommt leider noch etwas von Ruth in mir durch, obwohl ich das gar nicht mehr will, und das macht mir sehr zu schaffen, es quält mich! Und Rebekka Ahrens kann ich auch nie vergessen!" Bei diesen Worten schloss Kate Kai in ihre Arme, der jetzt auch weinte. Nach einigen Sekunden der Stille sagte Dr. Nesemann väterlich: „Sehen Sie, Miss Nightingale, das ist genau das Problem, mit dem auch der Apostel Paulus zu kämpfen hatte. Früher war er der Christenverfolger, nun wurde er selbst zum Gejagten. Und obwohl er so wie Sie ganz radikal die Seite gewechselt hatte, fühlte er, wie etwas in ihm war, was ihn daran hindern wollte, das Gute zu tun. Auch Paulus hat immer wieder Sünden begangen, ja er hat sich sogar mit den anderen Aposteln gestritten! Und Paulus sagte von sich, dass er der schlimmste unter den Sündern sei, weil er die Gemeinde des Herrn verfolgt habe. Vermutlich hätte er Ihren Bombenanschlag zwar auch als schlimm, aber seine Christenverfolgung als noch schlimmer eingestuft! Was sagen Sie nun, Miss Nightingale?" „Wie kann ich denn jetzt da wieder herauskommen, um endlich das Gute zu tun?" „Wenn Sie das wirklich wissen wollen, dann kommen Sie einfach am Mittwochnachmittag zu uns nachhause – da machen wir hier immer unsere Bibelstunde. Ich suche Ihnen gerne die passenden Teile der Bibel für die Beantwortung Ihrer Fragen heraus. Sie haben sehr viel erlitten und gekämpft, aber ich glaube es für Sie, dass das Gute auch bei Ihnen siegen wird. Wenn auch mit Schwierigkeiten. Nehmen Sie doch mich als Beispiel: Als junger Arzt im Praktikum wurde ich ausgerechnet auf einer Lungenstation des Krankenhauses zum Kettenraucher. Ich rauchte drei Schachteln täglich. Wissen Sie, wie hart es für mich war, damit aufzuhören? Und das ist jetzt bei

Ihnen nicht viel anders! Lassen Sie sich durch Rückschläge nicht entmutigen, Sie sind schon auf dem richtigen Weg! Und Gott hat in Irland durch Ihre mutigen Reden gewaltige Dinge getan, ist Ihnen das überhaupt klar? Wenn das so bleibt, dann wird man Sie in allen Geschichtsbüchern namentlich erwähnen!" „Aber ich kann doch meine Taten nicht ungeschehen machen", wandte Kate ein. Da warf Andrea ein: „Das kannst Du zwar nicht, aber überleg doch mal: Wenn wir Deine Geschichte als Buch veröffentlichen und dadurch etwas Geld verdienen, dann könntest Du das doch geben, um damit einigen Deiner Opfer zu helfen." „Eine gute Idee, so habe ich das noch nicht gesehen", fand Kate. Jetzt räumte Maria Nesemann den Tisch ab und servierte allen Kaffee und Tee, dazu gab es etwas Gebäck. Sie unterhielten sich noch sehr intensiv über Theologie, und Florian und Fuji merkten, dass es beim Glauben gar nicht um trockene Dogmen, sondern um einen persönlichen Gott ging. Aber würde so ein Gott sie finden? Und warum sollte er gerade für sie und ihre Probleme Zeit haben? So ganz logisch erschien es ihnen nicht, aber Florian musste an seine Träume der letzten Zeit zurückdenken. Und je mehr er diese in den Zusammenhang mit dem Glauben stellte, desto mehr kamen ihm seine Träume real vor. Besonders der Traum, wo der alte Herr Hansen sich plötzlich in einen traurig-zornigen Gottvater verwandelte, beschäftigte ihn immer noch. Dann sagte Kate: „Und was ist mit unseren sittlichen Verfehlungen? Also den Sachen, wie beispielsweise so etwas wie vorgestern?" Jetzt lächelte Dr. Nesemann freundlich. „Schön, dass Sie drei es selbst gemerkt haben! Nun: Es gibt für alle Sünden die gleiche Sühne. Nämlich das Blut Christi. Wie Miss Nightingale ja auch nicht vom irischen Parlament nur eine halbe Amnestie bekommen hat, so nach dem Motto: Also für einen Bombenanschlag mit Toten und Verletzten gibt es eine Amnestie, für den einfachen Diebstahl dagegen nicht. Das wäre ja auch Unsinn, oder nicht? Es gibt nur eine Erlösung, und die gilt für alle und für alles!" „Aber das klingt mir fast wie nach einem Freibrief zum Sündigen", meinte Kate mit kritischer Miene. „Nein, genau das eben nicht. Die Gnade erhält nur derjenige, der diese auch als solche begreift. Wer die göttliche Gnade für billig hält, wird nicht amnestiert, der hat sich selbst damit abgeschossen", erklärte nun Dr. Nesemann. „Ich glaube, ich muss mir eine Bibel kaufen!" meinte jetzt Fuji. „Warum nicht?" meinte Kate, „ich glaube ich brauche auch eine, mir raucht ja schon der Kopf." „Ja, aber es ist heiliger Rauch!" rief jetzt der kleine Kai Ahrens und sorgte damit für allgemeines Gelächter. Da klingelte das Handy von Dr. Ito.

Helgoland, Biologische Station, 14.05h

Dr. Skibbe blickte erstaunt auf, als zwei alte Leute zaghaft an seine Bürotür klopften und nach Dr. Ito fragten. Dabei handelte es sich um die inzwischen 83 und 85 Jahre alten Eltern von Rebekka Ahrens, die Großeltern des einst von Rebekka Ahrens adoptierten Kai Ahrens. Sie waren soeben mit der gleichen Barkasse über Hamburg angereist, wie der deutsche Generalbundesanwalt, der bereits im Nordseehotel eincheckte. Unterwegs hatten sie sich sogar mit ihm unterhalten, was auch ihr späteres Gespräch mit Kathrin Nightingale beeinflussen sollte. Die beiden waren zwar nicht mehr die schnellsten, aber ansonsten noch rüstig und geistig sehr aktiv. Dr. Skibbe wählte Dr. Ito auf seinem Handy an, doch es ertönte das Besetztzeichen. Dann sagte er zu den beiden: „Es ist besetzt. Ich weiß jedoch, dass Dr. Ito mit Kai und Kathrin Nightingale heute bei Dr. Nesemann, unseren Inselarzt, zum Kirchenkaffee eingeladen ist. Einen kleinen Moment bitte, ich rufe mal bei Dr. Nesemann an." Er wählte die Nummer, und nach einer kurzen Anfrage gab ihm Dr. Nesemann Kathrin Nightingale persönlich. „Kate, die Großeltern von Kai sind hier bei mir in der Station. Könntet Ihr zu uns runterkommen?" Kate schluckte etwas, dann sagte sie: „Ich glaube, es ist besser, wenn ich zuerst alleine komme. Gibt es ein Zimmer, wo wir ungestört sprechen können?" „Kein Problem, Ihr könnt mein Büro haben, ich gehe sowieso gleich nachhause." „Rüdiger, könntest Du mir bitte noch einen kleinen Gefallen tun? Ich brauche etwas moralische Unterstützung für das Gespräch, könntest Du bitte Sandra Miller aus dem Nordseehotel holen? Es wäre ganz gut, wenn sie dabei wäre!" „Gut, Kate, mache ich. Bis später dann." Er legte auf. Der alte Herr Ahrens sah jetzt Dr. Skibbe skeptisch an: „Hatten Sie etwa Kathrin Nightingale dran? Duzen Sie diese Terroristin etwa?" Etwas verdattert schaute jetzt Dr. Skibbe drein, dann sagte er: „Wir alle hier duzen uns inzwischen. Am besten wird es sein, wenn Sie sich einen persönlichen Eindruck von ihr machen. Sie glauben es ja gar nicht, was diese arme Frau in den letzten Tagen alles durchlitten hat. Und eines kann ich Ihnen versichern: Sie liebt Ihren Kai, wirklich. Ach, sehen Sie es sich doch selbst an. Am besten, Sie warten hier kurz, Kate wird sich gleich persönlich herbemühen und außerdem wird noch Sandra Miller, eine irische Sonderermittlerin, an dem Gespräch teilnehmen. Ich werde nur schnell Sandra informieren, dann mache ich Ihnen gerne etwas Tee oder Kaffee", bot Dr. Skibbe an. „Dann bitte etwas Kaffee, aber nicht zu stark, wenn es geht", sagte jetzt Frau Ahrens.

Helgoland, Esszimmer bei Dr. Nesemann, 14.17h

Als Dr. Ito den Hörer auflegte, war er schweißgebadet, und Kate hatte sich bereits auf den Weg zur Biologischen Station gemacht. „Was war denn los, Fuji?" fragte ihn jetzt Andrea O´Leary. „Es ist unglaublich! Meine Noch-Ehefrau Irene hat mich angerufen. Aber was sie mir gesagt hat, kann ich nicht hier in dieser Runde erzählen, nein, das geht gar nicht! Mein Gott, ich muss erst einmal meine Gedanken sortieren, diese Frau treibt einen selbst dann in den sicheren Wahnsinn, wenn sie nicht in Persona anwesend ist!" „Wir gehen dann schon mal", verabschiedeten sich jetzt die Anderen und Dr. Ito bat Andrea darum, Kai mitzunehmen zum Hotel, er selbst würde in einer halben Stunde nachkommen. Dann bat er Dr. Nesemann um ein vertrauliches Gespräch unter vier Augen, worauf dieser nur nachdenklich und mitfühlend nickte. Und bei diesem Gespräch würde es nicht wirklich um medizinische oder wissenschaftliche Tatbestände gehen.

Helgoland, Biologische Station, 14.25h

Kate war langsam zur Station gelaufen, um ihre Gedanken besser vorbereiten und sortieren zu können. Bisher hatte sie nämlich noch gar nicht darüber nachgedacht, dass sie durch ihr Attentat zwei Eltern ihre Tochter genommen hatte. Als sie auf der Höhe des Nordseehotels vorbeikam, gesellte sich Sandra Miller zu ihr, um ihr Mut zu machen. Rüdiger empfing sie beide am Eingang der Station und brachte sie in sein Büro, wo das Ehepaar Ahrens bereits auf sie wartete. Dann brachte Rüdiger allen etwas Kaffee und Gebäck, um die Lage etwas zu entspannen, da der alter Herr Ahrens sich geweigert hatte, Kate die Hand zu geben. Dann stellte Kate den beiden Sandra Miller vor und erklärte ihnen, dass Sandra kein Deutsch sprach, weshalb sie selbst gleichzeitig für Sandra übersetzen würde. Kate begann nun das Gespräch, wobei sie immer wieder kleine Übersetzungspausen für Sandra machte. „Liebe Frau Ahrens, lieber Herr Ahrens, ich bin wirklich sehr froh, dass sie hierhergekommen sind, damit ich die letzten lebenden Angehörigen von Kai endlich persönlich kennenlernen kann! Kai hat oft nach Ihnen beiden gefragt, auch als wir in London und in Irland waren, und ich staune immer wieder, wie pfiffig er ist. Ich weiß, dass die Situation für Sie beide jetzt sehr schwierig ist, denn immerhin habe ich ja durch meine furchtbare Tat Ihre Tochter auf dem Gewissen! Doch bevor Sie sich ein Urteil über mich erlauben, möchte ich Ihnen noch etwas über mich sagen: Auch ich habe ein Kind durch einen Anschlag verloren, aber im Gegensatz zu Ihnen beiden musste ich meinem Sohn damals beim Sterben zusehen. Ich weiß, dass Ihnen das jetzt alles wie ein schlimmer Alptraum erscheint, und ich weiß auch, dass ich Teil dieses Alptraums bin. Sie glauben es gar nicht, wie sehr mir das selbst leidtut!" „Junge Frau, sehen Sie: Wenn man in unserem Alter ist, dann hat man den eigenen Tod täglich vor Augen. Aber dass man seine Kinder begraben muss, ist einfach nur schrecklich, auch wenn sie wie unsere Rebekka schon 42 Jahre alt waren", sagte jetzt der greise Herr Ahrens. „War denn Rebekka Ihre einzige Tochter, Herr Ahrens? Sehen Sie, ich weiß nichts über mein Opfer, außer dem, was beim Trauergottesdienst auf Helgoland über sie gesagt wurde. Doch ich kann Ihnen versichern, dass ich den Namen Ihrer Tochter niemals vergessen kann – das ist wie ein Kainsmal, welches Gott persönlich in meinen Schädel gebrannt hat. Ein Kainsmal, das mir jeden Tag gleichmäßig weh tut, das können Sie mir wirklich glauben! Ich bin immer noch sehr traurig und schäme mich für meine Tat. Deshalb ist es mir so wichtig, dass Sie beide mich wenigstens verstehen können, wenn Sie mir vielleicht auch noch nicht verzeihen können, was ich Ihnen gut nachfühlen kann, denn es ging mir bis vor kurzem ganz genau so." Der alte Herr Ahrens sah nachdenklich aus, dann sagte er leise: „Rebekka war unser letztes gemeinsames Kind, sie war das Küken in unserem Nest. Wir hatten insgesamt drei Kinder, zwei Mädchen und einen Jungen. Rebekkas Geschwister haben aus verschiedensten Gründen schon vor Jahren den Kontakt zu uns abgebrochen. Rebekka dagegen hat sich trotz ihrer vielen Arbeit immer um uns gekümmert, dafür haben wir auch öfter mal auf Kai aufgepasst. Aber jetzt, ja jetzt haben wir weder Rebekka, noch Kai! Und Sie sind schuld daran, verstehen Sie das? Sie haben uns unser letztes Lebensglück, das wir im Alter noch hatten, mit Ihrem Attentat genommen. Und jetzt wollen Sie uns auch noch unseren Kai nehmen? Finden Sie das nicht selbst ungeheuerlich?!" Der Großvater von Kai krallte sich in die Armlehnen seines Stuhles und rang nach Luft, während Kate ebenfalls erbleichte. Nachdem Kate dann alles für Sandra übersetzt hatte, sagte Sandra durch Kate, die es dann übersetzte: „Herr Ahrens, das stimmt doch so gar nicht! Keiner hier möchte Ihnen Ihren Enkel wegnehmen, keiner, außer dem deutschen Jugendamt! Ich selbst muss wirklich sagen, dass ich sehr überrascht war, als Kai hier auf Helgoland auftauchte. Sie glauben es gar nicht, was Kai alles von Miss Nightingale wissen wollte. Und ich war sogar dabei, als Kai sich die Wunden von Miss Nightingale angesehen hat und Kate dann fragte, ob seine Mutter auch so schlimm verletzt wurde wie sie. Ich war auch dabei, als er von der wirklich schwer verletzten Kate verlangte, ihm eine neue Mutter zu besorgen. Können Sie es sich auch nur annähernd vorstellen, wie hart das für Kate war, so direkt mit den Folgen Ihres Tuns konfrontiert zu werden? Sehen Sie, Herr Ahrens: Ich selber war in der Vergangenheit auch eine sehr gewalttätige Person. Doch meine damaligen Opfer reden noch heute nicht mit mir, weil sie mich immer noch fürchten! Deshalb ist Kate sehr daran interessiert, dass Sie mit ihr zu einer guten Aussprache kommen, denn Kate möchte alles in Ihrer Macht Stehende tun, um Ihren Opfern und deren Angehörigen zu helfen. Was meinen Sie wohl, wie es Kate getroffen hat, als sie von Ian Bannister hören musste, dass Kai in Deutschland ins Heim soll! Das ist so ziemlich das allerletzte, was Kate für Kai möchte, stimmt es, Kate?" Kate nickte jetzt, dann weinte sie hemmungslos. Bisher war es ihr nämlich nicht klar gewesen, was ihr Attentat alles zerstört hatte. Frau Ahrens sah Kate jetzt schon fast mitfühlend an, als Herr Ahrens sich dazu äußerte und langsam und betont sagte: „Wissen Sie Miss Nightingale, Sie können natürlich versuchen, auf die Tränendrüsen zu drücken, aber das reicht uns nicht! Natürlich dürften wir Kai in einem Heim auch zweimal in der Woche besuchen, aber wir sind alt, sehr alt. Ich bin schon 85! Und wenn ich sterbe, dann möchte ich nicht das Gefühl haben, den Jungen alleine zurück zu lassen, begreifen Sie das? Und alles wegen einer Terroristin wie Ihnen! Dr. Ito, ja das wäre ein würdiger Adoptivvater für unseren Kai, aber Sie?" „Bitte Herr Ahrens, ich weiß, wie schwierig das alles ist. Könnte ich Ihnen wenigstens einen Vorschlag machen? Nämlich mit Kai und Dr. Ito zu reden, ohne mich? Ich glaube mittlerweile, dass wir unser Gespräch besser später fortsetzen sollten, wenn es Ihnen am besten gefällt." In diesem Moment griff Herr Ahrens in die Brusttasche seines Trenchcoats, er hatte Kate gar nicht mehr zugehört. Stattdessen zog er jetzt eine alte deutsche Armeepistole aus dem Zweiten Weltkrieg hervor und richtete die Mündung auf Kate. Dann sagte er nur kalt: „Wenn Polizei und Politik nicht mehr für Gerechtigkeit sorgen können, dann werde eben ich es tun." Er entsicherte die Waffe und drückte ab. Ein ohrenbetäubender Knall hallte durch die ganze Biologische Station.

Helgoland, Biologische Station, 14.57h

Sergeant Myers hatte draußen vor dem Büro gewartet, da sowohl Sandra als auch Kate ihm versicherte hatten, dass von dem alten Ehepaar Ahrens wohl keine Gefahr drohen könne. Doch dann sah er zu seinem Entsetzen durch die Fensterscheibe des Büros, wie der alte Herr Ahrens plötzlich eine Waffe zog. Es ging alles so schnell, dass er es nicht mehr schaffte, rechtzeitig zu reagieren. Doch jemand anders reagierte stattdessen. Denn Sandra Miller warf sich jetzt vor Kate und schubste sie samt dem Drehstuhl, auf dem sie saß, in eine andere Zimmerecke. So brachte sie ihren eigenen Körper zwischen Herrn Ahrens und Kate und bekam die Kugel, die sonst Kate getroffen hätte, in die linke Schulter. In diesem Moment stürzte Sergeant Myers in den Raum, rollte sich über den Schreibtisch und riss Herrn Ahrens, der davon völlig überrascht wurde, die Waffe aus der Hand. Nach dem Fehlschuss hatte Herr Ahrens tatsächlich nochmals auf Kate feuern wollen, doch Sergeant Myers war ihm um Sekundenbruchteile zuvorgekommen. Dann packte der Sergeant Herrn Ahrens mit einem Polizeigriff und presste dessen Oberkörper auf den Schreibtisch. Das alles lief in wenigen Sekunden ab, und erst jetzt drückte Kate endlich den Pager, den Steven Miller ihr gegeben hatte. Keine Minute später wimmelte es hier von Royal Marines, die die gesamte Station abriegelten und niemanden hinaus und auch niemanden mehr hineinließen. Colour Sergeant Steven Miller war bereits zwei Minuten später persönlich da. „Mein Gott Kate, Du bist ja voller Blut, bist Du verletzt?" fragte jetzt der Colour Sergeant, sichtlich geschockt. „Bei mir ist alles gut, Steven. Sandra hat mich gerettet, das Blut ist von ihr! Hört denn das niemals auf?" Zwei Sanitäter der Royal Marines kamen herbeigeeilt und versorgten Sandra Miller. Sandra war ganz still, aber noch bei Bewusstsein; ein Sanitäter gab ihr Morphium gegen die Schmerzen. „Danke Sandra!" rief Kate ihr noch nach, als man sie hinaustrug. Die alte Frau Ahrens war ebenfalls fassungslos, als ihr Mann die Pistole gezogen hatte, dann bekam sie einen Nervenzusammenbruch, als er tatsächlich geschossen hatte. Hysterisch weinend saß sie in einer Ecke des Zimmers und musste mit ansehen, wie man ihrem Mann Handschellen anlegte und ihn abführen wollte. Jetzt schaltete sich Kate ein: „Aber Steven! Das könnt Ihr doch nicht machen! Das ist der Großvater von Kai, er ist schon 85 Jahre alt! Bitte, er ist doch kein Schwerverbrecher wie ich. Sieh mal, seine Frau steht noch völlig unter Schock!" „Kate, man wollte Dich eben nur umbringen, und Sandra wurde verletzt! Da können wir ihn doch nicht einfach so frei herumlaufen lassen!" „Steven, jetzt komm doch mal bitte runter, please calm down! Sieh mal, wenn Sandra mir nicht zuvorgekommen wäre, dann hätte ich ihn auch entwaffnen können. Aber sie ist mir leider genau in die Parade gefahren, und zwar in dem Moment, als ich springen wollte! Sieh mal Steven, für mich ist es wirklich nicht schlimm, falls mich doch mal jemand erschießen sollte. Ich habe die ganze Ewigkeit vor mir; ich weiß, was ich in diesem Leben getan habe und auch, was nicht. Hätte er mich erschossen, wäre das für Euch alle zwar schlimm gewesen, aber nicht für mich. Ich glaube eher, für mich wäre es dann eben so eine Art ausgleichende Form von Gerechtigkeit gewesen." „Wie, Du willst ihn nicht wegen versuchten Mordes anzeigen?" „Nein, auf keinen Fall! Außerdem ist er ja Kais Opa, der durch mich seine Tochter verloren hat, dazu noch die einzige Tochter, zu welcher er noch Kontakt hatte! Ich verstehe ihn sehr gut, also nimm ihm bitte die Handschellen wieder ab, Okay?" Brummend nahm Steven ihm Herrn Ahrens die Handschellen ab, sagte aber dazu: „Ich werde zwei meiner Royals dafür abstellen, ihn zu bewachen. Auf Schritt und Tritt. Und wegen Sandra reden wir noch." Dann stapfte er grimmig hinaus, Sergeant Myers bei Kate und dem Ehepaar Ahrens in Dr. Skibbes Büro zurücklassend. Kate ließ sich in den Drehstuhl sinken, dann blickte sie Herrn Ahrens ruhig an und dachte nach; feindselig erwiderte er ihren Blick. Hinter Herrn Ahrens stand ein weiterer Royal Marine an der Wand. Frau Ahrens hatte sich inzwischen wieder etwas beruhigt, dann sagte sie schließlich: „Miss Nightingale, ich muss mich wohl bei Ihnen entschuldigen! Als wir auf dem Hinweg waren, hat uns der Generalbundesanwalt gesagt, dass die deutsche Justiz Sie wegen des internationalen Drucks auf unsere Regierung wahrscheinlich nicht mehr einsperren kann. Ich wusste ja nicht, dass er seine alte Waffe noch hatte, wirklich, ich wollte das alles nicht!" Sie war den Tränen nahe. Da kam Kate eine Idee. „Herr Ahrens, Sie glauben jetzt wahrscheinlich, dass es ungerecht ist, dass Rebekka tot ist, und ich mich weiterhin bei bester Gesundheit meines Lebens erfreuen darf, habe ich nicht Recht?" Er nickte nur stumm, aber hasserfüllt. „Gut, dann will ich Ihnen jetzt mal zeigen, wie gesund ich bin, ja, ertragen Sie diesen Anblick?" Er nickte wieder. Dann sagte Kate zu den Royal Marines: „Und sie beiden schauen jetzt bitte mal kurz weg, wenn ich mich jetzt und hier ganz exklusiv nur für Herrn Ahrens entkleide." Sie zog jetzt ihre Sachen aus, bis sie nur noch im Slip vor Herrn Ahrens stand, der davon sichtlich irritiert war, die beiden Royal Marines sahen höflich woanders hin. Dann trat sie an ihn heran, nahm seine rechte Hand, und legte sie auf die gezackte Narbe an ihrem rechten Knie. „Fühlen Sie es ruhig! Wissen Sie, wie es ist, wenn man nicht weiß, ob einem das Bein erhalten bleibt?" Dann kniete sie sich vor ihn und zeigte ihm ihre rechte Brust, die auch eine deutliche Kerbe hatte. „Sehen Sie diesen Einschnitt? Der geht nie wieder weg. Und damit soll ich in ein paar Monaten ein Kind stillen!" Danach zeigte sie ihm schließlich ihr rechtes Schlüsselbein, auf dem auch eine frische, noch nicht ganz geheilte Narbe zu sehen war. „Und jetzt sehen Sie mein Schlüsselbein, auch im Eimer! Ich werde den rechten Arm nie wieder ganz hochbekommen, und ich werde wohl nie wieder ohne ein leichtes Hinken laufen können. Abgesehen davon, dass mein eigentlich hübscher weiblicher Körper entstellt wurde. Wenn ich im Sommer mit einem Bikini rumlaufe, dann werden mich alle wegen dieser Narben anstarren. Und wissen Sie, was ich denen dann sagen werde: Das ist die göttliche Strafe dafür, dass ich einen unschuldigen Menschen weggebombt habe! Wie finden Sie das? Ist das nicht auch eine Form von ausgleichender Gerechtigkeit?" Kate zog sich wieder an und nahm dann erschöpft in Rüdigers Drehstuhl Platz. „Ich werde darüber nachdenken", sagte Herr Ahrens. Darauf stand Kate wortlos auf und verließ das Büro. Sie wollte jetzt nur noch hinaus an die frische Luft, einfach niemanden mehr sehen und niemandem mehr etwas schuldig sein. Die beiden Royal Marines stapften wortlos, aber sichtlich beeindruckt von ihrem physisch sehr anschaulichen Vortrag, hinter ihr her.

Helgoland, Sprechzimmer bei Dr. Nesemann, 14.27h

Dr. Ito begann jetzt: „Dr. Nesemann, ich bin immer noch fassungslos! Ich kann es immer noch nicht fassen, das ist alles so irreal für mich! Darf ich hier ausnahmsweise eine rauchen?" Dr. Nesemann schob ihm einen Aschenbecher zu, während Dr. Ito sich einen „Sargnagel" anzündete. Er nahm einen tiefen Zug, dann sagte er: „Da ruft mich doch meine Noch-Ehefrau Irene an. Und wissen Sie, was Sie mir gesagt hat?" „Nein, ich kann es mir nicht im Geringsten vorstellen." „Nun, sie hat mir zunächst den Mord an ihrem Liebhaber gestanden. Und dann hat sie gesagt, dass sie schwanger sei. Und sie wisse nicht, ob von mir oder von Werner Isselmann. Aber dann hat sie noch etwas nachgelegt, was mich immer noch völlig fertig macht!" Er nahm einen weiteren tiefen Lungenzug, wovon er husten musste, Dr. Nesemann hörte ihm interessiert zu. „Sie sagte, sie wolle das Kind in jedem Fall bekommen. Und wenn es von mir wäre, dann würde sie es mir irgendwie zukommen lassen, sie wolle es auf keinen Fall haben. Sie sagte mir - und jetzt kommt der eigentliche Klopfer - sie wolle nicht noch einen dritten Mord begehen, indem sie das Kind abtreiben würde. Einen dritten Mord! Mein Gott, also hat diese Frau jetzt mindestens zwei andere Menschen auf dem Gewissen! Ich kann es immer noch nicht fassen, dass ich offiziell immer noch mit einer Doppelmörderin verheiratet bin! Wenn das an die Presse gelangt, dann ist mein guter Ruf stark beschädigt! Andere werden mich bemitleiden, so eine Frau geheiratet zu haben. Ja, das kann sogar meine Professur zunichtemachen – obwohl ich nichts dafür kann!" „Nun beruhigen Sie sich doch etwas, Dr. Ito. Ich an Ihrer Stelle würde jetzt zwei Dinge tun: Zum einen würde ich die deutsche Polizei bitten, nachzuforschen, woher der Anruf kam. Und zweitens würde ich nochmals mit unserem Innenminister sprechen, damit das Scheidungsverfahren beschleunigt wird. Mehr können Sie jetzt nicht tun, glauben Sie mir das!" „Aber was mache ich denn, wenn die Polizei Irene nicht erwischt? Und wenn dann in ein paar Monaten tatsächlich ein Körbchen mit einem Säugling vor meiner Tür steht?" „Nun, das kann man jetzt noch nicht sagen. Würden Sie denn für das Kind sorgen, wenn es wirklich von Ihnen ist?" „Hm, ich weiß nicht, denn so ein Kind würde mich ja auch immer an Irene erinnern. Und das will ich ja eigentlich nicht", sagte Dr. Ito. „Nun, in diesem Fall müssten Sie das Kind zur Adoption frei geben. Oder es käme in ein Heim." „Alles, nur das nicht!" „Tja, ich glaube, Sie sollten doch besser einen Vaterschaftskurs besuchen, und das so rasch wie möglich!" „Ich glaube, mein Leben ist in eine Schieflage geraten, was soll ich nur tun?" „Machen Sie einfach das Naheliegende zuerst. Sollte die Polizei Irene schnappen, dann haben sich Ihre meisten Probleme damit vermutlich erledigt, sofern das alles diskret verläuft." „Und was, wenn es nicht diskret abläuft?" fragte Dr. Ito jetzt. „In diesem Fall hilft nur beten", sagte Dr. Nesemann jetzt trocken. Dann ergänzte er: „Außerdem würde ich die Gelegenheit beim Schopf ergreifen, und den Fall Ian Bannister persönlich vortragen. Vielleicht beschleunigt es ja die Ermittlungen nicht unerheblich, wenn sich der Ministerpräsident persönlich dahinterklemmt." „Eine sehr gute Idee", sagte Dr. Ito, drückte die Zigarette aus und eilte zum Nordseehotel.

Helgoland, Nordseehotel, kleiner Konferenzraum, 15.03h

Die hier versammelten Politiker waren alle sichtlich geschockt, als ihnen der nun zweite Attentatsversuch auf Kate gemeldet wurde. Keith Hastings wurde nun auch sehr unruhig, und als er von der Verletzung Sandras informiert wurde, stürmte er sofort nach draußen. Währenddessen forderte Gus Falkner persönlich bereits Professor Ferguson von der Dorsetshire II an. Dieser wurde nun schnell mit einem Kampfhubschrauber des Typs Tiger eingeflogen, dann eilte er zur Praxis Dr. Nesemanns, wo Sandra Miller bereits behandelt wurde. Gemeinsam mit Dr. Nesemann besah er sich die Verletzung, bei der es sich offenbar nur um eine Fleischwunde handelte. Bereits nach wenigen Minuten war die Operation dank einiger routinierter Handgriffe Professor Fergusons beendet, danach wurde Sandra verbunden und ins Aufwachzimmer geschoben, wo Keith Hastings bereits gewartet hatte. Er hielt ihre Hand und wartete darauf, dass sie wieder erwachte. Eine dreiviertel Stunde später kam sie wieder zum Bewusstsein und verlangte etwas zu trinken. Er gab ihr etwas Wasser, dann stand sie auf und wollte zum Hotel gehen, wäre aber fast hingefallen. So fing er sie gerade noch rechtzeitig auf und besorgte einen Rollstuhl für Sandra Miller, dann schob Keith Hastings sie zum Hotel zurück. „Sandra, warum machst Du so etwas? Das hätte doch voll daneben gehen können!" Sagte er jetzt vorwurfsvoll. „Ich wollte Kate nur ein einziges Mal beweisen, dass ich auch schneller sein kann, als sie", sagte Sandra und grinste albern. Darauf beugte sich Keith zu ihr herunter und gab ihr einen Kuss, dann meinte Sandra: „Und jetzt bring mich endlich zum Speisesaal, Keith. Attentate auf Kate, bei denen ich Kugelfänger spielen muss, machen mich nämlich immer so schrecklich hungrig und durstig!" Da kamen Lissy und Eddie angelaufen und gesellten sich zu ihnen. „Ich glaube, wir alle müssen noch sehr viel mehr als bisher über unsere Sicherheit nachdenken", meinte jetzt Eddie. „Ja, das müssen wir wohl tun", sagte Keith Hastings ruhig.

Helgoland, Wohnung von Dr. Zuckmayer, 17.05h

Andrea, Florian und Kai hatten zunächst einen kleinen Spaziergang auf dem Oberland gemacht, waren aber dann zu Florian gegangen und spielten zusammen ein Kartenspiel. Nachdem es draußen heftig zu regnen begonnen hatte, klingelte es an der Tür. Es war Kate zusammen mit Fuji, der sie schließlich schon fast völlig durchnässt am Geländer des Oberlandes gegenüber der Langen Anna gefunden hatte, nachdem er mit Ian Bannister gesprochen und dabei auch von dem Attentatsversuch auf Kate erfahren hatte. Florian holte einen Morgenmantel für Kate, da sie ihr völlig durchnässtes Kleid ausziehen musste. Es war der seidene Morgenmantel von Susanna und Kate sagte nur: „Der muss ja ein echtes Vermögen gekostet haben, so weich wie der ist." Dann wollte Andrea erfahren, was los war, aber Kate sagte nur: „Ich weiß nicht, ob das gut ist, wenn ich es jetzt erzähle. Schließlich möchte ich Kai nicht beeinflussen, bevor er auf seine Großeltern trifft." „Was ist denn mit Opa und Oma, geht es ihnen gut?" wollte Kai jetzt wissen. „Ja Kai, sie sind beide gut hier angekommen. Ich denke, Du wirst sie spätestens morgen sehen dürfen. Sie sind schon ziemlich alt, die Fahrt hat sie sehr angestrengt, sie müssen sich bestimmt noch etwas ausruhen", sagte Kate. „Hatten Sie einen Unfall? Oder warum ist der Hubschrauber mit Professor Ferguson bei Dr. Nesemann gelandet?" fragte Kai weiter, der den Tiger landen gesehen hatte. „Nein, es wurde nur Sandra Miller leicht verletzt, sonst ist nichts passiert, alles in Ordnung", log Kate, doch Kai merkte es. Traurig sagte Kai: „Tante Kate! Du sagst doch sonst immer die Wahrheit, warum jetzt nicht? Ich merke das nämlich immer, wenn Du nicht die Wahrheit sagst!" Darauf sah Kate ihn sehr nachdenklich an, als ihr Fuji ins Wort fiel: „Kai, Tante Kate macht sich Sorgen um Dich, weißt Du? Und manchmal ist es wohl besser, wenn Kinder nicht alles wissen, was wirklich passiert ist. Wir werden es Dir später einmal erzählen, das versprechen wir Dir! Können wir jetzt weiter mit Euch etwas spielen?" Kai sah nun ebenfalls nachdenklich aus, dann sagte er: „Tante Kate, hat das etwas damit zu tun, dass Du jetzt so eine berühmte und wichtige Frau bist?" „Eher weniger", seufzte sie. Dann spielten sie ein Kartenspiel, das Kai gewann.

Helgoland, Nordseehotel, Speisesaal, 19.06h

Als Kate mit Fuji und Kai den Speisesaal betrat, wurde sie von Steven heran gewunken. Neben Steven saß ein Kate unbekannter Mann im grauen Zweireiher, der sich offenbar sehr angeregt mit dem Militärkommandanten Helgolands unterhalten hatte. Sie nahm gegenüber dem Mann Platz und Steven stellte ihn ihr vor. „Kate, das ist Rolf Helmholtz, der Generalbundesanwalt der Bundesrepublik Deutschland. Er würde Dich gerne erst privat kennenlernen, bevor er sich dienstlich mit Dir auseinandersetzt." Kate sah ziemlich verdattert drein, und Rolf Helmholtz sagte höflich: „Guten Abend, Miss Nightingale! Vorab möchte ich mich jedoch nochmals bei Ihnen für das Vorgehen der GSG9 entschuldigen. Die Jungs haben es gnadenlos übertrieben, genauso melodramatisch sollte es nämlich nicht laufen. Sie haben mir zwar hinterher alle versichert, dass ihre Waffen nicht geladen gewesen seien, aber so wie sie es dann gemacht haben, hätte das auch zu Missverständnissen führen können. Sehr ernsten sogar, so dass ich die ganze Truppe vorläufig suspendiert habe. Sie können es sich vielleicht nicht vorstellen, aber ich war wirklich sehr wütend, als ich die Eingaben von Gus Falkner und Kenneth Sinclair zu lesen bekam! Also: So etwas kommt nicht mehr vor, O.K.?" Kate war jetzt wirklich erstaunt. So hatte sie es sich nicht mit einem deutschen Generalbundesanwalt vorgestellt. „Morgen werde ich Ihnen dann einige Informationen zu unseren rechtlichen Hintergründen liefern und hoffe sehr, dass Sie dann meine Vorgehensweise etwas besser verstehen können. Doch jetzt möchte ich zunächst Sie persönlich ein wenig kennen lernen, um hier einen ersten Eindruck zu gewinnen. Was für Hobbys haben Sie eigentlich?" „Nun, Herr Helmholtz, also ganz ehrlich: zurzeit habe ich keine Hobbys, ich bin ja den ganzen Tag lang mit allen möglichen Sachen beschäftigt. Während meiner IRA-Zeit war es eine Besessenheit von mir, Nahkampf und Fitness zu trainieren, aber ich würde das nur schwerlich als Hobby bezeichnen können." „Gibt es sonst etwas, was Sie ausgesprochen gerne tun?" „Oh ja, ich reise gerne und lerne neue Leute kennen. Ich bin sehr kommunikativ eingestellt, glaube ich." „Ja, das hat man schon weltweit bemerkt! Leider, denn das macht Ihren Fall ja so kompliziert!" „Ich dachte, sie wollten in meine Privatsphäre vordringen?" „Oh, äh ja, Entschuldigung, da haben Sie recht, aber es fällt mir eben doch schwer, das zu trennen. Sehen Sie, jedes Einzelschicksal ist sehr komplex, da ist es für mich nicht leicht, das eine vom anderen zu trennen. Wie mir berichtet wurde, wollen Sie eine neue Familie gründen. Haben Sie schon darüber nachgedacht, wo sie dann später gemeinsam leben wollen? In Deutschland? In Irland? Oder vielleicht sogar in England?" „Nun, ich dachte eigentlich eher an Irland, allerdings fände ich es gut, wenn man mich nicht gleichzeitig in der restlichen Welt per Haftbefehl suchen würde." „Es wird Sie vielleicht überraschen, aber da haben wir das gleiche Interesse wie Sie. Denn es würde unsere internationalen Beziehungen stark belasten, wenn wir es auch nur ein zweites Mal versuchen würden, Sie einzulochen. Aber wir möchten auch sicherstellen, dass Sie keinen Präzedenzfall für andere schaffen, können Sie das verstehen?" „Das leuchtet mir natürlich ein. Bitte könnten wir das alles auf morgen Vormittag vertagen? Der heutige Tag war wirklich sehr anstrengend für mich, und ich muss mich dringend etwas erholen. Sie entschuldigen mich?" „Gut, dann bis morgen früh!" sagte Rolf Helmholtz und Kate ging leicht hinkend auf ihr Zimmer. Dann fragte Rolf Helmholtz Dr. Ito: „Mal ganz ehrlich, wie halten Sie das nur mit Ihr aus?" Doch statt Dr. Ito antwortete Kai Ahrens und sagte: „Also ich finde, dass Tante Kate sehr nett ist. Leider hat sie nicht immer so viel Zeit für mich." „Verstehst Du denn schon, was sie getan hat?" wollte Rolf Helmholtz jetzt von Kai wissen. „Klar. Sie hat meine Mutti auf dem Gewissen. Deswegen weint sie oft. Aber sie will mir eine neue Mutti besorgen, hat sie gesagt. Aber manchmal glaube ich, dass sie das selbst machen will." „Was will sie selbst machen?" „Na, meine neue Mutter sein. Und Fuji soll mein Papa werden. Ich hatte nämlich noch nie einen Papa. Einen Papa zu haben ist was ganz Tolles!" Dr. Ito errötete jetzt etwas, doch Rolf Helmholtz nickte ihm nur freundlich zu und fragte ihn dann: „Und Sie, Dr. Ito, Sie können sich das auch alles vorstellen?" „Durchaus, Herr Helmholtz, ich finde es sehr spannend plötzlich Vater zu sein und zu werden. Beides gleichzeitig! Das ist ganz schön verrückt, nicht wahr? Aber ich finde es schön, so einen neugierigen Sportsfreund zu haben." Er stupste Kai etwas an. „Ihnen ist natürlich klar, dass so eine Patch Work Familie Ihr ganzes Leben, besonders aber Ihr Berufsleben, radikal verändern wird?" Dr. Ito nickte nur, dann sagte er: „Kann ich Sie auch noch mal etwas ganze anderes fragen? Ich komme gleich wieder, ich bringe nur eben Kai ins Zimmer." Er stand auf und brachte Kai zu Kate, dann kehrte er zurück. „Herr Generalbundesanwalt, sehen Sie: Ich bin zurzeit in echten Schwierigkeiten. Meine Noch-Ehefrau Irene hat mich heute angerufen. Sie hat mir mitgeteilt, dass sie schwanger sei, sie wisse aber nicht, von wem. Darüber hinaus hat sie zugegeben, zwei Menschen getötet zu haben! Ich bin also de facto mit einer Doppelmörderin verheiratet. Das ist für mich sehr heikel und kann mich unter Umständen meine Professur und meinen guten Ruf kosten, denn auch in der wissenschaftlichen Welt läuft nun mal Vieles über Beziehungen. Und manchmal frage ich mich auch, ob ich vielleicht selber einen psychotischen Hang zu solchen – nun wie sagt man – schwierigen Frauen habe? Ich bin fast verrückt geworden, als Irene mich heute anrief, ich bin immer noch durcheinander!" „Dr. Ito, ich denke, Sie sollten psychotherapeutische Hilfe in Anspruch nehmen. Davon abgesehen kann ich auch dafür sorgen, dass Ihre Ehefrau so schnell wie möglich gefunden wird, damit wir deren Verbrechen aufklären können."

Helgoland, Nordseehotel, Suite von Dr. Ito und Kathrin Nightingale, 20.20h

Kate spielte noch etwas mit Kai, um auf andere Gedanken zu kommen, dann kam Fuji endlich dazu. Um neun Uhr abends brachten sie Kai ins Bett, danach unterhielten sie sich noch bis in die Nacht hinein und diskutierten alle möglichen Szenarien wegen dem Kind von Irene. Dann sagte Kate schließlich: „Wenn sie nochmals anruft, kann ich sie dann mal sprechen, so von Frau zu Frau? Ich habe da so eine Idee. Aber das würde ich Dir lieber erst danach sagen, Okay?" „Meinetwegen Kate, wenn es irgendwie geht, dann werde ich sie Dir geben." Dann schliefen sie Arm in Arm ein, wobei Kate sich in den Schlaf weinte und Fuji sie streichelte, bis sie endlich im Traumland war. Dann fielen auch ihm die Augen zu.

Helgoland, Wohnung von Dr. Zuckmayer, 22.07h

Andrea O´Leary hatte den Absprung von Florian mal wieder nicht geschafft und draußen regnete es schon wieder zum Gotterbarmen. „It`s raining dogs and cats", meinte Andrea müde. Deshalb beschlossen beide, dass Andrea wieder beim ihm übernachten sollte. Vorher jedoch zog Andrea die blutige Bettwäsche von Florian ab und machte die Betten. Dann sahen sie noch gemeinsam wichtige Papiere und Dokumente durch, wobei Andrea anmerkte: „Also ich meine, dass wir die wirklich brisanten Sachen irgendwo sicherer unterbringen müssen. Hast Du einen Safe oder so etwas?" „Das nicht, aber ich habe da noch etwas ganz anderes im petto, soll ich es Dir zeigen? Aber dann müssen wir noch zur Biologischen Station, trotz des Hundewetters!" „Ich bin zwar todmüde, aber es ist ja wichtig. Hast Du vielleicht noch eine Regenjacke für mich?" „Kein Thema, hier hängt noch die Regenjacke von Susanna, am besten, Du nimmst auch noch ihre Gummistiefel, sonst kriegst Du nämlich nasse Füße auf diesen schlammigen Wegen." Dann zogen sie sich beide an, Florian nahm noch eine Taschenlampe mit, und beide machten sich auf zur Station. Dort trafen sie auf Rüdiger, der sich ihrem Besichtigungsgang anschloss und ihnen dabei half, einige Aktenordner in ein sicheres Versteck zu bringen. Andrea war sehr erstaunt, als sie sah, um was es sich dabei handelte. Zu dritt machten sie in dem überraschend weitläufigen Versteck einen Rundgang, der gut eine Stunde dauerte. Dann sagte Andrea, sichtlich beeindruckt: „Ich wusste es ja gar nicht, dass die Deutschen gegen Kriegsende schon so weit waren.“ „Oh ja“, sagte jetzt Rüdiger, „gegen Ende des Zweiten Weltkrieges besaßen die Deutschen eine Waffentechnologie, welche der der Alliierten überlegen war. Die deutschen Panzer waren besser gepanzert und schossen weiter als die der Alliierten, die Deutschen hatten bereits den Düsenjäger, einen für das britische Radar unsichtbaren Stealth-Jäger und die Wunderwaffen V1 und V2. Und auch ihre neuen U-Boote konnten länger und besser tauchen.“ „Und warum haben die Deutschen dann den Krieg verloren?“ wollte Andrea wissen, die sich nicht so gut in Geschichte auskannte. „Nun, sie litten Hunger und hatten vor allem keine Treibstoffe mehr. Und die Bevölkerung war ausgebombt, kriegsmüde und konnte einfach nicht mehr.“

11. September 2017, Montag

Helgoland, Pier vor den Hummerbuden, 06.00h morgens

Der alte Herr Ahrens konnte nicht schlafen, weshalb er um halb sechs aufgestanden war, um draußen spazieren zu gehen. Es war kühl und windig am Pier und einer der Royal Marines folgte ihm in einem respektvollen Abstand. Es hatte aufgehört zu regnen, aber alles war voller Pfützen, um welche er nun vorsichtig herumging. Er ging nach rechts, um sich die Bremen aus der Nähe anzusehen, danach wollte er noch das Ende des Piers erkunden. Dabei bemerkte er nicht die dunkel gekleidete Person, die sich dem Pier vom Oberland her näherte, weil auch sie keine Ruhe fand und jetzt völlig aufgewühlt zum Meer lief, um sich durch das Anschauen der Brandung zu beruhigen. Die Person hinkte nur wenige Meter von ihm entfernt vorbei und schien ihn gar nicht zu bemerken, dann setzte sie sich auf eine Bank und sah nachdenklich auf das Meer. Erst jetzt nahm auch er die Bank wahr und setzte sich neben die Person, jedoch ans andere Ende der Bank. Die Person nahm die Kapuze ihrer Windjacke ab, und blonde Haare kamen zum Vorschein. Beide saßen schweigend nebeneinander, und als sie sich jetzt zufällig ansahen, erkannte Herr Ahrens Kathrin Nightingale. Und diese war vom Anblick des alten Mannes genauso geschockt wie dieser von ihrem Anblick. Kate tat so, als wenn sie ihn gar nicht kennen würde und sagte einfühlsam und sanft: „Na, können Sie auch nicht mehr schlafen? Das Meer kann einen immer so gut beruhigen, deshalb bin ich hergekommen, und Sie?“ Er überlegte einen Moment, ob er sie ignorieren sollte, entschied sich dann aber doch anders. „Junge Frau, wenn Sie mal so alt sein sollten wie ich, dann werden Sie nachts auch keinen Schlaf mehr finden. Alt zu sein, kann die Hölle auf Erden bedeuten, glauben Sie es mir. Und jeder Tag könnte der letzte sein, deshalb möchte ich möglichst nichts von ihm verpassen.“ „Ja, da haben Sie wirklich Recht! Wissen Sie, gestern hätte mich ein Irrer fast abgeknallt und ich gehöre mittlerweile auch zu den Leuten, die sich nicht sicher sein können, den nächsten Tag überhaupt zu erleben. Doch das Meer gibt meiner ausgebrannten Seele wenigstens ein wenig von dem Frieden, den ich sonst nicht finden kann. Das Meer, und Gott! Ja ich glaube jetzt wirklich an Gott. Ich muss echt verrückt geworden sein, ich war früher alles andere als religiös. Meine erzkatholischen Eltern haben mir den ganzen Glauben im Grunde genommen ausgeprügelt. Das ging sogar so weit, dass ich einen Protestanten geheiratet habe. Und jetzt stehe ich hier und habe begonnen, ernsthaft an Gott und die Ewigkeit zu glauben. Und Sie? Haben Sie keine Angst vor dem Tod, bei Ihrem Alter?" „Junge Frau, wir alle haben Angst vor irgendetwas. Aber ich habe weniger Angst vor dem Tod, weil ich auch an Gott glaube. Dafür habe ich Angst, im Leben etwas verpasst zu haben. Und ich habe Angst davor, dass Gott später sagen könnte, dass ich meinen Kindern und Kindeskindern nicht gerecht gewesen sei. Ich hasse Unrecht, aber vor allem meine eigenen Fehler! Gestern habe ich eine Riesendummheit begangen. Und ich habe dabei eine Frau schwer verletzt, die auch nichts dafürkonnte! Was soll Gott eines Tages dazu nur sagen? Man hat mir als Kind beigebracht, sich niemals an Mädchen oder Frauen zu vergreifen, und doch wollte ich Rache an einer Frau verüben. Muss Gott mich nicht deswegen hassen? Wird er mich dafür bestrafen? Und dann hat diese Frau, die ich bestrafen wollte, sich auch noch für mich eingesetzt. So etwas ist mir noch nie passiert – können Sie mir vielleicht einen Rat geben, was ich jetzt machen soll? Mir ist das alles so peinlich, und meine Frau konnte auch nur noch mit einem Schlafmittel Ruhe finden. Und unseren Enkel haben wir wegen meiner Dummheit gestern einfach verpasst, obwohl jeder Tag mit ihm kostbar ist. Ich denke ständig an ihn. Und wie ich es ihm erklären soll." Tränen standen in seinen Augen. Kate rückte jetzt näher an ihn heran, dann legte sie mühevoll ihren rechten Arm um ihn und drückte ihn kurz an sich. Dann sagte sie sehr leise: „Ich verstehe das alles, jetzt verstehen Sie auch, was ich erlebt habe. Aber ich vergebe Ihnen alles, ich werde Sie auch nicht anzeigen. Ich denke, dass Sandra Miller wahrscheinlich auch sagen wird, es sei ein Unfall gewesen. Einigen wir uns darauf. Ein dummer Unfall, wie er jederzeit und überall passieren kann." Sie drückte ihn nochmals, dann rückte sie etwas von ihm ab und sagte dann: „Ich habe da so etwas läuten hören, dass ein zehnjähriger Junge seinen Großvater vermisst. Ich denke, nach dem Frühstück wird er ihn wohl treffen wollen, er will ihm nämlich ganz viel von seiner neuen Familie erzählen. Jedenfalls hat er mir das gestern gesagt." Kate erhob sich jetzt und ging davon, die beiden Royal Marines hinter dem ungleichen Paar auf der Bank trennten sich jetzt. Der eine folgte Kate wie ein Schatten, der andere blieb beim Hafen, bis der alte Mann in sein Quartier zurückkehrte.

Helgoland, Nordseehotel, Kleiner Konferenzraum, 10.00h

Kate und Keith Hastings hatten sich jetzt hier eingefunden, auch Aische Özdemir und Ian Bannister waren anwesend. Darüber hinaus auch der Generalbundesanwalt sowie ein Sekretär von Rolf Helmholtz. Dann begann der Generalbundesanwalt: „Miss Nightingale, ich denke, dass es Ihnen bewusst ist, dass Terrorismus ein echtes Kapitalverbrechen ist, das in der Bundesrepublik Deutschland sehr hart geahndet wird. In der Regel bedeutet das für die Täter, dass sie mit einer lebenslangen Freiheitsstrafe rechnen müssen, ist Ihnen das bewusst, wenn Sie mich als den obersten staatlichen Ankläger um Gnade bitten?" Kate nickte nur ergeben, dann erwiderte sie: „Ja, dessen bin ich mir voll bewusst, Herr Generalbundesanwalt. Was ich getan habe, ist unverzeihlich. Und was viel schlimmer ist: Ich bin durch meine Ausbildung bei der IRA eine gefährliche Frau geworden. Ich weiß, ich sollte das hier nicht sagen, aber ich will ganz ehrlich zu Ihnen sein. Ich muss täglich mit alten Denk- und Verhaltensmustern kämpfen, und ich bin zum gegenwärtigen Zeitpunkt noch nicht über den Berg. Aber meine Helfer haben mich ermutigt, den Weg der Resozialisierung weiter zu gehen, auch wenn er sehr schwer ist." „Sehen Sie Miss Nightingale, ich bin jetzt in einer echten Zwickmühle. Da sind auf der einen Seite die Angehörigen des Opfers, die Genugtuung von mir – also von unserem Rechtsstaat – fordern, auf der anderen Seite bekomme ich täglich Anrufe und Briefe von allen möglichen Leuten, welche wegen Ihrer echten Reue Ihre Amnestierung fordern. So habe ich jetzt das Problem, dass ich im Grunde genommen beides tun muss. Ich muss den Forderungen des Rechtsstaates und der Angehörigen des Opfers Genüge tun, auf der anderen Seite aber die Interessen der politischen Welt berücksichtigen. Deshalb werden Sie nicht darum herumkommen, hier bei mir ein Geständnis Ihrer Taten abzulegen und dieses zu unterschreiben, weswegen ich Herrn Bannister und Frau Özdemir dabeihaben wollte, da die beiden ja auch zu ihren Opfern gehören." „Ich gestehe alles, soll ich es selber schreiben, oder kann ihr Sekretär das tun?" Als Antwort stellte der Generalbundesanwalt jetzt ein Mikrofon auf den Tisch und sagte dazu: „Sprechen Sie es bitte in ihr Mikrofon, mein Sekretär schreibt es dann danach auf." Kate diktierte jetzt ein vollständiges Geständnis ihrer Taten ins Mikrofon. Danach sagte Rolf Helmholtz: „Sehr gut, Miss Nightingale, ich sehe, wir kommen weiter." In diesem Moment klopfte es an der Tür. Der Generalbundesanwalt ging selber zur Tür, und als er den Besucher erkannt hatte, ging er schnell nach draußen. Nach etwa fünf Minuten kam er dann wieder und sagte: „Die Nebenkläger wollen ihre Klage zurückziehen." Dann wies er den Sekretär an, ein entsprechendes Schriftstück aufzusetzen. Dann blätterte er in der Akte und sagte: „Miss Nightingale, Sie haben Glück. Außer Frau Özdemir und Herrn Bannister haben jetzt auch das Ehepaar Ahrens und Herr Obermüller vom Nordseehotel ihre Klagen zurückgezogen. Damit ist auch die Nebenklage von Kai Ahrens hinfällig, da er von seinen Großeltern vertreten wurde. Das vereinfacht das Verfahren etwas." „Gut, wie geht es jetzt weiter?" fragte Kate. „Nun, ich werde offiziell die Anklage gegen Sie öffentlich bei einem deutschen Gericht vortragen müssen. Gleichzeitig müssen Sie persönlich dort erscheinen, und ein Gnadengesuch einreichen, in dem Sie ausführlich darlegen, warum wir Sie begnadigen sollen. Dabei können Sie selbstverständlich auf ihre vielen persönlichen Referenzen und ihre eigene Lebensgeschichte eingehen. Außerdem dürfen Sie dafür beliebig viele Zeugen benennen. Dann wird das Gericht ganz offiziell darüber entscheiden." „Muss ich dann in Untersuchungshaft gehen? Oder darf ich als freie Person vor Gericht erscheinen?" „Nun, da in Ihrem Fall meiner Meinung nach keine Fluchtgefahr besteht, können Sie dort als freie Person erscheinen. Im Übrigen hat die deutsche Justiz kein besonderes Interesse daran, eine schwangere Frau einzusperren, weil das immer mit viel Aufwand und Komplikationen verbunden ist. Und im Übrigen wird es bei der bisherigen Aktenlage sowieso mindestens ein Jahr dauern, bis die Verhandlungen stattfinden können. Auch wenn es eher eine pro forma Sache ist, kann man bei Ihrem Fall mit ein bis zwei Monaten Verhandlungsdauer rechnen. Und wenn Sie dann noch ein kleines Kind haben, wird das Gericht auch darauf Rücksicht nehmen, das verspreche ich Ihnen." „Und wie ist das mit einem Deal einer symbolischen Haftstrafe?" wollte jetzt Keith Hastings wissen. „Nun, wir können darüber gerne eine entsprechende Vereinbarung schriftlich fixieren, damit dieses Eingang in die Akten findet. So etwas macht sich bei Gericht immer gut." „Eine letzte Frage: Besteht denn die Möglichkeit, dass das deutsche Gericht Miss Nightingale doch noch zu einer Gefängnisstrafe verurteilt?" „Nein, aber sie bekommt natürlich auch in Deutschland den offiziellen Status einer vorbestraften Person. Außerdem dürfen wir Sie als Botschaftsangehörige nach internationalem Recht nicht einsperren. Dann würden wir nämlich als Rechtsstaat unglaubwürdig werden, was wir uns wegen der Brisanz des Falles nicht leisten können." Jetzt schaltete sich Kate ein. „Und wer garantiert mir, dass die GSG 9 keine Jagd mehr auf mich macht? Bekomme ich das noch schriftlich? Und außerdem würde ich es auch gerne gewährleistet wissen, dass man mich nicht irgendwo festhält, um mich gegen die Schadensersatzforderungen wegen dieses blöden versenkten Kriegsschiffes aufzurechnen!" Der Generalbundesanwalt wurde jetzt sehr nachdenklich, dann sagte er: „Also vom Grundsatz her ist die Bundesrepublik Deutschland kein Schurkenstaat, der solche Dinge auf dem Rücken kleiner Leute austrägt. Außerdem sind bei uns die Staatsgewalten strikt geteilt, weshalb die Exekutive hier nicht der Judikative ins Handwerk pfuschen darf, und umgekehrt natürlich auch. Darüber können sich auch Bundeskanzler und Verteidigungsminister nicht einfach hinwegsetzen. Und wenn Sie es doch täten, dann bekommen sie ganz viel Ärger mit dem Bundesverfassungsgericht. Ich jedenfalls werde alles in meiner Macht Stehende tun, damit diese Sache so sauber und gut wie möglich abgewickelt werden kann. Wie Sie es vielleicht mitbekommen haben, bin ich ein Mensch, der auch den Umweg geht, damit Recht gefunden werden kann. Notfalls auch gegen den Bundeskanzler oder gegen den Ministerpräsidenten, wie es Ihnen Herr Bannister sicher bestätigen wird." Ian Bannister nickte jetzt. Dann beendeten sie das Gespräch und gingen gemeinsam zum Mittagessen.

Helgoland, Biologische Station, 11.00h
Erstmalig nach den vielen Unterbrechungen konnten die Wissenschaftler wieder ihre Arbeiten fortsetzen. Draußen regnete es wieder junge Hunde, und während Dr. Ito an die Arbeit ging, besichtigte Kai mit seinen Großeltern das Aquarium. Besonders die Hummer aus Irland hatten es Kai angetan und er war fasziniert von ihren staksigen Bewegungen durch die Aquarien. Dann besuchte Kai mit seinen Großeltern noch die anderen Museen und Sehenswürdigkeiten Helgolands. Professor Horvath war auch froh, dass sie endlich in Ruhe über den Forschungsplan sprechen konnten, und so kamen sie bei ihren Untersuchungen gut weiter. Da es inzwischen kälter geworden war und auch der Wind sich gedreht hatte, waren jetzt um Helgoland herum kaum noch Quallen zu finden. Und da die Wassertemperatur auf 17° Celsius gefallen war, konnte man die Quallen Warnung vorerst guten Gewissens aufheben. Allerdings war das Wasser rund um die Insel durch den Öl- und Napalm Einsatz stark beeinträchtigt worden, so dass hier sicher niemand baden gehen würde. Es war kurz nach zwölf Uhr, als Irene Ito sich wieder auf dem Handy von Dr. Ito meldete. „Irene? Ja, Du pass mal auf: Ich weiß, dass es schwierig für Dich ist. Aber könntest Du bitte in einer halben Stunde nochmals anrufen? Kate würde gerne mit Dir sprechen, von Frau zu Frau, wie sie mir gesagt hat. Keine Polizei? Aber Irene! Wir sind hier auf Helgoland! Das ist jetzt offiziell britisches Territorium, hier laufen keine deutschen Polizisten herum. Gut. Also dann in einer halben Stunde. Ich gehe jetzt rüber ins Hotel und erwarte dort Deinen Anruf. Ciao!" Er beendete das Gespräch, dann eilte er zum Hotel. Dort traf er Kate und die Politiker beim Mittagessen, und auch Sandra Miller war dabei und trug den linken Arm in einer Schleife. Als das Handy klingelte, gab Dr. Ito das Handy Kate und diese ging damit schnell auf ihr Zimmer. „Irene, sind Sie das?" „Ja, hier Irene Ito, was wollen Sie von mir? Das ist schließlich eine Angelegenheit von meinem Mann und mir!" „Irene, da haben Sie leider nur teilweise Recht, denn die Kinder bleiben ja leider meist bei irgendeiner Frau hängen, in diesem Falle bei mir. Ich wollte Ihnen eigentlich nur einen Vorschlag machen, auch wenn Sie den vielleicht ungewöhnlich finden sollten." „Und der wäre?" fragte Irene Ito jetzt Kate. „Nun, ganz einfach: Sie gebären das Kind, und Sie übergeben es uns in jedem Fall, egal ob das Kind von Fuji ist, oder nicht. Ich würde es dann mit meinem eigenen Kind zusammen aufziehen und auch so behandeln wie mein eigenes Kind. Dann können Sie diese Schwangerschaft wenigstens mit dem guten Gefühl zum Abschluss bringen, dass Ihr Kind in gute Hände kommt, egal was auch sonst geschieht." Schweigen. „Irene, haben Sie mich verstanden?" „Ja, habe ich. Ich lasse mir das noch durch den Kopf gehen, aber ich danke Ihnen für das Angebot. Ich melde mich wieder." Irene Ito beendete das Gespräch. Kate blieb nachdenklich zurück.

China, Kernwaffentestgelände Lop Nor in Xinjiang, 4.00h Ortszeit

Man hatte bereits Monate vorher damit begonnen, ein tausend Meter tiefes Loch für diesen Test einer verhältnismäßig kleinen Nuklearbombe in den Boden zu bohren. Dass dabei mehrere Arbeiter tödlich verunglückt waren, weil mit den Arbeitsgeräten schlampig umgegangen worden war, hatte der für die Bauarbeiten zuständige Aufseher nur achselzuckend als Business as usual abgehakt. Na und? Leute hatten sie hier doch wahrlich genug! Zu seinem Glück stammten die Verunfallten sowieso aus einem Arbeits- und Umerziehungslager der Volksrepublik China. Und einige andere aus Nordkorea. Denen würde also kein Hahn hinterher krähen. Dieses Projekt, welches offiziell als „Hahnenschrei im Morgengrauen" bezeichnet wurde, war insofern eine Premiere, als auch einige ranghohe Militärs aus Nordkorea an dem Test und seiner Planung beteiligt gewesen waren. Was man im Ausland natürlich immer dementieren würde. Der nordkoreanische Kommandant Rong il Phak, sein chinesisches Pendant Sufen Shaoseng, die derzeit ranghöchste Frau in der Armee der Volksrepublik und der Bauleiter Chang Zhong standen jetzt in ihrer Beobachtungsbaracke, die etwa 10 Kilometer von dem Ort des atomaren Höllenfeuers entfernt war. Sufen Shaoseng hatte bereits den Countdown ausgelöst, den ihr nordkoreanischer Kollege Rong il Phak dann mit seinem Spezialschlüssel zusätzlich frei geschaltet hatte. Ihre Baracke war erdbebensicher gebaut, was sich jetzt auch bewährte, denn in der Tiefe wurde nun eine Kernfusion mit mehr als zehn Megatonnen TNT Sprengkraft freigesetzt. Erst lief ein leichtes Vibrieren durch ihre Baracke, dann folgte ein Grummeln, ein Rumpeln und dann herrschte eine merkwürdige Stille, bis aus dem einstigen Bohrloch, welches man über der Kernwaffe mit Beton verfüllt hatte, ein leichtes Zischen drang. Ein leicht milchiger Nebel wurde sichtbar, der sich aber innerhalb von wenigen Minuten verflüchtigte. Der Bauleiter holte eine Flasche Champagner aus dem Kühlschrank, und gemeinsam stießen die drei auf den gelungenen Test an. Dass diese Explosion im flüssigen Inneren der Erdkugel etwas elementar Wichtiges ändern oder verschieben könnte, störte die drei fröhlichen Zecher nicht. Sie erstatteten jetzt ihre erfolgreichen Vollzugsmeldungen nach Peking und Pjöngjang und kümmerten sich nicht weiter um die Folgen ihres Tuns. Die Druckwelle der Explosion hatte jedoch zu Verschiebungen innerhalb der unterseeischen Magmaströme geführt, so dass diese jetzt anders verliefen als vorher. Einer davon hatte seine ursprüngliche Richtung geändert, und weil er durch den Atomversuch noch mehr Druck bekommen hatte, bahnte er sich jetzt in der nördlichen Antarktis einen Weg durch dicke Eisschichten ins Freie. Jedoch bemerkte niemand dieses Ereignis, weil es nur die Eismassen unter dem Eispanzer abtaute, so dass das Magma auch von einem Satelliten aus gesehen unsichtbar blieb. Ein gigantischer Strom heißen Tauwassers ergoss sich nun unbemerkt ins Weltmeer. Was einige Berechnungen Miguel Armadillos etwas verfälschte und gewisse Ereignisse auf der nördlichen Erdhalbkugel leicht beschleunigte.

Helgoland, Café Krebs, 16.12h

Von all diesen Dingen und Zusammenhängen ahnten die Helgoländer und ihre Gäste nichts und genossen mit Hingabe Kaffee, Tee und Kuchen. Kai und seine Großeltern waren glücklich, wieder vereint zu sein, und Kai sprach über seine Vorstellungen von der Zukunft. „Also Onkel Ian hat mir gesagt, dass ich erst mal auf Helgoland wohnen darf, bis Tante Kate und Onkel Fuji hier mit ihren Sachen fertig sind. Und wenn ich dann immer noch möchte, darf ich vielleicht mit den beiden zusammenwohnen! Er hat mir versprochen, dass ich eine ganz neue Familie bekommen kann! Ist das nicht toll? Dann habe ich endlich sogar einen Papa!" „Und wo gehst Du dann zur Schule?" fragte jetzt seine Oma. „Na hier natürlich!“ rief Kai. „Aber Junge, was ist, wenn Tante Kate später in Irland wohnen möchte und noch mehr Kinder bekommt? Dann hat sie ja noch weniger Zeit für Dich, und Du kennst da niemanden, außerdem musst Du wohl wenigstens englisch sprechen können“, sagte nun sein Großvater. Kai sah nachdenklich drein, dann sah er plötzlich, wie sich Andrea O´Leary und Florian Zuckmayer an einen der Nachbartische setzen wollten. Aufgeregt winkte er die beiden heran und stellte sie seinen Großeltern vor. „Tante Andrea kann auch kein richtiges Deutsch, und wohnt auch hier. Warum fragt Ihr sie denn nicht einfach, wie sie das macht?“ Florian übersetzte kurz und Andrea sagte darauf: „Ich lerne es ja auch noch, eines Tages. Florian hilft mir dabei.“ „Könnte ich nicht Tante Andrea deutsch, und sie mir dafür englisch beibringen?“ fragte nun Kai. Darauf sagte Florian: „Die Idee ist gar nicht so schlecht, das überlegen wir noch, da spreche ich nachher mal mit Kate drüber.“ „Wo ist Tante Kate jetzt?“ fragte Kai. „Die muss noch einiges mit den Politikern besprechen, sie muss jetzt viele Akten lesen und unterschreiben und so“, sagte Florian, „aber dann wird alles gut werden, hat sie mir vorhin gesagt.“ „Junger Mann“, wandte sich nun der Großvater von Kai an Florian, können Sie mir vielleicht einen Rat geben, was ich jetzt machen soll, nach dem ich gestern diese, nun ja ähm – also sagen wir einmal Dummheit begangen habe? Wissen Sie, ich bin eigentlich kein schießwütiger Mensch, aber irgendwie ist da wohl gestern etwas mit mir durchgegangen.“ „Opa, was hast Du denn gemacht?“ fragte jetzt Kai ganz erschrocken. Da mischte sich Florian ein und sagte: „Dein Opa hat aus Versehen Sandra Miller in die Schulter geschossen. Es ist nicht so schlimm, sagt der Arzt, und Sandra läuft auch schon wieder in der Gegend herum. Trotzdem wäre es vielleicht gut, wenn der Großvater sich bei Sandra entschuldigen würde, vielleicht mit ein paar Blumen, ich glaube, das wäre nicht schlecht.“ „Junger Mann, Sie haben natürlich Recht, und auch bei Miss Nightingale muss ich mich wohl noch entschuldigen. Soll ich das besser alleine tun, oder wollt Ihr alle mitkommen?“ Florian übersetzte für Andrea, dann sagte er: „Ich denke, dann gehen wir wohl besser alle zusammen. Nach dem Kaffeetrinken.“

Nordseehotel, Speisesaal, 17.08h

Die Politiker, Kate und der Generalbundesanwalt saßen nach Abschluss aller Formalitäten zum Tee zusammen mit Gus Falkner und Kenneth Sinclair, die bald wieder abreisen würden. Man unterhielt sich gerade über die klimatischen Veränderungen in Europa während der letzten zehn Jahre, als Florian, Andrea, Kai und seine Großeltern hereinkamen, wobei der Großvater von Kai sich mit zwei großen Blumensträußen abschleppte. Es fiel ihm sichtlich schwer, doch er steuerte zuerst die erstaunte Sandra an und gab ihr den einen Strauß, während er danach Kate den anderen gab, sich dazu etwas steif für seinen gestrigen Auftritt entschuldigte und sich dann am liebsten nach draußen schleichen wollte. Kate und Sandra verhinderten dieses jedoch, indem sie ihm um den Hals fielen und an sich drückten. Dann meinte Kate nur noch dazu: „So wird aus uns vielleicht doch noch eine Familie? Wenn auch mit Hindernissen.“ „Und glatten Durchschüssen“, bemerkte Sandra trocken und Florian übersetzte ihre Rede wörtlich, worauf alle außer Herrn Ahrens unwillkürlich lachen mussten. Dann bestellten sie noch etwas mehr Tee und Kaffee und unterhielten sich über Gott und die Welt und am Ende des Tages waren sich wieder einige Menschen etwas nähergekommen, auch wenn es einigen von ihnen sichtlich wehgetan hatte. Sandra Miller sagte dann dem alten Herrn Ahrens, dass sie seine Attacke als Unfall betrachte, und Colour Sergeant Steven Miller sagte zu, dass er Herrn Ahrens jetzt auch nicht mehr beaufsichtigen lassen werde. Währenddessen hatten die anderen reuigen Terroristen mit den beiden anderen Sonderermittlern im kleinen Konferenzzimmer weitergearbeitet, hatten Papierkram erledigt und diverse Abkommen und Planungen für die nächsten Monate aufgestellt. Wenn sie zu diesem Zeitpunkt auch nur annähernd geahnt hätten, was noch auf sie zukommen sollte, dann hätten sie sich diese Arbeit sicherlich erspart oder wären gar nicht erst nach Helgoland gekommen. Aber so sollte eine Kette verhängnisvoller Ereignisse ins Rollen kommen, welche keiner von ihnen mehr aufhalten konnte. Doch davon ahnten sie nichts, als sie jetzt fröhlich miteinander redend den Speisesaal des Nordseehotels betraten.

Helgoland, Wohnung von Dr. Zuckmayer, 21.17h

Florian staunte nicht schlecht, als er nach später Arbeit von der Biologischen Station nachhause kam, und dort einen Stapel von drei großen Koffern und etlichen technischen Ausrüstungskoffern aus Aluminium vor seiner Tür vorfand. Als er sich gerade mühsam einen Weg zur Tür frei gemacht hatte, löste sich plötzlich der Schatten einer kleinen Person von der überdachten Veranda, die er wegen der Dunkelheit nicht hatte sehen können. „Da kommst Du ja endlich!" rief Andrea O´Leary etwas vorwurfsvoll. „Ich habe schon eine Stunde auf Dich gewartet, ich bin schon völlig durchgefroren." „Und was wird das jetzt?" wollte er von ihr wissen. „Ich checke bei Dir ein. Die brauchen nämlich Zimmer im Hotel, weil sie die Mannschaft der Bremen da einquartieren sollen. Da hätte ich in eine andere Pension ziehen müssen, und da ich sowieso schon dauernd bei Dir übernachte, dachte ich, dass sei das Einfachste, wenn ich bei Dir einziehe." Nachdenklich sah er sie an, dann sagte er nur: „Ich finde Dich irgendwie aufregend pragmatisch, na gut, komm halt rein." Er sperrte die Tür auf und half ihr dann dabei, ihre Koffer reinzutragen. Dann machte er etwas Tee und danach räumten sie ihre Sachen in Susannas leere Schränke.

Helgoland, Nordseehotel, Suite von Dr. Ito und Kathrin Nightingale, 21.40h

Der Tag war für alle Beteiligten sehr anstrengend gewesen, so dass sie eigentlich nur noch ins Bett gekrochen waren. Die Blumen von Kais Großvater standen auf einem kleinen Couchtisch mitten im Zimmer und verbreiteten einen angenehmen frischen Geruch. Kate, Fuji und Kai lagen jetzt wie eine Großfamilie einträchtig nebeneinander in ihrem großen Luxusdoppelbett. Da öffnete sich die Tür für einen Spalt und jemand beobachtete die drei, wie sie einträchtig schlafend nebeneinander lagen. In der rechten Hand hielt er eine Pistole mit Schalldämpfer. Er hätte jetzt alle drei im Schlaf erschießen können, gaben sie doch ein leichtes Ziel ab. Für einen Moment überlegte er, ob er nur Kathrin Nightingale ins Jenseits befördern sollte, als er Schritte im Flur nahen hörte. Flink wie ein Wiesel war der Schatten so schnell verschwunden, wie er gekommen war. Würde er sich eben ein anderes Ziel suchen. Früher oder später würde er schon noch den richtigen erwischen. Er wusste, dass sein Opfer keine Chance haben würde. Er würde ihm auf jeden Fall keine lassen. Und die Chance, dass ihm jemand auf die Schliche kam, stand eins zu tausend. Er würde die nächste Gelegenheit nutzen. Und er hatte zwei sehr starke Verbündete: Die Nacht und den Regen. Und darüber hinaus eine beneidenswerte Ortskenntnis, mit der auch die besten der Royal Marines nicht mithalten konnten. Schon bald würde er zuschlagen.

29. September 2017, Freitag

Helgoland, Biologische Station, 12.10h

Das Symposium über die Zukunft der Meeressäugetiere der Nordsee war ein voller Erfolg, und Dr. Florian Zuckmayer präsentierte gemeinsam mit Dr. Rüdiger Skibbe harte

Zahlen, Daten und Fakten des jetzt nicht mehr existenten Helgoländer Bestandes vor einem internationalen Publikum. Danach kamen die Toxikologen aus Hannover zu Wort und Dr. Ito erklärte, wie es zu dem GAU des Robben- und Seevogelbestandes auf Helgoland gekommen war. Außerdem hielt Dr. Ito auch noch eine Laudatio auf die verstorbene Wissenschaftlerin Dr. Susanna Pelzer und danach legten alle eine stille Gedenkminute für Susanna ein. Andrea O´Leary durfte als einzige Pressevertreterin gemeinsam mit ihrem Kameramann Jerry alle Vorträge filmen und bekam die Exklusivrechte für die Vermarktung, außerdem berichtete sie auch alle paar Tage über die Fortschritte bei den Resozialisierungsmaßnahmen der ehemaligen Terroristen. Kathrin Nightingale und die anderen Mitglieder des irischen Versöhnungsteams hatten heute einen offiziellen freien Tag bekommen und wohnten der Tagung ebenfalls bei, da die Verbindungen zwischen Dr. Ito und Kathrin Nightingale, aber auch zwischen Andrea O´Leary und Dr. Zuckmayer kein Geheimnis mehr waren, und alle darauf brannten, sich auch einmal mit einer ehemaligen echten Terroristin unterhalten zu können. Außerdem staunten alle sehr über die Ähnlichkeit der beiden Schwestern, deren unheilvoller biologischer Vater immer noch in einem Dubliner Krankenhaus im Koma lag. Auch Ian Bannister und Aische Özdemir waren als Schirmherren dieses Symposiums angereist, da am 03.Oktober Landtagswahl in Niedersachsen war und man sich so auch noch ganz gut mit dem Thema Umweltschutz profilieren konnte. Florian hatte Andrea damit beauftragt, sich unauffällig bei den schottischen Kollegen zum Unfalltod von Ethan Donaldson umzuhören, was dieser schließlich auch gelang. Alles, was Susanna in ihren Tagebüchern behauptet hatte, schien tatsächlich wahr zu sein. Andrea lief es kalt den Rücken hinunter. Außerdem war es auch auffällig, dass in fast allen Nordseehäfen die ursprünglich dort angebrachten Pegelstands Messer entfernt worden waren. Auf Nachfragen hieß es dann immer, dass elektronische Messungen per Satellit und Messboje angeblich genauer seien. Bei St. Peter Ording hatten sich in diesem Herbst erstmals Wattwanderer darüber beklagt, dass große Wattflächen jetzt offenbar immer länger unter Wasser stünden, was die Nationalparkverwaltung in Tönning damit abtat, dass der Wind während der letzten Wochen überwiegend auflandig aus Nord- und Nordwest gewesen sei, was das Verhalten der Wasserströmungen vorübergehend ungünstig beeinflusst habe. Beobachtungen anderer Anrainer aus der südlichen Nordsee ergänzten das Gesamtbild der größeren Wassermassen an der deutschen Küste, doch die Behörden wiegelten jegliche Form der Kritik ab. Einzige Gewinner der Situation waren momentan die Krabbenfischer, da sie wieder ganz offiziell ihrem Gewerbe nachgehen durften und zudem für längere Zeiten als je zuvor Wasser unter dem Kiel ihrer Boote hatten, was ihnen das Ein- und Auslaufen aus den kleinen Häfen entlang der deutschen Küste sehr erleichterte. Sie fingen sogar recht ansehnliche Mengen an eingewanderten Fischen aus südlichen Meeresteilen, wobei ein Kutter es sogar schaffte, bei nur einer einzigen kurzen Fangfahrt von etwa 4 Stunden Dauer mehr als eine Tonne Sardinen zu fischen, die er mangels Kisten auf dem nackten Schiffsdeck stapeln musste. Die giftigen Quallen waren dagegen wie vom Erdboden verschwunden und es gab bisher auch weder weitere Todesfälle bei Menschen, noch bei Seetieren. Alles in allem eine positive Bilanz, die Ian Bannister nun ziehen konnte, so dass er in den Meinungsumfragen weit vorne lag. Die absolute Mehrheit war ihm sicher. Doch eine Frage war immer noch nicht geklärt worden. Nämlich die, an welcher Stelle des Nordseegrundes die Hauptmenge des Giftes lagerte, welches die Quallen kontaminiert hatte und die tödlichen Mutationen der eigentlich völlig harmlosen Ohrenquallen ausgelöst hatte. Hier hatten sich Dr. Ito und Dr. Zuckmayer bereits ihre Köpfe zerbrochen, aber bisher hatten sie noch keine brauchbare Spur entdeckt. Auch gab es ihnen nach wie vor zu denken, dass die gesammelten Medusen nicht unerhebliche Mengen an Radioaktivität enthalten hatten. Sie würden später Dr. Lessinghaus dazu fragen, der sich für morgen angekündigt hatte, da er inzwischen wieder fast ganz genesen war. Außerdem hatte sich für den morgigen Tag hoher Besuch angekündigt: Gus Falkner und Kenneth Sinclair wollten zum einen das Symposium besuchen, zum anderen wollten sie danach nach Berlin weiterreisen, um mit der deutschen Seite eine einvernehmliche Lösung wegen der versehentlich versenkten Dublin zu finden. Solange diese Sache nicht geklärt war, kreuzte immer noch ein guter Teil der britischen Home-Fleet vor Helgoland, welcher jetzt noch Verstärkung von einem irischen Aufklärungsschiff erhalten hatte, welches ebenfalls über zwei moderne Hubschrauber verfügte. Die Bremen lag deshalb immer noch in Helgoland an der Kette, und die Mannschaft der Fregatte machte nun einen Zwangsurlaub im Nordseehotel, den die meisten Mannschaftsangehörigen jedoch sehr genossen. Kai Ahrens musste jetzt zur Helgoländer Dorfschule gehen, wohin er zu seiner Überraschung von Andrea O´Leary und Sandra Miller begleitet wurde. Diese nahmen sogar am Unterricht teil, da sie sich dazu entschlossen hatten, die deutsche Sprache zu erlernen. Kai wurde im Gegenzug in englischer Sprache unterrichtet. Sandra hatte Andrea gefragt, warum Kate eigentlich so gut und fließend deutsch sprechen konnte. Darauf hatte Andrea gesagt: „Kates Vater hatte damals eine erzkatholische Deutsche geheiratet, so dass Kate zweisprachig erzogen wurde. Später hat sie dann auch für Siemens gearbeitet, wo ihre Sprache den hochdeutschen Schliff bekam, wie sie es mir einmal erklärte. Deutsch ist nämlich nicht gleich Deutsch! Die haben hier einige nette Dialekte auf Lager, so wie bei uns die Schotten oder die Waliser." Heute Abend sollte es dann auch noch eine kleine Premiere geben: Kai Ahrens durfte bei Florian und Andrea übernachten, weshalb diese schon alles Mögliche dafür eingekauft hatten, um Kai etwas zu verwöhnen. Zwischen den Großeltern von Kai und Kathrin Nightingale hatte inzwischen eine echte Aussöhnung stattgefunden, und sie hatten gemeinsam überlegt, wie sie die Zukunft von Kai gestalten könnten. Dabei wollte Kate sogar die Großeltern von Kai später mit nach Irland nehmen, worüber die beiden ernsthaft nachdachten. Dr. Ito hingegen hatte bereits zahlreiche Anfragen von Firmen aus Irland bekommen, die ihn gerne einstellen wollten, da sein Ruf geradezu legendär war. Inzwischen hatte Dr. Ito sein Apartment in Hannover über einen Makler zum Verkauf angeboten, und außerdem hatte er Irene alle Vollmachten über gemeinsame Konten entziehen lassen, auch wenn es dafür eigentlich schon zu spät war. Die Polizei hatte Irenes Spur in Amsterdam verloren, weshalb das Landeskriminalamt jetzt allen Hinweisen nachging und sogar versuchte, hier über Werner Isselmanns ehemalige Liebschaften weiterzukommen. Aber diese Spuren verliefen alle im Sande, und auch Angela Isselmann wusste nichts. Man hatte Zivilbeamte zu ihr geschickt, die sie sehr vorsichtig befragten, doch Angela wusste so gut wie nichts über Irene und ihre Umtriebe. Aufgrund des Umstandes, dass Irene Ito, geborene Klein, möglicherweise noch mehr Menschen auf dem Gewissen hatte, hatte der Staatsanwalt auf eine formelle Anklage gegen Angela Isselmann verzichtet und dieser sogar angeboten, mit einer Kronzeugenregelung straffrei davon zu kommen. Angela Isselmann ging zwar darauf ein, wollte aber vorerst im Landeskrankenhaus Wunstorf und in psychotherapeutischer Behandlung bleiben, da sie sich dem normalen Leben nicht mehr gewachsen fühlte. Irene hatte sich seit ihrem letzten Telefonat mit Dr. Ito und Kathrin Nightingale nicht mehr gemeldet und eine Prüfung des Telefonnetzes hatte ergeben, dass der Anruf irgendwo aus den Niederlanden gekommen war. Als jetzt Dr. Itos Handy klingelte, war Irene wieder dran, allerdings war sie sehr kurz angebunden. „Hallo Fuji, ich wollte Dir nur sagen, dass Du Deiner neuen Freundin sagen kannst, dass wir so verfahren werden, wie von ihr vorgeschlagen. Hast Du das verstanden?" „Ja, habe ich." „Gut, ich wünsche Euch beiden viel Glück." Dann legte sie auf. Dr. Ito rief nun nach Kate und sagte ihr, was Irene ausrichten ließ. Kate nickte nur dazu und sagte dann: „Dann richte Dich schon mal mental auf unser drittes Kind ein." Dr. Ito sah ratlos aus. Dann sagte Kate zu ihm: „Ich habe ihr gesagt, dass ich das Kind haben will, egal ob von Dir oder nicht. Du kannst es Dir natürlich noch überlegen. Hast Du schon mal darüber nachgedacht, dass eine Frau, die schon zwei Morde begangen hat, es sich vielleicht doch noch anders überlegt, wenn das Kind vom falschen Vater ist? Nachher bringt sie das Kind auch noch um! Die ist doch offenbar zu allem fähig! Und das sage ich Dir jetzt als ehemalige Terroristin." Dr. Ito erbleichte, dann gab er ihr Recht. Dann sagte er: „Wir schaffen das schon irgendwie, und außerdem sind wir ja nicht allein." In diesem Moment klingelte nochmals sein Handy. „Ja, wer ist da? Sotheby's? Ja, was wollen Sie denn? Was, das Schwert? Aber das ist ein Erbstück meiner Familie, bestimmt zweihundert Jahre alt, oder so. Was sagen Sie da? Das kann ich kaum glauben! Einen kleinen Augenblick, ich rufe gleich zurück, ja?" Kate sah ihn fragend an. „Kate, Du glaubst es nicht! Sotheby's will mein Schwert versteigern! Sie sagen, das würde mindestens zweihunderttausend Euro bringen, oder so. Weißt Du, was das bedeuten würde? Davon könnten wir in Irland ein großes Haus für unsere Großfamilie erwerben! Soll ich das machen? Immerhin ist es ja doch mein Familienerbe!" Kate umarmte ihn, dann gab sie ihm einen Kuss auf den Mund. „Aber zehn Prozent gehen an die Opferkasse für diejenigen, die durch mich geschädigt wurden", sagte sie. „Können wir so machen", sagte er jetzt und rief Sotheby's zurück. Da das Schwert immer noch im Safe des Hotels lag, sollte das kein Problem sein. Und zusammen mit dem Erlös aus dem Verkauf seines Apartments würden sie ohne Probleme in Irland wohnen können. Alan Parker und Barry Adams waren indessen auch gute Freunde geworden, denn sie hatten entdeckt, dass sie beide ein gemeinsames Hobby hatten: das Angeln. Da die Gewässer um Helgoland jetzt wieder quallenfrei waren, hatten sie sich jeder eine Angelausrüstung aus dem Nachlass des alten Herrn Hansen zusammengebaut, und waren damit zum Pier gegangen, um diesmal keine Fische zum Essen, sondern für den Besatz der Biologischen Station zu fangen. Dabei leistete ihnen Kai Ahrens mit seinen Großeltern Gesellschaft. Das Wetter meinte es auch gut mit ihnen, weil es gerade nicht regnete und so warfen sie die Angeln aus und probierten verschiedenste Haken und Köder aus. So hatten sie an diesem Nachmittag tatsächlich einige Fische gefangen und es ging ihnen ein Plattfisch an den Haken, der allerdings mit roten Geschwüren übersäht war. Sie ließen ihn wieder frei. Dann fingen sie einen kleinen Lippfisch, danach noch einen und dann noch einige Froschdorsche, die der Hunger aus ihren Höhlen getrieben haben musste, da sie eigentlich nachtaktiv waren. Auch landeten sie einige Seeskorpione an. Doch gekrönt wurde der Nachmittag durch den Fang eines strahlend blauen Kuckuckslippfisches. Dann packten sie und riefen Andreas Schnitzler an.

Helgoland, Nordseehotel, Speisesaal, 20.00h

Für heute Abend hatte man beschlossen, einen bunten Abend mit allerlei Spielen und anderen Späßen zu gestalten, so dass es eine sehr unterhaltsame Zeit wurde, die wie im Fluge verging. Florian, Andrea und Kai brachen jedoch schon um halb zehn auf, damit die anderen auch einige nicht ganz jugendfreie Späße und andere Dinge machen konnten. Ein kleines Theaterstück der besonderen Art hatten Kate und Ian Bannister vorbereitet, in dem sie Kates Attentat und Dr. Itos Rettungsaktion vorspielten, allerdings mit vertauschten Rollen. Kate musste Ian Bannister spielen, dieser übernahm dafür ihre Rolle und Aische Özdemir und Dr. Ito hatten natürlich auch die Rollen getauscht. Sie führten das Ganze mit einem Pappschwert und einer Spielzeugpistole auf, aus der nach dem Abdrücken ein kurzer Plastikstiel herauskam, an welchem sich ein Transparent entrollte, auf dem groß das Wort „Peng" stand. Der ganze Saal tobte vor Begeisterung, denn die Wirkung war einfach überwältigend komisch. Vor allem als Ian Bannister die Pistole abfeuerte und dann rezitierte: „Shit, was steckt in meinem Bein? Das muss das Schwert vom Ito sein!" Die Idee für dieses fast spontan inszenierte Theaterstück hatte Aische Özdemir gehabt, und Ian und Kate waren sofort bereit gewesen, mitzumachen. Natürlich hatten sie alle Texte in einfachen Reimen gesprochen, was die Sache noch komischer machte. Alle Zuschauer riefen nur „Zugabe, Zugabe", und es gab Standing Ovations. Damit hatten sie gar nicht gerechnet, so dass sie nun noch etwas improvisieren mussten. Sie besprachen sich kurz in einer Ecke des Saales, Kate machte einen Vorschlag, alle nickten und kamen wieder in die Mitte des Saales. Nun sagte Kate: „Natürlich gab es auch hier ein Happy End, denn unser Ministerpräsident bekam endlich seine Traumfrau." Kate, die sich schnell noch mit einem Kajalstift Bartstoppeln aufgemalt hatte, küsste nun Dr. Ito, der wie immer glattrasiert war und tatsächlich etwas weiblich aussah, weil sie ihm vor dem Theaterstück etwas Eye-Shadow von Aische Özdemir und Lippenstift aufgemalt hatten. Alle applaudierten, denn auch das sah einfach zu seltsam aus. Dann sagte Kate: „Aber auch Dr. Ito hatte sich in die Attentäterin verliebt, und da sie ihm nicht mehr entkommen konnte, würde sie ihn irgendwann später auch noch heiraten müssen, wenn auch einbeinig." Jetzt kam Ian Bannister auf einem Bein auf die Bühne gehüpft, auch er hatte etwas Lippenstift aufgetragen und Aische hielt ihn fest und küsste ihn feurig ab, was zu einem tosenden Applaus führte. Dann dozierten Alan Parker und Barry Adams über das Angeln auf Helgoland, wobei sie ständig Andeutungen mit Hinblick auf die Suche nach einem geeigneten Partner machten, was trotz Sprachbarriere sehr komisch wirkte. Und schließlich führten Dr. Lisbeth Müller-Schiffer und Terry Watkins noch einen Sketch auf, bei dem es im Wesentlichen darum ging, ob die Koreaner nach den Vorkommnissen auf Helgoland auch weiterhin Quallen essen würden oder nicht. Das Ganze endete dann damit, dass beide eine Puddingschüssel mit grüner Götterspeise gereicht bekamen, auf die jemand die Körperzeichnung der Ohrenqualle mit Schlagsahne gesprüht hatte. Unter dem Applaus der Zuschauer aßen sie dann ihre „Quallen" auf, und in diesem Moment öffnete sich die Tür zum Speisesaal, und der Küchenchef brachte jetzt kleine Portionen von „Helgoländer Killerquallen für alle" herbei. Es wurde noch ein sehr fröhlicher und ausgelassener Abend, und Ian Bannister sorgte noch für so manchen Spaß, da er wirklich kein Spielverderber war. Er machte sich sogar über seinen eigenen Wahlkampf etwas lustig, was seine allgemeine Beliebtheit rapide steigerte. Die Wissenschaftler aus Norwegen, den Niederlanden, Dänemark und Schweden waren wirklich überrascht, wie locker ein deutscher Politiker sein konnte, und alle wünschten ihm einen Wahlsieg, *„damit es künftig in der politischen Szene Deutschlands etwas lustiger zuginge"*, wie eine Forscherin aus Schweden meinte. Irgendwann nach zwei Uhr morgens fanden dann schließlich auch Kate und Fuji den Weg in ihr Bett; auf dem kleinen Beistelltisch neben der Couch lag ein Brief in einem kleinen Umschlag, den sie jedoch gar nicht bemerkten. Sie schminkten sich gegenseitig ab, dann plumpsten sie in ihr großes Luxusbett und fielen gierig übereinander her, bis sie schließlich vor Erschöpfung Arm in Arm einschliefen.

Helgoland, Wohnung von Dr. Zuckmayer, 21.47h

Andrea O´Leary und Florian Zuckmayer hatten gedacht, dass sie Kai ins Bett stecken könnten, um dann noch leise an ein paar Akten arbeiten zu können, doch ließ Kai ihnen keine Chance. Er wollte nämlich nicht auf dem Sofa schlafen, sondern bei ihnen im Bett, was sie ihm schließlich auch erlaubten. Außerdem wollte er noch etwas mit ihnen spielen und sich mit ihnen über die am Nachmittag gefangenen Fische unterhalten. Kai war überhaupt nicht müde, und so wurde es eine lange Nacht für den frisch gebackenen Onkel Florian und die dazu gehörende Tante Andrea. Dann fragte Kai plötzlich: „Wann werdet Ihr beide eigentlich heiraten? Onkel und Tante müssen doch verheiratet sein, oder nicht?" Andrea wurde rot im Gesicht, doch Florian rettete wie immer souverän die Lage. „Weißt Du Kai, wenn zwei Menschen sich mögen, dann probieren sie vielleicht erst einmal aus, ob es mit ihnen auch gut geht. Das machen sie, damit es nicht später total daneben geht. Andrea und ich sind noch dabei, es zu versuchen." „Seid ihr denn richtig verliebt?" wollte jetzt Kai wissen, der damit die arme Andrea bis zur dunklen Röte im Gesicht trieb. Da sie ihn verstanden hatte, nickte sie nur einfach und gab Florian einen Kuss. Florian war das noch nicht so ganz geheuer, doch wollte er Andrea nicht bloßstellen, deshalb sagte er jetzt: „Ich denke, ich liebe Andrea. Aber vielleicht tue ich das ja auch einfach ganz anders, als wie sie mich mag." Es war ein Uhr nachts, als endlich alle schliefen.

30. September 2017, Samstag

Helgoland, Nordseehotel, Suite von Dr. Ito und Kathrin Nightingale, 06.21h
Kate war aufgewacht, denn sie hatte lüsterne Gedanken und Träume erlebt. Sie streichelte jetzt sanft Fuji, bis er endlich aufwachte. Müde sah er sie an, dann zog sie ihn an sich an flüsterte ihm ins Ohr: „Du, ich muss Dir was sagen! Ich habe schon wieder Lust! Verdammt, ich glaube, das liegt an der Schwangerschaft!" Fuji nahm sie in die Arme und schon bald darauf verschmolzen sie miteinander zu einer Einheit und verspürten dabei einen wunderbaren Frieden. Ja sie hatten beide das Gefühl, schon seit Ewigkeiten zusammen zu gehören. Danach schliefen sie wieder ein, doch wurden sie um acht Uhr vom Weckdienst des Hotels geweckt. Ihr Frieden dauerte nicht lange an, denn Kate bemerkte jetzt beim Aufstehen den kleinen Umschlag auf dem Beistelltisch. Verschlafen gähnend öffnete sie diesen, doch als sie den Inhalt gesehen hatte, war sie plötzlich hellwach und stieß einen spitzen Schrei des Entsetzens aus. Fuji sah sie fragend an, und sie gab ihm den Brief. Auch er wurde sichtlich blass. Ihr kleines Idyll war im Bruchteil einer Sekunde vollständig zerstört worden. Kate griff zum Telefon und rief Steven Miller an, der ebenfalls noch völlig verschlafen war, aber bei Kates kurzer Schilderung des Problems versprach, sofort zu kommen. Wie gelähmt saßen Kate und Fuji auf dem Bett und warteten auf Colour Sergeant Steven Miller.

Helgoland, Nordseehotel, Speisesaal, 09.30h
Kate und Fuji hatten kaum etwas herunterbekommen und es war sehr schwer, sich gegenüber den anderen nichts anmerken zu lassen. Nach außen hin schoben sie das auf die gestrige Feier, doch in Wirklichkeit sah es in ihnen drin ganz anders aus. Da öffneten sich die Schwingtüren des Speisesaals und Gus Falkner kam zusammen mit einigen Bodyguards in den Speisesaal gestürmt. Er sah sehr ungehalten aus, ja fast schon zornig, was eigentlich nicht zu seinem sonst eher ruhigen Temperament passte. Er stapfte direkt auf Kate zu und sagte: „Guten Morgen ihr zwei! Kate, ich muss ganz dringend mit Dir sprechen, könntest Du bitte sofort mitkommen? Es ist sehr wichtig!" Kate gab Fuji einen Kuss und kam mit, zwei der Bodyguards flankierten sie links und rechts und führten sie in das kleine Konferenzzimmer. Gus Falkner bedeutete ihr, sich zu setzten, während ein Bodyguard das Zimmer nach Wanzen und anderen Abhöreinrichtungen

durchsuchte, aber nichts fand. Erst, als dieser sein O.K. gab, gab Gus Falkner einem weiteren Bodyguard einen Wink, und dieser brachte einen Aktenkoffer mit. Er klappte ihn wortlos auf, und in dem Koffer kam ein Gewehr zum Vorschein, welches in drei Teile zerlegt worden war. Auf dem Mittelteil und dem Kolben des Gewehres stand eine Botschaft in englischer Sprache, welche an Gus Falkner adressiert war: *„With best regards to Gus Falkner, with love: New Revenge Irish Republican Army"* und daneben war zu lesen: *„See you later, Gus! Ulster Liberation Front."* Neben der zweiten Schrift war eine Zielscheibe auf den Gewehrkolben gemalt worden. Gus Falkner schäumte vor unterdrückter Wut. „Kate, ich habe Deine Schrift mit dieser hier vergleichen lassen. Zumindest der erste Teil stammt von Dir! Kannst Du Dir auch nur annähernd vorstellen, wie verarscht ich mir jetzt vorkomme! Da setzte ich unsere halbe Home-Fleet wegen Dir in Bewegung, sorge dafür, dass Dein Bein gerettet wird – und in Wahrheit hättest Du mich ganz offensichtlich auch schon mal fast abgeknallt, und das vor meiner eigenen Haustür! Sag mal ganz ehrlich: Gibt es etwa noch andere Dinge, die ich besser wissen sollte, ehe meine Leute sie herausfinden! Wenn das hier bekannt wird, dann gibt es ein politisches Desaster, das ist Dir doch wohl hoffentlich klar!" Gus Falkner, der sonst immer so ausgeglichen und souverän wirkte, war aufgesprungen und schrie Kate fast an. Kate war sichtlich geschockt, dann bat sie erst um ein Glas Wasser. Sie nahm einen Schluck, dann sagte sie mit leiser Stimme: „Gus, so war es aber nicht. Ich kann Dir alles erklären, wirklich. Ich verstehe Dich, ich wäre an Deiner Stelle genauso böse. Und das zu Recht! Wenn ich Dir jetzt schildere, was am Dienstag, dem 04.April wirklich gelaufen ist, kannst Du mir dann wieder vertrauen? Bitte, es tut mir alles so schrecklich leid, wirklich!" Gus Falkner sah immer noch sehr erbost aus, dann sagte er: „Kate, Du bist jetzt hier auf britischem Territorium, Steven könnte hier theoretisch sogar das Kriegsrecht verhängen und Dich auf der Stelle exekutieren lassen, ist Dir das bewusst?" Kate nickte, dann sagte sie leise: „Darf ich wenigstens vorher noch sagen, was damals abgelaufen ist? Man hat mich getäuscht, und ich habe Dir von dieser Sache nichts gesagt, weil ich dachte, dass die Angelegenheit mit dem Scheitern des Anschlages erledigt ist." „O.K., Kate, wir hören uns das jetzt von Dir an. Du hast zwar nichts zu befürchten, weil wir Dich später noch brauchen, vor allem in Irland, aber weil es nun mal meine Person betrifft, will ich zumindest ein verwertbares Geständnis von Dir haben, mit dem man gegebenenfalls wenigstens Deine damaligen Mittäter drankriegen kann. Irgendwo hört der Spaß wirklich langsam auf." Kate nahm noch einen Schluck Wasser, und einer der Bodyguards stellte ein Mikrofon vor Kate hin, die jetzt plötzlich wieder sehr schwach und zerbrechlich wirkte. Dann kamen die Erinnerungen zurück, und Kate schilderte, was am Dienstag, dem 04.April 2017 tatsächlich in London geschehen war. Dabei geriet sie immer wieder ins Stocken, musste etwas Wasser trinken und zwischendurch zur Toilette, um sich ihre Tränen abzuwaschen. Sie begann ihre Aussage mit den Worten: „Ich Kathrin Nightingale, gebe dieses Geständnis in Form einer eidesstattlichen Erklärung ab und gelobe, die volle Wahrheit zu schildern, so wie sie sich mir dargestellt hat. Ich werde nichts beschönigen oder weglassen. Doch möchte ich vorab bemerken, dass ich meine beiden Mittäter vor dem Anschlagsversuch nicht kannte und auch heute noch nicht weiß, wer diese sind. Außerdem möchte ich anmerken, dass wir alle mit Decknamen arbeiteten, so dass ich hier auch nur deren Decknamen wiedergeben kann." Dann erzählte sie eine Geschichte, bei der es Gus Falkner noch im Nachhinein kalt den Rücken hinunterlief. Es war Monty gewesen, der Kate nach London geschickt hatte. Sie sollte dort einen Wagen fahren, mehr hatte er ihr nicht verraten. Sie war dann am dritten April angereist, hatte unter einem falschen Namen in einem billigen Hotel in der City übernachtet, und war dort gegen etwa 14.00h am Folgetag von einem Kontaktmann namens Rudi abgeholt worden. Dieser hatte sie zu einem Stundenhotel in der Nähe des Piccadilly-Circus gebracht, wo sie den zweiten Kontaktmann, einen gewissen Ralph, kennenlernte. Dieser hatte auch das Gewehr dabeigehabt. Durch einen Informanten hatten sie davon Kenntnis erlangt, dass Gus Falkner heute etwa gegen 17.00h mit seiner Eskorte durch den Piccadilly-Circus fahren würde. Außerdem wussten sie, dass Gus Falkner meistens auf dem Platz des Beifahrers auf der linken Fahrzeugseite saß. Kurz vor 17.00h öffnete dann Ralph das Fenster zum Piccadilly-Circus und Kate erinnerte sich noch gut an die Kälte, die ins Zimmer strömte, und an den Lärm von der Straße. Es war dann schließlich kurz nach 17.00h als der kleine Konvoi mit dem britischen Premierminister tatsächlich in den Piccadilly-Circus einbog. Ralph hatte schnell das Gewehr aus dem Fenster gehalten und versucht, den Premier ins Zielfernrohr zu bekommen. Doch genau in dem Moment, als er abdrückte, stoppte der Wagen des Premiers vor einer roten Ampel, und die Kugel durchschlug den Kofferraum des vorausfahrenden Fahrzeuges mit einem lauten Aufschlagsgeräusch. Gus Falkner hatte das bemerkt und war sofort in Deckung gegangen, außerdem hatte er seinen Fahrer angewiesen sofort Gas zu geben und nach rechts auszuweichen, was dieser auch prompt getan hatte. Ein weiterer Schuss von Ralph kam nicht mehr zustande, weil ihm der Lauf des Gewehres fast nach unten auf die Straße gefallen wäre – das Gewehr war nämlich an der Verbindungsstelle leicht defekt gewesen. Im Reflex eilte Kate herbei, die sich hier natürlich nur Ruth genannt hatte, steckte das Gewehr wieder zusammen und Ralph hielt den Gewehrlauf mit beiden Händen fest, damit er nicht wieder auseinander gehen sollte. Den ersten Schuss hatte außer Gus Falkner offensichtlich niemand wegen des starken Verkehrslärms gehört. So nahm nun Kate das Fahrzeug des bereits flüchtenden Premiers ins Visier, doch dieses war durch die schnelle Reaktion des Chauffeurs bereits fast außer Schussweite. Da es aussichtslos war, den Premier zu treffen, zielte Kate auf die Nachhut des britischen Premierministers und verpasste dem letzten Fahrzeug der Kolonne einen platten Hinterreifen, so dass der Wagen ins Rutschen kam und gegen einen Hydranten prallte. Dann hatte Kate das Gewehr schnell in seine Einzelteile zerlegt, und sie waren nun zu dritt aus der Tür des Stundenhotels getreten, wo bereits einige Leute auf das offene Fenster zeigten. Kate ging den anderen zum Fluchtwagen voran, der nur fünfzig Meter von hier geparkt war. Ein Bodyguard in zivil hatte jedoch irgendeinen von ihnen dreien erkannt und zeigte in ihre Richtung, so dass sie nun schnell zu dem Fahrzeug liefen. Es war ein ausrangierter Jeep der Britisch Army, der zum Glück sofort ansprang, allerdings waren zwei Bodyguards ihnen mit gezogenen Waffen schon dicht auf den Fersen. Kate war jedoch cool geblieben, hatte zuerst den Rückwärtsgang eingelegt, und dann ein geparktes Fahrzeug gerammt, welches nun den beiden bereits sehr nahe gekommenen Bodyguards fast über die Füße gerutscht wäre. Dann gab sie Vollgas und brauste in nördlicher Richtung davon, während sich eine Zivilstreife bereits hinter sie gehängt hatte. Kate hatte das alles sofort registriert, doch hatte sie einen kühlen Kopf bewahrt, ihre Chancen durchgerechnet und war dann in die Tiefgarage eines Kaufhauses eingebogen, die Zivilfahnder dicht hinter sich. Dann sagte sie zu den anderen beiden Attentätern: „Passt mal auf, wie ich die kenne, werden sie ein Stück weiter parken und erst Verstärkung anfordern. Wenn die hinter unserer Parklücke weg sind, dann geht erst Ralph ins Kaufhaus, denn dann haben sie schon ein Problem, uns allen zu folgen. Zwei Minuten später gehe ich dann, und zum Schluss geht Rudi. Einverstanden?" Die beiden nickten nur, dann parkte Kate ein. Jetzt nahm Kate seelenruhig und für die beiden Zivilfahnder gut sichtbar das Gewehr unter ihrer Jacke hervor, was diese tatsächlich dazu veranlasste, eine größere Distanz zwischen sich und die Flüchtigen zu legen, da das

Gewehr eine Distanzwaffe war und sie die Feuerkraft der Terroristen nicht richtig einschätzen konnten. Nun stieg Ralph als erster aus und brachte sich durch das Treppenhaus in Sicherheit. Ruth alias Kate nahm nun in aller Seelenruhe die Waffe in die Hand und schrieb ihre Botschaft darauf. Zumindest einen gehörigen Schrecken wollten sie dem verhassten britischen Premierminister einjagen! Sie grinste Rudi an, ließ die Waffe zurück, stieg aus und lief zur Ausfahrt des Parkhauses, die dem Standort der Zivilstreife am weitesten entfernt gegenüber lag. Dann war sie auch schon in dem allgemeinen Gewühle auf dem Bürgersteig der Londoner City, wo es während der Rushhour schnell unübersichtlich wurde. Da sprach sie plötzlich ein blonder Mann von vorne an, und fragte sie nach der Zeit. Das Earphone des Zivilfahnders war ihr jedoch sofort aufgefallen, und noch bevor der Mann irgendetwas anderes tun konnte, rammte sie ihm ihr Knie in den Schritt, zauberte plötzlich einen Schlagring in ihre rechte Hand und schmetterte diesen mit einem gekonnten Uppercut gegen sein Gesicht. Schreiend sackte der Mann zusammen und Kate erinnerte sich daran, wie sie in die Menge der Zuschauer rief: „Er hat mich sexuell belästigt, der Mann ist pervers!“ worauf sich eine Schar von Gaffern um ihn scharte und ihn an einer weiteren Verfolgung des vermeintlichen Opfers hinderte. Kate war unterdessen auch ins Kaufhaus gegangen, lief schnell in die Damentoilette und machte das Fenster auf. Vier Meter nach unten, kein Problem für sie! Schnell holte sie aus ihrer Jackentasche eine dunkle Perücke hervor, setzte diese auf, zog die Jacke aus und dreht das Äußere der Jacke nach innen, so dass sie jetzt statt einer blauen Jeansjacke eine weiße Jacke mit Schaffell trug. Dann sprang sie aus dem Fenster, landete gekonnt auf dem Boden und lief dann zur nächsten Bushaltestelle, von wo sie sich mit dem nächsten Bus absetzte. Im Vorbeifahren sah sie dann noch grinsend dabei zu, wie der von ihr zusammen geschlagene Zivilfahnder versuchte, den aufgebrachten Leuten die Situation zu erklären, die natürlich bereits einen Bobby herangeholt hatten. Ralph und Rudi hatte sie seitdem nie wieder gesehen. Kate beendete an dieser Stelle ihr Geständnis und sank erschöpft in sich zusammen. Jeder im Raum hatte ihr mit Spannung zugehört, und Gus Falkner ließ jetzt etwas Kaffee und Gebäck bringen. Dann fragte er abschließend nochmals nach: „Und Du wusstest also wirklich nicht, dass das eine gemeinsame Aktion der New Revenge IRA und der Ulster Liberation Front war?“ „Nein, ich hatte keine Ahnung. Ich habe vorhin ganz schön blöde geguckt, als ich das Gekritzel der ULF auf der Waffe gesehen habe. Eigentlich waren wir ja Todfeinde, aber da muss irgendwas gewesen sein, weshalb Monty einen Deal mit denen machte. Aber uns hat er absolut nichts davon verraten! Wirklich! Da sieht man wieder mal, wie sehr dieser Mensch, der ja nur mein biologischer Vater war, uns allen misstraut haben muss, das macht mich jetzt noch wütend!“ Kate sah jetzt fast genau so wütend aus wie Gus Falkner. Beide sahen sich an, dann begannen sie zu lächeln. Gus Falkner stand jetzt auf, ging um den Tisch herum, der sie getrennt hatte und sagte: „Kate, ich bin wirklich froh, dass Du nicht diejenige warst, die mich liquidieren sollte. Aber jetzt will ich doch noch eines von Dir wissen: Wieso hast Du noch auf die Nachhut geschossen?“ „Na ja, das ergab sich wohl eher zufällig, weil ich Ralph mit dem Gewehr geholfen habe und es plötzlich in der Hand hatte. Ich habe dann etwas improvisiert und mir gedacht: Na ja, wenn wir ihn schon nicht mehr erwischen können, dann wollen wir ihm wenigstens noch unsere Gefährlichkeit unter Beweis stellen. Machen wir uns nichts vor: Ohne die rote Ampel damals würdest Du heute nicht mehr leben.“ „Doch Kate, das würde ich. Ich saß nämlich in dem letzten Wagen der Kolonne, den Du gegen den Hydranten geschickt hast. Vorne im anderen Wagen saß ein Kollege von mir, den Du inzwischen auch gut kennen dürftest.“ Kate wurde blass, dann fragte sie: „Wer war es denn?“ „Kenneth Sinclair.“ „Oh Shit, jetzt verstehe ich Deinen Zorn!

Weiß Ken von dieser Sache und meiner Verstrickung darin?“ In diesem Moment ging die Tür auf, und Kenneth Sinclair betrat den Raum, er grinste allerdings breit und kam auf Gus Falkner und Kathrin Nightingale zu. „Nun, Kate, ich hatte vorhin im Nachbarzimmer das Vergnügen, mir Deine kleine Geschichte anzuhören. Ich möchte bloß wissen, woher dieser Abraham Walker wusste, dass ich in dem Konvoi saß?“ Kate seufzte erleichtert. Dann sagte sie: „Entschuldigt, aber für mich ist das im Nachhinein ein echter Alptraum. Wenn ich mich noch weiter mit meinen ganzen Altlasten auseinandersetzen muss, werde ich wahrscheinlich noch verrückt!“ Gus Falkner pflichtete ihr jetzt überraschend bei: „Kate, Du solltest Dich jetzt um Deine neuen Aufgaben kümmern; vergiss das jetzt alles und mach so weiter wie bisher, dann wird alles gut.“ „Schön wäre es“; sagte Kate nur, und dann zeigte sie beiden den Umschlag aus ihrem Zimmer und seinen brisanten Inhalt. Gus Falkner rief sofort nach Colour Sergeant Steven Miller.

Helgoland, Biologische Station, 11.30h

Das Symposium hatte nun jene Phase erreicht, in welcher die Wissenschaftler darüber diskutierten, ob und wie man künftig ähnliche große Giftunfälle wie den GAU auf Helgoland verhindern konnte. Außerdem dachten sie gerade gemeinsam über mögliche Quellen der Verseuchung nach, als Dr. Thorsten Lessinghaus zu ihnen stieß und ihnen mit seinem speziellen Fachwissen über natürliche und unnatürliche radioaktive Strahlen weiterhalf, so gut es eben ging. Schließlich meinte Dr. Lessinghaus, nach dem er über die gesamte Situation nachgedacht hatte, unter der die Insel Helgoland gerade stand: „Also mal ganz ehrlich: Wenn ich mir dieses ganze militärische Aufgebot der Briten anschaue, dann kann ich es kaum glauben, dass sie damit nur eine Handvoll Personen beschützen wollen. Und auch der Streit um ein gesunkenes Kriegsschiff erscheint mir persönlich als nicht wichtig genug, damit sie es vor ihrem Verteidigungsausschuss rechtfertigen könnten, hier ihre halbe Home-Fleet hinzuschicken. Ich habe da einen ganz anderen Verdacht: Wahrscheinlich haben sie gerade den Prototyp eines neuen Atom-U-Bootes hier irgendwo vor Helgoland verloren und suchen jetzt gerade danach, was das Zeug hält. Haben wir denn schon Messungen wegen der radioaktiven Isotope in den Quallen durchgeführt? Wenn ich da ein paar Datensätze bekommen könnte, dann könnte ich Euch ziemlich genau sagen, was hier wirklich gespielt wird. Oder meint Ihr etwa ernsthaft, dass die Briten Millionen von Euro für die Resozialisierung von irgendwelchen ehemaligen Terroristen ausgeben? Wenn das so wäre, dann wäre es jedenfalls ein Novum in der Geschichte der christlichen Seefahrt!“ Die anderen sahen nachdenklich drein, in diesem Moment sagte Dr. Ito: „Liebe Kolleginnen und Kollegen, an dieser Stelle habe ich eine sehr herzliche Bitte an Sie alle, in unserem eigenen Interesse: Bitte reden Sie um Gottes Willen mit absolut niemandem hier auf der Insel über diese Hypothese! Das könnte sonst Ärger geben, und damit meine ich wirklichen Ärger bis hin zu unserer Kasernierung mit Kontaktsperre nach draußen hier auf der Insel!“ Die anderen pflichteten ihm bei, und einer der schottischen Kollegen sagte: „Wenn Gus Falkner hier Kriegsrecht verhängt, dann kann er sogar Personen erschießen lassen und ähnliches. Dann hätte er gottähnliche Vollmachten hier auf Helgoland!“ Deshalb beschlossen alle einmütig, über diese brisante Hypothese zu schweigen. Währenddessen brachte man Dr. Lessinghaus die Unterlagen bezüglich der in den Quallen gefundenen radioaktiven Isotope. Der Experte warf nur einen kurzen Blick darauf, dann dachte er einen Moment nach und sagte leise: „Leider hatte ich Recht. Das sieht ganz nach den typischen Emissionen eines gesunkenen nuklear angetriebenen Schiffes aus. Das erklärt auch, warum sie ständig Hubschrauber über dem Meer patrouillieren lassen. Wahrscheinlich versuchen sie, durch den Einsatz von allen möglichen Metallsuchgeräten und anderen Mitteln das Wrack ihres Schiffes zu finden. Möglicherweise hat es aber auch etwas mit der gesunkenen Dublin zu tun. Oder der verloren gegangene Prototyp ist in Wahrheit mit einem anderen Wrack kollidiert, welches Giftmüll geladen hatte. Giftmüll, der sich dann in Zusammenhang mit radioaktiver Strahlung auf die Medusen ausgewirkt und zu deren Mutation geführt hat. Vielleicht sind die Briten ja auch erst durch das Tiersterben auf Helgoland auf die Idee gekommen, hier alles abzusuchen."

Helgoland, Nordseehotel, Kleiner Konferenzraum, 11.35h
Gus Falkner schüttelte mit dem Kopf, dann sagte er, leicht amüsiert: „Also Kate, das war wirklich kein Ruhmesblatt für Euch drei! Besoffen einen flotten Dreier zu bringen, das ist ja schon stark, aber sich dabei noch fotografieren zu lassen, das ist die absolute Krönung. Shit! Wenn das an die Presse kommt, dann ist das ganze Unternehmen hier stark gefährdet! Ken, was sollen wir denn jetzt Deiner Meinung nach tun, um diesem üblen Erpresser zu begegnen?" Kenneth Sinclair senkte den Kopf, dann meinte er leise: „Also so etwas ist ganz schlecht, vor allem in Irland! Die Leute da drehen doch durch, wenn sie erfahren, dass ihre neue Ikone in betrunkenem Zustand, dazu noch schwanger, in so etwas verwickelt ist! Wir müssen so schnell wie möglich herausfinden, wer wie dieses Foto gemacht hat. Und wo der Brief gedruckt wurde. Allerdings glaube ich kaum, dass wir da schnell weiterkommen, denn es scheint sich ja leider eher um einen Allerweltsdrucker und ein Allerweltspapier zu handeln. Tja, da bin ich mit meinem Latein auch am Ende. Aber ich sehe es noch lange nicht ein, das Projekt deshalb aufzugeben!" Kate weinte jetzt, sie war am Boden zerstört. Dann fragte sie: „Steven, und die Wache hat nichts gesehen oder bemerkt?" „Nun, es kann sein, dass der Täter zugeschlagen hat, als die Wache gerade mal kurz auf Toilette war oder so. Ich denke, wir werden Euer ehemaliges Zimmer von oben bis unten durchsuchen, ob wir Hinweise finden, wer das getan haben könnte. Meine Männer graben ja schon seit heute früh jeden Zentimeter um, aber bislang haben sie nichts gefunden, es ist wie verhext!" „Steven, könnte es nicht einer Deiner Royal Marines gewesen sein? Vielleicht weil einer von uns im Suff was Dummes gesagt hat, oder so?" fragte nun Kate. Steven reagierte empört: „Niemals Kate, noch niemals habe ich es erlebt, dass ein Soldat meiner Truppe so etwas geschrieben hat. Nein, das kann überhaupt nicht sein." Dann las er nochmals den Text auf dem Zettel vor. Dort stand in englischer Sprache, kurz und präzise: *„Piss off, you fucking terrorists. If not, I will publish the scandalon* ***and*** *some of your members will die."* Ratlos blickten sie sich an. Dann fragte Kate: "Gibt es denn hier noch mehr Leute auf der Insel, die wegen alter Geschichten einen Grund hätten, auf mich böse zu sein?" „Oh ja", sagte nun zur Überraschung von Kate einer der Bodyguards von Gus Falkner und grinste schräg und offenbar auch ein wenig schadenfreudig. Gus Falkner erklärte es. „Kate, darf ich vorstellen: Das hier ist Tony; er ist der Bodyguard von mir, den Du am 04. April dieses Jahrs zusammengeschlagen hast. Wegen Dir kann er auf dem linken Auge nur noch zwanzig Prozent sehen, und fast hätte er das Auge verloren!" Kate sah Tony sichtlich erschrocken an, dann sagte sie nur: „Das wollte ich nicht, es tut mir sehr leid! Wirklich! Hört das denn nie auf?" Dann ging sie zu Tony und sagte zu ihm: „Tony, heute weiß ich erst, wie schlimm ich damals gewütet habe. Ich hielt das damals für normal und habe ehrlich gesagt nie über Spät- und Folgeschäden meiner Attacken nachgedacht! Können Sie mir trotzdem verzeihen?" Dabei nahm sie seine Hände in ihre Hände und sah ihn bittend an, ernst und ruhig erwidert er ihren Blick. Dann sagte er leise: „Das ist schon O.K., es ist mein Berufs-Risiko. Aber wahrscheinlich werde ich deswegen früher als andere in Rente gehen müssen. Und dadurch werde ich einen nicht unerheblichen Teil

meiner Pensionsansprüche verlieren. Könnten Sie da vielleicht etwas für mich tun?" „Ja, ich werde meine Geschichte gemeinsam mit meiner Schwester schreiben. Und dann könnte ich Ihnen ja einen Teil der Einnahmen geben. Wir wollen nämlich einen Fond für meine Opfer gründen, aus dem solche und ähnliche Sachen nach Möglichkeit wieder gut gemacht werden sollen. Das soll so eine Art Täter-Opferausgleich werden, ich hoffe, dass das klappt." „Gut, Miss Nightingale – hier gebe ich Ihnen meine Adresse, da können Sie mich ja schon mal vormerken." „Das werde ich!" versprach jetzt Kate. „Und was machen wir nun?" fragte Ken. „Zunächst einmal nichts, denn wir müssen noch abwarten, ob der Erpresser noch Forderungen nachschiebt", sagte nun Gus Falkner. Oder ob es plötzliche Todesfälle bei den Terroristen gibt, dachte er insgeheim, doch sprach er diesen Gedanken lieber nicht aus, um Kate nicht unnötig zu beunruhigen. Würden die ehemaligen Verbreiter des Schreckens jetzt selbst Opfer des Schreckens werden? Und was würde Keith Hastings dazu sagen? Gus Falkner wusste es wirklich nicht.

Helgoland, Biologische Station, 14.00h

Clarice Schumann begann pünktlich mit ihrem Referat über Schadensersatzforderungen beim Sterben von Tieren und Pflanzen durch Umweltverseuchung. Sie betonte, wie wichtig es sei, bei der zuständigen Staatsanwaltschaft eine Strafanzeige gegen Unbekannt zu stellen, damit man später die Forderung von dem Verursacher eintreiben könne. Darüber hinaus, so führte sie aus, müsse natürlich auch dafür Sorge getragen werden, dass die Staatsanwaltschaft bei menschlichen Todesopfern wegen fahrlässiger Tötung, möglicherweise auch wegen Mordes gegen den Verursacher ermitteln könne. Nachdem sie die vielen juristischen Einzelpositionen erklärte hatte, um die es bei Prozessen gegen Umweltsünder immer ging, kam sie schließlich darauf, wie man die Schadenshöhe im Falle des Helgoländer Bestandssterbens bei Robben und Seevögeln quantifizieren könne. Hierbei sagte sie, dass sie empfehlen würde, die letzten ornithologischen Gutachten der Helgoländer Vogelwarte zu Rate zu ziehen, was die Anzahl der Brutpaare anginge. Dazu empfahl sie, zehn Prozent Aufschlag für nichtbrütende Vögel und Jungtiere dazuzurechnen. Nach den ihr vorliegenden Zahlen seien etwa 14.500 Seevögel verendet. Würde man für jeden Seevogel einen Wert von etwa 100,- Euro annehmen, dann ergäbe sich daraus eine Summe von bereits einer Million und vierhundertfünfzigtausend Euro, allein für den Wert der Vögel als „lebender Sache", wie der Gesetzgeber das nannte. Weil aber die gesamte Population erloschen sei, so führte sie weiter aus, so käme selbstverständlich noch eine Entschädigungssumme für den Gesamtverlust hinzu, die etwa den gleichen Wert wie die Vögel als lebende Sache hätten. Dazu kämen noch Aufräum- und Entsorgungskosten, sowie die Kosten für mögliche Wiederansiedlungsmaßnahmen; darüber hinaus natürlich noch die Kosten für die Beseitigung der Verseuchungsursachen. Von letzteren könnte man zum gegenwärtigen Zeitpunkt noch nichts sagen, da man die Quelle der Verseuchung noch nicht eruiert habe. Sie rechne wegen der Gewichtigkeit des Falles jedoch mindestens mit der zehnfachen Summe des verlorenen Vogelbestandes, dieses sei ein Erfahrungswert, den man aus ähnlich gelagerten Umweltfällen ableiten könne. Also ergäbe sich bis hierher insgesamt eine Schadenshöhe von etwa dreißig Millionen Euro, den Verlust der Meeressäuger nicht eingerechnet. „Kommen wir nun zu ihren Meeressäugetieren. Hinsichtlich dieser Problematik habe ich vor längerer Zeit in einem anderen Fall schon einmal mit Ihrer leider verstorbenen Kollegin Dr. Susanna Pelzer diskutiert. Weil Meeressäuger in einigen Fällen kaum zu ersetzen sind – was bei Vögeln meist etwas anders aussieht – hatte sie damals mit mir zusammen ein Konzept entwickelt, welches sich eher ideologisch, denn materiell verstehen lässt." Sie nahm einen Schluck Wasser, dann fuhr sie fort: „Nun, wir alle hier dürften uns wohl darüber einig sein, dass ein Seehund sich nicht so einfach nachzüchten lässt, wie ein Kaninchen. Und eine Kegelrobbe lässt sich nicht so einfach aufziehen, wie ein junger Seehund, geschweige denn züchten." Sie machte eine rhetorische Pause. „Deshalb kamen Frau Dr. Pelzer und ich damals zu dem Schluss, dass dem rein materiellen Wert eines lebenden Meeressäugetieres ein imaginärer ideeller Wert hinzugefügt werden müsste. Vor allem aber müsste dieser Wert so hoch sein, dass seine Zerstörung eine Schadensersatzforderung nach sich zieht, die es selbst großen Unternehmen oder Staaten sehr schwer macht, sich so einfach davon loszukaufen, nach dem Motto: *Bezahlen wir eben ein paar tote Robben, und siedeln dann unser Industrieprojekt an, es sind ja nur Baukosten."* Jetzt wurde es plötzlich sehr angespannt und still im Saal. Die etwa fünfzigjährige Schweizerin Clarice Schumann fuhr nun fort: „Deshalb haben wir damals folgendes Konzept entwickelt: Eine tote Robbe kostet als reine lebende Sache betrachtet etwa 10.000, - Euro durchschnittlich, wobei der Preis sich nach Alter und Geschlecht richtet. Das entspräche etwa der Summe, zu der Robben üblicherweise von Zoos und Tierparks gehandelt werden. Doch Dr. Pelzer und mir war das nicht genug, denn man muss ja dazu rechnen, dass ein Tier, welches sich in freier Wildbahn selbst mit Futter versorgt und dort außerdem noch Brut aufzieht, einen viel höheren Wert hat, allein wegen seines nicht degenerierten Verhaltens. Deshalb müsste der Wert eines wild lebenden Tieres wenigstens zehnmal so hoch angesetzt werden, läge also hier bei etwa 100.000, - Euro. Und nehmen wir den ideellen Schadensersatz dazu, so würden wir das nochmals mit dem Faktor zehn multiplizieren, dann wäre es bereits eine Million Euro pro Tier." Jetzt setzte staunendes Gemurmel ein und aufgeregt begannen einige Forscher damit, zu diskutieren. „Und abschließend sei noch angemerkt, dass hier auf Helgoland ein gesamter Bestand an Meeressäugern starb, weshalb ich dann diese Summe nochmals verdoppeln würde. Das heißt, dass wir vom Verursacher des Helgoländer Robbensterbens wenigstens zweihundert Millionen Euro Schadensersatz verlangen würden, bei einem zuletzt belegten Bestand von etwa zweihundert Tieren. Sie sehen, es geht hier nicht um Peanuts. Mehr habe ich dazu nicht zu sagen, ich werde dann in den nächsten Tagen die entsprechenden Klagen und Schadensersatzforderungen für Helgoland vorbereiten. Ich danke Ihnen für Ihre Aufmerksamkeit!" Jetzt spendeten ihr alle Beifall, so hatte das Unglück von Helgoland auch noch eine ungeahnte finanzielle Brisanz erhalten. Dann zeigte Dr. Skibbe noch eine Dokumentation über den auf Helgoland beobachteten Klimawandel an der Pflanzen- und Tierwelt Helgolands, während dessen sich Dr. Florian Zuckmayer und Frau Dr. jur. Clarice Schumann in das Büro von Dr. Skibbe begaben. Florian schloss die Tür, dann fragte er sie: „Und? Was machen die Nachforschungen im Fall Wackernagel?" Sie grinste nur. „Ein Volltreffer, Dr. Zuckmayer. Das wird einer der größten Skandale der Nachkriegsgeschichte. Haben Sie mal einen Computer für mich?" Dr. Zuckmayer schaltete jetzt den Computer Dr. Skibbes an, und Clarice Schumann führte einen USB-Stick in den USB-Port ein. „Ich zeige Ihnen jetzt die Hälfte des Materials: Hier sehen Sie es ganz klar, Dokument Nr. 1: Zuwendungen der Atomwirtschaft. Dokument Nr. 2: Zuwendungen der Länder Hamburg und Bremen, angebliche *Beratungskosten,* die allerdings niemals in dieser Höhe angefallen sein können. Dann Dokument Nr. 3: Steuerhinterziehung – hier fanden wir sogar noch weitere Hinweise auf Konten der Ehefrau in Vaduz, Monaco und in Brasilien. Es liest sich wie ein eigener Krimi. Einige Dinger hat er zusammen mit seinem Sohn gedreht, andere mit der Frau, aber auch sein Steuerberater hat da so einiges verschoben, nennen wir es mal so. Die anderen

Dokumente decken seine vielen Verbindungen zu Industrie und Politik auf, aber keine Verbindung zu Ian oder Martha Bannister, da haben wir absolut nichts gefunden. Etwa die Hälfte der Informationen mussten wir leider illegal beschaffen, was ich bei den entsprechenden Dokumenten gekennzeichnet habe, aber auch der nur legal beschaffte Teil reicht aus, um diesen Mann für viele Jahre hinter Gitter zu bringen. Auch haben wir einige Todesfälle unter kritischen unabhängigen Wissenschaftlern der letzten Zeit recherchiert, und sind hier auf einige Merkwürdigkeiten gestoßen. So ist beispielsweise der Sohn eines argentinischen Polarforschers für einige Wochen in Buenos Aires spurlos verschwunden gewesen. Bis er dann wie aus dem Nichts wieder auftauchte. Danach war der Vater, Miguel Armadillo, ein gebrochener Mann, der plötzlich behauptete, er habe sich bei seinen letzten Forschungen in der Antarktis nach der Esperanza-Katastrophe völlig geirrt. Und seine Frau Juanita, die immer alle als lebenslustig beschrieben hatten, beging einen zum Glück nicht erfolgreichen Suizidversuch. Beide beziehen jetzt ein kleines staatliches Gehalt und arbeiten irgendwo in der argentinischen Provinz. Professor Wackernagel fiel uns in diesem Zusammenhang auf, weil er öffentlich als heftigster Widersacher der Armadillos galt. Offenbar hat er dieses Ehepaar regelrecht mundtot gemacht, und man findet merkwürdige Verflechtungen zwischen brasilianischen Konten von Frau Wackernagel in Rio de Janeiro und Sao Paulo sowie einer argentinischen Großbank, wo sich die Spur dann leider verlor." „Donnerwetter, das hätte ich ja kaum geglaubt!" rief Florian überrascht. „Dr. Zuckmayer, seien Sie bloß vorsichtig! Was meinen Sie wohl, was für Sicherheitsvorkehrungen ich und meine externen Ermittler bei dieser Sache getroffen haben. Aber der eigentliche Knüller kommt erst noch, und Sie werden lang hinschlagen, wenn ich Ihnen das jetzt auch noch zeige." Sie klickte am unteren Bildschirmrand das letzte Dokument mit der Nummer 17 an. „Diese Unterlagen beweisen, dass die deutsche Bundesregierung über alle Vorgänge, die sich in Kürze an der deutschen Küste abspielen werden, Bescheid weiß. Jedoch wissen die Landesregierungen Schleswig-Holsteins, Niedersachsens, Bremens und Bremerhavens, Hamburgs und Mecklenburg-Vorpommerns nichts davon, während die Bundesregierung aber andererseits ein geheimes Abkommen mit den Niederlanden, Belgien, Polen, Dänemark und Litauen getroffen hat, außerdem verhandelt sie bereits mit Russland. Oder auch im Klartext gesagt: Sie will auf der einen Seite die eigene Küstenbevölkerung bei einem plötzlichen Anstieg des weltweiten Meeresspiegels einfach ertrinken lassen, weil es zu teuer ist, diese vielen Menschen umzusiedeln. Auf der anderen Seite ist die Bundesregierung aber gerne bereit, eventuelle Katastrophenflüchtlinge ihrer Nachbarländer integrativ aufzunehmen. Aber nur unter der Prämisse, dass auch die Nachbarländer ihre Küstenbevölkerung nicht warnen." „Mein Gott! Unsere Regierung will also viele Millionen Menschen einfach ihrem Schicksal überlassen, aus ökonomischen Gründen? Das kann ich ja kaum fassen!" „Ja, man könnte das auch als eine ökonomisch orientierte Form des Genozids bezeichnen", sagte Clarice Schumann. „Hinterher wird die Regierung behaupten, sie habe solch eine Katastrophe nicht vorhersehen können. Es ist eben billiger, die Menschen sterben zu lassen. Außerdem handelt es sich an der deutschen Küste ohnehin um überwiegend strukturschwache Gebiete, da sind sich die Politiker sogar einig, dass das kein besonderer Verlust ist. Deshalb haben sie ja auch seit dem Auftauchen des Armadillo-Gutachtens im März 2017 dafür gesorgt, dass wegen angeblich knapper Kassen so gut wie keine Bundesgelder mehr in die Küstenregionen abfließen. Das kann übrigens auch Ihr Ian Bannister nicht mehr ändern, er weiß es nur noch nicht." „Heißt das also, dass Ian Bannister völlig ahnungslos ist?" „Ja, das heißt es. Die Länderchefs wissen nichts davon. Und notfalls will man inzwischen sogar Hamburg sterben lassen." Florian wurde ganz bleich. Dann sagte Clarice Schumann leise, aber sehr ernst: „Dr. Zuckmayer, angesichts der Brisanz dieser Rechercheergebnisse müsste ich dafür von Ihnen eigentlich mehrere Millionen Euro Honorar fordern, was wahrscheinlich das Ende Ihrer Stiftung wäre. Aber wegen der politischen Dimension dieses Falles möchte ich dafür keinen Cent von Ihnen haben. Ich werde Ihnen lediglich meinen heutigen Vortrag wegen der Schadensersatzforderung für die Meeressäuger und meine vorbereitende Arbeit in Rechnung stellen. Außerdem werde ich Ihr Backup sein. Sollten Sie es nicht schaffen, diese Vorgänge rechtzeitig zu publizieren, dann werde ich versuchen, von der Schweiz aus etwas zu unternehmen. Dazu fühle ich mich aus humanitären Gründen einfach verpflichtet." „Danke Frau Schumann, Sie haben uns sehr geholfen und leider meine schlimmsten Ahnungen bestätigt! Wie soll ich weiter machen? Ian Bannister informieren?" „Um Gottes Willen, der ist doch sogar ein Duzfreund und Parteigenosse des Kanzlers! Was glauben Sie wohl, was dann passiert? Dann können Sie sich gleich zu Miguel Armadillo in die argentinische Pampa begeben, um ihm dort Gesellschaft zu leisten. Nein, Sie müssen das Ganze stückchenweise an die Medien verfüttern. Machen Sie vor allem die wenigen unabhängigen Medien neugierig. Hier habe ich eine Liste von wenigen unabhängigen Medien für Sie. Und noch etwas: Bleiben Sie immer schön hinten, sonst könnten Sie Ihrer Susanna schneller folgen, als Ihnen das lieb ist. Im Zusammenhang mit einem anderen Fall habe ich nämlich herausgefunden, dass die Deutschen eine Spezialtruppe für die Beseitigung unliebsamer Zeitgenossen unterhalten. Ein Unfall, plötzliches Herzversagen, eine Krankheit, ein Selbstmord – da sind die sehr kreativ, das können Sie mir glauben." „Wie viel muss ich Ihnen jetzt überweisen?" wollte Florian wissen. „Zweihunderttausend Euro für den Anfang, wenn wir dann in Den Haag Klage vor dem internationalen Gerichtshof einreichen sollen, wird allein die Erstellung der Schadensersatzforderung und der Klageschriften mindestens das Doppelte kosten. Aber tun Sie es bitte nicht für irgendwelche Meeressäuger. Tun Sie es für Ihre Susanna. Ich glaube, sie würde sich sehr darüber freuen, weil es genau in ihrem Sinne wäre." „Und wenn der Verursacher nie gefunden wird?" „Doch, das wird er. Bei Schäden in diesem Ausmaß ist etwas anderes eher unwahrscheinlich." Dann verließ Clarice Schumann das Büro Dr. Skibbes und ließ einen sehr nachdenklichen Meeresbiologen zurück. Andrea O´Leary war noch nebenan beim Vortrag. Er musste sie unbedingt einweihen, aber außerdem auch noch etwas sehr Privates fragen. Und beides war jetzt plötzlich wichtiger denn je geworden!

Helgoland, Wohnung von Dr. Zuckmayer, 23.49h

Florian und Andrea hatten ein leichtes Unwohlsein vorgeschützt, und sich so von dem Abschlussball im Nordseehotel zurückgezogen, wo Kathrin Nightingale und Dr. Ito jetzt noch einige Runden über das Parkett im Festsaal drehten. Kai war heute bei seinen Großeltern in einer der Hummerbuden einquartiert worden, von wo man einen guten Überblick über Pier und Hafen hatte. Florian hatte Andrea alles erklärt, und sie war sichtlich geschockt gewesen. Dann hatten sie diskutiert, wie man die Dinge öffentlich machen könnte, doch sie waren bisher noch nicht zu einer einfach zu realisierenden Lösung gekommen. Egal wo man anfing – man würde sehr schnell den deutschen Verfassungsschutz oder andere Institutionen auf dem Hals haben. „Und wenn man die Leute in der letzten Minute warnen würde, kurz, bevor es geschieht?" fragte nun Andrea. „Hm, das ist einerseits sehr riskant, andererseits sterben dann immer noch Menschen. Und die meisten werden Ihre Häuser und ihr Hab und Gut verlieren, wie meine Eltern zum Beispiel, die auch in der Gefahrenzone leben", sagte nun Florian. „Florian, halt mich fest, mir wird noch ganz schwindelig, ich halte diesen Druck bald nicht mehr aus", sagte nun Andrea. Florian nahm sie zärtlich in die Arme, dann küsste er sie lange und leidenschaftlich auf den Mund. Überrascht sah sie ihn an, dann ließ sie sich weiter auf seinen Kuss ein. Dann trug er sie wortlos zum Bett und begann damit, sie auszuziehen, worauf sie sich stürmisch liebten. Danach sagte sie zu ihm: „Florian, ich hatte mich vor diesem Augenblick immer etwas gefürchtet, aber andererseits habe ich ihn auch herbeigesehnt, ich fühle mich immer noch zwiegespalten." „Das brauchst Du nun nicht mehr. Andrea, wenn das hier vorbei ist, dann will ich hier weg gehen. Ich will zu Dir, nach Irland. Ich möchte Dich nicht nur heiraten, nein ich will noch viel mehr von Dir!" „Was denn noch?" „Ich möchte gerne Deinen Nachnamen haben, da ich meinen guten Namen für diese Sache opfern muss, ich merke das jetzt schon. Und dann möchte ich noch etwas, und das könnten wir jetzt schon beginnen." „Was denn noch, Du bist ja unersättlich?" „Ich will ein Kind von Dir!" „Das passt sich gut, denn ich habe eben nicht verhütet", sagte nun Andrea. Dann ergänzte sie: „Gut, ich nehme Deinen Antrag an, aber nur unter einer Bedingung: Liebst Du mich wirklich, oder war das eben nur Pragmatismus von Dir?" „Ich bin geradezu verrückt nach Dir, genügt Dir das?" fragte Florian. „Wir heiraten im nächsten Frühling, wenn auf Irlands grünen Wiesen die ersten Gänseblümchen blühen", antwortete sie. Dann umarmte sie ihn heiß und innig und lud ihn dazu ein, nochmals mit ihr eins zu werden. Und im Stillen sandte sie ein dankbares Stoßgebet zu Susanna, dass diese Florian wieder frei gegeben hatte.

VI – Überholende Kausalitäten

„Tand, Tand, ist das Gebild von Menschenhand“*

*(Aus: Theodor Fontane „Die Brücke am Tay“)

01. Oktober 2017, Sonntag

Helgoland, Nordseehotel, Suite von Dr. Ito & Kathrin Nightingale, 04.15h

Kate hatte es tatsächlich geschafft, trotz ihrer Endo Prothese einige Standardtänze mit Fuji, aber auch mit einigen anderen, wie etwa Gus Falkner, Ian Bannister oder Kenneth Sinclair über das Parkett durchzuhalten. Alle nahmen dabei etwas Rücksicht auf sie, denn sie hinkte etwas und konnte sich nicht ganz so geschickt über den Tanzboden bewegen, wie andere Tänzer das konnten. Auch Professor Ferguson war da, tanzte einen Foxtrott mit Kate und meinte dann lächelnd zu ihr: „Na, Miss Nightingale, hatte ich es Ihnen nicht gesagt, dass sie bald wieder in der Gegend herum hüpfen würden wie ein Frosch?" Daraufhin gab sie ihm einen Kuss auf die Wange und sagte: „Sie sind wirklich spitze, Professor!" Worauf Professor Ferguson leicht errötete. Dann fragte sie ihn: „Aber warum hinke ich eigentlich etwas?" „Nun Miss Nightingale, ich denke, dass es in Ihrem Fall leider so gelaufen ist, dass wir keine Zeit für eine vernünftige Krankengymnastik hatten. Was bedeutet, dass viele verschiedene wohlmeinende Menschen Ihnen beim Laufen Lernen geholfen haben. Und das wiederum bedeutet, dass jeder Mensch es zwar auf seine Art gut meinte, es aber letztlich jeder anders macht. Dazu kommt noch, dass Sie eine kleine Sehne durch den Unfall verloren haben, was Sie aber bisher bemerkenswert gut ausgeglichen haben. Wenn Sie das wollen können wir jederzeit noch etwas an Ihrem Knie korrigieren, allerdings sollten Sie das besser dann machen lassen, wenn sie hinterher einige Monate Zeit haben, sich in Ruhe auszukurieren. Sonst ist das nämlich alles sinnlos." „Also hatte ich zu viel Programm in der letzten Zeit?" wollte Kate jetzt wissen. „Aber ja! Doch Sie gehören zu den Leuten mit einer bemerkenswerten Heilhaut. Andere würden jetzt noch im Krankenbett liegen." „Ach wissen Sie, Professor, im Grunde genommen finde ich es sogar ganz gut, dass ich etwas hinke. Ich möchte doch irgendwie das Gefühl haben, durch irgendetwas bestraft worden zu sein. Auch wenn es vielleicht verrückt klingt, aber ich finde den Gedanken schrecklich, dass ich anderen bleibende gesundheitliche Schäden und sogar den Tod zugefügt habe, aber selber frei und unbeschädigt weiter umherspazieren darf. Ich denke, ich werde das Hinken behalten, damit ich nie vergesse, woher ich kam und was ich getan habe." „Sie haben eine bemerkenswerte Einstellung zu den Dingen, Miss Nightingale", hatte Professor Ferguson zu ihr gesagt. Dann hatte Fuji noch eine Runde mit ihr über das Parkett gedreht, und dann gingen sie in ihre Suite, gefolgt von einem der Royal Marines. Da es schon fast zwei Uhr nachts war, waren sie nur noch in ihr Doppelbett geplumpst und sofort eingeschlafen. Kai übernachtete währenddessen bei seinen Großeltern. Es war gerade viertel nach vier, als sich plötzlich leise die Tür öffnete, und ein Schatten ins Zimmer schlich. Es handelte sich um einen Mann, der eine Uniform der Royal Marines trug und außerdem eine Sturmhaube aufgesetzt hatte, die sein Gesicht versteckte. In der rechten Hand hielt er eine kleinkalibrige Pistole mit einem aufgeschraubten Schalldämpfer. Als er sich sicher war, dass Kathrin Nightingale und Dr. Fuyisho Ito tief und fest schliefen, trat er an die links im Bett liegende Kate heran und rüttelte sie wach, während er ihr gleichzeitig den Mund zuhielt. Als Kate die Augen aufschlug, begann der größte und schlimmste Alptraum ihres Lebens. Nur dass er leider vollkommen real war.

Helgoland, Biologische Station, 04.30h

Noch ein anderer schlief in dieser Nacht nicht. Es war Dr. Skibbe, der jetzt weitere konspirative Ausdrucke von Dokumenten in einem Ordner abheftete und dann damit in ein ganz besonderes Versteck ging. Eigentlich hatten Florian und er dieses Versteck vor etwa einem halben Jahr eher durch Zufall entdeckt, als sie in der Besenkammer der Station etwas verloren hatten. Dabei waren sie auf eine herausnehmbare Bodenplatte aufmerksam geworden, die den Einstieg in einen alten Marinebunker aus dem Zweiten Weltkrieg kaschierte. Überall in den grauen Betongängen fanden sie Schilder an den Wänden, die darauf hinwiesen, dass es sich hierbei um das Hauptquartier von Großadmiral Dönitz handele. Es gab sogar Schilder, auf denen stand: *„Zur Seekriegsleitung, zweiter Abzweig rechts"*. Außerdem waren da auch noch Schilder, die sowohl Dr. Zuckmayer als auch Dr. Skibbe Rätsel aufgegeben hatten. Darauf stand eine Abkürzung: *„FBÜZ, links"* oder *„Ant. für FBÜZ, links L.A."* Sie hatten sich ihre Köpfe darüber zerbrochen, waren aber nicht darauf gekommen, was das bedeuten könne. Sie hatten ihre Entdeckung geheim gehalten, da sie beide keinerlei Lust dazu verspürten, hier jeden Tag irgendwelche Historiker und sonstige Forscher die alten Bunkeranlagen untersuchen zu lassen. Nur eines war ihnen bei der Besichtigung der gesamten Anlage schnell klar geworden: Helgoland war so gut wie vollständig ausgehöhlt worden und stand im Grunde genommen auf einem riesigen Bunker. Möglicherweise dem größten Bunker, den die Deutschen während des Zweiten Weltkrieges je gebaut hatten. Dabei hatten die Erbauer offensichtlich den weichen Helgoländer Sandstein aus den Felsen gekratzt, diese Trümmer dann fein gemahlen und darauf als Sand dem Bunkerbeton hinzugefügt. Deshalb schimmerte der gesamte Beton der Gänge im Bunker leicht rötlich. Dr. Skibbe hatte nach einigen Begehungen einige Berechnungen angestellt und war zu dem Ergebnis gekommen, dass es wahrscheinlich die dicken Betonschichten im Bunker waren, die es verhindert hatten, dass die Briten Helgoland nach dem Krieg im Jahre 1947 einfach wegbomben konnten. Und auch die heutigen Bunker-Buster-Bomben würden wahrscheinlich kaum in der Lage sein, dieses Meisterwerk der deutschen Kriegskunst nennenswert anzukratzen. Dr. Skibbe ging nun zu einem Raum, der die Aufschrift *„Ant. für FBÜZ"* trug, und öffnete die Tür. In diesem Raum standen einige Schreibtische und rätselhafte Maschinen, mit denen Dr. Skibbe nichts anfangen konnte. Über allem hatten die Erbauer exakt zugeschnittene Persennings hinterlassen, um die Anlage gegen Staub zu schützen. Außerdem befanden sich einige merkwürdige Hebel im Boden, die aber nicht nachgaben, wenn man daran zog. Dr. Skibbe legte seine Dokumente auf einem der Schreibtische ab und schloss die Tür. Dann ging er weiter zu einem anderen Raum, an dem stand: *„Mannschaften und Waffenkammer."* Im Mannschaftsquartier standen etwa dreißig Betten, und da dieser Raum absolut staubfrei, trocken und sauber hinterlassen worden war, waren die Betten durchaus noch zu gebrauchen. Die Bettwäsche hatte offensichtlich nie jemand gebraucht. Durch einen schmalen Durchgang kam man dann in die Waffenkammer, wo zum einen Standardgewehre der Wehrmacht nebst Munition lagerten, zum anderen aber auch die kleinen Maschinenpistolen der Wehrmacht, welche die Amerikaner damals respektvoll als „Hitler-Saw" bezeichnet hatten. Außerdem hingen an einem Wandbord Dolche der Waffen-SS und Bajonette, welche wiederum zum Standardgewehr der Marineinfanterie passten. Außerdem gab es etwas abseits noch eine Kiste voller Handgranaten, sowie eine weitere Kiste mit Sprengstoff in Form von dünn gepressten Stangen aus Dynamit. Ging man durch die Waffenkammer, dann kam man zu einem weiteren Raum, in welchem Konserven eingelagert worden waren, außerdem auch noch einige gute Weine aus dem Frankreich der Vorkriegsjahrgänge. Dr. Skibbe ging zurück in den Hauptgang und beschloss, diesen im Lichte seiner starken Sturmlaterne nochmals zu inspizieren. An einer Stelle im Norden der Anlage hörte er immer ein ganz leises Meeresrauschen, konnte sich aber nicht wirklich erklären, woher es eigentlich kam. Sanft fasste er die Betonwand an und klopfte diese vorsichtig ab, als sich plötzlich ein Stein nach innen schob, der als kleines fast unsichtbares Quadrat in der Wand gewesen war. Langsam schwang eine Tür aus Stahlbeton auf, die so geschickt eingebaut worden war, dass man sie vom Gang her gar nicht als Tür hatte wahrnehmen können. Die Tür schob sich automatisch nach rechts in den rotgrauen Felsen. Und was sich Dr. Skibbe dahinter offenbarte, beantwortete manche seiner Fragen, warf aber auch viele neue auf. Er war der erste Mensch, der den geheimen Kommandostand von Großadmiral Karl Dönitz auf Helgoland seit 72 Jahren betreten hatte.

Helgoland, Nordseehotel, Suite von Dr. Ito und Kathrin Nightingale, 04.20h

Kate wollte schreien oder weglaufen, doch das ging nicht, weil der Mann, den sie zuerst nur als schwarzen Schatten wahrnahm, ihr den Mund zuhielt und außerdem mit seiner schallgedämpften Pistole auf ihre Kehle zielte. Sie begriff schnell, dass sie ihm ausgeliefert war, während Dr. Ito neben ihr tief und traumlos schlief. Der Mann nahm ihr nun seine Hand vom Mund und sah sie gefährlich ruhig an, sie konnte das Mondlicht sehen, wie es sich in seinen dunklen Augen spiegelte. „Wo ist der Stick?" fragte er leise und in englischer Sprache. „Ich weiß es nicht", hauchte sie leise, um nicht ihr vorzeitiges Ende durch einen Schuss in die Kehle zu provozieren. „So?" fragte er nur, dann schüttelte er den Kopf. Dann sagte er: „Du hältst jetzt still und bewegst Dich nicht, sonst erschieße ich als erstes Deinen geliebten Japaner, ist das klar?" Immer noch zielte die Pistole auf ihre Kehle. Dann schlug er ihre Decke zurück, ging zwei Schritte zurück, so dass sie ihn nicht angreifen konnte und nahm die Pistole jetzt von ihrer Kehle, zielte nun aber sorgfältig auf Dr. Itos Kopf. Dann sagte er leise: „Ausziehen, sofort, zieh das Nachthemd aus." Kate gehorchte und saß nun splitterfasernackt auf der Bettkante. „Wer hat Dir gesagt, dass Du sitzen sollst? Los hinlegen, auf den Bauch, sofort!" herrschte er sie streng, aber leise an. Sie gehorchte wieder. Sie suchte eine Chance, doch er ließ ihr absolut keine. „Die Hände auf den Rücken!" Sie gehorchte widerwillig und nun fesselte er sie mit Kabelbindern, die er anzog, bis sie ihr ins Fleisch schnitten. Dann zog er sich einen dünnen Latexhandschuh über die rechte Hand und tastete im Halbdunkel des nur vom Mond erleuchteten Raumes in aller Seelenruhe ihren gesamten Körper ab, inklusive aller Körperöffnungen. Es war die erniedrigenste Prozedur, die Kate jemals über sich hatte ergehen lassen müssen. Auch auf ihre Narben und Wunden drückte er, und gegen ihr rechtes Knie klopfte er mehrfach von verschiedenen Seiten. Als er ein Messer hervorzog, welches im Mondlicht silbern funkelte, und sich damit ihrem Knie näherte, hätte sie fast geschrien vor Angst, doch er klebte ihr daraufhin nur achselzuckend den Mund mit einem Stück Tape zu, welches er offensichtlich schon vor seiner Aktion vorbereitet hatte. Als er gerade dazu ansetzen wollte, ihr das Knie von der Seite her aufzuschneiden, hörten sie beide ein Geräusch im Flur. Kate wusste, dass Steven Miller die Royal Marines dazu angewiesen hatte, jede Stunde ab ein Uhr nachts persönlich nach ihr und Dr. Ito zu sehen, also musste es jetzt etwa 5 Uhr morgens sein. Offenbar schien der Eindringling dieses nicht zu wissen. Kate hatte die Uniform des Mannes trotz der Dunkelheit als die eines Royal Marines erkannt, doch wurde ihr nun klar, dass es keiner von der Truppe sein konnte. Doch noch ehe sie einen weiteren Gedanken fassen konnte, schlug ihr der Mann ohne Vorwarnung mit dem Knauf des Messers gegen die rechte Schläfe und schickte sie so unsanft ins Land der Träume. Dann huschte er leise zum Balkon und verschwand über den selbigen ebenso geisterhaft, wie er gekommen war.

Helgoland, Geheimes Hauptquartier der ehemaligen deutschen Seekriegsleitung im Bunker, 04.50h

„Sieg um jeden Preis!" war eine große Inschrift in stählernen Lettern, die man an der Betonwand hinter dem Schreibtisch des Großadmirals Dönitz angebracht hatte. Der Raum war vollständig trocken, sauber und aufgeräumt hinterlassen worden. Es befanden sich Bücher mit Arbeitsanweisungen und zahlreichen Bedienungsanleitungen auf dem Schreibtisch, aber auch in einem Wandbord. Auf dem Tisch lag ein alter Dolch der Waffen-SS; die Gravur auf der Klinge verriet, dass es sich um ein persönliches Geschenk von Heinrich Himmler an Großadmiral Karl Dönitz gehandelt hatte. Dr. Skibbe durchsuchte vorsichtig den Schreibtisch, doch hier fanden sich außer unbenutzten Papierbögen der deutschen Seekriegsleitung und einigen Schreibutensilien keine Besonderheiten. Ein weiterer Schreibtisch musste wohl der Sekretärin des Großadmirals gehört haben, denn darauf stand eine alte Schreibmaschine der Marke Adler. Eine Stahltür links trug die Aufschrift: *„Zum Generator und zur Ant. FBÜZ, L.A."* Nach einigem Suchen fand Dr. Skibbe schließlich den zu der Stahltür passenden Schlüssel und öffnete diese. Dahinter standen mehrere große Dieselaggregate, welche das Hauptquartier mit Energie versorgen sollten. Diese sahen den Innereien von deutschen U-Booten ähnlich. Allerdings denen des Typs XXI der deutschen Kriegsmarine aus dem Frühjahr 1945, die allerdings kurz vor Kriegsende kaum noch zum Einsatz gekommen waren. Wie er den Pegelanzeigen der Dieselbehälter entnehmen konnte, waren diese alle randvoll. Offensichtlich war der Generator noch nie in Betrieb gewesen. Dahinter sah er einige kastenartige Gebilde, welche laut Beschriftung des Herstellers HANOMAG aus Hannover modifizierte Akkumulatoren waren, die man dem Dieselgenerator nachgeschaltet hatte. Auch dieser Raum war intakt und trocken, doch dahinter schien eine Art Schleuse zu sein, hinter der laut Schild die *„Ant. FBÜZ"* liegen sollte, was immer das war. Darunter befand sich noch ein kleines gelbes Warnschild: *„Achtung! Nicht betreten bei Einschaltung des FAM. Lebensgefahr!"* Dr. Skibbe sah sich jetzt nochmals die Bücher und Bedienungsanleitungen im Wandregal an, die immer noch so aussahen, als wären sie erst gestern gedruckt worden. Nachdem er alle Titel gelesen hatte, entnahm er dem Bestand zwei Bücher und nahm sie später mit in sein Büro, wo er sie vorsichtig studieren wollte. Dann würde er mit Florian über die Ergebnisse seiner Studien sprechen. Dann beschloss er, noch einen wichtigen Test zu machen, bevor er ging. Er ging nochmals in den Generatorraum und legte den großen Hebel zum Start des Hauptgenerators um. Zunächst schien nichts zu passieren, doch dann vernahm er ein leises Summen. Einer der Akkumulatoren arbeitete offensichtlich als Vorschaltgerät, dann sprang mit einem leisen Husten der Generator an. Zehn Sekunden später wurde der gesamte Bunker von diffusem elektrischem Licht aus unzähligen kleinen Glühbirnen erhellt, und als Dr. Skibbe in den Kommandostand trat, fiel ihm noch etwas auf, was er vorher nicht bemerkt hatte. Der Raum musste unterhalb des Meeresspiegels liegen, denn es waren ganz oben in der Wand drei kleine Bullaugen von vielleicht zwanzig Zentimetern Durchmesser eingelassen worden, durch die ein fahles gebrochenes Mondlicht in den Kommandostand fiel. Doch musste sich das alles mehr als zwei Meter tief unter der Oberfläche befinden, und da nur sehr wenig Licht durchsickerte, konnte man daraus folgern, dass Algen und Seetiere sicherlich mehr als neunzig Prozent der Scheiben im Laufe der Jahrzehnte besiedelt hatten. Dr. Skibbe holte sich einen Stuhl heran und probierte dann, auf dem Stuhl stehend nach draußen zu sehen. Die Bullaugen waren jedoch völlig erblindet, so dass er es schließlich aufgab. Dann nahm er die beiden ausgewählten Bücher und ging zurück in sein Büro, nachdem er den Generator vorsichtig wieder ausgeschaltet hatte. Und wieder versank das geheime Hauptquartier

der Seekriegsleitung im Dunkel der Geschichte, wo es seit mehr als 70 Jahren auf seine Inbetriebnahme gewartet hatte.

Helgoland, Nordseehotel, Suite von Dr. Ito und Kathrin Nightingale, 05.00h

Als Colour Sergeant Steven Miller, der diesmal persönlich eine Wache übernommen hatte, die Tür zu der Suite leise öffnete, wäre ihm vor Entsetzen fast der Schlüssel aus der Hand gefallen. Denn selbst im fahlen Mondlicht konnte er erkennen, dass Kathrin Nightingale völlig nackt und am Kopf blutend in einer seltsam verkrümmten Haltung auf ihrem Bett lag. Schnell sprintete er zu ihrem Nachttisch und machte das Licht an. Als er gerade das ganze Ausmaß im Licht der Lampe sehen konnte, blitzte von der Türspalte des Balkons her Mündungsfeuer auf. Es machte laut „Plopp" und die Nachttischlampe zersprang in alle Einzelteile. Steven Miller handelte jetzt reflexartig und ohne Nachzudenken. Mit der linken Hand riss er Kathrin Nightingale vom Bett und damit mitten in die Scherben der Nachttischlampe. Sie stöhnte auf, was ihn zumindest davon überzeugte, dass sie noch lebte. Gleichzeitig aktivierte er seinen Pager und rief Verstärkung. Dr. Ito verschlief das alles und bekam nichts von den Ereignissen dieser Nacht mit. Um Dr. Ito aus der Schusslinie zu bringen, warf sich Steven Miller jetzt über ihn und riss auch ihn hinter die Deckung des großen Luxusbettes. Keine Sekunde zu früh, denn nun schlugen in das Bett zwei Kugeln ein. Da Dr. Ito jetzt wach war, und reflexartig um sich schlagen wollte, musste Steven Miller ihn erst etwas beruhigen, wodurch er selbst nicht zum Schuss kommen konnte. Jetzt hörten sie sich entfernende leise und herbeieilende laute Schritte, die Tür flog auf und ein halbes Dutzend schwer bewaffnete Royal Marines stürmten das Zimmer. Sie hatten dabei das Licht angemacht, und es bot sich ihnen ein seltsamer Anblick. Kathrin Nightingale lag offensichtlich nackt und bewusstlos in den Trümmern der Nachttischlampe, wovon sie zahlreiche Schnitte und Verletzungen am ganzen Körper bekommen hatte, während ihre rechte Schläfe besonders blutverkrustet aussah. An ihrem Stöhnen konnte man zumindest hören, dass sie noch lebte. Dr. Ito dagegen saß im Schlafanzug halb auf Kathrin und halb auf Steven Miller, der sich mühsam unter ihm hervorwand, und sah völlig verständnislos und geblendet um sich. Zwei der Royal Marines stürmten zum Balkon, doch konnten sie hier niemanden mehr sehen. Die Dunkelheit schien den Attentäter völlig verschluckt zu haben. Nur eine Minute später erschien Professor Ferguson noch im Schlafanzug, aber mit seinem Arztkoffer, und kümmerte sich sofort um Kate. Dr. Ito half sofort mit, Kate auf das Bett zu legen und zu verarzten, es sah schlimm aus. Doch Professor Ferguson beruhigte alle, in dem er versicherte: „Sie hat irgendetwas an den Kopf bekommen, aber das wird schon wieder. Alles andere sieht ziemlich wild aus, ist aber harmlos." Daraufhin beschlossen sie, Kate unter Bewachung in der Luxussuite ausschlafen zu lassen; außerdem würden sie morgen über ein neues sicheres Quartier für Kate nachdenken müssen. Dr. Ito blieb bei Kate und half dabei, die Schäden im Zimmer so gut wie möglich zu beseitigen. Dass dieser Vorfall sehr ernste Konsequenzen haben würde, war allen Beteiligten sofort klar.

Helgoland, Nordseehotel, Speisesaal, 09.00h

Nachdem Kate irgendwann um sechs Uhr morgens wieder aufgewacht war, dröhnte ihr der Schädel und sie übergab sich als erstes auf ihr Kopfkissen. Professor Ferguson war selbstverständlich dageblieben, und so kümmerten sich nun alle Anwesenden rührend darum, Kate zu beruhigen und das Bett wieder sauber zu machen. „Gehirnerschütterung, ja da ist es leider ganz typisch, dass man sich übergeben muss." Professor Ferguson gab nun Kate ein Schmerzmittel per Injektion. Nachdem sie danach in den Armen von Dr. Ito noch etwas eingenickt war, hatte sie es schließlich kurz vor neun Uhr geschafft, aufzustehen und zum Speisesaal zu gehen. Hier warteten bereits Gus Falkner und Kenneth Sinclair, sowie der Chef des Hotels, Herr Obermüller, auf Kate. Letzterer sagte jetzt: „Miss Nightingale, mein Gott, Sie sehen ja furchtbar aus! Wer war das denn?" „Ich kann mich an nichts mehr erinnern", sagte Kate nur, dann nahm sie gegenüber von Gus Falkner und Kenneth Sinclair Platz. Gus Falkner musste jetzt unwillkürlich etwas lächeln. Dann sagte er: „So ähnlich ging es mir, nachdem unser Auto am vierten April diesen Jahres Bekanntschaft mit einem Hydranten machte, oder sollte ich besser sagen: Mit einem gezielten Schuss ins rechte Hinterrad." „Eins zu null für Dich, Gus", sagte Kate jetzt mit einem etwas gequälten Lächeln. Ihr rechtes Auge war jetzt fast ganz zugeschwollen und leuchtete bereits prächtig violett, was Tony, den Bodyguard des Premierministers zu der Bemerkung veranlasste: „Hey, Kathrin, das sieht ja schon fast so prächtig aus, wie damals mein linkes Auge! Mit wem haben Sie sich denn diesmal angelegt?" „Wenn ich das nur wüsste!" sagte Kate. Sie nahm vorsichtig einen Schluck Schwarzen Tee zu sich, dann frühstückte sie nur eine kleine Portion Müsli, da sie sich immer noch unwohl und durcheinander fühlte. Als sie fertig mit dem Essen war, kamen Steven Miller und die drei Sonderermittler Eddie, Lissy und Sandra zu ihr und wollten mit ihr sprechen. Doch Kate sagte nur: „Leute, bitte glaubt es mir doch endlich – ich kann mich an nichts erinnern! Da drin ist irgendetwas wie gelöscht, ich kann mir das auch nicht erklären. Immer, wenn ich versuche, mich daran zu erinnern, schiebt sich da einfach ein dunkler Vorhang davor, ich bekomme einfach das Licht nicht an. Und dieser Schädel dröhnt wie ein ganzes Bergwerk! Shit, ich glaube, ich muss schon wieder reihern, ich schaffe es nicht mehr zum Klo, schnell Eddie, das Fenster!" Kate hielt sich die Hand vor den Mund, während Eddie jetzt das nächstbeste Fenster weit aufriss. Kate schaffte es noch bis zum Fenster, dann landete das Müsli draußen in den Blumen. Kate war kreidebleich. „Bitte entschuldigen Sie, Herr Obermüller, das ist mir sehr peinlich! Das muss jetzt nicht unbedingt eine Gehirnerschütterung sein, das könnte auch von der Schwangerschaft kommen. Fuck! Es geht mir richtig dreckig, und ich fühle mich so entsetzlich schlaff." „Kein Problem Miss Nightingale", sagte Herr Obermüller höflich. „Eddie, Sandra – könnt Ihr mich an die frische Luft bringen? Dann geht es mir wahrscheinlich gleich etwas besser", sagte nun Kate. Die beiden sahen sie mitleidig an und wollten sie schon nach draußen begleiten, als Steven rief: „Halt, erst bekommt Ihr noch eine Eskorte! Ich lasse Kate nie wieder ohne Schutz da draußen rumlaufen!" „Aber Steven, meinst Du wirklich, dass ich jetzt nicht mal mehr kurz raus kann?" fragte Kate. Da schaltete sich Gus Falkner ein: „Kate, ich habe entschieden, dass Du jetzt grundsätzlich von mindestens sechs meiner Leute bewacht wirst. Und zwar morgens, mittags und abends. Wer immer heute Nacht bei Euch war, hätte Dich wahrscheinlich jederzeit umbringen können, er hat ja sogar noch auf Steven und Fuji geschossen. Nein Kate, bei aller Freiheitsliebe – aber Deine Sicherheit hat jetzt für uns die oberste Priorität! Nachlässigkeiten jeglicher Art werden weder Steven noch ich dulden." Kate gab sich geschlagen. „O.K., dann holt jetzt eben das halbe Dutzend", sagte sie resigniert. „Und nach dem Spazierengehen muss ich mich irgendwo hinlegen können, wo mich nichts und niemand stören kann. Aber wo?" „Du kommst in den Knast, Kate, das wolltest Du doch schon mal?" sagte jetzt Kenneth Sinclair und zwinkerte ihr aufmunternd zu. „Wo wollt ihr mich denn einlochen?" fragte Kate und Ken antwortete ihr: „Du kommst jetzt in die Polizeiwache. Die ist im Zweifelsfall recht gut sicherbar; Stevens Leute ziehen gerade ein paar Rollen Stacheldraht darum herum. Diesmal bricht da keiner mehr ein, während Du schläfst. Essen darfst Du natürlich weiterhin hier." „Und Fuji?" „Er lässt sich sogar zusammen mit Dir einsperren, und Kai findet das übrigens auch ganz toll und aufregend, hat er mir verraten“, sagte nun Steven. Dann gingen sie nach draußen, wo eine Eskorte von sechs Royal Marines, die alle bis an die Zähne bewaffnet waren, sie in Empfang nahm. Kate wurde nun von Eddie und Sandra etwas gestützt, während die anderen nebenherliefen. Nach einigen Minuten an der Luft lebte sie wieder etwas auf, dann brachte man Kate zur Polizeiwache, wo der Helgoländer Dorfpolizist, der Kate damals offiziell verhaftet und ans Bett gekettet hatte, ihr freundlich ein bequemes Bett in der hintersten Zelle anbot, wo Kate sich jetzt einfach nur noch hinlegte und sofort einschlief. Unruhige Träume überfielen sie, und plötzlich kehrten alle Erinnerungen zu ihr zurück. Sie wollte sich dagegen wehren und begann um sich zu schlagen, da hörte sie plötzlich eine beruhigende weibliche Stimme. Es war Andrea O´Leary, die ihre Hand hielt und ihr gut zuredete. Kate erwachte schweißgebadet, erkannte Andrea und fiel ihr weinend um den Hals. Dann stammelte sie nur: „Oh Gott, ich schäme mich so, nein, nein, das darf keiner erfahren, niemand, das ist einfach so erniedrigend, so peinlich. Andrea, ich drehe hier bald durch! Andrea, hilfst Du mir dabei, mein Leben zu beenden, wenn ich es nicht mehr aushalten sollte?“ Andrea sah Kate geschockt an, doch jetzt schien Kate plötzlich völlig gebrochen zu sein. „Was zu viel ist, ist zu viel! Ich will nicht mehr leben! Hol Professor Ferguson, vielleicht kann er mir irgendeine Überdosis geben. Ich will, dass es endlich vorbei ist!“ „Aber Kate“, sagte Andrea sanft, „denk doch mal an Dein Kind! Das kannst Du doch nicht wirklich wollen!“ „Fuck! Warum lässt Gott so etwas zu? Habe ich so etwas Schlimmes getan? Dann soll er mich doch einfach umbringen, dann ist es eben vorbei. Es tut weh, verdammt, es tut weh! Oh Gott, es tut mir so weh!“ Kate brach in Tränen aus und verfiel in nicht enden wollende Weinkrämpfe, sie war nicht mehr ansprechbar und sah nichts mehr durch den Vorhang aus Tränen, hinter dem sie nun verschwand. Andrea holte schnell Professor Ferguson, der Kate erst ein Beruhigungsmittel und danach ein Schlafmittel spritzte. Dann erzählte Andrea, die immer noch geschockt war, ihm von Kates Selbsttötungsabsicht. Er hörte sich alles ruhig an, dann sagte er: „Ich vermute, dass es sich bei dem Geschehen von letzter Nacht um einen sexuellen Übergriff oder etwas Ähnliches handelt. Ihre Symptome sind die typischen einer traumatisierten Frau. Miss O´Leary, ich sage Ihnen das jetzt nur sehr ungern. Aber Sie sind momentan die einzige Hoffnung für Miss Nightingale. Entweder, sie vertraut sich Ihnen als Ihrer Schwester an, oder sie wird für den Rest ihres Lebens ein seelischer Krüppel sein. Sehen Sie – offenbar hatte sie eine Amnesie, weil das, was der Mann mit ihr gemacht hat, so schlimm war, dass ihr Gedächtnisverlust es völlig ausgeblendet hat. Entweder sie teilt Ihnen mit, was passiert ist, oder sie frisst es in sich hinein und geht daran zugrunde.“ Andrea schlug sich entsetzt die Hand vor den Mund. „Nur Mut, Miss O´Leary! Sie schaffen das, was ich mit meiner Kunst nicht kann“, sagte der Professor aufmunternd.

Helgoland, Biologische Station, 11.00h vormittags

Dr. Skibbe hatte die beiden Bücher oberflächlich durchgelesen, jetzt beschäftige er sich gerade mit einigen interessanten Details. Dann rief er Dr. Zuckmayer zu sich ins Büro und schlug ihm einen konspirativen Spaziergang Richtung Felswatt vor. So packten beide ihre Wathosen und ihr Ölzeug und machten sich auf den Weg, die Gezeiten waren ihnen diesmal völlig egal. Als sie ankamen, war es tatsächlich gerade Ebbe und so stiefelten sie ins Felswatt und taten so, als würden sie irgendwelche Algen suchen. Tatsächlich hatten sie auch einen Sammeleimer mitgenommen, so dass ihr Ausflug nicht weiter auffiel. Dann begann Dr. Skibbe: „Florian, wir brauchen sowohl Andrea als auch ihre Schwester, dann können wir die Katastrophe noch rechtzeitig abwenden.“ Florian sah erstaunt aus. „Wie das?“ Dr. Skibbe erklärte es ihm, Florian nickte zustimmend, dann sagte er nur: „Das leuchtet ein. Es ist nur so, dass irgendjemand gestern ein Attentat auf Kate verübt hat. Und es sieht nicht gut aus. Andrea hat mich vorhin angerufen und mir gesagt, dass Kate am Durchdrehen ist und nicht mehr leben will! Es muss irgendetwas ziemlich Schlimmes mit ihr passiert sein, aber Andrea weiß auch nichts Genaues. Sie versucht jetzt alles, um Kate beizustehen, wahrscheinlich wird sie auch bei ihr übernachten. Sie sagt mir nachher Bescheid." „Verdammt, so etwas hat gerade noch gefehlt! Du kennst ja auch die Berechnungen des Armadillo-Reports. Die verdammte Zeit läuft uns einfach weg, aber ohne Kate werden wir es wohl nicht mehr hinbekommen, die Wahrheit rechtzeitig bekannt zu machen. Denn unsere inländischen Medien sind alle so regierungstreu – die werden sich alle weigern, so etwas publik zu machen." „Rüdiger, nun lass mal nicht gleich den Kopf hängen! Wir probieren alles, was möglich ist. Und wenn Kate wieder fit ist, dann werden wir mit ihrer Hilfe alles veröffentlichen. Und wenn es mich meine wissenschaftliche Reputation kostet – aber wir sind es den Menschen einfach schuldig, sie zu warnen. Weißt Du, wovor ich wirklich Angst habe? Dass wir es nicht mehr rechtzeitig schaffen könnten! Mein eigenes Ansehen und Leben sind mir inzwischen egal, wirklich." „Mir auch", antwortete jetzt Dr. Rüdiger Skibbe und starrte nachdenklich auf die gesammelten Algen.

Ameland, Hollum, im Kellerraum der Abtreibungsklinik, 13.00h

Irene Ito und Dr. Robert Zuiders hatten die einstündige Mittagspause mal wieder optimal genutzt, nun lagen sie nebeneinander auf dem Bett, rauchten eine Zigarette und unterhielten sich über die Zukunft. „Bald werden die Bullen klingeln und nach ihr fragen. Und das macht einen verdammt komischen Eindruck, wenn Du sie nicht als vermisst gemeldet hast", sagte Irene Ito. „O.K., ich mache es noch heute, denn schließlich hätte ja heute ihr erster Arbeitstag nach dem Urlaub sein sollen. Aber Du musst jetzt auch irgendwo untertauchen, sonst gerätst Du noch ins Visier der Fahnder." „Du hast Recht, wir müssen was machen. Könntest Du mich woanders unterbringen?" „Ja, aber nicht hier auf Ameland. Ich besitze ein Apartment am Hummergrund, in Büsum. Das ist in dem einzigen Hochhaus, welches es da gibt. Da hast Du einen tollen Meerblick." „Aber werden die Fahnder nicht auch da suchen gehen?" fragte Irene. „Auf keinen Fall! Denn das Apartment gehört offiziell meinem Bruder, und der vermietet es meist an Feriengäste. Zurzeit steht es leer, das hat er mir schon gesagt." „Und wie kommen wir da hin?" „Kein Thema, ich besitze ein Motorboot. Pack Deine Sachen, ich werde später sagen, dass ich Dich aus irgendeinem Grund leider wieder feuern musste." „Wegen verschwiegener Schwangerschaft?" fragte sie jetzt schelmisch. „Eine gute Idee, ja so machen wir das. Kann ich Dich nachher ein bisschen anbrüllen? Dann habe ich nämlich künftig ähnlichen Fällen schon mal etwas vorgebeugt", sagte Robert Zuiders. „Au ja, Theater spielen macht mich immer richtig geil! Darf ich auch melodramatisch heulen?" „Das erwarte ich sogar! Wir treffen uns dann später heute Abend am Bootsanleger!" Dann sagte sie sanft zu ihm: „Komm, und jetzt mach mir den Dominanten, das brauche ich jetzt noch als kleine Einstimmung auf die Show nachher!" Was sich Dr. Robert Zuiders nicht zweimal sagen ließ.

Helgoland, Polizeiwache, 14.07h

Kate saß in einer Ecke ihrer Zelle auf dem kalten Fußboden und starrte teilnahmslos und apathisch an die Wand. Selbst Andrea O´Leary schien mit ihrem Latein am Ende zu sein, sie hatte einfach keine Idee mehr, worauf Kate noch ansprechen könnte. Schließlich kam Ian Bannister mit Aische Özdemir zu Besuch. „Hallo Kate", sagten sie zu ihr, doch Kate reagierte gar nicht, es schien so, als habe sie alles und jeden um sich herum aus ihrem

Leben verbannt. „Kate, ich muss Dir etwas erzählen. Etwas, dass ich noch nicht mal Aische anvertraut habe", sagte nun Ian Bannister. „Kate, hörst Du mich überhaupt?" „Ach Ian, ich bin nicht taub. Nur unendlich müde. Ich will nicht mehr. Nicht mehr da sein, und auch nicht mehr leben. Warum versteht das nur keiner?" „Kate, Du wirst lachen: Aber das habe ich auch schon mal erlebt", sagte nun Ian Bannister. Als Kate darauf nichts sagte, fuhr er fort: „Kate, was ich Dir jetzt anvertraue, bleibt unter uns, O.K.?" Schweigen. „Kate, vor etwa zwanzig Jahren wurde auch ich Mitglied der IRA, so wie mein Vater es vor mir auch gewesen war. Familientradition, gewissermaßen." Kate blickte ihn jetzt verständnislos an, aber in ihren Augen glomm doch so etwa wie Interesse auf. „Ich habe damals einen Fehler gemacht. Es war eigentlich nichts wirklich Schlimmes, aber ich habe nicht den Mut gehabt, dafür die Verantwortung zu übernehmen. Und deshalb musste ein anderer Mensch sterben. Ich bereue es bis heute, wirklich! Kate, deshalb hat es mir ja auch so ungeheuer imponiert, dass Du damals bei dem Geständnis Deiner Taten die Verantwortung dafür übernommen hast, und das ja auch mir gegenüber! Aber weißt Du, wofür Du auch eine Verantwortung hast?" Kate schüttelte mit dem Kopf wie ein kleines Mädchen, das in der Trotzphase seiner Entwicklung feststeckt. „Nun, Du hast eine Verantwortung für Dich selbst! Und danach für Dein Kind, und danach für viele Millionen von Menschen, die an Dich glauben und denen Du mit Deiner gnadenlosen Ehrlichkeit ein Vorbild geworden bist. Meinst Du nicht, dass Du allein schon deshalb weitermachen solltest?" Kate schüttelte jetzt kategorisch mit dem Kopf, dann sagte sie leise: „Ian, Du bist nun mal keine Frau! Mir ist das Schlimmste passiert, was einer Frau passieren kann, ohne jedes Gefühl, ohne jede Liebe. Ich wurde zerbrochen, ja, ich glaube, dass das das richtige Wort ist: Zerbruch. Aber nicht an meinem Körper! Nein, meine Seele ist im Eimer, ich fühle mich wie eine wandelnde Ruine! Sieh Dir mein geschwollenes Auge an, Ian! Ich merke das gar nicht! Und auch die vielen Glassplitter, die mir den Rücken gespickt haben – das piekt mich nicht mal. Aber innen drin, da hat man mir etwas kaputt gemacht, was vorher intakt war. Einfach so! Ohne einen Grund. Noch nicht mal aus einer Begierde heraus. Und das hat mir dann den Rest gegeben! Ach Ian, vielleicht solltest Du einfach nochmals mit Deiner Glock zu mir kommen. Abdrücken würde ich auch selber. Keine Probleme mehr, keine Schmerzen mehr, der Fall hat sich dann endlich erledigt." „Mein Gott Kate, das muss ja furchtbar sein, was der Kerl Dir angetan hat! Weißt Du Kate, ganz ehrlich: Ich hatte viele Frauen, aber ich habe nie eine davon gezwungen, mit mir ins Bett zu gehen oder mit mir etwas gegen ihren Willen zu tun, stimmt das, Aische?" Aische Özdemir nickte jetzt bestätigend. „So war es aber gar nicht, Ian. Bitte verstehe das, dass ich da einfach keinen ranlassen kann, es tut noch so weh!" Sie weinte wieder, und Aische Özdemir versuchte, sie zu trösten. Als Kate nicht mehr aufhörte zu weinen, riefen sie nach Andrea O´Leary, die mit Sandra Miller im Schlepptau zurückkam. Dann verabschiedeten sie sich von der völlig apathischen Kate und erstatteten Sandra und Andrea Bericht über das, was sie von Kate gehört hatten. Sandra legte ihren Arm freundschaftlich um Kate, doch Kate stieß sie zurück. Darauf ging Sandra zu Professor Ferguson und kam eine halbe Stunde später wieder, dann nahm sie Andrea beiseite und flüsterte ihr etwas zu. „Ist das nicht zu brutal?" fragte Andrea jetzt etwas ängstlich. Doch Sandra Miller schüttelte nur mit dem Kopf. Dann setzte sie sich neben Kate auf den Boden und sagte nur: „Hat er Dich gefickt?" Sofort sprang Kate auf und wollte nach Sandra schlagen, schlug aber nur gegen die Wand, weil sie nicht gesehen hatte, dass Sandra auf dem Boden saß. „Also hat er es getan!" stellte Sandra jetzt fest. Kate wollte nochmals gegen Sandra ausholen, sah dann aber deren Verband und erinnerte sich plötzlich daran, dass Sandra ja wegen ihr verletzt worden war. Kraftlos ließ sie die Faust sinken, setzte sich neben Sandra und weinte sich aus. Sandra redete ihr zu: „Lass es raus, Katie-Darling, lass alles raus, dann wird alles wieder gut, ich ertrage Dich, so wie Du bist, und auch, was Du bist." Überrascht blickte Kate auf. „Sag das noch mal?" „Ich ertrage Dich so, wie Du bist, und was Du bist. Für mich kommt es nicht darauf an, was andere mit Dir gemacht haben. Für mich zählst allein Du! Nur Du! Wegen allein Dir! Kannst Du das annehmen, von einer, die auch so angenommen wurde?" Kate blickte erstaunt Sandra an, so hatte sie es noch nie gesehen. Dann sagte sie leise: „Sandra, kann es sein, dass eben Gott durch Dich gesprochen hat? Wäre das möglich?" „Katie-Darling, natürlich wäre das möglich. Die Frage ist nur: Was machst Du jetzt daraus? Willst Du es mir nicht erzählen, was passiert ist?" „Ja, aber nur Dir – Andrea soll weggehen!" Andrea O´Leary zog sich jetzt überrascht zurück, und Kate erzählte Sandra alles, was sie in der Nacht gesehen und erlebt hatte. Dann schloss sie mit den Worten: „Das eigentlich Schlimme war es gar nicht, dass er mich angefasst hat. Sondern wie er es getan hat. Wie man ein Stück Fleisch anfasst, ein kaltes und totes Stück Fleisch. Und dann dieser Handschuh aus Latex! Wie beim Arzt. Nur dass ein Arzt eine andere Art von Teilnahme gezeigt hätte. Hätte er mich wirklich vergewaltigt, wäre es vielleicht weniger schlimm gewesen, denn dann hätte er mir wenigstens das Gefühl gegeben, in mir eine Frau zu sehen. Aber so hat er mich zu etwas erniedrigt, was ich nur als ein ekliges Insekt oder etwas beschreiben könnte, was man - wenn überhaupt – nur mit einer Pinzette anfasst. Er hat mich entmenschlicht, ja, ich glaube, so kann man es nennen: entmenschlicht. Eine Vergewaltigung wäre dagegen harmlos gewesen!" Kate weinte wieder und Sandra legte ihren gesunden Arm um Kate. Dann sagte sie: „Katie-Darling, pass mal auf, ich mache Dir einen Vorschlag. Wie wäre es, wenn Andrea und ich die nächste Nacht mit Dir verbringen? Wir könnten uns unsere Geheimnisse anvertrauen, so wie beste Freundinnen es tun. Ich erzähle Dir auch, wie meine erste Nacht mit Keith war, wolltest Du das nicht schon immer wissen?" „Sandra, Du bist wirklich eine echte Freundin, ich bin so froh, Dich zu kennen und Dich zu haben!" sagte Kate nur. Dann sagte Sandra: „Soll ich jetzt Andrea dazu holen? Ich denke, sie sollte es auch von Dir erfahren, was passiert ist. Und dann tragen wir es zu dritt, da trägt es sich gleich leichter." „Aber es fällt mir immer noch schwer, es auszusprechen. Kannst Du es ihr nicht sagen?" Sandra rief jetzt nach Andrea, und es wurde ein langer Tag voller Gespräche und voller Geständnisse. Und zu Beginn der Nacht fragten sie sich, ob der Überfall auf Kate auch etwas mit dem Drohbrief zu tun haben könnte? Am Ende schliefen die drei nebeneinander und Arm in Arm ein, sowie Dr. Ito und Kai Ahrens im Nordseehotel. Morgen würde Sandra mit Steven Miller reden. Und Kate würde sich darum bemühen, eine Beschreibung des Täters zu liefern. Doch dieser hatte sich sehr gut und direkt vor aller Augen versteckt. Und er sollte nochmals kaltblütig und unbarmherzig zuschlagen.

02. Oktober 2017, Montag

Büsum, Hafen, 04.50h

Irene Ito und Robert Zuiders waren die Nacht durchgefahren und hatten nun glücklich den Büsumer Hafen erreicht. Da das Boot von Dr. Zuiders nur mittelgroß war, hatten sie in Küstennähe fahren können, wodurch sie dem Seegang nicht allzu stark ausgesetzt gewesen waren. Irene Ito war froh, jetzt wieder festen Boden unter den Füßen zu haben. Beim Aussteigen war sie jedoch so wacklig auf den Beinen, dass sie fast vom Landungssteg ins Hafenbecken gefallen wäre, falls Robert sie nicht aufgefangen hätte. Sie riefen sich ein Taxi, welches schon nach zehn Minuten da war, und ließen sich zum Hummergrund fahren, da es sonst mit schwerem Gepäck fast eine Stunde Fußmarsch gewesen wäre. Klugerweise hatten sie Proviant für das Frühstück aus Holland mitgebracht, so dass sie jetzt im Apartment saßen und den morgendlichen Ausblick auf das noch grau schimmernde Meer genießen konnten. „Ach Robert, Du wirst mir fehlen! Oder kommst Du öfter mal vorbei?" „Nun, ich denke, wir sollten die nächsten vier Wochen etwas vorsichtiger sein. Wenn ich Dich anrufe, dann werde ich das von einer öffentlichen Telefonzelle aus tun, am besten auf Dein Handy. Aber nicht jeden Tag, das wäre zu auffällig." „Und was hat die Polizei gesagt, als Du sie gestern angerufen hast?" „Ach, die waren völlig überlastet. Der Beamte hat mich gefragt, wie unsere Ehe so lief. Ich meinte zu ihm: *Ganz ehrlich Herr Kommissar, nicht so gut, ich denke, sie will sich von mir trennen, aber ich dachte mir, ich rufe sicherheitshalber mal bei der Polizei an, nicht dass ihr doch was passiert ist, oder so?* Darauf hat er dann gesagt: *Ach wissen Sie, Herr Dr. Zuiders, das haben wir fast jeden Tag, dass Ehefrauen oder Männer mit einem anderen Partner durchbrennen; manche melden sich absichtlich nicht bei dem alten Partner ab, um ihm besonders weh zu tun.* Und weißt Du, was ich ihm darauf gesagt habe?" „Nun mach es nicht so spannend, Robert!" „Nun, ich habe ihm was vorgeweint und gesagt, dass ich mit meiner Frau zusammen eine Ehe-Therapie machen wolle! Und er hat es wirklich geglaubt und mich bemitleidet! Ehrlich, nach diesem Telefonat habe ich mich kaputtgelacht!" Robert lachte jetzt, und Irene fiel mit ein. Dann fragte sie: „Und? Wie seid Ihr verblieben?" „Ganz einfach. Ich soll jetzt jeden Tag gegen Nachmittag durchrufen und nach ihr fragen. Wenn sie in einer Woche noch nicht aufgetaucht ist, werden sie anfangen, sie systematisch zu suchen. Zurzeit haben sie angeblich nicht genug Personal, wegen dieser dauernden Anti-Atom-Demonstrationen. Darauf sollten wir jetzt einen Schampus trinken!" „Bleibst Du heute hier?" „Ich habe mir freigenommen. Schließlich musst Du ja noch etwas abarbeiten!" Er grinste lüstern.

Helgoland, Nordseehotel, Speisesaal, 09.00h morgens

Trotzdem ihr Auge immer noch stark geschwollen war und ihr der ganze Rücken kribbelte und juckte, fühlte Kate sich jetzt erheblich besser als gestern. Nicht, dass sie schon alles restlos verarbeitet hätte, aber von einem rein emotionalen Standpunkt aus hätte sie Bäume ausreißen können. Seltsamerweise hatte sich bei ihr gar kein Gefühl der Rachsucht eingestellt, wie sie es sonst sicher gefühlt hätte. Der Mann, der ihr das angetan hatte, tat ihr sogar etwas leid. Denn wenn jemand so kaltherzig war, dann konnte mit ihm etwas nicht stimmen, so jemanden hätte Kate selbst während ihrer IRA-Zeit immer bemitleidet. Irgendetwas war ihr an dem Mann bekannt vorgekommen, sie konnte nur nicht sagen was; es war einfach wie verhext! Obwohl sie sich ziemlich sicher war, dass er nicht zu den Royal Marines gehört hatte, beschlich sie jetzt doch ein sehr ungutes Gefühl bei den vielen Uniformen um sich her. Und auch Dr. Ito wurde jetzt immer von einem der Royals bewacht, genauso wie Kai Ahrens und seine Großeltern. Und auch alle übrigen Mitglieder des nationalen Versöhnungsteams hatte Steven unter Beobachtung stellen lassen. An den Tischen nebenan frühstückten noch einige Besatzungsmitglieder der Bremen, als Steven Miller sich zu Kate gesellte, sich einen Kaffee eingoss, und dann sagte: „Verdammt, Kate, ich habe noch nie so viel Angst um Dich gehabt wie jetzt! Das war verdammt knapp, als ich an dem Morgen reinkam." „Gott sei Dank warst Du da, Steven, und das meine ich wortwörtlich! Du bist jetzt so was wie mein grüner Engel mit Tarnanzug!" Sie versuchte zu lächeln, was jedoch etwas schief aussah, wegen ihres geschwollenen Auges. Dann fuhr sie fort: „Steven, ich vertraue Dir, wirklich, aber das macht mir immer noch zu schaffen, dass der Mann einen Tarnanzug von Euch anhatte, da bin ich mir ganz sicher! Und er hat mich nach einem Stick gefragt. Ich wusste es nicht, was er damit meinte. Hast Du eine Idee, was er von mir gewollt haben könnte?" „Tja, Kate, schwer zu sagen. Vielleicht meinte er ja einen USB-Stick oder so etwas Ähnliches. Nach dem, was mir Sandra gestern Abend erzählt hat, vermute ich, dass er eine Leibesvisitation gemacht hat. Und da kommen logischerweise nur kleine Gegenstände in Frage, die man am oder im Körper verstecken kann." „Aber der Typ wollte mein Knie aufschlitzen! Ich wäre fast in Panik ausgebrochen." „Hm, das passt nicht so ganz zu meiner Durchsuchungstheorie, andererseits aber wieder doch. Sagtest Du nicht, dass er besonders Deine Narben und Wunden abgetastet hat? Vielleicht dachte er, Du hättest Dir da irgendwo etwas unter die Haut implantiert." „Aber was sollte das denn sein? Ich bin doch keine Agentin oder so etwas?" „Tja, noch ein Rätsel, das wir zu lösen haben. Herr Obermüller meinte übrigens, dass das Hotel schon aus reinen Sicherheitsvorschriften heraus nachts nicht abgeschlossen werden kann. Außerdem hat hier schon das halbe Dorf im Hotel gejobbt, und wir können ja jetzt nicht alle Helgoländer verhören, dann machen wir uns hier bei den Leuten völlig verhasst! Kate, was soll ich nur machen? Das sieht alles nach einem Profi und einem Insider aus, ist Dir an dem Kerl sonst nichts aufgefallen?" „Er hat auf Englisch mit mir geredet, aber er hatte so einen merkwürdigen Akzent. So wie ein Schotte oder Waliser. Sonst wüsste ich nichts. Habt Ihr Schotten und Waliser in der Truppe?" „Ja, einen Schotten. Und das ist Sergeant Myers, aber den kennst Du ja." „Der kann es nicht gewesen sein, der Mann war viel schlanker. Außerdem war der Mann mindestens einen halben Kopf größer als Sergeant Myers, da bin ich mir sicher, weil ich es gelernt habe, so etwas zu schätzen. Da irre ich mich nur ganz selten." Dann wollte Kate wissen, wo Gus Falkner und Kenneth Sinclair waren, doch diese waren auch schon nach Berlin weitergereist, um über die Schadensersatzforderungen für die Dublin zu verhandeln. Und Ian Bannister war mit Aische Özdemir nach Hannover abgereist, um dort noch Wahlkampf zu machen. Das Versöhnungsteam hatte eine Krisensitzung, Kai war in der Dorfschule, und Fuji war nach dem Frühstück schnell zur Biologischen Station geeilt, da er dort etwas Wichtiges klären musste. Doch bevor er losgegangen war, hatte er Kate eine Ewigkeit lang umarmt und ihr einen traurigen Kuss gegeben, sie schmeckte ihn noch immer auf ihren Lippen. Kate hatte etwas Langeweile; andererseits musste sie auch irgendwo Frust ablassen. Deshalb fragte sie jetzt Steven, ob sie sich an einigen Trainingsgeräten etwas austoben könnte, was er ihr natürlich gerne erlaubte. So gingen sie nach dem Frühstück mit Eskorte zur Turnhalle der kleinen Dorfschule, wo auf der einen Hälfte der Turnhalle einige Kinder turnten, während auf der anderen Seite einige der Royal Marines Turngeräte aufgestellt hatten, an denen sie sich jetzt versuchten. Kate bekam einen Trainingsoverall in ihrer Größe und zog sich um. Da sie keine Turnschuhe dabeihatte, betrat sie die Halle barfuß. Etwa in der Mitte hingen ein paar Sandsäcke für Boxer, bei denen die Anschläge pro Minute elektronisch gezählt wurden. Zu ihrer Überraschung traf sie dort auch Brian, der gerade eine gute Anzahl von Treffern vorgelegt hatte. Achtzig Treffer in nur einer Minute. Kate begrüßte ihn kurz, dann verdrosch sie den Sandsack. Wäre dieser ein Mensch gewesen, so wäre er wohl tot umgefallen, denn Kate verpasste ihm neunundneunzig Treffer in nur einer Minute. Das schien hier der Rekord zu sein, denn jetzt sahen ihr einige der Royal Marines plötzlich sehr interessiert beim Training zu. Sie nahm einen Schluck Wasser aus einer Wasserflasche, dann bearbeitete sie den Sandsack weiter. Einhundertzwei Treffer pro Minute. Einhundertvier Treffer. Sie steigerte sich bis auf einhundertzehn, dann hatte sie keine Lust mehr. Alle staunten. Danach ging sie an eine Kletterwand. Die Aufgabe war die, insgesamt dreimal hoch und wieder runter zu kommen und dabei immer oben und unten einen Kontakt anzuschlagen. Wieselflink war sie oben, schlug an, sprang fünf Meter tief auf die Matte, schlug unten an, ging wieder rauf und hatte auch diese Aufgabe in einer deutlich geringeren Zeit erledigt, als der Rest der Truppe. Jetzt spendeten ihr einige Leute Beifall, was sie jedoch gar nicht wahrzunehmen schien. Dann ging sie zu einer Station, wo Nahkampf geübt wurde. Als Brian sie kommen sah, trat er an die Seite und sagte zu ihr: „Ruth, heute bitte nicht auf die Kleinen, ja?" Sie grinste ihn nur finster an und verpasste ihm einen halbdosierten Faustschlag auf den Solar Plexus, der ihn fast umklappen ließ. Dann sagte sie, wegen des geschwollenen Auges immer noch maskenhaft grinsend: „Das war ich nicht, das war Ruth!" Dann meinte der Trainer: „Ich weiß nicht, ob Sie sich das jetzt wirklich zumuten sollten, Miss Nightingale?" Als Antwort sprang sie ihn an und zwang ihn in die Defensive, in dem sie ihn gleich in den Schwitzkasten nahm. Er versuchte den entsprechenden Gegengriff, doch da sie diesen schon kannte, ließ sie sich zu seiner Überraschung einfach fallen, trat ihm die Beine weg und saß so schnell auf seinem Rücken, dass er sich gar nicht mehr bewegen konnte. Nun griff sie ihm in die Haare und meinte trocken: „Und wenn die kleine Squaw jetzt ein Skalpier Messer gehabt hätte, dann müsste der große Häuptling jetzt mit Glatze rumlaufen." Alle lachten, und sie ließ den Trainer wieder frei. Doch jetzt kam Brian in die Arena. Kate kannte seine Kampftaktik bis ins Detail, da sie ihm einiges beigebracht hatte. Brian war zwar nicht so schnell wie sie, aber er war körperlich erheblich stärker. Und einige gute Tricks hatte sie ihm auch beigebracht. Er kam näher und tat so, als wenn er nach ihr treten wolle. Sie kannte den Trick zwar auch, aber Brian hatte ihn etwas abgewandelt, um es ihr nicht zu leicht zu machen. Denn normalerweise hätte er jetzt mit der rechten Faust nach ihr geschlagen, doch nun nahm er einfach die linke und die rechte Faust gleichzeitig, womit Kate wohl kaum rechnen konnte. Ihre Reflexe waren jedoch noch völlig in Ordnung, so dass sie seine Fäuste mit ihren offenen Handflächen in Empfang nahm. Dann machte sie etwas, was Brian bei ihr immer gefürchtet hatte. Sie hielt seine Handgelenke einfach fest, trat mit beiden Füßen in seinen Bauch und legte nach, in dem sie ihren ganzen Körper einfach hinterherwarf, und ihm so mit ihrem Kopf einen Ramm Stoß gegen das Brustbein verpasste. Das alles ging so schnell, dass man es kaum sehen konnte. Brian fiel nach hinten auf die Matte und Kate grätschte die Beine und saß jetzt auf Brust und Oberarmen von Brian. Dann sagte sie: „Du hast wohl gedacht, ich hätte alles vergessen, was ich Dir beigebracht habe, he?" Brian keuchte, und Kate stand auf. Dann sagte sie lässig: „Na, noch einer da, der heute was lernen möchte?" Worauf sich fast alle Teilnehmer von den Royals bei Kate anstellten, um von ihr noch etwas zu lernen. Nur einer schaffte es schließlich, sie auf die Matte zu bringen: Steven Miller. Er trat ihr blitzschnell auf den linken Fuß, und als sie überrascht feststellte, dass er einfach darauf stehen blieb, umfing er sie mit seinen Armen und presste sie im Klammergriff zu Boden. Hinterher half er ihr auf, sie lobte ihn und meinte dazu: „Ganz ehrlich Steven, das war sehr gefährlich für Dich. Denn normalerweise begegne ich solchen Griffen immer mit einem Tritt in die Kronjuwelen, aber jetzt fiel mir einfach gerade nichts anderes ein, da hast Du noch mal Glück gehabt. So, jetzt muss ich aber Pause machen, das war ganz schön anstrengend, bin etwas außer Kondition." Kate und Steven gingen an den Rand des Spielfeldes, wo Kate fast einen kleinen Jungen über den Haufen gelaufen hätte. Es war Kai Ahrens. „Hallo Tante Kate! Meine Schulkameraden wollen alle wissen, wo Du das gelernt hast?" „Besser nicht", sagte Kate nur trocken, dann gab sie Kai einen verschwitzten Kuss auf die Stirn. Colour Sergeant Steven Miller grinste nur vielsagend.

Helgoland, Biologische Station, Büro von Dr. Skibbe, 09.15h

Als Kate beim Frühstück Dr. Ito erzählt hatte, dass der geheimnisvolle Eindringling sie nach einem Stick gefragt habe, hatte sich dieser sofort sehr unbehaglich gefühlt, es sich aber nicht anmerken lassen. Jetzt legte er einen USB-Stick auf den Schreibtisch von Dr.

Skibbe und sagte dazu: „Ich habe diesen Stick vor Verwendung auf Viren und anderes geprüft, ich habe dafür nämlich ein Spezialprogramm, seit einmal jemand probiert hat, mir von einem Rechner eine wissenschaftliche Arbeit zu stehlen. Und ich wurde fündig.“ Er legte vor Dr. Skibbe und Dr. Zuckmayer ein ausgedrucktes Protokoll auf den Schreibtisch, an dem mit einem roten Filzstift ein Kringel angebracht worden war. Dann fuhr er fort: „Dieses Programm war in dem Ordner mit der Nummer 17 verborgen. Es handelt sich um ein Lokalisationsprogramm. Das heißt, dass der Ersteller des Dokumentes dadurch immer Meldungen erhält, wohin sein Dokument kopiert wurde. Dieses Programm sendet sofort einen Impuls aus, sobald man mit dem Rechner online geht. Das heißt, dass wir davon ausgehen müssen, dass die Gegenseite jetzt schon weiß, was wir wissen. Und wo und auf welchem Rechner das Dokument gespeichert wurde!“ „Und, hast Du das Programm bereits gelöscht?“ wollte Florian wissen. „Aber nein! Ich finde, wir sollten es zur Desinformation einsetzen. Am besten wäre es wohl, wenn wir den ganzen USB-Stick mit irgendetwas auf die Reise schicken, die Daten habe ich bereits mehrfach und offline gesichert. Ich vermute allerdings, dass die Gegenseite schon hier ist, denn ich glaube, dass der Angriff auf Kate ein Versuch war, den Stick wiederzubekommen, ohne allzu viel Aufsehen zu erregen. Wir wissen es jetzt, wozu die fähig sind, wir sollten sie besser nicht unterschätzen. Wir haben nur ein Problem: Um sie woanders hinzulocken muss der USB-Stick online sein. Sonst sendet er keine Daten. Aber ich gehe davon aus, dass er von meinem Zimmer aus trotzdem gesendet hat. Warum auch immer. Gibt es einen Ort, wo man diesen Laptop so unterbringen kann, dass man ihn nicht orten kann?“ Jetzt erzählten sie Dr. Ito alles über den Bunker aus dem Zweiten Weltkrieg, dann meinte Dr. Skibbe: „Sag mal, hat Kate Ahnung von Technik, ich meine auch etwas älterer Technik? Ich habe da im Bunker etwas gefunden, das uns weiterhelfen könnte!“ Dr. Ito lächelte jetzt. „Ich bin ehrlich gesagt selbst erstaunt, was Kate alles draufhat. Das könnte aber zum Teil auch daran liegen, weil die IRA unter anderem auch deutsche Waffen aus dem letzten Weltkrieg im Bestand hatte. Und die waren nicht weniger tödlich als unsere heutigen Waffen. Kate hat mir außerdem mal gesagt, dass sie sich schon immer für die Technik vor dem Zweiten Weltkrieg interessiert hat, da wäre alles so schön einfach gewesen.“ „Wunderbar, dann kann sie uns wahrscheinlich weiterhelfen. Wir haben jetzt nur ein Problem: Wie kriegen wir Kate unbemerkt in unseren Bunker?“ Darauf sagte Dr. Ito nur trocken: „Wenn Mohammed nicht zu den Bergen kommt, dann kommen die Berge eben zu Mohammed.“

Genf, Schweiz, Büro von Clarice Schumann, 10.30h

Ein ohrenbetäubender Knall hallte über den Genfer See und zerriss die Hälfte einer malerisch am See gelegenen Villa in tausende kleine Trümmer. In etwa einhundert Metern Entfernung sprach eine blonde Frau etwas in ihr Handy, dann entfernte sie sich mit ihrem weißen Mercedes langsam von dem Ort des Anschlages. Sie hatte die Bombe in dem Moment gezündet, in dem sie durch ihr spezielles Handy-Fernglas gesehen hatte, dass die Zielperson endlich in das Büro mit der Bombe gegangen war. Ihr Job war jetzt beendet und sie fuhr rücksichtsvoll an die Seite und machte Platz, als die Feuerwehr mit lautem Sirenengeheule nahte. Clarice Schumann lebte nicht mehr, und das gestohlene Beweismaterial befand sich nun in ihrer Handtasche. Ihre Beförderung war sicher. Und noch heute Abend würde sie mit dem Bundeskanzler der Bundesrepublik Deutschland schlafen. Die beste Lebensversicherung, die eine Frau in ihrer Branche haben konnte. Sie freute sich schon auf den Abend.

Helgoland, Nordseehotel, ein Nebenzimmer in der dritten Etage, 11.00h

Die Meldung vom Tod Clarice Schumanns nahm er mit grimmiger Befriedigung zur Kenntnis. Jetzt erschienen sogar schon erste Meldungen im Internet. Er wusste, warum Clarice Schumann gestorben war. Und er wusste auch, dass und warum weitere Leute sterben mussten. Auf Helgoland, aber möglicherweise auch anderswo. In genau diesem Moment empfing er wieder Signale des Lokalisationsprogramms, sein Laptop zeigte ihm ein deutliches Signal an, welches sich von Helgoland entfernte. Er leitete die Peilung lediglich weiter, denn es war nicht sein Job, jetzt die Feinarbeit zu machen. Also war es doch der Japaner gewesen und nicht Kathrin Nightingale, dachte er ärgerlich. Er hatte eine fünfzigprozentige Chance gehabt, und diese nicht genutzt. Jetzt genügte es nicht mehr, sie nur zu liquidieren, jetzt musste noch mehr geschehen. Es sei denn, die Royal Marines verschwanden mit den Terroristen von der Insel. Dann würde er jetzt eben nochmals etwas improvisieren müssen. Aber nicht sofort. Die Veröffentlichung der Skandalbilder von Kates flottem Dreier war zu diesem Zeitpunkt leider zu riskant, da man den Absender wahrscheinlich schneller gefunden hätte, als ihm das lieb sein konnte. Zum anderen wäre das wohl auch schlichtweg wirkungslos, da Kate sich dann wahrscheinlich eher öffentlich zu dieser neuen Untat bekennen würde. Und das würden ihr dann wohl die meisten Leute nachsehen, da die Leute ehrliche öffentliche Bekenntnisse im Fernsehen liebten. Blieb ihm also nur noch die harte Tour. Doch das erforderte viel Geschick und Vorbereitungen. Wenn er es nur richtig anstellen konnte, dann würde die verhasste Terroristenbrut sich einfach gegenseitig umbringen. Warum eigentlich nicht? Im Säen von Misstrauen, Angst und Hass war er in jedem Fall ein bisher ungeschlagener Meister seines Faches.

Helgoland, Biologische Station, Büro von Dr. Skibbe, 11.15h

Als Dr. Zuckmayer sich den aktuellen Nachrichten im Internet zuwandte, traf ihn die Nachricht von dem Attentat auf Clarice Schumann wie ein Blitz. Sofort rief er Andrea O´Leary auf ihrem Handy an und informierte sie von dem Tod Clarice Schumanns. Dann rief er nach Dr. Skibbe und Dr. Ito und so hielten sie jetzt einen Kriegsrat ab. „Wenn ich den Armadillo-Report richtig verstanden habe, dann bleibt uns noch etwa ein Monat, mit etwas Glück auch bis zu fünf Tage mehr", meinte Dr. Skibbe düster. „Und ein weiteres Problem ist, dass wir unser Material publikumsgerecht aufbereiten müssen. Wir können ja nicht Dokumente filmen und ins Fernsehen bringen. Das Internet können wir leider nicht nutzen, da kriegen sie uns einfach zu schnell und haben in nicht mal einem Tag alle Server für Deutschland desaktiviert. Wir müssen so schnell wie möglich mit Kate reden! Egal, wie wir es drehen und wenden, aber wir kommen an ihr einfach nicht vorbei!" sagte jetzt Dr. Ito, dann fuhr er fort: „Ich würde ja gerne einfach mal einen halben Tag nur mit ihr verbringen, aber wo? Die Polizeiwache ist kein romantischer Ort, und überall sonst wird sie bewacht. Wie soll ich da nur an sie rankommen?" „Da hätte ich eine Idee", sagte nun Dr. Zuckmayer. „Wie wäre es, wenn Du Dir für Dich und Kate eine ganze Pension mietest? Oder wenn Du und Kate bei mir mit einziehen würden? Über Andrea und mir könntet Ihr beide Euch ein Apartment mieten, ich könnte mal mit dem Vermieter sprechen." „Ja schön, aber wo lassen wir das halbe Dutzend von Kates Wachhunden? Bei Euch im Wohnzimmer etwa?" „Hey Fuji, das bringt mich jetzt auf eine Idee", sagte Florian. „Ich kenne hier einen Vermieter, bei dem könnten wir uns alle zusammen in zwei Dachgeschosswohnungen einquartieren. Die Wachhunde bekämen das Erdgeschoß. Drumherum können sie meinetwegen so viel Stacheldraht ziehen wie sie wollen. Soll ich den Vermieter mal anrufen?" „Besser erst mal nichts machen", warf Dr. Skibbe ein. „Zu viele Aktionen von uns könnten auch plötzliche Gegenaktionen auslösen. Ich bin der Meinung, wir sollten sofort damit anfangen, den publikumswirksamen Teil vorzubereiten, und da habe ich noch eine lange Liste von Dingen, die wir tun müssten. Die Armadillo-Dokumente in gutes Deutsch übersetzen, ein paar Aufnahmen im Felswatt von Helgoland machen, und ein paar unserer Dokumente müssen so aufbereitet werden, dass man sie im Fernsehen einblenden kann. Dann müssen wir uns noch Gedanken darüber machen, ob man nicht einige Reports schon vorher filmen kann, so dass man später nicht alles live senden muss. Und noch ein paar Kleinigkeiten. Vor allem müssen wir unauffällig noch ein paar Lebensmittel auftreiben." „Vielleicht sollten wir auch Kai Ahrens und seine Großeltern in unsere Planungen mit einbeziehen?" meinte nun Fuji. „Vorsicht mit den Großeltern! Gerade diese Generation war extrem obrigkeitsgläubig. Beim ersten Dementi der Bundesregierung fallen die doch glatt um", meinte nun Dr. Skibbe. „Langsam komme ich mir vor wie ein Staatsfeind", sagte nun Florian nachdenklich. „Sagen wir es einmal anders: Wir sind keine Feinde des Staates. Wir sind Feinde bestimmter Machtgruppierungen und Politiker. Und wie skrupellos die sind, haben wir doch gerade erst gesehen. Wenn unser Unternehmen fehlschlägt, dann brauchen wir uns in Deutschland nicht mehr blicken zu lassen, selbst wenn wir Recht hatten. Machen wir uns besser nichts vor. Wir sind dann Vogelfreie! Seid Ihr jetzt immer noch dabei, auch wenn wir alle dabei draufgehen?" fragte Dr. Skibbe in die Runde. Alle nickten. „Also gut, dann lasst uns jetzt damit anfangen, unauffällig mehr Lebensmittel einzukaufen und in die Station zu bringen. Ich bringe dann nachts alles in den Bunker. Und wenn unser Material fertig ist, dann gehen wir erst auf Tauchstation. Und dann auf Sendung." „Und wie kommen wir da später wieder raus?" wollte Florian jetzt wissen. „Keine Sorge Florian, in einem der beiden Handbücher habe ich etwas Interessantes gefunden. Ich werde so bald wie möglich prüfen, ob es noch da ist", meinte Dr. Skibbe gelassen. „Und wer soll alles mit in den Bunker?" fragte jetzt Dr. Ito. „Nun, ich denke, das ist ganz einfach: Alle, die auf unserer Seite stehen und die bereit sind, die Wahrheit zu verteidigen. Und alle, die wir dafür zwingend brauchen."

Dublin, Gefängniskrankenhaus, 14.38h

Der wichtigste Untersuchungshäftling Irlands hatte an diesem Morgen das Bewusstsein wieder erlangt und sollte jetzt vom ermittelnden Staatsanwalt Marc Conolly und einigen anderen Beamten vernommen werden. Da der Gefangene noch sehr schwach war, hatten sie beschlossen, ihn möglichst mit den ganz harten Verhörtaktiken zu verschonen, damit er keinen Rückfall erleiden konnte. Man hatte seine Magensonden entfernt und ihm zunächst eine Suppe zum Essen gegeben, sie hatten ihm sogar etwas Kaffee mitgebracht, den er dankbar annahm. Zunächst fragte er nach dem Datum und er war sehr verwirrt von der Tatsache, dass er solange bewusstlos gewesen war. Dann fragte er Marc Conolly, was denn geschehen sei, er könne sich an nichts mehr erinnern. Marc Conolly musste sich sehr beherrschen, um nicht wütend zu werden, weshalb er jetzt sagte: „Mr. Abraham Walker, wir wissen, wer Sie sind und was Sie waren. Wir haben erdrückende Beweise aller Art gegen Sie in der Hand und können Sie ohne Probleme für den Rest Ihres Lebens wegsperren. Zu welchen Bedingungen wir das tun, hängt jedoch von Ihrer Kooperation ab. Also verscheißern Sie uns bitte nicht, habe ich mich klar ausgedrückt?" Monty alias Abraham Walker nickte jetzt anerkennend, dann sagte er: „Das Gleiche hätte ich an Ihrer Stelle auch gesagt. Meinen Sie, dass mich das noch beeindrucken kann?" „Gut, Sie wollen es also auf die harte Tour. Zunächst einmal eine ganz sachliche Information: Die New Revenge IRA existiert nicht mehr, sie hat sich wegen der von Ihren Töchtern initiierten Bürgerbewegungen aufgelöst. Im Übrigen braucht niemand mehr Ihre Terrororganisation, weil Irland jetzt wiedervereinigt ist. Ihre Tochter Kathrin Nightingale wurde von unserem Parlament, welches Sie in die Luft sprengen wollten, vollständig rehabilitiert. Und die Nr. 2 der New Revenge IRA ist tot. Dann lese ich Ihnen jetzt mal vor, was Miss Kathrin Nightingale und ihre Halbschwester Andrea O´Leary bei mir zu Protokoll gegeben haben: *Wir sind zwar glücklich, Schwestern zu sein, die sich jetzt endlich gefunden haben, aber unseren Vater, dieses (...) akzeptieren wir nur als unseren biologischen Vater, mehr nicht!* Sehen Sie hier, Mr. Walker – beide haben es eigenhändig unterschrieben. Was sagen Sie nun: Nicht mal Ihre beiden Töchter wollen noch etwas mit Ihnen zu tun haben." In diesem Moment sackte der vorher so selbstgefällige Monty in sich zusammen, es war ein Schlag unter die Gürtellinie gewesen, der richtig gesessen hatte. Er begann zu weinen, denn er begriff, wie einsam er jetzt war. Nach einigen Minuten sagte er dann: „Im Gegensatz zu mir haben die beiden einen guten Charakter, warum auch immer! Nur Andrea war mir immer zu unentschieden, was unsere Sache anging, und Kate war mir einfach zu sozial eingestellt. Jetzt erkenne ich, dass ich ihre wahren Stärken für Schwäche gehalten habe, ich habe mich geirrt. Kann ich es ihnen wenigstens persönlich sagen?" „Ich bezweifle, dass Ihre Töchter noch mit Ihnen reden möchten, Mr. Walker", sagte nun Marc Conolly kalt, was bei Abraham Walker zu einem neuen Tränenausbruch führte. Als er sich wieder etwas beruhigt hatte, überlegte er einen Moment, dachte etwas nach und sagte dann: „Ich wäre bereit, alles zu gestehen, wenn meine Töchter mit mir reden würden. Ich möchte Einiges richtigstellen, denn nicht Alles, was ich getan oder gesagt habe, war falsch. Vielleicht falsch in deren Sinne, aber ich würde meinen Töchtern gerne erklären, warum ich was wie entschieden und gemacht habe. Ich gebe zu, dass manche meiner Taten rein menschlich gesehen wirklich bestialisch waren, aber ich würde der Welt gerne erklären, was ich mir dabei dachte. Liegt das nicht auch in Ihrem Interesse?" „Nun, es gibt da noch einige dunkle Flecken. Den Doppelmord im Haus der Bannisters zum Beispiel. Wir können Sie zwar als Täter überführen, aber Ihr Motiv für diese Bluttat würde uns sehr interessieren. Und nicht nur uns! Was können Sie uns hier bieten?" „Ich biete Ihnen alles, wenn Sie mir meine Töchter bieten. Andrea soll ein Interview mit mir machen, ich werde ihr alles gestehen. Ihr und Kathrin natürlich." „Damit wir Ihre Töchter darum bitten, müssen Sie uns schon etwas mehr bieten." „Das ist kein Problem, aber das wird dann sehr lange dauern; außerdem müssten Sie mir wahrscheinlich Einsicht in Ermittlungsakten geben, weil ich über meine Taten kein Tagebuch geführt habe. Ich kann mich beim besten Willen nicht mehr an alles erinnern, aber wenn Sie bereit wären, mich in Ihre Akten sehen zu lassen, dann könnte ich Ihnen wahrscheinlich sogar dabei helfen, einige Ihrer ungelösten Fälle zu rekonstruieren. Mir ist bekannt, dass Sie das eigentlich nicht dürfen. Aber andererseits sehe ich kaum einen anderen Weg, wie man das alles rekonstruieren soll, was in den letzten 15 Jahren geschehen ist." Marc Conolly war positiv überrascht, dann fragte er: „Wollen Sie etwa noch ein Buch darüber schreiben?" „Das könnte hilfreich sein. Einsperren tun Sie mich sowieso, damit kann ich mir wenigstens meine restliche Zeit vertreiben." „O.K., dann will ich jetzt vorab mal Ihren guten Willen testen, Mr. Walker. Was ist vor zwei Jahren mit den beiden verschwundenen Staatssekretären passiert, die von Ihrer Organisation beseitigt wurden?" „Sie wurden beide exekutiert, ich habe es selbst getan, um meinen Leuten damit ein Beispiel zu geben. Die Leichen verschwanden im Fundament der neuen Europabibliothek in Dublin; wir fanden damals, dass das ein passender Ort für ihre Aufbewahrung sei." „Und wie haben Sie die beiden exekutiert?" wollte Marc Conolly wissen. „Nun, die Vorrichtung dafür hat mein Partner Marty entworfen, es war eine technische Spielerei von ihm. Wir haben die beiden mit vielen Getränken versorgt, bis sie irgendwann auf die Toilette mussten. Und als sie dann ihr Geschäft verrichteten, legte ich einfach einen Schalter um und setzte die ganze Toilette unter Starkstrom. Es war ganz einfach, sie waren beide sofort tot und haben nicht gelitten. Sie können ja gerne die Europabibliothek wieder abreißen und die Leichen heraushämmern, wenn Sie mir nicht glauben. Das Blut der Leichen haben wir später für einen Fassadenanstrich verwendet, aber da waren sie schon tot. Ich persönlich habe es immer gehasst, andere Iren töten zu müssen, aber Marty und ich waren uns stets einig darin, dass der höhere Zweck das Mittel heiligen würde." „Und wieso wollten Sie unser ganzes Parlament wegsprengen? Wären da nicht viele Iren sinnlos gestorben?" „Nun, es kommt darauf an, in wessen Sinne Sie das sinnlos nennen möchten. Aber wenn Sie wirklich mehr von mir erfahren wollen, dann holen Sie bitte meine Töchter hierher." „Die sind jetzt beide auf Helgoland. Mal sehen, vielleicht kann ich sie ja telefonisch erreichen. Ich denke, ich werde sie unverbindlich fragen." Abraham Walker sank erschöpft in seine Kissen zurück, das Verhör hatte ihn sehr angestrengt. Dann schlief er ein und träumte von zwei Töchtern, die er nie wirklich gehabt zu haben schien.

Helgoland, Polizeiwache, 17.35h

Kate, Andrea, Sandra, Kai und Fuji wollten eigentlich gerade zum Abendessen ins Nordseehotel gehen, als das Telefon klingelte. Marc Conolly teilte ihnen mit, dass Abraham Walker erwacht war und mit ihnen reden wollte. Erst schüttelten Kate und Andrea mit den Köpfen, doch dann sagte Marc Conolly: „Natürlich kann ich Sie beide nicht zwingen, aber Keith Hastings hat mir gesagt, dass es ihn sehr freuen würde, wenn Sie beide darauf eingehen könnten." Nach einigem guten Zureden willigten sie ein, sagten aber ausdrücklich dazu, dass eine Aussöhnung mit Abraham Walker auch aus politischen Gründen wohl kaum möglich sei. „Denn von uns kann niemand verlangen, sich zu solch einem Vater in irgendeiner Form zu bekennen", brachte es schließlich Andrea O´Leary auf den Punkt. Dann beendeten sie das Gespräch und gingen zum Essen. Danach bat Dr. Ito darum, mit Kate einen kleinen Spaziergang zum Oberland machen zu dürfen, er müsse wichtige persönliche Dinge mit ihr besprechen. So gingen nun Dr. Ito und Kathrin Nightingale gemeinsam und Hand in Hand spazieren, gefolgt von ihrem privaten Wachbataillon. Unterwegs erklärte ihr Fuji einige Zusammenhänge und Hintergründe und Kate begriff schnell, dass sie das Opfer einer politischen Intrige höchsten Ausmaßes geworden war. „Ich muss aber nach Irland, Fuji." „Ich weiß, Kate. Kein Problem. Ich habe ein paar Fotos und Dokumente für Dich auf einem kleinen Notebook gespeichert; hüte es wie Deinen Augapfel. Wenn es nicht anders geht, dann wirfst Du es in die nächste Toilette und spülst es runter, klein genug ist es ja. Jeder wird es für einen harmlosen elektronischen Terminplaner halten, aber Du weißt jetzt, was darauf ist. Sieh Dir das bitte alles gut an und ruf mich an, wenn Du meinst, dass Du damit klarkämst. Du brauchst dann nur zu sagen: *Wir heiraten nächsten Frühling,* dann weiß ich schon Bescheid." Sie warf sich an ihn und umarmte ihn innig, dann sagte sie nur: „Das tun wir dann aber wirklich!" „So das Gesetz es zulässt", sagte er und erwiderte ihren stürmischen Kuss.

Hannover, Opernplatz, 19.00h

Ian Bannister betrieb Wahlkampf bis zuletzt. Hatten seine politischen Gegner erst noch versucht, ihn wegen seiner Affäre mit Aische Özdemir abzuqualifizieren, so schlug er nun sogar noch politisches Kapital daraus. Heute Abend stand während seiner Rede bereits sein neues Schattenkabinett versammelt hinter ihm, und es beinhaltete für seine politischen Gegner den größten Alptraum, den er ihnen hatte bereiten können. Denn mit Ausnahme seines Innenministers Werner Theißing bestand das gesamte übrige Kabinett nur aus Frauen! Ian Bannister hatte sich nun fast schon zum männlichen Feministen gewandelt, und das tat allen Moralverfechtern deutlich weh. Auf der anderen Seite hatte er durch die „Angelegenheit Kathrin Nightingale" erhebliche Punkte gesammelt, und auch sein Krisenmanagement auf Helgoland war den Leuten im Bewusstsein geblieben. Ein Wahlplakat zeigte die Bremen beim Einsatz gegen die gefährlichen Killerquallen vor Helgoland, und darunter war zu lesen: „Nicht lange fackeln". Was im Gegensatz dazu stand, dass die Napalm Brände auf Helgoland stundenlang gewütet hatten. Aber es kam gut an beim „Stimmvieh", und die Leute glaubten daran, dass Ian Bannister ein Macher sei, der die Probleme des Landes am Kompetentesten lösen könne. Auch seine Idee, sich selbst für einen Tag symbolisch einzusperren, hatte ihm viele Sympathien, vor allem bei weiblichen Wählern, eingebracht. Nun brachte er noch seine Abschlussrede des Wahlkampfes zu Ende. „Und das sage ich Ihnen, meine verehrten Wählerinnen und Wähler, nein das garantiere ich Ihnen in jedem Fall: Mein Kabinett und ich werden auch die Bundespolitik revolutionieren. Es muss endlich Schluss sein mit dieser ausufernden Bürokratie! Ein gutes Stichwort: *Bürokratie*! Wer hat die bloß erfunden? Ich vermute ganz stark, dass ***die*** Bürokratie" – Ian Bannister hatte das Wort „**die**" besonders laut betont – „in Wahrheit eine Erfindung von Männern ist, die in Wahrheit nur reden, aber nichts bewegen wollen! Oder hätte ich etwa vor der Bekämpfung der Helgoländer Killerquallen vielleicht noch einige Formulare ausfüllen sollen?" Er machte eine rhetorische Pause, die Zuschauer lachten. „Kommen wir zum nächsten Thema: Meine Frauen! Meine sehr verehrten Damen und Herren, ich habe die große Freude Ihnen heute am Vorabend der Niedersachsenwahl das weiblichste Kabinett präsentieren zu dürfen, dass es überhaupt gibt. Und wissen Sie auch, warum wir dieses Kabinett so besetzt haben? Weil diese großartigen Frauen, jede für ihr jeweiliges Ressort, das Beste sind, was ich für unser geliebtes Niedersachsen auftreiben konnte! Ich habe nur die Jahrgangsbesten Studienabgängerinnen genommen und wenn ich Ihnen hier eines versichern darf, dann dieses: Keine von diesen Damen hatte es nötig, sich nach oben zu schlafen! Was man von manchen Damen in der Oppositionsbank unseres Landtages leider nicht sagen kann!" Jetzt setzten Standing Ovations für Ian Bannister ein. „Lassen Sie mich noch etwas zu dem Thema Kathrin Nightingale sagen. Ich denke, dass die meisten von Ihnen das Schicksal dieser großartigen Frau in den Medien mitverfolgt haben. Ich kann es Ihnen hiermit versichern, dass diese Frau etwas geschafft hat, was es in der Geschichte noch nie gegeben hat. Nämlich einen mehr als 800 Jahre währenden politischen und religiösen Konflikt in meiner zweiten Heimat Irland ein für alle Mal zu beenden. Wissen Sie, was der irische Innenminister Keith Hastings mir in einem internen Report mitgeteilt hat? Ich zitiere jetzt einmal wörtlich: *„Lieber Ian! Ohne Deinen Einsatz für Kathrin Nightingale würden wir noch heute nach einer Integrationsfigur für die nationale Versöhnung und Einigung Irlands suchen müssen. Noch immer würden hier Menschen durch Anschläge und daraus resultierende Racheakte sinnlos sterben, und noch immer müssten wir ständig unser Budget für die Verfolgung und Ahndung politisch motivierter Straftaten erhöhen. Aber Dank Deinem Einsatz und den Reden von Kathrin Nightingale hat sich das Denken der Menschen radikal verändert. Dafür ein Beispiel: Etwa 80% der Iren möchten, dass Downpatrick die neue Hauptstadt des wiedervereinigten Irland wird. Ich habe Dich und Kathrin Nightingale als Ehrengäste vorgemerkt, wenn wir die neue Hauptstadt ausrufen werden."* Sehen Sie? Es hat sich also gelohnt, sich für diese Frau einzusetzen! Und ich kann Ihnen hier und jetzt eines versichern: Sollten Aische und ich noch eine Tochter bekommen, so würde ich diese Kathrin nennen!" Alle applaudierten.

„Nächstes Thema: Meine zukünftige Frau! Auch wenn manche das jetzt vielleicht pietätlos finden, so möchte ich es an dieser Stelle nochmals sagen: Martha und ich hatten uns leider über die Jahre auseinandergelebt, und nach den kriminaltechnischen Untersuchungen aus Irland kann man es jetzt wohl auch öffentlich machen, dass auch Martha offensichtlich mindestens eine Affäre hatte. So gesehen hatte unsere Ehe leider keine große Zukunft mehr. Manche haben behauptet, dass ich mich mit Aische Özdemir über den Verlust von Martha hinweggetröstet hätte, was allerdings nicht wahr ist, da ich bereits seit etwa zwei Jahren eine Affäre mit Aische hatte. Aische hat mir aber tatsächlich mit Rat und Tat beiseite gestanden, als ich auf Helgoland diverse schwierige Entscheidungen treffen musste. Wenn Sie es mir nicht glauben, dann können Sie gerne beim Nordseehotel auf Helgoland nachfragen, aber für das Ausleben einer Affäre hatten wir dort beide keine Zeit. Und die einzige Liebesnacht, die wir geplant hatten, wurde durch den Attentatsversuch von Kathrin Nightingale vereitelt. Wenn ich dieser Frau noch für irgendetwas böse sein müsste, dann wohl dafür!" Ian Bannister und die neben ihm stehende Aische Özdemir lachten jetzt beide ins Publikum, welches mit einfiel. „Aische Özdemir und ich werden in Kürze heiraten und Aische wird mir die Zügel etwas anlegen, das hat sie mir bereits versprochen. Ich denke, dass wir sehr wahrscheinlich eine der internationalsten und aufregendsten Ehen führen werden, die es in Europa überhaupt gibt." Jetzt gab er Aische einen Kuss, den sie stürmisch und feurig erwiderte, dafür bekamen sie beide frenetischen Beifall. „Und im Übrigen wird Aische künftig kein staatliches Amt mehr bekleiden, denn als meine Frau wird sie mehr als ausgelastet sein. Außerdem wollen wir uns hier keinen Filz irgendwelcher Art vorwerfen lassen. Doch ich gebe es natürlich gerne zu, dass eine Frau ihren Mann beeinflusst. Aber ich denke, dass das ganz normal ist. Ein Amt soll Aische deshalb künftig dennoch ehrenamtlich innehaben: Sie soll als Fürsprecherin für alle Frauen und Minderheiten bei Petitionen eintreten, die an unseren Landtag gestellt werden. So kommt keine Langeweile auf, und ich habe immer wieder gute Gründe dafür, mich mit ihr konstruktiv über die Ausgestaltung unserer Politik zu streiten!" Alle lachten jetzt, dann hielt Werner Theißing noch eine kurze Ansprache, worauf die Wahlveranstaltung dann beendet wurde. Die absolute Mehrheit war Ian Bannister jetzt schon sicher, doch das Wahlergebnis sollte seine kühnsten Träume sogar noch übertreffen.

Berlin, Bundeskanzleramt, 20.15h

Der Bundeskanzler Werner Balken schaltete jetzt den Fernseher aus, die Tagesschau war aufschlussreich gewesen. Ian Bannister würde in Niedersachsen haushoch gewinnen, das stand jetzt schon fest. Werner Balken, der ein Parteifreund von Ian Bannister war und in Berlin der Chef einer schwierigen Mitte-Rechtsregierung war, lehnte sich entspannt zurück. Dass sie einen Großteil der geraubten Informationen zurückhatten, beruhigte ihn zwar etwas, doch war es für ihn unerträglich, dass ausgerechnet der deutsch-japanische Nationalheld Niedersachsens, Dr. Fuyisho Ito, in den Besitz dieser Informationen gelangt sein sollte. So einen Mann konnte man nicht so einfach von der GSG 10 liquidieren lassen wie eine Clarice Schumann. Man würde Fragen stellen und außerdem war es immer noch unklar, wer sonst noch alles von den brisanten Dokumenten wusste. Miguel Armadillo hatte man kaltgestellt, der würde nie wieder etwas sagen. Genau genommen war das, was sie vorhatten, so etwas ähnliches wie ein ökologischer Genozid mit Hilfe einer Naturgewalt, aber andererseits sagte sich Werner Balken, dass die Menschen des Jahres 1362 auch keine Chance gehabt hatten, der Groten Mandränke zu entkommen. Und warum auch? Arbeitslose hatten sie in den strukturschwachen Küstenregionen wahrlich genug; warum sollte nicht einfach die

Naturgewalt dieses Problem lösen? Mächtige Funktionäre und Emissäre verschiedenster Wirtschaftseliten hatten ihm unmissverständlich klar gemacht, dass man die Küstenregion besser sterben ließ. Alles andere würde den Ruin jeglichen Gemeinwesens bedeuten, da man die großen Schäden weder auffangen noch reparieren könne. Auch war es nicht möglich, den vielen Menschen der Region einen Ausgleich für ihre zerstörten Hauser und Existenzen zu zahlen. Und er sagte sich außerdem immer eines: Wenn er nicht die Drecksarbeit machte, dann würde sie eben ein anderer machen. Die Regierungschefs der Nachbarländer sahen es ähnlich, außerdem waren sie materiell noch schlechter aufgestellt als die Bundesrepublik Deutschland. Von wegen ökologischer Genozid! Eigentlich war es doch eine ganz natürliche Sache, dass die überflüssigen Angehörigen einer Spezies sterben mussten, damit die Art als solche angemessen weiter auf dem Planeten existieren konnte. Das konnte man allerdings der breiten Masse nicht vermitteln. Er nahm jetzt seine Lektüre wieder auf. Er las ein Werk von einem seiner früheren Amtsvorgänger. Das Werk trug den Titel „Mein Kampf". Der Autor: Adolf Hitler.

Rheine-Bentlage, Sitz der Hubschrauberstaffel der Bundeswehr, 21.15h

Reinhold Petermann hatte es für klug gehalten, Kathrin Nightingale und den Briten einige Desinformationen bezüglich seiner Truppe zu geben. Natürlich gehörten sie gar nicht zur GSG9, sondern zur geheim gegründeten GSG10, von der bisher noch niemand etwas wusste. Sie war bereits kurz nach der Wende 1990 von den ranghöchsten deutschen Politfunktionären aus Ost und West ins Leben gerufen worden und machte die Arbeit, die entweder illegal war oder sich in einer rechtlichen Grauzone befand. Ihre Einsatzbefehle erhielten sie direkt vom Bundeskanzler und einem kleinen geheimen Führungszirkel um den Kanzler, dessen Mitglieder der Öffentlichkeit weitgehend unbekannt waren. Unter anderen gehörte auch Professor Dr. Wackernagel dazu. Als Verbindungseinheit zum Kanzler fungierte dessen Geliebte, die gelegentlich auch schon mal „nasse" Aufträge durchführte. Selbstverständlich hatte die Staatsräson immer Vorrang vor den Interessen des Einzelnen zu haben. Corinna Schuster sah harmlos aus, war blond, schlank, mittelgroß und war sehr attraktiv, doch hatten diese Reize schon so manchen Mann das Leben gekostet. Beim nächsten Einsatz würde auch sie einen Kampfanzug der GSG 10 tragen. Die heutigen Übungen waren erfolgreich gewesen, doch konnte der Einsatz sich noch durch einige politische Gegebenheiten verzögern, denn sie mussten einen nach außen hin plausiblen Grund für ihre Aktion geliefert bekommen. Das Problem bei ihren Einsätzen war, dass diese den politischen Gegebenheiten flexibel und sofort angepasst werden mussten. Was konkret hieß, dass man eine Person, die man beschützen musste, möglicherweise nur Minuten nach Einsatzbeginn plötzlich doch neutralisieren musste, wobei ein echter Mord natürlich immer nur das letzte Mittel war. Kathrin Nightingale hatte eigentlich nur ein Faustpfand für die Bremen werden sollen, doch war dieses wegen der britischen Präsenz auf Helgoland jetzt unmöglich geworden. Reinhold Petermann musste immer grinsen, wenn er daran dachte, dass er sogar zwei Vereinen gleichzeitig diente. Nämlich der GSG 9 und der GSG 10. Dies war der bisher brillanteste Schachzug des Bundeskanzlers gewesen, das musste selbst er zugeben. Aber auch vor Kathrin Nightingale empfand er eine gewisse Hochachtung. Cora, das heißt Corinna Schuster, würde sehr aufpassen müssen, falls sie dieser Dame über den Weg laufen sollte. Allerdings glich Cora ihre eigenen kleinen Defizite stets durch ihre Skrupellosigkeit wieder aus, und es lief selbst ihm kalt den Rücken hinunter, mit welcher Gefühlskälte Cora töten konnte. Einen Mann hatte sie sogar im Bett erledigt, er hatte es auf Video gesehen. Erst hatte sie genüsslich ihren eigenen Orgasmus abgewartet und dann ihr Opfer ohne weitere Vorwarnung mit einem Kampfmesser abgestochen. Es war ein scheußlicher Anblick gewesen. Es störte sie auch nicht, wenn bei einem Anschlag unbeteiligte Dritte umkamen; für sie war das nur ein Kollateralschaden. Reinhold Petermann arbeitete eigentlich nicht gerne mit solchen Leuten zusammen, aber in dieser Branche hatte man leider nicht so viel Auswahl. Diesmal sollten eigentlich nur gestohlene Informationen wieder beschafft werden, doch da sie davon ausgehen mussten, dass die Gegenseite jetzt gewarnt war, würden sie künftig ganz anders taktieren müssen. Zum Glück hatten sie immer noch Otto auf Helgoland, doch der war durch zwei Dinge in seinen Tätigkeiten eingeschränkt. Zum einen durfte er momentan noch nicht töten, da sonst internationale Schwierigkeiten zu befürchten waren, und zum anderen durfte er sich nicht zu weit aus dem Fenster lehnen, damit seine Tarnung nicht aufflog. Die medizinischen Kenntnisse von Otto waren zwar sehr nützlich für die GSG 10, aber dass er bei seiner Leibesvisitation das falsche Ziel erwischt hatte, war schlichtweg Pech gewesen. Nein, Otto hätte sonst niemals eine Frau angefasst, dafür war er einfach zu homosexuell. Es musste ihm total gegen den Strich gegangen sein, an Kathrin Nightingale herumzufummeln; Reinhold Petermann musste bei dem Gedanken unwillkürlich grinsen. Immerhin hatte sich Otto durch das Zerschießen der Lampe und des Bettes sehr gut aus der Affäre ziehen können, denn so hatte er bereits etwas Misstrauen gesät und seine Gefährlichkeit bewiesen. Dass er noch keine Tötungsfreigabe gehabt hatte, brauchte die Gegenseite ja nicht zu wissen! Aber das eigentlich Ironische an der ganzen Situation war, dass auch die Gegenseite auf viele große und kleine Dienste Ottos angewiesen war, was sie jedoch nicht wusste! Er lachte in sich hinein. Es war gut, dass Cora heute die lästige Clarice Schumann in Genf erledigt hatte. Diese war ihnen auch schon bei früheren Gelegenheiten in die Quere gekommen, eine lästige Person weniger. Und es war gut, dass sie bei allen öffentlichen deutschen Medien Kontaktleute hatten, welche sie sofort informieren würden, falls das gestohlene Material dort auftauchte. Ihm hatte man gesagt, dass alles, was in diesen Reports stünde, gefälscht sei und Unruhen in der deutschen Bevölkerung auslösen könne, aber Reinhold Petermann hatte da so seine Zweifel. Was, wenn die Reports doch Recht hatten? Würde er dann die Seite wechseln? Er wusste es nicht. In jedem Falle würde er es aber nicht zulassen, dass jemand das Leben von Kathrin Nightingale gefährdete. Denn er schuldete ihr ein Leben, da war er immer preußisch korrekt.

03. Oktober 2017, Dienstag

Im Lazaretthubschrauber Lazarus I, irgendwo über der Nordsee nordwestlich von Helgoland, 09.25h

Andrea O'Leary, Kathrin Nightingale und Sandra Miller saßen bequem im Laderaum des Hubschraubers, wo man eigens für sie einige Sitze ausgeklappt hatte. Das Wetter war zwar etwas böig, doch die Stabilisatoren des Helikopters glichen das ohne Probleme aus. Dr. Ito und Kai waren zurückgeblieben, da Kai zur Schule gehen sollte und Fuji seine Forschungsarbeiten fortsetzen wollte. Kate nahm den kleinen elektronischen Terminkalender aus ihrer Handtasche und sah sich die Informationen an, die Fuji und Dr. Skibbe eigens für sie zusammengestellt hatten. Bei manchen Bildern sah sie erstaunt drein, bei anderen lächelte sie. Ja, das würde gehen, sie war sich sicher. Natürlich immer vorausgesetzt, dass die im Herbst 1944 installierte Energieversorgung in der Anlage problemlos funktionierte. Professor Ferguson lag nebenan auf einer Pritsche und schlief sich aus, da er in der letzten Nacht einen Notfall operiert hatte. Da klingelte das

Bordtelefon des Hubschraubers und Andrea O´Leary nahm den Hörer ab. „Hier ist Staatsanwalt Marc Conolly, wie weit sind Sie denn jetzt?" Andrea fragte kurz den Piloten nach ihrer Position und sagte dann: „Wir überfliegen gerade Cornwall und machen heute keine Zwischenlandung in London, wir kommen wahrscheinlich in knapp zwei Stunden in Dublin an, plus minus zehn Minuten wegen Wetters, sagte mir eben der Pilot." „O.K., macht hin und beeilt Euch, der Gesundheitszustand von Abraham Walker ist leider nicht der beste. Hoffen wir mal, dass er lange genug durchhält. Ich hole Euch alle persönlich vom Terminal ab, damit es schneller geht, dann bis nachher!" Er legte auf, und Kate und Andrea fürchteten, dass Abraham Walker sterben könnte, ehe er sein Geheimnis preisgegeben hätte.

Dublin, Wohnung von Marty, 10.15h

Die Frau von Marty schüttelte nur mit dem Kopf, als der Mordermittler im Fall Bannister ihr ein Foto ihres verstorbenen Mannes vorlegte. „Nein, das ist er nicht, Chief-Inspector", sagte sie nur. „Sehen Sie ihn sich genau an, Madam. Haben Sie nicht ein Foto Ihres Mannes da, damit man das mal vergleichen könnte?" „Nein, ich habe alle seine Sachen und alle Fotos weggeworfen. Er hat mich so enttäuscht, als er mich verlassen hat, dass ich ihm nicht weiter nachtrauern wollte. Aber ich gebe Ihnen einen Tipp: Er hatte eine Sonnenallergie, weshalb er nur nachts raus ging. Vielleicht treffen Sie ihn ja in einem Nachtclub? Wer weiß, wo der sich rumtreibt? Aber wenn ich ehrlich bin, dann muss ich sagen, dass ich das gar nicht wissen will. Ich habe bereits die Scheidungsklage eingereicht. Egal ob er sich meldet oder nicht, in spätestens einem Jahr sind wir geschiedene Leute." „Misses Walker, ich danke Ihnen trotzdem für Ihre Angaben. Sehen Sie, wir müssen leider allen Angaben nachgehen, und weil die verstorbene Conchita Esteban ja auch mal für Sie gearbeitet hat, wäre es natürlich möglich gewesen, dass hier eine Verbindung zum Mörder existierte. Übrigens haben unsere Ermittlungen ergeben, dass Frau Esteban etwa einen Tag vor ihrer Ermordung Geschlechtsverkehr mit dem Toten hatte, den wir als die Nr. 2 der New Revenge IRA identifiziert haben, was sagen Sie nun, Misses Walker?" Emily Walker, die Schwester von Martha Bannister, brach jetzt in Tränen aus. „Nein, das ist nicht wahr!" schrie sie hysterisch. „Doch, es ist wahr", sagte der Chief-Inspector sanft. „Sofort gehen Sie raus aus meiner Wohnung, ich will Sie hier nicht sehen!" rief sie trotzig. „Misses Walker, dann verhafte ich Sie jetzt wegen des Verdachtes der Begünstigung einer terroristischen Vereinigung, packen Sie bitte ein paar Sachen und kommen Sie dann mit." „Aber ich bin eine Abgeordnete des Nationalparlamentes, ich genieße Immunität, das können Sie doch gar nicht!" protestierte sie. „Das Nationalparlament wird morgen früh offiziell aufgelöst, dann sind Neuwahlen. Soll ich etwa bis morgen warten? Was würde das ändern? Misses Walker, je eher Sie mit uns kooperieren, desto besser für Sie. Falls nicht, dann gebe ich Ihnen Brief und Siegel darauf, dass hier in einer halben Stunde das Anti-Terror-Kommando anrückt. Und die gehen nicht so rücksichtsvoll mit Ihnen um, wie ich das jetzt tue." Wortlos erhob sie sich aus ihrem Sessel, packte ein paar Sachen in eine Tasche und ließ sich widerstandslos von Chief-Inspector Steve Mac Donnel abführen.

Dublin, International-Airport, 12.35h

„Gott sei Dank, da sind Sie ja endlich!" rief Staatsanwalt Marc Conolly zur Begrüßung. „Hallo Marc, na, wollen Sie heute mal keine peinliche Haarprobe von uns haben?" frotzelte jetzt Andrea, und alle mussten lachen. Dann wurde der Staatsanwalt plötzlich sehr ernst und sagte: „Kommen Sie beide schnell mit, wir müssen zuerst noch zur Polizei. Chief-Inspector Mac Donnel ist da auf etwas gestoßen – wir kennen jetzt die endlich die

Identität von Nr. 2 der New Revenge IRA! Und es gibt dabei noch eine kleine Sensation: Sie beide sind um einige Ecken herum verwandt mit Ian Bannister!" Jetzt waren Andrea O'Leary und Kathrin Nightingale sichtlich sprachlos. Sie stiegen ins Auto und dann begann Staatsanwalt Marc Conolly damit, ihnen die Zusammenhänge zu erklären. „Unglaublich, Familienbetrieb IRA", brachte es dann Andrea O'Leary auf den Punkt. „Ja genau", pflichtete ihr der Staatsanwalt bei. „Die beiden Führer der Vereinigung waren Brüder. Abraham Walker – also Ihr biologischer Vater – war der Halbbruder des verstorbenen Martin Walker. Weil die beiden verschiedene Mütter hatten, haben wir das durch unseren Gen-Sequenzierer leider nicht eher herausfinden können. Denn als Kind erhält man ja schließlich nicht alle Erbanteile seiner Gene zu immer gleichen Anteilen. Der eine hat etwas mehr hiervon, der andere etwas mehr davon. Na ja, falls unsere Misses Noch-Parlamentsabgeordnete Emily Walker, die Schwester von Martha Bannister, noch auspacken sollte, dann werden wir wahrscheinlich bald alle Hintergründe des Bannister-Doppelmordes kennen. Und dafür brauche ich die Hilfe von Ihnen beiden! Denn ich könnte es mir vorstellen, sie beide in das Verhör mit einzubeziehen. Denn bisher wollte sie uns nur das Nötigste gestehen. Das reicht aber nicht aus, um das Mordmotiv zu klären. Vielleicht würde sie dieses ja einem ehemaligen IRA-Mitglied anvertrauen?" „Gut, ich wäre gerne bereit, mit Emily Walker zu reden. Aber könnte man das auch so machen, dass ich erst mal vertraulich mit ihr sprechen könnte? Denn es könnte ja auch sein, dass Ihre Aussage Ian Bannister belastet, mit irgendwelchen zwanzig Jahre alten Altlasten beispielsweise. Und das würde sie sicher keinem Ermittler sagen", meinte nun Kate. Staatsanwalt Conolly dachte etwas nach, dann erwiderte er: „Gut, das machen wir so. Machen Sie ihr bitte klar, dass es nicht in unserem Interesse liegt, sie wegzusperren, aber dass sie uns etwas dafür geben muss, dass wir es nicht tun. Bis jetzt weiß die Öffentlichkeit noch nichts, deswegen muss ich Sie, Miss O'Leary, hier vorerst um absolute Diskretion bitten, ist das klar?" „Natürlich." Sie stiegen jetzt aus dem Wagen des Staatsanwaltes und betraten das Hauptgebäude der Dubliner Polizei. „Gut, dann werde ich jetzt nochmals mit dem Chief-Inspector sprechen, dann sehen wir weiter." Marc Conolly ließ jetzt Kate und Andrea Kaffee bringen, Sandra hatte sich bereits am Flughafen von ihnen getrennt und war mit dem Taxi zu Keith Hastings ins Innenministerium gefahren. Chief-Inspector Steve Mac Donnel betrat das Wartezimmer, begrüßte alle Anwesenden und meinte dann: „Leider weigert sich Emily Walker, mit mir zu reden. Sie hat zwar heute Vormittag bereits ihren toten Mann im Leichenschauhaus identifiziert, aber das war es dann auch. Sie scheint vor irgendetwas Angst zu haben. Aber sie will auch nicht sagen, wovor. Miss Nightingale, vielleicht könnten Sie ja zunächst mal inoffiziell mit ihr reden. Möglicherweise hilft das weiter. Ich versichere Ihnen, dass wir Sie auch nicht dabei belauschen werden." „Chief-Inspector, das glaube ich Ihnen zwar, aber würde das auch Emily Walker glauben? Ich sehe da zwei Möglichkeiten. Entweder, Sie lassen mich mit ihr irgendwo hier in Dublin spazieren gehen, wo die Atmosphäre ungezwungen ist, oder Sie geben uns ein Radio, das wir laufen lassen können, damit Emily Walker es auch glaubt, nicht abgehört zu werden. Was halten Sie davon?" „Sie haben Recht, Miss Nightingale. Und so verstockt, wie Misses Walker ist, würde ich vorschlagen, Sie gehen mit ihr im Stadtpark spazieren. Am besten nur Sie allein. Allerdings würde ich Sie darum bitten, sich ein Kopftuch umzubinden, weil sonst nämlich gleich Ihr ganzer Fanclub auf dem Plan auftauchen könnte. Und dann ist Ihr vertrauliches Gespräch sehr schnell ein Gegenstand des öffentlichen Interesses." „Sie haben Recht, shit! Ich habe es nicht bedacht, dass ich ja jetzt eine prominente Person bin." „Sehen Sie, Miss Nightingale, vorhin habe ich sogar davon gehört, dass es hier einige Kollegen gibt, die Autogramme von Ihnen haben wollen. Ich musste sie mit Mühe davon abhalten!" Dann brachten Sie Kate zum Verhörraum, und als Kate den Raum betrat, zuckte Emily Walker sichtlich zusammen. „Hallo Tante Emily", sagte Kate.

Dublin, Stadtpark, 14.01h

Als Emily Walker mit Kathrin Nightingale konfrontiert worden war, brach sie völlig zusammen. Sie weinte, sie klagte, sie beteuerte, dass sie das alles nicht gewusst und auch nicht gewollt habe. Doch sie wollte erst offiziell aussagen, wenn sie vorher in neutraler Umgebung mit ihrer Nichte Kathrin sprechen durfte. Kate hatte den Anfang gemacht und hatte ihrer neu entdeckten Tante einiges aus ihrem Vorleben verraten. Diese hörte aufmerksam zu und beide waren erstaunt darüber, dass sie sich früher noch nie begegnet waren. Aber das hatte ganz einfach daran gelegen, dass Abraham Walker, der Vater von Kate, offiziell keine Kontakte zu seinem Bruder oder dessen angeheirateten Verwandten pflegte. Und dafür hatte er gute Gründe gehabt! Jetzt sagte Kate: „Tante Emily, auf Helgoland hat Ian Bannister mir gestanden, dass er früher mal irgendeine Dummheit gemacht hat. Könnte das der Grund für den Mord an Martha gewesen sein? Ich meine, mir kannst Du es ja ruhig sagen, Du weißt, dass ich Dich nicht verraten werde." Emily Walker sah nachdenklich aus, dann sagte sie: „Ach Katie, das war alles ein Schock für mich! Ich wusste es ja auch nicht, dass ich eine Nichte habe. Um was haben uns die beiden nicht alles betrogen; es ist mir so, als habe ich ein ganzes Leben verpasst! Du weißt, dass ich Abgeordnete des Nationalparlamentes bin und da wiegt das, was ich getan oder besser nicht getan habe, leider umso schwerer. Wenn das rauskommt, dass die Nr. 2 der IRA mein Mann war, dann bin ich politisch und gesellschaftlich ruiniert. Und nicht nur ich! Meine Partei natürlich auch!" Sie schluchzte. „Martin hat das gewusst, deshalb wollte er ja auch, dass ich alle seine Sachen vernichte und mich ganz offiziell von ihm trenne. Aber das reicht nicht! Ich bin noch völlig fertig von dem Gespräch mit diesem Chief-Inspector, Sachen wollte der wissen! Ich kann das gar nicht, Katie, mir fehlt einfach die Kraft dazu, verstehst Du das? Martin hat mein ganzes Leben ruiniert – und das hat er noch nach seinem Ableben getan. Anfänglich habe ich geglaubt, das wären harmlose Spielchen, welche sie veranstalten. Bis es die ersten Toten gab. Aber da konnte ich nicht mehr raus aus der Nummer, verstehst Du das?" Sie begann zu weinen, und Kate musste sie etwas trösten. Dann fuhr sie fort: „Martin wollte wohl etwas Geld von Ian erpressen. Aber so wie ich das bis jetzt durchblicke, ist es schiefgelaufen. Nicht Ian hat den Erpresserbrief angenommen, sondern Martha, weil Ian ja plötzlich nach Helgoland musste. Ich habe den Brief und das Material gesehen, ich weiß, worum es dabei ging. Es ist wie Du gesagt hast eine uralte IRA-Geschichte, die allerdings Ian Bannister politisch ruinieren könnte, wenn sie herauskäme. Martha hat dann Kontakt zu ihrem Jugendfreund Abraham Walker aufgenommen und hat auch gezahlt, aber sie hat einen Fehler begangen: Sie hat das Material behalten, statt es wie gefordert zurück zu geben. Ich vermute, dass sie Ian damit erpressen wollte. Und das war etwas, was der Bruder meines Mannes auf keinen Fall wollte. Deshalb musste Martha sterben. Sie wusste zu viel über ihren Mann, der ja eigentlich Dein Onkel ist! Ach Kind, eine tolle Familie sind wir Dir gewesen. Kannst Du mir meine Schwäche verzeihen?" Sie weinte wieder. Kate legte den Arm um sie. Dann sagte Kate: „Ich verstehe, dass das alles schwer ist für Dich. Aber was hast Du mit dem Material gemacht? Hast Du es wenigstens entsorgt?" Emily Walker nickte jetzt. Dann meinte sie: „Kind, was damals passiert ist, ist schrecklich. Aber niemand holt die Toten zurück. Und es nützt niemandem etwas, das jetzt noch auszugraben. Ich möchte die Leichen gerne im Keller lassen, kannst Du das verstehen? Und ich denke, dass das auch

Deinem Onkel nützt. Ich habe nichts gegen ihn, ich werde schweigen wie ein Grab, und wenn sie mich in den Knast stecken. Aber ich möchte nicht weiter in diesem alten Dreck herumwühlen, verstehst Du das?“ Sie weinte wieder. Dann sagte Kate: „Vielleicht kann ich mich ja bei Marc Conolly für Dich einsetzen, dass Du nicht die ganze Wahrheit auspacken musst. Vielleicht gibt er sich ja damit zufrieden, wenn Du aussagst, das Material ungesehen entsorgt zu haben?“ „Würdest Du das wirklich für mich tun?“ Neue Hoffnung glomm in ihr auf. „Aber wie wenden wir den politischen Skandal ab? Mein Gott, meine Partei ist stark beschädigt, wenn das rauskommt. Da verlieren Abgeordnete ihr Mandat, die nichts dafür können! Nur wegen diesem alten Dreck!“ Jetzt wurde Emily Walker fast hysterisch. Da hatte Kate einen Geistesblitz: „Vielleicht sollten wir beide uns mal mit Abraham Walker unterhalten. Damit er einfach mal sieht, was für Existenzen er durch diesen Mord ruiniert hat. Was meinst Du, Tante Emily?“ Emily Walker nickte grimmig. „Ja, das möchte ich diesem Schwein gerne selbst sagen. Ich werde ihm damit drohen, alles auszupacken, was ich im Lauf der Jahre am Rande mitbekommen habe. Vielleicht ist es sogar besser, wenn alle Iren das erfahren. Dann wird kein Mythos um die New Revenge IRA entstehen. Dann wird jeder es wissen, dass diese beiden Brüder nichts anderes waren als gewöhnliche Mörder. Gewöhnliche und perverse Mörder!“

Hannover, geheimes Büro von Ian Bannister im Ministerium, 16.00h

Ian Bannister und Aische Özdemir waren in Feierlaune. Nach ersten Hochrechnungen hatte die Partei des Ministerpräsidenten die Marke der absoluten Mehrheit deutlich überschritten. Die Ausnahme bildeten lediglich einige Wahlkreise im Wendland und bei Osnabrück. Aische hatte die entsprechende Unterwäsche für diesen Anlass angezogen, und weil die Wahlparty bei der Partei nachher wahrscheinlich die ganze Nacht dauern würde, hatten sie ihre kleine private Feier bereits etwas vorverlegt. So gingen sie jetzt daran, ihre Verbindung auch körperlich noch etwas zu vertiefen. Eine intensive Erfahrung, die sie mit niemand anderem teilen wollten.

Dublin, Gefängniskrankenhaus, Krankenzimmer von Abraham Walker, 16.05h

Marc Conolly war jetzt zusammen mit Chief-Inspector Steve Mac Donnel, Andrea O'Leary und Kathrin Nightingale ins Krankenzimmer gegangen, Emily Walker wartete draußen im Flur. Der Kranke saß zwar aufgerichtet im Bett, machte aber insgesamt einen körperlich schwachen Eindruck. Nachdem sich alle kurz begrüßt hatten, sagte er leise: „Meine Töchter, ich bin froh, dass ihr gekommen seid.“ „Nur Ihre biologischen Töchter, Mister Walker“, protestierte Andrea O'Leary sofort. Sichtlich geschockt von dieser Aussage musste er sich kurz sammeln, dann sagte er: „Ich möchte mich bei Euch beiden entschuldigen, auch wenn ich jetzt schon weiß, dass es für meine Taten keine Entschuldigung oder Ausrede geben kann. Es war mir sehr wichtig, dieses wenigstens persönlich sagen zu können. Und es ist mir wichtig, es wenigstens einmal ausgesprochen zu haben. Bevor ich Euch wahrheitsgemäß das Furchtbare, was ich getan habe, gestehen werde. Ich erwarte es nicht, dass hier jemand meine Ideen und Gedanken teilt, doch es ist mir wichtig, diese auszusprechen. So können vielleicht die eine oder andere Sache zumindest besser erklärt werden, das wäre mir wichtig.“ „Mr. Walker, wo sollen wir denn jetzt Ihrer Meinung nach beginnen?“ fragte ihn der Chief-Inspector. „Ich würde vorschlagen, dass ich zunächst erkläre, warum ich meine“, er machte eine kurze Pause, „biologischen Töchter als Vater so vernachlässigt habe. Andererseits ja auch wieder nicht, aber das werden Sie alle bald selber merken.“ Er röchelte etwas, denn der Schuss von Marc Conolly hatte ihm ein sauberes Loch in die Lunge gestanzt, welches nur schwer heilte. „Nun, ich denke, ich fange zunächst mit meiner älteren Tochter an.“

„Biologischen Tochter, alter Mann!" sagte Kate energisch und leicht wütend. „Wie dem auch sei", fuhr Abraham Walker fort. „Ich denke, dass die Umstände meiner Ehe mit ihrer Mutter hinreichend bekannt sind. Als Kathrin etwa sechzehn Jahre alt war, traf ich zufällig auf die spätere Nr. 2 der New Revenge IRA." „Der ihr Halbbruder Martin war, das wissen wir nun", ergänzte Staatsanwalt Conolly und Abraham Walker sah erstaunt drein, fuhr dann aber fort. „Nun, wir beschlossen damals, die gute alte IRA wieder auferstehen zu lassen, da uns verschiedene Dinge nicht gefielen. Vor allem die Infiltration Irlands mit Ausländern jeglicher Art missfiel uns. Da ich aber selbst mit einer Ausländerin, nämlich einer Deutschen verheiratet war, beschlossen wir, uns die Ausländer in unserem Land etwas genauer anzusehen. Diejenigen wie meine Frau, die sich an uns angepasst und integriert hatten, wollten wir natürlich behalten, sofern sie nützlich für Irland waren. Ansonsten wollten wir sie loswerden, vor allem aber jene, die hier ihre eigene Kultur behalten wollten. Da auch meine Frau einige ihrer Eigenheiten partout nicht aufgeben wollte, täuschte ich mit Martins Hilfe mein Ableben vor. Alle haben es geglaubt, und dann begann ich im Untergrund tätig zu werden. Ich kannte einige IRA-Veteranen, die noch einige alte Waffenverstecke kannten, und mit diesem Grundstock haben dann Martin und ich die IRA von Grund auf neu erschaffen. Gleichzeitig behielt ich Kathrin und ihren Werdegang aus sicherer Entfernung im Auge, ja ich zahlte sogar Schmiergelder, damit sie den lukrativen Posten als Telekommunikationstechnikerin bei Siemens bekam. Kathrin entsprach zu einem großen Teil meinen Vorstellungen, nur ihr Umgang und ihre protestantischen Freunde gefielen mir nicht. Deshalb habe ich dafür gesorgt, dass eine falsche Information zu den radikalen Protestanten gelangte, dass Kathrins Nachbarn heimlich Terroranschläge in ihrem Keller vorbereiten. Alles lief nach Plan, und die Ulster Liberation Forces legten eine Autobombe vor Kathrins Haus. Unglücklicherweise erwischten sie aber mein eigenes Enkelkind, was ich wirklich traurig fand. Ehrlich, Kathrin, ich habe auch um den kleinen James geweint, wirklich!" Abraham Walker sah jetzt nach Mitleid heischend auf Kathrin, die aber ihren Blick voller Abscheu und Entsetzen abwandte. „Dann rekrutierte Martin Kathrin, und diese erkannte mich tatsächlich nicht wieder. Ich besorgte die besten Ausbilder und Trainer für Kathrin, ich investierte sehr viel, um aus ihr die beste Terroristin zu machen, die die Welt je gesehen haben sollte. Doch leider hatte sie immer noch Reste einer sozialen Grundeinstellung, die ihr weder Martin noch ich völlig aberziehen konnten. Egal was wir machten – sie empfand immer noch Mitleid und Anteilnahme für ihre Targets. Deshalb wollten wir sie in letzter Zeit auch mehr für Anschläge auf Personen heranziehen. Und wie das ausging, wissen wir jetzt alle." „Aber wieso wolltet Ihr mich beseitigen, als ich in Downpatrick meine Rede gehalten habe?" wollte Kathrin nun wissen. „Nun, es gehörte zum Ehrenkodex der alten IRA, den Martin und ich zumindest für uns beide akzeptiert hatten. Und dabei gab es leider keine Rücksichtnahmen, auch nicht auf eigene Blutsverwandte. Ich weiß, dass Dir das jetzt monströs erscheinen muss, aber Martin und ich nahmen den Kodex immer sehr ernst. Weil Martin wusste, dass ein Vater seine eigene Tochter wohl kaum erschießen kann, drehte er es so, dass das Los für die Ausführung der Tat auf ihn fiel. Ich bin ja sonst nicht religiös, aber bevor Martin losfuhr, ging ich in eine Kirche und betete für Kathrin und für Martin, es war ganz furchtbar für mich. Ehrlich gesagt war ich froh, dass es Kathrin nicht erwischt hat. Aber andererseits war Downpatrick die Katastrophe für die New Revenge IRA schlechthin. Schon an diesem Tag wusste ich, dass das der Anfang vom Ende sein würde." Abraham Walker atmete jetzt stoßweise, das Geständnis hatte ihn sehr angestrengt. Dann fragte ihn Andrea: „Und warum sollte ich sterben?" „Du solltest auf keinen Fall sterben! Wie die Ermittler sicherlich bestätigen können, befand sich in der

Wohnung, in der wir Dich gefangen hielten, keine Mordvorrichtung an der Toilette, habe ich nicht Recht, Chief-Inspector?" Dieser nickte jetzt bestätigend. „Martin hatte Brian und Larry bewusst desinformiert, denn sie sollten Dir ja nur den größtmöglichen Schrecken einjagen, damit wir Dich auch rekrutieren konnten. Schließlich wollten wir ja nicht unseren guten Draht zu Irish Press verlieren, wo allerdings auch noch andere Leute für uns tätig waren. Larry und Brian sind allerdings keine guten Schauspieler, weshalb wir sie etwas belügen mussten. Nach zwölf Uhr mittags sollte nämlich eigentlich Martin auf der Bildfläche erscheinen, um Dich zu rekrutieren. Dabei solltest Du allerdings nur heimlich für uns tätig sein, und nicht in den Untergrund gehen. Das wäre für uns der größte Gewinn gewesen. Denn wir wollten – wie die Gegenseite auch – daran arbeiten, Medien für uns zu gewinnen. Wir wären ja dumm gewesen, wenn wir Dich beseitigt hätten. Bitte Andrea, glaube mir, dass es mir in der Seele weh tat, Dich so behandeln lassen zu müssen, aber Martin und ich glaubten stets an den höheren Zweck, dem wir alles Persönliche unterordnen mussten. Und nun weißt Du ja auch, was Kathrin in Wahrheit auf Helgoland tun sollte." Andrea O´Leary blickte ihn jetzt erstaunt, aber dennoch fassungslos an, dann fragte sie ihn: „Und warum hast Du meine Mutter sitzen gelassen, als sie mit mir schwanger war?" „Nun, ich bin damals fremdgegangen, als Kathrins Mutter vor lauter Schwangerschaft und Kind ihren Mann vergessen hat. Du bist leider eher zufällig entstanden, was mir im Nachhinein wirklich leidtut. Aber Deine Mutter nahm die Schande auf sich, ein Kind allein zu erziehen. Sie wollte von mir ohnehin nichts mehr wissen. Trotzdem habe ich über die Jahre heimlich beobachtet, wie Du aufgewachsen bist. Manche republiktreuen Freunde habe übrigens ich Dir vorbeigeschickt, was ja auch langfristig gefruchtet hat. Kathrin war bei der Auswahl ihres Freundeskreises leider viel selbständiger, so dass ich da so gut wie keinen Einfluss nehmen konnte. Aber Du wohntest ja auch in einem katholischen Viertel, da konnte ich mich leicht betätigen. Und den Job bei Irish Press habe übrigens auch ich für Dich besorgt – da habe ich einige Beziehungen spielen lassen. Es war nicht schwer! Noch im Nachhinein staune ich selbst darüber, wie leicht es war, Deinen künftigen Chef zu bestechen. Er wollte noch nicht einmal Geld haben. Ein paar leichte Mädchen reichten ihm völlig." Jetzt war Andrea völlig geschockt, offensichtlich war sie ihr halbes Leben lang manipuliert worden und hatte es nicht gemerkt! Sie rannte aus dem Zimmer und Kate und Marc Conolly folgten ihr. Dann sagte Marc Conolly vor der Tür: „Ich hatte Sie beide ja vorgewarnt, dass es an die Substanz gehen könne. Nehmen Sie es sich besser nicht so zu Herzen, vielleicht lügt er jetzt auch teilweise, um selber besser dazustehen. Wundern würde mich das jedenfalls nicht, bei der Geschichte." Andrea begann zu weinen, und Kate musste sie etwas trösten. Da schaltete sich Emily Walker ein. „Kann ich ihn jetzt sehen?" „Nur zu, Misses Walker, ich denke, Miss Nightingale und ich gehen besser mit rein." Sie gingen wieder zurück ins Zimmer, und Andrea O´Leary folgte ihnen tapfer, denn schließlich hatte doch ihre journalistische Neugier gesiegt. Emily Walker sah Abraham Walker ruhig, aber dennoch feindselig an. Dann sagte sie: „Hallo Schwager, weißt Du eigentlich, wen Du mit Deiner Blut Lust alles geschädigt hast? Ist Dir eigentlich klar, dass Danke Eurer Aktion meine politische Laufbahn jetzt vorbei ist? Weißt Du eigentlich, dass nur wegen Dir jede Menge Abgeordnete der Fianna Fáil ihr Mandat einbüßen werden? Leute, die Familien haben, Leute, die Dir nichts getan haben?" Entsetzt und beschämt blickte Abraham Walker sie erst an, dann blickte er zum Boden und stammelte: „So war das ja auch alles nicht geplant, bitte glaube mir doch! Aber Martha Bannister hätte einfach niemals das Päckchen für Ian aufmachen dürfen, und behalten schon gar nicht! Und dann ruft diese Wahnsinnige mich nach Martins Aktion auch noch an! Sie war die Einzige, die meine wahre Identität kannte und die wusste, für wen ich wirklich aktiv war. Allerdings wusste sie es nicht, dass ich es selbst war, der nach einer langen Ruhepause die IRA neu gegründet hat. Doch allein wegen ihres Wissens um meine Person war sie zur Gefahr geworden. Ich habe damals eine ganze Nacht lang mit Martin diskutiert, aber er wollte sie unbedingt tot wissen. Oder sichergestellt haben, dass sie niemals reden würde. Ich habe mich an dem Abend des Mordes lange und sehr nett mit ihr unterhalten, doch ich konnte ihr Schweigen leider nicht anders sicherstellen. Sie hat nicht gelitten, schon der erste Stich traf sie mitten ins Herz, sie war sofort tot. Leider kam dann noch diese Putzfrau in die Wohnung. Hätte sie nichts im Schlafzimmer gesucht, hätte ich sie ja gehen lassen, aber so musste ich sie leider auch umbringen. Zum Glück war sie ja nur eine ***Ausländerin***." Bei diesen Worten wäre Kathrin am liebsten auf Abraham Walker losgegangen, doch sie beherrschte sich mühsam. Müde sah er jetzt in die Runde, dann sagte er: „Staatsanwalt Conolly, ich kann kaum noch reden, können wir bitte später weitermachen? Sie sehen, ich habe Wort gehalten. Vielleicht bin ich doch nicht so monströs, wie Sie alle es dachten." „Fuck!" riefen jetzt Kate und Andrea wie aus einem Munde, drehten sich auf dem Absatz um und rannten aus dem Zimmer. Während Emily Walker jetzt zu Staatsanwalt Conolly sagte: „Bitte holen Sie mir am besten sofort Keith Hastings und Harold Liam her. Wenn ich etwas aussage, dann nur in Gegenwart der beiden. Ich bin bereit, meine Verantwortung auf mich zu nehmen und alle Konsequenzen zu ziehen. Ich werde alles aussagen, was ich über Abraham Walker und seinen Halbbruder, meinen Mann Martin Walker, weiß. Doch ich möchte es gerne erst gewährleistet sehen, dass meine Partei nicht darunter zu leiden hat. Dann sage ich alles aus, was ich weiß. Und dann sperren sie bitte dieses menschliche Stück Shit hier in den tiefsten Kerker und schmeißen den Schlüssel am besten für immer weg, wenn Sie verstehen, was ich meine!" Sie drehte sich jetzt auf dem Absatz um und eilte zu ihren Nichten.

Dublin, Wohnung von Emily Walker, 21.35h

Kate und Andrea waren von ihrer Tante Emily eingeladen worden, bei ihr zu übernachten, was grundsätzlich kein Problem war, nachdem ihre Tante ihren Rücktritt von ihrem Mandat und alles weitere mit dem Innenminister und dem Justizminister persönlich geregelt hatte. Außerdem trat sie mit sofortiger Wirkung aus der Fianna Fáil aus, um das Ansehen der Partei durch diese Angelegenheit möglichst wenig zu schädigen. Jetzt war es an den beiden Ministern und an Kenneth Sinclair als Noch-Regierungschef, darüber zu entscheiden, was veröffentlicht werden durfte, und was nicht. Sie sahen sich nun die Spätnachrichten aus Deutschland an und erfuhren, dass Ian Bannister mit seiner Partei 57% der Stimmen für sich gewonnen hatte. Das war ein astronomisch hohes Ergebnis und sie beschlossen, ihn kurz auf seinem Handy anzurufen, um ihm zu gratulieren. Andrea O´Leary wählte ihn an, und als er in dem Getöse seiner Wahlparty ihre Stimme erkannte, ging er sofort in eine ruhige Lounge, um ihre Gratulation entgegen zu nehmen. „Hallo Onkel Ian", sagte jetzt Andrea O´Leary, „Kate und ich wollen Dir nur von Dublin aus zu Deinem tollen Wahlsieg gratulieren. Mach weiter so, Onkel Ian!" „Onkel? Was soll das?" fragte er sichtlich irritiert. Andrea gab jetzt Kate das Handy, das sie auf laut gestellt hatten. „Hallo Onkel Ian", sagte jetzt auch Kate und kicherte albern. „Ja, Du hast richtig gehört! Im Zuge der Ermittlungen in der Mordsache Martha Bannister kam heute durch Zufall heraus, dass Du ein angeheirateter Onkel von Andrea und mir bist! Und wir hätten uns fast gegenseitig umgelegt – Gott, was sind wir doch für eine militante Familie!" Kate lachte jetzt, und Ian Bannister fiel am anderen Ende der Leitung mit ein. Dann erklärte sie ihm, wie das Verwandtschaftsverhältnis entdeckt worden war und gab ihm dann noch ihre neugewonnene Tante Emily Walker zum Sprechen. Diese beteuerte nochmals, wie sehr ihr alles leidtat. Aber sie hatte es wirklich nicht gewusst, was die Walker-Brüder für ein mörderisches Double waren.

04. Oktober 2017, Dienstag

Dublin, Nationales Parlament (Oireachtas), 15.00h

Keith Hastings und Harold Liam hatten von Emily Walker verlangt, dass sie dem Parlament Rechenschaft über ihre Verstrickung in die Affäre geben sollte, worauf sie völlig zusammengebrochen war. Da der Noch-Justizminister ein Parteigenosse von Emily Walker war, hatte er sie daraufhin kurz beiseite genommen, und ihr die Dringlichkeit der Sache nochmals klargemacht. Dann waren Keith Hastings und Kenneth Sinclair auch noch zu der Gesprächsrunde gekommen und hatten ihr gesagt, dass sie eine mögliche Gefängnisstrafe nur durch ein mutiges Bekenntnis abwenden könne. Sie hatte sich gedreht und gewunden, bis schließlich Keith Hastings eine Idee gekommen war. Und nun stand Emily Walker vor dem Nationalparlament der Iren und begann mit ihrer Rede. Zunächst erklärte sie ihren Rücktritt als Abgeordnete und legte ihr Mandat nieder, gleichzeitig erklärte sie nochmals den Austritt aus der Partei. Dann schilderte sie dem Parlament, mit wem sie verheiratet gewesen war und entschuldigte sich bei allen anderen Abgeordneten, da sie das Ansehen des gesamten Parlamentes geschädigt habe. Das gleiche wiederholte sie dann nochmals, nur diesmal an die Angehörigen ihrer Partei gerichtet. Dann sagte sie noch einige persönliche Schlussworte: „Verehrtes Nationalparlament, ich kann Ihnen abschließend nur sagen, dass ich mich sehr für die Taten meines verstorbenen Mannes schäme. Aber auf der anderen Seite bin auch wütend, denn er hat mir zwei wunderbare Nichten vorenthalten, die ich erst gestern persönlich kennenlernen durfte." Sie winkte jetzt Andrea O´Leary und Kathrin Nightingale von der Zuschauerbank herbei, und beide stellten sich neben sie und sahen ernst in die Runde. Die Abgeordneten waren alle verblüfft von der Ähnlichkeit der beiden Halbschwestern. Dann fuhr Emily Walker fort: „Meine Nichten möchten jetzt noch ein kurzes Wort an dieses Parlament richten, um zu dem, was ich Ihnen vorhin offenbart habe, noch etwas zu sagen." Nun trat Kate an das Rednerpult: „Meine Schwester und ich hatten gestern das Vergnügen, mit einem Menschen zu reden, der uns offenbar unser halbes Leben lang nur manipuliert und benutzt hat, mit Abraham Walker. Wie wir in Gesprächen mit meiner Tante Emily Walker herausfanden, hat sein Bruder sie genauso benutzt. Deshalb ist es uns wichtig, an dieser Stelle eines anzumerken: Weswegen sitzen Sie eigentlich hier in diesem Parlament als Abgeordnete? Wurden Sie auch von jemand anderem benutzt? Gehen Sie doch mal ehrlich in sich, bevor Sie vielleicht eines Tages wie wir auch feststellen müssen, dass und von wem Sie manipuliert wurden. Insofern sehe ich meine Tante Emily hier eher als Opfer denn als Täter, ihre Schuld scheint allerdings eher darin bestanden zu haben, sich nicht früh genug von ihrem Mann getrennt zu haben, als es noch möglich war. Als von Ihnen allen begnadigte ehemalige Terroristin möchte ich Sie alle daher darum bitten, meine Tante nicht weiter strafrechtlich zu verfolgen. Sie hat mir gesagt, dass sie bereit ist, mit einem Ausschuss des Parlamentes zusammen zu arbeiten, um Aufklärung darüber zu geben, ob und welche politischen Entscheidungen durch den Einfluss ihres Ehemannes mit beeinflusst wurden. Und ich möchte Sie alle sehr herzlich bitten, meiner Tante dabei unter die Arme zu greifen, denn sie kann die damit verbundene psychische Belastung nur sehr schwer ertragen." Jetzt ergriff Andrea O´Leary das Wort: „Meine Tante Emily hat mir gestern gesagt, dass sie sich am liebsten umbringen würde. Doch es ist Kathrin und mir gelungen, sie davon zu überzeugen, einen ganz neuen Anfang in ihrem Leben zu machen, wie auch wir das zurzeit auf Helgoland gemeinsam tun." Dabei drückte sie Kate an sich. Dann setzte sie Ihre Rede fort: „Meine Tante Emily wird deshalb eine Psychotherapie machen, außerdem möchte sie sich künftig in einer gemeinnützigen Arbeit für die Angehörigen von Terroropfern engagieren. Wir glauben ihr, dass sie von den genauen Inhalten der Tätigkeit der Walker-Brüder nichts gewusst hat, und dass sie auch keine Ahnung vom Rang der beiden innerhalb der IRA hatte. Auch war meine Tante sehr entsetzt, als sie erfuhr, wer für den Tod ihrer eigenen Schwester Martha Bannister tatsächlich verantwortlich war: Ihr eigener Mann! Meine Tante wird nach der heutigen Parlamentssitzung noch eine Pressekonferenz geben, wo selbstverständlich auch Sie ihr noch Fragen stellen dürfen. Ich möchte Sie alle als Nichte meiner Tante jedoch darum bitten, dass Sie bei der Formulierung Ihrer Fragen etwas Rücksicht auf die starke nervliche Anspannung meiner Tante nehmen. Ich danke Ihnen allen im Namen von uns dreien, dass wir heute hier reden durften." Alle drei gingen jetzt ab und wollten sich gerade zurück auf ihre Plätze begeben, als sich aufgeregtes Gemurmel im Saal erhob und von den Zuschauerbänken Sprechchöre einsetzten: „Kathrin, Kathrin, Kathrin soll noch etwas sagen!" Da die Sprechchöre immer lauter wurden, winkte jetzt Kenneth Sinclair Kathrin Nightingale nach vorne und bat sie offiziell darum, noch etwas zu sagen. So begann sie mit ihrer zweiten Rede vor dem Nationalparlament, der Saal schien den Atem an zu halten: „Verehrtes Parlament, liebe Abgeordnete, liebe Zuhörer. Können Sie es sich vorstellen, wie ich mich gestern Abend gefühlt habe, als ich meinem angeheirateten Onkel Ian Bannister, der gerade die Wahl in Lower Saxony haushoch gewonnen hat, zur Wahl gratulierte? Andrea rief ihn an und nannte ihn Onkel, was ich dann auch tat. Stellen Sie es sich einmal vor: Eine Nichte versuchte ihren Onkel umzubringen, und der Onkel die Nichte! Ian Bannister und ich haben gemeinsam darüber lachen können, denn das klingt jetzt wirklich wie ein Witz, nicht wahr?" Zustimmendes Gemurmel setzte ein. „Und deshalb habe ich eine große Bitte an Sie alle: Stellen Sie es in der Zukunft sicher, dass Sie sich nicht manipulieren lassen, und dass künftig alle paramilitärischen Vereinigungen in diesem Land geächtet bleiben. Reden Sie miteinander! Dann brauchen Sie auch nicht zu schießen oder Bomben zu legen. Achten Sie ihren politischen Gegner als Menschen und suchen Sie den Konsens, wo er möglich ist. Dann wird Ihnen auch das, was mir, meiner Schwester und meiner Tante widerfahren ist, sehr wahrscheinlich erspart bleiben. Und jetzt wünsche ich Ihnen allen gesegnete Neuwahlen, möge der Gott des Friedens unsere Nation vereinen und den Neuanfang segnen. Mehr habe ich jetzt nicht zu sagen." Kathrin Nightingale ging zurück zu ihrem Sitzplatz, während tosender Applaus einsetzte. Und von der Zuschauerbank skandierten jetzt einige: „Kathrin for Taoiseach, Kathrin and Andrea!"

Dublin, Wohnung von Emily Walker, 20.30h

Alle hatten zusammen vor dem Fernseher gesessen und die Sondersendungen zu den Ereignissen des heutigen Tages gesehen. Kate und Andrea hatten für die anderen belegte Brote gemacht und die Meldungen überschlugen sich jetzt. In Umfragen plädierten viele Iren dafür, dass Kathrin Nightingale und Andrea O´Leary gemeinsam in die Politik einsteigen sollten. Es fanden sogar spontane Versammlungen und Demonstrationen statt. Da klingelte plötzlich das Telefon, und Tante Emily reichte den Hörer an Kate weiter. Es war der alte Herr Ahrens aus Helgoland. „Kathrin, ich muss Ihnen etwas sagen, wir sind selbst noch alle ganz verwirrt, besonders aber meine Frau. Soeben haben wir eine Postnachsendung von Rebekka bekommen. Darunter war der

Brief ihres Hausarztes. Rebekka hatte eine seltene Erbkrankheit, sie wäre sehr wahrscheinlich bald zum Pflegefall geworden und hätte dann noch jahrelang im Heim gepflegt werden müssen!" Kate schluckte sichtlich. „Das bedeutet, dass Sie ihr durch ihr Attentat einen schweren langen Leidensweg erspart haben. Ehrlich gesagt sind meine Frau und ich jetzt froh, dass es alles so gekommen ist. Wir haben es auch schon Kai und Dr. Ito gesagt, die beide auch sehr erstaunt waren. Ich gebe Ihnen jetzt Dr. Ito." „Kate?" fragte Fuji. „Am Apparat. Das kann ich ja kaum glauben! Also habe ich jetzt unabsichtlich Sterbehilfe geleistet?" fragte Kate. „Das kann man fast so nennen, nur dass die Methode keine sanfte war, Bombe bleibt Bombe. Und es hätten auch andere dabei drauf gehen können, aber das weißt Du ja sicher selbst, Liebling." „Ach Fuji, natürlich weiß ich das! Aber das wird uns helfen, Kai in unserer Familie zu beherbergen, ich vermisse ihn übrigens sehr. Was macht er denn so?" Fuji gab den Hörer an Kai Ahrens weiter: „Tante Kate, wir werden bestimmt eine tolle Familie! Heute habe ich nach der Schule Insekten gesammelt, und Fuji hat sie mit mir zusammen sortiert und hat mir die ganzen Taxen erklärt!" Dr. Ito ging wieder an den Hörer: „Er meinte natürlich die wissenschaftlichen Taxa, Kate", stellte er jetzt richtig. Dann sagte er: „Liebling, was meinst Du, können wir nächsten Frühling heiraten?" „Wir heiraten nächsten Frühling!" sagte Kate.

24. Oktober 2017, Dienstag

Helgoland, Nordseehotel, Speisesaal, 20.00h

Dr. Zuckmayer und Dr. Skibbe hatten eine Menge von Daten aufbereitet und unauffällig Lebensmittel zur Station und dann in den Bunker gebracht, während die ehemaligen Terroristen mit ihrem Resozialisierungsprogramm große Schritte vorangekommen waren. Dieses vor allem seit der Zeit, in der Kathrin Nightingale und ihre Halbschwester Andrea O´Leary für ein paar Tage gefehlt hatten. Denn da ihre Dominanz fehlte, kamen jetzt die anderen mehr aus sich heraus, sprachen über ihre Taten und es kam zu echter Versöhnung. Doch gab es auch einen unschönen Zwischenfall, denn Alan Parker hatte am Vortag in seinem Zimmer eine hässliche Schmiererei vorgefunden. Jemand hatte mit einem dicken Edding an die Wand geschrieben: *„IRA? Hang èm all*!" Daneben war ein Galgen an die Wand gemalt worden. Alle Mitglieder des Teams beteuerten zwar, es nicht gewesen zu sein, aber ein Funke des Misstrauens war unter sie gesät worden. Terry Watkins hatte die letzten Tage auch gut genutzt, und er hatte gemeinsam mit Andrea O´Leary ein Internetforum aufgebaut, wo Menschen, die von dem Problem des Terrors oder der Kriminalität in der eigenen Familie betroffen waren, ohne Tabus Fragen stellen konnten. Außerdem waren hier auch Diskussionen zu allen möglichen Themen möglich. Alle hier anwesenden ehemaligen Terroristen hatten von sich selbst beispielhafte Profile für das Forum erstellt, in denen sie einen Teil ihrer Taten öffentlich machten und sich auch bei ihren ehemaligen Opfern entschuldigten. Außerdem wurde ein Spendenkonto eingerichtet, über welches das Forum unterstützt wurde, sowie auch Hilfe für die Opfer ermöglicht werden sollte. Jetzt waren alle in ausgelassener Stimmung, da man viel erreicht hatte und sich bereits auf den nächsten Tag freute. Den jedoch einer von ihnen nicht mehr erleben sollte.

Büsum, Hochhaus am Hummergrund, Apartment von Dr. Zuiders, 20.15h

Heute war Robert überraschend vorbeigekommen, was Irene freute. Da die Leiche seiner Frau bisher nicht aufgetaucht war, waren sie guter Dinge, dass diese sehr wahrscheinlich bereits zusammen mit dem Müll der Klinik verbrannt worden war. Sie tranken zusammen Champagner, und als sie in der richtigen Stimmung waren, begannen sie mit einigen Spielchen, die nicht so ganz jugendfrei waren. Wobei Irene diesmal den Part übernahm, den sie am besten fand. Nämlich den Dominanten.

25. Oktober 2017, Mittwoch

Helgoland, Pension von Edward und Elisabeth Terry, sowie von Barry Adams und Theodore Watkins, 07.45h

Alan Parker hatte es sich zur Gewohnheit gemacht, seinen neuen Freund Barry Adams morgens zum Frühstück abzuholen, da seine Pension nur ein Haus weiter entfernt war und Barrys Pension genau auf dem Weg lag. Seltsam, sonst stand hier immer einer der Royal Marines Wache, war Barry Adams bereits vorgegangen? Alan Parker betrat die Pension durch die Haustür, die nur angelehnt war. Der wachhabende Royal Marine lag auf dem Boden, blutete am Kopf und war offenbar bewusstlos. Jedoch fand Alan Parker ihn nicht sofort, sondern er stolperte über ihn, als er über den dunklen Flur Barrys Zimmer ansteuern wollte. Da die Deckenbeleuchtung kaputt war, hatte er den Wächter nicht sehen können und fiel nun vor Barrys Zimmer über den reglosen Körper. Eine dunkle Vorahnung beschlich ihn, als er nach Barry rief und die Türklinke zu dessen Zimmer herunterdrückte.

Helgoland, Nordseehotel, Speisesaal, 07.59h

Das nationale Versöhnungskomitee Irlands war gerade einträchtig zum Frühstück versammelt, nur Alan Parker und Barry Adams fehlten noch. Terry riss einen Witz und meinte nur: „Na ja, wahrscheinlich sind sie in Wahrheit vor uns allen aufgestanden, und ein großer Fisch hat sie beim Angeln reingezogen. Oder sie sind noch am Drillen, igitt, schon wieder Fisch heute!" Alle lachten amüsiert, als Alan Parker mit dem verletzten Royal Marine in den Speisesaal gestolpert kam, abrupt schwiegen alle. Tränen liefen Alan Parker über das Gesicht und er sagte: „Barry Adams ist tot! Jemand hat ihn mit einem Messer erstochen, als er im Bett lag! Es muss heute früh passiert sein, denn er war noch warm! Der Täter hat Sergeant Myers offensichtlich etwas auf den Kopf gehauen und dann zugeschlagen! Der Tatort sieht grauenhaft aus, alles schwamm im Blut, ich werde noch verrückt!" Allen verging der Appetit und der sofort alarmierte Colour Sergeant Steven Miller ließ alle sofort in ihr Konferenzzimmer bringen, wo sie nun zusammen mit den Sonderermittlern von insgesamt zehn Royal Marines geschützt wurden. Sechs verteilten sich in den Zugängen zu diesem Trakt, während die übrigen vier Posten im Konferenzzimmer bezogen. Noch gestern hatten sie mit Barry gescherzt und herumgealbert, und bereits heute war er tot! Alle waren fassungslos und Kate rief geistesgegenwärtig sofort Fuji auf seinem Handy an. Woraufhin dieser sich zum Empfangstresen des Hotels begab und dort eine ungewöhnliche Bitte äußerte.

Helgoland, Pension und Zimmer von Barry Adams, 08.22h

Colour Sergeant Steven Miller bot sich ein Bild des Grauens, als er das Zimmer betrat. Barry Adams lag auf dem Rücken und zugedeckt in seinem Bett. Er starrte aus blicklosen Augen an die Decke. In seiner Kehle steckte ein Messer mit einer etwa zwanzig Zentimeter langen Klinge, die offenbar seinen Hals ganz durchschnitten und diesen regerecht an das Kopfkissen geheftet hatte. Das Bett war voller Blut und auch der typische Blutgeruch, der immer etwas an den Geruch von Eisen erinnerte, hing noch wie ein zarter Hauch in der Luft. Der Täter hatte keine sichtbaren Spuren hinterlassen, allerdings war Alan Parker nach eigenen Angaben in die Blutpfütze auf dem Boden getreten und hatte eine Spur seines rechten Stiefels bis zur Tür hinterlassen. Auch hatte

Alan Parker, der ja früher selbst im Polizeidienst gewesen war, bereits ausgesagt, dass die Mordwaffe wahrscheinlich sein eigenes Filetiermesser für Fisch sei, was er sich erst gestern gekauft hätte und welches er bereits seit gestern Abend suchen würde. Steven Miller holte jetzt die beiden Helgoländer Dorfpolizisten dazu und bat sie darum, den Tatort weiträumig abzusperren und die Spuren zu sichern. Er stand vor einem Rätsel. Denn er fragte sich, ob ein Täter so abgebrüht sein konnte, absichtlich seine Spuren am Tatort zu hinterlassen, um damit sich selbst zu entlasten? Und wenn dem nicht so war: Wer konnte das nötige professionelle Knowhow haben, um solch einen Anschlag durchzuziehen? Immerhin hatten alle reuigen Terroristen durchaus das Potential für eine solche Tat, die Sonderermittler eingeschlossen. Doch auf der anderen Seite hatte er sie ja alle selbst gestern Abend in ihrer lustigen Runde erlebt. Und da konnte er es sich kaum vorstellen, dass einer von ihnen einem anderen Teammitglied so etwas antat. Er beriet sich mit seinem Stellvertreter, dann erstatte er Meldung an Gus Falkner, Keith Hastings und Kenneth Sinclair von dem, was er hier vorgefunden hatte. Dann erhielt er kurze Zeit später die Order, nichts an dem Tatort anzufassen oder zu untersuchen, Gus Falkner würde sofort einige Spezialisten von Scotland Yard nach Helgoland fliegen lassen. Also pfiff Steven die beiden Dorfpolizisten wieder zurück und ließ diese nur den Tatort absperren. Danach stapfte er mit grimmiger Miene ins Nordseehotel, um dort persönlich mit jedem einzelnen Mitglied des Versöhnungskomitees zu sprechen. Dabei überlegte er sich ein bestimmtes Raster von Fragen, mit welchem er hoffte, eine Schlinge um den möglichen Täter legen zu können. Wenn er gewusst hätte, wer der wahre Täter war, dann hätte er diesen vermutlich ohne viel Federlesens sofort eigenhändig exekutiert. Aber so ging er an diesem achtlos vorbei und wäre nie darauf gekommen, dass dieser ein echter Wolf im Schafspelz war.

Helgoland, Nordseehotel, Empfangstresen, 8.23h

Dr. Fuyisho Ito füllte ein Formular aus, dass er sein kostbares Katana nun selbst in Verwahrung genommen habe, dann händigte Herr Obermüller persönlich ihm die antike Waffe aus. Dr. Ito besah sich die Klinge von allen Seiten, dann steckte er das Katana zurück in seine Lederscheide, welche er nun an seinem Gürtel verankerte. Überrascht sah ihm Herr Obermüller dabei zu, dann fragte er ihn: „Aber Herr Dr. Ito, haben Sie denn einen Waffenschein, dass sie so bewaffnet durch die Gegend marschieren dürfen?“ Worauf dieser kurz und knapp entgegnete: „Nun, Herr Obermüller, da es auf dieser Insel offensichtlich keine Sicherheit gibt – übrigens auch nicht in ihrem Hotel – muss unsereiner eben selbst für die Sicherheit sorgen. Dieses Katana hat in der Vergangenheit schon einiges Blut geleckt, und sollte mir oder Kate oder Kai jemand zu nahe kommen, dann kann er getrost seine Einzelteile suchen gehen. Mir reicht es jetzt! Guten Tag.“ Dann marschierte er bewaffnet wie ein Samurai nach draußen, streckte die Brust raus und ging an den verblüfften Royal Marines vorbei, die ihn auf seinem Weg zur Biologischen Station eigentlich schützend begleiten sollten. Er sah die Royal Marines nur grimmig an und sagte im Vorbeigehen: „Kommt mir nicht zu nahe, sonst lernt Ihr die Tradition meiner Vorfahren am eigenen Leibe kennen, und wenn ich selbst dabei draufgehe!“ Respektvoll schlichen daraufhin zwei von ihnen in einem sicheren Abstand von mehreren Metern hinter ihm her.

Helgoland, Nordseehotel, Konferenzzimmer, 09.00h

Alle knurrten sich an, da sie bisher nichts gefrühstückt hatten und Kate jammerte, dass sie dringend etwas essen müsse, ihr Baby habe schließlich auch Hunger. Endlich wurde etwas ins Zimmer gebracht und sie frühstückten und tranken Kaffee in gedrückter

Stimmung. Währenddessen holte Steven jeden einzelnen ihres Teams im Abstand von etwa einer Viertelstunde ab zu einer persönlichen Vernehmung, wobei besonders die beiden Sonderermittler Eddie und Lissy von ihm auf das Schärfste verhört wurden. Lissy kam weinend vom Verhör zurück und musste von Andrea O´Leary getröstet werden, während Eddie bleich aber gefasst reagiert hatte, und jetzt zu den anderen sagte: „Steven drohte mir damit, dass wir unseren Job verlieren könnten. Und was er gesagt hat klang leider nicht ganz falsch. Wie konnten wir nur an dem Tatort vorbei zum Frühstück gehen, als wenn nichts gewesen wäre! Verdammt, weder Lissy noch ich haben heute Morgen nach links oder rechts gesehen; das wird mit Sicherheit eine Abmahnung geben, wenn nicht sogar den Rauswurf." Lissy weinte, und er nahm sie in den Arm. Den anderen erging es nicht viel besser, doch dem schärfsten Verhör von allen wurde Kate unterzogen. Als sie den Verhörraum betrat, ließ er sie in einem Stuhl gegenüber seinem Schreibtisch Platz nehmen, dann fragte er ohne Umschweife: „Kate, ich will jetzt mal alles vergessen, was sich an persönlicher Beziehung zwischen uns aufgebaut hat. Meine Leute hier sind Zeugen dafür. Das muss aus politischen Gründen so sein, ich denke Du verstehst das?" Sie nickte stumm. „Gut, dann fange ich jetzt an. Zunächst mal eine sehr intime Frage: Hast Du letzte Nacht den elektronischen Peilsender an Deinem rechten Sprunggelenk abgenommen?" „Ja, den nehme ich zum Schlafen immer ab, weil mir das sonst zu unbequem ist." Steven schrieb eine Notiz. „Verstehen wir uns also richtig: Du hättest also rein hypothetisch ungesehen ohne Peilsender aus der Polizeiwache schleichen können, Barry Adams umlegen und wieder zurück?" „Rein hypothetisch vielleicht. Aber..." Steven unterbrach sie. „Gut, ich habe das jetzt notiert, für die Akte." „Darf ich meine Aussage bitte noch etwas ergänzen?" fragte Kate. „Du redest nur, wenn Du gefragt wirst!" Steven wurde rot, er kochte vor Wut. „Ihr wollt mich wohl alle verarschen? Das hier ist nicht lustig, das ganze Projekt steht auf der Kippe! Noch eine Aufsässigkeit, und ich lasse alle Mitglieder Eures Teams unter Arrest stellen, bis Scotland Yard da ist!" Kate sah ihn verblüfft an, dann atmete sie erleichtert auf. „Was ist daran so toll, dass Scotland Yard hier anrücken muss?" tobte Steven jetzt. „Ich bin unschuldig, Steven. Und ich bin froh, dass Scotland Yard ermittelt. Die werden meine Unschuld beweisen, da bin ich mir sicher." Steven griff jetzt unter den Tisch und holte ein paar schlammige Turnschuhe hervor, die in eine Plastiktüte verpackt worden waren. Kate erkannte jetzt die Segelschuhe von Dr. Susanna Pelzer wieder, die Florian ihr geschenkt hatte. „Und was ist das hier? Die haben wir durch Zufall in der Mülltonne des Nordseehotels gefunden! In der Nähe von Barrys Pension gibt es eine schlammige Stelle. Und da fanden wir einige Abdrücke genau dieser Schuhe, meine Leute sind schnell und gut, nicht? Könnte es wohl sein, dass diese Schuhe Dir gehören, Kate? Ich weiß es zwar nicht, wie Du aus der Wache und durch den Stacheldraht gekommen sein könntest, aber zutrauen würde ich Dir auch das!" Kate zwang sich, ruhig zu bleiben, dann atmete sie tief durch und sagte dann sanft: „Aber Steven, jetzt denk doch bitte mal logisch! Wenn ich jemanden von der Ulster Liberation Front hätte ermorden wollen, dann wäre das doch Terry und nicht Barry gewesen. Aus welchem Grund sollte ich so etwas tun? Im Übrigen kann Dir Fuji bestätigen, dass ich weder nachts noch frühmorgens draußen war." „Wie will er das denn bestätigen? Außerdem hat er einen wirklich gesunden Schlaf, das habe ich selbst gesehen." „O.K. Steven, Du hast es ja so gewollt, soll ich hier unser Intimleben vor Dir ausbreiten? Wir haben uns bis zum Morgengrauen geliebt und fast die ganze Nacht miteinander geredet – frag ihn ruhig unabhängig von mir, falls Du mir nicht glaubst." „Das werde ich. Allerdings hat die Überprüfung Deines Handys ergeben, dass Du ihn heute Morgen kurz nach der Nachricht vom Tod von Barry Adams angerufen hast. Du könntest Dich also mit ihm abgesprochen haben, Kate." „Ich habe ihn lediglich gewarnt, das war alles. Frag doch Andrea, die stand direkt daneben, vielleicht hat sie es auch gehört." „Gut, ich nehme das hier zur Kenntnis. Du kannst jetzt gehen, Kate. Ich bitte die scharfe Form des Verhörs zu entschuldigen, aber es soll hinterher keiner sagen, dass ich mein Amt nachlässig ausgeübt hätte." „Ist schon O.K. Steven, ich verstehe das ja. Bitte findet schnellstmöglich den Täter, denn ich habe wirklich Angst, dass es sonst noch mehr Tote gibt. Vielleicht ist es ja der Gleiche, der den Anschlag auf mich verübt hat", sagte Kate trocken und verließ den Raum. Wie recht sie damit hatte, konnte zu diesem Zeitpunkt noch niemand ahnen.

Helgoland, Biologische Station, 11.25h

Auch Dr. Ito war inzwischen von Colour Sergeant Steven Miller verhört worden, hatte aber die Angaben von Kate weitgehend bestätigt. Und auch Andrea hatte bestätigt, dass Kate am Telefon Fuji gewarnt hatte, aber sonst keine Absprachen mit ihm getroffen hatte. In Anbetracht der Umstände hatte das Versöhnungskomitee für heute seine Arbeit eingestellt, um die Ermittlungen Scotland Yards abzuwarten. Die ersten Ermittler waren vor wenigen Minuten auf Helgoland gelandet und sofort zum Tatort geeilt. Kate und Andrea waren zur Biologischen Station gegangen, immer eskortiert von einem Dutzend der Royal Marines. Zusammen mit Dr. Skibbe hielten sie jetzt in dessen Büro eine kleine Konferenz ab, wobei sie sich jedoch vorsichtig ausdrückten, für den Fall, dass man sie abhörte. Kate sagte: „Also ehrlich, Leute, ich bin immer noch völlig fertig! Wie es aussieht, wollen die mir da irgendetwas anhängen! Ich werde noch mal verrückt!" „Soll ich das Dutzend Royal Marines da draußen für Dich mit meinem Katana ausschalten? Langsam gehen die mir nämlich wirklich alle auf den Geist, und wenn man sie braucht, sind sie vermutlich gerade beim Pinkeln, unsere fleißigen Wächter!" sagte jetzt Dr. Ito sardonisch. „Tja, beim Verhör vorhin meinte Steven zu mir, seine Leute wären schnell und gut. Ich frage mich bloß, wobei? Etwa dabei, gefälschte Indizien aufzutreiben? Ich bekomme langsam immer mehr Lust dazu, ein paar dieser Elitesöldner zu Hackfleisch zu verarbeiten! Aber hier rumzusitzen und nichts machen zu können, macht mich auch wahnsinnig!" „Doch Kate, Du kannst etwas tun", sagte jetzt Dr. Skibbe. „Hier, sieh Dir mal diese Sachen hier an, was hältst Du davon? Kann man damit arbeiten?" Kate besah sich jetzt sehr aufmerksam einen Stapel von diversen Unterlagen, las sich einiges durch und betrachtete Fotos, während die anderen weiterredeten. Florian ergriff jetzt das Wort. „Ich war gestern im Felswatt. Es sieht leider gar nicht gut aus da unten. Außerdem ist der verdammte Wind seit Tagen schon auflandig, was übrigens für fast die gesamte deutsche Küste gilt. Und der Report von Miguel gibt uns nur noch wenige Tage. Wir müssen jetzt handeln, so schnell wie möglich. Die Frage ist nur die: Wie setzen wir unseren Techniker zur richtigen Zeit an den richtigen Ort, bei dieser ständigen Bewachung?" „Wir brauchen irgendein Ablenkungsmanöver, dann müssen wir zuschlagen", sagte jetzt Andrea O´Leary. „Am besten, noch heute Abend. Oder gleich morgen früh. Ich werde mir mit Florian etwas einfallen lassen." „Sind die Dokumente und die Präsentationen schon fertig?" fragte Kate. „Der größte Teil davon in jedem Fall; es ist auch schon alles an Ort und Stelle, " sagte Dr. Skibbe. „Und die zweite Fluchtmöglichkeit?" wollte Kate jetzt wissen. „Alles ist da, wo es sein soll. Aber ich brauche ein paar kräftige Leute, die mithelfen, einen kleinen Schaden an dem Ding zu beseitige", sagte Dr. Skibbe jetzt. „Kein Problem Rüdiger! Ich denke, dass Larry und Brian mitmachen werden. Wenn ich irgendwem vertrauen würde, dann den beiden. Denn so wie der arme Barry abgestochen worden sein soll, kann das keiner von den beiden gewesen sein. Die arbeiten mit einer ganz anderen Technik, außerdem würden sie auch keinen im Schlaf ermorden. Das passt einfach nicht zu den beiden!" sagte Kate, dann fuhr sie fort: „Die Unterlagen hier sind idiotensicher! Kein Problem für mich. Hoffen wir nur, dass das Kernstück der Anlage, welches mit L.A. gekennzeichnet wurde, noch intakt ist. Ansonsten sieht es nicht gut aus und wir sollten uns schnellstens Richtung Eire absetzen. Wie auch immer wir das dann tun werden." „Was machen wir jetzt?" wollte Florian wissen. „Fuji und ich kommen jetzt mit zu Euch, doch vorher holen wir noch Kai von der Schule ab. Und wir holen Sandra Miller mit ins Boot – wenn ich irgendwem vertrauen würde, dann ihr. Mit Steven müssen wir jetzt leider etwas vorsichtig sein", sagte Kate. Dann fuhr sie zu Fuji gewandt fort: „Und Du gibst am besten Rüdiger dieses verdammte Schwert, ehe noch ein Unglück damit geschieht. Soll er es doch zu den anderen Sachen packen. Schließlich ist es ja ein Wertgegenstand, den wir später noch brauchen könnten, falls Sotheby's es dann noch haben möchte." Dr. Ito gab Dr. Skibbe das Samuraischwert. Dieser schloss es sofort in seinen Aktenschrank ein. „Wir brauchen noch ein Stichwort, wann unsere Aktion starten soll. Am besten, wir verschicken es im Bedarfsfall per SMS, was meint Ihr?" fragte Kate und alle nickten zustimmend. „Sturm", schlug jetzt Andrea O´Leary vor und begann damit, auf ihrem Handy eine Verteilerliste dafür einzurichten. „Und wie werden wir die Wachhunde los?" fragte jetzt Florian. „Da werde ich notfalls etwas improvisieren, haben wir nicht auch noch ein paar Knallfrösche übrig?" fragte Kate. Alle guckten verständnislos, mit Ausnahme von Dr. Skibbe, der jetzt ruhig sagte: „Dann werden wir die Silvesterparty eben etwas vorverlegen!" Dabei grinste er wölfisch. Dann brachen Kate und Fuji, aber auch Andrea und Florian gemeinsam auf. Sie waren auf alles gefasst. Dr. Skibbe hätte Kate am liebsten sofort in den Bunker gebracht, aber ihr Fehlen wäre dann zu schnell aufgefallen. Auch er dachte jetzt ohne Unterlass darüber nach, wie man die Royal Marines loswerden konnte. Allerdings war er da nicht der einzige auf der Insel.

Helgoland, Wohnung von Dr. Zuckmayer, 13.15h

Sie hatten sich vorhin getrennt in einen Teil des Teams, der Lebensmittel einkaufen ging, und in einen anderen Teil des Teams, der Kai von der Schule abholte. Jetzt saßen sie alle einträchtig beim Mittagessen in Florians kleiner Küche. Sandra Miller war auch da, hatte sich aber gewohnheitsgemäß von allen Messern ferngehalten. Jetzt berichtete sie den anderen, wie Steven sie verhört hatte, da gerade sie ja eine sehr vorbelastete Vergangenheit hatte, was Messer anging. Allerdings grinste sie dabei schelmisch und meinte dann: „Leider habe ich ihm sein ganzes Verhör dadurch kaputt gemacht, dass ich ihm gesagt habe, dass er wohl erst noch eine neue Verhörtaktik erfinden müsse, um mich damit zu beeindrucken. Dann hat er ziemlich herumgebrüllt und wurde plötzlich sehr laut. Da habe ich mir einfach die Ohren zugehalten, was glaubt ihr, wie schnell er dann wieder leise wurde? Und dann habe ich ihm mal so ein paar grundlegende Dinge zum Verhören von Personen gesagt. Hinterher war dann nicht mehr so ganz klar, wer von uns beiden eigentlich wen verhört hatte. Ehrlich gesagt hat er mir etwas leidgetan, aber andererseits auch nicht. Schließlich ist es ein Unding, zunächst pauschal alle zu verdächtigen. Da hat er jetzt richtig das Vertrauen, das wir zu ihm hatten, zerstört, was ich ihm auch gesagt habe. Ich glaube, dass ihm das ganz schön an die Nieren ging." Alle grinsten jetzt vielsagend, trotz der schrecklichen Ereignisse. Nach dem Essen griff dann Florian zum Telefon und rief Steven direkt an: „Hallo Steven, ich bin es, Florian! Sag mal stimmt es eigentlich, dass Du das gesamte Versöhnungskomitee eingeschüchtert und verprellt hast? Und was machen die Ermittlungen von Scotland Yard? Wenn Ihr weiter so macht, habe ich hier bald nicht mehr Kate, sondern Ruth sitzen, wenn Du verstehst, was ich meine?" Florian hatte das Telefon laut gestellt, und alle konnten jetzt Steven am anderen Ende der Leitung heftig schnaufen hören. Dann sagte dieser etwas gepresst:

„Florian, ich danke Dir, dass Du anrufst, wirklich. Hört Kate gerade mit?“ „Klar, Andrea, Sandra und Fuji sind auch dabei.“ „Na schön, da Euer Haus sowieso von meinen Leuten umstellt ist, die sich bei diesem verdammten Regen kaum unterstellen können, könnt ihr mir sowieso nicht entwischen, da kann ich es Euch ja auch gleich selber sagen. Die Mordwaffe trug die Fingerabdrücke von Alan Parker, allerdings waren sie leicht verwischt, so als ob jemand Lederhandschuhe bei der Ausführung der Tat angehabt habe. Schwerer wiegen jedoch die schlammigen Turnschuhe. Die Spuren dieser Schuhe führen zum Tatort. Allerdings rätseln wir noch darüber nach, wie Kate unseren Stacheldraht überwunden hat, denn der war rund um die Polizeiwache völlig intakt. Kann vielleicht Kate uns jetzt mal was zu diesen Schuhen sagen? Seit wann vermisst sie diese?“ „Die kamen beim Umzug vom Nordseehotel in die Polizeiwache weg. Ich habe mir aber damals nichts dabei gedacht und mir dann später Neue gekauft; ich glaube, den Bon haben wir noch irgendwo rum liegen, stimmt es, Fuji?“ „Den habe ich hier in meinem Portemonnaie. Datiert vom 16.10.2017 von einem Modegeschäft auf dem Lung Wai, Helgoland“, sagte Fuji. „Und im Übrigen musste Du doch wohl eines zugeben, Steven. Wenn Ihr eine Fußspur im Schlamm gefunden habt, dann kann die nur von mir sein, wenn man daraus auch mein leichtes Hinken erkennen kann. Ich komme gerne kurz vorbei und mache Euch eine Spur von mir in den Schlamm, damit Scotland Yard das abgleichen kann. Und außerdem passt das doch alles gar nicht zusammen: Da begeht jemand einen angeblich professionellen Mord, aber hinterlässt beim Anmarsch auf den Tatort deutliche Spuren. Und dann schmeißt er seine Schuhe auch noch da weg, wo sie gleich von Deinen Leuten gefunden werden können. Das stinkt doch wohl, oder?“ Steven räusperte sich nach diesen Äußerungen von Kate sehr nachdenklich. „Gut Kate, das sehe auch ich ein. Ein Hinken kann man nicht einfach abstellen, und ein echter Profi hinterlässt nicht solche Spuren. Also wollte uns hier jemand irreführen, aber wer? Bitte entschuldigt meine Verhörtaktik, aber mir fiel wirklich nichts Besseres ein! Was soll ich nur machen?“ „Am besten, Du kommst jetzt mal auf einen Kaffee vorbei, Deine Leute können sich meinetwegen auch im Wohnzimmer bei uns aufwärmen, ich hole sie schon mal in die Bude, als vertrauensbildende Maßnahme“, sagte nun Florian. Dann beendeten sie das Gespräch und Florian winkte das halbe Dutzend Royal Marines heran, zeigte ihnen alle Besucher in der Küche und dirigierte sie ins Wohnzimmer, nachdem Steven ihnen das per Funk bestätigt hatte. Dann kam auch Steven zu ihnen in die Küche und sie sprachen nochmals über alle Aspekte der Angelegenheit, während Sandra Miller für die Royal Marines Tee und Kaffee kochte. Als Florian das Gefühl hatte, dass das grundlegende Vertrauen wiederhergestellt war, beschloss er, alles auf eine Karte zu setzen und so sagte er jetzt zum Entsetzen der anderen: „Steven, sag mal ganz ehrlich: Hältst Du eigentlich Fuji oder mich für durchgedrehte Spinner, oder bist Du der Meinung, dass wir auch rational arbeitende Wissenschaftler sein könnten?“ „Na ja, also mal ganz ehrlich: Fuji ist so einer, den ich zu allem Möglichen für fähig halte. Schließlich hat er mir damals gesagt, dass er Euren Ministerpräsidenten auch mit einer Schere zu retten versucht hätte, was nicht so ganz für seinen Intellekt spricht. Aber andererseits hat er ja das Rätsel der Killerquallen weitgehend gelöst, was eindeutig für ihn spricht. Also als Wissenschaftler ist er wirklich topp, nur nicht als Personenschützer, da fehlt noch etwas.“ Alle lachten. Dann fuhr Steven zu Florian gewandt fort: „Und Du scheinst so dann und wann ganz interessante Theorien aufzustellen. Aber ob das immer so richtig ist, kann ich ehrlich schlecht beurteilen, ich habe da zu wenig Ahnung davon. Aber ich würde Dich für einen guten und freundlichen Seelsorger halten, das ist so mein Eindruck von dem, was ich bisher mitbekommen habe. Und einen leichten Vaterkomplex hast Du auch, wenn ich mir Andrea so ansehe.“ Andrea wurde tiefrot. Florian fragte jetzt Steven ganz direkt: „Steven, hast Du schon mal was vom Armadillo-Report gehört?" „Armadillo? War das nicht dieser Spinner aus der Antarktis, der uns Anfang des Jahres weismachen wollte, dass der Meeresspiegel plötzlich ansteigen und unsere ganzen Küstenorte im Meer versenken wird?" „Genau der." „Hm, ja und was haben wir jetzt damit zu tun?" „Steven, was wir Dir jetzt sagen, das muss hier in diesem Zimmer bleiben. Auch Gus Falkner darf es nicht erfahren, denn wir wissen leider nicht, auf welcher Seite er steht. Kann ich Dir mal einige Dokumente zeigen, die durch Zufall in unsere Hände gelangt sind?" Florian holte jetzt einen Ordner aus dem Schlafzimmer, dann gab er Steven einige Seiten zu lesen. Fassungslos schüttelte dieser den Kopf. „So etwas kann es doch gar nicht geben, das glaubt Euch doch kein Mensch!" „Wir konnten es aber verifizieren, und das auf mehreren Wegen. Als meine verstorbene Lebensgefährtin hier angefangen hat zu arbeiten, da hat sie in unserem Felswatt verschiedene Felsen markiert, das war vor etwas mehr als zwei Jahren. Das Deutsche Hydrografische Institut behauptet, der Meeresspiegel sei pro Jahr nur um 4 Millimeter angestiegen. Doch hier auf Helgoland haben wir bis gestern dank Susannas Markierungen 40 Zentimeter nachgewiesen. Und selbst, wenn diese Beobachtung durch die Windverhältnisse etwas verfälscht wurde, und es in Wahrheit nur zwanzig Zentimeter sind, dann ist das immer noch ein astronomischer Anstieg der Anstiegsrate. Das wären dann immerhin noch zweihundert Mal so viel wie der Wert, den das Deutsche Hydrografische Institut bekannt gibt." „Mein Gott, wenn das wahr ist, dann sind wir ja selbst hier in Gefahr!" rief nun Steven, bei dem es offensichtlich gerade klick gemacht hatte. „Steven, wir müssen Millionen von Menschen warnen, aber wir haben das Problem, das die meisten Massenmedien leider nicht auf unserer Seite sind." „Was wollt Ihr denn dann machen? Wollt Ihr die Leute an der Küste alle ertrinken lassen? Wie wollt Ihr sie denn warnen?" Jetzt schaltete sich Kate ein: „Steven, wenn Du mit Deinen Leuten dabei wärst und uns Rückendeckung geben kannst, dann könnten wir sofort mit unserem Rettungsprogramm anfangen. Allerdings bin ich wahrscheinlich die Einzige hier, die das Technische ermöglichen kann. Steven, ich habe mir schon die meisten technischen Zeichnungen angesehen. Wenn sich der Sendemast noch ausfahren lässt, dann könnten wir jetzt gemeinsam Millionen von Menschen warnen. Wirst Du dabei sein, oder müssen wir ohne Dich klarkommen? Steven, bitte glaube es mir: Wir hier machen das alles nicht zum Spaß, und Fuji und Florian werden sich danach in Deutschland vielleicht nicht mehr sehen lassen können. Clarice Schumann aus der Schweiz, die uns diese Informationen besorgt hat, wurde auch schon beseitigt. Verstehst Du jetzt, worum es hier geht?" Steven begann es jetzt langsam zu dämmern, was hier geschah. „Kate, willst Du damit etwa sagen, dass die Regierung der Bundesrepublik Deutschland bereits hinter Euch her ist?" fragte Steven alarmiert. „Genauso ist es", sagte jetzt Fuji. „Allerdings haben wir zwei große Vorteile. Zum einen wissen sie es nicht genau, wer von uns alles mit drinhängt, zum anderen aber wissen sie auch nicht, dass wir in Kürze einen Fernsehsender Marke deutsche Wertarbeit besitzen werden." „Und wo befindet sich der Sender?" fragte Steven irritiert. „Wir alle sitzen drauf", sagte jetzt Florian und lachte, die anderen fielen mit ein. Bis auf Sandra, die jetzt ebenfalls skeptisch war. Kate fragte sie direkt: „Sandra, Du hast jetzt alles mitbekommen. Was wirst Du tun?" „Ich werde Euch helfen, wie ich nur kann", sagte sie nun. „Doch der Rest unseres Versöhnungsteams sollte auch möglichst dabei sein." In diesem Moment summte der Pager von Steven. Sofort meldete er sich, dann wurde er sichtlich blass und sagte zu den anderen: „Helgoland wird gerade angegriffen. Unser Radar meldet soeben Flieger in einer großen Anzahl in etwa fünfzehntausend Fuß Höhe. Sie halten Kurs auf Helgoland, und ich tippe auf Fallschirmspringer!" In diesem Moment drehte Florian das

Küchenradio lauter: *„...hat der Bundeskanzler den Pachtvertrag zwischen Ian Bannister und dem britischen Premierminister Gus Falkner für Helgoland aus rein formalen Gründen für Null und Nichtig erklärt, weshalb man jetzt die Insel nach Abgabe einer entsprechenden Note an den britischen Botschafter wieder in Besitz nehmen werde. Zu näheren Einzelheiten wollte im Kanzleramt jedoch noch niemand Stellung beziehen. Moskau..“* Florian stellte das Radio aus. Steven sagte nur: „Verdammt, wir können doch nicht mit dieser Handvoll Leute gegen so viele Fallschirmspringer kämpfen! Was soll ich jetzt machen?“ Darauf beruhigte ihn Florian etwas und alle trafen ihre Maßnahmen. Dann eilte jeder auf seinen Posten, während Florian schnell Dr. Skibbe informierte. Das Radar log nicht. Es gab ihnen noch eine knappe halbe Stunde bis zur Landung der ersten Fallschirmspringer, welche Helgoland in Kürze für die Bundesrepublik Deutschland zurückerobern sollten.

Irgendwo vor der niederländischen Küste, 15.05h
Obo war mit Andi und Heiner jetzt für insgesamt zwei Wochen am Stück rausgefahren. Der Seegang war mittelmäßig, die Windstärke lag durchschnittlich bei 4-5 auf der Richterskala und die Fänge waren überwiegend mediterran, aber trotzdem gut zu vermarkten. Andi hatte die Schule endgültig geschmissen und war vor seiner wütenden Mutter zunächst als blinder Passagier auf Obos Kutter geflohen, der die offizielle Nummer NEU 2599 trug. Hier hatte er sich einfach im Maschinenraum versteckt, bis sie auf hoher See beim ersten Fangplatz waren, was Obo sehr erzürnt hatte. Auch Heiner fand das nicht lustig, weil eine Einstellung von Andi sein Gehalt geschmälert hätte. Aber Andi war nicht wegen des Geldes mitgefahren, und so mussten sie ihn jetzt wohl oder übel an Bord behalten. Sie holten gerade ihr Netz ein, welches schwerer als sonst zu sein schien. Und dann erkannten sie ein seltsames metallenes Wrackteil, welches im Netz hing. Es sah aus wie eine zylindrische Röhre von etwa einem Meter Länge und es hatte an einem Ende einen Propeller, während das andere Ende spitz war. Eine schwarze Schrift war auf den Metallzylinder gedruckt worden: „GF – P – Type X“. Obo trug den seltsamen Fund in sein Logbuch ein und vermerkte die Position des Fanges, dann lagerte er das Teil unter Deck ein. Das würde er später bei der Wasserschutzpolizei abgeben. Vielleicht ein neues Wrack. Er informierte seine Kollegen von anderen Kuttern per Funk und alle umfuhren diese Stelle bei ihrer Arbeit sehr weiträumig. Man konnte es ja nie wissen! Und wie recht er damit hatte!

Im Luftraum östlich von Helgoland, noch 10 Minuten bis zum Ausstieg, 15.27h
Reinhold Petermann und Corinna Schuster bereiteten sich auf den Absprung vor. Sie würden miteinander verbunden im Tandem abspringen, weil es Corinnas erster Sprung war. Sie hatte sich bereits einmal übergeben müssen, weil es hier oben recht böig war, war aber nach Einnahme einer Pille gegen Seekrankheit wieder guter Dinge. Sie hatten ihre Strategie wenigstens zehnmal durchgesprochen, um ihren Zeitplan einzuhalten. Zuerst Kontakt aufnehmen mit Otto, dann alle Terroristen, Sonderermittler und Wissenschaftler festnehmen und festsetzen, dann die weiteren Befehle abwarten. Die Terroristen würden wahrscheinlich einfach ausgewiesen werden, während man die Wissenschaftler auf die eine oder andere Weise neutralisieren würde. Besonders auf letzteren Part freute sich Corinna Schuster, genannt Cora, besonders. Sie war sehr kreativ, was das Töten von Menschen betraf, warum nicht mal jemanden enthaupten? Das dafür geeignete Werkzeug hatte sie bereits an ihrem Kampfgürtel befestigt. Reinhold Petermann hatte keinen Hehl daraus gemacht, dass er solche Grausamkeiten zutiefst verabscheute, doch Cora wusste ihre Vollmachten leider zu nutzen. Deshalb

hoffte Reinhold Petermann innig darauf, dass er sich ihre Scheußlichkeiten diesmal nicht mit ansehen musste. Er schwor sich, ihr das Samuraischwert abzunehmen, sobald sich die Gelegenheit dazu ergäbe. Aber Cora war sehr gefährlich, und das wusste er. Er würde immer vorsichtig hinter ihr bleiben müssen. Am liebsten hätte er sie jetzt aus der Luke in die Nordsee geworfen, aber sie war ja fest mit ihm verbunden. Cora war wie ein Bluthund, der unersättlich zu sein schien. Ihre Augen starrten kalt nach draußen. Ihre Mordlust war unübersehbar.

Helgoland, Oberland am Gipfelkreuz des Pinnebergs, 15.45

Cora, Reinhold Petermann und ein weiterer Mann der GSG10 hatten gerade ihren Informanten Otto getroffen, der ihnen aus Richtung Nordseehotel entgegengeeilt war. Er informierte sie darüber, dass fast sämtliche Sonderermittler und Terroristen sich zur Biologischen Station begeben hätten, und dass die Royal Marines mit allen Besatzungsmitgliedern der Bremen sich in Richtung Hafen aufgemacht hätten. Er fuhr mit seinem Briefing fort: „Kathrin Nightingale persönlich kam plötzlich ins Hotel gestürmt, und hat de facto alle eingesammelt, die hier von ihren Leuten noch rumliefen. Dann sind sie alle zur Biologischen Station gerannt wie die Irren. Dr. Ito war dabei, und Dr. Zuckmayer und diese Andrea O´Leary habe ich gesehen, das ist jetzt höchstens zwanzig Minuten her. Ich weiß zwar nicht, was die alle bei der Station wollten, aber vielleicht wollten sie ja auch zum Hafen, um sich mit der Bremen abzusetzen, wer weiß?" „Danke Otto!" sagte jetzt Cora Schuster; dann wandte sie sich an die Männer und sagte nur: „Dann auf zur Biologischen Station!" Bevor sie losrannten gab sie jedoch noch Otto ein schweres Bündel, welches einen Kampfanzug nebst Waffen für ihn enthielt. Insgesamt waren jetzt mehr als zweihundert Kämpfer von GSG9 und GSG10 auf Helgoland gelandet und begannen nun damit, die gesamte Insel zu durchsuchen und zu sichern. Sie sahen jedoch keinen einzigen Angehörigen der Royal Marines, und als sie die Biologische Station erreichten, lag diese leer und verlassen vor ihnen. Die kleine Barkasse der Station fuhr mit Höchstgeschwindigkeit Richtung Hafenausfahrt, doch erkannten sie durch ihre Feldstecher schnell, dass es sich wohl um ein Ablenkungsmanöver handeln musste. Denn an Bord war niemand zu sehen und das Steuer war mit einem Band fixiert worden. Reinhold Petermann beauftragte zwei seiner Männer damit, die Barkasse mit Hilfe eines anderen Bootes wieder in den Hafen zu bringen, dann durchsuchten sie die Biologische Station systematisch. Doch die gesuchten Personen blieben verschwunden wie Geister, die sich einfach in Luft aufgelöst hatten. Da kamen plötzlich vom Oberland zwei GSG10-Leute mit drei Gefangenen auf sie zu. Es waren aber nur die Spurensicherer von Scotland Yard, die auch nichts wussten.

Helgoland, Pension von Edward und Elisabeth Terry, sowie von Barry Adams und Theodore Watkins, 17.05h

Eddie und Lissy hatten sich nach dem desaströsen Vormittag in ihr Zimmer zurückgezogen, nachdem sie sich bei den Ermittlern von Scotland Yard ausgewiesen hatten. Sie hatten sich etwas Tee gemacht, nochmals über alles gesprochen und waren dann miteinander ins Bett gegangen, um ihren Frust wenigstens etwas zu vergessen. Danach waren sie eingeschlafen und hatten die Invasion der Insel durch die Fallschirmspringer von GSG9 und GSG10 schlichtweg verschlafen. Jetzt wurden sie rüde aus ihren Träumen gerissen, da die Tür ihres Zimmers ohne Vorwarnung brutal von einem Mann der GSG10 eingetreten wurde. Beide fuhren entsetzt hoch und blickten in die Mündungen von stumpfen Heckler & Koch Maschinenpistolen. „Wo ist Kathrin

Nightingale?" wurden sie beide von einer Frau im Kampfanzug angebrüllt, von der man wegen ihrer Sturmhaube nur Teile des Gesichtes erkennen konnte. Lissy hielt sich ängstlich an Eddie fest, doch ihm ging es auch nicht viel besser. „Wer sind Sie überhaupt? Was soll das hier?" protestierte Eddie mutig, da er gut Deutsch sprach. „Maul halten, hier stelle ich die Fragen, und sonst keiner!" herrschte ihn die Frau an und rammte ihm die Mündung ihrer Maschinenpistole unsanft in die Rippen, so dass er aufstöhnte. Dann keuchte er mühsam hervor: „Wir wissen es nicht, wo Kate gerade ist, wir sind schon seit heute Vormittag hier, wirklich." „Bullshit!" brüllte die Frau zornig, dann zeigte sie auf Lissy und sagte nur: „Du da, aufstehen!" „Aber wir sind beide unbekleidet", wandte Eddie ein. Daraufhin stieß ihm die Frau die Mündung ihrer Heckler & Koch nochmals in die Rippen, packte Lissy brutal am linken Oberarm und riss sie aus dem Bett. Zitternd und nackt stand diese nun vor ihr, denn es war wirklich kalt. „Ich bringe Euch schon zum Reden, Ihr irischen Dickschädel!" fluchte die Frau und schob Lissy einen Stuhl hin, auf den sie sich setzen musste. Dann wurde Lissy mit Kabelbindern am Stuhl fixiert. Dann fragte Cora Schuster nochmals: „Wo ist Kathrin Nightingale?" Lissy zuckte mit den Achseln und auch Eddie beteuerte nochmals, es nicht zu wissen. Nun boxte Cora Schuster Lissy in den Bauch. Sie krümmte sich, sie wiederholte ihre Frage. Dann ohrfeigte sie Lissy, bis Eddie rief: „Lassen Sie das, ich flehe Sie an, nehmen sie mich! Aber wir wissen es wirklich nicht!" Cora Schuster hörte nun für einen Moment auf und Eddie blickte in Lissys warme grüne Augen. Und für einen Moment konnten alle im Raum spüren, dass Eddie und Lissy durch mehr als nur eine körperliche Attraktion miteinander verbunden waren. „Gut, Sie haben es so gewollt", sagte jetzt Cora Schuster kalt und zog ihr Samuraischwert aus der Scheide, Mordlust glitzerte in ihren Augen auf. Dann griff sie überraschend schnell in Lissys lange volle rote Haare, drehte diese zu einem Strang zusammen und schnitt ihr mit dem Schwert die langen Haare ab, so dass ihr Hals nun ungeschützt frei lag. Zwar hatte Lissy jetzt wirkliche Todesangst, aber der Blick von Eddie schien ihr zu sagen: „Keine Angst, wenn Du stirbst, dann gehe ich mit Dir, ich liebe Dich, was auch immer passiert." Dann sagte Cora Schuster kalt: „Ich will es jetzt wissen. Wenn Sie es mir nicht sagen, wird diese hübsche Frau gleich kopflos sein. Wo ist Kathrin Nightingale?" Sie hob das Katana über ihren Kopf und stellte sich in Henkerspose auf, während Eddie ruhig im Bett saß und den Blick von Lissy erwiderte, die in diesen Sekunden mit ihrem Leben abschloss.

Helgoland, im ehemaligen Bunker von Großadmiral Dönitz, 16.15h

Erst jetzt fiel ihnen auf, dass Eddie und Lissy fehlten. Kate wandte sich an Dr. Skibbe und fragte ihn: „Rüdiger, gibt es von hier aus einen Weg nach draußen, der in der Nähe der Pension von den beiden aufs Oberland führt? Ich habe ein sehr ungutes Gefühl im Bauch, ich möchte die beiden lieber hier bei uns haben!" „Das geht mir ganz genauso", pflichtete ihr Sandra bei. Dr. Skibbe überlegte etwas, dann sagte er: „Ich habe da noch einen geheimen Ausstieg, aber da komme ich besser selbst mit Euch mit, um Euch den zu zeigen." „Ich komme auch mit und gebe Euch oben Feuerschutz, falls das nötig sein sollte", sagte Steven und begann, sich mit Tarnfarbe im Gesicht einzuschmieren. Fuji wollte ihr sein Katana geben, aber Kate sagte nur: „Steven, hast Du nicht etwas für mich, womit ich nicht gleich töten muss?" Steven überlegte einen Moment, dann kramte er in seiner Sporttasche, die er in aller Eile mitgenommen hatte und gab ihr schließlich die Gotcha-Pistole, welche mit insgesamt sechs Farbkugeln geladen war. Dann machten sie sich an den beschwerlichen Aufstieg, umgingen zahlreiche Trümmer, kletterten über halbverfallene Leitern und erreichten schließlich ein Erdloch, welches sie rasch per Hand erweiterten. Dann zwängte sich zuerst Kate nach draußen, die jetzt auch einen grauen

Kampfanzug und Tarnschminke trug, dann folgte ihr Steven. Kate spähte vorsichtig über das Oberland und machte die Pension von Eddie und Lissy in nur fünfzig Metern Entfernung aus. Weit und breit war kein Fallschirmspringer zu sehen. Sie huschte daher rasch zur Pension und schon durch die offene Tür hörte sie unfreiwillig das Verhör mit an. Sie zog jetzt ihre Schuhe aus und schlich sich leise barfuß nach oben in den ersten Stock, in Richtung von Eddies und Lissy Zimmer. Was sie durch die halboffene Tür sah, ließ sie alle Vorsicht vergessen, die sie eben noch an den Tag gelegt hatte.

Helgoland, Hafen, 17.12h

Ein Kordon aus mehr als einhundert Elitesoldaten, der sich zur Hälfte aus GSG9 und GSG10 Kämpfern zusammensetzte, hatte den Zugang zur Fregatte Bremen abgeriegelt und die komplette Kaimauer gegenüber dem Schiff besetzt. Dann holte der Anführer der Truppe ein Megafon hervor und rief: „Hier spricht die GSG9. Wir fordern Sie dazu auf, das Schiff an uns zu übergeben, da wir es anderenfalls entern werden. Bitte seien Sie vernünftig und geben Sie auf, wir wollen kein Blutvergießen.“ Zunächst geschah nichts, dann jedoch ertönte eine Stimme über den Bordlautsprecher der Bremen, die über den ganzen Hafen dröhnte: „Wir werden uns in Kürze mit der Bremen absetzen. Ihr Eindringen auf Helgoland war völkerrechtswidrig. Und wenn Sie die Kaimauer nicht sofort selbst räumen, werde ich die Maschinengewehre der Bremen einer kleinen Übung unterziehen müssen. Also räumen Sie jetzt bitte das Zielgebiet der Übung.“ Luken öffneten sich und einige Maschinengewehre wurden nun sichtbar, deren Mündungen eine unmissverständliche Drohung gegen die Fallschirmspringer aussprachen. Diese zogen sich augenblicklich respektvoll zurück, während jetzt einige der Royal Marines erschienen und die Leinen lösten, während die mächtigen Motoren der Fregatte Bremen ansprangen und die Schrauben des Schiffes damit begannen, das Wasser hinter dem Heck aufzuwühlen.

Helgoland, Pension von Edward und Elisabeth Terry, sowie von Barry Adams und Theodore Watkins, 17.15h

Eddie wollte versuchen, Zeit zu gewinnen, doch ihm fiel einfach nichts mehr ein. Er sah Lissy an und es schien ihm, als wenn sie sich bereits von ihm verabschieden wolle. Sie schloss jedoch nicht die Augen, und dadurch kam ihm eine Idee. Sein Wächter zielte mit seiner Maschinenpistole auf ihn, und vielleicht konnte er ja die beiden Wächter aus dem Konzept bringen, wenn er zumindest den einen attackierte. Unter seinem Kopfkissen hatte er noch eine kleine Flasche mit Pfefferspray, was zumindest für den einen Wächter reichen sollte. Während er die Flasche unauffällig in seine rechte Hand beförderte, sah er weiter Lissy an, und dann geschahen gleichzeitig mehrere Dinge so schnell und plötzlich, dass er später sagte, dass er wohl irgendeine Inspiration von oben gehabt haben müsse für das, was er jetzt tat. Doch zuerst war Cora Schuster am Drücker, die nun das Schwert überraschend herunterzog und Lissy damit nur leicht in den Rücken piekte. Diese schrie überrascht auf. Der Sinn dieses Stiches war es aber nur gewesen, dafür zu sorgen, dass sich ihre Halsmuskeln anspannten, denn Cora Schuster wusste es ganz genau, dass man dann sein Opfer wesentlich leichter köpfen konnte. In diesem Moment feuerte Eddie sein Pfefferspray auf seinen Wächter ab, der nun plötzlich nichts mehr sah, versehentlich an den Abzug seiner Heckler & Koch kam und diese dabei verriss. Der Schuss löste sich und traf Cora Schuster in die rechte Schulter, so dass ihr das Katana, das sie bereits zum tödlichen Schlag angehoben hatte, entfiel. Genau gleichzeitig flog plötzlich die Tür auf und ein dunkler Schatten warf sich auf Cora Schuster, die nun auch noch mit dem Kopf gegen die Wand krachte und sofort das

Bewusstsein verlor. Reinhold Petermann wusste nicht, wohin er zuerst schießen sollte, er stand genau in der Mitte des Getümmels. Der schwarze Schatten zuckte reflexartig herum und verschoss jetzt gleich zwei Gotcha-Farbkugeln. Die erste traf Reinhold Petermann genau ins Gesicht, so dass er Farbe in die Augen bekam, die zweite traf seinen Teamkameraden ebenfalls ins Gesicht, so dass dieser nun von Pfefferspray und Farbe in den Augen geblendet war. Der dunkle Schatten schien jetzt geradezu über das Bett zu fliegen und nur wenige Sekunden später lagen die beiden Männer bewusstlos und blind am Boden. Eddie war sofort zu Lissy gesprungen und hatte sie samt Stuhl zu Boden gerissen, um sie aus der Schusslinie zu bringen. Er hob das zu Boden gefallene Schwert auf und trennte schnell ihre Fesseln durch, während sich der dunkle Schatten nun zu ihm gesellte und erst jetzt erkannten Lissy und Eddie Kate. „Ich hatte vorhin ein ganz mieses Gefühl, als ich Euch beide nicht bei den anderen sah", sagte sie nur. Lissy nickte nur, dann sagte Eddie: „Ich schätze, dass die nicht alleine herkamen, lasst uns schnell verschwinden." Kate sagte: „Das sehe ich ganz genauso, aber vorher möchte ich mir dieses Herzchen hier noch etwas genauer anschauen, ist die irgendwie irre, oder so etwas?" Sie zog jetzt ganz behutsam Corinna Schuster die Sturmhaube vom Kopf, darunter kamen lange blonde Haare zum Vorschein, welche sie zu einem Zopf geflochten und am Hinterkopf zu einem Dutt aufgesteckt hatte. Allmählich kam sie wieder zu sich und Kate beeilte sich, Cora Schuster mit deren eigenen Handschellen an das Bett zu fesseln, während sich Lissy und Eddie schnell anzogen und ihre wichtigsten Sachen in eine kleine Sporttasche warfen. Auch die Waffen der GSG10-Leute nahmen sie vorsichtshalber mit. Doch bevor sie aufbrachen, malte Kate Corinna Schuster noch etwas mit dem Kajalstift von Lissy auf die Stirn: „With best regards from Ruth." Und Lissy nahm das Samuraischwert von Cora, kippte ihr etwas Wasser ins Gesicht, und als diese wieder bei Bewusstsein war, riss Lissy ihr brutal den Dutt vom Hinterkopf, spannte die Haare lang aus und schnitt ihr langsam den Zopf ab, wobei sie sich jedoch etwas Zeit ließ, damit es ordentlich ziepte und weh tat. Cora Schuster traten bei diesem schmerzhaften Hair-Styling die Tränen in die Augen, und als Lissy mit ihrem Werk fertig war sagte sie mit ihrer sanftesten Stimme, die sie noch aufbringen konnte: „Ich weiß es nicht, wer Sie sind oder was Sie sind, aber das nächste Mal, wenn wir uns begegnen, werde ich dafür sorgen, dass Sie nie wieder andere Menschen quälen oder demütigen können. Denn ohne Arme könnte Ihnen das dann plötzlich sehr schwerfallen." Sie blickte Cora Schuster direkt in die kalten Augen und zog ihr dann die Klinge des Katanas so über den rechten Oberarm, dass das Schwert den Kampfanzug zerschnitt und die Haut ganz leicht einritzte. Dann schlug sie ihr ohne Vorwarnung den Griff des Schwertes gegen die linke Schläfe, worauf Cora Schuster besinnungslos zusammensackte. Und Kate schrieb mit Lippenstift noch eine Botschaft an die Wand des Zimmers: „Ruth was here, this time You have been warned!" Dann machten sie sich auf den Weg, ignorierten die Warnschilder wegen angeblicher biologischer Gefahr, erreichten Steven bei dem Erdloch und verschwanden alle zusammen spurlos in einem Bunker, den es offiziell niemals gegeben hatte. Den Zopf von Corinna Schuster hatte Lissy als Trophäe mitgenommen und alle schauderten, als Eddie und Lissy berichteten, was ihnen geschehen war. Dr. Skibbe hatte den geheimen Bunkereinstieg wieder verschlossen und führte sie zurück in ihr neues Hauptquartier. Die Dieselgeneratoren und die alten Akkumulatoren der Hanomag, Baujahr Herbst 1944, summten bereits.

Helgoland, im Bunker von Großadmiral Dönitz, 20.15h

Dr. Skibbe hatte Steven, dessen elf Royal Marines und den anderen den gesamten Bunker gezeigt. Dabei hatten sie staunend alles angesehen, auch die Waffenkammer inspiziert und Kate hatte sich erstmalig die technischen Einrichtungen aus nächster Nähe angesehen. Dazu sagte sie danach staunend: „Mein Gott, die Deutschen waren ja bei Kriegsende ihrer Zeit um mindestens zwanzig Jahre voraus! So wie ich das erkannt habe, können wir damit sogar Fernsehsendungen in Farbe senden. Ich muss nur einige der Apparate testen, aber die sehen ja alle wie neu aus, da ist dank der Persennings noch nicht mal Bunkerstaub dran!" Andrea fragte sie jetzt: „Kann ich Dir was helfen, Kate?" „Nicht nur Du Schwesterherz, wahrscheinlich brauche ich Euch alle. Aber bevor wir hier unsere Zeit mit unnützen Arbeiten verschwenden, müssen wir den Sendemast testen. Wenn der sich nämlich nicht ausfahren lässt, dann ist das hier alles vergebliche Liebesmühe." Kate bat Brian und Larry, ihr vorsichtig beim Aktivieren und Umlegen einiger Schalter zu helfen, und nun begann ein motorisches Brummen Teile des Bunkers zu erfüllen, dem ein summendes Geräusch folgte. Dann hörten sie etwas abbröckeln, doch das Geräusch hielt an. Das Brummen verstummte nun, doch das Summen hielt an. „Hm, wie stellen wir nun fest, ob der Mast ausgefahren wurde? Soll noch mal jemand auf das Oberland gehen?" fragte Kate. Doch Dr. Skibbe öffnete nun die Tür, die vom Befehlsstand von Großadmiral Dönitz abzweigte und die Kennzeichnung L.A. trug. Kate folgte Dr. Skibbe, der eine starke Taschenlampe trug, da die Gangbeleuchtung in diesem tiefen Kellergewölbe leider ausgefallen war. Am Grund des Ganges stand Meerwasser, welches nach Seetang roch, doch es war höchstens einen Fuß hoch. Und als sie das Ende des Ganges erreicht hatten, sahen sie einen metallenen zylindrischen Sockel, der unten wenigstens zwei Meter Umfang hatte und aus diversen Teilen bestand, die schachtelartig ineinandergesteckt hatten. Allerdings hatten sich diese Teile jetzt auseinandergeschoben, und als Kate und Dr. Skibbe nach oben sahen, erkannten sie, dass an dem Sendemast eine kleine Außenleiter anmontiert worden war, an der man bis nach oben klettern konnte. Dr. Skibbe gab nun Kate seine Lampe, da er Höhenangst hatte, und Kate wagte den Aufstieg. Als sie oben angekommen war, erreichte sie eine Klappe aus Metall, die sich nach dem Umlegen eines Hebels und einem starken Druck schließlich langsam öffnen ließ. Sandsteinkrümel und Vogel Kot fielen ihr dabei entgegen und rieselten auf Dr. Skibbe hinab. Vorsichtig spähte sie aus der Luke und nahm als erstes den Sendemast über sich wahr. Nach Ihrer Schätzung hatte sich der Mast um wenigstens sechzig Meter nach oben geschoben! Sie spähte rundum und sah jetzt auf der einen Seite das Meer, auf der anderen aber das Oberland Helgolands. Sie war mitten auf der Langen Anna! Gegenüber sah sie jedoch niemanden, und wenn sie ganz viel Glück hatten, dann hatte noch niemand auf der Insel den Sendemast bemerkt. Deshalb kletterte Kate jetzt nach dem Schließen und Sperren der Luke von innen schnell nach unten, eilte durch den Gang zurück und sorgte dafür, dass der Sendemast wieder nach innen zurückgezogen wurde. Danach aktivierte sie den FAM-Modus und versuchte, ihr Handy einzuschalten, was jedoch plötzlich unmöglich war. Den anderen ging es genauso. „Hey Leute", sagte Kate nun, „ich würde einfach mal vorschlagen, dass wir den *Feind-Abwehr-Modus* eingeschaltet lassen, solange wir nicht selber mit unserer Elektronik arbeiten müssen. Dann können die Oben nämlich auch nicht mehr richtig kommunizieren. Ich habe mir übrigens die alten Pläne angesehen und dabei rausgefunden, dass hier an jeder Ecke Telefone im Felsen versteckt wurden und ich vermute, dass diese störungsfrei funktionieren. Ich zeige Euch jetzt mal den Telefonplan und schicke Euch auf die Suche, damit wir das mal testen können, O.K.?" Die anderen teilten sich in Zweierteams auf und suchten die Gangwände sorgfältig ab, wobei sie schließlich tatsächlich fündig wurden. Doch fanden sie keine Telefone, sondern Funkgeräte, die an altmodische Akkumulator Batterien angeschlossen werden mussten. Nachdem sie die Batterien im Generatorraum an den dafür vorgesehenen Adaptern aufgeladen hatten, konnten sie nun tatsächlich störungsfrei miteinander im Bunker per Funk kommunizieren, während sie jedoch gleichzeitig den Rest Helgolands in die elektronische Steinzeit geschickt hatten. Dort funktionierten nämlich weder Fernsehen, noch Internet, noch Telefone noch irgendein anderes elektrisches Gerät, welches mit Hilfe von Mikrochips lief. Offensichtlich hatten die deutschen Ingenieure kurz vor Kriegsende auch noch unwissentlich die EMP-Bombe erfunden! Aus diesem Grund fiel auch bereits nach relativ kurzer Zeit auf der gesamten Insel der Strom aus, was die neue Besatzungstruppe vor größte Probleme stellte. Und das gleiche Problem betraf auch alle Schiffe, die näher als zwei Kilometer an Helgoland herankamen. Von der tatsächlichen Reichweite des *Feind-Abwehr Modus* ahnte die neue Bunkerbesatzung jedoch nichts. Sie richteten sich ihre Schlafplätze ein, machten sich dann mit einigen mitgebrachten Campingkochern warme Getränke und warmes Essen, und Steven bereitete nach dem Essen die Verteidigung der Bunkergänge gegen Eindringlinge von allen Seiten vor. Dabei deponierten sie an bestimmten Stellen Waffen aller Art aus der Waffenkammer, welche die Royal Marines vorher auf ihre Funktionstüchtigkeit geprüft hatten. Zwar handelte es sich aus deren Sicht dabei eher um Museumsstücke denn um echte Waffen, aber der Umgang mit diesen war aus ihrer Sicht sogar etwas einfacher als der mit modernen Gewehren. Unterdessen legten Kate, Dr. Ito und Andrea O´Leary jetzt eine Nachtschicht ein, um ihre modernen Laptops und Fernsehkameras mit der Technik der alten Sendeanlage kompatibel zu machen. Dabei mussten sie Kabel und Stecker löten, Signale testen und anderes mehr. Und als sie um sechs Uhr morgens die Arbeiten wegen Übermüdung einstellen mussten, hatten sie bereits das Meiste geschafft. Kate sagte jetzt zufrieden: „Hier seht mal, ich empfange trotz eingefahrenem Sendemast ein Testbild auf dem Laptop! Der Rest ist jetzt ein Kinderspiel!“ Dann gingen auch sie schlafen.

Helgoland, Nordseehotel, 22.03h

Zuerst waren alle Fernseher der Insel erloschen, danach brachen die Handy- und Telefonnetze zusammen und nur wenige Sekunden später fiel auf der gesamten Insel aus unerklärlichen Gründen der Strom aus. Die kurzfristig auf der Langen Anna ausgefahrene Sendeantenne hatte jedoch niemand bemerkt, da es bereits dunkel gewesen war und die Sicht wegen peitschender Regenschauer ohnehin sehr eingeschränkt gewesen war. Mit dem Ausfall des Stromes einher ging auch ein Ausfall der meisten Heizungsanlagen, da man für deren Betrieb elektrischen Strom benötigte. Auch Satellitentelefone funktionierten plötzlich nicht mehr, so dass die gesamte Insel hermetisch von der Außenwelt abgeschottet war. Im Nordseehotel leckten sich jetzt die Befehlshaber der deutschen Kommandoaktion im Dunkeln ihre Wunden und besonders Cora Schuster fluchte wegen ihrer Schulterwunde. Zwar hatten ihre eigenen Feldsanitäter sie professionell versorgt, doch musste sie jetzt mit den Schmerzen klarkommen, da sie unbedingt wach bleiben wollte, um an der Einsatzbesprechung der Gruppenführer teilzunehmen. Nach dem Stromausfall hatten sie im kleinen Konferenzzimmer Kerzen aufgestellt, was dem Ganzen eine seltsam romantische Note verlieh. Auf der anderen Seite konnte man sich nur mit Taschenlampen durch das Gebäude tasten, und ein Toilettengang war bereits ein Abenteuer. Sie erwarteten gerade eine kleine Versorgungsmaschine mit Versorgungsgütern, die in diesem Augenblick auf dem Flughafen der Helgoländer Düne landen sollte. Doch als die Maschine sich Helgoland genähert hatte, fiel plötzlich der Motor des kleinen Flugzeuges aus, sie hörten den Motor stottern und knattern. Und dann stürzte die Maschine einfach wie ein Stein ins Meer, wo sie auf einer Klippe dicht unter der Wasseroberfläche zerschellte. Entsetzt eilten sie nach draußen in den Regen und kämpften sich bis zur Abbruchkante des Oberlandes vor, doch konnten sie von dem Flugzeug nichts mehr sehen. Reinhold Petermann schmerzten immer noch die Augen von der Farbe der Gotcha-Kugel, und seinem ebenfalls getroffenen Kameraden ging es genauso, obwohl sie ihre Augen etliche Male mit Borwasser ausgespült hatten. Einerseits verfluchten sie Kathrin Nightingale, insgeheim aber bewunderte zumindest Reinhold Petermann sie dafür, dass sie keinen von ihnen dreien umgebracht hatte. Er war überzeugt davon, dass jeder andere das angesichts dessen, was sich in dem Zimmer abgespielt hatte, einfach getan hätte. Erst hatte er gedacht, dass Cora nur eine Scheinexekution als Verhörmethode benutzen wollte, bis ihm dann klar wurde, dass sie es wirklich gemacht hätte, wenn man sie nicht daran gehindert hätte. Sie zur Rede zu stellen hatte keinen Sinn, denn sie würde nötigenfalls auch lügen, um es dann beim nächsten Mal doch zu tun. Zum Glück hatte Kathrin Nightingale dieses verfluchte Katana mitgenommen und Reinhold Petermann schwor sich, dass er nächstes Mal Cora eigenhändig erschießen würde, und wenn es seine letzte Tat in diesem Leben sein sollte. Aber ihren notorischen Hang zur Grausamkeit konnte er einfach nicht mehr ertragen. Cora hatte über das, was Lissy ihr gesagt hatte, beharrlich geschwiegen. Aber dass sie auf Rache sann, war allen Beteiligten klar. Deshalb bemühte er sich jetzt darum, die Einsatzbesprechung zu versachlichen und auch die eigenen Emotionen dabei auszublenden. „Also: Offensichtlich sitzen unsere Zielpersonen immer noch irgendwo hier auf der Insel, allerdings nicht in den Häusern, das können wir wohl ausschließen. Somit bleiben nur noch die Bunkeranlagen aus dem Zweiten Weltkrieg übrig, und ich frage mich wirklich, was die da unten wollen. Warum sind sie nicht alle mit der Bremen oder mit anderen Booten getürmt? Das wäre doch viel einfacher gewesen! Und woher kommt nur dieser verdammte Stromausfall? Haben die da unten etwa irgendwelche Kabel der Versorgungsleitungen getrennt?" sagte nun Reinhold Petermann, sein Vize antwortete darauf: „Oder sie besitzen so etwas wie einen Störsender, den sie gegen uns einsetzen. Das könnten wir aber nur testen, wenn wir jemanden mit einem elektronischen Gerät per Boot von der Insel wegschicken, um zu sehen, wo es dann wieder geht. Aber wir bräuchten dafür ein Ruder oder Segelboot, da es durchaus sein kann, dass ein Störsender alles andere lahmlegt." „So ein Mist!" fluchte jetzt Cora und fuhr fort: „Ich habe eigentlich keine Lust, einen Bunker zu stürmen, weil das da unten wahrscheinlich alles einsturzgefährdet ist. Und vor allem wissen wir noch nicht einmal, ob und wie die da unten bewaffnet sind. In jedem Fall verlieren wir bei einem Bunkerkampf jede Menge Leute, weil der Verteidiger da leider meist alle Trümpfe auf seiner Seite hat. Ich erinnere nur an die Erstürmung von Fort Vaux bei Verdun im Ersten Weltkrieg. Die Verteidiger mussten sich letztlich nur ergeben, weil sie kein Wasser mehr hatten, so ein Bunkerkampf ist ein einziger Alptraum." Alle nickten zustimmend. „Gut, warten wir das Tageslicht ab und sondieren dann nochmals das gesamte Terrain; außerdem schicken wir ein Boot raus", entschied nun Reinhold Petermann. In diesem Moment hörten sie, wie sich ein großer CH53-Hubschrauber der Bundeswehr der Insel näherte, das Geräusch war unverkennbar. „Oh nein!" riefen jetzt einige, so als ob sie den Piloten warnen könnten, doch es war bereits zu spät. Das Geräusch der Rotoren setzte aus und der CH53 stürzte ebenfalls wie ein Stein ins Meer, auf dessen Oberfläche er dann auseinanderbrach. Keiner der Insassen überlebte diesen Absturz. Daraufhin befahl Reinhold Petermann, einige Leute im Dunkeln mit einem Segelboot auf das Meer zu schicken, um außerhalb der Reichweite des Störsenders Heer und Marine zu warnen. Nachdem das erledigt war, legten sich alle bis auf die Wachen schlafen.

26. Oktober 2017, Mittwoch

Helgoland, Oberland, 09.15h

Die Kämpfer der GSG9 und der GSG10 hatten an allen strategisch wichtigen Punkten Maschinengewehrnester und Kontrollpunkte aufgebaut, doch hatten sie alle ein mulmiges Gefühl dabei gehabt, da sie es nicht wussten, wo ihre Gegner genau zu lokalisieren waren. Auch gab es allen zu denken, dass Kathrin Nightingale wie aus dem Nichts aufgetaucht war, um die beiden Sonderermittler zu retten. Und um noch einen darauf zu setzen, waren die drei daraufhin spurlos verschwunden, was man sich einfach nicht erklären konnte. Sie hatten bereits alle Häuser auf der Insel durchsucht, aber niemanden aus dem Kreis der Zielpersonen gefunden. Zum Glück für die Großeltern von Kai Ahrens hatten sie diese nicht als solche erkannt und waren zum nächsten Haus weitergegangen. Cora Schuster hatte zeitweilig sogar überlegt, ob man nicht einfach den Inselarzt Dr. Nesemann als Geisel nehmen konnte, um damit Kathrin Nightingale oder Dr. Ito in die Gewalt zu bekommen, aber dieser Gedanke war schnell wieder verworfen worden. Denn das konnte später einen Haufen Ärger geben, den sie sich nicht leisten konnten. Denn der Anschein von Rechtsstaatlichkeit musste unter allen Umständen gewahrt bleiben. Immer noch fragten sie sich, wie die Flüchtigen aus der Nähe der Biologischen Station in die Bunkeranlagen entkommen sein konnten, aber auch ein mehrmaliges Durchsuchen der Station war hier nicht hilfreich gewesen. Doch am meisten nervte es alle, dass auf der ganzen Insel kein elektrischer Strom mehr vorhanden war. Sah man davon ab, dass die meisten Inselbewohner jetzt froren und keine andere Möglichkeit der Heizung mehr hatten, so mussten nun für jegliche Form der Nachrichtenübermittlung Boten losgeschickt werden, was die Einsatzlage sehr unübersichtlich machte. Deshalb konnte man auch nicht so einfach in die Bunkeranlage eindringen, denn falls jemand verloren ging, so fiel das nicht sofort auf. Deshalb diskutierten Cora Schuster und Reinhold Petermann darüber, wie und in welcher Form man die Bunkererkundung vornehmen sollte. Der Aufenthalt im Freien war alles andere als angenehm, weil es ohne Unterlass junge Hunde regnete. Campingkocher waren auf der Insel Mangelware geworden, da die Einheiten von GSG9 und GSG10 alle verfügbaren Geräte beschlagnahmt hatten, um sich wenigstens mit warmen Suppen und Kaffee versorgen zu können. Glücklicherweise hatten sie sich aus dem Heimatmuseum der Insel schnell alte Bunkerpläne besorgen können, doch war ihnen jetzt schon klar, dass eine Erkundung von zum Teil einsturzgefährdeten Bunkeranlagen, in denen Terroristen lauerten, alles andere als ein Spaziergang sein würde. Und dann kam noch dazu, dass man nicht viel über die Bewaffnung der Bunkerbesetzer wusste. Und was noch viel schlimmer war: Ihre genauen Absichten kannte man auch nicht. Ebenso wenig wie ihre genaue Anzahl. Und nach dem, was Cora Schuster mit der gefangenen Rothaarigen gemacht hatte, konnten sie jetzt auch nicht mehr darauf hoffen, dass sich die Zielpersonen kampflos ergaben. Darüber hinaus hatte Otto ihnen verraten, dass jetzt sogar Dr. Ito mit einem Samuraischwert bewaffnet war. Einer Nahkampfwaffe, die bei einem Kampfgelände wie einem engen Bunkergang verheerend sein konnte, da sich hier die Distanzwirkung von Schusswaffen auf ein Minimum reduzieren würde. Alles in allem waren das gar keine rosigen Aussichten für eine Bunkererstürmung. Zumindest war es zwei GSG9-Leuten gelungen, des Nachts mit einem kleinen Segelboot aus dem Bereich des Störsenders zu gelangen. Allerdings wären sie bei diesem Manöver fast von einer irischen Fregatte aufgebracht worden, die ihnen sogar einen Schuss vor den Bug gesetzt hatte. Die Marineleitstelle in Kiel wusste jetzt Bescheid, doch Helgoland war nach wie vor umzingelt von britischen Schiffen und dem irischen Aufklärer, außerdem umkreisten jetzt britische Tiger-Hubschrauber und unbemannte Drohnen die Insel. Da die Tiger über die modernste Elektronik verfügten, die man sich überhaupt vorstellen konnte, hatten diese das elektronische Störfeld um die Insel sofort geortet und hielten einen respektvollen Abstand ein. Der alte CH53-Hubschrauber der Bundeswehr war dagegen noch nicht so weit technisch aufgerüstet gewesen, sodass ihm das Störfeld schnell zum Verhängnis geworden war, und genau so war es auch der kleinen Versorgungsmaschine ergangen. Und noch ein Phänomen hatte sie jetzt alle in Beunruhigung versetzt. Denn die ganze Insel war erfüllt von einem leisen Brummton, den man sich nicht erklären konnte. Anfangs war das Geräusch sogar noch lauter gewesen, doch jetzt war es nur noch als leichtes Summen im Hintergrund wahrnehmbar. Sie mussten mit ihren Ressourcen sehr sparsam umgehen, denn insgesamt hatten sie jetzt etwa 250 Leute auf der Insel, wobei sich drei bei der Landung verletzt hatten. Und Cora Schuster hielt sich tapfer mit ihrer Schulterwunde, doch schien es lediglich der Hass zu sein, der ihr neue Kraft gab. Ihre erste Maßnahme an diesem Morgen war es dann auch gewesen, sich aus einem Waffengeschäft der Insel gleich zwei neue Schwerter zu besorgen, die sie jetzt links und rechts an ihrem Gürtel befestigt hatte. Außerdem hatte sie ihr privates Arsenal noch durch einige Wurfmesser aufgestockt. Wenn nur ihre verdammte Schulter etwas weniger wehtun würde! Am liebsten hätte sie ihren Teamkameraden, der sie versehentlich angeschossen hatte, persönlich etwas für den Fehlschuss malträtiert, aber sie brauchten jetzt jeden Mann hier. Nun ja, dann würde sie sich jetzt eben mit etwas Schmerzensgeld aus der Friendly-Fire-Kasse der Truppe zufriedengeben müssen.

Helgoland, im ehemaligen Bunker von Großadmiral Dönitz, 10.11h

Kate und die anderen hielten nun auch eine Lagebesprechung ab. Colour Sergeant Steven Miller sagte nun: „Also nach dem, was die gestern mit Eddie und Lissy gemacht haben, sehe ich das so, dass wir uns auf keinen Fall ergeben können. Wenn sie uns schnappen sollten, dann werden sie uns killen, inklusive des Jungen“, dabei sah er Kai ernst an. „Tja, das ist jetzt eine echte Zwickmühle für uns“, warf Kate ein, „denn einerseits wollen wir Millionen von Leuten warnen und dadurch retten, und andererseits ist es so, dass wir unter Umständen Eindringlinge töten müssten, um das zu erreichen. Und ich frage mich inzwischen wirklich, ob man das Leben dieser Leute gegen das der Küstenbewohner aufwiegen darf. Ich will nicht zum Killer werden, um andere zu retten; das gestern Abend war nun wahrhaft schlimm genug!“ Sandra ergriff jetzt mitfühlend den Arm von Kate, dann sagte sie leise: „Kate, ich bin einerseits froh, dass Du so denkst, aber andererseits frage ich mich, ob es nicht sein könnte, dass es Situationen geben kann, in denen es notwendig ist, sich zu wehren, um eine Gefahr für die Allgemeinheit abzuwehren. Ich denke dabei jetzt an die Polizistin, die mich damals mit dem finalen Rettungsschuss niederstrecken musste, um damit andere Leute vor meinen Messerattacken zu retten. Ich frage mich allmählich, ob wir jetzt in der gleichen Lage wie diese Polizistin damals sind?“ „Definitiv, das sind wir!“ pflichtete ihr jetzt Colour Sergeant Steven Miller bei. „Was wir vor allem brauchen, ist Zeit. Und die gewinnen wir nur, wenn wir die Gänge des Bunkers so absichern, dass die GSG9, oder was auch immer für eine Spezialtruppe das da oben ist, von uns von vorneherein etwas abgeschreckt und demoralisiert wird. Und das erreichen wir nur, wenn ich eine Handvoll meiner Leute nach oben in den Bunker über uns schicke, um die GSG9 da oben schon etwas abzulenken und zu beschäftigen. Wenn wir ihnen die Möglichkeit geben, alles ungestört zu erkunden, dann haben wir sie schneller hier unten drin, als uns das lieb sein kann.“ „Wohl wahr, Steven, aber könntet Ihr es trotzdem so einrichten, dass Ihr die Leute nicht gleich einfach umbringt? Könntet Ihr nicht versuchen, sie möglichst nur in

Arme und Beine zu schießen? Das würde ein paar Verwundete produzieren, und das wiederum wird sie auch schon ganz gut beschäftigen und von uns fernhalten!" meinte jetzt Kate. Da schaltete sich Dr. Ito ein. „Eine gute Idee, finde ich. Allerdings bin ich der Meinung, dass wir auch noch die Möglichkeit schaffen sollten, die Zugänge zu unserem Bunker per Sprengfalle oder etwas Ähnlichem zu verschließen. So als Kindersicherung, gewissermaßen." „Das kann ich übernehmen", meinte jetzt Terry. „Ich bräuchte nur jemanden, der mir dabei hilft, die Drähte zu verlegen." Da meldete sich Lisbeth Müller-Schiffer, die einfach ungefragt mit in den Bunker gebracht worden war und meinte: „Terry, ich helfe Dir gerne. Außerdem werde ich aufpassen, dass Du keinen Unsinn machst, ich gehöre nämlich zu den vorsichtigen Leuten, O.K.?" Nachdenklich sah Terry sie an, dann sagte er: „Gut, aber ich kenne da noch jemanden, den wir brauchen könnten. Kai, wie wäre es mit Dir? Manche Gänge sind nämlich für Erwachsene einfach zu eng, aber Kai könnte auch Sprengladungen an Stellen legen, wo wir nicht oder nur schwer rankommen." Da regte sich Kate auf: "Aber Du kannst doch nicht ein Kind mit Sprengstoff rumlaufen lassen, das ist doch viel zu gefährlich, Terry! Oder willst Du mir noch einen Sohn wegsprengen?" „Ganz ruhig, Kate, natürlich nicht! Du weißt doch so gut wie ich, dass Sprengstoff ohne Zünder völlig harmlos ist. Kai braucht nur die Ladung ohne Zünder zu platzieren, die Zünder selbst baue ich danach mit einer Eisenstange ein. Das habe ich schon einige Male gemacht, ich habe nämlich früher sogar mal eine Zeit lang als Sprengmeister im Bergbau gearbeitet", sagte Terry ruhig. „Gut, aber Lisbeth passt auf Euch auf, O.K.?" „Kate, ich will mich ja nicht beschweren oder so, aber meinst Du nicht auch, dass wir uns noch darauf einigen müssten, wer das Kommando über den militärischen Teil unserer Unternehmung haben soll?" meinte jetzt Eddie. „Du hast Recht Eddie. Also für mich ist das ganz klar Steven, da er ja auch dafür am besten geeignet ist. Ich wollte mich jetzt um die Instandsetzung des Senders bemühen, und Brian und Larry sollten sich um die Instandsetzung unserer Fluchtmöglichkeit kümmern, vielleicht kann ihnen ja Florian auch noch dabei helfen, da er von Technik nicht so viel Ahnung hat, dafür aber sich gut mit anpacken kann." „Und was sollen wir tun?" fragte jetzt Sandra stellvertretend für die drei Sonderermittler. Da sagte Steven grinsend: „Na das ist doch ganz einfach! Ihr helft mit bei sämtlichen Bring- und Holdiensten aller Art und versorgt uns alle auf unseren Posten mit Lebensmitteln. Das ist die vielleicht wichtigste aller Tätigkeiten, die wir leisten müssen, um unser Ziel zu erreichen." „Tante Kate, darf ich mit Onkel Brian mitgehen? Ich würde mir gerne das Schiff ansehen, mit dem wir hier wieder herauskommen werden. Darf ich?" „Meinetwegen, Kai. Das ist mir ehrlich gesagt auch lieber, als wenn Du Terry hilfst." Dr. Ito nickte jetzt zustimmend. „Und ich werde alle Bunkerführungen übernehmen", ergänzte Dr. Skibbe. „Dann kann sich hier niemand verlaufen. Ich kenne den oberen Bunker nämlich wie meine Westentasche, die GSG9 aber nicht", sagte er nun lächelnd. „Also gut – dann alle auf ihre Posten!" rief nun Kate. Und Colour Sergeant Steven Miller fragte gleich zurück: „Also wer hat jetzt das Oberkommando?" Da kam Kate noch eine wichtige Idee: „Du Steven, aber falls Dir was passiert, würde ich vorschlagen, dass ich das dann übernehme, so ich hier mit der Technik fertig bin. Und falls ich ausfalle, dann macht Sandra weiter. Wie wäre das?" „Klingt gut, meinte Steven jetzt, ja so machen wir das! Kate, Du bist die geborene Soldatin!" „Nur wider Willen, denn zuerst möchte ich ganz einfach wieder Mutti sein dürfen, nicht wahr, Kai?" Und sie drückte Kai Ahrens fest an sich.

Helgoland, im oberen Bunker, 12.20h

Cora Schuster und Reinhold Petermann hatten beschlossen, beim ersten bekannten Bunkereingang zu beginnen, welchen man vom Unterland der Insel aus erreichen konnte, wenn man sich der Langen Anna näherte. Sie entfernten die Absperrgitter und schickten zwei Mann als Speerspitze voraus, beide hatten ihre Heckler & Koch Maschinenpistolen entsichert und waren auf alles gefasst. Sie tasteten sich langsam vorwärts. Alle trugen Helme und Helmlampen, um die Hände frei zu haben. Sie hatten zwar jetzt eine relativ gute Sicht, aber boten so leider auch selbst gute Ziele für einen Heckenschützen, der hier möglicherweise im Dunkeln verborgen lag. Sie bogen eben um eine Ecke des Tunnelganges, als sie plötzlich ein schnappendes Geräusch vernahmen, nein genau genommen sogar ein zweimaliges Schnappen. In der nächsten Sekunde waren die beiden vorausgehenden Soldaten plötzlich erblindet, weil jeder eine Gotcha-Kugel mitten ins Gesicht bekommen hatte. Instinktiv feuerten sie jetzt sinnlos und blind in den vor ihnen liegenden dunklen Stollen, doch ihre Geschosse jaulten als harmlose Querschläger davon. Dann erklang ein leises Sirren und der vordere GSG10-Mann schrie auf und ging zu Boden, weil in seinem Oberschenkel ein Bajonett aus dem zweiten Weltkrieg steckte, welches jemand geworfen haben musste. Schnell eilten Cora Schuster und Reinhold Petermann zu Hilfe und zogen ihre Leute hinter die sichere Biegung des Ganges. „Verdammt, die haben schon auf uns gewartet!" rief Cora. Dann winkten sie ein paar weitere GSG10 Kämpfer heran und machten eine kurze Lagebesprechung. In diesem Moment gab es einen ohrenbetäubenden Knall und eine Staubwolke raste durch den Gang auf sie zu, so dass sie sich noch weiter zurückziehen mussten. „Verdammt, die haben auch noch Sprengstoff! Das hat uns gerade noch gefehlt!" fluchte jetzt Reinhold Petermann. „Wir brauchen wenigstens noch einen, wenn nicht noch mehrere Zugänge", meinte nun Cora Schuster. „Könnten wir uns nicht vom Oberland aus irgendwo durch eine kleine Sprengung selber einen Zugang verschaffen?" fragte Reinhold Petermann gerade, als es ohne Vorwarnung geschah. Aus einem nach rechts abzweigenden Nebengang wurde eine Salve abgefeuert, die zwei weitere GSG10-Leute in die Beine traf. Danach gab es einen gewaltigen Knall in dem Nebentrakt, der Splitter und Staub auf die kleine Gruppe der GSG10 herunter regnen ließ. Schnell zogen und schleppten sie sich zurück zum Ausgang. Sie hatten sich für das Erste eine blutige Nase geholt und rechneten nun mit dem Schlimmsten. Drei Verwundete in noch nicht mal fünf Minuten, während man den Gegner nicht mal gesehen hatte – schlimmer hatte es wahrlich nicht kommen können. Allerdings fragte sich Cora Schuster, ob sie es nicht vielleicht doch nur mit Zivilisten zu tun hatten, denn bis jetzt war ja noch niemand getötet worden. Echte Soldaten kämpften ihrer Meinung nach ganz anders.

Helgoland, unterer Bunker, geheime U-Boot Kammer von Großadmiral Dönitz, 15.04h
Wenn man den Schreibtisch des Großadmirals beiseiteschob, öffnete sich automatisch eine Falltür im Boden, welche eine Treppe freigab, die bereits nach fünf Stufen im rechten Winkel nach links zu einem schmalen Verbindungsgang von etwa eineinhalb Metern Breite führte. Nach weiteren zehn Metern gelangte man dann zu einem Schott aus Stahl, welches sich per Handkurbel öffnen ließ. Dahinter lag eine künstlich in den Felsen getriebene Grotte mit Wänden aus Stahlbeton, welche knapp siebzig Meter lang war. Sie war dafür aber nicht mehr als etwa zwanzig Meter breit und nur etwa zehn Meter hoch. An der Decke war ein Kran an eine Laufschiene aus Metall montiert worden, welcher seine Energieversorgung aus mehreren Akkumulatoren bezog, die man ebenso wie die Akkumulatoren der Funkgeräte in der Kammer mit den Dieselgeneratoren aufladen konnte. Über einen Stahltreppe mit zehn Stufen gelangte man dann zu einem rechteckig angelegten Wasserbecken, in welchem seit mehr als zweiundsiebzig Jahren die bis dahin größte und wohl auch letzte Innovation der

deutschen Kriegsmarine vor sich hindümpelte. Es handelte sich dabei um ein zylindrisch geformtes Boot, welches seine Erbauer offensichtlich aus leichten Aluminiumblechen konstruiert hatten, so dass das Boot selbst eher den Eindruck eines Flugzeugrumpfes vermittelte. Die Aufbauten hatte man sehr flach und stromlinienförmig gehalten, um sowohl dem Wasser als auch der Luft nicht allzu viel Widerstand zu bieten. Das Boot besaß sowohl am Bug wie auch am Heck Torpedorohre, und auf das Heck hatten seine Konstrukteure eine 8,8cm Flugabwehrkanone gesetzt, welche nach allen Seiten von einer etwa einem Meter hohen Schanzwand aus etwa zehn Zentimeter dicken Stahl umgeben war. Das Schiff war in einer modernen endstrichlosen Schrift gekennzeichnet worden und trug die schlichte Bezeichnung „SKL 1[]". Dahinter hatte man in den entsprechenden korrekten Farben eine Reichkriegsflagge auf den Rumpf gemalt, und auf dem Bug des Schiffes hing ebenfalls eine solche Flagge. Letztere war jedoch noch in einer Persenning eingerollt und offensichtlich wie das Boot selbst noch nie benutzt worden. Am Heck des Bootes war der eigentliche Name des ungewöhnlichen Schiffes in altdeutschen Lettern auf den Rumpf gemalt worden. Das Boot trug den Namen „Adolf Hitler I". Alan Parker, der jetzt in die U-Boot-Grotte kam, um Larry, Brian und Kai etwas Proviant zu bringen, staunte nicht schlecht, als er das Boot jetzt zum ersten Mal sah. Das Boot als solches schien unbeschädigt zu sein, doch waren einige große Betonbrocken auf dem vorderen Drittel des Rumpfes gelandet, welche offensichtlich bei einem früheren Bombardement Helgolands aus der Decke gefallen waren. An den Stellen, wo sie aufgeschlagen waren, konnte man leichte Dellen im Blech des Bootes erkennen, aber seine Rumpfverkleidung schien das alles gut überstanden zu haben und ansonsten völlig intakt zu sein. Erhellt wurde diese Halle von Glühbirnen, von denen der größte Teil noch intakt war, da man sie sorgfältig in wasserdichten Gehäusen untergebracht hatte. „Was ist das für ein Boot?" wollte jetzt Alan Parker wissen, und Dr. Skibbe, der hinter ihm die U-Boot Grotte betreten hatte, sagte jetzt: „Dieses Boot war damals die größte Innovation, welche die deutsche Kriegsmarine während des Krieges in Auftrag gegeben und auch gebaut hat, wie wir an diesem Prototyp hier sehen können. Ich haben mir die Unterlagen sorgfältig durchgelesen und bin zu dem Schluss gekommen, dass es so eine Art Hybrid aus Schnellboot und Unterseeboot darstellen soll. Es ist bis zu fünfzig Knoten schnell und kann nach Belieben tauchen oder über Wasser fahren." „Und wie kommen wir mit diesem Boot hier raus aus diesem Bunker?" wollte jetzt Brian wissen, der natürlich keine Lust hatte, die Betonbrocken vergeblich vom Deck zu entfernen. „Nun, dass da drüben ist das Tor zu einem Schleusentunnel, welches eine Schleuse zur Nordseite Helgolands hin öffnet. Ich habe mir sogar schon die Pumpanlage da drüben angesehen und sie spaßeshalber mal angestellt – sie funktioniert sogar noch. Allerdings müssten wir die Schleusenkammer erst checken, bevor wir mit dem Boot hineinfahren, denn wenn die Schleusenkammer durch das Bombardement der Briten nach dem Krieg beschädigt wurde, dann scheidet das Boot als Fluchtweg leider aus. Allerdings habe ich etwas Angst davor, das Schott zu öffnen, denn wenn dahinter plötzlich die Nordsee stehen sollte, saufen wir alle elendig in diesem Bunker ab. Von meinen Tauchgängen her bin ich mir leider nicht sicher, was uns da erwartet." „Kann denn überhaupt einer von uns das Boot fahren?" wollte jetzt Larry wissen. „Oh ja, ich kann das! Ich war früher bei der Marine und habe sogar auf einem modernen Schnellboot gedient. Ich habe mir bereits die Bedienungsanleitungen durchgelesen und muss sagen, dass es erheblich schwieriger sein kann, einen DVD-Player zu programmieren. Denn das hier ist alles noch echte Handarbeit." „Kann Tante Kate das Boot auch fahren?" wollte Kai jetzt wissen.

[] SKL 1 = Seekriegsleitung 1

„Das ist gut möglich“, meinte Dr. Skibbe. Dann fragte er: „Wo ist denn eigentlich Florian, so kenne ich den ja gar nicht, denn normalerweise ist er ja immer der erste am Kaffee.“ Da ertönte von der anderen Seite des Schiffes plötzlich ein lauter Schmerzensschrei und danach ein lauter Ruf: „Ich hab ihn, ich hab ihn, aua!“ Dann kam Florian hinter dem Heck des Bootes aus dem Wasser, welches ihm hier etwa bis zur Hüfte ging, nach oben gestiefelt, wobei er der schrägen Betonrampe bis auf das Trockene folgte. In jeder Hand hielt er einen mittelgroßen Helgoländer Hummer und strahlte alle an. „Unter dem Boot ist alles voll davon, ich habe sie durch Zufall mit meiner Taschenlampe entdeckt! Es müssen hunderte sein, die sitzen da dicht an dicht! Und wir vermissen den Helgoländer Hummer, ist das nicht phantastisch?“ „Da geht ja selbst der sonst so wasserscheue Florian ins Wasser“, witzelte Dr. Skibbe und lächelte. „Ich hole noch mehr raus, heute Abend gibt es zur Siegesfeier Hummer!“ rief Florian. Dr. Skibbe nahm ihm jetzt mit geübtem Griff die beiden Hummer ab und versprach, einen Eimer oder etwas Ähnliches zu suchen, dann machte er sich auf den Weg zu Eddie und Lissy, von denen letztere in spitzes Gekreische ausbrach, als der eine Hummer sie durch das Umklappen seines Hinterleibes nass spritzte. Dann setzte sie einen großen Blecheimer auf den Campingkocher und bereitete die schmackhaften Tiere gekonnt zu. Der heutige Tag war in der Tat siegreich gewesen, und sie hatten der GSG9 einige empfindliche Nadelstiche versetzt, so dass diese zunächst ihre Aktionen im oberen Bunker hatte einstellen müssen. Aber dass die GSG9 mit einer anderen Taktik bald wieder auf dem Plan sein würde, war allen Beteiligten bereits jetzt klar.

Helgoland, im Schlafquartier des Dönitz Bunkers, 22.35h

Der Stich von Coras Schwert in Lissys Rücken bereitete dieser inzwischen starke Schmerzen, und sie waren sich nicht sicher, wie tief das Schwert tatsächlich eingedrungen war. Zwar konnten sie ihr Schmerzmittel geben, aber da Lissy sich jetzt auch etwas schwächer fühlte, mussten sie davon ausgehen, dass sie leichte innere Blutungen hatte. Und auch Kate hatte technische Probleme, denn einige der alten Kabel waren bei dem Versuch, den Sender in Betrieb zu nehmen, einfach durchgeschmort, und einige Stecker und Adapter hatten sich ebenfalls verabschiedet. Sie schrieb eine Liste von diversen elektronischen Hilfsmitteln, welche sie noch brauchte und zeigte sie gerade Florian und Dr. Skibbe, als Eddie mit ernster Miene hereinkam und nur sagte: „Lissy braucht dringend einen Arzt, ich mache mir wirklich Sorgen um sie!“ „Shit, das hat uns gerade noch gefehlt!“ stöhnte Kate. „Florian, was sollen wir nur machen? Wir können doch Lissy nicht einfach sterben lassen?“ sagte Kate. Da sagte Dr. Skibbe ruhig: „Dann gehen wir eben mal kurz einkaufen und holen uns außerdem Dr. Nesemann her!“ „Und wer soll das machen? Da oben wimmelt es doch nur so von GSG9-Leuten!“ meinte Kate. „Aber ich kenne ein paar Abkürzungen und Wege, die uns einen großen Heimvorteil verschaffen. Und den werden wir eben einfach nutzen. Wir gehen durch die Biologische Station raus, und Lisbeth sondiert als erste die Station. Kate, Du kommst mit und schaltest die Wachen aus, falls da welche sein sollten. Dann führe ich uns alle schnell zum Elektronikladen am Lung Wai, und während Du die Elektrosachen einlädst, hole ich Dr. Nesemann dazu. Danach sind wir so schnell wieder weg, dass die GSG9 gar nichts merken wird, “ meinte nun Florian. „Wir brauchen noch einen Mitstreiter, nämlich Sandra“, sagte Kate nun ruhig. „Warum ausgerechnet Sandra?“ wollte Dr. Skibbe wissen. „Weil sie als einzige lautlos mit Messern töten kann, falls es nötig ist. Und mittlerweile glaube ich, dass wir daran kaum vorbeikommen“, sagte Kate ruhig.

27. Oktober 2017, Donnerstag

Helgoland, im oberen Bunker, 00.20h

Cora Schuster und Reinhold Petermann waren nach langen Überlegungen und Diskussionen mit ihren Teamleadern zu dem Ergebnis gekommen, dass sie momentan zu viele strategische Nachteile auf ihrer Seite hatten. Andererseits hatte der Stromausfall auch sein Gutes, denn so konnten die Briten ihnen nicht mit ihren Kampfhubschraubern gefährlich werden. Aber da waren immer noch die britischen Zerstörer, welche die Insel durchaus beschießen konnten. Allerdings war das wohl eher unwahrscheinlich, da sie ja auch eigene Leute auf Helgoland hatten. Und mit Sicherheit waren die Briten vernünftig genug, die Zivilbevölkerung nicht in Mitleidenschaft ziehen zu wollen. Cora Schuster hatte sich etwas ausgeruht, dann neu verbinden lassen und war nun wieder einsatzfähig. Sie meinte jetzt: „Wenn wir Flammenwerfer hätten, dann würde das einiges vereinfachen. Auf der anderen Seite wissen wir es leider nicht, wie viel Sprengstoff sie haben. Ich würde daher vorschlagen, dass wir es nochmals versuchen. Allerdings sondieren wir erst das Terrain, und beim Vormarsch durch die Gänge werfen wir erst Handgranaten um die Ecke, bevor wir uns sehen lassen. Vielleicht können wir ihnen ja so einige Verluste zufügen, und ein paar Meter für uns gewinnen." „Hm, ich weiß nicht, und wenn sie auch Handgranaten haben, was dann?" „Dann macht derjenige das Rennen, der mehr davon hat! Wir haben wenigstens 500 Stück, und ich bezweifle, dass die paar Figuren im Bunker auch so viele haben", meinte Cora Schuster nun. „Und wenn wir erst mal einen unbewaffneten Unterhändler reinschicken und die Herausgabe des konspirativen Materials verlangen, bei freiem Abzug für die Bunkerbesetzer?" schlug Reinhold Petermann jetzt vor. „Darauf werden die wohl kaum eingehen", meinte jetzt der Adjutant von Reinhold Petermann, „das hat Cora ihnen schon ausgetrieben, leider." „Einen Versuch ist es ja trotzdem wert, außerdem könnten wir dabei in Erfahrung bringen, ob auch noch ein paar von diesen verfluchten Royal Marines mit im Bunker sind. Allein diese Information ist die Sache doch schon wert!" meinte Cora Schuster. Nach einer kurzen Diskussion beschlossen sie dann, dass der Adjutant von Reinhold Petermann als Parlamentär in den Bunker gehen sollte, unbewaffnet und mit weißer Fahne. Dann sammelten sie insgesamt etwa fünfzig ihrer Kämpfer im Eingangsbereich, um es nach gescheiterten Verhandlungen so schnell wie möglich mit einem Überraschungsangriff zu versuchen. Doch sie sollten selbst überrascht werden.

Helgoland, Biologische Station, 00.25h

Das kleine Team hatte sich erfolgreich durch die Falltür im Boden der Besenkammer in die jetzt verlassene Station geschlichen, und soweit sie das beurteilen konnten, waren weder in der Nähe der Station noch auf dem Weg zum Oberland Wachen postiert. Das Wetter kam dem kleinen Stoßtrupp zu Hilfe, denn es regnete junge Hunde. Das erste, was ihnen auffiel, war die allgemeine Dunkelheit auf der gesamten Insel. Und dann wurde ihnen klar, dass ihr Störsender sehr wahrscheinlich den Stromausfall verursacht hatte. Das hatte allerdings auch den Nachteil, dass sie so keinen Kontakt zur Homefleet der Briten herstellen konnten, so dass weder sie noch ihre Freunde auf dem Wasser wussten, wie es den jeweils anderen ergangen war. Es herrschte überall eine Totenstille und ihnen wurde klar, dass der Störsender vermutliche jegliche Form von Elektronik beeinträchtigte. „Shit!" rief jetzt Kate leise. „Das erklärt auch, warum mir die Kabel alle durchgeschmort sind! Vor dem Senden müssen wir wahrscheinlich erst den Störsender abschalten. Ich werde außerdem noch einen kleinen Mini-Fernseher mitnehmen, damit wir wissen, ob und wann wir auf Sendung sind!" Jetzt pirschten sie sich alle durch den Lung Wai Richtung Oberland, wobei Dr. Lisbeth Müller-Schiffer zusammen mit Terry Watkins und einem der Royal Marines in der Biologischen Station zurückblieb, um ihren Rückzugsweg offen zu halten, während Florian voran ging und Kate und Sandra von Haus zu Haus führte. Schließlich klopfte Florian am Seiteneingang eines Hauses das SOS-Zeichen, und schon nach wenigen Minuten öffnete ihnen ein verschlafener Mann die Tür. Es handelte sich um den Besitzer des Elektronikladens, den Florian nun darum bat, Kate die benötigten Kabel und Teile in einen wasserdichten Rucksack zu packen, was dieser dann auch bereitwillig tat, da Florian ein guter Freund von ihm war. Kate sollte dabeibleiben, darauf achten, dass es die richtigen Teile waren und außerdem die Rückkehr Florians und Sandras mit Dr. Nesemann abwarten. Diese erreichten das Haus von Dr. Nesemann unangefochten, traten durch die unverschlossene Haustür ein und erschraken, weil hier ein GSG9-Mann im Flur saß und rauchte. Der Mann war genauso erschrocken wie die beiden Eindringlinge, und Sandra wollte ihn schon fast mit einem Messer ausschalten, als Florian sagte: „Halt, wir sind hier bei einem Arzt, kein unnötiges Blutvergießen, Sandra!" Der GSG9-Mann war unbewaffnet und war einer von denen, die man wegen ihrer Verletzungen im Krankenzimmer von Dr. Nesemann einquartiert hatte. Denn Dank des gut platzierten Treffers einer Gotcha-Kugel konnte er kaum noch etwas sehen, was wohl etwas längere Zeit zur Heilung brauchen würde. Sandra, die wie Florian auch in einen dunkelblauen Overall aus Wehrmachtsbeständen gekleidet war, ging nun zu dem Mann und begann damit, ihn an seinen Stuhl zu fesseln. Dann bewachte sie ihn mit einem gezogenen Bajonett, welches sie jedoch nicht direkt an seinen Körper hielt. Nur wenige Minuten später kam Florian mit Dr. Nesemann wieder, der entsetzt war, dass sie einen seiner Patienten gefesselt hatten. Dazu sagte Florian jetzt: „Dr. Nesemann, Sie werden mit Sicherheit bald alles verstehen, wir machen das hier nicht zum Spaß, es geht um viele Menschenleben. Es gibt jetzt zwei Möglichkeiten: Entweder Sie geben dem Mann ein Schlafmittel, oder Sandra gibt ihm etwas anderes, aber dann schläft er nicht sanft ein, wenn Sie verstehen, was ich meine." Angstvoll starrte der GSG9-Mann in die Dunkelheit, dann sagte er: „Ich werde kooperieren, ich habe nichts gehört oder gesehen, O.K.?" In diesem Moment gab ihm Dr. Nesemann schon eine Injektion in den rechten Arm, und Sekunden später schlief der Mann. Florian trug Dr. Nesemanns Tasche, dann erreichten sie den Elektronikladen, wo der Ladenbesitzer noch immer mit einer Taschenlampe herumkroch und die richtigen Teile suchte. Nach weiteren zehn Minuten war alles gepackt, und Florian, Kate, Sandra und Dr. Nesemann gingen nun zur Biologischen Station, die sie ohne Probleme erreichten. Terry Watkins empfing sie, versicherte ihnen, dass die Luft rein sein und brachte sie zum Bunkereinstieg, vor welchem sie jedoch Dr. Nesemann die Augen verbanden, damit er den Eingang nicht verraten konnte. Sie verschlossen und versiegelten den Eingang hinter sich, stiegen die Treppen hinab und brachten den Inselarzt schnell zu Lissy, um die er sich sofort kümmerte.

Helgoland, im oberen Bunker, 01.45h

Der Parlamentär war tatsächlich unbewaffnet, trug eine weiße Fahne, die aus einem Unterhemd bestand und rief nach den Bunkerbesetzern: „Hallo, bitte nicht schießen, ich komme in friedlicher Absicht." Er erreichte schließlich einen kleinen Berg aus Betontrümmern, die bei dem Scharmützel am letzten Mittag aus dem Bunker gesprengt worden waren, als ihn plötzlich aus dem Dunkeln jemand anrief: „Stop or You will die!" Sofort hielt er inne und betonte seine friedlichen Absichten. Da der Royal Marine kein Deutsch sprach, sagte er nur: Wait here!" Der Parlamentär blieb stehen. In diesem

Moment eilte Dr. Skibbe herbei und fragte den Mann nur kalt: „Was wollen Sie von uns?“ „Ich soll Ihnen ausrichten, dass wir nur die Herausgabe allen konspirativen Materials verlangen. Wenn Sie uns dieses geben, dann werden wir Sie alle gehen lassen.“ Dr. Skibbe schüttelte nur mit dem Kopf, dann sagte er: „Wir glauben Ihnen nicht. Kommen Sie ruhig und holen Sie sich die Unterlagen, wir sind bestens auf Sie vorbereitet. Wir haben einige Dutzend Royal Marines hier. Und noch ein paar weitere Überraschungen für Leute, wie Sie es sind. Oder meinen Sie im Ernst, dass wir mit gemeinen Mördern und Sadisten verhandeln? Und jetzt scheren Sie sich gefälligst zum Teufel, sonst lasse ich Sie auf der Stelle erschießen!“ Der Parlamentär beeilte sich, schnell davon zu kommen. Als er Reinhold Petermann erreichte, schüttelte er nur mit Kopf und erstattete Meldung. Dann gab Cora Schuster das Signal zum sofortigen Angriff. Sie rückten bis zur ersten Biegung des Ganges vor und warfen einige Handgranaten um die Ecke, die mit einem dumpfen Hall fast gleichzeitig explodierten.

Helgoland, im Schlafquartier des Dönitz Bunkers, 01.50h

Dr. Nesemann hatte jetzt alles getan, was in seiner Macht stand, dann erhob er sich müde und sagte: „Sie braucht jetzt sehr viel Ruhe, keine körperlichen Anstrengungen irgendwelcher Art mehr und außerdem regelmäßig diese Antibiotika.“ Er gab Eddie eine Tüte voller Medikamente, während Lissy bereits eingeschlafen war. Da hörten sie ein entferntes dumpfes Echo von einer Explosion und Minuten später erhielten sie die Nachricht, dass einer der Royal Marines von einem Granatsplitter verwundet worden war. Nach etwa einer Viertelstunde wurde der nur notdürftig versorgte Mann hereingetragen, und Dr. Nesemann kümmerte sich nun auch noch um dessen Wunden. Es waren zum Glück nur tiefe Fleischwunden, die er schnell und gut behandeln konnte. Er hatte dem Verletzten etwas Morphium gegeben, und dieser schlief nun auf einer der Pritschen in der Schlafkammer. Kate war unterdessen nicht untätig gewesen, hatte den Störsender ausgeschaltet und war dann gemeinsam mit Terry Watkins zum Bunkerausstieg in der Biologischen Station geeilt, von wo aus sie jetzt auf ihrem nun wieder funktionierenden Handy Sergeant Myers anwählte, der auch tatsächlich erreichbar war. Sie schilderte ihm die Lage, und er wies sie darauf hin, dass die Briten nur auf Helgoland landen könnten, falls der Störsender desaktiviert blieb. Jetzt kam Colour Sergeant Steven Miller dazu und meinte: „Die GSG9 beschäftigen wir zurzeit im oberen Bunkerkomplex, vielleicht wäre es nicht schlecht, wenn ihr vom Schiff aus den Bunkereingang bei der Langen Anna ein wenig unter Feuer nehmen könntet. Das könnte meine Leute oben etwas entlasten, am besten ihr nehmt dafür einen meiner Tiger.“ „Aber Steven, das eskaliert ja immer mehr, ist Dir das bewusst?“ meinte jetzt Kate. „Du hast recht, machen wir es anders: Feuert nicht auf die GSG9, sondern nur auf die Felsen über dem Eingang. Vielleicht begreifen sie es ja dann, dass sie lebendig begraben werden, falls sie weiterhin angreifen. Wir geben Euch ab jetzt zwanzig Minuten für den Einsatz, dann aktivieren wir wieder den Störsender, O.K.?“ „Verstanden“, sagte Sergeant Myers, und sie beendeten das Gespräch.

Helgoland, im oberen Bunker, 02.03h

Zwar hatte die Handgranaten-Attacke ihren Tribut von den Royal Marines gefordert, doch riefen sie sofort Verstärkung herbei, brachten ihren Verletzten in Sicherheit und zogen sich um die nächste Biegung des Ganges zurück. Zu ihrem Glück deckte der Steinstaub der Explosionen ihren Rückzug, so dass die GSG9-Kämpfer nur sehr langsam vorankamen. Und bevor diese um eine weitere Biegung gingen, warfen sie wieder Handgranaten, doch diesmal erlebten sie dabei eine böse Überraschung. Denn der Gang war bereits zwei Meter hinter der Biegung zu Ende und gabelte sich in zwei Gänge nach links und rechts, sodass die Handgranaten gegen eine Betonwand prallten, von dieser noch etwa einen Meter zurückgeworfen wurden und dann explodierten. Einige Granatsplitter fanden jetzt weiche Ziele in den vordersten GSG9-Leuten, von denen einer sogar tödlich in die Halsschlagader getroffen wurde, während drei weitere nicht unerhebliche Verletzungen aller Art erlitten. Schnell zogen sie sich zurück und hielten leise Kriegsrat, als sie plötzlich eine düstere Stimme aus den Tiefen des Ganges vernahmen: „Nun, Sie wollten ja nicht hören. Und ehrlich gesagt freut es mich immer, wenn Mordgesindel sich gegenseitig ausrottet. Machen Sie nur immer weiter so! Und des Weiteren würde ich an Ihrer Stelle machen, dass ich aus dem Bunker komme, denn unsere Freunde werden in Kürze von See her zuschlagen. Oder wollen Sie hier alle lebendig begraben werden? Na ja, Ihre Sache!" Dr. Skibbe ging lachend wie ein Gespenst weg, und die GSG9-Kämpfer schafften es gerade noch, aus dem Haupteingang des Bunkers ins Freie zu gelangen. Plötzlich stand ein Tiger-Kampfhubschrauber neben der Langen Anna, verharrte auf einem imaginären Fleck in der Luft und leerte die Magazine seiner Maschinengewehre in den Sandstein über dem Bunkereingang, worauf etliche Brocken jeglicher Größe herabfielen. Danach krönte er sein Werk noch mit dem Abschuss einer Hellfire-Rakete, welche den Bunkereingang mit herabfallenden Trümmern versiegelte. Dann drehte er ab mit Kurs auf die Dorsetshire II und der Störsender wurde wieder aktiviert. Zum zweiten Mal ging auf der gesamten Insel der Strom aus.

Helgoland, im Bunker von Großadmiral Dönitz, Befehlsstand, 03.03h

Dr. Nesemann staunte nicht schlecht, als Kathrin Nightingale ihn in den Befehlsstand von Großadmiral Dönitz führte, an der Wand prangte immer noch in stählernen Lettern das Motto: „Sieg um jeden Preis". Dann erklärte sie ihm die Einrichtung der Anlage: „Dr. Nesemann, diese Anlage wurde eigentlich eher zufällig von Rüdiger und Florian entdeckt. Da ich gelernte Telekommunikationstechnikerin bin und bei Siemens ausgebildet wurde und auch einige Jahre in Deutschland studiert habe, kann ich Ihnen versichern, dass diese gesamte Anlage ihrer Zeit wenigstens um zwanzig Jahre voraus war, was uns heute zugutekommt. Dabei handelt es sich um eine so genannte Fernbildübertragungszentrale, mit deren Hilfe die deutsche Seekriegsleitung damals die gesamte deutsche Bucht kontrollieren wollte, um hier eine Invasion der Alliierten auf dem Seeweg abzuwenden. Die Wirkungen des Störsenders sind im Vergleich mit heutigen Störeinrichtungen zwar eher gering, aber sie genügen offenbar völlig, um sämtliche Elektrizität und Elektronik im Umkreis von etwa zwei Kilometern rund um die Insel lahm zu legen, wie Sie es ja vielleicht selbst schon bemerkt haben. Ich arbeite schon die ganze Zeit daran, diesen Sender einsatzfähig zu machen, damit wir bald auf Sendung gehen können. Die Zeit drängt!" Dr. Nesemann sah Kate verständnislos an, dann fragte er: „Aber ich verstehe es immer noch nicht, was Sie hier unten wirklich wollen, Miss Nightingale? Und warum die plötzliche Besetzung der Insel durch die GSG9?" Da schaltete sich Florian ein: „Nun, Dr. Nesemann, durch meine verstorbene Lebensgefährtin Susanna erhielt ich Kenntnis davon, dass da draußen etwas richtig Großes im Gange ist. Haben Sie schon mal was von Miguel Armadillo gehört?" „War das nicht dieser Argentinier, der behauptete, dass bald eine große Flutwelle unsere Küste heimsuchen würde?" fragte jetzt Dr. Nesemann. „Genau der! Wir haben aus legalen und auch aus illegalen Quellen die Information erhalten, dass der Mann mit seinen Forschungen völlig Recht hatte, aber leider mundtot gemacht wurde. Und dabei konnten wir es verifizieren, dass einige Leute um den Deutschen Bundeskanzler es geplant haben, unsere gesamte Küste einfach absaufen zu lassen! Man will sich so etlicher Arbeitsloser und der strukturschwachen Küstenregionen einfach entledigen. Nach den Berechnungen von Miguel Armadillo wird sich das Großereignis, welches unsere Inseln und Küste zerstören wird, innerhalb der nächsten paar Tage abspielen. Dr. Nesemann, so unglaublich es auch klingen mag, aber wir können das alles mit legalen und illegal beschafften Dokumenten belegen. Wir wollen die deutsche Küstenbevölkerung warnen, und wenn es uns unser Ansehen in der wissenschaftlichen Welt, unseren guten Ruf oder vielleicht sogar noch unser Leben kostet. Soll ich Ihnen mal einige der Dokumente zeigen? Können Sie es sich vielleicht jetzt vorstellen, warum die GSG9 uns jagt?" fragte Florian ihn jetzt und Dr. Nesemann sah nachdenklich drein. Dann fragte er: „Und Sie haben mich nicht angelogen, wegen der Geschichte mit der fast hingerichteten Sonderermittlerin?" Kate schüttelte energisch den Kopf. „Dr. Nesemann, Sie kennen mich doch inzwischen etwas, oder? Ich habe fast das ganze Verhör von dieser Frau mit Lissy anhören müssen. Was meinen Sie wohl, was das für mich für ein schrecklicher Anblick war, als sie Lissy das Schwert in den Rücken piekte? Ich dachte erst, sie will sie abstechen, doch dann wurde mir klar, dass sie sie tatsächlich enthaupten wollte. Diese Frau muss irgendwie pervers veranlagt sein, oder so etwas, wie würden Sie das denn wohl nennen?" „Barbarisch, einfach nur barbarisch", sagte jetzt Dr. Nesemann. Dann fragte er: „Wann können Sie denn auf Sendung gehen?" „Nun, eigentlich wollte ich jetzt erst mal zwei Stunden schlafen, weil ich sonst nur noch Mist mache, und danach wollte ich durchgeschmorte Teile erneuern. Gesendet werden soll dann nach Einbruch der Dunkelheit, da wir zum Senden unseren Sendemast ausfahren müssen. Und bei Tag ist der einfach zu verwundbar." „Weiß denn die GSG9 von diesem Bunker und der Sendeeinrichtung? Warum haben Sie es nicht vom Ausland her aus probiert?" wollte Dr. Nesemann jetzt wissen. „Tja, die wissen natürlich nichts von diesem Bunker, geschweige denn davon, dass der Großadmiral Dönitz damals von hier aus mit einer Übertragung von Fernsehbildern mit seinen Kriegsschiffen kommunizieren wollte. Sie wissen nur, welches konspirative Material sich in unserem Besitz befindet, und dieses wollen sie natürlich wiederhaben. Und die Zeugen beseitigen, sowie sie bereits diverse andere Leute auf der gesamten Welt beseitigt haben. So wie etwa Miguel Armadillo mit seiner Frau Juanita, den sie in die Pampa geschickt haben, oder den Meeresforscher Ethan Donaldson in Schottland, der einen tödlichen Autounfall hatte. Oder Clarice Schumann aus der Schweiz, die einer Bombe zum Opfer fiel. Wir müssen leider sehr vorsichtig sein, denn auch ausländische Regierungen hängen mit drin, wir wissen es aber nicht genau, welche", sagte Kate nun seufzend und gab allen Umstehenden einen Becher von dem Kaffee, den sie gerade nebenbei gekocht hatte. Dr. Nesemann wurde immer nachdenklicher, dann meinte er schließlich: „Aber Schwester Kathrin, wollen Sie denn jetzt wieder für eine vermeintlich gute Sache militant werden? Hatte ich es Ihnen bei unserer letzten Bibelstunde nicht gezeigt, dass das nichts bringt?" „Ja, Dr. Nesemann, das habe ich alles verstanden, weshalb wir bisher auch darum bemüht waren, auf der Gegenseite möglichst keine Menschen zu töten. Aber wir müssen uns hier leider zumindest so lange halten können, bis wir unsere Nachrichten gesendet haben. Danach soll die Nachwelt über uns entscheiden. Und ich kämpfe ja jetzt hier auch nicht mit Waffen, sondern mit alter Technik, wie Sie sehen." „Da hätte ich noch einen Gedanken für Sie, Miss Nightingale. Denken Sie bei allem immer an das Bibelwort *Es soll nicht durch Heer oder Kraft geschehen, sondern durch meinen Geist, spricht der Herr.* Und hüten Sie sich davor, nochmals jemanden zu töten. Nichts ist schlimmer, als wenn ein Gotteskind auf solche Abwege kommt." Kate sah ihn sehr nachdenklich an, dann fragte sie: „Aber was ist, wenn der Gegner so unerbittlich grausam ist wie der unsere?" „Nun, in solchen Fällen würde ich ins Gebet gehen und um Weisheit beten. Und außerdem würde ich mich in Appellen via Fernsehen direkt an meine Feinde wenden. Denn ich könnte es mir ganz gut vorstellen, dass ein guter Teil der GSG9-Leute die Jagd nach Ihnen einstellen würde, wenn er dieses Material hier zu sehen bekäme. Deshalb würde ich so früh wie möglich auf Sendung gehen, warum denn nicht schon am Tag? Denn dass mit dem Wetter etwas nicht stimmt, müssten die meisten Küstenbewohner und Insulaner eigentlich längst gemerkt haben. Denn es regnet jetzt schon seit Tagen und Wochen fast ohne Unterlass an der gesamten Küste, die Pegelstände steigen überall an und die Deiche dürften zu einem großen Teil bereits stark durchfeuchtet sein." Meinte nun Dr. Nesemann, der das Geschehen auch kritisch beobachtet hatte. Dann fragte er: „Und wie komme ich nun wieder nachhause? Schließlich habe ich auf der Insel auch jede Menge Patienten, für die ich verantwortlich bin. Und was mache ich denn, wenn mich die GSG9 verhört, wo ich letzte Nacht war?" „Dann berufen Sie sich einfach auf Ihre ärztliche Schweigepflicht!" meinte nun Kate. „Hm, und wenn sie anfangen, mich auch noch zu foltern? Inzwischen kann ich mir da so einiges vorstellen, denn schließlich wurde bei Miss Terry möglicherweise sogar die Leber leicht beschädigt. Eigentlich kann ich so einen Patienten kaum weiter hierlassen, da mache ich mir wirklich Sorgen um Miss Terry. Was ist, wenn es Komplikationen gibt?" „Wollen wir mal das Beste hoffen, Dr. Nesemann", sagte jetzt Florian. „Können Sie denn die Kämpfe nicht irgendwie vermeiden? Schließlich möchte ich nicht als Arzt in einem Krisengebiet leben, geschweige denn dauernd die unnötigen Schussverletzten behandeln müssen. Könnten Sie denn nicht irgendwie die Bunkerzugänge sperren?" wollte Dr. Nesemann wissen. „Nun, das tun wir ja schon, soweit es eben geht", sagte Kate, dann kam ihr eine Idee. „Dr. Nesemann, könnten Sie nicht bei der GSG9 als unser Parlamentär auftreten? Sagen Sie es denen doch einfach, dass sie die Veröffentlichung unseres Materials sowieso nicht mehr verhindern können. Und dass wir kein Interesse an vielen Toten oder Verletzten haben. Sie sollen uns in Ruhe lassen und alle Feindseligkeiten einstellen. Anderenfalls sind wir gezwungen, unseren Bunker bis zum bitteren Ende zu verteidigen. Würden Sie das für uns tun, Dr. Nesemann?" „Gerne, aber erst würde ich mir gerne noch Ihr Material ansehen, um mich von der Authentizität Ihrer Thesen zu überzeugen. Denn ich möchte es mir nicht vorwerfen lassen müssen, mich für einen Haufen von durchgedrehten Spinnern eingesetzt zu haben." Da nahm Andrea O´Leary ihn an der Hand, führte ihn zum Schreibtisch des Großadmirals und breitete dort einige Unterlagen und Berichte aus. Dann erklärte sie ihm die einzelnen Dokumente und Zusammenhänge, und langsam staunte er immer mehr. Währenddessen schraubte, bastelte und lötete Kate an den Kabeln, und Alan Parker und Florian halfen ihr dabei. Sie arbeiteten die ganze Nacht durch und zwischendurch schaute auch Dr. Skibbe nach ihnen, um zu sehen, wie sie vorankamen. Das Fehlen von Himmlers SS-Dolch auf der Schreibtischplatte fiel ihm im Vorbeigehen zwar auf, aber er vergaß es auch schnell wieder. Wahrscheinlich hatte sich jemand der neuen Bunkerbesatzung ein Souvenir mitnehmen wollen. Warum auch nicht? Warum sollte er sich über alte Devotionalien der Nazi-Zeit den Kopf zerbrechen? Wie gut, dass diese Ära deutscher Geschichte vorbei war!

London, Downing Street No. 10, 04.15h

Gus Falkner hatte die engsten Mitarbeiter seines Kabinetts sofort zu der Krisensitzung geholt, zu der jetzt auch Keith Hastings und Kenneth Sinclair zugeschaltet waren. „Ja Ken", sagte Gus Falkner gerade, „wir tun von hier aus alles, um Eure Leute zu beschützen. Aber so wie es aussieht, soll eine Eurer Sonderermittlerinnen, diese Lissy oder wie die heißt, verletzt worden sein. Angeblich soll laut Kate irgend so eine Wahnsinnige, die angeblich für die GSG9 arbeitet, versucht haben, sie zu enthaupten! Wenn das so ist, dann werden wir noch ein paar Kontingente unserer Royals nach Helgoland schicken, um diese Person aus dem Verkehr zu ziehen; wir überlegen gerade, was wir dem deutschen Bundeskanzler mitteilen sollen. Oder ob wir das überhaupt machen, schließlich hat ja auch die deutsche Seite eine internationale Vereinbarung verletzt." Keith Hastings und Kenneth Sinclair waren sichtlich entsetzt, dann sagte Keith Hastings: „Ist denn eigentlich bekannt, warum unsere Leute mit den Wissenschaftlern im Bunker verschwunden sind, gibt es da schon was Konkreteres?" „Nun, so wie Kathrin Nightingale das Sergeant Myers geschildert hat, wollen sie auf Helgoland einen alten Fernsehsender in Betrieb nehmen, der sich in einem erst kürzlich entdeckten Geheimbunker von Großadmiral Dönitz befinden soll. Kathrin soll dabei gesagt haben, dass es um das Schicksal von Millionen Menschen gehe, weshalb man unbedingt von Helgoland aus senden müsse. Es ginge um eine Verschwörung diverser Regierungen gegen ihre Küsten bewohnenden Bürger. Näheres wollte sie aber nicht sagen, leider!" „Hm, aber wenn die Wissenschaftler mit dabei sind, dann scheint da ja irgendetwas dran zu sein. Und wenn die GSG9 hinter ihnen her ist, dann muss es schwerwiegend sein", sagte jetzt Kenneth Sinclair, der Noch-Taoiseach der Iren. „Tja Ken, was sollen wir nur machen?" Da schaltete sich Keith Hastings ein: „Ich würde vorschlagen, alles zu überwachen, vor allem alle deutschen Fernsehsendungen und Ähnliches. Vielleicht senden sie ja wirklich bald. Immerhin ist Kathrin eine Telekommunikationsexpertin, ich würde ihr durchaus einiges zutrauen." „Gut, aber was können wir noch machen? Denn wenn die Deutschen erst mal ihre Marine schicken, dann kann sich das Blatt schnell wenden, und wir wollen ja keinen Krieg provozieren, oder?" „Könnte man nicht ein neutrales Land mit einbeziehen, so wie etwa Dänemark oder die Niederlande?" „Da hätte ich so meine Zweifel. Denn was machen wir, wenn Kathrin mit ihren Verschwörungstheorien Recht hat, und andere Regierungen auch noch darin verwickelt sind?" wollte jetzt Gus Falkner wissen. „Ich fürchte, wir müssen uns etwas in Geduld üben, so sehr einen das auch quält. Ich würde sagen, wir bleiben in Kontakt, und Ihr haltet Euch alle Optionen offen, damit Ihr jederzeit noch ein paar Royals nach Helgoland schicken könnt." Die Fragen der Politiker sollten nur wenige Minuten später beantwortet werden.

Helgoland, im ehemaligen Bunker von Großadmiral Dönitz, Befehlsstand, 04.45h
Kate hatte Dr. Skibbe gebeten, den Sendemast auszufahren und dann den Störsender abzuschalten. Dann ging sie auf Sendung und es klappte tatsächlich sofort. Um diese Zeit liefen in vielen Kneipen und Nachtlokalen von Emden bis Husum noch die Fernseher, und erstaunlicherweise überlagerte die Sendung von Kathrin Nightingale jetzt das Programm des Zweiten Deutschen Fernsehens, so dass tatsächlich sehr viele Küstenbewohner die erste Sendung des Freien Senders Helgoland mitbekamen. Dr. Nesemann ruhte sich unterdessen im Schlafsaal bei den Kranken aus, und Andrea nahm jetzt ihre kleine Fernsehkamera und filmte die erste Ansprache von Kate, während Florian auf dem mitgebrachten kleinen Fernsehmonitor überwachte, ob tatsächlich gesendet wurde. Jetzt zoomte Andrea freihändig das Gesicht von Kathrin Nightingale heran, und Kate hielt eine kurze Ansprache: „Liebe Zuschauer, sicherlich erinnern Sie sich an mich im Zusammenhang mit dem von mir begangenen Bombenattentat auf Ian Bannister auf Helgoland. Doch für die, die mich noch nicht kennen, stelle ich mich hiermit nochmals vor. Mein Name ist Kathrin Nightingale, ich bin eigentlich eine ausgebildete Expertin für Telekommunikation und habe zusammen mit einem Team aus

Wissenschaftlern, Royal Marines und irischen Sonderermittlern hart daran gearbeitet, diese Sendung möglich zu machen. Heute geht es nicht um mich und meine Attentate, sondern es geht darum, dass wir alle deutschen Küstenbewohner von Helgoland aus sehr dringend vor einer großen Gefahr warnen möchten. Wir tun das auf diesem etwas ungewöhnlichen Weg aus dem Bunker von Großadmiral Dönitz aus dem Zweiten Weltkrieg, welchen wir wieder in Betrieb genommen haben, während uns die deutsche Bundesregierung die GSG9 auf den Hals gehetzt hat. Denn Ihre eigene Bundesregierung hat leider die Absicht, Sie alle an der Küste aus ökonomischen Gründen innerhalb der nächsten Tage einfach umkommen zu lassen! Ich weiß jetzt, dass das eine ungeheuerliche Anschuldigung ist, aber wir werden Ihnen jetzt Beweise präsentieren, die bereits einige Menschen das Leben gekostet haben. Deshalb übergebe ich das Wort jetzt an Dr. Rüdiger Skibbe, den Chefbiologen der Biologischen Station auf Helgoland."
Andrea zoomte jetzt Dr. Skibbe ein, der nun zuerst eine sachliche Zusammenfassung der Fakten präsentierte und dann die bereits vorbereiteten Dokumente per Mausklick auf den Bildschirm holte. Als er mit seinem Vortrag fertig war, übergab er das Wort an Dr. Zuckmayer, der sich nun kurz vorstellte, und dann die näheren Umstände und Hintergründe des Armadillo-Reports erklärte. Er schloss mit den Worten: „Liebe Zuschauer, als ich begriffen hatte, um welche Dimension es bei diesem Report wirklich ging, überkam selbst mich das kalte Grausen. Ich fasse es für Sie noch einmal zusammen. Miguel Armadillo, ein renommierter argentinischer Antarktisforscher, stieß in diesem Frühjahr im Zusammenhang mit der Katastrophe bei der Esperanza-Forschungsstation darauf, dass durch anthropogene, das heißt menschliche Einflüsse, das antarktische Festlandspackeis erheblich schneller abschmilzt, als das bisher von den etablierten Instituten angenommen wurde. Nach seinen Berechnungen wird unsere gesamte Küste innerhalb der nächsten Tage von einer großen Flutwelle heimgesucht werden. Außerdem hat er ermittelt, dass sich dieses Phänomen auch noch mit einem vulkanischen Zyklus unter der Antarktis koppelt, welcher etwa alle 700 Jahre eine Transgression der Nordsee auf das Festland auslöst, wie dieses letztmalig im Jahre 1362 geschehen ist. 1362, bei der so genannten Groten Mandränke, starben mehr als einhunderttausend Menschen bei der bis dahin schwersten Sturmflut an der Nordseeküste. Heute würden es erheblich mehr sein, wenn unsere Küstenregion nicht sehr schnell evakuiert wird! Leider müssen wir damit rechnen, dass unsere Deiche der Wassergewalt nicht gewachsen sein werden, denn für die Zeit nach der Flut hat Miguel Armadillo einen Anstieg des Meeresspiegels in unserer Region um mehr als zwei Meter prognostiziert. Und nach unseren Markierungen im Felswatt von Helgoland müssen wir diese Prognosen leider bestätigen." Jetzt wurden Bilder der Markierungen im Felswatt eingeblendet, mit Daten und Uhrzeiten. Danach fuhr Dr. Zuckmayer fort: „Bei den hier gezeigten Markierungen handelt es sich um Marken, welche meine inzwischen verstorbene Lebensgefährtin, Frau Dr. Susanna Pelzer, vor mehr als zwei Jahren im Felswatt angebracht hat. Durch ihre Aufzeichnungen sind wir auch auf diese Angelegenheit gestoßen und konnten alle ihre Angaben verifizieren. Mit an der Verschwörung gegen Sie, liebe Küstenbewohner, ist übrigens auch das Team um Professor Dr. Wackernagel vom Deutschen Hydrografischen Institut, beteiligt. Das Institut hat dafür gesorgt, dass rund um die Nordsee die Pegelstandmesser entfernt wurden. Außerdem hat das Deutsche Hydrografische Institut Zahlen und Messdaten bewusst gefälscht, um Sie alle in Sicherheit zu wiegen. Eine Sicherheit, die es nun nicht mehr gibt." Jetzt wurde ein Bild von Professor Wackernagel aus dem Internet eingeblendet. Dann fuhr Florian fort: „Dieser Mann ist korrupt durch und durch, uns liegen zahlreiche Beweise von finanziellen Transaktionen in andere Länder, auch über

Konten seines Sohnes und seiner Ehefrau vor. Wir konnten auch Geldflüsse bis nach Argentinien belegen. Wir gehen daher davon aus, dass dieser Mann den jetzt fünfjährigen Sohn von Miguel Armadillo in Buenos Aires entführen ließ, um Armadillo und seine Ehefrau Juanita mundtot zu machen. Wir präsentieren Ihnen hier die Belege dieser Transaktionen. Wir weisen darauf hin, dass leider nicht alles Beweismaterial aus legalen Quellen stammt, doch halten wir das aus naheliegenden Gründen für vernachlässigenswert." Jetzt wurden einige der Dokumente eingeblendet, die Clarice Schumann ihnen beschafft hatte. „Die Quelle unter anderem auch dieser Dokumente war übrigens die bekannte internationale Internetfahnderin Clarice Schumann aus Genf, welche vor kurzem einem Bombenattentat zum Opfer fiel. Ich denke, dass Sie daraus die richtigen Schlüsse ziehen werden." Darauf wurde ein Bild von Clarice Schumann eingeblendet, welches sie beim Symposium für Meeressäugetiere zeigte. Nun schwenkte die Kamera wieder auf Kathrin Nightingale, die inzwischen dunkle Ringe unter den Augen hatte. „Meine Damen und Herren! Aufgrund dessen, was wir Ihnen hier präsentiert haben, würden wir Ihnen folgende Empfehlung geben: Erstens: Räumen Sie Küste und Inseln. Mit Ausnahme von Helgoland dürften die meisten Inseln das, was bald kommen wird, wohl kaum überstehen. Zweitens: Gehen Sie auf die Straße und fordern Sie den Rücktritt Ihres Bundeskanzlers. Dieser Mann ist ein Verbrecher; wir sind der Meinung, dass er vor den internationalen Gerichtshof in den Haag überstellt werden sollte. Das gleiche gilt für alle Politiker und Wissenschaftler, die in dieses Komplott verstrickt sind! Das, was diese Leute geplant haben, kann man wohl nur als einen ökologischen Genozid bezeichnen. Abschließend möchte ich noch anmerken, dass nach unseren Erkenntnissen die jeweiligen Landesregierungen der nördlichen Bundesländer offensichtlich nichts von dieser Angelegenheit wissen. Trotzdem würden wir empfehlen, auch diese durch entsprechende Ausschüsse überprüfen zu lassen. Und jetzt habe ich noch einen persönlichen Appell: Lieber Onkel Ian! Bitte glaube uns allen hier, auch Fuji hält unsere Quellen und Materialien für authentisch! Bitte lass alles evakuieren, was in der kurzen Zeit noch zu retten ist! Außerdem wende ich mich auch an den britischen Premier Gus Falkner. Lieber Gus, Ihr müsst einen Großteil von London evakuieren, inklusiv Deinem Amtssitz! Sonst werdet Ihr sehr wahrscheinlich auch weggespült, nachdem die große Gezeitenwelle mit der deutschen Küste fertig ist! Und schließlich habe ich noch eine Nachricht für Keith Hastings: Sandra geht es gut! So, das war es für das erste, wir werden die Aufzeichnung dieser Sendung jetzt wiederholen. Abschließend möchte ich jedoch an die GSG9 auf Helgoland appellieren, alle Feindseligkeiten gegen uns im Bunker einzustellen. Wir haben kein Interesse am Blutvergießen und wollen lediglich die Menschen warnen, für welche auch die GSG9 angeblich streitet. Wir werden von jetzt ab diese Übertragung senden, solange wir können. Bitte zwingen Sie uns keinen Kampf auf! Denn wir betonen es noch einmal, dass wir friedfertige Absichten haben und uns nur verteidigen werden, um andere zu warnen und zu retten. Das war der Freie Sender Helgoland, jetzt kommt die Wiederholung dieser Sendung!" Andrea drückte einen Knopf, und die Aufzeichnung der Sendung wurde wiederholt. Die Folgen dieser ungewöhnlichen Nachrichtensendung sollten nicht lange auf sich warten lassen.

Helgoland, im Schlafquartier des Dönitz Bunkers, 08.55h

Dr. Nesemann hatte geschlafen wie ein Stein und als er aufwachte, bemerkte er mit Erschrecken, wie weit die Zeit vorangeschritten war. Der verletzte Royal Marine schnarchte vor sich hin, doch Lissy lag wach auf ihrer Pritsche auf dem Bauch und stöhnte leise. Sofort untersuchte Dr. Nesemann sie, gab ihr dann ihre Medikamente und wollte eben nach Kathrin Nightingale rufen, als er diese auf einer Nachbarpritsche schlafen sah. So fragte er Lissy, seit wann Kathrin Nightingale schlafen würde und er erhielt die Antwort: „Seit etwa drei Stunden. Doktor, sie ist völlig übermüdet, sie haben heute Nacht das erste Mal gesendet.“ Daraufhin erhob sich der Doktor, traf einen der Royal Marines im Gang und fragte, wer noch wach sei. Der Soldat führte ihn daraufhin zum ehemaligen Befehlsstand von Großadmiral Dönitz, wo Florian und Andrea die Aufzeichnung der Sendung weiterlaufen ließen. „Hallo Doktor, na, haben Sie etwas geschlafen, Kaffee?“ fragte ihn jetzt Andrea. Dankbar nahm er den Kaffee an, dann sagte er: „Wir müssen ihre verletzte Freundin hier rausbringen, wenn sie den morgigen Tag noch erleben soll. Sie muss operiert werden! Sehen Sie, ich kann hier unten kaum eine vernünftige Notoperation machen, welche die Patientin auch überleben würde. Die Frage ist nur: Wie bringen wir sie hier raus, ohne dass die GSG9 sofort den Bunker stürmt?“ „Shit, ich wecke besser Kate!“ sagte Andrea O´Leary und begab sich zu den Schlafquartieren, von wo sie mit Kate und Eddie wiederkam, die jetzt beide gähnten und sich auch Kaffee nahmen. Währenddessen hatte Dr. Nesemann sich aufmerksam Teile der Live-Sendung angesehen, die immer noch lief, und meinte dann: „Ich denke, dass die GSG9 die Sendung auch schon gesehen hat, oder gibt es immer noch keinen Strom auf der Insel?“ „Doch, der müsste wieder gehen, sonst könnten wir ja nicht senden!“ sagte jetzt Kate. „Hm, dann stehen doch unsere Chancen gar nicht so schlecht, dass die GSG9 ihren Auftrag aufgibt. Also ich wäre bereit, als Parlamentär mit einer weißen Fahne voran zu gehen, wenn irgendjemand anderes bereit wäre, eine Trage mit der Verletzten zu tragen“, sagte jetzt Dr. Nesemann. „Wir könnten Lissy auch ausfliegen lassen, wir müssten nur Sergeant Myers anrufen. Dann wird sie im Tiger abgeholt. Und da könnte die Truppe auch gleich Verstärkung schicken und meinen verletzten Kollegen hier rausholen“, meinte jetzt Steven Miller, der gerade zur Tür hineingekommen war und den Rest des Gespräches mitbekommen hatte. „Gut, das machen wir so“, meinte nun Kate. „Ich würde gerne mit Lissy gehen“, sagte nun Eddie. „Ich auch“, sagte Kate nun zur Überraschung aller. „Ich glaube sogar, dass es am besten ist, wenn ich persönlich mit rausgehe, und zwar unbewaffnet. Weil wir denen sonst nämlich weiterhin die Möglichkeit geben würden, mich als Terroristin zu diffamieren. Ich werde mir mein altes Kleid anziehen und ganz in Zivil sein. Sollte die GSG9 uns dann doch attackieren, wird es die Welt mitbekommen, denn wie ich die Royal Marines kenne, werden die mit Sicherheit schon Aufklärungsdrohnen in der Luft haben, nicht wahr, Steven?“ Steven nickte nachdenklich, dann sagte er: „Unterstützt, Kate. Aber wir machen das besser so, dass ich Dir noch zwei von meinen Leuten als Leibwächter mitschicke. Nur damit die GSG9 auch etwas verliert, falls sie doch angreifen sollte.“ „Ja, aber riskieren wir nicht, dass sie dann unseren Bunkereingang kennen?“ meinte jetzt Andrea. „Kennen sie ihn eben, na und? Wir werden ihnen eben klar machen, dass wir den Eingangsbereich vermint haben. Wer da unbefugt reingeht, den zerreißt es eben, ist doch einfach zu regeln, “ sagte Steven, funkte jetzt zwei seiner Wachen an und gab ihnen eine entsprechende Order. Dann besorgten sie eine Trage, legten Lissy darauf, deckten sie warm und regensicher mit einer Persenning zu und nahmen außerdem noch den verletzten Royal Marine mit, der glücklicherweise noch laufen konnte, da er lediglich schwere Arm- und Schulterverletzungen hatte. Der Inselarzt Dr. Nesemann ging vorweg die Treppe hinauf und entfernte den Riegel, der die geheime Falltür in der Biologischen Station sicherte. Währenddessen stellte Steven bereits den Kontakt mit Sergeant Myers her.

Helgoland, Nordseehotel, Speisesaal, 09.00h

Reinhold Petermann, Corinna Schuster, ihr Informant Otto und noch einige andere Team-Leader der GSG9 und der GSG10 saßen beim Frühstück zusammen. Das Einzige, was sie wirklich genossen, waren die wiedergekehrte Wärme und der warme Kaffee. Die Lage wurde immer unübersichtlicher und schwieriger. Denn alle hatten die improvisierten Fernsehsendungen gesehen, und auf der ganzen Insel hatten die Insulaner ihre Fernseher ohne Unterlass eingeschaltet. Die meisten GSG9-Leute hatten gesagt, dass sie nicht weitermachen würden, solange es keine Klarstellung aus Berlin gäbe und auch Reinhold Petermann hatte eingestanden, dass man in keinem Fall weiter agieren könne, wenn die Nachrichten des Senders auch nur zur Hälfte wahr wären. Corinna Schuster und der Informant Otto klammerten sich dagegen an ihre Einsatzbefehle und wollten nötigenfalls auch alleine weitermachen. Das Kanzleramt in Berlin war nicht erreichbar, die ersten ausländischen Regierungen dementierten bereits die gegen sie vorgebrachten Anschuldigungen, und die Tiger flogen jetzt im Tiefflug Patrouille über das Oberland der Insel, um die GSG9 zu demoralisieren. Erst jetzt hatte ein Wachposten den Sendemast auf der Langen Anna entdeckt, und minütlich überschlugen sich die neuen Meldungen, die jetzt wieder per Handy und Funkgerät hereinkamen. Da kam eine neue dringende Handymeldung: „Chef, Dr. Nesemann, der Inselarzt ist plötzlich wie aus dem Nichts in der Biologischen Station aufgetaucht. Er trägt eine weiße Fahne und sagte uns, sie würden jetzt zwei Verletzte rausbringen wollen, bei einer Frau bestünde Lebensgefahr. Was sollen wir nur tun?" Reinhold Petermann überlegte kurz, dann sagte er: „Sie sollen sie erst mal in die Station bringen. Ich gehe selber hin und regle das. Sie sichern bitte das Gebäude, klar?" Corinna Schuster hatte zugehört und wollte auch mit, da sagte Reinhold Petermann grimmig: „Sie haben wahrlich genug Schaden angerichtet mit ihrem Sadismus. Verhaftet sie!" wies er jetzt seine beiden Leibwächter an. Die Corinna Schuster ohne weitere Fragen packten, mit Handschellen fesselten und dann in ihrem Zimmer einsperrten, während Otto sich respektvoll zurückzog. In die Tagespolitik würde er sich nicht einmischen, er führte nur Befehle aus. Doch er verstand sich nicht als ein Mensch, dem es Freude bereitete, andere zu demütigen oder zu quälen. Was natürlich nicht ausschloss, dass er auf besonderen Befehl auch solche Dinge tat, auch wenn sie möglicherweise unmoralisch waren.

Helgoland, Biologische Station, 09.36h

Reinhold Petermann kam in Zivilkleidung und unbewaffnet; wegen des strömenden Regens trug er Ölzeug. Er staunte nicht schlecht, als Kathrin Nightingale ihm plötzlich gegenübertrat. Lächelnd sagte sie: „Guten Morgen, Herr Petermann, so gefallen Sie mir schon viel besser! Wo haben Sie denn heute ihr besonderes Herzchen gelassen, ich meine natürlich Ihre blonde Sadistin?" „Guten Morgen Miss Nightingale, Sie werden es mir nicht glauben, aber ich habe sie eben einsperren lassen. Sicherheitshalber. Sollen doch die Politiker Ihre Angelegenheiten selber klären. Wie ich sehe, sind Sie unbewaffnet, haben aber eine Eskorte mitgebracht." „Nur für den Fall, dass hier jemand Dummheiten macht. Und jetzt würde ich Sie höflich darum bitten, uns unsere Verletzten zum Hubschrauber bringen zu lassen." Durch das Fenster sahen sie jetzt einen Tiger landen. „Kann ich mir die Verwundeten mal ansehen?" „Aber bitte doch. Die rothaarige Dame kennen sie ja bereits. Der Schwertstich Ihrer Helferin hat innere Organe verletzt, sie wird sterben, wenn sie nicht bald operiert wird. Ihr Mann wird sie begleiten, ich denke, dass das angemessen ist. Und der andere ist einer unserer Royals, der sich durch Granatsplitter ein paar böse Fleischwunden eingefangen hat." Reinhold Petermann sah nachdenklich aus, dann sagte er: „Ich fände es aber besser, wenn die Verletzten hier auf der Insel bleiben würden und Dr. Nesemann sie behandeln würde." „Herr Petermann, das würde ich gerne, aber meine Mittel reichen dafür nicht aus. Die verletzte Miss Terry braucht wahrscheinlich sogar die chirurgische Hilfe eines Internisten, da ich vermute, dass ihre Leber getroffen wurde. So etwas ist meist mit unabsehbaren Komplikationen verbunden, wollen Sie etwa das Leben dieser Person gefährden? Im Übrigen hatte sie absolut nichts mit Ihrem Konflikt zu tun, genauso wenig wie ihr Mann", wandte jetzt Dr. Nesemann ein. „Na schön, ich will hier ja keine unbeteiligten Zivilisten gefährden. Aber wenn Ihre Leute im Hubschrauber sind, würde ich gerne noch etwas mit Miss Nightingale besprechen, wo sie sich ja bereits hierherbemüht hat." „Ich stehe Ihnen gerne zur Verfügung, dürfen wir jetzt zum Hubschrauber?" Reinhold Petermann nickte, und Dr. Nesemann hielt ihnen die Türen nach draußen auf. Nach zwanzig Metern hatten sie es dann geschafft und reichten Lissy, Eddie und den anderen Verletzten der Hubschrauberbesatzung an, während im Hintergrund ein Tiger in der Luft stand und die Übergabe überwachte. Dann hob der Hubschrauber ab mit Kurs auf die Dorsetshire II, die dem Verband als Lazarettschiff diente. Dann kehrte Kate mit ihren beiden Leibwächtern zurück und Reinhold Petermann winkte sie jetzt in das Büro von Dr. Skibbe, wo sie sich ungestört allein unterhielten, während sich ihre Personenschützer draußen vor der Tür gegenseitig in Schach hielten. Dann überraschte Reinhold Petermann Kathrin Nightingale mit einer sehr ungewöhnlichen Bitte.

An Bord der Dorsetshire II, 10.05h

Lissy lag bereits auf dem Operationstisch und Professor Ferguson persönlich kümmerte sich um die Patientin. Der Seegang war zum Glück nur mittelmäßig stark und Professor Ferguson war es gewohnt, unter den rauesten Bedingungen zu arbeiten. Die Notoperation dauerte etwa eine knappe halbe Stunde, dann hatte er Lissy bereits aus der Lebensgefahr befreit. Allerdings musste sie jetzt sehr ruhig liegen, was auf einem schwankenden Schiff nicht ging. Deshalb verließ er den OP und ging zum Warteraum, wo Eddie schon auf ihn wartete. Dann sagte er: „Ihre Frau ist außer Lebensgefahr, aber sie muss absolut ruhig liegen, was wir an Bord dieses Schiffes nur sehr schwer gewährleisten können. Deshalb werde ich sie jetzt ins Militärkrankenhaus nach London ausfliegen lassen, Sie können sie selbstverständlich begleiten, Mr. Terry." „Danke Professor, das werden wir Ihnen sicher nie vergessen", sagte jetzt Eddie sichtlich erleichtert.

Helgoland, Biologische Station, Büro von Dr. Skibbe, 10.05h

„Miss Nightingale, bevor ich anfange, möchte ich vorab etwas bemerken. Nämlich, dass ich mich ausdrücklich von dem Verhalten von Cora Schuster distanziere! Diese Frau ist regelrecht mordgeil, und mir war es leider nicht klar, dass sie Ihre Sonderermittlerin wirklich umbringen wollte. Doch kommen wir jetzt zu meiner Person", sagte Reinhold Petermann und Kathrin Nightingale sah ihn gespannt an. „Sie sind doch jetzt immer noch Sonderbotschafterin von Irland, sehe ich das richtig?" Kate nickte jetzt zustimmend. „Gut, dann möchte ich hiermit bei Ihnen einen Antrag auf politisches Asyl stellen. Deshalb bin ich auch in Zivil gekommen." Überrascht sah Kate ihn jetzt an, dann fragte sie ihn: „Und wie stellen Sie sich das vor?" „Nun, ich wäre bereit, alles was ich weiß öffentlich auszusagen, meinetwegen auch bei Ihrem Fernsehsender. Cora Schuster beispielsweise ist eine Geliebte des Bundeskanzlers und erledigt für ihn Mordaufträge. Und ich kommandiere hier nicht nur die Grenzschutzgruppe 9, sondern auch noch eine Grenzschutzgruppe 10, welche die Aufgabe hat, politisch unbequeme Elemente zu eliminieren. Genau genommen ist hier auf Helgoland eine Elite der zehn besten Killer Deutschlands versammelt, ich kann später noch mehr dazu sagen, wenn Sie das möchten." „Und was hat Ihren plötzlichen Sinneswandel bewirkt?" wollte Kate jetzt wissen. „Leute aus politischen Gründen umzubringen ist das eine, aber es zu tun, damit noch mehr Menschen leiden und sterben sollen dann das andere. Außerdem ertrage ich es nicht mehr länger, Sadisten wie Cora Schuster in meiner Nähe dulden zu müssen. Diese Frau ist mindestens eine Psychopathin, wenn nicht noch etwas Schlimmeres. Es scheint ihr leider regelrecht Spaß zu machen, andere zu quälen, zu demütigen und sie dann genüsslich umzubringen. Aber sie hat leider Protektion von ganz oben, wenn Sie verstehen, was ich meine." „Und Sie wollen also komplett aus GSG9 und GSG10 aussteigen, und darüber hinaus als Zeuge aussagen. Ist Ihnen klar, dass Sie sich dann in Deutschland nie wieder sehen lassen brauchen?" fragte Kate jetzt. „Ja, das ist mir klar, aber seit Cora Schuster Clarice Schumann am Genfer See in die Luft gejagt hat, denke ich über die Aktivitäten der GSG10 etwas anders." „Sagen Sie das noch mal: Cora Schuster hat Clarice Schumann beseitigt?" „Ja, das hat sie. Im Auftrag des deutschen Bundeskanzlers persönlich. Sie hat sich mir gegenüber mit der Tat gebrüstet, außerdem fand sie den Gedanken faszinierend, ein Opfer in seine Einzelteile fragmentiert zu haben, wie sie sich ausdrückte." „Wären Sie bereit, das auszusagen, vor laufender Kamera?" „Ich kann noch ganz andere Dinge sagen, warum nicht! Wissen Sie Miss Nightingale, es kotzt mich langsam wirklich an. Dieses Getue, als sei die Bundesrepublik Deutschland der beste Rechtsstaat von allen auf der einen Seite, aber auf der anderen Seite dann diese Manöver, um die Staatsräson herzustellen. Ich mache da nicht mehr mit, es muss doch auch noch etwas anderes geben!" „Und wie sind Sie jetzt auf die Idee gekommen, gerade mich um Asyl zu bitten?" wollte Kate jetzt wissen. „Nun, Sie hatten zweimal die Möglichkeit mich kalt zu machen, aber Sie haben es einfach nicht getan. Das hat mich überzeugt, dass es noch einen anderen Weg geben muss. Sehen Sie, ich betrachte mich selbst inzwischen als so eine Art Verbrecher im Staatsauftrag. Und das kann es nicht sein. Mit Unrecht kann man kein Recht schaffen, geschweige denn, einen Rechtsstaat repräsentieren. Wenn Sie mir meine Bitte abschlagen, dann werde ich mich wahrscheinlich bald erschießen. Aber vorher würde ich die Welt noch von dem Ungeheuer Cora Schuster befreien, darauf können Sie Gift nehmen." Kate schwieg nachdenklich, dann nickte sie und sagte: „Gut, Herr Petermann. Ich denke, dass ich Ihnen Asyl im Bunker gewähren werde, bis wir uns dann später nach Irland absetzen können. Doch zuvor möchte ich mich noch mit Colour Sergeant Steven Miller beraten."

London, Militärkrankenhaus, Hubschrauberplattform, 10.20h

Lazarus I, der soeben gestartet war, drehte jetzt eine große Schleife am Himmel über London und setzte dann zur Landung auf der Landeplattform des Militärkrankenhauses an. Er musste noch einen prominenten Fluggast nebst Gefolge aufnehmen. Als der britische Premierminister Gus Falkner inklusive einem kleinen Gefolge aus Leibwächtern und Geheimdienstlern eingestiegen war, nahm der weiße Seaking zunächst Kurs auf Helgoland, wo jetzt bereits etwa einhundert Royal Marines aus ihren Tiger-Hubschraubern gesprungen waren, um das kleine Felseneiland wieder in Besitz zu nehmen. Sie hatten etwa zwanzig Seemeilen zurückgelegt, als per Funk eine wichtige Nachricht für Gus Falkner hereinkam. Ungläubig schüttelte er nur mit dem Kopf, dann erhielt er noch eine weitere Nachricht, über die ihm jetzt einer seiner Geheimdienstverbindungsmänner ein persönliches Briefing gab. „Was? Sie haben ein Teil von GF–P–Type X gefunden? Wo?" fragte er jetzt den Mann. „Irgendwo vor der niederländischen Küste. Ein Krabbenfischer hat es rausgeholt, wir haben es durch das

Abhören des Küstenfunks herausbekommen. Also haben wir die ganze Zeit am falschen Ort gesucht. Das Wrack liegt nicht bei Helgoland, sondern in der Nähe der Oosterschelde. So wie es sich anhörte, hat der Fischer einen Anti-U-Boot-Torpedo gefunden. Das heißt, dass das Wrack ganz in der Nähe sein muss, denn unseres Wissens nach wurde von unserem U-Boot bisher kein Schuss abgefeuert." „Hervorragend", sagte Gus Falkner, „endlich kommen wir damit auch weiter! Am besten, wir regeln erst das Helgolandproblem und widmen uns dann dieser Angelegenheit. Allerdings sollten wir uns sehr beeilen, wegen Kathrins Flutwarnung. Habt Ihr das Heimatschutzministerium und unser Technisches Hilfswerk mobilisiert?" „Das läuft alles auf Hochtouren, Herr Premierminister", versicherte ihm jetzt einer seiner Berater. „Gut, dann bin ich wirklich gespannt, was dieser Petermann noch alles auspackt."

Helgoland, Nordseehotel, in einem Nebenzimmer im 3.Stock, 11.20h
Otto telefonierte jetzt auf einer abhörsicheren Leitung mit dem Bundeskanzler der Bundesrepublik Deutschland, Werner Balken. „Otto, hören Sie: Wir werden jetzt alles dementieren. Herrn Petermann, Sie und Cora darf ich jetzt offiziell nicht kennen, verstehen Sie? Aber ich werde Sie alle vollständig rehabilitieren, wenn es soweit ist. Von wegen Flutwelle, pah!" „Was soll ich denn jetzt tun?" wollte Otto wissen. „Holen Sie zuerst Cora aus ihrem Zimmer und verstecken Sie sie irgendwo. Und heute Nacht schalten Sie diesen unseligen Sender aus, Ihnen wird schon etwas einfallen, ich vertraue Ihnen. Suchen Sie sich noch ein paar Helfer aus dem GSG10-Kader, dann wird es schon klappen." „Und wie sollen wir in den Bunker gelangen?" fragte Otto. „Prüfen Sie die Lage. Vielleicht geht es ja durch die Lange Anna?" Otto legte ruhig auf.

Helgoland, im Bunker von Großadmiral Dönitz, Befehlsstand, 12.00h
Kathrin Nightingale schob jetzt zwischen die Wiederholungen der Beiträge ein Live-Interview mit Reinhold Petermann, dem ehemaligen Chef von GSG9 und GSG10. Zwei Royal Marines bewachten ihn streng, diese Abmachung hatten sie mit Steven Miller treffen müssen. Dann nahm Andrea O´Leary die Fernsehkamera und richtete diese auf Kate, die jetzt einige einleitende Sätze sprach und dann das Interview mit Reinhold Petermann machte, der ihr entspannt auf einem Stuhl gegenübersaß. „Herr Petermann, ist es richtig, dass Sie als Oberbefehlshaber der GSG9 auf Helgoland nicht nur zurückgetreten sind, sondern sogar mich in meiner Rolle als Sonderbotschafterin Irlands um politisches Asyl gebeten haben?" „Ja Miss Nightingale, das ist völlig korrekt." „Können Sie uns etwas zu Ihren Beweggründen für diesen Schritt sagen?" „Gerne doch. Ich leite nämlich nicht nur die Grenzschutzgruppe 9 auf Helgoland, sondern darüber hinaus auch noch eine zweite Gruppe, die geheim operiert und als Grenzschutzgruppe 10 bezeichnet wird." „Von wem erhielten Sie denn Ihre Befehle als Kommandeur der Grenzschutzgruppe 10, könnten Sie das den Zuschauern einmal verraten?" „Von Werner Balken direkt, dem Bundeskanzler persönlich." „Welche Art von Operationen führt denn die GSG10 durch, wofür wurde sie gegründet?" „Wir führten weltweit diverse politische Attentate und Säuberungen durch, unser letztes prominentes Opfer war die Internetfahnderin Clarice Schumann in Genf. Ich könnte Ihnen hier sogar den Namen des Attentäters nennen, welcher die Bombe gezündet hat." „Wer war es denn?" fragte jetzt Kate und Reinhold Petermann entgegnete: „Es handelte sich bei der Attentäterin um eine blonde Frau namens Corinna Schuster, in unserer Truppe nur bekannt als Cora. Sie ist notorisch grausam und pervers veranlagt und hätte hier auf Helgoland fast eine Ihrer Sonderermittlerinnen getötet, wobei das noch milde ausgedrückt ist." „Was wollte sie denn mit der Person machen?" fragte Kathrin jetzt.

„Nun, sie wollte sie mit einem Samuraischwert enthaupten! Sie stach ihrem Opfer jedoch vorher noch in den Rücken, damit sich die Halsmuskeln für die Hinrichtung besser straffen sollten. Dadurch hat sie die arme Frau bereits lebensgefährlich verletzt, da wahrscheinlich ein inneres Organ getroffen wurde. Allerdings ist das Opfer jetzt wegen ärztlicher Hilfe außer Lebensgefahr." „Würden Sie, Herr Petermann, die Mitarbeiter der GSG10 als eine Mörderbande bezeichnen wollen, die im Staatsauftrag morden?" „So ist es. Ich werde Ihnen in Kürze einer Liste mit allen Attentaten und Säuberungen übergeben, in welche die Truppe in jüngerer Zeit involviert war." „Abschließend noch eine letzte Frage: Hatte die GSG10 etwas zu tun mit der Entführung des kleinen Pepe` Armadillo in Buenos Aires in diesem Frühjahr?" „Oh ja, der Einsatzbefehl kam vom Bundeskanzler persönlich. Ich selbst habe mich dafür eingesetzt, dass Miguel Armadillo und seine Frau Juanita weiterleben durften, denn ich wollte einem kleinen Jungen nicht die Eltern nehmen, weil ich selbst als Waisenkind aufwuchs. Darum entführten wir nur das Kind aus dem Krankenhaus, wobei Corinna Schuster sich als Krankenschwester verkleidet hatte. Es war eine einfache Operation. Und ich bin mir sicher, dass der kleine Pepe` mich oder Cora sogar wiedererkennen würde. Im Nachhinein tut es mir alles sehr leid, vor allem seit ich jetzt weiß, worum es dem Kanzler wirklich ging." „Herr Petermann, wir danken Ihnen für dieses ehrliche Interview." Jetzt sendete Andrea wieder eine Wiederholung der anderen Sequenzen.

Büsum, Hochhaus am Hummergrund, 12.21h

Irene Ito hatte irgendwann am Vormittag den Fernseher eingeschaltet und war durch Zappen bei der Dauersendung aus dem Dönitz-Bunker auf Helgoland gelandet. Sie glaubte erst ihren Augen und Ohren nicht zu trauen, als sie dort die Lebensgefährtin ihres Mannes sah, die eine Sturmflutwarnung per Fernsehen verbreitete. Dann hatte sie auch noch das Interview mit Reinhold Petermann gesehen und war nun völlig fassungslos. Was war, wenn das doch wahr war? Dann war ja auch sie in Büsum stark gefährdet. Was tun? Sie zog sich warm an, ging draußen zur öffentlichen Telefonzelle hinter dem Deich und rief jetzt Robert auf Ameland an, der gerade Mittagspause machte. Sie erreichte ihn sofort und schilderte ihm alles, was sie gesehen hatte. Er beruhigte sie etwas, versprach, sich die Sendung auch sofort anzusehen und bat sie darum, in einer Stunde wieder anzurufen. Als sie dann eine Stunde später nochmals telefonierten, meinte Robert, dass er sofort die Klinik schließen, das Wichtigste mitnehmen und zu ihr kommen würde. Außerdem versprach er ihr, auch einige medizinische Geräte einzupacken, um sie während Ihrer Schwangerschaft optimal versorgen zu können. Dann beendete er das Gespräch, traf alle besprochenen Maßnahmen und machte sich dann mit seinem Motorboot auf zum Hafen von Büsum, wo er dann am frühen Abend ankam. In Büsum fühlte er sich in jedem Falle sicherer als auf Ameland, da er der Meinung war, dass ein solider Deich am Festland mehr von einer großen Flutwelle abhalten würde, als die Sanddünen einer Nordseeinsel, womit er nicht ganz unrecht hatte.

Helgoland, Oberland, 14.45h

Sanft landete der weiße Seaking Lazarus I auf dem Oberland der Insel und entließ jetzt seinen prominenten Gast und dessen Personenschützer auf die Insel. Sofort danach hob er wieder ab und nahm Kurs auf die Dorsetshire II, um dort die Kranken abzuholen und diese nach London auszufliegen. Eine Eskorte von Royal Marines empfing den britischen Premierminister und eskortierte ihn auf direktem Weg zur Biologischen Station, von wo aus er den deutschen Bunker aus dem Zweiten Weltkrieg in Augenschein nehmen wollte. Die GSG9-Einheiten hatten ihre Waffen freiwillig abgegeben und hatten sich im Nordseehotel versammelt, um dort auf weitere Anweisungen aus Berlin zu warten. Währenddessen hatte Otto unauffällig Cora Schuster befreit und sie an einem anderen Ort versteckt. Zusammen mit den Ausrüstungen, die sie beide in der nächsten Nacht benötigen würden. Außerdem hatte er ihren Schulterverband erneuert und ihr etwas Wasser und Proviant gegeben. Doch jetzt beeilte er sich damit, seine Doppelrolle unauffällig weiter zu spielen. Und auch die verbliebenen GSG10-Kämpfer hatten sich unauffällig von der Truppe abgesetzt, ihre Uniformen entsorgt und unter die Zivilbevölkerung Helgolands gemischt. Sie wollten ein Boot kapern, dann in der nächsten Nacht ihre Aktion durchziehen, und sich danach ins sichere Ausland absetzen. Oder was dann davon noch für sie sicher war.

Helgoland, im Bunker von Großadmiral Dönitz, Befehlsstand, 15.09h

Gus Falkner war von seinen Royal Marines bis zum Bunkereingang in der Biologischen Station eskortiert worden, die außerdem riesige Regenschirme über ihm und seinen Mitarbeitern aufgespannt hatten, denn es regnete jetzt ohne Unterlass. Sie brachten ihn jetzt in den alten Befehlsstand von Großadmiral Dönitz, wo eine Bunkerbesatzung der ungewöhnlichen Art angetreten war, um auf ihn zu warten. Denn alle hatten sich spaßeshalber blaue Marineuniformen der deutschen Kriegsmarine aus dem Zweiten Weltkrieg angezogen, wobei die Damen sogar dazu passende Röcke trugen, da es hier offenbar auch damals schon einige weibliche Marineoffiziere in der Funktion von Sekretärinnen oder auch von medizinischem Personal gegeben haben musste. Steven Miller saß lächelnd auf dem Schreibtischstuhl von Großadmiral Dönitz, während die anderen in einer Reihe vor der Tür zum Sendemast versammelt waren. „Guten Morgen, Herr Premierminister, ich melde gehorsamst, dass die gesamte Besatzung der Seekriegsleitung Helgolands zu Ihrer Verfügung angetreten ist", sagte jetzt Steven Miller. Alle führten ihre rechte Hand zu ihrer Mütze und grüßten Gus Falkner so auch noch militärisch, womit er gar nicht gerechnet hatte. Kai Ahrens trug eine besonders kleine Uniform, die ihm jedoch immer noch etwas zu groß war, und nachdem sie mit der Begrüßung fertig waren, bat Andrea O´Leary darum, dass ein Mitarbeiter von Gus Falkner noch einige historische Aufnahmen von dieser Szene machte. Nach den Fotos fiel Kate Gus Falkner um den Hals, gab ihm spontan einen Kuss und sagte dann: „Ach Gus, ich bin ja so froh, dass das alles geklappt hat. Habt Ihr in London schon mit der Räumung der Innenstadt begonnen?" Gus Falkner nickte, dann schüttelte er allen die Hände und sagte dann: „Soweit ich informiert bin, haben auch die Deutschen bereits angefangen, erste Maßnahmen zu treffen. Besonders das Interview mit Reinhold Petermann scheint da echte Wunder gewirkt zu haben. Aber machen wir uns nichts vor: Das kommt möglicherweise doch noch zu spät! Ich habe unterwegs mit Eurem Onkel Ian telefoniert. Er sagte mir, er habe schon alles Mögliche in Bewegung gesetzt, Werner Theißing rotiert auch schon. Die Straßen an der Küste sind verstopft, es gibt Unfälle, Panik und Chaos. Und er weiß nicht, wie er alle Inselbewohner rechtzeitig von den Inseln holen soll. So viele Schiffe und kleine Flugzeuge gibt es nämlich gar nicht. Und der Bundeskanzler hat sich mit seinem Kabinett im Reichstag verschanzt, der von einer wütenden Volksmenge belagert wird. Es würde mich nicht wundern, wenn sie ihn bald lynchen würden!" „Verdient hätte er es ja", schaltete sich jetzt Dr. Zuckmayer ein. „Aber wir sind der Meinung, dass er am eigenen Leibe die Rechtsstaatlichkeit erleben sollte, die er anderen genommen hat", ergänzte nun Dr. Ito. Gus Falkner nickte. Dann fragte ihn Kate: „Könntet ihr denn nicht einen Teil Eurer Schiffe, die gerade hier sind, zu den Inseln schicken, um die Leute da erst mal runter zu holen? Ihr könntet sie ja sogar per

Helikopter holen, wenn die Häfen der Inseln zu klein für die Fregatten sind, oder etwa nicht?“ „Nun, Kate, deswegen bin ich ja hier. Ich würde gerne eine kurze Ansprache an die deutschen Zuschauer halten, damit sie wissen, woran sie mit uns sind. Schließlich wollen wir ja keine Inseln militärisch besetzen oder so etwas. Aber vorher würde ich mir gerne noch die Dokumente ansehen, die Clarice Schumann für Euch besorgt hat.“ „Kein Problem, bitte sehr!“ rief Dr. Skibbe und reichte Gus Falkner einen Stapel mit Akten und Randnotizen. Da es eine von drei Kopien war, durfte er die Akten behalten. Außerdem gab er ihm dazu noch einen elektronischen Datenträger mit dem gesamten Material. Gus Falkner reichte alles an seine Geheimdienstler weiter, dann wollte er noch den Rest des Bunkers besichtigen, den sie ihm nun bereitwillig zeigten. Zum Abschluss zeigten sie ihm auch das Hybridboot in der U-Boot Grotte, welches Larry und Brian zwischenzeitlich vollkommen von den Trümmern befreit hatten. Außerdem hatten sie das Boot auch etwas gewaschen und vom Betonstaub gereinigt, so dass es fast wie neu aussah. Gus Falkner staunte nicht schlecht. Die Entdeckungen in diesem Bunker würden neue Diskussionen bei britischen und deutschen Militärhistorikern auslösen, soviel stand fest. Doch was ihm immer noch ein Rätsel war, war die Tatsache, dass Karl Dönitz nach dem Ableben von Adolf Hitler als dessen politischer Erbe noch bis zum 23.05.1945 im Amt war, obwohl Deutschland bereits militärisch besiegt und besetzt war. Eine Frage, die viele Historiker beschäftigt hatte. Ob es in diesem Bunker eine Antwort darauf gab? Er wusste es nicht, aber als ein Mann, der in früheren Jahren Geschichte studiert hatte, war er sich der Geschichtsträchtigkeit dieses Bunkers voll bewusst. Dann eilte er mit seinem Gefolge zurück auf das Oberland, wo schon ein Helikopter auf sie wartete.

Helgoland, Biologische Station, Eingang zum Dönitz Bunker, 16.26h

Ein tropfnasser Royal Marine betrat jetzt die Station, schüttelte sich wie ein Hund nach einem Regenguss und begrüßte seine zwei Kameraden: „Hallo, Gus Falkner schickt mich, ich soll Colour Sergeant Steven Miller das hier in den Bunker bringen.“ Er schlug eine Plastikfolie von einem Proviantkorb zurück, der mit Obst und anderen Lebensmitteln gefüllt war. Die beiden Wachposten grinsten ihn freundlich an und meinten: „Sie können passieren“. In genau diesem Moment flog die Tür auf, und noch ehe die beiden Wachposten etwas machen konnten, sirrten zwei Kampfmesser durch die Luft und trafen beide tödlich mitten ins Herz, so dass sie fast lautlos zusammensackten. Cora Schuster und Otto entledigten sich ihres Ölzeuges, entnahmen dem Obstkorb einige Waffen, welche sie unter dem Obst deponiert hatten und stiegen in den Bunker hinunter.

Borkum, 16.27h

Die Ebbe war auch auf der größten der ostfriesischen Inseln komplett ausgefallen. Viele Bewohner waren auf der Insel zurückgeblieben, da sie glaubten, dass die Insel auch eine sehr schwere Sturmflut allein wegen ihrer Größe von insgesamt 36 Quadratkilometern und der Höhe ihrer großen Dünen problemlos wegstecken könne. Außerdem verließen sie sich auf ihre weitgehend zementierte Uferpromenade, die in der Vergangenheit schon oft schweren Springfluten getrotzt hatte. Das sollte ihnen jetzt zum Verhängnis werden, denn die Insel wurde von einer Flutwelle getroffen, die sich mit mehr als zehn Metern Höhe zuerst mühelos über die nordwestliche Uferpromenade wälzte. Erst danach wurde auch der südlich gelegene Hafen verwüstet. Vertäute Schiffe wurden einfach unter den Wasserwogen begraben und kenterten, weil sie einseitig an Kaimauern befestigt waren. Die Seile hielten die Schiffe an den Pollern des Hafens fest, so dass sie umkippten und dann seitlich abtreibend versenkt wurden. Ein größerer

Muschelbagger wurde aus seiner Verankerung gerissen und von der Wucht der Strömung mit auf die Insel gerissen, wo er nun steuerungslos trieb und Häuser aller Art rammte und demolierte. Die gewaltigen Wassermassen spülten die Dünen und die Substanz der Insel mit der Wucht der Gezeitenwelle einfach weg und verlagerten das Sediment mit einem großen Schlag tonnenweise um. Ein größeres Apartmenthaus hinter der Strandpromenade wurde durch die gewaltigen Sedimentströme seiner Fundamente beraubt, und die Bewohner, die es eben noch geschafft hatten in die oberen Etagen zu entkommen, wurden nun unter den einstürzenden Trümmern lebendig begraben, zerquetscht oder ertränkt. Auch der neue sowie der alte Leuchtturm der Insel wurden unterspült und stürzten ein, wobei die Trümmer zahlreiche andere Gebäude beschädigten oder zerstörten. Menschen saßen in ihren Häusern gefangen, die nun von den Wassermassen umschlossen wurden und sich langsam mit kaltem Seewasser füllten, und es gelang nur wenigen Leuten, sich auf ihre Hausdächer zu retten. Autos, Holzbalken, Walknochen aus der Zeit der Grönlandfahrten, sonstige Trümmer und Leichen wurden nun quer über die ganze Fläche der Insel und von dort in die umgebende Nordsee gespült. Nach nur wenigen Stunden war alles vorbei, doch die größte der ostfriesischen Inseln schien jetzt kaum noch zu leben. Sie glich eher einer schlammigen und verwüsteten Sandbank, die für ihre Bewohner zum offenen Grab geworden war, über dem jetzt verloren einige letzte Möwen kreischten. Die Ferieninsel Borkum existierte nicht mehr.

Helgoland, im Schlafquartier des Dönitz Bunkers, 16.32h

Kate hatte sich mit Kai Ahrens und Fuji in den Schlafsaal zurückgezogen, nachdem Gus Falkner wieder gegangen war. Sie musste sehr dringend etwas Schlaf nachholen, wurde nun aber von einer kurzen Salve aus einer Maschinenpistole geweckt. Sofort war sie hellwach und weckte Fuji und Kai, dann sagte sie nur: „Shit, ich glaube wir werden angegriffen, aber von wem?“ Schritte näherten sich im Gang. Kate öffnete die Tür und stürmte in dem Moment hinaus, in dem sie glaubte, dass der näher schleichende Angreifer für einen Überraschungsangriff in geeigneter Nähe sei. Doch sie hatte sich durch den Hall der Schritte im Bunker narren lassen, denn die beiden Angreifer waren noch mehr als fünf Meter von ihr entfernt. Geistesgegenwärtig warf sie sich herum und wollte zurück ins Schlafquartier hechten, als der eine Angreifer auch schon einen kurzen Feuerstoß aus seiner stumpfläufigen Heckler & Koch abgab. Kate schrie auf, denn eine Kugel war in ihr rechtes Knie eingeschlagen, wurde aber wegen der kurzen Distanz zum Schützen von ihrer trikondylären Endo Prothese wieder als Querschläger zurückgeschickt und traf nun den Schützen selbst mitten in den Oberschenkel, der sofort heftig zu bluten begann. Jetzt lagen Kate und der unheimliche Schütze sich Auge in Auge gegenüber auf dem Betonboden des Bunkers. Cora Schuster hielt nun Kate wie ein blonder Racheengel mit ihrem Samuraischwert in Schach, während der verletzte Angreifer, der eine Uniform der Royal Marines trug, sich schnell einen Daumen in die Wunde steckte, um die Blutung zu stillen. Kate schob ihren grauen Marinerock hoch und besah sich ihre Wunde, die zum Glück nur mäßig blutete und nicht sehr stark schmerzte. „Was wollen Sie denn noch?“ fragte sie jetzt Cora Schuster, und diese sagte: „Bevor ich Euch alle auslösche, werdet Ihr diese verdammte Fernsehsendung abschalten, ist das klar?“ Da kam Kai Ahrens aus der Tür und rief nur: „Tante Kate, Du blutest ja! Ist das die böse blonde Frau, die Menschen nur so zum Spaß umbringt?“ „Ja Kai, das ist sie, aber nenne sie bitte nicht so, sie heißt Corinna Schuster. Sie will nur, dass wir den Sender abschalten, Dich wird sie wahrscheinlich laufen lassen.“ Cora grinste böse, in diesem Moment kam Reinhold Petermann um die Ecke des Ganges, er war noch etwa fünfzehn

Meter entfernt, als Cora Schuster sagte: „Bleib stehen, Du Verräter! Für Dich habe ich mir etwas Besonderes ausgedacht!" Und noch ehe Reinhold Petermann reagieren konnte, warf sie ein Wurfmesser nach ihm, was ihn mitten in den Bauch traf und ihn stöhnend zu Boden schickte. Dazu meinte Cora Schuster ironisch: „Na Reinhold, habe ich Dir nicht schon immer etwas Bauschmerzen bereitet? Nur diesmal stirbst Du dran!" Da hielt plötzlich jemand ein weißes Tuch um die Ecke des Ganges und rief: „Frau Schuster, wir wollen verhandeln! Lassen Sie Kate und den Jungen in Ruhe, sonst werden wir den Störsender aktivieren! Unsere Sendung ist jetzt sowieso zu Ende, die haben wir schon abgeschaltet. Wollen Sie herkommen und sich davon überzeugen?" „Scheiße!" sagte jetzt Cora Schuster und hielt Kate ihr Katana an die Kehle. Kai umklammerte Kate und Cora Schuster sagte jetzt: „Sagen Sie dem Jungen, dass er Sie loslassen soll. Sonst stirbt er gleich mit Ihnen!" „So vergelten Sie es mir also, dass ich Sie neulich am Leben gelassen habe", sagte Kate jetzt bitter und Cora Schuster lächelte schadenfroh. „Nur der Schwache braucht Gnade, ich nicht! Los, aufstehen!" Mühsam stand Kate auf und Kai half ihr dabei. In diesem Moment sagte Otto: „Und was wird aus mir? Könnte mich wenigstens mal jemand verbinden?" „Ich mache das schon", bot sich Kate an, die etwas Zeit schinden wollte, dann schickte sie Kai in den Schlafsaal, um dort einen Verbandskoffer zu holen. Das noch originalverpackte Verbandszeug von 1945 war tatsächlich noch brauchbar. Cora Schuster ließ sie gewähren, denn wenn Otto nicht mehr den Finger in die Wunde pressen musste, hätte sie ja noch einen Kämpfer mehr hier unten. Kate fand tatsächlich eine Adernpresse und es gelang ihr, die Oberschenkelarterie von Otto, der immer noch eine dunkle Sturmhaube trug, abzuklemmen. Dann machte sie einen Druckverband um das Bein. Währenddessen wickelte Kai Ahrens ihr auch einen Verband um das verletzte Knie, wofür sie ihn dankbar ansah. Plötzlich nahm Otto seine Sturmhaube ab, um besser Luft zu bekommen und nun erkannte Kate ihn auch sofort wieder. Es war Herr Obermüller, der Hotelbesitzer! Verblüfft sah sie ihn an, dann nickte sie ihm zu und meinte: „Irgendwie habe ich es immer geahnt, aber ich kam einfach nicht darauf, was mich an Sie erinnert hat. Jetzt weiß ich es wieder: Es ist dieser schwache Moschusduft Ihres Aftershaves. Sie haben mich in meinem Zimmer damals heimgesucht, und Sie haben auch Barry Adams umgebracht, nicht wahr?" „Das mit Barry Adams war nur ein Ablenkungsmanöver, damit wir die Insel leichter zurückerobern konnten. Und das mit der Leibesvisitation tut mir sehr leid, ich entschuldige mich gerne bei Ihnen. Wissen Sie, es hat mir keinen Spaß gemacht, wirklich. Denn ich mache mir nichts aus Frauen, wenn Sie verstehen, was ich meine?" „Genug geplaudert, an die Arbeit! Los Otto, Du bewachst den Jungen und ich die Frau! Wir gehen jetzt erst mal diesen verdammten Sender abschalten!" Sie trieb nun Kate mit dem Schwert vorwärts, während Otto schwankend aufstand und zu seiner Überraschung von Kai an der Hand genommen wurde, der ihn nun zum Befehlsstand des Bunkers führte. Da kam hinter ihnen plötzlich Dr. Ito aus der Schlafkammer gestolpert, hielt sein eigenes Samuraischwert in der Hand, rief *Banzai* und stürzte sich von hinten auf die völlig überraschte Cora Schuster. Doch sie reagierte geistesgegenwärtig, in dem sie Kate an den Haaren packte und mit dem Kopf gegen die Bunkerwand stieß, sodass Kate für einen Moment schwarz vor Augen wurde und sie zu Boden sackte. Dann parierte sie den von oben geführten Schlag Dr. Itos und musste zu ihrer Verwunderung feststellen, dass sein Schlag ihr Schwert schlichtweg halbiert hatte, wozu Dr. Ito grimmig lächelnd anmerkte: „Wie Sie sehen gibt es nun mal einen deutlichen Unterschied zwischen Made in China und Made in Japan!" In diesem Moment nahte sich von der anderen Seite Steven Miller mit einer Maschinenpistole, mit der er allerdings wegen der unübersichtlichen und chaotischen Kampfsituation nicht schießen konnte, da er sonst die Falschen getroffen hätte. Cora Schuster wirbelte gespenstisch schnell herum, und ehe Steven reagieren konnte, hatte sie ihm triumphierend ihr halbiertes Katana in die Brust gebohrt. Lautlos sackte Colour Sergeant Steven Miller an der Wand des Bunkers in sich zusammen. Jetzt zog Cora Schuster ihr zweites Samuraischwert und befahl Kate, die gerade wieder zu sich gekommen war, sich im Gang des Bunkers hinzuknien. Sie hielt das Katana an den Hals von Kate und sagte zu Dr. Ito: „Lassen Sie ihre Waffe fallen, sonst stirbt sie sofort!" Dr. Ito legte sein Schwert auf den Boden. Otto stand mit Kai an der linken Bunkerwand, während Kate und Cora Schuster an der rechten Wand waren. Otto Obermüller hatte keine Waffe auf Kai gerichtet, da er es verabscheute, sich hinter einem Kind zu verschanzen. Da er jetzt wegen seiner Verletzung merkte, dass er das ganze Unternehmen sehr wahrscheinlich kaum überleben würde, dachte er auch über die Optionen eines Seitenwechsels nach, als er ein sirrendes Geräusch bemerkte. Zu seiner Verwunderung schrie jetzt Cora Schuster auf, ließ ihr Schwert fallen und griff sich mit schmerz- und wutverzerrtem Gesicht an die Schulter, in der ein bisher ungebrauchter Dolch der Waffen-SS aus dem Zweiten Weltkrieg steckte. „Das ist exklusiv für Sie, Miss Schuster, mit den besten Empfehlungen von Heinrich Himmler!" rief nun Sandra Miller und hatte damit für eine unerwartete Wendung im Geschehen gesorgt. Kate sprang überraschend leichtfüßig auf, entwaffnete Cora Schuster gekonnt und führte sie dann in den Befehlsstand von Großadmiral Dönitz, wo Florian und Andrea sie in Empfang nahmen. Dazu meinte Kate: „Am besten, das Messer bleibt stecken, sonst wird sie verbluten. Ich möchte, dass sie unbedingt überlebt, denn sie ist krank. Sie gehört in eine Anstalt." Dann eilte sie zu Steven Miller, doch der lag nur völlig reglos am Boden. „Wir nehmen ihn mit", entschied sie gerade, als sie alle das Geräusch hörten: Wasser plätscherte aus Richtung des Bunkereinganges von der Biologischen Station her in den Gang und spülte die Leiche eines Royal Marines vor sich her, den eine Salve aus Ottos Heckler & Koch niedergestreckt hatte. „Schnell, alles in den Befehlsstand!" rief Kate, und alle setzten sich in den Raum ab, nur Otto Obermüller wollte zurückbleiben, seine Maschinenpistole hatte er längst weggeworfen. Da sagte Kate zu ihm: „Herr Obermüller, ich befehle Ihnen als rechtmäßige Kommandantin dieser Anlage mitzukommen, ist das klar!" „Warum lassen Sie mich nicht einfach hier umkommen?" „Weil auch Sie nur ein Leben haben, deshalb. Also kommen Sie jetzt endlich, oder muss ich Sie zu ihrem Glück zwingen?" „Aber Sie kommen hier niemals wieder raus! Wenn der Bunker voll Wasser läuft, dann werden wir alle ertrinken. Und es ist doch egal, ob ich hier oder da drüben absaufe." „So ein Bullshit", schimpfte jetzt Kate, „meinen Sie etwa, Ihr alter Großadmiral Dönitz hätte sich einen Bunker ohne Fluchtmöglichkeit bauen lassen? Sie werden es schon sehen!" Dann schob sie ihn energisch in den Raum und verschloss die Panzertür, die jetzt in einer wasserdichten Fuge einrastete. Währenddessen hatte Dr. Ito bereits den Schreibtisch des Großadmirals beiseitegeschoben, und sie brachten zuerst Steven Miller, der kein Lebenszeichen mehr von sich gab, sowie die Verletzten nach unten in das Hybridschiff, wo sie von Larry und Brian in Empfang genommen wurden. Auch Reinhold Petermann brachten sie noch nach unten, er war bereits sehr schwach, hatte aber klugerweise das Messer steckenlassen, um nicht sofort zu verbluten. Florian und Andrea blieben zurück und Florian sagte: „Kate, wir müssen hierbleiben und die Tür vom Schott schließen, bevor wir für Euch die Luke in die Freiheit öffnen. Anders kommt Ihr mit dem Schiff nicht raus, das hat mir Rüdiger verraten. Rüdiger würde es sonst machen, aber er ist momentan der Einzige, der Euch hier rausfahren kann. Wenn nötig, kann er sogar Torpedos abfeuern!" „Und wie wollt Ihr dann rauskommen?" wollte Kate wissen. „Wir probieren es über die Lange Anna, es wäre schön, wenn uns da irgendwann jemand abholen käme!" Kate umarmte jetzt beide nochmals mit Tränen in den Augen, dann sagte Andrea zu ihr: „Kate, falls es einer von uns beiden nicht schafft, dann wird der andere in Irland Taoiseach, versprechen wir uns das?" „Versprochen, Schwesterherz, viel Glück Euch beiden. Wir sehen uns bei der Langen Anna!" Dann stieg sie mit Tränen in den Augen in das Hybridschiff ein, welches den offiziellen Namen *Adolf Hitler I* trug, und Dr. Skibbe verriegelte die Einstiegsluke hinter ihr, während Florian jetzt das Schott zur U-Bootkammer von oben verriegelte. Und dann langsam die Schleusentür nach draußen öffnete.

Baltrum, 16.57h

Nur eine halbe Stunde später als Borkum, die größte der Ostfriesischen Inseln, wurde das kleine Dornröschen der Ostfriesischen Inseln von der Landkarte vertilgt. Die meisten Bewohner hatten sich auf das Festland retten können, da die Insel nur etwa zwei Kilometer vom Festland entfernt lag. Zwar hatten die Bewohner des Westdorfes vor ihrem Weggang noch die etwa zwei Meter hohen Fluttore geschlossen, doch war die Insel genau wie Borkum von einer Wassermasse überrollt worden, die sich mehr als zehn Meter über die ebenfalls zementierte Uferpromenade erhob. Der Hafen, das Nationalparkhaus, welches nicht durch Dünen oder Umzäunung geschützt war sowie das Hotel zur Post wurden zuerst vernichtet, danach wurden die restlichen Häuser der Insel einfach weggespült wie Spielzeughäuser. Gewaltige Mengen aufgewirbelter Sedimente vermengten sich jetzt mit Trümmern aller Art und überspülten außerdem den nahe liegenden Ort Neßmersiel an der Küste, der völlig unter der Schlicklawine aus Baltrum begraben wurde. Auch Neßmersiel war größtenteils geräumt worden, so dass es auch hier nur wenige Tote gab. Aus der Satellitenperspektive konnten die Forscher später klar erkennen, dass die Reste von Baltrum als gigantischer Schwemmfächer aus Sand und Trümmern Neßmersiel komplett abgetragen und überlagert hatten. Dazwischen lagen einige umgestürzte Windkraftanlagen, die nie wieder Strom produzieren würden. Die Deiche bei Neßmersiel waren weitgehend weggeschwemmt worden, da die der Flut vorausgehenden Unwetter diese völlig aufgeweicht hatten. Die ganze Umgebung wurde außer den Trümmern auch mit den Körpern toter Deichschafe bedeckt, die schon wenige Tage später den Geruch des Todes über die gesamte Region verbreiten sollten. Baltrum und Neßmersiel existierten nur noch als abgeschliffene Sandbänke, welche jedoch mit allerlei meist menschlichem Unrat aller Art verunziert worden waren. Beide Orte würden jetzt nur noch Geschichte sein.

Norddeich 16.57h

Gleichzeitig mit Baltrum starb der bekannte Ferienort Norddeich, von dem immer die Fähren nach Juist oder Norderney fuhren. Die Eisenbahngleise auf der Mole wurden einfach überflutet. Und da die Flutwelle so hoch war, dass sie sogar die Oberleitung erreichte, verursachte sie einen Kurzschluss, der den erst wenige Minuten vorher abgefahrenen Regionalexpress auf den Gleisen festhielt. Dieser hatte jedoch schon fast das etwa 15 Kilometer entfernte Marienhafe erreicht, so dass wenigstens die Insassen gerettet waren. Wie auch auf Borkum kenterten viele Schiffe im Hafen, und einige größere Schiffe wurden von der Welle auf das Festland gerissen, wo sie diverse Gebäude und andere Dinge zerstörten. Auch die etwas abseits gelegene Seehundaufzuchtstation wurde vernichtet, doch gelang es einigen Seehunden, mit der Gezeitenwelle wegzuschwimmen. Norddeich war nur zum Teil evakuiert worden, so dass es auch hier etliche Tote und Schwerverletzte gab. Viele Häuser wurden unterspült und stürzten ein, Autos trieben irgendwo im Schlamm und einige Leute saßen auf ihren Hausdächern und warteten auf Hilfe. Auch Teile der Stadt Norden wurden von Ausläufern der Flut getroffen, die sogar Bahnhof und Busbahnhof überschwemmt hatte. Viele Straßen wurden unpassierbar und Norddeich wurde zu einer Geisterstadt, deren Trümmer noch lange anklagend in die Landschaft ragten, während vom nahen Norden nur die nordwestlichen Teile nicht mehr bewohnbar waren. Aufgrund der Warnungen von Kathrin Nightingale hatten einige Leute den in der Nähe des Norder Ortsteiles Westermarsch gelegenen ehemaligen Sender Norddeich Radio wieder in Betrieb genommen, da Sendemast und Technik noch benutzbar waren. Und so hatte der neu in Betrieb genommene Sender Radio Norddeich bis zuletzt Sturmflutwarnungen gesendet, doch diese Flut war die letzte, vor welcher der reaktivierte Sender gewarnt hatte. Nachdem die Flutwelle auch den Ortsteil Westermarsch von der Landkarte gefegt hatte, schwieg Radio Norddeich für immer.

Helgoland, 17.16h

Die Gezeitenwelle umtobte die Lange Anna und spülte bis in zehn Meter Höhe den gesamten Vogelkot von dem Vogelfelsen, der hinterher wie geleckt aussah. Dabei wurde überraschender Weise nur wenig Substanz von dem Pylonen ausgewaschen, so dass der etwas angeknabbert aussehende Riese aus rotem Sandstein stehen blieb, jetzt aber fast bis zur Hälfte unter Wasser stand. Das Unterland und die Düne von Helgoland wurden inklusiv der berühmten Hummerbuden vollständig weggespült, außerdem gab es auch an einigen Stellen des Oberlandes Felsabbrüche, welche jedoch zum Glück keine Gebäude mit in die Tiefe rissen. Auch der Hafen wurde vollkommen überspült, und den wenigen verbliebenen Schiffen erging es genau wie den Schiffen auf Borkum. Durch die Katastrophe wurden auch die Stromleitungen der Insel gekappt, so dass das Felseneiland nun kalt und dunkel war. Die überlebenden Bewohner des Oberlandes zündeten Kerzen an. Glücklicherweise gab es hier keine Toten, da man das Unterland rechtzeitig geräumt hatte. Die Meerestiere der Biologischen Station wurden durch die Gezeitenwelle zurück ins Meer gespült und erhielten so ihre Freiheit zurück, während der ehemalige Bunker der Seekriegsleitung aus dem Zweiten Weltkrieg jetzt langsam auch vom Seewasser geflutet wurde, welches durch verschiedene undichte Stellen eindrang und damit ein zeitgeschichtliches Artefakt von bedeutender Größe vernichtete. Im Bunker selbst waren die Akteure des Dramas um den Freien Fernsehsender Helgoland zu diesem Zeitpunkt nur noch damit beschäftigt, sich selbst in Sicherheit zu bringen. Und um ihr eigenes Überleben zu kämpfen.

Neuharlingersiel, 17.22h

Da auch der Deich bei Neuharlingersiel völlig durchweicht war, spülte ihn die Gezeitenwelle einfach weg wie die Sandburg von spielenden Kindern. Die Schiffe wurden aus dem Hafen an Land gespült, wo sie meist noch irgendwelche Wohnhäuser rammten, bevor sie irgendwo liegen blieben. Allerdings kenterten auch einige kleinere Schiffe wie etwa diverse Krabbenkutter bereits im Hafen. Alle Hafenbauten wurden komplett eingeebnet. Zum Glück hatte Neuharlingersiel noch zu einem großen Teil geräumt werden können, so dass es hier nur relativ wenige Tote gab. Die Fischereigenossenschaft, die direkt hinter dem Hafendeich gelegen hatte, existierte nicht mehr. Neuharlingersiel versank in der Flutwelle, und nur sehr wenige Reste von Gebäuden ragten noch aus dem Wasser, welches jetzt Tag und Nacht den kleinen Fischerort bedeckte. Neuharlingersiel war zu einem Schlammsiel geworden, in dem niemand mehr leben konnte, geschweige denn Urlaub machen wollte.

Berlin, vor dem Reichstag, 17.30h

Eine wütende Menge von Tausenden von Leuten stand jetzt etwa einer Handvoll Polizisten gegenüber, die versuchte, die Menschen zu beruhigen. Aber nach dem selbst der britische Premierminister die Zusage gemacht hatte, Inselbewohner zu evakuieren, gab es kein Halten mehr. Etliche Leute hatten auch tragbare Radios und Minifernseher dabei, sodass sie über die rasch ansteigenden Pegelstände an der Küste und das aktuelle Wetter immer auf dem Laufenden waren, die Situation wurde ständig schlimmer. Die Ebbe schien heute einfach ausgeblieben zu sein, stattdessen nahmen die Wassermassen ständig zu. Der Wind war auflandig und die Stärke der Böen nahm auch ständig zu, mittlerweile herrschte in weiten Teilen der Deutschen Bucht schon die Orkan Windstärke 8-10. Der Bundeskanzler und sein Kabinett tagten immer noch hinter verschlossenen Türen, als es plötzlich geschah. Ein autonomer Demonstrant war mit einem Polizisten aneinandergeraten, der verzweifelt zur Schusswaffe griff und den Demonstranten in Folge der Auseinandersetzung in den Bauch schoss. Als die Umstehenden den Vorfall bemerkten, gab es kein Halten mehr und sie entwaffneten den Polizisten und dessen Kollegen. Danach schlugen sie mit Pflastersteinen die Türen ein, stürmten den Reichstag und nahmen dort den Bundeskanzler und sein Kabinett als Geiseln. Einige waren dafür, die Politiker gleich zu lynchen, doch man stimmte jetzt basisdemokratisch ab und entschied sich dafür, den Kanzler mit seinem Kabinett einem internationalen Gerichtshof zu überstellen. Danach skandierten die Leute laut: „Wir sind das Volk, Ihr seid Verbrecher!" was vom Fernsehen live übertragen wurde. Schließlich arbeiteten sich die entwaffneten Polizisten zu den so festgesetzten Politikern durch und gaben bekannt, dass sie das Bundeskriminalamt in Wiesbaden benachrichtigt hätten, welches in Kürze sogar offizielle Haftbefehle für die Politiker herausgeben würde. Solange sollten diese jedoch noch im Reichstag verbleiben. Den angeschossenen Demonstranten hatte man inzwischen in ein Krankenhaus gebracht, wo er durch eine Notoperation gerettet werden konnte und damit zum Helden des Tages wurde. Die Haftbefehle kamen nun per E-Mail aus Wiesbaden, und eine Einheit des Bundesgrenzschutzes verhaftete den Bundeskanzler und sein Kabinett komplett und brachte die Gefangenen mit einem großen Bus in die ehemals berüchtigte Haftanstalt in Bautzen bei Berlin. Wohin der Bus von etlichen Demonstranten begleitet wurde, die sicherstellen wollten, dass man die Politiker nicht einfach irgendwo in Sicherheit brachte. Wegen der großen Masse an Leuten gab die Bundespolizei auch deren Antrag statt, dass die Menge Vertreter und Presseleute mit nach Bautzen entsenden durfte, welche die Inhaftierung der Politiker überwachten. Neuwahlen auf Bundesebene würden in der Bundesrepublik Deutschland schon sehr bald dringend notwendig sein.

Büsum, 17.44h

Dr. Robert Zuiders fuhr mit dem Gezeitenstrom, der seinem kleinen Motorboot einen unglaublichen Schub gegeben hatte. Als er zum Zeitpunkt des Höchststandes der Flut den Hafen ansteuern wollte, lag die Hafeneinfahrt vollständig unter Wasser und er konnte den Ort selbst kaum entdecken. Schließlich konnte er durch die Schlieren der Regenschauer das Hochhaus am Hummergrund sehen, welches mit den unteren dreieinhalb Etagen komplett überflutet worden war. Da das Wasser auch hier mühelos den Deich überwunden hatte, fuhr er mit seinem Boot über den Deich und näherte sich vorsichtig dem Hochhaus. Hier sah er Irene an einem offenen Fenster im Flur der vierten Etage stehen, er brachte das Boot zum Hochhaus und sie sprang einfach eineinhalb Meter tief zu ihm ins Boot. Außer ihr hatten alle anderen das Haus bereits geräumt, so dass er nun mit Irene zusammen Richtung landeinwärts weiterfuhr, bis sie nicht mehr weiterkonnten und fast den Ort Wesselburen erreicht hatten, wo sie an einem Feldrand liegenblieben. Mühsam machten sie sich zu Fuß auf den Weg und suchten sich eine Unterkunft. Irene hatte genug Geld dabei. Dieses Mal jedoch waren beide so müde, dass das Eine in dieser Nacht wohl ausfallen musste.

Emden, Sielschleuse, 17.47h

Die Flutwelle ignorierte alle Emssperrwerke und fegte die menschlichen Bauten aller Art, auf welche sie traf, einfach fort, wie ein Regenguss im Sturm einen Ameisenhügel auch einmal vollständig zerstören kann. Die Flutwelle pflanzte sich fast ungebrochen über den Dollart fort und erreichte sogar die Meyer-Werft, deren neuster Ozeanriese schon zu drei Vierteln fertig war. Der Rohbau dieses fast dreihundert Meter langen Schiffes wurde nun mit auf eine sehr kurze Jungfernfahrt genommen, die im Verwaltungsgebäude der Werft abrupt endete. Die Schiffe im Emdener Hafen waren meist größer als die im Borkumer Hafen gewesen, so dass diese zu einem guten Teil überflutet oder losgerissen wurden. Manche trieben durch die gesamte Innenstadt und ein Seenotrettungskreuzer trieb auf der Seite liegend sogar bis zu dem kleinen Ort Cirkwehrum vor Hinte ab, wo er später mitten auf der halbrunden Umgehungsstraße liegen blieb. Auch das Kreiskrankenhaus der Stadt wurde schwer getroffen, was die humanitäre Katastrophe in Emden noch verstärkte. Die Deiche in der Umgebung Emdens existierten zum großen Teil nicht mehr. Und auch das VW-Werk, welches den größten Arbeitgeber der Stadt darstellte, wurde völlig verwüstet. Emden wurde zu einer Geisterstadt, aus deren Zentrum nur sehr wenige Überlebende gerettet werden konnten.

Greetsiel, am Ortsrand, 17.52h

Ian Bannister und Aische Özdemir hatten sich ständig über die steigenden Pegelstände informiert und Ian hatte eine Grundsatzentscheidung getroffen. Nämlich die, dass es besser war, die *„Scheißhausparolen des Bundeskanzlers und dessen Kabinetts zu ignorieren"*, wie er sich wörtlich ausdrückte, und vielleicht lieber ein paar Leute vergeblich zu retten, als das nachher tatsächlich Tausende Menschen umkämen. Deshalb hatte er Aische angewiesen, mit ihrem Auto über die Autobahnen Richtung Küste zu jagen, um dort wie er auch Leute aus den besonders gefährdeten Orten zu evakuieren. Er selbst hatte seinen Dienstwagen dafür genommen, und alle Minister und Staatssekretäre seiner neuen Landesregierung waren seinem Aufruf gefolgt. Und so standen sie nun hier bei den beiden Zwillingsmühlen bereit, um weitere Dorfbewohner zu retten. Ian Bannister hatte bereits drei Fuhren voll überwiegend alter Leute abgeholt und in das als sicher geltende Marienhafe gefahren, wo die Bewohner des Ortes spontan die Evakuierten bei sich zuhause aufnahmen. Ganz in der Tradition ihrer Vorfahren, die im Mittelalter auch Klaus Störtebecker und seinen Piraten Unterschlupf gewährt hatten. Auch Aische hatte bereits etliche Leute gerettet, und nach den Berichten im Radio stiegen die Pegelstände an der gesamten deutschen Nordseeküste jetzt beängstigend schnell an. Gerade hatten Ian und Aische die letzten Leute in ihre Autos verladen, als sie ein merkwürdiges brausendes Geräusch vernahmen, welches aber noch gut zwei Kilometer entfernt zu sein schien. Die Sicht war wegen des Dauerregens und der Abenddämmerung ausgesprochen schlecht, so dass sie nichts sehen konnten. Ian Bannister rief nur noch „schnell weg, Aische", warf sich hinter sein Steuer und gab Gas. Sein Mercedes sprang sofort an, aber der Wagen von Aische Özdemir streikte, im Rückspiegel sah Ian, wie sie mit der Zündung kämpfte. Schnell hielt er an und stieg aus, half ihr und ihren Leuten aus dem Auto und quetschte alle in seinen Wagen. Dann schlug er die Wagentür zu und fuhr los. Dabei konnte der Wagen wegen der leichten Überfüllung nicht so schnell starten wir sonst üblich, aber sie schafften es noch bis zur Landstraße Richtung Pewsum. Hätten sie jetzt die Straße parallel zum Störtebeckerdeich bis zum Abzweig nach Marienhafe genommen, so hätte eine riesige Flutwelle, die jetzt eben diesen Deich überspülte, ihrem Vorhaben ein schnelles Ende bereitet. Doch so sah Ian Bannister im Rückspiegel jetzt eine braunschwarze Schlammwand hinter sich herjagen, die bereits Autos, Reste von Hausdächern, Zäunen und anderes mit sich führte. „Bleib ruhig, Ian, Du hast schon Schlimmeres überstanden", sagte jetzt eine innere Stimme zu ihm. Sanft gab er Gas, aber nicht zu viel, um nicht in der nächsten Kurve im Graben zu landen. Dann durchschnitt die Straße einen alten Deich, der schon seit vielen Jahrzehnten kein Seewasser mehr gesehen hatte, und als der Mercedes von Ian Bannister diesen passiert hatte, sah er im Rückspiegel, wie dieser alte Deich ihm jetzt wertvolle Sekunden verschaffte, um dann von der braunen Schlammflut einfach platt gewalzt zu werden. Ian fuhr immer weiter, sah kaum noch nach hinten und kam gut voran, bis er durch ein Dorf kam, wo ein Baum quer über der Straße lag. Er musste rein zwangsläufig anhalten, so dass die letzten Ausläufer der Flutwelle sie jetzt doch noch einholten, weil es weder links noch rechts eine Ausweichmöglichkeit gab. Sie waren zu siebt im Wagen, als von hinten etwas hart gegen die Stoßstange schlug, alle Insassen durch den Aufprall in ihre Gurte gepresst wurden und der ganze Wagen schließlich einen Satz über den Baumstamm auf dem Weg machte, allerdings ohne sich zu überschlagen. Plötzlich bekamen alle nasse Füße und der Motor erstarb.

Leybuchtpolder, 17.54h

Ironischerweise machte dieser Ort in diesem Augenblick seinem Namen alle Ehre, da er sich nun binnen weniger Minuten in eine riesige Schwemmfläche verwandelte. War die Leybucht zu Störtebeckers Zeiten durchaus noch schiffbar gewesen, so hatte man im Lauf der Jahrhunderte die Leybucht erfolgreich vom Meer abgetrennt und Anfang der 1950er Jahre vollendete Tatsachen geschaffen. 1954 hatte man dann das jüngste Dorf Deutschlands an dieser Stelle gegründet, welches zwar weder über einen Arzt noch einen Supermarkt verfügte, aber immerhin einen großen Sportverein und zwei verschiedene evangelische Kirchen besaß. Außerdem gab es hier einige Bauernhöfe und Reitställe. Die meisten Straßen waren primitive Betonplatten, von denen viele bereits rissig und kaputt waren, aber eine Sanierung konnte sich das kleine Fünfhundertseelendorf nicht leisten. Die Flutwelle türmte sich mehr als zehn Meter hoch über die Deichkrone und raste mit Brachialgewalt über die Straße hinter dem Deich, wobei einige Autofahrer, die noch von Greetsiel nach Norden entkommen wollten, ins Verderben gerissen wurden. Unter ihnen war auch Werner Theißing mit einigen alten Leuten aus Greetsiel; sein Audi 80 wurde unter der Wasserwoge nicht nur begraben, sondern gleichzeitig einfach zerquetscht, da das Wasser, welches auf den Wagen stürzte, ein tonnenschweres Gewicht hatte. So hatte ihn die Auswahl einer anderen Fahrtroute das Leben gekostet. Der Ort Leybuchtpolder wurde völlig dem Erdboden gleichgemacht, lediglich die etwa drei Kilometer vom Deich entfernte Feuerwache und die danebenstehende evangelische Kirche blieben teilweise als mahnende Ruinen erhalten, während die meist kleinen Einfamilienhäuser der Siedlung völlig überspült wurden. Glücklicherweise waren die meisten Dorfbewohner noch rechtzeitig geflohen, so dass es hier nur wenige Tote gab, aber wegen der Höhe der Flutwelle gab es hier keine Überlebenden. Etliche Tiere der Bauernhöfe ertranken in den Fluten, da man sie nicht mehr hatte retten können. Und obwohl manche Bauern ihr Vieh noch auf ihren Weiden frei gelassen hatten, schafften es die Tiere nicht mehr, der

Wassergewalt irgendwohin zu entkommen. Bereits nach nur zwanzig Minuten existierte Leybuchtpolder de facto nicht mehr.

Eidersperrwerk, 18.08h

Das Eidersperrwerk hatte im Verlauf der letzten Jahre immer mehr Risse abbekommen, welche nun der mehr als vierzig Jahre alten Bausubstanz aus Zement und Beton zum Verhängnis wurden. Die Gezeitenwelle drückte das geschlossene Schleusentor durch ihren gewaltigen Wasserdruck einfach auf und sprengte alle rostigen und morschen Halterungen der gewaltigen Fluttore einfach weg. Auch hinter dem Eidersperrwerk lief das Wasser nun über den zementierten Deich, wurde von diesem noch ein wenig gestaut und erhielt dadurch noch mehr Druck und Geschwindigkeit. Schon nach wenigen Minuten waren die Souvenirbuden hinter dem Sperrwerk einfach weggespült worden, und auch das gesamte Katinger Watt stand unter Wasser. Die Flutwelle jagte ungebremst die Eider hinauf und sorgte für eine große Überschwemmung in dem einst strategisch wichtigen Küstenort Tönning, der nun fast völlig überschwemmt wurde. Das Multimar Wattforum, welches das größte Nationalparkzentrum in Norddeutschland war, wurde auch stark getroffen. Die blauen Containerbauten des Personals und das Hauptgebäude fielen der Wassermasse schnell durch Unterspülungen zum Opfer, stürzten ein oder wurden weggeschwemmt. Und viele Meerestiere, die man hier für Besucher aus nah und fern in Aquarien gehalten hatte, wurden entweder unter Gebäudetrümmern begraben oder entkamen mit der Flutwelle, welche sie in eine ungewisse Zukunft spülte. Tönning bekam jetzt eine gewisse Ähnlichkeit mit Venedig, was durchaus reizvoll gewesen wäre, wären die Bewohner nicht durch die Wassermassen in ihren Häusern gefangen gesetzt worden. Die Stadt versank im Dunkeln, weil überall der Strom ausgefallen war.

Wilhelmshaven, 18.14h

Die Gezeitenwelle, welche Wilhelmshaven traf, überspülte zuerst die Häfen und Ölraffinerien des Ortes und zerstörte viele hier vor Anker liegende Schiffe oder brachte sie zum Kentern, darunter auch viele Kriegsschiffe. Der Südstrand wurde mitsamt Deich weggespült und eine Schlammlawine von mehreren Metern Höhe wälzte sich durch die Innenstadt und verwüstete den Bahnhof, zerstörte vor allem die größten Gebäude der Stadt und sorgte für flächendeckendes Chaos und Stromausfälle. Innerhalb von einer halben Stunde sah Wilhelmshaven aus der Luft betrachtet eher aus wie Venedig, denn wie eine deutsche Großstadt. Autos, Trümmer aller Art und kleine Boote wurden regelrecht zwischen einstürzenden Häusern hin und her geworfen, und da man nicht alle Leute hatte evakuieren können saßen jetzt etliche Überlebende auf Häuserdächern von mehrstöckigen Gebäuden und warteten dort auf Rettung. Auch in Wilhelmshaven war Küstennebel aufgekommen, und eine durch Stromausfälle herbeigeführte gespenstische Stille breitete sich über dem Szenario aus, vereinzelt unterbrochen von verzweifelten Hilferufen. Wilhelmshaven war zu einem Ort des Grauens und der Verlorenheit geworden.

Sylt, Westerland, 18.14.h

Die Ausläufer der Gezeitenwelle, welche die Insel Sylt trafen, waren bereits etwas schwächer als die weiter südlich verlaufende Flutwelle. Aber da die Insel schon von ihrer Form her sehr viel gerade Angriffsfläche bot, überrannte die Welle Sylt komplett, wobei das Wasser mindestens fünf Meter über den Straßen der Insel stand. Die meisten Sylter waren evakuiert worden, und von den wenigen, die geblieben waren, konnte sich niemand retten, denn wie auch auf Borkum wusch die Gezeitenwelle den Sand der Insel mit ihrer starken Strömungsgeschwindigkeit weg und brachte fast alle menschlichen Bauten zum Einsturz. Das Gemisch aus Chaos, Schlamm und Trümmern wurde als breiter Schwemmfächer Richtung nördliches Festland verlagert und legte dort den Grundstock für eine neue Halbinsel. Allerdings bestand diese neue Fläche zu einem nicht unwesentlichen Teil aus Müll und Trümmern.

Jennelt, 18.36h

Wie durch ein Wunder war der Motor von Ian Bannisters Dienstwagen wieder angesprungen, und so waren sie nun in einer riesigen Pfütze weitergefahren, welche schließlich kurz vor Jennelt endete. Dort stand auf einem kleinen Hügel ein junger Mann und winkte sie heran, Ian Bannister hielt neben ihm an. Er kurbelte das Fenster manuell herunter, da der elektrische Scheibenheber mal wieder streikte. „Am besten ist es, wenn Sie da vorne links abbiegen und dann rechts auf dem Parkplatz vor unserem Gemeindehaus parken. Sie fahren das letzte Auto, welches die Welle nicht erwischt hat, alle anderen nach Ihnen sah ich in der Flut verschwinden. Am besten, Sie gehen dann erst mal ins Gemeindehaus und lassen sich dort warme Getränke geben, wir haben schon einige Flutflüchtlinge dort untergebracht." Ian Bannister bedankte sich bei dem jungen Mann und fuhr zum Gemeindehaus, wo bereits einige Autos parkten. Er half Aische und den letzten geretteten Greetsielern aus dem Wagen und sie wurden von dem Pastor der kleinen Freikirche in Jennelt begrüßt, welcher Ian Bannister sofort erkannte. „Ah, Herr Bannister und Frau Özdemir, schön, Sie bei uns zu haben! Mein Sohn Florian hat mir schon viel von Ihnen erzählt!" sagte Pastor Zuckmayer jetzt lächelnd und ergänzte dann: „Und ab dem nächsten Frühling werden wir dann wohl um ein paar Ecken herum miteinander verwandt sein, wenn Andrea O`Leary und Florian heiraten!" Er lachte herzlich und Ian Bannister und Aische Özdemir fielen trotz der ernsten Lage mit ein und versuchten dann, den Leuten Mut zuzusprechen. Und da sie es waren, welche die letzte Fuhre von Flutopfern aus Greetsiel gerettet hatten, waren sie hier und jetzt die Helden des Tages. Pastor Zuckmayer lud die beiden ein, in seinem flutsicheren Haus zu übernachten, was sie dankbar annehmen mussten, da man bei dem jetzt überall aufkommenden Nebel nicht mehr erkennen konnte, welche Landstraße einen aus dem Wirkungsbereich der Flutwelle brachte, und welche einen hineinführte. Auch waren die Radiodurchsagen in den letzten Minuten immer hektischer und widersprüchlicher geworden und man sprach bereits von einer nationalen Tragödie. Aber auch die Dänen und die Niederländer, sowie die Belgier hatte es getroffen. Wobei in den Niederlanden das Maeslant-Stauwerk überflutet worden war, und Rotterdam mit dem größten Frachtguthafen Europas vollständig unter einer Schlammflut von mehreren Metern Höhe verschwunden war. Die Schäden gingen schon jetzt in die Milliarden, die Verluste von Menschenleben nicht mitgerechnet. Aber der kleine Ort Jennelt wurde vom Hochwasser verschont, obwohl von fast allen Seiten Ausläufer davon auf ihn zu schwappten. Jetzt stimmten einige Gläubige gemeinsam ein altes Kirchenlied von Martin Luther an, was hervorragend zur allgemeinen Lage zu passen schien: „Ein feste Burg ist unser Gott". Ian Bannister und Aische Özdemir sangen mit, denn sie empfanden es genauso wie die einfachen Dorfbewohner und die Überlebenden aus Greetsiel.

Husum, 19.12h

Die graue Stadt am Meer erwischte es wegen ihrer etwas exponierteren Lage etwas eher als Hamburg. Hatte Theodor Storm diese Stadt einst als graue Stadt am Meer beschrieben, so machte dieses Wort dem, was hier nun geschah, alle Ehre. Eine schlammige graue Woge türmte sich mindestens vier Meter hoch auf und wälzte sich durch gebrochene Deiche und den Hafen quer durch die gesamte Stadt, die einst ein Magnet vieler Touristen gewesen war. Weil die Sedimente der Nordsee an dieser Stelle besonders schlickig und schlammig waren, wurden die größten Schäden auch eigentlich nicht von der Welle, sondern von dem übelriechenden Schlamm angerichtet, der es schaffte, in alle Ritzen und Spalten zu gelangen. Wochen- und monatelang stank die gesamte Stadt nach diesem Schlamm. Teile der Stadt waren nach der Flutkatastrophe unbewohnbar geworden und man überlegte ernsthaft, ob man die Stadt wegen des gestiegenen Meeresspiegels aufgeben müsse. Denn bei jeder normalen Tide standen jetzt in Husum – wie auch in Teilen von Emden- Teile von Hafen und Innenstadt unter Wasser, welches man nicht einfach abpumpen konnte. Aufgrund dieser schweren Flutschäden waren die nördlichen Bundesländer de facto mehr oder minder pleite. Glücklicherweise hatte die Katastrophe in Husum weniger Opfer gefordert als im Süden, aber es waren immer noch einige hundert Menschen, welche der Gewalt des Wassers zum Opfer gefallen waren. Husum wurde zu einem Symbol für eine Geisterstadt, die in weiten Teilen nicht mehr bewohnbar war.

Brunsbüttel vor Hamburg, 19.38h

Die Elbdeiche waren durch die vorhergehenden starken Regenfälle stark durchfeuchtet gewesen, so dass die nun die Elbe hinaufjagende riesige Gezeitenwelle keine große Mühe damit hatte, etwa fünfzig Prozent von ihnen zu unterspülen. Elbchaussee und Fischmarkt fielen der Welle genauso zum Opfer wie Jungfernstieg und Reeperbahn. Auch das Apartmenthaus von Dr. Artur Pelzer wurde durch die Welle zerstört, doch war der Multimillionär zu diesem Zeitpunkt gerade auf einer Messe in München. Das Kernkraftwerk Krümmel stürzte teilweise ein, doch war es glücklicherweise schon zwei Jahre vorher außer Betrieb genommen worden. Trotzdem gelangten so auf diesem Wege einige radioaktive Emissionen in die Elbe und die Nordsee. Eine echte humanitäre Katastrophe verursachte die Welle etwas tiefer im Hinterland, da sie den Elbtunnel komplett mit Wasser füllte, was viele hundert Autofahrer das Leben kostete. Die Innenstadt Hamburgs stand tagelang unter Wasser, viele Fluttore hatten dem Wasserdruck nicht standhalten können. Sie waren geborsten, doch mit Ausnahme der ertrunkenen Autofahrer im Elbtunnel gab es verhältnismäßig wenig Tote, da man die kritischen Stadtviertel rechtzeitig geräumt hatte. Hamburg würde weiter existieren, aber künftig erheblich mehr als bisher in den Hochwasserschutz investieren müssen.

Neuharlingersiel, 20.20h

Obo, Heiner und Andi näherten sich aus nördlicher Richtung mit ihrem Krabbenkutter der Küste. Dabei zeigte ihr Echolot ihnen an, dass sie hier wenigstens zwanzig Meter Wasser unter dem Kiel hatten, was jedoch in Wahrheit nur zehn Meter hätten sein dürfen. Auch kam jetzt zu allem Übel ein Küstennebel auf, so dass sie nur per GPS navigieren konnten. War das GPS etwa defekt? Hatten sie sich verfahren? Wären sie doch bloß früher heimgekehrt, doch die Schraube ihres Kutters hatte plötzlich gegen eine sehr starke Gezeitenwelle ankämpfen müssen, was sie in dieser Form noch nie erlebt hatten. Sie fuhren mit voller Kraft, aber kamen nur mit halber Kraft vorwärts, das war doch echt verrückt! Schließlich zeigte ihnen das GPS die Hafeneinfahrt an, doch vom Hafen war nichts mehr zu sehen, und laut Echolot hatten sie hier mindestens fünfzehn Meter Wasser unter dem Kiel. Schließlich hatten sie ihren Liegeplatz erreicht, doch konnten sie weder andere Boote noch die Kaimauer entdecken. Deshalb fuhren sie weiter, weil sie glaubten, dass ihre Instrumente einen Fehler haben mussten. Zwar hatten sie auch die Sturmflutwarnungen von Radio Norddeich gehört, doch waren sie zu diesem Zeitpunkt an einer Stelle jenseits von Spiekeroog gewesen, wo die See sehr ruhig gewesen war. Und plötzlich war der Sender einfach ausgefallen und nicht wieder zu empfangen gewesen. Obo programmierte jetzt verzweifelt und ratlos seine eigene Wohnadresse in das GPS-Gerät ein, und sie nahmen Kurs auf sein Haus. Der Kutter glitt unangefochten über eine riesige Wasserfläche, auf welcher Nebelschwaden tanzten. Schließlich meldete das GPS, dass sie Obos Haus erreicht haben mussten. Nichts war zu sehen bei diesem Wetter, als plötzlich der Kutter an etwas anstieß. Obo beugte sich über die Reling um nachzusehen, womit sie kollidiert waren, und erschrak. Es war der Wetterhahn aus verzinktem Metall, den er erst letzten Sommer auf sein Hausdach montiert hatte.

Suurhusen, 22.30h

Der kleine Ort Suurhusen, welcher südlich von Hinte bei Emden lag, hatte dadurch Schlagzeilen gemacht, dass er einen schieferen Turm als den legendären schiefen Turm von Pisa aufweisen konnte. Dabei handelte es sich um einen Kirchturm, der durch stetiges Absacken jetzt einen Überhang von 2,43 Metern aufwies und durch aufwändige Sanierungsmaßnahmen am weiteren Absacken gehindert werden konnte. Auch war in historischer Zeit an der alten Kirche, deren Ursprünge mindestens bis ins dreizehnte Jahrhundert zurückreichten, ein Pegelstands Messer angebracht gewesen, dessen Höchststand bisher bei 4,40 Metern gelegen hatte. Hätte dieser alte Pegel jetzt noch gestanden, so hätte er eine Höhe von exakt sieben Metern über Normal Null gemessen. Es war, als ob es Gott selbst war, der durch diese Zahl Gnade und Gericht zugleich ausdrücken wollte. Tod und ein neuer Anfang des Lebens an der Küste gleichsam. Verbunden mit der Mahnung, die Schöpfung als etwas zu achten, dessen Teil wir alle sind. Gepaart mit der Erkenntnis, dass es etwas gibt, was größer ist als der Mensch und dessen ewiges Streben nach materiellem Glück und Anerkennung anderer Menschen. Etwas, das sich widerspiegelt in Himmel, Wind, Meer, Wolken, Landschaft und den Tieren und Pflanzen einer wunderbaren Schöpfung, deren Zusammenhänge wir erst in kleinen Teilen angefangen haben, als Ausdruck eines Höheren zu begreifen, welches täglich um unsere Herzen ringt.

EPILOG - 5 Jahre später

Irland, Downpatrick, ein geräumiges helles Doppelhaus in einer Neubausiedlung, 27.10.2022, Donnerstag, 15.13h

Eine Schar von insgesamt sechs etwa vierjährigen Mädchen umringte im Garten des Anwesens eine blonde Frau mittleren Lebensalters, die ihnen bereitwillig Süßigkeiten zuteilte, dabei rief das kleinste Mädchen immer wieder: „Mehr Tante Katie, gib uns noch mehr!" Dann war die Dose verteilt, und die Kinder tummelten sich fröhlich im ganzen Garten, wo sie verstecken spielten. Der Garten selbst war von einem halbhohen Jägerzaun und einigen Büschen umgeben. Eine Besonderheit stellte es jedoch dar, dass das gesamte Grundstück von Überwachungskameras umgeben war. „Wo bleibt nur Misses Taoiseach! Soll ich hier wieder mal alle Kinder alleine hüten?" regte sich jetzt die blonde Frau auf, als eine brünette Frau, welche ein wenig älter war, einfach über den halbhohen Jägerzaun stieg, grinste und sagte: „Ich soll Dir einen schönen Gruß von Andrea ausrichten, Kate! Diese blöde Fischereiausschußsitzung dauert noch eine Viertelstunde länger als geplant, aber dann kommt sie gleich her. Ich werde Dir solange aushelfen!" Da klingelte auch schon ein Pager, der an Kates Gürtel hing: „Misses Taoiseach, ist bei Ihnen alles O.K.?" fragte ein Mann vom Sicherheitsdienst der Polizei. „Alles in Ordnung, nur die Frau unseres Staatspräsidenten hat mal wieder die Abkürzung über den Zaun genommen, sorry, Tony." Kate hatte den Wachmann Tony, dem sie einst im Zuge eines gescheiterten Attentates auf den britischen Premierminister Gus Falkner ein Auge schwer beschädigt hatte, nach dessen Dienstende einfach in ihrem Sicherheitsdienst zu einem überdurchschnittlich hohen Gehalt eingestellt. Die Gehaltsaufstockung kam natürlich aus dem Fond für die Opfer ihrer früheren Untaten. „Na, was macht denn meine kleine Katie?" wollte jetzt Sandra Hastings, geborene Miller, von ihr wissen und Kate meinte: „Sie ist niedlich und anstrengend wie immer. Ich glaube, dass sie vorhin mein Handy versteckt hat, kannst Du es vielleicht mal anwählen?" Sandra tippte jetzt die Nummer ein und es klingelte in einem der Büsche, wo nun Kate und Sandra ein kleines Mädchen mitsamt dem Handy einfingen. „Habe ich Dich!" rief Sandra. „Aber das ist ja meine Cecilia", sagte Kate, nahm das Kind auf den Arm und knuddelte die Kleine an sich. Cecilia war laut Geburtsurkunde das zuletzt geborene Mädchen ihrer Drillingstöchter, war aber andererseits das größte der drei Mädchen. Die anderen beiden hießen Cynthia und Claudia. Außerdem hatten Kathrin Nightingale und Professor Dr. Fuyisho Nightingale, geborener Ito, noch das kleine blonde Mädchen in ihre Familie aufgenommen, welches seine Frau Irene in Deutschland heimlich geboren und ihm auf verschlungenen Pfaden hatte zukommen lassen. Die leicht mandelförmigen Augen ließen keinen Zweifel daran, wer der Vater des Kindes war. Fuji hatte das Kind offiziell als Kind aus seiner ersten Ehe akzeptiert und es Clementine genannt. Da es nur geringfügig älter als die Drillinge war, wuchsen die vier Mädchen jetzt gemeinsam wie Vierlinge auf, und da die Drillinge nicht eineiig waren, fiel das auch weiter keinem auf. Außer, dass Kathrin Nightingale dieses als vor zwei Jahren offiziell gewählte Premierministerin der neugegründeten Reunion Of Ireland bekannt geben musste, da ihre Familie jetzt im Fokus des öffentlichen Interesses stand. Darüber hinaus hatte Professor Nightingale Kai Ahrens offiziell adoptiert, nachdem dessen Großeltern beide vor knapp zwei Jahren in Irland verstarben. Kai hieß nun auch Nightingale, wobei dieser Nachname eigentlich der von Kathrins verstorbenem erstem Mann Gary gewesen war. Wegen ihrer vielen Kinder machte Kate den Job als Taoiseach jedoch nur als Halbtagsjob, welchen sie in jeder geraden Kalenderwoche an zwei ganzen

Tagen und in jeder ungeraden Woche an drei Tagen in der Woche ausübte. Die restliche halbe Stelle wurde von ihrer Halbschwester Andrea O`Leary ausgeübt, und bisher waren die Iren mit ihrer parteiübergreifenden Politik sehr zufrieden. Denn beide Schwestern waren auf Wunsch eines großen Teiles der Bevölkerung als parteilose Kandidaten in den Wahlkampf gezogen, nachdem ihr Amtsvorgänger Kenneth Sinclair wegen Herzproblemen seine politische Karriere beenden musste. Das Parlament hatte die beiden Schwestern fast einmütig zum neuen Taoiseach gewählt, und beide wohnten nun gemeinsam in einem Doppelhaus, in dem sie sich problemlos den ganzen Tag lang sehen, aber auch die Tür hinter sich schließen, konnten, falls das mal nötig war. Dr. Florian O´Leary, geborener Zuckmayer, hatte sein Institut für die Erforschung der helgoländischen Fauna offiziell hierher verlegt, so dass Gelder aus Dr. Susanna Pelzers Stiftung mit in den Bau des Hauses geflossen waren. Die andere Hälfte des benötigten Geldes hatten die Versteigerung des Itoschen` Samurai Schwertes bei Sotheby's` und der Verkauf des Apartments der Eheleute Ito in Hannover ergeben. Irene Ito und Dr. Robert Zuiders wurden beide von der Polizei gesucht, hatten sich aber offensichtlich irgendwo ins Ausland abgesetzt, wo sie sich dem Zugriff deutscher und niederländischer Strafverfolgungsbehörden erfolgreich entzogen hatten. Kai Nightingale, vormals Ahrens, besuchte jetzt eine höhere Schule und gemeinsam mit seinem Onkel Florian versuchte er Gälisch zu lernen, was zwar Kate und Andrea freute, jedoch Florian und Kai sichtlich schwerfiel. Professor Dr. Nightingale war jetzt halbtags für eine bedeutende irische Firma tätig, die Insektizide aller Art herstellte. Und mit seiner Professur über das Helgoländer Umweltgift und seine Wirkungen auf Organismen aller Art hatte er sich seinen Titel mehr als verdient. Und aufgrund eines neuen Scheidungsgesetzes hatte er Kathrin tatsächlich bereits im Frühjahr 2018 heiraten können. Es war eine Doppelhochzeit gemeinsam mit Florian und Andrea gewesen, bei der die beiden Bräute sichtlich schwanger waren. Die Drillinge von Kate verspäteten sich um drei Wochen, weil sie alle einfach noch zu winzig waren, um geboren werden zu können, während es die Tochter von Andrea eilig hatte, geboren zu werden. So trafen sich die beiden Halbschwestern Kathrin und Andrea schließlich beide zur gleichen Zeit im Kreißsaal des Dubliner Krankenhauses wieder. Zuerst bekam Andrea ihre Tochter, die sie in englischer Schreibweise Catherine nannte, danach wurden die Drillinge von Kate per Kaiserschnitt geholt, da sie sich nach den Strapazen der langen Schwangerschaft eine Geburt von drei Kindern auf natürlichem Wege rein kräftemäßig nicht mehr zutraute. Nur wenige Wochen später war dann auch Sandra Hastings, geborene Miller, von ihrer Tochter Kathrin Andrea entbunden worden, welche sie jedoch meistens nur einfach Katie rief. Der Staatspräsident Keith Hastings und seine Gattin Sandra wohnten nun als direkte Nachbarn neben den Nightingales und den O`Learys, und heute Nachmittag würden sich alle Veteranen der legendären Ereignisse auf Helgoland vor genau fünf Jahren treffen, um nochmals über alles zu sprechen und an die Verstorbenen zu denken. Colour Sergeant Steven Miller hatte wochenlang im künstlichen Koma gelegen, bevor er erwachte und wieder vollständig hergestellt werden konnte. Reinhold Petermann starb trotz sofortiger Notoperation an Bord der Dorsetshire II einen Tag später an seinen schweren inneren Verletzungen. Alan Parker war einem Wurfmesser von Cora Schuster im Eingangsbereich des Bunkers zum Opfer gefallen, was diese bei einer späteren Befragung zugab. Cora Schuster selber und auch Otto Obermüller überlebten ihre Verletzungen. Nach ihrer Entlassung aus dem Krankenhaus kamen sie beide in deutsche Untersuchungshaft, wo sie sich schließlich dazu bereit erklärten, als Kronzeugen gegen den ehemaligen deutschen Bundeskanzler auszusagen. Dadurch wurden sie offiziell unter der Auflage begnadigt, dass sie sich in eine psychotherapeutische Behandlung begaben. Außerdem setzten sich überraschend Kathrin Nightingale und ihre Schwester Andrea O´Leary für die beiden ein, so dass diese ihr Resozialisierungsprogramm in Irland absolvieren durften. Beide entschuldigten sich hier öffentlich bei ihren irischen Opfern und deren Angehörigen und wurden Mitglieder eines von Kate initiierten Vereines zur Ächtung von jeglicher Gewalt und Terror als Mittel der Staatsräson. Cora Schuster hatte es eingesehen, dass sie ihren Hang zu Grausamkeit und Sadismus behandeln lassen musste und hatte hier beachtliche Erfolge erzielt, die sie auf einer Internetseite mit anderen teilte. Dadurch half sie vielen anderen Menschen psychisch zu gesunden und suchte sogar den Täter-Opfer-Ausgleich mit Edward und Lissy Terry, der auch zum Erfolg wurde. Otto Obermüller verkaufte sein Hotel und steckte sein nicht unbeträchtliches Vermögen in den von Kate gegründeten Verein. Kate hatte Otto Obermüller daraufhin als Manager ihres Haushaltes und des Haushaltes ihrer Schwester eingestellt, wo er sich auch gut bewährte, da es jede Woche viele Besucher gab, die mit Kate oder Andrea sprechen wollten. Denn sie führten hier tagsüber ein offenes Haus, um ständig mit ihren Mitbürgern über deren Sorgen und Nöte im Gespräch zu sein. Ihre Tante Emily Walker half ihnen bei der Kindererziehung, nachdem sie einige Kurse zu dieser Thematik besucht hatte. Außerdem durfte sie mit in der Haushälfte von Andrea und Florian wohnen. Endlich kam Andrea O´Leary von der Sitzung des Fischereiausschusses nachhause. „Da bist Du ja endlich, Misses Taoiseach!“ wurde sie von Kathrin Nightingale begrüßt. „Selber Taoiseach!“ schimpfte sie zurück und beide lachten, bevor sie sich zur Begrüßung umarmten. Danach trudelten nach und nach die anderen Staatsgäste ein, und Otto Obermüller servierte Tee und Gebäck. Die rothaarige Lissy Terry hatte jetzt einige graue Strähnen in ihren Haaren, aber sie war vollständig genesen und war jetzt auch psychisch stabiler denn je. Jetzt meinte Eddie: „Na wo bleiben denn unsere Überraschungsgäste?“ In diesem Moment klingelte es, und Terry und Lisbeth Watkins, vormals Müller-Schiffer, betraten den Garten und es gab ein großes Hallo. Bei ihnen hatte es im Bunker von Helgoland gefunkt, wie Terry später zugab, und dieses ausgerechnet beim Sprengfallen verlegen. Wie gut, dass es keine echten Funken waren, sagten beide später grinsend. Sie waren beim Showdown im Bunker nicht mehr dabei gewesen, weil sie zusammen mit Gus Falkner den Bunker verlassen hatten. Danach hatten sie sich gemeinsam in Lisbeths Pension begeben und der Rest der Geschichte fand unter dem Ausschluss der Öffentlichkeit statt. In diesem Moment kamen Keith Hastings und Gus Falkner gemeinsam durch die Tür und schleppten ein großes Gestell herein. Danach überreichten sie Kate dazu passend noch einen viereckigen Karton und ein längliches Paket. Es handelte sich um eine große Zielscheibe zum Bogenschießen; allerdings waren die Pfeile alle mit Gummisaugnäpfen ausgerüstet und für die Kinder gab es kleinere Bögen mit kleineren Pfeilen. „Von Deinen ehemaligen Targets, Kate, damit Du es nicht verlernst, ab und zu mal so ein richtiges Ziel zu treffen“, sagte jetzt Gus Falkner, den Kate im Laufe ihrer Karriere als Terroristin tatsächlich schon einmal fast im Visier gehabt hätte. Sie bedankte sich, und die Kinder waren beschäftigt. Und Kai musste ihnen nun das Bogenschießen beibringen. Jetzt kamen Larry und Brian vorbei und schenkten Kate ein Modell des Hybridbootes, mit dem sie aus dem Bunker geflohen waren. Dabei waren sie damals aus der U-Bootkammer des Bunkers direkt in die Nordsee gelangt, und nachdem Dr. Skibbe die Presslufttanks des Bootes anblasen ließ, waren sie in der Nähe des irischen Zerstörers aufgetaucht, dessen Offiziere zunächst glaubten, von einem deutschen U-Boot attackiert zu werden. So hatten sie zur Begrüßung einen Schuss vor den Bug bekommen, worauf Larry schnell an Deck gesprungen war und sein weißes T-Shirt als weiße Fahne geschwenkt hatte. Als der Kapitän des Zerstörers die Kennung des Bootes und den Namen des Schiffes entziffert hatte, glaubte er zunächst, seinen Augen nicht zu trauen. Und als er die aufgemalte Reichkriegsflagge sah, fühlte er sich in die Zeit des Zweiten Weltkrieges zurückversetzt. Das Boot wurde später in einem Marinemuseum in Kiel ausgestellt. Andrea und Florian dagegen hatten es nicht so leicht gehabt, aus dem Bunker zu kommen, denn durch die Flutwelle war Wasser in die ausgehöhlte Lange Anna eingedrungen, welches ihnen schon beim Öffnen der Stahltür entgegenfloss. Und erst jetzt gestand Florian Andrea, dass er nicht schwimmen konnte, worauf sie ihn ungläubig ansah. Sie mussten durch den langen Gang waten, wobei ihnen das Wasser erst bis zu den Knien, dann bis zur Hüfte und schließlich bis zur Brust stand. Sie erreichten die Leiter zum Aufstieg im Schacht, als Andrea das Wasser schon bis zum Hals stand, weshalb Andrea auch als erste die Leiter erklomm, gefolgt von Florian. Doch als sie oben ankamen, stellten sie fest, dass die Luke klemmte. Florian besah sich mit der Taschenlampe den Riegel, als Andrea plötzlich etwas abrutschte. Er fing sie auf, verlor dafür aber die Lampe, so dass sie nun im Dunklen unter der Luke festsaßen. Florian schob sich vorsichtig an Andrea vorbei, und nach einigem vorsichtigen Tasten fand er den Riegel, doch es dauerte mehr als zehn qualvolle Minuten, bis er die Luke aufbekam. Und genau in diesem Moment seilte sich von einem Hubschrauber jemand zu ihnen ab, und so wurde zuerst Andrea und danach Florian gerettet. Weil Florian und Andrea so lange auf sich warten ließen, hatte Kate schon geglaubt, ihre Schwester verloren zu haben, weshalb sie Freudentänze an Bord der Dorsetshire II aufführte, zu welcher der irische Zerstörer sie wegen der Verletzten, die sie an Bord hatten, begleitet hatte. Als Andrea jetzt diese ganze Geschichte nochmals schilderte, wurde es plötzlich ganz still und alle hörten wie gebannt zu, bis die kleine Catherine sagte: „Mama, ich muss mal Pipi." Alle lachten, es klingelte an der Tür und jetzt kamen auch noch Ian Bannister und Aische Özdemir zu Besuch. „Hey, hat der Bundeskanzler sich endlich mal etwas freigeschaufelt", witzelte jetzt Andrea und Kate fiel mit ein: „Nicht, dass Du jetzt meinen Onkel terrorisierst, Schwesterherz, das ist mein Job!" Alle lachten und ein schwarzhaariges Mädchen im Alter von etwa drei Jahren gesellte sich zu den anderen Kindern; die Kleine hieß auch Kathrin Andrea, allerdings hatten sie ihr noch den dritten Vornamen Martha gegeben. Als dann Kate und Andrea die Kinder ins Bett brachten, trafen sie sich im gemeinsamen Kinderzimmer, welches man auch getrost als Schlafsaal bezeichnen konnte. Und Kate meinte: „Du Andrea, ich muss Dir was sagen: Ich habe ein süßes Geheimnis!" „Ich freue mich für Euch, Kate, aber ich muss Dir auch was sagen: Ich auch!" „Perfektes Timing, wie immer. Wann sagen wir es den anderen?" „Warum nicht jetzt? Die werden bestimmt begeistert sein!" „Und Onkel Ian wird mal wieder zum Großonkel!" Beide kicherten jetzt albern wie zwei kleine Schulmädchen, die etwas ausgefressen haben. Dann begaben sie sich wieder zu den anderen, inzwischen war es bereits früher Abend geworden. Ian Bannister fragte: „Wo sind eigentlich Eure Männer, meine hübschen Nichten?" und tätschelte Kate die Wange, worauf sie schnell etwas zurückwich. „Die wollten noch für das kulinarische Abendprogramm sorgen, hat Otto das kochende Wasser schon fertig?" fragte Andrea und aus dem Hintergrund kam die Rückmeldung: „Schon lange, Misses Taoiseach!" In diesem Moment betraten Fuji und Florian das Haus, bepackt mit großen Styroporkisten voller lebender Hummer und anderer Köstlichkeiten aus dem Atlantik. Sie trugen die Kisten in den Garten und dort bestaunten alle die frischen und teilweise noch lebenden Delikatessen aus dem Meer. Dann löffelten sie einige Dutzend Austern aus und tranken dazu etwas Sekt, während jetzt Kenneth Sinclair sein Glas hob und sagte: „Auf Downpatrick, die neue Hauptstadt von Irland!" Alle stießen mit an. Da klingelte es nochmals an der Tür, und Miguel Armadillo mit seiner Frau Juanita und ihrem jetzt fast zehn Jahre alten Sohn Pepe` gesellten sich zu der illustren Runde. Miguel Armadillo war inzwischen voll rehabilitiert worden und ging wieder seinen Forschungen nach, während man Professor Wackernagel inklusive des Restes seiner Familie verhaftet hatte. Man würde ihn genauso wie den ehemaligen deutschen Bundeskanzler Werner Balken, dessen Kabinett und noch einige andere ehemalige europäische Regierungschefs in Kürze in Den Haag aburteilen, wegen Verbrechens gegen die Menschlichkeit. Inzwischen waren auch einige Seevögel und Robben nach Helgoland zurückgekehrt, aber ihre Bestände konnte man fast an einer Hand abzählen. Und auch der Plastikmüll im Wasser war nicht weniger geworden. Gus Falkner gab jetzt freimütig zu: „Kate, Du warst damals ein echtes Glückskind der Geschichte. Denn hätten wir nicht gerade unser verloren gegangenes Mini Atom-U-Boot suchen müssen, dann hätte Dich auf Helgoland sehr wahrscheinlich doch die GSG9, oder besser die GSG10 geschnappt." „Und alles nur, um mich gegen den Wert eines versehentlich versenkten Kriegsschiffes einzutauschen", meinte nun Kate. „Tja, das ist nun mal Politik, da geht es natürlich nicht fair oder rational zu", meinte nun Ian Bannister, der Amtsnachfolger von Werner Balken. „Aber mit der versenkten Dublin sind wir uns letztlich doch ganz gut einig geworden. Letztlich haben wir sie aus unserem Fond für besondere Katastrophen und Notfälle bezahlt, denn nachdem wir alles aufgeklärt hatten, fanden wir heraus, dass die Exocetraketen aus irgendeinem Grund nicht mit der üblichen Notfallabschaltung versehen waren. Daher konnte man dem Personal keinen Vorwurf machen; außerdem waren die Strömungsverhältnisse ungünstig. Tragisch, die Sache, wirklich tragisch. Aber jetzt haben wir ja alles geregelt und müssen nicht mehr unsere Flotten gegeneinander operieren lassen. Ich bin ehrlich froh, dass wir jetzt wieder gut zusammenarbeiten können, ehrlich", ergänzte jetzt Ian Bannister seinen Vortrag. In diesem Moment hörten sie ein lautes entsetztes Kreischen aus dem Badezimmer im ersten Stockwerk, wo eigentlich jetzt die Kinder schlafen sollten. Kate und Andrea sprangen gleichzeitig auf und rannten die Treppe hinauf, gefolgt von Florian und Fuji. Tante Emily stand kreidebleich im Bademantel neben der Badewanne und rief nur: „Da ist etwas in der Wanne, irgendein Vieh!" Sie schüttelte sich vor Entsetzen. Und dann sahen sie es: Zwei Hummer lagen auf dem Grund der Badewanne, allerdings in den letzten Zuckungen, da das Badewasser für sie zu warm war. In diesem Moment kam die kleine Cynthia dazu und sagte: „Clementine hat gesagt, dass das Wasser in Ottos großem Kochtopf zu heiß ist, da könnten die Hummer gar nicht richtig baden. Und da habe ich sie einfach in die Badewanne gesetzt, damit es ihnen nicht zu heiß wird." Florian holte die beiden Untiere jetzt aus der Wanne und brachte sie zu Otto, der sie noch zubereitete. Währenddessen erklärte Fuji der Kleinen: „Cynthia, das war wirklich Unsinn, was Clementine da erzählt hat. Ich erkläre Euch das am besten heute noch, damit ihr nicht nochmals Eurer armen Tante so einen Schrecken einjagt, ja?" Dann ging er mit Cynthia ins Schlafzimmer der Kinder und brachte sie ins Bett, während Otto das Abendessen machte. Als Kate und Andrea wieder im Wohnzimmer waren, sahen die anderen sie fragend an. Kate sagte nur trocken: „Cynthia kommt ganz nach mir, leider. Sie ist eine kleine Öko-Terroristin und hat gerade einen Anschlag auf Tante Emily begangen, indem sie ihr zwei Hummer in die Badewanne setzte." Alle lachten. „Was ist nun eigentlich aus Eurem Mini-Atom-U-Boot geworden?" wollten nun Kate von Gus Falkner erfahren. „So wie es aussieht, hatten wir es schließlich genau an dem Tag lokalisiert, als diese verdammte Flutwelle losbrach. Wir kamen zu spät, um es bergen; es liegt jetzt sehr wahrscheinlich unter einer extrem dicken Sandbank irgendwo vor der Schelde Mündung begraben, wo wir nicht mehr drankommen. Wir können nur hoffen und beten, dass die radioaktive Strahlung dadurch möglichst abgeschirmt wird. Gott sei Dank sind ja bisher keine radioaktiven Killerquallen mehr aufgetreten. Und was die toten Robben betrifft, so haben wir jetzt die Verantwortung für den Umwelt-GAU auf Helgoland immerhin zu fünfzig Prozent übernommen, wobei wir als Teil der Abmachung einige unserer Heuler aus unseren Seehundstationen nach Helgoland abgeben werden. So wird dann daraus allmählich eine neue Robbenpopulation werden, warum auch nicht?“ Da schaltete sich Florian ein: „Und damit seid Ihr Briten ja noch ziemlich billig davongekommen, denn Susanna hätte wenigstens sechzig Prozent Entschädigung außergerichtlich von Euch eingefordert, oder sogar noch geklagt. Da konnte sie unnachgiebig sein wie ein Dominikanerpater bei der Beichte.“ Alle lachten sichtlich amüsiert, doch Florian meinte noch nachdenklich: „Nur schade, dass Rüdiger Skibbe das nicht mehr erleben konnte. Dieser verdammte Krebs!“ Und Andrea meinte mitfühlend: „Er war wirklich einer der wenigen Guten in diesem bösen Spiel. Aber immerhin hat er uns noch Glückwünsche zur Geburt unserer Kinder und zur Wahl als Taoiseach geschickt. Wenigstens das durfte er noch erleben.“ Dann kamen sie zu einem ernsten Thema: „Tja, dass der Meeresspiegel jetzt 2,30 Meter höher liegt als vor der Flut, ist natürlich wirklich eine Sache, die wir erst mal verdauen müssen“, sagte jetzt Ian Bannister. „Allein der Verlust des Elbtunnels bei Hamburg war ein harter Schlag für uns. Inzwischen sind wir ernsthaft daran zu überlegen, ob man an der Küste künftig auch ohne Deiche und Siele klarkommen kann, ich habe da eine Projektgruppe ins Leben gerufen, wo viele Umweltschützer, aber auch Küstenbewohner dabei sind. Denn der Deichbau ist einfach kaum noch finanzierbar, und wenn der Meeresspiegel weiter so rasant ansteigt, bekommen wir später die gleichen Probleme wie jetzt. Oder noch Schlimmere! Das ist viel schwieriger, als so ein paar Terroristen zu resozialisieren, wirklich“, sagte jetzt Ian Bannister. Alle schwiegen nachdenklich, dann sagten Kate und Andrea plötzlich gleichzeitig in die Stille hinein: „Ich bin schwanger!“ Alle sahen sie verblüfft an, dann beglückwünschten sie die beiden. „Wie weit ist es schon?“ wollte Florian wissen, und Andrea meinte: „Also ich bin im zweiten Monat.“ „Und ich im Dritten!“ sagte Kate. „Habe ich es nicht schon damals gesagt, dass Kate eines Tages die Mutter ihrer Nation sein wird?“ warf jetzt Gus Falkner ein und alle freuten sich für die beiden und umarmten beide. Dann fragte Ian Bannister: „Und wer macht dann die Schwangerschaftsvertretung für unsere beiden Misses Taoiseach?“ „Ach, das kann doch unsere neue Nachbarin Dorothy Newton machen; schließlich gießt sie auch unsere Blumen, wenn wir mal nicht zuhause sind“, sagte Kate leichthin und alle lachten. Dann fragte Kate Miguel Armadillo: „Und wie ist es Dir ergangen, seit sie Dich endlich rehabilitiert haben?“ „Oh, die Deutschen waren plötzlich sehr nett und zuvorkommend zu uns. Sie haben uns nicht nur finanziell entschädigt, sondern sie haben mir genauso wie den meisten von Euch das Bundesverdienstkreuz verliehen, weil durch meinen Report, den Ihr ja gerade noch so gesendet habt, noch etliche Menschen gerettet werden konnten. Trotzdem sind in ganz Europa mehr als einhunderttausend Menschen ertrunken, wobei es die meisten Toten in den Niederlanden gab. Eine wirkliche Tragödie, vor allem, dass die britischen Schiffe für viele Inselbewohner zu spät kamen. Aber es ärgert mich auch etwas, dass meine Vorausberechnung um einige Tage ungenau war; ich vermute, dass das etwas mit den chinesischen Atomversuchen zu tun hat. Deshalb arbeiten Juanita und ich jetzt bei einem Projekt des Alfred-Wegener-Institutes in Bremerhaven mit, um den Chinesen diese Zusammenhänge nachzuweisen. Wir sind dicht dran, und dann werden wir dafür sorgen, dass China auch zur Verantwortung gezogen wird.“ Alle waren sichtlich erstaunt, dann meinte Kate nur trocken: „Aber nicht, dass Euch jetzt nach der deutschen GSG10 auch noch der chinesische Geheimdienst jagt!“ „Denen ist die Antarktis wohl eher etwas zu kalt!“ konterte Juanita Armadillo schlagfertig. Dann wurde das Abendessen serviert. Alle genossen die Hummer sichtlich, nur Florian und Fuji meinten: „Ich glaube, meiner schmeckt etwas nach Badewasser, und irgendwie so salzig." „Tante Emily nimmt ja meistens etwas Badesalz zum Baden", meinte Andrea trocken und alle lachten. Nachdem sie mit dem Essen fertig waren, nahm Ian Bannister Kate beiseite und ging mit ihr in den Garten, weil er noch kurz ungestört mit ihr sprechen wollte. „Ach Kate, ich muss Dir etwas gestehen, wozu ich bisher nicht gekommen bin. Es ist zwar viele Jahre her, aber ich finde, Du solltest es trotzdem erfahren." Er schwieg kurz, dann fuhr er fort: „Also damals, bevor ich zur Sinn Fein ging, habe ich als junger Mann auch den Treueid der IRA geleistet. Ich habe einen schlimmen Fehler gemacht, indem ich nicht die Verantwortung für eine eigentlich harmlose Sache übernommen habe. So habe ich damals aus Versehen einen Kameraden der IRA an die Polizei verraten, es war wirklich keine Absicht. Und als sie den Verräter suchten, habe ich nicht dazu gestanden. Doch was das eigentlich Schlimme war: Sie zwangen mich dann, den angeblichen Verräter durch eine Knieschuss zu bestrafen! Sie haben damals alles gefilmt, und ich werde den Blick von dem armen Malcolm Hastings nie vergessen. Ich denke, dass Dein biologischer Vater mich vor fünf Jahren mit diesen Aufnahmen erpressen wollte, aber dass die Sachen bei Martha gelandet sind. Deine Tante Emily hat es mir übrigens bestätigt." „Was wurde aus Malcolm Hastings?" fragte Kate jetzt. „Sie haben ihn verbluten lassen, eine scheußliche Sache, daneben zu stehen und nichts tun zu dürfen." „Wenn es Dich noch belastet, Onkel Ian, dann solltest Du mit meinem Verein in Kontakt treten. Da gibt es nämlich einige Experten, die sich sehr diskret mit diesen Dingen beschäftigen. Und keine Sorge: Tante Emily und ich sprechen nicht darüber, aber das weißt Du ja. Danke, dass Du Dich mir anvertraut hast. Ich denke, wir sollten unsere alten Leichen im Keller lassen, denn es nützt niemandem mehr etwas, wenn wir sie jetzt noch hervorzerren." „Du bist eine großartige Nichte, Kate, und ich bin sehr froh und stolz, Dich zu haben!" sagte Ian Bannister. Dann fragte er Kate: „Wie wird eigentlich die neue Straße heißen, in der Ihr Eure Repräsentanz gebaut habt, denn ich habe bisher noch kein Schild gesehen?" *„Rebekka-Ahrens-Lane*, wir haben die Hausnummer 1", antwortete ihm Kate und lächelte jetzt plötzlich etwas traurig.

Ein persönliches Nachwort des Autors:
Ursprünglich wollte ich eigentlich nur Sachbücher über die Tiere der Nordsee schreiben und in Umlauf bringen. Doch bei meinen Recherchen über die Tiere stieß ich ständig darauf, dass diese in vielfältiger Art und Weise durch den Menschen bedroht werden. Also beschloss ich zunächst, ein Umweltbuch zu schreiben, welches auch meine persönlichen Eindrücke und Erfahrungen mit einbeziehen sollte. Dieses Buch mit dem Titel „Stirbt die Nordsee?“ veröffentlichte ich im Frühjahr 2010. Doch schon beim Schreiben dieses Werkes merkte ich, dass Umweltthemen einen hervorragenden Stoff für einen Thriller abgeben. Also beschloss ich, mich dieser Herausforderung zu stellen. Da aber Umweltthemen alleine mir noch nicht interessant genug zu sein schienen, wurden von mir noch Aspekte von Liebesbeziehungen, Beziehungen im Allgemeinen und das Thema Terrorismus in den Kontext des Buches mit eingebaut. Insbesondere das letztere Thema scheint in der jüngeren Zeit seit dem 11. September 2001 viele Gemüter zu bewegen. Für mich stellte es daher eine besondere Herausforderung dar, zumindest didaktisch im Rahmen dieses Buches darzulegen, dass und wie Terror tatsächlich erfolgreich bekämpft werden könnte. Und als anerkannter Kriegsdienstverweigerer hoffe ich, dass mir das in groben Zügen auch gelungen ist. Sollte sich jemand an den manchmal etwas derben Ausdrücken und den wirklich schlimmen Dingen stören, die in diesem Buch vorkommen, so möchte ich dazu zwei Dinge anmerken. Erstens habe ich lediglich meinen fiktiven Helden zugehört, habe mit ihnen gelitten und gekämpft. Und zweitens kommen im realen Leben von Menschen unbequeme und manchmal auch abstoßende Dinge vor, über welche der Apostel Paulus im neuen Testament einmal sagte: „Was manche Leute im Verborgenen treiben, ist so schändlich, dass man gar nicht darüber reden mag.“ Trotzdem meine ich, dass diese Dinge durchaus manchmal beim Namen genannt werden müssen, damit ein davon befreites Leben ermöglicht werden kann. Und außerdem steigert es die Realitätsnähe einer fiktiven Handlung. Auf die harten Fakten von Natur- und Umweltsituation in der Nordsee habe ich nur sehr wenige Fiktionen aufgesetzt, um ein möglichst realistisches Bild des Ganzen zu zeichnen. So gibt es beispielsweise tatsächlich Quallen in Australien und Thailand, welche etwa zweihundertmal so giftig wie eine Kobra sind. Und tatsächlich gibt es sauerstoffzehrende Killeralgen, welche in der Vergangenheit große Fischsterben in Flüssen und Meeren verursacht haben. Und auch die Sturmflutproblematik der deutschen Küsten beinhaltet trotz Deichen und Küstenschutzmaßnahmen, dass Hyperkatastrophen wie im Jahre 1362 jederzeit wieder möglich sind, wenn gewisse für den Menschen ungünstige Konstellationen zusammentreffen. Wellenhöhen von 15 Metern und mehr sind aus der Nordsee tatsächlich bereits belegt worden! Was die religiösen Aspekte in diesem Buch angeht, so erhebe ich hier hinsichtlich meiner geschilderten Ideen keinen Absolutheitsanspruch. Der geneigte Leser möge daher bitte seine Bibel (oder seine sonstigen Schriften) selbst lesen.

Sven Erik Gehrmann, im Sommer 2022.

Domina Naturas Rache

An den Meeresküsten und an den hohen Bergen
Mache ich euch alle wieder: Zu winzig kleinen Zwergen!
Und euer altes, einst grünes Land
Verwandle ich in hellen Wüstensand

Da braucht ihr dann nicht mehr an die See zu fahren
Um den Sandstrand überall zu haben
Und eure Siedlungen sind dann plötzlich buten
Wenn mit eisigen Strömen die Gebirge verbluten

Ich spüle euch wie lästige Insekten einfach weg
Euch, und euren ganzen Menschendreck!
Vielleicht lässt sich der geschundene Planet ja so befreien
Auch wenn die Menschheit dann wird sicher schreien

Ich jage die Stürme übers Meer und auf das Land
Und entreiße so die Herrschaft aus der närrischen menschlichen Hand
Steine lasse ich fallen auf eure Häuser und eure endlosen Autobahnen
Und eure Überlebenden suchen dann Schutz unter schmutzigen Plastikplanen

Zum Atmen lasse ich euch euren Feinstaub und euren Fallout
Und mich zu verdrecken habt ihr euch lang genug getraut
Und auch das saubere Wasser nehme ich Euch einfach weg
Bis ihr ihn nur noch schlürft, euren eigenen Fäkaliendreck

Vielleicht wird Euch ja euer vieler Plastikmüll dann trösten
Wenn meine Freundin Sonne damit beginnt, eure wertlosen Körper zu rösten
Denn wenn der Mensch sich erst von seinem Schöpfer hat getrennt
Dann wird seine Sünde plötzlich überall immanent

Und seiner verlorenen Seele wird sich dann auch niemand mehr erbarmen
Weder jetzt, noch in vielen Abermillionen von Jahren
Ich bin die Herrin des Planeten, mein Name heißt Schöpfung oder Natur
Und sehe ich die Menschheit, dann bleiben meine Gesetze unerbittlich und stur

Denn ich kenne für Menschen weder Barmherzigkeit noch Ansehen der Person
Ach hätte ich doch von mir nur diese verdammte Plage entfernet schon!
Der Mensch mag sich verstecken mit Technik und in Gebäuden
Doch ist er dann erst mal weg - ja dann jubelt der ganze Planet mit Freuden!

Darum werde ich eure Art jetzt in viele Katastrophen lenken
Und gebe eurem vielleicht gutwilligen Rest dieses zu bedenken...

Danksagungen:

Ich bedanke mich herzlich bei allen Freunden und Bekannten, die mir wertvolle Tipps für die Erstellung dieses Romans geliefert haben und mit denen ich vieles kontrovers diskutierte. Insbesondere bedanke ich mich jedoch bei meiner Frau und bei meiner Familie, die mich dieses Buch hat schreiben lassen. Darüber hinaus danke ich meiner Mutter, die mich stets ermutigt hat, weiter zu schreiben und allen weiteren Leuten, die mir den Hinweis gaben, dass dieser Stoff lesenswert sei. Auch bin ich dankbar für alle Gebete meiner Glaubensgeschwister und die tägliche Dosis Inspiration von oben.

Sven Erik Gehrmann, im Sommer 2022.

Sven Erik Gehrmann, 26506 Norden - Germany
published by: amazon

Herstellung: Amazon.de.
ISBN: 9783981255386

www.ingramcontent.com/pod-product-compliance
Lightning Source LLC
Chambersburg PA
CBHW050117170426
43197CB00011B/1612
* 9 7 8 3 9 8 1 2 5 5 3 8 6 *